범증산계 통합경전

십경대전 서문

十經大典 序文

범증산계 통합경전-십경대전十經大典 서문
초판1쇄발행:단기 4355(2022) 5월(병오) 31일(갑신;陽)
발행인發行人:安炳燮 저자:범증산계 통합경전 십경대전 편찬위원회
발행처發行處:대원출판기획 Tel:(02)518~2532
band.us/@jsparadise
https://blog.daum.net/cheramia
ISBN:978-89-7261-189-9-03290

신앙안내
서울 강서구 화곡동 831-10(서울 강서구 등촌로5길 100 (화곡동))
화곡동 까치산역 남부시장 장엄용화도장
[카카오맵] 하룻강아지 아래층
서울 강서구 등촌로5길 100 (화곡동)
http://kko.to/SNwk_KDWR

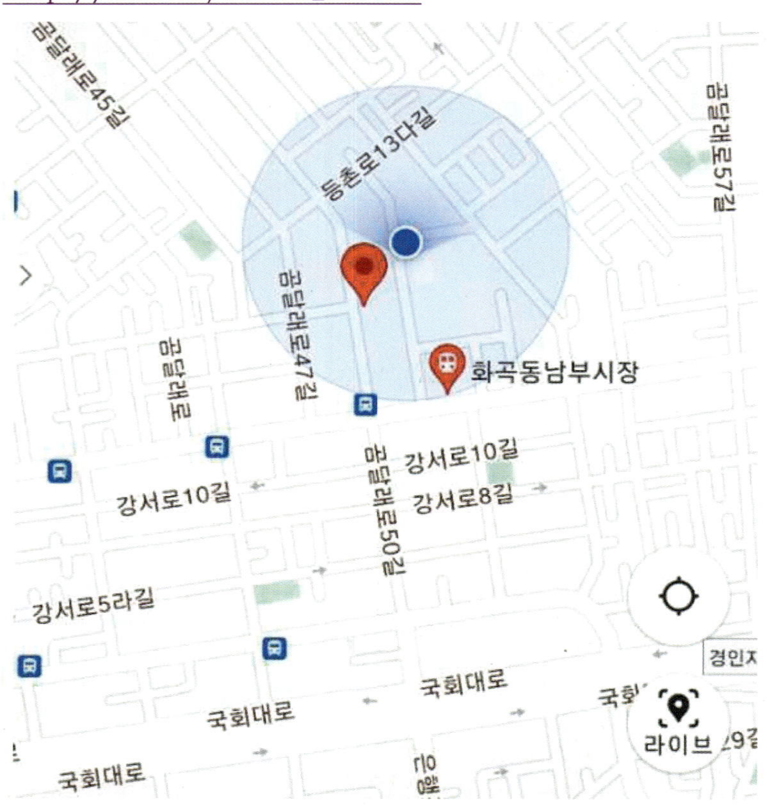

신앙상담:

010-9132-6999(자하), 010-2510-0038(금강), 010-2511-5078(혜광),
010-2079-1141(진광), 010-2323-6711(법광), 010-5832-6776(신광),
010-4041-1691(장락), 010-7474-9872(무이), 010-5678-1691(동광),
010-7927-2110(선광), 010-7793-1691(혜선), 010-3556-8262(사광),
010-8420-3167(휘성), 010-9800-2773(연강), 010-6579-2513(지산),
010-8332-2772(선덕), 010-7358-5298(아광), 010-8796-3296(영화),
010-8795-3296(정화), 010-8407-0000(광덕), 010-3490-6196(동원),
010-2020-8273(현광), 010-6547-3004(혜철), 010-3789-8480(법철),
010-3885-0877(자정), 010-9954-38**(혜강), 010-9915-91**(태인),

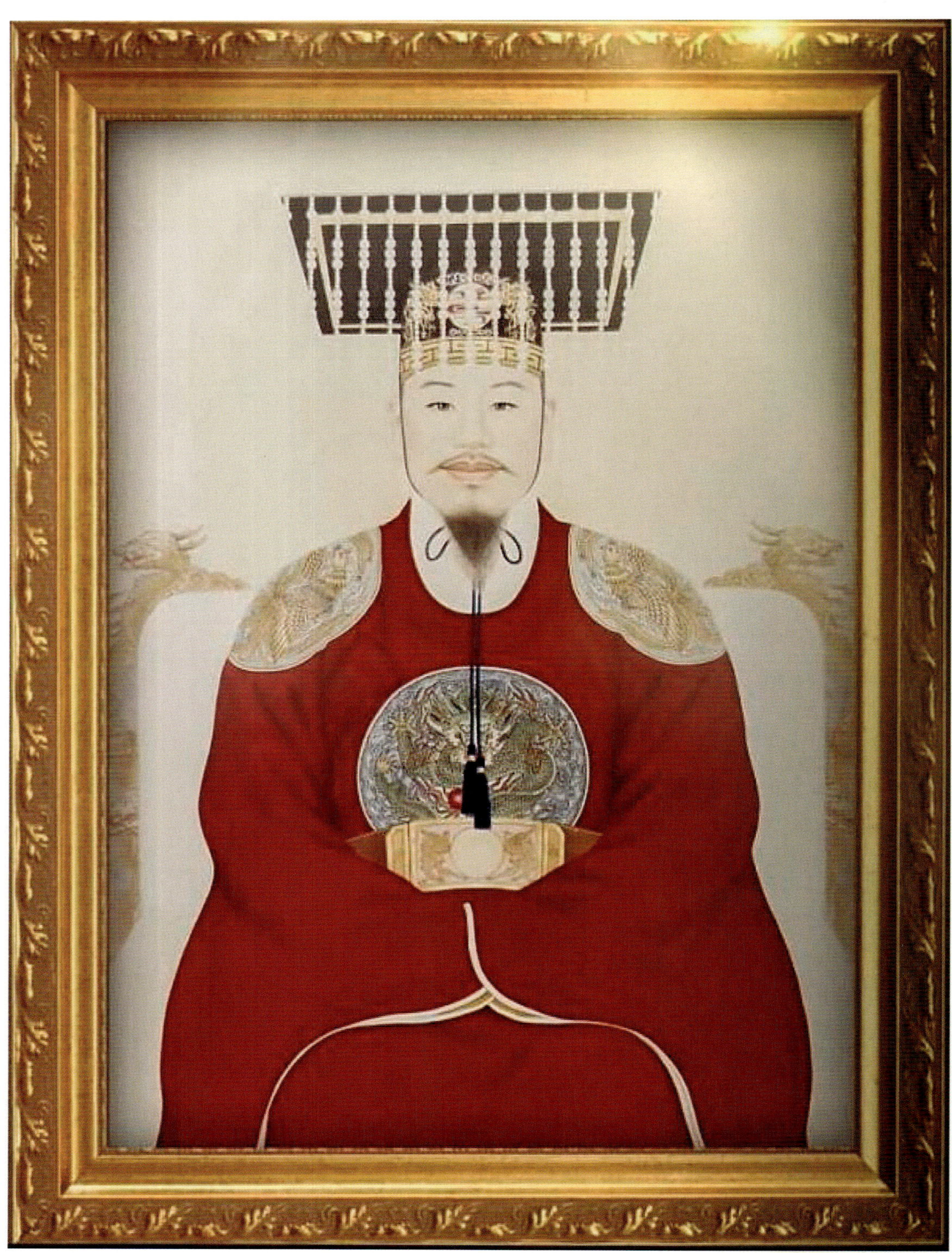

종통계통도

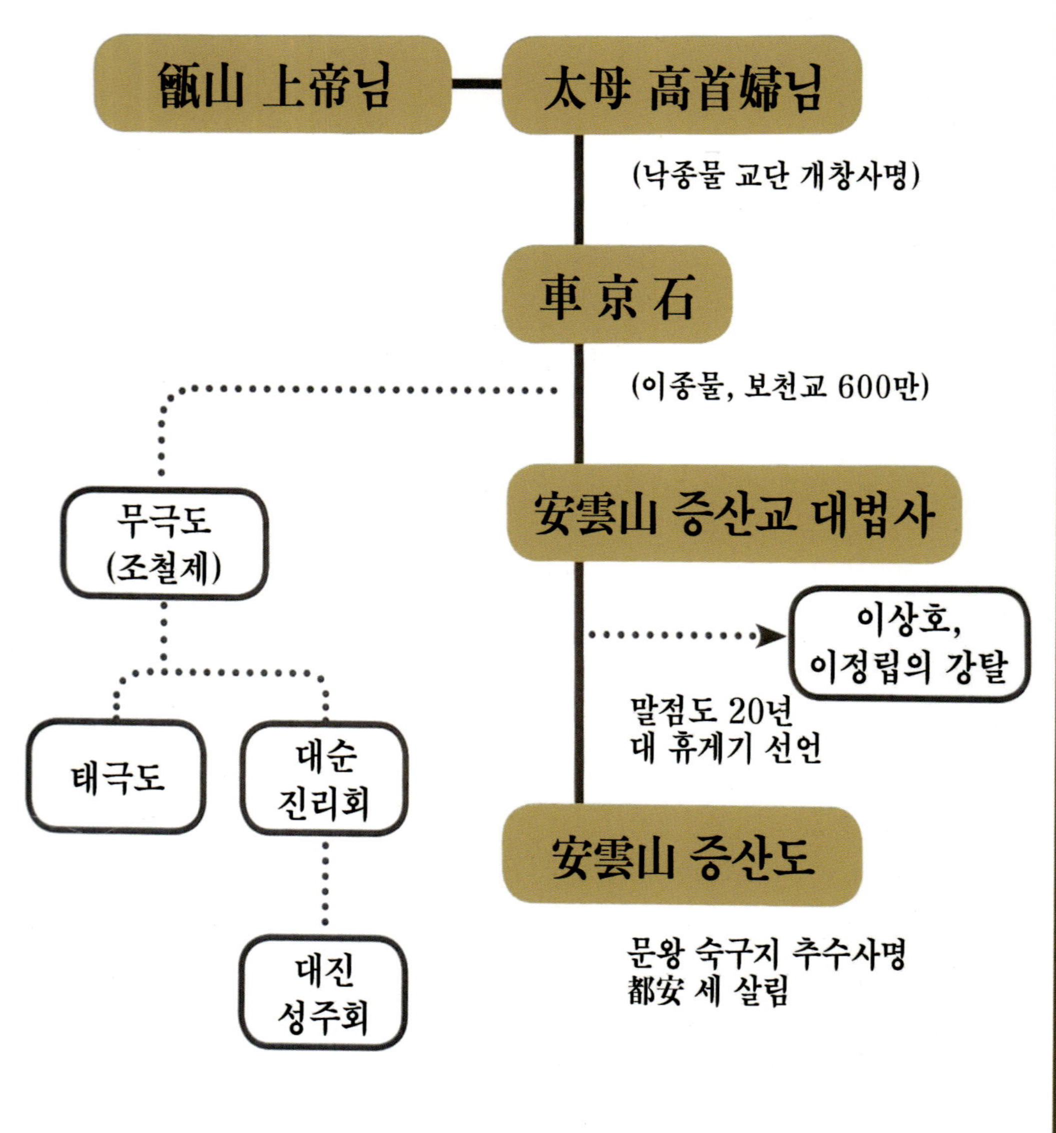

甑山 上帝님
太母 高首婦님
(낙종물 교단 개창사명)
車京石
(이종물, 보천교 600만)
安雲山 증산교 대법사
무극도
(조철제)
이상호,
이정립의 강탈
말점도 20년
대 휴게기 선언
태극도
대순
진리회
安雲山 증산도
대진
성주회
문왕 숙구지 추수사명
都安 세 살림

서 문 (序文)

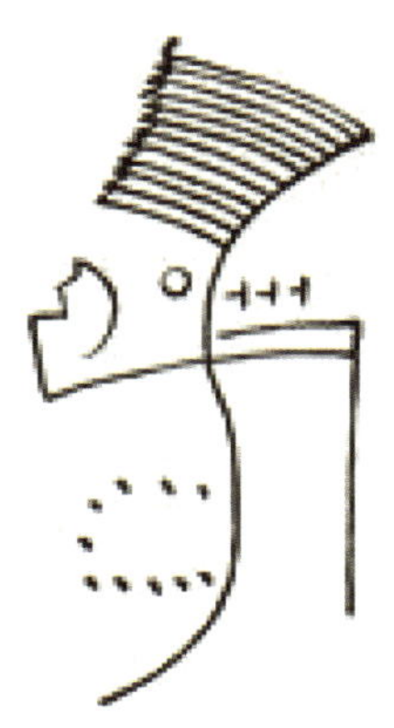

水火金木待時以成水生於火故天下無相克之理

玄武經

1. 서론(緖論)

유세갑오십일월일일(維歲甲午十一月一日) 동지절(冬至節) 심합어도(心合於道) 감소고우(敢昭告于), 천주님이시자 미륵존불이시고 만법화권강성상제(萬法化權姜聖上帝)이시자 개벽주원황상제폐하(開闢主元皇上帝陛下)이시고 건존 하느님이시자 10천 무극상제님, 호천금궐 상제님으로서 9년 천지공사를 집행하신 증산 상제님 존령지위(尊靈之位)와 태을천상원군님 존령지위(尊靈之位)와, 구천(九天) 태을(太乙) 내원궁(內院宮)의 법륜보살(法輪菩薩)이시자 존성대법고성후비(尊聖大法高聖后妃)로서 증산 상제님과 함께 3년간 수부사명을 집행하시고 상제님 9년 천지공사 이외에 별도로 10년 신정공사(神政公事)를 집행하신 곤존 태모 고 수부님 성령지위(聖靈之位)를 위시하여,

부모님 간선(揀選)의 인연(人緣)으로 결혼해 3년간 수부사명을 대행하신 정 치순 대모님, 묘향보살인 시녀불로 3년간 수부사명을 대행하신 김 말순 수부님, 삼위성조님, 칠성령님, 증산상제님 추종성도님, 태모 고 수부님 추종성도님 친·외가 조상신명님, 만국충신효자의인열사 성령지위님 및 천지신명님, 각종 경전 편찬에 큰 등불이 되신 김 형렬(金亨烈) 수석 성도와 600만 보천교 이종물 사명자이신 차경석

(車京石) 성도와 숙구지(宿狗地) 문왕 도수로 도안(都安) 세 살림을 열어주신 안 세찬(安世燦) 성도사(聖道師)님을 위시하여 상제님 진리 창명(彰明)을 위해 각종 경전 편찬에 힘쓴 선배 구도자 신명님, 모든 상제님 각 종파 개창자 및 추종 신도 신명님 전(前)에,

숙구지 문왕 도수의 세 살림 도수 개척기 이후 지금까지 등장한 모든 신도들의 성경신과 영성을 모두 모아 본 <범증산계 통합경전-십경대전>을 봉헌하며 건존 증산 상제님, 곤존 태모 고 수부님 진리를 받드는 모든 신앙인과 온 누리 창생에게 후천 5만년 무량대복이 함께 하는 참사람이 되기를 성경신(誠敬信)으로 기원하오며 본 경전으로 천하사 일꾼이 일비충천(一蜚沖天)하고 일명경인(一鳴驚人)하여 연연납납(連延納納) 봉천명봉신교(奉天命奉神敎) 완수의통천하사(完遂醫統天下事)를 근주탑하(謹奏榻下)하나이다. (攀天撫地 四拜心告)

*안 세찬(安世燦) 전(前) 종도사(宗道師)님을 성도사(聖道師)님으로 추숭(追崇)합니다.

도기(道紀) 144년(2014) 갑오(甲午) 12.22 동지절

<범 증산계 통합경전 출간위원회> 위원일동

동양정신은 연역법입니다. 강박으로 시작하는 한민족 전통민요 농부가, 한오백년, 월드컵 응원가인 ♬대한민국 짝짝짝 짝짝. 모두 강박으로 시작합니다. 심법이 제대로 된 천심자는 종통 몰라도 후천 기운을 받을 수 있을지 모르지만 대부분의 평범한 사람은 종통 문제에 대해 확실하게 결론부터 내고 시작해야 전반적인 진리 내용을 빨리 캐치할 수 있습니다. 상자에 모래와 자갈을 넣는 방법은 자갈을 먼저 넣고 모래를 넣는 것이 순서입니다. 대국을 먼저 잡아채는 것이 순서입니다. 마찬가지로 핵심 줄거리인 총론을 먼저 알고 시작해야 각론이 지루하지 않고 재미있게 접근할 수 있습니다.

모든 스토리에도 가장 큰 자갈인 주인공이 있습니다. 주인공이 누구인지 모르면 내용의 핵심을 알기가 어렵습니다. 양위 하느님이신 건존 증산 상제님과 곤존 고수부님이 짜 놓으신 9년 천지공사(양)와 10년 신정공사(음)의 주인공은 이종물 사명자인 차 경석 성도를 거쳐 숙구지 문왕도수를 받은 추수사명자 운산 안 세찬(홍찬) 성도사입니다. 차 경석 성도가 조연이라면 운산 안 세찬 성도사는 바로 19년 천지공사의 최종 결론인 추수도수를 맡은 문왕도수의 주인공으로 도안(都安)의 세살림도수의 문을 열기위해 역경만첩의 고난의 행군을 하도록 내세워진 후천 대시태조(大時太祖)의 주인공입니다.

줄거리 파악을 위해 가장 중요한 사항

첫째, 하루의 아침, 점심, 저녁, 밤의 시간 구분을 일 년으로 확대하면 봄, 여름, 가을, 겨울 4계절이 됩니다. 마찬가지로 우주 1년으로 확대하면 우주에도 만물을 씨 뿌리는 우주의 봄철이 있으며 문명을 꽃피우는 우주 여름철과 문명을 열매 맺는 후천 가을이 되면 인간도 선천 성자 이상의 불보살로 완성되어 열매를 맺습니다. 인간이 열매 맺는 후천에는 1.신족통(神足通) ; 시방세계를 왕래하는 능력. 2.천안통(天眼通) ; 시방세계까지 밝게 보는 능력 3.천이통(天耳通) ; 시방세계까지 밝게 듣는 능력. 4.타심통(他心通) ; 남의 마음을 읽는 능력. 5.숙명통(宿命通) ; 과거현재미래 3생을 아는 능력. 6.누진통(漏盡通) ; 번뇌를 멸하여 미혹된 삶과 윤회를 끊은 마하반야의 능력 등을 갖추는 1만 2천 도통군자 여래가 금강산 기운으로 한반도에서 배출됩니다.

둘째, 인간농사 열매 맺는 우주가을 후천 개벽 시대를 맞이해 모든 인간이 불보살로 열매 맺는 인존시대를 열기 위해 창조주 하느님이시며 미륵존불이시자 천주님이신 강 증산 상제님이 한민족의 혈통으로 구한말 1871년 전라도 고부 땅에 강림하셨습니다. 유불선서교 예수, 석가, 공자는 내가 사역시켜 쓰기위해 내보냈다고 밝히신 전혀 새로운 후천 가을구원 소식은 지구촌에 파천황적인 선언이 아닐 수 없습니다. 말 그대로 천주강림의 무극대도이며 우주 가을철 열매맺는 진리입니다. 선천 유불선 예수석가공자의 아날로그 꽃시대 진리를 폐기시키고 후천가을 디지털 통합 열매기 시대 진리를 선포한 것입니다.

셋째, 절대자 칭호는 선천성자의 문화, 언어, 전통, 습속의 입맛에 따라 천주님, 미륵존불, 옥황상제, 절대자 하느님, 구세주 하나님, 백보좌 하나님, 알라(하나님: 아랍어 الله, Allāh, IPA: [ʔalˤˈlˤɑːh]), 호천금궐 상제님 등 각기 다르게 표현했을 뿐입니다. 이같이 서로 다른 절대자 칭호가 동일한 한 분이라는 것을 밝히신 분이 바로 기독교의 요한사명을 지닌 수운 최 제우 대신사로 한울님, 천주님, 상제님이 증산 상제님으로 강림하는 한 분이심을 밝혀주었습니다. 복희팔괘, 문왕팔괘에 이어 후천 정역팔괘를 선포한 김 일부 선생은 "천지청명혜天地淸明兮여 일월광화日月光華로다. 일월광화日月光華兮여 유리세계琉璃世界로다. 세계세계혜世界世界兮여 상제조림上帝照臨이로다.-천지의 맑고 밝음이여, 일월의 새 생명 빛나도다. 일월의 새 생명 빛남이여, 낙원세계 되는구나. 개벽 세계여, 새 세계여, 하느님이신 상제님께서 성령의 빛을 뿌리며 친히 강세하시도다. (『正易』 「十一吟」 중에서)"라고 천주강림의 후천개벽시대를 선포한 바 있습니다.

넷째, 그 구세주 하느님이 구한말 전라도 고부 땅에 탄강하시어(1871) 인류구원에 대한 기존 선천 유, 불, 선, 기독교- 예수 석가 공자 노자 등의 선천 성자들의 아날로그 복음을 폐기시키고 새로운 인류구원의 디지털 복음-청사진(매트릭스)을 <천지공사>라는 이름으로 1901년부터 1909년까지 9년간 새로 짰으며(포석에 해당하는 대국적인 청사진) 9년간(양도수) 포석해 짜 놓으신 인류구원의 매트릭스 프로그램을 강 증산 상제님의 배필이신 여성하느님 곤존 태모 고 수부님에게 맡기시어 10년 신정공사(음도수)로 완성하게 하셨습니다. 상제님 9년 천지공사와 태모님 10년 신정공사(1926~1935)는 정음정양의 역할분담으로 결합됨으로써 비로소 천지공사의 내용이 완성되었습니다.

<증산도 道典>* 하루는 태모님께서 성도들에게 말씀하시기를 "상제님께서 천지공사를 통해 평천하를 이루시고 '수부 도수(首婦度數)로 천하 만민을 살리는 종통대권(宗統大權)은 나의 수부, 너희들의 어머니에게 맡긴다.'고 말씀하셨느니라."하시니라.
<선정원경(仙政圓經)>*정묘년(丁卯年:일구이칠) 경칩(驚蟄) 치성(致誠)에 신도(信徒) 사오십명(四五十名) 회집(會集) 중 고씨(高氏)께서 말씀하시되 "일심(一心)으로 신봉(信奉)하라 하시며 자네들 신세(身勢)난 그릇치지 아니할지라. 증산(甑山)과 합성(合成)하여 정리(定理)한 일이니 자네들은 팔짚고 헤엄치기라" 하시니라.

다섯째, 후천은 음의 가을 우주시대이므로 여성을 종통의 우두머리로 내세우셨습니다. 태모 고 수부님을 모신 성도들은 증산 상제님을 건존 하느님, 천주님, 미륵존불, 만법화권강성상제(萬法化權姜聖上帝), 개벽주원황상제폐하(開闢主元皇上帝陛下)로 모셨듯이 태모 고 수부님을 곤존 하느님이라 하여 여성 하느님이신 존성대법고성후비(尊聖大法高聖后妃)님으로 모셨습니다. 한민족으로 강림하신 절대자 천주 하느님이 직접 짜 놓으신 9년 천지공사 청사진을 수부사명의 10년 신정공사(神政公事)로 완성하심과 동시에 성사재인으로 세상위에 교단개창을 현실화 시키는 첫 사명을 맡으셨습니다.

따라서 기독교 교회의 첫 종통- 첫 교황이 남자인 베드로라면 증산 상제님의 무극대도 도운의 첫 출발 종통은 여성인 태모 고 수부님인 셈입니다. 상제님은 천지공사를 보시는데 정음정양의 수부가 없으면 안 된다고 하셨습니다. 후천 가을 지천태(地天泰:곤상건하괘) 시대를 맞이해 만 인류의 어머니 곤존 태모 고 수부님을 도문 종통의 첫 출발점 두목-기독교의 첫 교황으로 삼은 것입니다. 여기에서부터 상제님 진법 종통이 시작됩니다. 그런데 출발점부터 잘못된 교단이 그동안 많았습니다. 이는 정음정양시대에 있어 태모 고 수부님이 상제님에게 모든 것을 맡겨주렵니까 하는 공사내용의 출발점을 모르고 있거나 잘못 이해하고 있기 때문입니다.

<선도신정경(仙道神政經)>*고후비(高后妃) 가라사대 나를 일등(一等)으로 정(定)하여 주시렵니까 하고 다짐을 받으시니 상제(上帝)께서 대답(對答)하여 가라사대 일등수부(一等首婦)로 정하리라 하시거늘 고후비(高后妃)께서 가라사대 이 다짐을

변개(變改)함이 없어야 하오리다 하시니 대답하시기를 대인(大人)의 말에는 천지(天地)가 쩡쩡 울려 나가나니 오늘의 이 다짐은 털끝만치도 어김이 없으리라 이것이 천지대도(天地大道)의 수부공사(首婦公事)이니 만민(萬民)의 어머니가 되려면 이와 같이 공사(公事)를 맡아야 되느니라 하시며 부(符)를 그려 불사르신 후(後) 가라사대 세상(世上) 사람이 내가 누구인지만 알아도 반도통(半道通)은 열려야 하느니라 하시더라

<대순전경 3판>*하루는 천사께서 반드시 누우신 뒤에 부인으로 하여금 배 위에 걸터앉아 칼로 배를 겨누며 「나를 일등으로 정하여 모든 일을 맡겨 주시렵니까」 라고 다짐을 받게 하시고, 천사께서 허락하여 가라사대, 「대인의 말에는 천지가 쩡쩡 울려 나가나니 오늘의 이 다짐은 털끝만치도 어김이 없으리라」 하시고, 이 도삼, 임 정준, 차 경석 세 사람으로 증인을 세우시니라.

<선정원경(仙政圓經)>*증산(甑山)께옵서 공사(公事)를 행(行) 하시난대, 일반신도(一般信徒)를 열좌(列坐)케 하시고 대학(大學) 일권(一劵)과 현무경(玄武經) 일권(一劵)으로 자장(自場) 중에서 책(冊) 이권(二劵)을 상호교차(相互交次) 하시며, 고씨(高氏)보고 이 책(이冊)을 밟으며 방중(房中)까지 들어오게 한 후에는, 고씨(高氏)를 누우라 하여 기복상(其腹上)에 거좌(踞坐)하야 대도(大刀)를 고씨(高氏) 항부(項部)에 대(對)하며 천지대업(天地大業)에 중도불변(中途不變) 하겠냐고 다짐을 받으시니,

<선정원경(仙政圓經)>*고씨(高氏)께서 변리(變理)가 없겠노라 하니 그러면 그렇지 희열(喜悅)하시며 증산(甑山)께서 누우사, 내 복상(腹上)에 앉아서 그와 같이 다짐을 받으라 하신지라. 고씨(高氏)께서 하는 수 없이 그와 같이 하며 변(變)할 리(理)가 있소있가 하시며 의감(疑感)치 말으소소 하시며, 부서(符書)를 서취(書取)하야 소화(燒火) 하시며 천지(天地)에 고축(告祝) 하시니라.

<고부인신정기(천후신정기)>*하루는 천사(天師)께서 반듯이 누우신 뒤에, 천후(天后)로 하여금 배위에 걸터앉아 칼로 배를 겨누며 '나를 일등(一等)으로 정(定)하여 모든 일을 맡겨 주시렵니까'라고 다짐을 받게하시고, 천사(天師)께서 허락(許諾)하여 가라사대 '대인(大人)의 말에는 천지(天地)가 쩡쩡 울려나가나니, 오늘의 이 다짐은 털끝만치도 어김이 없으리라' 하시며 이 도삼(李道三), 임 정준(林正俊), 차 경석(車京石) 세 사람으로 증인(證人)을 세우시니라.

<고부인신정기(천후신정기)>*하루는 천사(天師)께서 구릿골에 계실새 차 윤칠(車輪七)이 가서 뵈오니, 천사(天師) 윤칠(輪七)에게 일러 가라사대 '네 매씨(妹氏)를 잘 공양(供養)하라. 네 매씨(妹氏)가 굶으면 천하(天下) 사람이 모두 굶을 것이요, 먹으면 천하(天下) 사람이 다 먹을 것이요, 눈물을 흘리면 천하(天下) 사람이 다 눈물을 흘릴 것이요, 한숨을 쉬면 천하(天下) 사람이 다 한숨을 쉴 것이요, 기뻐하면 천하(天下) 사람이 다 기뻐하리라' 하시니라.

<고부인신정기(천후신정기)>*천사(天師)께서 매양 천후(天后)의 등을 어루만지시며 가라사대 '너는 복동(福童)이라. 장차(將次) 천하(天下) 사람의 두목(頭目)이 되리니, 속(速)히 도통(道通)을 하리라' 하시니라. 하루는 천사(天師)께서 천후(天后)에게 일러 가라사대 '내가 없으면 크나큰 세 살림을 네가 어찌 홀로 맡아 하려 하느냐' 하시니라.

<고부인신정기(천후신정기)>*이에 천후(天后)에게 일러 가라사대 '네 나이는 스물아홉이요, 내 나이는 설흔여덟이라. 내 나이에서 아홉 살을 감(減)하면 내가 너 될 것이요, 네 나이에서 아홉 살을 더하면 네가 나될지니, 곧 내가 너 되고 네가 나 되는 일이니라' 하시니라.

<증산도 도전道典>(들어가는 말)*지난 선천 세상은 억음존양의 상극 질서 속에서 하늘의 신명도 땅위의 인간도 아버지 중심의 문화로 살아왔다. 그러나 이제 후천 음도(陰道) 운을 맞이하여, 이 우주의 통치자 하느님이시며, 바로 아버지 되시는 상제님께서 인간 세상에 강세하시어 "후천 오만년 곤도 운을 열기 위해 너희들의 어머니, 나의 수부에게 천지대권을 전한다."고 선언하셨다. 그리고 당신의 아내 고 수부님에게 "너와 나의 합덕으로 삼계 개조니라. 내가 너 되고 네가 나 되는 일이니라." 하시면서 모든 것을 함께하셨다. 상제님은 음양합덕, 음양동덕의 가을 천지의 천리를 바탕으로 천지와 인간과 신명세계를 바로잡으셨다.

따라서 양위 절대자 하느님이 모사재천(謀事在天:일을 절대자가 꾸밈)의 9년 천지공사와 10년 신정공사를 마치고 천상 옥경으로 돌아가신 이후 이 땅 위에 초장봉기지세(楚將蜂起之勢)로 벌어진 교파 속에 태모 고수부 곤존 하느님의 종통을 부인하면 진리의 본맥을 전혀 알 수 없습니다. 상제님께서 일러 말씀하시기를 "나의 수부, 너희들의 어머니를 잘 받들라. 내 일은 수부가 없이는 안 되느니라." 하시고 또 말씀하시기를 "수부의 치마폭을 벗어나는 자는 다 죽으리라." 하시니라.<증산도 道典>

태모님께서 말씀하시기를 "금산사 미륵전 남쪽 보처불(補處佛)은 삼십삼천(三十三天) 내원궁 법륜보살(內院宮 法輪菩薩)이니, 이 세상에 고씨(高氏)인 나로 왔느니라. 내가 법륜보살로 있을 때 상제님과 정(定)한 인연으로 후천 오만년 선경세계를 창건하기로 굳게 서약하고 세상의 운로에 맞춰 이 세상과 억조창생을 구제할 목적으로 상제님을 따라 인간 세상에 내려왔느니라."하시니라.<증산도 道典> (*참고:석존은 호명(護明)보살)

이어 말씀하시기를 “내가 이 세상에 오려고 모악산 산신으로 내려와 있던 중에, 상제님께서 오시기에 금산 미륵불로 인도하고 시종하다가 상제님께서 개 구(狗) 자 아홉 드는 구구지(九狗地)의 중앙인 시루산 아래 객망리 강 씨 문중에 태어나시기로 나는 9년 만에 담양 땅 고씨문(高氏門)에 태어나서 신 씨와 인연타가 상부(喪夫)를 당한 후에 수부공사(首婦公事)로 상제님과 만났을 적에 상제님께서 말씀하시기를 ‘나는 제주 번개를 잡아 쓰노라. 수부, 잘 만났구나. 만날 사람 만났으니 오죽이나 좋을쏘냐.’ 하셨느니라.”하시니라. <증산도 道典>

여섯째, 태모님의 10년 천지공사인 신정공사(神政公事)의 개념과 본질을 이해해야 합니다. 3월 5일에 태모님께서 여러 성도들을 도장에 불러 모으시고 선언하시기를 “이제부터는 천지가 다 알게 내치는 도수인 고로 천지공사(天地公事)를 시행하겠노라. 신도행정(神道行政)에 있어 하는 수 없다.” 하시니라. 이어 말씀하시기를 “건(乾) 구수(九數)의 증산 상제님께서는 9년 공사요, 곤(坤) 십수(十數)의 나는 10년 공사이니 내가 너희 아버지보다 한 도수가 더 있느니라.” 하셨습니다.

건존 증산 상제님과 곤존 태모 고 수부님은 억조창생의 부모로서 음양합덕이자 음양동덕이시니, 상제님께서는 건도(乾道)를 바탕으로 9년 천지공사를 집행하시고 수부님께서는 곤도(坤道)를 바탕으로 10년 천지공사(神政公事)를 집행하시거늘 인기어인(人起於寅) 도수에 맞춰 시작하셨습니다.(1926 丙寅~1935乙亥) 이에 상생(相生)의 도로써 지난 선천 세상의 원한과 악척이 맺힌 신명을 해원(解寃)하고 만백성을 조화(調和)하여 후천 오만년 지상 선경(地上仙境)의 성스런 운로를 밝게 열어 주셨습니다.

태모 고 수부님 10년 신정공사를 올바로 이해하기 위해 증산 상제님 9년 천지공사의 정신을 선행해 이해할 필요가 있습니다. 증산 상제님 후천 선경세계 도래 복음의 핵심인 이 9년 천지공사의 정신에 대해 상제님이 직접 밝히신 부분이 다음 김 형렬 수석성도가 정리해 놓은 『중화경中和經』에 나옵니다. 참고로 중화경은 상제님이 선천 중생이 밝힌 학문을 통관하시고 최종적으로 결론 내리신 후천 성리학서이자 후천 개벽철학서입니다.

<중화경中和經>*天地公事之基準 (천지공사의 기준)

我於未作事之前에 多聞天下古今之理하야 去私擇善而信從之하여 以爲表準焉하였으며 多見天下古今之事하고 或善或惡而兼識之하여 以爲參考焉하였느니라.

−내가 9년 천지공사(天地公事)를 시작하기 이전, 천하 고금의 이치를 많이 듣고, 사사로운 것은 버리고 좋은 것을 택해 이를 믿고 좇아서, 천지공사의 표준으로 삼았으며, 또 천하 고금의 많은 역사를 보고, 그 가운데 선한 것과 악한 것을 가려내어 이를 확인하고, 천지공사에 참고하였느니라.−

夫多聞見則 耳目之知益廣하고 精擇識則 心志之知益明하나니 雖未能實知其理나 亦可以爲 知之次矣니라.

−무릇, 많이 듣고 많이 보면 이목의 지식이 더욱 넓어지고, 이러한 지식을 정성된 마음으로 가려내 간직하면 마음과 뜻의 지혜가 더욱 밝아지나니, 비록 진리에 대한 참된 깨우침에는 능히 미치지 못한다 해도 또한 참된 깨우침의 다음단계에는 이르게 되느니라.−

徒學이 不思其理則 罔且昏矣라. 思者는 自得也니 如食必飽耳니라.

−아무리 좋은 학문이라도 그 속에 담긴 참뜻과 묘리를 탐구하지 않으면 어둡고 혼미해 지느니라.(<논어> 위정편(爲政編) 子曰 "학이불사즉망(學而不思則罔), 사이불학즉태(思而不學則殆)−배우고 생각지 않으면 어두워지고, 생각만 하고 배우지 않으면 위태해진다.) 생각이라고 하는 것은 본래 생각의 실타래를 따라 스스로 얻어지는 것이니, 마치 밥을 먹으면 배부른 이치와 같으니라.(생각 끝에 생각이 나오느니라)−

<선정원경(仙政圓經)>*차절(此節)은 현무경(玄武經) 법서(法書)에 십구자(十九者)난 천지이종지수(天地二從之數)라 하신 바 천수구도(天數九度)로 건존증산(乾尊甑山)께서 구년공사(九年公事) 설법(說法) 하시고 지수십도(地數十度)로 곤존고씨(坤尊高氏)께서 십년공사(十年公事) 설법(說法)의 원칙약초야(原則略抄也)라

<선정원경(仙政圓經)>*건존증산(乾尊甑山) 께옵서 선후천(先后天) 삼계대업(三界大業)의 공사(公事) 설법(說法)은 대순전경(大巡典經)에 총재이(總裁而) 자(自) 신축년(辛丑年)으로 지(至) 기유년(己酉年)이 구년공사(九年公事) 설법(說法) 종결(終結)하사 계통전수어(繼統傳授於) 곤존고씨이(坤尊高氏而) 곤존(坤尊)께서 자(自) 병인년(丙寅年:1926)으로 지(至) 을해년(乙亥年:1935)이 십년공사(十年公事) 설법이(說法而) 전무전서(全無典書)나 공사시(公事時) 참종인(參從人)과 고민환(高旻煥)이 구상채집기초(究想採集記抄)에 선후불일불시(先後不一不啻)라 항하일사격(恒河一沙格)로되 추일사이가측(推一事而可測)이로다. 연이수기(然而隨其) 건

곤양위(乾坤兩位) 사업원리(事業元理) 종지(宗旨)하야 귀의본원이수기성경신(歸依本源而隨其誠敬信)하야 내성의세성업(乃成醫世聖業)하야 만방(万邦) 유일포덕(惟一布德)인저.

일곱째, 수부공사 및 후비 임직공사의 바른 이해. 증산 상제님이 후비 임직공사를 보신 것에 대해 기존의 교의는 대부분 청음 이 상호, 남주 이 정립의 수부관에 의존해 믿어왔습니다. 즉 1차로 <대순전경> 기유년(1909)년 6월 23일 어천하시기 하루 전 날 공사 하나에 의존해 해석해 왔습니다. 그러나 기존의 모든 경전을 살펴보면, 심각하게 왜곡되어 있음을 알 수 있습니다. 먼저 우리가 기존에 알고 있는 <대순전경> 내용부터 이에 대한 내용이 실려진 <동곡비서>, <선정원경>, <천지개벽경>의 기록에 이르기까지 종합해 보면 새로운 사실을 알 수 있습니다.

<동곡비서>*23일 오전에 여러 종도들에게 일러 가라사대 "이제 때가 바쁜지라. 너희들 중에 임술 생으로서 누이나 딸이 있거든 수부(首婦)로 내세우라." 하시니, 형렬이 대하여 가로되 "수부는 저의 딸로 들여세우겠습니다." 가라사대 "세수시키고 빨은 옷을 갈아입혀서 데려오라." 하시니 형렬이 명하신대로 그의 딸을 약방으로 데려오거늘, 선생이 종도들로 하여금 약장을 방 한가운데로 옮기게 하신 뒤에 형렬의 딸을 명하사 약장 주위를 세번 돌게 하신 후에 그 옆에 서게 하시고, 경석에게 명하사 '大時太祖出世 帝王將相方伯守令 蒼生點考后妃所(대시태조출세 제왕장상방백수령 창생점고후비소)'라는 글을 쓰게 하시니, 경석이 받아씀에 后妃所(후비소)를 后妣所(후비소)라 썼거늘

<동곡비서>*가라사대 "잘못 썼다." 하사 불사르시고, 다시 쓰게 하사 약장에 붙이게 하신 뒤에 가라사대 "이것이 禮式(예식)이니 너희들이 증인이 되라." 하시고 형렬의 딸을 돌려보내신 다음에 경석으로 하여금 그 글을 거두어 불사르시니라. 6월23일에 약방에 누웠다가 다시 마루에 누웠다가 또 뜰에 누웠다가 또 사립문 밖에 누웠다가, 형렬에게 업혀서 형렬의 집에 가시어 누웠다가 다시 약방으로 돌아 오사 또 형렬에게 업히어, 이렇게 하기를 4~5차를 왕복하고 나니 형렬이 피곤하거늘 또 차경석이 가름하여 두 번을 더 왕복하신 후에, 또 다섯 사람을 시켜서 사지를 네 사람이 어깨에 메고 머리를 한사람이 두 손으로 받쳐 들고 약방에 오신 후에, 마루에 누우시며 가라사대 "죽고 살기는 쉬우니, 몸 안에 있는 정기를 흩으면 죽고 모으면 사느니라." 하시고, 경석으로 하여금 -全羅北道 古阜郡 優德面 客望里 姜一淳 西神司命(전라북도 고부군 우덕면 객망리 강일순 서신사명)-이라 써서 불사르시니라.*<동곡비서>

<대순전경 3판>*스무사흗 날 오전에 여러 제자들에게 일러 가라사대, 이제 때가 바쁜지라. 너희들 중에 임술(壬戌)생으로서 누이나 딸이 있거든, 수부(首婦)로 내 세우라 하시니 형렬이 대하여 가로대, 수부는 저의 딸로 들여세우겠나이다. 가라사대, 세수 시키고 빨은 옷을 가라입혀서 데려오라 하시니 형렬이 명하신대로 하여 그 딸을 약방으로 데려오거늘, 천사 제자들로 하여금 약장을 방 한가운데로 옮겨 놓게 하신 뒤에, 형렬의 딸을 명하사 약장 주위를 세 번 돌게 하신 뒤에 그 옆에 서게 하시고, 경석을 명하사 「대시태조(大時太祖) 출세(出世) 제왕(帝王) 장상(將相) 방백(方伯) 수령(守令) 창생점고(蒼生點考) 후비소(后妃所)」라는 글을 쓰게 하시니, 경석이 받아씀에 후비소(后妃所)를 후비소(后妣所)라 썼거늘 가라사대, 잘못 썼다 하사 불사르시고 다시 쓰게 하사 약장에 붙이게 하신 뒤에, 가라사대, 이것이 예식이니 너희들이 증인이 되라 하시고, 형렬의 딸을 돌려보내신 다음에 경석으로 하여금 그 글을 거두어 불사르시니라.

<천지개벽경(天地開闢經)>*깨끗(潔)한 옷(衣)을 갈아입혀(與) 데리고 오라(來) 하시니 형렬(亨烈)이 명(命)하신대로 그 딸(女息)을 약방(藥房)으로 데려오거늘 종도(從徒)들로 하여금 약장(藥藏)을 방가운데(房中) 옮겨(移) 놓게 하신 후(後) 형렬(亨烈)의 딸에게 명(命)하사 약장(藥藏)을 안고 약장 주위(周圍)를 세 번(三番) 돌게(回轉) 하신 후에 약(藥)장 옆에 세우신(立) 후 여러 종도(從徒)들에게 일러 가라사대(曰) 내(吾)가 초취(初娶)와는 아주 이연(離緣) 하였음을 선언(宣言)하노라. 후일(後日)에 너희들(汝等)이 증인(證人)이 될지어다 하시고 경석(京石)을 명(命)하사 양지(洋紙)에 大時太祖出世帝王將相方伯守令蒼生點考后妃所(대시태조출세제왕장상방백수령창생점고후비소)라는 글(文)을 쓰라(書) 하였더니 경석(京石)이 받아 쓸세 后妃所(후비소)를 后妣所(후비소)라고 그릇 쓰니(用) 가라사대(曰) 잘못(善不) 썼느니라 하시며 불사르게(燒火) 하시고 다시 쓰라 하여 약장(藥藏)에 붙이게 하신 후 가라사대(曰) 이것(是)이 예식(禮式)이니 너희들(汝等)이 증인(證人)이라 하시며 형렬(亨烈)의 딸(女)을 안으로(內處)으로 드려 보내신 다음에 경석(京石)으로 하여금 그(其) 글(文)을 거두어 불사르라(燒火) 하시니라.*<정영규 천지개벽경>

<선도신정경(仙道神政經)>*스무사흗날(二十三日) 오전(午前)에 종도(從徒)들에게 가라사대 이제는 일이 절박(切迫)하였으니 너희들 중(中)에 임술 생(壬戌生)으로써 누이나 딸이 있거든 수부(首婦)로 내세우라 하시거늘 형렬(亨烈)이 여쭈어 가로대 수부(首婦)는 염려(念慮) 말으시고 속(速)히 사업(事業)이나 추진하사이다 가라사대 너희 딸로서 수부(首婦)를 드리겠느냐 하시니 형렬(亨烈)이 대답(對答)하여 가로대 그리하겠나이다 그러면 깨끗한 옷으로 갈아 입혀서 데려오라 하시니 형렬(亨烈)이 명(命)하신대로 그 딸을 약방(藥房)에 데려오거늘 종도(從徒)들로 하여금 약장(藥欌)을 방(房)가운데 옮겨 놓게 하신 후(後) 형렬(亨烈)의 딸에게 명(命)하사 약장(藥欌)을 안고 약장주위(藥欌周圍)를 세 번(三番) 돌게 하신 후(後)에 약장(藥欌) 옆에 세우시고 여러 종도(從徒)들에게 일러 가라사대

<선도신정경(仙道神政經)>*내가 초취(初娶)와는 아주 이연(離緣)하였음을 선언(宣言)하노라 후일(後日)에 너희들이 증인(證人)이 될지어다 하시고 경석(京石)을 명하사 양지(洋紙)에 대시태조출세제왕장상방백수령창생점고후비소(大時太祖出世帝王將相方伯守令蒼生點考后妃所)라는 글을 쓰게 하였더니 경석(京石)이 받아 쓸새 후비소(后妃所)를 후비소(后妣所)라고 그릇 쓰니 가라사대 잘못 썼느니라 하시며 불사르게 하시고 다시 쓰라 하여 약장(藥欌)에 붙이게 한 후에 가라사대

<선도신정경(仙道神政經)>*이것이 예식이니 너희들이 증인(證人)이라 하시며 형렬(亨烈)의 딸을 안으로 들어 보내신 다음에 경석(京石)으로 하여금 그 글을 거두어 불사르라 하시고 천지공사(天地公事)를 끝마쳤다 선언(宣言)하시니 경학(京學)이 여쭈어 가로대 이제 천지공사(天地公事)를 끝마치셨다 하오니 그러면 출세(出世)하사이다 하고 아뢰니 상제(上帝)께서 가라사대 사람이 없어서 출세(出世)치 못하리라 하시니 경학(京學)이 가로대 제가 비록 무능(無能)하오나 몸이 달토록 두 사람의 일을 대행(代行)하려 하나이다.

侍

상제님은 1907년(丁未) 동짓달 초삼일 차 경석 성도로부터 이종매 태모님을 소개받아 수부로 택정하신 상황에서 두 해가 지난 1909년(己酉) 어천 하루 전날인 6월 23일 이미 2년 전 태모님을 만나기 직전 후비임직을 해임한 김 수부님(후비임직:1904(甲辰) 10月~1907(丁未年 11. 3일))을 다시 불러 후비임직 공사를 보신 것입니다. 그러나 <선정원경(仙政圓經)>에는 태모님에게 후비임직을 맡기시는 공사를 일찍이 보신 바 있습니다. <천지개벽경:정영규 찬술>은 고 민환 성도의 <선정원경(仙政圓經)>을 인용한 2차 사료입니다.

<선정원경(仙政圓經)>*증산(甑山) 께옵서 공사(公事)를 행(行)하시난대 고씨(高氏) 거처(居處) 청당(廳堂)에 차경석(車京石), 전춘심(全春尋)외 신도(信徒) 수십인(數十人)을 열좌(列坐)케 하시고 양지(洋紙)에 부서(符書)를 기재(記載)하사 북향(北向) 하시고 소화(燒火)하시며 "차(此) 공사(公事)난 고씨(高氏)에게 후비임직(后妃任職)을 정(定)하는 공사(公事)라" 하시며 "장상방백수령창생후비소점고(將相方伯守令蒼生后妃所點考)라" 하시며 "선위봉공(善爲奉恭)하라" 하시다.

<천지개벽경(天地開闢經)>*상제(上帝)께서 대흥리(大興里)를 출발(出發)하려 하실세 고부인(高夫人)이 거처(居處)에 경석(京石)의 가권(家眷)과 종도(從徒)들을 벌려(列) 앉히시고(坐) 양지(洋紙)에 부도(符圖)를 그리시고 글(文)을 써서(書) 북(北)을 향(向)하여 소화(燒火)하시니 그 글(文)에 쓰(書)시기를 장상방백수령창생점고후비소(將相方伯守令蒼生點考后妃所)라 하였더라. 이 때(此時)에 종도(從徒)들

과 경석(京石)의 가권(家眷)에게 이르(謂)시기를 이 공사(公事)는 후비(后妃) 책임(責任)을 정(定)하는 공사(公事)이니 너희들(汝等)은 선위봉공(善爲奉恭)하라 하시니라.

<선정원경(仙政圓經)>*차절(此節)은 건곤양존(乾坤兩尊) 신도선정임직기(神道仙政任職記)라. 곤존임직기(坤尊任職記)라 후비위(后妃位) 장상방백수령창생후비소총관점고지위(將相方伯守令蒼生后妃所總管點考之位)

이상에서 본 바와 같이 <선정원경(仙政圓經)>에서는 <대순전경(大巡典經)> 기유년 공사에서 보는 김 수부님 공사 내용과 전혀 다른 존성대법고성후비(尊聖大法高聖后妃) 태모 고 수부님 및 차 경석 성도, 전 춘심 성도 등 참여 성도와 전혀 다른 장소(대흥리 차경석家)에서 보신 후비임직 공사 내용 및 연도가 나옵니다. 즉 후비임직 공사는 이미 태모 고 수부님에게 공사 본 바 있습니다. 또한 이미 이보다 앞선 1904년(甲辰年) 10월 정부인과의 이연(離緣)을 선포하는 자리에서 다시 김 형렬 성도로부터 3째 따님이신 김 말순 수부님을 공사로 책정해 후비임직을 보신 공사내용이 있습니다.

<대순전경(大巡典經)>*하루는 황 응종(黃應鐘)이 와서 뵈옵고 부인에 관한 친명을 전하거늘 대성께서 김 형렬(金亨烈) 김 자현(金自賢) 김 보경(金甫京) 한 공숙(韓公淑) 등 여러 종도들에 일러 가라사대 가정사(家庭事)는 친명(親命)대로 처리하노니 너희들이 증인을 설지니라 하시고 가라사대 공사에는 수부가 있어야 하나니 수부를 천거하라 하시니 형렬이 셋째 딸로 하여금 수종들게 하였다.

즉 고부본댁에서 고부갈등으로 이혼요구의 친명을 전하러 온 황 응종 성도에게 가정사는 친명대로 처리한다고 공개 선언한 자리에서 김 형렬 성도의 딸인 김 수부님을 맞아들여 새로이 후비임직 공사를 보신 것입니다. 후천 정음정양 시대는 여성을 말을 듣지 않고는 무엇 하나 용사할 수 없는 음체양용(陰體陽用)의 지천태(地天泰:곤상건하) 시대입니다. 이러한 정음정양의 후천시대를 여는데 있어 모든 신명을 모아 회산청령(會散聽令)케 하여 공사규범을 일일이 정하는 천지공사 자리에서 수부사명(首婦司命) 없이는 공사를 볼 수 없으므로 온갖 수발을 들은 조강지처 정부인과

의 이연(離緣)을 천지인신(天地人神)에 공포함과 동시에 공백이 생긴 수부(首婦)자리를 새로이 임명한 것입니다.

정부인은 부모님의 청(請)인 인연(人緣)으로 결혼하신 분으로 이연(離緣)을 선언한 후에도 고부본댁에서 시댁 부모님을 모시고 계속 사셨으며 상제님도 어천하시기 전 처족을 일일이 찾아보셨기 때문에 세속적인 부부 연은 지속되었으되 절대자로서 창생구제의 천지공사 집행에 있어 천지인신(天地人神)의 증인으로 성도들을 내세워 만 인류의 어머니로서 천지인신(天地人神)의 곤존(坤尊) 지위인 수부사명(首婦司命)만 거두신 것으로 볼 수 있습니다. 후일 이 정립(李正立)은 이 공사의 참 뜻을 몰랐기에 갑진년(1904)의 정부인 이연 선언과 김 수부님 후비임직 공사를 기유년(1909)의 공사와 혼돈해 다음과 같이 두 기록을 섞어서 기록하고 있습니다.

결론적으로 이상의 <동곡비서><대순전경> 기록과 다음의 기록을 비교해 보면, 이 정립(李正立)은 <증산교사>에서 갑진년(1904)의 정부인 이연 선언과 기유년(1909)의 김 수부님 후비임직 공사를 혼동해 두 기록을 섞어서 기록하고 있으며 정영규의 <천지개벽경><선도신정경>도 비슷한 혼동을 보여주고 있습니다.

<증산교사(甑山敎史)>*기유년(도기 39,1909) 유월 스무 사흗날 천사(天師)께서 여러 종도들에게 일러 가라사대 『나의 일은 수부(首婦)가 있어야 되는 일이오 이제는 일이 절박하였으니 너희들 중에서 누구든지 딸이나 누이 중 한 사람을 가려서 수부(首婦)로 들여세우라』 형렬이 여쭈어 가로대 『수부(首婦)는 염려 말으시고 사업만 추진하사이다』 가라사대 『네 딸을 들여세우겠느냐』 가로대 『그리하겠나이다』 가라사대 『네 딸로 하여금 새옷을 갈아입고 나와서 약장을 안고 세 번 돌게하라』 형렬이 명하신대로 행하거늘 천사(天師)께서 형렬의 딸을 옆에 세우고 형렬과 여러 종도들에게 일러 가라사대 『내가 초취(初娶)와는 아주 이연(離緣)하였음을 성명(聲明)하노니 후일에 너희들이 증인이 될지어다<공사혼동>』 하시고 경석을 명하사 양지조각에 『제왕장상방백수령창생점고후비소(帝王將相方伯守令蒼生點考后妃所)』 라고 쓰라 하시니 경석이 아내 비(妃)자를 죽은 어미 비(妣)자로 그릇 쓰거늘 명하사 불살어버리게 하시고 다시 쓰이사 약장에 붙이게 하신 뒤에 형렬의 딸을 안으로 들여보내셨다.
(*김형렬 성도 셋째따님으로 수부공사에 책정되신 분은 김말순(金末順)으로 경인년(1890),10월 8일 출생하시어 신해년(1911), 9월 25일 구릿골(銅谷)에서 22세로 선화하심.)
<천지개벽경(天地開闢經)>*깨끗(潔)한 옷(衣)을 갈아입혀(與) 데리고 오라(來) 하시니 형렬(亨烈)이 명(命)하신대로 그 딸(女息)을 약방(藥房)으로 데려오거늘 종

도(從徒)들로 하여금 약장(藥藏)을 방가운데(房中) 옮겨(移) 놓게 하신 후(後) 형렬(亨烈)의 딸에게 명(命)하사 약장(藥藏)을 안고 약장 주위(周圍)를 세 번(三番) 돌게(回轉) 하신 후에 약(藥)장 옆에 세우신(立) 후 여러 종도(從徒)들에게 일러 가라사대(曰) 내(吾)가 초취(初娶)와는 아주 이연(離緣) 하였음을 선언(宣言)하노라. 후일(後日)에 너희들(汝等)이 증인(證人)이 될지어다 하시고 경석(京石)을 명(命)하사 양지(洋紙)에 大時太祖出世帝王將相方伯守令蒼生點考后妃所(대시태조출세제왕장상방백수령창생점고후비소)라는 글(文)을 쓰라(書) 하였더니 경석(京石)이 받아 쓸세 后妃所(후비소)를 后妣所(후비소)라고 그릇 쓰니(用) 가라사대(曰) 잘못(善不) 썼느니라 하시며 불사르게(燒火) 하시고 다시 쓰라 하여 약장(藥藏)에 붙이게 하신 후 가라사대(曰) 이것(是)이 예식(禮式)이니 너희들(汝等)이 증인(證人)이라 하시며 형렬(亨烈)의 딸(女)을 안으로(內處)으로 드려 보내신 다음에 경석(京石)으로 하여금 그(其) 글(文)을 거두어 불사르라(燒火) 하시니라.*<정영규 천지개벽경>

<선도신정경(仙道神政經)>*스무사흗날(二十三日) 오전(午前)에 종도(從徒)들에게 가라사대 이제는 일이 절박(切迫)하였으니 너희들 중(中)에 임술 생(壬戌生)으로써 누이나 딸이 있거든 수부(首婦)로 내세우라 하시거늘 형렬(亨烈)이 여쭈어 가로대 수부(首婦)는 염려(念慮) 말으시고 속(速)히 사업(事業)이나 추진하사이다 가라사대 너희 딸로서 수부(首婦)를 드리겠느냐 하시니 형렬(亨烈)이 대답(對答)하여 가로대 그리하겠나이다 그러면 깨끗한 옷으로 갈아 입혀서 데려오라 하시니 형렬(亨烈)이 명(命)하신대로 그 딸을 약방(藥房)에 데려오거늘 종도(從徒)들로 하여금 약장(藥欌)을 방(房)가운데 옮겨 놓게 하신 후(後) 형렬(亨烈)의 딸에게 명(命)하사 약장(藥欌)을 안고 약장주위(藥欌周圍)를 세 번(三番) 돌게 하신 후(後)에 약장(藥欌) 옆에 세우시고 여러 종도(從徒)들에게 일러 가라사대

<선도신정경(仙道神政經)>*내가 초취(初娶)와는 아주 이연(離緣)하였음을 선언(宣言)하노라 후일(後日)에 너희들이 증인(證人)이 될지어다 하시고 경석(京石)을 명하사 양지(洋紙)에 대시태조출세제왕장상방백수령창생점고후비소(大時太祖出世帝王將相方伯守令蒼生點考后妃所)라는 글을 쓰게 하였더니 경석(京石)이 받아 쓸새 후비소(后妃所)를 후비소(后妣所)라고 그릇 쓰니 가라사대 잘못 썼느니라 하시며 불사르게 하시고 다시 쓰라 하여 약장(藥欌)에 붙이게 한 후에 가라사대

<선도신정경(仙道神政經)>*이것이 예식이니 너희들이 증인(證人)이라 하시며 형렬(亨烈)의 딸을 안으로 들어 보내신 다음에 경석(京石)으로 하여금 그 글을 거두어 불사르라 하시고 천지공사(天地公事)를 끝마쳤다 선언(宣言)하시니 경학(京學)이 여쭈어 가로대 이제 천지공사(天地公事)를 끝마치셨다 하오니 그러면 출세(出世)하사이다 하고 아뢰니 상제(上帝)께서 가라사대 사람이 없어서 출세(出世)치 못하리라 하시니 경학(京學)이 가로대 제가 비록 무능(無能)하오나 몸이 달토록 두 사람의 일을 대행(代行)하려 하나이다.

낙종물 도운개창의 종통 수부임직의 중요성을 간과한 이 정립은 형인 이 상호와 함께 <증산천사공사기>와 <대순전경>을 출판하는 과정에서 자신들이 추수도수의 주인공인 해도진인(海島眞人)으로 자처해 차 경석을 모시던 보천교 시절, 교단개창의 낙종물 사명자로만 인식한 태모님 배척운동을 벌이는 천고의 패악을 범하고 그것도 모자라 자신의 단체 지도자이자 이종물 사명자인 차 경석 교주를 배척하는 혁신운동을 일으켜 배사율을 범하니 그때 나이 각각 불과 20대, 30 대였습니다.

1904년(甲辰年) 10월 상제님께서 고부본댁의 친명을 받들어 정부인과의 이연을 선언했음을 김 형렬 성도를 통해 본가에 전하라 엄명했지만 김 형렬 성도는 감히 절대자 천주님 가정의 천륜 문제에는 일체 개입하지 않았습니다. 상제님은 후일 어천하시기 전에 처족을 마지막으로 찾아보았으니 이로 보면 공적으로 공석중인 수부사명을 대행하신 김 수부님을 거쳐 태모님이신 고 수부님으로 수부임직이 바뀌었지만 조강지처로서 신축년(1901)이후 갑진년 10월까지 3년간 수부임직을 대행하신 정부인은 본가에서 며느리로서의 사적인 관계는 최소한 유지되었다고 볼 수 있습니다.

아무튼 결과적으로 이러한 이 상호·이 성영(정립) 형제의 태모 고 수부님 배척에 대한 뿌리 깊은 역사는 보천교가 해체되고(1936) 후일 을유(1945) 해방이후 안 운산 성도사님의 소위 2변 개척(이종물 보천교 연장)때 유입된 젊은 홍 성렬(범초)에게도 그 정신이 계승되어 용화동 대법사 통천궁에서 증산상제님과 같이 모셔진 태모 고 수부님 어진을 함께 모셔서는 안 된다 하여 오성산 신도들을 초대해 놓은 자리에서 발로 짓밟는 패악을 부린 것입니다.

그럼 상제님께서는 고성후비 태모 고 수부님에게도 이미 후비 임직공사를 다 보셨는데 기유년 어천 하시기 전날인 6월 23일 때가 급하다 하시며 과거 갑진년 보신 김 수부님 수부 임직공사를 왜 다시 보셨을까요? 이는 어천하시기 하루전날 급박한 즈음에 안 운산 성도사님의 임술 생의 기운을 문왕의 도수의 주인공으로 내세우기 위해 보신 삼변 마지막 공사이기 때문입니다.

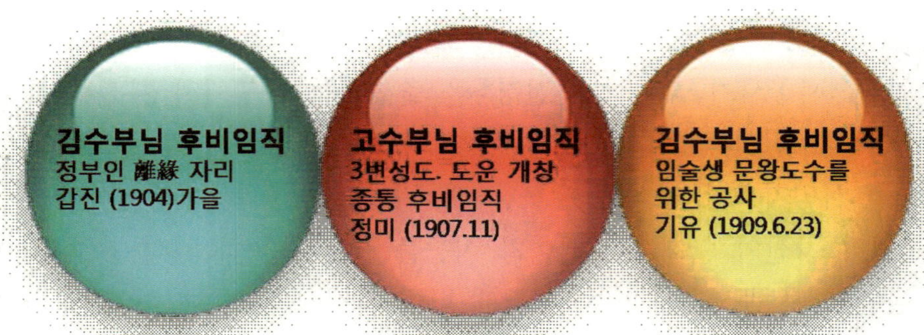

후비임직 삼변성도 :
정수부님, 김수부님, 고수부님의 3變成道. 도운 개창 宗統 后妃임직)

부연설명하면, 율곡 이이의 후신인 고 민환 성도가 태모 고 수부님을 직접 모신 수석성도이고 <천지개벽경:정영규 찬술>이 성포 고 민환 성도의 <선정원경(仙政圓經)>을 인용한 2차 사료인 점을 감안하면 <선정원경>에서 보여지는 고 수부님 후비임직 공사 기록은 혼동의 여지가 없는 신뢰성 있는 내용이라고 보여집니다. 즉, 후비임직 공사는 <선정원경(仙政圓經)>의 증언처럼 이미 존성대법고성후비(尊聖大法高聖后妃) 고 수부님을 통해 공사를 보신 것을 알 수 있습니다.

그런데, 상제님께서는 도기道紀 39년(1909) 기유년 어천 하시기 전날인 6월 23일, 때가 급하다 하시며, 고 수부님을 만나신 이후 더 이상 수부로서 역할을 하지 않고 있던 김수부님을 내세워, 고 수부님에게 이미 보셨던 후비 임직공사를 왜 다시 보신 걸까요? 고 수부님을 만나신 이후 어천하시기 전까지 수부 문제가 제기된 적이 한 번도 없는 상태에서 어천 전날 갑자기 수부 문제를 거론하신 흐름을 잘 살펴볼 필요가 있습니다.

정식으로 예식을 올리지 못하고 있던 김 형렬 성도의 따님을 안타깝게 여기셔서 어천하시기 전에 인간적으로 예식이나마 올려주신 것일까요? 공사 내용을 잘 보면 정식으로 수부를 맞이하는 예식은 아니란 것을 알 수 있으며 외견상 후비임직 공사로 보이지만 그렇다고 단정할 만한 근거는 없고 오히려 9년 천지공사의 핵 중

핵인 문왕의 공사가 암장되어있음을 알 수 있습니다. 이는 설혹 후비임직 공사가 한 번 더 필요했다 해도 고 수부님을 통해서 하지 않으시고 굳이 다른 수부를 내세우게 하신 사실과 더구나 어천을 하루 앞두고 더 이상 수부가 필요하지도 않을 상황에서 당해當該 공사에 대시태조 공사를 보신 것은 추수사명자인 문왕(대인) 출세에 방점을 찍었기 때문입니다.

결론적으로, 이 공사는 수부란 말을 써서 후비 임직 공사처럼 보이지만 사실은 3초 끝에 대인출세인 문왕 도수의 인사문제를 종결짓기 위한 공사라는 것을 알 수 있습니다. 상제님 9년 천지공사의 총 결론은 문왕 도수로 출발하는 운암강수만경래 도안都安 3인 세 번 천하사 도수입니다. 어천 직전 마지막 공사라는 의미상으로도 그렇고 수부 공사로 비견된 만큼 중차대한 공사라는 것을 직감할 수 있습니다. 실제 당일 문 공신에게 "덕 쌓기에 힘쓰라. 문왕의 도수와 이윤의 도수가 있으니 그 도수를 맡으려면 극히 어려우리라."<이중성 대개벽경(大開闢經)>라 하시어 문왕의 도수를 언급해 마무리 지으신 바 있습니다

<u>이 공사의 핵심은 수부가 아니라 '임술 생' 이라는 키워드에 들어있다 할 것입니다.</u> "너희들 중에 임술 생으로서 누이나 딸이 있거든 수부로 내세우라."는 표현에서 <u>상제님의 방점은 '수부'에 있는 것이 아니라 '임술 생'에 있음을 느낄 수 있습니다.</u> 공사를 보신 기유년에 임술 생은 김 형렬 성도처럼 48세의 나이이므로 수부감을 생각한다면 임술 생의 누이는 거론될 필요가 없을 테지만, 상제님은 때가 바쁘다는 전제 하에 누구든지 임술 생으로서 나이 고하를 막론하고 누이든 딸이든 여자라면 괜찮으니 수부로 내세우라고 하신 뜻이 느껴지며 다른 사람이 나서기 전에 김 형렬 성도가 발 빠르게 김수부를 천거하는 바람에 경전 기록자로 하여금 도기 34, 갑진년(1904)에 있었던 김수부 천거 사건과 혼동의 소지를 남기게 된 것입니다.

게다가, 일찍이 이전에 수부 천거를 받으실 때 '너희들 중에 임술 생으로서~' 라는 자격 조건을 부치신 경우는 없었으며, 동시에 수부 당사자이든 수부 추천자이든 임술 생이라는 조건이 붙는 것은 상식적으로 납득이 되지 않는 일이기도 합니다. 그렇다면, 이날 보신 수부임직 공사를 수부 공사가 아니라고 봤을 때 '임술 생' 이라는 자격조건은 엄밀히 말해 수부가 아닌 후천을 여는 대시大時 태조太祖와 같

은 위격의 존재가 임술 생임을 천지에 공표 질정(質定)하는 것을 의미합니다.

이러한 이유로 구체적인 문왕 도수 공사 정황이 외견상 후비 임직 공사처럼 보이지만 자세히 살펴보면 분명한 차이점을 발견할 수 있습니다. 즉, 고 수부님에게 후비 임직 공사를 보실 때는 '장상방백수령창생점고후비소(將相方伯守令蒼生點考后妃所)' 라고 쓰셨는데 이 공사에서는 「대시태조(大時太祖) 출세(出世) 제왕(帝王) 장상(將相) 방백(方伯) 수령(守令) 창생점고(蒼生點考) 후비소(后妃所)」 라고 쓰게 하신 것입니다.

'대시태조 출세 제왕' 이라는 구절이 더 들어가 있는 걸로 봐서 이 공사는 수부 공사가 아님을 확실하게 느낄 수 있을 뿐만 아니라 '임술 생' 과 '대시태조'가 동일 인물임을 느낄 수 있을 것입니다. 상제님께서는 모사재천하신 천하사 대업을 성사재인하여 도성덕립을 이루는 주인공을 '대시태조大時太祖' 로 표현하신 것입니다. 고 수부님이 도통을 받으시고 "나는 낙종물을 맡으리니 그대(차경석)는 이종물을 맡으라. 추수할 사람은 다시 있느니라." 하신 말씀에서, 인신합덕을 술래로 하는 '강강술래' 도수 주인공 대시태조大時太祖는 바로 후천개벽의 대 전환기에 인류를 구원할 '추수할 사람'– 3초 끝에 대인출세의 당사자인 '문왕 도수 책임자'입니다.

그런데, 추수할 사람은 대시태조로 자리 매김된 문왕 도수의 책임자로부터 새움을 틔워 나오는 두 사람의 자식을 모두 포함하고 있습니다. 대시태조는 후천 역사를 개척하는 창업주이므로 문왕의 도수와 연결해서 생각해 보면, 상제님은 주(周)나라를 창업한 '서백 문왕(西伯 文王)' 의 사례를 모델로 취하시어 문 공신 성도에게 문왕도수와 이윤의 (진리혁명) 도수를 부치시고 그 도수가 극히 어려우리라 하신 바 있습니다. 문왕의 도수는 천리를 통하고 덕을 갖춘 성인군자로서 서백 문왕이 유리(羑里) 감옥에 유폐되기도 하고 장남 백읍고가 억울하게 희생당하는 아픔을 겪으면서도 대업의 기반을 조성하고 그 아들 대에 가서 대업을 마무리 짓는 것이 핵심 골자라 할 수 있습니다.

그리고, 한 가문에서 대를 이어 대업을 이룬 또 하나의 예를 드러내 주신 것이 '삼국시절이 수지지어사마소(誰知止於司馬昭) 도수'입니다. 즉, 사마중달(司馬仲達:＝司馬

懿)이 문왕처럼 대업의 기반을 닦고 그 대를 이어 아들 사마사(司馬師)와 사마소(司馬昭)가 3단계 리듬을 그리며 진晉나라를 개창한 사례를 모델로 하셨음을 말씀해주신 것입니다. (추수사명의 기두는 문왕가문 모델, 마무리 매듭은 사마소 가문 모델)

하남성 안양시 탕음현 유리성 문왕사당

공사 내용 중에서 약장을 방 한가운데로 옮겨놓고 그 주위를 세 번 돌게 하신 것은 인류를 구제하는 의통성업(醫統聖業)의 주인공이 추수 사명을 완수하는 과정이 세 단계 변화와 연관되어 있음을 보여줍니다.

그런데 역사적인 서백 문왕의 사례는 본인의 대를 이어 무왕(武王)이 일을 이루는 주역이 되고 주공 단(周公旦)이 옆에서 보좌하는 역할로 끝나기에 3명의 부자(父子)가 등장은 하지만 실제적으로는 2단계 변화이지 3 단계의 변화는 아닙니다. 결국, 같은 3부자의 얘기지만 문왕의 도수는 대업의 기반을 닦는 첫 번째 주인공에 초점을 맞춘 것이며 사마소 도수는 마지막 마무리를 짓는 인물과 세 단계 변화에 초점을 맞춘 것입니다. 강조하는 초점만 다를 뿐 일의 본질은 하나일 것입니다.

정리하자면 상제님의 천하사 대업이 모든 것을 혼자서 감당하고 마무리짓기에는 너무 힘들게 되어있기에 추수 사명을 세 사람의 주인공이 각자의 역할을 맡아 세 단계의 시간 리듬을 통해 일이 이루어질 수 있도록 도수를 짜놓으신 것으로 볼 수 있다는 것입니다. 이것이 경만장 안내성 성도에게 부치신 운암강수만경래 천하사 3번 사명입니다.

주나라 개창의 주인공은 무왕이나 주공 단이 아니라 사실상 온갖 역경만첩의 고난 속에서 그 터를 닦은 서백 문왕이며, '수지지어사마소' 의 주인공 역시 사마사나 사마소가 아니라 온갖 역경 속에서 사마씨(司馬氏) 가문의 터를 닦은 사마중달이 듯이, 추수 사명에서도 세 주인공 중에서 가장 중요한 역할은 역시 첫 단계를 맡을 인물이므로 상제님은 그를 '대시태조' 로 표현하신 것입니다.

그리고 상제님께서는 "삼초(三哨, 招) 끝에 대인(大人)이 행차하신다" 고 하시며 삼초를 맡은 의암 손병희가 선진주(先眞主)로서 일을 이루지 못하는 구암(久庵)이라 빗대어 말씀하시면서 "이곳은 신암(新庵)이니 곧 도안(都安)의 집이라" 고 하십니다.

동학은 상제님의 일을 부르짖으며 예비 길닦는 역할을 하는 바("최수운은 예수를 부르짖어 예언한 요한이노라.<대개벽경(大開闢經)>*") , 상제님은 당신님이 하신 일이 결국 참 동학이라 하셨는데, 동학의 최고 지도자로서 당시 손 병희가 한 일은 대인(문왕도수)이 역사의 무대에 등단할 수 있도록 상황조성을 하는 역할의 마지막 마무리로 3초 역할이라 하신 것입니다. 갑오년(1894)에 동학 혁명이 1초였고, 갑진년(1904)에 갑진개혁을 한 것이 2초였으며 손 병희가 주도하여 일으키는 거족적인 1919 기미년 독립만세운동이 3초가 된다는 것입니다.

3초 끝에 등장하는 대인은 혼자서 일을 이루는 것이 아니라 '도안(都安)의 집'으로 표현된 것처럼 3부자 3인이 천하사 대임을 맡는 일이 아주 드물다는 삼인동행칠십희三人同行七十稀처럼 모두(都) 안安 씨이며 한 가문이 대를 이어 일을 이루는 문왕의 3부자 도수나 사마소 3부자 도수와 같은 뜻이 되는 것입니다.

<대개벽경(大開闢經)>*가르침을 내리시니, 삼인동행칠십리하니, 오로봉전이십일이라.(三人同行七十里 五老峰前二十一) 칠월칠석삼오야오, 동지한식백오제라.(七月七夕三五夜 冬至寒食百五除)

<동국산서> 권말* "삼인동행칠십희三人同行七十稀, 오류문전이십일五柳門前二十一, 칠월칠석삼오야七月七夕三五夜, 동지한식백오제冬至寒食百五除"의 시구가 아무런 설명 없이 실려 있습니다. 이 시는 조선조 산원算員 경선징(慶善徵:1616-?)의 ≪묵사집 嘿思集:우리나라의 가장 오래된 算學書≫ 중 1차합동식, 즉 전관술(翦管術:일차합동식의 근을 구하는 동양 전래의 산법(算法))에 관한 다음의 가결(歌訣)에서 유래한 것. "삼인동행칠십희三人同行七十稀, 오봉루전이십일五鳳樓前二十一, 칠월추풍삼오야七月秋風三五夜, 동지한식백오제冬至寒食百五除"

<보천교普天敎 교전敎典>*하로는 종도從徒들에게 옛글한수首를 외워주시며 가라사되 이글은 세상비결世上秘訣이니 잘 기억記憶하여두라 하시니 이렇하니라 삼인동행칠십리三人同行七十里, 오로봉전이십일五老峯前二十一 칠월칠석삼오야七月七夕三五夜, 동지한식백오제冬至寒食百五除

<보천교普天敎 교전敎典>*백암리白巖里로부터 구릿골 약방藥房에 이르어 계실새 여러종도從徒들을 벌여 안치시고 「삼국시절三國時節이 수지지어사마소誰知止於司馬昭」를 큰소리로 읽히시니라

청음 이 상호, 남주 이 성영(정립)은 후비임직공사의 실체를 간과했음은 물론이거니와 태모 고 수부님의 곤존 하느님으로서의 신성성을 전혀 알지 못하여 조종골 시절에도 태모님을 탐탁치 않게 여긴 것은 물론 마침내 동화교 합동교단 시절 온갖 박해를 자행했습니다. 보천교시절에는 태모 고 수부님 배척운동을 공개리에 진행했는데 차 경석 성도의 이종물 사명을 조속히 끝내야 자신들이 생각하고 있는 추수사명의 차례가 올 줄로 굳게 믿고 조선총독부 경무국과 결탁해 거액의 보천교 자금을 횡령하는 시대일보 사건과 일제와의 창구역할을 하는 경성 가회동 진정원과 창신동 진정원 부동산 불법 횡령사건을 저지릅니다.

뿐만 아니라 보천교 혁신운동을 일으켜 진리를 전해준 자신들의 스승인 차 경석 교주를 내치는 배사율을 범한 것으로도 모자라 김 형렬 수석성도가 개창한 미륵불교에 다시 들어가 김 형렬 성도에게 미륵불교의 경전으로 쓸 것인 양하여 모든 자료를 취합해 얻고 대원사 입산 수련으로 공석중인 '미륵불교' 교주 대표 이름을 빌려 팔파 연합회를 만들어 경전편찬의 도구로만 이용한 후 끝내는 김 형렬 성도마저 배신하고 '미륵불교'를 나와 버리기도 했습니다.

그러한 배사율의 정점에는 <증산천사공사기>와 <대순전경>의 편찬 그리고 조선 총독부가 개입해 만든 '동화교' 창교가 있으며, 이 상호 형제는 뿌리부터 그릇된 동화교의 정통성을 위해 태모 고수부님 유치를 위해 안간 힘을 기울이게 됩니다. 이러한 각고의 태모님 유치 노력 끝에 곤존 태모님 '조종골 교단'과 '동화교' 간 통합교단이 이루어지지만 이 상호·이 정립 형제는 결국 태모님 수석성도 고 민환 성도를 제거해 떼어내고 태모님 살림을 전적으로 맡은 내무실장 역(役) 전 대윤 성도를 떼어내 죽게 하고 태모님을 완전히 격리시켜 허수아비로 만들고 맙니다.

추수사명자로서 해도진인(海島眞人)을 자처한 이때만 해도 이 상호·이 성영(정립)의 눈에는 태모님을 단지 씨 뿌리는(교단개창사명) 낙종물 사명자로만 알고 있을 정도로 기고만장할 때였습니다. 이는 곤존 하나님이신 태모님의 정체성을 아예 몰랐거나 알고도 자신들의 야망을 위해 정책적으로 뒤엎으면 되는 줄 알고 그랬을 가능성이 농후합니다.

하지만 이 정립은 <선정원경(고민환 1960)>, <성화진경(구릿골 김씨 후손들, 1961년) 90년 <동곡비서>로 재출간> 등 여성 하나님으로서 곤존 태모님 공사와 양위 천주 하나님에 대한 절대적 신위에 대한 놀랍고도 새로운 근거가 등장하자 뒤늦게 2 년간 작업해 『고부인 신정기, 1963』를 내놓았으니 곤존 태모님의 절대적 신위와 실체를 뒤늦게나마 깨우친 것으로 보입니다. 왜냐하면 <선정원경(고민환 1960)> 등 이들 새로운 경전에는 곤존 하느님으로서 10년 신정공사(神政公事)를 집행하신 태모 고 수부님의 신성성과 지극히 인간적이면서도 절대적인 신격이 고스란히 담겨있기 때문이었습니다.

태모님은 정부인(정씨대모님), 김수부님, 태모 고 수부님 세분의 후비임직에 대한 정체성을 한마디로 정의해 주셨습니다. 금산사 미륵불을 양쪽에서 모시고 있는 남방과 북방의 시녀불 두 분은 바로 법륜보살 자씨부인인 태모님(남방시녀불)과 요운전 묘향보살인 김수부님(북방시녀불)이라는 것입니다.

그러면 정부인은 당시의 전통에 따라 부모님이 간선(揀選)하여 맺어준 인연(人緣)으로 결혼하시어 수부사명(首婦司命)을 잠시 대행 한 것으로 볼 수 있습니다. 상제님은 부모가 맺어준 인연(人緣)은 고칠 수 있거니와 스스로 작배(作配)한 천연(天緣)은 오히려 고칠 수 없다고 하신 바 계십니다. 후천은 제 짝을 스스로 알아보는 도통한 세상이므로 천연(天緣)으로 혼사하는 세상입니다.

<선도신정경(仙道神政經)>*어느날 공사(公事)에서 고후비님(高后妃任)이 말씀하시니 이러하더라 금산사(金山寺) 미륵전(彌勒殿)의 남방(南方)에 시립(侍立)하고 있는 시녀불(侍女佛)은 삼십(三十) 삼천(三天) 내원궁(內院宮) 법륜보살(法輪菩薩)로서 자씨부인(慈氏夫人)이요 이 세상(世上)에 와서는 고씨(高氏)로 되었구나 그리고 북방(北方)에 시립(侍立)하고 있는 시녀불(侍女佛)은 천상(天上) 요운전(曜雲殿) 묘향보살(妙香菩薩)인바 이 세상(世上)에 와서는 김형렬(金亨烈)의 딸이었느니라

<선도신정경(仙道神政經)>*이어서 또 가라사대 망(亡)하는 살림살이는 애체(愛滯) 없이 버리고 새 배포(配布)를 꾸미라. 그렇지 않으면 몸까지 따라 망(亡)하느니라 하시며 상제님(上帝任)께서 김형렬(金亨烈)에게 하신 말씀을 그대로 하시더라

<증산도 道典>*태모님께서 말씀하시기를 "금산사 미륵전 남쪽 보처불(補處佛)은 삼십삼천(三十三天) 내원궁 법륜보살(內院宮 法輪菩薩)이니, 이 세상에 고씨(高氏)인 나로 왔느니라. 내가 법륜보살로 있을 때 상제님과 정(定)한 인연으로 후천 오만년 선경세계를 창건하기로 굳게 서약하고 세상의 운로에 맞춰 이 세상과 억조창생을 구제할 목적으로 상제님을 따라 인간 세상에 내려왔느니라." 하시니라.

<증산도 道典>*이어 말씀하시기를 "내가 이 세상에 오려고 모악산 산신으로 내려와 있던 중에, 상제님께서 오시기에 금산 미륵불로 인도하고 시종하다가 상제님께서 개 구(狗) 자 아홉 드는 구구지(九狗地)의 중앙인 시루산 아래 객망리 강씨 문중에 태어나시기로 나는 9년 만에 담양땅 고씨문(高氏門)에 태어나서 신씨와 인연타가 상부(喪夫)를 당한 후에 수부공사(首婦公事)로 상제님과 만났을 적에 상제님께서 말씀하시기를'나는 제주 번개를 잡아 쓰노라. 수부, 잘 만났구나. 만날 사람 만났으니 오죽이나 좋을쏘냐.' 하셨느니라." 하시니라. 또 말씀하시기를 "뇌성(雷聲)은 백 리를 가고, 지동(地動)은 천 리를 가고, 번개는 천하를 비치느니라." 하시니라.

증산 상제님이 태모 고 수부님을 만나신 시점과 김수부님을 만나신 시점이 기존의 경전 기록과 전혀 다른 기록이 성포 고 민환(高旻煥) 성도의 <선정원경(仙政圓經)>입니다. 성포 고 민환(高旻煥) 성도는 태모 고 수부님을 모신 수석성도로 적어도 태

모님에 관한 기록은 어느 경전보다도 신뢰성이 높은 기록입니다. 따라서 참고로 여기에서 <선정원경(仙政圓經)>에서 기록하고 있는 상제님과 김수부님 임인년(1902) 찬정(撰定:찬택)에 대한 기록과 상제님과 태모님의 계묘년(1903) 첫 상봉의 기록을 알아보고 넘어갑니다.

그동안 <선정원경>을 제외한 기존의 경전에 근거해 정부인이 수부사명을 대행했으며 갑진년(1904) 김수부님이 수부사명을 맡고 정미년(1907)에 태모 고 수부님이 수부사명을 맡은 것으로 알아왔습니다. 그런데 만일 기존 경전 내용과 유일하게 다른 <선정원경(仙政圓經)>의 기록을 100% 받아들일 경우 갑진년(1904) 가을 성부님의 뜻을 받아들여 정부인과의 이연(離緣)을 공개적으로 선언하신 사실을 감안하면, 임인년(1902) 말에 김수부님을 찬택(撰擇)하려다 김 형렬 성도 부인의 불응으로 끝난 상태에서 계묘년(1903) 초에 차 경석 성도로부터 이종매인 태모 고 수부님과의 첫 상봉이 이루어져 첫 수부사명을 맡기셨을 가능성도 있음을 알 수 있습니다.

이럴 경우 상제님의 외유(外遊)를 반대하시고 남들처럼 집에서 살림이나 하면서 가정사의 자미(滋味)나 보사이다 채근하시던 정부인에게 그동안 수부사명 대행을 맡긴 것으로 보아왔던 기존 경전에 근거한 교의는 대폭 수정되어야 마땅합니다. 선정원경 기록에 의하면 계묘년(1903) 상제님이 차 경석 성도에게 "수부가 없는 고(首婦不存故)로 공사 중간에 밀려있는 일이(公事中滯) 많음(多端)이로다."하신 것으로 보면 불발로 끝난 김수부님 택정계획과 함께 이연 선언 이전(以前)인 계묘년(1903) 당연하리라 믿었던 정부인의 수부사명도 원천적으로 부인당하고 있기 때문입니다.

결론적으로 선정원경(仙政圓經)의 기록을 100% 받아들일 경우 기존경전에서 받아들여져 온 정수부님과 김 수부님의 교의는 마땅히 수정되어야 하며, 임인년(1902) 김 수부님 찬택의 경우, 김 형렬 성도 부인의 불응과 타처로 결혼을 조건으로 선폐금 50냥까지 받은 사건으로 김 수부님 찬정(撰定)계획은 불발한 것이 되며, 계묘년(1903) 태모 고 수부님을 처음 만나시어 10여년의 신정공사 수부사명을 맡기신 이후 갑진년(1904) 가을 성부님의 명으로 수부사명을 맡은 적이 없는 정부인과 공식적으로 이연을 선언하신 것이 됩니다. 이는 사실 수부찬정에 있어 기존경전의 기록과 천양지차로 다른 파천황적인 사실이므로 결정적인 기록이 새로이 밝혀질 때 까지 기존의 교의 내용과 비교해 볼 수 있도록 같이 소개합니다.

<선정원경(仙政圓經)>*임인년중(壬寅年中:1902) 하루는 건존(乾尊) 증산(甑山)께옵서 도생(道生) 김형렬(金亨烈)에게 대(對)하여 말씀하시되 "세운(世運)이 박도(迫到)하야난 중(中) 천지공사미필지세(天地公事未畢之勢) 후천선계공사(後天仙界公事)가 고미결정(姑未決定)에 수부(首婦)를 찬정(撰定)하여야 제반공사(諸般公事)가 순서종결(順序終結)할 진대 수부(首婦) 미정(未定)하야 공사(公事)가 중체(中滯)인 즉(則) 수부(首婦)를 찬정(撰定)케 하라" 명(命)하시며 "수부(首婦)의 책임공사(責任公事)가 십여성상유여(十餘星霜有餘)라" 하시어 형렬(亨烈)이 고(告)하야 "제 여식(女息)이 방재(方在) 고년중(苽年中)이니 처분(處分)하사 용인(容引)하소서" 수차(數次) 고(告)한 즉(則) 그러하면 필가하시니라.

<선정원경(仙政圓經)>*그런 중(其然中) 형렬(亨烈) 부인(夫人)이 비밀리(秘密裡)에 생각(生覺)하되 연령(年令)도 다를 뿐아니라(不合不) 소위(昭謂) 양반(兩班)의 처지(處地)에 그러할 수 없어 타처(他處)로 결혼(結婚)하야 선폐금(先幣金) 오십량(五十兩)을 수납(受納)하야 시 연방시초리(烟房柴草裡)에 비밀리 감추어두던 중(秘藏中) 하루는 건존(乾尊)께옵서 늦은 저녁(暮夜)에 도착(到着)하시와 시장(嘶장)하니 식사(食事)를 가져오라 하신지라 적인(適因)하야 양식이 떨어져(絶粮) 저녁(夕時) 불기가 끊어진(絶火) 중(中)이라 고(告)한즉, 건존(乾尊)께옵서 "돈두고 굶는건 퍽 난심이라"하시니 형렬(亨烈) 되고(告)하되 가본즉(則) 과연(果然)이라 즉시(卽時) 매량(買粮)하야 취반(炊飯)이 헌공(獻供) 즉(則) 식사(食事)하시며 "그밥 맛있다" 누차(屢次)하시며 "양반(兩班)이 집안은 망(亡)친다"하시니라.

<선정원경(仙政圓經)>*그후(其後) 건존(乾尊)께옵서 차경석(車京石)에게 대(對)하야 "천지공사(天地公事)에 수부(首婦)가 있어야 순서진행(順序進行)인 중(中) 수부가 없는 고(首婦不存故)로 공사 중간에 밀려있는일이(公事中滯) 많음(多端)이로다. 독음독양(獨陰獨陽)이면 만사불성일뿐만 아니라(萬事不成不) 수부(首婦)의 책임공사(責任公事)가 중요산적(重要山積)이로다. 그러니(然而) 속히 수부(從速首婦)를 찬택(撰擇)케 하라" 특명(特命)하신지라. 마침 이때(適其時)하야 이종매(姨從妹) 고씨(高氏)께옵서 과거중(寡居中) 이뜻을 고달(此意高達)이러니 건존(乾尊)께옵서 말씀하시되 "지척(咫尺)에 두고 미정(未定)이로다" 연이(然而) 경석(京石)이 매씨전(妹氏前) 이뜻(此意)을 권유(勸誘)하야 결연(結緣)한 즉(則) 그해가(是年) 계묘년(癸卯年:1903)이라.

<선정원경(仙政圓經)>*건곤(乾坤) 양위(兩位) 환신(換身) 법구성용정명절야(法九星用政明절也)라. 건존증산(乾尊甑山) 삼십삼세시(三十三歲時)오. 곤존고씨(坤尊高氏) 이십사세시(二十四歲時)가 계묘년(癸卯年) 영연세야(迎緣歲也)라. 증산(甑山)께옵서 말씀하시되 "오년수(吾年數) 삼십삼(三十三)에서 구수(九數)를 그대 연수(年數)에 가(加)한 즉(則) 삼십삼(三十三)이니 그대가 나되고 오년수(吾年數) 삼십

삼(三十三)에서 구수(九數)를 감(減)하여서 이십사여(二十四餘) 고(故)로 내가 그대되었도다." 오년여수(吾年餘數) 이십사(二十四)는 이십사(二十四) 방위(方位) 부0(付0)하고 구수(九數)만 가지고 가감(加減) 즉(則) 그대가 나오 내가 그대 된다 하였으니, 이십사세(二十四歲)에서 구수(九數)를 제감(除減) 즉(則) 십오여(十五餘)라.

<선정원경(仙政圓經)>*나도 십오세(十五歲)오 그대도 십오세(十五歲)라 하셨으니 차도(此度)난 진주본관(晋州本貫)을 말씀 함이라. 진주난 도전(賭傳) 전에 십오수(十五數)를 진주(晋主)라 칭함이라. 고(故)로 곤존(坤尊)께옵서 병인년(丙寅年) 신정시(神政時) 남장의관(男裝衣冠)하시고 내가 증산(甑山)이라 하시며 공사(公事)를 행(行)하시고 고민환(高旻煥)에게 여복(女服)을 하며 내실(內室)에 있게 함은 고성(高姓)을 의(依)하야 곤존(坤尊) 대표(代表)로 정(定)함이라 연고(然故)로 증산(甑山) 성령(聖靈)이 곤존(坤尊)에 합응(合凝)하야 용사고(用事故)로 신인합발(神人合發)이라야 만화정기(萬化定機)라 하셨도다.

태모 고 수부님이 상제님과 만나신 것은 지금까지 일반적으로 청음 이상호의 <대순전경>에 의거해 정미년(1907)년 차경석 성도와 상제님의 용암리 물방앗간 옆 서릿골 주막의 만나심 이후로 알고 있으나, 태모님을 모셨던 고 민환 성도의 <선정원경>과 태모 고 수부님의 행적을 그린 <선도신정경> 에 의하면(<선정원경>을 인용소개), 태모님과 상제님이 이미 계묘년(1903)에 공사를 보신 내용을 전하고 있습니다. 오히려 청음 이상호보다 태모님을 가장 가까운 측근으로 모신 고 민환 수석 성도의(상제님의 김 형렬 수석성도 격) 증언이 더욱 정확하다 할 수 있습니다. 본래 대순전경은 태운장 김 형렬 성도와 월곡 차 경석 성도의 전언(傳言)으로 이루어진 경전입니다. 그런데 수부사명에 얽힌 진실을 들여다 볼 수 있는 두 분의 정황은 다음과 같습니다.

첫째, 태운장 김 형렬 성도의 경우, 상제님이 들여세우라 하던 셋째 따님 김수부님 공사를 태운장 부인의 불응과 타처로의 결혼조건으로 선폐금 50냥 까지 받음으로써 불발이 됩니다. 그래서 상제님께서 형렬에게 "양반(兩班)이 집안은 망(亡)친다" 고 말씀하셨습니다. 그 이후 실제 다른 곳으로 혼인까지 해 병이 들었으며 고 수부님이 약장 궤와 기물을 송 찬오 집으로 옮기던 때 이미 사경에 이르러 선화하신 바 계십니다. 하지만 곤존 고 수부님은 김수부님의 불변의 위격(位格)을 다음과 같이 인정해 주셨습니다."(금산사 미륵전)북방(北方)에 시립(侍立)하고 있는 시녀불(侍女佛)은 천상(天上) 요운전(曜雲殿) 묘향보살(妙香菩薩)인 바 이 세상(世上)에 와서는 김형렬(金亨烈)의 딸이었느니라"

상제님 기유년(1909) 어천 이후, 신해년(1911) 차 경석(車京石)은 태모 고 수부님의 명을 받들어 짐꾼에게 태운장 구릿골(銅谷)의 약장(藥藏)과 궤(櫃)와 철연자(鐵硏子)와 삭도(削刀)와 횃대와 부벽시(附壁詩)와 액자(額子)와 벽 바른 종이와 방바닥에 먼지까지 쓸어서 지우고 송 찬오 집으로 가져가게 됩니다. 이 때 태운장 김 형렬 성도는 이들 상제님 유품을 고 수부님에게 넘기는 것을 서운하게 생각하여 '내 딸은 사경(死境)에 임박(臨迫)하였노라' 하며 약방기물(藥房器物)을 가져가기를 허락(許諾)치 아니합니다.

다시 차 경석 성도가 '신도(神道)에서 결정(決定)된 일을 그대가 좇지 아니하면 화(禍)가 있으리라' 하니 형렬(亨烈)이 '만일(萬一) 신도(神道)에서 결정(決定)된 일일진대 천지(天地)에서 징조(徵兆)를 나타낼 것이니, 어떠한 징조(徵兆)가 나타나지 아니하면 나는 그대의 말을 믿지 못하겠노라' 하므로 태모 고 수부님께서 형렬(亨烈)이 듣지 아니한다는 기별(寄別)을 들으시고, 양지(洋紙)에 해와 달을 그려놓고 두 손 식지(食指)로 하늘을 향(向)하여 지휘(指揮)하시니, 문득 청천(靑天)에 벽력(霹靂)이 일어나고 소낙비가 쏟아지며 번개가 온 집을 두르는지라. 형렬(亨烈)이 징조(徵兆)를 요구(要求)하다가 이 현상(現狀)이 일어남을 보고 크게 놀래며, 문득 마음에서 '망하는 세간사리는 애체(愛滯)없이 버리고 딴 배포(配布)를 꾸미라. 만일 아껴 놓지않고 붙들고 있으면, 몸까지 따라서 망(亡)하느니라' 라는 상제님의 말씀이 생각나거늘, 이에 경석(京石)에게 가로대 '진실(眞實)로 천의(天意)이니 마음대로 가져가라' 합니다.

태운장 김 형렬 수석성도는 태모님이 자신으로부터 가져간 약장궤를 비롯한 신기(神器)를 배경으로 그 해 신해년(1911) 선도교(일명 태을교) 교단을 개창하자(낙종물 사명) 자신의 딸에게 돌아가야 했을 자리를 고 수부님이 행하시는 것을 보고 크게 낙담합니다. 그리하여 궁여지책으로 1914년 가을 정부인을 초대해 도통공부를 시켜 고 수부님의 신권에 도전하려 했으나 정부인이 수련 중 실신하는 바람에 포기하게 됩니다. 이러한 정황은 태운장이 수부사명의 전말에 대해 자식들에게 전한 <동곡비서>나 이 상호에게 전해준 <대순전경>에 어떠한 영향을 주었을지 가늠해 볼 수 있는 기틀이 됩니다.

왜냐하면 태운장이 보천교를 탈퇴하고 미륵불교에 입교한 청음 이 상호에게 <증산천사공사기(1926)>, <대순전경 초판(1929)> 의 천지공사 내용 사료를 전해준 시절은 미륵불교 시절 중에서 1924년~1928년 기간으로 차 경석 성도와는 인간적으로 등지고 미륵불교를 창교했던 시기입니다. 이 기간의 태운장 김 형렬 성도의 도국내(道局內) 정황을 간추리면, 1911년 9월 곤존 고 수부님이 상제님 성령(聖靈)과 통하신 다음 정읍 대흥리에 증산교단 최초의 교단인 선도교(태을교)를 창립하자 1913년 봄 태운장은 장 기준이 현무경을 필사해 간 3룡(태모님, 차경석 등 3 경진생) 회동 직후 대흥리 본소로 가서 고 수부님을 뵙고 현무경(玄武經)을 등사(筆寫)해 와서 그 이치를 연구하기 시작합니다.

이듬해인 1914년 가을 상제님의 본부인인 정 치순(鄭治順) 대모님을 모셔다 상제님의 성령(聖靈)이 감응되게 한다고 주송(呪誦) 수련을 시켰으나 정부인이 수련석에서 실신하여 허사가 되고 맙니다. 이에 태운장은 자신이 직접 통령(通靈)하겠다고 결심하고, 해를 넘긴 1915년 봄 모악산 금강대에 올라 백일 수도에 전력하게 됩니다. 결국 백일 수도 만에 그는 신안(神眼)이 열려 증산 상제님 성령의 가피를 받아 영서(靈書)를 받았다고 주장하면서 금강대문답(金剛臺問答)- 일명 도통심경(道通心經)이라는 글을 발표하게 됩니다.

결론적으로 보천교 시절 편지 전달문제로 차 경석 성도와 인간적으로 등진 태운장 김 형렬 성도가 과연 월곡 차 경석 성도의 입도시기를 있는 그대로 이 상호에게 전해 이종물 사명자의 정통연대기를 훼손치 않게 했을 것인가? 하는 의문은 태운장과 월곡 자신 이외에는 그 누구도 자신하지 못합니다. 동시에 임인년(1902), 계묘년(1903)으로 소급되는 차 경석 성도의 입문시기가 정적관계에 있던 이 상호에 의해 정미년(1907)으로 늦추어졌을 개연성 역시 누구도 부인할 수 없습니다.

하지만 도선(徒善)이라 복 마련하기 어렵다는 태운장에 대한 상제님의 평가와 차 교주를 배신하고 보천교를 탈퇴하고 갓 입도한 이 상호를 태운장이 신뢰하지 않아 천지공사의 내막을 전하지 않고 수련에만 매달린 당시 상황을 감안하면 당시 차 월곡 성도에게 유감을 가진 이 상호에 의한 성구 왜곡으로 보는 것이 설득력이 더 커 보일 수도 있습니다.

심지어 시대일보 사건과 보천교 혁신운동을 통해 사활을 걸고 차 경석 보천교 교주 축출운동을 벌인 청음 이 상호·남주 이 성영(정립) 형제의 입장에서 보면 원한이 서린 차 경석 성도의 이력에 대해 그 정통성을 깎아내리면 깎아내렸지 추종 시기를 굳이 앞당겨 점수를 주지 않았을 가능성도 있어 보입니다. 왜냐하면 임인, 계묘 기록이 정미년으로 둔갑된 가능성에 대해 이 상호는 이미 보천교 시절 차 경석 성도 배척운동 만 벌인 것이 아니라 그 뿌리인 태모님 배척 운동을 공식적으로 벌인 사람이기 때문입니다.

둘째, 차 경석 성도의 경우, 본래 동학교도로서 동학혁명에도 참전한 총대(지휘관)로 후일 손 병희를 지도자로 모신 일진회 회원 출신으로 있다가 손 병희에 실망하고 방황하던 차 용암리 물방앗간 옆 서릿골 주막에서 만나신 상제님 문하에 들어온 것으로 되어있습니다. 하지만 만일 <선정원경>의 기록을 액면 그대로 받아들인다면 이 용구의 일진회가 1904년 8월 창립된 단체이므로 차 경석 성도에 대한 <대순전경>의 일진회원 운운은 차 교주에 대해 원한서린 이 상호가 정미년에 알리바이를 맞추기 위해 공백을 채워 넣은 가공 스토리에 불과할 수밖에 없게 됩니다.

차 경석 성도 입문과 태모 고 수부님의 수부사명이 계묘년(1903)이라는 <선정원경>의 주장이 맞다면 대순전경의 정미년(1907) 설은 차 경석과 등진 정황에서 수부사명 문제에 있어서 고 수부님과도 대척점에 서 있던 김 형렬 성도의 전언이거나 김 형렬 성도의 전언을 배경으로 이 상호가 그 여백을 가공으로 메꾸었을 개연성을 부인하지 못합니다.

그럼에도 불구하고 선정원경에 대한 100% 확정을 못하는 이유는 <보천교普天敎 교전敎典>에 "월곡성사月谷聖師께옵서 정미오월십칠일丁未五月十七日 금구군거야주점金溝郡巨野酒店에서 증산천사甑山天師를 처음으로 뵈오매 기其 온화溫和한 의표儀表와 모든 언어言語 동지動止가 일견초인간적一見超人間的이며 또 수운가사水雲歌詞에 [여광여취如狂如醉 저양반을 간곳마다 따라가서 진질한 그 고생을 누구다려 한말이며]라는 구절구절이 문듯 생각히며 깊이 깨달은바있어 "라 하여 정미년 설을 기록하고 있기 때문입니다. 또 이 용기 성도의 <고사모신정기(高師母神政記)> 역시 태모 고수부님이 탄강 6개월 만에 부친을 사별하고 모친을 따라 정읍군 입암면으로 이사하여 나이 아홉 무자戊子년에 제숙娣叔 차 치구車致九를 좇아 동학을 믿었으며, 병신丙申년1896 나이 17세에 신申씨 가문에 출가하여, 27세 병오丙午년1906에 부군을 사별하고, 28세 정미丁未년 동지에 차 경석으로부터 상제님께 천거받아 재혼하시었다 전합니다.

증산 상제님 절대적 신격와 호칭에 대해 『보천교 교전』의 '증산천사甑山天師'라는 표현은 차 경석 교주의 견해에 반한 청음 이 상호의 독단적인 의견이었음이 후일 밝혀지게 됩니다. 청음 이 상호는 조선 총독부에 매수되어 비밀조직으로 운영되던 민족종교 보화교(보천교) 공개 프로젝트인 '보천교 양해사건'의 실질적인 행동책으로 활동하면서 차 경석 교주로부터 단체 전권을 위임받아 일제에게 단체의 모든 비밀을 공개하게 됩니다.

그리하여 청음이 1922년 2월 소위 보천교 종지宗旨를 차 교주 대신 발표할 적에 증산 상제님의 절대 신격을 드러내는 가장 중대한 호칭을 "우리 천사天師께서 대순大巡의 성인으로서 이 땅에 내려오사..." 라 공식적으로 대내외에 선포함으로써 일개 도가 문파의 스승을 의미하는 '천사' 또는 비범한 '성인' 정도로 간단히 매도해 버리고 맙니다. 그 뒤 일제에 의한 보천교 강제해체 이후 이에 대한 정리가 안 된 상황에서 이 호칭이 해방이후 『보천교 교전』에 그대로 옮겨져 기록된 것입니다.

차 경석 보화교(보천교) 교주는 이미 청음이 보천교 종지宗旨를 발표하기 바로 전 해인 1921년 함양 황석산 고천제告天祭를 지낼 때에 제단 위에 <구천하감지위>, <옥황상제하감지위>, <삼태칠성하감지위>라 3 신위패神位牌를 모시어 증산 상제님이 옥황상제님이심을 공표한 바 있고 무라야마지준(村山智順)과의 대담(『보천교 교전』)에서도 증산 상제님이 옥황상제이심을 공표한 바 있습니다. 청음은 선화할 때까지 상제님의 절대 신권을 인정하지 않고 성격 모호한 '천사天師'란 칭호로 초지일관해 당시 600만 신도대중을 기만했습니다.

남주 이 성영(정립) 또한 이러한 형의 생각을 물려받아 '우주宇宙의 유일唯一 주재자主宰者 신神은 없다. 지방신들 만 있고 신계가 미 통일되어있다'고 선언宣言하여(『증산교사』 1977년) 절대 조화옹 미륵존불이시자 옥황상제 하나님이신 상제님 신위神位를 인정안하고 <오두미도>를 창시한 장천사張天師 장도릉(張道陵, 34-156년)처럼 도가의 스승격인 천사天師로 일관되게 비하해 호칭했습니다. 그러한 그가 고 민환高旻煥 성도의 『선정원경仙政圓經 1960년』으로 크게 충격을 받아 태모 고 수부님의 신권을 비로소 재인식하게 되고 61년 태운장 김 형렬 성도의 자제 김 찬문과 김 자현 성도의 자제 김 태진의 수기 <성화진경(61년→『동곡비서』로 재출간 90년)>이 출간되자 다시 한 번 상제님의 절대 신격을 깨우치면서 1963년 <고부인신정기>를 서둘러 발표하고 선화仙化 2년 전인 1966년 소책자 <증산교甑山敎 요령要領>에서 "천사天師께서는 곧 통천상제統天上帝시니라"고 애둘러 한 마디 남겼을 뿐입니다.

『보천교 연혁사』에 의하면 일제 시대에 차 경석 교주는 이 상호 형제를 내세운 조선총독부 산하의 경성 경무국과 경기도 고등경찰부의 감시로 보천교 시절 내내 보통이 하나 짊어진 채 지방 산골 방방곡곡 교도들 집으로 비밀리 야밤에 산길과 절벽을 타고 쫓겨 다니며(폐의파립 암행어사(暗行御史) 도수) 비밀교단 보천교를 원격조종했을 뿐 대중 앞에서 자신의 입문경력을 밝힌 적이 단 한 차례도 없었습니다. <보천교普天敎 교전敎典>의 '聖師典성사전'"月谷聖師월곡성사 誕降幼年時代탄강유년시대" 부분에 나오는 차 교주에 대한 정미년 기록은 보천교 신도들이 기존경전의 기록을 보고 해방이후 정리한 기록으로 보입니다.

<보천교普天敎 교전敎典>*태인고현내행단泰仁古縣內杏壇에 이르사 경석京石다려 일러가라사되 공자孔子가 행단杏壇에서 강도講道하였나니 이제 여기서 네게 한글을 전傳하리라 하시고 옛글 한 장章을 외워주시며 잘지키라 하시니 이렇하니라 「부주

장지법夫主將之法, 무람영웅지심務攬英雄之心, 상록유공賞祿有功, 통지어중通志於衆, 여중동호미불성與衆同好靡不成 여중동오미불경與衆同惡靡不傾, 치국안가治國安家, 득인야得人也, 망국패가亡國敗家, 실인야失人也, 함기지유含氣之類, 함원득기지咸願得其志」 또 가라사되 내일은 수부首婦가 들어야 되는일이니 네가 일을하려거든 수부首婦를 들여세우라 하시니라 경석京石이 천사天師를 모시고 돌아와서 그이종매姨從妹 고부인高夫人을 천거薦擧하니 이날이 동짓달 초사흔날이더라

<보천교普天敎 교전敎典>*약장벽藥藏壁우에 사농공상士農工商 음양陰陽 기동북이고수氣東北而固守 리서남이교통理西南而交通 과 그밖에 여러 글을 써붙이시고 백지白紙로 배접背接한후에 자현自賢을 명命하사 뜻가는대로 밥사발을 대고 배접背接한곳을 올여떼이니 음자陰字가 나타 나거늘 가라사대 정正이 올토다 음陰과 양陽을 말할때에 음자陰字를 먼저 읽나니 이는 지천태地天泰니라 또 가라사되 약장藥藏은 곧안장농安葬籠이며 또 신주독神主櫝이니라 또 가라사되 이 조회를 뜯을날이 속速히 이를어야 하리라 하시니라 이뒤에 대흥리大興里에 가사 고부인高夫人다려 일러 가라사되 약장藥藏은 곧 네농籠바리가 되리라 하시니라

<증산도 道典>*이내 호연이 첫 월경(月經)을 시작하매 준비한 종이를 쌓고 그 위에 호연을 앉히거늘 첫날은 책 한 권 분량이 조금 못 되게 젖고 다음날은 책 두 권 분량이 흠뻑 젖으니 너무 흥건하게 젖은 것은 짜서 사용하는데, 짜고 모인 피만도 두어 사발이나 되는지라 그것으로 남은 종이에 제비를 그려 넣기도 하고, 점도 찍고, '감결(甘結)'이라 서(書)하여 완성하니라. 이 공사에 참여한 사람은 김 형렬과 서 중옥, 김 기보, 장 기동으로 공사를 마친 후에 종이째로 묻은 것을 조그맣게 잘라서 하나씩 가지고, 월경수(月經水)로 점을 찍고 글씨 쓴 종이도 각기 한 장씩 가져가니라.

<증산교사(甑山敎史)>*차 경석은 고부인의 이종제(姨從弟)요 또 천사(天師)의 명령으로 부인을 자기 집에 모시고 있으므로 부인의 신임을 받아 교단의 안팎일을 총찰(總察)하며 찾아오는 신도들을 응접하게 되었다. 그러나 종도들 중에 가장 젊고 무학(無學)하고 한미(寒微)하고 또 천사(天師)께 추종하기도 2년밖에 안되므로 매양 종도들 좌중에서 치중(置重)되지 못한지라. 이에 종도들을 배척할 마음을 품기 시작하였다.

<보천교 연혁사(普天敎 沿革史)>*포교 4년 임자년(道紀 42, 1912)에 부안인 이치복(李致福), 채 사윤(蔡士允)이 문하에 배종(陪從)하여 포교에 노력하다. 포교 5년 계축년(道紀 43, 1913) 금구인 김 형렬이 내알하여 문하에 원종(願從)하다. 교인이 다수 출입함을 견(見)하고 사욕(私慾)을 품어(潛懷) 분수를 알지 못하고 배사(背師) 독립코저 하여 수개월 후에 교도 몇몇 인을 유인하여 탈퇴하다.

<증산교사(甑山敎史)>*계축년(道紀 43, 1913) 가을에 순천(順天)교인 장 기동(張基東) 장 기준(張基準) 두 사람이 성적순례(聖蹟巡禮)의 길을 떠나 먼저 유 의경(柳宜卿)을 찾아서 길을 묻고 손바래기에 이르러 천사(天師)의 부친께 뵈옵고 천사(天

師)의 사적(事蹟)을 물으니 김 형렬(金亨烈)에게 자세한 것을 물으라 하심으로 다시 떠나 구릿골에 이르러 형렬을 방문하니 형렬이 천사(天師)의 신성하심과 고부인(高夫人)이 교단을 창립한 전말을 말하고 인하여 두 사람을 데리고 본소에 와서 고부인(高夫人)을 뵈었다.

<증산교사(甑山敎史)>*기동(基東)이 본소가 너무 협착하야 응접에 곤란함을 보고 경석에게 객실 한 채를 신축하라고 권하며 이듬해(1914) 정월 보름 뒤에 건축비를 가져오기로 약속하고 돌아갈 새 형렬과는 정월 보름 뒤에 본소에서 다시 만나기로 약속하였다.

<증산교사(甑山敎史)>*갑인년(道紀44:1914) 정월 스무날께 기동(基東)이 본소에 와서 경석에게 돈 천원을 주며 신축공사를 착수하게 하고 형렬이 이르기를 기다리더니 어떤 사람이 형렬의 편지를 경석이 보관하여 두었다고 말하거늘 기동(基東)이 경석에게 물으니 경석이 가로대 『일전에 형렬의 편지가 우편으로 와서 떼어보니 사고가 있어서 본소에 오지 못하겠으니 돌아가는 길에 자기에게 들려달라는 내용이었는데 그 뒤에 그 편지는 분실되었노라. 그러나 형렬에게 들리는 것이 불가하니 바로 집으로 돌아가라. 천사(天師)께서 형렬을 불길한 사람이라고 말씀하셨으니 이 뒤로는 직접 사(師)모께 내왕하고 형렬과는 상종을 끊어버림이 옳으니라.』 하거늘

<증산교사(甑山敎史)>*기동(基東)이 크게 분노하여 사서(私書)를 떼어본 일과 사서(私書)를 감춘 일과 동문종도(同門從徒)를 중상(中傷)하여 연비(連臂)의 정의(情誼)를 이간하려는 심사를 들어 경석을 크게 꾸짖고 길을 떠나서 구릿골에 들려 형렬에게 그 전말을 고하니 형렬이 또한 크게 분노하여 드디어 본소에 발을 끊어버리고 여러 종도들에게 이 사실을 공개하였다. 이 뒤로도 경석은 이러한 모략으로 여러 종도들을 흩어지게 하고 오직 이 치복(李致福) 한 사람만 포용하야 포교활동을 감독하게 하였다.

<증산교사(甑山敎史)>*(김형렬의 교단분립)자타가 수제자로 인정하는 김 형렬은 수부(首婦)로 들여세웠던 딸을 개가(改嫁)케 한 과실로 인하여 자기에게 내려야 할 사명이 고부인(高夫人)에게 옮기게 되어 결국 신해년(道紀 41, 1911)에 약방기물을 고부인(高夫人)에게 인도하지 않을 수 없게 되었음에 지난 일을 후회하여도 믿을 말이 없어 어찌할 바를 알지 못하였다.

<증산교사(甑山敎史)>*계축년(道紀 43,1913) 봄에 고부인(高夫人)을 가 뵈이고 현무경을 등본하여와서 그 오묘한 법을 잠심 추구하더니 이해 가을에 장 기동(張基東), 장 기준(張基準)이 찾아오므로 두 사람을 데리고 본소에 와서 고부인(高夫人)께 뵙고 인하여 일로부터 교단에 협력하기로 마음을 정하였다.
<증산교사(甑山敎史)>*갑인년(道紀 44, 1914) 정월에 장 기동(張基東)이 본소로부터 와서 경석과 다투고는 내력을 말하니 형렬이 크게 분노하여 교단을 이탈하고 이로부터 경석을 크게 미워하며 기동(基東)과 교단에서 이탈한 종도들로 더불어 따

로 교단을 세우기를 꾀하였다. 이해 가을에 형렬은 정부인(鄭夫人)을 데려다가 수련을 시켜서 신력을 통하게 되면 받들어 세워서 고부인(高夫人)을 대항하여 딴 교단을 세우려고 계획하였더니 정부인(鄭夫人)이 수련석에서 실진(失眞)하였으므로 이 계획이 실패에 돌아가 버렸다.

<화은당 실기(華恩堂實記)>*성부께서 화천하신 뒤로 가세는 더욱 궁핍하여 생계가 곤궁 막심하니 어디라 의탁할 곳 없는 환경 속에서도 관후하신 정씨 성모께서는 모든 난관을 겪으면서 유리걸식하여 따님 기르시기에 온갖 마음을 다 기우리시고, 노쇠하신 조부께서는 짚신을 삼아가며 아드님과 크나큰 이상(理想)을 생각하고 그의 재림을 기원하여 사시로 치성을 올리시고 축원하는 그 모습은 실로 필설로는 표현할 수가 없다.

<화은당 실기(華恩堂實記)>*이 무렵에 전라남도 순천(順天)에 사는 장기동(張基東)종반이 찾아 와서 가장집물을 사주어 가난하고 막막한 살림살이를 도와주고, 외로운 처지를 위로해 주니 그 은혜 실로 골수에 아로새겨서 잊지 못할 바라. 모녀가 서로 의지하고 서로 위로하며 근근히 지내는데, 어느덧 세월은 흘러 선사 나이 열세 살이 되어 부모의 소중함이며 제반 인사범절도 대략 깨닫게 되었는데, 조부께서 별세하시니 의지할 곳 없는 정씨 성모 선사를 안고 애통망극하나 그 누구 하나 위로하는 사람도 없는 가운데 정신을 가다듬어 겨우 장사 지내니라.

<고부인신정기(천후신정기)>*신해년(辛亥年:1911) 사월(四月)에 천후(天后) 차경석(車京石)과 유 응화(柳應化)와 응화(應化)의 아들을 데리고 대원사(大院寺)에 들어가사, 대례복(大禮服)을 차리시고 천사(天師)의 성령(聖靈)께 혼례식(婚禮式)을 행(行)하실새, 만고장상(萬古將相)의 이름을 적어서 크게 점명(點名)하시고, 인(因)하여 사십구일(四十九日)동안 진법수련(眞法修鍊)을 행(行)하신 뒤에, 고부(古阜) 와룡(臥龍) 신 경수(申京洙)의 집에 오셔 백일(百日)동안 수련(修鍊) 하실새, 딸 태종(太宗)이 수종(隨從)드니라.

<고부인신정기(천후신정기)>*구월(九月) 중순(中旬)에 대흥리(大興里)로 돌아오사, 경석(京石)에게 열 아흐렛날 천사(天師)의 탄신기념치성(誕辰記念致誠)을 올릴 것을 명하시니, 경석(京石)이 제수(祭需)를 성비(盛備)하여 열 아흐렛날 새벽에 치성(致誠)을 올리니라. 스무날 아침에 천후(天后) 마당에서 거닐다가 혼도(昏倒)하여 네댓 시간(時間)을 쓰러져 있는데, 현황(炫煌)한 중에 큰 저울과 같은 것이 공중(空中)으로부터 내려오거늘, 자세(仔細)히 보시니 오색(五色) 과실(果實)을 고배(高杯)로 고인 것이라. 가까이 내려와서는 문득 헐어져서 쏟아지거늘 놀래어 깨시니, 집안사람들이 둘러앉아서 애통(哀痛)하다가 천후(天后)께서 깨어나심을 보고 모두 기뻐하는지라.

<고부인신정기(천후신정기)>*천후(天后)께서 일어나 앉으사 문득 천사(天師)의 음성(音聲)으로 경석(京石)을 대(對)하여 누구임을 물으시니 경석(京石)이 이상(異常)히 여겨 성명(姓名)을 고(告)하고, 또 무슨 생(生)임을 물으심으로 경석(京石)이

경진생(庚辰生)임을 고(告)하니, 일러 가로대 '나도 경진생(庚辰生)이라. 속담(俗談)에 동갑(同甲) 장사 이(利) 남는다 하나니, 우리 두 사람이 동갑(同甲) 장사 하자' 하시고,

<고부인신정기(천후신정기)>*또 생일(生日)을 물으니 경석(京石)이 유월(六月) 초하루임을 고(告)한대 다시 일러 가로대 '내 생일(生日)은 삼월(三月) 이십육일(二十六日)이라. 나는 낙종(落種)물을 맡으리니, 그대는 이종(移種)물을 맡으라. 추수(秋收)할 자(者)는 다시 있으리라' 하시니라. 이로부터 천후(天后)께서는 성령(聖靈)의 접응(接應)을 받으사 한 달 동안 신정(神政)을 행(行)하시니라.

<고부인신정기(천후신정기)>*스무 하룻날 부터 날마다 마당에 청수(淸水)를 떠놓고 날마다 물형부(物形符)를 받아서 불사르실 새, 경석(京石)이 천사(天師)를 원망(怨望)하여 가로대 '부인(夫人)만 알고 제자(弟子)는 알지 못한다' 하거늘, 이에 천후(天后) 경석(京石)을 명(命)하여 부(符)를 받으라 하시니, 경석(京石)이 붓을 들고 오랫동안 엎드려 있으되 종시(終是) 부(符)가 내리지 아니하더라.

<고부인신정기(천후신정기)>*이때에 박 공우(朴公又)에게 기별(寄別)하여 술을 가져오라 하시니, 공우(公又)는 기유년(己酉年) 봄에 천사(天師)의 명(命)으로 술 서말을 빚어두었다가 천사(天師)께서 다시 찾지 아니하시고 화천(化天)하였으므로 그대로 봉(封)하여 두었더니, 이제 천후(天后)의 기별(寄別)을 듣고 이상(異常)히 여기며 또 기뻐하여 신 경수(申京洙)로 하여금 그 술을 메어오니라.

<고부인신정기(천후신정기)>*스무 나흗날 경석(京石)에게 명(命)하여 사인교(四人轎)를 빌려오라 하시더니, 그 이튿날 침방(寢房)을 깨끗이 쓸고 차 윤덕(車輪德)으로 하여금 방(房)을 지키라 하시고, 경석(京石)의 한삼(汗衫)에 '어명(御命)'이라 써서 입히시고, 갓을 주물러 씌우시며 일러 가라사대 '너는 암행어사(暗行御史)라. 암행어사(暗行御史)는 폐의파립(弊衣破笠)으로 행동하여야 하느니라' 하시고,

<고부인신정기(천후신정기)>*천후(天后) 사인교(四人轎)를 타시고 경석(京石)을 앞세우시고 윤칠(輪七)과 임 정준(林正俊)과 주 낙범(朱洛範)을 데리고 길을 떠나, 원평(院坪)에 이르사 송 찬오(宋贊五)의 집에 처소(處所)를 정(定)하신 뒤에, 윤칠(輪七)을 명(命)하여 약장(藥藏)과 궤(櫃)의 열쇠를 가지고 약방(藥房)에 가서 지키라 하시고, 경석(京石)을 명(命)하여 짐꾼 세 사람을 데리고 가서 약장(藥藏), 궤(櫃) 등 약방기구(藥房器具) 일체(一切)와 부벽서(附壁書)와 벽(壁) 바른 종이까지 모조리 떼고, 방(房)바닥에 먼지까지 쓸어서 가져오라 하시니라.

<증산도 道典>*약방에서 가지고 온 모든 물건을 송찬오의 집에 들여놓을 때 경석이 불평하므로 태모님께서 발길로 차시니 눈알이 튀어나온지라 경석이 끙끙 앓으며 고쳐 주시기를 애걸하니 태모님께서 뒷일을 경계하시고 청수에 눈알을 씻어 넣으신 뒤에 거울을 청수에 담근 다음 그 물을 경석에게 먹이시니 원래 대로 회복되니라.

이 때 찬오가 상제님의 성물을 탐내어 그 중에서 목침을 몰래 빼돌리니라.

<安雲山 증산도 성도사>*송 찬오가 빼돌린 목침이 소태산 박 중빈에게 흘러들어가 그 기운으로 원불교가 그 정도로 큰 것이건만 세상 사람은 그 신도세계의 내막을 알지 못한다.

<고부인신정기(천후신정기)>*경석(京石)이 구릿골에 가서 형렬(亨烈)에게 온 뜻을 고(告)하니, 형렬(亨烈)이 가로대 '내 딸은 사경(死境)에 임박(臨迫)하였노라' 하며 약방기물(藥房器物)을 가져가기를 허락(許諾)치 아니하거늘, 경석(京石)이 가로대 '신도(神道)에서 결정(決定)된 일을 그대가 좇지 아니하면 화(禍)가 있으리라'. 형렬(亨烈)이 가로대 '만일(萬一) 신도(神道)에서 결정(決定)된 일일진대 천지(天地)에서 징조(徵兆)를 나타낼 것이니, 어떠한 징조(徵兆)가 나타나지 아니하면 나는 그대의 말을 믿지 못하겠노라' 하더라.

<고부인신정기(천후신정기)>*이때에 천후(天后)의 명(命)을 형렬(亨烈)이 듣지 아니한다는 기별(寄別)을 들으시고, 양지(洋紙)에 해와 달을 그려놓고 두 손 식지(食指)로 하늘을 향(向)하여 지휘(指揮)하시니, 문득 청천(靑天)에 벽력(霹靂)이 일어나고 소낙비가 쏟아지며 번개가 온 집을 두르는지라. 형렬(亨烈)이 징조(徵兆)를 요구(要求)하다가 이 현상(現狀)이 일어남을 보고 크게 놀래며, 문득 마음에서 '망하는 세간사리는 애체(愛滯)없이 버리고 딴 배포(配布)를 꾸미라. 만일 아껴 놓지 않고 붙들고 있으면, 몸까지 따라서 망(亡)하느니라' 라는 천사(天師)의 말씀이 생각나거늘, 이에 경석(京石)에게 가로대 '진실(眞實)로 천의(天意)이니 마음대로 가져가라' 하니라.

<고부인신정기(천후신정기)>*이에 경석(京石)은 짐꾼에게 약장(藥藏)과 궤(櫃)와 철연자(鐵研子)와 삭도(削刀)와 횃대와 부벽시(附壁詩)와 액자(額子)와 벽바른 종이와 방바닥에 먼지까지 쓸어서 지우고 풍우(風雨)를 무릅쓰고 떠날 새, 형렬(亨烈)에게 돈 이십 원(二十圓)을 주며 가로대 '따님 병(病)이 위중(危重)하다 하니, 약소(略少)하나마 약(藥)값에 보태어 쓰라'하고, 인(因)하여 형렬(亨烈)을 작별(作別)하고 나와서 마을 앞 정문(旌門) 거리에 이르니, 풍우(風雨)와 뇌전(雷電)이 그치며 형렬(亨烈)의 집에서 울음소리가 들리더니, 형렬의 집 사람이 달려와서 김 부인(金夫人)이 사망(死亡)하였다는 부고(訃告)를 전(傳)하니라.

<고부인신정기(천후신정기)>*모든 물건(物件)을 송 찬오(宋贊五)의 집에 들여놓을 새, 경석(京石)이 불평(不平)한 말을 내거늘 천후(天后) 발을 들어 차시니, 경석(京石)이 눈을 맞아서 눈통이가 크게 붓은지라. 경석(京石)이 크게 앓으며 애걸(哀乞)하거늘 천후(天后) 뒷일을 경계(警戒)하시고, 인(因)하여 청수(淸水)에 면경(面鏡)을 담근 뒤에 그 물을 경석(京石)에게 먹이시며 손으로 어루만지시니, 경석(京石)의 눈이 곧 낳으니라.

<고부인신정기(천후신정기)>*스무 아흐렛날 아침에 형렬(亨烈)이 와서 천후(天后)께 딸 죽은 일을 아뢰거늘, 천후(天后) 치상비(致喪費)를 후(厚)히 주시고, 태인(泰仁) 도듭실 유 응화(柳應化)에게서 족두리와 원삼을 빌어다가 새롭게 단장(丹裝)하시고, 사인교(四人轎)를 타시고 약장(藥藏)과 모든 물건(物件)을 짐꾼에게 지워 앞세우고 대흥리(大興里)로 돌아오사, 약장(藥藏)과 모든 기물(器物)을 침방(寢房)에 봉안(奉安)하고, 부벽시(附壁詩)는 벽(壁)에 붙이고, 벽 발랐던 종이는 뭉쳐서 천반자(天盤子) 속에 갊어두시니, 온 집안사람들이 모두 놀래어 이상(異常)히 여기더라.

<고부인신정기(천후신정기)>*이에 천후(天后) 친자종도(親炙從徒)들을 소집(召集)하여 교단창립(敎團創立)을 선언(宣言)하시고, 여러 종도(從徒)들에게 명(命)하사 포교(布敎)에 종사(從事)케 하시고, 신 경원(辛京元)과 김 병욱(金秉旭)에게 명(命)하사 태인장(泰仁場)에서 큰 소 한 마리를 사다가 기르시면서 신정(神政)을 행(行)하시니라.

<고부인신정기(천후신정기)>*친자종도(親炙從徒)들은 원래(元來) 천사(天師)를 모셔 좋은 세상(世上)을 만나서 영화(榮華)와 복록(福祿)을 누리려는 희망(希望)으로 천사(天師)를 따르다가, 뜻밖에 천사(天師)께서 화천(化天)하시므로 모두 크게 실망(失望)하여 어찌할 바를 모르더니, 신해년(辛亥年:일구일일) 구월(九月)부터 천후(天后) 신도(神道)로서 포정소(布政所) 문(門)을 열으심에 모두 다시 발심(發心)하여 대흥리(大興里)로 모여와서, 천후(天后)를 모시고 교단(敎團)을 창립(創立)한 뒤에 각기 사방(四方)으로 돌아다니며 포교(布敎)에 힘쓰니,

<고부인신정기(천후신정기)>*이로부터 교세(敎勢)가 일어나기 시작(始作)하여 그 뒤 삼년(三年) 동안에 전라남북도(全羅南北道)와 충청남도(忠淸南道)와 경상남도(慶尙南道)와 서남해중(西南海中) 모든 섬 일대(一帶)에는 거의 태을주(太乙呪) 소리가 연(連)하게 된지라. 갑인년(甲寅年:일구일사) 봄에 순천(順天) 장 기동(張基東)의 의연(義捐)으로 교실(敎室)을 지어 비로소 본소(本所)의 면목(面目)을 세우니, 이에 교세(敎勢)가 날로 흥왕(興旺)하니라.

<증산도 道典>*이 해 9월 상제님 성탄치성에 순천 사람 장 기동(張基東)이 대흥리에 와서 태모님을 뵙고 도장이 너무 좁아 운영에 불편하시리라 여겨 경석에게 건물 한 채를 새로 지을 것을 권하며 이듬해 정월 보름 이후에 건축비를 가져오기로 약속하고 돌아가니라. 갑인(甲寅 : 道紀 44, 1914)년 정월 20일경에 약속한 대로 장기동이 도장에 와서 돈 천 원을 헌성하매 이로써 건축 공사를 시작하거늘 그 해 봄에 비로소 성전(聖殿)을 지어 도장의 면목을 세우니 이로부터 도세(道勢)가 날로 흥왕하니라.

<증산교사(甑山敎史)>*계축년(1913) 가을에 순천(順天)교인 장 기동(張基東) 장기준(張基準) 두 사람이 성적순례(聖蹟巡禮)의 길을 떠나 먼저 유 의경(柳宜卿)을

찾아서 길을 묻고 손바래기에 이르러 천사(天師)의 부친께 뵈옵고 천사(天師)의 사적(事蹟)을 물으니 김 형렬(金亨烈)에게 자세한 것을 물으라 하심으로 다시 떠나 구릿골에 이르러 형렬을 방문하니 형렬이 천사(天師)의 신성하심과 고부인(高夫人)이 교단을 창립한 전말을 말하고 인하여 두 사람을 데리고 본소에 와서 고부인(高夫人)을 뵈었다. 기동(基東)이 본소가 너무 협착하야 응접에 곤란함을 보고 경석에게 객실 한 채를 신축하라고 권하며 이듬해(1914) 정월 보름뒤에 건축비를 가져오기로 약속하고 돌아갈새 형렬과는 정월 보름뒤에 본소에서 다시 만나기로 약속하였다. 갑인년(道紀44:1914) 정월 스무날께 기동(基東)이 본소에 와서 경석에게 돈 천원을 주며 신축공사를 착수하게 하였다.

<고부인신정기(천후신정기)>*교단(敎團)의 기초(基礎)가 확실(確實)히 서게 되고, 교세(敎勢)가 날마다 불어나는 것을 본 경석(京石)은 가만히 교권(敎權)을 움켜쥐려는 계획(計劃)을 세워, 먼저 종도(從徒)들과 교도(敎徒)들 사이에 이간(離間)을 붙여 연원(淵源)의 의(誼)를 끊게하고, 다음에는 천후(天后)의 법소(法所)에 주렴(珠簾)을 걸어놓고 겉으로는 천후(天后)를 높이는 체 하나, 실상(實狀)은 천후(天后)와 참배(參拜)하는 교도(敎徒)들 사이의 간격(間隔)을 멀게 하니, 이에 종도(從徒)들은 경석(京石)의 야심(野心)을 간파(看破)하고 모두 분개(憤慨)하여, 더러는 교문(敎門)을 하직하고 물러가서 지방교도(地方敎徒)들과 연락(連絡)하여 따로 문호(門戶)를 세우기도 하고, 더러는 경석(京石)을 따돌리고 천후(天后)의 법소(法所)를 다른 곳으로 옮기려는 운동(運動)을 하기도 하니라.

<고부인신정기(천후신정기)>*을묘년(乙卯年:일구일오)에 김 형국(金炯國)이 보성(寶城) 지방(地方) 교도(敎徒)들과 연락(連絡)하여, 천후(天后)의 법소(法所)를 장성(長城) 필암(筆岩)으로 옮기려고 운동(運動)하다가 마침내 뜻을 이루지 못하였더니, 병진년(丙辰年:일구일육)에 이 치복(李致福)과 채 사윤(蔡士允)이 다시 각 지방교도(地方敎徒)들과 연락(連絡)하여 법소(法所)를 원평(院坪)으로 옮기려고 운동(運動)함에,

<고부인신정기(천후신정기)>*천후(天后)도 또한 경석(京石)의 발호(跋扈)하는 것을 불쾌(不快)히 여겨 치복(致福)의 운동(運動)에 동조(同調)하시더니, 이 윤수(李胤洙)가 경석(京石)의 부탁(付託)으로 천후(天后)께 간(諫)하고, 강 사성(姜士成)은 경석(京石)의 부탁(付託)으로 천후(天后) 앞에서 치복(致福)의 과실(過失)을 들어서 공격(攻擊)하니, 이에 법소(法所)를 옮기려는 운동(運動)은 실패(失敗)하게 되고, 치복(致福)과 사윤(士允)은 할 일없이 교문(敎門)을 하직하고 물러가니라.

<증산고사>*갑자년(道紀 54, 1924) 6월 스무 사흗날 밤에 형렬이 영서를 받으니 이러하였다. 『모악산(母岳山) 금산사(金山寺)는 이덕지지야(履德之地也)라 기지(基址)를 불수(不修)하면 자선(慈善)을 하립(何立)이리오 삼층전(三層殿) 미륵불(彌勒佛)은 진무동양제국지불(鎭撫東洋諸國之佛)이라 예불즉(禮佛則) 배서향동(背西向東)하니 차(此)는 배암향명지리(背暗向明之理)니라. 불입정상(佛立鼎上)하니

필야(必也) 서백미(西白米) 입차정중(入此鼎中)하야 위일식지반(爲日食之飯)하리라. 정도(井道)는 불가불혁(不可不革)이라 고(故)로 수지이혁(受之以革)하고 혁물(革物)에 막약정고(莫若鼎故)로 수지이정(受之以鼎)하고 정(鼎)은 주기야(主器也)라 주기자(主器者)는 막약장자고(莫若長子故)로 수지이진(受之以震)하나니 진(震)은 장남야(長男也)니라. 불유자연지상(佛有自然之像)하니 유자연지상즉(有自然之像則) 유자연지리(有自然之理)라 상인(常人)은 견기상이매기리(見其像而昧其理)하되 성인(聖人)은 견기상이지기리(見其像而知其理)하여 시제도기(始製道器)하여 이리천하중생(以利天下衆生)하나니 미재미재(美哉美哉)라 도재이불가지(道在而不可知)하고 사재이불가문(事在而不可聞)하고 승재이불가견(勝在而不可見)이니라』

<증산교사(甑山敎史)>*을축년(道紀 55, 1925) 9월에 형렬이 경성에 가서 두류(逗留)하더니 마침 보천교를 탈퇴하고 경성에 두류하는 이 상호(李祥昊)가 찾아와서 천사의 성적(聖蹟)에 관한 강설을 청하며 인하여 자기숙소로 찾아가서 함께 두류하였다. 형렬이 상호에게 성적(聖蹟)전말을 자세히 말하여 주고 또 자기의 수련체험을 말하며 신명(神命)이 있는 때에는 호풍환우(呼風喚雨)도 가능하다고 말하는지라 상호가 『만일 호풍환우가 가능하다면 신명에만 의존하는 것은 신기할 것이 없고 선생이 마음대로 행할 수 있어야 그 가치를 인정할 수 있으리이다』라고 말하거늘 형렬이 『내 자의로 행하여 본 일은 없으나 그대의 말이 유리하니 실험하여 보겠노라』 하였다.

<증산교사(甑山敎史)>*이튿날 형렬이 영서(靈書)를 받아서 상호에게 뵈이니 이러하였다. 『보화(寶貨)는 자고유지(自古有之)로대 유복자(有福者) 다취이용지(多取而用之)하여 위주인(爲主人)이오 풍운(風雲)은 자고유지(自古有之)로대 유재자다취이용지(有才者多取以用之)하여 위주인(爲主人)이라』 형렬이 이 영서를 뵈이며 자의로 향할 수 있을 것을 말하고 인하여 여러번 실험함에 모두 응험되었다.

<증산교사(甑山敎史)>*상호가 이에 형렬에게 집지(執贄:폐백으로 경의를 표하고 門人이 됨)하고 미륵불교에 가입한 뒤에 형렬의 풍우실험을 이용하여 보천교 신도 수천명을 권고하여 미륵불교에 개종하게 하니 이로부터 교세가 다시 진흥되기 시작하였다. 대저 형렬의 영서중에 『서백미(西白米)가 입차정중(入此鼎中)하여 위일식지반(爲日食之飯)』이라는 문구는 곧 상호를 가리킨 것이니 상호가 보천교에서 서방주(西方主)의 교직을 맡았던 것을 뜻함이었다.

<증산교사(甑山敎史)>*(이상호의 건축비 횡령사건과 탈퇴) 정묘년(道紀 57, 1927) 10월에 형렬이 교무 상호에게 일임하고 대원사(大願寺)에 들어가 수련을 행하였다. 무진년(道紀 58, 1928) 3월에 상호가 여러 간부들에게 교단 사무소를 금산사에다 두는 것이 불가하니 교당을 건축하자고 역설하여 건축비 육백원을 수합(收合)하여 놓고 상호는 경북 안동지방에 가서 건축비 천여 원을 희사(喜捨)받어 가지고 십여 일 만에 돌아오니 그동안에 구 간부들이 대원사에 가서 형렬에게 상호가 전횡한다고 중상(中傷)하고

<증산교사(甑山教史)>*또 건축비라고 빙자하여 돈 육백 원을 거두어서 장차 사용하려 한다고 말하니 형렬이 나와서 상호더러 『누에가 먹을 것을 다 먹은 뒤에야 집을 짓나니 건축은 중지하라』 하고 수합(收合)된 건축비로 구릿골에 적은 집 한 채를 사서 간판을 걸게 하고 남은 돈은 모두 소비하여 버리는지라 상호는 크게 실망하여 형렬더러 간부들과 뜻이 맞지 아니하여 교무를 맡아볼 수 없음을 말하고 형렬을 하직하고 용화동에 은거하여 버렸다.

<증산교사(甑山教史)>*(이정립의 중화경 폄하와 왜곡 및 형렬의 사망, 미륵불교의 해산)상호가 탈교한 뒤로 간부들이 서로 분쟁을 일삼으니 이로부터 교세가 침체되기 시작하였다. 경오년(道紀 60, 1930) 섣달 스무엿샛날 형렬은 천사(天師)께서 출세하신다 하고 신도 수백 명을 모아 큰 치성을 거행하더니 형렬의 말이 헛되어짐에 신도들이 모두 흩어져서 다시 수습할 수 없게 되었다. 이에 형렬이 교세 만회책을 강구할 새 신미년(道紀 61, 1931) 여름에 과거 수십 년 동안 받어 내린 영서 중에서 좋은 것을 가려내고 또 유경(儒經)속에서 좋은 구절을 뽑아내어 부연한 것을 모아서 『중화집(中和集)』이란 제호의 원고를 만들어서 이것을 간행하여 신도들을 수습하며 포교재료로 사용하려 하였으나 인쇄비를 조달치 못하고 원고는 분실되였으며 임신년(道紀 62, 1932) 시월에 형렬이 사망함에 미륵불교는 해산되어 버렸다.

侍

상제님 천하사는 무엇보다도 천심(天心)을 갖는 것이 가장 중요합니다. 세속의 이끗에 물들지 않고 순수함을 지키고 성경신을 다 할 수 있어야 천강대복(天降大福)인 후천 5만년 무량대복이 찾아듭니다. 지금은 세속의 헛된 부귀영화(富貴榮華)를 추구할 때가 전혀 아닙니다. 지금은 자신의 조상과 자손을 후천으로 인도하는 뿌리 장사를 하는 때입니다.

뿌리장사의 기본은 무엇보다 먼저 직지인심(直指人心) 견성성불(見性成佛)의 묘처인 무심(無心)으로 마음을 비우고 자신의 마음가짐과 세속의 묵은 때를 정화하여 마음보, 심통을 바르게 하는 일입니다. 기본이 난이면 말치자부의(其本亂而末治者否矣)입니다. 기본이 잘못되어 어지러운데 말단 끝이 잘 다스려질리는 결코 없습니다.

진묵대사는 깨우침을 묻는 어머니에게 다음과 같이 말합니다. "유심(有心)으로 용심하면 여기서 서쪽으로 십만 억 국토를 지나야만 극락이 있지만, 무심(無心)으로 용심하면 이 자리가 곧 정토입니다. 그러니 정토는 무심으로 용심하는 자는 손가락 한번 튀길 적에 문득 정토에 이르지만, 유심으로 용심하면 무량겁을 두고 허우적거려도 끝내 이르지 못합니다. 깨침의 경지에 들려면 온갖 유심(有心)을 넘어서서, 무심의 경지에 이르는 것이 그 첫 문입니다. 다시 말씀드리면, 무심의 문은 깨침의 문에 드는 첫 관문입니다."

정 북창 선생과 같은 반열(班列)인 대현인(大賢人) 토정 이 지함 역시 마음을 수양하는 데는 욕심을 적게 하는 것보다 더 좋은 것이 없다고 합니다. "부자는 탐심을 내지 않는 것이 제일 부자요, 귀한 사람은 벼슬을 하지 않는 사람이 제일 귀한 것이요, 강한 것은 다투지 않는 것이 제일 강한 것이며, 영험(靈驗)한 것은 모르는 것이 제일 신령한 것이다."(富莫富於不貪 貴莫貴於不爵 强莫强於不爭 靈莫靈於不知 (土亭)) 온갖 집착을 끊고 욕심을 줄여나가면 나중에 무(無)에 이르게 되는데 이 무심은 마음이 비어서 신령스럽게 되며 이 신령스러운 영(靈)의 비침이 명(明)이 되고, 명(明)의 열매가 성(誠)이며, 성(誠)의 길이 중(中)이 되고, 중(中)의 발달이 조화(和)가 되니 남자 성인聖人 7200 궁궁수弓弓數, 여자 성인聖人 4800 을을수乙乙數 도합 일만 이천의 도통군자의 도통(道通)의 길은 중화경(中和經)의 중화(中和)의 심통경지에 이르러서야 비로소 시작됩니다.

<『土亭先生遺稿』 「寡慾說」>*알맞음(中)과 조화로움(和)은 공정함의 아버지요 살려 줌의 어머니이니, 정성스럽고 정성스러워 안이 없고, 넓고도 넓어 바깥이 없다. 바깥이 있다는 것은 작아짐의 시작으로, 작아지고 또 작아져서 육체적 욕망에 구속되면 나는 있는 줄 알면서 남이 있는 줄 모르게 되고, 남이 있는 줄 알더라도 진리가 있는 줄은 모르게 된다. 바깥 사물에 대한 욕망이 나의 마음을 덮어 가리면 알맞은 마음의 상태를 해치는 일이 많아져서, 욕심을 적게 하려고만 해도 되지 않는데, 어떻게 욕심이 없어지기를 바랄 수 있겠는가? 맹자가 이 이론을 세운 뜻이 깊도다!

송 태종 조 광의(趙光義)는, 형인 송 태조 조 광윤(趙匡胤)을 살해하고 왕위를 찬탈한 후 나쁜 일을 많이 해 후손을 해쳤는데, 자손이 두 번이나 후사가 없었으며, 전체 왕족이 금나라 노예가 되는 크나큰 치욕을 당했습니다. 그와 극명하게 대비되는 인물이, 북송의 이름 있는 신하 범 중엄(範仲淹)입니다.

그는 일생 나라를 걱정하고, 백성을 행복하게 하였으나, 살아생전 불운이 겹쳐 네 번이나 강직을 당하기도 하고 일생을 청빈하게 살았지만, 뿌리장사를 잘 한 덕택에 그의 후예는 흥성하여 부귀를 8대 동안이나 누렸습니다. 지독한 이기적 현세주의자는 고개를 젓겠지만 만일 자신의 조상에 이기적 현세주의자가 있어 남을 크게 해친 사람이 있어 적악지가가 되었다면 그것이 옳았다고 생각하지는 못할 것입니다.

수운 최 제우가 대구감영에서 처형당하고 8년 후 신미년(1871)에 한반도에 강림하실 것이라 예고한 미륵존불이시자 천주 하나님이시며 지존의 10무극 옥황상제님이신 증산 상제님이 이 땅에 강림하시어 9년 천지공사를 집행하시고 환궁하신지 어언 105년이 지나가고 있습니다. 증산 상제님께서 말씀하신 동지한식백오제(冬至寒食百五除)의 춥고 어두운 구름에 가려진 105년이 지나면서 계사(2013), 갑오(2014), 을미(2015)의 사오미 개명 시간대를 맞이해 건존 증산 상제님 9년 천지공사와 곤존 태모 고 수부님의 10년 천지공사(神政公事)의 전체 퍼즐이 바야흐로 명확히 드러나기 시작했습니다.

시간 돌아 닿는 대로 새 기틀이 열린다는 상제님 말씀대로 증산상제님께서 경만장 안 내성(安乃成) 성도에게 집행하신 운암강수 만경래 도안(都安) 추수 세 살림 말복 도수의 실체와 태모 고 수부님이 집행하신 10년 신정공사(神政公事)의 마지막 말복도수 결론인 흑운명월(黑雲明月)도수에 의해 태모님이 묻으신 오성산 오선위기 바둑판 도수, 삼변 교운과 세 살림 추수 도운 통일 윷판 도수, 도안(都安) 세 살림 무기 오십토 공사의 모든 실체가 본 통합경전 출간을 즈음하여 온 세상에 활짝 드러나게 되었습니다.

여덟 째, 상제님 진리는 모두 5막 9장으로 구성되어 후천 조화선경(龍華仙境)을 여는 진리입니다. 상제님께서는 내 일은 낙종물 사명으로 씨 뿌리고 이종물 사명으로 모내기를 하여 마지막 숙구지 문왕 도수의 세 살림 추수사명으로 세 단계를 거쳐 변하면서 후천을 연다 해서 내 일은 세 번 변해서 이루어지는 삼변성도(三變成道)니라 하셨습니다.

문 공신 성도도 “우리일은 삼대(三代)밖에 없다고 말합니다. 증산 상제님 대도 진리는 상제님께서 기유년(1909) 6월 24일 어천하신 이후 곤존 태모 고 수부님이 친히 씨뿌리는 낙종물 사명으로 신해년(1911년) 정읍 대흥리에서 선도교(일명 太乙敎) 교단개창을 하게 되어 비로소 1막 1장이 열립니다.

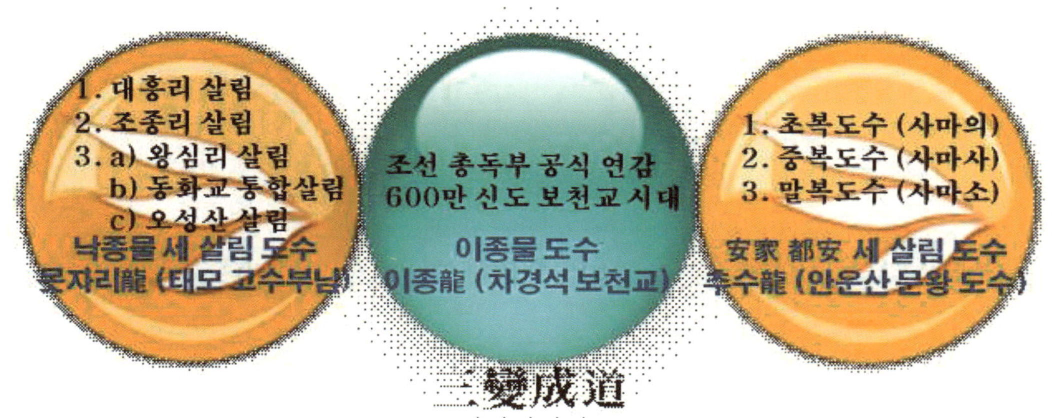

차 경석 성도는 태모 고 수부님의 낙종물 사명 살림에 합류했다가 모내기 사명인 이종물 사명으로 독립하여 일제하 가장 강력한 독립운동 후원교단이던 600만 보천교(普天敎)를 이끌다 마침내 1936년 일제의 민족종교 탄압정책(보천교 신법)에 의해 강제 해체되면서 이종물 사명도 1막 1장 단막극으로 내려지고 맙니다. 태모 고 수부님의 낙종물 사명은 세 살림 1막 3장으로 꾸려져 있어 1막 1장만 대흥리에서 이종 동생인 차 경석과 동거살림을 하시고 나머지 두 살림 2장(場)과 3장(場)은 조종골 살림 2장과 <①왕심리 교단(1929~1931)－②왕심리&동화교 합동교단(1931~1933)－③오성산 교단(1933~1935)> 세 살림으로 따로 꾸려 총 1막(幕) 3장(場), 5마디로 종장(終場)을 짓게 됩니다.

두 번째 살림인 조종골 살림을 제외하면 대국적으로 세번째 살림 속에는 조종골 도장시절 강 사성·강 응칠 성도의 방해공작과 강 응칠의 조종골 도장 명의 도용과 불법매각으로 벌어진 '도집재판 사건'으로 태모 고 수부님이 조종골을 떠나(조종골 살림의 사실상의 청산) 순흥(順興) 안(安)씨 집성촌인 정읍군 입암면 왕심리(旺尋里)에 차리신 왕심리(旺尋里) 살림과 곤궁한 경제난을 잠시 피하기 위해 성포 고 민환 성도의 주청을 받아들여 옮기신 김제 용화동 동화교 통합교단 살림 및 옥구 오성산 교단 살림이 포함됩니다.

마지막 남은 세 번째 3변(變)교운인 3막(幕) 추수사명은 상제님이 집행하신 숙구지(宿狗地) 문왕(文王) 도수와 태모 고 수부님의 무진년(1928) 구월도 공사에 의해 숙구지(宿狗地) 문왕 도수의 가녀린 성령의 씨앗(仁)으로 깨어나 보존되다가 (<보천교普天敎 교전敎典>*한가지 못줄것이 있으니 곧 「어질인仁」 자字라 만일 「어질인仁」 자字까지 붙여주면 천하는 다 저희들것이 되지 않겠느냐 그럼으로 「어질인仁」 자字는 너희들에게 붙여 주노니 너희들은 오직 어질인仁 자字를 잘지키라) 안 운산 성도사는 1945. 8.15 해방과 더불어 보천교 2변 증산교(甑山敎)로 기두하여 청음, 남주와 손잡으니 곧 문왕 추수도수 초복살림이며(청음, 남주와 손잡고 증산교 대법사(大法社)로 됨), 문왕 사명자의 중복살림 발아는 1954년 문왕의 유리감옥 유폐도수인 '20년 말점도(말도) 도수의 귀양기간'을 거쳐 1974년 재기두해 중복살림의 싹을 틔워, 다시 10년 간의 준비 과도기를 거쳐 1984년 역사적인 증산도 출범으로 도안(都安) 세 살림 도수의 중복 살림을 본격적으로 열게 됩니다.

周文王

아홉 째, 본 범증산계 통합경전 <십경대전>은 추수도수 中 초복, 중복, 말복 3變도수 中 통일 윷판 도수인 마지막 말복운수를 맞이하여 증산계 전 종단을 아우르는 통일 공통경전으로 상제님 천지공사의 전 면모를 종합적 안목으로 볼 수 있는 유일한 경전입니다. 따라서 증산도, 오성산 태모님 법소, 태극도, 대순진리회, 대진성주회, 성덕도, 태을도, 청도대향원, 대법사 증산교, 법종교, 오정동 교단, 삼덕교, 모악교, 무을교, 동도법종 금강도, 순천도, 미륵천도교 등 증산 상제님을 신앙하는 사람이면 누구를 막론하고 본 <십경대전>을 근본경전으로 삼을 수 있는 때가 되었습니다.

<새시대 새진리 1(安雲山 종도사님 어록)>*(상제님 도운은 3막 드라마 3변)상제님 일은 원래 좀 더디다. 영화로 말하면 3막짜리다. 영화가 짤막한 것은 1막에 끝난

다. 좀 긴 것은 2막에 끝나고. 상제님 일은 3막으로써 매듭을 짓게 된다. 지금 증산도는 마지막 3막을 열어놓고 있다. 다시 이것을 공사내용으로 얘기하자면, 삼변성도三變成道다. 세 번 변해서 매듭이 지어지고 비로소 성도가 된다. 세 번 변해서 상제님 세상이 되는 것이다. 내적으로는 도운道運도 삼변이고 세운世運도 삼변이다.

모든 상제님 경전의 근본인 차 경석 성도의 <보천교 교전(普天敎敎典)>, 상제님 수석성도이신 태운 김 형렬 성도의 <동곡비서(銅谷秘書:성화진경)>, <중화경(中和經)>, 곤존 고성후비 태모 고 수부님 수석성도 고 민환 성도의 <선정원경(仙政圓經)>, 상제님 친필로 전하는 <현무경(玄武經)> 등의 경전은 발행순서와 상관없이 증산 상제님 9년 천지공사(天地公事)와 태모 고 수부님 10년 신정공사(神政公事)의 내용을 가장 순정도 있게 전하는 주요 경전입니다.

그 다음으로 비중을 차지하는 경전이 <증산천사공사기(甑山天師公事記)>, <대순전경(大巡典經)>, <대개벽경(大開闢經:天地開闢經):이중성>, <천지개벽경天地開闢經:정영규>, <선도신정경(仙道神政經)>, <용화전경(龍華典經)>, <고부인신정기(高夫人神政記)>, 외(外) 입니다. 현재 증산도, 증산교 대법사, 대순진리회, 대진성주회, 태극도, 법종교, 순천도 등 국내 여러 다른 형제 가족 종단에서 상제님의 칭호는 물론 태모 고 수부님의 칭호도 각자 다를 수 있고 심지어 태모 고 수부님의 존재마저 희석시켜 신앙중심에서 제외시킨 단체도 있습니다.

그러나 이제 건존 증산 상제님, 곤존 태모 고판례 수부님 신앙위주로 너나없이 다시 돌아가 다 같이 근본신앙, 뿌리신앙의 포맷(Format)을 새로이 해서 우리 모두 신앙정립의 토대를 다시 깔아야 할 때입니다. 흑운명월 도수의 사오미 개명시대를 맞이해 진리는 하나일 뿐이지 너 나가 있을 수 없고 증산 상제님을 믿는 같은 신앙인이 교단으로 울타리를 쳐 너 나를 가를 필요가 이제는 없습니다.

따라서 본 서문序文(문왕추수도수 세 살림 종통사명기)에서는 <통합경전>의 방대한 상제님 신앙의 진리 세계로 들어감에 있어 길을 잃지 않도록 본 <통합경전> 서문에 상제님 진리의 핵심 줄거리를 길라잡이로 엮어놓았습니다. 지난 105년간의 백

년티끌(百年塵:백년의혹)이 본 <통합경전> 출간으로 말끔하게 해소되고 각 파 종단마다 서로 다른 상제님 천지공사의 교리해석과 이해로 인해 교단마다 스스로 쳐놓은 작은 울타리를 거두고 이제는 용화선경의 상제님 진리세계로 너 나 없이 하나로 대동(大同)할 때입니다.

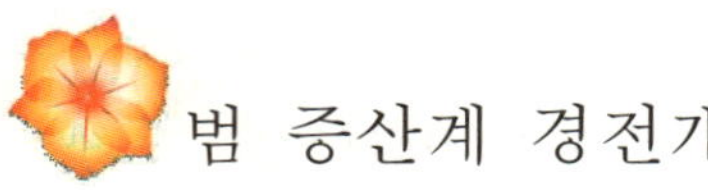

범 증산계 경전개략

서명	저자	년도	설명
玄武經	甑山 上帝恁	1909	己酉年(1909) 正月 元旦 甑山上帝님께서 安乃成성도의 집에 써 놓으신 親筆經典으로 都安 세 살림에 친히 내린 經典. 戌符 숙구지 文王 死無餘恨符를 비롯 都安 세 살림 符로 시작함. 후천에 天地人神의 造化神權을 부리는 符로 車京石이 빌려갔으며 安乃成 성도는 별도로 太母 高首婦님께 바침. 1911년 太母님이 교단 開創時 이 經을 간수하고 있었으며 金亨烈이 太母님의 許諾을 받고 만든 筆寫本과 장기준이 太母님을 찾아가 許諾을 받고 만든 筆寫本이 있으며, 金亨烈 首席聖徒의 原本 筆寫本은 자부 崔씨가 보관 중 紛失한 것으로 알려짐. 金亨烈 성도의 寫本을 보면 모두 25쪽으로 되어 있고 이 가운데 18쪽은 物形의 형상을 가진 符와 글씨로 되어 있고, 7쪽은 글씨만으로 되어 있다.
甑山天師 公事記	李祥昊	1926	編年體. 원래는 普天教 경전 用으로 車京石 성도에게 채록한 내용. 日帝에 매수된 후, 國內最大의 600만 비밀교단 普天教의 최대 변곡점이 된 사건인 소위 "普天教 諒解"사건을 일으킴(車教主 秘密居處인 함양 우전리로 警務局 偵探員, 경기도 警察局 搜查要員 5 人을 직접 안내해 教主身上 및 教團公開 壓迫). 李祥昊는 일제에 매수되어 조선총독부에 強力한 獨立運動 秘密 軍資金處인 秘密教團 公開化 및 교주 車京石의 居處와 身上을 공개화하는 "普天教 諒解"사건을 일으키고 차교주를 내쫓기 위해 강력하게 普天教 革新運動을 벌이다 실패하자 普天教 財產을 불법으로 騙取해 만주로 도망감. 背師律을 범하며 普天教 탈퇴 후 다시 金亨烈 성도의 彌勒佛教에 입도. 彌勒佛教 경전을 편찬한다고 하여 金亨烈 성도로부터 採錄. 다시 金亨烈 교주를 背信 脫退 후 자료를 합해 刊行한 결과물. 국한문 혼용. 국판 147쪽.
大巡典經 1판	李祥昊	1929	甑山天師公事記 간행이후 자료를 더 모으고 문장을 修訂하여 새로 編纂. 국한문본. 13장 499절로 分類하여 章節로 나눔. 總督府에 허가를 내는 過程에서 많은 부분이 削除됨. 上帝님 神位를 絶對 造化主 權能

			을 인정않고 天師로 호칭. 스스로 海島眞人 추수자로 착각 〈서전서문(書傳序文)〉의 己巳三月旣望에 맞추어 發行.
大開闢經 (天地開闢經)	李重盛	1946	한병호, 소병언, 유영창, 신형식등과 함께 상해 臨時政府 普天教 담당 資金責. 독립운동 資金 문제로 국내에 潛入했다가 車 京石 教主를 만난 후 상제님 大道 眞理에 눈떠 普天教徒가 되어 수호사장이 된 후 經典 編纂에 몰입. 한문본. 편년체. 1992년 간행. 당시 李祥昊 李正立 형제가 朴公又 성도와 戊辰年 冬至 大覺橋 만남이래 醫統전수를 받고 海島眞人으로 자처하는 분위기여서 李重盛 선생은 遠姓李氏 문제, 8位上帝 문제, 東方七星 문제, 受命于天, 德傳德 문제 등의 새로운 교리를 提示하며 은연중 자신에 대한 모종의 期待를 하였으나 空手票가 되자 자신의 過慾을 反省하며 자신의 家門에서는 絶對 책을 펴지 말 것과 正德君子가 나오면 바로잡아줄 것을 付託하고 본 經典을 參考만 할 뿐 全的으로 믿지는 말아달라고 當付. 딸 이옥수씨가 90년~91년 大田 선화동 安 雲山 선생 自宅을 수차례 尋訪해 父親의 〈大開闢經〉 出刊問題를 相談하고 대개벽경의 "平生不變心 安**"은 상제님 천하사의 마지막 추수사명자가 安씨 성이라 밝힘. 91년 安原田 完譯.
大巡典經 3판	李祥昊	1947	한글 옆에 한자를 부기함. 9장 731절로 분류. 光復 후 일제 때 削除된 부분을 모두 포함시켜 增補. 甑山教 大法社 실제 개창자인 雲山 安興燦 總師首 2번때(초복살림. 중복살림을 3째로 상정한 용어) 총 사수 淵源脈의 지원으로 發行. 南舟 李正立의 〈大巡哲學〉 역시 安興燦 總師首의 경제支援으로 양복도 사주고 2년간 임경호 집에 下宿費까지 대주며 冊이나 쓰라고 독려해 世上에 出刊된 것. 總師首는 이후 南舟의 합정동 金主 최규석씨 집 下宿費도 대주었음. 李正立의 〈甑山教史〉 內容과는 정반대로 甑山教 大法社 실제 開創者인 수주(水主) 安興燦 總師首가 이상호·이정립 형제를 幹部에 任命했으나 조직적으로 단체 奪取 後 宗師라고 歪曲 捏造함. 教主직제가 없었던 당시 教體組織은 木火土金水 方主制 밑에 東西南北, 春夏秋冬 8교리제도 였으며 수방주(水主) 總師首로부터 이들이 처음 任命받은 실제 職責은 토방주(土主) 이 상호, 사성(司成:土主 아래 명예직) 이정립, 서울 대법사 최 위석 금방주(金主), 밀양 이 원호 목방주(木主), 김 종렬 화방주(火主), 최규석 사성(司成)임. 教主職制가 없었던 당시 이정립이 주장하는 종사(宗師), 사성(司成), 찬교(贊教), 교정(教正)(水 火 金 木 등 4인), 교령(教領), 종리(宗里), 종감(宗監) 등의 조직은 청음 남주 형제가 총 사수 20년 은둔 大休憩期 宣言後 조직을 완전 掌握하고 만들었거나 安興燦 總師首 시절은 全無했던 歪曲 捏造된 組織. 南舟 李正立이 甑山教史에서 甑山教 大法社를 자신들이 開創해 宗師, 司成을 처음부터 맡은 것처럼 捏造했으나 그들의 連臂는 李祥昊보다 나이가 훨씬 많은 甥姪 박임규(朴壬圭) 한 사람뿐이었음. 教主職制가 없던 당시에 젊은 總師首를 모셨던 김종렬은 李祥昊 兄弟의 野心을 눈치채고 壬戌生이던 總師首에게 教主職을 만들어 教主에 오르기를 勸誘했으나 先 布教를 名分으로 挽留하자 壬戌教를 직접 創教해 자신이 教主가 됨. 李正立이 허위 造作한 조직명을 보면, 雲山 總師首가 임명한 土主 보좌역 "司成" 名을 그대로 사용한 듯하고 安興燦 總師首가 결혼시킨 李正立 妻 張玉 女史의 회고록 〈용화도장 지킴이〉 121쪽에서 해방이후 1950년 6.25 직후 甑山教 大法社 醫統製作 당시 鏡面朱砂는 雲山 안흥찬(安興燦) 선생이 전적으로 혼자서 全量 充當했음을 솔직히 밝힘. 50년 6 .25 韓國動亂으로 한강철교 끊어질 당시 安興燦 총 사수, 동생 安道燦, 普天教 擔當 형사 근하 김종영, 남주 李正立, 처 張玉, 남주 妻男 고교생 張相達 등이 노량진 나룻배로 漢江을 건너 水原까지는 차로, 水原부터 天安까지 함께 徒步로 避難길에 오름. 天安에서 李正立 夫婦가 妻男이자 어린 동생인 張相達을 떼어내 버리고 가자 安興燦이 거두어 瑞山 本宅으로 데려가 3-4 개월을 避身시

			켜 돌려보냈으나 나중에 苦生시켰다고 信徒들 앞에서 헐뜯음. 安興燦 總師首는 총알이 왔다갔다하는 戰爭통의 避亂길에 妻男을 떼내 던지고 가는 것을 보고 "저게 무슨 人間이냐" 생각하며 자신이 거둘 수밖에 없었다고 回顧하고 자신들도 戰爭통에 버리고 간 애를 잘 돌보아주어 安全하게 보내주었으면 設令 고맙다고는 못할지언정 辱하고 헐뜯는다는 것은 그사람들만의 世界라 回顧. 노량진을 함께 건넌 逸話는 張玉 저 〈용화동 지킴이〉에도 소개.
나의세상 龍華仙境이 오면		1999	李孝鎭. 李重盛의 〈大開闢經〉 註解 간추린 內容.
中和經	甑山 上帝恁	1955	彌勒佛敎. 甑山 法宗敎. 彌勒佛敎 經典을 위해 史料採錄을 한다고 속인 청음 李祥昊가 採錄을 다 했다고 錯覺해 金亨烈 교주를 背信하고 脫退하는 바람에 大巡典經에 채 담지 못한 內容이 中和經과 銅谷秘書(성화진경)임. 原名(원명)은 「中和集(중화집)」이며, 甑山法宗敎의 初版冊名(증산법종교의 초판책명)은「中和經」李孝鎭은 「中和經集(중화경집)」으로 발행. 甑山上帝님의 말씀을 金亨烈 首席聖徒가 記錄한 것으로 後天 開闢 性理學. 金 亨烈 성도가 上帝님의 도장(印鑑)과 그 遺書를 모아 弟子等이 各히 邪說을 敢行할줄 予知하시고 亨烈로 하여금 遺書와 實印을 傳授케하시니 亨烈이 이를 詳考하야 適期時하여 無違本處에 信傳할 사람을 擇하여 保管케하야 年月日辰이 遺書와 符合하는날 金泰振 泰俊兄弟 郭鳳勳 三人으로부터 兩次遺書가 傳授되고 郭鳳勳이 華恩堂 강순임 女史恁에게 전함.
仙政圓經	高旻煥	1960	坤尊 太母 고 수부님 수석성도 高旻煥 저술. 太母 高首婦恁의 10년 天地公事 내용을 側近에서 가장 정확히 보고들은 內容을 전하는 經典. 既存經典에서 丁未年(1907) 車京石과 고 수부님의 만남과 首婦司命을 계묘년(1903)년으로 批正. 〈甑山敎史〉에서 우주의 唯一主宰者 신은 없다고 宣言할 정도로 歪曲된 신관을 가진 南舟 李正立은 至尊의 玉皇上帝로서 乾尊 증산 상제님의 絶對者 神權을 송두리째 否定하고 수많은 天界 스승中의 하나를 뜻하는 天師로 시종일관 格下해 대했듯이 坤尊 太母 高首婦恁의 神聖性 역시 증산 상제님 神聖權 못지않게 否定하고 逼迫함. 高旻煥 성도의 仙政圓經의 내용은 南舟 李正立이 새삼 衝擊을 받고 高夫人神政記를 編纂하는 動機가 됨. 과거 兄 靑陰 李祥昊는 普天敎人이 되어 木浦경찰서에 收監되었을 때 그 責任을 太母 高首婦恁에게 모두 떠넘겨 太母님이 獄살이 하신 적도 있고, 南舟 李正立과 함께 普天敎 掌握을 目的으로 普天敎 革新運動을 벌이기 전, 臨時方便으로 車敎主를 떠매기 위해 太母님의 坤尊 神聖權을 애써 否定하고 더 나아가 자신들의 敎權 掌握만을 目標로 車敎主를 내세워 坤尊 하느님이신 태모님 排斥運動을 公共然하게 벌인 적 있음.(〈普天敎 沿革史〉) 32년 東華敎 合同敎團 당시 靑陰과 함께 高旻煥 수석성도를 비밀리 야밤에 殺害하려 하여 눈치 챈 高旻煥 성도가 야밤 脫走하여 태모님 곁을 떠난 바 있으며 모든 幹部에게 태모님을 一切 못 만나게 따돌린 채 1년간 潛跡하여 太母님 천지공사 空白期가 생김.
華恩堂實記	鳩岩 金炳澈	1960	甑山法宗敎. 증산 상제님 唯一女息 華恩堂 강순임 法宗敎 6基礎 內容.
高夫人神政記 (天后神政記)	李正立	1963	甑山敎 大法社. 坤尊 太母 高首婦님 10년 천지공사의 神聖性을 밝힌 太母 高首婦님의 수석성도 高旻煥의 〈仙政圓經〉이 1960년, 구릿골 김씨 후손들의 <성화진경>이 1961년에 발간되자(90년 〈동곡비서〉로 재출간) 과거 靑陰과 자신이 逼迫했던 太母님 정체를 새로이 깨닫고 遑急히 출

			간. 日帝에 의해 買收되어 그들의 협조로 普天敎 破壞의 일환으로 創敎한 東華敎 合同敎團의 正統性 確保를 위해 태모님 대흥리-조종골-(왕심리-동화교와의 통합교단-오성산) 세 살림 중 세 번째 세 살림의 정통을 왕심리, 오성산 두 살림을 빼고 東華敎 合同敎團을 太母님 세 살림의 하나로 기술함. '宇宙의 唯一 主宰者 神은 없다.'고 宣言하여 상제님 神位를 絶對造化翁으로 認定안하고 天師로 一貫되게 呼稱했으나 高旻煥 성도의 仙政圓經으로 太母 高首婦님의 神權을 비로소 再認識하고 仙化 2년前인 1966년 소책자 〈甑山敎 要領〉에서 "天師께서는 곧 統天上帝시니라"고 再定義함.
宣道眞經	太極道	1965	太極道. 編年體. 〈大巡典經〉 내용과 99% 동일한 짝퉁 性格의 경전. 어투만 現代적으로 살짝 손본 것이 特徵. 天師라는 〈大巡典經〉 표현을 上帝로 처음 표기한 功勞가 있음.
龍華典經	金洛元 (안내성 성도 장인)	1972	오정동교단. 주장춘 〈진인도통연계(眞人道通聯系)〉와 〈춘산채지가(春山採芝歌)〉 내용이 포함된 경전으로 〈普天敎 敎典〉(車京石),〈銅谷秘書〉(金亨烈),〈大巡典經〉(李祥昊),〈大開闢經(天地開闢經)〉(李重盛),〈仙政圓經〉(高旻煥),〈中和經〉(金亨烈), 〈天地開闢經〉(丁永奎)과 함께 7大 主要所依 經典.
時鑑	普天敎	4317	普天敎. 閔泳國 撰. 信仰對像圖,日月星圖,敎旗,陳設圖,十一殿敎堂全圖,道德心法文,敎鑑,修道文,敎理,四大綱領,八條文,十二戒銘,警告文,敎信錄序,致誠祭禮式,敎儀式,道體圖解,敎令,敎諭文,宣化師圖解,天地形體,人形體,中和,偏正之別,無極太極,二氣五行圖,陰陽氣升降盈虛,河圖八卦,洛書八卦,現時八卦,洪範演數圖,數之運用,心性情,儒佛仙,正五倫,事端,喜怒哀樂,潮水進退,十一殿敎堂分圖解,地名說,詩·時調,神主制度理解 등의 內容이 들어있음.
甑山敎史	李正立	1977	해방이후 2變의 「甑山敎 大法社」를 開創한 雲山 安 興燦 總師首를 만나 결혼(울진출신의 20세 장 도(張玉). 安 興燦 總師首에 依해 土主(이상호)와 司成(이정립)에 任命되었으나 內心 그 權威를 否定하고 단체를 組織的으로 奪取하고 증거를 抹殺하기 위해 박복만 등 暗殺團 파견. 甑山敎 大法社의 正統性을 僞造하는 原稿를 간직하고 있었으나 證言者가 많아 살아生前 펴내지는 못함. 死後 왜곡된 遺稿를 모아 아들 이용옥이 〈甑山敎史〉에 삽입出刊. 1960년 〈仙政圓經〉이 發刊되자 과거 형인 青陰과 자신이 逼迫했던 坤尊 太母 高首婦님 10년 天地公事에 대한 神聖性을 비로소 깨닫고 2년만에 急히 〈高夫人神政記〉를 새로 出刊함(1963). 동시에 1만 3천여 평의 제비산 중턱을 張玉(처) 외 4人(홍기화, 최창헌, 황수찬, 민영환) 등 5人의 이름으로 買入해 龍華佛敎에 30만원에 팔린 적이 있어 遺骨自體도 不確實한 太母님 遺骨移葬을 적극적으로 推進해 모셔 정통성을 갖고자 함. 〈용화도장 지킴이:張玉〉 121쪽에 1950년 6.25 직후 醫統製作 당시 鏡面朱砂는 安 興燦 總師首가 全量 充當했음을 明白히 밝힘. 凡草 洪性烈은 제작된 醫統을 安 興燦이 빼돌렸다 主張하고 慶尙道의 李 元浩같은 이는 '충청도 사람만 사람이냐 만일 안세찬(安世燦:興燦)연비의 의통구호단이 경상도에 내려오기만 하면 그냥두지 않겠다 고 분개했다'〈凡甑山敎史:홍범초〉고 날조주장하나 실상은 青陰 李祥昊가 교단의 실제 창교주인 雲山 安興燦을 조직에서 除去하기 위해 醫統制作 후 總師首 故鄕인 忠淸道 秘密場所로 숨기게 하여 謀害한 것으로 드러남. 總師首가 結婚까지 시켜준 李正立 妻 장도(張玉)는 "완성된 醫統은 대부분 양 일환(梁一煥)씨가 忠淸道로 가져갔다. 이에 경상도 密陽에 살던 李元浩씨가 크게 화를 내고, 青陰 선생님께 抗議하여 一大 紛亂이 일어났다."고 53년 만에 證言하여(2004) 〈甑山敎史〉 내용과 〈凡甑山敎史〉가 根本 뿌리부터 철저히 歪曲捏造되었음을 證明함. 醫統은 總師首가 빼돌린 것이 아니고 李祥昊가 總師首

			除去를 위해 政策的으로 빼돌린 것을 안 총 사수 연원간부 李元浩가 거칠게 抗議한 것으로 드러남. 結局 洪凡草는 李祥昊 兄弟의 말에 또 한번 속아 自身의 淵源 스승인 總師首를 陰害한 것으로 最終 證明됨. '宇宙의 唯一 主宰者 神은 없다.'고 宣言하여 상제님 神位를 絶對造化翁으로 認定안하고 天師로 一貫되게 呼稱함.
普天敎 敎典	普天敎	1981	普天敎. 具桐書 ,趙性燒, 鄭琪鉉, 鄭鳳陽, 金觀善 編纂. 日帝下 限定版으로 60方主 간부만 보던 〈二師典書 金烘奎 纂〉, 〈大道指南 任容淳 纂〉 포함. 100부 限定版 발행. 消失. 띄워쓰기, 오자, 탈자, 한자 음이 틀린 곳 등이 수백 군데. 〈十經大典〉에는 矯正없이 그대로 全載. 靑陰 李祥昊가 普天敎 經典 편찬 名分으로 月谷 車京石 敎主에게 공사內容을 듣고 背信하는 바람에 미처 傳해주지 못한 內容이 가장 豊富하게 담긴 經典. 〈미륵불교〉를 開創한 金亨烈 首席聖徒 역시 靑陰 李祥昊에게 속아 彌勒佛敎의 經典을 編纂한다고 해서 天地公事의 內幕을 傳해주었으나 背信해 出敎해 나가자 채 傳해주지 못한 〈大巡典經〉의 1차 史料 內容이 〈銅谷秘書〉와 법종교에서 〈中和經〉으로 出刊되는 契機가 된 바 있음. 車京石 普天敎 敎主의 〈普天敎 敎典〉역시 李祥昊가 背信하고 나가는 바람에 채 다 傳해 주지 못한 내용 포함 555페이지 分量으로 〈大巡典經〉 출간 以後에 종합 정리되어 出刊됨. 본 經典은 〈大巡典經〉의 1次 史料라는 点에서 〈大巡典經〉보다 史料的 價値가 壓倒的으로 높은 經典이다. 大巡典經과 一致하는 內容은 車京石 敎主에게 나간 內容임을 알 수 있다.
天地開闢經	丁永奎	1987	龍華洞 甑山敎 大法社.1945.8.15 해방이후 雲山 安興燦 總師首가 개척한 甑山敎 大法社 2변 교운(54년 末店島 도수 隱居 선언) 이후 신앙권에 合流한 編著者가 採取 史料가 貧弱하자 甑山敎史, 高夫人神政記, 普天敎 자료 等을 聚合해 發行한 經典. 입교년 불명. 해방당시 年輩는 凡草 洪性烈 兄 홍성찬과 같은 앳된 中學生. 洪性烈은 普通學校(일제하 초등학교) 6년생으로 兄을 따라 安興燦 總師首 淵源 信徒인 아산군 배방면 남리에 사는 박 재근 신도 집에 宿食하며 修鍊하고 上帝恁 도를 심화교육 받음(연원맥:이창제>송태진>이정득>홍성찬(범초 형)>홍범초). 86년 무렵 전후 龍華洞 大法社 宗領 4번을 歷任한 황원택 역시 安興燦 總師首가 서산 自宅에서 직접 集中 敎育시켜 키운 人物. 丁永奎 역시 安興燦 總師首가 용화동에 800세대를 布敎해 놓고 李祥昊를 土方主에 任命한 시절 信仰했다면 이 800세대 信徒의 한 사람일 것. 總師首가 隱退하고 期約없이 幕 뒤로 사라지자 당시 모든 幹部들은 團體를 名實相符하게 掌握한 李祥昊에게 依支處를 찾아 自進 屈服해 들어갔는데 總師首의 直系 連臂로 경상도 大淵源主格인 裵東燦은 特히 總師首 命으로 본인 故鄕 영덕.울진의 人脈인 張玉을 南舟와 혼사시킨 因緣으로 당시 金山圖得 信仰村을 주장한 그들과 終局的으로 한가족으로 一體化되어 버림. 이에 裵東燦 麾下의 직계 連臂 160여명이 李祥昊 형제麾下로 配屬됨을 排擊하여 集團 脫退해 仙佛敎(法宗敎)로 가 버리는 일이 初有의 事件이 發生하여 裵東燦은 피를 吐하며 괴로워 했다고 張玉은 증언함.
仙道神政經	丁永奎	1989	龍華洞 甑山敎 大法社. 채취한 사료가 빈약하여 高旻煥 성도의 仙政圓經과 高夫人神政記, 甑山敎史 내용을 풀어 설명한 경전으로 仙政圓經의 짝퉁성격의 經典. 새로운 내용은 普天敎 敎典의 내용과 重疊되는 것으로 보아 日帝時代 보천교의 大道指南, 二師典書 등과 다양한 普天敎 쪽 資料 등이 舊 普天敎人들로부터 口傳되어 採取된 것으로 보임.
銅谷秘書 (원래는 『성화진경』:1961년)	김찬문 김태진	1990	金亨烈 子 김찬문, 金自賢 子 김태진의 手記가 〈성화진경1961년)>으로 出刊되었던 것을 후에 原文을 쉽게 풀어쓰고 資料를 添附하여 1990년

			銅谷秘書로 再 出刊. 李祥昊는 보천교 革新運動에 失敗하자 普天教를 뛰쳐나와 金亨烈 首席 聖徒가 창교한 彌勒佛教에 入教하여 미륵불교용 經典 編纂을 명분으로 金亨烈 성도로부터 車京石 성도에게 채 못 들었던 天地公事 內容을 새롭게 補完하고 金亨烈 성도의 修道入山 出他를 계기로 彌勒佛教 代表직을 사용하도록 허락받아 8派聯合會를 構成. 聖母님 葬禮式에 教派間 情報交流와 經典發行을 爲한 疏通에 便宜를 받음. 青陰이 다시 史料採取에 대해 모든 情報를 얻었다 지레 생각하고 背信하고 나가자 채 傳해주지 못한 天地公事 內容이 많이 실려 있음. 李祥昊에게 全혀 傳해주지 못한 內容 중 하나가 바로 金亨烈 성도의 〈中和經〉임
증산도道典 (最初의 統合經典)	甑山道 道典編纂委員會	1992	宗團 民族宗教 甑山道. 旣存의 主要 所依經典을 모아 標準化한 最初의 綜合的인 經典이라는데 意味가 크다. 單一經典時代에서 多經典時代로 視覺을 擴大한 功勞가 있음. 文王度數의 初中伏 동거살림의 結實. 90年代 이후 김호연 聖徒를 비롯 오세동이 백운기 성도 등 수많은 聖徒들 3世 및 一家親戚의 傳言을 聚合해 만든 經典. 旣存經典 內容 모두를 受容한 것이 아니고 여러 事情上 많은 부분 漏落되었으며, 〈도전〉編纂의 編輯方式이 비슷한 聖句를 서로 섞고 漏落시킴으로써 내용을 標準化하고 單純明瞭化한 감이 있으나 大衆化할 수 있는 經典이라는데 功勞가 있음. 상제님 天地公事 시의 多樣한 情況들과 具體的인 사실描寫들이 생생하게 具顯된 特徵을 가지며 그동안 숨겨있었던 宗統에 대한 많은 놀라운 事實들이 證言되어 있으며 特히 安乃成 聖徒에 대한 雲岩江水萬頃來 都安 세 살림 證言도 具體的으로 실려있으며 金亨烈 聖徒를 參禮시켜 中伏지도자와 末伏지도자의 司命交替禮에 대한 공사 證言까지 자세히 描寫되고 있음. 그럼에도 불구하고 中伏責任者의 過慾에 依해 과거 虛妄한 結果를 招來한 바 있는 青陰 李祥昊, 南舟 李成英(正立)의 '사람들(둘)이 없어 나서지 못하노라〈大巡典經〉' 하신 所謂 〈두 사람 待望論〉을 그대로 받아들여 初伏살림, 中伏살림만으로 道政天下事를 매듭짓는 教義체계를 確立하는 바람에 세 살림 공사의 핵심이 묻혀버리게 하는 결과를 초래함과 동시에 文王의 使命이 다한 直後 冬至寒食百五除巳午未(2013, 2014, 2015) 開明 시기에 본 범증산계 통합경전의 出現과 末伏度數를 감추어 주는 역할을 함.

미륵불 구세주이시자 천주 하느님이신 증산 상제님은 선천 예수 석가 공자를 내보내신 절대자 하느님이십니다. 중동의 척박한 광야에서 메뚜기와 석청(야생벌꿀)을 먹으며 나는 물로써 세례를 주지만 장차 성령으로 세례를 주는 분이 임박했다고 외치며 예수의 등장을 예고한 사람은 바로 에세네파의 세례 요한입니다. 구한말 수운재 최 제우 대신사는 마치 세례 요한처럼 자신의 사후 8년 뒤에 한반도에서 유불선 3교를 통합하는 후천 5만년 무극대도를 직접 내놓으시는 천주 한울님 증산 상제님께서 직접 한반도에 강림하심을 온 누리에 선포합니다.

<대개벽경(大開闢經) 편역자 서문>*예수의 요한과 같이 하느님 한반도 강림을 예고한 동학의 수운 최 제우 대신사는 "전 40년은 내려니와 후 40년은 뉘런가" 또한 "천하의 무극대도가 더디도다 더디도다. 8년이 더디도다(용담유사)" "아사후(我死後) 8년 후 천사생(天師生)"<수운문집>고 하여 자신이 세상을 떠난 지 8년 후 1871년에 천주 하느님께서 한반도에 강세하실 것을 예고했다.(수운도 40세를 살았고 증산 상제님도 40(39)세를 사셨으며 수운이 참형당한 1864년 이후 8년 만인 신미(1871)년에 강림하셨음)

<대개벽경(大開闢經)>*말씀하시되, "수운가사는 스스로 깨달음을 노래한 책이오, 나를 노래한 책이니라." 말씀하시되, "최 수운은 예수를 부르짖어 예언한 요한이노라."

-曰 水雲歌詞 自歌之篇 我歌之篇 曰 崔水雲 耶蘇之於要漢也-

<대개벽경(大開闢經) 서문>*이런 연고로 그 말이 이치에 닿지 아니하면 상제님께서 말씀하신 바가 아니오, 그 행하심이 이치에 닿지 아니하면 상제님께서 행하신 바가 아닐지라, 내가 실수가 많고 죄가 많으니, 그러므로 나의 자손 되는 자는 이에 이 책을 세상에 공개하는 것이 불가하고, 역시 나의 자손 되는 자는 이 책을 전적으로 믿지 말고 단지 참고하여, 천지자연의 도에서 상제님의 말씀을 구하고, 천지자연의 덕에서 상제님의 행하심을 구하여, 일심정성으로 공부하라.

또한 최 제우 대신사는 선천종교마다 서로 달리 불러온 절대자 칭호가 다름 아닌 한 분임을 밝힙니다. 서교 개신교의 백보좌 하나님, 서교 가톨릭의 천주님, 한민족의 전통적인 하느님 또는 한울님, 불교의 미륵부처님, 도가의 응원뇌성보화천존이나 옥황상제님이 동일한 절대자 조화옹 한분이라는 것이며 그 분이 구한말 1871년 한반도에 강림하리라는 선포가 바로 그가 1860년 천상문답사건으로 절대자 하느님을 친견하고 자신이 죽은 뒤(1864) 8년 뒤 절대자 한반도 강림을 선포한 동학(東學)입니다.

동학은 모든 인류가 후천개벽을 맞이해 백의민족의 후손으로 성육신(成肉身)하신 천주 하나님을 직접 모시고 사는 시천주(侍天主)시대가 도래했다는 것이며 그러한 천주한울님이 직접 선포하신 후천 5만년 무극대도를 통해 지상선경의 신선시대 곧 용화선경, 염부단금의 불국토 황금 세계가 건설된다는 복음입니다. 굳이 후천 조화선경세계를 용화세계라 하는 것은 증산 상제님이 바로 미륵존불이시기 때문입니다.

*나는 도시 믿지 말고 하느님만 믿었어라(용담유사:교훈가)
*호천금궐 상제님을 네가 어찌 알까보냐(안심가)
*하느님이 내몸내서 아국운수 보존하네(안심가)
*그말저말 다던지고 하느님을 공경하면 아동방 삼년괴질 죽을염려 있을소냐(권학가)
*"어화 세상 사람들아 무극지운(無極之運) 닥친 줄을 너희 어찌 알까보냐. 무극대도(無極大道) 닦아내니 오만년지 운수로다."<용담가>
*"만고 없는 무극대도 이 세상에 날 것이니, 너는 또한 연천(年淺)해서 억조창생 많은 사람 태평곡, 격양가를 불구에 볼 것이니, 이 세상 무극대도 전지무궁 아닐련가."<몽중노소문답가>
*"유(儒)도 불(佛)도 누(累) 천년에 운이 역시 다했던가."<교훈가>
*"무극대도 닦아내니 5만년지 운수로다."<용담가>
*"하날님 하신 말씀 개벽 후 5만년에 네가 또한 첨이로다."<용담가>

천주 하느님이시자 미륵존불이신 증산 상제님은 소도 보본 제천의식으로 삼신상제님을 신앙한 신교(神敎)신앙의 한민족 정서에 따라 여러 절대자 칭호 중에 한민족 전래의 옥황상제지위(玉皇上帝之位) 칭호를 사용하셨습니다. 후천 5만년 개벽철 열매진리인 증산 상제님의 '무극대도'는 후천개벽시절 국내 49일, 세계 3년 괴질이 돌 때 죽어가는 사람을 의통(醫統) 인패(印牌)로 살려 같이 살자는 열매기 진리요,

남 살린 뒤에 후천 조화(龍華)선경에서 환골탈태해 장수장명(長壽長命)하여 부귀영화를 누리며 다함께 행복하게 살자는 해원상생보은(解寃相生報恩)의 실사구시(實事求是) 진리입니다. 한마디로 추리면 남 죽을 때 같이 살고 남 살 때 행복하게 부귀영화를 누리며 후천 5만년 우주 가을철 시대의 지상 조화선경에서 장수복락을 누리며 행복히 살자는 진리입니다.

<선도신정경(仙道神政經)>*어느날 도인(道人)들에게 가라사대 후천(後天)의 인간(人間) 수한(壽限)은 상수(上壽)가 일천이백세(一千二百歲)요 중수(中壽)는 구백세(九百歲)며 하수(下壽)는 칠백세(七百歲)를 살 것이요 그리고 성(姓)은 삼십육성(三十六姓)만 둘 것이니라 하시더라.

<선도신정경(仙道神政經)>*호천금궐(昊天金闕) 상제님(上帝任)을 네가 어찌 알겠느냐

<증산도 道典>*하루는 성도들이 태모님께 여쭈기를"저희들은 얼마나 오래 살 수 있습니까?"하니 말씀하시기를 "후천 가면 너희들이 모두 선관이 되는데, 선관도 죽는다데?" 하시니라. 후천선경에는 장수 시대가 열린다. 태모님께서 말씀하시기를 "후천선경에는 수(壽)가 상등은 1200세요, 중등은 900세요, 하등은 700세니라." 하시고" 그 때에는 장수 시대가 열려 백 리 안에 할아버지가 셋이면 손자는 하나인 세상이 되느니라."하시니라.

<보천교普天教 교전教典>*다시 가라사되 세상世上에있는 모든병病을 다 대속代贖하였으나 오직 괴병怪病은 그대로 남겨두고 너희들에게 의통醫統을 전傳하리라 하시니라

<보천교普天教 교전教典>*대저大抵 사람이 아무것도 모르는것이 편便할지라 모든 열을 아는자者는 창생蒼生의 일을 생각할때에 비통悲痛을 이기지 못하리로다 이제 천하창생天下蒼生이 진멸지경殄滅之境에 박도迫到하였는되 조금도 깨닷지못하고 이끗에만 몰두沒頭하니 어찌 애석哀惜지 않이 하리오

<증산도 道典>*대저 사람이 아무것도 모르는 것이 편할지라. 오는 일을 아는 자는 창생의 일을 생각할 때에 비통을 이기지 못하리로다. 이제 천하창생이 진멸(盡滅)의 경계에 박도하였는데 조금도 깨닫지 못하고 이(利)끗에만 몰두하니 어찌 애석치 아니하리오. 때가 되어 괴병이 온 천하를 휩쓸면 장차 십 리 길에 사람 하나 볼 듯 말 듯한 때가 오느니라. 지기(至氣)가 돌 때에는 세상 사람들이 콩나물처럼 쓰러지리니 때가 되어 괴병(怪病)이 온 천하를 휩쓸면 가만히 앉아 있다가도 눈만 스르르 감고 넘어가느니라. 그 때가 되면 시렁 위에 있는 약 내려 먹을 틈도 없느니라.

<보천교普天教 교전教典>*이뒤에 괴병怪病이 돌때에는 자다가도 죽고 먹다가고 죽

고 왕래하다가도 죽어 묵거낼 자者가 없어 소시랑으로 찍어내되 신 돌려신을 정신을 차지리 못하리라 시속時俗에 부녀자婦女子들이 비우만 거슬리면 급살急殺맞어 죽으라 일으나리 이는 급살병急殺病을 일음이라 하룻밤 하룻낫에 불면불휴不眠不休하고 짚신 세커리씩 떠러치며 죽음을 밟고 넘어 병자病者를 건즈리니 이렇듯 급박急迫할 때에 나를 믿으라 하야 않믿을자者가 있이리오 시장市場이나 집회集會중에 갈지라도 저사람들이 나를 믿으면 살고 잘되련만은 하는 생각을 두면 그사람들은 몰라도 덕德은 너희들에게 있으리라

<대개벽경(大開闢經)>*말씀하시되, "괴병이 내습하면 너희들이 천하창생을 구하리니, 천하의 억조 중생이 모두 너희들에게 보은하고, 천하의 억조 중생이 모두 너희들이 가르치는 도를 받들고, 천하의 억조 중생이 모두 너희들에게로 돌아가 마음을 합하나니, 통일천하가 즉 그 가운데 있고, 천지대도가 즉 그 가운데 행하고, 만세의 영화로움과 즐거움이 즉 그 가운데에서 이루어지노라." 말씀하시되, "괴병이 도래하면 특별히 인류를 구원할 방법과 도리가 있어 이를 만들어 대기시키게 명하리니, 때가 오면 이것(의통)을 만 천하에 사용하여 구원하노라."

-曰 病來 汝之徒 救天下蒼生 天下之億兆衆生 皆報恩汝徒 天下之億兆衆生 皆奉道汝敎 天下之億兆衆生 皆合心汝歸 統一天下 卽在其中 天地大道 卽行其中 万世榮樂 卽成其中 曰 病來 別有方道 命作待之 時來 用之天下-

<대개벽경(大開闢經)>*말씀하시되, "괴병이 내습하면 이쪽에서는 저들을 구해주기 원하고, 저들은 살아날 방도를 구하여, 너희들은 하루에 짚신 세 켤레를 밟아 떨치며 쉴 사이가 없노라." 성도 물어 여쭈기를, "괴병이 내습하여 성도 대중이 왕래할 사이 없이 분망하고, 송장 썩는 냄새로 코를 찔러 음식 먹기가 심히 어려우면, 우리같이 용렬하고 쇠잔한 무리들이 어찌 일을 능히 감당하오리까?" 말씀하시되, "이때를 당하면 나는 너희들의 몸에 대도를 친히 내리고, 나는 너희들의 몸에 친히 큰 힘을 내리어, 능히 일을 감당하고 남음이 있노라."

-曰 病來 此願彼求 汝之徒 日用草鞋三足 無間休 弟子 問曰 病來 弟子之衆 有往來無間之忙 有觸鼻難食之甚 庸殘之徒 何能堪事乎 曰 當此時 我 賜大道於汝徒之身 我 賜大力於汝徒之身 能當事有餘-

<대개벽경(大開闢經)>*말씀하시되, "나를 따르는 자는 병겁이 감히 범하지 못하나니, 그릇 범함이 있더라도 태을주(太乙呪)를 세 번 읽으면 병겁이 스스로 물러가고, 태을주를 읽을 겨를이 없으면 나를 세 차례 부르라. 병겁이 스스로 물러가노라." 성도 물어 여쭈기를, "괴병이 도를 받드는 자를 감히 범하지 못하니, 어찌된 연고이나이까?" 말씀하시되, "호역신장(虎疫神將)이 내세에 천명을 받고 있으니 감히 그릇 범하지 못하노라. 내가 우리 강토에 삼재팔난의 심한 것을 모두 제거하고 오직 병겁 하나만 남겨둔 것은, 너희들 일꾼들로 하여금 이같이 하는 것으로 천하에 포덕하고 창생을 널리 구제케 하고자 함이노라."

-曰 從我者 病不敢犯 有誤犯 讀太乙呪三遍 病 自退 讀之無暇 呼我三次 病 自退 弟子 問曰 大病 不敢犯奉道者 何以乎 曰 虎疫神將 受天命來世 敢不誤犯 我 東土 三災八難之甚者 皆除之 獨存病劫者 使汝徒 以此 布德天下 廣濟蒼生-

<보천교普天敎 교전敎典>*이 세상世上에 조선朝鮮과 같이 신명대접神明待接을 잘 하는 곳이 없음으로 신명神明들이 그은혜恩惠를 갑기위하야 각各히 소원所願을 딸어 그릴것없이 공개供饋하리니 도인道人들은 아무꺼리김 없이 천하사天下事만 생각하게 되리라

예수 사후 가부장적 전통사회인 유대사회에서 베드로를 포함한 12사도의 주요 정적이자 바울의 주요정적으로 자리매김한 성녀(聖女) 마리아 막달레나는 로마총독의 탄압이 무서워 십자가 처형장에도 모습을 드러내지 못하고 숨은 비겁한 12사도 대신 목숨을 내걸고 십자가 처형장에 나타나 현장증인이 되고 겟세마네 동산에서 십자가 처형에서 깨어난 부활의 증인이 되어 12사도에게 전합니다.

사실상 기독교 교단의 실제 개창자 사명을 수행한 막달라 마리아가 성배를 들고 프랑스로 가서 막달라 마리아(생뜨 마리 마들랜)가 낳은 아이 사라(Sarah)의 후손들이 프랑스의 초기왕조 메로빙거 왕조를 세웠다는 이야기는 프랑스 왕가의 불변의 전설입니다. 예수와 막달레나를 부모로 둔 프랑스 국조 사라(Sarah)는 우리민족으로 치면 단군성조의 위격(位格)이므로 막달레나-마들렌은 단군성조의 어머니인 웅씨(熊:곰토템족) 왕녀에 해당됩니다.

그런데 모국어 프랑스어의 자부심과 함께 민족 자존심하면 세계 1위도 아쉬워하는 프랑스의 입장에서 성스러워야 할 국조의 모친이 교황 그레고리우스 1세에 의해

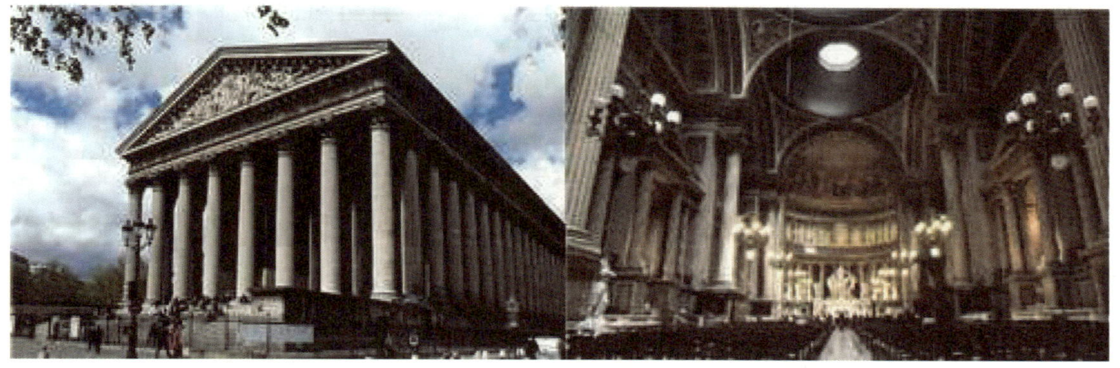
(좌)파리 중심부 마들렌 거리의 막달라 마리아-생뜨 마리 마들렌 신전 사원(Église de St. Mary Magdalene) (우) 파리 중심부 생뜨 마리-마들렌 신전 사원(Église de St. Mary Magdalene)의 바실리카 내부.

A.D. 591년 회개한 창녀로 온 누리에 공포되었으니 그 이후 1500여 년 동안 프랑스인의 높은 콧대와 민족 자존심이 얼마나 처참하게 구겨지고 상처받았을지 가히 불문가지입니다.

빠리 생뜨 마리-마들렌 사원(Église de St. Mary Magdalene) 바실리카 내부.&프로방스 지역의 생 막시맹 市, 라 생뜨 봄므 바실리카 성당의 마들렌 성체 해골.

나폴레옹 실각 후 루이 18세는 1842년 프랑스 초기 메로빙가 왕조 국조(國祖)인 사라(Sarah)의 모친 성聖 마리아 막달레나(생뜨Sainte 마리Mary 마들렌Madeleine)를 기리는 가장 크고 화려한 마들렌(Madeleine) 에글리즈(Église:신전, 성당, 교회)를 파리의 중심부 꽁꼬드(Concord) 광장 뒤 마들렌 거리에 축성토록 명해 봉헌했으며 지금은 부근의 오페라 하우스와 함께 오페라 공연을 하는 파리의 대표적인 명소로 한 역할 하고 있습니다.

이곳 마들렌 사원은 프랑스 혁명(1789) 당시 시민혁명군에 의해 처형된 (1793년 1. 21) 루이 16세의 유해가 이곳 마들렌 신전에 잠시 매장되었다가 루이 16세 동생 루이 18세에 의해 1815년 1월 18일에 발굴되어 1월 21일 프랑스의 역대 국왕과 왕비들이 잠든 생 드니 대성당으로 아내와 함께 이장된 역사적인 장소이기도 합니다. 성서에서 예수처형 후 삭제된 막달라 마리아의 자취는 이처럼 프랑스에 생생히 살아 숨 쉬고 있습니다.

'생뜨 마리 드 라 메흐(Sainte Mary de La Mer)' –'聖. 마들렌 바다'– 市를 그린 그림. 마들렌(막달레나)이 말년에 은거수행 기도한 유명한 프로방스 마들렌 관광 유적지, '그로뜨 생뜨 마리 마들렌(Grotte Sainte Marie Madeleine)–라 생뜨 봄므(la Sainte Beaume)' 山 동굴.

성서에서 예수처형 후 삭제된 막달라 마리아의 자취는 남불(프로방스) 해변 소도시 까마흐그의 '생뜨 마리 드 라 메흐(Sainte Mary de La Mer)' –'聖. 마들렌 바다', 만년 은거 수도지 봄므산 석벽산 수도원, 남불 생 막시맹 라 생뜨 봄므 샤뻴르 바실리끄 수도원, 부르고뉴 <베즐레 생뜨 마리 마들렌(Sainte–Marie–Madeleine de Vézelay)> 신전 등에 남아있습니다. 수도 빠리에는 생. 라자르(나사로) 역驛도 있습니다.

베드로와 바울을 비롯한 남성 12사도의 교권세력을 피해 유대 땅을 탈출해 프랑스의 제 2의 도시 마르세이유 항구 왼편의 <생뜨 마리 드 라 메흐(Sainte. Mary de la Mer: 聖. 막달라 마리아 海)>라는 소도시에 처음 상륙한 '성녀 막달라 마리아(Maria Magdalena)'는 남불 프로방스 전역에서 선교에 전념하다 만년에 은거지 봄므(Baume)산 석벽 수도원에 묻혀있다가 일부 유골은 생 막시맹 바실리끄 신전 석관에 안치되고 일부는 부르고뉴 베즐레 마들렌(막달레나) 신전사원 지하영묘에 안치된 것으로 전합니다.

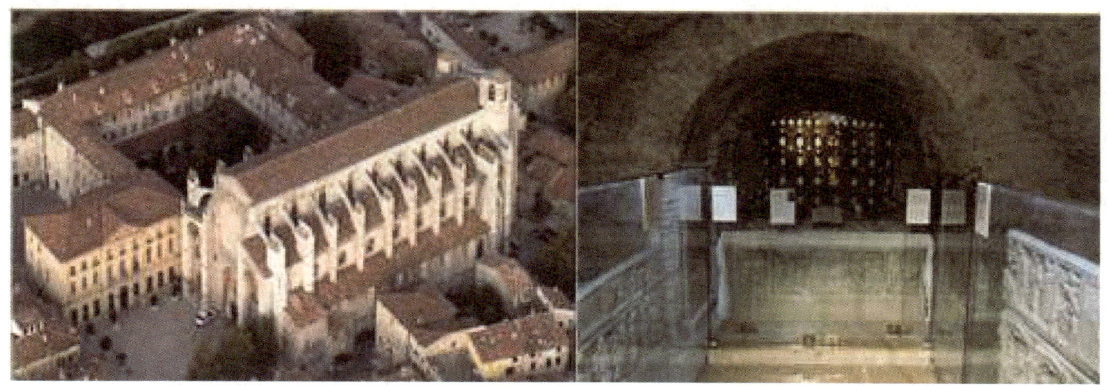

생막시맹 市 라 생뜨 봄므 바실리카 성당과 지하에 안치된 마들렌 석관묘 장면. 마들렌 해골도 모셔짐.

마리아 막달레나는 로마제국의 탄압은 물론 남성 교부세력의 핍박을 피해 동생인 마르타, 나사로와 함께 마르세이유 해변가의 소도시 <생뜨 마리드 라 메흐(Sainte. Mary de la Mer) 항에 상륙했으며 마치 신라 마지막 경순왕의 마의 태자, 덕주 공주가 금강산, 월악산(충북 제천) 속에 숨어 평생 수행으로 일관한 것처럼 인근 프로방스 지방의 생뜨 봄므 산 동굴에서 30년간 참회의 고행을 행하였다고 합니다.

경순왕의 큰 딸 덕주 공주는 13m의 거암에 마애미륵불(보물 406호)을 조성하고 신라의 재건을 염원하며 일생을 마친 뒤부터 본래의 월형산 이름이 월악산이라 바뀌어 불리고 월악사의 절 이름도 덕주사로 개명하여 마의 태자와 덕주공주 오누이가 조성한 월악산 마애미륵불은 월악산의 유명관광코스입니다.

마르세이유를 비롯 프로방스(프랑스 남부 마르세이유 부근, 론강 및 쁘띠 론강 일대, 까르까손느, 렌느 르 샤또, 론강 아를르, 엑상 프로방스 인근 생 막시맹 봄므 인근) 전역에서는 매년 2월 2일에 막달라 마리아를 기리는 의식이 축제처럼 대대적으로 행해집니다. 봄므산 석벽산 은거지에서 막달라 마리아의 일부 유해는 생 막시맹 라 생뜨 봄므 샤뻴르 바실리끄에 안치되고 또 다른 일부 유

프랑스 부르고뉴 베즐레 마들렌 신전 사원 마들렌(막달레나) 지하무덤. 만년 은거지 봄므(Baume)산 석벽수도원 유골이 '생 막시맹 라 생뜨 봄므 샤뻴르 바실리끄 마들렌 신전'으로 옮겨지고 유골 중 일부는 771년 사라센을 피해 이곳 '베즐레 마들렌 신전'으로 옮겨왔는데 1058년 스테파누스 9세 교황이 베즐레 유골을 진품으로 선언.

해는 서기 860년에 비엔 백작 제라르 드 루시용이 프랑스 동부 부르고뉴 지방 베즐레 마을로 옮겨져 <베즐레 생뜨 마리 마들렌(Sainte-Marie-Madeleine de Vézelay)>-약칭 <라 마들렌> 이라는 성당을 건축합니다.

또 다른 기록에 의하면 마들렌의 유해는 사라센이 프랑스의 중앙을 쇄도해 와서 신전(성당)을 황폐화시켰을 때 프로방스의 생(聖). 막시맹(Saint-Maximin) 꼬뮌(카운티, 동리 등 행정구역)에 있는 막시맹 샤뻴르 성당으로 옮겨져 설화석고(백대리석) 석관 안에 안치했다 합니다.

프랑스 종교성지 브르고뉴 지방의 베즐레 마리 마들렌 사원. 제 2차, 3차 십자군 연합군 출정식이 열린 곳.

막달라 마리아의 묘는 폐허가 된 지하 속에 묻혀 안식을 취했는데, <u>그 시</u>

절에 그것은 대 수도원 중에서 마들렌 석관의 위엄있는 성聖 유물로써 명망을 돋보이는 역할을 해냈다 합니다.

-Le corps de la Madeleine reposait dans un sarcophage d'albâtre à Saint-Maximin de Provence losque les Sarrasins déferlèrent sur le Midi de la France et dévastèrent l'église. Le tombeau resta enfoui dans la crypte sous les ruines. À cette époque, il fallait à tout grand monastère des reliques prestigieuses pour rehausser sa renommée.-

막달라 마리아(마들렌) 만년 은거 수도지. 프랑스 프로방스 봄므산 석벽동굴 수도원.

지금도 성聖 유물인 마들렌(막달라 마리아)의 두개골과 석관이 프로방스의 소도시 생 막시맹(Saint-Maximin)의 막시맹 샤뻴르 성당에 보관되어 있습니다. 이 성당은 성 루이 9세의 외투도 보관되어 있는 곳으로 1279년 12월 9일에 프로방스의 백작 샤를 2세 당주(르네 당주의 선조)가 생 막시맹(Saint-Maximin) 성당의 지하묘실에 매장되어 있던 막달라 마리아의 유골을 발견했다고 합니다.

막달라 마리아, 마르타, 나사로 가족 일행이 마르세이유 좌측 옆 '쁘띠론(Petit-Rhone)' 강 입구인 지금의 까마흐그(Camargue)에 있는 해변 소도시 '생뜨 마리 드 라 메흐(Sainte Mary de La Mer)'에 상륙했다는 내용이 프로방스 모든 전승에 나타납니다. 그리고 마들렌(막달레나)은 나중에 마리아 여신 숭배의 중심지였던 '라 생뜨 봄므(La Sainte Beaume) 산 동굴에서 은둔생활을 한 것으로 전해집니다.

'생뜨 마리 드 라 메흐(Sainte Mary de La Mer)'가 있는 까마흐그(Camargue) 市는 론강의 아비뇽과 '마지막 수업'의 작가 알퐁소 도데(Alphonse Daudet, 1840~1897)의 '아를르의 여인'의 중심무대 아를르(Arles) 시가 가장 가까운 곳으로, 마들렌이 도착한 해변에서 가장 가까운 큰 도시 아를르 시는 이시스(Isis) 여신 숭배의 중심지로 역사가들에 따르면 그리스도교가 처음 1세기 내에 프로방스 지방에 자리 잡았다고 합니다.

브랑제흐 소니에르(Berenger Sauniere) 신부가 증언하는 렌느 르 샤또(Rennes-le-Château) 수도원의 막달레나 전설과 함께 막달레나가 프랑스에 온 이 같은 자취는 프로방스 전역에 확연히 드리워져 있으며 생뜨 마들렌에 대한 바티칸의 1500년간의 박해는 지금의 이스라엘 유대인이 혈통마저 불분명한 터키-독일계 아슈케나지 유대인(Ashkenazi Jews)이 대부분(80%)이라는 점에서 예수와 막달라 마리아의 직계 혈통을 이어받은 것으로 밝혀진 모든 프랑스인의 가슴속에 주홍글씨로 깊게 각인되어 있음을 알 수 있습니다.

1190년 7월 영국왕 리차드와 프랑스왕 필립이 제3차 십자군 전쟁 출정식을 한 곳이 바로 이곳 브르고뉴 지방의 <베즐레 라 마들렌> 신전인데 그 전인 프랑스 왕 루이 7세가 제 2차 십자군 전쟁 출정식을 한 곳도 바로 이곳입니다. 이는 마치 유방이 출정식을 할 때 동이족의 무신(武神)인 붉은악마 치우천황에게 승리를 기원하고 떠난 것과 같이 십자군 연합군의 공통 신앙인 기독교인으로서 프랑스 국조 모친이자 성녀인 "막달라 마리아" 에게 승리를 축원하고 출정한 것입니다.

남불 프로방스에서 도시 전역에서 막달레나를 기리는 도시로 마르세이유 바로 위 '엑상 프로방스(Aix-en-Provence)' 시 옆에 '생 막시맹 라 쌩뜨 봄므(Saint-Maximin-la-Sainte-Baume)' 라는 곳이 있습니다. 봄므는 앞의 사진에

생 막시맹 샤뻴르 바실리카 성당 내부. 마들렌 해골이 정중앙에 모셔짐. 프랑스 국조 사라는(지중해 상권을 장악한 페니키아 포에니족) 얼굴이 검은 것으로 알려져 모친인 막달레나상의 얼굴도 다소 검은 것으로 표현됨.

서 보듯이 막달레나가 수행한 '동굴'이라는 뜻이고 이 도시에 있는 로마시대 바실리카(basilica) 형식의 막시맹 샤뻴르 성당은 프랑스 역대 왕들에 의해 막달라 마리아에게 헌정된 것으로 유명하며 예수가 썼던 가시면류관을 보관한 곳으로도 유명합니다. 이곳엘 와야 종교적 박해를 피해 프랑스에 망명 온 막달라 마리아의 자취와 무덤과 석관에 얽힌 비밀을 비로소 풀 수 있습니다.

The cultus of Mary Magdalene(막달라 마리아의 숭배)

The little town was transformed by the well-published discovery, 12 December 1279, in the crypt of Saint-Maximin, of a sarcophagus that was proclaimed to be the tomb of Mary Magdalene, signalled by miracles and by the ensuing pilgrim-drawing cult of Mary Magdalene and Saint Maximin, that was assiduously cultivated by Charles II of Anjou, King of Naples. He founded the massive Gothic Basilique Ste. Marie-Madeleine in 1295; the basilica had the blessing of Boniface VIII, who placed it under the new teaching order of Dominicans.

The founding tradition held that relics of Mary Magdalene were preserved here, and not at Vézelay, and that she, her brother Lazarus, and Maximin, a 3rd-century martyr who was now added to earlier lists of the Seventy Disciples, fled the Holy Land by a miraculous boat with neither rudder nor sail and landed at Saintes-Maries-de-la-Mer, in the Camargue near

Arles. She then came to Marseille and converted the local people. Later in life, according to the founding legend, she retired to a cave in the Sainte-Baume mountains. She was buried in Saint-Maximin, which was not a place of pilgrimage in early times, though there is a

Gallo-Roman crypt under the basilica. Sarcophagi are shown, of St Maximin, Ste. Marcelle, Ste. Suzanne and St. Sidoine (Sidonius) as well as the reliquary, which is said to hold the remains of Mary Magdalene.

Construction of the basilica, begun in 1295, was complete as to the crypt when it was consecrated in 1316. In it were installed a Gallo-Roman funerary monument—of the 4th century in fact—and four marble sarcophagi, whose bas-reliefs permit a Christian identification. The Black Death in 1348, which carried away half the local population, interrupted the building campaign, which was not taken up again until 1404, but found the sixth bay of the nave complete by 1412. Work continued until 1532, when it was decided to leave the basilica just as it was, without a finished west front or portal or belltowers, features that it lacks to this day. The plan has a main apse flanked by two subsidiary apses. Its great aisled nave is without transept. The nave is flanked by sixteen chapels in the aisles.

프랑스의 19세기 사회주의 정치가 루이 마흐땡(Louis Martin)은 1886년 자신의 저서 『신神 없는 복음서(Evangiles sans Dieu)』에서 무신론자로 변모한 역사적 예수를 묘사했는데, 예수는 막달라 마리아와 결혼해 함께 프랑스 남부로 여행했으며 그 곳에서 아들을 낳았다고 주장합니다.

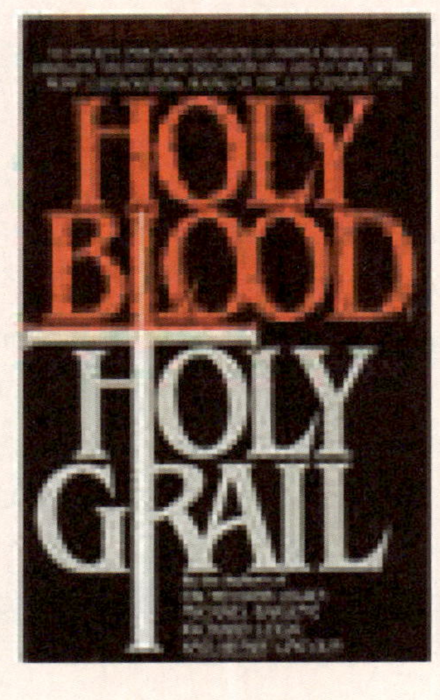

<『성혈과 성배』의 배경>★ 예수가 십자가에서 죽지 않고 프랑스로 망명을 하였다는 사실이 영국의 BBC방송국 기자들에 의해 밝혀지고 영국 법정에서 재판을 통해서 확인되었다. 영국 BBC 방송국의 기자 세 사람은 10여 년간의 조사 끝에 1982년 「성혈과 성배」(The Holy Blood And The Holy Grail: 미카엘 베이전트, 리처드 레이, 헨리 링컨 공저)라는 책을 통하여 위와 같은 놀라운 내용을 밝힌 바 있는데 책의 주요 내용을 보면 다음과 같다.

<『성혈과 성배』의 배경>★ 예수는 막달라 마리아와 결혼을 하여 자녀까지 두었으며 십자가에서 죽은 것이 아니라 구세주 행세를 하며 다윗 왕을 계승하여 유대의 왕이 되려다가 유대인의 반발로 인해 처형될 처지에 놓이게 되자 예수의 처남 아리마대의 요셉을 통하여 많은 뇌

물을 받은 바 있는 로마의 유대 총독 빌라도와 짜고 십자가에서 죽는 것 같이 연극을 하고는 그 뒤 부활의 연극을 한 다음 로마병사들의 호위 속에 프랑스로 망명을 하였다. 아내 막달라 마리아와 자녀들과 프랑스 골(gaul) 지방에 정착한 예수는 은둔 생활을 하며 80세를 넘게 살다 죽었다.

<『성혈과 성배』의 배경>★ 프랑스 남부의 마을 렌느 르 샤토에서 수 킬로 떨어진 야산 몽 카르두에 예수의 무덤이 있으며 막달라 마리아는 렌느 르 샤토에서 교회를 세워 교구장으로 지내다가 프랑스의 액생 프로방스 생 봄에서 죽었으며 예수의 제자 나사로는 마르세이유에 주교관구 겔트 교회를 세워 대주교로 있다가 거기서 죽었다. 예수의 후손들은 4세기 후에 프랑크 왕국의 메로빙가 왕조에 동화되었으며 카롤링거 왕조의 비지코트가등 8개의 가문을 이루었으나 이후 기독교가 번성함에 따라 예수의 혈족은 겉으로 예수의 혈통임을 드러내지 않은 채 살아왔다. 1099년에는 예수의 후손으로 추정되는 고드프로아 드 부이용이 십자군 전쟁 때 예루살렘에서 십자군이 세운 예루살렘왕국에서 잠시 다윗 왕을 계승하기도 하였다.

<『성혈과 성배』의 배경>★ 그리고 예수의 친척 징표를 가진 귀족을 포함하여 많은 예수의 후손들이 현재에도 프랑스와 영국을 비롯한 유럽에 살고 있다. 이러한 예수가의 비밀에 대해 성당 기사단(聖堂騎士團: 일명 템플 기사단. 십자군 전쟁 후 1118년 예루살렘 순례자 보호를 위해 조직된 교회 군대)과 시온의 소수도원이라는 유명한 비밀조직은 깊이 믿고 신뢰하였다. 그래서 그들은 이러한 비밀에 대해 자세한 비밀기록들을 간직하여 남겨 놓았다. 그것이 중세 성당기사단의 지방지부의 성터가 남아있는 프랑스 남부 마을 렌느 르 샤토에서 1891년 폐허가 된 이 성채의 성당을 복원하던 교구 신부 베랑제르 소니에르에 의해 양피지 문서와 보물이 발견되면서 널리 알려지게 되었다.

<『성혈과 성배』의 배경>★ 보물과 고문서를 팔아 막대한 부를 누린 신부에 관한 이야기를 조사하던 기자들에 의해 모든 사실들이 밝혀지게 되었다. BBC 방송에서 부분적으로 3차례에 걸쳐 방송까지 된바 있는 이러한 내용의 책 『성혈과 성배』가 출판이 되어 세계를 경악케 하자 이에 놀란 영국의 기독교와 천주교인의 사실 확인 소송이 영국 법정에 제소되어 재판까지 하게 되었다. 그러나 대대로 예수를 믿어온 가문의 기독교인이 주심 판사를 맡아 3년간에 걸쳐 심리를 하였으나 프랑스에 사는 예수의 27대 후손 피에르 프랑타르 씨 등 많은 증인과 증거들을 비롯해 조상이 예수로 되어 있는 족보 책과 프랑스의 렌느 르 사토에 예수의 묘비명이 있는 예수의 무덤까지 현지 답사하여 확인하고는 무덤의 사진까지 보여주며 책의 내용을 모두 인정하는 판결을 하지 않을 수 없었다.

<『성혈과 성배』의 배경>★ 주심판사는 판결을 미뤄오다 빨리 판결하라는 법원의 독촉을 받고 판결하기를 나도 3대째 예수를 믿어온 집안의 자손으로서 예수님이 십자가에서 죽지 않았다는 사실을 부정하려고 무던히 노력하였습니다만 예수는 십자가에서 죽지 않고 프랑스로 망명하여 84살까지 살다 죽었습니다. 예수는 로마 병사

판델라의 아들이었습니다. 책의 내용은 모두 사실이었습니다. 라고 판결을 하였다.

<『성혈과 성배』의 배경>★ 이에 이러한 판결을 지켜보던 신부, 수녀, 목사들은 법정 방청석에서 옷을 찢고 통곡을 하였으며 기독교인이 목을 매고 자살하는 등의 소동이 벌어지고 교회가 문을 닫는 등의 소란이 영국 전역에서 확대되어 영국정부에서는 이러한 혼란이 지속되고 전 세계로 확대되는 것을 막기 위해 판결문의 공개 및 해외 유출을 금지시키고 언론에 보도를 통제하는 조치를 취하기도 하였다.

<『성혈과 성배』의 배경>★ 그러나 이미 재판과정을 지켜본 영국의 기독교인들은 약 80%가 회교 등 타종교로 개종을 하였으며 유럽과 미국 등에서도 수많은 교회가 문을 닫는 등의 소동이 이어졌다. 1982년 처음 책이 나와 세계적인 화제가 되자 대한민국에서는 전 언론(동아, 조선, 중앙, 부산일보 등)에서 보도(사진3 :1982. 2. 20자 동아일보)를 하였으나 재판과 판결 이후의 상황에 대해서는 보도가 없었다.

侍

예수혈통의 추정 가설은 역사적 예수가 마리아 막달레나와 결혼하여 아이의 아버지가 된 사실을 담고 있으며 이러한 가설은 20세기에 와서 1973년 도노반 조이스(Donovan Joyce)의 저서 『예수 두루마리Jesus Scroll』로 다시 한 번 대중의 관심을 불러일으키게 됩니다. 그는 1977년 저서에서 예수는 케쉬미르(Kashmir)에서 죽었다고 말하고 안드레아 훼이버-카이저(Andreas Faber-Kaiser)가 예수, 모세, 이스라엘의 행방불명된 10부족을 추적탐사하고 예수가 캐쉬미르 현지 여인을 만나 결혼하고 몇 명의 아이를 낳은 전설을 탐사했음을 밝히게 됩니다.

작가는 또한 예수의 캐쉬미르 자손이라 주장하는 고인이 된 바샤라트 살림(Basharat Saleem)도 또한 인터뷰한 바 있습니다. 마이클 베이전트(Michael Baigent), 리챠드 레이(Richard Leigh), 그리고 헨리 링컨(Henry Lincoln)은 1982년 『성혈(聖血)과 성배(聖杯)(The Holy Blood and the Holy Grail)』에서 예수와 마리아 막달레나로부터 시작하는 혈통이 궁극적으로 메로빙가 왕조(Merovingian dynasty)가 되었다는 가설을 발전시켜 대중화했습니다. 이 책에서 그들은 다음과 같이 주장합니다.

<성혈과 성배>* 예수의 상징적 의미는 그가 인류가 경험할 수 있는 스펙트럼 안에 노출된 신이며, 남성이 되는데 수반되는 직접적인 지식에 노출된 신이다. 그러나 인간이 되는 조건 중 가장 기본이 되는 요소인 다음 두 가지 요건을 결여한 채 인류가 경험하는 스펙트럼을 포함하기 위해 신이 정말 남성으로 주장되는 예수의 몸으로 성육신(成肉身)하는 것이 가능한 것인가? 즉, 신은 성적 특질과 부성애라는 가장 필수적인 두 가지 국면을 무시하고 인간에 대한 모든 것을 안다고 할 수 있는가? 우리는 그렇게 생각하지 않는다.

<성혈과 성배>* 사실상, 우리는 신이 인간으로 온 성육신에 대해 예수가 결혼하여 아이들의 아비가 되지 않는 한 신이 의도한 바를 상징한다고 생각지 않는다. 복음서 속에서의 예수, 기독교 제도권 속에서의 예수는 궁극적으로 불완전하다.-인간으로 온 신은 단지 일부에 불과할 뿐이다. 우리의 신학적 학술 탐사로부터 모습을 드러낸 예수는 우리의 의견으로 볼 때, 기독교가 그에게 부여한 존재의 고정적 틀보다 더 많은 타당한 주장을 누린다.

<성혈과 성배>* 바바라 씨어링(Barbara Thiering)은 1992년 그녀의 저서 『예수와 사해문서의 수수께끼(Jesus and the Riddle of the Dead Sea Scrolls)』에서 예수 생애의 비밀을 밝히고 또한 예수와 마리아 막달레나의 혈통가설을 발전시켰는데, 그 기초는 그녀가 내린 역사적 결론을 신약성서에 근거하여 가설을 적용하는 소위 페셰르 기법(Pesher technique)에 근거한 것이다. (*페셰르 기법은 사해 쿰란 문서에서 발견되는 주석 방식)

<성혈과 성배>* 마가렛 스타버드(Margaret Starbird)는 1993년 그녀의 저서 『알라바스터 항아리를 가진 여인:마리아 막달레나와 성배(The Woman with the Alabaster Jar:Mary Magdalen and the Holy Grail)』에서 프랑스 개국조(開國祖)인 성聖. 사라(Saint Sarah)가 예수와 마리아 막달레나의 딸이며, 이러한 주장의 근거가 '생뜨 마리 드 라 메흐(Saintes-Maries-de-la-Mer)' 시市에 있는 프랑스 토착 종교집단과 관련된 전설에서 나온 정보라고 밝힌다. 그녀는 또한 프랑스 국조 '사라(Sarah)'가 히브리어로 '공주(Princess)'를 의미하며 유대인의 왕 중 왕의 진짜 피-쌍 레알(sang réal)을 가진 '족보가 잊혀진 아이'로 기록했다.-

<주낙현 요셉 신부>* "2012년 9월 18일, 로마에서 열린 국제 콥틱학회에는 300여 명의 학자와 기자들이 마음을 졸이며 발표를 기다리고 있었습니다. 연단에 올라온 사람은 하버드 대학교 신학대학원 교수요, 초대교회 연구의 권위자인 카렌 킹이었습니다. 그는 유리판 사이에 조심스럽게 끼워 보존한 고대 기록물을 보여주었습니다. 종이가 나오기 전에 옛사람들은 갈댓잎을

펴 붙여서 그 위에 글을 쓰곤 했습니다. 이를 파피루스라고 합니다.

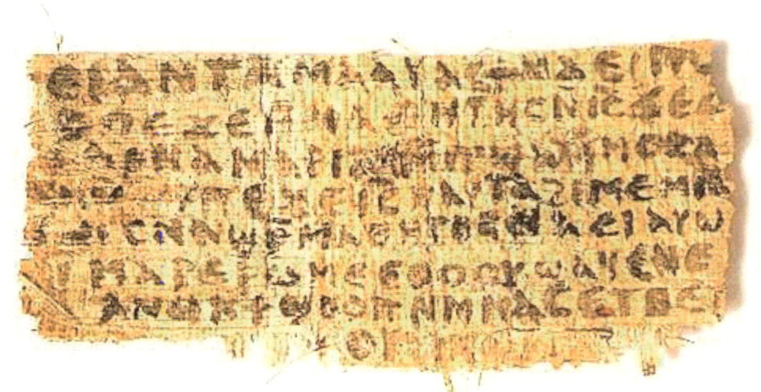

카렌 교수가 보여준 파피루스에는 놀라운 한마디가 적혀 있었습니다. "예수께서 그들에게 말했다. 내 아내… 그녀는 제자가 되기에 충분하다."

겨우 여덟 단락에 불과한 짧은 쪽지 조각에 사람들은 놀라움과 충격에 휩싸였습니다. "내 아내"라는 표현 때문이었습니다. 카렌 킹 교수는 이 파피루스가 어떤 복음서의 부분이었을 것으로 생각했고, 기억하기 쉽도록 "예수의 아내 복음서"라고 이름을 붙였습니다. 물론 이 표현은 예수님이 결혼했다는 증거는 되지 않습니다.

다른 어떤 복음서도 그런 기록을 담지 않습니다. 카렌 교수도 이를 인정했습니다. 그러나 초대 교회 안에서 여성의 위치를 추측할 수 있는 기록이라는 점에서 매우 중요한 발견이었습니다. 이 파피루스 쪽지의 진위를 두고 아직도 논란이 계속되고 있습니다. 새로운 과학적인 결과가 발견되었고, 최근에는 위조라는 설이 강하게 제기되었습니다. 그러나 카렌 교수는 이 파피루스가 진짜이며, 예수님과 그 주변의 여인들을 이해하는 데 큰 단서가 된다고 여전히 주장합니다." - 주낙현 요셉 신부

여러 성배 연구자들은 요한복음의 실제 저자인 막달라 마리아를 일종의 여성 영웅으로 보며 가톨릭 교회가 막달라 마리아의 여성성이 가지는 힘을 두려워해 막달라 마리아를 '성경에서 제외시켰다'고 말합니다. 막달라 마리아가 교회에 위협이 되었던 이유는 여성이어서가 아니라 예수 아이의 어머니, 즉 예수의 왕실 가문과 고귀한 혈통을 상속받는 아이의 어머니였기 때문입니다! 이는 세상을 종교적으로 그리고 세속적으로 지배하고 싶어 하는

교회(교권세력)에게는 커다란 위협이 아닐 수 없었습니다. 예수의 자식들만 없다면 가톨릭교회는 왕을 만들 수 있는 권리를 가질 수 있었습니다!

그래서, 초기 가톨릭은 여성을 이교(異敎)의 상징으로 몰아버리고 교회의 권력을 차지합니다. 그리고 권력을 갖기 위해 예수를 극도로 신격화 시키고 모든 구원은 교회를 통해서 이루어지도록 합니다. 그러기 위해선 예수의 인간적인 면을 대표하는 막달라 마리아와의 사랑은 역사에서 지워야만 했었던 것입니다. 그렇게 되어 마리아에 관련된 것은 영지주의 이단으로 분류되고, 이단으로 분류된 한 복음서에는 마리아 막달레나가 예수의 가르침에 대한 탁월한 이해력을 바탕으로 예수의 수제자 베드로와 경쟁했다고 기록되어 있습니다.

<도마복음서 114장>★ 시몬 베드로가 그분께 말씀드리기를, "마리아가 우리를 떠나게 하소서. 여인은 삶을 얻을 자격이 없기 때문입니다." 예수께서 말씀하시기를, "보라 내가 그녀를 인도하여 그녀가 남성이 되게 할 것이다, 그리하여 그녀도 너희 남성들을 닮은 살아있는 영이 될 것이다. 어떤 여인이라도 자신을 남성으로 만드는 자는 하늘나라에 들어갈 것이다."

<막달라 마리아 복음서 10장>★ 그리고 베드로는 마리아에게 말하였다, "자매여, 우리는 그리스도가 당신을 어떤 다른 여인들보다도 더 사랑했다는 것을 알고 있습니다. 우리에게 당신이 기억하는 그리스도의 말씀을 전해주세요. 우리가 알지도 못하고 듣지도 못했던 말씀을요." 마리아가 대답했다. "당신들에게 알려져 있지 않았던 것을 모두 설명하겠습니다."

<1982년 2월20일자 동아일보>★예수 크리스트가 결혼을 했고 '막달라 마리아'와의 사이에 자녀가 있었으며 십자가에 못 박혀 죽은 것이 아니라 그대로 살아나 현재 '유럽'의 귀족들 중에 그 후손이 살아있다는 주장을 편책이 지난주 '런던'에서 발매되자 세계적으로 화제와 파문을 넓혀가고 있다. 최근 '뉴스위크'지도 이 책의 주장과 반응을 종교페이지에 다루며 관심을 나타냈다.

<1982년 2월20일자 동아일보>★이 책의 제목은 '성혈과 성배', '성혈(聖血)'이란 예수가 십자가에 못 박혔을 때 흘린 피를 뜻하고 '성배(聖杯)'란 그가 십자가에 못 박히기 전 제자들과 최후의 만찬 때 사용했고 그 뒤 십자가 밑에서 '요셉'이 예수의 피를 받았다는 컵을 말한다. 저자는 3명으로 영국의 TV 프로듀서인 '헨리 링컨' 미국 태생의 소설가 '리처드 레이' 뉴질랜드의 사진작가 '리셀 베이전트'이다. 이들은 성혈과 성배에 얽힌 믿을 수 없는 이야기를 10년 동안 추적한 결과를 책으로 쓴 것인데 기독교계에 폭탄적인 내용으로 결론을 맺고 있다.

<1982년 2월20일자 동아일보>★이들의 주장을 자세히 설명하면 예수는 독신생활을 한 구세주가 아니며 '막달라 마리아'와 결혼, 아이들을 가졌고 그 자신이 십자가에 못 박혀 죽는 체 함으로써 '다윗'왕을 계승하려 했으며 결국에는 그의 조국에서 도망쳤다는 것이다. 이들 저자는 예수가 가짜 처형 끝에 살아남았다는 전설은 2세기경의 '그노시스'파(영적인식으로 기독교의 본질을 설명하려 했던 이단 기독교도) 에서부터 전해왔고 그의 결혼설은 최소한 1세기로 거슬러 올라간다고 주장했다.

<1982년 2월20일자 동아일보>★계속해서 저자들은 예수의 아내와 자녀들이 고대 프랑스의 '골'지방으로가 정착했는데 그곳에서 예수의 후손들은 4세기 후에 '프랑크'왕국의 '메로빙' 왕조 통치아래 동화된다는 것이다. 그 후 예수의 혈족은 겉으로 드러나지 않은 채 지하로 잠적하는데 1099년 예수의 후손으로 추측되는 '고드프로아드 부이용'이 십자군들이 세운 '예루살렘'왕국에서 '다윗'왕을 다시 계승했다고 지적했다. 이점에 대해 성당기사단(聖堂騎士團,1118년 '예루살렘' 순례자 보호를 위해 조직됨)과 '시온의 소수도원'이란 비밀조직은 예수가의 비밀을 신뢰하고 있었다고 밝혔다.

<1982년 2월20일자 동아일보>★또 저자들은 '시온의 소수도원'이란 조직은 '유럽'과 '영국'의 많은 귀족들이 예수의 먼 친척이란 징표를 갖고 있다고 밝혔다. 한편 이 책의 저자가 예수가의 비밀을 캐내게 된 동기는 저자 중 한사람인 '링컨'이 남부 '프랑스'의 한 신부가 1890년대 이 지방의 부와 얽힌 비밀에 대해 말하는 것을 듣고 매혹 당하면서부터다. 이야기란 그 신부가 성당기사단(聖堂騎士團:템플 기사단)의 비밀기록을 우연히 보게 됐는데 내용 중에 '시온의 소수도원'이 간직했던 비밀을 밝히는 고대서류가 포함돼 있었다는 것이다.

<1982년 2월20일자 동아일보>★이 때문에 저자들은 스스로를 살아있는 '시온의 소수도원' 멤버가 돼버렸다고 주장할 정도로 기록 등을 신봉하게 됐다고 털어놓고 있다. 아무튼 이 책이 출간되자 영국에서 곧 베스트셀러가 됐으나 성직자와 비평가들의 분노와 비난도 대단한 것으로 전해지고 있다. 한때 예수를 동성애자가 아닌가? 암시하기도 했던 성공회의 신학자 '휴 몬트피오리' 주교는 이 책에 대해 '아마튜어적이고 무식하며 괴상하다'고 혹평했다. '프랑스' 에서는 아직 이 책이 나오지 않았지만 '시온의 소수도원'의 내부 비밀에 대해 저자들에게 알려줬으며 자신도 예수의 후손으로 꼽히고 있는 '피에르 플랑타르'도 잔뜩 화를 낸 것으로 알려지고 있다. '플랑타르'에게 저자를 소개해준 언론인 '쇼메이오' 씨도 책 내용의 상당 부분을 부인했다.

<1982년 2월20일자 동아일보>★이 같은 관련자들의 부인에도 불구, 저자들은 그들의 주장이 학자적이고 사려 깊은 것이었다는 견해를 굽히지 않고 있다. 그들의 주장을 의심하는 사람들에게 저자들이 반문하는 내용이 재미있다. '어떤 한 사람(예수를 지칭)이 결혼해서 아이를 가졌다는 이야기가 그럴듯한가, 아니면 처녀의 몸속에서 태어나 물위를 걷고 무덤에서 일어났다는 이야기가 그럴듯한가.'

막달라 마리아와 베드로의 대결은 <도마복음>과 <이집트복음>에서도 찾아볼 수 있는데 <막달라 마리아 복음서>에서 막달레나는 베드로에게 자신이 예수에게 받은 특별한 계시를 밝힙니다. 심지어 <빌립 복음>은 예수가 여러 제자들 중에서 그녀를 가장 사랑했으며, 그녀에게 자주 입맞춤을 했다고 적고 있으며, 작가 니코스 카잔차스키는 『그리스도 최후의 유혹 』에서 예수 그리스도와 막달라 마리아를 연인관계로 기정사실화하여 묘사하기도 했습니다.

이 때문에 그녀는 남성들이 중심인 교회에서 질투의 대상이었으며 남성으로 이루어진 성직자들이 여성인 그녀를 창녀로 전락시켰습니다. 이 모든 것은 남성 성직자들을 선호한 교부들에 의해 감춰졌습니다. 그것은 초기 기독교의 핵심에 남녀성 대결이 있었음을 의미합니다. 가톨릭에서 교황과 사제는 미혼이어야 합니다. 하지만 시몬 베드로는 결혼한 사람으로 초대 교황이 되었습니다. 기독교 역사가 첫 단추부터 잘못 꿰어진 것입니다. "예수께서 베드로의 집에 오셔서 그의 아내의 모친이 열병으로 누워있는 것을 보시고 그 여인의 손을 만지시니 열병이 떠나가고 여인이 일어나 그들을 섬기더라."(마8:14,15)(눅 4:38,39)

기독교 구약의 주신과 신약에서 예수가 외친 신은 전혀 다릅니다. 구약신은 유대족 만의 지방신 야훼신입니다. 모세 때 신참신인 야훼신보다 강력하고 센 신은 슈메르 신으로 바빌론 지역과 애굽 지역의 농경신이자 평화의 신 바알신 및 태양신 이쉬타르 이시스 신 등 다양하게 있었습니다. 이들 슈메르신은 메소포타미아 바빌론 제국을 비롯 애굽 왕조를 포함해 중동의 가장 번영한 문화왕국을 제공했고 이들 고참신에 비해 당시로서는 떠돌이 집시족에 불과해 타민족에 더부살이하며 살아야 했던 유대족의 신참신 야훼는 모세때에 이르러 비로소 등장하게 됩니다.

중동에 고등문명을 선사한 이들 다양한 고등 슈메르신과 유대인의 군신이자 집시신, 복수의 신인 야훼신이 끝없는 반목과 투쟁의 역사를 만드는 와중에 신약에서 예수가 외친 신은 이 모두를 뛰어넘는 가장 강력한 신 '아버지 하나님' 바로 '아빠 하나님(아람어나 인도어 한국어 동일-Abba)' 입니다. 이 아바 하나님은 바로 신약의 백보좌 하나님입니다. 불교에서 석가 부처님이 3천년 뒤에 강림한다는 미륵존불 또는 법신불과 같은 개념입니다. 바울은 국내파 베드로에게 천대받아 고향 유대사회에 접근도 못했지만 기독교 역사에서 대 반전이 벌어집니다. 기독교가 베드로 서신위주가 아니라 바울서신 위주의 바울교로 된 교권상의 대 반전!

외형상 남성 교권론자인 초대 교황 베드로와 이민족의 틈바구니 속으로 내쫓긴 로마제국에서 교권투쟁의 판세를 뒤집어 버린 바울. 이 둘은 예수의 수석제자 막달레나를 축출하여 각기 히브리파, 헬라파의 맹주가 되어 종권투쟁으로 피터지게 싸우는 결승전 과정을 거칩니다. 아볼로(아폴로)까지 하면 외형상 3파전입니다.

그러나 당시 이스라엘이라는 유대사회는 로마제국의 힘없는 식민지. 따라서 기독교 신약성서는 유대족 국내파인 초대 교황 베드로 히브리파에서 나오지 못하고 이교도 국가 로마제국에서 바울이 씨뿌린 인맥 속에서 콘스탄티누스 황제 때 교부신학의 아버지 유세비우스가 로마제국의 황권확립과 제국통치의 필요에서 정치교의서로 만들어지게 됩니다. 정치 교의서이지만 글자 한 자 한자 생명의 말씀-감로수로 알고 믿으라는게 영지주의에 반하는 소위 문자주의입니다. 막달레나는 이미 제거되어서 막달레나에게 전해진 에세네파의 메시지는 영지주의 그노시스라는 사탄의 모자를 씌워 모두 유황불로 화형시켜 제거말살됩니다.

그 결과 막달레나에게 전한 본래의 예수복음은 쿰란 사해문서와 나그함마디 문서로 땅속에 묻혀 있다가 1900여년 만에 햇빛을 본 바 있습니다. 당연히 막달레나가 교권싸움에서 이겼다면 영지주의 문서는 정경으로 채택되어 바울서신은 삭제되었을 터이며 그레고리 5세에 의해 6세기 교황칙령으로 창녀로 선포되지도 않았을 것입니다. 만일 베드로의 히브리파에서 신약이 만들어졌다면 지금의 기독교는 바울교가 아니라 베드로교가 되었을 것입니다.

그러나 바울의 인맥에서 피어난 로마제국하의 유세비우스는 사도신경에 베드로 서신이 아닌 바울 서신 위주로 편찬해 기독교를 바울교로 만들어 버리고 맙니다. 마찬가지 논리로 만일 막달레나 가족이 철벽같은 가부장적 사회인 유대족 사회에서 살아남았다면, 다시 말해 바울 베드로 등 남성교권주의자들과의 종통경쟁에서 살아남았다면 굳이 프랑스 남불 론강 까마흐그까지 가지 않았을 것이며 오늘날 요한복음도 당당히 막달레나가 저자라고 밝힐 수 있었을 것이며 사해 쿰란문서와 나그함마디 문서도 대부분 정경으로 채택되어 신약성서의 일부로 자리 잡았을 것입니다.

초기 기독교의 마리아와 베드로 중심의 남성 사제 사이의 종권 경쟁처럼 한민족 <창세가>와 <미륵존경>에는 모란꽃 피우기를 둘러싸고 미륵존불과 석가불과의 당래하생(미래세 지구염부제 탄강)에 대한 종통왜곡 과정의 전말이 담겨있습니다.(후술) 우여곡절을 거쳐 석가세존이 먼저 지구 염부제에 하강한 뒤 초기 원시 불교시대에도 석가부처님과 또다시 종통경쟁을 시도한 간 큰 사람이 있었는데 그 사람은 여자가 아닌 아난존자의 형님인 데바닷다였습니다. 데바닷다는 태모 고 수부님을 핍박하고 해도진인이 되고자 욕속부달 한 이 상호·이 정립 형제에 못지않게 동생 아난존자가 모시고 있는 석가세존을 죽이고 그 자리를 탈취하고자 한 사람이었습니다.

이는 마치 보천교 일개 신도였던 조 철제가 "예로부터 계룡산鷄龍山의 정씨왕국鄭氏王國과 가야산伽倻山의 조씨왕국趙氏王國과 칠산七山의 범씨왕국范氏王國을 일러오나 이 뒤로는 모든 말이 영자影子(그림자)를 나타내지 못하리라 그럼으로 정씨鄭氏를 찾어 운수運數를 구求하려 하지 말지어다<보천교 교전>" 하시어 가야산(伽倻山) 조씨(趙氏) 등극(登極)을 허사로 돌린다고 명명백백히 천지공사로 집행했음에도 불구하고(<보천교 교전>,<용화전경>,<이중성 대개벽경>,<정영규 천지개벽경>) 자신도 천지공사를 본다 하여 증산 상제님을 붙박이 하늘상제 천존(天尊)으로 만들어놓고 스스로 땅 상제 지존(地尊)에 오른 것과 같습니다. 베드로를 비롯한 12 사도, 바울 등 남성 사제 권력에 의해 막달레나가 삭제처리 되었듯이 상제님 도권 천하에서도 동일하게 태모 고 수부님으로부터 시작되는 종통의 낙종물 교단개창 사명 역시 정산 조 철제, 우당 박 한경에 의해 원천적으로 삭제처리하고 그 여백을 메꾼 것입니다.

유대 신비주의 카발라에 보면 성서의 창조주 하나님 야훼신은 제한적인 신으로 그보다 더 고급신이며 무한한 미지의 신 아인 소프(Ayin-Sof)에 종속되어 있다고 말합니다. 유목민의 신이자 군신이며 질투의 신인 구약의 야훼신이 편협했으므로 예수는 고리타분한 율법학자, 바리새인, 사두개인에게 회칠한 무덤이니 독사새끼들이니 하며 좌판을 뒤엎고 채찍을 휘두르며 발길질까지 해대며 극언을 서슴지 않았습니다.

한걸음 더 나아가 그는 야훼신 같이 한 종족만을 위해 싸우고 질투하는 편협한 지방신이 아니라 그보다 더 세고 강력하며 이방 종족까지도 너그럽게 포용하는 인류의 보편적인 신 아바(ABBA:성부 아빠)신의 시대를 새로이 외쳤습니다. 이는 구약시대의 제한적인 종족신 야훼신을 배격하고 모든 이의 육신 안에 거하는 그리스도의 용안과 성부-아바신을 직접 모시는 영지주의 신약시대를 새롭게 연 것입니다! (그러나 영지주의 신약은 남성교부들에 의해 이단시됐다)

굳이 바티칸의 남성 사제 권력에게 축출되어 마지막에는 창녀로까지 매도당한 마리아 막달레나를 언급하지 않더라도 만일 기독교의 사도바울이 마치 신약시대의 초창기 세례요한처럼 과격파 바리새인이 아닌 경건 에세네파인이었다면 오늘날의 기독교의 모습은 전혀 다른 모습을 하고 있을런지도 모릅니다. 상제님은 19세기 극동아시아의 변두리 나라인 못살고 외졌으며 열강의 식민지 제국주의의 구도 속에 잔약(孱弱)해진 조선 땅에 강림하시어 마치 기독교에서도 이루지 못한 성차별로 인한 성녀 막달라 마리아의 역사왜곡을 지적이라도 하듯이 온 인류의 어머니 곤존 태모 고 수부님을 교단개창의 종통으로 삼으셨습니다.

남존여비로 찌든 조선말 유교사회에 있어 증산 상제님께서 여성이신 태모 고 수부님에게 종통을 전하신 것은 신분타파로 인한 평등사회 건설과 더불어 가히 전세계에 대한 파천황적인 여성 인권 선언이었습니다. 첫째, "남자의 완롱거리와 사역거리에 지나지 못하던 여자의 원을 풀어 정음정양으로 건곤을 짓게 하려니와, 이 뒤로는 예법을 다시 꾸며 여자의 말을 듣지 않고는 함부로 남자의 권리를 행하지 못하리라." 하신 말씀에 의거해 실제로도 여성에게 종통을 전하였으며, 둘째, "여자의 원을 풀어 정음정양으로 건곤을 짓게 하려니와, 이 뒤로는 예법을 다시 꾸며 여자의 말을 듣지 않고는 함부로 남자의 권리를 행하지 못하리라. 장차 남녀동권시대가 되리라." 하시어 남녀동권 시대를 천지공사로 처결해 실행하신 것입니다.

<증산도 道典>*(宗統의 중요성)일신수습중천금一身收拾重千金이니 경각안위재처

심頃刻安危在處心이라. 다유곡기횡이입多有曲岐橫易入이나 비무탄도정난심非無坦道正難尋이라. 내 한 몸 잘 가짐이 천금보다 중하니, 순간의 평안함과 위태로움이 마음가짐에 달려 있느니라. 굽은 길과 갈림길이 많아 죽는 길로 쉽게 빠져드는데, 탄탄한 대도의 살 길이 없는 게 아니요 바로 찾기가 어려울 뿐이니라.

<대개벽경(大開闢經)>*기유년(1909) 여름에 구릿골에서 천지 대신문을 여시고 천지 대공사를 집행하시니, 법을 베푸시고 법을 집행하사 칙명을 내리시어 신명을 부리시니라. 칙명이 있으니 대장부(大丈夫) 대장부(大丈婦)라. 성도-물어 여쭈기를, "금번 공사가 대장부(大丈夫) 대장부(大丈婦)라 하시니 후천 선경세계의 도이나이까." 말씀하시되, "내 세상의 운이 상생이 되고, 내 세상의 도가 상생이 되노라. 그러므로 해원의 세상이노라." 하루는 성도-상제님을 곁에서 모시더니 말씀하시되, "한 부인이 여자세상 만들기를 원하여 염주를 딱딱거리며 발원하는 소리가 구천에 사무쳤노라. (*부인이 천하사를 하려고 염주를 딱딱거리는 소리가 구천에 사무쳤으니 장차 부인의 천지를 만들려 함이로다) 그러나 여자 세상은 어려울 것이오. 남녀 동권시대가 되리라. (이때는 해원시대라. 남자의 완롱거리와 사역거리에 지나지 못하던 여자의 원을 풀어 정음정양으로 건곤을 짓게 하려니와, 이 뒤로는 예법을 다시 꾸며 여자의 말을 듣지 않고는 함부로 남자의 권리를 행하지 못하리라. 장차 남녀 동권시대가 되리라.)"

-己酉夏 在銅谷 開天地大神門 行天地大公事 設法 行法 下勅命神 有勅 大丈夫 大丈婦 弟子 問曰 今次公事 爲 大丈夫 大丈婦 仙世之道乎 曰 我世之運 爲相生 我世之道 爲相生 是故 解寃之世 一日 弟子 侍之 曰 有一婦 願作女世 發願念珠之聲 徹九天 然而女世 難哉 男女同權-

태모 고 수부님을 교단개창의 종통으로 삼으신 다음 증산 상제님은 후천대운의 전개과정을 크게 도운(道運)이 세 번 변하면서 이루어지는 3변성도(三變成道)의 도수(운로 프로그램)로 부쳐 놓으셨습니다. 즉, ❶곤존 태모 고 수부님의 대흥리 교단개창(1911) 살림 이래, ❷조종골 살림(1918~1929), ❸<①왕심리 교단(1929~1931)-②동화교 합동교단(1931~1933)-③오성산 교단(1933~1935)> 등 세 살림의 낙종물(落種物:씨뿌리기) 사명(1변)과 차 월곡(京石) 성도의 600만 보화교(보천교) 모내기 이종물 사명(2변)과 3초(哨, 招) 끝에 대인출세로 기두하여 '문왕의 숙구지 공사'로 깨어나 일으키는 도안(都安)의 초중말복 세 살림 추수도수가 바로 그것입니다.

(18개 경전포함 범 증산계 통합경전 <十經大典>) 내용: 

기존의 메이저 경전 중에서 편년체로 되어있는 경전은 박 공우 성도와 사돈관계를 맺은 이중성(李重盛) 선생의 <대개벽경(일명 천지개벽경)>입니다. 따라서 본 <범증산계 통합경전-十經大典>은 편년체로 짜여진 <대개벽경>의 편집체제를 그대로 수용하여 연도별 사건별로 모든 경전의 해당 성구를 추출해 하나의 틀 속에 종합 편집한 상제님의 후천 5만년 무극대도 성훈 말씀을 종합해 놓은 신성한 대도집-성도대전(聖道大典)입니다.

(범 증산종단 18개 경전포함 공통 <통합경전>) 내용: 편년체(編年體:연대순 기술) A4 용지로 3704P 분량으로(본문 2734P) 길라잡이 서문만 사진자료 포함 A4 용지 1035 P 분량입니다. 참고로 <증산도 도전道典>이 A4 용지로 900P 분량, 기독교 신구약 합본이 A4 용지 1800P 분량입니다.

<대개벽경(이중성)>, <보천교 교전>, <보천교 연혁사>, <중화경(상제님 말씀 김형렬 수석성도가 적은 후천 개벽 성리학)>, <동곡비서(성화진경)>, <천지개벽경(정영규)>, <선도신정경(정영규)>, <증산천사공사기(이상호)>, <대순전경 초판(이상호)>, <대순전경 3판(이상호)>, <용화전경(김낙원)>, <현무경(상제님 친필)>, <선정원경(고민환)>, <고부인신정기(천후신정기:이정립)>, <화은당실기>, <용화선경이 오면(이효진)>, <증산도 道典> 등 이상 17권의 원문 내용은 100% 모두 수록되었습니다.

특히 <대순전경 초판>과 <증산천사공사기>는 의고체(고어체)이므로 한 페이지 이상 읽기 어려워 중학생도 읽을 수 있도록 원문과 함께 쉽게 평역을 부기해 함께

대조해 볼 수 있게 했으며 <선도진경>, <증산교사>는 그 핵심과 김 호연 성도 성구를 비롯 새로운 사료 성구를 채록해 기록한 <증산도 도전> 성구 역시 새로 채취된 성구는 100% 반영했습니다. 그 이외는 기존의 경전에서 뽑은 것이므로 사실상 거의99% 포함된 거나 마찬가지입니다.

본 <十經大典>은 도안(都安) 세 살림도수의 전체 퍼즐을 밝힌 완성판 통합경전이므로 <대개벽경> 편집차례 마지막에 낙종물 사명, 이종물 사명, 숙구지 문왕 추수 사명이 추가되었습니다. 낙종물 사명에는 <선도신정경(정영규)>, <선정원경(고민환)>, <고부인신정기(천후신정기:이정립)>, <천지개벽경(정영규)> 등의 내용이 모두 들어갔고, 이종물 차 경석 보천교 사명에는 <보천교 교전>, <보천교 연혁사>, <증산교사> 내용이 모두 반영되었으며, 이 효진(李孝鎭)의 대순전경 초판 보완집인 <대성경집(大聖經集)>의 새로운 부분이 반영되었고 숙구지 문왕 추수사명에는 <안 운산(安雲山) 종도사 어록> 4권, 30년간 강연 어록(녹음 테이프 포함) 중 중요부분 발췌해 100여 페이지로 압축해 들어갔습니다.

<증산도 道典>의 경우, 은두장미(隱頭藏尾)의 천지공사 정신에 의해 기존의 경전에서 밝혀지지 않다가 어린 초립동이 시절 상제님을 직접모신 김 호연 성도 증언 성구를 비롯 전혀 새로운 사료 성구를 채록해 기록한 <증산도 道典>의 핵심 성구 역시 모두 포함시켰습니다. <十經大典>은 경전 수와 상관없이 10무극 상제님 성언聖言, 성구聖句이므로 <十經大典>이라 했습니다. 뿐만 아니라 일제하 보천교 시절 당시 일제의 눈을 피해 상제님 진리의 핵심을 모두 드러낼 수 없어 태운장 김 형렬 수석 성도, 월곡 차 경석 성도는 핵심교의를 깊숙이 은장(隱藏)하고 비교적 초보적 형태의 단순 교의(敎義)만 청음 이 상호에게 전해주어 <증산천사공사기>와 <대순전경> 초판을 발행하게 됩니다.

청음(靑陰) 이 상호(李祥昊)는 보천교에서 보천교 교경 편찬위원을 자청해 동생 이 성영(정립)으로 하여금 차 경석 교주가 알고 있는 천지공사의 모든 교의체계를 뽑아내고자 합니다. 그러나 결과적으로 보면 차 경석 교주는 신뢰성이 적은 이 상호 형제에게 모든 것을 다 말해주지 않은 것으로 드러납니다. 이는 본 <통합경전>에 전재(全載)한 이사전서(二師傳書), 대도지남(大道

指南) 내용을 포함한 <보천교 교전(普天敎 敎典)>과 보천교 정사(正史)인 <보천교 연혁사(普天敎 沿革史)>의 내용이 뒤늦게 공개되었기 때문입니다. 참고로 <보천교 교전(普天敎 敎典)>은 띄어쓰기, 오자, 탈자 등 한자음 틀린 곳 등이 수백 군데인데 원본의 맛을 살리려 <십경대전>에는 크게 오인할 부분 몇을 제외하면 가급적 교정(矯正)없이 그대로 전재(全載)했습니다.

청음(靑陰)이 조선총독부 경무청 경시(警視) 조선인 정탐(偵探) 동광회 두령 김 태식(金泰湜:김태석으로 밝혀짐)과 경기도 경찰부 후지모토(藤本) 고등과장의 적극적인 지원과 후원으로 보천교 혁신운동을 일으키자 차 경석 교주는 1924년 7월 이 상호를 60 방주(方主)직책에서 해임시키는 초강수로 맞대응합니다. 보천교로부터 교직敎職을 파면 당하자 더 이상 비빌 언덕이 없어진 청음 이 상호는 보천교를 탈퇴한 뒤, 김 형렬(金亨烈) 수석성도가 개창한 <미륵불교> 신도로 들어간 다음, 다시 김 형렬 성도를 설득해 미륵불교의 교경을 편찬하겠다고 설득해 공사내용을 채록합니다.(1925년 9월)

그러나 객관적으로 보면 태운장 김 형렬 성도 역시 보천교에서 자신의 스승을 배신하고 나온 청음에 대해 반신반의하여 모든 것을 전해주지는 않은 것으로 보입니다. 청음은 당연히 태운장 김 형렬 수석성도 마저 다시 배신하고 나갔지만 뒤에 <대순전경> 초판에 포함되지 않은 내용이 대거 실린 <동곡비서> 및 <중화경>의 내용과 상대적으로 분량이 상당히 빈약한 <대순전경> 초판 내용을 감안하면 김 형렬 수석성도 역시 청음에게 전해준 내용이 얼마 되지 않았음을 알 수 있습니다.

이 정립은 <증산교사>에서 김 형렬이 늙어서 옛일을 잊어버렸고 제대로 조리있게 강화(講話)하지 못해 포기하지 않을 수 없었다고 하지만 그 뒤에 <동곡비서>와 <중화경>이 나온 것을 참고하면 이는 애초에 이 상호를 불신한 김 형렬 교주가 적당히 핑계를 대고 핵심을 다 전해주지는 않은 것으로 보입니다. 일제의 검열 때문에 많은 내용이 누락되었다고 서문에 밝혔지만 해방이후 3판도 내용이 비슷한 것으로 보아 이 상호에 대한 불신은 차 경석 성도와 마찬가지로 김 형렬 성도 역시 마찬가지였던 것으로 보입니다.

<증산교사(甑山教史)>★이상호가 노 좌대(盧左大)와 더불어 경석에게 교경을 편찬하자고 권고하니 경석이 이에 이 성영(李成英), 이 영호(李英浩) 두 사람을 교경편찬위원으로 임명하여 매일 오후에 경석의 담화를 필기하게 하여 십여 차례에 걸쳐서 천사의 행적을 강설한 뒤에 필기한 것만 재료로 하여 교경을 편찬하라고 명하였다. 그러나 10 여건에 불과한 기록만으로는 너무 빈약하므로 교경편찬 문제는 포기하지 않을 수 없었다. (★<보천교 교전>을 보면 '10여건 주장'은 감정적 허위증언)

<증산교사(甑山教史)>★을축년(道紀 55, 1925) 구월에 상호는 경성에서 김 형렬(金亨烈)을 만나 그 뜻을 고하여 찬동을 얻고 곧 전라북도 김제군 수류면 금산리 용화동으로 이거(移居)한 뒤에 날마다 형렬을 방문하여 천사(天師)께서 재세 시에 말씀하신 바와 행하신 바를 직접 들은 대로 또는 직접 본대로 자세히 강화하여 주기를 청하여 낱낱이 필기하였다. 그러나 이것도 쉬운 일은 아니었다. 형렬이 이미 늙었고 또 수십 년을 지내버린 옛일이므로 잊어버린 일이 많아서 대번에 조리 있게 강화할 수가 없었다.

<증산교사(甑山教史)>★그러므로 형렬의 기억이 회복 되는대로 하루에 한두 절씩 혹은 며칠 만에 한두 절씩 필기하게 되었다. 이리하여 병인년(道紀 56, 1926) 7월에 형렬에게서 필기한 것을 수집하고 전자(前者)에 차 경석에게 들은 바를 보태어 <증산천사공사기(甑山天師公事記)>라는 제호(題號)로 간행(刊行)하였다.

<증산교사(甑山教史)>★상호는 이로써 만족치 아니하고 다시 김 경학, 박 공우, 안내성, 김 송환, 유 찬명, 김 덕찬, 김 준찬, 이 치복, 김 자현, 문 공신, 최 덕겸 등 모든 친자종도들을 방문하여 그 강화를 청하고 또 천사(天師)께서 돌아다니시던 지대를 답사하며 천사(天師)께 지면(知面)이 있었다는 촌 늙은이를 찾아서 그 강화를 청하여 재료 수집을 계속하였다.

<甑山道 道典 들어가는 말>★김자현 성도의 손자 김택식에 의하면 "조부님은 이상호에게 증언을 해 주지 않았다."고 한다. 뿐만 아니라 김자현 성도는 김형렬 성도, 김갑칠 성도에게도 당시 보천교에서 출교된 뒤 태운장의 미륵불교 신도로 들어온 이상호에 대해 "한 판 차려 보려는 다른 뜻을 품고 있으니 전해 주지 마시오." 하고 강력하게 요구했다 한다. 이상호에 대한 이런 비판적인 의식은 당시 주요 성도들에게 널리 파급되어 있었다. (참고: 임술 생 김형렬 성도의 손자 김현식씨의 증언도 김자현 성도의 손자 김택식의 증언과 동일하게 청음 이상호가 수차에 걸쳐 상제님 성적을 들려달라고 간청하였으나 들려주지 않았다고 증언함)

<甑山道 道典 들어가는 말>★백운동의 안내성 성도는 몇 차례 찾아와 증언을 구하는 이상호에게 단 한 마디도 응대해 주지 않고, 멀리 구성산만 바라보며 눈길조차 주지 않았다고, 소년 시절에 곁에서 이를 지켜본 아들 안정남이 증언한다. 또 안필성은 이상호와 같은 동네에 살면서도, '도인이 일찍 봉사가 되었다.'고 그에 대한 불신이 깊었다. 그래서 주요 성도들 못지않게 상제님과 삶을 함께 하고 상제님에게서 큰 도

수를 부여받았음에도, 그 내용을 깊이 있게 증언해 주지 않았다.

<甑山道 道典>(도문(道門)과 성도(聖徒) 3편 192장<측각주>)★ 안내성 성도의 입문 과정이 그 동안 베일에 가려져 있었던 까닭을 그의 아들 정남은 이렇게 증언했다. “우리 아버님 생전에 이상호 씨가 와서 뭔가를 알려고, 뿌리를 캘려고 했는데 안 가르쳐 줬어. 그 이유가 있어. 이상호가 가고 나면 아버님이 ‘저놈이 역천을 해도 보통 역천을 하는 놈이 아니다. 책을 쓴다고, 우리 대선생님을 빙자해서 종교 장사를 한다. 그런 놈한테 내가 뭣 하러 알려 주냐.’ 그러고 ‘저놈이 얼마 안 가서 천벌을 맞는다.’ 했거든. 결국 이상호는 눈도 못 보고 살다가 운명을 했다고 하더만.”

<태모님께서 아들 삼으신 이용기 성도 휘하 이교승 신도 증언>★ ‘이상호 형제가 세상 떠나기 전에 태모님이 살아계신데도 “우리가 종통 계승자다. 일이 여기서 된다.”고 하며 감 놔라, 대추 놔라 했다.’

<안내성 성도 아들 증언 내용>★ ‘이상호 형제는 녹용을 한 가마씩 쌓아 놓고 금 궤짝을 갖다 놓았다. 이상호가 죽었을 때, 큰 형님이 가서 보니까, 그 집안에서 그런 물건이 나오더라는 것이다. 그걸 자기 눈으로 직접 봤다고 한다.’

해방이후 청음 이 상호에게 채 전해주지 않은 교의(敎義)는 태운 김 형렬 성도의 자(子) 김 찬문·김 찬진(이종질) 형제에 의해 <동곡비서(성화진경)>라는 형태로 <중화경>과 함께 세상에 선을 보이고, 차 경석 성도의 보천교 쪽에서는 <보천교 연혁사>와 함께 보천교 시절 필사본 형태의 구전심수 비밀교의서였던 <대도지남>, <이사전서> 등이 포함된 <보천교 교전(普天敎敎典)>이 발행됩니다.

범 증산교계에 그동안 전설처럼만 존재했던 <보천교 교전(普天敎敎典)>의 내용 100%가 본 <통합경전>에 포함된 것은 이종물 사명의 보천교 이후 초장봉기지세로 물중전의 본을 보여 왔던 범 증산 교단의 통합도수인 태모님 윷판도수와 사오미 개명도수에 맞추어 상제님 진리의 전체 퍼즐의 전면모를 확연히 보여준다는 점에서 적지 않은 의미가 있으리라 봅니다.(일제하 보천교 신도 600만 기록은 미·일 공식문서 일치)

그도 그럴 것이 <보천교 교전(普天敎敎典)>은 100부만 찍어 당시 출판성금을 낸 80 여명에게 책을 모두 돌리고 말아 세월과 더불어 소장한 당사자들이 모두 선화하여 한정판 경전이 모두 유실되었기 때문입니다. 게다가 그 속에는 <보천교普天敎 교전敎典> 경經 4부에 "물위아주재우주勿謂我主宰宇宙 이역주재우주爾亦主宰宇宙-내가 우주를 주재한다고 말하지 말지니, 너 또한 우주를 주재하느니라"와 같이 기존경전에서 볼 수 없는 인간의 본질에 대한 놀라운 선언과 차 경석 성도가 전하는 새롭고도 다양한 진리 내용이 담겨있어 상제님 진리의 경계와 지평이 더 한층 새로워졌습니다.

본래 <증산도 道典>은 기존의 경전에다 90년대 이후 김 호연 성도를 비롯한 오세동이 백 운기 성도 등 수많은 성도들 3세 및 일가친척의 전언을 취합해 만든 경전입니다. 특히 기존 경전 내용 모두를 수용한 것이 아니고 여러 사정상 많은 부분 누락되었으며, <도전> 편찬의 편집방식이 비슷한 성구를 서로 섞고 누락시킴으로써 내용을 표준화하고 단순명료화한 감이 있습니다.

그러나 이러한 편집방식은 그 의도가 어떠하든 대중화하는데 큰 공로가 있는 반면 그 핵심은 오히려 알기 어려운 역설을 내재하고 있습니다. 게다가 일반신도들로서는 일일이 각 성구내용의 올바른 출처와 표현이 어떻게 바뀌었는지 각 공사의 진의가 무엇인지 상호 연관관계가 과연 무엇인지 알기 어렵기 때문에 천지공사의 총론적 실체에 접근하고 종통의 맥을 올바로 잡기가 어려웠던 것입니다.

따라서 본 <십경대전>에서는 모든 성구의 출처를 모두 밝혀 이러한 문제를 명료히 하여 천지공사 내용의 객관성을 유지했습니다. 그런 면에서 본 <범 증산계 통합경전-십경대전>을 <증산도 道典>의 입장에서 보면 <증산도 道典> 내용을 모두 포함하되 외연(外延)이 확대된 더욱 완벽한 <증산도 道典>이라 할 수 있으리라 생각합니다. <증산도 道典> 내용은 90년대 이후 추가된 내용은 100% 반영되었으며 그 이외의 내용은 기존의 경전을 실은 것이므로 기존경전은 100% 실었기 때문에 <증산도 道典> 내용은 사실상 100% 반영한 것으로 보면 정확할 것입니다.

통합경전은 경전 수와 상관없이 10무극 상제님의 성언(聖言), 성구(聖句)이므로 <범 증산계 통합경전-십경대전>이라 했습니다. 통합경전을 편찬하며 느낀 점은

<증산도 道典>을 비난하는 일부 목소리도 있지만 일부 부족한 면과 잘못된 점 몇몇을 제외하면 기존의 단편적인 소의(所依) 경전을 종합한 정말 잘 된 경전이라는 점을 수없이 느끼는 바입니다. 다만 <선도진경(宣道眞經)>의 경우는 조 정산(철제)의 부산 감천동 무극도 시절, 당대 경전이 <대순전경(大巡典經)> 밖에 없어서 단체를 이끌기 위해 사정상 판권문제로 <대순전경(大巡典經)> 짝퉁 성격의 경전을 따로 만들지 않을 수 없었던 것으로 보입니다.

따라서 <선도진경(宣道眞經)>은 <대순전경(大巡典經)>의 내용과 99% 같지만 항목별 제목을 바꾸고 표기방법만 약간 현대어로 바꾸어 서술한 것이 특징인지라 얼마 안 되지만 <대순전경(大巡典經)>과 다소 다르거나 지리적으로 보완된 부분 또는 자세히 풀어놓았거나 무언가 새로워 보이는 부분은 모두 본 <통합경전>에 삽입해 넣었습니다. 이 중성(李重盛) 선생의 딸 이 옥수 씨가 부친의 뜻으로 호칭한 바 있는 <대개벽경(大開闢經)>은 일명 <천지개벽경(天地開闢經)>으로 정 영규의 <천지개벽경(天地開闢經)>과 혼돈이 되기 때문에 향후 <대개벽경(大開闢經)>으로 통칭합니다.

<선도진경(宣道眞經)>의 최대 장점은 <대순전경(大巡典經)>에서 이 상호가 증산 상제님의 호칭을 하늘스승이라는 애매모호한 <천사(天師)>로 기술한 것에 비해 '상제(上帝)'님 이라는 확실한 신격을 처음으로 드러내 기술한 데 있습니다. 이 상호·이 정립 형제는 우주를 주재하는 절대자 조화옹은 없다고 선언하고 절대자이신 증산상제님의 신격을 도가서 ≪옥추보경 玉樞寶經≫의 3번째 신위神位인 <대법천사(大法天師)>로 비정하고 이 입장을 죽을 때까지 견지했습니다. 상제님의 신위를 인정하지 않다보니 곤존(坤尊) 태모 고 수부님이 눈에 보일 리 없었습니다.

그리하여 10년 신정공사를 집행하신 곤존 여성 하느님으로서의 신성성(神聖性)을 부정하여 그저 낙종물 사명자인 교단개창자로만 인식해 온갖 핍박을 가했던 것입니다. 본래 곤존(坤尊)은 지존의 여성 하느님을 뜻하며 태모(太母)는 인류의 어머니는 물론 우주 만물 생명체(태극)의 어머니를 뜻하고 수부(首婦)는 만 여성의 우두머리로 상제님이 집행하시는 천지인신(天地人神) 귀신수찰(鬼神垂察)의 정음정양 천지공사를 집행함에 필요한 우주 절대자 배필(配匹) 사명자로서의 칭호입니다. <선도진경(宣道眞經)>이 적어도 이 부분에 대해 증산 상제님이라고 확실히 드러내 표기해

준 획기적인 용단은 대순전경 내용의 99%를 옮겨놓은 짝퉁임에도 불구하고 <선도진경(宣道眞經)>을 출간한 공덕이 될 것입니다.

현재 증산 상제님 진리권에 가장 영향력이 큰 종단 중 보천교 시절 이 치복 성도 연원계열의 라인이 둘 존재합니다. 첫 번째는 증산 상제님 9년 천지공사와 태모 고 수부님 10년 신정공사의 최종결론으로 문왕의 추수 도수를 받은 종통라인 운산雲山 안 세찬 증산도 창도자이며, 두 번째는 태극도의 전신인 무극대도교를 창도한 곁가지 윤통 정산鼎山 조 철제입니다. 안운산 창도자는 그 부친이 이 치복 성도로부터 직접 도를 받은 모태 신앙인이며, 조 정산은 이 치복 성도에게 도를 받은 독립운동가 김 혁으로부터 도를 받아 진리를 펼쳤습니다.

부연하면, 무극대도교는 보천교 이 치복(李致福) 성도에게서 도를 받은 독립운동가 김 혁(金赫::1875. 10. 16~1939. 4. 23. 본명은 학소學韶, 호는 오석烏石)으로부터 다시 도를 받은 보천교 신도 정산鼎山 조 철제가 세운 단체입니다. 조 정산이 선화(仙化)하고 그 아들 조 영래는 태극도로 단체명을 바꾸고 경전도 <선도진경>과 함께 <무극진경> <태극진경>으로 나누어 다시 발간합니다. <무극진경>은 태극도에서 증산상제님을 무극상제님이라 하여 증산상제님 성구위주의 경전으로, <태극진경>은 무극대도교를 연 조 정산(철제)을 태극상제라 신격화 하여 조 정산 언행록 위주의 경전으로 분리한 가공의 소설입니다.

이에 대한 내막을 자세히 아는 담당자와 경전 편찬자마저 다음과 같이 정산 조철제를 옥황상제로 칭하는 것 자체가 가공으로 픽션화한 사상누각의 허탄한 소설이라 말하는 지경입니다. 편찬자 자신이 이에 대해 정확한 근거 없이 지어진 「태극진경」을 자주 접하게 되면 나중에는 그 내용이 마치 사실인 것처럼 느껴지는 병폐가 생겨나므로 자제하는 편이 좋을 듯하다고 고해성사하는 지경입니다.

이 말은 결론적으로 조 정산을 지존(地尊)상제로 칭하는 것 자체가 전혀 신빙성이 없는 가공의 소설이라는 선언입니다. 이러한 가공의 터전위에 조 철제 시봉 출신 박 한경을 인존(人尊)상제로 칭한 것 역시 사상누각의 허탄한 교리가 아닐 수 없습니다. 이는 마치 이종물 보천교 시절 영적으로 가장 뛰어난 보천교 신도로 증산 상제님을 신앙하면서 수많은 기행이적을 보인 인정상관 여 원월(余圓月;1887-1953 일명 여처자(余處子))이 선화한 이후 서 상섭(徐相燮)을 비롯해 그를 추종하던 보천교 신도들이 여 원월(余圓月)을 떠메어 모악교를 만들고 무을교를 만들어 관세음보살로 신격화한 것과 같습니다.

<무극도 해산 고찰, 권지1-22>*그간 무극도를 계승한 당사자임에도 대순진리회 측의 기록은 연구자들에 의해 제대로 평가받지 못했고 그 결과 무극도의 사정을 잘 모르는(때론 악의적인 견해를 가진) 외부 학자의 책이 많이 채택되어 왔다. 여기에 편승해 태극도의 『진경전서』(87년 출간)와 같은 서적조차 상당한 근거를 가진 문헌으로 묻어가고 있다. 『진경전서』는 2년 후인 89년에 『진경』이라는 이름으로 재출간되었다. 『진경』은 「무극진경」과 「태극진경」의 두 부분으로 구성되어 있는데, 이중 「태극진경」이 도주님의 행적을 소상히 기록하고 있다는 이유로 일부 수도인들이 관심을 가지고 있으나, 그 내용이 전혀 신빙성이 없는 소설이라는 것은 잘 알려지지 않고 있는 듯하다. 도주님으로부터 유명(遺命)으로 종통을 계승하신 도전님께서는 도주님에 대해 수도인들이 알아야 할 부분을 교운 2장으로 친히 작성하여 내려 주셨다. 도주님에 대해 조금이라도 더 알아보고 싶어하는 마음이 이해되지 않는 바는 아니나, 무극도의 해산사례에서 보듯이 정확한 근거 없이 지어진 「태극진경」을 자주 접함으로써 나중에는 그 내용이 마치 사실인 것처럼 느껴지는 병폐가 생겨나는 것이므로 자제하는 편이 좋을 듯하다. 외부의 학자들이야 도를 모르는 사람들이니 그러려니 할 수 있지만, 그들의 잘못된 설을 가지고 종단 내부에서까지 주장한다는 것은 결코 바람직한 현상이 아니라고 생각된다. 차제(此際)에 『典經』의 신성성(神聖性)에 대해 한 번 더 생각해보는 계기가 되었으면 하는 바람이다.

<무극도 해산 고찰, 권지1-22>*「태극진경」 즉 『진경』의 저자인 황 진규의 진술에 따르면 윤 금현의 기록을 참조해서 썼다고 한다. 윤 금현은 1952년에 도주님(정산 조 철제)을 처음 뵈었고, 당시 직위가 호령(지금의 교정)이었다고 한다. 따라서 일단 1952년 이전의 내용은 알 수가 없는 상황이었고, 1952년 이후도 도주님을 계속 가까이서 시봉할 위치는 아니었다. 그런데 「태극진경」의 내용은 계속 곁에서 시봉했던 자가 아니면 알 수 없는 부분까지 상세히 묘사되어 있다는 점에서 만들어 낸 이야기일 확률이 매우 높다. 「태극진경」의 정확성에 대해서는 별도의 지면을 통해 소개할 예정이나 우선 대표적인 한 가지만을 들자면 '태극주' 문제를 들 수 있다. 옥황상제님 재세시에는 '정산님' 또는 '도주님'이라는 두 가지 호칭 외에는 쓰이지가 않았으며, 당신께서 스스로를 '태극주'라고 지칭하신 적은 더욱 없었다. 그런데 「태극진경」에는 옥황상제님께서 당신이 '태극주'라고 말씀하시는 장면과 '태극주'라는 호칭이 여러 군데 나오고 있다. 이는 정확한 상황을 모르는 자가 임의로 지어냈음을 보여주는 하나의 증거이다.

한편 조 정산의 시봉(侍奉)이던 우당(牛堂) 박 한경이 금궤를(금 9관 840돈중, 은 24관 360돈중(1관=3.75Kg). 1968.8.11. <태극도 성명서>中) 가지고 서울로 올라가 60년대 중곡동에 터를 잡아 <대순진리회>를 열적에 증산 상제님의 <천하대순(天下大巡)>과 <대순전경(大巡典經)>에서 대순(大巡)을 취해 단체명을 만들고, <대순진리회>의 경전인 <전경(典經)>은 <대순전경(大巡典經)>의 <전경(典經)>에서 이름을 취해 <대순전경>의 내용을 97% 그대로 베낀 채 조철제의 행록을 덧붙여 서울대 종교학 주임 교수인 장 병길 교수의 주도하에 서울대 출판부의 이름으로 발간됩니다. 그러나 본 <십경대전>에서는 태극도와 대순진리회의 뿌리가 되는 경전인 <선도진경(宣道眞經)>만을 일부 취했습니다.

조 철제(鼎山) 선화(仙化)후 부산 감천동 태극도에서는 조 철제(鼎山)를 증산(甑山) 상제님과 동격으로 신격화 해 증산 상제님과 정산이 음양상제-소위 하늘상제, 땅상제라 하는 증정일체라는 새로운 교리로 신도들을 이끌게 되고, 60년대 들어 같은 뿌리에서 나와 독립한 서울 중곡동 대순진리회에서는 우당(牛堂) 박 한경을 신격화하여 태극도에서 교리화한 하늘상제, 땅 상제의 음양 상제 이외에 인존시대의 상제임을 주장하는 천지인 3위(位) 상제 교리를 내세우고 -천존과 지존보다 인존이 크니 이제는 인존시대니라-는 성구와 증정일체 시루 증(甑)과 솥 정(鼎)은 숯(牛堂)이 있어야 한다는 제법 기발하고도 그럴싸한 교리로 일세를 풍미(風靡)하게 됩니다.

심지어 태모 고 수부님의 낙종물 사명과 차 경석 성도의 보천교 이종물 사명 그리고 추수사명의 삼변성도(三變成道) 종통계승을 완전히 무시하고 근자에는 우당 사후 종통이 조 철제로부터 박 한경으로 옮겨 갔으므로 이천(二遷)이 된다 하고, 90년 이후 다시 우당 사후 석가불을 끌어내리고 우당을 그 자리에 세우고 포항방면의 구룡포 제생관장 박 상도에게 종통이 내려 삼천(三遷)이 된다 주장하고 있으나 이는 사실상 증산상제님-(일천)조철제-(이천)박한경-(삼천)박상도에서 보듯이 원본에도 없는 옥상옥의 교리조작입니다.

결과적으로 이는 사실상 증산 상제님 천지공사의 핵심 종통 내용도 모르는 잡부자작(雜敷自作)의 해괴한 말장난에 불과합니다. 그 뿌리는 대순진리회 자체가 애초에 <대순전경大巡典經>의 짝퉁인 <전경典經>을 발행할 적에 증산 상제님 9년 천지공사와 정음정양의 음양짝 10년 천지공사(신정공사)를 보신 태모 고 수부님을 원천적으로 배제시켰기 때문에 모두 벌어진 사단(事端)입니다. 태모 고 수부님으로부터 출발되어지는 교단개창 사명-낙종물 사명의 출발점을 잃어버렸으니 종통의 출발점을 잃어버리게 된 것입니다.

반쪽 진리로 출발된 교리의 한계가 단체를 만들 때부터 <전경典經> 속에 내재되어 있다 보니 정음정양의 곤존 태모 고 수부님 자리의 공백 위에 보천교 일개 신도였던 조 철제를 음양합덕 상제인 지존 상제라 하여 억지춘향으로 끼워 넣게 되었고 이런 논리가 이어지다 보니 일개 신도인 박 한경이 인존상제로 덧붙여지고 박 한경 사후 다시 옥상옥(屋上屋)으로 삼천(三遷)이라는 술어까지 동원하게 된 것입니다.

낙종물 교단개창 사명을 맡은 태모 고 수부님의 존재를 증발 삭제시키다 보니 차 경석 성도의 이종물 사명의 중요성 역시 도외시하지 않을 수 없었고 결과적으로 종통 사명의 마지막 결론이라 할 천지공사의 핵 中 핵인 문왕 도수의 추수사명 역시 허공에 떠 무의미하지 않을 수 없게 된 것입니다.

아무튼 종통문제에 있어 낙종물 사명-이종물 사명-추수사명(3변성도)이 모두 실종된 이러한 상황에서 대순진리회에서는 증산 상제님 이외에 조정산과 박우당의 신위를 함께 모시고 있으나 사실상 이는 모두 상제님 어천 이후 도안(都安) 추수세 살림의 정체가 밝혀지지 않았던 과거 증산 상제님 기유년(도기 39, 1909) 어천 이후 동지한식백오제(105년) 기간 동안 상제님 교단을 이끌어야 했던 나름대로의 고육지책(苦肉之策)으로 벌인 일이었음을 새삼 깨달아야 합니다.

더불어 동시에 건존 천주 하느님이신 증산 상제님 9년 천지공사 말씀과 곤존 태모 고 수부님 10년 신정공사에 있지도 않은 말씀으로 지은 말은 부서질 때 여지없이 부서진다 하신 말씀의 진의를 곱씹어 보아야 할 때입니다. 종통이 애초부터 어긋나 있기 때문에 '태극도'와 '대순진리회'에서는 그동안 다음과 같이 상제님 진리의 최종결론인 의통(醫統)의 실체마저 완전히 부정할 수밖에 없었던 것입니다. 조철제가 일찍이 해인을 찾기 위해 해인사까지 가서 7일간 머물며 결국 못 찾자 해인은 어떤 물체가 아니라 속단하고 해인은 무형으로 먼 데 있지 않고 자기 장중(掌中)에 있다고 선언한 것입니다.

<선도신정경(仙道神政經)>*어느날 고후비님이 도인들에게 가라사대 "지금의 현상으로 볼 때에 차경석이나 조철제나 각 교파의 건축물과 그에 따른 시설이 장엄화려하여 너희들은 마음속으로 무척 부러워하니라. 그러나 이러한 일들은 모두 허망한 꼴이 될 것이요, 오히려 세상을 속이는 사기에 불과하노라." 또 가라사대 "두고 보라, 이 다음에 필연코 초막 속에서 성인이 나올 것이니라." 하시더라.

<典經 교운 2장 5절>*증산께서 해인(海印)을 인패(印牌)라고 말씀하셨다고 하여 어떤 물체로 생각함은 그릇된 생각이니라. 해인은 먼 데 있지 않고 자기 장중(掌中)에 있느니라. 우주 삼라만상의 모든 이치의 근원이 바다에 있으므로 해인이요, 해도진인(海嶋眞人)이란 말이 있느니라"

<太極眞經 7장 85절>*또 하교(下敎)하시기를 『증산성사께서 해인(海印)이나 의통(醫統)을 말씀 하셨다 하여 이를 어떤 물체(物體)로 아는 것은 그릇된 생각이니라. 이는 먼데 있지 않으니 해인(海印)은 海人(해인)이며 태극(太極)의 원리(原理)로서 모두 자기 심중(心中)에 있음을 알지니라. 우주(宇宙) 삼라만상(森羅萬象)의 모든 이치(理致)와 기운(氣運)의 근원(根源)이 물에 있고, 물은 바다에 연원(淵源)하므로 해인(海印)이니 해도진인(海島眞人)이니 하는 말이 연유(緣由)되느니라. 그러나 바다에 괴어 있는 물보다 우주에 떠 있는 물이 더 많고, 그 물은 전부(全部) 전기(電氣)로 되어 있으므로 수지성(水之性)은 윤하(潤下)로되 물이 도리어 상승(上昇)하여 비도 되고 이슬도 되어 우로지택(雨露之澤)이 생기고 만물(萬物)이 그 수기(水氣)를 흡수(吸收)하여 생장(生長)하게 되느니라. 증산께서는 이 뇌전(雷電)의 조화(造化)를 주재(主宰)하시므로 뇌성보화천존(雷聲普化天尊)이시니라. 바닷물의 출입(出入)하는 이치(理致)만 알아도 천지(天地)의 이치(理致)를 추리(推理)할 수 있다 함도 이러한 연고(緣故)니라.』

<보천교普天敎 교전敎典>*이렇게 모든병病을 두어시간씩時間式 번갈아 알흐시되 매양 한가지증숭症祟을 알흐신 후後에는 문득 일어앉으사 약藥을 알았다 하시고 거울을 들어 얼굴을 이윽히 보시면 그수척瘦瘠하고 열기熱氣가 떠올랐든 기상氣像이 씻은듯이 곧 원기元氣를 회복恢復하시니 그증수症祟는 대략大略 운기運氣 상한傷寒 황달黃疸 내종內腫 호열자虎列剌등속等屬이러라 다시 가라사되 세상世上에있는 모든병病을 다 대속代贖하였으나 오직 괴병怪病은 그대로 남겨두고 너희들에게 의통醫統을 전傳하리라 하시니라

<동곡비서>*“선천에는 위무(威武)로써 승부를 삼아 부귀와 영화를 이 길에서 구하

였나니, 이것이 상극의 유전이라. 아무리 좋은 그릇이라도 쓸 곳이 없으면 버리는 법이요, 아무리 궂은 것이라도 쓸 곳이 있으면 이롭게 쓰게 되나니, 그러므로 의통을 알아두라. 전쟁은 서양에서 온 무기가 종국을 끝내리라. 그러므로 모든 위무와 병법을 멀리하고, 비록 보잘 것 없더라도 의통(醫統)을 알아두라. 의통을 알기 어렵느니라. 의통을 옳게 알아두었다가 인명을 많이 살리면 복 줄이 차차 따라들어 영원한 복을 얻으리라."

<동곡비서>*이날 밤에 박공우를 부르사 침실에서 함께 주무실 새, 심야에 공우보고 "너의 입술에 곤륜산을 달아라. 무진년 동지에 기두하여 묻는 자가 있거든 의통인패(醫統印牌) 한벌을 전하라. 좋고 나머지는 너희들의 차지가 되리라." 하시니라.*<동곡비서>

<보천교普天教 교전教典>*이날밤에 공우公又를 침실寢室로 불러들여 일러가라사되 네입술에 곤윤산崑崙山을 달라 무진동지戊辰冬至에 기두起頭하며 뭇는자者가 있으리니 의통인쾌醫統印牌 한 벌을 전傳하라 좋고 남어지가 너희들의 차지가 되리라

<선도신정경(仙道神政經)>*이때에 차경석(車京石)의 생각(生覺)에 박공우(朴公又)만 불러들이심이 이상(異常)하여 조용히 마루끝 뜰아래에서 엿들으나 방(房)안에서 아무 말씀이 없으심으로 돌아가니라 상제(上帝) 가라사대 밖에 비밀(秘密)을 탐(探)하는 자(者)가 있었느니라 하시고 이어서 가라사대 네 입술에 곤륜산(崑崙山)을 달아라 무진동지(戊辰冬至)에 기두(起頭)하여 묻는 자(者)가 있으리니 의통인패(醫統印牌) 한 벌을 만들어 전(傳)하도록 하라 하시며 그 제작(製作)하는 법(法)을 낱낱이 이르시고 또 가라사대 좋고 나머지가 네 차지가 되리라 하시니라

<대개벽경(大開闢經)>*말씀하시되, "공우야, 도목 두 조각에 태극을 새기되, 일 태극의 중앙에 음각으로 *자, *자를 새기고 일 태극의 중앙에 양각으로 *자, *자를 새기라. 도목 한 조각에 ***를 새기고, 도목 한 조각에 ****를 새기라. 백노지는 내가 온 뒤 나왔느니라. 양지를 횡으로 2촌, 종으로 5촌 잘라서 경면으로 *측위에 내 이름이 새겨진 **을 날인하고 *측위에 시헌이라 새겨진 **을 날인하고 다음 중앙 아래에 ***를 날인하고 태을주의 중앙 *편에 ****를 날인하라. 이것이 의통 인패가 되나니, 푸른 비단 주머니에 넣어 청홍 두 줄의 주머니 끈으로 허리띠에 매면, 괴질의 소굴에 들어가더라도 괴질이 감히 범하지 못하노라. 인암이 고해 여쭈기를, "성도 무식하와 태극을 알지 못하나이다." 말씀하시되, "전주의 둥근 부채그림이 곧 태극이노라."

-曰 公又 桃木二片 刻太極 一太極之中央 陰刻一字淳字 一太極之中央 陽刻時字憲字 桃木一片 刻太乙呪 桃木一片 刻神將公又 白鷺紙 我來 出 洋紙 折紙橫 寸縱 寸 以鏡明 右上 捺之我名太極 左上 捺之時憲太極 次下中央 捺之太乙呪 太乙呪之中央左下捺之神將公又 此爲醫統印牌 入青錦囊 以青紅二囊纓 繫腰帶 入怪疾之巢窟 病不敢犯 仁菴 告曰 弟子 無識 不知太極 曰 全州圓扇之畵 卽太極-

<대순전경 3판>*이날 밤에 공우를 침실로 불러들여 일러 가라사대, 네 입술에 곤륜산을 달라. 무진(戊辰) 동지(冬至)에 기두(起頭)하며 묻는 자가 있으리니, 의통인패(醫統印牌) 한 벌을 전하라. 좋고 나머지가 너희들의 차지가 되리라.

<증산교사(甑山教史)>*기유년 유월 스무 사흗날 형렬과 경석에게 업혀서 형렬의 집에 대여섯 번 왕복하신 뒤에 경석을 명하사 명정(名旌)을 써서 불사르게 하시고 이날 밤에 박 공우(朴公又)에게 의통인패(醫統印牌)를 부탁하셨다.

<나의 세상 龍華仙境이 오면>*유월六月 이십삼일二十三日 밤에 상제上帝께서 모든 제자들을 밖으로 내 보내시고 공우公又를 불러 가라사대 공우公又야 앞으로 오는 세상에는 병겁病劫이 온 세계를 덮쳐 오면 너는 어떻게 목숨을 구해낼 생각인가. 공우公又 가로대 선생先生님께서 가르쳐 주지 않사오면 무슨 힘으로 감당 하리이까? 가라사대 양지洋紙를 끊대 길이는 길게 넓이는 좁게 잘라서 복숭아 나무에 태을주太乙呪를 새겨서 경명주사鏡明朱砂가루를 발라 찍어서, 도문道門에 입교入敎하는 사람에게 주라. 그리하면 병病이 몸에 침범하지 못하나니, 이것을 록표祿表로 삼느니라. 이때 경석京石이 방밖에서 두분의 말을 엿듣고 있다가 오래 있으면 들킬까 하여 물러가니 공우公又는 눈치채지 못하더라.

<증산교사(甑山教史)>*개교식을 마친 사흘 후에 박 공우가 다시 와서 상호를 방문하고 일러 가로대 『동짓날에는 너무 복잡하여 말할 틈을 찾지 못하였으므로 이제 다시 내방하였노라 지난 기유년(道紀 39, 1909) 유월 스무 사흗날 밤에 천사(天師)께서 나를 불러들이심으로 내가 방안에 들어가서 천사(天師)를 모시고 가더니 밤이 깊은 뒤에 천사(天師)께서 나를 불르사 의통 인패(醫統印牌)의 만드는 법과 쓰는 법을 자세히 가르치시고 입술에 곤륜산을 달라 하시며 또 앞으로 돌아오는 무진년(道紀 58, 1928) 동짓날 용화동(龍華洞)에서 기두(起頭)하는 사람이 있을 터이니 너는 그 때에 인패(印牌) 두 벌을 만들어서 한 벌은 네가 지녀두라 좋고 남어지가 너의들 차지가 되리라 하셨는데

<대개벽경(大開闢經)>*(조성옥황상제로 참칭한 조철제에 대한 경고)하루는 대흥리에서 다수의 양지조각에 각기 옥황상제라 쓰시고 뒷간에 가시어 후지(后紙)로 쓰시니라. 성도 물어 여쭈기를, "지금에 옥황상제라 쓰시어 후지(后紙)로 쓰시니 어찌된 연고이나이까." 말씀하시되, "천하에 어느 누가 감히 이같이 하리오. 천지만신이 목을 자르고 몸을 찢어발기노라. 이 뒤에 하늘을 거스르고(패천) 도를 어지럽히는(패도) 자가 있어, 혹 패가망신하고 세상을 그르쳐 백성을 상하게 할까 두려워, 정녕 경계함을 보인 것이나니 내가 고심함이 이와 같노라."

-一日 在大興 洋紙數片 各書 玉皇上帝 如厠 用后紙 弟子 問曰 今 書玉皇上帝 用后紙 何以乎 曰 天下誰人 何敢如此 天地万神 斷頭裂身 從后 有悖天悖道者 恐或敗家亡身 誤世傷民 丁寧示戒 我用苦心 如此-

<참고자료>*조철제, 박한경의 이력조감

박한경(1917~1996)

원명 경호景浩, 한경漢慶으로 개명, 호는 우당牛堂

1946년	조철제의 무극대도에 입교
1958년	조철제가 교단 본부를 부산 감천동으로 옮겨 '태극도'를 창교할 때 동참
1958년	조철제의 사망으로 도전(都典) 자리를 놓고 내분 발생
1968년	태극도가 구파(조철제의 3남 조영래), 신파로 분열되어 신파인 박한경은 서울로 도주
1969년	태극도진리회 세움
1972년	대순진리회로 개명

◎ 1895년(乙未, 을미년)
조철제가 살인 강도골로 알려진 도둑골을 옆에 낀 경남 함안군 칠서면 회문리에서 출생.

◎ 1909년(己酉, 기유년)
이해 부친을 따라 전 가족이 만주로 이주. 훗날 조 철제는 만주로 가던 그날 신의주로 가는 열차 안에 앉아 있는데 홀연히 증산 상제님이 자신에게 나타나 정산이라는 호를 주고 시루와 솥의 일체 논리를 따라 종통을 계승하라는 계시를 내렸다고 주장함.(실상은 만주 유하현에서 이 치복 성도 계열의 김 혁에게서 태을주가 적힌 주문지를 받은 것이 인연이 되어 후일 전라도로 들어가 이 치복 성도를 만나 상제님 식솔을 만나 혈연관계를 맺어 천하사를 하겠다는 욕심을 갖게 됨)

◎1917년(丁巳, 정사년)
이 해 1월 1일 새벽에 증산 상제님께서 나타나 시천주와 태을주 주문을 내리는 계시를 받았으며 다시 윤(閏) 2월 7일에 증산 상제님께서 나타나 운장주와 오주 칠성주

등의 주문을 내리는 계시가 있었다고 주장함. 그리고 다시 4월 28일 증산 상제님께서 나타나시어 고국에 돌아가라는 계시를 받았다고 주장함. 이해 조 철제는 만주 생활을 정리하고 귀국하였음. 귀국 후에도 더 많은 계시를 받았다고 주장하고 있음. 태극도의 『진경』을 보면 수많은 계시가 등장함.

◎1918년(戊午, 무오년)
조철제가 자칭 옥황상제로 둔갑하게 되는 첫 번째 사건 발생. 함께 수도하던 박 봉운이라는 자가 수도 도중 하늘에 계신 옥황상제를 뵈었는데 그 얼굴이 조철제의 얼굴과 같다고 하며 일행에게 4배를 올리자고 말하자 조철제는 절을 받으며 이는 오직 천기(天機, 하늘의 비밀)라고 하였음.

◎1919년(己未, 기미년)
종통을 합리화하기 위하여 사람을 시켜 보천교 본부에 보관되어 있던 약장과 궤를 강탈해 오다가 사람들이 뒤쫓아오므로 약장은 무거워 버려 두고 궤만 가지고 도망함.
◎1921년(辛酉, 신유년)
이해 2월 상제님의 초빈을 헤치고 성굴을 도굴하는 대패악을 감행함. 도굴한 성골을 통사동 이씨 재실에 모시고 자신은 상제님의 의자(義子)로 종통을 이어받았다고 주장하며 자신을 따르는 교인들에게 복을 받으려면 상제님 성골 앞에 성금을 헌납하라 하며 금전을 갈취함. 또 상제님의 뼈에 살이 붙어 나와 재생신함으로써 증산 상제님이 다시 출세하시는데 보천교가 무슨 소용이 있느냐며 허언을 유포하였음. 그러나 1차로 기한한 날짜에 '상제님 유골이 살아난다'는 일이 허사로 돌아가자 다시 날짜를 상제님 성탄일인 9월 19일로 연기하였고 이 또한 무산됨. 하지만 이 때 많은 돈을 모았으며 2년 전에 훔쳐온 궤와 성골을 숨기고 교단창립을 계획하였음. 인류 역사상 신앙대상인 절대자 천주님의 성골을 도굴한 초유의 사건이었으며 "배은망덕"의 끝을 보는 사건이었다.

◎1925년(乙丑, 을축년)
구태인 도창현에서 무극도를 조직하였음.

◎1936년(丙子, 병자년)
일제의 종교 탄압령으로 해체.

◎1945년(乙酉, 을유년)
해방과 더불어 종교 활동 개시.

◎1946년(丙戌, 병술년)
1917(丁巳, 정사)년에 출생한 박한경이 안 상익의 인도로 조 철제 교단에 가입함.

◎1948년(戊子, 무자년)

교명을 '태극도'로 바꿈. 이후 부산 보수동에서 감천동으로 이주하면서 신앙촌을 형성하였고 6·25 한국동란을 계기로 어수선한 시운을 타고 시한부 종말론과 부산이 구원의 땅이라는 말을 퍼뜨리며 세력을 신장함. 태극도의 여러 방면 중에서 박 한경의 충주방면이 단연 두각을 나타내기 시작함.

◎1955년(乙未, 을미년)
조철제가 자칭 옥황상제로 둔갑하는 두 번째 사건이 발생. 한 신도가 조 철제가 천상에서 면류관을 쓰고 곤룡포를 입고 용상에 앉아 있는 꿈을 꾼 뒤로 조 철제를 지존의 위격으로 받들기 시작.

◎1957년(丁酉, 정유년)
조 철제 드디어 평생소원이던 옥황상제가 됨. 스스로 옥황상제의 위패를 떼고 자신의 사진을 붙임으로써 옥황상제임을 말함. 이후부터 조 철제를 조성옥황상제로 받듦.

◎1958년(戊戌, 무술년)
조 철제 사망. 태극도내에 가장 큰 세력을 형성하고 있던 박 한경이 교권을 장악함. 그러나 박 한경의 교권계승을 승복하지 않는 반대파와의 내분이 시작됨 = 신 구파의 대립.

◎1961년(辛丑, 신축년)
5·16 군사혁명을 계기로 태극도촌의 비리에 대한 혁명정부의 수사시작. 박 한경을 비롯한 28명이 전원 수감되었으나 막대한 양의 금품을 동원하여 관리를 매수함으로써 12월에 들어 흐지부지 되며 풀려남.

◎1965년(乙巳, 을사년)
부정리(夫丁里)를 부정리(扶鼎里)로 조작하고 시루와 솥의 비유에 따른 거짓 종통을 주장하는 『선도진경』이 박 한경 책임 아래에 발간됨. 교묘한 지명 조작을 통하여 종통성 확보 훗날 고증을 통해 모든 비리가 드러남(비디오 테잎배포)

◎1968년(戊申, 무신년)
태극도내의 내분이 신파와 구파로 나뉘어 격화되자 박 한경은 잠적함. 구파(지금이 태극도)는 잠시 조철제의 3남 조 영래(趙永來)가 이끌다가 후일 다른 사람을 내세우며 오늘까지 명맥을 유지하고 있음

◎1969년(己酉, 기유년)
신파인 박 한경은 서울에 올라와 중곡동에다 태극진리회를 창립, 후에 대순진리회로 개칭하였는데 이로부터 도통 공부가 헛된 것으로 끝나고 마는 27년 헛도수가 열리기 시작함.

◎1974년(甲寅, 갑인년)
『대순전경』과 『선도진경』에서 태모 고 수부님의 종통계승을 나타내는 성구를 삭제하고 대신 조 철제를 종통계승자로 내세워 그의 생애를 성구화하여 『전경』을 발간함. 그 주모자가 바로 서울대학교 종교학과 교수를 역임한 장 병길. 장 병길은 대순으로부터 고액의 댓가를 받으며 서울대 출판부를 발행처로 『전경』을 발간함. 통일교의 세계평화교수협의회 회장인 장 병림 전 서울대 범죄심리학과 교수가 친형임.

주문왕周文王 영대靈臺

증산 상제님 기유년(1909) 어천이후 105년간의 동지한식백오제(冬至寒食百五除) 세월동안 진법의 전 면모는 절대로 밝혀지지 않게 봉인되어 있었습니다. 상제님은 105년의 백오제 기간 동안 전체 퍼즐을 감추어 놓은 대신 가혹했던 일제하에 숙구지 문왕 도수의 씨(仁)만 잘 보존시켜 해방이후 발아해 나아가게 도수(度數:입력된 프로)로 예정시켜 두셨습니다.

주(周)나라 개창의 주인공은 무왕이나 주공 단이 아니라 사실상 온갖 역경만첩의 고난 속에서 그 터를 닦은 문왕이며, 수지지어사마소(誰知止於司馬昭)의 주인공 역시 사마사(司馬師)나 사마소(司馬昭)가 주인공이 아닌 온갖 역경 속에서 사마씨(司馬氏) 가문의 터를 닦은 사마중달(司馬仲達:司馬懿)이 주인공입니다.

상제님과 태모 고 수부님의 천지공사의 핵심적인 주인공은 이같이 바로 가장 어려웠던 일제시대 이종물 사명 시절부터 씨앗(仁)으로 보존되어 열풍뇌우불미(熱風雷雨不迷)의 역경 속에서 도안(都安) 세 살림을 일으킨 후진주(後眞主) 문왕 도수(文王度數) 책임자입니다.

상제님 진리의 종통(宗統)은 경만장 안 내성(安乃成) 성도의 운암강수 만경래 도안(都安) 세 살림을 활짝 연 문왕 도수 책임자 후진주(後眞主)에 있으며 12,000 도통군자를 배출하는 도통(道通)줄은 말할 것 없이 도안(都安) 세 살림 종통(宗統)에 들어있습니다. 문왕 도수의 세 살림 운명길이 주자의 무이 구곡처럼 워낙 변화무쌍의 파란만장, 역경만첩의 험난한 길이기에 상제님은 이러한 도수를 태워주신 문 공신 성도에게 문왕의 도수와 자기혁명의 이윤의 도수를 받으려면 무척 힘들리라 하셨습니다.

<대법천사님 유서 김형렬 김자현 가 보존서>*또 선생님(先生任)이 가라사대 우리 도(道)를 신앙(信仰)하기가 무이구곡시(武夷九曲詩)같다 하시니라 선생님(先生任) 생존시(生存時)에 현무경(玄武經)을 내어주시며 이 책(冊)이 세상(世上)에 나타나니 그 날로 용화세계운(龍華世界運)이 드느니라 그런고(故)로 책(冊)이름이 현무(玄武)요 책(冊)을 둔 곳에는 천복성(天福星)이 조림(照臨) 하느니라 하시다

본 서문(序文)에는 통합경전 출간의 의의와 목적이 담겨있으면서도 동시에 모든 범 증산계 형제교단에서 신앙하는 모든 분들로 하여금 방대한 경전내용의 이해를 돕기 위한 길라잡이-매뉴얼 성격이 동시에 담겨 있습니다. 따라서 건존 증산 상제님, 곤존 태모 고 수부님 호칭은 각 형제 교단 간 서로 다를 수 있어 이질감이 있을 수 있지만 본 <통합경전>에는 기존의 모든 경전의 내용을 있는 그대로 출처를 명확히 밝혀 첨삭없이 수록하였으므로 이질적일 수 있는 호칭 문제는 바로 익숙해지리라 생각합니다.

건존 증산 상제, 곤존 고 씨라는 칭호는 태모 고 수부님의 수석 성도이신 고 민환(高旻煥)성도의 <선정원경(仙政圓經)>에 의한 것입니다. 곤존 태모 고 수부님의 선도교(仙道敎) 낙종물 세 살림 교단개창(1911) 당시의 초기 신도들은 증산 상제님을 건존 증산상제(乾尊 甑山上帝), 법륜당 태모 고 수부님을 곤존 고씨(坤尊高氏)라고 호칭하며 신앙했습니다. 이후 일부 교단에서는 증산 상제님을 아버지, 태모 고 수부님을 어머니라 부르며 신앙하기도 했습니다.

또 어떤 교단에서는 천후(天后)님, 후비(后妃)님, 지고후비폐하(地高后妃陛下) 등으로 존칭하기도 했습니다. 이후 교단에서 봉도식(奉道式) 치성 때 사용한 위패에는 증산 상제님을 만법화권강성상제(萬法化權姜聖上帝), 태모 고 수부님을 존성대법고성후비(尊聖大法高聖后妃)라 써서 모시기도 했습니다.

그러나 현재 일부 형제교단 중에는 태극도, 대순진리회 및 대진성주회 등 곤존 태모 고 수부님의 세 살림 낙종물 사명을 인정하지 않아 아예 신앙하지 않는 곳도 적지 않게 있습니다. 물론 진법이 어두운 구름 속에 가려있어 동지한식백오제(冬至寒食百五除)의 105년이 지나야(2013, 2014, 2015 사오미 개명도수) 흑운명월도수로 개명(開明)되는 이치가 가장 큰 이유였지만 현실적으로 태모님 신앙 배제 내지 배척의 뿌리는 보천교 시절 차 경석 교주를 한시바삐 옹립했다 내치고 보천교의 종권을 빨리 쥐기 위해 곤존 태모 고 수부님 배척운동까지 공개적으로 벌인 <증산천사공사기>와 <대순전경(大巡典經)>을 편찬한 청음 이 상호, 남주 이 성영(정립) 형제에게서 비롯된 것입니다.

보천교 시절로부터 동화교 합동교단에 이르기까지 태모 고 수부님을 공개적으로 배척하고 핍박한 이러한 전통은 그들 청음, 남주의 종통(宗統)을 이었다고 주장하는 안 운산 성도사님 연원계열 출신인 범초(凡草) 홍 성렬(洪性烈)에게까지 미치어 후일 오성산 신도들을 초청한 <증산교 대법사>의 용화동 통천궁 치성절에 홍 범초는 곤존 태모 고 수부님 어진(御眞)을 무력으로 떼어내 공개적으로 전신도 앞에서 짓밟아 모든 사람이 분노하는 소동까지 벌이기도 한 것입니다. 곤존 태모 고 수부님을 배척하고 핍박한 이 상호·이 정립 형제는 경전편찬의 공덕과는 별개로 객관적으로는 상제님, 태모 고수님에 대한 신앙정립이 크게 잘못된 사람들이었습니다.

남주 이 정립은 자신의 <증산교사>에서 우주의 유일주재자 신은 없으며 지방신들 만 있어 신계가 통일되어있지 않다고 주장합니다. 그러나 당시 무라야마지준(村

山智順)과 차 월곡(경석) 교주와의 대담을 보면 증산상제님이 옥황상제님이라고 분명하게 대담(對談)하고 있음을 봅니다. 그렇다면 이 상호, 이 정립은 이 사실을 차경석 교주로부터 들어서 익히 알고 있었을 것임에도 불구하고 그들이 편찬한 경전에는 상제(上帝)라는 칭호가 아닌 천사(天師)라는 칭호로 유일주재자이신 증산 상제님의 절대자 신격(神格)을 부정하고 있습니다. 오두미도를 창교한 장도릉(張道陵, 34-156년)이 오두미도의 제 1대 천사(天師)입니다.

이런 토대위에 그들을 보면 그저 자신들이 추수사명을 맡은 해도진인(海島眞人)이라는 다소 무모하고도 섣부른 욕심만 앞섰을 뿐이지 정작 자신들 신앙의 귀향처인 지존지위(至尊之位)이시자 미륵존불이시며 천주하느님이신 상제님의 절대자 신권은 물론 태모 고 수부님의 신위와 신성권에 대해 여성 하느님이신 곤존 하느님으로 인식할 리는 애초에 없었습니다.

<보천교 교전(普天敎 敎典)>*촌산 왈(村山曰) 옥황상제(玉皇上帝)와 강증산(姜甑山)과 좌차(座次)의 관계(關係)가 엇떠함니가. 교주 왈(敎主曰) 그 자리가 즉(卽) 상제(上帝)입니다 촌산왈(村山曰) 증산 선생(甑山先生)의 인간(人間)에 생(生)하심이 즉(卽) 옥황상제(玉皇上帝)가 화현(化現)하심이심닛가. 교주 왈(敎主曰) 그렀읍니다. 생존 시(生存時)에 내가 옥황상제(玉皇上帝)라는 말삼도 유(有)하였습니다. 촌산 왈(村山曰) 교도(敎徒)가 독실(篤實)하게 교(敎)를 신(信)하면 상제(上帝)와 동양(同樣)으로 됨니가. 교주 왈(敎主曰) 태을주(太乙呪)를 송독(誦讀)하야 개안(開眼)이 되면 옥황상제(玉皇上帝)를 승안(承顔)하야 육체(肉体)는 차지(此地)에 재(在)하여도 신(神)은 옥경(玉京)에 가서 문답(問答)하는 법(法)이 유(有)합니다.

<보천교 교전>에도 상제님에 대한 칭호가 대순전경과 같이 동일하게 천사로 나옵니다. 그러나 이 경우는 이 상호·이 정립의 경우와는 다른 것이 <보천교 교전>은 차 월곡 교주 선화 후 진리 정립이 안 된 보천교 신도가 편집한 것으로 차 경석 성도는 분명히 절대자 상제님의 신위(神位)이심과 절대자 조화주라는 신격(神格)과 신위(神位)를 명확히 밝힌 바 있습니다.

본 <통합경전>에 번역 수록된 <보천교 연혁사>와 이 정립의 <증산교사>에 의하면 당초 이 상호·이 정립 형제가 『증산천사공사기』를 편찬하고 『대순전경』 초판을 편찬하게 된 것은 차월곡(경석) 교주 아래에서 <보천교(普天敎)>의 교경편

찬위원이 되면서부터입니다.

당시 보천교 교경편찬위에는 이 상호·이 정립 형제가 보천교에 입문하기 이전인 1910년에 이미 이 양섭이라는 분에 의해 작성된 증산 상제님 9년 천지공사 육필원본 초안草案이 있었고 이 초안은 이 정립의 손에 들어가 이 상호에게 넘겨져 후일 <대순전경>으로 자리 잡은 것으로 보입니다. 충북 충주시 신니면 선당리 400번지에 있는 고불선원古佛禪院에는 국내 유일본인 <육필 대순전경>이 소장되어있는데 고불선원에서는 <육필 대순전경>에 대해 다음과 같이 설명하고 있습니다.

<고불선원 육필대순전경 설명>★육필 '대순전경'은 총 13장 489절 252면으로 이루어 졌는데, 이 상호의 서(序), 이 정립의 체(替), 보주(補註), 목차, 본문, 그리고 책 말미에는 잡가 등 6편 12면, 증산 대 선생 략사(畧史)문답 4면으로 이루어져 있다. 겉표지에는 단기 4282년(1949년) 7월로 표기되어 있고, 경의 끝부분에는 단기4281년 무자년(1948년) 5월 중순에 시작하여 6월20일 완기 한 것으로 표기되어 있다. 그리고 바로 옆을 보면 강 증산 선생께서 선화한 1년 후인 1910년 7월26일 전라남도 장성에 거주하는 '이 양섭'이 완필한 것으로 기록되어 있다.

고불선원 국내유일본 1910년 7월26일 전남 장성인 이양섭 완필본

육필본 경이 끝난 부분에서 부터 '처세가' '서전서문' '지지가' '궁을가' '상세가' '증산대선생략사문답' '제세신약가'등이 차례로 담겨져 있는데 이 중 강증산에게 사상적 영향을 준 '정역(正易)'을 저술한 '김일부'가 쓴 '궁월가' 는 기존 궁월가와 내용이 상이하다. 또 '증산대선생략사문답'은 강증산이 태어난 시기부터 그의 사상까지 문답 형식으로 적혀있어 귀중한 자료가 될 것으로 보인다. 인쇄본 대순전경에는 이런 내용들이 없다. 그리고 초판 인쇄본에는 이정립이 쓴 '찬(贊)'이 육필본에서는 '찬(贊)'이 아니고 '체(대체 할替)'로 되어 있고 글쓴이도 이정립(李正立)이 아닌 그의 본명 이성영(李成英)으로 표기되어 있다. 육필'대순전경'의 끝 부분, 책이 완성된 날짜를 기록한 곳에는 누가 훼손시킨 것인지 모르는 '千九百 十年' 의 각 앞부분에 '一 '자와 '五'자를 넣어 '서기 일천구백 오십. . .' 이라는 낙서를 한 흔적이 있다.

이런 정황으로 볼 때 육필 '대순전경'은 1910년에 육필로 쓰여졌고, 1948년 통정원의 전경으로 쓰기 위해 1929년 초판 당시의 서(序) 부분과 찬(贊)부분을 넣어 책의 모양을 갖춰 완성 시켜 준비하였으며, 1949년에 표지를 입힌 것으로 보여진다. 한편 이상호는 전국을 다니며 강증산의 제자 및 지인들로부터 얻은 강증산에 대한 모든 정보를 노트에 기록하였는데 그 수집본(노트)은 세상에 내 놓지 않았다고 한다. 이상호는 수집본을 항상 그의 방 머리맡에 있는 나무 궤에 보관하면서 필요한 시기에 해당되는 부분만을 소수의 신도들에게 공개하였다고 한다.

이상호가 죽기 전날 밤 그가 거주하는 방에 불을 너무 많이 지펴 수집본을 보관하고 있던 나무 궤 밑에 불이 나 그 궤와 함께 수집본은 모두 타버렸고 그 궤 위에 있던 한 권의 책은 가까스로 건졌다고 한다. 위에서 살펴 본 바와 같이 1929년 인쇄된 초판 대순전경에 없는 부분들이 기록되어 있는 육필 '대순전경'은 이상호의 지시로 이정립 및 소수의 교인들이 참여 하여 만든 것으로 추정되며 '육필본' 으로는 유일하게 존재하는 한 권이다. '증산교단 통정원'은 증산교단임을 선언하고 교의체계, 신앙체계, 증산규약을 채택하기 위해 기존에 완성되어 있던 육필 '대순전경'에 표지를 입혀 1945년 8. 15 해방이후 유동열 통정원 통교'증산교단 통정원'의 단체신앙체계 경전으로 삼았다. 현재 국사편찬위원회에서 '육필 대순전경'을 연구 중에 있다. [출처] 육필 대순전경과 서간체형식의 비록32장, 천심경 소장/작성자 석암

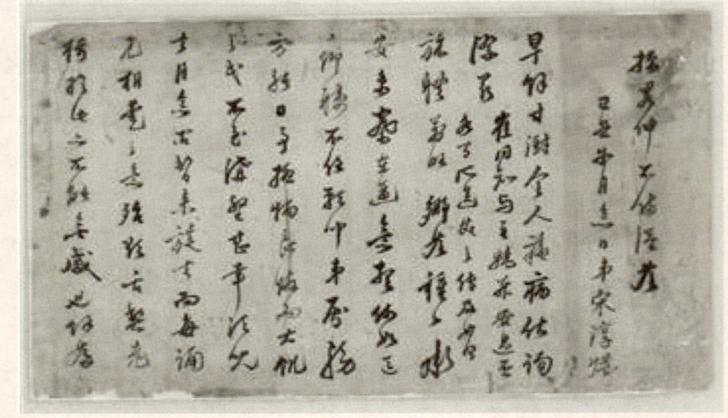

<육필 '대순전경'과 함께 보관된 서간체 형식의 비록(祕錄) 32장과 세상에 알려지지 않은 상제님 말씀으로 추정되는 천심경 1장>

<증산 상제님 천심경(天心經) : 대순전경 육필원본>★無極有極에 惟精惟一하사 天動以後에 地靜하고 地靜以後에 人生하고 人生以後에 心正하니 天爲日月星辰之君이요 地爲利慾十二之君이라. 君者는 皇也요 心者는 天也니 半畝方塘에 天君이 座定하시고 一寸丹田에 地君이 座定하니 方塘丹田之間에 日月星辰이 四會라. 四會之間에 惟人이 最貴하고 萬物之中에 惟人이 最靈하니 邪不犯正하고 天不勝德이라. 天奪邪氣하니 邪氣自滅하니라. 誦伏羲之先天하며 誦文王之後天하며 法周公之正心하며 法孔子之仁心하나 天皇이 始傳之地皇하고 地皇이 次傳之人皇하고 人皇又傳之文武周公孔子七十二賢하니 諸惡鬼는 速去千里唵唵吸吸 如律令娑婆阿

차 교주로부터 <보천교(普天敎)> 경전편찬을 위한 명분으로 증산 상제님 진리를

체계화해 듣고 자료 수집을 할 만큼 했다고 느낀 이 상호는 일제를 등에 업고 당대 메이저 3대 일간지중의 하나였던 유명한 시대일보 사건을 일으키고, 차 경석 교주 축출을 통해 종권을 장악하기 위해 강력한 <보천교(普天敎)> 혁신운동을 일으킵니다.

그러나 일제 탄압을 누그러뜨리려 차 경석 교주가 <시국대동단>이라는 사회단체를 만들어 예봉을 피하자 청음·남주 형제는 혁신운동의 명분이 없어져 실패했음을 느끼고 마침내 보천교 재산인 경성 가회동 진정원, 창신동 진정원 부지, 가옥불법매각 자금을 챙겨 만주로 도주하는 사건을 일으킵니다. 만주에서 전 재산을 흥청망청 탕진하고 만주 봉천 감옥에 갇히는 신세가 된 와중에 경성의 동생 이 순탁이 기왕에 알고 있던 조선 총독부 경무국 간부들을 교섭해 봉천 일본 영사를 통해 감옥에서 빼내 차 교주에게 용서를 구하고 국내에 정착하고자 만주에서 들어왔으나 이들은 오히려 다시 한 번 만주삼림 개척 투자를 빌미로 사기사건을 일으키는 지경에 이릅니다.

<보천교 연혁사(普天敎 沿革史)>*이 상호(李祥昊)의 친동생(實弟)인 순탁≪淳鐸: 보천교 자금으로 교토대 상경대 유학하여 교토의 개신교회에 다니며 독실한 기독교인으로 변신해 언더우드(연희전문 초대 의대 학장)와 함께 연희전문 창립(초대 상대 학장) 해방 후 기획처장 역임. 6.25때 월북 혹 피납≫이 경성에서 그 형이 잡혔다는 말을 듣고 경무 당국에 교섭하야 당국의 소개장을 얻어 만주 일본 영사에게 교섭하고 영사는 지나 관청에 교섭하야 이 상호(李祥昊)를 석방하니 이 상호 형제(이상호,

이성영)는 만주를 벗어나 을축(道紀 55, 1925) 정월에 경성에 도착하야(이 성영은 입지가 없음을 알고 지나로 다시 건너가 1928년에 귀국)

<보천교 연혁사(普天敎 沿革史)>*자신이 앞서 걸은 길을 고려한 즉 보천교에서 고소한 것이 기소중지 중에 있으니 조선 내에서는 활동이 부자유하겠고 외국을 갈라 하니 신변이 위험한지라 몸 하나를 둘 곳이 없어 부득이 보천교에 용서를 얻어 기소문제를 해결한 후에 활로(活路)를 구하겠다는 야심으로 경성부(京城府) 마포에 사는 최 순영(崔淳永)을 설득하야 간선방(幹旋方:주선통로)을 구하였다. 최 순영(崔淳永)은 즉 교주 자부(며느리)의 실제 부친이니 이 상호가 그 관계를 안 까닭이라. 최 순영은 이를 승낙하고 이 상호의 개과(改過) 사죄장을 첨부하야 교주에게 용서하는 방향(방안)의 요구(容赦方要求) 서간(서찰)을 송달하였다.

이 상호·이 정립에게 진리를 전해준 진리의 스승 차 월곡 교주의 입장에서 볼 때 면종복배(面從腹背)를 귀 울리듯 일삼고 배사율(背師律) 범하기를 숨 쉬듯 하는 그들에게 알고 있는 진리를 모두 전해주었을 리 없는 건 오히려 당연합니다. 하지만 얻을 것 다 얻었다 성급히 판단한 그들이 일제를 등에 업고 차 교주 배척운동을 벌이며 보천교 혁신운동을 일으키다 1924년 7월 마침내 보천교로부터 교직(敎職)을 파면당하자 보천교를 뛰쳐나가 김 형렬 성도의 미륵불교에 들어가게 됩니다.

청음은 미륵불교의 경전을 펼 것처럼 태운장 김 형렬 교주를 감언이설로 속여 1925년 9월부터 김 형렬 교주에게 들은 몇몇 공사 내용과 사료만 편취(騙取)하고 차 경석 성도에 이어 김 형렬 성도마저 성급히 배신하고 나갑니다. 그 바람에 결국 이 상호·이 정립 형제는 자료가 아주 빈약한 초기 형태의 <증산천사공사기>와 <대순전경> 초판본만을 펴낼 수밖에 없었습니다. 반대로 월곡(月谷) 차 경석(車京石) 보천교 교주나 김 형렬 미륵불교 교주가 이 상호에게 채 전해주지 못한 진리는 후일 각기 독보적인 내용을 담은 경전으로 새롭게 선을 보이게 됩니다.

차 경석(車京石) 성도의 경우는 보천교시절 일제의 눈을 피해 <이사전서(二師全書)>, <대도지남(大道指南)>의 이름으로 각기 비장서(秘藏書) 형태로 몇 권만 간행되어 고급 간부만 보거나 간부를 통해 일반신도에게 구전심수(口傳心授)하는 경전이 되었다가 후일 다시 <보천교(普天敎) 교전(敎典)>에 통합 수록되어 재 발간됩니다. 따라서 <보천교(普天敎) 교전(敎典)>의 신뢰도와 중요성은 성구의 원전(原

典:Source)이라는 점에서 이를 구두로 전해준 뒤 이 상호에 의해 편찬된 2차 기록경전 <증산천사공사기>, <대순전경 초판> 내용보다 가치 면에서 앞서며 발행연도와 무관하게 <동곡비서(銅谷秘書)>와 함께 중요도 제 1순위일 수밖에 없습니다.

한편 김 형렬(金亨烈) 성도 쪽에서도 상제님이 전하신 <중화경中和經>이 김 형렬 성도의 손에 의해 세상에 전해지고, 이 상호·이 정립 형제에게 채 전해주지 못한 천지공사 내용 등이 후일 김 형렬(金亨烈) 성도 선화등천(仙化登天)이후 아드님 김 찬문, 김 자현 성도 아드님 김 태진에 의해 <동곡비서(성화진경)>로 출간되어 세상에 전해집니다.

태운장 김 형렬 성도는 상제님의 도장(인감)과 그 유서를 모아 김 태진(金泰振)·태준 형제(泰俊兄弟), 곽 봉훈(郭鳳勳)에게 전하고 곽 봉훈은 증산 상제님 유일 혈식 화은당(華恩堂) 강 순임 선사(仙師)에게 전해 <중화경中和經>으로 출간됩니다. 증산법종교(甑山法宗敎)에서 초판으로 펴낸 「중화경中和經」의 원명(原名)은 「중화집中和集」이며 이 효진(李孝鎭)은 「중화경집中和經集」으로 발행한 바 있습니다. 미륵불교를 배신하고 나온 이 상호·이 정립 형제는 상제님이 전하신 「중화경」을 태운장 김 형렬 성도의 개인작품으로 매도해 폄하한 바 있습니다.

<중화경中和經>*三十二歲 壬寅에 銅谷居住 金亨烈이 天師께 執贄奉敎코저 懇願하거늘 가라사대 爲 天下者는 不顧家事이니 나와 너의 兩門이 敗할지라도 이에 合心同力하야 天地公事를 奉行 하겠느냐 하사 亨烈로하여금 承諾을 받고 首弟子의 重約을 매즈신뒤 亨烈家에 寓所를定하사 여러 從徒를다리시고 八年間 天地公事를 行하사 己酉年에 마치시고 化天하실 무렵에 從徒들을 會集하야 가라사대 내가 天地公事를 물샐틈없이 짜놓아서 할 일을 다하였으니 나는 일로부터 깊숙한 곳에 숨으려 하노니 너의들은 내가 없드라도 마음을 부지런히 딱고 나의 生覺을 많이 하여두라 나는 彌勒이니 나를 보고 싶거던 金山 彌勒을 보라 그러나 金山彌勒은 如意珠를 손에들었거니와 나는 입에물었노라 나는 將次 열석자의 몸으로 오리라 하시며 여러 가지의 敎訓을 마치시고 親族과 戚黨을 一 一히 訪問하신 後 己酉六月二十四日 正午에 三十九歲를 一期로 亨烈家에서 化天하시였다. 天師의 春秋는 當 八十五歲이시다. 其後 弟子等이 各히 邪說을 敢行할줄 予知하시고 亨烈로하여금 遺書와 實印을 傳授케하시니 亨烈이 이를詳考하야 適期時하여 無違本處에 信傳할 사람을 擇하여 保管케하야 年月日辰이 遺書와 符合하는날 金泰振 泰俊兄弟 郭鳳勳 三人으로부터 兩次遺書가 本處에 傳授되옴은 實로 奇蹟的인 事實이다.

<보천교(普天敎) 교전(敎典)>*(跋)그러나 敎徒들은 百折不屈의 信仰으로 日政에 對抗하여 宗敎의 自由를 부르짖는 其戰蹟은 本敎沿革史 太半이 日政과의 鬪爭史라 하여도 過言이 아니었다. 그러한 波瀾中에서도 二師傳書 大道指南等 經典을 刊行하였으나 當局의 忌憚都底히 社會에 頒布치 못하고 敎徒의 秘藏書에 不過하였다 天運이 循環하사 解放後 開敎以來로 社會 各界各層에서 더욱이 靑年學徒等이 甑山天師와 月谷聖師의 偉大한 道德을 認識하고 崇拜하는 傾向이 漸漸增加하여 兩師의 文籍을 要求하는 人士들이 多有함으로 日政의 彈壓으로 奏爐를 僅免하고 秘藏遺書인 二師全書 大道指南及各敎徒의 秘藏한 二師의 道理訓話等 遺稿를 綜合修訂하여 本誌를 甑山天師編 月谷聖師編으로 分合一冊하여 敎徒의 貧弱한 財力으로 誠意를 다하여 辦出한 結果僅僅百餘卷만을 社會人士들에게 贈呈하게 되오니 遺憾千萬이오며

남주 이성영(정립)

전남 해남출신으로 해도진인(海島眞人)에의 야망을 가진 청음 이 상호, 남주 이 성영(정립) 형제는 자신들의 욕속부달의 허황된 이기심을 위해 공개적으로 태모 고 수부님을 내치는 작업에 착수해 차 월곡 교주를 내세운 뒤 마지막 추수사명자로 착각한 자신들이 마지막으로 실권을 탈취하려는 계획을 실천에 옮깁니다. 이는 경전편찬을 위한 사료채취 과정에서 월곡 차 경석(본명 보천교 교전 輪洪 ; 대개벽경 輪紅) 보천교 교주로부터 태모님의 낙종물 사명과 차 월곡 교주의 이종물 사명을 확실히 알았기 때문이었습니다.

그리하여 조선 총독부 산하 경성 경무국 경시(警視)로서 친일 정탐조직 동광회(東光會)를 이끄는 김 태식(金泰湜:보천교 연혁사 기록 : 친일청산 명단 본명은 김태석)에게 매수된 바 있고, 또 한편으로는 경기도 경찰부 후지모토(藤本) 고등과장에게 매수된 바 있는 두 형제는 오히려 당시 조선을 식민지로 삼아 자신들을 매수한 무소불위의 힘을 가진 일제를 역이용하여 당시 기독교 인구가 총독부 공식연감 기록상 20만이던 시절 조선총독부 공식연감 600만 신도(일제 조선총독부 백서는 당시 3부 발행했으며 미국 워싱턴 문서보관소 기록과 일치함)의 막강한 인권을 거느린 자신의 스승 차 월곡 교주를 내치고 보천교의 종권을 탈취하려 수없이 시도합니다. 이것이 바로 <보천교 연혁사>에 보이고 있는 이 상호·이 성영(정립) 형제의 차 월곡 성사(聖師)에 대한 배사율(背師律) 즉, 시대일보 사건과 보천교 혁신운동의 실체입니다. 그 요약을 간단히 추리면 다음과 같습니다.

태모 고 수부님이 대흥리 첫째 살림에서 둘째 살림 조종골로 옮기실 때에도 엄청난 분란과 곤경이 가로막혀 있어 첫째 살림의 주도적 조언(수석성도) 역할을 맡았던 '서전서문 만독' 이 치복 성도가 태모님으로부터 사실상 격리되는 결과로 나타났고 둘째 살림 조종골 이후 심각한 재정난에 봉착한 왕심리 살림에서는 태모님을 이용해 정통성을 얻고자 획책하여 차까지 대절하며 찾아다닌 이 상호·이 정립의 끈질긴 구애공세는 왕심리 살림의 임시 재정난 타개라는 명분으로 금구 용화동 동화교 합동 교단이 성사됩니다.

이는 당시 태모님의 조종골 두 번째 살림을 책임지고 있던 고 민환 수석성도가 당시 심각하게 봉착한 재정난을 타개하기 위한 고육책으로 잠시 시간벌기용으로 주청해 태모님의 윤허로 성사된 교단입니다. 그러나 왕심리 교단과 용화동 동화교 합동교단의 결과는 마치 과거 대흥리 교단에서 조종골로 옮기실 때 이 치복 성도를 잃었듯이 이 상호·이 정립의 고 민환 암살시도로 이를 눈치 챈 고 민환 수석성도가 야밤에 금구 용화동을 탈출해 도망치는 사태로 고 민환 성도와 이별하는 것으로 그 막을 열게 됩니다.

이 상호·이 정립은 이미 보천교 혁신운동을 벌이며 조선총독부 인맥을 가까이 한 적이 있고 차 경석 교주의 신변과 보천교 실상과 내막을 조선총독부에 고스란히 노출 신고하는 소위 "보천교 양해사건"을 주도하면서도 조선총독부 인맥과 그 산하 경성 경찰국 김 태식(본명 태석)과 경기도 경찰국 후지모토에 매수된 바 있습니다. 이 상호 인맥인 임 경호·문 정삼은 조선인 종교 밀정인 조선총독부 촉탁 김환과 정무총감 비서 조선인 채 기두 등과 하나가 되어 정보를 나누고 조선총독부 산하 경찰국 인맥과 정보를 공유하면서 일제의 편에서 보천교 혁신운동을 주도하다 해방 전 모두 사망합니다.

청음 이 상호는 일제에 매수된 이후 차 경석 교주를 설득해 경성(서울)에 일제와 소통할 수 있는 보천교의 공식적인 창구 역할을 할 수 있는 사무실을 열게 되는데 이것이 바로 보천교 가회동 진정원과 창신동 진정원입니다. 말로는 조선총독부와 보천교의 소통을 위한 공식적인 보천교 사무실이라 하지만 실상은 경성 경무국, 경기도 경찰국과 결탁한 이 상호 형제의 사적인 연락 사무실에 불과합니다. 그럼에도 불구하고 당시로서는 대단한 규모로 연 이들 진정원을 경성에 두 군데에 열면서 이들 진정원의 명의를 보천교 단체로 등록치 않고 본인 개인이름으로 등록해 버리고 맙니다.

두 형제는 이 사무실을 아지트 삼아 일제와 공모하여 차 교주 배척운동인 보천교 혁신운동을 본격적으로 벌이지만 보천교 최고위직 60인 방주직에서 해임되자 보천교 재산인 경성 가회동 진정원과 창신동 진정원 부지 및 가옥을 불법적으로 팔아 만주로 도망가게 됩니다. 이 상호 형제는 만주로 도망가서 전라도 재벌로 행세하며 만주의 부동산을 사러왔다고 만주 사교계에 휘젓고 다니다 모두 탕진하고 봉천 감옥에 갇히는 신세가 됩니다.

만주 봉천 감옥에 갇힌 동안 동생 이 순탁의 힘을 빌어 다시 돌아온 이후에 차경석 교주에게 간선(주선책)을 넣어 개과천선하고 사과한다는 미명하에 다시 월곡 차 경석 교주를 만나게 되지만 이 상호는 사과는 커녕 오히려 한 술 더 떠 만주개척이라는 명분으로 투자를 유도해 차 교주를 한 번 더 속이고 보천교 재산을 마지막으로 편취(騙取)하려 듭니다.

심지어 사죄를 빌미로 차 교주를 만나던 즈음 이 상호는 본래 폭력배를 고용해 보천교 간부들을 난타해 사경에 빠뜨리게 한 전력도 있는데다가 보천교 재산을 불법 편취 매각해 만주로 도망가 보천교 신도들에게 악명이 높은 상태로 조선 총독부 산하 경무국 후견인들의 힘을 빌어 봉천 감옥에서 아무도 모르게 들어온 상태였습니다. 따라서 청음은 이 사실을 감추기 위해 자신을 아는 보천교 간부들이 전혀 못 알아보도록 철저히 변장까지 하고 전주 정읍일대 경찰서에 신변보호 요청까지 치밀하게 하여 일본 순사들의 경호아래 전주 정읍일대의 여인숙을 전전하게 됩니다.

이때 이 상호는 재산 불법처분 및 만주도망이라는 문제로 당시 보천교가 큰 타격을 받은 바 있음을 잘 알고 있었고 자신의 악명이 보천교 간부사이에 널리 퍼져 있음을 잘 알고 있었는지라 간부들에게 얼굴이 알려지면 불상사가 일어날 것으로 확신해 나름대로 치밀하게 전라도 전주 정읍 경찰부 일인 형사대에 조직적인 신변 보호 요청까지 한 것입니다.

차 경석 보천교 교주에게는 보천교 재산편취 불법매각 도망에 대해 사과한다는 명분으로 만주에서 귀국했으나 어렵사리 차 교주를 만난 자리에서까지 사과보다는 만주 삼림 채벌권(소위 만주개척)을 미끼로 투자를 권유하여 사실상 끝까지 시종일관 기망(欺罔)하려 한 사실이 <보천교 연혁사>에 소개되고 있습니다.

보천교와의 관계에 있어 이 상호가 차 경석 교주에 대해 과연 사과에 대응하는 진정성을 보였는지 아니면 거짓말과 재산편취로 시종일관했는지 대미를 장식한 일화가 <보천교연혁사>에 보입니다. 만주에서 도망 나와 보천교 교주에게 사과하는 자리가 주선책 동생 이 순탁을 통해 차 교주 며느리의 부친 최 순영을 통해 어렵사리 성사되자 만주삼림 채벌권 획득이라는 사기성 기획안을 내놓았지만 차 월곡 교주가 이를 받아들이지 않고 일단 큰 아량으로 과거의 잘못을 먼저 용서해 주자 이 상호는 오히려 자신에게 예전의 고위 간부 방주직을 재임명해 주지 않는다는 사실에 크게 불만을 품게 됩니다.

<보천교 연혁사(普天敎 沿革史)>*자신이 앞서 걸은 길을 고려한 즉 보천교에서 고소한 것이 기소중지 중에 있으니 조선 내에서는 활동이 부자유하겠고 외국을 갈라 하니 신변이 위험한지라 몸 하나를 둘 곳이 없어 부득이 보천교에 용서를 얻어 기소 문제를 해결한 후에 활로(活路)를 구하겠다는 야심으로 경성부(京城府) 마포에 사는 최 순영(崔淳永)을 설득하야 간선방(幹旋方:주선통로)을 구하였다. 최 순영(崔淳永)은 즉 교주 자부(며느리)의 실제 부친이니 이 상호가 그 관계를 안 까닭이라. 최 순영은 이를 승낙하고 이 상호의 개과(改過) 사죄장을 첨부하야 교주에게 용서하는 방향(방안)의 요구(容赦方要求) 서간(서찰)을 송달하였다.

<보천교 연혁사(普天敎 沿革史)>*교주난 그 후에 이 상호를 인견(引見:접견)하시니 상호의 행동은 전의 과오를 개선하고 보천교(普天敎)를 위하야 진력하겠다는 의사는 표현치 아니하고 그 요구의 제 1은 교중(敎中)에 용서를 얻어 기소를 해제하고 또는 경성 창신동과 가회동 양처 진정원(眞正院)을 타인에게 전당을 잡혔난대 기한이 멀지않음이라. 만일 기한을 지난 즉 그 사람이 고소를 제기할 터이니 금 8천 5백원을 지급해 주시면 이를 다시 찾아 활동상 편의를 꾀함이오.

<보천교 연혁사(普天敎 沿革史)>*제 2난 만주에서 교도 50 호를 이민시키면 외무성으로부터 금 10만원을 당겨 쓰겠다 하야 교도 이주시키기를 청구하는대 그 내용

을 들은 즉 당국자와 결탁하고 만주개척하기 위하야 보천교도를 이민시킨다 하면 외무성으로부터 만몽(滿蒙) 개척비로 금 10만원의 보조를 받아 그 안에 얼마는 당국자에게 보수(報酬)하고 잔액은 교중(教中)에 사용한다 이르며 제 3은 다시 보천교도로 선포하자면 권리와 신용이 없이 행치 못하겠으니 그러나 하급의 방주(方主), 선화사(宣化師)는 원하지 않고 전일 서방주(西方主)의 임직을 복임(復任)하여 줄 것이며 또는 정령(正領)의 중요한 임직(重任)을 요구하는지라.

<보천교 연혁사(普天教 沿革史)>*교주 가로대 제 2의 만주 이민은 불가하다. 가령(假使) 외무성 보조금을 끌어 쓸 수 있을지라도 후일에 그 보답이 지극히 어려우므로 도저히 그 말을 듣고 좇을 수 없고 제 3은 고어(古語)에도 장공속죄(將功贖罪:장수는 공을 세워 죄를 면함)라 하였으니 죄를 범한 후 하등의 공이 없이 중임(重任)을 명(命)함은 불가능하니 먼저 임직이 없이 포교를 일심하야 공을 세우는 동시에 중임을 희망함도 무방하고 제 1 건(件)은 내가 이 지위에 처하야 그대 한사람을 용납치 못하겠느냐 하시고 이 건(件)만 허락하시다.

<보천교 연혁사(普天教 沿革史)>*그 후에 이 상호난 용서를 얻어 기소문제를 해결한 후 일신의 자유를 얻어 포교할 의사는 없고 중요간부에 임명치 아니 한다는 감정뿐으로 경기도 경찰부 모(某)의 촉탁(부탁)으로 만주개척을 빙자하고 보천교 금전을 사기해 속이기(欺瞞)로 목적하다가 계획이 불성립함으로 인하야 탈퇴하고 예전(前日) 혁신운동 하던 때에 저당 잡힌 진정원도 환추해 되찾지 아니하고 우(右) 금액을 사기하였다.

侍

청음 이 상호의 동생 이 성영은 1945년 8.15 해방이후 보천교 내에서 악명 높은 자신의 이름을 세탁하기 위해 남조선 배라는 남주(南舟)로 호를 짓고 이름도 정립(正立)으로 바꿉니다. 그리고 해방이후 청맹과니로 시력을 거의 상실한 맹인 형님이 상호가 더 이상 글을 쓰지 못하자 해방이후 발행한 <대순전경> 3판의 서문 찬(贊)을 이 성영이란 본래 이름으로 쓰지 않고 세인의 눈을 가리기 위해 이 정립(李正立)으로 새로 지은 이름을 쓰게 됩니다.

1945년 8.15 해방이후 당시 안 흥찬(安興燦) 총 사수(總師首)는 자신이 개창한 단체의 핵심 직계 간부인 경상도 포항 울진출신의 배 동찬(裵東燦:황원택과 함께 8교리 간부의 한 사람.영주·봉화 ·문경 책임자)을 통해 당시 신도들의 재정후원을 통해 <대순전경> 3판을 47년 발행하게 한 것이고 후일 이 정립은 <증산교사>에서 당시 실제 지도자였던 안 흥찬(安興燦) 총 사수(總師首)가 증산교 대법사를 주재한 사실을 뿌리부터 철저히 왜곡해 말살합니다. 안 흥찬(安興燦) 총 사수(總師首)가 이 정립을 서울에 하숙시켜 생활비를 대주며 책 쓰기를 독려해 나온 작품이 바로 <대순철학>인데 이 역시 총 사수의 지원으로 <대순전경> 3판과 함께 47년 발행하게 된 것입니다. (<대순철학> 책을 출판한 것은 1947년 12월 27일. "(운산 안 홍찬 총사수 강론) 내가 스물다섯 먹어서(1946년) 아산군牙山郡 배방면排芳面 남리南里 반상철潘相喆의 집에 한 부락의 젊은이들을 모아놓고 지금의 우주변화원리 도표를 그렸다.")

<증산교의 진리>는 중복지도자인 안 경전(安耕田)의 저서로 1981년 증산도장 이름으로 발행된 증산 상제님의 종합적인 천지공사 교리 설명서입니다. 뒤에 <증산도의 진리>로 이름을 바꾸어 발행한 이 책의 초반 도입부에는 안 운산(安雲山) 총 사수(總師首)가 1945년 해방 당시 처음 그려 포교한 우주변화 원리 도표가 실려 있습니다. <보천교 연혁사>나 <보천교 교전>을 보면 차 경석 성도의 '보천교' 시절에는 소 강절 선생의 '우주변화 원리 도표'를 비롯 이에 대한 종합적인 그 어떠한 설명이나 언급도 찾아보지 못함을 알 수 있습니다. 일제하 '보천교' 시절에는 전혀 빛깔도 안보이던 소 강절 선생의 우주원리를 배경으로 천지공사를 언급하는 초보적인 내용이나마 세상에 처음으로 활자화하여 체계적으로 빛을 보게 된 것은 바로 이 정립의 <대순철학>에서입니다.

안 운산(安雲山) 총 사수(總師首)는 해방이후 서울 합정동 최 위석 집에서 만난 이 정립에게 우주변화 원리에 입각한 상제님 진리의 전반을 일제하 구 보천교 시절과는 전혀 다른 차원에서 새롭게 전해 줌과 동시에 하숙비와 일상 생활비까지 전담하며 적극적으로 책 만 쓰게 독려한 결과 2년여 뒤에 바로 <대순철학(大巡哲學)>이 세상에 나오게 됩니다. 이 책에는 안 운산(安雲山) 총 사수(總師首)가 이 정립에게 <증산도의 진리>에 나오는 소 강절 선생의 우주원리 도표를 손수 그려가며 그 대국을 설파한 결과 이 정립의 시각으로 재해석되는 집필과정을 거쳐 세상에 인쇄물로 빛을 보게 된 결과물입니다.

이 상호(明鐸)·이 정립(誠鐸) 형제가 힘을 합쳐 증산교 대법사의 종권(宗權)을 조직적으로 탈취하고 안 홍찬(安興燦) 총 사수(總師首)가 54년 말점도 대 휴게기 은퇴를 선언하자 현실적으로 당시 총 사수를 따르던 배 동찬, 황 수찬, 황 원택 등 대다수의 심복간부들까지 이 상호·이 정립의 휘하에 자진 귀속되어 이 상호·이 정립의 핵심간부가 되는 세탁 과정을 거칩니다. 이는 당시만 해도 말점도 도수를 통해 시간의 도수에 맞추어 때가 되어야만 활짝 피어나는 문왕 도수의 시절화(時節花:주인공)를 알지 못할 때였기 때문입니다.

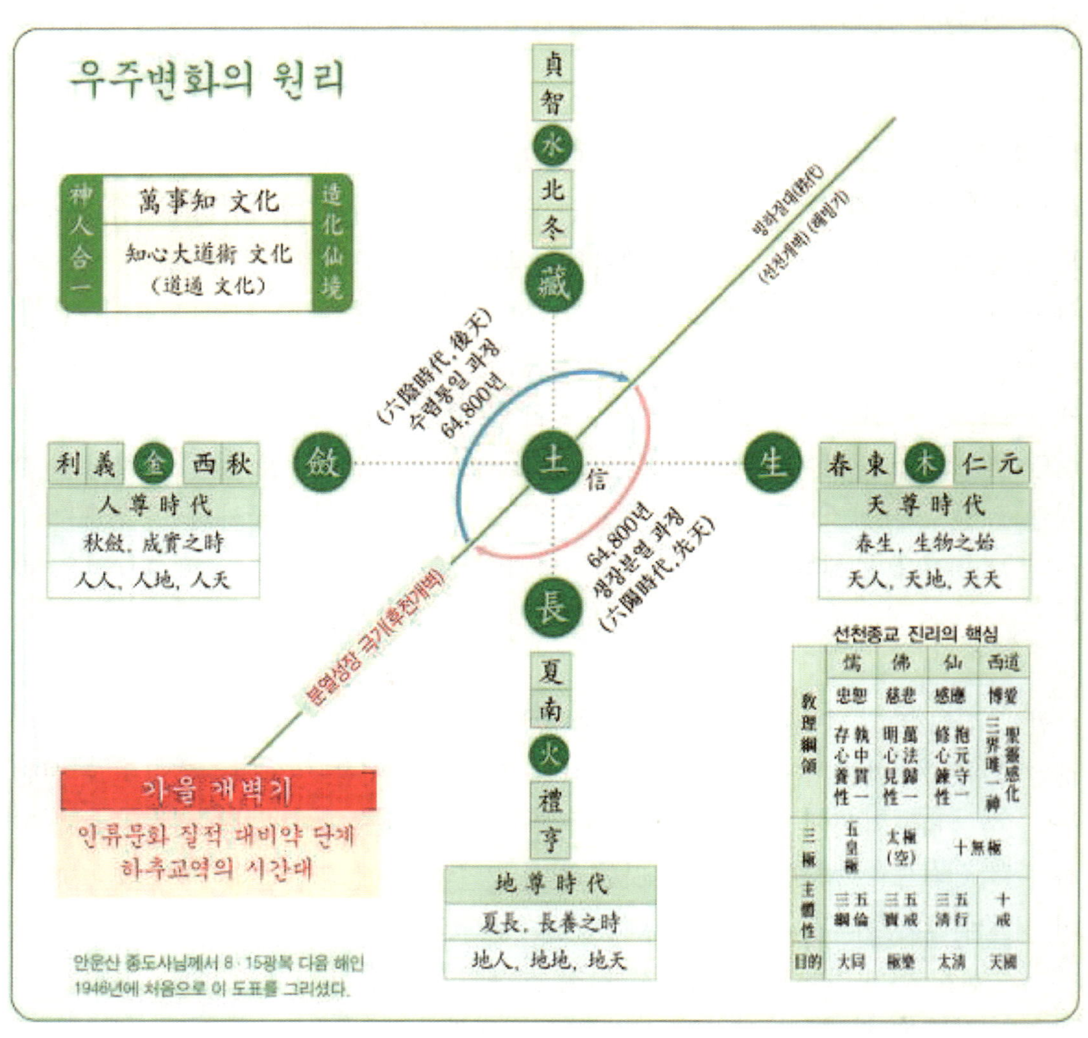

도기 75년(1945) 을유 해방이후 2변 교운을 개창해 증산교 대법사를 개창한 운산(雲山) 안 흥찬(安興燦) 총 사수(總師首)는 정읍 시기리에서 초가 단칸방에 경제적으로 홀로 버려지다시피 한 늙은 장님 이 상호를 만나(만날 때는 버려진 빈집에 들어가 생활) 용화동에 누옥을 마련해 주고 해방과 더불어 서울 합정동 최 위석 집에서 대구감옥에서 갓 출옥한 동생 이 정립을 만난이후 직계 대연원주 간부 배 동찬(裵東

燦)을 시켜 앳된 울진처녀 21세의 장 옥(張玉)을 맺어주어 혼인까지 시켜줍니다.

당시 <동아흥산사> 사건으로 대구감옥에서 갓 출옥해 일가친척 하나 없는 홀아비 이 정립(誠鐸)은 서울에 사는 동생 이 순탁(淳鐸)의 집에 들렀다가 순탁으로부터 서울 마포 합정동 최 위석 집에서 치성이 있으니 한 번 가보라는 연락을 받고 안흥찬 총 사수(總師首)와 조우하게 된 것입니다. 이 상호, 이 정립 형제는 전라도 해남 끝 좁은 섬마을에서 첩의 자식이라 성장과 더불어 좁은 섬마을의 손가락질을 피해 일찍이 고향을 떠나 떠돌이 생활을 했으므로 일가친척과 일체 소통이 없었습니다.

후일 이 정립은 일제하 보천교 혁신운동으로 차 월곡 교주에게 배사율을 범한 것으로도 모자라 본인의 <증산교사>에서 자신의 스승이신 월곡 차 경석 교주의 보천교를 사이비로 흠집 내어 다시 한번 깎아내려 보천교 혁신운동을 미화시킵니다. 일제 당국의 보천교 힘 빼기 기획의 일환으로 일제 종교밀정 김 환(金丸)의 협조를 얻어 동화교를 개창한 이 상호 형제는 과거 보천교 시절 자신들이 주도해 공개적으로 태모 고 수부님 배척운동을 벌여 축출하다시피 했음에도 불구하고 언제 그랬느냐는 듯 31년 좌장 조 학구 등을 데리고 차를 대절해 수차례 왕심리를 찾아 태모님 유치를 통해 동화교의 정통성을 갖기 위해 온갖 정성을 다 기울입니다.

이 상호, 이 정립 형제가 태모님을 모시기 위해 찾아다니는 각고의 유치노력과 조종골 이후 태모님의 경제압박의 정황이 일치하자 태모 고 수부님 수석성도 성포 고 민환(高旻煥) 성도는 잠시 용화동에 가서 조종골 말기 살림부터 어려워진 경제적 난국을 피하자고 주청드린 결과 태모님은 마지못해 고육지책으로 신미년(1931) 동지치성 봉행 후 임신년(1932)부터 힘겨운 왕심리-용화동 과도기 합동 살림시대가 바야흐로 개막됩니다.(*이정립은 태모님의 왕심리 살림과 동화교와의 통합 살림을 이미 막내린 두 번째 조종골 살림과 통합한 세 번째 살림으로 정의하여 동화교의 종통을 시도. 하지만 조종골 살림 이후 세 번째 살림도 세 묶음 살림으로 드러남.)

그러나 살림개막 시부터 이 정립은 간부회의를 소집하여 어떠한 신도를 막론하고 일체 태모님과 만나지 않도록 조치시키고 1년간 종적을 감추고 별도로 태모 고 수부님 수석성도인 고 민환(高旻煥) 성도를 내치는 작업에 착수합니다. 고 민환 성도를 내쳐야 합동살림에 대한 태모 고 수부님의 종권장악을 무력화 할 수 있다고 생각했기 때문입니다.

한편 태모 고 수부님과 고 민환(高旻煥) 성도는 용화동에 살림을 합치는 과정에서 이 정립의 핍박에 의해 신도가 그림자 하나 비치지 않고 도판(도국)이 감소하자 이 상호·이 정립 형제의 의도를 미리 아시고 고 민환 성도를 통해 옛날 도국을 다시 이루기 위해 예전 추종 성도들을 일일이 방문해 조직을 재구축한 후, 오성산 옥구문 영희 집에 임시장소를 개설하고 임피군 성산면 오성산에 도장건축을 착수합니다.

그러면 용화동 통합 32년 초기에 이 상호 형제의 의도를 알고도 32년을 헛 보내시고 왜 33년 말에서야 오성산으로 가시게 되었나 하는 문제가 있습니다. 이는 그 이유가 <선정원경(仙政圓經)>에 그대로 기술되어 있습니다.

<선정원경(仙政圓經)>*즉 용화동 초기에 문영희가에 새로 개편한 도체조직의 임시장소를 정하고 이 조직이 오성산 도장 새건축 계획을 수립하여 도장건립 착수에 들어간 것이 그 해 32년 가을이었고 임시장소(臨時場所)를 옥구군(沃溝郡) 옥산면(玉山面) 기현리(歧峴里) 문 영희(文永禧) 가(家)에 정하고 도체조직(道體組織)후 임피군(臨陂郡) 성산면(聖山面) 오성산(五聖山)에 기지(基址)를 정하고 도장주택(道場住宅)을 건축(建築)이 시즉(時則) 임신년(壬申年:일구삼이) 추기(秋期)러라.

자금부족으로 천연 중(지체중)에 이 진묵이란 종도가 자비로 33년 동지절에서야 오성산 도장이 완공되어 불가피하게 용화동 체류가 늦어진 것입니다. 그리하여 용화동 2년 세월은 청음·남주 형제의 준동으로 태모 고 수부님 천지공사(神政公事) 공백기가 되었습니다. 용화동 통합 32년 초기에 이 상호 형제의 몹쓸 의도를 알고도 33년 말에서야 오성산으로 가신 이유와 이 상호·이 정립의 온갖 박해와 핍박에 대한 최종결론 말씀은 다음과 같습니다.

<선정원경(仙政圓經)>*시즉(時則) 신미년(辛未年:1931) 십일 월(十日月) 동지(冬至)에 행차(行次)하사 동지치성(冬至致誠)을 봉행(奉行)하니, 기시(其時) 고 씨(高氏) 시봉(侍奉)은 고 민환(高旻煥), 김 수열(金壽烈), 이 용기(李用己)오, 식모(食

母)는 용기(用己) 처(妻)러라. 외무 간사인(外務幹事人)은 이 상호(李祥昊), 조 학구(趙鶴九), 김 재윤(金在允), 임 경호(林京鎬), 김 환(金丸)인 중, 교리진행(敎理進行) 방도(方途)와 유지시즉(維持視則)이 내부외부(內部外部)에 전연불온(全然不穩)이 조직(組織) 고(故)로 신도(信徒) 내왕(來往)이 두절(杜絶)하니 하이감당(何以堪當)이리오.

<선정원경(仙政圓經)>*기연(其然) 중 비법지언사(非法之言辭)로 파란곡절(波亂曲折)이 다단불시(多端不啻)라. 곤존 고 씨(坤尊高氏)의 도국(道局)은 체감(遞減) 상태(常態)에 영자불견지세(影子不見之勢)러라. 차의(差意)로다. 사료(思料)컨대, 고민환(高旻煥)은 외타방도(外他方途)를 섭취(攝取)하야 전기(前期) 도국(道局)을 갱성(更成)키 위(爲)하야 용화동(龍華洞)을 배경(背景)하고 O의의퇴출(O義誼退出) 환귀고향(還歸故鄕)하야 전기(前期) 상종(相從)인 도아(道雅)를 일일이 방문(訪問)하야 임시장소(臨時場所)를 옥구군(沃溝郡) 옥산면(玉山面) 기현리(歧峴里) 문 영희(文永禧) 가(家)에 정하고 도체조직(道體組織)후 임피군(臨陂郡) 성산면(聖山面) 오성산(五聖山)에 기지(基址)를 정하고 도장주택(道場住宅)을 건축(建築)이 시즉(時則) 임신년(壬申年:일구삼이) 추기(秋期)러라.

<선정원경(仙政圓經)>*연중(然中) 경비부족지치(經費不足之致)로 수리미필(修理未畢) 중 신도(信徒) 중 문 기수(文基洙), 이 중진(李仲眞)이 고씨(高氏) 전 문후차(問候次)로 갔는데 고씨(高氏) 말씀에 "오성산(五聖山) 도장(道場)을 속(速)히 수리(修理)하라." 재촉 하시므로 회정(回程) 즉시(卽時)로 전차(傳差)나 경비무로(經費無路) 중, 신도(信徒) 중 이 진묵(李眞默)이 독단적(獨單的) 수리담당(修理擔當)하야 수리(修理)하는 시즉(時則) 계유년(癸酉年) 동지절(冬至節)이러라.

<선정원경(仙政圓經)>*고 씨(高氏)께서 말씀하시되, "동지치성(冬至致誠)은 오성산(五聖山)에 가서 봉존의(奉尊矣)리라. 그리 알라." 하시므로 제반설비(諸般設備)를 구치(俱置)이러라. 고씨(高氏)께서 동지(冬至) 전일(前日)에 당도(當到) 하신바, 기시(棄市)에 시봉내참인(侍奉來參人)은 김 수응(金壽應), 조 학구(趙鶴九)러라. 곤존 고 씨(坤尊高氏)께서 항시(恒時) 말씀하시기를, "조강맥식(糟糠麥食)이라도 임옥자손(臨沃子孫)을 영솔(領率)하고 제반사(諸般事)를 결탁(結托)하리라" 하시더니 오성산(五聖山) 도장(道場)으로 오시사 신도선정(信徒仙政)을 시설(施設) 하시니라.

<증산도 道典>*태모님께서 종종 이 상호를 가리켜 말씀하시기를 "상호, 저 도둑놈, 역적놈!" 하시고 "저놈이 내 일을 망쳐 놓는다." 하시니라. 어느 날 태모님께서 상호를 보시고 또 "저 도둑놈, 역적놈!" 하시니 상호가 대들며 "제가 무슨 도둑질을 했습니까?" 하거늘 태모님께서 신도(神道) 난 음성으로 "네 이놈!" 하고 호령하시며 담뱃대로 때리시니 상호가 무서워 달아나니라. 태모님께서 평소 상호에게 거처하시는 방문 앞을 지나다니지 못하도록 엄명을 내리시거늘 간혹 상호가 그 앞을 지나가면 "저기 어떤 놈이 지나가느냐!" 하고 호통을 치시니라.

<고부인신정기(천후신정기)>*≪동화교 통합살림을 조종골 두 번째 살림이후의 세 번째 살림으로 자리매김하기 위해 (①왕심리 도장-②용화동 동화교 통합도장-③오성산 도장) 등 세 번째 세 묶음 살림을 첫째, 세 번째 살림 첫 도장인 왕심리 도장은 태모님 낙종물 사명 교운사에서 아예 삭제처리하고 세 번째 살림 셋째 도장인 오성산 살림은 동화교 부속 수양소로 처리한 남주 이성영(정립)≫ 동지치성(冬至致誠) 후(後)에 천후(天后) 오성산(五聖山)으로 이사(移徙)하실 때, 부교령(副敎領) 이성영(李成英)을 불러 들이사 영정(影幀) 앞에 꿇어 엎드리게 하시고, 영정개사(影幀改寫)와 저술(著述)과 도장건축(道場建築) 등 뒷일에 대(對)하여 낱낱이 세 번씩 다짐을 받으신 뒤에, 영정(影幀)을 잘 받들라고 부탁(付託)하시며 용화동(龍華洞)을 떠나 오성산(五聖山) 동화교(東華敎) 수양소(修養所)로 이사(移徙) 하시니, 먼저 오성산(五聖山)에 가실 때에 거미 비유(譬喩)를 말씀하신 일이 이에 응험(應驗)되니라.

侍

즉, 이 정립은 각고의 노력으로 태모님을 용화동으로 31년 동짓달 치성 이후 모시는데(동지치성 이후 기점) 성공하여 간부들을 특별관리 해 태모님과 전혀 못 만나게 조치하고 32년 1년간 숨어 종적을 감추고 고 민환(高旻煥) 수석 성도 살해 사건으로 고 민환(高旻煥)이 말없이 야밤에 종적을 감추고 전 대윤 성도마저 내쫓아 1년 내내 신도하나 볼 수 없게 되자 태모 고 수부님은 하릴없이 33년 말 동지치성을 끝으로 오성산으로 다시 복귀하십니다.

이 정립은 자신이 집필한 <고부인신정기>에서 태모님 세 살림을 대흥리-조종골-용화동 통합교단으로 정의 내려 자신들 이 상호·이 정립 형제가 태모 고 수부님의 정통을 이어받은 것으로 삼으려는 의도를 드러냈지만 두 형제 모두 60년대 중반 헛되이 선화함으로써 결국 자신들이 평생 품었던 해도진인(海島眞人)에의 꿈은 망상에 불과한 것으로 드러나고 동화교의 정통성 주장 역시 정통이 아닌 일종의 윤통으로 드러나고 맙니다.

이 정립은 <고부인 신정기>에서 문왕의 도수 사명자로 추수 사명자를 배출하는 왕심리 살림을 도외시함은 물론, 오성산 살림을 곤존 태모 고 수부님의 '동화교 수양소 은거'로 표현해 오성산 사명당 도수 및 막둥이 칠성도수로서 윷판 통일도수가 암장된 오성산 살림의 비중을 경시해 제외하고 용화동 동화교 합동살림 만을 세 번째 살림으로 삼았습니다. 하지만 짐새 살기(煞氣)로 가득한 금산도득 문제는 금구 용화동으로 가면 네 몸이 부서진다 하신 상제님 말씀대로 태모님을 초빙해 따돌리고 얻은 종통의 명분을 내세워 고 민환(高旻煥) 수석성도와 태모님 살림을 책임진 내무실장 전 대윤 성도 마저 내친 이 상호·이 정립의 욕망이 핵심입니다.

결국 오성산 살림은 왕심리 살림, 동화교 합동 살림과 함께 3벌 살림을 이루어 바로 태모 고 수부님의 사실상의 세 번 째 살림이고 용화동 살림의 실체는 고 민환(高旻煥) 수석성도가 표현한대로 강 응칠·강 사성 성도의 배신과 준동으로 형편이 안 좋아 잠시 의탁한 상태였을 뿐인 과도기 살림으로 드러납니다. 하지만 이 상호 형제의 욕심을 알고 통합 살림을 연 32년 초기부터 오성산 도장을 짓는 작업에 착수하고 역시 경제난으로 천연되다가 이 진묵의 자비로 가까스로 33년 동지절에 완공해 오성산 도장에서 동지치성을 열게 되면서 마침내 우여곡절 끝의 마지막 세 번 째 살림 시대가 개막됩니다.

여기에서 태모님이 용화동 살림과 오성산 살림의 성격규정에 대해 중대하게 선언하신 말씀이 <선정원경(仙政圓經)>에 나오는데 <항시(恒時) 말씀하시기를, "조강맥식(糟糠麥食)이라도 임옥 자손(臨沃子孫)을 영솔(領率)하고 제반사(諸般事)를 결탁(結托)하리라" 하시더니 오성산(五聖山) 도장(道場)으로 오시사 신도선정(信徒仙政)을 시설(施設) 하시니라.

즉 변변찮은 거친 꽁보리밥만 먹는 한이 있더라도 짐새 살기 가득한 용화동 이 상호 형제가 거느린 신도들이 아니라 오성산 임옥 자손 데리고 천지공사의 제반사 모든 일(신정공사 집행)을 하겠다는 것입니다. 이는 도사道史에 있어 이 상호·이 정립이 규정하고 있는 용화동 두 번째 살림에 반反하는 것일 뿐 아니라 이 상호·이 정립 형제의 신앙생명에 대해 태모님께서 최후 결론을 내리신 엄청난 선언입니다. 결국, 오성산 임옥 자손 데리고 보신 마지막 10년 신정공사의 대미大尾가 음양합덕 천지공사 19년 중 가장 중요한 문왕 추수 세 살림 공사로 회문산 오선위기 혈을 오성산으로 옮겨보신 사명당 바둑판 상씨름 도운 공사이며 세 말뚝 공사와 윷판 공사입니다.

상제님 천지공사는 낙종물–이종물–추수공사의 3변성도(三變成道)로 짜여져 있는데 스스로를 해도진인 추수자라 크게 착각했던 이상호·이정립 형제 시각으로 보면 10년 천지공사(神政公事)를 보신 여성 하느님(坤尊)– 태모 고 수부님의 절대자 신격은 고사하고, ❶대흥리 살림–❷조종골 살림–❸(①왕심리 살림, ②왕심리–동화교 통합교단 살림, ③오성산 살림) 등 낙종물 세 살림도 열매맺는 사명이 아닌 교단개창이라는 과도기 사명 인물로 혹독하게 배척을 당해도 되는 인물에 불과할 뿐이었습니다. 이들 형제와 동일한 입장으로 한 술 더 뜬 대표적 인물이 바로 곤존 하느님이신 고수부님을 신앙대상에서 삭제시키고 그 자리에 증산상제님과 음양 상제의 짝이라며 지존상제(地尊上帝)로 참칭한 태극도의 정산 조철제이며, 정산 사후 '천존과 지존보다 인존이 크니 이제는 인존시대니라' 하신 증산상제님의 말씀을 비틀어 인존상제를 참칭한 대순진리회 도전(都典:교주직) 우당 박한경입니다.

<대개벽경(大開闢經)>*"인존시대의 세상에 상제(하느님)가 세상에 강림하여 선악을 심판하나니, 천존과 지존보다 인존이 더욱 지존한 것이나니, 지금은 인존시대의 세상이노라." –人尊之世 上帝降世 審判善惡 天尊 地尊 人尊 尤尊 今之時 人尊之世也–

<용화전경>*천존과 지존보다 인존이 크니 이제는 인존시대라.

이들 형제는 당시 고 민환(高旻煥) 성도의 표현으로 곤존 하느님이신 태모님의 정체를 전혀 몰랐고 따라서 존재 의미를 두지 않았다가 선화하기 전(前) 태모(太母) 고수부(高首婦)님 10년 천지공사(神政公事)의 신성성(神聖性)을 밝힌 태모(太母) 고수부(高首婦)님의 수석성도 고민환(高旻煥)의 <선정원경仙政圓經>이 1960년에 발간되기 무섭게 남주 이 정립은 곧바로 충격을 받고 과거 청음(靑陰)과 자신이 핍박(逼迫)했던 태모(太母)님의 곤존 신성권의 정체를 새로이 깨닫고 <고부인신정기:1963>를 황급(遑急)히 출판하게 됩니다.(청음 이 상호는 청맹과니 장님이라 집필불가)

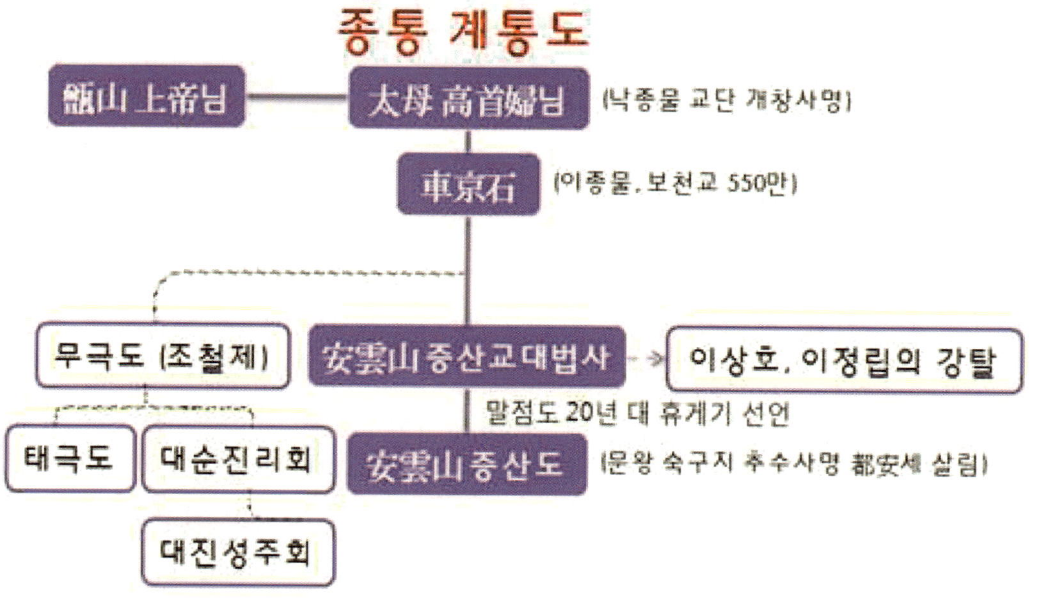

과거 보천교 시절 이 상호 형제는 고 수부님을 빨리 내쳐야 자신들이 모신 보천교 교주 차 경석 성도를 하루바삐 이종물 사명의 지도자로 옹립할 수 있고 그런 연후에 다시 차 경석 성도를 내쳐야 추수사명을 가진 자신들이 역사의 종통 주인공으로 등장할 것이라 생각하고 일제와 결탁해 인간으로서는 해서는 안 되는 갖가지 모함, 사기, 협잡, 보천교 자산 불법 경매, 시대일보 불법매각 대금 도용 도적질, 차력사 동원한 보천교 신도 테러 등 온갖 패역적 난동을 벌입니다.

크게 보면 상제님께서는 악으로 채우는 이악충자(以惡充者)나 선으로 채우는 이선충자(以善充者)나 다 성공이라 하셨으니 도사(道史)에 등장하는 인물은 어차피 대국적으로 상제님 천지공사에 있어 춘치자명(春雉自鳴:봄꿩이 스스로 움)으로 스스로 원하는 욕심에 의해(充者는 慾也라: 『현무경』) 사역된 원신해원, 역신해원의 도구물-희생물입니다. 참고로 이들 형제의 연원맥은 다음과 같습니다. ★남주 이정립 <청음 이상호 <월암(月巖) 김형국(金炯國)- 족보명 요석(堯碩)<남송 허욱(許昱:1887~1839삼덕교 창교자) <이치복 성도

그동안 일제하 보천교 600만 신도를 거느린 월곡 차 경석 성도도 자신이 선천 창생을 후천으로 넘기는 사명자인 줄 알았습니다. 일찍이 상제님께서는 차 경석의 기국을 보시고 내가 사람을 잘 보았다 하시고 경석(京石)은 대재(大才)요 만인지장(萬人之長)이 될 만 하다 하신 바 계십니다.(*<대법천사님 유서 김형렬 김자현 가 보존서>) <보천교 교전>, <보천교 연혁사>에 나타난 차 경석 성도는 그 그릇됨이 폭을 잡지 못할 정도로 컸고(5진주 3인분 세곱배기 15진주수 통째로 원하는 국량), 포용심 역시 타의 추종을 불허할 정도로 기국과 도량이 컸음을 보여줍니다.

차 경석 성도의 강설을 읽어보면 그 분의 웅장한 대인군자의 심법을 알 수 있습니다. 크게 보면 상제님은 12제국을 원했던 큰 도량의 차 경석 성도를 춘치자명(春雉自鳴:봄꿩이 스스로 울 듯 자기역할을 스스로 원함)이라는 명분으로 전명숙장군의 동학혁명실패로 인한 부산물인 30만 동학원신을 해소할 영매 역할로 희생타를 만들면서 추수기 문왕 사명 시대로 바톤을 넘기는 역할을 맡기셨음을 알 수 있습니다.

알고 보면 숙구지(宿狗地) 문왕 공사로 도안(都安) 세 살림의 초복 씨앗을 틔운 안 운산 성도사님도 삼인동행 칠십리 공사의 희생타 역할을 벗어날 수 없었음을 알 수 있습니다. 천지공사의 희생물인 차경석 성도처럼 숙구지 문왕 도수 주인공 안 운산 성도사님도 대국적인 안목에서 경만장 도안 세 살림 태동을 위한 초석만 다진 희생물이라 볼 수 있습니다. 냉정하게 보면 그러한 사명이 바로 자식인 무왕과 주공 단으로 하여 주나라 개창을 하도록 초석을 다진 도안(都安) 초중말복 세 살림 중 문왕의 초복 사명입니다.

결론적으로 본 통일 <십경대전>은 추수도수 中 초복, 중복, 말복 3 살림 도수 中 통일 윷판 도수인 마지막 말복운수를 맞이하여 증산계 전 종단을 아우르는 통일 공통경전이므로 증산도, 오성산 태모님 법소, 보천교(구파,신파), 보화교, 청도대향원, 금산 미륵불 숭봉회, 관음선원, 증산교 객망리파, 인도교, 단군성주교, 태을도, 태극도, 용화일심회, 청도원, 대순진리회(박성구파, 김찬성파, 이유종파), 미륵정법회, 대진성주회, 청도대향원, 대법사 증산교, 법종교, 오정동 교단, 삼덕교, 모악교, 무을교, 대한불교 미륵종, 증산대도 일화종, 동도법종 금강도, 제화동대도, 순천도, 미륵천도교 외 모든 형제교단 등 증산 상제님을 신앙하는 사람이면 누구든지 신앙에 도움이 되리라 봅니다.

지금은 모든 정보가 오픈되어 있는 시대로 과거와는 달리 한계성 있는 경전 하나로 단체를 이끌 수 있는 시대가 결코 아닙니다. 지금은 상제님 진법에 대한 신도들의 눈높이도 높아져 한 권의 경전만으로는 천지공사의 큰 그림과 얼개를 결코 보여주지 못합니다. 따라서 앞으로는 천지공사 내용에도 없는 사제 교리를 만들어 견강부회할 수 있는 시대도 결코 아니고 천지공사 내용 몇 개를 자신과 연결해 교리체계화 할 수 있는 시대도 결코 아닙니다. 사오미 개명 말복시대를 맞이해 증산 상제님 9년 천지공사와 태모 고 수부님 10년 신정공사의 진리만이 법등명하여 흑운명월도수로 105년간 어둠속에 가려져 있던 신앙의 바른 길을 인도하리라 생각합니다.

그림 상 좌측 태운장 김 형렬 수석성도, 상 우측 김 호연 성도, 중앙 우측 안 내성 성도, 중앙 중간 월곡 차경석 성도, 중앙 좌측 문 공신 성도, 하 우측 맨 뒤 김 광찬 성도, 하 중앙 김 병욱 성도, 하 좌측 백 남신 성도

*그동안 기유년(1909) 6.24일 상제님 어천이후 태모님 낙종물 사명의 교단 창립(1911)이후 벌떼처럼 벌어져 나아간 각 단체들은 주요 소의(所依) 경전 이외에 별도의 단일 경전으로 상제님 진리를 전해왔습니다. 지금까지는 증산계 각 교단이 아날로그 시대의 속성상 개별 신도들이 상제님 신앙권의 타 교단 경전을 구해 보기 힘든 상황에서 진리의 전 면모를 한 개인이 파악한다는 것이 사실상 불가능하다는 점을 악용해 각 단체 지도자는 아전인수, 견강부회 식 말 짓기 비결의 사제교리로 제각기 단체 지도자를 받드는 교리위주로 교단를 운영해 왔습니다.

그러다 보니 심지어 상제님 진리의 고갱이인 종통의 핵심과 의통의 핵심마저 단체마다 그 교리가 달랐으니 이러한 주요 원인은 첫째, 이러한 상황 하에서 단체마다 근거하는 소의경전이 제각기 다른 것도 한 역할을 했으며, 둘째, 각 단체 지도자의 야망과 비전을 위해서는 자신만의 고유한 종통을 교리체계화 하기 위해 본래의 메이저 단일 경전에서 전하는 천지공사 내용 외에 소위 짝퉁 성격의 경전을 별도로 만들어 종통을 정당화하도록 편삭(編削) 산입(刪入)했기 때문이었습니다.

그동안 이러한 상황이 통용될 수 있었던 것은 동지한식백오제 105 년간 은두장미(隱頭藏尾)의 천지공사 정신 이외에도 정보통신이 발달한 지금의 인터넷 시대처럼 모든 정보를 실시간으로 공유해 객관성 있는 정보를 확인할 수 없는 과거 아날로그 시대의 특성 때문이었습니다.

<용화전경>*무신년 2월 4일 경무청에서 출옥하신 이후 천자를 도모하는 자 다 죽으리라 하시며 꿈만 꾸는 자 죽으리라 하시니라. 참된 자는 큰 열매를 맺어 복록을 마땅히 받을 것이나 거짓된 자는 여지없이 멸망하리라.

<이중성 대개벽경>*하루는 대흥리에서 다수의 양지조각에 각기 옥황상제라 쓰시고 뒷간에 가시어 후지(后紙)로 쓰시니라. 성도 물어 여쭈기를, “지금에 옥황상제라 쓰시어 후지(后紙)로 쓰시니 어찌된 연고이나이까.” 말씀하시되, “천하에 어느 누가 감히 이같이 하리오. 천지만신이 목을 자르고 몸을 찢어발기노라. 이 뒤에 하늘을 거스르고(패천) 도를 어지럽히는(패도) 자가 있어, 혹 패가망신하고 세상을 그르쳐 백성을 상하게 할까 두려워, 정녕 경계함을 보인 것이나니 내가 고심함이 이와 같노라.”

—一日 在大輿 洋紙數片 各書 玉皇上帝 如厠 用后紙 弟子 問曰 今 書玉皇上帝 用后紙 何以乎 曰 天下誰人 何敢如此 天地万神 斷頭裂身 從后 有悖天悖道者 恐或敗家亡身 誤世傷民 丁寧示戒 我用苦心 如此—

<보천교普天教 교전教典>*궁을가弓乙歌에 「조선강산명산朝鮮江山名山이라 도통군자道通君子 다시난다」라 하였으니 또한 나의일을 일음이니라 동학신자간東學信者間에 대선생大先生이 갱생更生하리라고 전傳하나 이는 대선생大先生이 다시 나리라는 말이니 내가 곧 대선생大先生이로라 또 가라사대 예로부터 계룡산鷄龍山의 정씨왕국鄭氏王國과 가야산伽倻山의 조씨왕국趙氏王國과 칠산七山의 범씨왕국范氏王國을 일러오나 이뒤로는 모든말이 영자影子를 나타내지 못하리라 그럼으로 정씨鄭氏를 찾어 운수運數를 구求하려 하지말지어다 하시니라

사정은 단체마다 다 다르지만 이렇게 증산계 각 단체가 단일경전 하의 좁은 교리 체계 속에 매몰된 가운데에서도 상제님 신앙에 있어 다 경전 시대로 비로소 업그레이드시켜 진리의 대국을 틔워준 신앙보서는 바로 <증산도 道典>이었습니다. 이러한 상황에서 세상도 비로소 아날로그 시대에서 디지털 시대로 변모하며 그동안 타 신앙단체의 핵심 교리를 몰랐던 각 단체의 깨인 신도들이 타 단체의 핵심 교리와 왜곡상황이 담긴 경전까지 자유자재로 검색해 비교해 볼 수 있는 열린 정보의 디지털 마인드 시대로 변했습니다.

<증산도 道典>은 이러한 상황에서 기존의 모든 경전을 아우르는 역할을 할 수 있는 증산계 신앙권의 메이저 중의 메이저 경전 역할을 할 수 있는 신앙보서 역할을 해 왔다 평가할 수 있습니다. 그러나 그러한 가운데 문왕의 도수로 20년 말점도 공사 도수(文王의 유리羑里 유폐)를 받으며 험한 세파를 헤쳐온 운산(雲山) 안 세찬(홍찬) 성도사(聖道師)님이 경만장 안 내성 성도에게 부치신 초복, 중복, 말복 세 살림도수의 문을 연지 28년 만에 돌연 선화등천(仙化登天)하시면서 동지한식백오제의 사오미 개명 도수를 맞아 운암강수 만경래의 세 살림 정체가 더한층 세상에 명확히 드러났습니다. 이는 역설적으로 상제님 천지공사가 일호도 착오 없이 실로 무섭게 진행된다는 것을 보여준 것입니다.

都安 세 살림 추수도수를 부친 주周 문왕文王 유폐 유리성羑里城 : 하남성 안양시 탕음현

임술 생(壬戌生:1922) 운산(雲山) 안 흥찬(安興燦:본명 世燦) 성도사(聖道師)님은 해방이후 불과 2-3년 남짓에 곤존 태모 고 수부님 무진년(1928) 숙구지(宿狗地) 구월도(九月度) 공사로 영적인 잠에서 깨어나 1945년 8.15 해방이후 보천교 해체이후 영락해진 수십만 신도의 영성을 성성(醒醒)히 깨워 추수도수 세 살림의 서막을 알리는 문왕 도수의 씨(仁)를 틔워 보천교 2변 교운인 <증산교 대법사>를 일으켰다가(초복도수初伏度數) 도수에 맞지 않은 철 이른 발아(發芽)였으므로 2변 판 초복살림을 모두 버린 채 말점도(末島) 20년 귀양 도수를 보내고 마침내 74년에 비로소 도안(都安) 세 살림의 본궤도인 중복도수(中伏度數) 기두에 도달합니다.

그리하여 10년간의 준비기를 마친 후 84년에 공식적으로 4남인 안 경전(安耕田) 종정을 내세워 두 번째 중복도수 살림 '증산도' 를 공식 선포합니다. 이 문제는 천지공사 도운의 핵심인 고 수부님 낙종물 세 살림 도수, 차 경석 보천교 이종물 도수, 경만장 도안都安-안가安家 초복, 중복, 말복 세 살림 추수도수의 종통 핵심과 직결된 문제입니다. 교운(교단운로)인 ①낙종물(곤존 태모 고 수부님)-②이종물(차경석 보천교)-③추수사명(문왕사명) 삼변성도(三變成道)는 세운(세계 정치운로)이 깔아주는 바탕위에서 흘러갑니다.

마지막 결승 상씨름판을 재조정하기 위해 오선위기 바둑판 패는 세운의 총각판인 '2차 세계대전'으로 재조정되는데, 일본에게 의탁한 '오선위기 세운판의 주인' 조선은 *칠월칠석삼오야의 1945년 8.15 해방으로 본래의 주인자리로 되돌려지게 됩니다.(*추수도운의 비결로 3,5,7 동지한식 105除 말복도수 출현 의미)

1945년 2차 세계대전을 일으킨 일본이 무조건항복으로 패망하면서 지구촌 조화정부의 2차 모델 국제연합이 또한 선을 보이며 종내는 오선위기 패의 핵심인 주인마저 남북으로 갈려 명실상부하게 결승 상씨름 판을 위한 오선위기 판으로 재조정된 것입니다. 1945년 8.15 해방이후 숙구지 문왕 추수도수 안 운산 성도사님의 증산교 대법사의 용화동 천지문턱 2변 교운- 초복도수는 이러한 세운의 바탕에서 벌어진 것입니다.

추수사명 도안(都安) 세 살림 전체를 포함한 태모 고 수부님의 노둣돌 공사가 있습니다. 노둣돌은 내를 건너는 징검다리입니다. 노둣돌은 복희팔괘, 문왕팔괘, 정역팔괘에 이어 십일귀체의 용담계사도로 연결되는 용담팔괘임과 동시에 굳이 추수살림으로 비정比定하면 문왕 도수가 막을 내리면서(2012년 2. 24(양)仙化登天) 사실상 중복도수는 진리적으로 그 사명과 한계를 다했으므로 말복살림이 들어서기까지 흑운명월 사오미(계사, 갑오, 을미) 개명시대의 진리혁명과정이 게재되어있기 때문입니다.

<증산도 道典 11:308>*(이것이 내 새끼다)태모님께서 용화동으로 가시다가 팥정이에 앉으시어 구릿골 입구 돌다리를 겨누며 말씀하시기를 "저기가 천지 문턱이니 제비산에서 장광(長廣) 팔십 리가 꼭 차느니라." 하시고 "제비산 흙을 쓸 때가 있네. 평사리(坪沙里)는 나의 평상(平床)터네." 하시니라. 이어 팥정이 징검다리를 건너시며 "하나, 둘, 셋, 넷!" 하고 담뱃대로 노둣돌을 세시고 네 번째 돌을 담뱃대로 탁 때리시며 "이것이 내 새끼다." 하시니라. 잠시 후 태모님께서 성도들을 데리고 용화동에 드시니 이상호가 심히 곤궁하다 하여 성도들을 반기지 않는 기색이거늘 말씀하시기를 "걱정 마라. 굶어 죽지 않으리라." 하시니라.

<선정원경(仙政圓經)>*건존증산(乾尊甑山) 께서 예언(豫言)하사대 "태인(泰仁) 숙구지(宿狗地) 자는 개가 일어나면 산호랑이를 잡는다"는 말씀하셨는데, 고씨(高氏)께서 무진(戊辰:1928) 구월도(九月度)에 말씀하시되 "시대(時代)가 불원(不遠) 하니 자

는 개를 깨워야겠다" 하시고 신도(信徒) 수십인(數十人)을 영솔(領率)하시고 숙구지(宿狗地)에 행차(行次) 하시와 공사(公事)를 설행(設行) 중 고기국에 밥을 교화(交和)하야 일통(一桶)을 정전(庭前)에 놓으시며 많이 먹으라 하시고 "인제는 잠든개를 깨웠으니 염려(念慮)는 없다" 하시니라.

<천지개벽경(天地開闢經)>*어느 날 문공신(文公信)에게 가라사대(曰) 잠든 개(宿狗)가 일어나(起)면 산 호랑이(生虎)를 잡는다(捕殺)는 말이 있나니 태인(泰仁) 숙구지(宿狗地) 공사(公事)로 일을 돌린다(返) 하시며 공사(公事)를 계속(繼續)하시였다 전(傳)하니라.*<정영규 천지개벽경>

<증산도 道典>*태모님께서 종종 성도들에게 말씀하시기를 "자던 개가 일어나면 산 호랑이를 쫓느니라." 하시고 여러 차례 절실히 말씀하시기를 "내가 숙구지(宿狗地) 공사를 보아야 하느니라." 하시더니 9월에 이르러 "이제 때가 멀지 않으니 자는 개를 깨워야겠다." 하시며 성도 수십 명을 거느리고 태인 숙구지로 행차하시어 공사를 행하시니라. 이 때 마포(麻布)로 일꾼들 여름살이 30벌을 지어 동네 머슴사는 사람들에게 입히신 후에 통(桶) 하나에 고깃국을 담고 밥을 잘 말아 뜰 앞에 놓으며 말씀하시기를 "많이 먹으라." 하시고 "이제 잠든 개를 깨웠으니 염려는 없다." 하시니라.

무진년(戊辰年)인 1928년 곤존 태모 고 수부님께서 잠든 개의 영혼을 흔들어 깨우시는 숙구지(宿狗地) 공사는 운산(雲山) 안 흥찬(安興燦) 성도사(聖道師)님이 7세 때로 영적으로 잠에서 깨어난 어린 운산(雲山)은 느닷없이 5일간 식음 전폐하는 수행을 하여 부모님을 놀라게 하고 보통학교(일제하 초등학교)에 들어가서도 더 이상 배울 것이 없다 하시어 보통학교 3학년을 그만두시고 초통하신 기운으로 수행과 천하사 하는 쪽으로 인생의 뜻을 두게 됩니다.

운산 안 흥찬(安興燦) 성도사(聖道師)님은 실제로 상제님 탄신 120주년(1990) 개벽 대성회 모 중앙 월간지 황보 태수 기자와 인터뷰에서 7세 때 문득 배고픔이 얼마나 큰 고통인가를 깨닫기 위해 식음을 전폐하는 수행을 했으며 그러다가 어머니의 만류로 5일 만에 그만두고, 다시 불 없는 방에 밀대방석을 깔고 콩, 곡식가루만 먹는 생식을 하며 8개월 동안 참선을 했으며, 14세 때 쯤(1936) 일제의 모진탄압으로 보천교가 침체에 빠지자 상제님의 사업을 펼치기 위한 준비를 하리라 마음먹었다고 합니다.

그래서 무작정 집을 나와 조선 팔도와 만주를 주유천하하며 인간의 세상살이를 직접 체득하신 후 43년에 집에 돌아와 집안의 기둥을 먼저 마련하기 위해 결혼하고 결혼식 이튿날 일제에 비협조적이었던 부친이 기왕의 독립운동 자금 전달 탄로로 구금되는 등의 미운털이 박힌지라 조기 징용 통지서를 받았으며 징용 입대 중에 우여곡절 끝에 탈출에 성공한 후 2년 여 세상을 떠돌다 해방을 맞이해 고향에 온 후 상제님 천하사만을 하기로 굳게 마음먹었다고 합니다.

이 문제를 명확히 인식하지 못하면 천지공사 도운의 핵심인 태모 고 수부님 낙종물 세 살림 도수, 차 경석 보천교 이종물 도수, 경만장 안가安家 초복, 중복, 말복 세 살림 추수도수의 핵심을 영원히 풀 수 없습니다. 초복도수인 문왕의 도수의 자식들 중에서 중복도수와 말복도수가 무기 오십토 공사로 차례로 천지 정리해 나오기 때문에(都安) 91년 <증산도 道典> 편찬을 위해 안 운산 성도사님 부자父子 2인人(安雲山, 安耕田)이 처음 방문하자 초면인 김 호연 성도의 첫 마디가

'(상제님께서)난디없는 도인이 나선다 그랬어. (난데없는 뭐라고요?) 응 그러대. 그래서 이것들이 정기없이(정처없이) 와서 저것들이 긴가. 고목에서 인제 움이 나갖고, 거기서 인지 생활이 있을 것이다. 그래서 내 맘은 딱 맘먹기를 강 증산이 고목나무 같고, 나무가 고목이 먹었응게 다 죽었어. 거기서 움이 나갖고 너를 도인이 만날 것이다 그랬어. 고목에서 움이 돋아가지고 도인이 생긴다. 그랬응게 너는 안죽는다. 니 생활이 나온다. 니 목숨을 살려낼 사람이 다시 생긴다. 긍게 너 쫓던 사람은 고목인디 거기서 움이 나가지고 그렇게 생긴다 그랬어. 나는 저것들(취재신도들) 끼리라고만 해서 선상들을 안 봤어. 그래서 내가 "아니 셋인디 어찌 둘이 오냐 오냐 그랬어."(동영상 원본)

문왕도수 사명의 본질은 현무경 초반 오,신,술 부符 사명과 다음 성구에 모두 들어있습니다. *<증산도 道典> 상제님께서 공주산(公主山)과 입마산(立馬山), 어래산(御來山)을 지나 임피 술산(戌山)에 이르시어 성도들에게 명하시기를 "망량신 대접을 하리니 개를 잡으라." 하시고 크게 제를 지내신 후에 말씀하시기를 "인신합덕(人神合德)을 술래(戌來)로 하느니라. 하시니라. 상제님께서 임피에서 태전으로 향하시니라. 상제님께서 임피에서 태전으로 향하시니라. 계룡산 공주(公州)에서 좌보우필의

사마사, 사마소 배역을 맡을 중복, 말복 오부午符, 신부申符 주인공 두 자식을 얻어(공주산公主山) 먼저 오부 사명자를 내세워 중복판을 만들고(입마산立馬山) 그 뒤에 5진주이자 6서시인 마지막 말복진주를 불러들이니(어래산御來山) 이 모든 인사문제는 임피술산 기운의 임술생 문왕사명자에게 부쳐 개를 잡아 망량신 대접을 함으로써 인신합덕을 강강술래姜降戌來로 확정, 질정한다는 삼련불성의 대못을 치게 됩니다. 이것이 바로 경만장 안내성 성도에게 도수를 부친 운암강수만경래 초중말복 도안 세 살림의 본질입니다.

태모님이 첫 개창한 교단은 태을교(太乙教) 일명 선도교(仙道教)입니다. 김 호연 성도는 선매숭자 도수를 받은 분으로 상제님께서 어린 호연의 첫 달거리(경혈)를 받아 1만 2천 도통군자 배출에 대한 태모님의 낙종물 개창의 선맥(仙脈)을 잇는 사명을 내리신 분입니다. 즉 상제님 명으로 때를 기다려 추수 종통 사명자를 만나 상제님 천지공사의 핵심내용을 전하고 동시에 상제님으로부터 직접 받은 태모님의 선맥(仙脈)의 종통기운을 직접 전해주기 위해 혈맥관통의 도안 세 살림 도수의 주인공이자 숙구지(宿狗地) 문왕 도수의 주인공인 안 운산(安雲山) 성도사님을 역사 안에서 살아생전 직접 "대면(對面)"함으로써 천지인신(天地人神)의 음양공사로 집행하신 4차원 신명계의 신정공사(神政公事)가 도운사(道運史)위에 발현(發顯)하게 역사(役事)하셨습니다. 김 호연 성도는 어린 시절 증산 상제님을 직접 모신 성도로 상제님의 특명으로 선매숭자 도수의 선맥을 전하기 위해 세 살림도수의 주인공인 숙구지 문왕 도수의 주인공이 찾아오기를 평생 기다린 분입니다.

<증산도 도전(道典)>에 '하루는 공신이 이르기를 "우리 일은 삼대(三代)밖에 없다." 하니라.' 라고 합니다. 이는 차 경석과 함께 서전서문 '만 독'을 명받은 이 치복(李致福) 성도에게 도를 받아 보천교도가 된 부친 안 병욱(安柄彧)으로부터 시작해 운산(雲山) 안 흥찬(安興燦)과 그 혈대 자식에 이르기까지 신앙역사가 혈대(血代) 3대인 3막(幕)으로 매듭지음을 뜻하는 것이며, 동시에 초복도수인 숙구지 문왕의 사명도수로 본다 해도 안 내성(安乃成) 성도의 운암강수 만경래 경만장 초복, 중복, 말복 세 살림 도수를 뜻하는 말입니다.

그리하여 평생을 상제님 문왕 도수 초복 개창 책임자에게 종통 선맥을 전하는

천명(天命)을 기다리고 산 김 호연 성도가 막상 당사자가 찾아가자 생면부지의 초면에 입 열자마자 개구벽두(開口劈頭)의 첫 인사가 삼부자인데 어찌 둘이 오냐는 말씀으로 대한 것입니다. 동시에 또한 도안(都安) 세 살림의 중복 지도자가 주도하여 편찬한 <증산도 道典> 역시 지금까지 가장 훌륭한 신앙보서 역할을 해왔음에도 불구하고 일반 신도들로서는 초복도수와 중복도수까지만 알 수 있는– 핵심에서는 다소 제한적인 교리만 담겨있어 일반신도들로서는 세 살림 내용에 대한 진리의 전면모 퍼즐을 알 수 없는 한계가 있었습니다.

따라서 이러한 갈증을 채울 수 있는 더욱 포괄적이고 자세한 정보가 그대로 담긴 한 층 더 업그레이드 된 포괄적인 경전인 약칭 <통합경전>은 이러한 추수도수 세 살림 내용의 핵심을 포함 기존의 모든 경전 내용을 한 권에 담고 있는 총서격(叢書格) 대경전(大經典)입니다.

뿐만 아니라 <통합경전>은 진리의 전면모를 있는 그대로 다 담아 상제님 신앙권 중 어느 단체에서 상제님을 신앙하는 사람일지라도 비로소 진리의 전체 얼개를 파악할 수 있는 신앙보서로 꾸며졌습니다. 동시에 자신이 속해있는 신앙단체는 다를지 몰라도 누구나 자신의 신앙경전으로 삼아 파사현정(破邪顯正)의 정신으로 법등명(法燈明)할 수 있도록 가장 객관적으로 편찬했습니다.

결론적으로 동지한식 백오제를 지나며 105년 만에 선보이는 본 <통합경전>은 총 5막 9장(곤존 태모 고 수부님 낙종물 도수 3막 5장 , 차 경석 보천교 이종물 도수 1막 1장, 안가(安家) 운산(雲山)도맥 운암강수(雲岩江水) 만경래(萬頃來) 김만경(金萬頃) 세 살림 추수도수 1막 3장)의 도운 전개 중 현재의 도운 상태인 5막 8장까지의 중복도수 내용만 나오는 <증산도 道典>에서 부족했던 마지막 5막 9장의 말복도수 공사내용 마저 모두 다 담아 상제님을 신앙하는 사람이라면 어느 단체에서 신앙하더라도 볼 수 있는 신앙보서가 되리라 자신합니다.

<증산도 道典>(安家 雲山도맥 都安 세 살림)*상제님께서 "그러면 그렇지. 아따 저 놈 '무식영웅'이라!" 하시고 손을 떼시니 과연 '경만(敬萬)'이란 글자가 쓰여 있더라. 이어 상제님께서 이르시기를 "운암강수(雲岩江水)가 만경래(萬頃來)라. 김만경(金萬頃) 뜰을 가지고 천하사 세 번 못하겠느냐." 하시고 "너희들 내성이한테 '경만장,

경만장' 하면서 세 번씩 외우라." 하시니 성도들이 모두 명하신 대로 하니라. 상제님께서 다시 내성에게 말씀하시기를 "앞으로 세상 사람들이 너를 우러러 존경할 것이다." 하시니라.

<증산도 道典 5:198>*(운산리 신경수의 집에 가시어) "이곳이 운산(雲山)이 아니냐. 운암(雲岩) 물줄기를 금만경(金萬頃:천하사 세 번 세 살림 하는 원천)으로 돌리더라도 하류에서 원망은 없을 것이니 이 물줄기가 대한불갈(大旱不竭)이라. 능히 하늘을 겨루리라." 하시니라. 또 말씀하시기를 "강태공은 제(齊)나라 한 고을의 흉년을 없게 하였다 하나 나는 전북 일곱 고을의 큰 흉년을 없게 하리니 운암은 장차 만인간의 젖줄이 되리라."

<새시대 새진리(안운산 종도사 어록)>*상제님은 안 내성 씨를 중하게, 긴요하게 쓰기 위해 아주 심하게 박대를 하셨다. 그러고서 안 내성 씨에게 태을주(율려 도수)를 전해주신 것이다.

<증산도 道典>*하루는 상제님께서 공사를 보시다가 일꾼이 없음을 한탄하시며 "사람이 없다. 사람이 없다." 하시더니 내성을 보시고 "갈보야, 칠보야! 짧달막한 네가 있구나!" 하시니라. 상제님께서는 소나 돼지를 잡아도 내성에게는 "저놈은 뼈다귀만 줘라." 하시며 고기 맛을 못 보게 하시고 국물만 큰 그릇에 하나 가득 주시며 "너는 국량이나 키워라." 하시더니 하루는 한 성도를 불러 말씀하시기를 "저 장 닭 큰 놈 한 마리 잡아 푹 삶아서 내성에게 주고 깃털과 뼈다귀 하나 남기지 말고 다 먹으라고 해라. 안 먹으면 큰일 나니 다 먹으라고 해라." 하시니라. 그 성도가 명하신 대로 닭을 삶아 내성에게 주며 상제님의 말씀을 전하니 굶주린 내성이 털 째로 삶은 장닭을 정신없이 다 먹은 뒤에 입맛을 다시며 상제님께 와서 "다 먹었습니다. 터럭 하나 안 남겼습니다." 하고 아뢰거늘 상제님께서 웃으시며 "아따 그놈, 계룡산 도둑놈이로구나!" 하시니라.

<선도신정경>*(무진(1928)년 숙구지 공사로 자던개(安家 세살림 시작을 알리는 문왕 도수)를 깨우시고) 기사년(己巳年:1929) 정월(正月) 초삼일(初三日) 치성(致誠)을 드릴 새 고후비님(高后妃任)께서 헌작(獻酌)을 드리고 나서 모든 도중(道衆)들이 반천무지사배(攀天撫地四拜)를 드린 후(後) 고후비(高后妃)께서 도중(道衆)에게 가라사대 이제부터 세 번(三番)을 천지정리(天地整理) 무기토(戊己土)라고 읽도록 하라 지시(指示) 하시거늘 말씀에 따라서

천지정리(天地整理) 무기토(戊己土)라
천지정리(天地整理) 무기토(戊己土)라
천지정리(天地整理) 무기토(戊己土)라 읽으니라

*참고:<증산도 道典 11:119>에는 거미일화만 싣고 천지정리(天地整理) 무기토(戊

己土) 일화 전체부분이 생략됨. 무기 오십토(五十土)는 천지공사 인사집행의 총 결론으로 열 번 강조해도 부족한 대목. ※※※하도 중궁 오십토(五十土)는 15진주 지도자를 상징하는 공사로 3명의 지도자가 차례로 천지정리해 나오며 완성된다.

<선도신정경>*(세 번(三番)을 천지정리(天地整理) 무기토(戊己土) 천지(天地)의 귀신(鬼神)도 모르는 일)고후비님(高后妃任)이 김제(金堤) 조종(祖宗)골을 떠나오실 적에 육임(六壬)과 팔괘(八卦)와 십이(十二)며 이십사(二十四)를 싸 가지고 오시다가 육임(六壬)과 팔괘(八卦)는 김제(金堤)에 오시어 땅(地)에다 묻으(埋)시고 땅(地)을 세 번(三番) 구르시더라 또 십이(十二)는 이리(裡里)에 가시어 묻으시며 땅(地)을 세 번(三番) 구르시고 바둑(碁)돌과 윷판(板)은 옥구(沃溝)에다 묻게(埋)하시고 종도(從徒) 열 사람(十人)을 데리고 공사(公事)를 행(行)하시고 가라사대 내가 오십토(五十土)를 세(三) 곳(處)에 나누어 놓았느니라 내가 마음먹고 하는 일은 천지(天地)의 귀신(鬼神)도 모르는 일이니라

<새시대 새진리(안운산 종도사 어록)>*상제님 일은 원래 좀 더디다. 영화로 말하면 3막짜리다. 영화가 짤막한 것은 1막에 끝난다. 좀 긴 것은 2막에 끝나고. 상제님 일은 3막으로써 매듭을 짓게 된다. 지금 증산도는 마지막 3막을 열어놓고 있다. 다시 이것을 공사내용으로 얘기하자면, 삼변성도三變成道다. 세 번 변해서 매듭이 지어지고 비로소 성도가 된다. 세 번 변해서 상제님 세상이 되는 것이다. 내적으로는 도운道運도 삼변이고 세운世運도 삼변이다.

<새시대 새진리(安雲山 종도사 어록)>*상제님이 '이 틀이 열 번 둥글어 가면 이렇게 되고, 스무 번 둥글어 가면 이렇게 돼라.' 하고 짜 놓았기 때문에 천지공사 짜여진 틀대로 세상이 요렇게만 둥글어간다. 그건 다시 어떻게 인위적으로도, 과학적으로도, 그 무엇으로도 두들겨 부술 수가 없다. 이 세상은 상제님 진리권대로만 둥글어 간다는 것을 명심해라.

참고로 <통합경전>은 수록된 경전 수와 상관없이 성스럽고 지존 지극하신 10무극 상제님의 성언聖言, 성구聖句이므로 <십경대전>이라 했습니다.

☀<범증산계 통합경전 통합경전> 진리퍼즐 연구 길라잡이

1)난법에서 진법으로 총론
2)경전편찬과정의 의미-난법을 내인뒤 진법이 나오느니라.
a)경전편찬과 출간으로 본 각 교파의 난법 분파과정 b)차경석 성도(보천교)와 김형렬 수석 성도(미륵불교)와 이치복 성도(제화교-삼덕교) c)김형렬(동곡비서, 중화경)과 차경석(보천교 교전, 보천교 연혁사) d)이상호(대순전경 동화교), 이중성(대개벽경:천지개벽경), 조철제(선도진경,태극도) e)안내성 성도와 문공신 성도
3)도운의 삼변성도와 후비임직 삼변성도
4)청음 남주의 안홍찬 총 사수 증산교 대법사 탈취 내막
5)공주, 입마, 어래, 임피술산의 강강술래 인신합덕 술래도수-문왕의 도수와 경만장 운암강수만경래 3련불성 세 살림 공사
6)문공신 문왕의 도수에 부치신 인사각지 종통 세 살림 퍼즐
7)종통의 핵심공사는 일등방문 안내성 성도 도안(都安) 세 살림공사에 집중
8)안내성 성도에 현무경과 종통 세 살림 사명기, 친필유서를 내리신 이유
9)초복도수 문왕 도수의 사명완수와 흑운명월도수. 문, 무왕 청음교무이객소
10)풍류주세백년진의 동지한식백오제와 말복도수. 율곡 후신 성포 고민환 바둑판 낚싯대 공사, 자운백범 남조선배 공사 본질과 병신생 흑룡태몽 이율곡 자운서원과 10만 양병설 주장, 김자현 10만 인 포교 공사.
11)시절화명삼월우 풍류주세백년진과 동지한식백오제 사오미 개명장
12)용담팔괘의 인신사해 자하도 1.6수, 무신납월(12월) 酉月歲首 공사
13)황극수 용담팔괘와 申命無窮 수지지어사마소의 말복도수-새끼손가락(5,6) 속에 숨은 천기(天機) 막둥이 도수. 5眞主 세 사람 三聯佛成 15진주, 마지막 5진주는 판모리하는 6서시. 율곡의 재생신 재생신 병신생 흑룡 申命無窮.

증산 상제님의 진리의 퍼즐을 제대로 맞추려면 위의 사실을 제대로 알고 있어야 난마와 같이 얽혀있는 진리의 미로를 제대로 찾을 수 있습니다. 그러나 본 서문에서 다 설명할 수는 없습니다. 대부분은 본 서문에 언급되어 있지만 여기에서는 그 중에서 1)난법에서 진법으로 총론 만 밝힙니다.

상제님 진리의 난법은 진법을 내기위해 진법을 숨겨 길러주는 자양분입니다. 상제님 천지공사는 시유기시(時有其時) 운유기운(運有其運) 인유기인(人有其人)-때에도 그 때가 있고 운에도 그 운이 있으며 사람도 그 도수를 담당한 그 사람이 있게끔 천지공사로 도수를 짜놓았습니다. 물샐틈없이 짜놓은 각종 천지공사의 인사문제의

비밀 퍼즐이 때가 되어야만 드러나도록 인사각지(人事刻之)로 프로그래밍해 놓았습니다.

즉, 인사각지(人事刻之) 천지공사를 문왕의 도수를 부치신 문 공신(文公信) 성도에게 부쳤기 때문에 문왕(文王)의 도수와 안 내성 성도의 도안(都安) 세 살림 도수를 동시에 받으신 운산(雲山) 안 세찬(世燦:興燦) 성도사(聖道師)님의 거취에 의해 비밀퍼즐이 드러나게 해 놓았습니다. 지난 105년간 진법이 드러날 수 없었던 가장 큰 현실적인 이유 중 하나는 "사기(砂器=邪氣)는 김제로 옮겨야 하리라" 하신 말씀대로 해방이후 2변을 개척한 운산 안 흥찬 총 사수와 이 상호·이 정립 형제에 얽힌 실상이 이 상호·이 정립 형제에 의해 뿌리부터 철저히 왜곡 말살되고 1945. 8.15 해방직후의 2변 교운사(문왕 초복도수)에 대해 철저히 날조된 이 정립의 <증산교사(甑山敎史)>에 의해 그 근본이 잘못 알려져 있기 때문이었습니다.

상제님 삼변성도의 추수사명 운로는 후진주로서 문왕의 도수를 받은 도안 세 살림의 주인공 안 운산 성도사님의 일동일정에 의해 모든 것이 출렁이며 움직이는 운로입니다. 상제님께서 하루는 종도從徒들에게 옛글 한 수首를 외워주시며 가라사되 이글은 세상비결世上秘訣이니 잘 기억記憶하여두라 하시니 삼인동행칠십리三人同行七十里, 오로봉전이십일五老峯前二十一 칠월칠석삼오야七月七夕三五夜, 동지한식백오제冬至寒食百五除라 하셨습니다.(칠월칠석삼오야의 3×5=15는 7월 '백중' 만사개중, 만사적중과 중첩)

상제님 어천하신 1909년(己酉)이후 105년간은 경만장 안 내성 성도의 운암강수 만경래 도안(都安) 추수도수의 세 살림 도수가 철저히 감추어져 은장(隱藏)된 춥고 어두운 시절입니다. 이 기간은 낙종물 이종물 도수를 이어받은 문왕의 도수 사명자가 때가 되어야 피어나는 시절화(時節花)-'일만이천 도통군자(애기부처)'의 씨(仁)로서 초복도수 추수 사명자로서 중복지도자와 말복지도자를 길러내기 위해 천지 우주 삼계에 몸부림치는 고난과 역경의 시기입니다.

칠월칠석삼오야七月七夕三五夜는 기유년(도기 39, 1909) 천지공사 종필 이후 지난 105년간 풀지 못한 천기天機였습니다. 동지한식백오제冬至寒食百五除와 짝을 이루었으니 당연히 105년 만에 봉인封印이 해제되는 천기입니다. 칠월칠석날은 바로 견우 직녀가 오작교에서 만나는 극적인 날입니다.(3×5×7=105) 이 극적인 날은 바로 혹 운명월도수로 105년 만에 경만장 안내성 성도의 운암강수만경래 도안 3부자 세 살림 칠성 도수가 밝혀지는 날입니다. 그렇다면 같은 보름달이 떠오르는 보름이라도 무언가 특별한 의도가 있는 것입니다. 이 비결 시는 바로 칠성도수를 붙인 안 내성 성도 도안 세 살림도수와 연결되어 있는 내용이며 태모 고 수부님이 칠월칠석날 오성산 공사를 집행하시면서 오성산 성덕리 사는 고 민환 성도(칠성 용정도수의 주인) 앞뜰 가운데 자리를 베푸시고 내성대업(乃成大業)의 축원을 사례(謝禮) 하신 공사와 직결되는 시입니다.

보통 보름은 십오야로 표현합니다. 그런데 여기서는 삼오야로 표현했습니다. 5진주 셋이 연합해 부처를 이룬다는 삼련불성 15건곤:십건오곤(十乾五坤), 15진주 수를 이루기 때문입니다. 15건곤주는 15수를 이룬 뒤 써먹는 주문입니다. 이는 문왕사명자도 105년 기간 살아생전 상제님이 감추어 둔 마지막 인사비밀을 알 수 없었기 때문입니다. 3, 5야三五夜의 삼3은 앞 귀절 삼인동행칠십리三人同行七十里의 삼인3人 세 살림과 서로 대귀를 이루며 삼오야三五夜의 오5는 태모님의 무기오십토戊己五十土 공사의 오5입니다.(3×5×7=105년 뒤 갑오년 추수말복 진법 출현)

<선정원경(仙政圓經)>*기묘년 칠월(七月) 칠석 절(七夕節)에 고씨(高氏)께서 신도(信徒) 십여 인(十餘人)을 영솔(領率) 하시고 임피군(臨陂郡) 오성산(五聖山) 에 공사(公事)가 있어 가겠으니 행구(行具)를 준비(準備)하라 명(命) 하시고, 익일(翌日)에 발정(發程)하사 성덕리(聖德里) 고 민환(高旻煥) 가(家)에 좌정(坐定) 하시고, 그 밤에 정중(庭中)에 설석(設席)하사

<선정원경(仙政圓經)>*동서남북(東西南北)과 중앙(中央)에 명촉(明燭) 하시고 주안(酒案)을 성비(盛備)하여 오성(五聖)의 위(位)와 산신위(山神位)를 존설(尊設) 하시고, 신도(信徒)에게 명(命)하사 진법주(眞法呪) 삼칠독(三七讀)과 진액주(津液呪) 사십구독(四十九讀)케 하신 후에 주효(酒肴)로 근공지행(勤供之行)을 하시며, 천지무궁무극(天地無窮無極)의 대도(大道)를 참역(參役)하야 내성대업(乃成大業)의 말씀을 하시며 사례(謝禮)를 하시고, 회향지례(回向之禮)로 기동(起動)하시니라.

<동곡비서>*약장은 아래에 큰 칸을 두고, 그 위로 약 넣는 칸이 종삼횡오(縱三橫五) 합 15칸인데, 한가운데 칸에 '丹朱受命(단주수명)'이라 쓰시고 그 속에 목단피(牧丹皮)를 넣고 '烈風雷雨不迷(열풍뇌우불미)'라 쓰시고, 또 칠성경을 양지에 종서

하신 후 그 말단에 '禹步相催登陽明(우보상최등양명)'이라 횡서하여 약장 위로부터 뒤로 내려붙였으며, 궤 안에는 '八門遁甲(팔문둔갑)'이라 쓰시고 그 글자를 눌러서 '舌門(설문)' 두자를 각인하신 후, 그 주위에 24점을 홍색으로 찍으시니라.

<대개벽경(大開闢經)>*다음 칸에 열풍뇌우불미(熱風雷雨不迷)라 쓰시고 또 태을주를 쓰셨으며 그 윗 칸에는 천화분 아랫칸에는 금은화를 각각 넣고 양지를 오려서 칠성경을 외줄로 종서하여 내려 쓰신 뒤에 그 끝에 횡서하여 우보상최등양명(禹步相催登陽明)이라 쓰시고 다시 종서하여 양력 6월 24일, 음력 6월 24일이라 쓰시어 (약장 위로부터 뒤로 넘겨서 내려 붙였으며) 궤는 나무이니 높이가 *척이오, 길이가 *척이오, 너비가 *척이니라. 궤안에 팔문둔갑(八門遁甲)이라 쓰시고 글자 위에 설문(舌門) 두 자를 불지짐하신 뒤에 그 주변에 스물 넉 점을 붉은 물로 돌려 찍으시니라." 하시니라.

<선정원경(仙政圓經)>*곤존고씨(坤尊高氏)와 민환(旻煥)에 칠성(七星) 용정명절야(用政明哲也)라. 곤존 고씨(坤尊高氏)께옵서 병인년(丙寅年:1926) 선정공사(仙政公事) 시(時)에 사십칠 세(四十七歲)요, 민환(旻煥)은 기시(其時)에 사십(四十) 세라. 곤존 년수(坤尊年水) 사십 칠에서 칠수(七數)를 민환(旻煥) 년수(年數) 사십에 가즉(加則) 사십 칠이니 곤존(坤尊)의 년수 고(年數故)로 나의 대리(代理)라 하셨고, 증산(甑山)의 대리(代理)도 된다 하심은 계묘년(癸卯年) 양위결연(兩位結緣)시에 건존연수(乾尊年數)가 삼십삼(三十三)이니, 이상(以上) 칠수(七數)를 더한즉(加則) 사십이 즉(卽) 민환(旻煥)의 년 수 되는고(年數故)로, 증산(甑山)의 대리(代理)도 된다 하셨으며, 도국내(道局內)에 고성(高姓)이 다유(多有)에 하필(何必) 나인가(吾也)하면 이것이 곧 칠도수인 연고(此乃七度故也)라.

<선정원경(仙政圓經)>*또한(且又) 청년(青年) 7인을 선출(選出)하야 칠성도수(七星度數)를 정(定)하여 의복(衣服)을 신제(新製)하여 착복(着服) 시키시고, 행정(行政)에 수용(隨用) 하시니라. 일반 우매지인(愚昧之人)은 차도(此度)를 부지(不知)이 시기심(猜忌心)이 염발(念發)하야, 친목단(親睦團)을 조직(組織)하며 도중(道中) 분란(忿亂)을 야기(惹起)하니 가소(可笑)로다.

<선정원경(仙政圓經)>*건존(乾尊) 예언(豫言)하시대 "가내분란(家內紛亂)이 세계전쟁(世界戰爭)이 된다"하셨으며 "장차(將且) 전도(前途)에 도전(道戰)이 있다"하셨도다. 이 이후(自此)로 각도(各道)에 도전(道戰)이 도발(挑發)이라. 보천교(普天敎)에 혁신난(革新亂), 불교佛敎)에 비구제처난(比丘帝妻亂), 야소교耶蘇敎)에 신구파란측무내시O야(新舊派亂則無奈時O야)로다.

「삼국시절三國時節이 수지지어사마소誰知止於司馬昭」라 하신 사마소 도수의 핵심

은 삼국 정립의 주인공인 유비, 손권, 조조 그 누구도 삼국통일을 못하고 죽은 뒤 엉뚱한 사마중달이 위(魏)나라를 위해 제갈공명과 맞서면서 사마씨(司馬氏) 가문의 기반조성을 하고 병사하자 사마사(司馬師)가 조정의 대권을 장악해 부친 사마중달보다 더 큰 위엄을 떨치게 되고 동생인 무명의 사마소(司馬昭)가 뒤를 이어 삼국통일의 위업을 이룬다는 왕대밭에 왕대 나는 도안(都安) 세 살림의 내용입니다.

<보천교 교전>*이제 누구든지 몽둥이를 들어 그 머리를 치며 네 재능(才能)이 무엇이관대 부하(部下)들을 그다지 망(亡)치느냐고 꾸짖으면 대답(對答)하지 못하고 돌아가리라. 응종(應鐘)이 몽둥이를 들며 엿주어 가로되 내가 쫓아가서 그리하겠나이다. 가라사되 네가 진실(眞實)로 쾌남자(快男子)로다 하시고 또 가라사되 저희들은 다-구암(久庵)이오 이곳은 신암(新庵)이니 곧 도안(都安)의 집이니라. 이 때에 손병희(孫秉熙)가 호남지방을 순회하려다가 뜻밖에 예정을 변하야 돌아가니라.

<대개벽경(大開闢經)>*말씀하시되, "내 세상에 각성의 선영 한 사람이 천지공정에 참여하여, 자손을 척신의 손에서 빼앗아 내 앞에 몰아세우노라." 말씀하시되, "왕대(王竹)밭에 왕대가 나노라." -曰 我世 各姓之先靈一人 立天地公庭 奪子孫於戚神之手 驅立我前也 曰 王竹之田 王竹 生焉-

<대순전경 3판>*하루는 고 부인의 모친이 단독(丹毒)을 앓는다는 기별을 듣고 근친(覲親)하려 하다가 천사께서 좀 기다려서 함께 가자하시므로 마음으로 기뻐하여 기다리시더니, 얼마 아니 되어서 모친이 들어와서 아랫방에 앉거늘 천사 가라사대, 「왕대 뿌리에 왕대 나고 시누대 뿌리에 시누대 나나니 딸이 잘되도록 축수(祝手)하시라」 고 부탁하시더니, 이로부터 단독이 곧 나으리라.

<고부인신정기(천후신정기)>*'왕대 뿌리에 왕대 나고 시누대 뿌리에 시누대 나느니, 딸 잘되도록 축수(祝手)하시라'고 부탁(付託)하시더니, 이로부터 단독(丹毒)이 곧 나으니라.

<증산도 道典>*상제님께서 이따금 김준상(金俊相)의 집 뒤쪽 대밭에 가시어 죽순을 가꾸시니 하루는 호연이 "그 죽순은 뭣 하러 가꿔요?" 하고 여쭈거늘 상제님께서 말씀하시기를 "대라고 다 같은 대가 아니니라." 하시니라. 이에 호연이 "대는 한가지지, 어찌 대가 다른 것이 또 있어요?" 하니 말씀하시기를 "대도 잔대가 있고 왕대가 있느니라. 이것은 큰 대이니 왕대니라.

<증산도 道典>*어려서부터 가난에 졸아진 사람은 후에 잘살아도 남에게 곡식을 푹 떠 주면서 먹으라고 하지 못하느니라. 대를 사려고 해도 왕대를 찾아야지 시누대를 찾으면 못쓰는 것이니 사람은 굵게 먹고 굵게 써야 하느니라. 큰 대들보가 되려면 배짱이 커야 하고, 일꾼은 제 몸에 만 석 값을 지녀야 하느니라.

<증산도 道典>*신랑이 가서 보매 담 위에 탐스러운 박이 열렸는데, 떨어질세라 작대기를 받쳐둔 박 위에 잎사귀가 씌워져 있는 모습이 달빛에 비쳐 영락없이 송낙을 쓴 중 같더라. 이에 그 부부가 정성스럽게 옷 한 벌을 해 드리며 좀 더 머무르시기를 간청하나 신랑의 행동을 보니 마음 씀이 옹졸하거늘 말씀하시기를 "왕대 밭에 왕대 나고 시누대 밭에 시누대 나느니라. 네놈 근본이 잘아서 굵게 못 쓰니 크게 먹지는 못하겠구나!"하시고 길을 떠나시니라.

<증산도 道典>*하루는 호연이 '선생님을 따라다니기가 고생스럽다.'고 불평을 하니 상제님께서 이르시기를 나무 잎사귀를 보아라. 나무 잎사귀도 엎어진 놈, 뒤집어진 놈, 바람에 흔들리는 놈이 있느니라. 너는 아직 철을 모르니 아무것도 모르고 그런다만, 네가 조금 커서 철을 알면 '하아, 그렇구나. 내 이름이 있구나!' 하느니라. 마늘도 뒤안 마늘 왕 마늘이 있고, 대도 왕대 중대 시누대가 있는데, 사람이라고 어찌 굵은 사람이 없겠느냐? 그런데 너는 아무 것도 모르고 앉아서 '뭣, 뭣'그러고 있느냐?" 하시며 호연을 쥐어박으시니라.

난법은 진법을 감추어 보호하는 역할을 한다고 했습니다. 범 증산계 교단의 지나온 105 년간의 과정을 보면 그 교단의 지도자를 마지막 인류 구원자 진주로 만들기 위해 상제님 태모님 천지공사 원본에도 없는 내용을 만들어가지고 종통이라 그럴싸하게 만들어 교리화한 과정입니다. 문왕의 도수와 안 내성 성도의 도수에 관심을 가진 교단이 없고 대부분이 '천존과 지존보다 인존이 크니 이제는 인존시대라.<용화전경>' 하는 성구를 기반으로 증산 상제님을 하늘 상제님으로 박제화 시켜놓고 이를 넘어서는 땅 상제니 인간 상제니 하여 아주 그럴싸하게 단체를 운영해 온 동지한식백오제의 기간이었습니다.

본질적인 종통문제로 이를 재해석해 보면 이는 문왕의 도수로 이어지는 진법을 감추어주는 역할을 해 온 아주 고마운 존재입니다. 문왕의 도수는 고난과 역경으로 점철된 아주 험악한 가시밭길 여정입니다. 상제님은 '문왕의 도수와 이윤의 도수가 있으니 그 도수를 맡으려면 극히 어려우리라. '<대개벽경大開闢經> 하셨습니다. 문왕의 도수를 표방하고 단체를 만들어 지도자 노릇하라 하면 누구도 못할 괴로운 일입니다.

역경만첩의 어려운 운명 길이므로 기존의 어떠한 교단 지도자일지라도 문왕의 도수를 표방하는 사람이 있을 리 만무함은 당연합니다. 당연히 편하고 쉬운 도수를 표방하고 가야 했겠지만 반대급부로 편하고 쉬운 길에는 다음과 같은 천지인신(天地人神) 수찰(垂察)의 댓가가 반드시 따른다는 것을 알아야 합니다. "천지공사에 없는 법으로 행동하고 자작자배(自作自輩)하는 놈은 살아남기 어려우리라." 하시니라. <증산도 道典>

증산 상제님 진리에는 천지공사로 집행해 놓은 도수(度數)라는 것이 있습니다. 특정한 시간대에 특정한 인물이 튀쳐 나와 그 시간대에 벌어질 천지대업-우주사명을 이루도록 천지인신(天地人神) 변수를 4차원 시공 속에 입력해 넣은 자동화 프로그램입니다. 문왕과 이윤의 도수라든가 사마소 도수라든가 일등방문 안 내성 성도에게 붙여놓은 다양한 공사 내용은 모두 종통에 대한 공사내용입니다.

그런데 증산 상제님을 신앙했던 특정신도가 단체를 만들어 증산상제님을 넘어서는 천지공사를 별도로 집행한다 하고 지존상제님이니 인존상제님이니 선언하고 나면 증산상제님이 집행하신 천지공사의 콘텐츠 내용인 특정도수는 모두 쓸모가 없는 것이 되고 맙니다. 증산 상제님 천지공사 핵심인 문 공신 성도 문 왕의 도수와 안 내성 성도의 종통 도수도 쓸모가 없을 뿐더러 여러 추종 성도들의 다양한 도수도 모두 의미가 없어지게 되는 것입니다.

막달레나를 제거하고 초대 교황직을 빼앗은 베드로와 곤존 고 수부님을 신앙에서 제거하고 그 공백을 채운 조 철제, 박 한경은 정확히 동일합니다. 만일 상제님 신앙권 속에서 진리를 알게 된 그들이 증산 상제님을 능가하는 법력과 화권을 가진 지존의 상제가 사실이라면 굳이 그보다 못한 증산 상제님의 도권을 표방해 증산 상제님이 집행하신 천지공사 진리권 내에서 곁방살이 할 필요가 전혀 없을 것입니다.

증산 상제님을 능가하는 법력과 화권을 가진 지존의 상제가 사실이라면 당연히 증산 상제님을 내세울 아무 명분도 없을 뿐 아니라 자신의 이름을 내세워 아무개도라고 본질부터 뜯어고쳐 독립해야 하는 것입니다.

그렇지 못하면 이는 결국 증산 상제님 초장봉기지세의 각종 교단 운로 속에 홀생홀유(忽生忽有)하는 예정된 난법 교단이 아닐 수 없습니다. 이러한 난법 교단은 증산 상제님이 짜 놓으신 교운(교단운로)의 하나로 진법이 나오기 전인 동지한식 백오제 추운 겨울동안 진법의 고갱이 핵심인 문왕의 도수가 진행되어가는 것에 대한 세간의 이목을 돌리고 진법을 감추고 보호하는 역할과 사명을 수행해 온 것으로밖에 볼 수 없습니다. 종통맥(宗統脈)과 도통맥(道通脈)은 문왕 도수의 도안(都安) 세 살림 속에 묻어놓은 천기(天機)이기 때문입니다.

<보천교 교전(普天教 教典)>*부천지지대운夫天地之大運은 비기인非其人이면 불명不命하고 인간지대업人間之大業은 비기명非其命이면 불성不成하나니 인유기인人有其人하며 운유기운運有其運하고 기지소위其之所爲도 역유기시每有其時하나니 여시대창如是大創이니 하이이언재何以易言哉아-무릇 천지의 대운은(夫天地之大運) 그 사람이 아니면 명하지 않고(非其人不命) 인간의 대업은(人間之大業) 그 명이 아니면 이루지 못하노니(非其命不成) 사람은 그 사람이 있고(人有其人) 운에도 그 운이 있어(運有其運) 그의 행하는 바(其之所謂) 또한 그 때가 있을 뿐이니(亦有其時) 이 같은 대창(大創)을 어찌 쉽사리 말하리오.

<보천교普天教 교전教典>*하루는 천사天師 - 어려쓸때에 지은글이라하사 「운래중석하산원運來重石何山遠 장득척퇴고목추粧得尺椎古木秋」를 외워주시며 「선생문명先生文命이아닐넌가」라고 심고心告하고 받으라 하시고 「상심현포청한국霜心玄圃淸寒菊, 석골청산수락추石骨青山瘦落秋」를 「성령문명先靈文命이아닐넌가」라고 심고心告하고 받으라하시고 「천리호정고도원千里湖程孤棹遠, 만방춘기일광원萬方春氣一筐圓」을 「선왕문명先王文命이 아닐넌가」라고 심고心告하고 받으라하시고 「시절화명삼월우時節花明三月雨, 풍유주세백년진風流酒洗百年塵」을 「선생선영선왕합덕문명先生先靈先王合德文命이아닐넌가」라고 심고心告하고 받으라하시고

<보천교普天教 교전教典>*하로는 종도從徒들에게 옛글한수首를 외워주시며 가라사되 이글은 세상비결世上秘訣이니 잘 기억記憶하여두라 하시니 이렇하니라 삼인동행칠십리三人同行七十里, 오로봉전이십일五老峯前二十一 칠월칠석삼오야七月七夕三五夜, 동지한식백오제冬至寒食百五除

<보천교普天教 교전教典>*백암리白巖里로부터 구릿골 약방藥房에 이르어 계실새 여러종도從徒들을 벌여 안치시고 「삼국시절三國時節이 수지지어사마소誰知止於司馬昭」를 큰소리로 읽히시니라

문 공신(文公信) 성도에게는 문왕(文王)과 이윤(伊尹)의 도수와 독조사 도수 그리고 끈 도수와 천지대팔문 도수를 부치셨습니다. 상제님은 공사마다 각기 다른 추종성도를 참여시켜 인사각지(人事刻之)로 서로 알지 못하게 퍼즐처럼 도수를 짜놓았습니다. 그리하여 때가 되면 천지공사의 전체 퍼즐이 스스로 드러나도록 해 놓으셨습니다. 인사각지(人事刻之) 도수를 문왕의 도수를 맡긴 문공신(文公信) 성도에게 맡긴 것은 문왕(文王)의 도수를 중심으로 막판에 천지공사의 전체퍼즐인 인사비밀이 드러나게 짜놓으셨다는 뜻입니다.

숙구지 문왕 도안(都安) 초중말복 세살림 추수사명자 안운산 성도사님

따라서 상제님 어천 이후 낙종물 사명과 이종물 사명 그리고 무진년 구월도 숙구지 공사로 깨어난 문왕 도수의 기두 이후 초중복 추수도수에 이르기까지 105년간은 진리의 전체퍼즐이 드러나지 않게 되어있습니다. 문왕의 도수 책임자이신 안운산 성도사(聖道師)님 선화이후(2012.2.24.(陽)) 검은 구름의 장막 속에서 모든 것이 혼란한 가운데 갑자기 새 희망의 밝은 달이 두둥실 떠오릅니다.

이름하여 <풍류주세백년진風流酒洗百年塵>의 105년간 풀지 못했던 백년 티끌 의혹을 말끔히 씻어낼 풍류주(風流酒) 세례(洗禮)의 밝은 명월(明月)입니다. 풍류주는 한민족 전래의 회한悔恨과 애환, 불설움의 무서리 세월에 더해 모함, 중상모략, 냉대와 질시의 냉혹한 시절이 훈증시켜 빚어낸 '만고풍상주'입니다. 태모님이 1911년 개창한 선도교(태을교)창립 이래 백년간은 각종 교단이 물중전의 본을 보이며 초장봉기지세(楚將蜂起之勢)로 일어나 백 년 동안 풀지 못하는 종통의 의혹인 백년진(百年塵)시대를 유지합니다. 백년진(百年塵)의 백년 티끌은 백 년 동안 풀지 못하는 천지공사로 봉인(封印)된 의혹입니다.

<보천교普天教 교전教典>*수운가사水雲歌詞에 「제소위추리所謂推理한다고 생각나니그뿐이라」 하였나니 너희들이 이곳을 떠나지 아니함은 의혹疑惑이 더하는 연고緣故라 이곳이 곧 선방仙房이니라

너희들이 이곳을 떠나지 못하는 이유는 의혹을 버리지 못하는 연고라. 이곳이 곧 일만 이천 도통군자를 배출하는 –비로자나 장엄장–, 선방(仙房)이니라.(금산사 미륵전 앞 대적광전 주불은 비로자나불, 협시불은 석가불과 노사나불)

그러나 동시에 백년간 묵은 티끌(百年塵)의 의혹을 깨끗이 씻어줄 풍류주세(風流酒洗)의 달 하나가 휘영청 떠오릅니다. 태모님께서 말씀하신 "임피(臨陂)는 흑운명월(黑雲明月) 도수(度數)니라 하시며 또 가라사대 상제(上帝)께서 섣달 그믐날 저녁에 임피(臨陂)에서 달뜨게 하셨음을 알라"<선도신정경(仙道神政經)>하신 소위 흑운명월 도수입니다.

문왕 도수의 초중복 살림에서 말복살림으로 넘어가는 섣달 그믐은 달이 완전히 이지러져서 빛을 잃은 칠흑같이 어두운 밤입니다. 왜 아무런 희망이 없을 것 같은 이런 암흑 속에서 느닷없이 임피에서 휘영청 달이 떠오를까요? 이는 진리기반이 송두리째 붕괴된 듯 한 어둠 속에서만이 말복도수의 시절화(時節花: 철따라 피어나는 참종자 '인물 꽃')가 새로이 피어나게 되어 있는 임피 오성산 세 살림도수 때문입니다.

상제님은 임피 오성산에 세 살림 큰 말뚝을 세 개 박으시고 태모님은 윷판 통일 도수를 묻어놓으셨습니다. 상제님은 종통과 관련한 인사각지(人事刻之) 비밀의 정의도(情誼圖)를 문 공신(文公信) 성도 집 벽 위에 그려 집행하셨습니다. 이런 이유로 문왕의 도수 주인공인 운산 안 세찬(世燦) 성도사(聖道師)님의 동정에 의해 새로운 도안(都安) 세 살림의 전 면모가 임피 흑운명월도수로 휘영청 드러나게 된 것입니다. 이건 누가 시켜서 되는 것이 아닌 천지공사 그 자체임을 알 수 있습니다. 만고풍상주로 빚은 문왕 사명자의 결실 말복 시절화 둥근 달이 암흑천지 근백년–백년 진 암흑 속에서 흑운명월로 휘영청 떠오릅니다.

<이중성 대개벽경(大開闢經)>*성도 물어 여쭈기를, "의로움과 의롭지 못함을 또한 어찌 알 수 있으리이까. 말씀하시되, "만고풍상을 겪고 일편단심으로 그 때를 기다리고 있는 사람이 있노라." –弟子 問曰 義與不義 亦何以知之乎 曰 閱歷風霜 有一片丹心 以待其時–

<천지개벽경(天地開闢經)>*(문왕 도수 문공신 집벽에 인사각지 정의도)무신년(戊申年:1908) 사월(四月)에 문공신(文公信)의 집벽(家壁)에다가 정의도(情誼圖)를 그려 붙이시고(付着) 구릿골(銅谷)로 돌아오시어 김준상(金俊相)의 집 방(房) 한칸(一間)을 수리(修理)하여 만국의원(萬國醫院)을 설치 하실세

<선정원경(仙政圓經)>*증산(甑山)께옵서 임피읍(臨陂邑) 강장한(康壯翰) 집에 종종(種種) 내왕(來往) 하신 중 한번은 모야(暮夜) 중(中) 어디를 갔다 자정후(子正後) 당도(當到) 하신지라. 야중(夜中)에 어디를 갔다오시니까 주인(主人)이 문(問)한 즉(則), "오성산(五聖山)에 가서 큰 말뚝을 박고 온다" 하시더라. 차(此) 공사(公事)를 삼차(三次)를 행하시니라.

<천지개벽경(天地開闢經)>*임피 오성산에 큰 말뚝 세 개 박는 공사*임피(臨陂) 강장한(康壯翰)의 집을 종종(種種) 왕래(往來)하시더니 어느 날 임어(臨御)하사 계실세 밤(夜)중에 출행(出行)하시려 하거늘 장한(壯翰)이 놀래며 만류(挽留)하여 가로대 어찌하여 밤중(夜中)에 출행(出行)을 하시려 하나이까 하니 가라사대(曰) 내가 볼일(管事)이 있노라. 곧 돌아오리니(歸) 그리 알라(知) 하시며 가시더라. 장한(壯翰)이 자지않고 기다리더니 자정(子正)쯤 되여 오시거늘(來) 장한(壯翰)이 물어 가로대 야심(夜深)한 밤중에 어데(何處)를 다녀 오시나이까 하고 여쭈니 대답(對答)하여 가라사대 응 오성산(五聖山)에 다녀오느니라. 장한(壯翰)이 놀래며 다시 묻기를(問) 밤중에 오성산(五聖山)은 무슨 일로 다녀 오시나이까. 가라사대(曰) 큰 말뚝을(大橛) 박고(揷) 오는(來) 길이니라 하시였으며 그 후(後)에도 이와 같은(如此) 공사(公事)를 세(三) 차례(次例)나 보시였다 하니라.

증산 상제님이 집행하신 회문산 오선위기 혈은 세운을 주재하고 태모 고 수부님이 회문산 오선기혈을 옮겨놓은 임피 오성산 오선위기 혈은 도운 세 살림 비밀을 묻어놓은 곳입니다. 태모님을 부인하는 교파에서 천지공사의 비밀을 영원히 알 수 없는 이유는 핵심적인 종통문제가 이같이 건존 곤존 음양 하느님의 음양공사로 이루어졌기 때문에 영원히 반쪽밖에는 알 수가 없기 때문입니다.

문왕 도수의 주인공 안 운산 성도사(聖道師)님이 등천선화하신 후 교리기반 자체가 모두 붕괴되어 진리의 암흑시대가 잠시 찾아옵니다. 분노하거나 두려워 뛰는 자, 눈 질근 감고 있는게 의로움이라 생각해 웅크려 엎드린 자, 큰 대자로 누운 자, 진리의 새로운 저울과 잣대로 재고 있는 자 등 우종우형(于縱于衡), 우종우횡(于縱于橫)의 인사각지(人事刻之) 내용은 다양한 모습으로 연출됩니다.

흑운명월도수는 이같이 주위 사방이 검은 구름, 시커먼 장막으로 둘러싸여 뭐가 뭔지 모를 교의체계의 혼란(섣달 그믐) 속에 새로운 희망의 밝은 달이 느닷없이 휘영청 떠올라 천지공사의 전 면모 퍼즐이 비로소 소상하게 밝혀지는 도수입니다. 따라서 흑운명월공사로 인해 도안(都安) 세 살림 말복도수의 천지공사 전체퍼즐이 105제를 지나면서 사오미(巳午未) 개명(開明)도수로 샅샅이 밝혀집니다. 태모님은 이를 다음과 같이 말씀하십니다.

<선도신정경(仙道神政經)>*어느날 신정공사(神政公事)에 고후비님(高后妃任)께서 말씀하시니 이러하니라. 무신(戊申) 기유(己酉)에 천지(天地)가 개로(開路)하니 무우 뽑다 들킨격 되느니라 옥구(沃溝)는 닷줄 장상지지(將相之地)요 임피(臨陂)는 흑운명월(黑雲明月) 도수(度數)니라 하시며 또 가라사대 상제(上帝)께서 섣달 그믐날 저녁에 임피(臨陂)에서 달 뜨게 하셨음을 알라.

<증산도 道典>임피 오성산 말뚝이 태전 간다*추수도운의 텃밭:상제님께서 서산(西山)에 이르시어 공우에게 물으시기를 "공우야, 내가 텃밭을 찾아가는데 내 텃밭이 어디로 가야 있겠느냐?" 하시거늘 수부님께서 불쑥 대답하시기를 "당신 마음먹고 가시는 길이 텃밭 아닙니까?" 하시니라. 이어 공우가 상제님께 여쭙기를 "어디로 가시렵니까?" 하니 상제님께서 "임피로 해서 태전 간다." 하시니라.*<증산도 道典 5:299> *서산(西山):안운산(安雲山) 성도사(聖道師)님 고향 지명(瑞山)의 重意

<증산도 道典>임피 오성산 사명당 기운의 세 말뚝*하루는 새울 최창조의 집에 '사명당(四明堂)'이라 쓴 종이를 종처럼 매달아 놓으시고 "이 사명당 기운으로 사람 하나가 나오느니라." 하시니라.<증산도 道典 5:395> (오성산) 임피로 해서 태전간다. ☞오로봉전 태전해서 가을용 안씨 찾아간다(김천수 옹)<증산도 道典 6:74>"나의 일은 알다가도 모르는 일이라. 나의 일은 판밖에 있단 말이다."<회문산 오선위기혈은 단주해원 세운 공사, 임피 오성산 오선위기 혈은 단주해원을 매개해 초복, 중복 말복 도수 3명의 지도자 배출하는 교운공사(도운공사)로 음양공사임>

<박공우 성도 작고까지 15년간 모신 김일화(金日和) 子 김천수(金千洙:1927년 丁卯생 2004 년 증언)>* 상제님이 안내성 성도에게 **고수부님은 못자리 용이고, 차경석 성도는 이종용이고, 안 씨집으로 가을 용 찾아 간다. 삼인동행칠십리 오로봉전태전 해놓고 왜 태전을 찾는가? 어떤 가을용을 찾는가? 어떤 선생이 가을용인가?** 하늘나라 가서 임시도수 보고, **갓머리 밑에 계집녀 한 편안한 安 자, 安씨한테 내려와 인신합덕해서, 5만년 개벽선경을 만들 것이다.**(동영상 증언자료 원본)

<만법전(萬法典)-만세화(萬歲華)>*(본문)하원갑호시절(下元甲好時節)에 만고(萬古)없는 무극대도(無極大道) 흑운(黑雲)이 덮었으나 대도일월(大道日月)밝았도다 천황씨목덕운(天皇氏木德運)과 지황씨화덕운(地皇氏火德運)과 인황씨도덕운(人皇氏道德運)과 상생화합무궁도수(相生和合無窮度數) 황계염천(黃鷄炎天)맞춰 내니 삼인동행칠십리(三人同行七十里)라.

상제님 진리는 태모님 낙종물 세 살림 사명, 차 경석 성도 보천교 이종물 사명, 경만장 안내성 도안 추수도수 세 살림 사명 도수로 이루어져 있습니다. 그 중에서도 마무리 도수인 추수 사명 도수의 정체는 그동안 막연히 의통목을 목전에 두고 도운이 크게 굽이치는 숙구지 도수를 통해 임술생 성도사(聖道師)님 당대인 중복책임자 시절 의통목을 마무리하는 줄 알았습니다.

그러나 성도사(聖道師)님이 임진년2012 불현듯이 떠나시면서 말복도수를 거치지 않고 의통목이 열린다고 믿어왔던 기존의 중복살림 시절의 생각이 전적으로 잘못된 것임이 명확히 드러났습니다. 뿐만 아니라 이러한 잘못된 생각마저 사실은 상제님 은두장미(隱頭藏尾) 천지공사의 일부로 추수도수 세 살림마저 철저히 은폐되어 온 사실이 밝혀졌습니다.

숙구지(宿狗地) 공사는 안 운산 성도사(聖道師)님이 의통목 전에 마지막으로 도운을 굽이치는 공사가 아니라 태모 고 수부님의 무진년(1928) 구월도(九月度) 공사로 잠자는 개를 깨우는 숙구지 공사임이 역설적으로 증명되었으며 이로써 숙구지 도수와 말점도 도수를 받으신 성도사(聖道師)님이 이러한 문왕 도수의 여파로 해방이후 새로운 2변 판(증산교 대법사)을 개창한 것으로 드러났습니다.

뿐만 아니라 지금까지 안 운산 성도사(聖道師)님 살아생전 기존에 생각해 온 숙구지(宿狗地) 도수가 의통목을 앞두고 도운을 크게 여는 마무리 도수가 아니라 실은 해방이후 불과 2-3년 남짓에 임술 생(壬戌生) 안 운산 성도사(聖道師)님께서 잠에서 깨어나 보천교 해체이후 영락해진 수십만 신도의 영성을 성성히 깨워 추수도수 세 살림의 서막을 알리는 문왕(文王)의 도수임이 명확히 드러났습니다.

동시에 20년 말점도 공사 도수(文王의 유리羑里 유폐)를 받으신 문왕의 도수가 사실은 경만장 안 내성(安乃成) 성도에게 내리신 초복, 중복, 말복 세 살림도수 중 운암강수 만경래의 세 살림 싹을 틔운 초복(初伏) 도수임이 세상에 명확히 드러났습니다. 이는 역설적으로 상제님 천지공사가 일호(一毫)도 착오 없이 실로 무섭게 진행된다는 것을 보여준 사실입니다.

결론적으로 새로 출판되는 <십경대전>은 총 5막 9장(곤존 태모 고 수부님 낙종물 사명 도수 3막 5장 , 차경석 보천교 이종물 사명 도수 1막 1장, 安家 雲山도맥 운암강수(雲岩江水) 만경래(萬頃來) 김만경(金萬頃) 세 살림 추수 사명 도수 1막 3장)의 도운 전개 중 현재의 도운 상태인 5막 8장까지의 중복中伏도수 내용만 나오는 <증산도 道典>에서 부족했던 마지막 5막 9장의 말복末伏도수 공사내용 마저 모두 다 담아 상제님을 신앙하는 사람이라면 어느 단체에서 신앙하더라도 볼 수 있는 신앙보서가 되리라 자신합니다.

*<彌勒成佛經미륵성불경>*세존이시여, 미륵불을 뵈려면 장차 어떻게 착한 마음씨를 심어야 하오며, 계와 보시와 선정과 지혜의 힘을 어떻게 닦아야 하오며 어떤 마음으로 여덟 가지 바른길(팔정도)을 닦아야하나이까?
-과거세의 일곱 부처님 처소에서 부처님의 이름을 듣고 공양. 예배하여 위대한 공덕을 쌓아서 업을 깨끗이 한 사람이라야 미륵 부처님의 위대한 자비를 듣고 비로소 깨끗한 도심을 얻게 되느니라. 너희들이 이제 하늘나라의 즐거움과 인간 세상의 즐거움을 다 원하지 않고, 내 처소에 와서 오직 열반을 얻기 위해 부처님의 법에 돌아왔음은 다 전생부터 불법에 귀의하여 갖가지 선근을 심은 공덕이 있기 때문이로다. 석가모니 부처님께서는 다만 오늘날 나를 만나도록 내세의 인연만을 심어주시었느니라.-*

선천에서 지금까지는 금수대도술(禽獸大道術)이요 지금부터 후천은 지심대도술(知心大道術)이니라. 피차 마음을 알아야 인화(人和) 극락 아닐쏘냐. 마음 닦는 공부이니 심통(心通) 공부 어서 하라. 제가 제 심통도 못하고 무엇을 한단 말이더냐. 먼저 너 자신을 버려라.

2) 본론本論

2) 본론本論

1) 세운과 교운의 삼변성도(三變成道) 대국과 핵심 

증산 상제님 진리는 9년 천지공사와 태모 고 수부님 10년 천지공사인 도합 19년 천지공사로 이루어져 있습니다. 동학혁명을 거사했다가 실패하고 죽은 전 명숙(봉준) 장군을 필두로 한 선천 5만년 모든 만고 역신(逆神)은 교운(敎運)판에 부쳐 마지막 해원을 해 소멸케 하시고, 인륜기록의 시초이며 원의 역사의 처음으로 왕위승계를 못 받고 원억(冤抑)을 품고 죽은 단주(丹朱)를 필두로 한 만고원신은 한반도 오선위기의 세운(世運) 국제 정치(세계운로)판에 부쳐 모든 원한을 풀게 만들어 놓으셨습니다.

<선정원경(仙政圓經)>*차절(此節)은 현무경(玄武經) 법서(法書)에 십구자(十九者)난 천지이종지수(天地二從之數)라 하신 바 천수구도(天數九度)로 건존증산(乾尊甑山)께서 구년공사(九年公事) 설법(說法) 하시고 지수십도(地數十度)로 곤존고씨(坤尊高氏)께서 십년공사(十年公事) 설법(說法)의 원칙약초야(原則略抄也)라

<동곡비서(銅谷秘書):성화진경>*또 가라사대 "원한의 역사의 처음인 요임금의 아들 단주(丹朱)의 깊은 원을 끄르면, 그로부터 수 천 년 동안 쌓여온 모든 원한의 마디와 고가 풀릴지라. 대저 단주를 불초하다하여 천하를 맡기지 않고, 요임금이 그의 두 딸과 천하를 순(舜)임금에게 전하여주니 단주의 깊은 원을 뉘라서 만분의 하나라도 풀어주리요. 마침내 순임금은 창오산에서 죽고, 그 딸인 두 왕비는 소상강에 빠져 죽으니라. 그러므로 단주해원으로 위주하야 모든 일에 원한을 없게 하고, 해원의 노정으로 나가게 하노라."

<보천교普天敎 교전敎典>*무릇 머리를 들면 조리條理가 펴임과 같이 인륜기록人倫記錄의 비릇이오 원寃의 역사의 처음인 당요의 아들 단주의 깊은 원을 풀면 그뒤로 수천년數千年동안 쌓여 나려온 모든 원이 마듸와 고가 풀릴지라 대저大抵 당요唐堯가 단주丹朱를 불초不肖히 여겨 두딸을 우순虞舜에게 보내고 드디여 천하天下를 전傳하니 단주丹朱는 깊이 원을품어 그 분울憤鬱한 기운의 충동衝動으로 마침내 우순虞舜이 창오蒼梧에 죽고 두 왕비王妃가 소상消湘에빠진 참혹慘酷한일을 일우었나니 일로부터 원의 뿌리가 깊이 박이고 시대時代의 추이推移를 따라 모든 원이 덮붙여서 더욱 발달하야 드디여 천지에 가득차서 세상世上을 폭파爆破함에 이르렀나니

<보천교普天教 교전教典>*그럼으로 단주丹朱解원을 첫머리로하고 모든 천하天下를 건지려는 큰 뜻을 품고 시세時勢가 이롭지 못함을 인因하야 구족九族을 멸滅하는 참화慘禍를 당當하야 의탁依託할곳이 없이 한恨을 먹음고 천고千古에 떠도는 만고역신萬古逆神을 그다음으로하야 각各히 원통과 억울抑鬱을 풀어 혹或은 행위行爲를 바로살펴 곡해曲解를 발우며 혹或은 의탁依託을 붙여 영원永遠히 안정安定을 얻게 함이 곧 선경仙境을 건설建設하는 첫거름 이니라

<보천교普天教 교전教典>*원래元來 역신逆神은 곧 시대時代와 기회機會가 지은바라 그 회포懷抱를 일우지 못하야 원한이 하늘에 넘치거늘 세상世上사람들은 사리를 잘알지 못하고 그들을 미워하야 비比할대없는 악평惡評으로써 일용상어日用常語에 모든 죄악罪惡의 머리로 일커르니 역신逆神들은 그것을 크게 실혀하는지라 그러므로 이제 모든 역신逆神을 만물萬物가운데 시비是非없는 성수星宿로 붙여보내리라 하늘도 명천明天과 노천老天의 시비是非가 있고 땅도 후척厚瘠의 시비是非가 있고 날도 수한水旱의 시비是非가있고 때도 한서寒暑의 시비가 있으되 오직 성수星宿는 시비가 없나니라

<보천교普天教 교전教典>*전주모악산全州母嶽山은 순창회문산淳昌回文山과 서로 마주서서 부모산父母山이 되였으니 지운地運을 통일統一하려면 부모산父母山으로 비롯할지라 이제 모악산母嶽山으로 주장主張을 삼고 회문산回文山을 응기應氣시켜 써 산하山河의 기령氣靈을 통일統一할지니라 또 수운의 글에 「산하대운이진귀차도山河大運이盡歸此道」라하고 궁을가弓乙歌에 「사명당四明堂이 갱생更生하니 승평시대불원昇平時代不遠이라」하였음과 같이 사명당四明堂을 응기應氣하야 오선위기五仙圍碁로 시비를 끌으며 호승례불胡僧禮佛로 앉인판이되며 군신봉조君臣奉詔로 인금人金을 내이며 선녀직면仙女織綿으로 비단옷을 입히리니 일로써 밑자리를 정定하야 산하대운山河大運을 돌려 발음發陰케하리라

<대순전경 초판>*상생의 도로써 선경을 열고 조화도장(조화정부)을 세워 무위지화(행함 없는 다스림)와 불언지교(말없는 가르침)로 화민정세(백성을 교화하여 세상을 편안케) 할지니라. 무릇 머리를 들면 조리(두서, 맥락)가 펴짐과 같이 인륜기록의 원시(시원)요 원의 역사의 처음인 요자(요임금 아들) 단주의 깊은 원을 끌르면(풀면) 그 이하(뒤로) 수천 년 동안 쌓여 내려온 일체의 원이 마디와 고가 풀릴지라.

原文: 相生의 道로써 仙境을 열고 造化道場을 세워 無爲之化와 不言之敎로 化民靖世할지니라. 무릇 머리를 들면 條理가 페임과 갓치 人倫記錄의 原始오 寃의 歷史의 처음인 堯子 丹朱의 깁흔 寃을 글(끌)으면 그 以下 數千年 동안 싸혀 나리는 一切의 寃이 마듸와 고가 풀닐지라.

<대순전경 초판>*대저(무릇) 요가 단주를 불초(못나고 어리석음)히 여겨 2 녀(아황, 여영 두 딸)를 순에게 강(보내)하고 드디어 천하를 선(선양, 전)함에 단주는 깊

이 원을 품어 그 분울지기(분울한 기운)의 충동으로 마침내 순이 창오에서 붕어(임금의 죽음)하고 2 비(아황, 여영)가 소상(호남성 동정호 소상강)에 빠져 죽는 참사를 이루었나니 이로부터 원의 뿌리가 깊이 박히어 세대의 추이를 따라 더욱 발달하여 드디어 천지에 충색(가득 차)하고 인세(인간세상)를 폭파함에 이르렀나니

原文: 大抵 丹朱로써 不肖히 녁여 堯가 二女를 舜의게 降하고 드대여 天下를 禪함에 丹朱는 깁히 寃을 품어 그 憤鬱之氣의 衝動으로 마참내 舜이 蒼梧에 崩하고 二妃가 瀟湘에 빠(빠)지는 慘事를 이루엇나니 일로부터 寃의 쑤(뿌)리가 깁히 박히여 世代의 推移를 짜(따)라 더욱 發達하야 드대여 天地에 充塞하고 人世를 爆破함에 이르럿나니

<대순전경 초판>*그러므로 단주해원으로 위수(첫머리로)하여 모든 징청천하(맑고 깨끗한 천하)의 대지(큰 뜻)를 회포(품고)하고 시불리(시세가 이롭지 못해)로써 음한(한을 품어)하여 구족멸이(9족을 멸하는)의 참화(참혹한 화)를 당하고 무의무탁(의탁할 곳 없이)하여 천재표령(천고에 떠도는)하는 만고역신을 제 2로 하여 각기 원왕(원통과 억울함)를 끌러(풀어) 혹은 행위를 심리하여 곡해를 바로 잡으며 혹은 안탁(편안한 의탁)을 부쳐 영원히 안정을 얻게 함이 곧 선경건설의 초보(첫걸음)니라.

原文: 그럼으로 丹朱解寃으로 爲首하야 모든 澄淸天下의 大志를 懷抱하고 時不利로써 飮恨하야 九族滅夷의 慘禍를 當하고 無依無托하야 千載飄零하는 萬古逆神을 第二로하야 各히 寃枉를 글(끌)너 或은 行爲를 審理하야 曲解를 바루며 或은 安托을 붓처 永遠히 安靜을 엇게 함이 곳 仙境建設의 初步니라.

<용화전경>*하루는 공사를 행하실 새 "선천에는 상극지리로 인사가 도의에 벗어나 원한이 맺히고 살기가 가득하여 참혹한 재앙이 계속됨으로서, 이제 도수를 개정하야 신도를 바로 잡어 해원상생의 도로서 조화선경을 열어 창생을 구하리라. 해원의 첫머리로서 사천 수 백 년 전 당나라의 요임금의 아들 단주를 해원시킴으로, 지금까지 쌓여 내려온 모든 원한이 풀리리라." 하신지라.

<용화전경>*"요임금은 그 아들 단주가 불초함으로서 임금의 위(位)를 아들에 주지 않고, 순진한 농부인 순(舜)에게 자기의 직위를 물려주고, 또 자기의 딸 아황과 여영 두 형제를 순에게 결연(結緣)시킨지라. 고로 단주는 큰 원한을 품고 행악(行惡)을 계속하니 순임금은 창오(蒼梧)라는 땅에서 붕(崩)하고, 왕비가 된 아황과 여영은 소상강 대수풀에 눈물을 뿌리며 그 강에서 죽은지라. 고로 원한의 뿌리가 되고 국사와 천하사를 하려다 뜻을 이루지 못하고 참혹하게 죽은 뒤에, 구족의 멸망으로 참화를 당한 만고의 역신들이 의탁할 곳 없이 원한을 품은지라. 고로 이들을 해원시켜 선경건설에 역사케 하리라." 하시니라.

<대개벽경(大開闢經)>*말씀하시되, "당요, 우순의 세상에 단주가 정치를 했다면 요

복과 황복,(요복(要服)은 王畿에서 2천리 떨어진 변방. 황복(荒服)은 왕기에서 2500리 떨어진 변방)의 제도가 없어졌을 것이오, 만이(蠻夷:남만,동이)의 명칭이 없어졌을 것이오, 만 리가 지척처럼 가까워지고 천하가 일가했으리니, 요순시절의 도는 이에 비해 너무나 협소했노라." 말씀하시되, "단주의 원한이 하늘 끝까지 높이 사무쳐서 순이 호남성 창오에서 붕어하고, 아황과 여영 두 왕비가 동정호 소상 강에서 참혹하게 빠져 죽었노라."

-曰 唐虞之世 丹朱 爲之 要荒 無服 蠻夷 無名 萬里 咫尺 天下 一家 堯舜道隘也 曰 丹朱之寃 爲崇 舜 崩於蒼梧 二妃 慘於湘江-

<대개벽경(大開闢經)>*말씀하시되, "이로부터 쌓인 천하의 크고 작은 원한이 큰 화를 빚어내어, 인간세상이 거의 진멸지경에 이르렀으니, 그러므로 이제 단주의 원한을 풀면, 만고의 축적된 수많은 원한이 마치 매듭이 풀리듯이 풀리노라."

-曰 天下之大小積寃 釀大禍 人世 幾乎滅矣 是故 解丹朱之寃 萬古群寃 如結解也-

<대개벽경(大開闢經)>*말씀하시되, "선경세계에 단주가 세운(世運:정치판)를 통할하노라." 말씀하시되, "나는 만고의 역신(逆神)을 거느리노라." 말씀하시되, "만고역신이 온 천하를 경천위지하는 큰 재주를 갖고 광구천하의 큰 뜻을 품고 일어났으나, 시세가 불리하여 멸족의 화를 당하고 천추에 몰락했거늘, 반대로 세상 사람들로부터 역적 놈이라는 평을 받아 그러한 시비를 싫어하므로, 이제 각기 그들의 원을 따라, 만물가운데 시비가 없는 별자리로 붙여 보내어, 각기 안정시키노라." 말씀하시되, "하늘도 명천과 노천의 시비가 있고, 땅도 후토와 박토의 시비가 있고, 날도 수한의 시비가 있고, 때도 한서의 시비가 있으되, 오직 성수는 시비가 없느니라."

-曰 仙世 丹朱 統轄世運 曰 我 率萬古之逆神也 曰 萬古逆神 抱經天緯地之大才 懷匡救天下之大志 以時不利 當滅族之禍 零落千秋 反受逆漢之世評 惡人是非故 各遂其願 安定星宿也 曰 天有明老之是非 地有厚薄之是非 日有水旱之是非 時有寒署之是非 獨於星宿 無也-

*<대순전경 초판>*김 형렬이 가로대 선생께서 공사를 행하실새 단주를 자미원에 부치사 칠성을 주재하야 써 일체성수를 관장하며 인간의 수명복록을 사리(맡아 다스림)케 하셨으니 그러므로 약장에 단주수명과 칠성경을 쓰셨다하고 일반 문인(문하 종도)의 설을 의거하건대 단주로써 세운(세상 정치운로)을 관장케 하사 현세대국(현 세상 대국)이 그의 기법(바둑의 기법)에 응하여 기축(정치운로 중심)을 전개케 하셨으니 회문산을 부산(아버지 산)으로 하여 오선위기(다섯 신선이 바둑을 두는 형국)를 응기케 하심이 차(이)로 인함이니 대개 기법(바둑의 기법)이 단주로부터 시작한 까닭이라 하니

原文: 金 亨烈이 가로대 先生께서 公事를 行하실새 丹朱를 紫微垣에 붓치사 七星을

主宰하야 써 一切 星宿을 管掌하며 人間의 壽命福祿을 司理케 하셧스니 그럼으로 藥藏에 丹朱壽命과 七星經을 쓰셧다하고 一般門人의 說을 據하건대 丹朱로써 世運을 管掌케하사 現世大局이 그의 碁法에 應하야 機軸을 展開케 하셧스니 回文山을 父山으로 하야 五仙圍碁를 應氣케 하심이 此로 因함이니 大盖 碁法이 丹朱로부터 始作한 까(까)닭이라 하니

*<대순전경 초판>*이제 제설(많은 학설)을 종합하고 선생의 유물과 법언과 문명을 고찰컨대 약장에 단주수명과 칠성경을 쓰셨고 법언에 단주를 해원한다 하셨으며 중천신산으로 하여금 복록을 맡아서 균분케 한다 하셨으며 산하대운을 돌리실 새 회문산을 부산(아버지 산)으로 하여 그 오선위기를 응기케 하시고 대운이 기(바둑판)와 여(같이)히 전개되리라 하셨으니 독자는 천지공사에 단주해원이 큰 의의가 있음을 생각할지어다.

原文: 이제 諸說을 綜合하고 先生의 遺物과 法言과 文明을 考察컨데 藥藏에 丹朱壽命과 七星經을 쓰셧고 法言에 丹朱를 解寃한다 하셧스며 中天神山으로 하여금 福祿을 맛허서 均分케한다 하셧스며 山河大運을 돌니실 새 回文山을 父山으로 하야 그 五仙圍碁를 應氣케 하시고 大運이 碁와 如히 展開되리라 하셧스니 讀者는 天地公事에 丹朱解寃이 큰 意義가 잇슴을 생각할지어다.

侍

한반도를 중심으로 벌어지는 오선위기 세운판은 3막인 1) 애기판, 2) 총각판, 3) 상씨름의 삼세판으로 만고원신의 대 천지 해원굿을 차례대로 연출하며 대단원의 막을 내리게 되며, 초장봉기지세(楚將蜂起之勢)의 난법 교운판 속에서 천하사 일꾼들이 출현하는 도운판 운로 역시 3막인 1) 낙종물 사명, 2) 이종물 사명, 3) 추수 사명 등의 삼세판을 배경으로 만고역신의 천지 해원굿을 차례로 연출해 가게 됩니다.(3변성도의 전체 틀은 敎運, 추수사명의 세 살림은 道運)

그리하여 추수 사명 세 살림의 마지막 정점인 세 번째 도안(都安) 말복살림에서 최첨단 현대의학으로도 전혀 손댈 수 없는 한반도 49일, 전 세계 3년 괴질이 창궐하는 의통목이 닥칠 때 천하사 6임군 의통(醫統) 성업으로 인류를 구원하도록 도수(運路;스케쥴)로 짜놓으셨습니다.

<동곡비서>* 또 가라사대 "일을 해야 되니 김 성국을 데리고 오라. 천지공사를 결정하자. 우리끼리 일했으나 나의 일은 판밖에 있단 말이다." 또 손을 오므리시고 "이

손안에 무엇이 있는 줄 아느냐? 방안에 일을 두고 마당에서 야단친단 말이다." 또 가라사대 "나의 일은 상씨름 씨름판과 같으니라.

<동곡비서>*상씨름 딸 사람은 술이나 먹고 잠이나 자면서 누워서 시치렁코(시치렁코) 있다가, 상씨름이 난다고(나온다고) 야단들 칠제 그때야 일어나서 판 안에 들어와서 '어우(어유), 상씨름 구경하러 가자. 끝이(끝내기) 여기 있다. 노른(누런) 장닭 두 홰 운다. **상 씨름꾼 드르오라(들어오라)' 벽역(벽력)같이 고래장치니 어느 뉘가 당적 할까. 허허 허 참봉이로고. 소 딸 놈은 거그(거기) 있든감만. 밤새도록 헛 춤만 추었고나. 육각소리 높피 뜨니 상씨름이 끗이 났다.**" 하시니라.*<동곡비서>

<대순전경 초판>*현하(오늘날, 현재)의 대세가 씨름판과 같으니 애기판과 총각판이 지난 뒤에 상씨름으로 판을 마치느니라.
原文: 現下의 大勢가 시름판과 갓흐니 애기판과 총각판이 지난 뒤에 상시름으로 판을 맛치나니라.

<대개벽경(大開闢經)>*"내 일은 세 번 변하여 판을 이루노라. -我事 三變成局也-"

<대개벽경(大開闢經)>*말씀하시되, "바야흐로 지금 천하의 운세가 씨름판과 같아, 먼저 <애기 판(동몽지시)> 씨름이 있고 다음에 <총각 판(총각지시)> 씨름이 있으며, 마지막 결승씨름판으로 연장자끼리 하는 <상씨름 판(장자지시)>이 있어 판을 마치나니, 그러므로 상씨름을 원하는 자는 판 밖에서 잘 먹고 힘을 길러, 상씨름이 넘어가는 막판에 한번 기세를 몰아부쳐 판을 매듭짓느니라."

-曰 方今天下之勢 如脚戲 先有童蒙之試 次有總角之試 末有長子之試 終局 故 願上試者 在局外 飽食助力 上試末勢 一起而結局也-

<용화전경>*천하대세가 씨름판과 같으니, 애기 판이 지나고 또 총각 판이 지난 후에 상씨름이 붙나니, 씨름판에 소가 나가면 판을 걷게 되느니라 하시고, 또 씨름판대는 삼팔선에 두고 만국재판소는 우리나라에 두노라 하신지라.

첫 번째 씨 뿌리는 낙종물 사명이 1.대흥리, 2.조종골, 3.(왕심리-통합교단-오성산) 세 살림이듯이 두 번째 차 경석 성도의 보천교(원명은 普化教) 이종물 사명에 이은 마지막 추수사명 역시 숙구지(宿狗地) 초복도수로 깨어난 문왕이 기두(起頭)하는 도안(都安) 세 살림입니다. 경만장 안 내성 성도의 운암강수 만경래의 초복, 중복, 말복 도수는 바로 문왕이 일으킨 초복 세 살림 속에서 새 움이 트는 도안(都安) 세 살림으로 이루어져 있습니다.

문왕 도수 주인공의 동정에 따라 도안 세 살림의 전체 윤곽이 드러나는 이유는 문왕의 도수를 부치신 문 공신 성도의 집 벽 위에 인사각지(人事刻之) 정의도(情誼圖) 공사를 보셨기 때문입니다. 상제님은 낙종물 사명자와 이종물 사명자는 태모 고 수부님과 차 경석 성도로 명확히 공개해 놓으셨습니다. 그런데 추수 사명자는 누구인지 명확히 밝히지 않으시고 천지도수 속에 깊이 감추어 놓고 당사자만이 때가 되면 시절화(時節花)로 피어나 이 모든 비밀을 공표하게끔 질정(質定)해 놓았습니다.

그렇기 때문에 그 때가 오기 전인 105년간은 초나라 장수 벌떼처럼 일어나 각기 교단을 만들고 마치 청음, 남주처럼 자신이 마지막 추수사명자인 듯이 모두 착각하도록 만들어 놓았던 것입니다. 결론적으로 백오제(百五除) 105년간의 난법은 절대악이라기 보다는 진법을 양육하는 통과의례였던 셈입니다. 결국 105년간 난법의 해원 과정을 거치지 않으면 결코 진법이 나오질 않게 되어있는 것이 증산 상제님 9년 천지공사와 태모 고 수부님 10년 신정공사의 본질이자 속성이었던 것입니다.

이는 마지막 추수 사명자가 숙구지 문왕의 도수로 일어나 도안의 세 살림을 일으키도록 3초 끝에 대인출세라는 세 살림 도안(都安)공사로 꾸며 놓고 동지한식백오제(105년)를 넘어서서 사오미 개명도수에 즈음해 비로소 마지막 말복 살림이 드러나도록 해야 했기 때문입니다. 따라서 백오제(百五除) 이전의 105년간의 세월은 사실상 전체 퍼즐이 봉인된 채 암흑에 가려진 신앙을 해야 하는 눈뜬 봉사 시대일 수밖에는 없는 기간이었습니다.

엄밀하게 말하면 상제님조차도 당대의 추종성도들이 물어보는 것을 적당히 대답하며 엄벙덤벙 천지공사를 보셨습니다. 다들 당대에 일이 되는 줄 알고 있어 당대에 일어나지 않는다고 명확히 밝히면 모두 도망가기 때문에 인간적으로는 안 되었지만 천지공사를 집행하기 위해 적당히 둘러대는 것은 어쩔 수 없는 일이었습니다.

김 경학 성도는 심지어 내일이면 어천하시려 하는 상제님께 무소불위의 절대신권으로 제위에 오르시라 권하다가 제위에 오르지 않는 상제님께 지금까지 우리가 따른 것은 헛일이니 모두 손잡고 물러가겠노라고 반발까지 한 바 있었고 상제님 어천이후 도리원파(桃李園派)를 개창한 김 광찬(金光贊) 성도도 말년에 배신해 비참하게 죽은 바 있고, 태모님도 당대에 매듭짓는 줄 아는 종도들에게 늘 참다운 사람이 없다 하시며 쓰지 못하는 검불들만 잔뜩 모아 놓았다 하실 정도였습니다.

<대순전경 3판>*천사 천지공사를 마치셨음을 종도들에게 성명(聲明)하시니, 경학이 여쭈어 가로대, 공사를 마치셨으면 나서시기를 바라나이다. 가라사대, 사람들이 없으므로 나서지 못하노라. 경학이 가로대, 내가 비록 무능하오나 몸이 달토록 두 사람의 일을 대행하려 하나이다. 가라사대 그렇게 되지 못하느니라. 경학이 가로대, 그러면 우리는 모두 쓸데없는 사람이오니 선생을 따른들 무슨 소용이 있으리이까 하고, 모든 종도들에게 일러 가로대, 우리는 다 복 없는 사람이니 함께 손잡고 물러감이 옳도다 하고 일어서서 문 밖으로 나가니, 천사 드디어 누으사 여러 가지 병을 번갈어 앓으시며 가라사대, 내가 이러한 모든 병을 대속하여 세계 창생으로 하여금 영원한 강령을 얻게 하리라 하시더라.

侍

인사각지(人事刻之)로 짜놓은 의혹의 천지공사, 인사문제 퍼즐(百年塵)이 동지한식백오제의 기간(1909-2014) 동안 아무도 알지 못하다가 문왕의 도수 기두와 퇴장을 중심으로 인사비밀의 전 면모와 핵심이 사오미(巳午未:계사(1913), 갑오(1914),을미(1915)) 개명장(開明場)에 훤히 드러나게 짜놓았기 때문입니다.(日出寅卯辰 事不知 日正巳午未 開明)

건존 상제님, 곤존 태모님 19년 천지공사의 총 결론인 추수 세 살림 공사는 안 내성 성도 공사에게 집중되어 있어 그동안 증산 상제님 기유년(1909) 어천 이후부터 동지한식백오제冬至寒食百五除의 105년 동안 상제님을 신앙하는 범 증산 교단계열에서 나름대로의 교리를 내세워 종통을 내세운 것은 다들 단체운영을 위한 과도기적인 고육책(苦肉策)에 불과한 것으로 드러납니다.

네이버 지식백과 한식[寒食] <한국세시풍속사전>에 의하면 한식이 동지 후 105일째 되는 날인 것은 28수(宿)의 하나이며 불을 관장하는 심성(心星)이 출현하는 것이 이때이기 때문인데, 한식은 고대의 개화(改火) 의례에서 유래한 것으로 생명이란 오래되면 소멸하기 때문에 주기적 갱생이 필요하다고 여겼으며 오래 사용한 불

(舊火)을 끄고 새로 불(新火)을 만들어서 사용하는 과도기라 합니다. 이 말을 동지한식백오제의 천지공사에 적용하면 결론적으로 각 교파마다 한식 이전에 사용해 온 낡은 진리의 불(부분적 퍼즐조각 진리)은 꺼지고 인사각지(人事刻之)로 짜놓은 전체 퍼즐의 모습이 드러나는 기점(起點)이 바로 동지한식 백오제 과도기를 지나면서부터란 의미입니다.

증산 상제님, 태모 고 수부님 천지공사 추수 사명의 총 결론은 안 내성 성도를 통해 보신 갖가지 다양한 공사에 집중되어있습니다. 본 <통합경전> 출간은 동지한식 백오제를 맞이하는(2014) 사오미 개명(2013, 2014, 2015) 시간대를 맞이하여 냉대 모함 중상모략 설움으로 점철된 만고풍상 인고의 세월로 빚어진 풍류주(風流酒) 한恨의 역사 누룩주 한 잔으로 백오제 세월동안 켜켜이 누적시켜온 모든 의혹(百年塵)을 모두 떨어내고 상제님 천지공사의 전체퍼즐이 선달 그믐날 저녁에 임피(臨陂)에서 수면위로 달뜨게 만든 임피(臨陂) 오성산 흑운명월(黑雲明月) 도수(度數)에 의한 것입니다.

곤존 태모 고 수부님은 증산상제님 9년 천지공사와 함께 10년 음양 짝 천지공사를 보셨습니다. 증산 상제님이 세운(世運)을 부치신 순창 회문산 오선위기 혈 사명당 기운을 임피 오성산에 옮기어 추수 종통의 세 살림이 문왕의 도수를 중심해 일어나도록 꾸미시고 마지막 세 번째 말복도수는 통일도수인 진법 윷판도수로 지금까지 명멸해 온 모든 판 안의 난법이 통일되도록 하시는 공사를 보셨습니다. 증산 상제님은 태모님이 후속집행하실 이 세 살림 공사를 위해 야밤에 오성산에 출타하시어 미리 천지에 큰 말뚝을 박아 질정(質定)하시는 공사를 집행하셨습니다.

<증산교사(甑山敎史)>*고부인(高夫人)이 마당에 혼도하거늘... 소생하여 일어나 앉으며 기괴한 음성으로 경석을 향하여 누구임을 묻거늘 경석이 자기의 성명을 고한대 또 무슨 생임을 묻거늘 경진생(庚辰生)임을 고하니 가로대 『나도 경진생이라 속담에 동갑장사 이 남는다 하나니 우리 두 사람이 동무장사하자』 하고 또 생일을 묻거늘 유월 초하룻날임을 고하니 가로대 『내 생일은 삼월 스무엿샛날이로니 **그대는 이종(移種)물을 맡으라. 나는 낙종(落種)물을 맡을 것이오. 추수(秋收)할 사람은 다시 있나니라.**』 하니 그 음성이 천사(天師)의 음성과 흡사하였다.

<선정원경(仙政圓經)>*증산(甑山)께옵서 임피읍(臨陂邑) 강장한(康壯翰) 집에 종종(種種) 내왕(來往) 하신 중 **한번은 모야(暮夜) 중(中) 어디를 갔다 자정후(子正後) 당도(當到) 하신지라. 야중(夜中)에 어디를 갔다오시니까 주인(主人)이 문(問)한 즉(則), "오성산(五聖山)에 가서 큰 말뚝을 박고 온다" 하시더라. 차(此) 공사(公事)를 삼차(三次)를 행하시니라.**

<천지개벽경(天地開闢經)>*임피(臨陂) 강장한(康壯翰)의 집을 종종(種種) 왕래(往來)하시더니 어느 날 임어(臨御)하사 계실세 밤(夜)중에 출행(出行)하시려 하거늘 장한(壯翰)이 놀래며 만류(挽留)하여 가로대 어찌하여 밤중(夜中)에 출행(出行)을 하시려 하나이까 하니 가라사대(曰) 내가 볼일(管事)이 있노라. 곧 돌아오리니(歸) 그리 알라(知) 하시며 가시더라. 장한(壯翰)이 자지않고 기다리더니 자정(子正)쯤 되여 오시거늘(來) 장한(壯翰)이 물어 가로대 야심(夜深)한 밤중에 어데(何處)를 다녀 오시나이까 하고 여쭈니 대답(對答)하여 가라사대 응 오성산(五聖山)에 다녀오느니라. 장한(壯翰)이 놀래며 다시 묻기를(問) **밤중에 오성산(五聖山)은 무슨 일로 다녀 오시나이까. 가라사대(曰) 큰 말뚝을(大橛) 박고(揷) 오는(來) 길이니라 하시였으며 그 후(後)에도 이와 같은(如此) 공사(公事)를 세(三) 차례(次例)나 보시였다 하니라.**

<증산도 道典 5:395>임피 오성산 사명당 기운의 세 말뚝*하루는 **새울 최창조의 집에 '사명당(四明堂)'이라 쓴 종이를 종처럼 매달아 놓으시고 "이 사명당 기운으로 사람 하나가 나오느니라**." 하시니라.

이는 문왕의 도수와 독조사 공사 그리고 이윤의 도수를 맡은 문공신 성도 집 벽위에 인사각지(人事刻之) 정의도(情誼圖)를 붙여놓아 상제님 재세시(在世時)에 보신 모든 천지공사의 인사 비밀내용이 문왕(文王)의 추수도수 주인공을 중심으로 세 살림으로 짜여져 있기 때문입니다.

정의도(情誼圖)는 문왕의 도수를 받은 인물의 기두(起頭)와 동정에 변화가 일어나면서 운암강수 만경래 초중말복 세 살림 도수의 인사문제(人事刻之)가 표면적으로 드러나게 만든 생생하게 살아 움직이는 정교한 오토매틱 청사진입니다. 정의도의 천지지주장(天地之主張)은 천지가 주장한다는 것이요, 음양지발각(陰陽之發覺)은 대우주 음양원리가 품고 있는 인사문제의 가장 중요한 천기(天機), 현기(玄機)가 때가 되면 세상에 터져나와(발각) 만물지수창(萬物之首唱(倡))으로 알려진다는 뜻입니다. 결국 때가 되면 천지가 인사문제의 현기, 천기를 활짝 터뜨려 세상에 드러낸다는 것이 천지지주장(天地之主張) 음양지발각(陰陽之發覺)입니다.

인사각지(人事刻之)란 증산 상제님께서 천지도수로 프로그래밍 해 스스로 작동되도록 운로(運路)로 짜놓은 인사문제의 자동화 청사진, 다시 말해 종통(宗統)의 오토매틱(automatic) 설계도입니다. 이 설계도는 시간이 째깍째깍 지나면서 바로 정해진 그 시간이 되면 현실 속에서 일을 맡은 주역이 한식 청명의 3월우(三月雨)를 맞고 시절화(時節花)로 피어나도록 작동 되게 만든 정교한 마법의 청사진입니다. 만물지수창(萬物之首唱(倡))은 인사의 주인공이 만물의 우두머리임을 주장 또는 인도해 간다는 것입니다. 결국 인사각지(人事刻之)로 입력해 넣은 중심인물이 때가 되면 그 프로그램에 의해 진리판의 리더로 등장해 바른 길로 인도(倡)한다는 것입니다.

<보천교普天敎 교전敎典>*사월四月에 공신公信의집 벽壁에 정의도情誼圖를 그려 붙이시고 구릿골로 돌라 오신후에 백남신白南信에게서 돈천냥千兩을 갖어오사 김준상金俊相의 집에 방房 한간間을 수리修理하고 약방藥房을 차리실새 공우公又로 하여금 고부古阜에 가서 장판을 사오라하사 깔으시며 가라사되....

<동곡비서>*11월에 고부 와룡리에 이르사 신경수의 집에 머무르시며 종도 20여명을 동리 문공신(文公信)의 집에 모으시고, -천지지주장 만물지수창 음양지발각(天地之主張 萬物之首倡 陰陽之發覺)-이라 쓰시며, 기국 중앙에 다섯 장점을 배치함과 같이 정의(情誼) 다섯을 쓰시고, 네귀와 중앙에 글을 쓰사 문공신의 집 벽상에 붙이시고.....

<대순전경 초판>*12월에 고부 와룡리에 이르사 신 경수의 집에 머무시며 종도 20여인을 동리 문 공신의 집에 모으시고 "천지지주장(天地之主張), 만물지수창(萬物之首唱), 음양지발각(陰陽之發覺)"이라 쓰시며 기국(바둑판) 중앙에 다섯 장점(화점)을 열치(배치포석)함과 같이 "정의(情誼)" 두 자를 지면 사우(네 모퉁이)와 중앙에 열서(벌여 적음)하사 문 공신의 집 벽상(벽 위)에 붙이시고

原文: 十二月에 古阜 臥龍里에 이르사 申 京守의 집에 머므르시며 從徒 二十餘人을 同

里 文 公信의 집에 모으시고 "天地之主張, 萬物之首唱, 陰陽之發覺"이라 쓰시며 棋局 中央에 다섯 將點을 列置함과 갓치 "情誼" 二字를 紙面四隅와 中央에 列書하사 文 公 信의 집 壁上에 붓치시고

곤존 태모 고 수부님의 정읍 대흥리 포정소& 보천교 본소 헐린 터 잔존 유적지

상제님 9년 천지공사와 태모님 10년 천지공사의 결론은 세운과 교운(도운) 두 줄기에 모아져 있습니다. 세계 정치운로인 세운(世運)과 세운의 변화 속에서 물중전(백화점)의 본(모델)처럼 초나라 장수들 벌떼처럼 일어나는 초장봉기지세의 온갖 교단 속에서(敎運) 숙구지 문왕 도수 사명자가 역경만첩을 딛고 세 살림 추수 도운의 진법을 들춰내어 마지막 통일 윷판말복 도수로 모든 것을 매듭짓고 의통 성업을 이루는 진법도운(眞法道運)이 상제님 진리의 결론입니다.

진법도운의 종통맥은 총 5막 9장으로 이루어져 있습니다. 1막은 곤존(여성 하느님)

곤존 태모 고성후비님 10년 신정공사 집행한 낙종물 둘째살림 조종골 중조마을 도장터.

태모 고 수부님의 대흥리 선도교(태을교) 교단개창으로 씨를 뿌린 낙종물 사명으로 모두 세 살림으로 이루어져 있습니다. 첫 살림은 신해년(1911) 상제님 성탄치성을 모신 후 쓰러지셨다가 도통한 이후 교단을 개창한 대흥리 살림입니다. 후천은 음이 체가 되므로 삼라만상의 곤음의 상징이자 만 여성의 대표로 교단을 개창하심으로써 예수의 수석 제자인 마리아 막달레나 조차 베드로를 비롯한 남성 사도들로부터 축출되어 초대교황에 오르지 못한 선천의 한계를 넘어서서 역사상 처음으로 후천개벽을 맞이하여 상제님 진리권에서 남녀평등을 처음으로 이뤄주신 것입니다.

곤존 태모 고성후비님 10년 신정공사 집행한 낙종물 둘째살림 조종골 중조마을

나머지 두 살림은 강(姜)씨 성 집성촌인 조종골 두 번째 살림과 ①왕심리 살림 ② 왕심리–동화교와의 통합 살림의 과도기를 거쳐 ③오성산 세 번째 살림으로 1926년부터 1935년 어천하실 때까지 10년 천지공사 대단원의 음도수를 마치시기까지가 1막 5장의 낙종물 사명입니다. 2막은 차 경석 성도의 일제하 600만 보화교(보천교) 시대의 이종물(이앙) 1막 1장 사명이고 마지막으로 3막은 안 내성 성도에게 부치신 경만장 운암강수 만경래 김만경 평야 세 살림 추수 사명으로 3막 3장으로 이루어져 있습니다.

태모님께서 머무신 왕심리 살림 터
태모님 세 번째 살림은 왕심리, 왕심리-용화동 통합교단, 오성산 3살림으로 이루어짐

그런데 교단개창 사명과 10년 천지공사 집행을 하시는 태모님 낙종물 사명 자체가 대흥리로부터 출발해 조종골 두 번째 살림을 이어 왕심리 살림을 거쳐 과도기인 이 상호와의 용화동 통합교단을 거친 뒤 마지막 오성산 등 세 살림으로 이루어져 있으며 대흥리 살림 시절은 차 경석 성도가 예문납객(禮門納客)이라 해서 태모님 방에 발을 치고 자신을 통해서만 신도에게 인사를 받게 한 고립정책이 있었습니다.

또한 이 상호(본명:明鐸)·이 성영(본명:誠鐸) 형제 두 사람은 목포에 수감되었을 적에 모든 책임을 얼굴도 모르는 태모님에게 덮어씌워 태모님으로 하여금 감옥생활하게 만든 적도 있을 정도로 파렴치한이었습니다. 뒤에는 자신들이 주인공 추수사명자인 해도진인(海島眞人)으로 자처하여 욕속부달(欲速不達)의 허황된 욕심으로 자신들에게 진리를 전해준 스승이자 이종물 사명자인 차 경석 교주를 조속히 옹립시킨 뒤 차 교주를 축출하여 교권을 차지하고자 공개적으로 보천교 혁신운동을 벌이기도 했습니다.

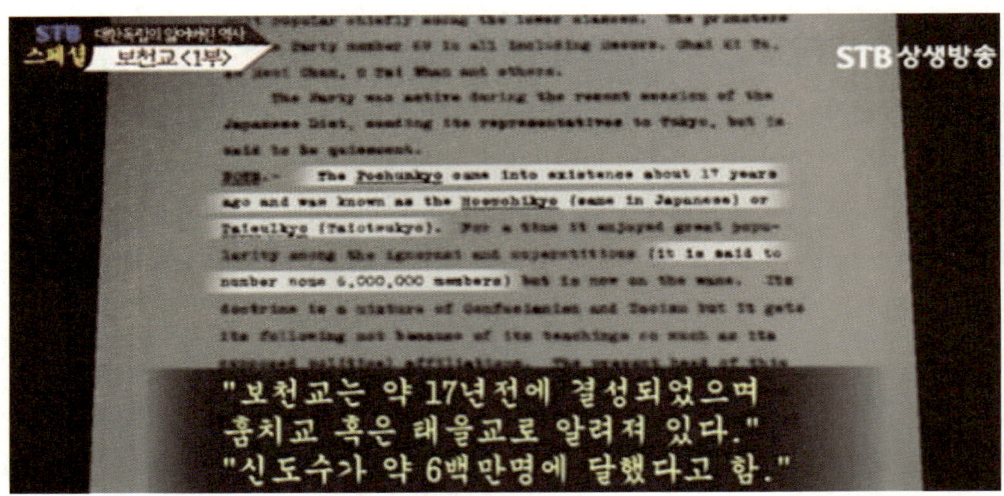

조선총독부 공식집계 기독교 인구 20만 시절 <미 워싱턴 문서보관소>의 600만 신도 보천교 통계 기록&<동경 유형문화재 자료실>의 조선총독부 공식자료 中 600만 신도 보천교 통계 기록. <미 국립문서보관서 발굴자료>는 일제하 미국 총영사 밀러가 미 국무장관에게 보고한 식민지 백성의 동향 보고서. 1925년 일제하 <치안유지법>이 발동되면서 가장 강력한 항일 민족운동단체 <보천교>의 신도가 당시 600만이었음을 보고함. 총영사 밀러가 미국 본국에 보고한 내용에 600만명이 1920년대에 한국인들이 신앙한다고 적은 것이다. 당시 조선 인구가 약 1900만 명 임을 감안하면 일제강점시 대한의 백성들은 3명 중 1명은 『보천교』를 믿었던 것이다.

Taieulkyo (Taiotsukyo). For a time it enjoyed great popularity among the ignorant and superstitious (it is said to number some 6,000,000 members) but is now on the wane. Its doctrine is 600백만명 onfucianism and Taoism but it gets its following not because of its teachings so much as its supposed political affiliations. The present head of this body is one Cha Kyung Suk who is sometimes called "Emperor

보천교 6백 만 신도를 밝힌 미 국무성 밀러 보고서

게다가 당시 서슬 퍼런 일제당국에게 이중으로 매수되어 사주를 받은 청음 이상호·이 성영(정립) 형제는 비밀교단인 보천교와 신비의 베일에 싸여 얼굴도 모르는 차 경석 성도를 조선총독부에 공개화 시키기 위해(보천교 양해사건) 경성 경무국 수사원, 경기도 경찰국 5인을 직접 인솔 안내해 차 교주 비밀거처인 함양 황석산 입구 우전리에 숨어있던 차 경석 교주에게 직접 찾아가 교주신상 및 교단공개를 압박해 결국 공개시킵니다.(비밀교단의 모든 정보를 공개하면 비밀포교를 용인)

이 상호가 주도한 이 "보천교 양해" 사건은 일제하 비밀 방주제도로 운영하던 보천교가 향후 일제에게 보천교의 모든 비밀을 공개해야 하는 운명으로 바뀌고 이를 계기로 일제하 보천교를 강제 해체할 수 있는 법률적 근거인 "보천교 신법"이 제정되고 끝내는 1936년 일제에 의해 강제 해체당하는 불행한 변곡점이 됩니다.

이 사건으로 인해 일제는 조선총독부 공식 통계상 600만 신도로 식민지 치하에서라도 폭발성이 강해 함부로 다룰 수 없어 전전긍긍하던 민족종교 보천교를 비로소 손바닥 위에 발가벗겨 놓고 주도적인 입장에서 형식적인 소위 밀당을 하며 언제든지 조직적으로 그리고 정책적으로 탄압할 수 있는 계기를 마련한 셈이 됩니다. 당시 국내 종교 상황을 보면, 기독교 불교를 포함 일제하 거의 모든 종교가 공개적으로 창씨개명까지 하면서 친일로 변절한 탓에 일제로부터 탄압받을 명분과 이유가 없었던 시절입니다.

그러나 유일하게 거액의 독립운동 자금을 대며 강력한 항일 독립운동을 벌인 증거로 조 만식 목사 보천교 독립운동 자금 30만원 전달 미수사건, 보천교 재무책임자 북집리 김 홍규(탄허 스님 부친) 자택 마루밑 항아리 10만원 보천교 자금 독립운동 군자금전달 미수사건, 제주도 태을교 독립운동 군자금 전달 미수사건 등 보천교 독립운동 자금 전달 미수사건이 국내 주요 3대 신문인 조선, 동아, 시대일보에 대서특필되어 어떤 구실이라도 있으면 강력한 탄압을 하려 벼르던 때였습니다. 최근에 만주 일본군을 전멸시킨 김 좌진 장군의 청산리 전투의 독립무장항쟁의 군자금이 보천교 자금이었다는 학계 연구발표가 있었습니다.

아래 –<보천교, 천도교 동향파악지도> 일제가 『보천교』와 천도교의 분포도를 그려놓고 감시했다. 이 지도를 보면 전국 방방곡곡에 『보천교』가 없는 곳이 없음을 알 수 있다. 제주도와 울릉도에도 『보천교』는 있다. 우리는 무엇을 배운 것인가. 무엇을 알지 못하도록 강요당한 것인가. 식민권력은 1915년 「포교규칙」을 제정해 『보천교』를 '종교 유사단체' 곧 '유사종교'로 분류해 버렸다. 식민권력의 종교 통제정책은 성공했다.

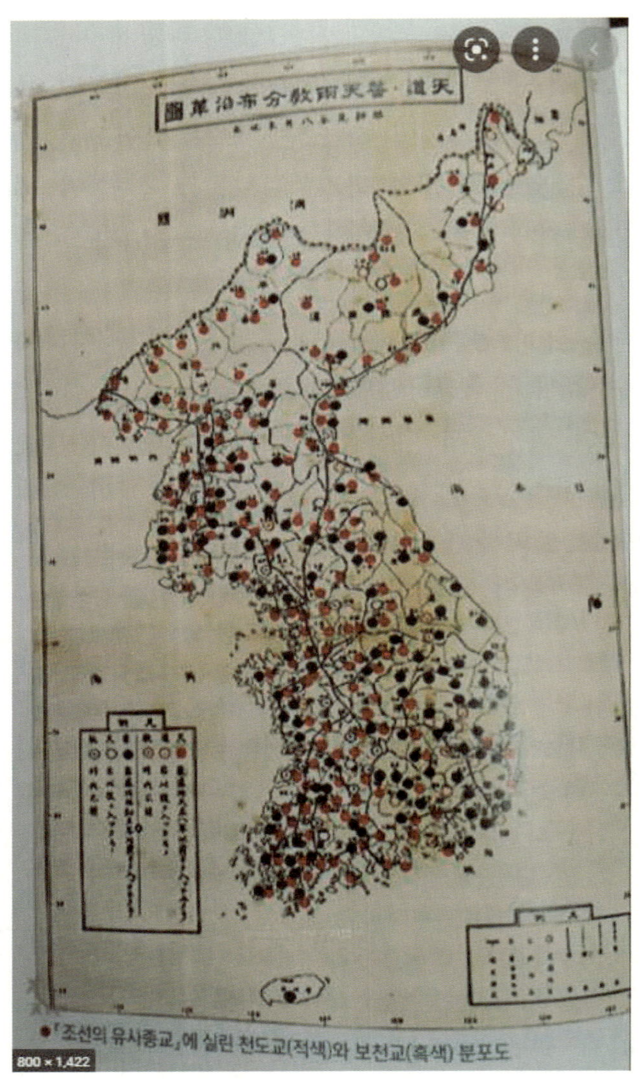
●「조선의 유사종교」에 실린 천도교(적색)와 보천교(흑색) 분포도

식민지 상황에서 엄청난 교세를 확보했던 『보천교』는 1936년 차월곡의 사망과 함께 해체되어 버렸고, 해방 이후, 아니 현재 우리들의 기억 속에 거의 남아있지 않게 되었다. 기억하는 사람들조차 식민권력이 생성해 놓은 부정적 이미지로 남아있을 뿐이다. 당시 『보천교』가 잘못한 죄라고는 일제강점기에 교단을 형성한 죄, 자칭·타칭 600만이라는 수많은 조선 민중과 함께 했던 죄, 그런 만큼 자금이 많았던 죄, 그리고 식민지라는 어려운 상황에서 국외로 나가지 않고 국내에서 살아남기 위해 발버둥친 죄밖에는 없는데도 말이다. 『보천교』는 물산장려운동을 주도하고 「독립자금」의 황금맥 역할을 묵묵히 해냈다. 『보천교』는 상해임시정부 자금 5만원(현 가치 20억원), 김규식·여운형의 모스크바 약소민족회의 참석 여비 1만원(2억원) 등을 지원했다. 재정책임자 김홍규는 임정에 군자금 30만원(120억원), 김좌진 장군에게 5만원(10억원) 등을 지원했고, 『보천교』 간부였던 박자혜 여사(신채호 선생 부인)는 정의부에 군자금을 지원하는 가교역할을 맡았다.<숨겨진 역사 보천교, 28p, 김철수 박사 著>

* 보천교 고급간부였던 박자혜 여사는 어린 시절 궁궐에 들어가 10여 년간 궁녀(간호사)로 살

일제식민지 치하 보천교 고급 비밀 간부 '부인선포사' 직책였던 박자혜 여사(단재 신채호 부인)

았다. 보천교 신도로 증산 상제님을 신앙하면서 독립운동을 위해 젊은 혼을 불살랐다. 1919년 3·1운동이 일어나자 동료 간호부들과 함께 '간우회(看友會)'를 조직하고 만세운동을 주도. 일본 동양척식 회사에 폭탄을 던진 나석주 의사를 도운 사람도 박자혜 애국지사이다. 연경대학(燕京大學:북경대) 의예과에서 공부를 하던 중 1920년 이은숙의 소개로 신채호(1880~1936)를 만났다. 신채호의 두 번째 부인인 박자혜는 보천교 '부인선포사'라는 직책으로 활동하였다고 정의부사간 판결문에 기록되어 있다. 1925년 조만식은 보천교도들과 함께 정의부 군자금 모집사건으로 검거돼 재판을 받았다. 경성법원의 재판기록부에 따르면 그해 조만식은 만주에서 돌아와 정읍으로 가 차경석을 만나 군자금의 일부를 받았다. 이후 권총 두 자루와 실탄을 반입해서 군자금을 모으려다 체포된 사건이다. 박 애국지사가 1936년 여순감옥에서 생을 마감한 남편 신채호 선생의 호적에 오르지 못한 기막힌 사연도 전해지고 있다. 신채호 선생은 일제 강점기 때 '황국시민이 될 수 없다'며 호적을 거부해 무국적자가 된 독립 운동가였다. 2009년 법이 개정돼 호적은 되찾았지만 법적으로 부인이 존재하지 않아 아직까지 부부라는 사실을 국가가 인정하지 않고 있다. 비록 법적으로는 부부 인정을 받지 못하고 있지만 신채호 선생과 박자혜 애국지사의 결혼 사실은 보훈처 공훈전자사료관에서는 인정하고 있다. 현재 신채호 선생 부부는 고향인 충북 청원군 선산에 합장돼 있다. 대한민국 법에 혼인증명서를 제출해야만 혼인이 성립되는 조항 때문에 박 애국지사가 아직까지 신채호 선생의 아내라는 것을 인정받지 못하고 있다.)

冷突에飢腸쥐고
母膝에兩兒啼泣
申采浩夫人訪問記

三旬에九食으로

故土의兩個幼兒

❁ "증산도는 일제시대 독립운동을 가장 많이 했던 민족종교입니다. 조선총독부 기록으로 당시 2000만 인구 중 600만이 신앙했고, 독립자금 대부분을 지원했습니다. 김 구 선생님도 당시에 증산도의 전신인 보천교에서 독립자금을 지원받았다고 전해집니다. 이처럼 증산도는 우리민족과 생사고락을 함께한 민족종교입니다."<MBC 뉴스데스크 보도 中>

❁ 국내외 독립운동, 독립자금의 원천 보천교!

10만원의 독립운동자금을 마련하여 상해에 보내려 했다는 등, 차경석을 국내 독립운동의 두목으로 보도한 동아일보 기사. (1929. 10. 29)
- 전라북도 정읍군에 큰 교당을 짓고, 수백만 명의 신도가 있다 하는 보천교普天敎는 전라북도와 충청남도의 두 경찰부에서 늘 주의하여 오던 중, 지난 음력 9월 16일에 모처에서 그 교 간부가 비밀회의를 한다는 말을 듣고, 두 경찰부에서 미리 변복한 경관을 다수 파견하여 비밀리에 수탐한 결과 과연 그들은 보천교普天敎라는 명목 아래 두려운 큰 음모를 하는 것을 발견하고, 즉시 교단 간부인 최 도홍, 김 홍규, 고 편상, 고 태규, 옥 원익 등을 체포하는 동시에 가택수색까지 하여 다수의 불온문서를 발견하고, 김 홍규의 집 마루 밑에서는 지화와 은화를 합하여 십만 칠천 오십원을 넣은 항아리를 발견…. (중략)…

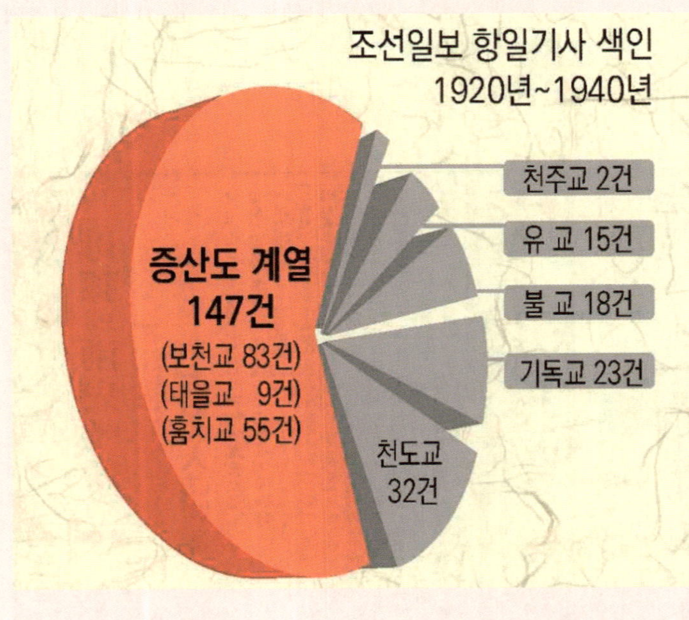

최도홍 등의 자백에 따르면, 그들은 보천교普天敎 교주라 하는 차월곡을 중심하여 여러 간부들이 전라북도 정읍에 굉장한 교당을 짓고, 조선전역에 신도를 모집하는 동시에 1918년경에 모집한 돈이 십 수만 원에 달하였다 한다. 그때의 보천교普天敎로 말하면 순수한 신앙뿐이었으나 재작년에 독립운동이 일어난 후로는 상해임시정부와 연락하여 조선독립의 목적을 달성코자 모금한 돈을 군자금으로 쓰기로 결의하고, 그 돈은 김홍규가 보관하기로 되어있어, 항아리에 넣어서 마루밑에 파묻어 둔 것이라 하며 이와 같이 독립운동에 …(중략) -

☸그런데 왜, 우리는 보천교(증산도의전신)의 존재를 몰랐을까?
-일제가 철저히 감시, 말살했기 때문!

<조선 총독부의 보천교 관련 비밀 문건>
일제강점기 전라북도 지사를 역임(1926-1929)했던 조선총독부 관료 와타나베 시노부(1883-1955)가 지사 재임기간 중에 수집한 전라북도 사회전반에 걸친 각종 자료 및 도정에 관한 자료는 내부 보고용이기 때문에 …(중략)… 내용 또한 경찰국의 비밀내용, 언론관리 실태, 보천교 등 종교인 동향 보고 등이다.

더욱이 표지에는 대외비를 상징하는 비(秘)가 적혀있어 당시 고급관료들에게만 볼 수 있던 것들로 공개된 와타나베 시노부의 백미 문서는 전체 288점의 문서로 구성되어 있으며 이들 문서는 와타나베가 지사로 재직기간 전북 도청의 각 국이나 전북 경찰 등에서 여러 현안에 대해 작성 보고한 내부문서에 해당한다. …(중략)… 특히 대외비로 1926년 6월에 작성된 '보천교 일반' 은 정읍에 본부를 둔 보천교의 정황을 매우 상세하게 조사한 것으로 교조 및 교주의 인적 사항을 비롯해 분파, 교의 제사, 주문, 포교수단, 성전 건축상황, 내홍과 분열의 정황 등에 이르기까지 230쪽에 이르는 보고서다.

보천교 사진관련 자료는 9매로 정읍의 보천교 대본산의 전경사진이 눈길을 끈다. 와타나베 시노부 문서에도 보천교 관련 자료를 일반보고서와 달리 별책의 형태로 매우 상세하게 기술되어 있어 조선총독부가 보천교 관련 종교인들의 움직임과 조직에 대해서 매우 면밀히 그 동향을 추적조사하고 있었음을 알 수 있다. (전라일보 2006년 6월 20일 기사 中)

전라북도 정읍군에 큰 교당을 짓고, 수백만 명의 신도가 있다 하는 보천교普天教는 전라북도와 충청남도의 두 경찰부에서 늘 주의하여 오던 중, 지난 음력 9월 16일에 모처에서 그 교 간부가 비밀회의를 한다는 말을 듣고, 두 경찰부에서 미리 변복한 경관을 다수 파견하여 비밀리에 수탐한 결과 과연 그들은 보천교普天教라는 명목 아래 두려운 큰 음모를 하는 것을 발견하고, 즉시 교단 간부인 최도홍,김홍규,고편상,

고태규, 옥원익 등을 체포하는 동시에 가택수색까지 하여 다수의 불온문서를 발견하고, 김홍규의 집마루 밑에서는 지화와 은화를 합하여 십만칠천오십원을 넣은 항아리를 발견…. (중략)… 최도홍 등의 자백에 따르면, 그들은 보천교普天教 교주라 하는 차월곡을 중심하여 여러 간부들이 전라북도 정읍에 굉장한 교당을 짓고, 조선전역에 신도를 모집하는 동시에 1918년경에 모집한 돈이 십 수만 원에 달하였다 한다.

그때의 보천교普天教로 말하면 순수한 신앙뿐이었으나 재작년에 독립운동이 일어난 후로는 상해임시정부와 연락하여 조선독립의 목적을 달성코자 모금한 돈을 군자금

으로 쓰기로 결의하고, 그 돈은 김홍규가 보관하기로 되어있어, 항아리에 넣어서 마루밑에 파묻어 둔 것이라 하며 이와 같이 독립운동에 …(중략)

1)"십만원의 독립자금"- 동아일보 1921년 10월29일
…임시정부와 연락하여 조선독립을 달성코자 교도에게 모집한 돈을 군자금에 쓰기로 결의하고, 그 돈은 김홍규가 보관하기로 되어… (참고: 독립지사 김홍규 선생은 불교계에서 잘 알려진 탄허스님의 부친이며, 보천교 간부로서 독립훈장을 받았다)

2)"민족운동 자금으로 30만원 반출"- 동아일보 1926년 11월14일
…보천교를 통해 30만원 거액을 변통하여 만주에 있는 조선 민족운동 단체로 보내려던 사건의 공판이 열렸다… 피고들은 모두다 보천교도들로…

3) 보천교 독립운동에 관한 논문을 쓴 전북대 이강오 전前교수의 1991년 10월19일 신문기자와의 인터뷰

"…증산의 24인 제자(성도)들 모두가 동학인들이었다… 삼덕교의 이치복은 그의 아들 치백에게 증언하기를"…구릿골에 가보니, 증산의 제자들은 모두가 반일反日단체였다"고 했다…"

4) 1936년 사망한 차경석 교주의 차남 차용남의 1991년 1월21일 기자 인터뷰 구술내용

"김철수(제3차 조선공산당 책임비서)씨도 부친께 3만원, 2만원 두차례 받았고… 조만식, 송진우, 안재홍 등도 비밀리에 교본소(=보천교 본소)에 다녔으며… 송진우, 장덕수가 군자금을 비밀리에 받았고… 송진우는 당시 보천교 외교담당 차석으로 간부였다. 송진우는 당시 권총단(독립자금)사건으로 옥고 치른 후 상해 임정으로 돌아갔으며…"

☸독립투사 대부분이 보천교의 비밀회원

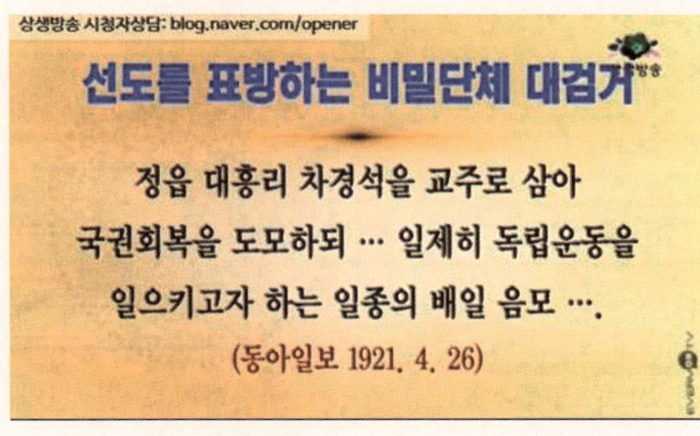

보천교에 비밀리에 가입한 분들 가운데 당시 기라성 같은 인물들이 많았다. 당시 조선인으로 영어를 제일 잘 한다는 수주 변 영로, 동아일보를 인촌과 함께 만든 고하 송진우, 4. 19직후 과도정부 수반을 지낸 허 정, 해방 정국의 주역 중 한 사람인 안재홍, 백 관수 등 전라도 인물은 물론이고 당시 독립을 열망했던 대부분의 지식인들이 직 . 간접적으로 보천교와 인연을 맺은 비밀교도들이었다.

그러나 상해 임시정부와 독립군에 군자금을 보낸 사건들로 보천교가 계속 탄압과 조사를 받았고 교도들이 수없이 가택수색 등을 당하던 시절이라 보호 차원에서 이들의 명단을 철저히 숨긴 것이다. 일제 때 보천교만큼 투철한 항일의지를 갖고 투쟁한 종교가 없다는 사실이 미구에 밝혀질 것이다. 결국 일제가 보천교를 놔두고는 조선을 통치할 수 없어 박살낸 것이다. 국내에서는 친일親日하지 않고 어떻게 살아남을 수 있었겠는가? 『차천자의 꿈』 142P

☸ 일제시대 물산장려운동을 이끈 주체 '보천교'

일제 시대에는 공인종교公認宗教라 하여 일본의 전통적 신교, 교단적인 차원에서 창씨개명과 친일노선을 공식화한 불교, 기독교만을 공식적 종교라고 인정했었다.

이 때문에 일제하 한국의 종교 중에서 가장 혹독하게 탄압을 받은 것이 바로 민족 종교 보천교였다는 사실과 친일지로서 일제의 문화식민지 정책에 동조한 조선, 동아 등 당시 언론의 유사 종교 내지 사이비 종교로의 일방적 매도는 지금까지도 그 후유증이 큰 상처로 남아 있다.

이는 역설적으로 당시 국내에서 가장 큰 종교단체로서 독립운동 자금원으로 의혹 받은 보천교의 막후 영향력이 그만큼 컸음을 역설적으로 입증해 주는 것이다. 아울러 전통을 고수하고 가장 민족적인 것을 고집하는 보천교운동은 일본물산의 배척과 자급자족운동으로 나타났으며 이는 이후 1923년 조만식이 창설하여 벌인 물산장려운동과 연관을 짓지 않을 수 없다. - 성균관대학교 안후상 박사의 『보천교와 물산장려운동』 논문 中

☸(해설)조계종의 초대 종정인 방 한암 스님이 산천중원(山川重遠)으로, 송광사 주지 임 석진이 임원길(林原吉)로 각기 창씨개명하고 , 월정사 주지 이 종욱이 광전종욱(廣田鍾郁)으로, 용주사 주지 강 대련이 위원형(謂原馨)으로 창씨 개명한 것에서 보다시피 불교는 종단전체 차원에서 친일하는 것이 전반적인 추세이자 분위기였고, 가톨릭과 기독교 역시 경성기독교 연합회와 교계 대부분의 지도자들이 신사참배와 친일로 돌아선 것이 사회 전반적인 분위기였다.

특히 임원길은 조선총독 미나미의 향응을 받고 남산의 조선신궁에서 엄숙하게 의식을 거행한 바 있으며 「신불교」라는 친일지를 발행해 총후보국의 논조를 유지했으며, 강 대련은 「불교총보」에 '불교옹호회와 법려(法侶)의 각오'란 친일성향의 글을 발표하기도 했으며 일본승을 왕실 및 양반집 여인과의 결혼을 주장하는 '조선불교기관 확장의견서'를 1919년 11월 사이토(齊藤實) 총독에게 제출하기도 한 친일분자였다.

37년 7월 26일 YMCA에서는 종교단체 연합 친일 시국강연회가 열렸는데, 불교의 권상로, 유교의 안 인식, 천도교의 이 돈화, 이 종린, 감리교의 양 주삼, 장로교의 전필순 등이 친일을 위한 사자후를 토했으며, 38년 5월 18일 서울 부민관에서는 <경성기독교 연합회>가 창립되어 "40만 십자군병들아, 다같이 일어나 총후보국(銃後報國)의 보조를 맞추자"는 슬로건 아래 내선일체, 신앙보국을 맹서한 바 있다.

1938년 7월 29일, 구세군 최고사령관 윌슨도 전선각처의 소대장에게 국민의례, 황거요배, 국경일 경축행사 실행을 지시하는 통첩을 내렸으며 이에 의해 황 종률 구세군 전장 서기관은 구세군 1만 8천 신도가 앞으로는 단체적으로 신사참배를 할 것이라는 담화를 발표하기도 했다. 장로교 역시 1938년 9월 10-15일의 평양 서문 밖 예배당에서 열린 제 27회 총회에서 첫날 신사참배를 결의하고 다음의 성명서를 채택했다. '우리들은 신사가 기독교시에 위반되지 않는 본지(本旨)를 이해하고, 신사참배가 대국적으로 보아 국가의 의식인 것을 자각하고, 이에 신사참배를 선서함. 신사참배를 솔선하여 이행하며, 더 나아가 국민정신 총동원 운동에 참가하여, 시국하의 총

후 황국신민으로서의 적성(赤誠)을 다하기를 기함'

이 결의에 의해 동년 12월 12일 감리교의 양 주삼, 김 종우, 성결교의 이 명식, 장로교의 홍 택기, 김 길창 등 조선을 대표한 기독교계 지도급 교역자 5명의 신궁참배단이 결성되어 일본으로 건너가 이세(伊勢)신궁, 가시와라(檀原) 신궁, 메이지(明治) 신궁, 야스쿠니(靖國) 신궁 및 모모야마 황릉(桃山宗陵) 등을 참배했다. 일제시대에는 특히 '공인종교(公認宗教)'라 하여 일본의 전통적 신교(神道), 교단적인 차원에서 창씨개명과 친일노선을 공식화 한 불교, 기독교만을 공식적 종교라고 인정했었다.

그러므로 이외의 새로운 종교들은 비슷한 종교 즉 유사종교가 될 수밖에 없었고 당시 가장 막강한 반일 민족종교 보천교는 유례없는 "보천교 신법"까지 만들어 탄압했던 것이다. 역설적으로 앞에서 본 통계와 같이 보천교의 가장 활발한 147 건 항일기사는(기독교 23 건, 불교 18 건, 천주교 2건, 유교 15건) 친일로 돌아선 여늬 다른 종교와는 다르게 보천교가 그만큼 가장 활발하게 항일운동을 했음을 입증하는 것이다. 일본은 유일하게 친일적이지 않은 민족 자생종교 보천교를 조선의 종교단체를 마음대로 억압하고 요리하는 하나의 샘플로 삼았는데, 이러한 사실을 밝혀주는 자료들은 이미 많이 나와 있다.

특히 통감부령 제 45호 '종교의 포교에 관한 부칙'은 일본 내지(內地) 신도(神道)와 불교, 기독교만을 종교로 인정하고 나머지 민족종교는 근본 속성을 정치적 결사체로 보아 철저한 탄압을 가했다. 당시 600만 신도를 가진 조선 최대의 종교단체가 공개단체도 아닌 비밀단체인데다 여타의 종교처럼 친일적이지도 않고 오히려 가장 큰 독립운동 자금원인 것을 알고 있는 일제로서는 이 비밀 단체를 어떻게 취급해야 할지 내심 고민하고 있는 중이었다.

일제는 종교단체와 사상단체 관리를 위한 방편 상, 끊임없는 회유와 협박에 의해 비밀교단의 모습을 공개하도록 유도했으며, 우여곡절 끝에 마침내 간부 이 상호에 의해 <보천교>라는 이름으로 세상에 모습을 드러내자 이를 계기로 민족종교 탄압책의 일환으로 당시 친일 언론이었던 조선, 동아를 무기 삼아 보천교의 어두운 면 만 집중적으로 부각시켜 유사종교화 내지 사이비 종교화 했다.

일제는 마침내 교주 차 경석 성도가 선화하자 정리하는 때가 무르익은 것으로 보고 민족종교 보천교에 대해 마침내 "보천교 신법"까지 제정해 유사종교 해산령이란 미명하에 1936년 보천교 강제 해산령으로 단체를 해산하고 대흥리 십일전(十一殿)을 비롯한 보천교의 각종 부동산 및 재산은 모두 압수하고 강제 경매 처분해 버리고 맙니다.

이때 경복궁 근정전보다 더 크고 웅장했던 정읍 대흥리 십일전 본소는 강제 해체되어 일부는 경성(서울) 종로1가의 태고사(太古寺) 대웅전이 되는데 이는 원래 한용운, 이 회광 등의 노력으로 1910년 5월에 각황사(覺皇寺)로 세워져 불교의 중앙 종무원 역할을 하다가 1938년 태고사로 바뀌어 뒤에 다시 조계종 본사인 조계사 대웅전으로 이름이 바뀝니다.

일제에 의한 보천교 강제 해체의 주요 원인은 이처럼 일제에 의해 이중으로 매수된 이 상호가 황석산 우전리 산골에 비밀리 숨어있던 차 경석 교주에게 아무 연락 하나 없이 일제 경무국 수사관들을 안내해 신변을 공개하고 보천교를 공개화 하도록 압박하여 이루어진 보천교 "양해사건" 때문이었습니다.

청음 이 상호는 당시 600만 인권을 가진 차 경석 보천교 교주와 대항하기 위해 오히려 불감청고소원(不敢請固所願)이었던 일제의 매수(買收)와 사주(使嗾)를 역이용해 차 경석 교주를 축출하고자 신앙인으로서는 죄질이 불량한 혁신운동을 많이 일으켰습니다. 말이 좋아 보천교 혁신운동이지 실상은 자신의 허황된 욕망을 이루기 위해 불의한 배사율(背師律)을 범한 것 이상도 이하도 아닙니다.

본질이 이러한 보천교 혁신운동의 연속편이 바로 보천교 조선총독부 양해사건, 각종 보천교 교권탈취 기도 사건 및 유명한 시대일보 매입 사건, 이 정립의 보광사(普光社) 인쇄기 및 활자를 매각해 만주로 도망간 사건, 그리고 경성 진정원 및 창신동 진정원 대지 및 가옥 등 보천교 재산 불법 편취 및 매각 횡령사건과 보천교 재산 빼돌려 10대 여고생 첩과 만주로 도망가 전재산을 사기당하고 만주 봉천 현지 감옥에 갇힌 사건 등으로 얼룩져 있습니다.

<보천교 연혁사(普天敎 沿革史)>*동년 8월에 이르러 교중(敎中)에서는 상호(祥昊) 등의 야심을 탐지하고 중벌(重罰)의 과(科)에 붙였다. 상호(祥昊)는 본시 사회에서 내쫓긴 자(社會出脚者)로 교(敎)를 위하는 공공심(公共心)은 없고 자기를 살찌우려는 마음(肥己心)이 많은 사람이라. 경성 양해시(諒解時)에도 교주에 대한 체포령(逮捕令)과 각 방주(方主)의 체포장(逮捕狀)은 취소하도록 주선한 것이 없고 자신만 활동하기 편의(便宜)하도록 주선하였으며, 김 홍규 등 체포 수금(囚擒) 사건에도 하등의 주선력이 없이 한도 밖에 방치하였고, 교중 공금 4 만여 원 압수 사건에

도 하등의 주선력이 없다가 필경 국고로 편입이 되었고, 또 경성(京城) 가회동(嘉會洞)과 창신동(昌信洞) 진정원(眞正院) 가옥 및 대지(垈地)를 저의 단독명의로 증명권(證明權)을 총독부에 제출 등록(屆出)하야 소유를 만들었으며, 또 망령되게 교주 법통 계승(繼統)을 몽상하다.

<보천교 연혁사(普天敎 沿革史)>*전후소행이 모두 자신의 이익만 도모하다가 이 기회(此際)를 틈타 경쟁(逐)해 반역자로 화하야 보천교 혁신인이라 자칭하고 교주를 성토하며 방주(方主)를 능욕하고 사회단체와 악수하야 교주 성토문과 및 혁신 이유의 선언서를 인쇄하야 전 조선(全鮮) 교도에게 발송 선포하야 인심을 난동(亂動)하고 사람으로 감히 행하지 못하는 바를 감행함으로 교중에서는 이 상호(李祥昊) 토죄문(討罪文)을 전 조선(全鮮) 교도에게 발부하고 간부 수인이 상경하야 이 상호를 정중히 질책한 즉 저들(彼等)은 유도 숙련인과 역사(力士)를 모집하였다가 간부 등을 난타하야 사경(死境)에 이르므로 인근 파출소에 급히 고발하니 경관이 웃어 가로대 종교가(宗教家)에 투쟁함은 고래(古來)로부터 그러한 일이 많이 있다 하고 냉정히 물리쳤다.

<보천교 연혁사(普天敎 沿革史)>*진정원(眞正院)의 건물 대지(垈地) 및 비품 등 수 만원의 재산은 보천교(普天敎) 소유임에도 불구하고 무관계한 혁신파가 점거함으로 이를 돌려받기(取戾) 위하여 경성 지방법원 검사국에 형사고소를 제기하였더니 검사국에서는 죄상을 취조(取調)도 아니하고 마침내 기소중지의 처분을 하였다. 그 후에 이 상호(李祥昊)는 교중에서 횡령한 금전을 다 소비하고 지나(支那)지방으로 망명하다. 동시에 이 성영(李成英)은 보광사(普光社) 인쇄기 및 활자를 매각하야 지나(支那)로 동행해 가다.

<보천교 연혁사(普天敎 沿革史)>*이 해 동월 그믐(晦)경에 이 상호(李祥昊)가 내알하다. 지난 해 갑자(道紀 54, 1924) 8월에 이 상호가 혁신운동이 불성공함으로 지나(支那:중국)에 망명하였다 함은 위(上文)에 기술한 바어니와 그 내용 사실을 들은 즉 당국자 중에서 이 상호(李祥昊)와 친밀한 사람이 있어 이 상호를 권고해 가로대 군(君)이 조선 내에서난 피신할 곳이 없으니 만주 방면에 건너가 개척 사업에 종사하면 우리도 될 수 있는데 까지 원조하고 선도 하겠다 하고 김 응두(金應斗)를 수행케 하야 만주에 들어가라 하였다.

<보천교 연혁사(普天敎 沿革史)>*이 상호(李祥昊)는 당국자의 지도 후원 아래에 상등(上等) 양복(洋服)을 착용(着用)하고 금은보석(金銀寶石)의 장신품(裝身品)을 갖추며(俱) 그 첩(妾)인 여학생도 극(極)히 사치적(奢侈的)으로 장식하야 동반(同伴)으로 만주에 들어가 이름(名字)을 바꾸어(改) 전라남도 이(李) 모(某)라 가칭하고 백만장자로서 만주 토지를 매수하려 왔다고 선전하였다.

<보천교 연혁사(普天敎 沿革史)>*그런대 금전이라 하면 친자식 사이(親子)도 모른체 하는 만주 각 사회단체 등은 이 상호(李祥昊)의 내력을 철저히 탐사한 후에 그 사

람(彼)은 보천교의 금전을 절취하야 왔으니 그 재물을 우리들이 나누어 먹음(分食)이 가하다 하야 주야로 협박 공갈하여 일방으로난 지나 관헌에게 불량분자로 고발하야 이 상호를 포박(捕縛) 수금(囚禁)하였다.

<보천교 연혁사(普天敎 沿革史)>*이 상호(李祥昊)의 친동생(實弟)인 순탁(淳鐸:보천교 자금으로 교토대 상경대 유학하여 교토의 개신교에 다니며 독실한 기독교인으로 언더우드와 함께 연희전문 창립. 각기 초대 의과 학장, 초대 상과 학장. 좌익 사회주의 운동. 해방 후 기획처장 역임. 6.25때 월북)이 경성에서 그 형이 잡혔다는 말을 듣고 경무 당국에 교섭하야 당국의 소개장을 얻어 만주 일본 영사에게 교섭하고 영사는 지나 관청에 교섭하야 이 상호(李祥昊)를 석방하니 이상호 형제(이상호, 이성영)는 만주를 벗어나 을축(道紀 55, 1925) 정월에 경성에 도착하야(이 성영은 입지가 없음을 알고 지나로 다시 건너가 1928년에 귀국)

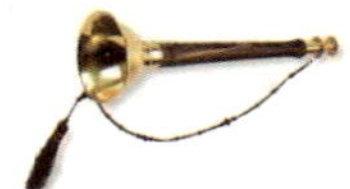

2) 청음 남주에 의해 말살 왜곡된 추수사명 숙구지 문왕 도수

낙종물 사명과 이종물 사명에 이어 세 번째 추수사명은 해방이후 숙구지(宿狗地) 문왕(文王)의 도수를 받은 2대 보천교(普天敎) 교인(敎人) 운산(雲山) 안 흥찬(安興燦:호적상 본명은 世燦)이 일으킨 도맥(道脈)에서 출발합니다. 운산(雲山) 안 흥찬(安興燦)은 문성공파 참판공

普天敎徒 安 柄彧 太上 聖道師님 兩位

파(參判公派, 참판은 6조의 종2품 차관)의 후손으로, 이 치복(李致福) 성도에게 도를 받은 1대 보천교인 안 병욱(安柄彧)의 장남으로 임술년(1922) 6월 16일(음)에 태어나 7세 때 집중수련을 경험한 뒤 이다음에 커서 상제님 천하사를 하리라 작정하게 되어 사실상 이때에 운명적인 상제님 천하사 길을 결정합니다.

이미 어린나이에 집안을 드나들던 보천교 교인들로부터 수년에 걸쳐 진리를 들은 터라 보통학교(일제하 초등학교) 과정이 재미없어져 더 배울 것이 없다 생각해 3학년을 그만 두고 수행에 전념해 광명체험을 수 차 경험한 다음 보천교(普天敎) 신도이던 조부와 부친의 영향으로 12세 때 보천교에 정식 입교합니다. 동향인(同鄕人)으로서 같은 보천교(普天敎) 교인(敎人) 한의사인 김 교창(金敎昌)의 장녀 김 정란(金正蘭)과 결혼식 올린 이틀 뒤 일제의 2차 세계대전 막바지 강제 징용으로 서산 집결지에 끌려가다 기회를 틈타 탈출하게 됩니다.

1943년 운명처럼 다가온 결혼식 이튿날의 강제 징용 사건과 탈출은 마침내 청년 운산을 천안 아산 공주 대구 울진 영덕 김포 주위 경기권 일대 및 만주 등 전국 시골산골로 몰아내게 되어 결과적으로 숨어서 포교나 하며 기초 연원(淵源) 조직을 다지게 되는 중대한 기점이 됩니다.

부친 안 병욱(安柄彧)은 당시 부안을 비롯 충청도 군산, 서산 지역을 가가호호 돌아다니며 포교활동을 벌이던 부안 하서면 청호리(晴湖里) 사람 이 치화(李致和:致福) 성도로부터 스승 이 옥포(李玉圃)가 저술한 수행서 영보국 정정편(靈寶局定靜篇) 필사본과 함께 상제님 도를 전해 받고 보천교를 신앙하게 되는데 이 필사본은 독실한 가족신앙의 대물림으로 운산(雲山) 안 흥찬(安興燦)에게 전달됩니다.

<증산도 道典>*(추수맥 기초공사)경석이 후비소(后妃所)를 후비소(后妣所)라 썼거늘 "잘못 썼다." 하시며 불사르시고 다시 써서 약장에 붙이게 하신 뒤에 말씀하시기를 "이것이 예식이니 너희들이 증인이 되라." 하시고 형렬의 딸을 돌려보내신 후에 경석으로 하여금 그 글을 거두어 불사르게 하시니라. (서전서문 심법 공부)다시 경석에게 명하시어 "치복을 부르라." 하시니 치복이 약방 안으로 들어가 문 옆에 서서 명을 기다리거늘 상제님께서 아무 말씀도 없이 벽을 향해 누우신 채로 다만 왼쪽 손바닥을 펴 보이시는데 -書傳序文서전서문 萬讀만독 致福치복- 이라 쓰여 있는지라 치복이 그 글을 마음에 새기니 상제님께서 나가라는 손짓을 하시거늘 곧 밖으로 물러나니라.

侍

운산(雲山)은 결혼식이 끝난 이튿날 강제징용으로 끌려가는 도중에 생사를 걸고 탈출해 해방이 될 때까지 시골로 잠적해 기초 연원(淵源) 조직을 구축하다가 1945년 해방되던 해 돌아와 본격적으로 팔을 걷어부쳐 처가 친척 김 정봉을 필두로 본격적으로 연원 조직을 수면위로 드러내며 단체를 개창하는데 매두몰신(埋頭沒身)합니다.

STB 상생방송
24세 되시던 1945년, 8·15 광복과 더불어

운암강수만경래 숙구지 문왕 도안(都安) 초, 중, 말복 세살림 추수사명자 안운산 성도사님

24세의 운산(雲山) 안 흥찬(安興燦)은 차 경석(車京石) 성도 선화(1936) 후 일제의 보천교 강제 해산령과 일제의 폭압 속에 모든 신도들이 뿔뿔이 흩어져 흔적조차 없는 상황에서 마치 과거 이 치복(李致福) 성도가 충청도 지방에서 가가호호 방문 포교 했던 것처럼 독행천리(獨行千里) 백절불굴(百折不屈)의 정신 하나로 가가호호 찾아다니며 잠자고 있는 영혼을 성성이 깨워 연원(淵源)조직을 풀(Full) 가동합니다. 그리하여 해방 당년 아산 천안 방면(배방면 위주)에만 3천 여 세대를 결집시키고 이후 부여 공주 전주 등 전국에 십 수만호 연원(淵源) 조직을 삽시간에 일으켜 세웁니다.

이로써 숙구지 문왕 도수의 혹독한 수련 실습 기간인 9년간의(45-54) 숙구지 문왕 초복도수 도운이 시작됩니다. 그러나 세 번째 추수살림 중 도안都安 초복 도수 도운의 핵심은 장차 있을 도안 중복살림 무대 데뷔를 위해 스스로 동심인성(動心忍性) 증익기소불능(增益其所不能)의 가혹한 훈육(訓育)과정으로 삼았다는 사실입니다.

대국으로 보아 문왕 도수의 초복 살림은 이미 태모님의 두 번째 조종골 살림이후 세 번째 살림인 ①순흥안씨 집성촌 왕심리 교단-②동화교 통합교단-③오성산 세 살림 중 이 상호 형제와 손잡은 ②동화교 통합교단 속에 내정된 것이었습니다. 이는 태모 고 수부님의 순흥 안 씨 집성촌 왕심리 살림에 이은 동화교 통합 살림이 1945 을유년 8.15 해방이후 안 홍찬 총 사수總師首가 개척한 문왕 도수 초복살림과 동일하게 이 상호 형제와의 연대와 배신으로 서로 맞닿아있기 때문입니다.

이같이 숙구지 문왕 도수의 초복살림의 운명은 태모 고 수부님 세 살림 속에 그 비의가 함축적으로 담겨 있으며, 크게 보아 20년 말도(말점도) 도수 이후인 1974년부터의 중복도수 기두를 공고히 하기 위해 일제하 보천교시절과 동화교 시절 채 이루지 못한 한(恨)을 품은 이 상호·이 정립 형제에게 혼신의 힘을 바쳐 개척한 단체를 애체없이 희생번제(犧牲燔祭)로 던져줌으로써 해원시킴과 동시에 스스로를 연단시키는 일종의 혹독한 수련 기간이었습니다.

<2변 도운 132(2002). 양력 9월 8일 *安雲山* 종도사 강론>★여기 종도사 아버지가 전부를 다 바쳐서, 평생 하루도 안 빼놓고 청수 모시고 태을주를 읽으셨다. 내가 그걸 보면서 컸다. 그때 상해에 대한민국 임시정부가 있을 때다. 헌데 대부분의 군자금이 보천교를 통해 들어갔다. 그건 들키면 아주 죽을 각오를 해야 한다. 저 천안 독립기념관에 가서 독립투사들 악형당한 걸 봐라. 거기 상징적으로 만들어 놓은 게 있다. 그렇게 당하니까 독립자금에 대한 내력을 무덤까지 가지고 갔다. 해서 지금까지 독립자금이 어떻게 들어갔는지 신문에 단 한 줄 난 게 없다. 암만 찾아도 없다. 했는데 그 때 재수 없이 우리 아버지가 걸려들었다. 그러니 얼마나 악형을 당했겠나?

<2변 도운 132(2002). 9월 8일 *安雲山* 종도사 강론>★내가 맏아들이거든. 자식으로서 어린 나이에 사식도 넣어드리고, 옷도 차입해드리느라고 쫓아다니다가 나도 전기고문을 세 차례나 받아봤다. 전기고문 몇 차례 받으면 사람이 바보가 돼 버린다. 아주 혼을 빼가 버린다. 우리 아버지가 여기 대전 감옥에 있었는데, 형 받을 새도 없이 너무너무 두드려 맞아서 식물인간이 돼서 내쫓겨 나왔다. 사람 노릇을 못 하니 거기 두면 뭘 하겠나. 그러고 나와 조금 사시다가 돌아가셨다. 그렇게 때를 못 만나

면 암만 잘 믿어도 소용없다. 그 양반 돌아가신 지가 언제인가? 40년도 넘었다. 저 종정 두 살인가 먹어서 런닝 하나 사다 입혀주시고 가셨다.

<보천교普天敎 교전敎典>★하로는 종도從徒들에게 맹자孟子한절節을 외워주시며 가라사되 이글을 잘 보아두면 이책冊에는 더 볼것이 없나니라 하시니 이렇하니라 「천장강대天將降大 임어사인야任於斯人也 필선노기심지必先勞其心志 고기근골아기체부苦其筋骨餓其體膚 궁핍기신행窮乏其身行 불란기소위佛亂其所爲 시고동심인성是故動心忍性 증익기소불능增益其所不能」

<2변 도운 121(1991). 3. 4 강론>★먼저 내 문제를 이야기할 것 같으면 내의 조선(祖先) 할아버지 조, 먼저 선, 다시 말해 부조(父祖)문제서부터 이야기되어지는디. 내의 부조인 우리 할아버지와 아버지가 보천교를 신앙했는데. 우리 할아버지는 보천교를 신앙했는지 안했는지 보천교의 적을 두신 분도 아니고, 어디서 태을주를 받아서 읽었는지 태을주를 읽었었다. 그것은 내가 어려서 할아버지 역사를 잘 모르지만, 내 아버지한테서 가끔 들었는디. 그러니께 우리 할아버지는, 아마 상제님 천지공사 보신 후로 선천 성도들이 사두방 돌아다니고 또 우리 할아버지가 출입하는 양반이고 하니깐 전라도 어디를 갔는지 모르고, 부지하처소정래라고 어디서부터 시작되었는지 우리 할아버지가 태을주를 읽었다. 그리고 우리 아버지는 정식으로 보천교 신도여.

<2변 도운 121(1991). 3. 4 강론>★내가 참고로 2변 때에 우리 신도들 여기 명부 이것을 가지고 왔어. 가지고 왔는디. 이런 것은 여기 모인 사람들이 전부 일선의 일급 간부들이 되서 그때 벌써 6. 25동란 이전 것이거든. 그때 명부가 이렇게 <大巡>이라고 했다. 상제님 말씀에 天下大巡이다. 그래서 대순 79년 되던 해거든. 79년이면 상제님 생존해 계시면 79 살이여. 지금 내가 70 살이니께. 내가 볼 때는 상제님 생존해 계시면 내 나이다. 그러니 내가 나이가 얼마냐 말이여.

<2변 도운 121(1991). 3. 4 강론>★내 호적이 세찬이여, 안 세찬. 헌디 안 세찬 하면은 아니 다만 이 세상으로 따지면 한 나라 보담도 천하를 평안히 해야 이름값을 하거든. 그래서 그냥 순하게 흥찬이라고 해라. 그래서 이름을 흥찬이라고 고쳤어. 여기 내가 "總指揮者 安興燦"이라고 돼 있어(2변 때 교적부를 보여주심) "總師首" 라고도 돼있어. 그렇게 하면 2변이라는 것이 무슨 뭘 따지기 이전에 2변이 내가 총 사수여, 사실이 그랬어.

<2변 도운 121(1991). 3. 4 강론>★그랬는디, 오늘날 와가지고 제군들과 같이 키운 그 사람들이 제 멋대로 날 모욕하려 달려 붙고, 군사부일체 진리인데 아니 상제님 진리를 가르쳐줬는데 제 뿌리에게 도전한다는 것은 진리차원에서 용서를 못 받어. 그래서 너무 어이가 없어서 이런 것은 도성덕립 되기 전에는 안 밝힐려고 그랬어. 점잖치 않고. 속담에 그런 게 있잖어. 손오공이 밤새 뛰었는데 부처님 손바닥이더라 하듯. 지까짓 것이 뭐 천지대운타고 난 것도 아니고 말여. 내 손아래에서 천지만유와

함께 나간 것이고 지들이 날 뜯어봐야 얼마나 뜯고 말여. 자멸행위지. 그냥 자멸 당하게 내버려 두려 했는데 그게 자꾸 증산도 발전에 영향을 미치고 말여. 그래서 할 수 없이 이런 것을 이야기 하게 된 것이 본의 아니게 무슨 실덕하고 그러는디.

<2변 도운 121(1991). 3. 4 강론>★이게 아마 사람 숫자 세면 삼사 만(3-4만 명) 될껴 (2변 때 교적부를 보여주시며) 우리 아버지가 보천교 신앙해서 학교도 안 나가고 또한 내가 소학교를 가서보니 소학교 선생 하나가 우리 아버지하고 한문 동창이여. 우리 집 오더니 아니 이 사람아! 개화하는 세상인데 머리 땋고 자식을 그렇게 만들면 어떡하냐? 신문명이라고 알아야지. 아라비아 숫자라도 알아야지 그러면 되나? 하니께 우리 아버지가 그러면 학교를 가라! 해서 학교를 갔어. 꽃댕기 땋고... 하다 머리를 깍고 갔는디 가서 보니 과연 배울게 없어.

<새시대 새진리(安雲山 종도사님 어록)>★아무것도 없이 나는 사람 농사만 지었다. 제 2 변 때에도, 지금 제군들에게 하는 것과 똑같이 신도들을 키웠다. 그때는 내가 발로 직접 뛰면서, 더 열성적으로 쫓아다녔다. 전깃불도 없었던 시절이다. 산촌 같은 데를 가면, 전부 석유등잔을 켜 놓고 앉았다. 내가 안 다니는 곳 없이 전국 구석구석을 찾아다니며, 석유등잔에 콧구멍 그을려 가면서 진리를 넣어주곤 했다. 헌데 불행히도 신도들이 이 상호·이 정립이의 불의함과 무도함에 동조야합同調野合하여, 상제님 진리와는 거리가 멀어져서, 기세농민欺世弄民, 기인취재欺人取財하는데 빠져 버렸다. 내 그것을 지켜보다가, 6. 25 동란과 더불어 다 내던져 버리고 말았다. 그런걸 보면, 사람이라 하는 것은 꼭 철새 떼와 같다. 철새라는 놈은 날 따뜻하면 오고, 추우면 도망가는 존재 아닌가. 꼭 그와 같다. 허나 그러면 안 된다. 신앙은 사상 신앙이라야 한다.

<2변 도운 121(1991). 3. 4 강론>★그러다 우리 아버지가 경제범으로 잡혔어. 독립운동 모의하는데 돈을 혼자 다 냈다 해서. 홍성에 전 용기라는 사람이 살았다. 그 옆에 윤 설이란 분 있어, 차 익선, 차 경선 이런 분들. 양봉 경산도 뭐 하여튼 전국 수면 수면한 사람들 망라하는데 그 경비를 우리 아버지가 다 댔단 말여. 경제범으로 걸렸다. 아산 경찰서. 그래서 내가 만날 면회 다니고 사식 들여야 하고. 그때 고등계 주임한테 전기고문도 당해봤다. 정신이 깜빡하더니 얼마나 됐는지 지나고 나니, 아, 내가 전기 고문을 당했구나. 화가 나서 혈서를 썼어, 지금 생각하면 다 소용없는 짓인디.

<2변 도운 121(1991). 3. 4 강론>★우리 선친이 대전 감옥에도 와서 재판도 못 받고 3년을 썩었어. 그러다가 무죄석방이 되었어, 3년 썩다가. 그리고 선친 나오셨는데, 거기서 한 3년, 꼼짝도 못하고서, 붓고, 수족이 얼고. 그래서 고생도 나오셔서 많이 하고, 원상복구 시키느라고 그걸 보고 또 집을 나갔어. 그러니 왜놈들이라면 싫을 수밖에 없다. 자연환경이 나를 배일주의자를 만들었다. 가정에 부모가 신앙생활 하다가 신앙생활 한 게 무슨 죄여? 잡아가두고. 그때부터 왜놈이라면 이를 득득 갈고. 내 머리가 이게 열일곱 살부터 길렀던 머리인데, 징용 갈 때 집에서 깎구 나갔어. 그때 한번 깎구서 지금까지 기른 머리여.

<2변 도운 121(1991). 3. 4 강론>★왜정, 이런 거 그런 거 하기 싫고. 머리 기르고 언제든 넥타이 매고. 긴 양말 바지 구겨 넣고, 그거 수수하니 괜찮거든, 그렇게 하고 하얀 모자 쓰고 단장 짚구, 우리나라에서는 가장 좋은 것으로 세상 까불어 봤어. 그러면서 그때 만주 고문이 누구였냐면, 왜놈들이 만주를 강탈하고서 푸이(溥儀)를 가져다 앉혀놨어. 그 만주국의 고문이며 푸이의 고문이던 이 동화라는 사람이 있었어. 그 사람이 그렇게 내게 잘해.

<2변 도운 121(1991). 3. 4 강론>★만주에서 많은 돈을 벌었다. 그것 가지고 국내 들어왔다가 2년 동안 생활하면서 8. 15를 맞이했다. 그렇다면은 2년 후 8. 15를 맞이하구서 뜨윽 보니께 내가 큰 자식이 김포에서 생겨났어. 내 안사람과 생활하다 됐는디. 집에를 내려올려고 하는데, 김포 대능리에 사는 몇몇 사람들이 안 선생, 안 선생 집은 살기도 잘 살고 처가집도 한의사고, 그런대로 산다. 그러니 여기서 8. 15맞아 인삼을 막 캡니다. 인삼을 많이 심었어. 5년근 4년근 6년근 할 것 없이 캐니 왜놈 세상에 찌들려 돈 하나도 없고 말여. 우리 삼이나 잔뜩 캐서 배에다 싣고 고향에서 삼이나 팔아주쇼. 그러면은 내가 고향에 말이 고향이지 거기 중견이상 인물만 알고 다니면서 얼굴 팔아가면서 돈 아니라 별게 생겨도 얼굴 팔아가면서 뭐 할 사람이 아니여... 좋으면서도 자존심이 강한 사람이고.

<2변 도운 121(1991). 3. 4 강론>★구태여 쫓아와서 집에를 와서, 그럼 가서 재주껏들 팔아보쇼, 소개해 줄 테니. 삼을 아마 대여짐을 가져갔어. 그렇게 해서 집에 붙여놓구서, 내가 왔다니깐 면내에 난리가 나느냐, 중 난리가 나느냐, 대 난리가 나느냐가 결정된다. 징용 맞아서 몇 사람한테 당했는데 어떻게 할꺼냐? 내 문제는 없었던 걸로 조용히 해서 술이나 실컷 퍼 먹이고 말아버렸어. 몇 사람 소개해서 그 사람들 삼도 잘 팔아서 가고.

<2변 도운 121(1991). 3. 4 강론>★마지막으로 인천서 형석광이라는 광산을 출연出捐했는디 면적이 10만평이여, 그리고 인지세가 100원이여. 그때 돈 100원이면 그런 어마어마한 큰돈이여. 전쟁하고 군수품 만들고 할 때는 형석광을 출연出捐하는디. 그래 내가 형석광을 하는데 가만히 생각해 보니, 그거라도 팔아서 자금資金이라도 만들자 하고 돌아다니다가, 인천에 조일朝日약국이라고 있어.

<2변 도운 121(1991). 3. 4 강론>★거기서 삼천 원을 준다는거여. 그때 돈 삼천 원이면 큰돈이여. 근디 못팔지언정 삼천 원에는 내놓기가 싫다 말여. 그래서 돈도 한 닢도 없고 말이여. 자 여관에서 간신히 밥 값 달라고 난리치고 그렇게 하는 것을 주인에게 외상으로 먹으면서 담뱃 돈도 쓰고 용돈도 쓰고 하면서 하니깐 그 놈이 고발을 해서 형사가 잡으러 왔단 말여. 그래서 철창도 가고, 우리 아버지가 와서 밥값도 갚어 주고. 기가 막혀서, 그런 망신이 세상 있을 수 있나.

운산(雲山) 안 홍찬(安興燦)은 태모님께서 집행하신 잠자는 개 깨우는 무진년(1928) 구월도 숙구지(宿狗地)공사로 7세 때 문득 배고픔이 얼마나 큰 고통인가를 깨닫기 위해 식음을 전폐하는 수행을 했으며 그러다가 어머니의 만류로 5일 만에 그만두고, 다시 불 없는 방에 밀대방석을 깔고 콩, 곡식가루만 먹는 생식을 하며 8개월 동안 참선을 하면서 영적으로 깨어나 이 다음에 크면 반드시 상제님 천하사만 하리라 마음먹는 계기가 됩니다.

영적으로 잠에서 깨어난 운산은 곧 더 이상 배울 것이 없다 하여 초등학교 3학년 올라가면서 바로 그만두었으며 12세 때 2주간 수련과정에서 영성체험을 크게 한 다음 14세 때 역시 14일간 수련하며 눈앞이 밝아지는 초통(初通)을 경험하게 되는데 그 이후 호패 차는 나이인 15세가 되자(1936) 차 경석 성도의 선화에 이어 일제의 모진 탄압으로 보천교가 강제 해체되면서 상제님의 사업을 펼치기 위한 준비를 하리라 마음먹고 상제님 천하사 예비단계로 전국을 주유하며 세상을 배우게 됩니다.(丙子開路공사&근어여성성어녀根於女姓成於女(설총)와 상통하는 강강술래姜降戌來 임일수壬一水 수궁성군水宮聖君 임술壬戌 공사)

<증산도 道典>*상제님께서 공주산(公主山)과 입마산(立馬山), 어래산(御來山)을 지나 임피 술산(戌山)에 이르시어 성도들에게 명하시기를 "망량신 대접을 하리니 개를 잡으라." 하시고 크게 제를 지내신 후에 말씀하시기를 "**인신합덕(人神合德)을 술래(戌來)로 하느니라.**" 하시니라. **상제님께서 임피에서 태전으로 향하시니라.**

<증산도 道典>*한참을 그리 하다가 더욱 신명이 오르니 모든 사람들이 일어나 서로서로 손을 잡고 원을 그리며 흥겹게 '강강술래놀이'를 하거늘 가락이 자진모리로 들어가매 상제님께서 원을 끊고 머리가 되시어 성도들의 손을 잡고 태극 문양(紋樣)으로 도신 후 중앙에 들어와 앉으시고 이어 수부님께서 머리가 되시어 태극 문양으로 도신 후 상제님 옆으로 앉으니라. 이런 식으로 한 사람씩 차례로 가운데로 들어와 뛰는데 상제님께서는 "**술래야, 술래야, 강강술래야. 네가 좋으면 내가 좋고, 내가 좋으면 네가 좋고!**" 라 노래하시고 수부님께서는 크게 뛰시며 "**오만 년 대동 세계 개벽선경이 온다. 지천태(地天泰) 운으로 여자 세상이 돌아온다!**" 하시며 흥을 돋우시니라. 상제님께서 다 뛰고 난 사람의 머리 위를 손으로 훑어 주시니라. 초저녁부터 시작된 공부가 늦은 밤까지 계속되니 온 동네가 괴이한 소리에 떠들썩하니라.

<증산도 道典>*수궁성군(水宮聖君) 모시어 탈겁중생(脫劫衆生) 이 아니냐

<증산도 道典>*一年月明壬戌秋(일년월명임술추)요 한 해 밝은 달은 임술년의 가을이요

<증산도 道典>*어느 날 공신에게 일러 말씀하시기를 "'잠자던 개가 일어나면 산 호랑이를 잡는다.'는 말이 있나니 태인 숙구지(宿狗地) 공사로 일을 돌리리라." 하시니라.

<2변 도운 121(1991).3.4 강론>*상제님이 천지공사를 보신 그 공사내용을 보면 고 수부님이 말씀하시기를 그 이종 동생인 차경석씨에게 니가 무슨 생이냐? 물으니 경진생입니다. 너도 경진생 나도 경진생이니 동갑장사 이 남는다니까 동갑장사를 하자 하시면서 니 생일이 언제냐? 6월 달입니다. 내 생일은 3월 달이니께(3.26) 나는 파종물을 맡을테니 너는 이종물을 맡으라. 추수할 사람은 따로 있다고 말씀 하셨다.

<2변 도운 121(1991).3.4 강론>*고 수부님이 상제님 비슷한 통을 해가지고 상제님 그 문도들 그 성도들을 전부 다 불러들여 가지고 포교를 개창했다 이거여. 그래서 보천교 문을 열어놓고 차경석씨에게 배척을 당했어. 그러니 **고 수부님이 파종물을 맡고 차경석씨에게 이종물을 맡았을거 아녀. 이종물 맡은 분에게 거기서 상제님 추수할 사람 하나를 추려야 하거든. 거기서 하나가 나와야 하는디 결론적으로 그 하나는 증산도 종도사가 될텐데.**

<2변 도운 121(1991).3.4 강론>*내가 지금 이야기 하고 싶은 것은 천지공사 내용과는 별로 관계가 없이 다만 증산도 종도사인 내가 8.15와 더불어 상제님 사업을 그 개척한 그것을 이야기 할테니깐 그렇게 들어보면 되여. 천지공사와는 별개문제고, 나도 내 맘대로는 못혀. 상제님 사업이란 건 그려.

<2변 도운 121(1991).3.4 강론>*먼저 내 문제를 이야기할 것 같으면 내의 조선(祖先) 할아버지 조, 먼저 선, 다시 말해 부조(父祖)문제서부터 이야기되어지는디. 내의 부조인 우리 할아버지와 아버지가 보천교를 신앙했는데. 우리 할아버지는 보천교를 신앙했는지 안했는지 보천교의 적을 두신 분도 아니고, 어디서 태을주를 받아서 읽었는지 태을주를 읽었었다. 그것은 내가 어려서 할아버지 역사를 잘 모르지만, 내 아버지한테서 가끔 들었는디.

<2변 도운 121(1991).3.4 강론>*그러니께 우리 할아버지는, 아마 상제님 천지공사 보신 후로 선천 성도들이 사두방 돌아다니고 또 우리 할아버지가 출입하는 양반이고 하니깐 전라도 어디를 갔는지 모르고, 부지하처소정래라고 어디서부터 시작되었는지 우리 할아버지가 태을주를 읽었다. 그리고 우리 아버지는 정식으로 보천교 신도여. 우리 아버지가 보천교 신도인 것은 누구한테 도를 받았는지도 몰러. 직접 들은 사실도 모르고. 왜 그런지 나라고 하는 사람은 내가 이렇게 영감이라고 할까. 내가 딴 사람하고 달라서 이렇게 느껴지는 것이 있고, 뭐가 뵈지는 것이 있고, 보고 생각해 보면 95%는 적중해여. 본래 그려.

<2변 도운 121(1991).3.4 강론>*내가 생각해 볼 때 상제님 성도 중에 이 치복 성도라고 있거든. 이를 致. 복 福. 우리 아버지는 이 치복 씨한테 태을주를 받지 않았나. 그걸 물적으로 증거를 대지는 못하고 내의 상상으로써. 우리 아버지한테서 직접 들은 내용도 아니고. 이것은 역사를 전하는 것이니 조금이라도 잘못하면 신명한테 매 맞거든. 이건 아주 내가 이야기 하는 것은 아주 추호. 가을 터럭만큼도 사실 그대로 이야기 하는 것이니 그런 줄 알고 똑똑히 들어. 그렇게 추측하고 있어, 내의 추측이다. 느낌이다, 영감이다, 그런 등 등...... 그래서 이 치복 씨 문제가 나왔던 것이다.

<2변 도운 121(1991).3.4 강론>*우리 아버지가 보천교 독신자여. 얼마나 독신자냐면 병자년에 교주 차 경석 씨가 죽었는데 복을 입어주었어. 베로 옷을 입고, 베로 건만들어 쓰고. 복을 벗구서 하얀 옷 지어서 입구, 그런 유교 형식의 복까지도 입어주고 한 양반이다. 사제지의로써는 부모 모시듯이 그런 이상으로 정성스러울 수 없었다. 그런 정도로 독신자였는디 보천교 정책이 어땟냐 하면, 아들과 딸, 조카, 자녀들을 교육 못시키게 했다. 학교를 못 다니게 했다. 그리고 그때 복식이 청의대관이었다. 푸른 옷 입고 관이 큰 갓 쓰고 여자는 여자니께 댕기땋고 했지만 아들들도 머리 길러서 땋아서 댕기따야 되었어.

<2변 도운 121(1991).3.4 강론>*그래서 나도 머리를 길러서 땋아야 했어, 꽃 댕기를 땋다가 머리가 차차 길어가지고 이렇게 뒤에 처녀들 머리 땋듯 댕기를 땋았다. 어머니가 참빗으로 해주면 어찌나 아픈지. 아프게 하지 말라고... 그래서 학교를 다니고 싶어도 못 다녔다. 그러면서 내가 2학년을 다녔어. 다니면서 보니께 세상 배울 것도 없고, 내가 딴 사람보다 특별난 사람이 되어서 배울게 없어. 학교를 가봐야 그리고 애들이 소지 당번이 되면 책상 모아놓고 걸래로 닦으라고 하고, 가만 생각해 보니 그런거 닦기도 싫고 말여. 소지안하고 빼소니치니 그래서 애들도 싫어하고, 그래서 이거고 저거고 때려 치웠거든.

<2변 도운 121(1991).3.4 강론>*내 본이름이 원규(元圭)여, 으뜸 원자 쌍토 규자. 상제님 성도 중에 서 원규라고 있거든 그 원규여. 으뜸 원, 쌍 토 규, 홀 규 그러거든. 내 이름이 원규인디... 그런디 그때 그렇게 아버지가 보천교를 지극 정성으로 신앙했는데, 우리 집이, 재산이 있었어. 재산이 기백석이면 조반석죽은 했었다고 한다. 그런대로 밥 굶지 않고 산다. 우리 가정이 기 백석 추수하고 살았는디. 딴 사람 가정보담은 지금도 가만히 생각해 보면 아주 참 4-500석 한 집보다 더 재산이 풍족한 가정였어. 왜냐면 우리 할아버지가 한 동네를 다 차지하고서 생활을 한 사람이여.

<2변 도운 121(1991).3.4 강론>*황새가 우리 논 위에 앉으면 쫒지 않았다는 거여. 윗동네에서 쫓아봐야 아랫동네 가는데, 거기도 우리 땅인디, 또 아랫동네에서 쫓으면 윗동네로 가고. 그 동네에서만 왔다갔다 하니께, 그게 다 우리 땅인디 쫓아봐야 소용이 없단 말여. 그런 정도의 부자였어. 그런 자식이니깐 아마 참 우리 아버지 자산이 유족하셨나봐. 보천교 신앙인이 떼 지어서 다섯씩 열다섯 명씩 몰려다녀. 우리 집이 바깥사랑 두 칸하고 안사랑 한 칸하고 손님 접빈객하는 곳으로 아주 내놓았어.

꽉차버려.(*참고:"그래서 대강대강 주워팔고서 섣달 그믐날 이사를 했다. 나 낳아서 살던 집도 팔고 이사하는데 이것저것 따질 게 있나? 그런데 내가 나서 살던 집을 내 손으로 팔면서 집 문짝을 세 보니까 120짝이다. 그러니 그 집 규모를 알 수 있잖어?")

<2변 도운 121(1991).3.4 강론>*그 내인들이 하는 숱한 이야기 하는 소리 내가 총명한 사람인데 그걸 재미있게 들어. 요 사람은 어떤 얘기를 하고, 어떤 사람은 저런 소리를 하고, 그때는 절을 네 번 해여. 보천교 절이 그랬어. 손바닥 젖혀가지구 이렇게 해서... 그게 내가 요새 입버릇처럼 하면 생활화, 체질화되어 당연히 저러는 줄 알고. 어른들 오면 무릎 꿇고 들어야 속이 풀어져. 경상도 누구는 어떻게, 전라도 누구는 어떻게. 그 수많은 사람들이 와서 전국 소식을, 함경도 갑산에 어떤 신도는 어떻고, 의주는 어떻고, 가만히 앉아서 전국에 만주까지, 보천교 수많은 신도들. 그러면서도 충청남도 홍성에 포정원이 있었어. 대전에 진정원이 있었고, 그 돈을 우리 집에서 다 댔어. 혼저.

<2변 도운 121(1991).3.4 강론>*지금은 남의 집에다가 우리 증산도가 간판해서 하지 그때는 으레~ 집을 사. 신도들이 와서 다문 4- 50 씩이라도 웅성거릴 수 있는 집을 사. 그런 집을 사서 주고 그렇게 넉넉하게 선친께서 신앙생활을 했다. 내 선친께서 그 보천교 교적부에 올려놓고 그때에 돈신록(敦信錄)이라는 게 있었다. 특별한 신도에 한해서만 돈신록(敦信錄)에 올라가. 일반 신앙인이 올라가는 게 아녀. 내가 돈신록(敦信錄)에 올랐어. 그게 독실하게 신앙한다는 것이여.

<2변 도운 121(1991).3.4 강론>*특성금도 내고, 의금도 틀림없이 1원씩 내고, 그때 신도라고 하면 틀림없이 의금을 내야 혀. 우리 시민으로써 1년에 한번 씩 주민세 있잖어. 안내는 사람 없지~~!? 그것과 같이 시민이 되면 주민세를 내듯, 신도라 할 것 같으면 반드시 의금을 의무적으로 내는 성금을 봉헌을 해야 됬는디, 그 의금액이 그때 돈 천원(1,000원)이여, 여자 품삯이 15전할 때. 허니께 그때 돈 1원이면 굉장히 큰 것. 여자 일주일 밭을 매야 그래야 1원 의금을 낼 수 있는 그런 돈이였었다.

<2변 도운 121(1991).3.4 강론>*그러니 조그마한 입에서 젖내 나는 아들을 위해서 보천교 입도시켜서 신도로 입적해놓고 그리고 돈신록(敦信錄)에 나를 올려놓았다. 돈신록(敦信錄)은 의금은 물론이거니와 특성금도 내야한다. 내가 돈신록(敦信錄)에 올려놓구서 의금내고 성금 내는 것 까지 봤어. 그러니 자연 어린 소견에서도 우리 아버지가 나를 신도로 만들어 놓구서 저렇게 아들을 대신해서 춘추로 의금을 1원씩 내고, 또한 특성금을 내셨다. 그리고 무슨 집회 때면 꼭 날 더불고 다니신다.

<2변 도운 121(1991).3.4 강론>*내가 아무리 엉뚱해도 부모님 명령은 안 어겼을 거 아녀. 우리 아버지 뭐가 조금만 비위 약하면 담뱃대 갖구 내 대가리를 때려서 빵구가 나버려. 그러니 그런 부모님 비위틀리구서 견디겠어? 자의건 타의건 간에 우리 아버지에게 끌려 다닌다고 표현하는 것은 어렵겠고 꼼짝없이 아버지를 모시고 다녔다고 할까? 그때는 다시 조금 덧붙이자면 지방마다 약정소가 있었다. 약속할 약자.

정할정자. 바 소 자. 이런 약정소라는 것이 있어서 보름 만에 한 번씩 약정소에 지방 신도들이 뭉쳐가지고 거기서 제례로 하고, 여기서 마냥 일요치성 하듯 그런 간략한 치성행사를 하고. 본소에 대한 것 등 등 여러 교무 일을 진행했다. 거기를 다녔다.

<2변 도운 121(1991).3.4 강론>*그러다가, 그러면서 내가 14살까지를 지나다가 보니께 집에 있고 싶은 생각이 없어. 하도 많은 사람한테 경상도 전라도 함경도 전국 바람이 내 귓구녕으로 다 들어갔어. 그래서 식견도 넓어지고 요노무 세상 어떻게 생겼나 구경 좀 해야겠다는 생각이 들어서 우리 아버지 궤통 문을 비틀었어. 그 궤속을 보니까 그 속에 책 고전을 쌓아놓았는디. 보니께 금화가 책장마다 드문 드문 있고, 녹표가 있어.

<2변 도운 121(1991).3.4 강론>*상제님이 태을주를 써서 보니 이게 무엇과 같냐? 모성도가 애들 돌잔치 때 은봉 숟가락 같습니다는 말씀 했거든. 우리 어려서도 돌잔치가 되면 은수저를 해줬었어. 그 은수저 끄틈지에 노랑 빨강 남색해서 꽃무늬를 그렸거든. 그러니께 훔치훔치 밑으로 태을주를 쭉 써놓으니 은봉 숟가락 같기도 하고, 이게 바로 녹표니라. 녹표는 상제님 하신 말씀이다. 그래서 태을주를 녹표다 한 거였는데. 보천교 때 차경석씨가 상제님을 배척했으면서도 태을주는 썼기 때문에 그 녹표 한 장에 그때 돈 100원씩. 성금 100원 낸 분은 녹표 한 장을 줬어. 그래서 그 녹표가 수십 장 있는 것을 내가 봤어. 그렇다면은 수 천원 성금을 바쳤다는 결론이다. 내가 어려서 그걸 봤거든. 그때 돈 수천원이면 아주 백석거리 했나 몰라. 그런 목돈을 바친걸 보니까 특성금 바친 것은 돈도 아녀. 그런 돈을 바쳤다는 것을 내가 도둑질하다가 내가 본 사실이 있다.

<2변 도운 121(1991).3.4 강론>*그때는 100원짜리 금화는 일반사람 구경도 못할 때여. 그때 내가 돈을 얼마간 훔쳐서 인천으로 도망을 했어. 그것을 가지구서 한동안 잘 돌아 댕겼다. 그러다 가만 생각해 보니 사람 노릇 못하는 것 같아서 집에 한번 간다. 집에 가서 절 잘하니깐 좋아도 하시구. 그러하다 또 집을 나왔어. 그렇다고 내가 삐꿀어진 길을 가는 것도 아니고 명일 충청도 금일 경상도해서. 내가 접촉한 인물이 다 국제적 인물인데, 그때 우리나라의 사상가요 독립운동가요 그런 사람들과. 그렇다고 내가 나이가 어리다고 해서 그 사람들 꼬봉 노릇을 한 것도 아니고, 나는 남 밑에 가서 그런 짓을 안 혀. 성격이 아주 그려.

<2변 도운 121(1991).3.4 강론>*그러다 우리 아버지가 경제범으로 잡혔어. 독립운동 모의하는데 돈을 혼자 다 냈다 해서. 홍성에 전 용기라는 사람이 살았다. 그 옆에 윤 설이란 분 있어, 차 익선, 차 경선 이런 분들~ 양봉 경산도 뭐 하여튼 전국 수면수면한 사람들 망라하는데 그 경비를 우리 아버지가 다 댔단 말여. 경제범으로 걸렸다. 아산 경찰서. 그래서 내가 만날 면회 다니고 사식 들여야 하고. 그때 고등계 주임한테 전기고문도 당해봤다. 정신이 깜빡하더니 얼마나 됐는지 지나고 나니, 아, 내가 전기 고문을 당했구나. 화가 나서 혈서를 썼어.. 지금 생각하면 다 소용없는 짓인디.

<2변 도운 121(1991).3.4 강론>*우리 선친이 대전 감독에도 와서 재판도 못 받고

3년을 썩었어. 그러다가 무죄석방이 되었어, 3년 썩다가. 그리고 선친 나오셨는데, 거기서 한 3년, 꼼짝도 못하고서, 붓고, 수족이 얼고. 그래서 고생도 나오셔서 많이 하고, 원상복구 시키느라고 그걸 보고 또 집을 나갔어. 그러니 왜놈들이라면 싫을 수밖에 없다. 자연환경이 나를 배일주의자를 만들었다. 가정에 부모가 신앙생활 하다가 신앙생활 한 게 무슨 죄여? 잡아가두고. 그때부터 왜놈이라면 이를 득득 갈고. 내 머리가 이게 열일곱 살부터 길렀던 머리인데, 징용 갈 때 집에서 깎구 나갔어. 그때 한번 깎구서 지금까지 기른 머리여.

<2변 도운 121(1991).3.4 강론>*왜정, 이런 거 그런 거 하기 싫고. 머리 기르고 언제든 넥타이 매고. 긴 양말 바지 구겨 넣고, 그거 수수하니 괜찮거든, 그렇게 하고 하얀 모자 쓰고 단장 짚구, 우리나라에서는 가장 좋은 것으로 세상 까불어 봤어. 그러면서 그때 만주 고문이 누구였냐면, 왜놈들이 만주를 강탈하고서 푸이(溥儀)를 가져다 앉혀놨어. 그 만주국의 고문이며 푸이의 고문이던 이 동화라는 사람이 있었어. 그 사람이 그렇게 내게 잘해. 만주에서 많은 돈을 벌었다. 그것 가지고 국내 들어왔다. 2년 동안 생활하면서 8.15를 맞이했다.

<2변 도운 121(1991).3.4 강론>*만주로 북지로 다니면서 나름대로 돈을 많이 벌었어. 43년도에 국내로 다시 들어왔어. 44년도에 결혼을 했어. 결혼하는데도 집에 잠깐 왔다가 동네 아가씨들이 매파가 자꾸 중매를 해서 그래서 결혼을 하는데, 저기 있는 사람(도모님 진영을 가르킴) 종정의 어머니. 나 모르는 처녀도 없고, 내가 못 본 여자도 별로 없고, 내가 지방에서도 자전거도 최고 좋은 것으로 주문을 해서 타고 다니고, 시계도 치고 좋은 것 차고 다니고, 그렇게 호사를 하고. 그래서 아주 참 유명하게 행동을 하고 그랬었는데.

<2변 도운 121(1991).3.4 강론>*처녀가 들어왔는디. 그때도 내가 공부를 안했어도 사주를 그렇게 잘 봤어. 그래서 그 처녀 생년월일시를 보니 새끼가 많더라고. 내가 계집 복으로 살 사람도 아니니 새끼가 많으니께, 그 자리서 승낙을 하고 그렇다고 내가 일방적으로 부모 동의 없이 한 것도 아니고 그 자리에서 택일을 해서 보냈어. 6월달 혼인하기로 하고 다시 서울로 돌아다니는디, 내일이 결혼식인데 오늘까지 인천 서울 돌아다니니 밤새 와서 그 다음날 결혼식 하는 날 아침에 당도했어. 두 집에서 난리가 났어. 그렇게 해서 결혼식을 했어.

<2변 도운 121(1991).3.4 강론>*결혼식 하러 와서 사흘 되던 날 징용 영장이 나왔어. 왜 결혼 사흘 만에 징용 영장이 나왔냐하면, 면장이 나이가 우리 아버지하고 비슷한 사람이여. 헌디 나는 배일사상을 가지고 있는 사람이니께 면장이 밉잖어. 허니께 그 놈이 인사하면 나도 하고, 안하면 나도 안 혀. 그러니 그 사람들이 좋아할 리 있나, 나이도 어린놈이 어른한테 인사도 안하고.

<2변 도운 121(1991).3.4 강론>*그렇게 미움을 받아서 면 병사계에서 지가 적당히 아무 아무 찍어서 보내는 거거든. 가정에 피해를 끼쳐서는 안 되잖어. 해서 헐 수 없이 징용영장을 받아서 서산까지를 가야해, 집결지니께, 근디 거기서 도망가는 건 관계가 없거든. 근디 인솔자가 내 친구여. 그때 내가 21살인가 22살인가 내가 군대 면해졌으니 아마 22 살인가 봐. 그때 징병 연령이 넘었거든. 거기서 저녁 먹고 너 왜놈

충신 조금 더해라 하고 돌아섰거든. 돌아다니다가 콩 깻묵을 밥에다 얹어서 먹고, 도꼬리땅이라고 해초 뜯어서 팔고, 도시는 먹을 것이 그 이상이 없어. 여관 다니면서 밥 사먹을 수도 없고, 먹고 살게 없어서 할 수 없이 내가 안 사람 올라오라고 해서 김포에 와서 세월을 보냈어. 양촌면 대능리라는 곳에서 1년을 지냈어.

당시 운산(雲山) 안 흥찬(安興燦)은 연원(淵源)의 총 사수(總師首) 수방주(水方主)로서 보천교(普天敎) 2변 교운인 <증산교 대법사> 조직을 개창하고 교주직제가 없는 방주제로 청맹과니 이 상호 씨를 용화동에 얼굴마담인 토방주(土方主)에 앉혀 놓았는데, 토방주 밑에 사성(司成)으로 임명한 동생 이 정립과 공모해 포교차 용화동 본부를 비운 총 사수와 연원 간부 사이를 끊임없이 이간시키는 일방 용화동 신앙촌화 운동과 범 증산 교단 통합운동을 빌미로 단체를 강탈하고 2변 교운의 뿌리부터 왜곡 조작한 문서를 간직하고 죽은 뒤 <증산교사>라는 유고집으로 출간되어 증산교 대법사가 마치 이 상호·이 정립 형제가 개창한 것으로 둔갑되고 안 흥찬(安興燦) 총 사수(總師首)가 이들 형제를 배신하고 나간 것으로 둔갑됩니다.

당시 안 흥찬(安興燦) 총 사수(總師首)가 개창한 조직의 이름은 순수하게 <증산교>로 교주 직제가 없는 방주(方主)제였지만 후일 총 사수(總師首)가 토(土)방주로 예우해 임명한 이 상호 형제가 <증산교> 조직을 야금야금 강탈한 뒤 사회조직인 대법사(大法社) 이름만 첨가해 <증산교 대법사>가 된 것이 보천교 2변 교운 역사(문왕의 都安 세 살림 초복도수) 실체입니다. 젊은 총 사수가 힘들게 차려 놓은 밥상위에 보천교 시절 산전수전을 겪은 노회한 두 형제가 조직을 강탈해 숟가락만 얹어 놓은 것입니다.

당시 젊은 총 사수(總師首)가 얼굴마담의 명예직으로 임명해 용화동에 거처하게 배려한 맹인 이 상호와 20세의 장 도(결혼 후 張玉으로 개명)과 혼사를 맺어준 이 정립 형제는 포교를 위해 전국으로 떠도는 총 사수가 조직을 떠나 부재한 사이 젊은 총 사수가 포교한 연원 간부들을 수없이 이간시킴과 동시에 용화동 신앙촌화 운동과 교단통합운동을 명분으로 총 사수를 단계적으로 고립시켜 조직적으로 단체를 탈취해 세탁하는 과정을 거칩니다.

이 상호(본명 명탁明鐸)와 이 정립(본명 성탁誠鐸)은 결국 집요한 갖가지 방법으로 교주직제가 없이 목화토금수 방주方主조직으로 단체를 운영하던 젊은 20대 총 사수(總師首)를 허수아비로 만들고 조직을 철저히 자기 사람들로 수없이 가다듬고 세탁해 단체의 실권을 장악하고 젊은 총 사수를 비밀리에 제거하도록 지령을 내립니다.

해방 직후 서울 마포구 합정동 최 위석의 집에서 30-40여명 모인 치성에 참석해 분위기를 살펴본 총 사수(總師首)는 그 해 초겨울 정읍 시기리에 사는 교인 집에 들렀다가 우연히 인근에서 해인(海印) 샘플을 만들고 있는 이 상호와 조우하게 되는데 이때 경제적으로 말할 수 없이 빈곤한 상황에 처한 청맹과니 이 상호 씨를 보고 쌀 한가마니와 생활비를 대주고 용화동에 임시 거처까지 마련해 옮기도록 배려합니다.

그리하여 <대순전경>의 저자로서 비록 과거 보천교 신도들에게 악명을 떨친 인사라 할지라도 이제는 세월도 적지 않게 지나간 과거로 다만 증산교 본소에 얼굴만 내민 채 거동을 크게 안 해도 연로한 신도결집에 한 역할 하리라 생각하고 토방주(土主)로 임명하는 배려를 합니다. 이는 청음이 비록 과거 보천교 시절 일제와 한통속이 되어 파란만장한 악명을 떨친 인사였음에도 불구하고 이제는 노년기에 들어선 청맹과니에 불과하기 때문에 오히려 조용히 용화동 본소에 자리나 잡고 연로한 신도결집이나 하며 편히 여생을 보낼 수 있도록 원모심려(遠謀深慮)한 총 사수의 포석이었습니다.

이에 대해 안 홍찬(安興燦) 총 사수(總師首)는 해방 후 당시까지도 이 상호 형제에 대해 구 보천교 교인들 사이에서 아주 악평이 나있어 함께 어울리면 같은 부류로 욕을 먹을 정도로 소문이 아주 안 좋았다고 합니다. 그러나 단체를 키워야 하는 당시로서는 대순전경 저자라는 이름값을 비롯해 총 사수 자신의 20대 나이가 지도자로서 일반 사회에서 중장년층을 폭넓게 아우르는 한계가 어느 정도 있었기 때문에 연로한 장년 노년층 신도들을 다독이며 묶어줄 인사로 적합하다 생각해 손을 잡지 않을 수 없었으며 옳건 그르건 곤존 태모 고 수부님의 용안을 직접 대면한 인사라는 장점 하나만으로도 대중운동의 강력한 설득력이 나름 있을 것이라 생각해 손을 잡았다고 술회합니다.

게다가 당시에 진리를 전하는 쪽 자료들은 많이 나돌았지만 경전으로서는 오직 대순전경밖에 없을 때여서 미우나 고우나 그 경륜을 인정해 주지 않을 수 없었고 어차피 청맹과니인지라 앞으로 더 이상 과거 일제하 보천교 시절의 젊었을 때처럼 악행을 저지르지는 않을 것으로 보고 용화동 증산교 본소에 토(土)방주로 임명 배치합니다.

그리하여 젊고 실행력이 좋은 수(水)방주 총 사수는 몸소 접사(接使) 역할을 자처해 밖으로 나돌며 포교활동을 전담해 따 담는 역할을 하고 앞 못 보는 토(土)방주는 용화동 본부에 조용히 앉아 밖에서 몰아오는 신도들을 수렴하는 접주(接主) 역할을 맡깁니다. 20대의 젊음이 오히려 조직운동에 걸림돌로 작용한 20대의 총 사수(總師首)는 비록 인망이 떨어졌으나 원로로서 연배가 지긋한 맹인 이 상호로 하여금 당시 연배가 많은 신도들의 얼굴마담 역할이나 하기를 바라고 포교실무에만 전념해 신도를 포교해 잡아들이는 접사역할을 도맡은 것입니다.

<보천교普天敎 교전敎典>*또 경석京石다려 일러가라사되 너는 접주接主가 되라 나는 접사接使가 되리라 이뒤로는 출입出入을 폐廢하고 집을 지키라 이것은 자옥도수自獄度數니라 하시니라

하지만 젊은 총사수가 '독행천리獨行千里에 백절불굴百折不屈이라'는 정신으로 불철주야 밥 굶어 가며 힘든 포교활동으로 부재한 사이 두 형제가 조직을 그렇게 야금야금 정책적으로 먹어가며 송두리째 강탈해 갈 줄은 몰랐다 합니다. 한 술 더 떠 1947년 결혼까지 시켜준 이 정립은 형과 공모해 조직을 강탈한 것도 모자라 교사(敎史)까지 날조해 뿌리를 철저히 왜곡 말살하고 그것으로도 모자라 이미 모든 것을 내려두고 대휴게기를 선언하고 자취없이 은거한 자신에게 끝없이 인격살인에 가까운 모함과 험담을 전 교인들에게 하고 60년대 중반까지 끊임없이 암살대를 보낼 줄 몰랐다고 합니다.

<2변 도운 121(1991).3.7 강론>*"내가 (54년 이후로) 단체에서 손을 뗀 이후에도 서천읍에 사는 김 창배(金昌培), 최 낙홍(崔落鴻) 등을 시켜 사기하다 철창에 갔다

병들어 누어있다는 등으로 매타도어시키는데 사람을 모욕해도 그런 모욕을 할 수가 없다. 이 상호 형제가 전국의 간부마다 다 내세워 불명예적인 모욕과 모함 이간질을 시켰다."

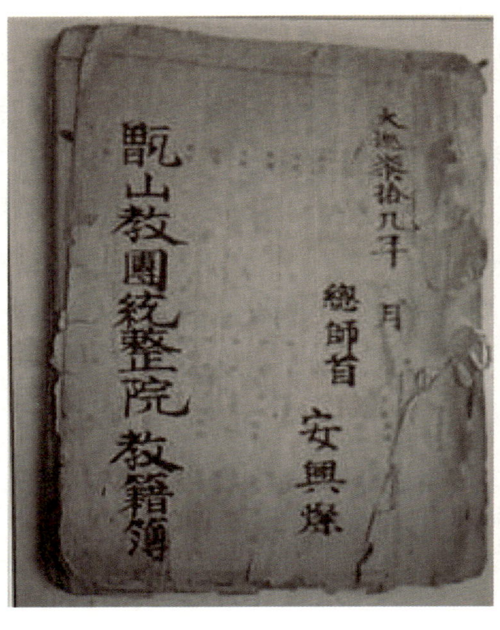

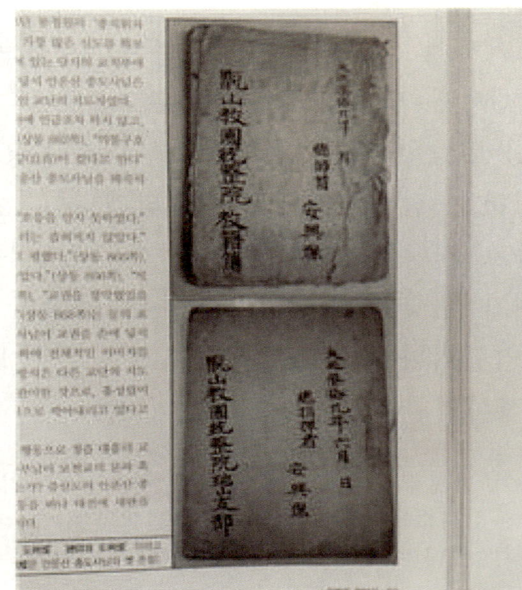

1945년 해방이후 2변(초복도정) 용화동 증산교단 통정원 안운산 연원 총사수 소지 유일 교적부

해방이후 단기필마로 자기연맥이 없던 이 상호는 이미 자기 연맥조직을 구축한 안 흥찬(安興燦) 총 사수(總師首)와 만나 증산교 단체에 토방주(土)로서 몸을 담그게 됩니다. 본래 이 상호 형제는 보천교 시절에도 6임 포교를 통해 방주가 된 사람이 아니고 임명제 방주여서 자기 연맥이 없었기 때문에 늘 사회운동을 통한 이슈선점으로 사람을 끌어 모으던 다분히 정치적일 수밖에 없던 사람이었습니다.

따라서 포교운동을 통한 진리 본연의 조직 확대보다는 남이 일구어놓은 농사를 통째로 차지하려는 과욕이 바로 이같이 교단통합운동 방향으로 매진하게 된 것이며 이 전통은 두 형제가 선화한 이후 범초 홍 성렬에게 까지 이어지게 됩니다. 남이 일구어 놓은 판을 공짜로 먹으려는 심보에 대해 신인(神人) 격암 남사고는 다음과 같이 말합니다.

<격암유록 승운론>*儒佛仙道通難得유불선도통난득커든 儒佛仙合三運通유불선합삼운통을 有無知者莫論유무지자막론하고 不勞者得불로자득 될가보냐-유도(儒道)와 불도(佛道)의 통달도 어려운데, 하물며 유불선(儒佛仙)이 하나로 합하여 통하는 운수를 어찌 지혜로운 자이거나 지혜롭지 못한 자이거나 간에 모두 노력하지 않고 공짜로 얻기를 바라는가?

당시 경륜이 부족했던 젊은 총 사수(總師首)는 이 노회한 초로(初老)의 장님이 자신이 개창한 조직의 원로 간부로 공헌해 줄 것으로 크게 기대했으나 사실은 자신을 둥지에서 제거하고 조만간 자신의 조직을 송두리째 차지하는 뻐꾸기인 줄 예상도 못했으니 이 또한 문왕 도수가 걸어야 할 천지공사의 예정된 수련 과정이었습니다.

2변 교운에 대해 왜곡 날조된 이 정립의 증산교사에 소개된 145명 통제위원 및 교체조직 운운은 6.25 후에 단체를 접수한 이후 정통성 왜곡의 알리바이용으로 이 정립이 왜곡 날조해 놓은 거짓말 기록입니다. 당시 이 상호는 시기리의 외진 초가집 단칸방에 세들어 사는 초로의 청맹과니로 앞을 거의 보지 못하는 상태였습니다. 대순전경 초판이후부터 서문 찬(贊)을 본인이 못쓰고 동생 이 정립이 쓴 이유가 이것 때문입니다.

조종골 시절부터 목포에 수감된 이 상호의 모함으로 감옥까지 다녀오시고 형제에게 갖은 핍박과 공개적으로 배척까지 당한 태모님은 초판 대순전경을 처음 받아보시고 담뱃대로 휙 밀쳐 버리시고 말았는데 그 이유가 무엇인지는 <선정원경>과 <보천교연혁사>에 이미 다 밝혀진 일입니다.

<증산도 道典>*6월 24일에 이 상호가 대순전경(大巡典經)을 간행하니 7월에 고찬홍이 책을 가져다 태모님께 올리거늘 태모님께서 아무 말씀도 하지 않으시고 담뱃대로 바닥에 놓인 책을 옆으로 휙 밀쳐 버리시니라. 이에 성도들이 의아해하며 그 책을 집어다 한쪽 구석에 천으로 덮어 놓으니라.

청음 이 상호와 남주 이 정립 형제는 29년 동화교 무렵 교인들로 하여금 사택공사를 하면서 안집 사택을 가리켜 내전(內殿)이라고 부른 바 있습니다. 두 형제 스스로 태모님과 차 교주를 차례로 내쫓고 자신들이 마지막으로 추수하는 해도진인(海島眞人)이라 생각하고 태모님까지는 내쫓는데 성공했지만 차 교주가 시국대동단(時局大同團)을 만들면서 보천교 혁신운동의 명분이 없어지자 차 교주를 내쫓는데 실패하고 보천교 재산을 챙겨 일제관리의 비호(庇護)를 받으며 금은보화로 치장한 여고생 첩까지 대동하고 만주로 도망가고 맙니다.

뒤에 만주에서 사기를 당해 감옥에 갇혔다가 국내로 다시 들어와 비록 차 교주 축출에는 실패하여 보천교를 탈퇴하고 조선총독부 촉탁 김 환의 기획과 후원을 얻어 동화교를 창교했지만 영원히 버릴 수 없는 추수 주인공으로서의 달콤한 야망을 내전(內殿)이라는 호칭으로 속마음을 다시 한 번 드러내고 맙니다.

청맹과니 청음 이 상호李祥昊와 총사수가 결혼시켜 준 동생 남주南舟 이 정립李正立 장옥張玉 부부.

두 사람은 평생 죽는 날까지 제왕적 사고를 지닌 채 살았는데, 사택을 내전(內殿)이라 칭하여 많은 신도들이 항의를 해 물의를 빚자 동화교사택(舍宅)으로 평범하게 이름을 바꿉니다. 그러나 그 야무진 꿈이 그것으로 끝이 아니었습니다. 해방과 더불어 느닷없이 안 흥찬(安興燦)이라는 젊은 20대 총 사수(總師首)가 두 형제 앞에 수호천사로 등장해 자신이 몸소 개척한 증산교 조직을 쾌척하고 종적 없이 사라지자 단체를 장악한 이후인 62년에 비로소 용화동 본부에 자신들만의 사택을 짓고 형식적으로는 다른 이름을 내걸어 놓지만 실제로는 결국 다시 내전(內殿)이라는 명칭을 사용합니다.

기독교 인구 20만인 일제치하 시절 600만 신도를 거느린 일제하의 실세 차 교주도 우습게 알며 산전수전 다 겪은 두 형제는 해방 후 느닷없이 전국적으로 포교대운을 일으키며 젊은 총 사수(總師首)가 전면 등장해 나타나자 내심으로 이는 마치 상제님이 자기들 꿈을 이루고자 보내준 비장의 수호천사로 알았습니다.

그리고 젊은 총 사수의 배려로 자신들이 과거 일제치하 동화교 시절 근거지였던 용화동 증산교 대법사 본소에 다시 자리잡게 되자 노회한 전략으로 범 증산 종단을 통합하겠다는 명분과 신앙촌을 건설한다는 금산도득(金山圖得)의 명분을 내세워 전국 신도들로 하여금 땅 팔고 재산을 팔아 금산 용화동으로 들어오게 하는 재산집중의 허망한 공사를 벌입니다.

보천교 초기에 교주 없이 방주제도로 운영했던 차 경석 성도처럼 교주 없는 방주제도로 조직을 관리하던 총 사수가 포교활동에 정신이 팔려 전국으로 떠도는 사이(교통도 불편하고 연락체계가 불편해 전국포교를 떠나면 1-2개월 걸리던 시절) 이 상호 형제는 이 허망한 공사를 통해 인권이 자신들에게 집중되도록 하면서 포교활동으로 부재중인 젊은 총 사수와 간부사이를 이간시키려 각종 모함과 흑색선전을 하며 젊은 총 사수(總師首)를 자연스럽게 도태시킵니다.

<2변 도운 121(1991). 3. 7 강론>★그러면, 이 상호·이 정립의 정책도 장하려니와 사실은 당시 신도들이 부응을 해 주었어. 한 놈도 나 찾아와서 용화동으로 다 팔아서 들어오라 하는디 가야 옳읍니까 하는 놈을 지금 이 시간까지 한 놈을 보지 못했고. 내가 집에 와서 누웠는디(20년 말점도 은거) 날 찾아오는 놈 한 놈 없었고.

<2변 도운 121(1991). 3. 7 강론>★그러구서 허튼 신도만 50명도 찾아오고 뭐 30명도 찾아오고 밥만 삶아내느라고 죽을 고생하고 말여. 그러구서 간부진에 있다는 자들은 대가리도 안 디밀고. 그리고 몰래 돈도 이 상호·이 정립에게 갖다 바치고. 나는 인패 같은 거 준비 하려고 하는디 속으로 이 상호·이 정립에게 다 팔아먹고. 다 팔아먹어버려..... 돈 받고. 이러한 애기를 참 다 할 수도 없고.

<2변 도운 121(1991). 3. 7 강론>★"전주로 가고 싶었지만 전주로 가면 이 상호·이 정립이 꼴도 보기 싫고 말여. 그래서 애들 교육상도 그렇고 해서 공주로 가서 있었는

디..... 내가 이 애기를 하면서 또 한 가지 애기할 말이 있어. 집이를 앉았는디 박복만이 바로 또 그 놈여, 그 놈이 전국에 꼬팽이를 쳐가지고서 격문이 말여, 우리 아버지가 어디서 가지고 들어왔어. 이 격문이 최종적으로 황 원택(장남을 주사 놓아 죽인 장본인)에 와서 떨어졌는디 전국일주를 해가지고서....

<2변 도운 121(1991). 3. 7 강론>★(총 사수가 임명한 토방주 이상호가 인권을 집중시키면서 이미 교주인 듯이 행세)그런디 그 격문이 뭐냐 하면, 뭐 나는 수교정(首教正)도 아닌디, 수교정 안 홍찬이가 망령이 발작해서 망령된 생각이 발작해 가지고서 천인천패(天印天牌)를 위조하고 뭐 어쩌고 해서 직권을 정지허구 말여. 그 사람들 말로 수교정의 직권을 정지한단 말여. 허니께 전국신도는 본부로 직접 연락해라 하는 그런 내용이여. 그걸 내가 다 외든 못혀 지금. 그게 우리 집에 있어. 그런 내용여. 그런디 나두 사람아녀 사람은. 내가 칠정 있는 사람으로서 그걸 볼 때 그 장님 새끼를 내가 말여, 도와준 죄 밖에 없고 말여.

◎ 이상호가 보낸 자객 박복만의 자백과 용서

<2변 도운 121(1991). 3. 7 강론>★(6. 25 전쟁 중에) 공주-청양-부여로 가서 부여군 내산면(內山面) 마전리(麻田里) 이 평국(李評國) 신도 집에 가서 좌정하고 윗방에서 거의 두어 달 있었는데 이 평국 씨가 무슨 말을 하냐면 이상하게 집주변을 싸고 배회를 하는데 참말로 이상합니다. 여러 날을 두고 저렇게 같은 사람이 저러는디, 그게 참 이상하다고 만날 그려. 그러다가 조금 있다가 아이고 선생님, 나와서 혹시 아는 사람인가 한번 보쇼.

<2변 도운 121(1991). 3. 7 강론>★나가서 보니 박 복만이란 사람여. 박 복만이. 나한테 들켰거든? 아니 복만이가 왠 일여? 내가 하니께. 얼굴이 새빨개져서 주저 앉어버려, 그 자리서. 아니 이 워쩐 일이냐고 말여, 들어가자고 방에 떡 들어가 앉혀 놓았더니, 그 사람이 하는 소리여 그 사람이. 선생님, 선생님 같이 인자하고 그런 양반을 참 내가 죽을죄를 졌습니다. 내가 바로 제가 선생님을 죽이려 했던 사람의 하수인였습니다. 내가 보름을 별렀습니다. 내 독심을 품고서. 했는디, 결국 내가 선생님에게 참 사죄를 합니다.

<2변 도운 121(1991). 3. 7 강론>★내가 그래서 니가 나를 죽이면 뭐가, 나를 죽임으로서 뭐가 있느냐. 내가 국가와 민족을 위해서, 상제님 사업을 위해서, 내가 죽어줘야 할 이유라도 있다면, 내가 만 번이라도 죽어주겠다, 헌디 내가 이 세상에 무엇 때문에 죽어줘야 하는지, 누가 나를 꼭 죽여야만 하는지, 그거나 좀 알자 그랬더니, 내가 선생님을 죽이면 내가 감투가 높아지고 중언부언하고... 이게 내가 될 수 있으면 이런 말을 안 할라고 한겨. 항자는 불살로 내가 쾌히 용서를 해주고 그 사람에게 가서 내가 밥 잘 먹여줬으면 됐고 늙은 사람들이 상제님 진리가 해원상생인데 천하에 나쁜 놈이다.

<2변 도운 121(1991). 3. 7 강론>★장님이고 눈깔 먼 놈이.... 증산교는 내가 하는 것이지 그 누구(이상호·이정립)도 증산교하고 관계가 없다. 여기 신도들이란 게 내가 신앙하라고 해서 일으켜 세운 사람들이고 여기 신도들의 지도자요 선생님이라고 해서 떠메야 할 사람이 나하나 밖에 없어. 그 이외에는 다 객꾼이여. 개평일 뿐이지. 도와는 못줄망정 무슨 상관이 있어 나를 괴롭게 하고 이건 있을 수 없는 일이다. 공자 문화권에서도 일찍이 이런 일이 없고, 석가모니 불교 권에서도 이런 일이 없고, 서교에서도 나는 이런 일을 나는 못 들어봤다. 그러나 상제님 사업위해 쾌히 용서할테니 가서 전해라.

<2변 도운 121(1991). 3. 7 강론>★그러면서 내가 거기서 그런 말을 했어. 이건 공자문화권인 유교에서도 일찍이 이런 일이 없고, 석가모니 불교에 문화권에서도 이런 일이 없고, 이건 서교에서도 말여, 나는 이건 못 들어본 사실이 없다 말여. 어떻게 세상에 이럴 수가 있냐. 허나 나는 상제님 사업을 위해서 쾌히 용서 할테니께 그런 줄을 알고, 그런 일을 가서 전하라고. 내 그러구서 용서해 준 사실이 있어.

<새 시대 새 진리 3(安 雲山 증산도 종도사 어록)>★또 공주에서 대전으로 이사를 나왔는데, 이번에는 이상호가 암살대까지 조직해서 나를 죽이려고 달려든다. 사실 용화동 사람들이 다 내 신도 아닌가. 여기 있는 너희들하고 똑같다. 헌데 그 신도들 다 데려다가 별 짓 다했으면 됐지, 내가 간섭을 하나 어쩌나. 사실 내 입장에선 그 사람들 포교하느라고 죽을 힘을 다 썼으니 내던지기도 아깝다. 해서 언젠가 시기가 되면, 의리 있고 쓸모 있는 신도들은 추려서 써야겠다 하고 그냥 두고 있었지만, 접촉하지는 않았다. 그렇건만 자꾸 나를 죽이려고 쫓아다닌다. 나를 없애버려야 후폐後弊가 없으니까 완벽을 기하느라고 하는 짓이다.

<새 시대 새 진리 3(安 雲山 증산도 종도사 어록)>★그래서 내가 성명을 바꿨다. 어떻게 바꿨냐 하면, 우리 어머니 성이 백씨白氏이고 해서 성은 어머니 성을 따고, 이름은 슬기 지智 자 클 홍弘 자, 백 지홍白智弘이라고 했다. 그러고 백 지홍 행세를 하니 안 세찬安世燦이는 없잖은가. 그때는 내 이름을 흥찬興燦이라고 했을 때다. 본래 내 이름이 세찬이다. 참 꺽센 이름이다. 그 새김으로 봐서 '세상을 편안히 한다'는 뜻인데, 그게 그렇게 쉬운 문제가 아니잖은가. 참 풍상도 많이 따르고. 해서 그저 일 흥興 자를 써서 순하게 안 흥찬으로 바꿨는데 호적에는 본래대로 안 세찬으로 돼 있다. 제2변 할 때도 흥찬이란 이름을 썼다.

<2변 도운 121(1991). 3. 4 강론>★한 날은 김 창원이라는 사람이 보천교 재산을 죄다 바치고 우리 집을 자기 집처럼 노냥 와서 사는 사람이 있었는데 우리 집에 와서는 나하고 밤 세워 태을주를 읽거든, 밑천이 태을주여. 밤새 태을주를 읽고서 홍성군 운암면 금곡리 우리 아버지 친구하고 한 번 전라도를 다녀와라. 그런 제안을 해서 좋다고 말여, 그 뒤에 한 번 가자고 한단 말여. 좋다 해서 가자! 그때는 내가 돈이 많았잖어, 그래서 돈에 구애를 안 받았잖어. 홍성군 운암면 금곡리에 가서 보천교 고급간부 위치에 있던 사람들이거든. 그 중에서도 윤 설 씨는 아주 웅변가여, 나하

고 전라도를 한번 가자고 해서 내친걸음에 당장 가자고 해서 여러 군데를 들렀어.

<2변 도운 121(1991).3.4 강론>★박 공우 씨의 수제자 송 종수라는 분이 있어. 봉남면에 살았어. 금남면에서 황산고개 넘어가면 봉남면이여, 그 옆이 원평 금산면이고. 거기를 뜩 가니 그 의통 인패를 준비하는데 의통인패를 제작하는데 한 반가마를 새겼어, 많이 새겼어. 그래서 송 종수씨한테 의통에 대한 이야기를 해줬더니 송 종수씨야 나를 끌려고 난리가 났었지. 내가 아주 잘생기고 귀골이고 하니까 말여. 호신의통, 호부의통이니 그리고 내가 양 비누를 좋아서가 아니라 녹수비누가 있다. 녹수비누로 세수하면 절반은 하루 종일 냄새가 가. 냄새가 좋으니께 PX에서 나온다고...

<2변 도운 121(1991).3.4 강론>★그러고 나서 세상에 호사하던 사람이니께 너무 잘 빠졌다고... 대전 와서 가난해서 기가 막히게 고생을 많이 하고 있지만....내가 어디가면 사람이 그렇게 많이 모여들어서 장사꾼들이 가게 문을 닫고서도 좇아다니는 사람이었어. 장사 잘된다고 그렇게 좇아 다녔어. 그 때도 어디를 가면 금새 사람들이 모여들고, 송 종수씨 댁에서 이틀인가 잠깐 묵었는디, 그 근방 사람들이 다 모이고 신도라고 모이고, 인연은 인연인가 보다고 말여, 송 종수씨가 그러기도 했어.

<2변 도운 121(1991).3.4 강론>★상제님 사업을 해야겠는데 동지를 규합할려고 그런다 하니께 송 종수씨가 얼마나 좋아하겠어. 그러고서 누구를 가서 만났냐면, 정읍장터 있는 데 시기리가 있어. 시기리에 이 한우, 윤 순탁이라는 사람이 있어. 그 사람들이 보천교 신도여. 그 사람들은 윤 설 씨하고 그렇게 잘 알어. 그 분들을 만났는데 역시 그 분들도 의통을 준비하고 앉았더라. 이 한우씨 집하고 윤 순탁 씨 집하고 한 30미터 거리나 되나? 그 의통을 어떻게 제작을 하냐면 송 종수씨에게 있으면서 배워가서 만들고 앉았던겨, 윤 순탁 씨 집에서. 신기리 산다고.. 이 한우는 약종상이여. 또 보천교 때 차 경석 씨의 안전질서 전담하던 사람 가서 만나보니, 우리 선생님이라고 월곡 선생님이라고 꼭 그러면서 하늘처럼 떠받들고 숨결마다 월곡 선생이여.

<2변 도운 121(1991).3.4 강론>★내가 의통 제작한 이야기를 윤 설 씨에게 들어보니께 이 상호씨, 윤 순탁 씨, 이 한우, 함 우열, 김 태성, 김 규찬 이렇게 여섯 사람이 상제님이 육임을 말했으니까 육임을 짜서 육임도장을 만들어야 된다고 혀. 호신의통을 네모진 도장으로 말여. 어떤 놈은 호신 의통에다가 도장 찍는 사람도 있고, 호신의통을 겉껍데기로 싸서 이 상호 도장 찍은 사람, 윤 순탁, 이 한우 도장 찍는 사람도 있어. 한 이틀 머물면서 윤 설 씨하고 시기리 정읍 장사구경도 하고 오늘 길에 이 상호 씨 댁이라고 들어간단 말여. 들어가서 보니께 사람 들어가도 목소리만 듣지 몰러. 보니께 장님이여, 장님. 그런대로 잘 생겼는데 하관이 빠져서 속을 썩이게 생겼어. 뒤끝을 못 맺을 사람이구나, 거기서 얘기가 되었어.

<2변 도운 121(1991).3.4 강론>★내가 큰 홍어 하나를 사가지고 술을 사서 푸짐하게 먹으면서 이 한우, 윤 순탁 씨가 소개를 혀. 윤 설 씨랑 나랑. 자기에게 의통을 박

공우 선생이 전수를 했다. 이 상호가 그런 일을 해여, 자기도 때를 모른다. 그런데 해방도 됐고 공개하지 않을 수도 없어서 우리끼리 이렇게 하는데, 함 우열하고 김태성이라는 사람은 그 후로 나오덜 않는다. 육임이 부족하니 혹시 상제님 사업에 열의가 있으면 의통제작 하는데 한번 악수를 해보자고 말여. 그래서 거기서 결합을 하게 된 동기가 그렇게 되었어.

<2변 도운 121(1991). 3. 4 강론>★그 집은 하루저녁 잘 수도 없어. 집 구조가 안방, 건너방, 뒷마루. 정읍에 명주베라는 것이 왜 거기서 발전이 됐냐면, 보천교 때 보천교 신도들이 거기 들어와서 다 떨어먹고 굶어죽게 생겼단 말여, 농사터전이 있나. 저 경상도 함경도 평안도 전국적으로 수많은 신도들이 들어와서 가지고 온 재산 다 떨어먹고 굶어죽게 생겼거든. 그래서 강화의 한 인희 아버지 한 호석 씨가 강화에 직조하는 것을 모방해서 명주베라도 짜서 밥 먹구 살아야겠다구 구황방을 내 놓았어. 구황방을 해서 생식을 하고 사니 그게 살 수가 있어? 생식도 한 달에 쌀 한 되는 있어야 할 거 아녀. 그래서 직조를 하게 된 거여, 보천교 신도들이 다 망하면서 베짜서 먹고 살았어. 이 상호씨도 직조기를 한 대 갖다 놨는디 아마 서너 필이 감겼는지 다 헝클어져서 말여. 내 던진 베틀 하나 있어(폐기물로 던져두고 이사 간 빈 집. 장님이라 직조불가). 그러고 가만히 보니께 쌀도 없어. 그래서 쌀 한 가마 값이나 주고, 그런 인간적인 정으로...

<2변 도운 121(1991). 3. 4 강론>★그리고 박 모 모씨 집에서 며칠 묵다 올라왔는데, 구황방 얘기를 보충하면 내가 11살 땐가 생식을 8개월을 해 봤어. 각시바위 구멍에서 며칠 있은 후로 생식을 시작했는디, 한 8개월 나중에는 전혀 화식이란 걸 먹지 않고 쌀가루, 콩가루 먹었어. 한 8개월하고 났는디, 내 어머니께서 따라서 굶으시더란 말여, 어머니 때문에 할 수 없이 밥을 먹었어. 생식을 하면 한 9일, 10일 만에 똥을 요거만한 새까만 똥을 싸고 말어. 세상에 안 먹고는 살 수 있나... 그래서 어려서 그런 경험을 하게 되었어. 구황방도 쌀이 있어야 되는 건데, 보천교 신도들이 구황방 갖고 생활을 한다 해도 돈은 벌어야 될거 아녀. 그래서 대흥리에 직조가 유명해졌어.

<2변 도운 121(1991). 3. 4 강론>★그리고서 내가 정읍서 그 얘기를 하고 떠나 집으로 와서 한 바퀴 돌고 다시 정읍을 갔어. 가서 이 한우 씨한테 가서 의통제작을 하는데 쓰라고 돈을 주고 왔어. 뒤에 가서 보니께 6임조에 근거해서 내 도장을 하나 마련해 놨더라고. 책임감도 있고 그래서 집으로 와서 보천교 신도들한테 이제 너희들도 의통준비를 하고 다시 그때는 내가 교주할 욕심도 없고, 다 같은 신도들이고 하니께 누가 뭐가 되고 그러는 걸 따지기 전에 동지적인 입장에서 뭉쳐서 단체도 구성하고, 상제님 사업을 하고 그러는 거지. 보천교 신도들은 차 경석씨도 꼭 신앙하는 것도 아니고.

<2변 도운 121(1991). 3. 4 강론>★차 경석 씨를 믿으면 강 증산에게로 끌려 들어가는 거고. 그런 정신으로 뭉쳐 있던 사람들이여. 그렇게 해서 그때 뭐 그 수치를 다 얼

마라고 지적할 수는 없지만 그런대로 젊은 사람들이 모아지고 해서 많은 사람들이 뭉쳤어. 근디 이 한우 씨가 맨날 충청도를 가자고 그려. 그러고 있는디 집회할 곳이 없어서 정읍으로 갔어. 보천교 때 건물 지어놓고 버린 궁궐터, 지금 조계사 된 그거. 이름이 십일전十一殿, 열 십十에 일 一하면 토土자여, 세상 사령탑이다 이 말여.

<2변 도운 121(1991).3.4 강론>★그런데 그걸 왜놈들이 뜯어다가 불교 조계사를 지어 버렸어. 처음에는 각황사라고 이름을 지었다가 태고사라고 고쳤었어, 그러다가 이제 조계사로 고쳤지. 그러고 전주에도 보천교 건물 헐어다가 전주 역을 지었어, 지금은 새로 지었는디. 그 십일전十一殿에 빈 건물이 있어서 김 규찬 씨라고 말여, 그런 분이 상제님 사업한다고 하니께 그렇기 때문에 그 건물을 손쉽게 얻어 거기서 모아서 치성도 올리고. 지도자도 없을 때여. 여럿이 뭉쳐서 계모임의 의장 하나 제대로 없이 그냥 그렇게 뭉쳤어.

<2변 도운 121(1991).3.4 강론>★그런데 거기는 이 상호 씨가 집이 없어. 집이 당시 시기리에 있던 집도 그것도 남의 집이여. 그래서 거기 앉어 있을 사람이 없고 하니께, 이 상호 씨가 그 건물에 앉아 있었단 말여. 김 규찬 씨가 보천교普天教 시대에 차車 교주를 모시고서 그 교체를, 종교가 되기 때문에 우주원리로 수화금목토 그렇게 짜거든. 토주土主가 교주여, 교주의 보좌역은 수화금목이 되는거여, 토주는 차 월곡 차 경석 씨고. 금주金主는 같이 일을 하자고 했던 김 규찬 씨여. 수화금목이 흙을 떠나서는 안 되는 거거든, 그래서 토가 중앙이 되는겨.

<2변 도운 121(1991).3.4 강론>★보천교 건물을 지었는데, 치성 때 상제님을 믿든지, 차 교주를 믿든지, 한 뿌리다 이거여. 차 월곡이 살아 있는 것도 아니고 치성의 전致誠儀典이라는 것이 정해져 있잖어. 치성에 내가 한두 번 다니는데 이 한우라고 하는 사람이 충청도를 같이 가자 이거여. 대흥리로 집회장소를 옮기기 전부터 욕심이 많은 사람인디 대흥리로 이전을 하기 전부터 자꾸 충청도를 구경시켜달라고 그려. 상리학상으로 보면 그 사람이 입속이 시퍼렇고 아주 욕심쟁이여, 어딘가 모르게 삐뚤어진 것도 할 수도 있는거구. 그래서 그 사람을 따돌리고 왔는디, 대흥리로 나서는데 기어코 따라와서 같이 가자고 그려. 결국 나중에 우리 아버지까지도 그 사람 편이 되더라고.

<2변 도운 121(1991).3.4 강론>★우선 이 상호李祥昊 씨가 갑자년(1924)에 보천교 혁신운동을 했어. 지금도 어지간히 판 밖의 사람도 나이 먹은 사람은 보천교의 갑자년의 혁신은 다 알어. 이 상호 씨가 서울에서 진정원 원장으로 있었거든? 그렇게 있으면서 보천교普天教하고 갈등이 나서 보천교를 때려부시자 혁신운동이 일어났는데, 서울의 깡패들을 사가지고 대한민국 보천교에서 그거 시원찮은 거 한 방이면 꼴딱하잖어! 서울서 몇몇이 힘깨나 쓰고 주먹 쓰는 사람들 써서 어떻게 해서 혁신파가 졌다네. 대흥리가 그래도 더 쎘던가 봐.

<2변 도운 121(1991). 3. 4 강론>★어찌되었든 종국적으로 이상호가 졌어. 그러고서 보천교에 있을 수가 없으니께 진정원 원장 명의로 소유권이 되어 있었던지 그걸 3만원에 팔았어. 그러고 2만원은 어음으로 가지고 그 동생 이 정립하고 고등학교 다니는 여학생을 이상호가 원래 꼬아서 있었던 모양이여. 그를 데리고 만주로 갔다는 이야기도 있어. 그 진부를 확실히 판단을 못했는데 우리 증산도 대원출판사 사장인 부종정이 글을 쓰잖어. 동양학 이렇게 한다. 통곡하는 민족혼. 나중에 쓴 책은 상제님 진리를 바탕으로 쓰는 모양여. 자꾸 홍 성렬이 못되게 구니께 우리도 우리대로 사실을 알아보자 하고 대학생 연합회장 학생들에게 <보천교 연혁사普天教沿革史>를 얻어 오라고 해서 보니께 전부 중 한귀퉁이것지.

<2변 도운 121(1991). 3. 4 강론>★그때 이 상호 씨의 비리가 하나 나오는데 진정원 팔아서 만주로 도망가는데 고등학교 여학생 꼬아서 좋은 패물을 많이 해주고 만주로 데리고 갔더라는 내용이 있었어. 이 상호 씨가 그렇게 호색하고 못되 먹었나 봐. 그걸 쓰것다고 해서 세상에 아버지보다 더 당한 사람이 있냐. 그거 쓰고 파헤치면 종국적으로는 도성덕립 전에 알아보았댔자 실덕失德되는 거니께, 그걸 파헤쳐서 뭐 할려고 그러느냐 말여. 그런 사리에 부당한 일을 해쌌고.

<2변 도운 121(1991). 3. 4 강론>★홍 성렬이가 제 뿌리를 매도하고 말여. 부종정이 개인적으로는 내가 아버지요, 신도로써 종도사인디, 그 사람도 의리의 사나이니깐 아버지를 모시구서.... 하루에 그 사람은 요즘도 아침을 못 먹어. 아침을 먹을 수도 없고. 시간도 없고. 그 사람은 돈 만 원도 들고 다니는 사람 아니여. 그 죽을 고생을 해가면서 장가도 안가고 그 사람 동창들은 자식들이 다 고등학생이여. 화가 날거 아녀. 너무 죽어지낼 필요 없다고 글을 쓰것다구.

<2변 도운 121(1991). 3. 4 강론>★이 한우 씨를 더불고 충청도를 나왔는데 이 상호 그 역적 같은 놈 소리가.... 보천교에서는 이 상호 인간으로 취급을 안 했어. 서자출신 해원한다고, 보천교해서 진정원 팔아서 딸년 같은 여자 꼬셔서 만주로 도망가고. 아주 이 상호는 보천교의 공적이여. 보천교는 이 상호를 아주 그렇게 매도하고 인간사의 양심, 종교적으로도 용서를 받을 수가 없는 놈이라고 한다. 이 상호란 역적 같은 놈을 어떻게 상대하냐? 그 개 같은 놈하고. 홍찬이 자네나 이 상호·이 정립하고 하든지. 좋으면 같이 그 놈하고 하든 말든. 우리하고는 이야기 할 것 없네 그런다 말여. 이 한우가 다녀가고는 아주 싹 그렇게 됐어. 그러면서 보천교와 별 관련 없는 젊은이들, 내가 내 나름대로 만들어 놓은 그런 사람들만 남았어.

<2변 도운 121(1991). 3. 4 강론>★하나 예를 들면 홍성군 운암면 금곡리에 광천 다 가다보면 겹개리에 김 은재라는 사람이 있었고, 그 옆에 김 홍재라는 사람들, 뭐 그런 사람들 포교를 시켜놨는데, 싹 이 한우에게 뭉쳐서 보화교普化教라는 것을 만들었어. 이 한우, 이 순택이 보천교니께, 보천교가 변해서 되는거니께 보화교普化教라고 해야 한다고 그네들끼리 싹 뭉쳐서, 일은 내가 (다 하고) 다 어만 사람이 떡 들어와서 보화교普化教라고 다 훔쳐가고 그러더라고. 내가 근 일 년을 남의 다리를 긁

었어. 새로 또 꾸며야지! 그래서 젊은 사람들을 더불고서 철길 옆으로 철도를 따라 다니면서 포교를 하고 다녔어. 철로라는 것이 생활도 안정되고, 정신이 안정되고 교통도 좋고 해서.

<2변 도운 121(1991). 3. 4 강론>★그러는 동안에 집회장소를 옮겨야 하는데 갈 곳이 있냐 말여. 용화동으로 옮겼는데, 이 상호 씨 건물이 삼 칸 오막살이 하나가 용화동에 있어. 그건 이 상호 씨 개인이 살 수 있는 집이지. 우리 단체하고는 무관하고. 또 수용능력이 없어서 마침 옥성광산 거기가 노다지가 나던 곳이여. 그 사무실을 얻어서 금산여관 자리 그 사무실을 내가 샀어. 삼분의 이는 내가 내고 나머지는 신도들 몇이 내고. 신도가 몇 명이나 되냐 이 말이여. 몇 명 없지. 그 눈먼 장님을 더불고 다니면서. 그걸 뭐하러 이 상호를 눈먼 장님을 쫓아 다녔는지. 내가 자살행위를 했어.

<2변 도운 121(1991). 3. 4 강론>★서울서 도장 잘 새기는 사람 최 기석이라는 사람을 내가 데려다가 의통인(印)을 새기는디, 그때 50 전인가 50 원씩인가를 줬어. 매 개 새길 때마다. 그리고 나서 그건 하루저녁에 되는 게 아니니께 그건 일방적으로 정리를 하고. 그러니께, 말로만 본부도장이고 돈이 있나 신도도 없고. 그러니께 내 호주머니 돈이 공금이고 그렇게 4년을 지냈었어. 이 상호 씨를 그날 내버려두면 똥수깐에 빠지게 생겼어. 이 정립 씨는 감옥살이 3년하고 8. 15후에 나와서 서울서 하숙하고. 그래서 같이 일하자는 생각에 나가서 밥 먹자고 하면 먹고, 담배 피우고 그랬지.

<2변 도운 121(1991). 3. 4 강론>★그런데 그 사람이 <대순전경大巡典經> 제호題號 쓴 임경호林敬鎬씨 집에서 하숙을 했어. 그 하숙비도 내가 줬어. 내가 책이나 쓰라고 했어, 이 정립 보고. 그래서 <대순철학大巡哲學>이라는 게 그래서 쓴겨. 그거 책 쓰는 것이 하루 이틀, 한 달 두 달 쓰는 거 아니잖어? 한 2년을 썼나 봐. 이 정립 씨가 하숙을 하러 서울 합정동 27번지 근처로 갔어. 서울에도 연락소 하나는 있어야 되잖어. 그래서 대법사 연락소라고 이 정립 씨가 거기 있었거든. 일을 누가 했냐? 최 규석 씨가 다 했거든? 나이도 많은데 농사짓는 사람이 무슨 돈이 있것어. 그래서 내가 지금 돈으로 10억 가지고 있었을 겨.

❀증산교❀는 내가 만들어 놓은 거여

<2변 도운 121(1991). 3. 4 강론>★내가 그런 능력을 갖고 뱃심도 좋았고. 영등포 같은 데서 마이크 걸어놓고 포교를 하면 석 달 만에 교회가 문 닫았어. 그럼 목사가 와서 뭐라고 그려. 왜 신도관리 못해서 다 잃어버리고.... 재주 있으면 내 신도 다 가지고 가라고 그렇게 포교를 했어. 그러면 신도가 많아지고 그래서 무슨 조직을 해야 할 거 아녀. 그 때 까지만 해도 특별히 교주教主고 그런 것도 없어. 이 정립(李正立)이 양말, 양복도 다 내가 사주고. 이 상호(李祥昊) 경제문제 다 알잖어. 누가 그

1945. 8.15 해방이후 문왕 추수 초복판(2변)을 개창한 24세 무렵 雲山 安興燦(世燦) 총사수

렇게 돈을 줘? 그러면 나 건드리면 그 사람들 경제활동이 없어지거든. 내 의사에 항의할 수도 없고. 이런 문구가 내게 해당될 겨 -동충서 남주북- 나 혼자 활동을 해도 한 대여섯을 활동을 했 어. 단시일 내에 활동을 해서 사람을 많이 모았어. 최 규석, 경상도 이 원호 같은 사람들 뭐 나하고 싸울 일이 있었나. 내가 웬만하면 다 받아주고. 그래서 조직을 하자. 그 조직이름을 ❀증산교❀라고 했어.

<2변 도운 121(1991). 3. 4 강론>★신도도 내 사람이고. 포교라는 것은 내 기운을 붙여야 포교가 되어. 그 때는 이 간부들을 어떻게 했냐면. 간부들 전국적으로 모아놓고 조직을 하는데. 이렇게 하면 간부직을 준다. 감투를 쓸려면 이런 공이 있어야 된다. 우선 먼저 실적을 만들어라. 반드시 내가 절 받고 다짐하고 그런 마음으로 포교를 하면 포교가 되어. 그렇지 않으면 뭐가 되어? 그래도 똑똑한 사람이 간혹 있어, 그렇지만 건방진 수작하고 그러면 그 사람 되덜 않어. 내게다 절을 하고 그 사람들이 되어, 그 사람들하고 조직을 했어. 내 몸뚱이가 하는거지.

<2변 도운 121(1991). 3. 4 강론>★그러면서도 증산교 교칙을, 조직을 하는데. 그 때는 이 상호 씨한테 청음 선생이라고 했어. 우리 아버지 연배니께 말여. 당신이 의통 얘기하는데 천하에 다 공개된 사실인데. 내가 당신한테 받은 게 뭐가 있냐? 내가 당신 지켜주고 당신 동생 생활시켜 주고 그런 거 밖에 없는데 조직으로 하자. 그래서 내가 <수주>여. 이 상호 씨가 <토주>고. 내가 포교한 김 종렬이가 화주이고. 경상도 이 원호라는 사람이 목주고. 서울 합정동 27번지 최 규석이라는 사람이 금주여. 내가 조직을 위해서 조직 정비하고 의통을 이 상호 씨에게 반환을 했어. 받건 말건 동지의 한 사람으로서 그렇게 하는 것이지. 역사적으로 이 상호 씨 밑구녕 닦아주기 위해서 생겨난 게 아니다. 다만 상제님 일을 하는 사람으로서 차 교주 일을 하는 것도 아니고, 공인의 한 사람으로서 진리의 사도로서 그러는 거지.

<2변 도운 121(1991). 3. 4 강론>★이 정립이 50여살 넘었을 때 자기 집이 없으니께, 마누라도 없고. 이 정립이 돈 일 푼이 있나? 또 늙었고 해서 이 정립한티 시집온다는 사람도 없고. 그런 사람이 장가든다는 것은 거의 불가능 혀. 그건 지 부모도 어떻게 하덜 못혀. 그래서 내가 안 되는 일이 어딨냐고. 내가 결혼시켜 준다고 말여,

내가 책임진다고. 그렇게 해서 결혼시켜서 아들 삼형제를 낳게 해줬어! 그 중에는 교수도 있고. 이 정립이는 신명이 다할 때까지도 나한테 은혜를 다 못 갚어.

<2변 도운 121(1991). 3. 4 강론>★대법사大法社에 입사원서여, 입사원서에 입사금으로 그때 돈 50원을 받았어. 쌀 한말 값이 50원했어. 그래서 이 상호 씨 보고 입사금入社金으로 쌀 팔아 먹어라. 그래도 됩니까? 내가 그래라고 했으니 되는 거 아니냐? 그런데 포교를 못하니께, 입사금入社金 가지고는 안됩니다 그려. 그것도 안 되니까 옥성광산의 아랫 칸이 비었고 그랬으니까 가족을 전부 더불고 오라고, 내가 쌀을 팔아주마. 쌀 밥 먹게. 이사하구서 내가 쌀값을 주니께 좋은 옥배미 밥을 먹는단 말여. 이 상호씨 부인이 배가 아퍼서.... 이 상호씨 살림도 내가 돌봐 주었는디 말여, 신도들도 드나들고.

<2변 도운 121(1991). 3. 4 강론>★그러면서 그네들도 그런대로 다 밥 먹고 살게 해줘. 이 상호 씨 부인이 하얀 쌀밥을 보니께 ....이 상은 씨가 금평호 오리알터 <법종교> 있잖어 글로 가 버렸어. "우리 집 안사람이 인간적으로 (이상호 부인이) 미워서 여기 안 있는답니다." 그래서 나갔어. 이 상호 씨 부인 미워서. 이 상은 씨는 그렇게 못살게 해서 잃어버리고. 또 이 돈영 씨도 꼴 보기 싫다고 그리 가 버렸어. 이 상호 부인 하는 짓거리 때문에.

<2변 도운 121(1991). 3. 4 강론>★이 돈영 씨가 포교한 이 원호, 당시 65살 정도 됐을까? 도체 조직할 때 사람이 없으니께 목주로 하고. 거개가 이 상은, 이 돈영 그런 사람들 많이 끌고 그랬거든. 화주가 내 신도다 말여. 이 상호 심부름꾼 그런 거 하고 싶지 않다 말여. 김 종렬 씨 같은 이, 최 규석 씨 같은 이, 목주로 있는 이 원호 같은 이 말여, 다 내 영향권에서 일하고 있고. 그런데 어떻게 내가 그 사람들하고 같은 위치에서 이 상호 씨 밑에서 있을 수 있나? 그건 있을 수 없는 일이거든. 그래서 내가 조직에서 빠졌다 말여 할 수 없이. 실세가 그렇게 될 수밖에 없었어.

<2변 도운 121(1991). 3. 4 강론>★이 창용이란 사람이 있었어. 차력을 하는 사람인디, 어금니로 트럭 중 최고로 큰 트럭이여. 그걸 쇠줄로 이렇게~ 해서 이 어금니로 트럭을 잡아끄는 사람이여. 배를 깔고 있으면 배 위로 트럭이 지나가. 그 사람은 원래 장사여. 지 까짓 것이 어디에 쓸 것이냐. 그게 무슨 소용 있냐고. 살려면 그 따위 것 버리고 내 심부름이나 해라. 나보다 열 댓 살 더 먹었지. 이놈이 당장 무릎 꿇고 선생님께 심부름이나 하겠습니다. 그런다고 그 버릇이 고쳐지나. 개안도 시키고 신명도 보고 네 조상을 봐라~! 그래서 내 그림자처럼 쫓아다녔어. 가족이야 얼마 안 되니께, 쌀이나 좀 팔어 주고 그러니께 그 가족도 좋아하지. 건달하다 나 같이 좋은 선생님 따러 다니면서.

<2변 도운 121(1991). 3. 4 강론>★이 창용이가... 이것이 이 창용 명부인데(명부 보여주심) 이 사람이 윤 명규라고 윤 보선씨 친척을 포교하고, 또 진천에 가서 여러 사람을 포교를 허구. 우선 이야기를 해야 할 사람이 은 태석이란 진천 신도가 있는디,

은 태석이를 포교를 했는디, 진천에 한판이 잔뜩 되었거든? 그 놈이 지금 용화동의 교주인가 무슨 종정(宗領)도 하고. 그리구 용화동에 박 달수라고 하는 운전하는 무식한 놈이 있는디, 나를 보면 '당신 말여 행정적으로 처리한다'고 이런 천고의 반역자 새끼들 말여!

<121(91년). 3. 4 강론>★차력하다 들어왔다는 이 창용말여, 그 자가 온양 초사리 사람인디 진천을 가서 한판을 차렸어! 진천 신도 중에 윤 태섭이라고, 그때는 청장년이었어. 지금 아마 62-3살 됐나? 그 윤 태섭이가 박 달수를 포교했어. 박 달수란 놈이 얼마나 무지막지한 놈인지. 이유 없이 내게 도전을 해여. 날 보면 얼굴빛이 달라지고. 그 자도 용화동의 책임자로 선출되는 일급간부거든. 종교가 뭔지를 전혀 모르는 사람들이여. 그리고 지금 교화원장이라던가, 고 형신이라는 자가 있는데, 천안지나 망향동산이라는 휴게소 그 동네 살어. 본래 온양 살았는데 이창재가 포교를 했어. 그 자가 면장을 하다가 용화동을 갔는데. 시골에서 면장이라도 지냈으면 사람이 껍이라도 좀 벗어지고 허니께, 그 사람에게 간부 책임을 맡겼나봐.

<121(91년). 3. 4 강론>★그리고 내가 참고로 이야기 할 것이 있는데, 여기 지금 한 윤식이라고 부산 서부도장 한교정이 증인으로 있는디, 한 윤식 교정이 여기 실장으로 있을 때 증산도 포정실이라고 있을 때 실장으로 와서 있었거든. 그 때에 아산에서 어떤 손님이 왔습니다. 선생님을 뵙는다고. 누구냐! 아산에서 왔는데 윤 택룡이라고 하고, 한 사람은 김 종수라고 합니다. 내가 그 사람 만난 것은 얼마나 못되졌나 볼려고 만났어. 저기 식당 청학동가서 점심 먹는데, 아산서는 모두들 안 선생님이라고 합니다. 김 종수는 만주에서 사범학교를 나왔어. 영등포 무슨 극장에서 청소나 해주고 방을 지키고 하는 일을 했는디. 하도 불쌍해서 내가 쓸려고 시험도 해보고 하니깐 그런대로 쓸 만혀. 그때에 내가 상제님 사업하는데 인재양성하려면 고등학교라도 있어야 되겠다. 근디 최종 목표는 증산대학이였어. 그게 지금 대산 중학교 되고 했는데.

<121(91년). 3. 4 강론>★김 종수헌티 당장 내가 옷을 사주고 해서 우선 집에가 있어라. 내 집에 가서 세상말로 목구멍 때 베끼고 있었을 것 아녀, 허니께 오죽 푸짐한 생활 했겠냐. 그렇게 해서 내게 심부름하고 4-5년 했나? 그러다가 아산으로 와서 안산만 있는 태창이란 곳이 있어. 지금은 거기서 200석 추수하나봐, 그런대로 식견도 있고. 그 자가 상제님 도판에 별로 모르는디가 없어, 맨날 내 심부름해서. 또 모르는 신도도 별로 없어, 그렇게 내 그늘 속에서 그 자가 컸건만 여기 한 교정이 같이 처음 만나서 떨어질 때까지 행동을 봤거든. 김 종수라는 놈은 지가 몇 억 재산이 되는 거거든. 참 나를 공적으로는 제 선생이요, 제 어버이 노릇까지 다 한 사람이여. 다만 담배 하나라도 혹시 때 점심 값이라도 내가 밥값 애끼는 사람도 아니고. 오늘 점심은 지가 점심을 내겠습니다, 그럴 수도 있잖어! 나한테 점심 먹는 것은 지당 지당한 걸로 아주 태도가 그려.

<121(91년). 3. 4 강론>★그리구서 내 처제가 여기 살어. 동서가 의사가 하나 있어. 우

리 집 마누라가 제 애미 비슷할꺼여. 사람이라면 그 손에서 밥도 수 없이 먹고. 제 똥 묻은 빤스 다 빨아주고, 지 큰 살림에... 아무리 남남이지만 그렇게 고마울 수가 있나. 지가 뭔데 우리 마누라 죽었는데 내가 상처된 지 13년 되었는데 뭐 사모님이든, 여편네든, 부르고 싶은 대로 불러서 그 여자한테 밥도 얻어먹고 똥빤스라도 다 빨아 입고 참 고마웠다고 한 마디라도 할 수 있거든. 인간이라면. 개도 지 주인을 아는디 말여. 전혀 말 한마디 없고 150% 모른 척 해버리고 그러구서는 내 처제 집을 소개해 달라는 거여. 그리서 내가 '종수 그런 것 까지 안내해줄 수 있겠어?' 내 본성대로하자면 이 새끼 그건 짐승만도 못한 놈이라고 발길로 내 차버리지 말여.

<121(91년). 3. 4 강론>*2변때 붙은 신도라는 사람들이 전부 다 150% 그 자와 같은 거여. 나는 인간세상 너무 너무 별스런 것을 다 봐서 사람이란 것이 이럴 수가 있냐 말여. 결론적으로 지금까지 내가 어떻게 결론을 내렸냐면 말여. 복 받는다니께 붙어있고 의통 얘기가 있고 산다니깐 붙어 있는거지. 속담에 그런 말 있잖어. 정승의 말이 죽었다니 아침도 안 먹고 말 죽었다고 위안하러 정승 댁 가는디, 정승이 죽었다니 늦장 부린다. 왜 꿈쩍도 안하냐고? 아! 끝나지 않았어? 그 때는 정승이 살았으니 아부하러 쫓아가야 하고, 참 세상은 하잘 것이 없다.

운산(雲山) 안 흥찬(安興燦)과 청음 이 상호와의 만남 뒤에 남주 이 성영은 해방이후(태모님에게도 물오리라 칭호를 얻은 바 있고 보천교 시절부터 악명을 떨친 이 성영은 만주망명이후 귀국해서도 자신의 안 좋은 소문이 바뀌지 않자 아예 이름을 正立으로 개명함) 아산 온양지방에만 해도 3000여 세대의 신도를 구축한 패기만만한 당시 안 흥찬(安興燦) 총사수(總師首)를 만나 총 사수의 배려로 배 동찬(裵東燦)의 협조를 얻어 울진에 적을 둔 젊은 20세 처녀 장 도(장옥)와 47년 결혼을 하고 6.25가 나면서 한강철교가 끊겼을 때 자신의 처남 장 상달(張相達 당시 고교생)과 함께 자신을 결혼시켜준 젊은 총사수(總師首)와 함께 마지막 배를 함께 타고 노량진 나루를 건너 수원을 거쳐 천안 온양까지 피난을 함께하는 동반자가 됩니다.

6.25를 맞이하면서 전농동 서울 시립대 처음 생길 때 동생 도찬(道燦)과 처남이 입학하여 서울 있을 때 아우와 이 정립과 그 처 그리고 그 처남 장 상달과 보천교 담당형사인 호가 근하라고 하는 김 종영이라는 사람과 함께 한강 노량진 나루터를 마지막으로 건너 도보로 걸어가다 오산서부터 차를 타고 온양까지 갑니다. 각자 헤어져야 하는 온양에서 전투기가 상공을 날아다니고 피난민들이 북새통을 이루는

전쟁 통에 이 정립은 고교생이던 어린 처남 장 상달에게 삶과 죽음을 가를지도 모르는 상황에서 너 갈대로 가라고 아주 매정하게 떼어놓습니다.

이때 젊은 총 사수(總師首)는 어린 처남을 전쟁통에 매정하게 내치는 이 정립을 물끄러미 바라보고 당시 냉혈한인 저 사람이 저게 무슨 인간인가 생각하고 대 실망했다고 밝힙니다. 위에는 전투기가 날아다니고 피난민 대열에 정신없는 와중에 총 사수(總師首)는 하는 수 없이 이 정립이 떼어놓은 어린 처남 장 상달(張相達)을 거두어 동생과 함께 서산 집으로 귀향하게 됩니다.

이 때 피난대열에 동행한 이 정립(55세)의 처 장 옥(23세)은 총 사수의 증언과 동일하게 자신의 회고록에서 다음과 같이 증언합니다. "홀몸이 아닌데도 불구하고 손에 잡히는 대로 옷가지만 챙겨가지고, 강나루를 건너 수원을 십 리 쯤 남겨둔 어느 시골집에서 하루저녁을 쉬었다. 우리 부부를 바라보는 사람들은 한결같이 시아버지와 며느리 사이인 줄 알았다. 그럴 때마다 곧이곧대로 말해야 풀리는 성격이라 부부라고 사실대로 말했다. 이 당시 피난길에 동행한 일행은 집 선생님, 안 홍찬 선생, 그 분의 동생 안 도찬씨, 나의 남동생이었다."

◎6. 25 피난시 혼사시켜준 이정립 부부와 한강을 함께 넘은 젊은 總師首

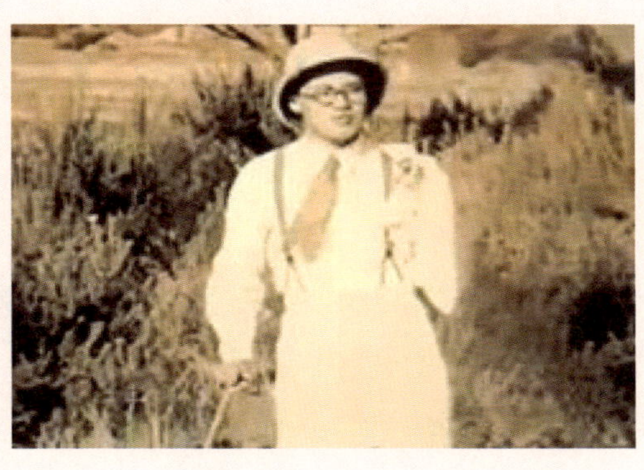

<2변 도운 121(1991). 3. 7 강론>★(이정립을 혼인시켜주고 이 정립 부부와 그 처남 장 상달 일행과 한강을 건너 함께 피난)★6. 25를 맞이하면서 서울서 한강다리 끊은 뒤에 내가 서울에 있으면서 내 동생이 전농동에 서울 시립대학이 처음 생길 때여. 동생과 처남이 입학을 할때여. 입학해서 등록금까지 다 냈을 때여. 그러구 나는 뭐 상제님 사업하러 여기 저기 다니는 사람이니께. 그 때 마침 서울에 있었구. 그래서 같이 말여. 이 정립 씨 그 누구누구 그 처되는 사람 누구 여럿이 일행이 말여. 저 김 종영이

라고 말여. 보천교 담당하던 형사라고 있어, 호는 근하라고. 모두 휩싸여서 수원까지 걸어와 가지고, 그래서 오산서부터 차를 탔어. 그래가지고 온양온천까지 와서 머물러 있는디,

<2변 도운 121(1991). 3. 7 강론>★이 정립이 처남 장 상달이라고 있어. 서로 상자에 통달 달자 장 상달인디. 걔 집이 울진여 울진. 헌디 개를 내던져두고 가, 이 정립이가. 제 처남이고 여자에게는 제 친정 동생인디. 거기다 떼 내던지고 너는 너 가고 싶은 데로 가거라. 저 연놈이 말여 사람도 아니고 말여. 제 처남이요 어린앤디. 그게 그때 아마 서울서 고등학교 다녔던지 아마 그렇게 됐나봐. 헌디 그걸 어떻게 떼내 버리고 가나 제 동생 제 처남을. 그래서 헐 수 없어서 내가 더불고 집에 들어왔어, 내가 더불고서. 그랬는데, 우리 어머니가 위암에 걸려서 말여. 나는 우리 어머니가 위암 때문에 말여, 참 양방에 무슨 방법이 없나 해서 그렁저렁해서 서울을 갔을 때다 이 말여. 상제님 사업도 사업이고. 그러니께 나는 어디로 갈 수가 없잖어, 집으로 가야지 말여. 자식 된 도리에 어머니가 말이여 중병에 처했는디.

<2변 도운 121(1991). 3. 7 강론>★집에 들어오면서 내 아우, 처남, 장 상달이 이 정립 처남, 그렇게 떡 더불고 집에를 와서 보니께 그 숱한 얘기 다 못하지만.... 그때에 그 이 정립이의 처남 되는 애가 내가 어떻게 소화하는 수가 없어서, 산에 가서 저 삽정이라도 따는 척 하구 이렇게 저렇게 해서 저녁이면 와라, 밥 싸가지고 나가서 말여, 그렇게 해서 한참 뭐할 때 얘를 피난을 했어. 9. 28 수복을 하고서 아마 얼마나 있었는지 내 기억이 안 나지만, 해서 우선 너 가는디가 용화동이 가장 쉬우니께. 거기루 해서 차를 타게 되면 타고, 걸어가게 되면 걸어가고 해서 슬슬 가라고 그런 대로 말여. 충분히 여비가 될 수 있는 것을 주어 보냈는디,

<2변 도운 121(1991). 3. 7 강론>★안 홍찬이 같이 못된 놈이 말여, 여비도 제대로 안 주어 보냈다고. 그게 이 정립 마누라가 하는 소리여, 병여 그게. 이 정립이하고 이 정립 마누라가 하는 소리여. 아니 그 죽는 세상에 3개월인가 4개월 동안 좋은 밥 대접했고, 편안히 잠자리 제공해 줬고, 아니 잘 살려서 그렇게 해서 여비 줘서 저희들도 버린 애를 잘 살려서 그렇게 해서 여비 줘서 저 갈디로 보냈으면, 그게 다만 고마울지언정 욕할 필요가 없는거거든. 그게 그 사람들 세계여.

안 홍찬(安興燦) 총 사수(總師首)는 의통 제작을 한 1950. 6.25 한국전쟁을 허망하게 보내며 이 상호·이 정립을 중심으로 숱한 도제들이 변질되어가자 20년 말점도 도수가 아직 남아있는 대국을 바라보고 대휴게기를 선포하며 간부들에게 단체 현상유지만 할 것을 명하고 아무 기약 없이 무대 뒤로 잠행을 합니다. 2변 증산교 연원의 총 사수인 주인이 갑자기 기약도 없이 사라지자 갑자기 기댈 곳이 없는 연

원 간부들과 신도들은 미우나 고우나 연원과 상관없는 이 상호·이 정립 휘하에 자진 굴복해 들어갈 수밖에 없었으며 신앙단체인 증산교는 점점 친목 대법사(大法社)판으로 변질되어 용화동 대법사는 두 형제 사후 연원을 부정하는 평신도회로 변질, 투표제 선거로 지도자 종령을 뽑는 헤게모니 정치판 단체가 되고 맙니다.

경복궁 근정전보다 컸던 정읍 대흥리의 普天敎 十一殿. 북경 자금성처럼 황색 기와를 얹었으며 40여 채의 부속건물은 청기와를 얹었는데 후일 십일전은 일제의 강제해체로 뜯겨 그 일부가 종로 태고사(현 조계사)의 대웅전이 됨. 부속건물의 청기와 일부는 조선 총독부(경무대)의 기와로 얹어져 오늘날 청와대가 푸른 기와가 된 것. 십일전은 당시 조선에서 가장 큰 건물이다. 1만 여 평(33만㎡)의 부지에 건평 350평(1155㎡), 높이 99척(30m), 가로 30m, 세로 16.8m에 이르러 경복궁 근정전보다 두 배나 크고 화려했다. 높이 30m는 10층 높이.

3)이상호·이정립 홍범초가 교단 통합운동에 목을 맨 이유 

이 상호·이 정립 형제가 보천교 혁신운동을 벌인 이후 평생을 교단통합운동에 목을 맨 이유는 본인들의 신앙경력 속에 숨겨져 있습니다. 이 상호(李祥昊)는 김 형렬 수석 성도의 미륵불교에 들어간 뒤 김 형렬(金亨烈) 성도가 대원사 입산 수련차 대표자리를 잠시 공석으로 비우자 미륵불교 대표자리를 잠시 사용할 수 있도록 허락받아 1926년 상제님의 성모(聖母)님 장례식에서 <팔파연합회(八派聯合會)>를 결성하게 되지만 큰 소득이 없이 끝나고 맙니다.

그 후 1942년이 되자 이들 형제는 6개 교단 17인과 상의하여 다시 상제님 신앙단체 통합운동의 일환이 아닌 국민의 사상을 통일하며, 건전한 정치세력의 출현을 뒷받침하자는데 뜻을 같이 하여 사회단체이자 일종의 회사인 동아흥산사(東亞興産社)를 만들게 됩니다. 그러나 일제에 의해 '종교통일에 의한 조선독립음모단체사건'이라는 건명(件名)으로 치안유지법 위반혐의로 전원 구속되어 이 사건으로 6인이 옥사하고 이 정립 등 5인은 1945년 8.15 광복 당시 대구감옥에서 출옥하게 되면서 그 마침표를 찍게 됩니다.

그 이후 안 홍찬(安興燦) 총 사수(總師首)의 2변 개척 조직을 자신들의 독조사 개평으로 헌사받은 것으로 생각한 이 상호 형제는 이 조직을 기반으로 해방 이후 1948년 상제님 신앙권에 합류한 독립운동가 유 동열(柳東說, 1878-1950 임정 군무총장, 국무위원, 한성임시정부 참모부 총장. 전쟁 중 납북) 장군을 중심으로 1949년 17개 교단이 <증산교단통정원(甑山敎團統整院)>을 조직하여 통교에 유 동열, 부통교에 이 상호·김 성해(金聖海), 교화관장(敎化觀長)에 이 정립이 맡게 됩니다.

<증산교단통정원>은 이 정립을 중심으로 순회단을 조직하여 각 지방을 순회하지만 김 구(金九, 1876-1949) 선생 피살사건으로 순회강연은 중지되고, 6·25때 유 동열의 납북으로 <증산교단통정원(甑山敎團統整院)>은 1년도 못 넘기고 결국 공중분해 되고 맙니다.

그 뒤 1955년 3월 11일 정부의 군소교단(群小敎團) 통합을 권하는 공문에 따라 13개 교단 대표들이 대법사에 모여서 <증산대도회(甑山大道會)>라는 연합체를 결성하고 위원장에 이 정립을 추대하여 회원교단의 대표들이 정기적으로 회합할 것을 명시하였으나 규정만 있고 실천이 되지 않아 2년도 안되어 <증산대도회(甑山大道會)>는 유야무야되고 맙니다. 다시 세월이 흘러 1960년 9월 동학계와 그 외 계통 2개

교단을 포함한 13개 교단이 모여서 <민족신앙총연맹(民族信仰總聯盟)>을 결성하여 다음해(1961) 2월 27일에 국무원(國務院事務處)에 등록(등록번호 340)하지만 5.16 군사 혁명으로 무효화됩니다.

이후 정부의 종교정책에 따라, 12개 교단 대표들이 1961년 10월 12일 <동도교(東道敎)>를 결성하여 그해 12월에 문교부 제 183호로 등록하지만 1963년 군사정권에서 민정(民政)이양이 된 뒤 종교단체 등록이 필요 없게 되자 대부분의 교단이 불참하여 유명무실해지고 맙니다. 이후 이 상호·이 정립 형제가 선화하고 이 정립으로부터 종통승계를 받았다고 자칭 주장하는 범초 홍 성렬는 1971년 1월 22일 보천교 신도 40여명과 증산교 신도 50여명이 보천교(구파) 회의실에 모여 <증산신도친목회(甑山信徒親睦會)>를 결성하여 회장에 박 기백(朴耆伯), 교리연구위원장에 구 동서(具搙書), 부위원장에 배 용덕(裵容德), 총무부장 겸 교화부장에 홍 범초(洪凡草)가 선임됩니다.

해방당시 초등학생으로 안 흥찬 총 사수와 이 상호·이 정립 형제 사이의 자세한 2변 교운 내막을 알리 만무한 홍 범초는 자신이 이 상호·이 정립이 이루지 못한 진주사명자로 크게 착각해 내심 우월감을 마음에 품고 평생 교단통합의 꿈을 이루지 못하고 선화한 남주 이 정립의 유업을 이었다 주장하면서 <증산신도친목회(甑山信徒親睦會)>를 결성함을 계기로 이 정립이 뿌리부터 왜곡 말살시킨 2변 교운 내용을 자신의 <범증산교사>에 그대로 복사해 인용하면서 끝내는 자신의 신앙 뿌리인 안 흥찬(安興燦) 총 사수(總師首)에게 배사율을 범하면서까지 차도살해(借道殺害:진리를 명분삼아 난도질함)하는 지경까지 가고 맙니다.

홍 범초는 마침내 자신의 실제 스승인 '안 흥찬' 이야말로 지도자인 청음 남주를 배반해 출교된 자로 청음이 개창한 증산교라는 이름자체도 사용하면 안 된다고 줄기차게 주장하며 역공격하는 희대의 코미디를 연출하게 됩니다. 상제님 진리 자체만으로 대국적으로 살펴보면 홍 범초는 순수했던 공주사범학교 1학년 학생시절부터(58년 6월 24일(陰. 대학 하계방학) 어천절 용화동 첫 방문) 근묵자흑(近墨者黑)으로 평생 이 상호 형제에게 끊임없이 세뇌당한 채 증산교 역사의 뿌리와 내막이 은폐되어 말살된 상태에서 교단 조직을 물려받은 업보 아닌 업보로 애꿎은 진리의 피해자가 된 것입니다. 그러나 불가의 인연설은 사람이 서로 비슷한 기운을 가진 사람끼리 유유상종으로 뭉친다고 말해 줍니다.

단기필마에 가까운 이 상호와 증산교 단체를 거느린 안 홍찬이 대흥리에서 만난 시절 서로 간 연원의 스승관계를 맺기는 어려워 서로 동반자적으로 악수할 수밖에 없었던 특수 상황이었음에도 불구하고 당시 초등학생으로 당시 사정을 알 리 만무한 홍 범초는 현격한 나이차를 거론하며 안 홍찬이 이 상호에게 도를 받고 배신했다며 자신의 신앙 뿌리를 스스로 짓밟는 패악을 저지른 것입니다.

산동성 치박시 임치현에 있는 강태공 사당. 강태공을 만나는 위수강가의 문왕

아무 조직 없이 만난 백전노장 이 상호는 자신보다 어리지만 조직을 갖춘 안 홍찬 총 사수 휘하로 잠시 들어가 은연관계를 맺은 뒤 마지막 인연을 정리할 무렵 서로 동상이몽(同床異夢)하게 됩니다. 원래 백전노장의 나이 많은 존장(尊長)으로 애시당초 안 홍찬(安興燦) 총 사수(總師首)를 애송이로밖에 여기지 않은 이 상호는 애

초부터 총 사수와 생각과 정책이 같을 수가 없었습니다.

숙구지 문왕 도수로 삼초(三哨,招) 끝의 대인출세, 도안(都安) 세 살림 도수를 맡은 안 흥찬(安興燦) 총 사수(總師首)는 이 상호·이 정립 형제의 모함과 정책적인 단체 주도권 탈취에 대해 때가 때아님을 알고 군 말없이 이 상호 형제에게 단체를 내던진 채 말점도 20년 대휴게기를 선언해 후일을 기약하고자 했고 이 상호 형제는 보천교 시절 이루지 못한 한을 푸는 마지막 기회로 여겼습니다. 당시 이 상호 형제는 객관적으로 상제님 은두장미(隱頭藏尾)의 천지공사 정신에 의해 문왕(文王) 도수와 도안(都安) 세 살림 추수 도수는 전혀 알 수 없던 상황이었습니다.

추수 도운의 보천교 2변 교운사는 문왕 도수가 기두되는 뿌리역사이므로 이에 대한 이해가 확실히 안 되면 진리의 종통맥을 전혀 잡지 못한 채 도안(都安)의 세 살림 도수가 무엇이지 흑운명월도수, 윷판도수, 초중말복도수가 무엇인지 모르는 절대 암흑 속으로 낙오되고 맙니다. 다시 한 번 정리하면, 해방이후 증산교 대법사 2변 교체조직은 보천교 초기 역사처럼 교주직제가 아닌 목화토금수(木火土金水) 방주제(方主制)로 임술 생(壬戌生) 안 흥찬(安興燦) 총 사수(總師首)는 수(水)방주였습니다.

안 흥찬(安興燦) 총 사수(總師首)는 대구감옥에서 갓 나온 50세의 이 정립 씨를 2년 뒤 20세의 처녀 장옥과 맺어줘 장가 보내주고 이 상호 씨 토방주(土方主) 아래 명예직인 사성(司成)에 임명했으며, 방주 밑에는 동서남북(東西南北) 춘하추동(春夏秋冬)의 8교리 제도가 있어 80년대 용화동 교령(교주직책)을 수차례 맡았던 총 사수 직계 도제 황 원택은 배 동찬과 같은 8교리 간부였으며, 당시 범초 홍 성렬洪性烈은 천안의 도인 이 정득에게 도를 받은 형 홍 성찬을 따라다닌 13세 국민(초등)학교 6학년생이라 존재감 자체가 없었을 때였습니다. 범초凡草는 아산의 박 재근 신도 집으로 중학생인 그 형을 따라다니며 함께 수련을 받으며 교육받은 사람입니다.

후일 홍 성찬, 홍 성렬(범초)을 교육시킨 박 재근 신도는 홍 성렬에 대해 다음과 같이 평한 바 있습니다. "홍 성렬은 아주 철저한 명리주의자다. 제 비위에 거슬리거나, 자신의 명예추구에 장애가 되는 사람이 있으면, 반드시 공작모의해서 소리소문없이 제거한다." 일찍이 <연산군일기>는 간신 유 자광을 두고 "음흉하고 남을 해쳐 재능과 명예가 뛰어난 자는 반드시 모함한다" 한 바 있으니 이는 바로 동품일질(同品一質)의 표현인 셈입니다.

범초 홍 성렬은 이 상호·이 정립을 추종하면서 자신의 연원체계를 부정하기 위해 자신은 부친 홍 만표洪万杓에게 도를 전해 받았다고 주장합니다. 그러나 어린 시절 형 홍 성찬과 홍 성렬이 박 재근 신도 집에서 숙식하며 진리교육을 받고 수련공부를 하던 즈음 두 형제가 증산 신앙권에 발 들여 놓은 자체를 혐오하던 두 형제의 부친 홍 만표洪万杓는 증산 상제님을 격렬히 비난하여 당시 신도들조차 그 집을 가지 못할 정도였다고 합니다.

지속적인 부친의 패악으로 모친 김 홍옥金洪玉이 물에 빠져 죽는 우환이 생기자 부친의 강압에 못이긴 두 형제는 결국 가톨릭으로 개종하게 되었으며 후일 공주사범 전문학교에 입학한 범초 홍 성렬은 58년(陰. 1학년 하계방학 시절) 어천절(음 6월 24일)에 용화동을 처음 찾아가 이 상호·이 정립과 만나면서 다시 상제님 신앙권에 다시 발을 들여놓게 된 것입니다. "2변 연원체계 도적부는 단체를 실제 조직한 총사수 이외에는 그 누구도 소장한 자가 없다"고 밝힌 안 운산(安雲山) 총 사수(總師首)가 간직한 2변 연원체계도(淵源體系圖)를 보면 다음과 같습니다.

<2변 연원체계도(淵源體系圖)>*2변 간부인 온양 이 창제(재)-송 태진(천안 200여명 포교)-천안 이 정득-홍 성찬(홍범초 兄)-범초 홍 성렬.

홍 범초는 스스로의 고백처럼 젊은 시절 가톨릭을 믿다가 철이 들어서야 비로소 황 원택 처럼 안 흥찬(安興燦) 총 사수(總師首) 20년 말점도 대휴게기 선언 이후 이 상호, 이 정립이 장악한 용화동에서 다시 신앙하게 된 사람입니다. 홍 범초는 교주직(敎領)에 있던 80년대 통일교의 종교신문이었던 <週刊宗教>에 자신은 대전의 안 흥찬(安興燦) 이라는 사람에게 진리를 전해 받았다 인정하면서도 끊임없이 스승을 비난하곤 하던 무례한 사람이었으며 이 상호·이 정립 형제의 태모 고 수부님 핍박의 정신을 이어받아 오성산 신도들이 보는 앞에서 치성절 날 태모님 어진을 짓밟

아 모두를 경악시킨 적이 있는 강심장의 소유자였습니다.(경상도 거창출신 오성산파 신앙인 某 信徒 慶南丈 증언)

또한 그는 이 정립의 종통을 이어받았다고 주장하며 허위 날조된 <증산교사>의 2변 교운 내용을 <범증산교사>에 앵무새처럼 재생산하여 자신의 스승인 안 흥찬(安興燦) 총 사수를 비난하기도 했습니다. 80년대 용화동 대법사 종령(교주직)을 수차례 지낸 황 원택은 해방이후 안 흥찬(安興燦) 총 사수(總師首)에게 도를 전해 받은 사람으로 총 사수 동네 이웃에 살면서 늘 총 사수 집에 와 살다시피 했습니다. 총 사수로부터 한문과 상제님 진리를 배우고 집중적으로 수련을 많이 받은 사람 중 한 사람입니다.

<증산교 원불교: 차옥숭저>에 황 원택의 대담에서 그는 "증산교에 안 흥찬(安興燦) 선생의 설교를 듣고 증산교 본부에 입도를 했다."고 밝히고 있지만 정작 용화동의 종권을 차지한 뒤 안 흥찬(安興燦) 총 사수가 20년 말점도 도수를 끝내고 재기두(再起頭)를 위해 용화동에 찾아가자 "자식들을 다 버릴 때는 언제고 20년 만에 찾아와 연원(淵源)을 들먹인다." 하며 홍 범초와 함께 연원이고 스승이고 다 필요없으니 앞으로는 자신에게 재입도하고 신앙하라며 폭언을 합니다. 이에 대해 안 흥찬(安興燦) 총 사수(總師首)는 상제님 도는 연원(淵源)이 중심되어야 한다고 언급하고 상제님 도판에서 연원이 중심되지 않는 조직은 존재할 수 없다고 천명(闡明)합니다.

<安雲山 121(91년). 3. 4 강론>★홍 성렬이가 어떻게 나갔냐하면. 온양의 이 창제(재)가 간부여, 여기 명부가 있는디. 이 이 창제(재)가 송 태진이를 포교했어, 한 5분 꺼리 4분 꺼리 되나? 거기 살면서 포교를 그 사람이 많이 했어. 송 태진이가 천안을 가서 거기서 한 200명 포교했을 거여. 거기는 얼마 전까지 기독교가 못 들어갔어, 증산도 영향 때문에. 거기서 이 정득이라는 사람을 포교하고 이 정득이가 홍 성렬의 맏형 홍 성찬이라는 사람을 포교했어. 그 명부가 여기 다 이렇게 있거든. 이 명부, 이건 대한민국의 상제님 신앙하는 사람 출생 신고한 호적이라고 보면 되어. 용화동도 이런 것이 없어, 이건 내가 가지고 있는 거여. 딴 사람 누구도 가지고 있었을 자격이 없어. 내가 총 사수이기 때문에, 이게 다 내 기운으로 들어온 거란 말여 내가 총 사수니께!

<安雲山 121(91년). 3. 4 강론>★그런디 홍 성찬이를 포교한 사람이 이 정득이다. 홍 성렬 아버지가 홍 만표인디, 그 자가 왜 그렇게 못돼먹었는지, 상제님 신앙하는 사

람은 집 근처도 못 오게 하고, 왜 그러는지 죄악시하고 미워하고, 미친 개 취급하는 거보다 더하다 말여. 그래서 내가 이 사람 거주지가 어디냐면 목천면 신계리, 지금 독립기념관 있는 디여. 거기를 갔다가 병천을 갔다 오다가 홍 성찬을 한번 찾을려고 했었어. 나를 추종하는 신도들이 홍 성찬이 애비가 그렇게 못 돼먹어서 거기 가면 망신당한다고 가지 말라고 그려. '그렇게 증산도를 박해하고 그렇습니다' 그래서 내가 그랬어 '그거 벌 받것다' 했는디 그 뒤에 홍 성렬 어머니가 물에 빠져 죽었어.

<安雲山 121(91년). 3. 4 강론>★홍 성렬이가 박 재근의 집에서 밥 먹으면서 그 사람들에게서 수련을 받고. 그렇게 해서 증산도에서 큰놈이 오늘날 와서 내가 지 뿌리인디. 여기 충청도는 전혀 딴 기운이 0.1%도 없는디여. 전부 강 증산을 찾았다면 그건 150% 다 내게서 나간 내 신도여. 그때 대한민국에 나처럼 젊은 사람이 포교하는 사람이 한 사람도 없었어. 이제 와서 무슨 이 상호 코빼기에서 나왔다고 하고 있어!

<安雲山 121(91년). 3. 7 강론>★범초 홍 성렬은 그 형에게서 도를 받은 사람이고 그 형제에게 진리를 전해 준 사람은 아산군 배방면 남리에 사는 박 재근 신도다. 도를 전해준 그 사람 얘기를 들으면 그 형제가 쌀 한 톨 가지고 와서 공부한 사람이 아니다. 박 재근에게 밥 대접 받으면서 이불 덮어주고 수련도 시켜주고 알몸으로 길렀다. (46년에 박재근 25세, 홍범초 형은 중학생, 홍범초는 13세)

<安雲山 121(91년). 3. 7 강론>★홍 성열은 제 형 쫓아다니며 박 재근에게 공부한 녀석이다. 제 아비 홍 만표가 그렇게 신도들을 비난하고 상제님을 박해하고 악살을 부리고 했는데 그 처가 물에 빠져 죽었다. 나는 그 악살로 물에 빠져 죽지 않았나 그렇게 생각한다. 그 이후 허탈해 가톨릭인가 예수교에 들어갔다가 다시 상제님 품에 들어온 사실을 제 입을 통해 말한 것을 전해 들었다. 그 당시 나는 얼굴 한 번 본 일 없다. 그 때나 지금이나 풋내기 어린 애가 제 형 밑에 붙어 제 신앙하면 된 거지, 지도자가 그 많은 신도 어떻게 다 일일이 기억하나.

<安雲山 121(91년). 3. 7 강론>★황 원택은 서산 내 이웃이라 더 말할 것도 없고 초등학교 졸업해서 교체 조직할 때 수화금목토 밑에 동서남북, 춘하추동의 8교리에 집어넣어 소화했다. 내 이웃이고 심부름시키기 좋고 국민학교 밖에 안 나온 걸 뭘. 그때도 그놈을 내가 어떻게 인재 양성해 교육했냐 하면 한 두어 발 되는 댓가치를 갖다 놓고 한 일주일이고 이주일이고 집중교육을 시켰다. 그때만 해도 한문 문화권이고 해서 지금보다야 한문을 해야 행세하는 때라 문자를 한 천개 가르쳤다. 독행천리에 백절불굴이라, 작지부지라야 내성군자라. 그런 문자를 한 천개 술어를 주입시켜놓으면 그런대로 사회에 강사로 내세울 수 있거든. 졸면 댓가지로 딱 하고 때리며. 가까운 제 집에 가서 먹기도 했지만 내 집에서 밥 먹여가며 자식 기르듯 온 정력을 바쳐 길렀건만 그런 게 커서 지금 용화동 책임자라고 어쩌고 한다. (황원택이 종령하던 70년대 용화동 방문때 자신을 받들어 재입도하라 폭언한 사건)

<증산교 원불교>(차옥승 지음)★증산교에 안 홍찬安興燦 선생의 설교를 듣고 증산교

본부에 입도를 했다. 후에 안 흥찬 선생이 증산도로 가시고 나는 증산교에 남아 있었다. 이 정립 선생이 살아계실 때 나는 보정保正으로 활동했고, 서산 증산교 교무사로 일했다. 남주 선생님께서 돌아가시고 김 형관金炯官 선생님이 대표로 계시다가 돌아가신 후 내가 증산교교단 대표를 몇 차례 했다. 나는 조석으로 청수를 모시고 매일매일 오주를 칠독하고 태을주를 백오독, 절후주를 칠독하고 있다. 특별한 종교적 경험은 없지만, 아직까지 무병으로 건강하게 살고 있다. 『황원택黃源澤(2003년 현재 80세) 대담장소 : 충남 서산시 대산읍 운산리 3구. 황 원택 선생님 자택. 대담시간 : 2003년 3월 6일 오후 3:30 ~ 4:40)』

그러나 사제지간의 연원을 부정하는 이들 황 원택, 홍 범초 등 연비 간부들에게 갖가지 폭언과 폭행을 당한 이후 안 흥찬(安興燦) 총 사수(總師首)는 자식들을 데리고 대전 콩밭(太田)에서 문왕의 추수 세 살림 도수 中 중복도수를 새 배포로 꾸미게 되면서 운암강수 만경래 경만장 도안(都安) 세 살림의 중복 도수 시대를 새롭게 열게 됩니다. —<증산도 도전 5편>난리치나 안치나 말이 들어야 성사하느니라. 말에게 이기고 지는 것이 있다—한편 용화동 증산교 대법사는 신도 중심주의라는 미명하에 연원을 부정하고 교주(宗領)를 선거로 뽑을 때 마다 폭력이 난무해 조직이 쇠락해 유명무실해집니다.

용화동 증산교 대법사는 본래 그 뿌리가 이 상호, 이 정립이 개창한 것이 아니고 안 흥찬(安興燦) 총 사수(總師首)가 포교해 일군 단체이기 때문에 단체를 강탈한 이 상호의 입장에서 보면 연원의 총 사수인 안 흥찬이 없어져야 했으며 대휴게기를 공포하고 잠적한 것도 못미더워 각종 모함으로 출교 당했다 소문내고 후환의 싹마저 도려내기 위해 비밀리에 암살단을 끊임없이 파견한 것입니다.

왜냐하면 이 상호·이 정립 형제의 생각으로는 안 흥찬(安興燦) 총 사수(總師首)가 포교해 일군 조직이야 말로 일제하 보천교 시절에 자신들이 채 이루지 못한 해도진인에의 야망을 위해 상제님이 마지막으로 하사하신 선물정도로 생각했음과 동시에 총 사수(總師首)가 지금은 은퇴했는지 몰라도 언젠가 연원조직의 총 사수로 재등장하여 후환거리가 될지 모른다고 보았기 때문이었습니다. 이는 상제님 9년 천지공사의 총 결론이 불변의 6임 연원조직임을 그들 스스로 누구보다 잘 알고 있었기 때문입니다.

<銅谷秘書>★속담에 맥 떨어지면 죽는다 하였으니 연맥을 잘 바루어라.

<보천교普天教 교전教典>★하루는 공우公又다려 마음으로 속육임六任을 정定하라 하시거늘 공우公又 마음으로 육임六任을 생각하야 정定할새 한사람을 생각하니 문듯 불가하다 하시거늘 이에 다른사람으로 바꾸어 정定하였더니

<선정원경(仙政圓經)>★"기(其) 연맥(聯脉)을 수지(守持)하라"

<대개벽경(大開闢經)>★하루는 성도 곁에서 모심이러니 말씀하시되, "포교하는 도가 먼저 6임(6任)을 정하고(포교할 상대 6명을 내정하고) 차례대로 가르침을 전하여 천하에 미치나니 이같이 하여 연맥(連脈)이 되노라. -一日 弟子 侍之 曰 布教之道 先定六任 傳次傳教 及天下 以此爲連脈-

<大巡典經>★상말에 맥(脈) 떨어지면 죽는다 이르나니 연맥(連脈)을 잘 바루라

<龍華典經>★맥(脈) 떨어지면 죽는다 하니 연맥(連脈)을 잘 바루라. 일심으로 믿은 자는 수중(水中)인들 못 찾으며 화중(火中)인들 못 찾을소냐, 다 찾으리라.

<증산도 道典 6:128>★사람은 그 사람이 있고, 도는 그 도(道)가 있고, 땅은 그 땅이 있느니라. 시속에 '맥 떨어지면 죽는다.' 하나니 연원(淵源)을 잘 바루라.

<증산도 道典 4:29>★인륜(人倫)보다 천륜(天倫)이 크니 천륜으로 우주일가(宇宙一家)니라.

<증산도 道典 2:27>연원의 군사부 문화★이제 원시반본이 되어 군사위(君師位)가 한 갈래로 되리라. "선천에는 도수가 그르게 되어서 제자로서 스승을 해하는 자가 있었으나 이 뒤로는 그런 불의를 감행하는 자는 배사율(背師律)을 받으리라."

<증산도 道典>★나를 믿는 자는 매인(每人)이 6인씩 전하라. 포교의 도(道)가 먼저 육임(六任)을 정하고 차례로 전하여 천하에 미치게 되나니 이것이 연맥(連脈)이니라."

동시에 자신들과 아무 연원관계가 없는 조직을 사회 정치적으로 강탈하다시피 한 청음 남주가 자신들 위주로 단체를 재 결집시키기 위해서는 금산도득(金山圖得) 문제인 용화동 신앙촌화를 선언하여 현안문제로 이슈화하고 범 증산계 교단 통합 운동이라는 평신도 사회운동을 통해 연원의 맥을 끊고 부정해야만 존재할 수 있는

한계에 봉착하게 됩니다. 따라서 신앙단체를 포교로 키우지 않고 사회운동으로 키우려는 이러한 빈껍데기 정책은 단지 이들 형제의 과욕이었을 뿐이므로 스스로 자처한 해도진인(海島眞人) 심법 근처도 못가는 그들이 성공할 리는 애초에 없었습니다.

더우기 범 교단 통일은 상제님 종통의 핵심으로 105년 동지한식백오제(冬至寒食百五除)의 인사각지(人事刻之)로 추수 세 살림 초중말복 도수가 세상에 드러나면서 최종적으로 태모님의 옥구 오성산 윷판도수와 흑운명월 도수가 현실화하면서 이루어지는 것이기 때문입니다. 상제님 진리본연의 6임 연원포교로 조직을 키우기보다는 남이 애써 포교해 거두어 놓은 천하사 농사를 교단 통합운동이라는 허울 좋은 이름으로 남이 애써 지은 도덕농사를 통째로 들어먹으려는 욕심이 이미 근본에서 빗나간 망상에 불과했습니다.

4) 청음 남주에 이어 홍범초로 계승된 2변 날조와 왜곡 

총 사수(總師首)가 대국을 내다보고 이 상호·이 정립 형제에게 애써 일군 패를 송두리째 던져버린 용화동 증산교(甑山敎) 대법사(大法社)는 이같이 연원의 근원 없이는 생존할 수 없는 생태학적인 한계가 대물림 된 곳입니다. 이러한 연장선 위에서 청음(1888-1966)에 이어 남주(1895-1968.1)마저 선화하자 그 허망한 종통을 물려받았다는 범초(凡草) 홍 성렬(洪性烈)이 뿌리부터 날조 왜곡된 <증산교사> 2변 내용을 바탕으로 스승인 안 흥찬(安興燦) 총 사수(總師首)를 집요하게 흠집내며 교단 통합운동에 그렇게 목을 맨 것입니다. 홍 범초가 안 흥찬(安興燦) 총 사수(總師首)에 대해 자신의 저작물 <범증산교사(汎甑山教史)>에서 이 상호·이 정립의 뿌리말살에 비견되는 인격살해에 가까운 왜곡 2가지만 대표로 지적합니다.

1) 안 흥찬(安興燦) 총 사수(總師首)의 부친 안 병욱이 이 상호·이 정립 형제를 따랐으며 안흥찬 총 사수가 이 상호를 해도진인에 비유하면서 포교했다는 허위주장에 대해,

> <범증산교사>*안병욱이 어느 때 이상호(李祥昊)·이정립(李定立)형제를 따르게 되었는지 알 수 없으나 안병욱은 아들 운산에게 말하기를 네가 일을 하려거든 아산(牙山)의 원응섭(元應燮) 이응상(李應祥) 두사람과 손을 잡으라 했다 한다. 원응섭과 이응상 두사람은 인근에 덕망이 있었던 사람이었다. 운산(雲山)이 원응섭 이응상과 함께 정해(丁亥 1947)년에 아산군(牙山郡) 배방면(排芳面) 남리(南里)에 와서 윤철원(尹哲元) 반상철(班相喆)에게 포교하니 이들이 아산지방에서 대법사(大法社)에 입교한 최초의 교인이었다. 이 때 운산은 대법사교주 이상호(李祥昊)의 출생지가 전남(全南) 해남군(海南郡) 삼산면(三山面) 구성리(九星里)인 것을 비결의 진인해도출(眞人海島出)에 비유하면서 포교에 열성을 다 했다 이후에 서산(西山) 아산(牙山)지방의 교인의 수효가 수백세대(數百世代)에 이르렀고 인접지역인 공주(公州) 천안(天安)등지로 전파되어 적지 않은 교인이 늘어났다.

侍

홍 범초는 안 흥찬(安興燦) 총 사수(總師首)의 부친까지 언급하며 보천교시절 이 상호 형제를 따른 혁신파로 매도함과 동시에 안 운산 총 사수가 이 상호를 해도진인(海島眞人)으로 비유하면서 포교했다 하는데 이는 전혀 사실과 다른 주장으로 단체를 탈취하고 뿌리역사를 날조한 이 상호로부터 허위 날조된 가르침을 사주(使嗾) 받았거나 홍 범초 개인의 상상으로 적은 소설에 불과합니다.

증산진법회를 개창하고 증산사상연구회 회장을 지낸 故 배 용덕 회장은 자신이 중풍을 맞자 회장자리를 내놓으라 압박하던 파렴치한 홍 범초 때문에 괴롭다는 사

실을 주위사람에게 고백하면서 당시 자신의 논문 교정을 돕던 이 근직(한양대 행정학 박사)에게 <범증산교사>에 유독 대전의 증산도만 감정적인 글로 도배해 놓았던데 증산도에서는 왜 가만히 보고만 있느냐고 했을 정도로 홍범초의 날선 비방은 상식을 벗어난 것이었습니다.

<이중성 대개벽경>에, 어느 성도가 상제님께 묻길 무진기사에 진인이 해도에서 출현한다는 설이 있사온데 믿을만 하옵니까? 말씀하시되 나의 덕을 펴는 자는 무진년에 세상에 기두하니라, 천지대운이 서전서문에 있노라. 내 조정에 설자는 서전서문을 만독하라. 말씀하시되 내도 아래에서 이 서문으로 망하는 자 한 사람 있고 흥하는 자 한사람 있느니라. 하셨습니다. 이 상호가 <대순전경>을 간행하여 태모님께 올리자 태모님께서 아무말씀도 않으시고 담뱃대로 바닥에 놓인 책을 옆으로 획 밀쳐버리셨습니다.

"이 서문으로 망하는 자 한 사람 있고 흥하는 자 한사람 있느니라."에 대해 무자(戊子:道紀 18,1888)년 2월 생인 이 상호의 현무경 자부(子符)를 참고로 보면 상제님은 크게 보아 <충자充者는 욕야慾也라 이악충자以惡充者도 성공成功하고, 이선충자以善充者도 성공成功하느니라(玄武經)>라 경계하시고 반면 임술(壬戌:道紀 52, 1922)년 6월생인 안 홍찬(安興燦) 총 사수(總師首)의 현무경 도안都安 세 살림부로 시작되는 문왕 도수 술부(戌符)에 "사무여한부(死無餘恨符)"라 하셨습니다.

진인이 해도에서 출(出)한다는 말씀에는 답을 하지 않으셨고 바로 나의 덕을 펴는 자는 무진년에 기두한다고만 말씀하셨습니다. 이 상호는 기사삼월기망에 대순전경이 출간 되도록 시점을 맞춘 것일 뿐이지 기사삼월 기망에 경전이 나오다는 공사는 어디에도 없는 구절입니다. 무진년은 바로 상제님 숙구지 공사로 구월도에 태모님이 이어서 문왕이 일어나는 공사를 보시는 것을 말씀하시는 것인데(나의 덕을 펴는 자는 무진년에 세상에 기두하니라) 이 상호는 무진기사 진인해도출 비결을 상제님의 무진년 후진주 기두설에 연관시켜 자신이 상제님 진리를 펴는 주인공으로 크게 착각했습니다.

더욱이 안 홍찬(安興燦) 총 사수(總師首)의 부친 안 병욱(安柄彧)은 이 상호·이 정립 형제를 따른 적이 결코 없습니다. 당시 일제의 협조를 얻어 보천교 혁신운동을 벌이며 주먹깨나 쓰는 역사(力士)를 동원해 보천교 간부들을 폭행해 사경에 빠뜨리고 보천교 재산을 횡령하는 등 불의한 이 상호 형제 추종자를 제외한 모든 보천교인이 이 상호·이 정립 형제에 대해 악평을 한 것이 당시의 분위기였음이 보천교 정사(正史)인 <보천교 연혁사(普天敎 沿革史)>에 나옵니다.

동시에 총 사수의 연원으로 목화토금수 방주제 아래 조직인 8교리 직책에 있으면서 이 정립의 결혼을 성사시킨 경상도 지역의 대연원주 배 동찬(裵東燦)이 총 사수 은퇴 후 이 상호·이 정립 형제의 신앙촌 운동에 부응하여 용화동에 자리를 잡자 배 동찬(裵東燦)의 160여 명 경상도 출신 연비들이 이 상호가 장악한 용화동 증산교 대법사를 집단 탈퇴해 연원주 배 동찬(裵東燦)으로 하여금 왜 피를 토하게 만들었는지 깊이 생각해 보면 알 일입니다.(<용화도장 지킴이> 57P. 張玉 著)

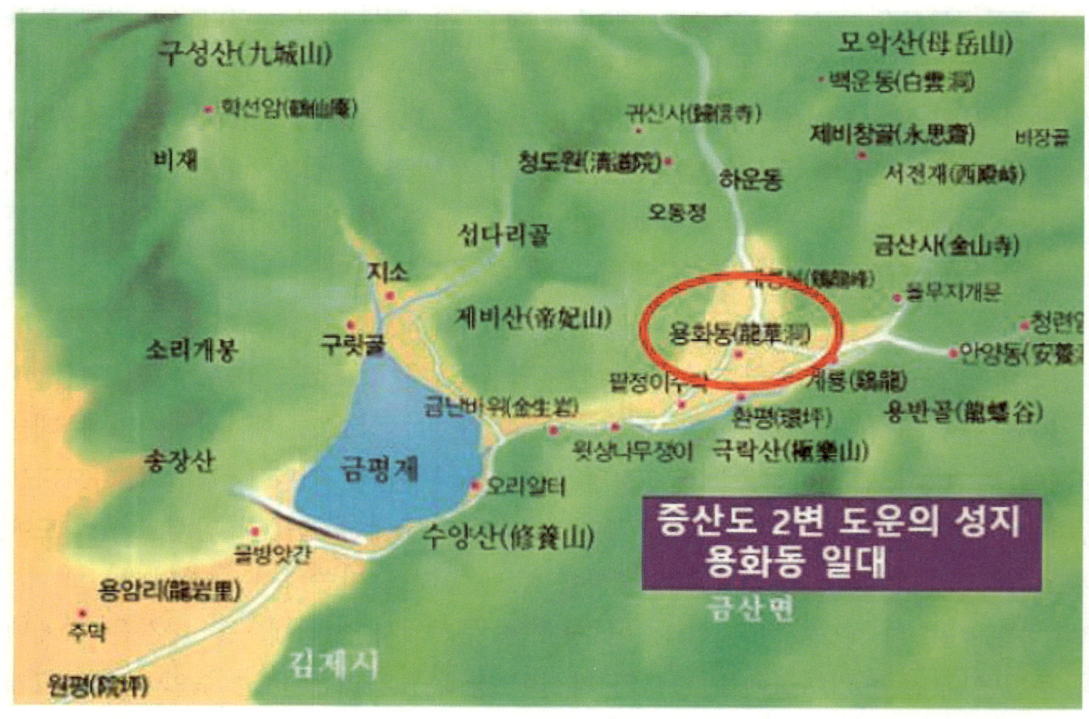

이 상호를 추종했다면 당시 몇 안 되는 극소수의 이 상호 혁신파라는 의미인데 이들 극소수 이 상호 혁신파는 이미 보천교 연혁사에 명단이 다 공개되어 있고 소

수파인 그들이 그 명단을 내세우지 않을 이유가 없었을 터입니다. 따라서 이것은 보천교 역사의 중대한 왜곡일 뿐 아니라 숙구지 문왕의 도수가 출범되는 배경을 이해하는 데 있어 중대한 걸림돌이 되는 사실왜곡입니다. 만일 2변 총 사수(總師首)의 부친이 이 상호를 추종했던 혁신파라면 이 상호 형제가 부친 안 병욱이나 안 흥찬(安興燦) 총 사수(總師首)와 관계가 매우 우호적이었어야 했을 것입니다.

또한 안 흥찬(安興燦) 총 사수(總師首)가 이 상호를 해도진인(海島眞人)에 비유하면서 포교했다는 허위, 날조주장은 2변 증산교 대법사를 개창한 단체의 총 사수로 이 상호를 용화동 본소에 임명한 내막을 당시 국민(초등)학교 학생이었던 홍 범초가 알았을 리 만무하며 홍 범초의 신앙 연원에 대한 자료나 홍 범초 스스로 고백한 인터뷰를 고려할 때 전혀 사실과 다른 주장에 불과합니다.

홍 범초 형제와 관련해 안 흥찬 총 사수의 연원체계 일지도 80년대에 간부들에게 반 공개된 바 있고(*안운산 2변 간부, 온양 이 창제(재)-송 태진(천안 200여명 포교)-천안 이 정득-홍 성찬(홍범초 兄)-범초 홍 성렬) 홍 범초 스스로도 자신에게 도를 전해준 연원이 사실은 대전의 안 흥찬 총 사수라는 양심고백을 80년대 중반 신문지상에 발표 한 적 있기 때문입니다.

이 정득에 뿌리를 둔 형 홍 성찬을 따른 홍 범초는 안 흥찬(安興燦) 총 사수(總師首)가 개척한 2변 교단의 아산 배방면 박 재근 신도에 의해 범초의 손위 형을 따라(당시 중학생) 상제님 진리를 심화교육 받은 사람으로 자신이 80년대 중반 통일교 주간지 「주간종교週刊宗教」 칼럼에 기고한 5단 기사에서 자신은 대전의 안 흥찬 선생에게 도를 전해 받았다고 양심 고백한 적이 있는 점을 종합적으로 고려하면 그의 주장이 얼마나 상호모순인지 알 수 있습니다. 그가 당시 중학생이던 손위 형을 따라 총 사수 신도이던 박 재근(당시25세) 집에서 무료 숙식하며 수련을 받고 진리를 들었던 1945년 당시에 나이는 불과 13세에 불과했습니다. 박 재근 신도는 2000년대 까지 평생 총 사수를 따라 신앙했습니다.

<2변 도운 121(1991).3.4 강론>★아무튼 그러면서 신도가 많이 느는디, 내가 25~27세 때 포교를 하면서 아산 천안서 배방면 남리가 있는디, 남리는 한명도 빠짐없이

다 신도를 만들었어. 100%! 그 못 배우고 무지한 촌사람들에게 어떻게 상제님 진리를 주입하면 좋을까 생각하다가, 지금 『증산도의 진리』를 보면은 지구 타원형으로 그려놓고 동서남북 해서 '인의예지신'해서 하추교차기 개벽기 -우주변화의 원리 도표- 그게 그때 거기서 나온거여. 그게 지금 제군들이 알구서 보니께 우스운 것 같지? 그게 하도, 낙서보다 더 좋은겨.

<2변 도운 121(1991).3.4 강론>★하도, 낙서 죽을 때까지 주역공부해도 이 세상 꼬라지를 몰라. 누구도 그것 그려놓고 이야기하면 한 시간이면 우주원리가 싹 들어와! 그것을 내가 개발했어. 인류역사를 통해서 동양문화권에서 가장 알기 쉽게 개발한 게 나여, 누구도 알기 쉽게 포교 전략으로 그런 것을 개발했어. 그게 보천교普天敎에서도 그런 게 없었고, 상제님 진리권에서도 그런 걸 애기한 사람도 없었고, 유교권·불교권에서 그런 이야기 한 사람이 없었어. 내가 그때 그런 지식의 소유자여. 그렇게 해서 내가 한 시간쯤 얘길 하니께, 전부가 다 만세를 불러. 그러니께 내 호주머니 돈이 공금이고 그렇게 4년을 지냈었어. 이 상호 씨를 그날 내버려두면 똥수깐에 빠지게 생겼어. 이 정립 씨는 감옥살이 3년하고 8.15후에 나와서 서울서 하숙하고. 그래서 같이 일하자는 생각에 나가서 밥 먹자고 하면 먹고, 담배 피우고 그랬지.

<2변 도운 121(1991).3.4 강론>★<u>그런데 그 사람이 <대순전경大巡典經> 제호題號 쓴 임경호林敬鎬씨 집에서 하숙을 했어. 그 하숙비도 내가 줬어. 내가 책이나 쓰라고 했어, 이 정립 보고. 그래서 <대순철학大巡哲學>이라는 게 그래서 쓴겨. 그거 책 쓰는 것이 하루 이틀, 한 달 두 달 쓰는 거 아니잖어? 한 2년을 썼나 봐. 이 정립 씨가 하숙을 하러 서울 합정동 27번지 근처로 갔어. 서울에도 연락소 하나는 있어야 되잖어</u>. 그래서 대법사 연락소라고 이 정립 씨가 거기 있었거든? 일을 누가 했냐? 최규석 씨가 다 했거든? 나이도 많은데 농사짓는 사람이 무슨 돈이 있것어. 그래서 내가 지금 돈으로 10억 가지고 있었을 겨.

<2변 도운 121(1991).3.4 강론>★내가 그런 능력을 갖고 뱃심도 좋았고. 영등포 같은 데서 마이크 걸어놓고 포교를 하면 석 달 만에 교회가 문 닫았어. 그럼 목사가 와서 뭐라고 그려. 왜 신도관리 못해서 다 잃어버리고.... 재주 있으면 내 신도 다 가지고 가라고 그렇게 포교를 했어. 그러면 신도가 많아지고 그래서 무슨 조직을 해야 할 거 아녀. 그 때 까지만 해도 특별히 교주敎主고 그런 것도 없어. 이 정립(李正立)이 양말, 양복도 다 내가 사주고. 이 상호(李祥昊) 경제문제 다 알잖어. 누가 그렇게 돈을 줘? 그러면 나 건드리면 그 사람들 경제활동이 없어지거든. 내 의사에 항의할 수도 없고. 이런 문구가 내게 해당될 겨 -동충서 남주북- 나 혼자 활동을 해도 한 대여섯을 활동을 했어. 단시일 내에 활동을 해서 사람을 많이 모았어. 최 규석, 경상도 이 원호 같은 사람들 뭐 나하고 싸울 일이 있었나. 내가 웬만하면 다 받아주고. <u>그래서 조직을 하자. 그 조직이름을 ❀증산교❀라고 했어.</u>

❀증산교❀는 내가 만들어 놓은 거여

<2변 도운 121(1991).3.4 강론>★신도도 내 사람이고. 포교라는 것은 내 기운을 붙여야 포교가 되어. 그 때는 이 간부들을 어떻게 했냐면. 간부들 전국적으로 모아놓고 조직을 하는데. 이렇게 하면 간부직을 준다. 감투를 쓸려면 이런 공이 있어야 된다. 우선 먼저 실적을 만들어라. 반드시 내가 절 받고 다짐하고 그런 마음으로 포교를 하면 포교가 되어. 그렇지 않으면 뭐가 되어? 그래도 똑똑한 사람이 간혹 있어, 그렇지만 건방진 수작하고 그러면 그 사람 되덜 않어. 내게다 절을 하고 그 사람들이 되어, 그 사람들하고 조직을 했어. 내 몸뚱이가 하는거지.

<2변 도운 121(1991).3.4 강론>★그러면서도 증산교 교칙을, 조직을 하는데. 그 때는 이 상호 씨한테 청음 선생이라고 했어. 우리 아버지 연배니께 말여. 당신이 의통 얘기하는데 천하에 다 공개된 사실인데. 내가 당신한테 받은 게 뭐가 있냐? 내가 당신 지켜주고 당신 동생 생활시켜 주고 그런 거 밖에 없는데 조직으로 하자. **그래서 내가 <수주>여. 이 상호 씨가 <토주>고. 내가 포교한 김 종렬이가 화주이고. 경상도 이 원호라는 사람이 목주고. 서울 합정동 27번지 최 규석이라는 사람이 금주여**. 내가 조직을 위해서 조직 정비하고 의통을 이 상호 씨에게 반환을 했어. 받건 말건 동지의 한 사람으로서 그렇게 하는 것이지. 역사적으로 이 상호 씨 밑구녕 닦아주기 위해서 생겨난 게 아니다. 다만 상제님 일을 하는 사람으로서 차 교주 일을 하는 것도 아니고, 공인의 한 사람으로서 진리의 사도로서 그러는 거지.

<2변 도운 121(1991).3.4 강론>★**이 정립이 50여살 넘었을 때 자기 집이 없으니께, 마누라도 없고. 이 정립이 돈 일 푼이 있나? 또 늙었고 해서 이 정립한티 시집온다는 사람도 없고. 그런 사람이 장가든다는 것은 거의 불가능 혀. 그건 지 부모도 어떻게 하덜 못혀. 그래서 내가 안 되는 일이 어딨냐고. 내가 결혼시켜 준다고 말여, 내가 책임진다고. 그렇게 해서 결혼시켜서 아들 삼형제를 낳게 해줬어!** 그 중에는

교수도 있고. 이 정립이는 신명이 다할 때까지도 나한테 은혜를 다 못 갚어.

<2변 도운 121(1991). 3. 4 강론>★대법사大法社에 입사원서여, **입사원서에 입사금으로 그때 돈 50원을 받았어. 쌀 한말 값이 50원했어. 그래서 이 상호 씨 보고 입사금入社金으로 쌀 팔아 먹어라. 그래도 됩니까?. 내가 그래라고 했으니 되는 거 아니냐? 그런데 포교를 못하니께, 입사금入社金 가지고는 안됩니다 그려. 그것도 안 되니까 옥성광산의 아랫 칸이 비었고 그랬으니까 가족을 전부 더불고 오라고, 내가 쌀을 팔아주마. 쌀 밥 먹게.** 이사하구서 내가 쌀값을 주니께 좋은 옥배미 밥을 먹는단 말여. 이 상호씨 부인이 배가 아퍼서.... 이 상호씨 살림도 내가 돌봐 주었는디 말여, 신도들도 드나들고.

<2변 도운 121(1991). 3. 4 강론>★그러면서 그네들도 그런대로 다 밥 먹고 살게 해줘. 이 상호 씨 부인이 하얀 쌀밥을 보니께 ....이 상은 씨가 금평호 오리알터 <법종교> 있잖어 글로 가 버렸어. "우리 집 안사람이 인간적으로 (이상호 부인이) 미워서 여기 안 있는답니다." 그래서 나갔어. 이 상호 씨 부인 미워서. 이 상은 씨는 그렇게 못살게 해서 잃어버리고. 또 이 돈영 씨도 꼴 보기 싫다고 그리 가 버렸어. 이 상호 부인 하는 짓거리 때문에.

<2변 도운 121(1991). 3. 4 강론>★이 돈영 씨가 포교한 이 원호, 당시 65살 정도 됐을까? 도체 조직할 때 사람이 없으니께 목주로 하고. 거개가 이 상은, 이 돈영 그런 사람들 많이 끌고 그랬거든. 화주가 내 신도다 말여. 이 상호 심부름꾼 그런 거 하고 싶지 않다 말여. 김 종렬 씨 같은 이, 최 규석 씨 같은 이, 목주로 있는 이 원호 같은 이 말여, 다 내 영향권에서 일하고 있고. 그런데 어떻게 내가 그 사람들하고 같은 위치에서 이 상호 씨 밑에서 있을 수 있나? 그건 있을 수 없는 일이거든. 그래서 내가 조직에서 빠졌다 말여 할 수 없이. 실세가 그렇게 될 수밖에 없었어.

이에 대한 사실판단은 당시의 정황을 복합적으로 이해해야 풀리는 문제이므로 다음에 계속 설명되는 2변교운의 내막을 종합적으로 이해하면 홍 범초가 이 상호·이 정립에 속아 얼마나 허무맹랑한 허위사실을 유포한 사람인지 명백히 드러나리라 생각합니다.

그런 점에서 보면 홍 범초 역시 이 상호·이 정립이 뿌리부터 말살한 2변 교운의 거짓말에 속은 피해자 중에 한 사람이라 생각되지만 그렇다 해서 그의 역사적인 허물까지 면죄될 수는 없을 것입니다. 이 문제는 상제님 천지공사에 있어 그동안 숙구지 문왕의 도수를 제대로 이해하는 가름이 되는 분기점이 되기 때문에 아주 중요한 문제가 아닐 수 없습니다.

<보천교 연혁사(普天教 沿革史)>★동년 8월에 이르러 교중(教中)에서는 상호(祥昊) 등의 야심을 탐지하고 중벌(重罰)의 과(科)에 붙였다. 상호(祥昊)는 본시 사회에서 내쫓긴 자(社會出脚者)로 교(教)를 위하는 공공심(公共心)은 없고 자기를 살찌우려는 마음(肥已心)이 많은 사람이라. 경성 양해시(諒解時)에도 교주에 대한 체포령(逮捕令)과 각 방주(方主)의 체포장(逮捕狀)은 취소하도록 주선한 것이 없고 자신만 활동하기 편의(便宜)하도록 주선하였으며, 김 홍규 등 체포 수금(囚擒) 사건에도 하등의 주선력이 없이 한도 밖에 방치하였고, 교중 공금 4 만여 원 압수 사건에도 하등의 주선력이 없다가 필경 국고로 편입이 되었고, 또 경성(京城) 가회동(嘉會洞)과 창신동(昌信洞) 진정원(眞正院) 가옥 및 대지(垈地)를 저의 단독명의로 증명권(證明權)을 총독부에 제출 등록(屆出)하야 소유를 만들었으며, 또 망령되게 교주 법통 계승(繼統)을 몽상하다.

<보천교 연혁사(普天教 沿革史)>★전후소행이 모두 자신의 이익만 도모하다가 이 기회(此際)를 틈타 경쟁(逐)해 반역자로 화하야 보천교 혁신인이라 자칭하고 교주를 성토하며 방주(方主)를 능욕하고 사회단체와 악수하야 교주 성토문과 및 혁신 이유의 선언서를 인쇄하야 전 조선(全鮮) 교도에게 발송 선포하야 인심을 난동(亂動)하고 사람으로 감히 행하지 못하는 바를 감행함으로 교중에서는 이 상호(李祥昊) 토죄문(討罪文)을 전 조선(全鮮) 교도에게 발부하고 간부 수인이 상경하야 이 상호를 정중히 질책한 즉 저들(彼等)은 유도 숙련인과 역사(力士)를 모집하였다가 간부 등을 난타하야 사경(死境)에 이르므로 인근 파출소에 급히 고발하니 경관이 웃어 가로대 종교가(宗教家)에 투쟁함은 고래(古來)로부터 그러한 일이 많이 있다 하고 냉정히 물리쳤다.

<보천교 연혁사(普天教 沿革史)>★진정원(眞正院)의 건물 대지(垈地) 및 비품 등 수만원의 재산은 보천교(普天教) 소유임에도 불구하고 무관계한 혁신파가 점거함으로 이를 돌려받기(取戾) 위하여 경성 지방법원 검사국에 형사고소를 제기하였더니 검사국에서는 죄상을 취조(取調)도 아니하고 마침내 기소중지의 처분을 하였다. 그 후에 이 상호(李祥昊)는 교중에서 횡령한 금전을 다 소비하고 지나(支那)지방으로 망명하다. 동시에 이 성영(李成英)은 보광사(普光社) 인쇄기 및 활자를 매각하야 지나(支那)로 동행해 가다.

<보천교 연혁사(普天教 沿革史)>★이 해 동월 그믐(晦)경에 이 상호(李祥昊)가 내알하다. 지난 해 갑자(道紀 54, 1924) 8월에 이 상호가 혁신운동이 불성공함으로 지나(支那:중국)에 망명하였다 함은 위(上文)에 기술한 바어니와 그 내용 사실을 들은 즉 당국자 중에서 이 상호(李祥昊)와 친밀한 사람이 있어 이 상호를 권고해 가로대 군(君)이 조선 내에서난 피신할 곳이 없으니 만주 방면에 건너가 개척 사업에 종사하면 우리도 될 수 있는데 까지 원조하고 선도 하겠다 하고 김 응두(金應斗)를 수행

케 하야 만주에 들어가라 하였다.

<보천교 연혁사(普天教 沿革史)>*이 상호(李祥昊)는 당국자의 지도 후원 아래에 상등(上等) 양복(洋服)을 착용(着用)하고 금은보석(金銀寶石)의 장신품(裝身品)을 갖추며(俱) 그 첩(妾)인 여학생도 극(極)히 사치적(奢侈的)으로 장식하야 동반(同伴)으로 만주에 들어가 이름(名字)을 바꾸어(改) 전라남도 이(李) 모(某)라 가칭하고 백만장자로서 만주 토지를 매수하려 왔다고 선전하였다.

<보천교 연혁사(普天教 沿革史)>*그런대 금전이라 하면 친자식 사이(親子)도 모른체 하는 만주 각 사회단체 등은 이 상호(李祥昊)의 내력을 철저히 탐사한 후에 그 사람(彼)은 보천교의 금전을 절취하야 왔으니 그 재물을 우리들이 나누어 먹음(分食)이 가하다 하야 주야로 협박 공갈하여 일방으로난 지나 관헌에게 불량분자로 고발하야 이 상호를 포박(捕縛) 수금(囚禁)하였다.

<보천교 연혁사(普天教 沿革史)>*이 상호(李祥昊)의 친동생(實弟)인 순탁(淳鐸:보천교 자금으로 교토대 상경대 유학하여 교토의 개신교에 다니며 독실한 기독교인으로 언더우드와 함께 연희전문 창립. 각기 초대 의과 학장, 초대 상과 학장. 좌익 사회주의 운동. 해방 후 기획처장 역임. 6.25때 월북)이 경성에서 그 형이 잡혔다는 말을 듣고 경무 당국에 교섭하야 당국의 소개장을 얻어 만주 일본 영사에게 교섭하고 영사는 지나 관청에 교섭하야 이 상호(李祥昊)를 석방하니 이상호 형제(이상호, 이성영)는 만주를 벗어나 을축(道紀 55, 1925) 정월에 경성에 도착하야(이 성영은 입지가 없음을 알고 지나로 다시 건너가 1928년에 귀국)

2) 홍범초는 <범증산교사> -운산(雲山) 대법사(大法社) 간부와 불화(不和)-라는 소제목하에 다음과 같은 인신공격성 소설을 썼습니다.

<범증산교사>*대법사(大法社)는 신묘(辛卯 1951)년 음력 2월에 원평 장승백이에서 호신부(護身符)와 인패를 만들 때 인육(印肉)의 제조에 필요한 경면주사(鏡面朱砂)15근을 운산이 자기의 연원(淵源)지역이라고 주장하는 공주(公州) 부여(夫餘)지방에서 거출하여 냈고, 의통구호단의 조직국장의 책임을 맡아 자긍(自肯)이 컸다고 한다, 그래서 운산이 호신호부(護身戶符)의 배부(配付)와 의통구호단의 인원배정(人員配定)을 자기의 연비(連臂)에 유리하도록 짠데다가 장승백이에서 만든 호신부와 인패를 자기 연비 교인들을 시켜 모두 가져갔으므로 <u>경상도(慶尙道)의 이원호(李元浩)같은 이는 '충청도 사람만 사람이냐 만일 안세찬(安世燦)연비의 의통구호단이 경상도에 내려오기만 하면 그냥두지 않겠다' 고 분개했다.</u>

이는 상제님 진리의 신앙인으로서 자질이 의심되는 매우 불량한 진리왜곡입니다. 해방전후 운산 안 홍찬(安興燦) 총 사수(總師首)가 증산교 연원 방주조직을 개창했을 때 홍 범초는 초등학생으로 중학생인 형을 따라 천안의 이 정득에게서 도를 전해 받은 홍 성찬(홍범초 兄)을 따라 아산 배방면 박 재근 신도 집에서 수련을 하며 도를 받은 사람입니다.

그 부친이 어린자식들이 상제님 신앙권에 몸을 담그자 증산상제님을 모독하는 말을 많이 해서 그 모친이 물에 빠져죽는 우환이 일어나고 어린 범초는 충격을 받아 기독교 예배당을 다니다가 커서 공주사범학교를 다니던 58년 전후 무렵 용화동엘 드나들며 이미 안 홍찬(安興燦) 총 사수(總師首)가 개창한 증산교 역사를 말살한 이 정립의 가르침을 착실히 따르게 됩니다.

당시 공주 사범 전문학교 학생이던 홍 범초는 당시 대학생이 아주 귀할 때여서 남주 이 정립으로부터 아주 기대받는 신도로 총애를 받으며 가까이합니다. 증산교 대법사의 뿌리역사를 왜곡시킨 장본인 밑에서 올바른 역사를 아는 것은 불가능에 가깝습니다. 심성이 불의로 물든 사람에게서 정의를 배울 수는 없습니다. 그 사람의 올바른 모습은 그 사람의 교언영색巧言令色 속에 있는 것이 아니고 과거 행적을 보면 알 수 있습니다.

곤존 하느님이신 태모님을 박해한 사실은 워낙 큰 죄라 감히 평가할 수조차 없어 제외한다 할지라도 자신에게 진리를 밝혀준 스승으로서 천지공사 내용을 일일이 구술 지도해 준 보천교 차 경석 교주를 수없이 기만하고 속였으며 최종적으로 혁신운동을 벌여 배사율을 범하고 단체 재산을 편취해 만주로 도망가 탕진한 것으로도 모자라 또다시 김 형렬 수석성도의 미륵불교에 들어가 미륵불교 경전을 만든다고 기만하고 진리만 전수해 듣고 다시 또 배사율을 범하여 배신한 채 경전을 출간한 사람이 바로 이 상호이며 그와 항상 동심일체로 동행한 사람이 바로 동생인 이 정립입니다.

보천교 시절 이 상호·이 정립 형제의 가장 큰 죄는 경성 경무국 동광회 두목 김태석과 경기도 경찰국 후지모토 등 일제에 이중으로 매수되어 그들이 파견한 형사대를 이끌고 국내에서 가장 강력한 독립운동 자금처였던 600만 비밀교단 보천교의 정체와 신비화된 월곡 차 경석 교주의 비밀 거처 함양 황석산 우전리를 급습해 공개시켜버린 소위 "보천교 양해" 사건의 주인공이라는 점에서 태모님이 강조하시는 참사람이라는 기준으로 보면 이 상호, 이 정립은 인륜 역사에서 도덕적으로나 교리적으로나 이미 태그조차 필요없이 아웃인 사람입니다.

태모님은 용화동 동화교 합동교단을 열고 이들 형제에게 온갖 핍박을 당하고 "조강맥식(糟糠麥食)이라도 임옥 자손(臨沃子孫)을 영솔(領率)하고 제반사(諸般事)를 결탁(結托)하리라" 결론을 내신 바 있습니다. 즉 변변찮은 거친 보리밥만 먹는 한이 있더라도 심법이 그릇된 용화동 이 상호·이정립 형제를 비롯한 사람들이 아니라 세 말뚝 살림 도수와 바둑판과 윷판을 묻어 흑운명월 도수로 동지한식백오제 도운 통일도수를 집행한 오성산 임옥 자손 데리고 천지공사의 제반사 모든 일을 하겠다는 선언입니다.

대순전경 편자로서의 불멸의 공덕은 부정하지 않지만 과거 다른 경전이 없을 때는 대순전경이 독보적인 평가를 받은 적도 있었으나 이제는 대순전경 이전의 근본 1차 사료인 차 경석 성도의 <보천교 교전(普天敎敎典)>과 김 형렬 수석 성도의 <동곡비서(銅谷秘書)>와 <중화경(中和經)>이 공개된 바 있고 김 낙원의 <용화전경(龍華典經)> 그리고 이 중성의 <대개벽경(大開闢經)>과 정 영규의 <천지개벽경(天地開闢經)>을 비롯하여 태모 고 수부님 수석성도인 성포 고 민환高旻煥의 <선정원경(仙政圓經)> 등 그 이외에도 상당수의 진리체계가 공개되어 상제님 진리의 큰 퍼즐이 드러나고 있습니다. 공(公)과 사(私)는 구분해야 하는 법이며 정의와 불의 그리고 선과 악은 신앙인에게 바르게 제시해 줘야 올바른 법통과 종통이 드러날 것입니다.

홍 범초가 제시한 다음의 대연원주들은 본인자신을 포함해 거의 모두 안 흥찬 총 사수의 직계연원입니다. 45년 해방이후 방주제로 운영한 수방주(水方主) 총 사수가 이 상호 토방주(土方主), 이 정립 사성(司成:토방주 보좌역)으로 임명하고 원평의 움막집에 세들어 사는 청맹과니 이 상호 씨를 경제적으로 거두어 용화동 증산교 본소에서 중, 노년층을 규합하도록 배려합니다. 노회한 두 형제는 젊은 총 사수가 포교 차 부재한 때가 많자 보천교 시절의 사기협잡의 정신을 못 버리고 총 사수를 애송이 취급해 모함하여 직계 간부들을 틈을 이간시키고 금산도득(金山圖得) 문제를 제기하여 용화동 신앙촌화 주장과 범 증산계 통합문제로 교단운영의 주도권을 쥐며 인권을 자신들에게 집중시킵니다.

이상호·이정립 형제는 자신들 위주로 조직 전체를 판갈이 하면서 의지처 없는 신도들이 자신들에게 집중되어 인권이 넘어오기 시작하자 젊은 총사수의 나이 많은 도제들을 총사수보다 높은 간부직에 올려 이간시키고 김 창배(金昌培), 최 낙홍(崔落鴻) 등을 시켜 전국적으로 아주 교묘하고도 지속적으로 젊은 총사수를 매도하고 매타도어로 이간시키게 됩니다.

천지공사의 추수 주인공 의식이 있었던 당시 그들은 과거 경력으로 보나 자부심으로 보나 해방이후 조직을 개창해 거머쥐고 혜성같이 등장한 젊고 앳된 총사수를 풋내기 애송이정도로 보았을지언정 자신들의 젊은 지도자로까지는 결코 인정하지 않았습니다. 하지만 젊은 총사수에게 암살대를 보내 죽기 직전까지 16-17년 세월 동안 끈질기게 밀파한 것을 보면 연원 조직의 속성을 익히 잘 알고 있는 그들이 역사를 두려워하고 멀지않은 장래에 실권할 수 있었음을 무척 두려워한 것으로 보는 것이 객관적인 판단입니다.

이 상호 형제는 그들의 야망과 염원대로 해방이후 2변 교운을 개척하고 그들을 도와준 은인인 젊은 총사수 운산 안 홍찬(세찬)을 축출하고 내쫓아 조직을 접수해 운영하는데 성공했습니다. 그러나 마지막으로 그들의 염원대로 비밀리 살해해 영구히 제거하는 데는 실패했습니다. 결국 젊은 총사수는 20년(1954~1973) 말도(末島) 도수가 끝난 74년을 기점으로 다시 재기두再起頭하여 마침내 84년 증산도의 이름으로 세상에 등장하게 됩니다.(중복도정) 이에 대해 후일 안 운산 성도사는 "상극 속에서 상생이 비태秘胎 되는 수밖에는 없다. 상제님께서 어거지로 하신 것이 아니다. 뭇 이치를 모아 크게 이루나니 이른바 개벽이라. 즉 틀이 그렇게 된 것이지 상제님이 인위적으로 만든 것이 아니다."라고 설파 하여 대국적으로 과거를 수용하여 그들의 위패를 친히 모셔주는 대인적인 면모를 보여주었습니다.

통일 윷판도수의 진법 차원으로 이러한 상황의 본질을 보면, 당시 허황된 해도진인 노름에 빠져있던 이상호, ·이정립 형제로서는 상제님이 안 내성 성도에게 부치신 '만경강 세 살림 도수' 속에 '강강술래 안 운산 총사수'의 역경만첩의 일등방문 도수(문왕도수)가 은장隱藏되어 있음을 결코 알 수 없었습니다.(강강술래 공사와 함께 "인신합덕을 술래戌來로 한다" 하신 임피술산 공사) 해방이후 독행천리 백절불굴하는 초지일관의 일심으로 문왕의 초복도수를 활짝 연 안 운산 총사수가 84년 중복살림을 다시 연 이후 마침내 새움이 터서 천지를 덮는 동지한식백오제 2013~2015 사오미 개명시대를 기점으로 말복 통일진법, 통일윷판 도수 시대가 바야흐로 열렸습니다.

천지도수 돌아 닿는대로 새 기틀이 열리리라는 말씀대로 동지한식백오제의 큰 틀 위에서 기유년(1909) 천지공사 종필 105년 만의 사오미 개명장(을사2013, 갑오2014, 을미2015)에 바야흐로 천지공사의 작은 퍼즐이 아닌 큰 퍼즐의 전체 그림이 그려지는 시대가 된 것입니다. 이(理)-신(神)-사(事)의 원리를 배경으로 이제 도운이 뭇 이치를 모아 크게 이루는 막둥이 말복시대의 도운 상씨름판으로 접어들었습니다.

<2변 도운 안운산 성도사 121(1991).3.7 강론>★"천지에서는 심판 하는 것이 아니고 천지는 결실만 하는 것이다. 천지공사는 신명공사라 상극 속에서 상생이 비태秘胎되는 수밖에는 없다. 상제님께서 어거지로 하신 것이 아니다. 뭇 이치를 모아 크게 이루나니 이른바 개벽이라. 즉 틀이 그렇게 된 것이지 상제님이 인위적으로 만든 것이 아니다. 이때는 천지성공시대라 서신이 사명하여 뭇 이치를 모아 크게 이루나니 이른바 개벽이라. 증산도는 천지의 자연 이법을 집행하는 기구이지 종교가 아니다."

<2변 도운 안운산 성도사 121(1991).3.7 강론>★(용화동 집단 신앙촌 건립을 주장한 이상호)"당시 이 상호씨 왈, 차 경석 성도 태모님 떼어내듯이... 천사님 금산 도득한다 했는데 다 팔아 용화동 들어와야 한다고 주장하여 용화동 신앙촌화 유도를 주장했다. 용화동에 인성을 쌓고 꽃밭이 이루어지니 여기가 기지니 전 재산을 팔아가지고 와야 한다고 틈만 나면 신도들을 설득했다. 나는 정당한 사람이라, 그러지 마라. 바르게 해라. 나는 내가 포교한 사람이고 그들 안녕질서를 책임 질 사람이고 당

신들은 곧 죽을 사람이다. 내 몸뚱이 내가 가는 곳이 곧 본부다. 사람이 모이니 그 곳을 본부로 정했을 뿐이다.""조직을 개창해 만든 나를 따돌리고 조직을 거머쥔 그 사람들의 재주도 비상하다면 비상하거니와 실제로는 당시 신도들이 이 상호·이 정립에게로 복종해 들어가 나를 등지고 지금까지 나에게 연락하는 신도들이 단 한 명도 없다."

<증산도 도전(甑山道 道典)>★(들어가는 말)김 자현 성도의 손자 김 택식에 의하면 "조부님은 이 상호에게 증언을 해 주지 않았다."고 한다. 뿐만 아니라 김 자현 성도는 김 형렬 성도, 김 갑칠 성도에게도 당시 보천교에서 출교된 뒤 태운장의 미륵불교 신도로 들어온 이 상호에 대해 "한 판 차려 보려는 다른 뜻을 품고 있으니 전해 주지 마시오." 하고 강력하게 요구했다 한다. 이 상호에 대한 이런 비판적인 의식은 당시 주요 성도들에게 널리 파급되어 있었다.

다음 홍 범초 글은 <범증산교사>에 담긴 2변 교운 내용 전체가 허위 왜곡사실인 것처럼 90% 이상 거짓말입니다. 이는 홍범초의 <범증산교사> 2변 교운 내용이 거짓으로 왜곡 말살된 이 정립의 <증산교사> 내용을 바탕으로 했기 때문이며 범초가 이 정립 살아 생존 시 새빨간 거짓말 역사를 착실히 전수받았기 때문으로 보입니다. 내막을 알 리 없는 일반 사람은 이 상호·이 정립이 말살한 2변 증산교 대법사 내용을 그대로 믿을 수밖에 없어 진리의 올바른 모습을 보기 어렵게 되어 있습니다.

<범증산교사>*대법사(大法社)는 신묘(辛卯 1951)년 음력 2월에 원평 장승백이에서 호신부(護身符)와 인패를 만들 때 인육(印肉)의 제조에 필요한 경면주사(鏡面朱砂) 15근을 운산이 자기의 연원(淵源)지역이라고 주장하는 공주(公州) 부여(夫餘)지방에서 거출하여 냈고, 의통 구호단의 조직국장의 책임을 맡아 자긍(自肯)이 컸다고 한다. 그래서 운산이 호신호부(護身戶符)의 배부(配付)와 의통 구호단의 인원배정(人員配定)을 자기의 연비(連臂)에 유리하도록 짠데다가 장승백이에서 만든 호신부와 인패를 자기 연비 교인들을 시켜 모두 가져갔으므로 경상도(慶尙道)의 이 원호(李元浩)같은 이는 '충청도 사람만 사람이냐 만일 안 세찬(安世燦) 연비의 의통 구호단이 경상도에 내려오기만 하면 그냥두지 않겠다; 고 분개했다.

<범증산교사>*당시 지방별로 많은 교인을 거느린 대 연원주격(大淵源主格)인 경상도(慶尙道)의 이 원호 배 동찬(裵東燦), 경기도의 원 제철(元濟喆) 유 흥고(柳興皐), 충청도의 김 종렬(金鍾烈)등은 운산(雲山)의 처사가 부당함을 지적하고 사사건건(事事件件)대립하게 되자 운산(雲山)은 자기가 많은 교인을 포교하여 교세를 떨치게 하

였고 의통 인패의 제작을 가능케 하였으며 의통 구호단을 조직해 놓으니 이 공로는 인정해 주지 않고 교주 청음과 남주는 자기에게 대드는 두령들 편을 들어 자기를 몰아내려 한다고 오해하게 되었다. 이러한 오해는 교본부(教本部)에서 박 복만(朴福萬)을 시켜 자기를 해치려 했다고 까지 항의하게 되었으니 운산(雲山)이 청음(靑陰) 남주(南舟) 밑에서 교(教)를 함께 신봉할 수 없게되어 신묘(辛卯 1951년)년 가을에 대법사(大法社)를 떠났다. 이로써 운산은 을유(乙酉 1945)년 9월 19일 대법사 창립에 참가한 이후 6년여 간 몸담아 종교 활동을 해온 대법사와 인연이 끊어지게 되었다.

김 종렬(金鍾烈)과 배 동찬(裵東燦)은 특히 총 사수의 사람으로 배 동찬은 총 사수(總師首)의 명으로 영덕울진의 자기고향 출신인 장 도(玉으로 개명)를 이 정립과 연결해 결혼까지 시켜 준 사람이며 그의 아들은 박 기백(朴耆伯:용화동 교령(교주직) 및 증산신도친목회(甑山信徒親睦會) 회장 역임)의 아들 박 주호와 함께 총 사수를 도와 의통(醫統)을 직접 제작한 실무 팀이기도 했습니다. 화방주(火方主)였던 김 종렬(金鍾烈)은 초기 총 사수의 명으로 용화동 본소를 지은 사람으로 방주직 제도 하에서 토방주(土方主) 이 상호의 욕심을 눈치 채고 총 사수(總師首)에게 교주직(敎主職)에 오르기를 간청한 사람입니다.

용화동 본소는 총 사수가 결혼시켜준 이 정립이 용화동 본소에 임명된 이 상호와 함께 경상도 지역 대연원주인 배 동찬(裵東燦)이 주도하여 다시 지어지게 됩니다. 이 당시 서울에 살림집을 두었던 이 정립이 수시로 개축공사를 살피러 내려간 것을 보면 이미 그때부터 총 사수를 심중으로 열외로 하고 마치 물 만난 듯이 보천교시절 해도진인(海島眞人)의 주인의식을 가졌던 것으로 보입니다.

안 흥찬 총 사수가 20년 말점도 도수를 가슴 속에 담고 대휴게기를 선언하며 장막 뒤로 사라지자 의지처가 없던 대부분 간부나 신도가 그러했던 것처럼 경상도 지역 대연원주인 배 동찬은 이 정립 부부를 성혼시킨 당사자였기 때문에 이 상호가 주장한 신앙촌화의 이슈 속에 휘말려 신앙생활 역시 그 속의 한 가족 생활권으로 평생을 신앙하고 맙니다.(89년 선화)

안 흥찬 총 사수가 장막 뒤로 사라진 뒤 배 동찬 대연원주가 아무 연원관계가 없는 이 상호형제의 용화동 생활권 속에 휩쓸려 가던 즈음 그가 거느렸던 160여명의 직계연비들은 보천교시절 일제에 매수되어 보천교에 막대한 피해를 입힌 혁신파 두목으로 악명을 익히 아는지라 이건 아니다 싶었는지 서로 모여 합의를 보고 한 날 한 시에 이 상호가 장악한 용화동 대법사 휘하를 떠나 선불교(법종교)로 들어가는 초유의 사건이 발생합니다.<용화도장 지킴이>

아마 용화동 증산교 대법사 역사 중 가장 큰 충격으로 기록된 이 사건으로 인해 그들을 직접 포교한 배 동찬(裵東燦)은 당시 피를 토했다고 이 정립 부인 장 옥 여사는 전합니다. 이 상호의 명을 받들어 자신의 신앙 뿌리인 안 흥찬 총 사수를 암살하려다 붙잡혀 용서해주고 풀어준 박 복만 사건이 벌어졌을 당시 홍 범초는 어린 시절이라 알지 못하는 일이므로 실상을 제대로 알지 못한 홍 범초가 이에 대해 언급한 것은 부적절한 문제로 보입니다. 후일 박 복만은 거사에 성공은 못했지만 그 충정만은 높이 평가되어 용화동의 이 상호, 이 정립 휘하에서 평생 간부생활을 하며 황 원택, 홍 범초, 정 영규 등 유유상종의 간부들과 서로 선생님이라 호칭하며 편히 지냅니다.

3) 홍 범초는 위 <범증산교사> 주장에서 이들 대연원주들이

> <범증산교사>*"운산(雲山)의 처사가 부당함을 지적하고 사사건건(事事件件)대립하게 되자 운산(雲山)은 자기가 많은 교인을 포교하여 교세를 떨치게 하였고 의통인패의 제작을 가능케 하였으며 의통구호단을 조직해 놓으니 이 공로는 인정해 주지 않고 교주 청음과 남주는 자기에게 대드는 두령들 편을 들어 자기를 몰아내려 한다고 오해하게 되었다."

라고 말하고 있지만 이는 아마 뿌리역사를 왜곡한 이 상호·이 정립에게 전해들은 엄연한 사실왜곡이고 결정적인 다음 사실 하나만 보아도 홍 범초가 얼마나 사실왜곡을 넘어서서 인신공격성 비방을 해댄 것인지 알 수 있습니다. 구구절절 문장하나하나 반박할 수 없을 정도로 거짓말이라 다음 사실 하나로 전체를 가름합니다.

> <범증산교사>*운산이 호신호부(護身戶符)의 배부(配付)와 의통구호단의 인원배정(人員配定)을 자기의 연비(連臂)에 유리하도록 짠데다가 장승백이에서 만든 호신부

와 인패를 자기 연비 교인들을 시켜 모두 가져 갔으므로 경상도(慶尙道)의 이 원호(李元浩)같은 이는 '충청도 사람만 사람이냐 만일 안세찬(安世燦)연비의 의통구호단이 경상도에 내려오기만 하면 그냥두지 않겠다; 고 분개했다.

이 사실 하나만 제대로 알아도 2변 교운사에 대해 홍 범초가 쓴 <범증산교사> 내용이 얼마나 신뢰성 제로의 날조 투성이인지 알 수 있으리라 생각합니다. 아이러니하게도 홍 범초의 주장이 거짓말임을 반박해 줄 수 있는 양심적 증언은 바로 해방이후 2변 교운에 대해 홍 범초를 가르친 이 정립의 부인 장 옥 여사의 회고록 <용화도장 지킴이>에서 나왔습니다.

<용화도장 지킴이>에서 장 옥 여사는 1950년 6.25 사변직후 의통 제작 당시 "그때 경면주사(鏡面朱砂)는 안 흥찬(安興燦)선생이 전량 충당했다. 그래서 완성된 의통은 대부분 양 일환(梁一煥)씨가 충청도로 가져갔다. 이에 경상도 밀양에 살던 이 원호(李元浩)씨가 크게 화를 내고, 청음선생님께 항의하여 일대 분란이 일어났다."고 증언합니다.

사실 이 증언하나로 진실 찾기 게임의 모든 것은 끝난 것입니다. 심지어 홍 범초는 이 상호가 만든 의통을 안 흥찬 총 사수가 빼돌렸다고 중상모략했습니다. 그가 주장하는 문장의 겉만 놓고 피상적으로 보면 마치 총 사수가 개입해 의통을 충청도로 탈취해 간 것으로 보입니다.

그러나 실상은 보천교 시절부터 평생 음해와 간교한 책략으로 일관했던 청음 이상호가 마지막으로 자신에게 기회를 준 젊은 총 사수를 조직에서 제거하기 위해 젊은 총 사수(總師首)에게는 아주 치명적인 덫을 놓는 음모를 실행에 옮기게 됩니다. 그 치명적인 계책은 바로 6.25 당시 제작한 의통(醫統)을 장차 제거하고자 하는 안 흥찬(安興燦) 총 사수(總師首)의 고향 충청도 비밀장소에다 몰래 옮겨놓고 총 사수가 모두 빼돌렸다고 소문내는 것이었습니다.

통신과 교통이 불편해 지방 포교차 출장가면 한 달 이상 비우던 총 사수에게 이러한 음모는 치명적이어서 극소수 간부 몇몇을 제외하면 대부분의 신도는 사실 확인이 어려워 자연스럽게 이에 휘말려 들어갔습니다. 당시 이 상호는 안 홍찬(安興燦) 총 사수(總師首)를 제거하기 위해 의통을 충청도 비선 라인의 비밀 장소에 몰래 옮긴 뒤 충청도 출신인 총 사수가 비밀리 빼돌린 것으로 비방하면 총 사수에게 집중된 단체 신도들을 대거 이탈시켜 자신에게 집중할 수 있게 되리라 생각합니다.

비록 경면주사는 안 홍찬(安興燦) 총 사수(總師首)가 전량 공급했지만 자신 형제를 비롯한 최고위 간부 몇 명만 아는 사실이기에 이러한 사실 조차도 전국신도들에게 알려지면 안 된다고 생각해 최고 두령인 안 홍찬(安興燦) 총 사수(總師首)를 제거할 치명적인 명분을 찾아 덫을 놓게 됩니다. 그러나 총 사수(總師首)는 이 덫이 아니어도 대국을 바라보고 아직은 때가 아닌지라 스스로 용퇴했기 때문에 결국 그 덫에 걸린 장본인은 도덕적으로 파산한 청음 자신과 바로 세월이 지나 2년제 공주사범학교 대학생 시절(1958년 어천절) 이들의 품안 용화동 대법사에 찾아든 패기만만한 범초 홍 성렬이었습니다.

어린 시절 형과 함께 총 사수 연원 이 정득, 박 재근에게 도를 받은 사람으로 당시 아무것도 모르는 순수한 학생이었던 범초는 이후 이 상호 형제의 뿌리부터 날조된 가르침을 받고 이 박제화 된 복사판 덫을 자신의 <범증산교사>에 옮겨 넣어 스스로 운명의 덫 속에 갇히고 맙니다.(홍범초 연원 계통도:안운산 총 사수 2변 간부, 온양 이 창제(재)-송 태진(천안 200여명 포교)-천안 이 정득-홍 성찬(홍범초 兄)-범초 홍 성렬)

아이러니하게도 홍 성렬 말년 즈음에 범초를 스승으로 여기고 지극정성으로 모신 한양대 서클-증산사상연구회 출신의 김 T(상경대) 마저 그 스승 범초가 이 상호·이 정립에 붙어 자신의 연원의 스승을 공격했듯이 범초를 모시고 자신의 신앙의 연원을 공격하는데 가세하고 맙니다.

김 T 역시 80년 초 대학생 때 총 사수가 주재한 단체의 한양대 서클 "증산사상연구회" 김 NY(한양대 공대), 강 HS(한양대 공대)에게서 도를 받고 신앙하다가 대학 졸업 뒤 뒤틀린 역사의 인연 줄로 잘못 갈아탄 것이었습니다. 새로운 스승으로 모신 홍범초가 평생을 이 상호·이 정립에게 감쪽같이 속아 자신의 스승을 공격하고 비난하던 분위기에 편승해 그 역시 그릇 경도되어 휩쓸려 갔을 것임은 불문가지입니다.

이상에서 본 바와 같이 이 상호가 총 사수 제거를 위해 의통을 충청도로 비밀리 빼돌린 실상과 함께 안 흥찬(安興燦) 총 사수(總師首)가 공급한 경면주사에 대한 사실도 50여년이 지난 2004년에 이르러서야 결국 2변 교운의 뿌리를 송두리째 말살한 주범 이 정립의 처 장옥(張玉)에 의해 모든 것이 명명백백히 드러나고 맙니다. 청음 남주가 단체를 개창한 주인을 내치고 도덕적으로 인격 살해까지 한 사실을 다른 사람도 아닌 바로 그 처가 50여 년이 지난 뒤에 비로소 이를 뒤집는 증언을 한 것은 그나마 불행 중 다행이라 할 것입니다.

50여 년이 지나 백일하에 드러난 이러한 사실은 결국 이 상호 형제가 당시 총 사수(總師首)에게 말도 안 되는 누명을 덮어씌워 제거한 뒤 수십 년간 대물림하며 차도살해(借道殺害)함으로써 완전범죄로 종권을 탈취하고 뿌리역사를 영구히 파묻고자 했던 치졸하고 비열한 술수에서 나온 것임을 고백하는 양심선언이었습니다. 이로써 안 흥찬(安興燦) 총 사수(總師首)를 제거하고 종권을 차지하려 했던 당시 청음 남주 형제가 이 사실을 철저히 감추었던 것이 사실로 드러났습니다.

이 상호·이 정립의 이러한 치명적 음모와 계획은 결과적으로 수십 년 간 총 사수로 하여금 명예를 훼손당한 채 상처입고 내던져진 결과를 가져다주었습니다. 동시에 6.25가 의통목이 아닌 것으로 결론이 난 후 당시 총 사수가 대휴게기 선포로 은퇴하자 이 상호 형제는 총 사수가 내던진 단체의 신도들을 재 결집해 자신들이 의도한대로 한 시대를 풍미하는 충분한 효과를 보았으며 결과적으로 이 교활한 계책은 이 상호 형제 측에서 볼 때 아주 성공한 계책이 되었습니다.

문제는 이 계책이 당대에 끝났어야 함에도 불구하고 이 상호·이 정립이 용화동에 스스로 찾아온 홍 범초에게 후속 시리즈 편으로 이어지게 했다는 점입니다. 홍 범초는 "경상도(慶尙道)의 이 원호(李元浩)같은 이는 '충청도 사람만 사람이냐 만일 안 세찬(安世燦)연비의 의통구호단이 경상도에 내려오기만 하면 그냥두지 않겠다; 고 분개했다." 는 양심에도 없는 새빨간 거짓말

소설을 씁니다.

그러나 남주 이 정립의 부인이자 청음의 제수인 장 옥(張玉)은 청음 이 상호가 양 일환이라는 사람을 통해 충청도 모처 비밀장소로 모조리 옮겨놓자 밀양의 이원호 대연원주가 의통을 숨겨놓은 장본인 청음에게 항의하는 대소동이 났다고 양심 증언합니다.

장옥:"그때 경면주사(鏡面朱砂)는 안 흥찬(安興燦)선생이 전량 충당했다. 그래서 완성된 의통은 대부분 양 일환(梁一煥)씨가 충청도로 가져갔다. 이에 경상도 밀양에 살던 이 원호(李元浩)씨가 크게 화를 내고, 청음 선생님께 항의하여 일대 분란이 일어났다."

만일 이 원호가 청음 이 상호 연원계열의 사람이라면 그렇게 대소동이 날정도로 자기 연원주 지도자에게 대들었을까요? 의통이란 최우선적으로 자기 연원계열 사람들을 위한 것입니다. 그런데 홍 범초는 거꾸로 청음과 남주의 교시(敎示)를 받아 충청도 사람만 사람이냐 만일 안 세찬 연비의 의통 구호단이 내려오기만 하면 그냥두지 않겠다고 분개했다며 이 상호의 책략대로 안 흥찬 총 사수를 아무 사실 확인없이 너무도 가볍게 자신의 신앙의 연원뿌리인 총 사수를 무자비하게 인격살해하고 맙니다.

만일 충청도 출신의 총 사수가 경면 전량을 공급해 만든 의통을 충청도로 빼돌렸다면 총 사수의 대연원주인 이 원호에게도 당연히 돌아 갈테니 항의할리 만무였겠지만 연원관계가 아니라는 전제에서 그래도 항의하려면 총 사수에게 항의해야지 왜 자신의 연원 스승인 청음에게 항의해 대 분란이 일어났을까요. 이는 총 사수 휘하의 대연원주 간부였던 이 원호가 당시 자신의 지도자인 총 사수를 제거하기 위한 이 상호의 계략을 간파했다는 뜻이 아니고 무엇이겠습니까.

홍 범초는 자신에게 도를 전해준 스승을 배신하고 이 상호, 이 정립에게 정책적으로 붙어 역으로 자기 스승을 공격하는 불의한 사람으로 드러났습니다. 그의 글을 보면 총 사수의 연원제자인 이원호도 자기처럼 스승을 공격하는 사람으로 만들고 평소 이 상호 형제가 안 홍찬 총 사수와 연원 간부들의 틈을 가른 중상모략과 비방을 한 것처럼 동일하게 비방하고 있음을 봅니다.

"당시 지방별로 많은 교인을 거느린 대연원주격(大淵源主格)인 경상도(慶尙道)의 이 원호, 배 동찬(裵東燦), 경기도의 원 제철(元濟喆) 유 흥고(柳興皐), 충청도의 김 종렬(金鍾烈) 등은 운산(雲山)의 처사가 부당함을 지적하고 사사건건(事事件件)대립하게 되자"

심지어 측은하게도 범초 선생은 당시에는 세상에 밝혀지지 않은 세찬이라는 본명까지 동원해 왜곡하고 있는 모습까지 보입니다. 이런 신뢰성 없는 사람의 2변 교운사(敎運史) 내용을 과연 믿어야 할까요? <범증산교사>의 2변 교운 내용은 이처럼 모든 것을 거꾸로 왜곡한 이 상호·이 정립으로부터 전수받은 홍 범초의 창작소설에 불과합니다. 문왕의 도수가 기두하는 과정을 제대로 보기 위해서는 이 상호 형제의 해방이후 보천교와 접맥된 2변의 뿌리역사를 제대로 인식하는 것이 매우 중요합니다.

지도자를 보면 단체의 운명과 비젼을 알 수 있습니다. 이 상호·이 정립 형제의 족적은 재론할 필요도 없지만 평생을 허황된 해도진인(海島眞人)으로 믿었음을 보여주는 일화가 있습니다. <보천교 연혁사>에 의하면 조선 총독부 촉탁인 종교밀정 김 환의 기획과 도움으로 동화교가 창교됩니다.

당시 조선총독부 촉탁에는 만주 독립군을 잡아들이는 이등박문의 수양딸 배 정자가 활동 할 때이니 당시 이 상호·이 정립 형제를 매개로 해 보천교 탄압, 동화교 창교 과정에 얽힌 조선총독부 촉탁 자격의 보천교 담당 고등스파이 김 환(金丸)의 사명과 그의 일제시대 사회적 위치가 어떠했는지 그 실상을 미루어 짐작할 수 있습니다. 이 정립은 49년 이러한 보천교 시절과 동화교 시절의 친일활동으로 반민특위에 의해 감옥에 갔다가 이 승만의 반민특위 강제해체로 풀려난 사람입니다.

이들 형제는 평생 자신에게 은혜를 베푼 은인과 스승의 뒷등이나 치면서 스스로 해도진인이라는 헛된 망상으로 평생을 산 사람들입니다. 당시 남주 이 정립이 동화교 사택을 조성할 때 궁궐 전(殿)자를 써서 내전(內殿)이라 부르니 공사하던 신도들이 설왕설래하며 비판을 많이 했습니다. 그러자 남주는 악화된 여론에 굴복하고

<동화교東華敎 사택舍宅>이라 이름을 바꿉니다. 그러나 이 꿈이 완전히 접어진 것은 아니고 62년 임인년 용화동에 사택을 조성하며 결국 다시 내전(內殿)이라 부른 사람입니다.(<용화도장 지킴이> 이정립 처 장옥 著)

이때는 태모 고 수부님 수석성도인 고 민환高旻煥의 <선정원경(仙政圓經)>이 출간되어 남주가 크게 충격을 받아 <고부인 신정기>를 집필하고 이듬해 출간을 앞둔 때입니다. 상제님은 크게 보아 <충자充者는 욕야慾也라 이악충자以惡充者도 성공成功하고, 이선충자以善充者도 성공成功하느니라(玄武經)> 하셨습니다.

그러나 만사분이정(萬事分已定) 부생공자망(浮生空自忙)입니다. 칠산(七山) 바다에 조기잡이도 먹을 사람을 정하여 놓고 잡히며, 모든 공사에는 주인이 있고 모든 도수에도 주인이 있다는 말씀같이 천지공사 인사문제의 중심인물로 형극의 가시밭길을 묵묵히 걸어야 하는 문왕 도수의 인물은 이미 천지공사로 다 정해져 있는데 세상 사람들이 덧없이 착각하며 공연히 저 혼자 바쁘다는 것입니다.

<증산도 道典 6:128>*사람은 그 사람이 있고, 도는 그 도(道)가 있고, 땅은 그 땅이 있느니라. 시속에 '맥 떨어지면 죽는다.' 하나니 연원(淵源)을 잘 바루라.

<증산도 道典 6:128>*사람은 그 사람이 있고, 도는 그 도(道)가 있고, 땅은 그 땅이 있느니라. 시속에 '맥 떨어지면 죽는다.' 하나니 연원(淵源)을 잘 바루라.

이 정립이 49년 보천교 시절과 동화교 시절 친일활동으로 반민특위에 의해 감옥에 갔다가 풀려나던 즈음 투옥되기 직전의 심정에 대해 "이번에는 상황이 달라서 처를 친정에 보내 3, 4년이고 있게 하다가 풀려나면 데리러 갈 심산이었다" 하여 스스로의 행적에 대한 죄과를 각오하고 있음을 알 수 있습니다. 이 정립의 처, 장옥 여사의 회고록 <용화도장 지킴이>는 이에 대해

"얼마 후 집 선생님은 풀려나셨다. 돌아온 후에 남은 여생동안 그런 일만은 다시는 없을 것이라고 생각했다가 갑자기 당하고 보니, 나는 어쩔 수 없는 비운의 인생이라는 생각이 들어서 더욱 미칠 것만 같더라는 이야기를 해 주셨다. 지난 세월에 겪은 일은 당연한 일로 생각했는데, 이번에는 상황이 전혀 달라서 누가 면회를 오면 나를

울진에 있는 친정에 가서 3년이고 4년이고 있게 하다가 내가 풀려나게 되면 데리러 갈 심산이었다고 속내를 말씀하셨다. 나는 속으로 '맙소사! 모래밭에 혀를 박아도 그 곳에는 못가요. 사람들의 조소와 비판의 대상인 결혼을 해서도 부족해서, 이런 꼴을 누구에게 말할 것인가요?'하고 눈을 아래로 떨군 다음 혀를 지긋이 눌렀다."

당시 젊은 총 사수(總師首)가 얼굴마담의 명예직으로 임명해 용화동에 거처하게 배려한 맹인 이 상호와 20세의 장 옥(張玉)과 혼사를 맺어준 이 정립 형제는 포교를 위해 전국으로 떠도는 총 사수가 조직을 떠나 부재한 사이 젊은 총 사수가 포교한 연원 간부들을 수없이 이간시킴과 동시에 용화동 신앙촌화 운동과 교단통합 운동을 명분으로 총 사수를 단계적으로 고립시켜 조직적으로 단체를 탈취해 세탁하는 과정을 거칩니다.

앞에서 보듯이 홍 범초의 <범증산교사>에서 홍 범초가 총 사수와 대연원주 사이를 이간하는 내용을 악의적으로 삽입한 것은 이 상호·이 정립의 교시내용이 근본 출처이며 이 상호·이 정립 사후 74년-75년 대전에서 안 운산 총 사수가 20년 만에 재 기두한다는 소식을 듣고 자신이 모시고 싶다는 서신을 수차례 보냈으나 냉정하게 거절당하자 그 위에 자신이 덧붙여 개칠한 글입니다.

이 상호(본명 명탁明鐸)와 이 정립(본명 성탁誠鐸)은 결국 집요한 갖가지 방법으로 교주직제가 없이 목화토금수(木火土金水) 방주(方主)조직으로 단체를 운영하던 젊은 20대 총 사수(總師首)를 허수아비로 만들고 조직을 철저히 자기 사람들로 수없이 가다듬고 세탁해 단체의 실권을 장악하고 젊은 총 사수를 비밀리에 제거하도록 지령을 내립니다. 이 정립은 당시 운산(雲山) 안 흥찬(安興燦) 총 사수(總師首)가 개창한 2변 조직을 이 상호, 이 정립 형제 위주로 바꾼 위조 자료를 가지고 있었지만 당시에는 그 자료의 허위를 증언할 생존자들이 많아 자신 생전에 공표하지는 못했습니다.

남주 이 정립(보천교시절 李成英)은 해방과 더불어 동아흥산사 사건으로 구속된 대구 감옥에서 나이 50의 늙은 홀아비로 출옥합니다. 서울의 동생 이 순탁(淳鐸)으로부터 합정동 치성모임을 처음 전해 듣고 참석했다가 증산교 대법사(大法社)를 실제 개창한, 운산(雲山) 안 흥찬(安興燦) 총 사수(總師首)를 만나 52세의 나이로 20세 처녀와(32년차) 결혼까지 하는 행운을 만납니다. 교주敎主제가 아니었던 당시 증산교(甑山敎) 대법사(大法社)의 교체조직은 수화목금토 방주조직 산하에 동서남북, 춘하추동의 8교리 조직과 그 산하조직을 가지고 있었습니다.

포교에만 매두몰신한 젊은 20대의 안 흥찬(安興燦) 총 사수(總師首)는 방주제도의 중심핵인 수방주(水方主)로서 당시 정읍 시기리 허름한 단칸방에 세 들어 살며 의통 샘플을 만들던 청맹과니 맹인 청음 이 상호를 만나 경제적으로 거두어 용화동에 임시 누옥을 마련해 주고 토방주(土方主)로 임명해 대순전경 편찬자의 경력을 높이 평가해 용화동 증산교(甑山敎) 대법사(大法社)에 주재하도록 배려하고 6.25가 벌어지자 의통제작(醫統製作)에 필요한 천문학적인 금액의 경면주사(鏡面朱砂)를 공급해 주게 됩니다.

운산 안 흥찬(安興燦) 총 사수(總師首)가 47년 남주(南舟)와 혼사를 맺어준 장 옥(張玉) 여사의 <용화도장 지킴이: 선학사 出刊. 張玉 著>에 보면 해방이후 2변 교운시에 용화동에서 의통 만드는데 사용된 경면주사(鏡面朱砂)는 모두 운산 안 흥찬(安興燦) 선생이 전부를 충당하였다고 밝히고 있습니다.

뒤에 합정동 최 위석 집에서 합류한 이 정립은 젊은 총 사수의 배려로 청음 이 상호가 용화동 대법사에 자리 잡고 있는 상황을 십분 이용해 형 청음 이 상호와 공모해 포교 실무에만 올인했던 젊은 총 사수(總師首)를 고립시키고 증산교 대법사(大法社)를 강탈해, 총 사수와 만나 결혼도 하고 증산교 대법사에 참여하게 된 근본 과정을 모조리 삭제 처리해 흔적조차 없애고 그 뿌리부터 허위로 날조한 조직 문서까지 작성해 보관한 채 선화하여 유고집이 되고 맙니다.

평생 해도진인(海島眞人)으로 상제님 천하사를 마무리 지을 진주(眞主) 두 사람으로 크게 착각한 이 상호, 이 정립 형제는 아들 뻘 연배의 20대 중반의 젊은 총 사수(總師首)를 그저 주인공인 자신들을 위해 단체를 개창해 헌납한 당차고 충성스러운 젊은이 정도로 치부했을 가능성이 컸다고 보여집니다.

그러나 보천교(普天教) 시절부터 미륵불교(彌勒佛教)를 거쳐 동화교(東華教)에 이르기까지 험난한 종교이력을 겪으며 상제님 진리판을 경험한 노회한 그들은 누구보다도 상제님 진리 조직의 생리를 잘 파악하고 있었기 때문에 먼 훗날 있을지 모르는 후환을 위해 수차에 걸쳐 암살단을 파견해 살해하려다 실패합니다.

그러던 중 해도진인(海島眞人)으로 인류를 구제하리라 평생 품은 뜻을 안은 채 형이 상호가 1966년 말 허망하게 선화(仙化)하자 이 정립은 그 충격을 이기지 못하고 불과 1년 사이에 1968년 초(음67년) 청음의 뒤를 따라 선화하고 맙니다.

소위 서울 합정동 최 위석 집에서 창립치성에 참석한 사람은 불과 수십 명에 불과하고 해방이후 가진 일회성 치성이었지만 이 치성을 자신들이 개창한 조직의 뿌리로 날조해 꾸며놓고 최 위석 가정집을 서울 대법사 교당이라 명명하고 세월이 지나 정당성확보를 위해 수십 명 참석인원을 145명의 중앙통제위원(中央統制委員)으로 선임하여 중앙통제위원회를 조직하고 중앙통제위원회는 위원장 한사람과 중앙상무위원(中央常務委員) 6인으로 하여금 통솔케 하여 위원장에 이 상호(李祥昊) 상무위원 겸 총무부장에 이 정립(李定立) 교무부장에 최 규석(崔奎錫) 경리부장에 최 위석(崔偉錫) 조직부장에 김 규찬(金奎燦) 사업부장에 정 상종(鄭商鍾) 외사부장(外事部長)에 임 성호(林誠鎬) 등 각각 이름뿐인 허위 명단에 올리고 총 사수는 통제위원에 끼워 넣어 왜곡 날조합니다.

그러나 세월이 흘러 이 정립이 그 가짜 자료를 자신의 집 보리바꾸에 넣어둔 채 60년대 중반 모두 선화하자 그 아들 이 영옥이 교직에 있다 은퇴하여 2변 교운에 관한 이같은 왜곡된 자료를 모친에게 받아 증산교사(甑山教史)라는 이름으로 발행하고 후일 2변 때 총 사수가 개척한 연원의 도제로 입교한 형(중학생)을 따라 아산의 박 재근에게 입문해 무료 숙식하며 수행한 바 있는 범초凡草 홍 성렬(洪性烈)은 위조된 이 책의 2변 조직 내용을 배경으로 일개 통제위원과 의통조직 조직부장으로 격하된 젊은 총 사수의 존재를 이 정립에 이어 줄기차게 물고 늘어지며 공격하게 됩니다. 심지어 총 사수가 어린애 기르듯 기른 황 원택과 더불어 이 상호·이 정립 선화 후 용화동의 종권을 차지하고 20년 만에 들른 자신들의 연원의 총 사수 큰 스승에게 자신들을 지도자로 받들어 재입도하라는 폭언과 폭력행사까지 합니다.

이 상호·이 정립 두 사람은 결과적으로 차 경석, 김 형렬 성도로부터 천지공사 내용을 전해 듣고 대순전경 편찬의 공로는 있지만 상제님 9년 천지공사와 태모님의 10년 신정공사의 본령을 잘못 이해했음이 명약관화합니다. 두 사람은 상제님의 정체성은 물론 태모님의 정체성마저 제대로 이해하지 못했던 사람입니다.

이 상호·이 정립은 우주의 절대적 주재자는 있을 수 없다고 선언한 사람으로 증산 상제님의 상제 지위를 인정안하고 옥추보경(玉樞寶經)의 3번째 위격인 대법천사(大法天師)의 천사天師로 시종일관했으며(오두미도의 장도릉도 장天師) 태모님의 곤존 지위의 신성권을 인정 안하고 낙종물 교단개창 사명만 인정하여 태모님을 속히 내쳐야 차 경석 성도의 이종물 사명을 신속히 거쳐 추수사명을 맡은 자신들이 조속히 마무리 하리라 여겼습니다.

이 여파가 각종 태모님 박해와 태모님 배척운동으로 나타났고 조선총독부 경무국과 경기경찰국에 이중으로 매수되어 비밀교단이던 보천교와 차 경석 성도를 조선총독부에 등록 공개화시킨 소위 "보천교 양해사건(조선 총독부에 국내 독립운동 최대 자금처인 600만 비밀교단의 보천교 실체와 교주신상을 공개하면 보천교의 비밀 포교운동을 묵인 양해해 준다)"으로 파란을 일으킵니다.

여기에 해방이후 문왕의 도수를 일깨우신 숙구지 무진년 구월도 공사와 임술 생후비임직 공사로 안 내성 성도의 일등방문 도수와 운암강수 만경래의 만경강 세살림 도수를 받은 안 홍찬(安興燦) 총 사수(總師首)를 사회적인 제거를 넘어서서 끝없이 생물학적인 제거까지 시도합니다. 안 운산(安興燦) 총 사수(總師首)는 해방이후 원평에서 경제적으로 버려지다시피 한 청맹과니 이 상호 씨와 의통 때문에 악수한 것이 결코 아니라 강조합니다.

의통은 이미 박 공우 성도 제자 송 종수씨로부터 알고 있었지만 가마니로 제작해 공개화 되어 있었고 그 이전에도 이미 의통은 김 형렬 성도 쪽으로부터도 반공개화 되어 있었다고 밝히고 사실은 마음만 먹으면 누구나 마음대로 만들 수 있지만 천문학적인 자금 때문에 아무나 만들 수 없는 천장신물(天藏神物)이라고 단언합니다. 더불어 당시 원평에서 만난 청음 이 상호 씨와 악수한 것은 포교자료가 절대적으로 부족했던 당시에 <대순전경>이라는 최초의 경전 때문이었다고 밝힙니다.

<2변 도운 121(1991).3.4 강론>*한 날은 김 창원이라는 사람이 보천교 재산을 죄다 바치고 우리 집을 자기 집처럼 노냥 와서 사는 사람이 있었는데 우리 집에 와서는 나하고 밤 세워 태을주를 읽거든, 밑천이 태을주여. 밤새 태을주를 읽고서 홍성군 운암면 금곡리 우리 아버지 친구하고 한 번 전라도를 다녀와라. 그런 제안을 해서 좋다고 말여, 그 뒤에 한 번 가자고 한단 말여. 좋다 해서 가자! 그때는 내가 돈이 많았잖어, 그래서 돈에 구애를 안 받았잖어. 홍성군 운암면 금곡리에 가서 보천교 고급 간부 위치에 있던 사람들이거든. 그 중에서도 윤 설 씨는 아주 웅변가여, 나하고 전라도를 한번 가자고 해서 내친걸음에 당장 가자고 해서 여러 군데를 들렀어.

<2변 도운 121(1991).3.4 강론>*박 공우 씨의 수제자 송 종수라는 분이 있어. 봉남면에 살았어. 금남면에서 황산고개 넘어가면 봉남면이여, 그 옆이 원평 금산면이고. 거기를 뜩 가니 그 의통 인패를 준비하는데 의통인패를 제작하는데 한 반가마를 새겼어, 많이 새겼어. 그래서 송 종수씨한테 의통에 대한 이야기를 해줬더니 송 종수씨야 나를 끌려고 난리가 났었지. 내가 아주 잘생기고 귀골이고 하니까 말여. 호신의통, 호부의통이니 그리고 내가 양 비누를 좋아서가 아니라 녹수비누가 있다. 녹수비누로 세수하면 절반은 하루 종일 냄새가 가. 냄새가 좋으니께 PX에서 나온다고...

<2변 도운 121(1991).3.4 강론>*그러고 나서 세상에 호사하던 사람이니께 너무 잘 빠졌다고... 대전 와서 가난해서 기가 막히게 고생을 많이 하고 있지만....내가 어디가면 사람이 그렇게 많이 모여들어서 장사꾼들이 가게 문을 닫고서도 쫓아다니는 사람이었어. 장사 잘된다고 그렇게 쫓아 다녔어. 그 때도 어디를 가면 금새 사람들이 모여들고, 송 종수씨 댁에서 이틀인가 잠깐 묵었는디, 그 근방 사람들이 다 모이고 신도라고 모이고, 인연은 인연인가 보다고 말여, 송 종수씨가 그러기도 했어.

<2변 도운 121(1991).3.4 강론>*상제님 사업을 해야겠는데 동지를 규합할려고 그런다 하니께 송 종수씨가 얼마나 좋아하겠어. 그러고서 누구를 가서 만났냐면, 정읍 장터 있는 데 시기리가 있어. 시기리에 이 한우, 윤 순탁이라는 사람이 있어. 그 사람들이 보천교 신도여. 그 사람들은 윤 설 씨하고 그렇게 잘 알어. 그 분들을 만났는데 역시 그 분들도 의통을 준비하고 앉았더라. 이 한우씨 집하고 윤 순탁 씨 집하고 한 30미터거리나 되나? 그 의통을 어떻게 제작을 하냐면 송 종수씨에게 있으면서 배워가서 만들고 앉았던겨, 윤 순탁 씨 집에서. 신기리 산다고.. 이 한우는 약종상이여. 또 보천교 때 차 경석 씨의 안전질서 전담하던 사람 가서 만나보니, 우리 선생님이라고 월곡 선생님이라고 꼭 그러면서 하늘처럼 떠받들고 숨결마다 월곡 선생이여.

<2변 도운 121(1991).3.4 강론>*내가 의통 제작한 이야기를 윤 설 씨에게 들어보니께 이 상호씨, 윤 순탁 씨, 이 한우, 함 우열, 김 태성, 김 규찬 이렇게 여섯 사람이 상제님이 육임을 말했으니까 육임을 짜서 육임도장을 만들어야 된다고 혀. 호신의통

을 네모진 도장으로 말여. 어떤 놈은 호신 의통에다가 도장 찍는 사람도 있고, 호신 의통을 겉껍데기로 싸서 이 상호 도장 찍은 사람, 윤 순탁, 이 한우 도장 찍는 사람도 있어. 한 이틀 머물면서 윤 설 씨하고 시기리 정읍 장사구경도 하고 오늘 길에 이 상호 씨 댁이라고 들어간단 말여. 들어가서 보니께 사람 들어가도 목소리만 듣지 몰러. 보니께 장님이여, 장님. 그런대로 잘 생겼는데 하관이 빠져서 속을 썩이게 생겼어. 뒤끝을 못 맺을 사람이구나, 거기서 얘기가 되었어.

<2변 도운 121(1991).3.4 강론>*내가 큰 홍어 하나를 사가지고 술을 사서 푸짐하게 먹으면서 이 한우, 윤 순탁씨가 소개를 혀. 윤 설 씨랑 나랑. 자기에게 의통을 박공우 선생이 전수를 했다. 이 상호가 그런 일을 해여, 자기도 때를 모른다. 그런데 해방도 됐고 공개하지 않을 수도 없어서 우리끼리 이렇게 하는데, 함 우열하고 김 태성이라는 사람은 그 후로 나오덜 않는다. 육임이 부족하니 혹시 상제님 사업에 열의가 있으면 의통제작 하는데 한번 악수를 해보자고 말여. 그래서 거기서 결합을 하게 된 동기가 그렇게 되었어.

비록 앞 못 보는 장님 신세였지만 600만 신도를 거느린 당대최고의 인권가 차경석 보천교 교주를 상대로 보천교 혁신운동을 벌이고 만주망명과 귀국으로 숨바꼭질을 벌이며 싸운 노회한 책략가로서의 이 상호가 젊은 총 사수가 개척한 조직을 손 하나 안대고 접수할 수 있었던 이유는 두 가지로 보입니다.

하나는 태모님 시절부터 보천교 동화교를 거쳐 해방이후 안 홍찬 총 사수가 만든 조직에 대한 이상호의 끝없는 욕심과 야심이며 둘은 조직을 만들고도 조직의 리더 역할로서보다 우선 조직을 실무적인 차원에서 먼저 포교해 확대하려고 신경을 쓴 20대 중반의 젊은 총 사수의 조직에 대한 마인드입니다. 이런 젊은 총 사수의 순수했던 마인드가 노회한 전략가이자 정책가였던 이 상호에게 이용당했을 것임은 불문가지입니다. 비록 이 상호가 당시 장님였다고는 하지만 자신의 명령을 대행할 혈육 이 성영이 지키고 있었음을 젊은 총 사수는 간과한 것입니다.

당시 안 홍찬 총 사수는 교주직에 오르기를 바라는 신도들의 요구에 대해 정력적으로 포교할 수 있는 사람이 아직 자신밖에 없으며 아직 젊은 나이에 포교를 통해 직접 판을 키워야 할 때라서 교주로 들어앉을 수 없다는 이유로 묵살합니다. 이에 대해서는 젊은 총 사수 선생님을 교주로 모시려다 실패하고 후일 자신이 직접 임술교를 만들어 교주가 된 대연원주 김 종렬과의 대화내용이 이를 증거합니다.

간부 김 종렬과의 대담에서 젊은 총 사수는 자신은 교주에 전혀 욕심이 없고 실무적으로 교세를 불리는 포교운동만 하겠노라고 공표하고 교주자리의 무거운 짐을 지고 싶지 않다고 표명합니다. 당연히 김 종렬의 의사타진에 전국의 신도들이 귀를 기울였을 것이고 모든 신도들은 이 소식을 직간접으로 들었을 것입니다. 결국 비록 젊은 총 사수의 깃발아래 모여들었던 신도들이었지만 자리에 욕심 없다고 표명한 지도자의 선언 한마디에 서서히 새로운 의지처를 찾아 때마침 용화동 신앙촌 운동을 부르짖는 청음 이 상호에게 인권이 넘어가기 시작했습니다.

물론 결정적인 분수령이 6.25 한국전쟁이 끝나고 젊은 총 사수가 20년 은둔으로 들어감을 선포한 1954년 이었습니다. 그렇게 2변은 이 상호 형제에게 모든 것이 넘어간 채 끝나고 말았습니다. 당시 용화동에 자리 잡은 청음은 젊은 총 사수가 개척한 교인들이 모이는 자리에 총 사수의 바람대로 중심역할을 했고 청음은 그 중심을 지키는 역할을 자연스럽게 해내며 자신의 욕망을 실현하고 맙니다.

문왕이 갇힌 유리옥羑里獄의 유리성羑里城

운산(雲山) 안 흥찬(安興燦) 총 사수(總師首)는 54년 문왕의 유리羑里감옥 유폐 도수인 말도(末島:末店島) 도수 20년 대휴게기大休憩期를 선포하고 공주, 대전에서 20년을 은거하는 대휴게기를 거쳐 74년부터 재기두再起頭 해 10년간의 과도기를 거쳐 84년부터 증산도(甑山道)를 선포함으로써 실질적인 문왕 세 살림 중복 도수가 제 궤도에 오릅니다. 시종일치始終一致. 처음과 끝인 낙종물 도수와 추수도수는 각기 똑같이 ①대흥리 살림-②조종골 살림-③(왕심리 교단-왕심리, 용화동 동화교 통합교단-오성산 교단) 세 살림과 초복, 중복, 말복 등 운암 강수 만경래의 김만경 뜰 세 살림 추수 도수로 이루어져 있습니다.

또한 태모님 낙종물 도수가 이종물 도수 책임자인 차 경석 성도와 이종사촌 간으로 대흥리 살림 한가족 동거형태로 이뤄져 있다면 추수도수 또한 문왕의 초복 도수를 일으킨 운산 안 홍찬 총 사수와 안 경전 중복 지도자는 서로 종도사와 종정이라는 입장으로 부자간의 도안都安 한가족 도수의 동거형태로 이뤄져 있습니다.

태모님 세 살림 중 대흥리 첫 살림과 두 번째 조종골 살림이 파행 속에서도 무난하게 이어진 형태라면 조종골 살림 이후 사실상 세 번째 살림으로 가는 왕심리 살림이후 동화교와의 과도기 통합교단과 엮여진 오성산 살림은 파란을 겪으며 이뤄졌습니다. 이는 중복살림에서 말복살림으로의 이행이 결코 순탄치 않음을 내정하고 있습니다.

조선 총독부 경무청 산하 일경 간부인 동광회의 두목 경무청 경시(警視) 김 태석(金泰錫, 창씨명 金村泰錫, 보천교 연혁사엔 김태식金泰湜으로 이 정립과 함께 반민특위에 체포. 김태석은 사형구형)과 경기 경찰부 후지모토(藤本) 고등과장 등 일제당국에 이중으로 매수당한 이 상호의 동화교(東華敎) 창교는 일제의 보천교(普天敎) 통제 수단의 일환으로 조선인의 문화종교계 고등 스파이로 조선총독부 촉탁으로 파견된 친일 언론인(국민신보:총독부 산하 일진회 기관지) 기자 출신 김 환(金丸)의 적극적인 기획과 개입으로 탄생된 교단입니다.

1910년 한일합방이후 일제는 -헌병경찰 국가- 로 조선인을 통제하기 시작했습니다. 조선총독부 공식 문서에 의하면 일제에 의한 조선병합 당년 「헌병경찰」과 「일반경찰」을 합해 총 7712 명으로 나오며 그중 한국인은 4,440 명입니다. 무장한 「헌병경찰」은 2019 명인데 그 중 한국인은 1012 명이었습니다. 무장한 헌병경찰은 모두 일본인이며 충성도에 따라 한국인도 무장된 헌병경찰로 임명했으며 당시 한국인 중 최고 승진자는 김 태석(식)으로 보이며 해방이후 반민특위에 사형이 구형되었으나 이 승만의 반민특위 강제 해체에 의해 풀려납니다.

<백과사전 위키백과>★김 환은 한일 병합 조약 체결 전인 1909년부터 일진회의 기관지인 《국민신보》의 기자를 지냈다는 것 외에는 신상에 대해서 알려진 바가 거의 없다. 김 환은 당시 한일합방의 조속 추진을 주장하던 일진회의 회원이었고, 안 중근에게 사살 당한 이토 히로부미의 장례식에 기자 대표로 참석하기도 했다. 1917년부터는 조선총독부 기관지로서 일제 식민통치를 선전하는 역할을 맡은 《매일신보》에서 정치·경제 담당 주임을 맡아 근무하였고, 1919년에 일어난 3·1 운동 이후로는 총독부의 문화통치 전략과 호응하는 내선융화와 참정권 청원운동에 가담하여 1920년대의 대표적인 친일 논객 중 한 사람으로 활동했다.

<백과사전 위키백과>★1919년 '조선독립이 불가능함'을 전제로 내세우며 조선 민족은 '신 일본민족의 명예로운 신민'이 되어야 한다고 주장한 협성구락부가 창립될 때 발기인을 맡았다. 조선총독부와 협성구락부가 주최한 강연회에서 연사가 되어 조선독립불가론을 주장하며 선동하기도 했다. 1920년에는 협성구락부가 확대되어 개편한 국민협회의 설립 평의원을 맡았고, 국민협회 기관지인 《시사신문》의 편집위원도 역임했다. 민원식이 주도해 창립한 국민협회는 3·1 운동이 '성대(聖代)의 불상사'라 통한을 금치 못한다면서 조선독립 따위는 '미신'이라고 폄훼한 단체였다. 김환이 편집위원으로 근무한 시사신문의 사장 민원식은 독립운동을 '폭거'로 규정하기도 했다.

<백과사전 위키백과>★당시 김환은 조선의 문화가 세계의 문화에 비해 이미 약 백년은 떨어져 있는 상황에서 독립을 요구하는 만세 시위를 일으키면 그만큼 더 뒤떨어지는 것이라면서, 이것이 바로 만세를 부른 해악이라고 주장했다. 7등, 8등의 소독립국보다 일본에 병합된 일등국민이 더 좋다는 논리도 전개했다. 독립은 아무 이득이 없다는 조선독립무용론을 넘어 독립을 원하는 것이야말로 결정적 오류라는 주장이었다. 김환은 이러한 주장을 언론을 통해 발표하면서 황해도 사리원, 강원도 춘천과 황해도 해주 등에서 강연 활동도 병행했다.

<백과사전 위키백과>★1925년에는 동민회가 조직될 때 평의원으로 참여했다. 동민회는 내선융화를 주요 강령으로 삼아 자본가와 조선귀족 등 조선 사회의 유력자들이 한일 합동으로 결성한 단체였다. 1927년 국민협회 상담역, 1928년 시사평론 상담역, 1928년 국민협회 총무를 맡았고, 1930년에는 국민협회 기관지인 《민중신문》의 초대 주필에 올랐다. 김 환은 이 과정에서 언론을 통해 내선융화와 신일본주의 논리를 적극 홍보했다. 3·1 운동 때 군대를 배치해 곧바로 무력으로 진압했어야 지당했다는 주장을 비롯해 총독정치에 순응하고 일본 제국에 충성하자고 주창하는 등, 다수의 친일 시사문이 남아 있다.

<백과사전 위키백과>★사후[편집]2007년 대한민국 친일반민족행위진상규명위원회가 확정한 친일반민족행위 195인 명단 중 언론 부문에 들어 있다. 2008년 발표된 민족문제연구소의 친일인명사전 수록예정자 명단에서는 언론/출판과 친일단체 부문에 포함되었다.

따라서 조선총독부가 친일주구 김 환(金丸)을 문화 종교계 고등밀정 촉탁 신분으로 내세워 이 상호 형제를 매수 뒤 조종하여 만든 동화교 창교의 약점을 덮어줄 동화교의 정통성 확보를 위해 이 상호·이 성영(정립) 형제는 태모님을 모셔가려 조학구와 함께 택시를 대절해 왕심리까지 찾아가 배알하는 지난(至難)한 노력을 기울입니다. 이러한 내막은 <보천교 연혁사>에 자세히 소개되어 있고 본 <십경대전 서문>에 모두 담겨있습니다.

<증산도 道典>★조종리에서 왕심리까지 거리가 먼지라 신미년에 이르러 신도들의 내왕이 점점 줄어들고 도장 형편도 심히 어려워지니라. 한편 지난 경오년부터 용화동에서 태모님을 시봉하기를 원하여 여러 차례 사람을 보내 그 뜻을 밝히더니 7월 29일에 동화교(東華敎) 통정(統正) 이 상호가 간부 조 학구(趙鶴九)와 더불어 찾아오니라. ★경오(1930), 신미(1931).

<편집자 해설>
★<증산교사(이정립)>에는 교운사에서 왕심리 살림을 무시, 삭제처리하여 택시까지 대절해 모시고자 배알한 곳을 조종골 살림으로 기술하여 자신과의 용화동 통합살림을 세 번째 종통살림으로 삼으려 했음이 드러남.

.★조종골 동화교 통합교단에서 외무간사인을 함께 맡아 불온조직을 형성했던 이 상호(李祥昊), 조 학구(趙鶴九), 김 재윤(金在允), 임 경호(林京鎬), 김 환(金丸) 중 김환(金丸)은 본시 국민신보(일진회 기관지) 기자, 이등박문 장례식 참가, 1910년대 매일신보 주임, 시사신문(국민협회 기관지) 편집주임, 시사평론, 민중신문(1930) 주필, 국민협회 간부를 역임한 자로 무라야마 지쥰(村山智順), 이토 히로부미의 수양딸 배 정자(裵貞子)와 함께 조선총독부의 촉탁으로 밀정의 신분이었음으로 자신의 책임을 다하자 바람과 같이 무대에서 사라진다. 이 상호의 수석비서 역할을 했던 조 학구(趙鶴九)는 동화교의 영정을 책임지는 역을 자임한다. 임 경호는 이정립이 1943년 동아흥산사(東亞興産社)를 설립할 때 함께 상의하는 참모 역을 하고 이정립은 이 사건과 연루해 일본 경찰에 붙잡혀 대구형무소에 수감되었다가 광복 후 출옥해 2변을 개척한 안 홍찬(安興燦) 총사수(總師首)를 만나 21세의 앳된 처녀 장도(장옥)을 소개받아 신접살림을 차리게 되었다.

청음, 남주에 의해 낙종물 사명 세 살림의 정체가 105년간 왜곡됨. 즉 본래의 대흥리-조종골-(1. 왕심리-2. 왕심리&용화동 동화교와의 통합살림-3. 오성산 살림) 등 씨뿌리는 낙종물 세살림 사명을 동화교와의 통합살림을 세번째 교단으로 합리화하기 위해 왕심리 살림을 삭제, 처리하고 오성산 살림을 동화교 부속 수양소로 왜곡처리하여 <고부인신정기>에 선화와 은거로 처리 정의함. 핵심은 낙종물 세 번 째 살림도 세 살림으로 되어 있어 추수사명 초중말복 사명을 반영한 것임. 순흥 안씨 집성촌 왕심리 살림 사명은 의통목 인류구원의 일등처방문 사명을 내리시고 현무경 오신 술午,申,戌 인사문제와 함께 경만장 안내성 성도 사가에 사명기를 내리시고 숙구지 문왕사명자로 하여금 운암강수만경래 초중말복 세 살림을 여는 수지지어사마소의 사마씨 가문의 3부자 도안都安 세 살림을 상징. '長安長唱吾笑歌(장안장창오소가)' 라는 7자로 크게 창을 길게 대창하시며 웃으셨으니 초,중, 말복 추수사명에 대한 최종 총평을 내리신 것.

侍

이같이 이 상호 형제가 차량까지 대절해 가며 정읍군 입암면 왕심리(旺尋里)를 찾아가 태모 고 수부님을 모시고자 지극정성을 기울이자 때마침 심각한 경제난국에 처한 왕심리 교단은 잠시 과도기적으로 살림을 합해 경제난국을 피하고 보자는 수석성도 고 민환(高旻煥) 수석 성도의 계청(啓請)에 의해 마침내 용화동 동화교와의 합동 교단(合同敎團) 살림이 이루어집니다.

그러나 본래부터 태모님을 이용하는 데 목적이 있었던 이 상호·이 정립 형제는 고 민환(高旻煥) 수석성도를 살해하여 태모님을 고립시키려 하여 이를 눈치 챈 고 민환(高旻煥) 성도가 야밤에 도망치는 사태가 벌어지고 맙니다. 심지어 이 상호 부인까지 나서 태모님을 모시고 안 살림을 책임지던 연배 지긋한 전 대윤(田大潤) 할머니 신도도 모함하여 쫓아내는 바람에 끝내 가족들에 의해 집으로 돌려보내져 1년도 못살고 돌아가시게 하는 큰 죄를 저지릅니다.(전대윤의 아들 김수남의 딸 김순자가 고민환 성도 며느리로 오성산에서 태모님 수발)

이외에도 조종골 신도의 갖가지 심한 핍박과 연이은 태모님 고립정책은 마침내 태모 고 수부님으로 하여금 조강맥식(糟糠麥食)이라도-거친 술지게미와 쌀겨, 꽁보리밥을 먹는 한이 있을지라도 이 상호 동화교 교단 신도를 제외하고 앞으로 새로 출발하는 세 살림 중에서도 세 번 째 살림인 오성산 교단 신도를 데리고 천하사 하겠노라(마무리 신정공사 집행) 선언하십니다.

<선정원경(仙政圓經)>에 '내부외부(內部外部)에 전연불온(全然不穩)이 조직(組織) 고

(故)로 신도(信徒) 내왕(來往)이 두절(杜絶)하니 하이감당(何以堪當)이리오–안팎이 모두 이 상호·이 정립의 불온한 조직인고로 신도내왕이 두절되니 어찌 감당 하리오' 라 설명하는 당시 상황과 '곤존 고 씨(坤尊高氏)께서 항시(恒時) 말씀하시기를, "조강맥식(糟糠麥食)이라도 임옥 자손(臨沃子孫)을 영솔(領率)하고 제반사(諸般事)를 결탁(結托)하리라–거친 술지게미와 쌀겨, 꽁보리밥을 먹는 한이 있을지라도 불온한 이 상호 동화교 교단 신도를 제외한 오성산 교단의 임옥 자손 거느리고 모든 일을 의탁하리라" 하신 말씀은 바로 이러한 이 상호·이 정립 형제의 불의에 대해 그들이 추구 했던 동화교 정통성 주장에 대해 한마디로 잘라 말씀하신 최종결론입니다.

이는 태모 고 수부님의 세 번째 살림이 이 정립의 <고부인신정기>에서 합리화한 주장처럼 용화동 동화교 합동 교단으로 삼은 게 결코 아닙니다. 두 번째 살림인 조종골을 떠나 **세 번째 살림은 다시 세분해 작은 세 살림으로 짜여져 있습니다.** 즉, 첫 살림인 왕심리 교단과 두 번째 살림인 동화교 통합 살림 그리고 마지막으로 이 정립이 은거와 선화로 그 중요성을 무시한 오성산 살림 '세 묶음 살림'이 바로 태모 고 수부님의 세 번째 살림입니다.

결론적으로 "**조강맥식(糟糠麥食)이라도 임옥 자손(臨沃子孫)을 영솔(領率)하고 제반사(諸般事)를 결탁(結托)하리라**–거친 술지게미와 쌀겨, 꽁보리밥을 먹는 한이 있을지라도 불온한 이 상호 동화교 교단 신도를 제외한 오성산 교단의 임옥 자손 거느리고 모든 일을 의탁하리라"하신 말씀은 동화교 합동살림이 아니라 **오성산 교단에서 집행하신 신정공사에서 배출되는 도안 세 살림 공사(흑운명월공사, 쇠말뚝 세 번 공사, 도운 통일 윷판공사, 천지무기토 세 번 공사) 주인공이 궁극적으로 종통(宗統)이 된다는 공개적인 신권 선언(神權宣言)**이신 것입니다.

결국 김제 용화동 동화교와의 합동살림에 대한 태모님의 뜻은 이 상호·이 정립의 본래 의도와는 다르게 본래 고 민환(高旻煥) 성도의 계청(啓請)에 의해 조종골 살림의 경제난국을 잠시 끌르기 위해 이 상호 형제의 바람도 들어줄 겸 잠시 가 있자는 본래 의도대로 과도기적인 살림이라는 뜻이었습니다.

오성산 교단 건축이 완공되자 동화교 합동교단에서의 곤존 태모님은 이 상호 이 정립의 그릇된 욕망으로 얻으신 병을 안으신 채 세 번째 살림을 꾸리신 오성산으로 들어가십니다. 아마 태모님이 용화동에 더 머무셨더라면 이 상호·이 정립 형제는 후일 해방이후 2변 때 <증산교 대법사>의 실제 창교자 운산 안 홍찬(安興燦) 총 사수를 고립시키고 자신들 형제 위주의 조직으로 개편하기 위해 주장했던 용화동 신앙촌화의 주장을 당시에 시도하려 했었을 것으로 보입니다.

도운 삼변성도의 낙종물, 이종물, 추수사명 중에서 이종물 사명은 동학혁명을 일으켰다가 그릇 죽어 천지에 나부끼는 30만 역신들의 원한을 600만 보천교 신도의 차 경석 성도에 붙여 해원시킴으로써 그 사명을 다 했습니다. 이후 마지막 세 번째 추수사명에 대한 천지공사는 일등방문(一等方文)으로 처방한 안 내성(安乃成) 성도에게 모든 기운을 돌돌 몰아 부쳐주시고 때가 되면 그 누구도 세 살림 종통(宗統)을 부인하지 못하도록 청홍황(靑紅黃) 3색 세 살림 종통 사명기(司命旗)와 신장(信章), 예장(禮章) ,성장(誠章) 공사도(公事圖)를 안 내성(安乃成) 사가(私家)에 내려 은장(隱藏)시켜 훗날을 대비케 하셨습니다.

<증산도 道典>* 하루는 태모님께서 성도들에게 말씀하시기를 "상제님께서 천지공사를 통해 평천하를 이루시고 '수부 도수(首婦度數)로 천하 만민을 살리는 종통대권(宗統大權)은 나의 수부, 너희들의 어머니에게 맡긴다.'고 말씀하셨느니라."하시니라.

<대개벽경(大開闢經)>*사람이 인정이 없으면 가까이 말고 정이 있어도 의롭지 않으면 가까이 말며 의로워도 사람이 모일만 하지 않으면 가까이 말고 모임이 운수가 맞지 않으면 가까이 말며 운수가 맞아도 소통이 안 되면 가까이 말고 소통이 되어도 신령스럽지(영험치) 않으면 가까이 말며 신령스러워도 심령이 태평(편안)치 않으면 가까이 말고 심령이 태평(편안)해도 법통(종통)이 아니면 가까이 말지니라.

-下訓 非人情不可近 非情義不可近 非義會不可近 非會運不可近 非運通不可近 非通靈不可近 非靈泰不可近 非泰統不可近-

정작 공사의 당사자인 안 내성(安乃成) 성도마저 그 사명기(司命旗)의 용도가 무엇인지 살아생전 모른 채 해방 후(解放後) 기축년(己丑年:단기 4282, 1949) 여든 세 살(八十三歲)에 선화(仙化)합니다. 추수사명은 안 내성(安乃成) 성도에게 돌돌 기운을 말아

주었으므로 안 내성(安乃成) 성도만 종합적으로 이해하면 종통의 핵심문제는 모두 알 수 있습니다.

태모 고 수부님 10년 신정공사 내용과 안 내성(安乃成) 성도의 공사내용을 전혀 도외시하고 사제교리를 내세워 상제님이 시루니 조 아무개는 솥이고 그 다음 박 아무개는 숯이라는 끼워 맞추기식 사제(私製)교리는 모두 다 허망한 백년 모래성에 불과하므로 이제는 사오미(巳午未) 개명(開明)의 대명천지에 밝게 드러난 초중말복 세 살림 진법 종통의 결말을 스스로 찾을 때입니다.

5) 안 내성(安乃成) 성도에게 돌돌 몰아 부치신 종통공사

먼저 안 내성(安乃成) 성도에게 <현무경(玄武經)>과 종통 사명기(司命旗) 수여를 비롯해 종통공사에 대한 모든 것을 돌돌 몰아 부치신 가장 중요한 이유는 그가 마치 불가의 혜능(慧能)처럼 일자무식이었음에도 불과하고 작지부지(作之不止) 내성군자(乃成君子)의 천심(天心)을 지닌 인물이었기 때문입니다.

一等方文 일등처방 종통인사 安乃成 聖徒

상제님은 나는 마음 하나만 본다 하셨으며 태모님은 우리일은 마음 닦는 공부이니 심통공부(心通工夫) 어서 하라. 제가 저의 심통(心通)도 못하고서 무엇을 하느냐 하시고 또 사물의 이치를 관통(貫通)하려면 먼저 마음을 닦아 심통(心通)을 해야 한다 하시고 오직 마음을 잘 닦아야 하느니라 말씀하신 바 있습니다.

<선도신정경>★어느 날 신정공사(神政公事)에서 가라사대 누구든지 일자(一字)와 삼자(三字)를 잡아야 임자이니 같은 끝수면 말수(末數)가 먹느니라. 수식남방(誰識南方) 매화가(埋火家) 불 묻으신 줄 뉘가 알거나 변산(邊山)만한 불덩이를 묻지 않고 그냥 두면 세계인민(世界人民) 다 죽는다 하시더라.

(해설:수식남방매화가를 언급하시되 추수 세 살림 도운 中 '마지막 상씨름'에 해당하는 '같은 끝수에 말수가 먹는다' 와 병립해 설명하셨다. 이는 '수식남방매화가(誰識南方埋火家) 불 묻은 공사' 가 중복 살림 시절의 해석인 '세운 핵폭탄 묻는 공사' 가 아니라 바로 추수도운 초중말복 세 살림 중 마지막 최종 말복 인사문제임을 말해 주는 것이다. 그리하여 '누구든지 일자(一字)와 삼자(三字)를 잡아야 임자이니' 라 하신다. 태운장 김형렬 수석성도 대나무밭에 남방 삼리화 불기운을 묻어(埋火) 화둔(火遁)하여 동지한식백오제 105년간 감추었다가 드러날테니 마지막 상씨름 도정의 말복 지도자는 도안都安 삼부자 세 살림 속에서 나오되 임壬일수와 갑甲삼목을 잡아야 임자壬子라 하신 것이다. 수식남방매화가(雖識南方埋火家)는 남방삼리화 불기운을 묻은 집을 누가 알겠는가라는 뜻이다. 105년 기간은 아무도 알지 못한다는 뜻이다. 남방삼리화 기운을 묻은 그 집은 바로 도안 문왕 추수사명 초,중,말복 세 살림 이란 것이며 세 살림 성 씨가 모두 안安씨 부자간이라는 것이다. 이것이 도안 都安의 뜻이다. 인사문제의 핵심은 현무경 초반에 박아놓았다. 12지지 중 '오미신유술해'는 陽符이고 '자축인묘진사'는 陰符인 바 인사문제는 '오미신유술해' 양부陽符 중 오행이 음인 '미유해' 3符를 제외하면 午申戌 양부陽符 세 개 밖에 없다. 이 세 개 가 바로 추수살림 사명자의 인사문제이다.

증산 상제님은 남방 삼리화 기운을 주재하시는 서신사명이시다. 이 남방 삼리화 기운을 임술생 태운장 김형렬 성도 대나무밭에 묻어 임술생 도안 문왕 세살림 사명자 에게 부치셨다. 대순진리회 출신 신도들은 교운공사 인사문제의 핵심인 이 부분에 대해 각골명심해 새겨들어야 한다. 상제님이 안 씨 사당 추원재에서 대나무 가지로 천지수기 돌리는 공사 보셨지 조씨 사당에서 이 공사를 보시지 않았다. 이 공사와 연관된 공사가 바로 임술생 문왕 추수자를 대행하는 태운장 김형렬 성도(임술생 대시태조 출세 후비소 공사 참조) 대나무밭에 남방삼리화 불덩이를 묻는 매화공사를 집행하시고 '長安長唱吾笑歌(장안장창오소가) 誰識南方埋火家(수식남방매화가)'를 불러 주시고 이어 '매화(埋火)'라 쓰시어 형렬의 집 대밭에 묻으시고 형렬에게 일러 말씀하시기를 "내가 이제 화둔(火遁)을 하였나니 너의 집에 불을 조심하라. 만일 너의 집에 불이 나면 화신(火神)이 세력을 얻어 온 세계에 큰 재앙을 끼치리라." 하신 것이다.

숙구지 문왕 추수 사명자 도안 세 살림에 대해 모든 남방삼리화 기운을 돌돌 몰아주시고 '長安長唱吾笑歌(장안장창오소가)'라는 7자로 초중말복 추수사명에 대한 최종 총평을 내리신 것이다. 이 부분에 대해 동지한식백오제 105년 동안 특히 중복도정에서 마저 세운의 핵폭탄 기운을 묻는 것으로만 해석해 왔다. 그러나 이 성구말씀 속에 깃들어 있는 인사문제의 핵심은 태모 고수부님 말씀 속에서 그 답이 풀리게 되어 있다. 도안 세살림 공사에 상제님 남방삼리화 기운을 임술생 태운장 대나무밭에 묻어 몰아주신 추수공사 세 살림의 인사문제 도비 道秘이다. 이 공사에 대해 상제님께서 웃으신 의미는 무엇인가? 도안都安 세살림 추수종통 공사 집행에 대해 장안장창오소가長安長唱吾笑歌를 부르시며 웃으신 것이다. 태운장 대나무밭에 묻은 남방삼리화의 誰識南方埋火家(수식남방매화가)의 기운은 바로 작지부지(作之不止) 내성군자(乃成君子) 안내성 성도에게 인사문제로 발음되도록 도수를 부친 것이다.

<선도신정경>★ 고수부님(천후님)께서 "소리개 까치집 하도 낙서는 선천용이요 자하도(慈下道)는 후천용이라. 용화교주(龍華敎主) 자씨부인(慈氏夫人) 자하도(慈下道) 칠현무(七玄武)는 선천용 하였고 육기초(六基礎)는 후천용 하느니라. 옥구는 닻줄 장상지지(將相之地)요 포육지지야(布育之地也)니라." 하시고 이어서 가라사대 "수식남방매화가(雖識南方埋火家)를 누가 알 수 있으리요. 호남서신 아니고는 내 일을 누가 알까부냐. 여동빈의 자하도 세계극락 일월수부(日月首婦)" 하시니라. (칠현무七玄武는 북현무1과6수가 합하여 7화가됨 을 의미하고 육기초(六基礎)는 1수와 5토는 합하여 6황극 서시가 됨을 의미)

안 내성(安乃成) 성도에게 부치신 종통 핵심 공사를 뽑아 알아보면 다음과 같습니다. 안 내성 성도에 대한 공사내용 이전에 먼저 주지해야 할 내용이 있습니다. 안 내성(安乃成)이란 이름의 이에 내乃 자에는 끌고 있는 짐이 거역해 반발한다는 교불이라는 뜻(矯拂之意)이 있어 끌고 가는 것이 아주 힘들다는 예(曳) 자가 숨어있습니다. 예(曳)는 끌고 가는 것이 아주 고달프다는 뜻으로 <설문해자(說文解字)>나 자전에서는 내乃 자를 힘들게 질질 끌고 가서 아주 고달플 예(曳)자로 풀이하기도 합니다.

이는 문 공신(文公信) 성도에게 문왕(文王)의 도수를 부쳐놓고 하신 말씀이 "문왕의 도수와 이윤의 도수가 있으니 그 도수를 맡으려면 극히 어려우리라."고 하신 말씀과도 부합합니다. 추수사명의 세 살림 종통사명은 안 내성(安乃成) 성도에게 부치신 도수입니다. 문 공신(文公信) 성도에게 부치신 문왕(文王)과 이윤(伊尹)의 도수는 안 내성(安乃成) 성도와는 도수를 부친 사람만 다를 뿐 결국은 모두 종통 추수사명이기 때문에 안 내성(安乃成) 성도의 도수를 실행하는 추수 사명자에게 동일하게 적용되는 운명의 도수입니다.

안 운산 총 사수가 개척한 1945. 8.15 해방이후 2변 교운시 역경만첩의 천하사와 더불어 이십년 휴게기를 지나면서 극도의 험난과 역경을 감내한 불가사의한 길과 더불어 우리 도안(都安) 세 살림의 남은 살림도 결코 쉽지만은 않은 천하사임을 짐작할 수 있습니다. 그러나 결국에는 반드시 이루어진다는 뜻이 내성(乃成)이라는 이름 속에 들어있습니다.

먼저 내(乃) 자를 잘 살펴보기로 합니다. 왼쪽에 빗겨서 그어져 있는 것은 아주 무거운 짐이 강력히 저항해 반발하면서 겨우 겨우 질질 끌려가는 모습을 표현 것이고 오른쪽 배불룩한 모습은 무거운 짐을 끄느라 몸이 활 궁(弓)으로 휘어질 정도로 용을 쓰고 있는 상태를 나타냅니다. 원래 내(乃)자는 상고시대에 활 궁(弓) 자를 세로로 두 개 이어놓아 만든 글자로 활 궁(弓)이 두 개로 휘어질 정도면 짐을 끄느라 몸이 거의 곤죽이 되어 휘어진 상태로 무거운 짐을 끌고 온갖 용을 쓰며 가는 상태임을 알 수 있습니다.

이같이 온 몸이 축 쳐진 채로 무거운 짐을 질질 끄는 내(乃)라는 글자는 너무나 어렵게 일을 완수하기 때문에 상고자(上古字)로 완료할 료(了)를 세 개(위에 하나 아래에 둘) 모아놓은 글자로도 썼습니다. 이는 천지공사와 관련해 상당히 중요한 의미를 내포하고 있습니다. 그것은 바로 안 내성(安乃成) 성도에게 부치신 추수 사명이 도안(都安) 세 살림 사명의 어려운 과정을 통해 이루어질 것임을 내포하고 있기 때문입니다.

내(乃)라는 글자는 감당하기에 너무 어려운 짐을 끌고 가지만 결국 세 번에 걸쳐 일을 완수하기 때문에 완료한다는 료(了)자를 세 번 쓴 것을 나타냅니다. 이러한 료(了)자는 1.명백하다(明白, 知道：明~), 2. 마침내 이룬다(完结), 3. 종결해 끝낸다(结束)는 뜻이 있어 사실상 내(乃)라는 글자 안에 이미 이룬다는 성(成)이 내포되어 있으니 내성(乃成)은 더욱 확실히 이룬다는 뜻이 될 것입니다.

증산 상제님의 세 살림 도수는 바로 이러한 내(乃)에 숨겨진 의미와 정확히 일치합니다. 문자 발전의 순서로 이야기 하면 상고시대에 내(乃)자는 맨 먼저 활궁 두 개를 상하로 두 개 내려 그은 글자를 가장 먼저 썼고 그 다음이 완료할 료(了)를 세 개 쓴 글자로 발전했다가 마지막으로 내(乃) 자로 축약해 쓰게 된 것입니다.

乃:曳詞之難也。象气之出難。凡之屬皆从。，古文乃。，籒文乃。奴亥切〖注〗臣鉉等曰：今隸書作乃。〖注〗【正字通】說文，乃本作。集韻作，葢沿篆文而譌。清代段玉裁『說文解字注』

曳詞之難也。玉篇詞作離，非也。上當有者字。曳有矯拂之意。曳其言而轉之。若而，若乃皆是也。乃則其曳之難者也。春秋宣八年。日中而克葬。定十五年。日下昃乃克葬。公羊傳曰。而者何。難也。乃者何。難也。曷爲或言而，或言乃。乃難乎而也。何注。言乃者內而深。言而者外而淺。按乃然而汝若，一語之轉。故乃又訓汝也。象气之出難也。气出不能直遂。象形。奴亥切。一部。凡之屬皆从。，古文乃。，籒文乃。三之以見其意。〖注〗。又，《正字通》，《說文》乃本作。集韻作，蓋沿篆文而譌。

안 내성(安乃成) 성도의 원래이름은 내선(乃善)인데 상제님께서 내성(乃成)으로 바꾸어 주셨습니다. 이는 안 내성(安乃成) 성도에게 모든 종통 사명을 돌돌 말아 주었기 때문에 온갖 고난과 역경의 힘든 사명을 결국에 가서는 이룬다는 의미로 지어주신 축복어린 이름입니다. 내(乃)라는 글자 속에는 비록 과정은 역경만첩의 고난과 시련이 있겠지만 결국은 일을 이룬다(成) 완수한다(遂)는 마침내라는 뜻이 함께 담겨 있습니다. 그런데도 상제님은 성(成) 자 하나를 더 쓰시어 대못을 박아버린 것입니다.

이상에서 본 바와 같이 경만장 안 내성(安乃成) 성도의 초중말복 도안(都安) 세 살림 도수는 내(乃) 속에 끌고 가기 힘들어 고달프다는 예(曳)라는 뜻을 품은 것에서 보듯이 결코 쉬운 도수가 아닌 것을 알 수 있습니다. 결국 내(乃)는 궁궁弓弓의 뜻이니 궁궁弓弓을 찾아야 이롭다는 선천 비결 利在弓弓 利在田田의 비결을 보면 태극을 상징하는 궁궁弓弓의 도수가 무엇을 의미하는 지 알 수 있으리라 생각합니다.

또한 정 북창(鄭北窓) <임하유서(林下遺書)>에 "誠敬信주장삼아 元亨利貞 行케되면 利在弓弓 알것이요 利在弓宮알게되면 靑林道士 만날터이니, 利在弓弓 몰랐으니 너의身勢 可憐하다 利在松松 알았으면 利在弓弓 알기쉽고 利在松松 몰랐으면利在弓弓 어찌알고" 라하는 이재궁궁의 의미를 비로소 알 수 있으며, 용담유사 「도수사」에 "작심으로 불변하면 내성군자 아닐런가, 귀귀자자 살펴내어 정심수도 하여 두면 춘삼월 호시절에 또 다시 만나볼까!"라는 내성군자의 의미도 쉽게 이해할 수 있게 됩니다.

안 내성(安乃成) 성도의 내(乃)자의 비의로 보면 상고문자로 弓弓이므로 이재궁궁 利在弓弓은 결국 안내성 성도의 도수에 있으며(紫霞仙人眞弓乙) 이재궁궁을 알게 되면 안 내성(安乃成) 도안(都安) 세 살림 도수의 주인공인 청림도사靑林道士를 만나게 된다는 뜻입니다. 심지어 용담유사 「도수사」에 작심으로 불변하면 내성군자(乃成君子)라고 까지 하여 안 내성(安乃成) 성도의 세 살림 도수 주인공이 걸어야 할 길이 험난한 길인지라 헤설피 듣지 말고 귀귀자자(句句字字) 뜻의 의미를 잘 살피라 당부하고 있음을 볼 수 있습니다.

정 북창(鄭北窓) 선생은 청림도사靑林道士에 대해 <임하유서(林下遺書)> 서두에 다음과 같이 말합니다. 천지음양(天地陰陽) 시판후(始判後)에 사정사유(四正四維) 있었노라 무지(無智)한 세상(世上)사람 청림도각(靑林道覺) 하여보소 이도알면 살것이요 모르는 사람죽을 터이니 억조창생(億兆蒼生) 많은사람 깨닫고 깨달을까 동서남북(東西南北) 사색중(四色中)에 푸를청자(靑字) 으뜸이라 춘하추동(春夏秋冬) 사시절(四時節)에 수풀림자(林字) 생겨나서 인의예지(仁義禮智) 사덕하(四德下)에 길 도자(道字) 얻었으니 동방청림(東方靑林) 수도인(修道人)을 사람마다 다알소냐

문왕과 강태공 여상 출전 벽화

<대순진리회 회보-전경지명답사(피란동 안씨 재실과 안내성 종도) 연구원 신상미>★
청도리(淸道里)는 조선 말기 전주군 우림면에 속했던 지역으로, 1914년 행정구역 개편에 따라 두정리·동곡리, 금구군 수류면 용정리 일부를 병합하여 청도리라 하고,

1935년 김제군 금산면으로 편입하였다. 그리고 1995년 1월 1일 김제시와 김제군이 통폐합됨에 따라 김제시 금산면 청도리가 되었다. 마을 전체가 모악산도립공원(母岳山道立公園)에 속해 있는 산간 지역이며 자연마을로 동곡(銅谷)·백운(白雲)·하운(夏雲)·유각(有角)·청도(淸道) 등이 있다.

여기서 안 내성 종도가 살았던 백운마을은 청도리 동남쪽에 있는 마을로, 높은 산기슭에 자리한 탓에 항상 흰 구름에 싸여 있어서 붙여진 이름이라고 한다. 8·15광복 뒤 담배 구하기가 몹시 어려웠을 때, 마을 사람들은 집집마다 담배 마는 기계를 설치하고 담배를 팔아서 생계를 꾸려 나갔다. 그 뒤 단속이 심해지자 담배 말던 기계를 없애고 뽕나무를 심어 누에를 쳐서 생계를 유지하였다. 지금은 산자락 아래에서 오디 농장하는 몇 가구만이 남아 있다.

그 몇 가구에 안 내성 종도의 후손들이 포함된다. 안 내성 종도는 순흥 안씨(順興安氏) 감사공파(監司公派) 취우정공(聚友亭公) 25대로 족보 명은 원주(元周), 자(字)는 원여(元汝)이다. 부(父) 성유(成有)와 모(母) 의령 남씨 사이에 독자로 태어났다.

아들 안 광춘 씨 증언에 따르면 안 내성 종도가 어릴 때 고향인 도음실에서 작은아버지, 할머니와 집을 나왔다고 한다. 작은아버지와 할머니는 행상을 다니셨고, 안 내성 종도는 절에서 공부했었다고 한다. 안 내성 종도는 집을 나간 부친을 찾고자 전국으로 안 간 곳 없이 다녔으며 중국까지 갔었다고 한다. 다시 한국에 와 진주 촉석루에 이르러 어디선가 천(天) 선생을 찾으라는 말을 듣고 정읍으로 가서 상제님을 뵙고 입도하게 된 것이라 한다.

안 내성 종도의 아들인 안 정남 씨 증언에 따르면 상제님께서 안 내성 종도를 처음 만났을 때 "자네 아버지는 언제 돌아가셨으니 그때 맞춰 제사를 지내드려라."라고 말씀하셨다고 한다. 족보를 살펴보면 안 내성 종도의 부친께서 작고하신 년도는 없으나 3월 10일이란 날짜가 적혀 있는 것을 확인할 수 있다. 안 내성 종도의 부친은 고향에서 부자로 잘 살고 있었는데, 안 내성 종도가 공부를 않고 놀고 다니니까 조부께서 공부를 안 시키려고 하시자, 화가 나셔서 집을 나가신 것이라고 한다. 키도 크고 몸집이 컸던 안 내성 종도는 단발령이 내렸을 때 일본 순사가 찾아와서 상투를 자르려고 해도 그 기운에 자르지 못하고 머뭇거리다 그저 챙겨주는 밥을 먹고 갈 정도로 카리스마가 있었다며 안 정남 씨는 사진을 보여 주었다.

안 내성 종도는 상제님을 모실 때 따로 거처가 없었다. 3년간 정읍에서 상제님을 모시고 상제님께서 화천하신 후 청도리 백운마을에서 살게 되었다. 아들인 안 석기 씨의 말에 의하면 여기 근처에 백운암과 백운암자가 있었는데, 암자에 있던 중이 안 내성 종도를 보고 이제 동네 주인이 왔으니 난 가겠다며 떠나자 안 내성 종도가 암자의 이름을 따서 백운동이라고 하였다고 한다.

이곳에 오기 전 제대로 된 거처 없이 상제님을 모셨으니 안 내성 종도의 고생은 말로 다 할 수 없었을 것이다. 끼니도 제대로 못 챙겼고, 잠도 편하게 못 잤을 것이니 말이다. 또한 『전경』에 설명되어 있지는 않지만, 상제님께서 유독 안 내성 종도를 천대하고 구박하셨다고 한다. 당시는 상제님께서 왜 그러시는지 몰랐다가 상제님께서 화천하신 후 자신의 행동을 생각하고 깨달으며 실수를 하지 않기 위해 노력했다고 한다.

그는 후손들에게 "좋은 때가 오니까 욕심 내지 말고, 남이 욕을 하고 때려도 화내지 말고 오히려 날 때린 손을 잡고 손 아프지 않냐고 물어봐라."고 말하며 그저 "힘들더라도 죄 짓지 말고 조금만 더 기다리고 태을주를 읊어라."라고 했다고 한다. 안 광춘 씨, 안 정남 씨, 안 석기 씨 모두 이 말을 전해주면서 조용히 그 말씀을 따르고자 노력하고 있다며 눈시울을 붉혔다.

侍

첫째, 안 내성(安乃成) 성도에게 부치신 가장 중요한 핵심공사는 추수사명 세 살림 공사입니다. 그 중에서도 첫 살림 초복도수로 기두하는 숙구지 문왕 도수의 실마리가 되는 공사가 바로 3초 끝에 대인이 출세한다는 공사입니다. 이 공사는 1초, 2초 길 닦기 사명 끝에 선진주(先眞主)인 의암 손 병희가 세 번째 3초 사명을 맡은 후 상제님 추수 사명자인 후진주(後眞主) 대인(大人)이 출세한다는 공사입니다. 상제님께서는 대인大人의 행차行次에 삼초三哨가 있나니 갑오년甲午年에 일초一哨가 되었고 갑진년甲辰年에 이초二哨가 되었고 손 병희孫秉熙는 삼초三哨를 맡었나니 삼초三哨끝에는 대인大人이 나오리라 하셨습니다.

先眞主 의암義菴 손 병희孫秉熙

창극의 무대 앞에서 판소리의 '소리'와 '아니리(줄거리 설명자)'를 부르는 사람을 도창(導唱)이라 합니다. 원래 '일초, 이초, 삼초'는 과거 걸군굿에서 마치 창극의 도창

(導唱) 역할자가 나발(나팔)을 불어 상황의 진행 단계를 알리던 일입니다. 의암(義菴) 손 병희(1861~1922년 5월)는 상제님보다 십 년 전에 태어나신 분입니다. 손 병희는 조카인 손 천민의 권유로 동학에 들어가 최 시형과 만나고 최 시형 사후 천도교의 3대 교주 종령이 됩니다.

동학은 당시 북접과 남접이 있었는데 최 시형 2대 교주와 손 병희가 있는 북접은 동학 본연의 천주 하느님 강림의 대도광포를 주장했고 전 명숙 장군이 있는 남접은 전쟁을 통해 가렴주구의 폭정 속에서 창생을 구한다는 제폭구민의 혁명을 원합니다.

그 때 북접 남접의 사령부를 각각 대도소(大都所)라 하고 집정관 사령관을 각각 북접 통령(統領), 남접 통령(統領)이라 했는데 당시 북접 통령(統領)은 김 연국(金演局)이 맡았다가 뒤에 손 병희가 두령이 되어 북접 통령(統領)이 됩니다. 즉, 통령은 교주인 종령 아래 전시체제 직책입니다. 물론 그 뒤에 최시형이 잡혀 처형되면서 의암이 3세 교주 종령(宗領)이 됩니다.

갑오(甲午) 동학혁명으로 켜켜이 묵은 조선 왕조의 폭정과 겁기를 대국적으로 벗겨내고(1초 사명), 갑진(甲辰) 근대화 개혁으로 동서양 신명 교류의 물줄기를 바르게 하고(2초 사명) 의암 손 병희는 3초 선진주 사명을 맡아 1914년 8월 제 1차 세계대전이 발발하자 일본의 패망을 기대하고 보성사 내에 천도구국단(天道救國團)이라는 비밀결사를 조직하여 갑오·갑진 그리고 갑인(甲寅:1914)의 삼갑운동(三甲運動)을 본격적으로 추진하게 되면서 결국 기미년(1919) 3.1 만세운동이 점화됩니다.

이 기운은 중국의 5.4 운동으로 물결치면서 이 때의 주역들이 딥스 카발이 주도하는 러시아 혁명의 바톤을 이어받아 코민테른으로 동구권, 중국을 붉게 물들이게 되며 다시 이 기운은 후일 한반도를 중심으로 하는 남북 오선위기의 판을 짜게 됩니다. 즉, 중국을 차지한 공산당 영도자 모 택동은 북한의 김일성에 영향을 주면서 금강산을 무신론자 이북에 넘기는 기운을 러시아와 함께 맡게 되고, 국민당 영도자 장 개석은 일본의 간담을 서늘케 한 윤 봉길 의사의 상해 홍 코우 공원 폭탄투척 사건을 계기로 상해의 대한민국 임시정부 김 구 주석을 도와 카이로 회담에 대

중산中山 쑨원孫文

한민국 독립에 대한 정식 의제를 제출하여 남한이 독립하는 계기를 제공합니다.

다음의 헌법전문에 보듯이 우리 대한국민은 3·1운동으로 건립된 대한민국 임시정부의 법통과 독재자 이승만의 불의에 항거한 4·19민주이념을 계승한 것이며 4.19 정신은 곧 '반 이승만 정신'으로 이승만의 반민주, 반독재, 반부패 정신입니다. 대한민국의 뿌리는 무장 항쟁 노선에 서 있는 상해 임정의 김 구 주석에게 있으며 이 승만의 외교노선에 있지 않습니다.

<헌법전문>*-우리 대한국민은 3·1운동으로 건립된 대한민국 임시정부의 법통과 불의에 항거한 4·19민주이념을 계승하고-

윤 봉길 의사의 홍커우 공원(노신공원) 폭탄 투척 사건은 일본의 간담을 서늘케 했으며 장 개석은 6억 5천 만의 중국 인민도 못한 쾌거를 불과 2천 만의 조선민중이 이루었다 높이 평가하고 국민당 피난 시절 김 구 주석의 임시정부도 중경까지 따라가게 배려하고 미영중의 카이로 회담에 대한민국 독립에 대한 정식의제를 제출합니다.

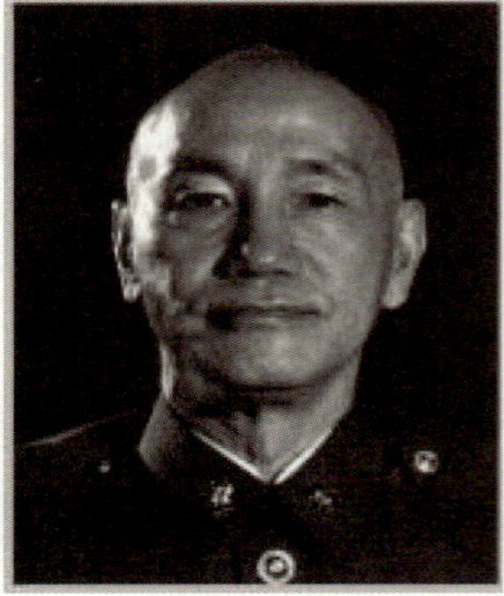

마오쩌둥(毛澤東)& 장쩨스(蔣介石)

대한민국 건국이 단군성조도, 임시정부의 김 구 주석도 아니고 이 승만 초대 대통령이라고 주장하는 역사빈곤의 시기에 대한민국 독립에 대한 올바른 뿌리역사는 증산 상제님 천지공사 세운의 향후판도를 읽는데 있어 매우 중요합니다. 대한민국 역사박물관에서 공동 기획하여 김 성현 기자, 한 시준 단국대 사학과 교수가 카이로에서 취재한 <대한민국을 낳은 국제회의-1943년 카이로 회담, 美·英·中 닷새 기싸움 끝에 카이로서 '한국 독립' 첫 명시>라는 기사는 대한민국 탄생의 뿌리와 역사적 진실을 숨김없이 보여주고 있습니다. (카이로=김성현 기자, 한시준 단국대 사학과 교수 편집=뉴스큐레이션 팀 공동 기획: 대한민국역사박물관)

식민 지배 계속 원했던 英, 中과 '독립' 조항 놓고 대립
美 중재로 천신만고 끝에 "적절한 절차로 독립" 결의

<대한민국 역사박물관 공동취재>*이집트 카이로 시내에서 서남쪽으로 15km 떨어진 기자(Giza) 피라미드 지구. 기원전 2500년 전후에 건립된 것으로 추정되는 3개의 대형 피라미드와 스핑크스가 있는 이 유서 깊은 지역에 1886년 건립된 고급 호텔이 있다. 메나 하우스 호텔. 고대 이집트 왕국을 창건한 파라오의 이름에서 따온 이 호텔에선 손을 뻗으면 닿을 듯 피라미드가 가깝게 보인다. 70여 년 전 한국의 독립 안(案)이 국제 사회에서 처음으로 공식 논의된 곳이다.

당시 회담 진행을 맡았던 영국은 호텔 인근 비행기지에 보병 1개 여단 이상의 병력과 대공포 500여대를 배치하고 경계에 나섰다. '주최국'을 자임한 영국은 처칠 총리를 포함해 100여명이 참가했다. 미국 측은 프랭클린 루스벨트 대통령을 포함해 60여명이었다. 중국도 장제스 국방최고위원장 등 28명이 참가했다. 이들 3개국 참가자는 188명으로 추정된다. 하지만 처칠은 자신의 회고록에 "500명이 참가했다"고 호기롭게 적었다. 중국으로서는 미·영·소와 나란히 '세계 4대 강국'으로 국제 사회에 등장하는 무대였다.

한국의 독립 안이 카이로 회담에서 처음 논의된 시각은 1943년 11월 23일 오후 8시. 장제스가 루스벨트와의 만찬 석상에서 '한국 독립' 안건을 꺼냈다. 일본이 차지한 만주와 대만·팽호도의 중국 반환, 일본이 강점한 태평양 도서(島嶼) 지배권 박탈과 함께 주요 의제로 잡은 것이었다. 이날 회동은 밤 11시까지 3시간가량 계속됐다. 장제스는 24일자 일기에 "한국 독립 문제에 대해 나는 루씨(루스벨트)에게 나의 주장에

찬동하고 도와달라고 요구했다"고 적었다.

1943년 카이로 회담에 참석한 장제스 국방최고위원장, 프랭클린 루스벨트 미 대통령, 윈스턴 처칠 영국 총리, 장제스의 부인 쑹메이링(왼쪽부터)

만찬에 동석한 루스벨트 대통령의 특별보좌관 해리 홉킨스가 다음 날인 24일 오후 카이로 회담의 선언 초안을 작성했다. 그는 대통령 빌라 일광욕실에서 별도의 원고나 메모 없이 수행원에게 초안 내용을 구술(口述)하며 타이핑하도록 했다. 홉킨스는 1931년 당시 뉴욕 주지사였던 루스벨트가 긴급구제국장으로 발탁했던 최측근이었다. '일본 몰락 이후 가능한 한 가장 이른 시기에 한국이 자유롭고 독립적인 국가가 될 것임을 결의한다'는 문구도 홉킨스 초안에서 처음 등장했다. '가능한 한 가장 이른 시기에'라는 구절은 루스벨트와 처칠의 수정을 거쳐 '적절한 절차를 거쳐(in due course)'로 확정됐다.

미·영·중 3개국은 전후 질서 수립을 둘러싸고 시종 팽팽한 신경전을 벌였다. 특히 영국과 중국은 '한국 독립' 승인을 놓고 정면 대립하는 양상을 보였다. 인도·버마 등에 대한 식민 지배 유지를 바라던 영국은 한국 독립 조항을 명시하는 걸 반기지 않았다. 캐도건 영국 외무차관은 25일 "한국이 자유롭고 독립적인 국가가 될 것"이라는 구절을 "일본 통치에서 이탈시킬 것"이라고 수정하려고 했다. 사실상 '독립'이라는 표현을 빼려는 시도가 중국 반대로 무산되자, 영국은 한국 관련 조항 전체를 삭제하려는 의도를 드러냈다. 하지만 미국이 중재에 나서고 다음 날 처칠이 "적절한 시기에 한국이 자유롭고 독립적으로 될 것을 결의 한다"는 수정안을 내놓으면서 양국 갈등은 잦아들었다.

중국과 미국도 상대방에 대해 불신의 눈초리를 거두지 않았다. 23일 만찬에서 장제스가 만주·대만의 중국 반환과 한국 독립 등의 주장을 쏟아내자, 미국은 중국의 영토 확장 의도를 의심하기에 이르렀다. 루스벨트는 다음 날 영국과의 합동 참모회의 석

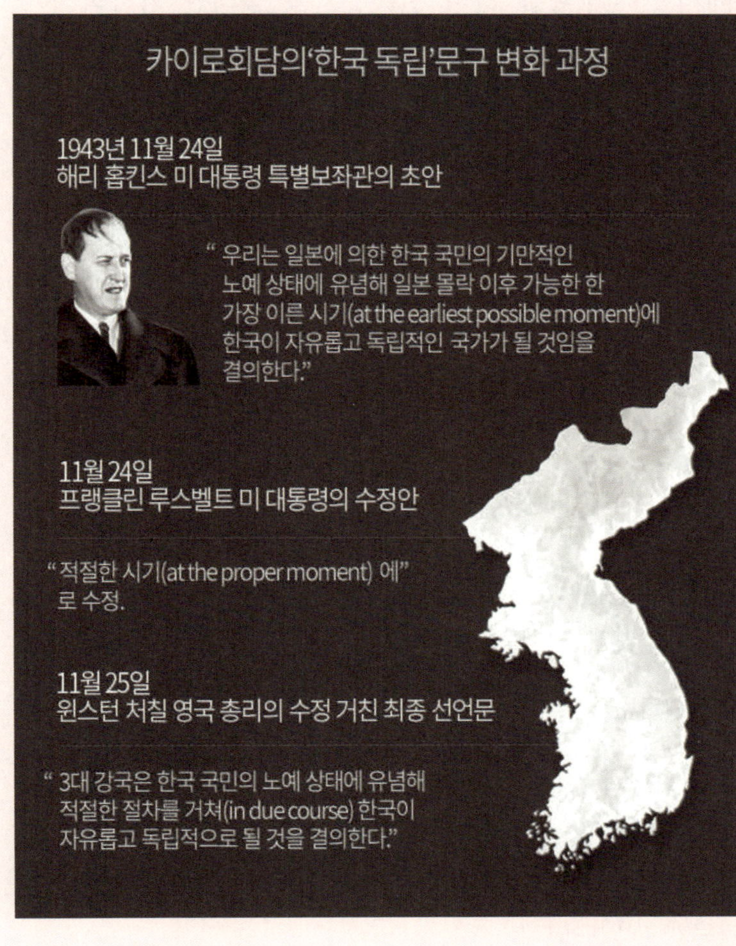

상에서 "중국이 만주와 한국의 재점령을 포함하는 광범위한 열망을 가지고 있다는 것은 의문의 여지가 없다"고 말했다. 한반도의 지정학적 위치에 주목한 미국은 중국이나 소련이 일방적으로 영향력을 행사하는 상황을 막기 위해 '다자간(多者間) 합의에 의한 국제 공동 관리'를 한반도 정책으로 구상하고 있었다.

카이로회담의'한국 독립'문구 변화 과정
1943년 11월 24일
해리 홉킨스 미 대통령 특별보좌관의 초안
" 우리는 일본에 의한 한국 국민의 기만적인 노예 상태에 유념해 일본 몰락 이후 가능한 한 가장 이른 시기(at the earliest possible moment)에 한국이 자유롭고 독립적인 국가가 될 것임을 결의한다."
11월 24일
프랭클린 루스벨트 미 대통령의 수정안
" 적절한 시기(at the proper moment) 에" 로 수정.
11월 25일
윈스턴 처칠 영국 총리의 수정 거친 최종 선언문
" 3대 강국은 한국 국민의 노예 상태에 유념해 적절한 절차를 거쳐(in due course) 한국이 자유롭고 독립적으로 될 것을 결의한다."

"3000萬 동포 대표해 감사" 김구 당시 임시정부 주석

3개국의 이해관계가 엇갈리는 상황에서 한국 독립 안은 천신만고(千辛萬苦) 끝에 카이로 선언에 포함됐다. 김구 임시정부 주석은 카이로 선언 발표 직후인 1일 "나는 3000만 동포를 대표하여 3영수에게 사의를 표하는 동시에 일본이 무조건 투항할 때까지 동맹국의 승리와 조국의 독립을 위해 최후까지 공동 분투할 것"이라는 담화를 발표했다.

하지만 '일본으로부터의 독립'으로 곧바로 '자주 독립국가 건설'을 보장하지는 않겠다는 국제 사회의 냉혹한 계산이 '적절한 절차를 거쳐'라는 짧은 문구에 함축되어 있었다. 이 비극적 불씨는 1945년 12월 모스크바 3상회의에서 한반도 신탁 통치 안을 발표하면서 반탁(反託)과 찬탁의 거센 불길로 번졌다. 카이로 회담은 한국 독립을 명시한 최초의 국제회의라는 역사적 의의와 함께, 복잡한 국제 정세로 신생(新生) 대한민국의 운명이 순탄하지 않을 것임을 예고했다.

조선일보와 민족일보 등에서 기자생활을 하며 신탁통치를 둘러싼 역사적 진실을 추적하기도 했으며 임시정부기념사업회장을 맡고 있는 김 자동(85) 선생은 '상하이 일기-임정의 품안에서'란 자서전에서 어수선한 해방정국에서 강대국사이의 신탁통치 안에 대한 진실과 왜곡의 실상에 대해 자세히 밝혔습니다.

<내일신문 2012-12-21>*루스벨트 대통령이 얄타회담서 제안 … 비밀문서 공개돼 알려져. 하지 중장이 '미국은 즉시독립, 소련이 신탁통치 주장했다' 왜곡. 해방직후 극심한 국론분열의 원인이 됐던 신탁통치 안은 미국 루스벨트 대통령이 일관되게 주장해 관철시켰다는 주장이 제기됐다. 뿐만 아니라 미국이 주장해 관철시킨 신탁통치 안에 대해, 당시 맥아더 장군과 하지 중장이 반대해 이를 무력화 시켰다는 주장도 제기됐다.

임시정부 기념사업회장을 맡고 있는 김 자동(85) 선생은 '상하이 일기-임정의 품안에서'란 자서전에서 이 같은 사실을 자세히 기록했다. 김 자동 선생은 1928년 중국 상하이 임시정부 청사 인근에서 태어나 임정의 품안에서 자란 임정의 산 증인이다. 조선일보와 민족일보 등에서 기자생활을 하며 신탁통치를 둘러싼 역사적 진실을 추적하기도 했다. 김 선생을 만나 이에 대해 들어봤다.

■신탁통치는 미국에서 제안했다고 하는데
명백한 역사적 사실이다. 1943년 11월27일 발표된 카이로선언은 한국의 독립을 처음으로 국제적으로 보장한 회의였다. 하지만 전제가 있었다. '적절한 절차에 따라(in due course)'란 조건이 있었다. 이는 당시 루스벨트 대통령의 제안에 따라 포함된 단어다.

■카이로선언문 초안은 다르게 돼있다던데
미국 영국 중국이 참여한 카이로회담에서는 한국 문제가 주요의제도 아니었고, 논의 시간도 길지 않았다. 그러나 선언문에 담을 한국독립의 시기를 두고 초안을 몇 번 고쳤다. 최초 미국 초안은 '가능한 한 가장 이른 시일(at the earliest possible moment)'로 돼 있었다. 다음날 루스벨트는 이것을 '적당한 시기(at the proper moment)'로 고쳐서 제출했다. 이것을 영국이 '적당한 절차에 따라'로 바꾼 것이다.

■루스벨트가 '적당한 시기'란 주장을 한 이유는 무엇인가.
그는 피식민 국가들은 신탁통치를 거쳐 독립해야 한다는 소신을 갖고 있었다. 카이로회담에 앞서 그는 미국이 필리핀에 독립을 약속하고 40년 이상 후견했는데도 아직 독립할 능력을 갖추지 못했는데, 40년 가까이 일본 지배를 받고 있는 한국이야 당연히 후견기간을 거쳐야 된다는 주장을 늘어놓은 적이 있다. 루스벨트는 한국이 필리핀과 다를 뿐 아니라, 2천년 이상 지속된 국가라는 사실을 잊었던지 몰랐던 것이다.

■카이로선언에 대해 임시정부는 어떤 입장이었나.

임시정부 어른들은 선언문의 내용이 한국의 독립을 보장하지만 즉시 해줄 수는 없다는 저의를 즉시 간파했다. 당시 충칭에서는 한인들이 여기에 대한 항의집회도 열었고, 임정 간행물에도 이에 반박하는 글을 실었다.

독립 최초 약속, '카이로선언' 기념비 공개

■얄타회담에서 신탁통치 문제가 최초로 논의됐다고 하는데

1945년 2월초 미국 루스벨트, 영국 처칠, 소련 스탈린이 모인 얄타회담에서 신탁통치안이 처음으로 논의됐다. 이 때 루스벨트는 조선에 대한 신탁통치를 주장했다. 소련은 즉시 독립시켜야 된다고 주장했다. 미국은 3개 혹은 4개국에 의해 적어도 50년의 후견기간을 거쳐야 된다고 주장했다. 이때 스탈린은 루스벨트 주장을 반대하는 대신 신탁통치는 아주 짧게 하는 것이 옳다고 주장했다. 루스벨트는 회담 말미에 적어도 5년 이상의 신탁통치는 필요하다고 주장했고, 스탈린은 그것보다 짧을 수 있을 것이라는 말로 서로 의견교환을 끝냈다.

■당시 이같은 사실은 알려지지 않았는데

대외적으로 공포되지 않은 의제가 소련의 대일본전쟁 참여문제였다. 소련은 일본과 외교관계를 유지하고 있어서 대일전과 극동문제에 관한 대화는 비밀에 붙여졌다. 특히 조선문제는 의견교환에 그쳤을 뿐 정식 합의된 바 없었다. 그래서 공개되지 않았다.

■얄타회담 대화 내용은 어떻게 알게 됐나.

1956년 뉴욕타임스가 얄타회담 전문을 입수해 보도하려하자 미 국무성이 전문을 공개했다. 뉴욕타임스는 이때 64개면 특집으로 전문을 공개했다. 그때 나는 조선일보 기자로 일하던 중 미 대사관에서 뉴욕타임스를 구해 이같은 내용을 알게 됐다. 1945년 말 모스크바 3상회의 결의에서 정식으로 채택된 조선의 신탁통치 결정은 사실상 얄타에서 잉태된 것이었다.

■모스크바 3상회의의 결정은 무엇인가.

1945년 12월27일 미영소 3국 외상은 모스크바에서 한국문제에 대한 공동성명에 서명했다. 한반도를 미영소중 4개국의 신탁통치 지역으로 삼고, 4개국 관리 하에 임시정부를 세워 점차적으로 권력을 이양시키며, 최장 5년 안에 완전독립을 시킨다는 것이었다. 스탈린은 얄타에 이어 한국의 즉시독립을 주장했고, 미국은 5년 이상신탁통치를 주장하다가 최대 5년으로 합의한 것이다. 미 국무성에서는 자신들이 원하는 대로 됐다고 만족해 한 것으로 알려졌다.

■하지만 국내에서는 정반대로 알려졌다.
당시 일부 언론들은 미국이 조선의 즉시 독립을 주장했으나 소련이 신탁통치를 주장했다는 식으로 사실과 정반대되는 허위보도를 했다. 이 보도로 우리 국민 대부분은 내용도 제대로 모르면서 우선 반대하는 쪽으로 몰렸다고 볼 수 있다.
■어떻게 그런 잘못된 보도가 나오게 됐나.
브루스 커밍스가 쓰고 내가 번역한 '한국전쟁의 기원'이란 책을 보면 다 나온다. 당시 극동군 사령관이었던 맥아더 장군은 미국이 주도한 신탁통치 안에 대해 이를 파괴해야 한다고 생각했다. 소련과는 어떠한 타협도 안 된다는 게 그의 생각이었다. 당시 미군정청 사령관이었던 하지 중장도 맥아더와 같은 생각이었다. 미군정이 언론을 완전히 통제하고 있던 상황이라, 국내 언론의 왜곡보도를 못 본 척 했다. 자신들의 앞잡이인 존스턴 기자를 통해 허위보도가 나가도록 조장해 여론을 교묘하게 조작했다.

■맥아더와 하지가 미 정부의 입장과 반대로 행동했다는 것인가.
그렇다. 당시 루스벨트와 미 국무성은 자신들이 주도한 신탁통치를 관철하려는 입장이다. 하지만 루스벨트가 1945년 4월 사망한 이후 상황이 바뀌었다. 그때까지도 국무성은 루스벨트의 입장을 따르려 했지만, 맥아더와 하지는 반공 반소 노선을 강화했다. 결국 신탁통치 안은 무력화되고 미국은 남한 단독정부 수립 노선을 걷게 됐다.
<내일신문 2012-12-21>

일제하 교운과 세운의 두 물줄기를 이끈 주인공은 이종물 사명을 맡은 차 경석 보천교 교주와 천도구국단(天道救國團)으로 국내 세운을 막후 주도한 의암 손 병희였습니다. 의암의 천도구국단(天道救國團)은 9월에 시작된 제1차 애기판 세계대전에 따른 국제정세분석을 통해 일본이 패망할 것으로 판단하고 여러 가지 계획을 세우게 되지만 결국은 시행착오에 그치고 맙니다. 1914년 7월 28일 발발한 제 1차 세계대전은 전쟁을 일으킨 독일이 1918년 11월 11일 마침내 패배하면서 영일동맹 등 연합국의 승리가 확정되었기 때문입니다.

3.1운동이 있기 전, 천도구국단(天道救國團)은 마침내 1918년 1월에 이르러 민족 자결주의 의식을 바탕으로 농어민·노동자·상인·학생 등의 범국민적 민중 봉기를 기획하게 됩니다. 이 시행착오의 학습은 9월 9일 무오독립선언문(戊午獨立宣言文)까지 준비해 대중화·일원화·비폭력 노선으로 기획한 민중봉기였으나 애기판 1차 세계대전

이 연합국의 승리로 결론이 나자 학습에 그치고 맙니다.

미국 대통령 윌슨은 1919년 1월 18일 개최되어 1920년 1월 21일까지 열린 제 1차 세계대전 전후(戰後) 처리원칙을 정한 파리강화회담에서 러시아 혁명 이후 러시아의 민족자결주의에 자극받아 마치 선진주(先眞主)로 내정된 의암을 도와주려 작정이라도 한 듯 14개조로 된 전후(戰後) 처리원칙을 파리 강화회의(講和會議)에 제출하였는데, 그 가운데 '각 민족의 운명은 그 민족 스스로 결정한다'고 하는, 민족자결(民族自決)주의의 원칙을 제창하게 됩니다.

이러한 윌슨 대통령의 민족자결(民族自決)주의의 원칙은 결과적으로 때마침 유리하게 돌아가는 국내정세와 맞물려 천도구국단(天道救國團)의 비밀 기획과 아주 절묘하게 맞아 돌아가게 된 것입니다. 즉, 국내적으로는 1919년 1월 때마침 독살설 의혹을 안고 고종 황제가 승하하자 전 국민은 가슴깊이 애통해 하고 격분했으며 그 에너지는 마침내 민중 봉기를 앞당기는 촉매제가 되었습니다. 원래 2월 15일 천도구국단(天道救國團)에서는 고종의 인산일(因山日:황족 장례식)인 3월 3일로 거사 일을 정했으나 유교·불교·기독교 및 학생단(學生團) 등과의 연락을 통해 3월 1일로 거사일을 재조정한 것입니다.

마침내 의암이 시행착오를 거치며 새롭게 기획해 발화시킨 1919 기미년 3월 1일 태화관 기미독립 선언서 33인 낭독과 태극기를 앞세운 독립 만세운동은 이 촉매제의 힘을 빌어 거국적으로 불붙게 됩니다. 의암 손 병희의 1919 기미년 3.1 운동 주도에 대해 서울대 신 용하 교수는 '신한청년당은 3.1운동의 진원이며 뿌리'라 주장하고 있습니다. 이는 신 용하 교수가 내면의 정신을 보지 않고 겉으로 드러난 정치적인 관점만을 학술적으로 보았기 때문입니다.

신한청년당(新韓青年黨)은 1918년 8월 중국 상하이(上海)에서 창립된 한인 청년 독립운동 단체로 신 채호(申寀浩), 김 규식(金奎植), 신 규식(申奎植), 여 운형(呂運亨), 서 병호(徐丙浩), 선 우혁(鮮于爀), 문 일평(文一平)이 발기를 하여 제 1차 세계대전 이후 국제질서가 재편되는 기회에 외교 활동을 통해 독립을 이루자는 뜻으로 설립한 애국 단체입니다. 이 애국 단체는 이승만의 반 무장 평화적 외교 독립론과 같은 시대착오적 노선을 걸은 것으로 결국 흐지부지 되고 각자 도생의 길로 흩어집니다.

이들 신한청년당이 특히 주력한 것은 외교와 네트워크 구축으로 1918년 12월 독립청원서를 미국의 윌슨(Wilson) 대통령에게 보냈으며 1919년 1월에는 영어에 능숙한 김 규식을 보내 파리강화회의에 파견해 조선의 독립을 촉구하고 또 여 운형을 러시아에, 장 덕수(張德秀)를 일본에 각각 파견하고 선 우혁과 서 병호를 한국으로 보내는 등 도쿄(東京), 연해주, 국내와 네트워크를 형성하기도 했습니다. 이들은 일본 유학생들의 2. 8 독립선언에 영향을 미쳤으며 한국에서 3. 1운동이 일어나는데도 적지 않은 역할을 한 것은 사실입니다.

1919년 12월 1일에는 기관지로 <신한청년(新韓青年)>을 창간하고 3. 1운동 직후 상하이에는 여타의 독립 운동가들이 함께 모여 독립 문제를 의논했는데 이때 신한청년당 활동가들이 중심이 됐습니다. 이들은 프랑스 조계 안에 임시 독립사무소를 열고 임시정부 수립문제를 논의하여 일부에서 임시정부의 수립을 주장하자 여 운형 등은 임시정부라는 명칭이 부담스럽다며 새로운 정당을 세우자고 맞섰지만 결국 임시정부 수립을 추진하게 됐습니다.

신한청년당의 외교활동과 임시정부의 외교활동이 겹치고 심지어 신한청년당과 임시정부를 혼동하는 일까지 일어나면서 임시정부 측이 해산을 요청해 1922년 12월 자진 해산을 결정했습니다. 결국 이러한 신한청년당(新韓青年黨)의 행보는 상해 임시정부의 산파역을 했다는 점에서 높이 평가받아야 하지만 한편으로는 외교론의 한계를 보여 결국 상해 임정이 무장 항쟁주의 노선으로 돌아서고 맙니다.

하와이의 이 승만이 신한청년단과 같은 반 <무장 항쟁주의>로서의 평화적 외교 독립론 노선을 지향하여 대통령 직제가 없는 상해 임시정부 체제하에 대통령 직함의 명함을 미국 정계에 뿌리고 다님은 물론 상해 임정으로 보내질 미국 내 민족지사의 독립운동자금을 가로채 독식했으므로 단재 신 채호 같은 애국자는 이승만을 초치한 면전에서 "이완용은 있는 나라를 팔아먹은 매국노이지만 이 승만은 없는 나라도 팔아먹을 매국노"라며 그의 매국노적인 권력욕에 대해 강력히 비판하고 무장 항쟁을 실천하기 위해 그 즉시 만주로 떠난 것입니다.

월간 <Auto> 誌에 게재된 크라이슬러를 몰고 다니는 미국의 이승만.

오죽하면 이 승만을 제자로 둔 조선총독부 밀정 송재 서재필마저 자신의 '송재일기'에서 이 왕가의 후손인 이 승만이 독립운동을 한다면서 그 호사와 사치가 한계를 넘었다고 비판한 바 있습니다. ("서재필의 일제 밀정 기록이 일본공사관 공식 기록에 나오는데 그런 것을 무시하고 서재필을 애국지사로 만들어 놨죠": 동국대 황태연 교수) 다 떨어진 누추한 옷 속에 윤 봉길 의사의 거사에 쓰일 폭탄을 숨기고 상해 임정의 더러운 뒷골목을 다닌 김 구(백범일지 참조) 주석과는 천양지차로 이 승만은 미국에서 상해로 보내져야 할 독립운동자금을 가로채 물 쓰듯 쓰며 당시로서는 미국 최고위층이나 일부 상류층 인사나 탈 수 있었던 최고가의 크라이슬러를 몰고 다녔습니다.

이 승만은 한 술 더 떠 임정과는 전혀 상의 하나 없이 임정의 공채까지 발행해 개인적으로 유용해 쓴 위인이며 유명한 구미위원회 사건으로 당시 일본과 함께 한반도와 필리핀에서의 상호지배를 인정한 식민지 제국주의 치하의 미 국무부에 엉뚱하게 한반도의 신탁통치를 구걸한 사대주의자입니다. 대표적 독립운동가 가문으로 3형제가 모두 무장 항쟁 독립운동에 뛰어든 박 용만의 하와이 독립운동단체 재산을 통째로 본인 이름으로 명의이전하다 하와이의 대표적 독립운동가 박 용만과 멱살드잡이한 일도 있을 정도로 악명이 높았습니다.

반 무장항쟁의 외교노선을 걷던 신한청년단을 이어 상해 임시정부가 무장 항쟁주의자로 채워지자 부산에서 제일 큰 백산상회(백산무역주식회사)를 세운 백산 안 희제 같은 사람과 보천교의 수많은 애국신도들이 보천교의 독립운동 자금을 극비리에 전달하다 고문 속에서 죽어나갔습니다.

8. 15해방 직후, 조국의 미래보다는 입신양명에 눈 먼 이승만과 김일성은 각각 미국과 소련의 힘을 빌려 각각의 독립정부를 계획하여 남북 통일정부 수립을 위한 미 · 소 공동위원회가 결렬되자 이 승만은 1946년 6월 3일 정읍을 방문, 당시 정치인 중 처음으로 우선 남쪽에서 만이라도 임시 정부 또는 위원회 같은 것을 조직해서 38도선 이북에서 소련이 철수하도록 남한의 단독정부 수립을 주장하니 이것이 바로 그 유명한 '정읍발언'입니다.

정읍 대흥리 보천교 최고위 간부 김 홍규의 아들인 탄허 스님 증언에 의하면 광복 직후 대한민국 임시정부의 김 구 주석이 정읍을 방문해 "정읍에 많은 빚을 졌다" 고 하여 일제치하에 독립운동 자금원이 되어준 보천교 차 경석 교주에 대한 사례謝禮로 치사致謝하자 이승만도 정읍을 찾아 남한 단독정부수립 발언한 것입니다.

<전라북도 의회 문화관광건설위원회 장학수 의원>"이승만은 어떤 연유로 서울이 아닌 조그마한 도시 정읍에서 중대한 선언을 하였으며 김구 주석은 왜 정읍에 많은 빚을 졌다고 했을까? 그것은 실효적 지배를 당하기 시작한 1894년부터 1945년 815 해방까지의 역사와 독립운동사를 살펴보면 정읍이 독립운동의 중심지였음을 쉽게 알 수 가 있다."

조선일보사에서 발간한 <조선일보 항일기사 색인;1920~1940>에 기독교의 항일기사 건수 총계가 23건 천주교 2건, 불교 18건, 유교 15건, 천도교 32건 인데 반해 증산 계열 보천교 83건, 태을교 9건, 훔치교 55건으로 총 147건으로 기록되어 있는 것으로 보면, 보천교 하나만 해도 불교나 기독교 항일운동의 4배에 맞먹으며 증산계인 훔치교 하나만 해도 불교의 3배, 기독교의 2배가 넘는 항일운동 사건을 벌였음을 보여주고 있습니다.

<조선일보 항일기사 색인;1920~1940>에 나타난 항일기사 건수의 통계를 통해 당시 일간지와 월간지에 나타난 증산계 <보천교> 관련 기사를 분석해 보면, 적어도 1925년 이전의 <보천교>의 활동은 국권회복을 위한 운동이었다는 것을 알 수 있습니다.

일제하 <통감부령 제 45호> '종교의 포교에 관한 부칙'은 일본 내지(內地) 신도(神道)와 불교, 기독교만을 종교로 인정하고 나머지 민족종교는 근본 속성을 정치적 결사체로 보아 철저한 탄압을 가했습니다. 일제 시대에는 특히 '공인종교(公認宗敎)'라 하여 일본의 전통적 신도(神道), 교단적인 차원에서 창씨개명과 친일노선을 공식화 한 불교, 기독교만을 공식적 종교라고 인정했었습니다.

그러므로 이외의 새로운 종교들은 비슷한 종교 즉 유사종교가 될 수밖에 없었고 당시 가장 막강한 반일 민족종교 보천교는 유례없는 "보천교 신법"까지 만들어 탄압했던 것입니다.

<장학수 의원>"청산리전투를 승리로 이끈 김 좌진 장군에게 엄청난 독립자금을 지원하였고, 정읍출신 독립운동가 라 용균을 통해 상해 대한민국임시정부에 거금 5만원을 전달하는등 '조선건국단'과 '신인동맹'이라는 비밀결사조직을 만들어 보천교도들이 왕성한 독립운동을 주도적으로 하였다는 많은 역사적 사실들이 밝혀지고 있다."(국가보훈처참조).

<장학수 의원>"정읍출신 독립운동가로 백 정기, 박 준승, 김 현곤, 이 익겸, 박 환규, 권 승욱, 이 동환, 김 홍규, 배 상일 등이 있지만 현재 보천교도들이 국가로부터 인정받은 독립유공자가 100여명에 가깝다. 일부 역사학자와 보천교 후손들의 노력에 의해 일제시대의 법원, 검찰, 경찰서의 각종 속기록과 당시 신문보도문 등의 자료들을 통해 조명되지 않은 정읍의 독립운동의 역사들이 하나씩 둘씩 밝혀지고 있는 것이다."

1914년 1차 세계대전이 일어나자 일본은 영일동맹을 맺어 이듬해인 1915년 독일 조차지(租借地)로서 독일이 가지고 있던 중국 산동성 청도(쟈오조우만)의 정치, 군사, 경제적 모든 이권을 계승한다는 21개조 요구서를 요청합니다. 당시 중국은 산동성 청도를 거점으로 하는 동북군벌의 위안스카이(원세개) 총통이 지배하는 독재체제로 이 당시 중국의 신지식인들은 일본에 대한 불만과 원 총통 독재체제에 대한 불만이 극도로 고조해 가던 무렵이었습니다. 위안스카이(袁世凱) 총통은 베이징에서 비밀리에 일본의 산동성 청도의 독일 조차지 승계에 대한 승인 조약을 체결하면서 몽골, 남만주의 이권을 같이 넘기는 조약을 체결합니다.(1915.5)

그러나 이듬해 1916년 원 세개가 죽고 군벌을 장악한 단치루이(段祺瑞)의 안휘파(安徽派)가 후임자가 되면서 일본은 단 기서를 후원하게 됩니다. 그리하여 일본은 중국내 파이를 키우기 위해 거액의 차관을 미끼로 던져 주고 중국군의 일본국 예속과 일본군의 중국내 자유로운 군사기지 설정과 이동을 보장받는 중일공동방적협정(中日共同防赤協定)을 체결하게 됩니다(1918.5). 이러한 사실은 알려져 있지 않다가 전쟁이 끝나고 1919년 전승국들의 잔치인 파리 강화회의에서 터져 나와 중국 신지식인들에게 알려지게 됩니다.

동북군벌 위안스카이(원세개)&단치루이(단기서)

이 비밀협정의 내용은 겉으로는 러시아 혁명 세력에 공동으로 방어한다는 것이었으나 실제로는 산동성을 포함한 만주 몽골 등 중국 내에서 일본군의 이권 보장과 중국군의 예속을 초래하는 것이었습니다. 파리강화회의에 독일, 일본과 함께 참가한 중국은 이 조약의 무효를 주장했고 독일도 산동성의 일본 승계에 대한 무효를 주장했지만 일본은 1918년 9월 중국이 독일 조차지 산동성 승계문건에 자발적으로 동의하였으므로 산동 권익문제는 일본과 중국 간의 문제일 뿐 전후처리의 대상이 아니라며 부인했습니다. 문서상의 근거까지 제출한 일본의 주장은 이미 영국, 프랑스, 러시아, 이태리 등과 밀약까지 맺은 맹방이었으므로 강화회의에서 독일과 중국의 주장은 무시되고 일본의 주장을 받아들이고 맙니다.

파리로부터 이 비밀협정의 폐해를 알게 된 중국의 신지식인들은 일본유학생들과 합세해 학생구국회 같은 단체를 만들어 민권운동의 중심으로 자리 잡으며 5. 4운동으로 점화됩니다. 이들 5.4운동에 참여한 애국 세력 가운데 장 개석의 국민당과 모택동 진독수, 이대조 등 대장정에 참여하게 되는 주역이 포진하게 되므로 5.4운동은 동일한 반일 반제 운동이라는 점에서 3.1운동의 추이를 예의주시하던 중국지식인에게 좌표가 되었다는 점에서 적지 않은 영향을 준 셈이 되었습니다.

그러나 1차 세계대전을 천지공사 차원에서 환원하면 숙구지 문왕 도수인 대인출세를 위한 길 닦기로 프리메이슨 딥스테이트 그림자 정부를 내세워 상제님께서 꾸미신 공사일 뿐입니다. "상제上帝 하루는 제자들에게 일러 가라사대 이곳에서 일을 꾸미려 하니 여러 가지 불편함이 많아서 장차 멀리 떠나려 하노라. 왕래하는 동안에 서양西洋에 무슨 일이 발생하거든 내가 꾸민 일인 줄 알아라. 그곳에 가면 내가 하는 일이 호호탕탕浩浩蕩蕩하여 막힘없이 잘 되느니라."

이 공사에 부가해 김 준찬의 집에서 김 낙범에게 관운장이 서양에 가서 대란을 일으켜 관묘 치성이 헛되리라 하신 공사 내용과 함열(咸悅) 회선동(會仙洞) 김 보경(金甫京)의 집에서 보신 병자정축(丙子丁丑) 공사에서 보듯이 세계를 크게 격동시킨 1,2차 세계대전은 이미 상제님께서 치밀하게 짜 두신 애기판, 총각판 오선위기 세운공사의 결과였습니다.

대국적으로 증산 상제님이 짜 놓으신 국제역학관계의 선천 세운판은 한반도 중심의 오선위기 공사를 통해 매듭짓게 되어 있습니다. 오선위기 세운판을 통해 후천을 열기 위해서는 공사의 규범이자 천리인 3천(遷) 즉, 삼변성도(三變成道)의 세 단계 변화 속에서 이루어지게 되는 것입니다.

그런 원칙 가운데 우선 일월대명지기와 천하통일지기를 지닌 일본에 조선을 잠시 의탁시켜 근대화시키고 한일 도술신명사이에 맺힌 척을 푸는 두 가지 공사를 보는 것이 가장 큰 밑그림이 되었으며, 그런 밑그림 속에서 한반도를 중심으로 오선위기 판을 만들어 애기판, 총각판, 상씨판 삼변성도(三變成道)로 선천 역사를 매듭짓게 하는 대국적인 세운(世運) 프로그램이 설정된 것입니다.

따라서 먼저 인존시대의 후천개막을 위해 식민지 제국주의로 인권과 생명을 유린하며 세상을 피와 어육(魚肉)으로 물들이던 검은 장막을 거두어 낼 필요가 있었고, 내가 세상을 비빔밥으로 만들리라 하신 말씀대로 세상을 선천의 마지막 민주주의 해원판으로 비비기 위해서라도 애기판 1차 세계대전으로 제국주의의 망령을 거둘 필요가 있었습니다.

이에 따라 인존시대를 맞이하여 약소국도 민족자결주의로 자국 백성의 천부인권을 지키는 길을 틔웠으며 이어 후천 조화정부의 1차 모델인 국제연맹이 세상에 선을 보이게 됩니다. 이어 총각판 2차 세계대전은 상씨름 판 오선위기 패를 재조정하면서 일본에게 의탁한 오선위기 세운판의 주인 조선을 본래의 주인자리로 되돌리는 동시에 조화정부의 2차 모델 국제연합이 또한 선을 보이며 마지막으로 오선위기 패의 핵심인 주인마저 남북으로 갈라 명실상부하게 결승 상씨름 판을 위한 오선위기 판으로 재조정됩니다.

여기에서 우리는 "내 도수(度數)는 밖에서 안으로, 욱여드는(參入하는) 도수이니 천하 대세를 잘 심찰(審察)하여 오늘 이 일을 잊지 말도록 하라<용화전경>"는 말씀대로 애기판, 총각판의 1, 2차 세계대전의 오선위기 세운판에서 바둑판을 대국하는 두 사람과 훈수하는 두 사람 등 모두 네 신선은 세계대전인 밖에서부터 패를 지어 들어오게 했으며, 주인은 막상 제일 나중 애기판, 총각판이 끝난 1945년 8.15 해방 당시의 3.8선에서 1950년 6.25 한국전쟁(남북전쟁)의 태극 휴전선으로 바둑판의 주인을 다시 재조정하며 안으로 욱여드는 도수임을 확인할 수 있습니다.

즉, 제 1차 애기판 세계대전은 독일제국의 붕괴를 비롯해 연이은 러시아제국(1917), 오스트리아-헝가리 제국(1918), 오스만 제국(1923)의 연쇄적인 붕괴를 가져다주었습니다. 동시에 금강산 일만 이천 봉우리 겁살제거 공사를 위해서한반도 오선위기 세운 판에서는 남과 북을 동서이념으로 가르는 상황이 필요했습니다.

러시아 혁명의 주역 유대인 블라디미르 레닌(1870.4.22~1924.1.21)

즉, 미륵불로 강림하신 증산 상제님 시대에 금강산 1만 2천 봉우리 기운으로 1만 2천 도통군자를 배출하기 위해서는 과거불인 석가불 8만 구암자 겁살제거가 선결요건이었고 이를 위해서는 금강산이 있는 북한을 무신론자에 의탁하여 석가불 겁살을 제거하게 해야 했으며 이를 위해서는 밖에서부터 그 기운을 도미노식으로 국내로 치고 들어오게(욱여드는) 일을 꾸며야 했습니다.

결국 이를 위해서 러시아 제국은 중원대륙과 북한을 소비에트로 붉게 물들이기 위해 먼저 스스로 볼셰비키 소비에트 국가로 변모해야만 했습니다. 오선위기 도수의 실현을 위해 소비에트 연방으로 재탄생한 구 러시아 제국은 코민테른을 세워 동구 위성국가들을 뒷 조종하고 공산화된 모 택동이 장 개석을 대만으로 몰아내고 세운 중공과 김일성을 들여세운 북한을 위성국으로 삼음으로써 상씨름판을 위한 오선위기 패를 새로이 만들어내게 됩니다.

<대개벽경(大開闢經)>★하루는 구릿골에서 말씀하시되, "오늘은 청도원에 가서 청국 공사를 행하리라." 청도원 성황묘(城隍廟)에 도착하사 말씀하시되, "약간 쉬라." 대청위에 누우사 잠시 수면을 취하시더니 일어나 앉으사 말씀하시되, "아라사 병사가 내 군사가 되노라." - 一日 在銅谷 曰 今日 往淸道院 行淸國公事 到淸道院城隍廟 曰 少憩 臥廳上 暫睡 起坐 曰 俄兵 爲我軍-

<대개벽경(大開闢經)>★성도 물어 여쭈기를, "갑진(1904)공사에 러일전쟁을 붙이도록 명하시고 일본을 도와 러시아를 물리치사, 일본사람을 천하의 일꾼으로 내세우시더니, 지금에 와서 아라사(러시아) 군사가 내 군사가 된다 하시니 어찌된 연고이나이까?" 말씀하시되, "내게 구정과 신정의 이정(二政)이 있으니, 구 아라사 군이 패하지 않으면 새 아라사 군이 일어나지 못하노라. 구 정사는 천하의 폐단이 되고 새 정사는 천하의 새로움을 힘쓰노라." 말씀하시되, "입을 곤륜산처럼 무겁게 하라. 아라사 병사가 수도 한경(서울)으로 들어올 날이 있으리니, 너희들이 가서 방문하면 너희들을 존경하여 서로 경배하리라." 말씀하시되, "아라사 병사가 한경으로 들어오면 내 일이 이루어지노라."말씀하시되, "병란병란(兵亂病亂)이 동시에 일어나노라." 말씀하시되, "아라사 병사가 와서 한경(서울)에 머물면, 천하의 운세가 너희들에게 돌아가나니 내 일은 일시에 이루어지느니라."

-弟子 問曰 甲辰公事 命作俄日大戰 助日退俄 日人 爲天下役軍 今 俄兵을 爲我軍 何以乎 曰 俄 有二政 舊俄 不敗 新俄 不起 舊政 爲天下之弊 新政 役天下之新 曰 口重崑崙山 俄兵 有入韓京之日 汝之徒 往訪 敬汝相拜 曰 俄兵 入韓京 我事 成 曰, 兵亂病亂 同時 發 曰 俄兵 來在韓京 天下之勢 歸汝徒 我事 一時以成-

그러나 의암 손 병희에 의해 주도된 3.1 기미독립 만세 운동은 조선인의 문화종교계에 사이토 마코토(齋藤實) 총독의 직접 개입을 초래해 사이토 총독은 문화 종교계에서 친일 조선인을 물색해 조선인 통제에 더욱 적극적으로 활용할 것을 명령하게 되고 대인출세(문왕사명자) 예비자로서 3초 사명자인 손 병희는 상제님 처방대로 마지막 열매를 거두지 못하고 1922 임술년 5월 감옥에서 출감해 병사하고 맙니다.

손 병희의 기미 만세 사건 후 사이토 마코토(齋藤實)의 친일인사 활용 명령이 내려진 이러한 상황에서 조선 총독부 경무국 고등경찰 경시(警視) 김 태석(金泰錫, 창씨개명金村泰錫 <보천교 연혁사>의 金泰湜)과 경기도 경찰국 후지모토(藤本) 고등과장은 평소 보천교 교주에 대한 불만을 가져 활용가치가 높은 청음 이 상호를 이중으로 매수합니다.

차 경석 보천교 교주에 평소 불만을 품고 기회만 엿보던 이 상호·이 성영 형제는 이러한 일제의 회유와 매수를 천우신조의 기회로 받아들여 일제 당국의 힘을 적절히 이용 신변을 보호하며 차 경석 성도의 보천교 이종물 사명에 직접 타격을 주게 됩니다. 이처럼 이 상호를 매수해 600만 거대 민족종교 보천교의 비밀정보를 파악하는 핵심 루트를 확보한 일제는 또 한편으로 친일 언론계의 중진 거물이던 김 환(金丸)을 조선총독부 '촉탁' 신분인 '종교 밀정'으로 파견해 이 상호의 동화교 창교를 도와 붙박이 정보망으로 활용하게 됩니다.

일제는 조선 총독부 기관지 『매일신보』에 근무했던 선우일鮮于日로 하여금 1919년 7월부터 『만주일보』를 발행하도록 했는데 당시 『만주일보』 서울지국에는 『매일신보』 기자출신 김 환(金丸)이 특파원으로 파견되어 있었습니다. 김 환(金丸)은 한일합방을 합리화하는 주장을 하여 국민들에게 지탄을 받은 일진회 회원으로 후일 친일 언론인으로 자리를 굳히게 되는 같은 『매일신보』 출신 대 후배 유광열과 함께 특파원 생활을 합니다. 『매일신보』는 원래 항일지로 출발된 언론지였으나 한일합방과 함께 일제는 조선총독부의 관제언론으로 편입시킨 신문입니다.

1920년대~1930년대 정읍 대흥리 600만 민족종교 차경석 대성사 교주 보천교 **문

반민특위에 이름을 올린 유 광열은 1919 『매일신보』 입사. 한 달 만에 만주일보로 이동하여 동아, 조선, 중앙, 시대일보 기자를 두루 거치며 편집국장으로 무한변신의 귀재로 악명을 떨친 사람입니다. 당시 일본은 관제언론 매일신보 이외에는

1920년부터 언론을 통제해 시대일보, 조선, 동아 3개 만 민간언론으로 허가합니다. 김 환은 친일로 악명 높은 유 광열도 넘보지 못할 만큼 조선총독부의 부일정책에 적극 협력해 매일신보 사장까지 지낸 거물 언론인입니다.

당시 조선총독부 관재 언론기관인 『만주일보』 기자는 사이토齊藤 총독 행사장까지 마음대로 드나드는 자유 취재권이 있어 조선인으로서는 철저한 사상검증이 된 자만이 가능한 직업이었습니다. 김 환과 같이 근무한 유 광열은 『만주일보』 입사 첫 취재가 1919년 9월 19일 신임 사이토 총독 환영행사였다고 주위에 자랑스럽게 전하고 다녔다고 하며 왜군들이 총 끝에 칼을 꽂고 열을 지어 검문했으나 자신은 만주일보 기자라 들어갔으며 모든 고관대작은 물론 조선의 모든 친일인사들이 총집합했다고 증언합니다.(<원로 일선기자 유광열씨> 신문연구 25, 19~20쪽))

당시 조선총독부에서는 조선인의 왕실 상류계급 회유와 문화종교계 인사를 회유하기 위한 문화계 고등밀정으로 이등박문의 수양딸 배 정자(裵貞子, 1870-1951)와 무라야마 지쥰(村山智順, 1891-1968), 이 각종(李覺鐘) 국민정신총동원 연맹 상무이사 그리고 친일 언론인 출신 김 환(金丸) 등 4인이 일제하 대표적인 조선총독부 촉탁이었습니다.

일제에 의해 매수된 이 상호는 임 경호(이상호의 좌장. 대순전경 표제제호)를 고리로 조선 정무총감 시모오카(下岡)의 수족인 채 기두(蔡基斗), 조선 총독부 촉탁 김 환과 등과 철저히 한통속으로 움직이며 일제의 보천교 박멸운동의 거시적 정책의 실질적인 행동책으로 수행하며 동화교(東華教)를 창교하고 보천교 신법 제정으로 메쓰를 가하기 시작해 36년 보천교 강제 해체령으로 그 정점을 찍게 됩니다.

결과적으로 선진주 의암 손 병희에 의해 시작된 국내 세운 변화의 여파는 천지공사의 핵심인 교운으로까지 물결치며 나비효과의 영향을 미치게 된 것이니 이 또한 프리메이슨 딥스테이트가 일으키는 1,2차 세계대전 세운과 마찬가지로 밖에서 안으로 욱여드는 호이겐스 빛의 물결파였습니다.

결국 의암이 기획한 천도 구국단의 기미 만세운동은 조선인의 민족자결 자주의식에 대한 의기를 고취시켜 주었음에도 불구하고 그 속마음에는 조선왕실을 무너뜨리고 새로운 공화정 체제의 총통 또는 대통령이 되고자 하는 역심을 품었으므로 그 속마음을 익히 아시는 증산 상제님께서는 의암에 대해 다음과 같이 선을 그으셨습니다.

<普天敎 敎典>*'손병희(孫秉熙)가 선 진주(先眞主)라 박절(薄切)하게 성(城)돌 밑에서 턱을 고이고 앉어서 역적(逆賊)을 도모(圖謀)함으로 성사(成事)치 못하리라.'

증산 상제님은 의암 손 병희(孫秉熙)에 대해 '저희들은 다-구암(久庵)이오 이곳은 신암(新庵)이니 도안(都安)의 집이니라.' 하십니다. 이 말씀은 손 병희(孫秉熙)의 호 의암(義菴)에 빗댄 상제님 말씀입니다. 암庵이란 ~암(암자)이라 부르듯이 원래는 원형으로 만들어진 초옥(草屋=菴)으로 문인들의 서재이름에 주로 붙이거나 또는 측천무후가 당 태종 사후 출궁되어 머물던 비구니 절(感業寺)같이 비구니가 거처하는 작은 사당(小廟)이나 비구니 암자 니고암(尼姑庵)을 뜻하는 글자로 사람의 호(號)에도 즐겨 쓰는 글자입니다.

그런데 선진주인 손 병희의 의암(義菴)이 구암(久庵)이란 것입니다. 구암(久庵)이란 무슨 말씀일까요? 구암(久庵)은 오래된 또는 낡아빠진, 기운을 막는, 기운을 가린다는 다양 뜻을 가진 오랠 구(久)자의 암(庵)이라는 것입니다.

구암(久庵)의 암(庵)은 우암(尤庵) 송 시열처럼 호(號)에도 붙이는 글자이면서도 암자 암(庵) 자도 되고 또 자기 집을 겸칭(謙稱)해 사용하는 말이기도 합니다. 의암 손 병희의 암(菴)은 구암(久庵)으로 오래되고 낡았으며 기운을 막는 집이지만 운암강수 만경래 경만장 세 살림의 안 성(安姓)은 후진주(後眞主) 신암(新庵)인 대인(大人)으로 새로운 후천 5만년 기운이 서려있는 상서로운 새 집(新庵)이라는 뜻입니다. 새로운 그 집 세 살림 지도자가 모두(都=All) 안가(安家)이며 세 살림 지도자를 배출하는 문왕 도수의 주인공이 바로 3초 선진주 구암 다음의 신암 후진주後眞主 대인大人이라는 뜻입니다.

그럼, 도안(都安) 세 살림의 정체는 무엇이고 어디에서 비롯한 말일까요. 도안(都

安) 의 도(都)는 도읍(都邑) 도자인데 모두(All)란 뜻이 있습니다. 다음의 글에서 보이는 도시교민화민의 의미도 동학과 서학은 모두 백성을 교화하는 것이라는 겁니다. -동유대성인(東有大聖人) 왈동학(曰東學) 서유대성인(西有大聖人) 왈서학(曰西學) 도시교민화민(都是敎民化民)- 종교단체의 최고 지도자를 뜻하는 도전(都典) 역시 모든 것을 총괄해 진리, 법을 집행하는 우두머리라는 뜻입니다.

전(典)은 법(法) 전(典)자로 진리를 가리킵니다. 또한 도읍은 영어로 capital인데 cap은 모자 또는 우두머리, 두령을 나타냅니다. 이 도(都)라는 글자는 우리말에도 도대체都大體, 도무지都無知, 도무사都無事 등이 있지만 도무지(都無知) 모르겠다고 할 때의 도(都)와 도시(都是) 모르겠다고 할 때의 도(都) 역시 아무것도 모른다는 모두(All)의 뜻입니다. 원래 도안의 도(都)는 도읍 도(都)자인데 모두(All)란 뜻이 있습니다.

예전 시골에 3일장 5일장 등이 있어 저자거리를 형성해 서로 물물교환 형태로 시장이 형성되었는데, 이것이 발전해 도시를 이루고 도시에서도 불야성을 이루는 중심상가 다운타운을 이룹니다. 다운타운은 없는 게 없는 불야성의 중심상가인데, 원래 이것은 작은 저자거리가 발전해 큰 규모의 붙박이 저자거리가 생기고 인구가 몰려 화려한 다운타운 밀집지로 변하게 되면서 요즘 말하는 도시(都市) 소위 시티(City)가 된 것입니다. 토지(土地)를 구별할 때에 오리(五里)를 일읍(一邑)이라 하고, 열읍(十邑)을 일도(一都)라 합니다. 그리하여 도읍(都邑)이라 함은 광역화된 대도시(大都市)나 수도(首都)를 의미합니다. 결국 글자 조어(造語) 측면에서만 보면 도시(都市)란 도시 전체(都=모두)가 저자거리(市)로 연속되어 화려하다는 뜻입니다.

이 도(都)라는 글자의 용례는 한국에서는 자취만 앙상히 남아있는 편이고 오히려 현대 중국어에서는 모두, 전체라는 뜻으로 가장 일상적이고 광범하게 사용되는 글자 중 하나입니다. 전체 대상 모두를 좋아하면 또우시환(都喜歡)이라 표현합니다. 즉 도(都)는 수량에 있어 복수(復數)를 대상으로 표현하는 글자이지 단수(單數)를 지적하는 글자가 결코 아닙니다. 결국 안 내성 성도에게 부치신 3초 구암(의암) 손병희 뒤의 대인행차 신암은 문왕 세 살림 도수인 숙구지 공사로 출현하는데 그 성씨가 서로 다른 것이 아니라 모두(都) 안(安)씨 성으로 으로 같다는 것이며 이것이 천지공사로 일등 처방한 성씨 인사문제이므로 '일등방문공사 도안(都安)'입니다.

따라서 도안(都安)이란 상제님이 점지하신 대인 출세의 천지공사 프로젝트 청사진이 경만장 안 내성(安乃成) 성도를 통해 일등방문(一等方文)으로 처방한 운암강수 만경래의 세 살림 도수가 모두 안(安)씨 성(姓)이란 뜻입니다. '대한의군 참모중장 독립특파대장 안 중근'의 하얼빈 이등박문 제거공사를 보실 때에도 안 내성(安乃成) 성도를 통해 공사보신 이유에 대해 안(安)씨 성(姓)을 쓰기 위해 안 내성(安乃成) 성도를 통해 공사를 보신 것이라 친히 밝혀주신 바 있습니다.

이것이 바로 3초(哨, 招) 공사와 대인(大人)출세 문제에 있어, 9년 천지공사의 종통(宗統)문제이자 인사문제의 핵심으로 천지에 못 박은 도안(都安)이라는 말씀의 숨겨진 뜻입니다. 상제님이 집행하신 천지공사 종통(宗統)의 핵심은 결코 우회(迂廻)하지 않고 핵심(核心)을 찌르는 직설적 표현으로 아주 심오한 뜻이 담겨있어서 상제님은 그 뜻을 끝까지 파라고 하여 '파라 파라 끝까지 파라' 하셨습니다.

그래서 상제님이 처방해 놓은 이곳 신암(新菴)이 "곧 도안(都安)의 집이니라" 하고 결론 내리신 것입니다. 문왕 가문과 사마중달 가문이 모두 3부자 하나의 성씨(姓氏) 이듯이 낙종물, 이종물 사명에 이어 세 번째 추수도수를 도안(都安)의 집 신암(新庵)으로 처방해 놓았다는 것입니다.

<보천교 교전>★이제 누구든지 몽둥이를 들어 그 머리를 치며 네 재능(才能)이 무엇이관대 부하(部下)들을 그다지 망(亡)치느냐고 꾸짖으면 대답(對答)하지 못하고 돌아가리라. 응종(應鐘)이 몽둥이를 들며 엿주어 가로되 내가 쫓아가서 그리하겠나이다. 가라사되 네가 진실(眞實)로 쾌남자(快男子)로다 하시고 또 가라사되 저희들은 다-구암(久庵)이오 이곳은 신암(新庵)이니 곧 도안(都安)의 집이니라. 이 때에 손병희(孫秉熙)가 호남지방을 순회하려다가 뜻밖에 예정을 변하야 돌아가니라.

<보천교普天教 교전教典>★어든 사람이 엿주워 가로되 조선지말朝鮮之末에 이란吏亂이 있으리라 하오니 그렇하오리있가 가라사되 손병희孫秉熙가 영웅英雄이라 장차將次 난리亂離를 꾸미리니 그일을 일음이니 손병희孫秉熙가 선 진주先眞主라 박절薄切하게 성城돌밑에서 턱을 고이고 앉어서 역적逆賊을 도모圖謀함으로 성사成事치 못하리라

<보천교普天教 교전教典>★(삼초三哨끝에 대인大人출세)하로는 종도從徒들에게 일

러 가라사되 대인大人의 행차行次에 삼초三哨가 있나니 갑오년甲午年에 일초一哨가 되었고 갑진년甲辰年에 이초二哨가 되었고 손병희孫秉熙는 삼초三哨를 맡었나니 삼초三哨끝에는 대인大人이 나오리라 하시고 손병희孫秉熙의 만사挽詞를 지어 불살으시니 이렇하니라 지충지의군사군知忠知義君事君 일마무장사해민一魔無藏四海民 맹평춘신배명성孟平春信倍名聲 선생대우진일신先生大羽振日新

<동곡비서>★하루는 종도들에게 일러 가라사대 "대인의 행차에 삼초가 있나니, 갑오(甲午)에 일초가 되었고, 갑진(甲辰)에 이초가 되었고, 손병희(孫秉熙)는 삼초를 맡았나니, 삼초 끝에 대인이 나오나니라." 하시고, 대인에게 주는 찬사를 지어 불사르시니 이러하니라. -지충지의군사군 일마무장사해민 맹평춘신배명성 선생대우진일신(知忠知義君事君 一魔無藏四海民 孟平春信培名聲 先生大羽振日新)-

<대순전경 3판>★ 하루는 종도들에게 일러 가라사대, 대인의 행차(行次)에 삼초(三哨)가 있나니, 갑오 년에 일초가 되었고, 갑진 년에 이초가 되었고, 손병희는 삼초를 맡았나니, 삼초 끝에는 대인(大人)이 나오리라 하시고, 손병희의 만사(挽詞)를 지어 불사르시니 이러하니라. 「지충지의군사군(知忠知義君事君) 일마무장사해민(一魔無藏四海民) 맹평춘신배명성(孟平春信倍名聲) 선생대우진일신(先生大羽振日新)」

<대개벽경(大開闢經)>★성도가 물어 여쭈기를, "세상에 '영판 좋다'는 설이 있어, 때마다 흥을 지어 이를 가르치시니 어찌된 일이나이까?" 말씀하시되, "영남 판이니라." 말씀하시되, "대인이 행차함에 삼초(三招)가 있나니, 일초는 갑오 년(甲午:道紀 24,1894)이 이를 맡았고, 이초는 갑진 년(甲辰:道紀 34, 1904)이 이를 맡았고, 삼초는 손병희(1861-1922년 5. 19)가 이를 맡았나니, 삼초 후에 대인의 행차가 이르노라."

-弟子 問曰 世 有令判好也之說 每時 作興而訓之 何以乎 曰 嶺南版也 曰 大人之行 有三招 一招 甲午 任之 二招 甲辰 任之 三招 秉熙 任之 三招之后 大人之行 至也-

<선도신정경>★어느날 고후비님(高后妃任)이 도중(道衆)을 모아 공부(工夫)를 시키시며 가라사대 우리의 공부(工夫)는 오장육부(五臟六腑) 통제(統制) 공부(工夫)이니 곧 선각(先覺) 지각(知覺)이니라 절후주(節侯呪) 오주(五呪) 태을주(太乙呪) 일초(一哨) 이초(二哨) 삼초(三哨) 끝에는 대인행차(大人行次) 하신 다네 너희들은 비복신(飛伏神) 화기팔문 팔괘주역(八卦周易)을 붙여 읽어봐야 맛이 나는 줄 알지만 그러나 이 모두는 선천(先天) 것이니라 이어서 가라사대 너희들은 높은 주문(呪文)을 속 깊이 암송(暗誦)하라 함부로 세상에 알리면 못쓰느니라 하시더라

<선도신정경(仙道神政經)>★고후비님(高后妃任)께서 어느날 신정공사(神政公事)를 베푸실새 이와 같은 말씀을 하시더라 북적(北賊) 북적(北賊) 괴는 술에 제주를 떳건만은 남적(南賊)을 어이 모셔 일초(一哨) 이초(二哨) 삼초(三哨) 끝에 대인행차(大人行次) 하신다네 십삼척(十三尺) 미륵불(彌勒佛)을 쌍(雙)으로 모시(慕侍)나니 오

성산(五聖山)과 용화동(龍華洞)에 건립(建立)하고 세우니라 운장(雲長)과 진묵(震默)은 좌우(左右)에 보필(輔弼)이니라

<증산도 道典>★태모님께서 말씀하시기를 "너희들 큰 데 가지 말아라. 보리밥 한 술에도 도통이 있느니라. 장차 초막에서 성현(聖賢)이 나오리라." 하시고 다시 "일초(一招), 이초(二招), 삼초(三招) 끝에 대인(大人) 행차하시는구나." 하고 노래하시니라. 태모님께서 늘 말씀하시기를 "상씨름 판에는 콩밭(太田)에서 엉뚱한 인물이 나온다."하시니라.

<대순전경 초판>★하루는 전주 김 준찬의 집에 계실 새 김 낙범에게 물어 가라사대 근일에 관묘(관운장 관왕묘)에 치성이 있느냐 대하야 가로대 있나이다. 가라사대 그 신명이 이 지방에 있지 아니하고 멀리 서양에 가서 대란을 일으키나니 치성은 헛된 일이니라.

原文: 하로는 全州 金 俊贊의 집에 계실 새 金 洛範에게 무러 가라사대 近日에 關廟에 致誠이 잇나냐 對하야 가로대 잇나이다. 가라사대 그 神明이 이 地方에 잇지 아니하고 멀니 西洋에 가서 大亂을 일으키나니 致誠은 헛된 일이니라.

<증산천사공사기(甑山天師公事記)>★천사께서 신원일을 데리고 태인 관왕묘 제원 신경언의 집에 머무실 새, 천사께서 경언과 기타 가인에게 일러 가라사대 관운장이 조선에 와서 극진한 공대를 받았으니 그 보복으로 하여 만일 공사가 있는 때에는 반드시 진력함이 가하리로다 하시고 양지에 글을 써서 불사르시니, 경언은 처음 보는 일임으로 괴이히 생각하다가 익일(다음날)에 경언과 다른 제원이 관묘에 들어가 봉심(사당을 살핌)할 새 삼각수의 한 갈래가 떨어져서 간 곳을 알 수 없음으로 모든 제원은 이상히 알고 있으나 오직 경언은 천사께서 행하신 일을 회상하고, 공사에 진췌하기 위하여 비록 소상으로도 그 힘씀을 나타내는 것이라고 생각하였더라.

原文: 天師께서辛元一을다리고泰仁關王廟祭員辛敬彦의집에머무실새 天師께서敬彦과其他家人의게 일너가라사대 關雲長이朝鮮에와서極盡한恭待를바닷스니 그報復으로하야만일公事가잇는 때에는 반드시盡力함이可하리로다하시고 洋紙에글을써서불살으시니 敬彦은처음보는일임으로 怪異히생각하다가 翌日에敬彦과다른祭員이 關廟에들어가奉審할새 三角鬚의한갈네가떠러저서 간곳을알수업슴으로 모든祭員은이상히알고잇스나 오직敬彦은 天師께서行하신일을回想하고 公事에盡瘁하기爲하야 비록塑像으로도그힘씀을낫하내는것이라고생각하얏더라.

둘째, 많은 추종 성도 중 안 내성(安乃成) 성도에게만 유달리 애를 먹이시어

성정을 단련시킵니다. 입문과정에서 부터 돌을 던져 미친놈이라 하면서 내쫓고 그래도 모시고 싶어 좇아가자 집에 들이지 않으셨을 뿐만 아니라 헛간같이 추운 밖에서 재우시고 일체 먹을 것을 주지 못하게 하시어 인내의 한계를 시험하십니다. 안 내성(安乃成) 성도는 9살 어린 시절부터 부친을 찾아 평안도 함경도를 찾아다니며 고생을 하다가 청나라로 들어가 대륙을 쓸고 다니며 북경 남경 전역을 돌아다니며 미륵님이신 천 선생을 찾아다닙니다.

천 선생을 찾아 다시 국내로 들어와 진주 촉석루 등을 전전하던 차에 천신만고 끝에 만난 상제님인지라 비록 천덕꾸러기 신세로 취급받을지라도 모든 것을 감내하고 이미 미륵전에서 서원을 세운 바대로 '죽어도 따르리라.'는 마음을 지키고자 합니다. 상제님께서는 남들 따뜻한 방에서 같이 식사할 때 밥도 굶기고 집안에는 절대로 못 들어오게 하고 외양간 헛간 부엌 등 바깥에서만 자게 합니다. 안 내성(安乃成) 성도가 불평한마디 내지 않고 이를 무난히 견뎌내자 마침내 어느 날 내성에게 돼지 한 마리 구해들이도록 해 정식 종도로 인정하는 폐백 집지례 공사를 집행하시고 저놈 불쌍하니 앞으로 내 방에 와서 자게 하라 하시는 축복과 은총을 베푸십니다.

그러나 그것으로 안 내성(安乃成) 성도에 대한 시험이 끝은 아니었으며 그 뒤로도 상제님께서 여러 종도들과 출행 시에는 다른 성도에게는 짐을 매게 하지 않으시고 유독 안 내성(安乃成) 성도에게만은 두 세 개씩 도맡아 등짐을 매게 하시어 유달리 내성의 심성을 혹독히 단련시킵니다. 정식 추종성도로 인정한 폐백 집지례 의식을 받으신 이후에도 다른 성도와는 다르게 유달리 굶기셨는데 안 내성(安乃成) 성도가 이런 과정을 불평 없이 모두 받아넘기자 그제서야 장 닭 한 마리 삶아오라 해서 통째로 들게 하셨습니다.

안 내성(安乃成) 성도가 터럭하나 안남기고 다 먹었다고 입맛을 다시자 내성에게 아따 그놈 계룡산 도둑놈이라고 말씀 하시고 또한 운암강수 만경래 김만경(金萬頃) 뜰 천하사 세 살림 공사를 보신 뒤 세상 사람이 너를 존경할 것이라 축복해 줍니다.

또한 굶주린 내성이 털 째로 삶은 장 닭을 정신없이 다 먹은 뒤에 입맛을 다시며 상제님께 와서 "다 먹었습니다. 터럭 하나 안 남겼습니다." 하고 아뢰거늘 상제님께서 웃으시며 "아따 그놈, 계룡산 도둑놈이로구나!" 하시니라 라는 성구는 고난을 극복한 경만장 안 내성(安乃成) 성도에게 마침내 장 닭을 삶아 먹이심으로서 안내성 성도로 하여금 비로소 운암강수 만경래의 천하 일등방문 공사로 내세움을 천지에 질정質定하는 예식입니다. 장 닭은 무엇이고 왜 웃으시며 굳이 계룡산 도둑놈이라 하셨을까요. 상제님 신도라면 부연 설명 안 해도 다 짐작할 만한 내용입니다. 상제님이 안 내성(安乃成) 성도에게 잡아먹이신 장 닭은 무엇일까요?

<증산도 道典>★하루는 한 성도를 불러 말씀하시기를 "저 장 닭 큰 놈 한 마리 잡아 푹 삶아서 내성에게 주고 깃털과 뼈다귀 하나 남기지 말고 다 먹으라고 해라. 안 먹으면 큰일 나니 다 먹으라고 해라." 하시니라. 그 성도가 명하신 대로 닭을 삶아 내성에게 주며 상제님의 말씀을 전하니 굶주린 내성이 털 째로 삶은 장 닭을 정신없이 다 먹은 뒤에 입맛을 다시며 상제님께 와서 "다 먹었습니다. 터럭 하나 안 남겼습니다." 하고 아뢰거늘 상제님께서 웃으시며 "아따 그놈, 계룡산 도둑놈이로구나!" 하시니라.

<증산도 道典>★일찍이 상제님께서 내성을 평하시기를 천지성경신 안 내성(天地誠敬信 安乃成) 천지불변심 안 내성(天地不變心 安乃成) 천지공경신 안 내성(天地恭敬信 安乃成)이라 하시더니 상제님께서 어천하신 후에도 내성은 어디를 가든지 상제님께서 잠시 앉으셨던 곳이라도 보면 멈추어 인사를 올리고 어머니와 동생을 먼저 떠나보내고도 종신토록 마음을 변치 않고 상제님의 명을 일심으로 지키니라. (안내성 성도로부터 수없이 이 이야기를 전해들은 안정남, 윤기택 씨는 '천상천하불변심 안○○(天上天下不變心 安○○)'을 새롭게 증언)

태양신과 관련한 장 닭 신앙이 바로 주작입니다. 한 번 알아볼까요? 선인들은 닭을 예보(豫報), 징조(徵兆)의 상징으로 여겨 장 닭 울음소리로 앞으로 풍년여부 등 다가올 일을 알려주는 예지자(豫知者)의 역할을 한다고 생각했으며 특히 장 닭의 울음소리는 때를 알려주는 시보(時報)의 역할을 하였습니다. 또 프랑스의 상징이기도 한 장 닭(Le Coq)의 원래 상징어는 "신의 축복"이라는 뜻이 담겨 있다고 전합니다. 여러 암 닭을 거느리고 알을 낳는 이유에서 다산과 남성성의 상징으로 비춰졌으며 이런 이유로 혼례식에서 보자기에 싼 암, 수탉을 공중으로 날렸습니다.

*설명: 고구려 고분 주작 벽화에는 머리는 닭, 거북 등, 제비턱, 물고기 꼬리, 뱀의 목으로 표현.

봉황이 도를 깨우치면 온 몸이 붉게 물들어 '붉은 봉황' 즉, 주작이 되는데 형태는 봉황과 거의 비슷하며, 주작의 모습에 공작과 비슷하며 은빛을 띄고 있어 불새라고도 불리며 밤을 좋아하지 않는다고 합니다. 주작은 강한 양기를 지녀 끈질긴 생명력을 상징하는 존재로도 유명한데 이 때문에 일반적으로 사람들은 주작을 '불사조'라 생각하기도 합니다. 붉은 색과 강한 양기로 인해 '불새'라는 명칭도 가지나 실제로는 서양의 '피닉스'처럼 몸이 불꽃으로 타오르지는 않습니다.

그럼 민화 속에서는 주작도를 현실적으로 어떻게 표현하였을까요? 일반적으로 우리 선조들은 민화 속에서 주작을 상상 속의 동물인 만큼 환상적으로 그렸으나 현실속의 늠름한 장 닭으로 그려놓아 친근감이 넘치게 했습니다.

닭은 여명을 알리고, 상서롭고 신통력을 지닌 서조(瑞鳥)로 여겼습니다. 장닭이 홰를 길게 세 번 이상 치고 꼬리를 흔들면 산에서 내려왔던 맹수들이 돌아가고 잡귀들이 모습을 감춘다고 믿어왔습니다. 닭은 흔히 다섯 가지의 덕(德)을 지녔으며, 닭의 벼슬(冠)은 문(文)을, 발톱은 무(武)를 나타내며, 적을 앞에 두고 용감히 싸우는 것은 용(勇)이며, 먹이를 보고 무리를 부르는 것은 인(仁), 때를 맞춰 울어 새벽을 알리는 것을 신(信) 이라고 하였습니다.

이처럼 생활 속에서 쉽게 접할 수 있는 장 닭의 모습을 보고 상상속의 주작으로 멋들어지게 그려내었던 우리 선조들의 풍류가 바로 주작도라고 할 수 있습니다. 장 닭을 삶아 먹이신 예식은 바로 천덕꾸러기 역할을 감내한 안 내성(安乃成) 성도에게 세 살림 도안(都安)의 도수를 처결하신 것이며 상제님의 축복을 내리신 공사로 장 닭은 바로 주작이며 계룡이므로 안 씨 재실공사에 이은 계룡산 숫계룡의 모든 기운을 돌돌 몰아주신 인사문제의 정점에 마침표를 찍은 대 사건이었습니다. 그 마지막 말씀이 바로 <상제님께서 웃으시며 "아따 그놈, 계룡산 도둑놈이로구나!" 하시니라.> 하신 말씀입니다.(수식남방매화가(誰識南方埋火家) 불문은 공사의 집약된 상징이 숫 계룡 주작)

아시다시피 안 내성(安乃成) 성도는 그리 똑똑하지도 잘나지도 못한 종도입니다. 단지 어린 시절부터 천선생과 미륵 부처님을 찾아다닌 사람일 뿐입니다. 별로 잘나지도 일자무식으로 학식이 있는 사람도 아닌 그가 어떻게 그런 축복을 받았을까요. 태모님은 우리공부는 오장육부 통제공부요 심통 공부 마음보 공부라고 하셨습니다. 게다가 지식 조금 있고 학식 있는 사람의 병폐에 대해 "무식도통이라야 써먹지, 유식한 놈은 늙은 당나귀와 같아서 가르쳐 써먹을 수가 없느니라." 하십니다.

그래서 상제님께서도 남보다 똑똑치도 잘나지도 못함에도 불구하고 천심(天心)가진 천진군자(天眞君子)인 경만장 안 내성(安乃成) 성도로 하여금 대인 출세 도안(都安) 공사를 처결하면서 "계룡산 도둑놈"이라 단 한마디의 촌철살인의 말씀으로 표현하시고 마지막으로 지혜 있는 장수가 덕 있는 장수만 못하다고 하신 것입니다.

<동곡비서>에 보면 "두 활개 쭉 펴면서 누런 장닭 두 홰 운다. 상씨름꾼 들어오라.' 벽력같이 고래장 치니 어느 누가 당적 할까? 허허허, 참봉이로고. 소 딸 놈은 거기 있었건만 밤새도록 헛 춤만 추었구나."라는 성구말씀이 있습니다. 누런 장닭 두 홰 우는 모습은 도안(都安)의 세 주인공 중 두 주인공이 등장한 도운의 상태입니다. 상씨름 꾼은 세운의 상씨름 꾼이 아니고 도운의 세 번째 도안(都安) 상두쟁이의 진짜 상씨름 꾼인 엉뚱한 인물의 등장을 의미합니다. 태모님께서 늘 말씀하시기를 "상씨름 판에는 콩밭(太田)에서 엉뚱한 인물이 나온다."하시니라.<증산도 道典>

또 세 살림 도안(都安)의 정체와 관련해 <상제님의 차례가 되자 띠 자리 위로 패를 후려치시니 패 석 장이 '짝' 하고 펼쳐지거늘 "나는 순이다!" 하시고 판돈을 모두 거두어들이시니라.> 공사 성구도 그동안 덮어져 은폐되어 있던 패 석장의 안

내성 세 살림 공사의 정체가 사오미(巳午未) 개명(開明)도수에 맞추어 세상에 활짝 펼쳐져 밝혀져야(장닭 도안(都安) 세 홰) 마무리 싹쓸이 윷판 진법통일(眞法統一) 도수가 나오는 것입니다. 상제님이 안 내성(安乃成) 성도에게 잡아먹이신 장 닭은 무엇일까요?

<증산도 道典>★상제님께서 흥덕(興德) 하오산(下鰲山) 앞의 알미장(卵山場)에 이르시어 성도들을 사방위로 앉게 하시고 가운데로 들어가시어 투전 공사를 보시니라. 상제님께서 성도들에게 투전목을 돌리시고 얼마간의 돈을 걸게 하신 뒤에 이르시기를 "패를 지어 차례로 내보이라." 하시니 성도들이 말씀을 좇아 한 명씩 패를 보이니라.

<증산도 道典>★상제님께서 '너는 무엇이다, 너는 무엇이다.' 하시며 각 성도들의 패를 읽어 주시고 상제님의 차례가 되자 띠자리 위로 패를 후려치시니 패 석 장이 '짝' 하고 펼쳐지거늘 "나는 순이다!" 하시고 판돈을 모두 거두어들이시니라. 상제님께서 이어 말씀하시기를 "지혜 있는 장수가 복 있는 장수를 못 당하느니라." 하시니라.

<박 공우 성도 제자 김 일화子 김 천수 옹 증언 동영상>★투전이란 것은 이제 노름인데 이렇게 창호지 백지로 이렇게 기름 먹여서 넉 사자라면 새를 그리고 말여, 오행으로 해 가지고 만든 투전노름이란 거여. 말하자면 놀음을 하면서 인자 갑칠이가 나는 갑오요. 나는 해양딴이요. 해양 딴이냐? 나는 순이다. 그래가지고 이놈을 손가락에다 딱 감아서 딱 단에다 때린단 말여. 그래가지고 나는 순이다 허고 인자 여기다 딱 때리면서 돈을 싹싹 쓸어 모태고 그 쪽으로 그렇게 (상제님이) 노름을 했다고.

<박 공우 성도 제자 김 일화子 김 천수 옹 증언 동영상>★노름으로 도수를 보면서 하는 것이지. 긍게 해양딴이다 한 사람은 말하자면 태운장 김 형렬씨가 했는지 그랬는데 손가락으로 감어가지고 탁 때리면 주르르르 해 가지고서 기름먹은 거라 잘 휘어지고 잘 뻗쳐. 해양딴이다 하면 순이가 다 먹는 거지, 갑오도 나왔지만 갑오, 해양딴 그런 사람은 순한테 다 지는 거여. 상제님이 다 먹는거여 응.

<증산도 道典>★상제님께서 유소시에 하오산 알미장에서 '한 일(一)' 자를 쓰신 바 있더니 이 때 다시 알미장에 이르시어 종이 위에 '한 일(一)' 자 를 쓰시고 수부님께 "이것이 무엇 같으냐?" 하고 물으시니라. 이에 수부님께서 "누에 같습니다." 하고 대답하시니 상제님께서 한 일 자를 입으로 후 하고 부시고 천지가 울리도록 크게 외치시기를 "나는 순이다. 순이 옥황상제다." 하시니 순간 글자가 살아나 마치 누에처럼 기어가니라.

셋째, 피난동(避難洞) 안(安) 씨 재실(齋室) 추원재에서 천하수기가 말랐으므로 집 동쪽 우물을 댓가지로 저으며 천하수기(天下水氣) 돌리는 공사를 보시고 동학가사를 가져오게 하여 읽으시니 뇌성벽력이 일어나고 지진이 일어나 모두 기절하므로 안 내성(安乃成)을 명하여 물을 먹여 모두 일어나게 하는 공사입니다. 이 공사는 만국의원 의통(醫統) 천하사와 관계가 있는 중차대한 광제국(廣濟局)공사입니다. 추수사명의 세 살림 도안(都安) 지도자 출세 공사입니다.

<동곡비서>*하루는 여러 종도들에게 일러 가라사대, "이제 앞으로 천하에 수기가 고갈될 참이니 수기를 돌려야 하리라." 하시고, 그 뒷산 피난동 안씨 재실에 가사 그 집 앞 동쪽 우물을 댓가지로 한번 저으시고 가라사대, "음양이 고르지 못하니 무슨 연고가 있으니, 재실에 가서 물어보라." 안 내성이 명을 받고 재실에 가서 사연을 물으니, 재실직이는 사흘 전에 죽고 그의 처만 있거늘 돌아와서 사유를 아뢰니 또 가라사대, "다시 행낭 채에 가서 보라. 딴 기운이 떠서 있다."

<동곡비서>*(초중복 살림 시절의 과도기 공덕과 말복 살림 시절의 열매기 공덕, 말래지사)내성이 그 행낭 방에 가서 보니 행상하는 남녀 두 사람이 들어있거늘 돌아와서 사실을 아뢰니, 선생이 이에 재실 마루 위에 오르사, 모든 사람으로 하여금 서천(西天)을 바라보고 "만수!"를 고창케 하시고 가라사대, "이 가운데 동학가사를 가진 자가 있으니 가져오라." 하시니, 과연 한 사람이 가사를 내어 올리니, 선생이 그 책 중간을 펴시고 한 귀절을 읽으시니, '시운 벌가벌가(詩云 伐柯伐柯)여 기측불원이라. 내 앞에 보는 것은 어길 바 없건마는 이는 도시 사람이요, 부재어근이라. 목전지사 쉽게 알고 심량 없이 하다가서 말래지사 같잖으면 그 아니 한일런가.'

<동곡비서>*처음에는 가는 소리로 한번 읽으시니, 대낮에 문득 뇌성이 대발하거늘, 다시 큰소리로 읽으시니 뇌성이 대포소리같이 일어나서 천지를 진동하니 화약 냄새가 코를 찌르는지라, 또 지진이 일어나서 천지를 진동하니, 모든 사람이 정신을 잃고 엎어지거늘 선생이 안 내성을 명하여 각기 물을 먹이니 모두 일어나는지라.*<동곡비서>

<동곡비서>*하루는 여러 종도들에게 일러 가라사대, "이제 앞으로 천하에 수기가 고갈될 참이니 수기를 돌려야 하리라." 하시고, 그 뒷산 피난동 안씨 재실에 가사 그 집 앞 동쪽 우물을 댓가지로 한번 저으시고....대낮에 문득 뇌성이 대발하거늘, 다시 큰소리로 읽으시니 뇌성이 대포소리같이 일어나서 천지를 진동하니 화약 냄새가 코를 찌르는지라, 또 지진이 일어나서 천지를 진동하니, 모든 사람이 정신을 잃고 엎어지거늘 선생이 안 내성을 명하여 각기 물을 먹이니 모두 일어나는지라.

<보천교普天敎 교전敎典>*하루는 종도從徒들에게 일러 가라사되 이제 천하天下에 수기水氣가 말렀으니 수기水氣를 돌리리라 하시고 뒷산山 피난동避亂洞 안씨재실安

氏齋室에 가사 그앞 우물을 대가지로 한번 젓으시고 가라사되 음양陰陽이 골으지못하니 재실齋室에 가서 연고緣故를 물어오라 내성乃成이 대답對答하고 들어가서 물으니 사흘전前에 재즉齋直이 죽고 그 안해만 있거늘 돌아와서 알윈되 가라사되 다시 행랑行廊에 가보라 딴 기운이 고이고 있도다

<대순전경 3판>*하루는 종도들에게 일러 가라사대, 이제 천하에 수기(水氣)가 말랐으니 수기를 돌리리라 하시고 뒷산 피난동 안씨 재실(齋室)에 가사, 그 앞 우물을 대가지로 한번 저으시고 가라사대, 음양이 고르지 못하니 재실에 가서 연고를 물어오라. 내성이 대답하고 들어가서 물으니, 사흘 전에 재직(齋直)이는 죽고 그 아내만 있거늘, 돌아와서 아뢴대 가라사대, 다시 행랑(行廊)에 가보라, 딴 기운이 고이고 있도다.

<보천교普天敎 교전敎典>*내성乃成이 행랑行廊에 들어가보니 보짐장사 남녀男女 두사람이 들어있거늘 돌아와서 알윈대 이에 재실내청齋室大廳에 올으사 여러사람들로 하여금 서西쪽 하늘을 바라보고 만수萬修를 크게 부르게 하시며 가라사되 이가운데 수운가사水雲歌詞를 갖인자者가 있으니 갖어오라 과연果然 한사람이 가사歌詞를 내여올리고 물러가거늘 그책冊 중간中間을 펴드시고 한절節을 읽으시니 하였으되

<대순전경 3판>*내성이 행랑에 들어가 보니 봇짐장수 남녀 두 사람이 들어있거늘, 돌아와서 아뢴대 이에 재실 대청(大廳)에 오르사 여러사람들로 하여금 서쪽하늘을 바라보고 만수(萬修)를 크게 부르게 하시며 가라사대, 이 가운데 수운가사(水雲歌詞)를 가진 자가 있으니 가져오라. 과연 한 사람이 가사를 내어 올리고 물러가거늘, 그 책 중간을 펴 드시고 한 절을 읽으시니 하였으되,

<보천교普天敎 교전敎典>*(초중복 살림 시절의 과도기 공덕과 말복 살림 시절의 열매기 공덕, 말래지사)「시운벌가벌가여詩云伐柯伐柯여,기측불원其則不遠이라 내앞에 보는것을 어길바없지만은 이는 도시都是사람이요 부재어근不在於近이라 목전지사目前之事쉽게알고 심량深量없이하다가서 말래지사末來之事같잔하면 그않이 내한恨인가」라 하니라 처음에 가는소리로 한번 읽으시니 맑은 날에 문득 뇌성雷聲이 일어나거늘 다시 크게 읽으시니 뢰성雷聲이 대포大砲소리와같이 일어나서 천지진동地震動하며 또 지진地震이 일어나서 여러사람이 정신精神을 잃고 업드러지거늘 내성乃成을 명命하사 각各히 일으키시니라(<도전>에 不在於斤으로 바로잡음)

<대순전경 3판>*「시운(時運) 벌가벌가(伐柯伐柯)여 기측불원(基則不遠)이라, 내 앞에 보는 것을 어길 바 없지마는 이는 도시(都是) 사람이요, 부재어근(不在於近)이라. 목전지사(目前之事) 쉽게 알고 심량(深量)없이 하다가서, 말래지사(末來之事) 같잖으면 그 아니 내 한(恨)인가.」라 하니라. 처음에 가는 소리로 한번 읽으시니 맑은 날에 문득 뇌성(雷聲)이 일어나거늘, 다시 크게 읽으시니 뇌성이 대포소리와 같이 일어나서 천지진동하며, 또 지진이 일어나서 여러 사람이 정신을 잃고 엎드러지거늘 내성을 명하사 각기 일으키니라.

특히 피난동(避難洞) 안(安) 씨 재실(齋室) 추원재에서 천하수기가 말라 집 동쪽 우물을 댓가지로 저으며 천하수기(天下水氣) 돌리는 공사 내용 중에서, '목전지사 쉽게 알고 심량 없이 하다가서 말래지사 같잖으면 그 아니 내한인가'라는 경계 말씀을 깊이 새겨보아야 할 것입니다. 상제님은 "파라, 파라, 깊이 파라. 얕게 파면 다 죽는다. 잘못하다가는 십년공부 도로아미타불이란 말이니라. 도로 본자리에 떨어진단 말이다." 하시며 깊은 공부의 중요성을 강조하셨는데, 추수 도운 중에서 중복살림과 말복살림의 과도기에 서 있는 오늘의 우리들이 자칫 길을 잃지 않도록 배려하신 깊은 마음을 느끼게 됩니다.

넷째, 내선(乃善)을 내성(乃成)으로 하사받은 경만장 안 내성(安乃成)은 인사문제의 일등방문(一等方文) 도수로 처방됩니다. 상제님은 부안의 칠산 앞바다의 조기도 주인을 정해놓고 잡힌다 하셨습니다. 천지공사를 집행하시기 전에 제일 먼저 태운장 김 형렬(金亨烈) 성도에게 주인을 정한 이후 천지공사도 보시기 시작하셨습니다. 모든 공사가 일정한 법식이 없었고 그 사람의 성씨를 매양 이용한다든가 그 사람의 기국에 맞는 공사를 집행하시고 그 사람의 기국과 기운에 맞추어 장차 내리실 사명에 정명(正名)이 바르지 않으면 미리 이름도 바꾸어 주셨습니다.

일등 처방문(一等方文) 안 내성(安乃成) 성도를 참여시켜 처결한 이등 처방문(二等方文)인 이등박문(伊藤博文) 제거공사는 결국 기유년(1909) 10. 26 '대한의군 참모중장 독립특파대장' 안 중근(安重根)에 의해 하얼빈 역에서 사살되는 것으로 마무리됩니다. 안 내성(安乃成) 성도를 일등 처방문의 주인으로 정한 공사이므로 반드시 안(安)씨가 종통 인사문제의 핵심 주인공이 됨을 의미합니다. 안(安)씨를 내세운 공사는 비단 이등방문 제거 공사에만 해당 되는 것이 결코 아닙니다.

<증산도 도전(甑山道 道典)>★무신년 겨울 상제님께서 대흥리에 계실 때 하루는 청수를 모시고 마루에 쪼그려 앉으시어 내성에게 명하시기를 "내 몸을 결박하라." 하시니 내성이 겁에 질려 아뢰기를 "차라리 죽을지언정 어찌 감히 당신님의 몸을 묶을 수 있겠습니까?" 하매 말씀하시기를 "내가 명하거늘 어찌 망설이느냐! 단단히 결박

하라."하시니라. 내성이 마침내 눈물을 흘리며 명을 받들어 옥체를 꼭 묶으니 상제님께서 다시 명하시기를 "내성아, 큰 몽둥이로 내 몸을 세게 치며 '일등방문(一等方文)이 제일이냐, 이등방문이 제일이냐? 일등방문이다!' 하고 소리쳐라. 도수이니 빨리 쳐라!

<증산도 도전(甑山道 道典)>★만일 이행치 않으면 신명들에 의해 큰 해를 당하리니 사정없이 쳐라!" 하고 호령하시니라. 이에 내성이 어쩔 수 없이 상제님의 몸을 치는데 차마 세게 치지 못하고 때리는 시늉만 하거늘 상제님께서 큰 소리로 호통치시며 "너 이놈 죽을 테냐! 뒤꿈치를 딸싹딸싹하며 쳐라. 그렇지 않으면 천지에서 너를 죽일 것이니라." 하시니라. 내성이 엄명에 눌려 "일등방문이 제일이냐, 이등방문이 제일이냐? 일등방문이 제일이다!" 하고 크게 소리치며 있는 힘껏 옥체를 세 번 내리치니 상제님께서 떼굴떼굴 구르시며 "아이고, 이놈이 나를 죽이네! 이룰 성(成) 자로 이름을 고쳐 줬더니 나를 죽이네!" 하고 비명을 지르시니라. 잠시 후에 상제님께서 껄껄 웃으시며 "이제 되었다. 이등방문이 넘어가니 일등방문인 네가 낫다." 하시니라.

<증산도 도전(甑山道 道典)>★다시 내성에게 명하시기를 "담뱃대를 들고 나를 향해 총 쏘는 흉내를 내며 꼭 죽인다는 마음으로 '탕탕' 소리를 내라." 하시니 내성이 명에 따라 총 쏘는 흉내를 내거늘 이에 한 성도가 여쭈기를 "이제 이등박문을 폐하시는데 어찌 내성을 쓰셨습니까?" 하니 말씀하시기를 "안 성(安姓)을 썼노라." 하시니라.

안 내성(安乃成) 성도를 일등공사로 내세우신 공사는 마치 문왕(文王)과 무왕(武王), 주공 단(周公旦) 3부자(3父子)와 사마의(司馬懿), 사마사(司馬師), 사마소(司馬昭) 3부자(3父子) 가문처럼 세 살림 종통(宗統)을 3부자(父子)로 모두 한 꿰미에 꿰어 넣으신 도안(都安=All 安) 공사입니다.

추수사명 세 살림의 기초는 마치 문왕과 사마의(중달) 처럼 일태극 숙구지 문왕도수에 의해 '술래야 술래야 강강술래야. 네가 좋으면 내가 좋고 내가 좋으면 네가 좋고 하신' 임성인(壬聖人)을 내세우심을 의미하며 "장차 천하난국을 바로 잡으려면 일등처방문을 씀이 가하니" 하신 바대로 천하난국을 바로잡는 도안(都安) 세 살림을 주도하게 될 대시태조 대인출세는 이등처방문의 제거와 동시에 무진년(1928) 구월도 숙구지 문왕 도수의 기두와 더불어 장차 등장하게 된다는 말씀입니다.

본 이등방문 제거 공사에 상제님께서 직접 주관하시고 안 내성安乃成 성도를 사역(使役)시킨 것은 증산 상제님이 천하사 추수 대행자로 안(安)씨 지도자를 내세운 천지공사임을 의미합니다. 따라서 "안 성(安姓)을 썼노라" 이 성구는 이등방문 제거자 의군대장 안중근 安 씨를 통해 천하사 추수 대행자 역시 安 씨임을 명백하게 밝히신 말씀입니다.

다섯째, 운암강수 만경래 김만경 뜰 세 살림 도수의 일등방문(一等方文) 공사는 후천을 여는 일등 처방문으로 안 내성(安乃成) 성도에게 부치신 공사입니다. 그리하여 모사재천의 천지공사로 모든 운로를 물샐틈없이 짜시고 만사분이정(萬事分已定) 부생공자망(浮生空自忙)—만사의 대국이 이미 천지공사로 다 정해졌는데, 다들 공연히 부산떨고 바쁘구나—라 잘라 말씀해 주셨습니다.

상제님은 조선이 구한말 열강들의 식민지 제국주의 열풍에 휩싸여 어차피 이민족의 수중에 떨어질 운명으로 전락하자, 조선을 외인의 수중에 맡기되 기왕이면 정명가도(征明假道)를 명분으로 임진왜란을 일으킨 왜(倭)가 조선에 맺힌 삼한당(三恨堂)의 한(恨)을 풀어줄 겸 같은 동양인 일본에게 넘기되 문왕의 도수 씨앗인 어질 인(仁) 자는 넘겨주지 않고 지키게 하셨습니다.

당시 토요토미 히데요시(豊臣秀吉)는 혼노지(本能寺)에서 부하에게 암살된 오다 노부나가(織田信長)의 바쿠후(幕府)를 이어받아 천하를 제패하고 토요토미 히데요시 천하통일 기념으로 오오사카 성을 건축하는데 공을 세운 오오사카 천주교 상인 출신 고니시 유키나가(小西行長), 규슈 구마모토의 정통 사무라이 불교인 출신 가토 기요마사(加藤淸正) 두 장군을 내세워 두 갈래로 조선을 침략했으나 선조는 이미 십만양병설 주장으로 임진란을 내다본 아성(亞聖) 이 율곡 선생이 몽진(蒙塵)을 위해 미리 기름을 먹이며 준비해 둔 화석정(花石亭)을 불태워 야밤에 임진강을 건너 몽진(蒙塵)을 간 뒤여서 소서행장은 빈 가짜 도성만 들게 되었습니다.

화석정(花石亭)은 경기도 파주시 파평면 율곡리에 있는 정자로 고려 3은(隱)인 야은 길재와 인연이 있던 곳으로 팔작지붕으로 임진강이 내려다보이는 곳에 있으며,

율곡이 제자들과 학문을 논하는 등 여생을 보냈던 곳인데 자신이 주장한 십만양병설이 채택되지 않는 것을 보고 임진왜란이 벌어질 것을 내다보았으며 머지않아 왜의 침략으로 선조대왕이 칠흙같은 야밤에 급히 몽진(蒙塵) 갈 것을 대비해 사람을 시켜 화석정(花石亭)에 미리 기름을 먹여 준비해 둡니다.

결국 선조는 소서행장에게 쫓겨 도성을 비우고 칠흙같은 야밤에 임진강을 건너기 위해 화석정(花石亭)을 불질러 그 불빛으로 강을 건너게 됩니다. 삼한당(三恨堂)의 3 한(恨)은 임란때 몽진으로 인해 임금의 도성에 들지 못한 한을 일본으로 하여금 힘 안들이고 도성에 들게 하여 그 한을 풀어주는 것입니다.

두 번째 한은 왜가 임진왜란 때 너무도 많은 인명을 살상을 한 것에 대한 한(恨)입니다. 7년여 동안 벌어진 살육전에서 토요토미 히데요시(豊臣秀吉)에 대한 고니시(小西行長)와 가토(加藤清正)사이의 전공(戰功)에 대한 무모한 충성 경쟁은 조선병사의 코를 베어가 바치는 과정에 애꿎은 무고한 양민들의 코가 모두 잘려나가 조선인 서너 명 중의 한명은 코 없는 문둥이 같은 참혹한 모습으로 살아야 했습니다. 이는 바로 4백 년 전 우리 조상들의 모습이었습니다. 정유재란 때는 풍신수길의 공식적인 명으로 바뀌어 더욱 충성경쟁은 과열되었는데 자신들이 보아도 너무 심했는지 조선인의 코로 그들이 만든 비총(鼻塚)은 너무 끔찍해 차라리 이총(耳塚)으로 바꾸어 부르자는 하야시 라잔(林羅山:덕천가강의 정도전, 주자의 사상을 도쿠가와 바쿠후[德川幕府 :1603~1867]의 공식 통치이념으로 확립)의 공개적인 주장도 있을 정도였습니다.

세 번째 한(恨)은 수종법에 얽힌 한(恨)입니다. 토요토미 히데요시(豊臣秀吉)는 오다 노부나가(織田信長)가 혼노지(本能寺)의 변(變)으로 시해되고 일본열도가 다시 대란에 빠지자 일통천하 한 후 조선, 중국, 인도까지 지배하는 대동아 통일전략을 실행에 옮깁니다. 이른바 정명가도(征明假道). 명나라를 정벌할 테니 조선은 길을 내달라. 그리고는 조선을 장차 왜병들 식량보급기지로 삼으려 합니다. 그러나 1년도 안되어 승병과 의병 그리고 서애 유성룡의 강력한 천거로 순식간에 남해안을 장악해 왜의 보급로를 끊은 성웅 이 순신 장군의 등장으로 전쟁은 교착상태에 빠집니다.

종계변무사로 명(明)에 파견된 조선인 홍 순언이 부모님 장례도 못 치룬 채 장례비를 위해 북경 청루에 들어와 있는 불쌍한 어느 여인의 몸값을 대신 치루어 부모의 상을 치룰 수 있게 배려해 주고 조선으로 귀국합니다. 자유의 몸이 된 이 여인은 부모상을 무사히 치루고 뒤에 명의 예부시랑 석성(石星)과 결혼하게 되었는데, 석성(石星)은 곧이어 예부상서를 거쳐 병부상서(국방장관)가 되고 마침 조선에 임진왜란이 일어나 구원군 파견 요청이 들어오자 아내를 풀어준 홍 순언에 대한 보답으로 심 유경(沈惟敬)과 이 여송 등 조명연합군을 파견하게 됩니다.(<유 성룡 징비록> 및 서울 강남구 청담동 청담공원內 홍 순언 기념비 참조)

대동아 통일전략을 실행하기 위해 조선을 침략해 승승장구하던 왜는 평양성까지 점령했으나 조명연합군 및 의병, 승군 연합군과 해상권을 장악한 이 순신 제독에 밀려 바로 후퇴하는 신세가 됩니다. 이에 사명당은 울산의 왜성에서 가토(加藤淸正)와 회담하고 경쟁관계인 고니시(小西行長)는 명의 병부상서 석성이 파견한 심 유경(沈惟敬)과 파트너 쉽(Partnership)을 맺으며 불꽃튀기는 외교전을 벌이게 됩니다.

토요토미 히데요시(豊臣秀吉)의 대동아 통일전략 의도와 다르게 의외의 의병과 승병으로 전쟁이 지루한 교착상태에 빠져들면서 왜군은 일단 반도 남부지역의 전라도 곡창지대만이라도 얻으려 부심하게 됩니다. 이때에 일본은 조선 사람에게 상제님이 말씀하시는 3한당(三恨堂)에 등장하는 수종(水種)을 가르쳐 주게 됩니다. 고니시(小西行長)와 가토(加藤淸正) 휘하의 왜군은 명과 인도까지 밀고 들어갈 식량보급기지 확보의 장기적 목적에서 둔전용으로 수종(水種)을 조선인에게 가르쳐 그들의 식량 자체조달의 병참기지화를 노리게 됩니다.

벼농사의 방법은 볍씨를 땅에 바로 파종하는 직파법(直播法)과 못자리에서 일정기간 생육한 후 논에 옮겨 심는 이앙법(移秧法)으로 크게 분류할 수 있습니다. 이앙법은 직파법에 비해 단위면적당 산출량이 많고 제초작업이 줄어드는 등 여러가지 이점이 있으나 이앙시기에 비가 오지 않을 경우 한해 농사를 완전히 망친다는 단점이 있어, 중국의 강남지방과 일본처럼 봄 가뭄이 심하지 않은 곳에서만 일찍부터 시행될 수 있었으나 우리나라의 경우는 중국 화북 지방처럼 봄 가뭄이 심한 지역이었기 때문에 수리안전답을 제외하고는 이앙법이 크게 보급되지 못한 상태였습니다.

그러나 우리나라도 이미 임진왜란 이전부터 이앙법을 알고는 있었고 또 일부 지역에서는 실시된 적도 있었으나 왜군에 의해 크게 보급되어 일반화된 것은 임진란 이후였습니다. 임진왜란 때 일본이 우리나라에 와서 이앙법을 가르쳤다는 것은 임진왜란이 끝난 직후인 17세기 초에 간행된 농서 <農家月令>(1619)에서 찾을 수 있습니다. 농가월령에는 마른못자리 기술(乾秧法)이 소개되고 있는데, 이는 이미 이앙법이 물이 없거나 적은 토양에서도 부분적으로 적응하기 시작했다는 내용으로, 이 시기에 이르면 조선전기 이앙의 가장 큰 한계점이었던 '물의 부족에 기인한 이앙법 보급의 한계'가 기술 개발을 통해 해결되고 있음을 보여줍니다.

한편 조선시대 이앙법의 본격적인 확산 시기는 임진왜란 이후인 17세기(초반 혹은 중반 이후)라는 것이 학계의 대체적인 견해인데, 문헌상의 기록은 없지만 임진왜란 중에 왜군은 당시로서는 수리시설이 부족해도 농사를 지을 수 있는 새로운 수종법인 마른못자리 기술(건앙법)을 직접 조선인에게 가르쳐 널리 확산시켰습니다. 원래 토요토미 히데요시(豊臣秀吉)의 조선침략의 명분은 조선, 중국, 인도까지 지배하는 대동아 통일전략의 일환으로 인한 정명가도였습니다.

당시로서는 신기술 수종법인 마른못자리 기술(乾秧法)을 조선인에 가르친 이유가 식량보급 기지 확보의 장기적 목적에서 둔전용으로 수종을 조선인에게 가르쳐 그들의 식량 자체조달의 병참기지화를 위한 것이었지만 임란과 정유재란의 지리한 전쟁은 엉뚱하게도 석성이 파견한 심유경(沈惟敬)의 활약으로 풍신수길이 독살당해 끝나면서 아무 소득없이 수종법만 가르쳐 준 셈이 되어 한(恨)이 되었다는 것입니다.

심 유경은 결과적으로 조선인 홍 순언에 의해 부인을 얻게 된 병부상서 석 성(石星)의 밀명으로 조선에 보내져 결정적인 평양전에서 왜군의 주력부대를 부산으로 후퇴하게 만들고 명과 조선의 틈바구니 속에서(구체적으로는 명을 대신해 소서행장과 풍신수길을 맞 대적) 양측의 주장을 서로 속여 전달해 서로에게 욕먹게 되지만 결과적으로는 부산 동래출신의 양 부하(梁敷河)라는 소년의 힘을 빌어 토요토미 히데요시

(豊臣秀吉)를 독살시키는 계기를 만듭니다.

임진왜란 정확히는 정유재란 최대의 변곡점을 만든 사건입니다. 심 유경(沈惟敬)은 돌아가 명나라 왕의 기망 죄로 조선에서 명군 장수에게 잡혀 처형당했지만 결과적으로 조선의 입장에서는 심 유경(沈惟敬)에게 큰 상을 내려도 부족함이 없는 인물입니다. 중국과 인도까지 식민지로 삼으려 했던 토요토미 히데요시(豊臣秀吉)가 죽으면서 조선에서는 광해군 체제로 바뀌고, 왜도 세키가하라 전투를 통해 도쿠카와 이에야스(德川家康) 막부가 들어서고, 명(明)도 이 자성(李自成)의 반란과 함께 비운의 숭정제(崇禎帝)가 자살하면서 대국인 명나라는 진 원원(陳圓圓)이라는 여자 하나에 눈이 먼 오 삼계(吳三桂) 장군이 청에 붙는 바람에 마침내 청나라에게 먹히는 신세가 됨으로써 결과적으로 동양 3국의 체제가 모두 뒤바뀌고 맙니다.

결국 이런 모든 동아시아의 변혁을 일으킨 풍신수길의 제거는 조선인 홍 순언의 보은으로 명의 병조판서 석 성(石星)에 의해 파견된 심 유경(沈惟敬) 개인이 조선 동래출신의 소년 양 부하(梁敷河)의 도움으로 만든 쾌거였습니다. 돌이켜보면 나비효과(Butterfly Effect) 만큼이나 인사문제는 수없는 변수를 거치면서 특정한 목적지를 향해 도착함을 볼 수 있고 그 목적지에는 엄청난 충격(Impact)을 일으킴을 알 수 있습니다.

상제님께서는 <보천교普天敎 교전敎典>에 “그럼으로 이제 해원시대解冤時代를 당当하야 먼저 도성都城에들게 됨에 일한一恨이 풀리고 인명人命을 많이 죽이지 않게 됨에 이한二恨이 풀리고 고한삼년枯旱三年 백지강산白地江山에 민무추수民無秋收하게됨에 삼한三恨이 풀리리라” 하셨습니다. 세 번째 수종법의 원한에 대해 고한삼년枯旱三年 백지강산白地江山에 민무추수民無秋收하게 됨에 삼한三恨이 풀리리라 하신데 대해, 모심기를 가르친 일본의 한이 풀리는 과정을 보면 한이 풀리는 시기가 한일합방 과정임을 알 수 있습니다.

1904년부터 1910년까지 간행되었던 대한매일신보에 대한(大旱) 가뭄과 흉년에 대한 기사에 1908~1910의 3년간 만 집중적으로 나타납니다. 고한 삼년(枯旱三年)으로 백지 강산(白地江山)이 되어 민무추수(民無秋收)하는 일이 실제로 한일합방 직전에 일어났던 것입니다.

영등포로부터 슈원까지 가는 렬도근처에 농형이 흉년됨을……(1908. 10. 8)
금년농사 흉년들어 츄슈할 것 업꼬보니(1908. 10. 10일자 시사평론)
금년여름에 가물을 인하야 모를 못낸곳이 반이나 되거늘(1908. 11. 11)
가긍할사 한국동포 거의거의 죽겟는대 이와갓치 가물어서 흉년좃쳐 당코보면…… 이와갓치 폭양인즉 츄슈할게 잇겟느냐……(1909. 6. 25 시사평론)
근일에 가뭄이 넘어 심하여 민정이 황황하다는……(1909. 6. 29)
북도흉년 함경북도에는 충재로 인하야 금년추수가 전혀 업슬땅도잇고 (1909. 9. 2)
함경북도와 강원도 각디방에 본년농형을 드른즉 충재가 우심하야 츄슈가 평년보다 삼분지 일에 불과…… (1909. 9. 14)
인천 남촌면등디는 련삼년 흉년이 드러셔 간난한 동포의 생활이 극난하다는대 (1910. 1. 6)
전라북도 부안군 이도면은 여러해 흉년이 드러셔 간난한 인민들이 모다 류리개결 할 디경이 되엿는대(1910. 4. 26)
전라남도 광주군 창평군에는 작년흉년을 당하여 빈민의 정황이 극도에 달한고로 샤환미로 구제하엿더니 본년농형이 또 됴치못하여…… (1910. 7. 26)

당시 신일본 정부의 내각총리 이등박문(伊藤博文,1841~1909.10.26)은 본명이 하야시 도시스케(林利助)로 초대총리로부터 4선(1,5,7,10대) 총리입니다. 경운궁에서 1905년 강제 을사늑약을 주도하여 조선 통감부 초대 통감을 지냈고 헤이그 밀사사건을 계기로 고종황제를 강제로 퇴위시키고 경운궁을 덕수궁으로 바꾸고 덕수궁 정문의 원래 이름 대안문(大安門)을 대한문(大漢門)으로 바꾼 원흉입니다.

그는 일본 근대화의 영적 지도자로 20대에 처형된 요시다 쇼인(吉田松陰,1830~1859)의 쇼카손주쿠(松下村塾) 문하생으로 메이지유신의 주역으로 자리매김되어 당시 일본내 최고 거물들인 근대화 3걸이 모두 일찍 죽는 바람에 초대 내각총리를 지낸 행운아입니다. 그러한 그가 아시아 침략에 앞장서 조선에 을사늑약(乙巳勒約)을 강요하고 헤이그 특사사건을 빌미로 고종을 강제로 퇴위시키고 통감부 초대 총감을 지내는 등 당대 조선에는 최소한의 의기(義氣)마저 없는 양 일본천황 중심의 대동아공영권 건설을 향해 파죽지세로 진군할 때였습니다.

일본은 서구 제국주의가 동양으로 도도히 밀려오던 즈음 미국 제국주의 선봉대 페리제독의 페리호 흑선(黑船)이 함포를 들이대고 개항하라 압박하자 총포의 위력을 모르는 에도(江戶) 막부 사무라이들은 검술하나를 믿고 무모한 전쟁을 치룹니다. 결론은 총포를 사용하는 페리군단 앞에 막부사무라이는 전멸. 이를 지켜본 개화파 선구자 시조 사쿠마 쇼잔과 그의 수제자인 일본근대화의 정신적 대부 요시다 쇼인(吉田松陰,1830 ~1859), 의사출신 사카모토 료마(坂本龍馬,1835~1867) 등 일본 막부 사무라이 신지식인들은 서양의 총포 앞에 막부 사무라이 칼의 시대는 끝났다 선언하고 토막론(討幕論:도쿠카와 막부 토벌론)을 내세우며 막부시대 내내 허수아비로 존재해온 왜왕 (天皇)을 정신적 구심점으로 삼아 동양권을 하나의 "대동아 공영권"으로 묶어 서양에 대항해야 한다는 반 평화적 극우논리를 내세우게 됩니다.

이러한 논리는 칼잡이 시대인 도쿠카와 이에야쓰(德川家康) 막부 정부가 종말을 고하고 신일본정부가 수립되는 메이지 유신의 혁명 과정에서 좌표를 잃은 일본 신지식인들 사이에 일대 광풍(狂風)으로 다가옵니다. 20대 젊은 패기의 요시다 쇼인(吉田松陰,1830~1859)은 이러한 생각을 <유수록(幽囚錄)>으로 발표하고 자신의 고향 조슈한(長州藩:야마구치현(山口縣))에 사설 정치학교 쇼까 손지쿠(松下村塾)를 설치해 제자를 모아 가르치기 시작했으며, 사카모토 료마(坂本龍馬, 1835~1867)는 1866년 1월21일 교토에서 당시 최대 실력자였던 사츠마번(薩摩藩)의 사이고 다까모리(西鄕隆盛)와 쵸우슈번(長州藩)의 기도 다카요시(木戶孝允, 1833~77)로 하여금 삿쵸우(사츠마, 쵸우슈) 동맹이 이루어지게 주선함으로써 막부정부를 타도하고 명치유신이 탄생하는 결정적인 기틀을 제공합니다.

요시다 쇼인(吉田松陰)과 사카모토 료마(坂本龍)

20대의 요시다 쇼인(吉田松陰)이 설치한 사설 정치학교 쇼까 손지쿠(松下村塾)에서는 일본 근대화의 기라성 같은 80여명의 인물들이 모여들어 그의 무릎아래서 <유수록(幽囚錄)>의 정치수업을 받고 신일본 정부로 들어가 권력의 핵심으로 포진합니다. 이토 히로부미(伊藤博文)를 비롯해 일본 근대화과정의 거의 모든 기라성 같은 인물들은 이같이 그의 사상적 영향을 음으로 양으로 받아 씨 뿌려 개화된 것입니다.

대략, 일본국 근대화의 화신 다카스기 신사쿠(高杉晉作), 가쓰라 고고로(桂小五郎:후일의 기토 다카요시(木戶孝允)이자 명치정부의 총리대신), 촌부의 아들로 태어났으나 명치정부의 초대 총리대신이 되는 이토 히로부미(伊藤博文), 이노우에 가오루(井上馨:후일의 외무대신, 조선공사), 야마가타 아리토모(山縣有朋:후일의 내무대신, 육군대신) 등 기라성 같은 인물들이 모두 다타미(짚으로 만든 일본 전통 바닥재) 여덟장 크기의 요시다 쇼인(吉田松陰) 슬하의 쇼까 손지쿠(松下村塾)에서 1년 남짓 존황주의 대동아공영권 이론의 호연지기를 배운 젊은이들이었습니다.

일군만민론(一君万民論:왜왕 아래 만민평등)으로 대표되는 <유수록(幽囚錄)>의 대동아공영권은 막부시절 허수아비였던 왜왕에게 막부의 권력을 반환해(大政奉還) 천황중심으로 아시아를 하나로 묶어 서양과 대적한다는 허황된 논리로 당시 도쿠카와 이에야쓰(德川家康) 정권의 마지막을 장식한 도쿠카와 요시노부(徳川慶喜) 쇼군(將軍) 막부를 타도, 폐지해(討幕論) 유명무실한 왕을 다시 복권하여(大政奉還) 서양의 진출에 맞선다는 구상으로 만들어진 일본판 제국주의 우익인사들의 허황된 망령이자 신기루였습니다.

그 허황된 망령이자 신기루는 마치 일본의 상징 꽃이 된 제주 왕 벚꽃이 일시에 피었다가 한 번에 지듯이 욱일 승천기(旭日旗)인 아사히노 하타를 몸에 두르고 야마도혼(大和魂)으로 무장한 가미가제(神風) 자살특공대가 함선의 굴뚝도 적중시키지 못하고 뱃전위로 허무하게 산화하는 낙화(落花) 같은 것이었고 패전국이라는 낙인 앞에 신(神)임을 포기하고 무조건 항복으로 종전을 선언한 히로히토(裕仁) 왜왕의 비굴함과 같은 것이었습니다.

일군만민론(一君万民論)은 제국주의 일본이 시대에 뒤떨어진 바쿠후(幕府:사무라이 막부정권)가 아닌 덴노(天皇)에 의해 통치되어야 하며 그 밑의 만민은 모두 평등해야 한다는 요시다 쇼인(吉田松陰)의 감언이설의 주장으로 이는 후에 메이지 정부의 핵심 지도이념이 되고 메이지 정부는 4차례나 총리를 역임한 이토 히로부미(伊藤博文)가 초대총리로 이끕니다. 일본 만 엔짜리 지폐인물을 보면 일본 명문사학 동경 게

이오 대학(慶應大學:1858)의 창립자로서 갑신정변을 후원한 후쿠자와 유키치(福澤諭吉)가 인쇄되어 있습니다.

그가 주장한 탈아론(脫亞論)을 보면 인종주의고 도덕, 윤리고 다 때려치우고 못살고 뒤떨어진 아시아의 대열에서 벗어나 서구 열강의 문명 제국과 벗하여 먼저 일본을 문명화하고 서구 열강의 식민지 제국주의 방식대로 일본도 아시아를 침략해 식민지로 삼자는 전형적인 일본 존황주의 극우파 주장입니다. 사실 이러한 주장이야말로 현대 일본 극우파의 원 뿌리이기도 합니다.

<대동아 공영권>에 <동양 평화론>으로 응징한
안 중근 장군 &二等(약)方文 이토의 국장 장면

이 주장 역시 대국적으로 요시다 쇼인(吉田松陰)의 존황주의 일군만민론(一君万民論)과 대동소이한 주장으로 이러한 제국주의 심보의 주장을 비장하게 비판한 '대한 의군 참모중장 독립특파대장' 안 중근 장군의 <동양 평화론>은 현 21세기 지구촌 시대에 와서도 그 빛이 결코 바랄 수 없습니다.

이러한 대동아 공영권을 중심한 일군만민론(一君万民論), 탈아론(脫亞論) 같은 논리는 결과적으로 당시 일본에 불어 닥친 동양에 대한 서양열국의 식민지 제국주의에 반대급부의 보상을 받으려 한 일본의 동양 약소국에 대한 식민지 제국주의 욕망입니다. 대동아 공영권 구축을 위해 우선 대만 조선 중국 등 아시아 제 국가를 제압할 것을 주장하는 이러한 주장은 일본 근대화 3걸(三傑)이 죽은 후 정치적으로 기회를 잡은 이토 히로부미(伊藤博文)를 비롯한 군국주의 신일본 정부 요인들에 의해 집요 불굴한 정치 신앙적 구호가 됩니다.

본래 상제님께서 원래 조선근대화의 임시 일꾼으로 일본에게 조선을 의탁한 뜻은 일본(日本)은 임진난후(壬辰亂後)로 도술신명(道術神明)들 사이에 척이 맺혀 있어 그들에게 조선을 넘겨주어야 척이 풀리므로 임진왜란 때 맺힌 삼한당(三恨堂)의 한(恨)을 풀고 조선을 후천의 일등 종주국 대중화(大中華)로 만들기 위해서였습니다.

그러나 이토 히로부미(伊藤博文)를 정점으로 하는 본말전도의 일본 야마도혼(大和魂)은 수중(手中)에 떨어진 조선에게 배사율(背師律)의 금도(禁度)를 넘어설 뿐 아니라 동양의 모든 약소국을 왜왕 중심의 영원한 대동아 공영권 식민지 노예로 만들려 획책하고 히노마루(旭日旗:아사히노 하타)와 기미가요(제국주의 국가)및 가미가제(神風) 자살특공대 등으로 무장하여 자신들이 물질문명을 배워온 서양에게까지 무기로 대항하는 무모한 배사율을 거리낌없이 범합니다.(태평양 진주만 폭격)

이는 결국 정신문화의 스승국인 조선의 은공을 뿌리부터 배역(背逆)하는 것일 뿐 아니라, 무기를 배워온 서양에게까지도 배은망덕을 범하는 것으로 신명계 법도(神道)에서는 허락지 않는 것이었습니다. 지금은 미일 동맹국으로 미국이 봐주는 척하지만 일본의 본질을 익히 잘 아는 미국은 볼 일 다보고 결국 파탄으로 몰아갈 갈 것입니다.

이에 상제님께서는 이미 일등방문(一等方文)으로 처방한 안 내성(安乃成) 성도를 통해 '대한의군 참모중장 독립특파대장' 안 중근(安重根)으로 하여금 이등처방문(二等方文)에 불과한 수탈자 이등박문(伊藤博文)의 배은망덕과 금도를 넘는 배사율(背師律)을 동양평화론의 명분으로 처단하심으로써 청에서 조선으로 넘어온 황극신과 더불어 대중화(大中華)의 의기(義氣)가 구한말 조선인의 혼(魂) 속에 살아있음을 상징적으로 보여주신 것입니다.

동시에 일본의 천황일통(天皇一統) 제국주의(帝國主義)의 괴수 이등방문(二等方文) 뒤에 신명계의 법도(神道)로 처방된 일등방문(一等方文)이 조선에 있다는 것을 세상에 보여주신 것입니다. 또한 일본이 조선에 한(恨)을 품은 삼한당(三恨堂)을 해원시켜주시어 도술신명 사이에 맺힌 한을 풀고 '조선 근대화 임시 일꾼 사명'을 넘어 배은망덕의 금도(禁度)를 넘어서는 욕심을 갖지 않도록 무한하신 절대자의 조화 신권으

문왕文王이 유폐된 유리성羑里城. 9년 천지공사, 10년 신정공사의 핵심은 도안 세살림 추수 문왕도수의 씨앗인 어질 인仁을 일제하에 잘 지켜 틔우는 것.

로 수탈자 이등박문(伊藤博文)의 명줄(命)을 거두어 '이등 처방문'을 의미하는 '이등방문'으로 정의해 경계하신 것입니다.

상제님께서는 식민지 제국주의의 대세 속에서 어차피 조선을 의탁할 바에는 인종이 다른 서양제국에게 넘기면 인종이 달라 씨가 마를 염려가 있어 같은 동양 핏줄인 일본에게 맡긴다 하셨습니다. 그러나 "그들에게 일시一時 천하통일지기天下統一之氣와 일월대명지기日月大明之氣를 붙여주어 역사役事를 잘 지키려니와 한 가지 못 줄 것이 있으니 곧 「어질 인仁」 자字라 만일 「어질 인仁」 자字까지 붙여주면 천하는 다 저희들 것이 되지 않겠느냐 그럼으로 「어질 인仁」 자字는 너희들에게 붙여 주노니 너희들은 오직 어질 인仁 자字를 잘 지키라"<보천교普天敎 교전敎典> 하셨습니다.

어질 인은 나라를 송두리째 잃은 억울함 속에서 일본인에게 온갖 냉대를 받으면서 참는 속에서 인류를 구원하는 무량대복의 핵심(仁: 果核, 씨)이 해방이후 삼초(三招, 三哨)끝에 대인출세(大人出世)의 종통(宗統) 씨가 비로소 2변 교운(초복) 문왕 도수 기두(起頭)로 터져 나옴을 뜻합니다. 증산 상제님은 여러 종도들 중에서도 유독 안내성 성도에게 "내 종자는 삼천 년 전부터 내가 뿌려놓았느니라."<증산도 道典>고 밝혀주셨는데 삼천년 전에 인연종자(仁)를 뿌린 옥불(玉佛) 이야기는 뒤에 <미륵존경(彌勒尊經)>으로 불리는 <불설미륵고불존경(佛說彌勒古佛尊經)>에 자세히 소개합니다.

<증산도 道典>★하루는 상제님께서 내성에게 이르시기를 "내 종자는 삼천 년 전부터 내가 뿌려 놓았느니라." 하시고 "앞으로는 음(陰) 도수가 높으니 양(陽)만으로는 절대

큰일을 못 하는 것이다." 하시니라. 또 말씀하시기를 "내성아, 너는 태을주(太乙呪)를 많이 읽어라." 하시고 "너는 내 도(道)의 어머니가 되라." 하시며 내성에게 무당 도수를 붙이시니라.

이 상호, 이 정립 형제에 의한 증산교 대법사의 강탈과 안 흥찬(安興燦) 총 사수(總師首)에 대한 온갖 고난과 핍박은 결국 1974(갑인)년 기두해 1984(갑자)년 숙구지 문왕의 중복도수를 터뜨리기 위한 산고(産苦)입니다.

알고 보면 어질 인仁을 잘 지키라는 말씀은 조선인 씨종자를 잘 지켜 조상에 보은하고 교운의 핵심인 추수사명 도안(都安) 세 살림 종통 문왕 도수 씨앗(仁)을 잘 지켜 의통(醫統) 천하사를 완수하라는 말씀으로 판밖에 남모르는 법으로 꾸며놓으신 천지공사의 핵심 알캥이-고갱이입니다.

<보천교普天教 교전教典>★이제 서양西洋사람에게 재조를 배워 다시 그들을 대항對抗하는 것은 배은망덕背恩忘德줄에 범犯함으로 판밖에서 남의의뢰依賴없이 남모르는 방법法으로 일을 꾸미노라 일본日本사람이 미국米國과 싸우는것은 배사률背師律에 범하는 것임으로 참혹慘酷히 망亡하리라

<대개벽경(大開闢經)>★성도 물어 여쭈기를, "지금 황극신이 명을 받들어 이 동방으로 왔거늘, 광서제가 죽으니 그 이유가 어찌된 연고이나이까." 말씀하시되, "청국에 황제의 운이 사실상 광서제에 이르러 매듭짓노라. (부의로 망함)" 성도 물어 여쭈기를, "황극신이 이 동방으로 오면 천하의 대중화가 조선이 되오니 청은 장차 어찌 되나이까." 말씀하시되, "내가 거하는 곳이 천하의 대중화가 되나니, 청을 분방(分邦)으로 만드노라."

-問曰 今 皇極神 奉命東來 光緒帝 崩 其理 何以乎 曰 淸國 帝運 至光緖 終 弟子 問曰 皇極神 東來 天下之大中華 爲東土 淸將何如乎 曰 我之所居 爲天下之大中華 淸作分邦-

<대개벽경(大開闢經)>★하루는 성도 상제님을 곁에서 모심이러니 물어 여쭈기를, "매 공사 후에 공우를 명하사 각지에 순회하여 추종성도에게 공사를 돌아가며 고하여 그들로 하여금 공사내용을 알게 하고 말씀하시되, '이 또한 천하대순이라.' 하시니 어찌된 연고이나이까." 말씀하시되, "천하의 법이 대중화(大中華)로부터 나와 만국에 미치노라."

-一日 弟子 侍之 問曰 每在公事之後 命公又 巡廻各地 從徒 輪告公事 使知之 曰 此亦天下大巡 何以乎 曰 天下之法 出於大中華 及万國-

<증산도 道典>★하루는 말씀하시기를 "조선이 중국을 대국이라 칭한 고로 중국 인종이 조선 사람보다 큰 것이니라. 또 대국의 위에 특대국이 있으니 이는 곧 서양이라. 그러므로 서양 인종이 제일 크니라. 그러나 앞으로는 조선이 세계의 일등국이 되리니 선생국의 인종이 서양 사람보다 작아서야 쓰겠느냐. 내가 너희들의 키를 여섯 자 여섯 치로 쭉 늘여 뽑으리라." 하시니라.

<보천교普天教 교전教典>★어떤사람이 피란避亂곳을 물으니 가라사되 이때는 일본日本사람을 잘 대접待接하는것이 곧 피란避亂이니라 가로되 무슨연고緣故니잇가 가라사대 일본日本사람이 서방백호西方白虎기운을 띠고 왔나니 숙호충비宿虎衝鼻하면 상해傷害를 받으리라 범을 건들면 해害를입이고 건들지 않이하면 해害를 입이지 않이하며 또 범이 새끼친곳에는 그부근동리附近洞里까지 두호斗護하나니 그들을 사사로운 일로는 너무 거슬리지말라 이것이 곧 피란하는 길이니라 청룡青龍이 동動하면 백호白虎는 물어가나니라

<보천교普天教 교전教典>★또 가라사되 지난 임진란壬辰亂에 일본日本사람이 조선朝鮮와서 성공成功하지 못하야 세가지로 한恨이 매쳐서 삼한당三恨堂이 있다하나니 먼저 도성都城에 들지 못하였음이 일한一恨이오 인명人命을 많이 죽였음이 이한이오 수종水鍾을 가로쳤음이 삼한三恨이라 그럼으로 이제 해원시대解寃時代를 당当하야 먼저 도성都城에들게 됨에 일한一恨이 풀리고 인명人命을 많이 죽이지않게됨에 이한二恨이 풀리고 고한삼년枯旱三年 백지강산白地江山에 민무추수民無秋收하게됨에 삼한三恨이 풀리리라

<보천교普天教 교전教典>★조선朝鮮을 서양西洋으로 넘기면 인종人種이 다름으로 차별差別과 학대虐待가 심甚하야 살어날 수 없을것이오 청국清國으로 넘기면 그민중民衆이 우둔愚鈍하야 뒷감당堪當을 못할것이오 일본日本은 임진난후壬辰亂後로 도술신명道術神明들 사이에 척이 매처 있으니 그들에게 넘겨주어야 척이 풀림지라 그럼으로 그들에게 일시日時 천하통일지기天下統一之氣와 일월대명지기日月大明之氣를 붙여주어 역사役事를 잘지키려니와 한가지 못줄것이 있으니 곧 「어질인仁」 자字라

<보천교普天教 교전教典>★만일 「어질인仁」 자字까지 붙여주면 천하는 다 저희들것이 되지않겠느냐 그럼으로 「어질인仁」 자字는 너희들에게 붙여 주노니 너희들은 오직 어질인仁 자字를 잘지키라 너희들은 편便한사람이오 저희들은 곧 너희들의 일꾼이니 모든일을 분명分明하게 잘하여주고 갈때에는 품싹도 못받고 빈손으로 돌아가리니 말대접待接이나 후厚하게 하라

<대개벽경(大開闢經)>★(그 설비한 모든 물품을 불사르시고) 잠시사이에 잉경을 향하여 많은 말씀으로 명하시니, 언어는 조선말인지 아닌지 알지 못하니라. 말씀하시되, "조선을 잠시 타국에게 의탁하여 천운을 기다리게 하리니, 서양으로 넘기면 인종이 달라 차별과 학대가 심하여 살아날 수 없을 것이오, 청국으로 넘기면 그 나라 백성이 우둔하여 능히 감당을 못할 것이오, 일본으로 넘기면 임진란(1592) 후로 그 나라 도술신명들 사이에 척이 맺혀 있으니 이제 그들에게 넘겨주어 척을 풀리라. 그러므로 잠시 그들에게 천하 통일지운(천하통일 기운)과 일월 대명지기(일월의 밝은 기운)를 잠시 그들에게 부쳐주어 천하사의 큰일을 맡아 사역케 하노라."

-少焉 向磬命之多言 不知言語 似非鮮語 曰 朝鮮 暫與他國 以待天運 與西國 以人種之殊 有差別虐待之甚 與淸國 厥國之民 愚鈍 不能堪當 與日本 壬辰之後 厥國道術神明 有作戚 爲解戚 是故 天下統一之運 日月大明之氣 暫賜於彼 服天下之役事-

<대개벽경(大開闢經)>★말씀하시되, "그러나 한 가지 못 줄 것이 있으니 곧 어질 인仁자라, 만일 어질 인仁자까지 부쳐주면 천하는 다 저희들 것이 되지 않겠느냐. 그러므로 어질 인仁자는 너희들에게 부쳐주나니, 오직 어질 인仁자를 잘 지키라. 너희들은 지극히 편한 사람이오, 저들은 곧 너희들의 일꾼이니 모든 일을 분명히 잘 하여주고, 갈 때는 품삯도 받지 못하여 마땅히 빈손으로 돌아가리라. 그러므로 너희들은 가히 베풀 것이 없으니 언덕言德이라도 후하게 베풀라."

-曰 然而不可與者 有一 仁字也 若與仁字 天下 爲彼之有 是以 與仁字於汝衆 善守之 汝衆 至便之人 彼 爲汝役軍 諸事 明處 不受雇價 終當空手歸國 是故 汝之衆 無可施 厚施言德-

<대개벽경(大開闢經)>★말씀하시되, "한사람이 원한을 품음에 능히 천지기운을 막노라." 말씀하시되, "일본은 천하사 역할을 맡은 일꾼이노라." 말씀하시되, "일본사람이 내 일을 함께 해 주노라." 말씀하시되, "세상세람이 왜놈이라 칭할지라도 너희들은 일본사람이라 칭하라." 말씀하시되, "일본사람은 나에게 품삯 없이 고용된 일꾼이노라." 말씀하시되, "고용된 일꾼이 주인의 집을 빼앗고자 하다가 그 종말에 이르러서는 대패하고 빈손으로 쫓겨 가노라."

-曰 一人 含寃 能閉塞天地之氣也 曰 日 天下之役軍也 曰 日人 爲與我事也 曰 世人 稱倭漢 汝衆 稱日人 曰 日人 於我 無賃雇工也 曰 雇工 欲奪主人之家 及其終也 爲大敗-

<용화전경>★이때 세존님께서는 한국의 개화를 위하사 국정을 소련에 맡기자 하니 인종차별이 심할 것이요, 중국에 맡기자니 인종이 너무나 우둔함으로 일본에게 잠깐 맡겨 역사케 하시라 하시며, 일로전쟁을 일으켜 일본을 도와 소련을 패하게 하리라 하시니라. 또 말씀하시기를 일본사람은 우리나라에 와서 문명을 개척하며 일보

는 사람이니 그간 접대나 잘하라 하시고, 일본사람이 한동안 통일기세를 가지리라.

<용화전경>★그러나 품삯도 못 가지고 갈 것이니 그들에게 인(仁)자를 주지 못한 연고니라. 인(仁)자는 오직 너희들에게 주노라 하시니라. 또 말씀하시기를 소련사람은 악종(惡種)이므로 가히 성공은 못하리라 하시니라.

<보천교普天教 교전教典>★정미년丁未年가을에 순창농바우淳昌籠岩 박장근朴壯根의 집에 머물어실새 종도從徒다려 일러 가라사되 이곳에 큰기운이 묻처있으니 이제 풀어쓰리라 전명숙全明淑과 최익현崔益鉉은 그사람이 아니므로 도리어 해害를 받었나니라 하시고 공사公事를 행行하실새 「영웅소일대중화英雄消日大中華 사해창생여낙자四海蒼生如落子」 를 외우시니라 이날 참석參席한 사람은 형렬亨烈 공신公信 광찬光贊 원일元一 도삼道三 응종應鍾 갑칠甲七 장근壯根 등等이러라

<보천교普天教 교전教典>★양지洋紙로 꼭갈을 만들어 마장군馬將軍이라고 써서 문門지방위에 걸으시고 또짚으로 두아름쯤되게 잉경磬을 만들어 방房가운데 달어매고 백지白紙로 돌려 받은뒤에 이십사방위자二十四方位字를 돌려쓰시고 또 간간間間히 다른 글자로 쓰시고 그위에 양지洋紙를 비늘같이 올여서 비늘달어 돌려부치시니 그 모양貌樣이 쇠비늘을 잇대여 부친 갑옷과 같더라

<보천교普天教 교전教典>★장근壯根을 명命하야 식혜 한동이를 비저넣어라하사 이날 밤 초경初更에 식혜를 널버기에 담어서 잉경磬밑에 너으시고 가라사대 회문산回文山에 오선위기혈五仙圍碁穴이 있으니 이제 바둑의 원조元祖 단주丹朱의 해원도수解寃度數를 이곳에 부쳐서 조선국운朝鮮國運을 돌리려하노라 다섯신선중神仙中 한신선神仙은 주인主人이라 수수방관垂手傍觀할 따름이오 네신선神仙이 판을 대對하야 서로 패를 들처서 따먹으려 함으로 시일時日만 천연遷延하야 승부勝負가 속速히 나지 않이한지라

<보천교普天教 교전教典>★이제 최수운崔水雲을 청請해와서 증인証人으로 세우고 승부勝負를 결정決定하려하노니 이식혜는 곧 최수운崔水雲을 대접待接하려는 것이로다 너희들중中에 그문집文集에 있는 글귀句를 아는자가 있느냐 몇사람이 대對하야 가로되 기억記憶하는 구절句節이 있나이다 천사天師 - 양지洋紙에 「걸군굿, 초란이패, 남사당, 여사당, 삼대치」라 쓰시며 가라사대 이글이 주문呪文이라 외울때에 웃는자가 있으면 죽으리니 주의注意하라 또 가라사대

<보천교普天教 교전教典>★이글에 고저청탁高低清濁의 곡조曲調가 있나니 외울때에 곡조曲調에 맞지 아니하면 신선神仙들이 웃으리니 곡조曲調를 잘마추리라 하시고 천사天師 - 친親히 곡조曲調를 마추어 읽으시며 모두 따라 읽게하시니 이윽고 찬 기운이 도는지라 천사天師 - 읽기를 멈추시고 가라사대 최수운崔水雲이 왔으니 종용從容히 들어보라 하시더니 문듯 잉경磬위에서 「가장家長이 엄숙嚴肅하면 그런빛이 웨있으리」라고 외치는 소리가 들리거늘 가라사대 이말이 어데있느냐 한사람이 가

로되 수운가사水雲歌詞에 있나이다 천사天師 - 잉경위를 향向하야 두어마디로 알어 듣지 못하게 수작酬酌하신 후에 가라사대

<보천교普天敎 교전敎典>★조선朝鮮을 서양西洋으로 넘기면 인종人種이 다름으로 차별差別과 학대虐待가 심甚하야 살어날 수 없을것이오 청국淸國으로 넘기면 그민중民衆이 우둔愚鈍하야 뒷감당堪當을 못할것이오 일본日本은 임진난후壬辰亂後로 도술신명道術神明들 사이에 척이 매처 있으니 그들에게 넘겨주어야 척이 풀림지라 그럼으로 그들에게 일시日時 천하통일지기天下統一之氣와 일월대명지기日月大明之氣를 붙여주어 역사役事를 잘지키려니와 한가지 못줄것이 있으니 곧 「어질인仁」 자字라

<보천교普天敎 교전敎典>★만일 「어질인仁」 자字까지 붙여주면 천하는 다 저희들것이 되지않겠느냐 그럼으로 「어질인仁」 자字는 너희들에게 붙여 주노니 너희들은 오직 어질인仁 자字를 잘지키라 너희들은 편便한사람이오 저희들은 곧 너희들의 일꾼이니 모든일을 분명分明하게 잘하여주고 갈때에는 품싹도 못받고 빈손으로 돌아가리니 말대접待接이나 후厚하게 하라 이공사公事를 마치시고 형렬亨烈다려 일러가라사되

<보천교普天敎 교전敎典>★허미수許眉叟가 중수重修한 성천강선루成川降仙樓의 일만이천一萬二千골물은 녹祿줄이 붙어있고 금강산金剛山 일만이천봉一萬二千峰은 겁살劫殺이 찌어있나니 이제 그겁살劫殺을 벗겨야하리니 너는 광찬光贊과 도삼道三을 다리고 돌아가서 조석朝夕으로 청수淸水한동이씩式 길러서 스물네그릇에 나누어놓고 밤에 칠성경七星經 스물한번씩式 읽으며 백지白紙를 한방촌식方寸式 올여서 한사람이 하로에 모실시侍자 사백자식四百字式 열흘동안을 써서 네벽壁에 돌려부치고 나를 기다리라 하시니 형렬亨烈이 광찬光贊과 도삼道三을 다리고 구리골로 도라와서 명命하신대로 행하니라

<보천교普天敎 교전敎典>★하로는 내성乃成을 명命하사 몽둥이로 마룻장을 치며 이제 병독病毒에 걸린 인류人類를 건저려면 <u>일등방문一等方文이 여기 계신데 이등방문伊藤博文이 어찌 머리를 들리오</u> 하야 꾸짖으라 하시니라 이후에 안중근安重根이 할이빈哈爾賓에서 이등박문伊藤博文을 쏘아 죽이니라

<동곡비서>★또 안 내성(安乃成)으로 하여금 몽둥이로 마루장을 치게하시며 가라사대 "이제 병고에 걸려죽는 중생을 살리려면 일등방문(一等方文)이라야 되지, 이등방문으로는 되지 못한다." 하시며 또 박 공우에게 몽둥이를 들리사 경석이를 내리치라 하시고 "네 이놈아, 마음을 고치겠느냐? 마음을 고치면 우리 사람이요, 마음을 고치지 아니하면 너도 병고에 걸려 죽으리라." 하시며 무수히 난타를 하여 마음을 항복받으시고, 고 부인에게 무당도수(巫黨度數)를 부치시니라.

<대순전경 초판>★또 안 내성으로 하여금 곤봉으로 마루 장을 치라 하시며 가라사대

이제 병고(고질병)에 침전(빠져 얽힌)한 인류를 구활하려면 일등방문(일등 처방문)이라야 감당할 것이오. 이등방문(이등 처방문)은 불가하리라 하시며 또 박 공우에게 곤봉을 들리사 경석을 난타하며 마음을 변치 아니 하겠느냐 하야 다짐을 받으시고 고 부인에게 무도(무당도수)를 부치시니라.
原文: 쏘(또) 安 乃成으로 하여금 棍棒으로 마루 장을 치라 하시며 가라사대 이졔 病痼에 沈纏한 人類를 救活하려면 一等方文이라야 堪當할 것 이오. 二等方文은 不可하리라 하시며 쏘 朴 公又에게 棍棒을 들니사 京石을 亂打하며 마음을 變치 아니 하겟나냐 하야 다짐을 바드시고 高夫人에게 巫度를 붓치시니라.

<대개벽경(大開闢經)>★(내성을 명하사 몽둥이로 마루장을 치게 하시며, "이제 병독에 걸린 인류를 건지려면 일등방문이 여기 계신데, 이등방문이 어찌 머리를 들리오?" 하여 꾸짖으라 하시고) 말씀하시되, "이제 장차 천하의 난국을 바로 잡으려면 가히 일등방문(一等方文)을 쓸 것이오, 이등방문(二等方文)을 쓰는 것이 불가하노라." 이 말씀에 일본 총리 이등박문(伊藤博文)이 하얼빈에서 안중근 의사에게 살해되었다는 소문이 들리니라. (1909. 10. 26)

-曰 今 將正天下之亂局 可用一等方文 不可用二等方文 此曰 日使伊藤博文 於哈爾賓爲安重根之所殺 有聞-

<용화전경>★하루는 안 내성을 명하사 방망이로 나의 등을 치라하시니 내성이 제자의 도리로서 굿이 사양하니 말씀하시기를, 도수이니 빨리 치라고 호령을 하시면서 만일 이행치 않으면 너는 신명들에 의해 큰 해를 당하리라 하시니, 내성은 부득이 방망이로 세존님의 등을 치니 펄쩍 물러앉으시면서 이등방문이가 넘어가니 일등방문이 내가 낫네 하시니라. 이때 안중근이가 이등방문의 저격공사니라.

여섯째, 안 내성 성도에게 대도의 어머니 사명을 맡기시고 태을주 전수 및 율려(律呂)도수 사명을 내려주셨습니다.

태을주에는 율려도수가 붙어있다 하셨습니다. 『성리대전』에도 궁상각치우 5음의 율려 진동수에 대한 자세한 언급이 있지만 율려에 대하여는 정역경문에 율려조음양이라고 나옵니다. 율려는 음양을 고르게 하는 것입니다. 정역은 율려를 분석하여 놓았습니다. 율려의 체는 일월입니다. 율려-음양-강유는 시중성의 삼단계로 분석합니다(正易) 선천은 억음존양이며 후천은 조양율음으로 율려가 음양을 고르게 합니다. 선천 도가 수행의 핵심은 복기(伏氣),즉 태식(胎息)입니다. 곡신(谷神)이 불사함은 오로지 태식 일 뿐입니다, 도가는 명문으로 호흡함으로써 念을 안정하게 하고 명문의 진화를 일으키는 수행입니다.

도가의 총 핵심은 오로지 태식에 있습니다. 태식을 일월의 호흡이라고 비유해 말하기도 합니다. 염(念)은 파자하면 지금(今)의 마음(心)입니다. 후천의 수행은 태을주의 율려 토화작용으로 오행을 화합하게 하는 수행입니다. 인체는 화가 작동하면 오행이 상극으로 돌아가지만 토가 작용하면 비로소 토(土)안에서 오행 모두가 상생으로 돌아가게 됩니다. 선천 수행보다 더 구체적이고 근원적이고 원리적인 바른 수행법인 것입니다. 태을주의 율려는 훔치~가 됩니다. 율은 훔(吽)이고 려는 치(哆)가 됩니다. 정역에서 율(律)은 6수9금으로 태양의 체를 고르고 2화3목은 여(呂)가 되어 태음의 체를 고릅니다.

수행서의 육자결에 보면 후, 휴, 허, 하, 히 등은 오장의 열을 내리게 하고, 치는 신장 명문에 작용합니다. 훔(吽)은 입이 다물어지는 음이고 치(哆)는 양으로 열리게 됩니다. 훔치(吽哆)는 바로 오장육부를 조화하여 명문의 진양을 일으키는 선천수행과도 같은 것입니다. 태을(太乙)에 대해서는 안 운산 성도사님께서 콩으로 설명하신 것이 가장 정밀하고 원리적이고 분명합니다. 콩 씨앗은 내부가 을(乙)과 같이 되어 있습니다.

삼라만상의 가장 근원적인 태을(太乙)의 세계가 태을천(太乙天)이고 상원군(上元君)님입니다. 화(火)라는 것은 수(水)중에 거하며 만물에 부려附麗(딱붙음)하는 것이지 분리되어 화가 타오르면 바로 나의 원기를 태우는 도적이 되어버립니다. 허화는 我가 없는 허상 망상입니다. 이 무근의 화를 끄는 것이 토화작용인 훔이며 치~로써 명문에 안정하게 됩니다. 불가를 인화귀원(引火歸元)의 가르침이라 하는 것이 이것입니다.

이문(貳門)의 동장(動場)을 누르는 것이라는 표현도 2화의 분란을 막는다는 의미입니다. 화가 일어나면 온갖 인연이 따라 일어나고 소멸하게 됩니다. 실체 없는 아(我)에 매달릴 필요가 없습니다. 아(我)만 사라지면 세간만물의 신의 모습이 보이게 된다 합니다. 훔치(吽哆)는 소울음 소리로 축(丑)토 기운입니다. 토가 작용하면 토이 생화하여 진화가 일어나게 됩니다. 정역은 십건오곤(十乾五坤)으로 토가 정의 득위하게 됩니다.

십오는 존공이 되는 고로 천지는 2천7지의 진화가 실제로 작용하는데 정역은 정심이며, 바로 도통한 심법을 수학적으로 원리적으로 나타낸다고 하겠습니다. 선천은 수다토소(水多土少)하여 대부분이 무지 몽매하였다고 합니다. 후천은 토다수소(土多水少)가 된다 합니다. 실제는 수화평일 것입니다. 짐승은 흙탕물을 먹지만 인간은 정수를 먹으므로 그나마 명철하다고 합니다(한장경) 토가 중위에 정위하면서 진화가 제대로 작용하게 되는 것입니다

선천은 땅보다 물이 많지만 후천은 땅이 더 많아진다고 합니다. 정역은 모든 것을 수(數)로서 파악합니다. 삼라만상에 상수로 표현 못하는 허무의 세계는 없다고 합니다. 선천은 상수가 암매하여 분명하게 나오지 못하여 즉 정명이 분명하게 되지 못하여 대부분의 학자들도 일부 제외하고 짐승수준에 머물게 되었다고 파악 합니다. 마음도 마음이라 하는 것이 음을 갈고 닦아서 밝음으로 향하라는 의미에서 마음이라 한 것이라고 합니다. 마음 心의 4획은 땅을 상징하는 것이고 글자 모양이 둥근 것은 하늘모양입니다. 점 3개는 유불선 정기신을 말한다 합니다. 문자와 언어에는 많은 비밀이 숨어 있습니다.

<증산도 道典>*이어서 다시 내성에게 말씀하시기를 "너는 내 도의 아내라. 태을주만은 너에게 전하여 주리니 태을주를 많이 읽으라." 하시고 "너는 이 세상에 태을주를 전파하라. 태을주는 우주 율려(律呂)이니라." 하시니라. 또 말씀하시기를 "파라, 파라, 깊이 파라. 얕게 파면 죽나니 깊이깊이 파야 하느니라." 하시니라. 이로써 내성에게 율려 도수를 맡기시니 그 후 내성이 상제님의 명을 받들어 3년 동안 자리를 뜨지 않고 일심으로 태을주를 읽으니라.

건존 증산 상제님 9년 천지공사와 곤존 태모 고 수부님 10년 음양 천지공사의 총 결론은 증산 상제님 무극대도 진리를 세상에 전하는 포교(布敎)를 통해 개벽 철 6임(任) 천하사 일꾼을 잡아들여 의통성업(醫統聖業)을 함께 집행하는 것입니다. 상제님은 일꾼을 구하는 포교(布敎)공덕이 제일 크다고 말씀하셨습니다. 포교(布敎)는

영웅이라 칭하는 자를 모두 잡아들이는 포교(捕校)입니다. 그리하여 포교(布敎)가 곧 천하 사람을 잡아들이는 포교(捕校)가 되노라 하셨습니다.

결론적으로 상제님 천하사는 근본적으로 세상의 영웅을 잡아들이는 포교(捕校)인 포교(布敎)가 밑바탕이며 포교(布敎 의 본질은 태을주(太乙呪)를 전해주어 후천 중생 구제 천하사에 동참시키는 작업입니다. 따라서 상제님께서 집행하신 9년 천지공사(天地公事) 중에서 경만장 안 내성(安乃成) 성도에게 태을주(太乙呪)를 직접 전수해 주는 공사를 집행하신 의미는 가장 중차대하다 할 것입니다.

상제님 천하사가 곧 태을주(太乙呪) 전수라는 관점으로 보면, 태을주(太乙呪)는 마치 옛날 임금이 전쟁터를 떠나는 총사령관에게 곤이내(대궐문안)는 짐이 제지하고 곤이외(대궐문밖)는 장군이 제지하라며 모든 지휘권을 맡기는 상징 부월(斧鉞:큰 도끼와 작은 도끼)과도 같은 것이며 태을주(太乙呪) 전수 예식은 곧 도운의 지휘권을 맡기는 예식과도 같습니다.

또한 앞으로는 음(陰) 도수가 높으니 양(陽)만으로는 절대 큰일을 못 하는 것이라 하시고 내성에게 무궁무궁한 태을주의 음도수 조화기운을 부쳐주셨습니다. 태을주는 만사무기(萬事無忌) 태을주, 만병통치(萬病通治) 태을주, 포덕천하(布德天下) 태을주, 광제창생(廣濟蒼生) 태을주, 태을주는 여의주(如意珠), 무궁무궁(無窮無窮) 태을주입니다. 상제님은 추수사명 도수를 부친 안 내성 성도에게 이러한 태을주를 많이 읽어 상제님 도(道)의 어머니가 되라 하시고 무당도수를 내려주셨습니다.

<보천교普天敎 교전敎典>*하로는 종도從徒다려 일러 가라사되 도적盜賊잡는자者를 포교捕校라고 불으나니 교敎를 전傳할때에 포교布敎라고 일컬으라 우리일은 세상世上에 모든불의不義를 밝히려는 일이니 그럼으로 세상世上에서 영웅英雄이란 칭호稱號를 듣는자者는 다 잡히리라

<대개벽경(大開闢經)>*"너희들이 하는 포교(布敎)가 곧 천하 사람을 잡아들이는 포교(捕校)가 되노라." 성도 물어 여쭈기를, "포교(捕敎)란 도적을 잡는 직책이거늘 진리를 펴는 포교(布敎)가 도적 잡는 포교(捕敎)가 되니 그 뜻이 어찌되나이까." 말씀하시되, "내 세상에 사람이 감히 영웅으로 행세치 못하나니, 천하의 영웅을 다 잡아들이노라." 성도 물어 여쭈기를, "장차 천하의 영웅을 잡아들이려면 어떤 방책으로 시행하나이까. 말씀하시되, 너희들이 장차 천하에 포교하여 천하 대중이 정성껏 내

게 송주(頌呪:주문의 呪 글자 자체가 기원하고 기도한다는 의미니 주문을 외우는 것 자체가 상제님을 칭송하고 기도하는 것이다.)하여 마음공부를 수련하면, 영웅의 심법이 자연히 변하여 현인의 심법이 되고 악인의 심법이 자연히 화하여 선인의 심법이 되어, 젖먹이가 마치 어미 품속에 있는 것 같고, 갓난애(赤子:임금이 백성을 이르는 칭호)가 마치 천지공정에 있는 것과 같노라."

-汝徒之布教 卽爲天下之捕教 弟子 問曰 捕教 捕賊之職 布教 爲捕校 其義 何以乎 曰 我世 人 不敢以英雄 行世 盡捕天下之英雄 弟子 問曰 將捕天下之英雄 有何方策 可施乎 曰 汝之徒 將布教天下 天下之衆 誠我頌呪 修鍊心工 雄心 自然以變賢, 惡心 自然以化善 乳兒 如在母懷 赤子 在天地公庭-

일곱째, 태모 고 수부님에게 부치신 무당도수를 안 내성 성도에게도 부치셨습니다.

하루는 고부인(高夫人)으로 하여금 춤추게 하시고 친히 장고(長鼓)를 치사 가라사대 이것이 천지(天地)굿이니 너는 천하일등(天下一等)무당이요 나는 천하일등재인(天下一等才人)이라 이당(黨) 저당(黨) 다버리고 무당(巫黨, 巫堂)의 집에서 빌어야 살리라 하시고 인(因)하여 무당도수(巫堂, 巫黨度數)를 부치셨습니다. <고부인 신정기>는 무당(巫堂)의 집이라 하고 <보천교 교사>, <선도신정경>은 무당(無黨)의 집이라 합니다. '천하일등 무당'의 무당도 <대순전경>은 무당(巫堂)이라 하고 <선도신정경>은 천하일등(天下一等) 무당(巫黨)이라 표기하고 <보천교 교전>은 그냥 한글로 무당이라 표기되어 있습니다.

원효대사의 아들로 이두문자를 만든 설총(薛聰)은 일찍이 <설총비결(薛聰秘訣)>에서 근어여성성어녀(根於女姓成於女) 천도고연만고심(天道固然萬古心)이라 예언했습니다. 인류역사상 모든 성(姓)씨의 시조는 바로 강(姜) 성의 시조인 신농(神農)씨 강(姜)씨 성(姓)입니다. 아 사후(我死後) 8년 후에 상제강림(上帝降臨)이라는 최 수운 대신사 예언대로 1864년 최 수운 처형 후 8년 만인 1871년 신미년에 미륵부처님이시자 한울님이시며 천주 하느님이신 상제님이 강(姜)씨 문중의 몸으로 탄강하셨습니다.

근어여성(根於女姓)은 여자 성씨인 염제 신농-여상 강태공의 강(姜)씨에 뿌리를 두어 탄강하신 증산 상제님께서 천지공사(天地公事)를 집행하신다는 예언이고, 성어녀(成於女)는 증산 상제님께서 보신 천지공사의 천하사 대업을 안 내성(安乃成) 성도를 통해 보신 공사 내용대로 추수 사명자가 강강술래 도안 안(安)씨 성(姓)씨로 마무리되어 이루어진다는 예언입니다. 천도고연만고심(天道固然萬古心)이란 하늘에서 정해놓은 천도(天道)가 애초부터 확고부동하게 우주원리로 그렇게 이루어져 있다는 뜻입니다.

이는 천지공사를 집행하신 상제님이 원시반본(原始返本)의 후천 가을을 맞이해 인류의 시조 성씨인 강(姜)씨 혈통으로 오셔서 천지공사를 보신 것을 말함과 동시에 진멸지경에 빠진 창생을 구제하는 천하사 대업을 마지막으로 매듭짓는 것도 일등방문으로 처방한 안 내성(安乃成) 성도의 세 살림에서 이루어지도록 천도가 짜여져 있음을 밝힌 것입니다. 옛날부터 안(安) 씨 성(姓)은 규방(閨房)에 갓 쓴 여자가 앉아있다고 해서 시속에 무당(巫堂)의 성씨라 해 왔습니다. 상투를 틀어 뾰족한 수가 있게 하신 상두쟁이 칠성 도수가 안(安) 씨 성(姓) 글자 갓머리(宀)에 숨겨져 있습니다.

상제님이 태모 고 수부님에게 이 당(黨) 저 당 다 버리고, 무당의 집에 가서 빌어야 살리라 하신 말씀은 태모 고 수부님의 낙종물 사명인 교단개창(太乙教=仙道教)으로부터 출발해 차 경석 성도의 이종물 사명(普化教=普天教)을 거쳐 경만장 안 내성 성도의 운암강수 만경래 김만경 뜰, 도안(都安) 세 살림 추수사명으로 이어지는 종통맥(宗統脈)을 두고 하는 말입니다. 삼변성도(三變成道)의 <종통 세 살림> 전체의 두목은 당연히 상제님이 장차(將次) 천하(天下) 사람의 두목(頭目)이 되리라 하신 곤존 태모 고 수부님이십니다.

과거 기독교 초기 역사에서 예수의 여인이자 수제자였던 마리아 막달레나가 질투심으로 인해 그녀를 크게 견제한 사도 베드로와 십자가 처형 이후 등장한 바리새인 바울(사울) 등의 남성 교권주의자들에 의해 제거되어 그 뒤로도 남성 사제 권력에 의해 기독교 역사의 본질이 크게 왜곡된 적이 있습니다.

상제님 진리 판에도 태모 고 수부님을 위주로 하는 교운의 낙종물 사명, 이종물 사명, 추수사명 등 삼변성도의 종통이 기독교 초기역사의 그것 못지않게 왜곡되어 태모 고 수부님을 정음정양의 신앙 권에서 도려내고 자신들만의 교주 중심의 종통을 세우기 위해 교리를 인위적으로 짜 맞추어 크게 잘못된 신앙을 해오기도 했습니다. 그러나 이제 동지한식백오제의 2013, 2014, 1015 사오미(巳午未) 진리 개명시대를 맞아 다 같이 미명(未明)에서 깨어나 영적 성숙을 거둘 때입니다.

<증산도 道典>(만사여의 태을주, 이 당(黨) 저 당(黨) 다 버리고 무당 집에 가서 빌어야 살리라)"너는 내 도(道)의 어머니가 되라." 하시며 내성에게 무당 도수를 붙이시니라. 상제님께서 경석에게 천맥(阡陌) 도수를 붙이시고, 내성에게 율려(律呂) 도수, 경학에게 대학교(大學校) 도수, 창조에게 삼신(三神) 도수를 붙이시니라.

<증산도 道典>*하루는 상제님께서 안내성(安乃成)에게 이르시기를 "내성아! 너는 내 도(道)의 아내요, 나는 너의 남편이니라." 하시고 이어 말씀하시기를 "너는 내 도의 어머니 노릇을 해야 하느니라. 모악산이 포해지형(胞孩之形) 아니더냐! 아기는 어미젖으로 사는 법이니 너는 창생들에게 태을주를 잘 가르치라. 태을주를 읽는 것은 천지 어머니 젖을 빠는 것과 같아서 태을주를 읽지 않으면 그 누구도 개벽기에 살아남지 못하느니라.

<증산도 道典>*어머니가 있어 자식을 길러내듯 내성이 네가 먼저 태을주를 읽어 내 도의 어머니 노릇을 해야 하느니라." 하시며 "너는 나중에 어머니 산인 모악산(母岳山)에 가서 내 도를 펴라." 하시니라. 하루는 상제님께서 내성에게 말씀하시기를 "온갖 것은 다 주어도 감 하나는 안이 주네." 하시니라. *예로부터 감나무는 감(또는 곶감)은 밤, 대추와 함께 삼실과(三實果)하나로 수명이 길고, 나뭇잎이 무성해서 좋은 그늘을 만들어 주며, 새가 집을 짓지 않고, 벌레가 생기지 않으며, 고운 단풍이 들며, 열매가 먹음직하고, 잎에 글씨를 쓸 수 있으니 칠절(七絶)이라 했습니다. 더구나 감은 씨가 6개이기 때문에 "천하에 대도통은 6으로써 벌리나니" 하신 말씀과 6임과 관계가 깊고(참고: 棗는 임금을 뜻하여 씨가 한 개이며, 栗은 3정승을 뜻하여 씨가 세 개이며, 梨는 팔도관찰사를 뜻하여 씨가 열덟개 이며, 柿는 6조 판서를 뜻하여 씨가 여섯 개임) 감나무는 잎이 넓어 글씨 공부를 할 수 있으니 문(文), 목재가 단단해서 화살촉을 깎으니 무(武), 겉과 속이 붉으니 충(忠), 치아가 없는 노인도 즐겨 먹을 수 있는 과일이니 효(孝), 서리를 이기고 오래도록 매달려 있는 나무이니 절(節)이라 했다. 또한 고욤나무에 접을 붙여야만 감나무가 되기에, 자신에게 부족한 것을 배워서 성장하라는 배움의 상징으로 불렸다. 목재가 검고(黑), 잎이 푸르며(靑), 꽃이 노랗고(黃), 열매가 붉으며(紅), 곶감이 희다(白)고 하여 오행, 오색(五行, 五色), 오방, 오덕(五方, 五德)을 두루 갖춘 예절지수(禮絶之樹)로 칭했다. 그래서 수많은 나무 중에서도 감나무를 으뜸으로 삼았던 것이다.<유양잡조>

<증산도 道典>*하루는 성도들에게 이르시기를 "태을주(太乙呪)와 운장주(雲長呪)를 내가 시험하였나니 너희들은 많이 읽으라. 일찍이 김병욱(金秉旭)의 화는 태을주

로 풀었고, 장효순(張孝淳)의 난은 운장주로 끌렀노라. 태을주는 역률(逆律)을 범하였을지라도 옥문이 스스로 열리고 운장주는 살인죄에 걸렸을지라도 옥문이 스스로 열리느니라." 하시니라. 만사무기(萬事無忌), 만사여의(萬事如意)하니 여의주(如意珠) 도수는 태을주니라. '훔치'는 아버지, 어머니 부르는 소리니 율려(律呂) 도수는 태을주니라. 태을주는 뿌리 찾는 주문이요 선령 해원 주문이니라.

<보천교普天敎 교전敎典>*하루는 고부인高夫人으로 하여금 춤추게하시고 친親히 장고長鼓를 치사 가라사되 이것이 천지天地굿이니 너는 천하일등天下一等무당이요 나는 천하일등재인天下一等才人이라 이당黨 저당黨 다버리고 무당巫黨의 집에서 빌어야 살리라 하시고 인因하야 무당도수巫黨度數를 붙지시니라

<증산도 道典>*하루는 상제님께서 내성에게 이르시기를 "내 종자는 삼천 년 전부터 내가 뿌려 놓았느니라." 하시고 "앞으로는 음(陰) 도수가 높으니 양(陽)만으로는 절대 큰일을 못 하는 것이다." 하시니라. 또 말씀하시기를 "내성아, 너는 태을주(太乙呪)를 많이 읽어라." 하시고 "너는 내 도(道)의 어머니가 되라." 하시며 내성에게 무당 도수를 붙이시니라.

<선도신정경(仙道神政經)>*또 가라사대 이것이 천지굿이니 나는 천하(天下) 일등재인(一等才人)이요 너는 천하(天下) 일등무당(一等巫黨)이라 이당(黨) 저당(黨) 다 버리고 무당(無黨)의 집에 가서 빌어야 살리라 하시고 인(因)하여 고후비님(高后妃任)께 무당도수(無黨度數)를 정하시니라.

<고부인신정기(天后神政記)>*천사(天師)께서 매양 천후(天后)의 등을 어루만지시며 가라사대 '너는 복동(福童)이라. 장차(將次) 천하(天下) 사람의 두목(頭目)이 되리니, 속(速)히 도통(道通)을 하리라' 하시니라.

여덟째, 안 내성(安乃成) 성도에게 칠성도수를 내려주시며 도운(道運)의 상씨름 결론은 상두쟁이가 한다 하시고, 상두(上斗)는 북두(北斗)니 칠성(七星)이라 하셨습니다. 태모 고 수부님께서는 칠성 공사는 후천 인간을 내는 공사요, 낳아서 키우는 공사라 하셨습니다.

상제님께서 안 내성(安乃成)에게 명(命)하시기를 집(家)에서 나오지 말고 봉두난발(蓬頭亂髮)로 지내며 수련(修鍊)하라 하시고 친히 상투를 틀어주시고 천하 상투가 다 잘리어도 네 상투만은 남으리라 하시더니 왜정치하에 천하의 상투가 다 잘렸는데 안 내성(安乃成) 만은 보발한 채로 해방 후 기축년(己丑年:1949)까지 83세까지 살았으니 이는 곧 보발잔존 도수를 통해 칠성도수인 상두(상투)쟁이 도수로 도운의 상씨름 도수를 맡기기 위함이었습니다.

뱠죽한 수가 있다는 첨수지설(尖數之說)은 상투의 덕이므로 이 덕을 안 씨 성에 부쳐 판밖에서 때가 임박하면 크게 한 번 쓴다는 것이 말복 상씨름 상두쟁이 도수입니다.

<대개벽경(大開闢經)>*(연죽과 상투의 덕은 3변 막둥이 도수/상씨름은 상두쟁이(安家)가 하네)말씀하시되, "재물의 힘을 쓰지 아니하고 호사하는 자는 상투이니라."성도 물어 여쭈기를, "세상에 무슨 뾰죽한 수가 있느냐는 말이 있사오니, 상투를 이르는 말이나이까?" 말씀하시되, "뾰족한 수는 상투의 덕이니, 판밖에서 일을 지음에 일시에 한번 크게 쓰노라." 말씀하시되, "연죽과 상투가 시세가 버린바 되어 상투튼 사람을 남이 어리석다고 업신여기나니, 사람이 버린 것을 내가 취하여 세상을 구제창생하는 대업에 일시에 한 번 크게 쓰노라."

-曰 不費財力而豪奢者 髻也 弟子 問曰 世 有何有尖數之說 以 髻之謂乎 曰 尖數者 髻之德也 局外作事 爲一時之大用 曰 煙竹與髻 爲時勢之所棄 作人外愚 人棄我取 濟世大業 爲一時之大用-(안내성에게 붙인 보발잔존(保髮殘存) 도수(度數)

(참조)<증산도 道典 6:57>* "상두가 무엇인 줄 아느냐? 앞으로 네 번 돌리고 뒤로 세 번 돌리니 칠성이 응했느니라.

<정영규 天地開闢經>*어느날은 안내성(安乃成)에게 명(命)하시기를 너(汝)는 집(家)에서 나오지말고(不出) 봉두난발(蓬頭亂髮)로 지내며 수련(修鍊)하라 하시거늘 내성(乃成)이 명(命)하신대로 머리(頭髮)을 올리지 못하고 집(家)에 들어앉아 독공(篤功)하더니 어느날 내성(乃成)의 집(家)으로 찾아(訪) 오시어(來) 가라사대(曰) 오늘(今日)은 네 두발(頭髮)을 성례(成禮)시키리라 하시며 머리(頭) 감고(洗) 오라(來) 하시거늘 그대로 하였더니 친(親)히 어수(御手)로써 내성(乃成)의 머리(髮)를 올려 상투를 틀어주시며 가라사대(曰) 천하(天下) 상투가 다 잘리어도(削) 네(汝) 상투만은 남으리라(餘殘) 하시더니 왜정치하(倭政治下)에 일본인(日本人)들이 천하(天下)의 상투를 다(皆) 잘랐는데(削) 안내성(安乃成) 만은 보발(保髮)한 채로 해방후(解放後) 기축년(己丑年:1949)까지 살았(生存)으니 내성(乃成)의 나이 여든세살(八十三歲:단군기원(檀君紀元)사천이백팔십이년(四千二百八十二年))에 선화(仙化)하였다 하니라. 이(是)로써(以) 천하(天下) 보발잔존(保髮殘存) 도수(度數)를 정(定)하사 현금(現今)에도 간혹(間或) 보발(保髮)한 자(者)가 있느니라.

<증산도 道典>*네 상투는 천지일월이 비치는 상투니라." 하시니라. 상제님께서 어천하신 후에 하루는 일본 순사들이 내성의 머리를 자르려 들이닥치니 내성이 크게 소리치기를 "내 상투는 하느님이 매 주신 상투여!" 하니라.

<증산도 道典>*상제님께서 공우를 데리고 김제 봉황산(鳳凰山)을 지나시다가 말씀하시기를 "저기 저 산이 황우산(黃牛山)이니라. 애기씨름, 총각씨름 다 지내고 비교씨름 상씨름에는 황우를 거는데 봉황산 와우(臥牛)로 씨름판 소를 걸어 놓았느니라. 상씨름 하는 자는 콩밭 이슬을 맞으며 판밖에서 술 고기 많이 먹고 있다가 '아우' 소리 한 번에 똑 한 사람 지우고 황우를 몰아가느니라." 하시니라. 상제님께서 또 말씀하시기를 "상씨름은 상두쟁이가 하네." 하시거늘 공우가 상두의 뜻을 여쭈니 "상두(上斗)는 북두(北斗)니 칠성(七星)이니라." 하시니라.☞상씨름은 상두쟁이, 북두쟁이, 칠성쟁이가 하네. 安씨 자체에 칠성도수를 매겨놓아 그 안에서 3 살림 나오게 하심(비교씨름=상씨름)"상씨름은 상두쟁이가 하네."의 의미는 안내성의 상투를 죽을 때까지 안 잘리고 보발케 하심으로써 상두쟁이 안(安)씨 성으로 하여금 추수도운의 마지막 비교씨름인 상씨름을 넘기는 도수를 부쳐놓으심.

<선정원경(仙政圓經)>*곤존고씨(坤尊高氏)와 민환(旻煥)에 칠성(七星) 용정명절야(用政明哲也)라. 곤존고씨(坤尊高氏)께옵서 병인년(丙寅年:1926) 선정공사(仙政公事) 시(時)에 사십칠세(四十七歲)요 민환(旻煥)은 기시(其時)에 사십(四十)세라 곤존년수(坤尊年水) 사십칠에서 칠수(七數)를 민환(旻煥) 년수(年數) 사십에 가즉(加則) 사십칠이니 곤존(坤尊)의 년 수고(年數故)로 나의 대리(代理)라 하셨고 증산(甑山)의 대리(代理)도 된다 하심은 계묘년(癸卯年) 양위결연(兩位結緣)시에 건존연수(乾尊年數)가 삼십삼(三十三)이니 이상(以上) 칠수(七數)를 더한즉(加則) 사십이 즉(卽) 민환(旻煥)의 년 수 되는고(年數故)로 증산(甑山)의 대리(代理)도 된다 하셨으며 도국내(道局內)에 고성(高姓)이 다유(多有)에 하필(何必) 나인가(吾也)하면 이것이 곧 칠도수인 연고(此乃七度故也)라 또한(且又) 청년(靑年) 7인을 선출(選出)하야 칠성도수(七星度數)를 정(定)하여 의복(衣服)을 신제(新製)하여 착복(着服) 시키시고 행정(行政)에 수용(隨用) 하시니라.

<仙道神政經>*고후비(高后妃)께서 상제님(上帝任)의 의장(衣裝)을 갖추어 남장(濫杖)하신 후(後)에 도중(道衆)에게 가라사대 내 나이 마흔일곱(四十七)에서 일곱(七)을 떼어 내면 내가 성포(聖圃:고민환(高旻煥)의 호(號))가 되고 마흔(四十)에다 일곱(七)을 붙이면 성포(聖圃)가 나 되니라 하시며 공사(公事)를 보시다가 또 가라사대 내가 증산(甑山)이니라 하시며 청년(靑年) 일곱(七)을 선발(選拔)하여 드리라 하시거늘 청년(靑年) 일곱(七)을 선발(選拔)하여 모으니 새 옷을 지어 그들에게 입히시고 그들에게 일곱 칠성(七星) 도수(度數)를 정(定)하시어 공사(公事)를 보신 후(後) 가라사대 이 공사(公事)는 칠성용정도수(七星用政度數)를 정(定)함이니라 하시더라.(※1536. 율곡이이 탄생년도에 60갑자 7성도수=1536+(60×7)=1956)

<증산도 道典>*바둑도 한수만 높으면 이기나니 남모르는 공부를 하여두라. *바둑

도 한수만 높으면 이기나니 남모르는 공부를 하고 기다리라.

<증산도 道典>*태모님께서 말씀하시기를 "칠성 공사는 후천 인간을 내는 공사요, 낳아서 키우는 공사니라." 하시고"후천 기운은 사람을 키우는 칠성 도수(七星度數)이니, 앞 세상은 칠성으로 돌아가느니라."하시니라. 또 말씀하시기를 "상제님의 천지공사는 낳는 일이요, 나의 천지공사는 키우는 일이니라." 하시니라."칠성이라야 사람을 가꿀 수 있느니라." 하시고 "칠성 공사가 잘 풀려야 너희가 다 먹고살기가 요족(饒足)하게 되느니라."

◎어천이후 집행하신 안내성 성도의 상투공사와 수통목 공사

안 내성(安乃成) 성도에게 부치신 공사 중에 무심코 스쳐지나갈 수 있는 공사 하나가 있습니다. 바로 수통목 공사입니다. 이 공사는 기유년(1909) 정월 원단 안내성 성도에게 현무경을 남기는 공사를 보시고 3년 태을주(太乙呪) 수련 공사를 명하신 공사의 결론입니다. 현무경(玄武經)을 태모 고 수부님에게 바치고 3년 태을주 수련에 들어가는 바람에 안 내성(安乃成) 성도는 기유년 6월24일 상제님 어천(御天) 사실도 알지 못했습니다.

상제님은 3년 태을주 수련기간 중 어천 이후 안 내성(安乃成) 성도에게 두 번 나타나 첫 번째에는 봉두난발로 수련하라 하시고 경술년(1910) 봄에 상투를 매주는 성례(成禮)공사를 친히 집행해 주십니다. 상투공사는 상두쟁이 칠성공사입니다. 종통문제의 꼬갱이 핵심입니다.

안 내성(1867년생 당시 42세) 성도는 증산 상제님이 상투를 매주는 이때에도 어천하신 줄 모르고 있었습니다. 안 내성(安乃成) 성도는 수통목에서의 3년 수련을 마치고 태모 고 수부님이 도통하신 신해년(1911) 9월 19일 성탄 치성절에 처음 참석하여 상제님이 어천하신 사실을 알게 됩니다. 상제님은 왜 어천하시고서도 이듬해 태을주 수련에 전념하고 있는 안 내성(安乃成) 성도에게 나타나 봉두난발하게 하시고 다시 임어하시어 풀어헤친 머리를 다시 상투로 매어주시는 성례공사를 보셨을까요?

이 공사는 세 살림 공사의 핵심이자 9년 천지공사의 화룡점정을 찍는 역사적인 공사입니다. 비교씨름 상씨름 공사는 바로 상두쟁이 공사이기 때문입니다.(상씨름으로 종어간(終於艮)이니라) 따라서 이 공사를 위해 안 내성(安乃成) 성도가 이사 다니며 수련하는 곳마다 사람이 병들어 죽어가게 하여 결국 몰아넣은 곳이 수통목입니다.

간도광명(艮道光明)의 종어간(終於艮)은 정역팔괘의 간(艮)이지만 정역팔괘 해석의 완성인 용담팔괘 십일귀체의 간괘(艮卦)는 105년간 은폐되어 감추어진 새끼 손가락 막둥이 말복도수의 인사문제 신(申=神)이므로 약장공사도 천장지구(天長地久) 신명무궁(申命無窮)의 무신(戊申)년에 보신 것이며(무신납월공사, 납=신) 『대개벽경:이중성』에서는 영평비결(永平秘訣:영평 이서구 비결)로 봄 나무 위에 원숭이(申) 울어 가을 양명에 오른다(猿啼春樹登陽明)고 밝혀주신 것입니다.

원래 수통목은 2곳이 있어 내장산 입구에 수통목이 있고 진묵대사가 수도한 모악산(795m) 수왕사(舊 진묵대사 수도처 무량암)와 증산 상제님이 신축년 도통수련하신 대원사 칠성각 계곡물을 빨아들이는 구이 저수지의 수통목은 모악산(795m)과 마주보는 경각산(659m)과 그 아래 받치고 있는 치마산(568m) 사이에 형성된 물길로 지금은 국도가 개발되어 순창에서 전주로 직행하는 길목이지만 원래는 임실에 속해 예전에는 임실에서 전주로 가는 길목으로 여겨졌던 곳입니다.(행정구역상으로 완주군)

실제로 구이저수지 위 경각산 정상(659m)만 해도 아직도 행정구역상 임실군에 속해있습니다. 지금도 수통목(구이저수지)에서 전주까지 흐르는 개울은 모악산 계곡물까지 받아 만경강 상류 삼천(세천)이라 하고 전주시내에서는 완주군 상관면과 임실군 관촌면의 경계인 슬치에서 발원한 물길과 합류해 만경강 상류인 전주천으로 이름을 바꿔 답니다.

수통목(구이저수지)을 중심으로 북(전주)쪽 하류 삼천의 반대 상류(임실;방위상으로는 순천쪽)쪽 구이천은 오봉산 입구 1Km 미처 못가 대덕초등학교 앞에서 모악산 계곡물이 고인 안덕 저수지의 물이 흘러내려와 합류합니다. 좀 더 상류를 올라가면

(1Km) 오봉산(513m) 입구에서 오봉산 계곡물이 흘러내려와 합류하는데 다시 옥정호 2Km인 상용교차로에서 국도공사로 물길이 끊어집니다. 따라서, 지금은 순천에서 전주로 가는 국도공사로 인해 옥정호와 닿은 상류가 신정 삼거리에서 막혀 오봉산 계곡물이 수통목 구이 저수지의 발원지가 된 것입니다.

수통목은 원래 <운암강수 만경래>의 만경강 상류로 수통목 일대는 비만 오면 홍수가 나 물에 잠긴다 하여 잠평리(潛坪里)라 했던 곳으로 수통목이라는 이름도 원래는 인근의 모악산 계곡물과 오봉산 계곡물, 운암강 물이 모이는 곳(水通目)이라는 뜻으로 지은 이름입니다. 옥정호 2Km 근처인 상용교차로 도로공사장 까지 물길이 있는 것과 <운암강수 만경래>의 공사정신으로 보면 경만장 안 내성 성도의 수통목 3년 수행의 정신 역시 수왕사(舊 진묵대사 수도처 무량암), 대원사 칠성각 대도통 기운과 인근의 운암강 기운을 끌어 쓴 것으로 볼 수 있습니다.

수통목을 관류하는 만경강 상류 물줄기는 운암강(옥정호)과 상두산에서 발원하는 동진강 상류와 함께 태전 주위를 역류하는 금강 물줄기 다음으로 전북에서 가장 크게 역류하는 물줄기임을 알 수 있습니다. 본래 동진강 최상류 역시 이 곳 수통목의 최상류처럼 운암강(섬진강) 수계와 불과 1km도 떨어지지 않은 지점에서 시작되고 그 수원도 옥정호에 의존하고 있는 것처럼 남고북저의 계곡으로 유일하게 뚫려 있는 수통목의 상류 구이천 역시 운암강이 옥정호 방죽에 의해 물길이 막히기 전 서로 연결되어 있었으리라 생각됩니다.

이곳은 일찍이 사욕을 품은 김 개남(金開男)이 전주에 1만 군사를 집결해 관군과 맞설 적에 인근 전주 구이면 정자리(九耳面 亭子里)에서 상제님께서 안 필성을 만나 두어 마장을 더 걸어 임실 마근대미(任實 馬近潭) 주막에서 술 한상을 시켜 드시고 필성을 데리고 멀리서 군마의 뒤를 따라가시다가 구이 저수지로 수몰된 바로 이곳 전주 수통목(水桶木)에 이르러 “오늘은 전주에서 살상이 있을 터이니 이곳에서 자고 내일 전주로 가도록 해라” 하신 곳이며 월광대사 박금곡이 상제님 술심부름을 하던 주점이 있던 곳입니다.

안 내성(安乃成) 성도에게 부치신 일등방문(일등 처방문) 공사로서의 상두쟁이 칠성

도수가 중요한 이유는

첫째, 조종골 강 응칠, 강 사성의 태모님에 대한 막말과 욕질 행패 그리고 조종골 도장을 자기 명의로 돌려놓고 저당을 잡았다가 동리 오두막집 주인에게 팔아버린 조종골 도집(도장본소)사건 재판으로 태모 고 수부님은 이들 강씨 양인(兩人)을 피해 안(安)씨 재실(齋室)이 있는 비룡산 순흥 안씨(順興安氏) 집성촌인 정읍 왕심리(旺尋里)로 가셔서 쉬시며 신정 공사를 집행하신 점입니다. ①대흥리-②조종골 살림을 이어 낙종물 씨뿌리는 세 번째 살림 공사 세 살림 ③(1.왕심리 살림 2년-2.왕심리&용화동 동화교 통합살림 2년-3.오성산 살림 2년)의 첫 대미를 순흥 안씨(順興安氏) 집성촌인 정읍 왕심리(旺尋里)로 정한 사실은 안 내성 성도에게 내리신 상두쟁이 칠성도수에 대한 모든 답이 감춰져 있음을 알 수 있습니다.

둘째, 오직 안 내성(安乃成) 성도로 하여금 3년간 태을주(太乙呪) 수련공사를 보게 하시어 안 내성(安乃成) 성도가 수련하는 집마다 사람이 병들어 이사 가는 집마다 쫓겨나가게 하여 결국 수통목(水桶木:원래는 물이 통과하는 水通目이라 함. 지금은 구이저수지에 수몰됨)이라는 곳으로 몰아가게 하여 태을주 수련공부를 완수하게 하신 점이며

셋째, 3년 수련공부 동안 안 내성(安乃成) 성도는 상제님이 어천하신 줄 도 모른채 태을주(太乙呪) 수련 공부에만 전념했으며 어천 하신 상제님이 오시어 상투를 친히 매주시는 상두쟁이 공사를 집행해 주시고 가신 점입니다. 운암강수만경래 공사의 핵심은 바로 안 내성 성도의 수통목 3년 태을주 수련 공사입니다.

종통문제의 매듭을 지으신 안 내성 성도의 3년 태을주 수련공사와 경술년 상투성례(成禮)공사는 증산 상제님 9년 천지공사에 있어 가장 중요한 화룡점정(畵龍點睛)을 찍는 공사입니다. 특히 안씨 추원재 재실에서 댓가지로 천지수기 돌리는 공사에 이어 수통목의 용지불갈의 천지수기를 3년 태을주 수련 공사에 이화시키게 하심은 의미심장하다 할 것입니다.

이는 수통목 바로 인근에 운암강수만경래 세 살림 물길의 수원지인 운암강(섬진강) 옥정호가 있기 때문입니다. 상제님 공사는 물샐틈없이 도수를 짜 놓았노라는

말씀처럼 겹겹이 공사를 꾸며 놓으셨습니다. 9년 천지공사의 마지막 공사는 이렇게 수통목의 상투 성례공사로 인간으로 강림하신 사명을 매듭지으십니다.

<증산도 道典>*이에 내성 모자가 쫓겨 이사하거늘 가는 집마다 항상 병자가 생겨 매번 얼마 살지도 못하고 내쫓기니 여기저기로 이사를 다니다가 가까스로 수통목(水桶木)에 방을 얻었으나 얼마 지나지 않아 그 집에도 병자가 생기매 주인이 나가라 하거늘 내성이 '더 이상 이사할 곳도 없다.' 싶어 들은 체도 하지 않고 공부에만 전념하니라.

<증산도 道典>*경술년(1910) 봄에 하루는 상제님께서 내성에게 찾아오시어 명하시기를 "너는 집에서 나오지 말고 봉두난발(蓬頭亂髮)로 지내며 수련하라." 하시거늘 내성이 명을 받들어 머리를 풀어 내린 채 방에 들어앉아 태을주 공부에만 전념하니라. 얼마 후에 상제님께서 다시 찾아오시어 말씀하시기를 "오늘은 네 두발을 성례(成禮)시키리라." 하시고 "머리 감고 오라." 하시거늘 그대로 하였더니 친히 내성의 머리를 올려 상투를 틀어 주시며 말씀하시기를 "세상 상투가 다 잘려도 네 상투만은 남으리라. 네 상투는 천지일월이 비치는 상투니라." 하시니라. 상제님께서 어천하신 후에 하루는 일본 순사들이 내성의 머리를 자르려 들이닥치니 내성이 크게 소리치기를 "내 상투는 하느님이 매 주신 상투여!" 하니라.

아홉째, 경만장 안 내성(安乃成) 성도에게 내리신 운암강수 만경래 김만경 뜰 도안(都安) 추수 세 살림 도수입니다. 김만경 뜰 추수 세 살림 도수는 3초(哨,招) 끝에 대인이 출세하는 공사와 숙구지(宿狗地) 문왕의 도수와 직접 맞닿아있는 공사이므로 이 셋을 서로 연결해 이해해야 합니다.

동진강(東津江)과 만경강(萬頃江) 유역에 일망무제로 펼쳐진 김제평야(金堤平野)는 국내에서 가장 넓은 평야로 김제만경(金堤萬頃) 평야 또는 김만경(金萬頃) 평야 또는 호남평야라 합니다. 사질양토가 많아 벼농사에 알맞은 조건을 갖추고 있으며, 삼국시대에 축조된 저수지 둑인 벽골제(碧骨堤) 등이 있을 정도로 일찍이 벼농사의 중심지였으며, 한국에서 가장 먼저 근대적 수리시설을 갖춘 지역이기도 합니다.

조 정래는 소설 《아리랑》 에서 "그 끝이 하늘과 맞닿아 있는 넓디나 넓은 들녘은 어느 누구나 기를 쓰고 걸어도 언제나 제자리에서 헛걸음질을 하고 있는 것 같은 착각에 빠지게 만든다."고 할 정도로 우리나라에서 가장 넓은 대표적인 곡창지대입니다. 먼저 섬진강과 운암 강을 확실히 알 필요가 있습니다. 운암 댐은 1925년에 당시 돈으로 205만원으로 조선총독부에서 세웠고, 섬진 댐은 1968년에 운암댐 바로 밑에 2중으로 세웠는데 관리하는 행정구역도 서로 달라 운암 댐은 정읍 산내면 종성리이고, 섬진댐은 임실군 강진면 옥정리입니다.

1925년 건설 당시 운암(雲岩) 댐으로 명명 했다 함은 이 물줄기가 원래 운암(雲岩) 강이었음을 말합니다. 바로 아래 2중으로 건설한 댐을 섬진댐으로 명명한 이유는 원래 운암강인 이 곳 댐에서 물이 막혀 아래 남쪽으로 물길을 틀어 전남 경남을 구비쳐 광양만으로 빠져나가는 두치강(豆恥江:섬진강) 상류가 되기 때문입니다. 댐을 설치하면서 본래 섬진강 상류인 이곳 운암강은 옥정호(玉井湖)가 되어 섬진강 속에 흔적도 없이 사라집니다.

옥정호(玉井湖) 오른편 상부에 보면 운암면과 면사무소가 있어 이곳이 옛날 운암(雲岩)강이었음을 알려줄 뿐입니다. 본래 운암강에서 출발하는 섬진강은 운암강이 옥정호로 변하면서 운암강은 이름만 남고 사라지고 섬진강만 남게 된 것입니다. 섬진강은 전라북도 진안 마이산에서 발원하여 전북. 전남. 경남 3개도를 거쳐 흘러 550리(약220km) 물길을 광양만에서 마감합니다.

전라북도의 남원시(남원시가지), 진안군 임실군, 순창군, 장수군의 1개시 4개 군과 전라남도의 순천시, 광양시, 곡성, 담양, 화순, 보성, 장흥, 구례군의 2개시 6개 군, 그리고 경상남도 하동군을 관통합니다. 진안군 백운면 신암리 금남·호남정맥에 있는 팔공산 자락인 상추막이 골의 데미샘에서 발원하여 진안군 백운면과 마령면 등에 충적지를 만들고, 광양군 진월면 망덕리에서 합수되는 호남정맥에 속하는 대표적인 강입니다.

<증산도 道典>*(옥정호(玉井湖)가 된 섬진강 상류, 운암강 공사)하루는 성도들에게 말씀하시기를 "세상 사람들이 정읍 산외 평사리(山外 平沙里)를 평사낙안(平沙落雁)이라 하여 피난처로 알고 있으니 그 기운을 빼리라." 하시니라. 상제님께서 성도들을 거느리고 원평 김 명보(金明甫)의 주점에 가시어 명하시기를 "개장을 만들어 술과 함께 가져오라." 하여 성도들과 나누어 잡수신 뒤에 솟튼재에 올라 한 발은 태

인 쪽을, 한 발은 원평 쪽을 밟고 서시어 양쪽을 번갈아 바라보면서 발을 구르시며 개벽주(開闢呪)를 읽으시니 지면(地面)과 초목이 크게 진동하니라. 이와 같이 한참을 행하시더니 말씀하시기를 "평사낙안 기운을 원평으로 돌렸노라." 하시고 "이제 운암(雲岩)은 물방죽이 되리라." 하시니라.

증보문헌비고(增補文獻備考) 산천조(山川條)에 따르면 국내 최대의 김만경 평야를 적시며 흐르는 동진강은 원래 정읍 내장산에서 발원, 정읍 천으로 흘러 이평(梨坪) 평야에 이르고 태인 천은 상두산(象頭山)에서 발원한다고 기록돼 있습니다. 그러나 동진강이 수계가 부족해 일제가 운암강의 수계를 끌어들이기 위해 운암(雲岩)댐을 설치하면서부터(1925) 옥정호(玉井湖)에 물이 차면서(1927) 운암 강은 없어져 섬진강으로 편입되고 동진강의 수원 섬진강을 중심으로 하천의 형태가 변하게 됩니다.

그 결과 동진강은 노령산맥의 서사면 정읍 산외면 묵방산(墨方山·538m) 남쪽 계곡에서 발원한다는 것이 일반적 견해며 하천의 가장 긴 물길은 산외면 목욕(沐浴)리 촛대봉(389m)남동쪽 계곡이지만 하천차수(河川次數)로 본 강의 본류는 산외면 종산(宗山)리 계곡이라는 주장이 나옵니다.

일제가 운암(雲岩)댐을 설치하면서 동시에 임실군 운암(雲岩)면 운정(雲井)리 굴등(窟登)에 취수구를 설치, 정읍 산외면 종산리 팽나무정 마을 인근 계곡까지 길이 7백59m의 도수(導水)터널을 뚫어 저수된 물을 동진강 상류로 유역 변경시킵니다. 성옥 산(聖玉山)중턱에 굴을 뚫어 만든 이 도수로는 1928년 4월에 첫 통수시험을 마친 후 현재까지 그 역할을 수행하고 있습니다.(동진농조 70년사,1995년)

이에 따라 동진강 최상류는 섬진강 수계와 불과 1㎞도 떨어지지 않은 지점에서 시작되고 그 수원도 옥정호(玉井湖)에 의존하게 됩니다. 참고로 옥정호는 행정구역상 옥정대교와 연결된 전북 임실군 운암면 입석리입니다.

유역면적 763㎢, 만수면적 25.5㎢, 총저수량 4억3,000만 톤에 달하는 옥정호(玉井湖) 섬진강 댐은 노령산맥 줄기 사이 임실군 운암 면 일대를 흘러가는 섬진강 상류 물을 옥정리에서 댐을 막아 반대쪽인 서쪽 정읍시 칠보로 넘겨 계화도와 호남평야를 적셔주는 한편 물을 배수하면서 그 낙차를 이용하여 발전하는 다목적댐입니다. 운암댐과 섬진강댐이 만들어지고 운암발전소가 1931년 10월 준공, 50여 년 동안 옥정호 물로 수력 발전하다가 1985년 그 역할을 섬진강 수력발전소(칠보발전소)가 생기면서 “운암(雲岩)강이 흘러 두치강(豆恥江:섬진강)이 되었지만 장차 계화도로 나가게 되리라”는 상제님 말씀이 한 치 오차 없이 응험이 됩니다.

원래 운암강과 두치강은 서로 같이 공존했던 강 이름입니다. 그러나 두치강은 다음 전설에서처럼 고려말경 두치강 하류인 광양 매화마을 나루터에서 벌어진 일화로 인해 섬진강으로 이름이 변합니다. 두치강의 원류인 운암강은 일제가 운암댐을 만들면서 옥정호(玉井湖)로 변해 그 이름이 증발해 버리고 섬진강으로 바뀐 것입니다. 전남 광양 매화마을에 있는 두꺼비 전석의 전설을 보면 원래 운암강에서 출발한 두치강이 섬진강이 된 유래에 대해 다음과 같이 밝힙니다.

본래 섬진강의 이름은 다사강(多沙江), 모래내(모래川), 두치강(豆恥江)이었던 것이 고려 말부터 섬진강이라 부르게 되었는데 그 전설을 살펴보면 고려 말에 왜구들의 노략질이 극심하였는데 한번은 왜구들이 강 하구로부터 침입해오자 진상면 섬거에 살던 두꺼비 수십만 마리가 섬진나루터로 몰려와 울부짖자 왜구들이 놀라 물러갔다고 합니다. 또 한 번은 강 동편에서 왜구들에 쫓긴 우리병사들이 섬진나루 건너편에서 꼼짝없이 붙들리게 되었는데 두꺼비 떼들이 강물위로 떠올라 다리를 놓아 우리 병사들을 건너게 했습니다.

뒤쫓아 온 왜구들도 두꺼비 등을 타고 강을 건너던 중 강 한가운데에 이르러 두꺼비들이 그대로 강물 속으로 들어가 버려 왜구들이 모두 빠져죽었다고 합니다. 이런 일이 있은 후 그때까지 다사강(多沙江), 모래내(모래川), 두치강(豆恥江) 등으로 불리우던 이 강을 두꺼비 “섬(蟾)”자를 써서 섬진강(蟾津江)이라 부르게 되었습니다. 예부터 주요 통행로인 전남광양 섬진나루에는 1705년에 수군진이 설치되어 1895년 진이 폐쇄되기까지 수백 명의 병사와 여러 척의 병선이 주둔하였고, 당시 수군 장교였던 별장의 기념비 좌대로 사용했던 돌 두꺼비 4기가 남아있습니다.

섬진강의 유래에 대해 광양군지 편찬위원회에서 1983년 1월 다압면 고사리 마을 회관에서 조사하는 과정에 이 마을의 김택곤(金宅坤:82세) 옹이 밝히는 바에 의하면,

"임진왜란 때란 말도 있꼬요, 고려 말에 왜놈들이 쳐들어 왔썰 때 그랬단 말도 있습니다. 그때 하동 쪽에서 왜놈들이 쳐들어오는데 우리 군사들이 쫓겼다 합디더. 섬진강에 이르러서요 건널 배가 없드라요. 그때에 강에서 뚜꺼비 수백 마리가 떠오리면서 다리를 놓아 주었다 하데예. 그래 우리 군사들이 다 건네고 그 뒤를 쫓아오던 왜놈들이 건널 땐데 그때 두꺼비들이 모다 강 속으로 들어가 버리니 왜놈들이 다 빠져 죽었다고 해요. 그래서 그때부터 두치강(豆恥江)이라던 이 강을 두꺼비강이라 해서 섬진강 (蟾津江)이라 했답니다."

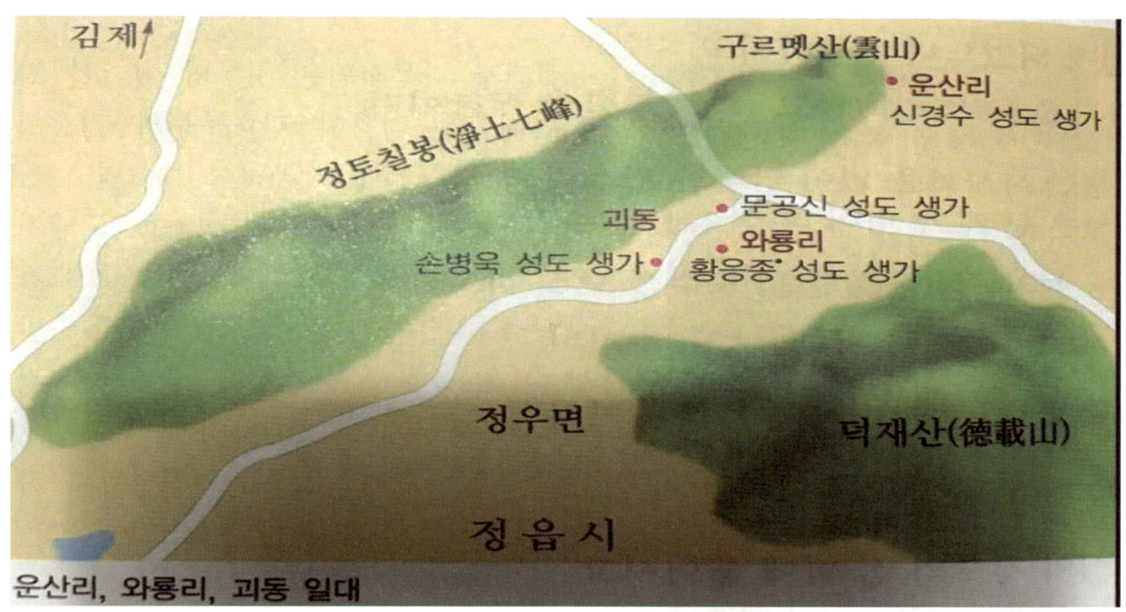

운산리, 와룡리, 괴동 일대

경만장 안 내성 성도의 운암강수 만경래 추수사명 세 살림 도수가 본 궤도에 접어들어 1984년 공식적인 중복 살림 증산도가 출범하자(갑자갑자(甲子甲子) 성인공덕(聖人功德:육갑타령(六甲打令)) 이듬해인 1985년 때를 맞추어 칠보발전소가 준공되면서 세 살림 김만경 평야를 적셔줄 동진강(東津江)은 용지불갈(用之不竭)의 운암강 물을 얻게 됩니다.

<대개벽경(大開闢經)>★"이 곳이 운산(雲山)이 아니냐, 운암강의 물줄기를 만경으로

돌려 흐르게 하면 하류의 백성이 원망이 없고, 큰 가뭄에 마르지 않으리니 그 수세가 호탕하여 마치 하늘이 내려주는 물과 같으리라.-曰 此地 非雲山乎 雲岩江水万頃來 下流之民 無寃 大旱不渴 其勢浩蕩 如天來之水-"

국내에서 가장 큰 일망무제의 김만경 평야는 수계가 부족한 동진강(東津江)이 적셔주는 곳이었습니다. 그러나 상제님께서 운암강수 만경래라 하시어 옥정리에서 댐을 막은 옥정호 운암강 물(섬진강으로 편입)을 김제 만경 평야를 적셔주는 동진강(東津江)으로 끌어들여 일등방문으로 처방한 안내성 성도의 경만장 도안(都安) 세 살림 천하사 기운으로 끌어 쓴다 하신 것입니다.

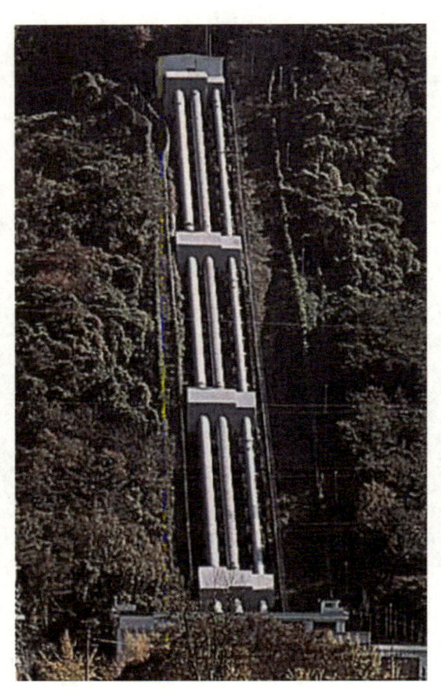

섬진강 다목적댐은 정부의 제 1차 경제개발계획에 의하여 전력부문의 집중투자로 1961년 8월에 착공하여 1965년 12월에 완공했는데, 전력자원에 빈약한 호남지방의 수력에너지를 개발함으로써 주요자원개발을 위한 동력원의 공급은 물론, 발전에 사용한 물을 동진강에 방류하여 김제평야의 곡창지대를 기름지게 하고 김제, 만경, 정읍 지방의 식수원 역할까지 하고 있으니 가히 상제님 말씀대로 그 물의 기세가 호탕하여 마치 하늘에서 내려주는 용지불갈의 물과 같습니다.

섬진강의 발원지 수원이 <신암> 저수지입니다. 이 물이 운암 강물이 되어 운암호(옥정호)에서 유역 변경하여 만경으로 넘어와 운암강수만경래 천하사 추수 3살림을 하게 공사를 보셨습니다. 그래서 여기가 운산!!이 아니냐. 운산이 응험하지 않겠냐라고 하신 것이니 이는 신암에서 운산리까지 맥을 일컬어 하신 말씀입니다. 정읍 정우면 회룡리의 와룡, 괴동, 구르멧산=운산 기운을 쓰시어 진주를 내시는데 운암강 공사를 동시에 보시어 천지가 하나로 힘을 합친 '개皆동력'으로 추수판이 진행되도록 공사를 보신 것입니다.

극락정토의 7봉우리 기운과 덕을 쌓은 덕재산 기운을 인사로 뽑아내는 공사이기 때문에 진액주를 특별히 수련시킨 후 선매숭자 도수의 의미로 안내성에게 경만장이라 부르도록 하시어 안씨를 내세우시고, 회룡리에서 신경수의 수명소 도수로 명줄을 잇는 지운공사를 행하셨던 것입니다. 1985년부터 33년간 섬진강 수력발전소로 숨겨져 온 인사문제의 비밀은, 말복사명자가 동지한식백오제를 맞이하면서 추수판의 마지막 진법 = 5황극과 6황극이자 6서시인 15진주 인사비밀 ='끝내기 추수도법'을 들고 나오니 2018년 무술년 4월에 세 살림 석 줄 물줄기 칠보 수력발전소라는 본래 이름을 되찾는 것으로 응험한 것입니다. 증산 상제님께서는 <운암> 물줄기를 금만경으로 돌려대는 공사를 보시며, 행단(정읍 칠보면 시산리) 앞산을 가리켜 후일에 콧구멍에 물이 나와서 불을 쓴다고 하신 바 있습니다. 그런데, 콧구멍이 중복시절의 종통 논리로 2개의 구멍으로 만 수력발전을 하면, 두 사람 '수화일체론'과 '두 사람 용봉도수'로 딱 인데, 현실은 3개의 구멍에서 물이 나와 불이 되어 동진강으로 흘러갑니다!

상제님께서는 만사분이정(萬事分已定)이라고 하신바 있습니다. 대국적인 인사문제는 숙구지 문왕 도수로 기두한 운암강수 만경래 세 살림 공사로 이미 다 정해졌다는 말씀입니다. 낙종물(파종물), 이종물(모내기) 사명에 이어 상제님 추수사명 세 살림 천하사는 천하사에 가장 큰 공덕을 쌓은 3대 적덕지가(積德之家)의 천지 가문에서 이루어지도록 되어있습니다. 상제님께서는 안씨(安氏) 재실(齋室) 추원재(追遠齋)에 가서 직접 공사보신 이유입니다.

특히 천지공사의 최종결과인 세 살림 추수 도수의 주인공이므로 더욱 그럴 수밖에 없습니다. 그래서 하신 말씀이 낯이 익어 잘 아는 사람인 수원나그네 일화를 말씀해 주신 것입니다. 문왕의 도수를 맡은 문 공신(文公信) 성도는 문왕 도수의 세 살림 도수에 대해 우리 일은 삼대(三代)밖에 없다고 합니다.

문왕(文王) 도수는 문왕(文王), 무왕(武王), 주공 단(周公旦) 3부자가 은상(殷商)을 멸

주문왕周文王 묘廟 영대靈臺

하고 주(周)나라를 연 도수(度數)입니다. 문왕의 도수는 유리옥(羑里獄: 羑=進善) 유폐도수, 숙구지(宿狗地) 도수로 기두(起頭)하는 도수 그리고 이윤으로 연결된 자기혁명 도수에 초점이 맞추어져 있는 반면 주공 단은 무왕보좌에만 그쳐 엄밀히 말해 세 살림 도수는 아닙니다.

이같이 문왕 일가의 주(周)나라 개창 이야기는 3부자 이야기이긴 하지만 엄밀히 3살림 형태는 아니기 때문에 상제님은 별도로 수지지어사마소(誰知止於司馬昭) 일화로 사마중달(司馬懿) 3부자 이야기를 별도로 해 주신 것입니다. 수지지어사마소(誰知止於司馬昭) 일화는 문왕의 도수와 동일하게 사마의(司馬懿:仲達), 사마사(司馬師), 사마소(司馬昭) 3부자로 대를 이으며 안개속의 3국 시절을 끝내는 실질적인 세 살림 도수입니다.

따라서 숙구지 문왕(文王)으로 기두하는 세 살림 도수는 사마중달(司馬仲達: 司馬懿)과 그의 두 아들 사마사(司馬師)와 사마소(司馬昭) 등 사마(司馬)씨 가문의 세 살림과 같다 하시어 삼국시절(三國時節)이 수지지어사마소(誰知止於司馬昭)리오-기나긴 삼국시절이 사마소(司馬昭)에 가서 비로소 그칠 줄을 누가 알았겠느냐 하신 것입니다. 결국 천지공사 속의 문왕(文王)=사마의(司馬懿) 사명자는 당대에 열매를 맺는 것이 결코 아니고 숙구지(宿狗地) 공사로 일어나 안가(安家) 세 살림을 여는 초복도수의 주인공입니다.(시작도 종(마무리)도 이곳에서 마치리라 하신 임술생 태운장 김형렬과 함께 시종이 같은 임술생으로 대인출세)

안 운산(安雲山) 성도사님이 맡은 문왕 숙구지(宿狗地) 도수는 해방이후 불과 2~3

년 남짓에 임술 생(壬戌生) 안 운산 성도사님께서 잠에서 깨어나 보천교 해체이후 영락해진 수십만 신도의 영성(靈性)을 성성히 깨워 인(仁)의 씨앗을 틔운 뒤, 20년 뒤인 74년에 재기두해 과도기를 거쳐 84년(갑자년) 추수도수 중복살림을 열고 갑오 갑자꼬리 도수와 동지한식백오제 도수에 의거 2014년(갑오년) 말복 살림의 통일진법이 배출되는 세 살림 도수입니다.

유리옥(유리성) 문왕

이 문제를 명확히 인식하지 못하는 한 천지공사 도운의 핵심인 고 수부님 낙종물 세 살림 도수, 차경석 보천교 이종물 도수, 경만장 安家 초복, 중복 말복 세 살림 추수도수의 핵심을 영원히 풀 수 없습니다. 문왕 숙구지(宿狗地) 도수는 장래(將來)를 수놓아 보신 숫구지, 수(數) 꾸지(串) 공사와 전혀 다른 공사입니다.

문왕(文王)은 당대에 은상(殷商)의 폭군 주(紂)을 멸하지 못했기 때문에 문왕이 채 이루지 못한 위업을 형제인 무왕(武王)과 주공 단(周公旦)이 이어받아 부친 문왕(文王)의 위패를 수레에 봉안하고 문왕의 이름으로 혁명하여 주(周)나라를 엽니다. 문무(文武)가 하나로 통일된 유교의 신성극(神聖極) 시대의 종통은 사실상 문왕에서 끝납니다.

복희(伏義)씨가 처음 복희팔괘를 그리자 뒤에 신농(神農)씨가 64괘로 나누고(連山易), (괘를 풀이한 괘사와 효를 풀이한 효사를 경(經)이라 하는데) 경(經)은 주(周) 문왕이 비로소 유리옥(羑里獄:안양)에서 64괘에 이름을 붙이고 64괘를 풀이해 괘사(卦辭)란 이름이 생기고, 그 후 문왕의 아들 주공 단(周公旦)이 384효를 풀이해 '효사(爻辭)'로 완성된 데에서 비롯하며, 공자가 다시 10익(翼)인 '단전' 상·하, '상전' 상·하, '계사전' 상·하, '문언전', '설괘전', '서괘전', '잡괘전'을 풀이해 보충 설명합니다.

유교의 종통(宗統)에서 문왕과 무왕은 문무(文武)라 해서 한 사람으로 보지만 사실상 신성극(神聖極)의 마지막인 문왕을 끝으로 무(武)의 패권 법통은 무왕에게 계승되고 문(文)의 역리 법통은 주공 단에게 계승되어 공자로 이어집니다. 공자가 가장 존숭하는 2인이 제(齊)나라 대부 안 평중(晏平仲)=안자(晏子)와 문왕의 아들로 문(文)의 법통을 계승한 주공 단(周公旦)입니다.

그러나 무왕이 태공망(강태공)을 모시고 동생 주공 단과 함께 부친 문왕의 신위를 모시고 문왕의 이름으로 혁명해 문왕의 부친 계력(季歷)의 열조 고공단보까지 추존해 모셨기 때문에 문왕과 무왕을 하나로 엮어 마지막 신성극(神聖極)의 법통으로 보는 것입니다.(청음교무이객소)

문왕이 64괘를 풀이한 연역처演易處

따라서 이러한 유교의 종통 계열을 요, 순, 우, 탕, 문, 무, 주공, 공자라 약칭하는 것이지만 상제님 '문왕의 도수' 최종 결론은 문왕은 유가에서 신성극(神聖極) 시대의 마지막으로 사마의(사마중달)와 동일하게 당대에 대업을 못 이루고 3부자의 세 살림 승계에 걸쳐 완성된다는 것이니 이것이 바로 수지지어사마소(誰知止於司馬昭) 도수의 마지막 결론입니다.

결국 새 세상을 개창하는데 문왕은 세 살림이 아닌 두 살림이므로 필요충분조건이 안 되므로 상제님은 세 살림을 충족시키는 사마소 가문의 세 살림을 별도로 언급한 것입니다.

열째, 상제님께서는 후세에 도안(都安)의 세 살림 종통(宗統)을 알아볼 수 있도록 안 내성(安乃成) 성도에게 친히 청·홍·황 삼색 사명기(司命旗)와 성장(誠章), 예장(禮章), 신장(信章) 공사도(公事圖)를 친히 내리시어 사가(私家)에 깊숙이 비장케 하여 철저히 감추어집니다. 이 비밀은 안 내성(安乃成) 성도마저 살아생전 자신이 받은 청·홍·황 삼색 사명기(司命旗)와 성장(誠章), 예장(禮章), 신장(信章) 공사도(公事圖)의 의미조차 제대로 알지 못했습니다.

상제님께서 안 내성(安乃成) 성도에게 내리신 세 살림 공사도(公事圖)인 성장(誠章) 공사도(首陽梅月 萬古遺風圖), 예장(禮章) 공사도(洛出神龜 天地節文圖), 신장(信章) 공사도(青鳥傳語 白雁貢書)는 오묘한 민화의 그림 형태를 빌어 세 살림 도수를 맡은 경만장에게 성경신을 다해 마지막 도운(道運)의 추수사명을 완수할 수 있도록 써준 친필 종통 특명 사명기(司命旗)입니다.

<증산도 道典>★하루는 상제님께서 성도들에게 이르시기를 "너희들 각자 호가 있느냐?" 하시매 모두 자기의 호를 아뢰니 "그러하냐?" 하시고 종이에 글자 두 자를 쓰시어 손으로 가리시고 내성에게 이르시기를 "눈을 감고 보라. 이 글자가 무슨 자냐?" 하시니라. 내성이 본시 글을 모르는 데다 눈까지 감으라 명하시니 알 길이 없어 주저하는데 상제님께서 "얼른 말하라!" 하고 호통을 치시거늘 순간 내성이 자신도 모르게 "공경 경(敬), 일만 만(萬) 두 글자가 있습니다." 하고 대답하는지라 상제님께서 "그러면 그렇지. 아따 저놈 '무식영웅'이라!" 하시고 손을 떼시니 과연 '경만(敬萬)'이란 글자가 쓰여 있더라. 이어서 상제님께서 이르시기를 "운암강수(雲岩江水)가 만경래(萬頃來)라. 김만경(金萬頃) 뜰을 가지고 천하사 세 번 못하겠느냐." 하시고 "너희들 내성이한테 '경만장, 경만장' 하면서 세 번씩 외우라." 하시니 성도들이 모두 명하신 대로 하니라. 상제님께서 다시 내성에게 말씀하시기를 "앞으로 세상 사람들이 너를 우러러 존경할 것이다." 하시니라

<대개벽경(大開闢經)>★정미년(1907) 12월에 상제님께서 고부 운산(雲山)에서, 성도 대중이 상제님 명으로 대도주(오주)를 외워 수일에 이르니라. 말씀하시되, "전북 7읍에 풍년이 들면 너희들의 식량사정이 넉넉하겠느냐." (대하여 여쭈기를, "쓰기에 달렸나이다." 말씀하시되, "그렇기는 하지만은 찻독(쌀독의 전라도 말)이 찼다 비었다 하면 못 쓸 것이오, 용지불갈(用之不竭)하여야 하리니 어떻게 하여야 하겠느냐." 여쭈되, "알지 못하나이다.") 상제님께서 도면으로 그려 표하시어 불사르시며 신명을 부리시니 물대는 도수시설이오, 저수지요, 수문이요, 수로 등이라 말씀하시되, "이 곳이 운산(雲山)이 아니냐, 운암강의 물줄기를 만경으로 돌려 흐르게 하면 하류의 백성이 원망이 없고, 큰 가뭄에 마르지 않으리니 그 수세가 호탕하여 마치 하늘이 내려주는 물과 같으리라." (운암강이 흘러 두치강(섬진강)이 되었지만 장차 계화도로 나가게 되리라.) -丁未冬十二月 大先生 在古阜雲山 弟子之衆 命 誦大道呪 至數日 曰 七邑 登豊 汝等之糧道 足乎 圖示 命神 導水施設 貯水池 水門 水溝等也 曰 此地 非雲山乎 雲岩江水万頃來 下流之民 無寃 大旱不渴 其勢浩蕩 如天來之水-

<보천교普天教 교전教典>★다시 수일數日동안 오주五呪를 수련修鍊케하신 뒤에 종도從徒다려 일러 가라사대 일곱고을 곡穀식이면 양식糧食이 넉넉하겠느냐 대對하야 가로되 쓰기에 달렸나이다 가라사대 그렇기야 하지만은 찻독이 찻다 비였다하면 못쓸 것이오 용지불갈用之不竭하여야 하리니 언더케하여아 하겠느냐 가로되 알지 못하나이다 천사天師 - 양지洋紙에 저수지貯水池와 물돋의 도면圖面을 그려 불살으시며 가라사대 이곳이 운산雲山이 않이냐 운암강雲岩江 물줄기를 김만경金萬頃으로 돌려도 하류下流에서 원망怨望이 없으리니 이물줄기가 대한불갈大旱不竭이라 능能히 하늘을 절우리라 또가라사되 강태공姜太公은 제齊나라 한고을에 흉년凶年이 없게 하였다 하나 나는 전북칠읍全北七邑에 큰흉년凶年이 없게하리라

<증산도 道典 5:198>★(운산리 신경수의 집에 가시어)"이곳이 운산(雲山)이 아니냐. 운암(雲岩) 물줄기를 금만경(金萬頃:천하사 세 번 세 살림 하는 원천)으로 돌리더라도 하류에서 원망은 없을 것이니 이 물줄기가 대한불갈(大旱不竭)이라. 능히 하늘을 겨루리라." 하시니라. 또 말씀하시기를 "강태공은 제(齊)나라 한 고을의 흉년을 없게 하였다 하나 나는 전북 일곱 고을의 큰 흉년을 없게 하리니 운암은 장차 만인간의 젖줄이 되리라."

<새시대 새진리(안운산 증산도 종도사 어록>★상제님은 안 내성 씨를 중하게, 긴요하게 쓰기 위해 아주 심하게 박대를 하셨다. 그러고서 안 내성 씨에게 태을주(율려도수)를 전해주신 것이다.

<증산도 道典>★하루는 상제님께서 공사를 보시다가 일꾼이 없음을 한탄하시며 "사람이 없다. 사람이 없다." 하시더니 내성을 보시고 "갈보야, 칠보야! 짧달막한 네가 있구나!" 하시니라. 상제님께서는 소나 돼지를 잡아도 내성에게는 "저놈은 뼈다귀만 줘라." 하시며 고기 맛을 못 보게 하시고 국물만 큰 그릇에 하나 가득 주시며 "너는 국량이나 키워라." 하시더니 하루는 한 성도를 불러 말씀하시기를 "저 장 닭 큰 놈 한 마리 잡아 푹 삶아서 내성에게 주고 깃털과 뼈다귀 하나 남기지 말고 다 먹으라고 해라. 안 먹으면 큰일 나니 다 먹으라고 해라." 하시니라. 그 성도가 명하신 대로

닭을 삶아 내성에게 주며 상제님의 말씀을 전하니 굶주린 내성이 털 째로 삶은 장닭을 정신없이 다 먹은 뒤에 입맛을 다시며 상제님께 와서 "다 먹었습니다. 터럭 하나 안 남겼습니다." 하고 아뢰거늘 상제님께서 웃으시며 "아따 그놈, 계룡산 도둑놈이로구나!" 하시니라.

<보천교普天敎 교전敎典>★백암리白巖里로부터 구릿골 약방藥房에 이르어 계실새 여러종도從徒들을 벌여 안치시고 「삼국시절三國時節이 수지지어사마소誰知止於司馬昭」를 큰소리로 읽히시니라

<증산도 道典>★이어 말씀하시기를 "삼국시절이 돌아갈 곳을 안 사람은 사마소 한 사람뿐이었느니라." 하시거늘 한 성도가 "앞으로 천하사의 장래를 아는 사람이 한 사람 있사옵니까?" 하고 여쭈니 "너희들이 성도(成道)하기 전에 한 사람이 먼저 천명(天命)과 신교(神敎)를 받들어 천지에 보은할 것이니라." 하시니라.

<대개벽경(大開闢經)>★기유년(1909) 봄에 구릿골에서 칙명을 내리시니, "삼국시절이 사마소에 가서 그침을 누가 알리오. (三國時節이 誰知止於司馬昭리오)"-유비, 조조, 손권이 당대에 천하통일의 결판을 못내고 사마중달의 아들 사마소에 의해 결판이 나게 되는 이치를 누가 알리오.- 말씀하시되, "너희들은 소리를 합해 크게 읽으라." 성도-명을 받들어 크게 읽으니라. 말씀하시되, "삼국시절이 귀결되어 나아갈 바를 알았던 자는 오직 사마소 한 사람뿐이었노라." 성도 물어 여쭈기를, "대도 아래 천하사의 장래를 아는 자 오직 한 사람 있나이까." 말씀하시되, "너희들이 성도하기 전에 한 사람이 천명(과 신교神敎:민족고유의 영적 세계로 3위 성조시절 소도 보본단을 쌓아 상제님을 신앙. 배달도 혹은 풍류도라고도 칭함. 바로 이 신교를 근원으로 하여 동학이 후천개벽과 증산 상제님의 강림하심을 예고했으며 증산도가 창도되었음)을 받들어 천지에 보은하노라."

-己酉春 在銅谷 下勅 三國時節 誰知止於司馬昭 曰 汝之徒 合聲大讀 弟子 奉命大讀 曰 三國時節之歸就 所知者 有司馬昭一人而已 弟子 問曰 大道之下 天下事之將來 所知者 有一人乎 曰 汝之徒 在成道之前 一人 奉天命 奉神教 報恩天地-

<周易 繫辭 上傳 第十章>★삼오이변(參伍以變)은 5황극이 세 번 변해 만물을 이루는 이치로 <태음경(太陰經)> 서두에 삼오이변(參伍以變) 착종기수(錯綜其數)라 하여 초 3일에 달이 처음 보이기 시작해 5일마다 3번 변해 보름달이 되며 다시 3번 변해 그믐달이 된다), 생수 1에서 5가 3변하면서3(1+2)+5(2+3)+7(3+4)+9(4+5)=24(1단계),8(3+5)+12(5+7)+16(7+9)=36(2단계), 20(8+12)+28(12+16)=48(3단계)을 만들어 귀장 48괘+16괘(藏)=64괘를 만드는 3변 완성의 우주원리임. 주역 64괘를 육갑으로 대체하면 16괘가 숨어 드러나지 않음. 정역에서는 无无位 60수에서 5와 15수를 빼면(歸空) 55, 45가 된다 함. 율려는 6律 6呂가 기본으로 5성과 12률이 있어 곱하면 60 수임. <參伍以變 錯綜其數 通其變 遂成天下之文(易繫辭 上傳 第十章)>

유일하게 안 내성(安乃成) 성도에게만 내리신 친필 사명기(司命旗)의 의미만 제대로 알아도 상제님 진리의 종통맥 절반은 안 것이나 다름없습니다. 연맥을 바루라(正)는 의미는 개인의 연맥은 물론이거니와 미륵부처님이신 증산 천주 하나님의 법맥을 고 수부님의 종통맥이 이어진 추수 세 살림 판에서 찾으라는 것이며 신앙의 올바른 인연 법줄을 지금부터라도 제대로 잡으라는 의미입니다.

원래 사명기(司命旗)는 유비깃발(劉旗), 조조깃발(曹旗), 손권깃발(孫旗)처럼 임금을 대신해 군 통수권을 행사하는 대장군 지휘 깃발의 사령장辭令狀 원본입니다. 임금이 대장군에게 어명으로 하사하는 이 사명기(司命旗)는 임금을 대신해 대장군에게 딸려 보내는 예하 장수들을 목벨 수 있는 생사여탈권을 부여하는 인증인 동시에 이 장수들을 효과적으로 부려 전쟁을 승리로 이끌라는 일국의 운명을 좌우하는 전군 통솔권 인증입니다.

사명기(司命旗)는 이처럼 왕이 왕실을 대신해 전쟁을 치루는 대장군에게 전쟁통수권을 통째로 위임하는 상징 깃발입니다. 출정하는 대장군에게 출정식을 앞두고 임금이 손수 사명기(司命旗)와 의장(儀仗)인 부월(斧鉞)을 함께 하사합니다.

사명기(司命旗)가 얼마나 중요한 것인지는 전 명숙 장군에 얽힌 다음의 이야기를 보면 알 수 있습니다. 특히 절대자 하느님이신 증산 상제님이 안 내성(安乃成) 성도에게 내리신 종통(宗統) 사명기(司命旗)는 천지인신(天地人神)이 함께 보증하는 의통성업 집행의 절대 신권(神權)입니다. 증산상제님은 24세의 젊은 시절 동학혁명을 일으키려 하는 전 명숙(全明淑) 장군을 만나신 적이 있습니다. 당시 전라도 고부에서 20대의 젊은 상제님이 신이함으로 소문이 나돌자 전 명숙 장군은 상제님을 찾아뵙고 동학혁명을 하려하니 도와달라고 부탁합니다.

그러나 상제님께서는 혁명을 하려는 전 명숙 장군에게 불쌍한 창생만 죽어 나가 전도가 이롭지 못하니 혁명을 하지 말라고 만류하지만 결국 동학혁명은 일어나고 말았으며 혁명은 청일전쟁만 불러일으킨 채 혁명은 정부군에 의해 진압되고 전 장군은 참수되고 맙니다.

전 장군은 막상 참수되어 귀신이 되고 보니 혁명을 도와달라고 부탁했던 젊은이가 바로 다름 아닌 우주 천지인 삼계를 주재하시는 절대자 천주 하나님이시자 미륵존불이시며 옥황상제님이심을 알고 깜짝 놀라게 됩니다. 그제서야 눈물을 흘리며 왜 혁명거사 전 하소연할 때 자기에게 동학혁명에 대한 절대자 하느님의 점지하심을 인정하는 사명기(司命旗)를 안내려 주셨냐며 눈물을 흘리며 포한을 풀어달라며 하소연합니다. 결국 상제님께서는 다음과 같이 사명기(司命旗) 내리는 공사를 따로 집행하시고 조선명부朝鮮冥府 대왕에 임명하심과 동시에 남조선배 도사공에 임명하심으로써 전 명숙 장군의 포한을 풀어주시게 됩니다.

<동곡비서>★순창 피노리에 계실 새, 황응종이 이르거늘 선생이 가라사대 "고부사람이 오니 바둑판을 가히 운전하리라." 하시고 '영웅소일대중화 사해창생여락자(英雄消日大中華 四海蒼生如落子)'라는 글을 외우시고, 그후에 "최수운崔水雲)과 전명숙(全明淑)이 사명기가 없음을 한하노니 그들의 원을 끊으리라." 하시고 사명기(司命旗)를 각 한통씩 지어서 높은 소나무 가지에 달았다가 다시 데어 불사르시니라.

<보천교普天敎 교전敎典>★이튿날 농바우를 떠나 피노리 이남기李南基(화춘化春)의 집에 이르사 누른 개한마리를 잡히고 술한동우를 받어오게 하시고 또 뒷산山 솔밭속에서 가장큰 솔나무 한주를 베어오라 하시고 남방황토南方黃土를 파오라하사 백지白紙석장張을 청靑, 홍紅, 황黃 삼색三色으로 물들여서 연폭連幅하야 베어온 솔나무 웃가지에 달으시고 또 백지白紙석장張에 각각히시천주侍天呪를 쓰시고 황토黃土를 조금씩 싸서 함께 내러달은후에 집앞에 세우시니 깃대旗와 같은지라 종도從徒다려 일러가라사되

<보천교普天敎 교전敎典>★전명숙全明淑이 이곳에서 잡혔는데 사명기司命旗가 없어서 포한抱恨하였나니 이제 기旗를 세워 해원解冤시키노라 또 개장국은 인간人間에게 먹는 음식飮食인데 도가道家에서 먹지 아니하였음으로 또한 한恨이 붙어있나니 이제 이국을 먹는것은 해원겸解冤兼 개정改政하려 함이로라 하시고 나누어 먹이신후에 남기南基를 명命하사 돈설흔석냥兩을 모든 물품 둔곳에 같이 두게하시고 종도從徒들을 다 돌려보내시고 오직 공신公信만 머물러 두시니라

<동곡비서銅谷秘書>★또 가라사대 "이 일은 남조선 배질이라. 혈식천추 도덕군자의 신명이 배를 운전하고 전명숙(全明淑)이 도사공이 되었느니라. 이제 그 신명들에게 어떻게 하여야 만인으로부터 추앙을 받으며, 천추에 혈식을 그침없이 받아오게 된 이유를 물은 즉, 모두 일심(一心)에 있다고 대답하니, 그러므로 일심을 가진 자가 아니면 이 배를 타지 못하리라." 하시고 모든 법을 행하신 후에 불사르시니라.

<보천교普天教 교전教典>★내가 삼계대권三界大權을 주재主宰하야 천지天地를 개벽開闢하야 무궁無窮한 선경仙境의 운수運數를 정定하고 조화정부造化政府를 열어 재겁災劫에 쌓인 신명神明과 민중民衆을 건지려 하노니 너는 마음을 순결純潔히하야 공정公庭에 수종隨從하라 하시고 날마다 명부공사冥府公事를 행行하시며 가라사되 명부공사府公事의 심리審理를 따러서 세상世上의 모든일이 결정決定되나니 명부府의 혼란混亂으로 인因하야 세계世界도 또한 혼란混亂하게 되나니라 하시고 전명숙全明淑으로 조선명부朝鮮命府 김일부金一夫 청국명부淸國命府 최수운崔水雲으로 일본명부日本命府를 각각히 주장主張케 한다하시며 날마다 글을써서 불살으시니라

<대개벽경(大開闢經)>★임인년(1902) 여름 모월 모시에 상제님께서 전주 하운동에서, 천지 대신문을 여시고 천지 대공사를 보시니라. 법을 베푸시고 말씀하시되, "인간세상의 분란과 어지러움은 명부의 착란으로 인함이니라. 고로 명부세계를 올바로 다스리면 인간세상 역시 바르게 귀정되느니라." 여러 날 동안 칙명을 내리시되 밤낮으로 계속하시고 신명을 부리어 마치시니라. 말씀하시되, "전 명숙과 최 수운과 김일부를 명부대왕에 임명하여 명부세계를 바르게 다스리게 하노라." 말씀하시되, "전명숙을 조선명부로 명하고 최 수운을 일본 명부로 명하고 김 일부를 청국 명부로 명하노라."

-壬寅夏 月 日 時 大先生 在全州夏雲 開天地大神門 行天地大公事 設法 曰 人世之紛擾 冥府之錯亂也 是故 正理冥府 人世 亦歸正也 下勅多日 書以契夜 命神 畢也 曰 全明淑 崔水雲 金一夫 命冥府正理 曰 全明淑 命朝鮮冥府 崔水雲 命日本冥府 金一夫 命淸國冥府-

공사도를 내려주신 성장(誠章)과 신장(信章)의 사명기에 보면, 수양매월(首陽梅月) 만고유풍(萬古遺風), 청조전어(靑鳥傳語) 백안공서(白雁貢書)의 가르침이 적혀 있습니다. 원래 성장(誠章) 공사도의 수양매월(首陽梅月) 만고유풍(萬古遺風)의 성구(聖句)는 민화에서 치(恥)를 그림으로 그린 후 수양매월(首陽梅月) 이제청절(夷濟淸節)이라 씌여진 글귀입니다. 이제청절(夷濟淸節)대신 만고유풍(萬古遺風)으로 바뀌어 있음을 알 수 있습니다.

은나라 고죽국의 백이숙제가 주나라의 녹봉을 먹는 것이 부끄럽다하여 수양산에 숨어 고사리만 캐먹고 살며 매화와 달을 벗삼아 살았다는 고사를 반영한 것입니다. 그리하여 두 사람이 죽은 뒤 매화가 피어나고 달빛이 밝게 비추었다고 합니다.

이같이 백이숙제의 절개를 형상화한 매화와 월상도에는 수양산에서 매화가 필 때 달 속에서 토끼가 나와 월계수 아래에서 방아를 찌는 모습을 민화로 그려 넣었는데 매화는 군자의 절개와 고결함을 월계수는 예로부터 선비의 고아함과 소박함을 나타내는 상징이었습니다.

기러기가 새 소식을 전해준다는 백이숙제의 고사를 빗대어 가르침을 내려주신 사명기의 깊은 의미는 앞으로 동지한식 105제, 사오미 개명 이후의 미래를 밝히는 밝은 등불이 될 것입니다. 태모 고 수부님의 임피 흑운 명월도수 말씀처럼 칠흑같이 어두운 시기에 기러기가 새 희망의 소식을 전하듯이 사오미 개명의 밝은 달이 어두운 구름을 뚫고 도안(都安) 세 살림 소식을 전하며 휘영청 떠오른 것이 수양산 백이숙제의 고아한 절개위에 비춰지는 매월입니다.

동지한식 백오제가 오기 전까지는 사명기가 무어 그리 대단한 건지 아닌 건지도 모르고 그냥 다들 그렇게 그냥저냥 신앙했습니다. 또 그 사명기가 누구에게 내린 건지도 몰랐고 내린 의미도 몰랐습니다. 전 명숙장군도 최 수운 대신사도 사명기가 없어 한을 품었다 하시고 친히 사명기를 내리는 공사를 따로 보신 적 있습니다.

이 사명기가 없어 최 익현도 전 명숙 장군도 피노리에서 잡혀 그 한을 풀지 못하고 포한이 되었다며 호소합니다. 상제님은 3 초(哨, 招)공사에 이은 대인大人출세 공사를 보시면서 선진주 손 병희 이후 숙구지 문왕 공사를 통해 경만장 안 내성 성도의 도안都安 세 살림 출세 공사를 집행하십니다.

이 세 살림 공사를 위해 안 내성(安乃成) 성도로부터 3 상床 폐백공사를 받는 공사를 친히 집행하시고 청홍황 사명기와 함께 이를 증명할 성장(誠章), 예장(禮章), 신장(信章) 등 세 개의 사명기를 안 내성(安乃成) 성도에게 친히 내리어 후세를 위해 사가에 깊숙히 비장시킵니다. 사실 안 내성(安乃成) 성도도 자신에게 내린 사명기의 의미를 모른 채 1949년 선화하고 맙니다.

청음 이 상호·남주 이 성영(정립)의 증산<천사 공사기>와 <대순전경> 초판은 차 경석(車京石) 성도와 수석성도인 김 형렬(金亨烈) 수석 성도 양인으로부터 집중적으로 구술을 받아 편찬된 경전입니다.

안 내성安乃成 성도에게 내린 사명기司命旗 공사는 청음 이 상호가 양인으로부터 듣질 못했기 때문에 경전 속에 전혀 드러나지 않다가 안 내성安乃成 성도 선화 이후 유언집과 함께 법종교法宗敎 쪽으로 전해진 이후 알려지게 되는데 정작 그 의미는 묻혀진 채 전혀 밝혀진 바 없었습니다. 이유는 도안都安 세 살림 도수의 진실이 때가 되지 않으면 결코 밝혀지지 않는 건존 증산 상제님과 곤존 태모 고 수부님의 은두장미隱頭藏尾 공사성격 때문입니다.

<증산도 道典 11:250>*"너희 아버지께서 하시는 일은 이 세상에서 누구하나 알게 하시는 줄 아느냐. 천부지(天不知) 신부지(神不知) 인부지(人不知) 삼부지(三不知)이니, 참종자 외에는 모르느니라."(<증산도 道典 11:250>)

<선도신정경 3:70>*유리법당(琉璃法堂) 앞에 엎드려서 일편단심(一片丹心) 심통(心通)하라 옳은 줄 하나 추켜들면 모두가 옳으니라 유가(儒家)에서는 착(善)하라 하고 불가(佛家)에서는 얌전하라 하고 선가(仙家)에서는 신통(神通)하라 하나 이모두가 삼부지(三不知)이니 천부지(天不知) 신부지(神不知) 인부지(人不知) 삼부지(三不知)인데 참으로 종자(種子) 외에는 모르느니라

侍

열한 번째, 현무경(玄武經) 또한 도안(都安) 세 살림을 맡은 안 내성(安乃成) 성도에게 기유년(己酉年) 정월(正月) 원단(元旦) 천지인신(天地人神)의 비밀을 모두 함축해 신권(神權)을 부리는 조화부(造化符)로 봉인하여 내리신 신부(神符)입니다. 대흥리 본소 옆에 살던 안 내성(安乃成) 성도는 상제님으로부터 받으신 현무경(玄武經)을 태모님에게 바칩니다.

상제님은 사명기(司命旗)와 <현무경(玄武經)>을 당시 수석성도인 태운 김 형렬(金亨烈) 성도나 차 경석(車京石) 성도 혹은 문 공신(文公信) 성도나 김 경학(金京學) 성도에게 안 내리시고 경만장 안 내성(安乃成) 성도에게 내렸는데, 상제님 천지공사의 종통 핵심은 여기에 모든 천기가 담겨있다고 보면 됩니다.

안 내성(安乃成) 성도에게 내리신 사명기 公事圖는 <현무경(玄武經)>의 심령신대心靈神臺 해부도亥符圖입니다. 종통 사명에서 중요한 것은 바로 이 종통사명기(司命旗)와 현무경(玄武經)을 내리신 천지인신(天地人神) 귀신수찰(鬼神垂察)의 신권공사가 일등방문 경만장 안 내성(安乃成) 성도에게 처결되어 집행된 사실이지 후일 누구에게 전달되어 후세에 전해지게 되었다는 식의 주장은 종통문제의 핵심을 한참 빗겨난 사실왜곡입니다. 중요한 사실은 상제님 친필 현무경(玄武經)이 안 내성(安乃成) 성도 집에서 천지인신(天地人神) 공사로 집행되어 안 내성(安乃成) 성도에 의해 태모 고 수부님에게 바쳐졌다는 사실입니다.

안 내성(安乃成) 성도는 곧 이어 상제님의 명을 받들어 태을주 3년 수련공부로 들어가 상제님 어천 사실도 모른 채 전주 수통목(水桶木)으로 옮겨 어천하신 이후 다시 나타나신 상제님으로부터 봉두난발(蓬頭亂髮)공사와 상두쟁이 상투 매는 공사를 친히 받고 태을주 3년 수련공부를 무사히 마쳤다는 사실입니다(신해년 1911). 현무경(玄武經)이 세상에 공개된 것은 상제님 기유년(1909) 6월 24일 어천이후 계축년(道紀 43,1913) 봄 김 형렬(金亨烈) 성도가 태모님으로부터 필사해 간 이후, 동 계축(癸丑)년(1913) 9월 19일 현무경파 순천도를 창교한 장 기준(사수)이 찾아와 곤존 태모 고 수부님과 차 경석 성도가 함께 약장궤를 처음 개봉해 장기준이 필사해 가면서입니다.

<대순전경 초판>★기유 년(1909) 정월 1일에 현무경이 탈고되거늘 안 내성의 집에서 백 병(흰 병)에 물을 담은 후에 양지에 글을 써서 권축(두루마리)을 지어 병입구를 막아 놓고 그 앞에 백지를 깔고 백지 위에 현무경 상하 편을 놓아두었더니 선생이 화천하신 후에 경석이 내성에게 와서 현무경을 빌려 가면서 병구(병입구)막은 축지(두루마리종이)를 빼어서 펴보니 "길화개길실(吉花開吉實), 흉화개흉실(凶花開凶實)"이라는 글이 씌어 있더라.

原文: 己酉 正月 一日에 玄武經이 脫稿되거늘 安 乃成의 집에서 白甁에 물을 담은 후에 洋紙에 글을 써서 卷軸을 지어 甁口를 막어 놋코 그 압헤 白紙를 깔(깔)고 白紙 우에 玄武經 上下篇을 노아두엇더니 先生이 化天하신 後에 京石이 乃成에게 와서 玄武經을 빌어 가면서 甁口막은 軸紙를 빼(빼)여서 펴여보니 "吉花開吉實, 凶花開凶實"이라는 글이 씨여 잇더라.

<대순전경 초판>★병세문은 주지(두루마리 종이)에 써서 물 담은 백병구(흰 병 입

구)를 막아서 차 경석의 집에 두신 것인데 화천(어천)하신 뒤에 발견되었으나 그 후로 원지(원래 종이)는 없어지고 다만 구구상전(입에서 입으로 서로 전함)된 것이니 차서(차례 순서)가 많이 위착(어긋남)된 듯하며 그 이외 산문(흩어진 문장)도 분명한 기록이 없으므로 듣는 대로 기록하니 오락(그릇누락)이 없지 못할 줄로 사(생각)하노라.

原文: 病勢文은 周紙에 써서 물담은 白甁口를 막어서 車 京石의 집에 두신 것인대 化天하신 뒤에 發見되엿스나 그 後로 原紙는 업서지고 다만 口口相傳 된 것이니 次序가 만히 違錯된 듯하며 그 以外 散文도 分明한 記錄이 업슴으로 듯는 대로 記錄하니 誤落이 업지 못할 줄로 思하노라.

<동곡비서>★기유년(己酉 1909年) 정월 1일에 현무경(玄武經)이 세상에 출현하거늘, 안내성의 집에서 흰병에 물을 담은 후에 양지에 글을 써서 권축(卷軸)을 지어 병입을 막아놓고, 그 앞에 백지를 깔고 백지 위에 현무경 상하편을 놓아 두었더니, 선생이 선화하신 후에 차경석이 내성의 집에 와서 현무경을 빌려가면서 병입을 막은 종이를 빼어서 살펴보니 「길화개길실 흉화개흉실(吉花開吉實 凶花開凶實)」 이라는 글이 쓰여져 있더라.

<증산도 道典>★내성이 태을주 공부에 들어가기 전 고 수부님을 찾아 뵙고 현무경을 올려 드렸으나 수행을 하면서 '손가락 깜작거리는 놈은 다 죽으리라.' 하신 상제님의 말씀이 떠올라 현무경을 찾아갈 생각을 아예 버리고 공부에 일심하니라. 내성이 수통목에서 일심으로 태을주를 읽어 율려 도수를 실현하고 대흥리에 가서 고 수부님께 인사를 올린 뒤에 그 길로 각지를 돌며 태을주를 읽어 병자를 잘 고치니 포교가 급속하게 이루어지니라.

★참고:장기준(張基準)은 김형렬(金亨烈)에게 입문하였다가 낙향하여 1917(丁巳)년 쌍암면 (帝王峰) 뒷산에 올라가 수련 막을 치고 서전서문(書傳序文)을 일만독(一萬讀) 정진 끝에 활연관통(豁然貫通)하고 현무경의 이치를 알아내어 양부(陽符) 오신술자인진(午申戌子寅辰)이란 부명(符名)과 음부(陰符)미사묘축해유(未巳卯丑亥酉)의 12부(符)를 부명(符名)을 달아 1920(庚申)년 4월 5일에 삼인에게 현무경 활용법을 전수하여 인세에 전하게 되었다.

★참고:장기준(張基準)은 김형렬(金亨烈)에게 입문하였다가 낙향하여 1917(丁巳)년 쌍암면 (帝王峰) 뒷산에 올라가 수련 막을 치고 서전서문(書傳序文) 을 일만독(一萬讀) 정진 끝에 활연관통(豁然貫通)하고 현무경의 이치를 알아내어 양부(陽符) 오신술자인진(午申戌子寅辰)이란 부명(符名)과 음부(陰符)미사묘축해유(未巳卯丑亥酉)의 12부(符)를 부명(符名)을 달아 1920(庚申)년 4월 5일에 삼인에게 현무경 활용법을 전수하여 인세에 전하게 되었다.

符名을 밝힌 기준 장사수는 제자 유춘래에게 "통감(通鑑) 둘째 권(卷) 읽다 만 내가 무엇을 알아서 가르친당가! 당신(當身: 증산천주)님께서 오셔서 '이 것은 오부(午符)다! 저것은 신부(申符)다!' 이렇게 가르쳐 주시니 알지!" 하셨다. (-증산학(甑山學) 순천도(順天道)의 사략(史略)과 법훈(法訓)- 13쪽) 김경학 성도의 대학교 도수는 현무경 전수사명의 현무경 개탁 3룡공사 장기준에게 그대로 전수되는데 이는 경학이 받은 대학교 도수의 종통을 이어받는 '대허大許'도수 의식으로 전수되었다.

*참고: 경신(庚申 1920)년 4월 5일(庚辰) 사시(巳時)에 치성(致誠) 진설상(陳 設床) 앞에 김경학씨를 앉게 하시고 정식(正式)으로 법(法)을 주고 받으시면서 사수(師首)께서 『연원장(淵源長)』하고 부르시니 김경학(金京學)씨는 『어이』하고 대답하고 사수(師首)께서 『이번 공부를 연원장께서 가르칠라요 제가 가르칠까요』하고 물으니 경학씨가 말하기를 『내가 가르치자 하니 무얼 아는 것이 있어야지 자네가 가르치소.』하니 『그러면 연원장께 서 나에게 허락(許諾) 하십시요』 하니 경학씨가 『어이 자네가 가르치소』 하고 허락(許諾)함으로써 '대허도수(大許度數)'라 한다. 훗날 사수장(師首長)께서 류춘래(柳春來)에게 말씀하시기를 "당신(當身)님 말씀 에 '맥(脈) 떨어지면 죽나니 연원(淵源)줄을 잘 바르게 하라' 하셨으니 내가 태 을주(太乙呪)를 화숙씨(化淑氏)에게 받았으나 화숙씨는 이미 별세(別世)하셨고, 화숙씨의 연원장(淵源丈)이 경학씨(京學氏)인지라. 당신(當身)님께서 대학교(大學 校)를 경학씨(京學氏) 집에 두신 것은, 일이 이렇게 되도록 연원(淵源)줄을 바르게 하신 것이라네" 하셨다. -증산학(甑山學) 순천도(順天道)의 사략(史略)과 법훈(法訓) 21~22쪽

상제님께서는 정읍 대흥리 안 내성(安乃成) 성도 집에서 기유년(1909) 정월 1일 원단 현무경(玄武經) 공사를 집행하시고 이튿날 정월 2일 대흥리 지근거리에 있는 차 경석 집으로 가시어 병세문을 지어 맡기시는 공사를 보십니다. 뒤에 차 경석(車京石) 성도는 상제님께서 하루 전 원단 구정에 이웃에 사는 안 내성(安乃成) 성도 집에서 현무경(玄武經)을 집필해 맡기신 공사내용을 전해 듣고 안 내성(安乃成) 성도로부터 현무경(玄武經)을 빌려갑니다.

그런데 안 내성(安乃成) 성도의 3년간 태을주 수련의 공백기와 함께 차 경석(車京石) 성도로부터 현무경(玄武經)을 다시 돌려받았다는 기록이 없는 것을 참고하면 태모님에게 현무경(玄武經) 원본을 바친 이외에 별도로 차 경석 성도에게 현무경(玄武經) 원본을 빌려주었다는 주장은 논리적으로나 현실적으로나 불가능함을 알 수 있습니다.

결국 이러한 여러 가지 상황을 종합적으로 감안하면 안 내성(安乃成) 성도가 상제님 명으로 3년 수련에 들어가기 전 태모님에게 바친 현무경(玄武經)은 바로 차 경석 성도를 통해 태모님에게 바쳐진 것임을 최종적으로 결론내릴 수 있습니다. 후일 이러한 바탕에서 태모님에게 바친 현무경(玄武經)은 기유년(1909) 상제님께서 다음과 같은 태모님의 천지대업 불변 다짐 공사에도 쓰시고, 김 형렬 성도에게 필사본으로 베껴가게 하시기도 했으며, 장기준이 와 필사본으로 베껴가게 되기도 한 것임을 알 수 있습니다.

<선정원경(仙政圓經)>*증산(甑山)께옵서 공사(公事)를 행(行) 하시난대, 일반신도(一般信徒)를 열좌(列坐)케 하시고 대학(大學) 일권(一劵)과 현무경(玄武經) 일권(一劵)으로 자장(自場) 중에서 책(冊) 이권(二劵)을 상호교차(相互交次) 하시며, 고씨(高氏)보고 이 책(이冊)을 밟으며 방중(房中)까지 들어오게 한 후에는, 고씨(高氏)를 누우라 하여 기복상(其腹上)에 거좌(踞坐)하야 대도(大刀)를 고씨(高氏) 항부(項部)에 대(對)하며 천지대업(天地大業)에 중도불변(中途不變) 하겠냐고 다짐을 받으시니,

<선정원경(仙政圓經)>*고씨(高氏)께서 변리(變理)가 없겠노라 하니 그러면 그렇지 희열(喜悅)하시며 증산(甑山)께서 누우사, 내 복상(腹上)에 앉아서 그와 같이 다짐을 받으라 하신지라. 고씨(高氏)께서 하는 수 없이 그와 같이 하며 변(變)할 리(理)가 있소잇가 하시며 의감(疑感)치 말으소소 하시며, 부서(符書)를 서취(書取)하야 소화(燒火) 하시며 천지(天地)에 고축(告祝) 하시니라.

후일 차 경석 성도는 현무경(玄武經) 공사에 대해 이 상호에게 기유년(1909) 원단(元旦:정월 1일) 상제님이 안 내성 성도의 집에서 <현무경(玄武經)>을 집필해 맡긴 것으로 전하지 않아 이 상호는 자신의 <증산천사공사기(甑山天師公事記):1926>에 "기유(1909) 정월 일일 사시 천사께서 현무경을 종필(집필을 마치심)하사 차 경석에게 맡기시다. 原文: 己酉正月一日巳時 天師께서玄武經을終筆하사 車京石의게 맛기시다"라고 기록했다가 후에 내막을 알고 <대순전경 초판:1928>에서 안 내성 성도 집으로 바로잡아 기록합니다.

<보천교 교전敎典>에는 상제님이 기유년(1909) 원단(元旦) 차 경석 대흥리 집에서 현무경(玄武經)을 집필해 공사를 집행한 것으로 전합니다. 이 상호는 보천교 시

절 차 경석 성도로부터 사료를 채취하여 기록한 <증산천사공사기>에 차 경석 성도 집으로 기록했다가 김 형렬 미륵불교에 입교해 김 형렬 성도로부터 <현무경> 입수에 대한 전말을 자세히 듣고 <대순전경 초판>에 안 내성 성도 집으로 바로잡아 출간하게 됩니다. 김 형렬은 1913년 봄 선도교(태을교) 시절 대흥리 태모 고 수부님으로부터 <현무경>을 필사해 가면서 공사 내막을 자세히 들은 사람입니다.

차 경석 성도 측의 <보천교 교전>의 기록은 이종물 사명자의 이해 당사자로서 당연히 종통 주장을 위한 주관적 서술의 가능성이 있음을 염두에 두어야 마땅합니다. 이런 점을 고려하면 당시 안 내성 성도와 아무 이해관계가 없었던 이 상호의 <대순전경 초판> 초기 기록과 함께 역시 안 내성 성도와 아무 이해관계가 없었던 김 형렬 수석성도의 <동곡비서>의 신뢰성이 단연 가장 높지 않을 수 없습니다.

이 같은 측면에서 <대순전경 초판>, <동곡비서>, <증산도 도전>은 안 내성 성도 집에서의 공사처결을 전하고 있으며, <보천교 교전>, <대개벽경>, <용화전경>은 초기 기록과는 다르게 차 경석 성도의 집 주장을 전하고 있습니다. 특이하게 <대순전경>의 짝퉁인 <선도진경>과 <선도진경>의 짝퉁인 <전경>에는 기존의 어느 경전에도 없는 말로 둔갑되어 있습니다. 즉, <현무경(玄武經)>의 원본이 셋이며 한 벌은 증산 상제님이 도창현에서 불사르시고 하나는 차 경석이 가졌으며 나머지 하나는 상제님이 품속에 지녔다고 왜곡하여 아예 안 내성 성도 집에서 집행된 사실이 삭제된 채 날조되어 있습니다.

이러한 왜곡은 당연히 비공식적으로 상제님 혈육을 통해 상제님 품속의 현무경을 조 철제가 전해 받았다고 주장하는 근거를 마련합니다. 그러나 이는 안 내성(安乃成) 성도에게 집행된 천지공사의 원 뜻을 모르는 동지한식 105제의 과도기에 고육지책으로 주장해 온 사실왜곡에 불과합니다.

증산 상제님께서 안 내성(安乃成) 성도에게 내리신 절대 신권의 종통 사명기(司命旗)와 <현무경(玄武經)> 공사에 대해 태모님 수석 성도이신 고 민환 성도는 <선정원경(仙政圓經)>에서 다음과 같이 증언합니다. "연이수기(然而隨其) 건곤양위(乾坤兩位) 사업원리(事業元理) 종지(宗旨)하야 귀의본원이수기성경신(歸依本源而隨其誠敬信)하야 내성의세성업(乃成醫世聖業)하야 만방(万邦) 유일포덕(惟一布德)인저" 즉, 건곤 상제님 양위 천하사 종지에 따라 본원(本源)에 귀의하여 그 성경신을 따라 내성(乃成)이 의세성업(醫世聖業)하여 만방에 유일포덕하라는 중의적 어법입니다.

<보천교普天教 교전教典>★기유년己酉年설날 월곡의집에서 현무경玄武經을 쓰사 흰 병甁에 물을 담은 후에 양지洋紙에 글을써서 권축卷軸을지어 병甁입을 막어놓고 그 앞에 백지白紙를 깔고 백지위에 현무경玄武經을 놓아두시니라

<대개벽경(大開闢經)>★기유년(1909) 춘정월 원단에 상제님께서 대흥리 경석의 집에서, 현무경(玄武經) 병세문(附記 참고)을 지으시니라.

-己酉春正元 大先生 在大興 作 玄武經 病勢文-

<나의 세상 龍華仙境이 오면>★기유년己酉年 정월正月 일일一日에 상제上帝 대흥리大興里에 계시면서 현무경玄武經과 병세문病勢文 두 권을 작성하사 양지洋紙위에 놓으시고 백병白甁과 소도小刀를 그 옆에 놓으시고 종이를 오려서 길화吉花에 개길실開吉實하고 흉화凶花에 개흉실開凶實이라 쓰시고, 글을 쓴 종이를 말아서 병마개로 하시니라.

<용화전경>★세존님께서 정읍 차 경석 집에 계실 새 기유 년 정월 1일에 백지를 가져오라 하사, 책 2권을 말어 병속에 넣으시고 종이로 마개를 막아 그대로 두게 하신지라. 화천하신 후 그 마개를 떼어보니 길화길실(吉花吉實) 흉화흉실(凶花凶實)라 써 있고, 그 책 2권을 내여보니 한 권은 현무경(玄武經) 부(符)요, 한 권은 현무경(玄武經) 서(書)리라.

<용화전경>★이 현무경은 차 윤칠이가 보관 중 당시 관(官)의 통제가 심하므로, 부득이하게 잿더미 속에 숨겨두었다가 얼마 후에 내여 보니 그 자(字)는 여전하나 책지(冊紙)가 가히 상한지라. 고로 본문 위에다 초지(初紙)를 대고 필사한지라, 원문 초에는 초서하시고 지기금지원위대강은 정서(正書)하신지라.

<선도진경(宣道眞經)>★己酉年 正月一日 巳時에 玄武經 세벌을 종필하시어 한 벌은 친히 품속에 지니시고, 또 한 벌은 道昌峴에서 불사르시고 나머지 한 벌은 京石의 집에 맡기시니라. (<전경典經>도 동일)

<증산교사(甑山教史)>★(김형렬의 교단분립)자타가 수제자로 인정하는 김 형렬은 수부(首婦)로 들여세웠던 딸을 개가(改嫁)케 한 과실로 인하여 자기에게 내려야 할 사명이 고부인(高夫人)에게 옮기게 되어 결국 신해년(道紀 41, 1911)에 약방기물을 고부인(高夫人)에게 인도하지 않을 수 없게 되었음에 지난 일을 후회하여도 믿을 말이 없어 어찌할 바를 알지 못하였다.

<증산교사(甑山教史)>★계축년(道紀 43,1913) 봄에 고부인(高夫人)을 가 뵈이고 현무경을 등본하여와서 그 오묘한 법을 잠심 추구하더니 이해 가을에 장 기동(張基東), 장 기준(張基準)이 찾아오므로 두 사람을 데리고 본소에 와서 고부인(高夫人)께 뵙고 인하여 일로부터 교단에 협력하기로 마음을 정하였다.

<증산교사(甑山教史)>★갑인년(道紀 44, 1914) 정월에 장 기동(張基東)이 본소로부터 와서 경석과 다투고는 내력을 말하니 형렬이 크게 분노하여 교단을 이탈하고 이로부터 경석을 크게 미워하며 기동(基東)과 교단에서 이탈한 종도들로 더불어 따로 교단을 세우기를 꾀하였다.

계축(癸丑)년(1913) 9월 19일에 후일 현무경파–순천도를 개창하고 김 일부 성사의 정역을 용담팔괘로 완성시킨 장 기준이 차 경석(車京石)을 찾아옵니다. 1912(壬子)년에 차 경석은 고 수부님이 지니고 있던 약장 열쇠를 양도받아 비밀히 열어보려 하였으나 실패하였으며 법궤에 일자(壹字)로 봉한 함지를 떼고 열쇠로 열려고 조화궤에 대는 순간 청천하늘에 뇌성번개가 대작하여 혼비백산(魂飛魄散)하여 놀란 뒤 조화궤안에 보물조화가 들어 있음을 짐작하고 때가 되어야 법궤를 열 것으로 알게 됩니다.

그 후 장 사수(기준)가 고 수부님을 찾아뵙고 차 경석 성도와의 우여곡절 언쟁 끝에 고부인의 명으로 열쇠를 넘겨받은 장 기준은 고부인 차 경석 장 기준 3 경진생(三庚辰生:일명 3룡)이 합일 되는 도수로 조화궤가 열립니다.

개탁(開坼:개봉)된 궤 속의 내용물을 인수하여 확인하니 창호지(窓戶紙)로 쌓여진 책보자기가 나왔는데 한 겹을 펴보니 또 백지로 쌓여져 있는 끝에 흰 병이 있었고 병마개를 펴보니 길화개길실 흉화개흉실(吉花開吉實 凶花開凶實)이라는 글이 쓰여 져 있었고 병 속에는 백지로 말려진 심지 세 개가 들어 있기에 병을 쏟아 보니 심지 세 개가 바닥에 떨어져 각자 하나씩 주워서 펴보니 고 수부님이 짚은 심지에는 '安乃成'이라 쓰여진 밑에 '律呂度數'라 쓰여져 있었고, 차 경석이 짚은 심지에는 '車京石'이라 쓰여 진 밑에 '布政度數'라 적혀 있었고, 장 기준이 짚은 심지에는 '張基準'이라 쓰여진 밑에 '大學度數'라 쓰여져 있었습니다.

태모 고 수부님의 심지에 '安乃成 律呂度數'라는 상제님 마지막 유훈 글이 씌어 있음은 대단히 중요한 공사입니다. 율려도수律呂度數는 태을주 사명이며 현무경 전수 후 3년 태을주 수련도수를 명하신 것은 바로 율려도수를 받드는 것이었으며 상제님 천하사 진리포교는 바로 태을주 전수이기 때문에 3년간 태을주 수련을 마친 안내성安乃成 성도를 대신해 태모님이 심지를 받으심은 낙종물, 이종물 사명에 이은 숙구지 문왕 도안都安 세 살림 추수 종통 연원맥을 천지인신天地人神의 현무경玄武經 유훈遺訓으로 온 천하에 확실히 못 박은 것입니다.

결론적으로 <현무경>은 상제님이 안 내성 성도에게 3년간 태을주 수련공부를 명해 떠나기 전 안 내성 성도 집에서 집행하여 차 경석 성도를 통해 태모 고 수부님에게 바쳐졌다가 세 분의 동갑네기가 모인 날 조화궤(법궤)를 개탁(開坼:개봉)하여 세 개의 심지를 떼어내 태모 고 수부님이 짚은 병 속의 심지에서 '安乃成 律呂度數'라는 상제님 마지막 유훈 글이 씌어 있음을 확인한 점입니다. 정역팔괘의 한계를 보완한 용담팔괘는 도안(都安) 말복도수를 우주원리로 뒷받침하여 동지한식백오제 105년 만에 막판에 전체 얼개로 드러나도록 꾸며 놓으신 증산 상제님의 숨겨진 마지막 카드입니다.

이 날의 조화궤(법궤) 개봉을 통해 드러난 공사내용의 핵심은 장 기준(사수) 방문을 매개로 하여 낙종물, 이종물, 추수 사명자 세 분이 모두 연관되어 있으며 곤존 태모 고 수부님이 이종물 사명자인 차 경석 성도와 용담팔괘를 밝힌 대학도수의 주인공 장기준의 보증 하에 세 살림 추수도수의 사명자 심지를 짚게 하신 역사적인 공사입니다. 이 공사는 결론적으로 모두를 한 자리에 합석케 하여 종통 승계공사를 집행한 역사적인 자리입니다.

중요한 것은 안 내성 성도는 아직 탄생하지 않은 미래의 문왕 추수 사명자를 대신해 공사를 집행 받은 성도로 태모 고 수부님이 심지를 대신 받은 점이며 더불어 도안 세 살림의 마지막 말복도수가 '105년 흑운명월 진리혁명 도수(이윤 대각성 도수)'의 근간인 용담팔괘와 관련 있는 이유로 장 기준이 보증하는 자리로 이루어져 있다는 점입니다.

<참고>★위는 너무나 중요한 공사입니다. 안 내성 성도는 율려도수를 맡았는데 아직은 도안의 세살림주인공인 안 운산 성도사님이 태어나시기 전의 일입니다. 낙종물과 이종물 사명을 맡은 태모님과 차교주 그리고 전혀 엉뚱한 인물인 장 기준이란 분이 대학도수를 맡게 됩니다. 장 기준은 김 경학 성도를 이어 대학도수를 완성하라는 의미가 있습니다. 장 기준은 정역을 보완하여 11귀체로 용담팔괘를 완성하여 간동태서 인신상화가 정 위치 한다는 이론을 천지에 공표하신 것입니다. 괘는 정역과 같습니다. 이는 제한적인 한동석 <우주변화원리> 6기론 군화 상화의 이론으로는 전혀 알 수가 없는 것입니다.

동지한식 105제를 지나면서 말복도수가 진리혁명으로 드러나게 됨과 동시에 상제님 종통 퍼즐인 전체 얼개가 드러나 장 기준의 '용담팔괘'도 한 종파의 한계에서 벗어나 정正위치를 찾아가게 됩니다. 초복중복에서는 전혀 의외의 진리를 받아들이지 못하게 되어 있었던 것입니다. 아직 때가 안 되어 안 내성 성도는 그 자리에 없었으나 태모님이 낙종물 책임자로서 안 내성 율려도수를 뽑아 드시게 되고 도안의 세 살림인 말복도수가 열리면서 상제님 천지공사의 모든 퍼즐이 맞추어지고 안 내성 성도도 생전에는 알지 못하던 사명기와 상제님 유서가 왜 모두 안 내성 성도에게 내리신 것인지 드러나게 된 것입니다. 이는 모두 말복도수인 도안의 세 살림이 열리면서 완전히 차원이 다른, 모든 상제님 천하사가 하나로 뭉치고 열린다는 것을 알 수 있습니다.

侍

<현무경>의 시작 역시 도안都安의 세 살림인 언청계용신(言聽計用神) 오부(午符), 수화금목대시이성수생어화고천하무상극지리(水火金木待時以成水生於火故天下無相克之理) 신부(申符), 천지지중앙심야고동서남북신의어심(天地之中央心也故東西南北身依於心) 사무여한부死無餘恨符 술부(戌符)로 시작합니다. 홀수(奇數)는 양수요 짝수(偶數)는 음수입니다. 사람은 양이요 귀신은 음인지라 각기의 거처 또한 양택(陽宅)과 음택(陰宅)으로 구분합니다.

마찬가지로 동지(冬至)는 일양(一陽)이 시생(始生)하고 하지(夏至)는 일음(一陰)이 시생(始生)합니다. 동지와 하지는 각기 자(子)와 오(午)이며, 일음(一陰)이 시생(始生)하는 오(午)는 「작지부지성의웅약作之不止聖醫雄藥 일음시생一陰始生」 하는 양방위로 오신술(午申戌)이 성사재인(成事在人)을 담당하고, 자(子)는 「배은망덕만사신背恩忘德萬死身 일양시생一陽始生」으로 대대세세 천지귀신수찰(大大細細 天地鬼神垂察)하는 음방위로 자인진(子寅辰)이 담당합니다.

결론적으로 쉬지않고(作之不止) 성의웅약(聖醫雄藥)하는 천하사 종통 인사문제는 오신술(午申戌) 양방위에서 도안都安 세 살림이 이러한 우주원리를 붕어빵 찍어내듯이 도안(都安) 세 살림 도수의 인사문제로 나오게 됩니다. 다만 문왕의 도수를 받고 기두한 첫째 살림 술부(戌符)사명이 워낙 험난한 사명이므로 "문왕의 도수와 이윤의 도수가 있으니 그 도수를 받으려면 극히 어려우리라" 하시고, 안 내선(安乃善) 성도 이름을 비록 일등(처)방문으로서 세 살림의 길이 역경만첩의 곤고한 길일지언정 끝내는 반드시 이룬다는 도수로 안 내성(安乃成)으로 바꾸어 주신 것이며, 이 도수를 받는 주인공 <현무경(玄武經)> 술부(戌符)에 '사무여한부(死無餘恨符)'라는 제하(題下)로 살아생전 두 아들을 앞세워 천하사를 집행한 문왕 도수의 험난한 역경을 신도(神道)법칙으로 친히 위로하신 것입니다.

<보천교普天敎 교전敎典>★하루는 종이 설흔장張되는 양지책洋紙冊에 전前열다섯장張에는 면面마다 「배은망덕만사신背恩忘德萬死身 일양시생一陽始生」이라 쓰시고 뒷열다섯장張에는 면面마다 「작지부지성의웅약作之不止聖醫雄藥 일음시생一陰始生」이라 쓰신뒤에 경면주사鏡面朱砂가루와 보세기한개를 놓고 광찬光贊다려 일러가라사되 이일은 살길과 죽을길을 결정決定하는것이니 잘생각하야 말하라

<동학가사 진사성인출세가(辰巳聖人出世歌)>★진사성덕(辰巳聖德) 일출수(日出數)가 육삼궁(六三宮)에 비쳤기로 산하대운(山下大運) 운수(運數)따러 금강산(金剛山)을 찾어가니 많고많은 世上사람 외금강(外金剛)은 있거니와 내금강(內金剛)을 웃지알고 건금강(乾金剛)은 밖이되고 태금강(太金剛)은 안이되니 노남금강(老男金剛) 찾지말고 소녀금강(少女金剛) 찾었어라 소녀금강(少女金剛) 찾고보면 소남화용(少男花容) 만나리라

侍

진래원천신동기震來遠天新動機-진이 먼 하늘에서 오니 새로운 움직임이 있다(鄭北窓 八卦詩):文王八卦의 震卦가 正易八卦의 艮兌, 즉 日月潮水와 日出入의 기준인 正東 正西의 寅申을 불러내니 새로운 기틀이 있습니다. 사정위(四正位) 인신동서(寅申東西)는 간태(艮兌)로 산택(山澤)이며 일월지도(日月之道)로 낮과 밤을 구분하는 기준이며 조수의 변화의 기준이 되고 태양의 출입의 기준이 됩니다. 용담도에서 동서인 산택(山澤) 자리는 寅申이 자리하여 산택통기(山澤通氣)로 이상적 후천상인 지천태(地天泰)를 이루고 있습니다. ('萬物之所成終而所成始也일새 故로 曰成言乎艮이라. 山澤通氣然後에야 能變

化하야 既成萬物也하니라.<주역 설괘전>')冬至寒食百五除

상제님은 도운의 추수사명 말복도수에 대해 "상씨름으로 종어간(終於艮)이니라"하셨습니다. 여기서 간(艮)은 문왕팔괘의 진동태서震東兌西가 아니라 정역팔괘와 용담팔괘의 간동태서艮東兌西에서의 간(艮)을 의미하며 구체적으로는 정역팔괘에서의 간(艮)이 아닌 용담팔괘에서의 간도광명艮道光明 간(艮)을 의미합니다. 동시에 상씨름은 세운의 상씨름 개념보다 도운의 말복 상씨름 인사문제를 말씀하신 것입니다. 문왕 도수의 씨앗(仁)이 말복도수로 열매맺는 천장지구天長地久 신명무궁申命無窮의 본의本義가 바로 간도광명艮道光明의 간(艮)입니다.

용담팔괘의 간(艮)은 바로 신명무궁申命無窮의 신申입니다. ('艮土丙辰'의 艮土는 바로 용담팔괘의 艮申) 申은 서한시대 만들어진 글자로 본래 전電으로 날랜 원숭이를 납신蠟申이라 했고(蠟=獵) 申命(重申教命;再命);申復(거듭호소해 회복), 신부申符사명을 거듭 꼭 지킨다는 신신당부(申申當付)의 뜻과 신부사명을 채용 중용申用(采用); 추진행사申行(推行); 추구해申究(追究); 신의 권위申威(施展神威)를 세워 편안한申舒(舒展) 용화선경세계를 도수로 짜놓았으니 무궁한 여의주요 보주寶珠를 뜻합니다. 무신년 납월 12월이 후천 원년의 구랍이 되니 마땅히 후천 원년 세수는 유월세수가 됩니다.

<설문해자>에 나타난 신申자에 대한 설명은 다음과 같다. 신申은 신神이다. 칠월七月의 음기陰氣가 체體를 이루어 스스로 폈다 오므렸다 한다. 자지自持를 합한 글자이다. ㊀ 臼 절구 구를 따르고, 두 손으로 붙잡고 있으므로 그대로 유지한다는 뜻이다. ㊀ 현재 사용되는 申은 曰丨, 즉 曰 가로 왈과 丨 뚫을 곤으로 구성된다. 남근男根과 여음의 결합, 즉 남녀 교접의 형상 생식번성을 문자화한 것. ㊀ 지지(地支)에서는 申 아홉째 지지 신이다. ㊀ 강희자전에서는 부수가 아니고, 申의 부수는 田(밭 전)이다. 태양太陽의 정精인 일정日精해가 지닌 불덩어리로 고대문화에서 화염문火焰文 속의 중심부로서 등중화주燈中火主, 곧 불똥시지 주, 등불 주, 주인 주, 우두머리 주로 훈석하고 있다. 이는 모든 생명의 존재가 태양의 씨알과 같은 존재를 나타낸 것이다.

<한국 고대문화 원형의 상징과 해석>(지식산업사)의 저자 김양동은 이것이 불교와 습합되어 용의 턱 아래에 있다고 전해지는 구슬인 보주寶珠가 되었다고 말한다. 신申자의 고어에는 가운데가 丨자가 아닌 일정日精이 있다. 일정은 부랄이고 그 양쪽의 것은 여음女陰의 상형이다. 따라서 남근男根과 여음의 결합, 즉 남녀 교접의 형상 생식번성을 문자화한 것이다. 전광석화같이 날랜 원숭이(申)는 원성(猿猩, 猿

狫)이라는 한자어에서 비롯된 말이고, 15세기에서 17세기까지는 '납蠟'이라고 했다. ' 동물,식물,광물에서 나오는 기름(지방산) 혼합물을 양초 납蠟이라 하는데 【李時珍曰】 蠟樹, 四時不凋, 五月開白花, 成叢結實。其蟲大如蟣蝨, 延緣樹枝, 食汁吐涎, 剝取其渣, 煉化成蠟。又蜜蠟, 生於蜜中。
동지 후 세번째 술戌일에, 백신百神에 납제臘祭를 지냈다. 臘者는獵也라 해서 납은 본래 납獵월 납獵일같은 제사명祭名이다. 납향치성은 천자가 천지에, 혹은 제후가 천자에게 올리는 치성으로 축월(丑月)을 새해 첫 달로 삼은 은력(殷曆)은 은정월(殷正月)-지금의 섣달 12월에 천제를 지냈는데 상제님께서도 무신납월(戊申臘月) 공사를 행하신 바 계시고 행사월령月令에 납은 조상선조에게 제사지내는 5사五祀라 했고 풍속통風俗通에 이르기를 예전禮傳에 하夏나라에서는 가평嘉平이라 했고, 은殷나라에서는 청사淸祀, 주周나라에서는 대사大蜡, 진시황 31년 12월에 다시 가평嘉平이라 했다. 이하 ~ 十二月者, 丑月也。始皇始建亥, 而不敢謂亥月爲春正月, 但謂之十月朔而已。項羽紀書漢之二年冬, 繼之以春, 繼之以四月。可證也。更名臘爲嘉平者, 改臘在丑月用夏制, 因用夏名也。臘在丑月, 因謂丑月爲臘月, 陳勝傳書臘月是也。漢仍秦制, 亦在丑月。而用戌日, 則漢所獨也。風俗通曰：臘者, 接也。新故交接, 大祭以報功也。漢家火行, 火衰於戌, 故曰臘也。高堂隆曰：帝王各以其行之盛而祖, 以其終而臘。火生於寅, 盛於午, 終於戌。故火家以午祖, 以戌臘。按必在冬至後三戌者, 恐不在丑月也。鄭注月令曰：臘謂以田獵所得禽祭也。風俗通亦曰：臘者, 獵也。按獵以祭。故其祀從肉。从肉巤聲。盧盍切。八部。

<대순전경 초판>★기유 년(1909) 정월 1일에 현무경이 탈고되거늘 안 내성의 집에서 백 병(흰 병)에 물을 담은 후에 양지에 글을 써서 권축(두루마리)을 지어 병입구를 막아 놓고 그 앞에 백지를 깔고 백지 위에 현무경 상하 편을 놓아두었더니 선생이 화천하신 후에 경석이 내성에게 와서 현무경을 빌려 가면서 병구(병입구)막은 축지(두루마리종이)를 빼어서 펴보니 "길화개길실(吉花開吉實), 흉화개흉실(凶花開凶實)"이라는 글이 씌어 있더라.

原文: 己酉 正月 一日에 玄武經이 脫稿되거늘 安 乃成의 집에서 白甁에 물을 담은 후에 洋紙에 글을 써서 卷軸을 지어 甁口를 막어 놋코 그 압헤 白紙를 쫠(깔)고 白紙 우에 玄武經 上下篇을 노아두엇더니 先生이 化天하신 後에 京石이 乃成에게 와서 玄武經을 빌어 가면서 甁口막은 軸紙를 쌔(빼)여서 펴여보니 "吉花開吉實, 凶花開凶實"이라는 글이 씨여 잇더라.

<동곡비서>★기유년(己酉 1909年) 정월 1일에 현무경(玄武經)이 세상에 출현하거늘, 안내성의 집에서 흰병에 물을 담은 후에 양지에 글을 써서 권축(卷軸)을 지어 병입을 막아놓고, 그 앞에 백지를 깔고 백지 위에 현무경 상하편을 놓아 두었더니, 선생이 선화하신 후에 차경석이 내성의 집에 와서 현무경을 빌려가면서 병입을 막은 종이를 빼어서 살펴보니 「길화개길실 흉화개흉실(吉花開吉實 凶花開凶實)」 이라는 글이 쓰여져 있더라.
<대개벽경(大開闢經)>★새로운 후천 광명세계에 조화로운 바람이 가득차고 진리가

바로잡힌 건곤 세상에 흰 달이 휘영청 밝노라. 천지장구(天長地久)하고 신명무궁(申命無窮)하여 일거월래(日去月來)하니(360일 정역시대) 인빈유방(寅賓有方)이라."★書經 堯典에 寅賓出日:뜨는 해를 공경히 맞이함 寅賓:인시의 귀한손님
-下訓 昊天金闕 上帝午坐 大地土堦 庶民自來 一氣貫通 萬理昭明 三才俱得 兆民悅服 新明世界 和風蕩蕩 眞正乾坤 皓月朗朗 天長地久 申命無窮 日去月來 寅賓有方-

<증산도 道典>★神明世界에 和風蕩蕩(신명세계 화풍탕탕)하고 眞正乾坤에 皓月朗朗(진정건곤 호월낭랑)이라. 天長地久(천장지구)에 申命無窮(신명무궁)하고 日去月來(일거월래)에 寅賓有方(인빈유방)이라.

<대개벽경(大開闢經)(영평비결(永平秘訣))>★(오미방위에 비추던 서광이 신유방위로 옮겨감)태양(세운은 일본)이 동양에서 떠오름에 서양이 몰락하니(日本東出西洋沒) 오미방위의 빛이 신유방위로 옮김이라(午未方光申酉移) 양(未)이 가을 울타리를 받으니 누가 능히 풀리오(羊觸秋藩誰能解) 봄나무 위에 원숭이(申) 울어 가을 양명에 오르고(猿啼春樹登陽明)

<선도신정경(仙道神政經)>★인신사해(寅申巳亥)에 문(門) 열리니 될려는 사람의 일일세 그려 바다해(海)자 열 개자(開字) 사진주(眞主)가 오신다네 옥구(沃溝)가 근본(根本)이네 삼제갈(三諸葛) 팔한신(八韓信) 관우(關羽) 장비(張飛) 조자룡(趙子龍) 진묵대사(震默大師) 사명당(四溟堂)이 때가 때인만큼 일제(一齊)히 서로나서 만고성인(萬古聖人)이 다 오신다네 오방신장이하(五方神將以下)로 신영(神迎)맞이어서하소 나는 바닥에 일(一) 붙은줄 알고 뽑노라

<선도신정경>★(무진(1928)년 숙구지 공사로 자던개를 깨우시고) 기사년(己巳年:1929) 정월(正月) 초삼일(初三日) 치성(致誠)을 드릴 새 고후비님(高后妃任)께서 헌작(獻酌)을 드리고 나서 모든 도중(道衆)들이 반천무지사배(攀天撫地四拜)를 드린 후(後) 고후비(高后妃)께서 도중(道衆)에게 가라사대 이제부터 세 번(三番)을 천지정리(天地整理) 무기토(戊己土)라고 읽도록 하라 지시(指示) 하시거늘 말씀에 따라서

천지정리(天地整理) 무기토(戊己土)라
천지정리(天地整理) 무기토(戊己土)라
천지정리(天地整理) 무기토(戊己土)라 읽으니라

★참고:<증산도 道典>에는 거미일화만 싣고 천지정리(天地整理) 무기토(戊己土) 일화 전체부분이 누락됨. 무기 오십토(五十土)는 천지공사 인사집행의 총 결론으로 열 번 강조해도 부족한 대목. ※※※하도 중궁 오십토(五十土)는 15진주 지도자를 상징하는 공사로 3명의 지도자가 차례로 천지정리해 나오며 완성된다.
<선도신정경>★세 번(三番)을 천지정리(天地整理) 무기토(戊己土) 천지(天地)의 귀신(鬼神)도 모르는 일★고후비님(高后妃任)이 김제(金堤) 조종(祖宗)골을 떠나오실

적에 육임(六壬)과 팔괘(八卦)와 십이(十二)며 이십사(二十四)를 싸 가지고 오시다가 육임(六壬)과 팔괘(八卦)는 김제(金堤)에 오시어 땅(地)에다 묻으(埋)시고 땅(地)을 세 번(三番) 구르시더라

<선도신정경>*또 십이(十二)는 이리(裡里)에 가시어 묻으시며 땅(地)을 세 번(三番) 구르시고 바둑(碁)돌과 윷판(板)은 옥구(沃溝)에다 묻게(埋) 하시고 종도(從徒) 열 사람(十人)을 데리고 공사(公事)를 행(行)하시고 가라사대 내가 오십토(五十土)를 세(三) 곳(處)에 나누어 놓았느니라 내가 마음먹고 하는 일은 천지(天地)의 귀신(鬼神)도 모르는 일이니라

열두 번째, 증산 상제님은 일등방문으로 처방한 안내성 성도에게 세 살림 폐백幣帛 집지례執贄禮 공사를 집행하셨습니다. 세 살림 폐백幣帛 집지례執贄禮는 경만장 안 내성 성도로 하여금 폐백床 세 상床을 똑같이 차리게 해 놓고 폐백 받는 공사를 보시는데 안 내성 성도가 절을 하며 보니 상제님이 손오공 분신술 쓰듯이 동시에 세 상床에 앉으시어 안 내성 성도에게 폐백 집지례執贄禮를 받으시는 공사입니다. 현무경玄武經에 천지인신天地人神 귀신수찰鬼神垂察로 오신술(午申戌)부(符) 세 살림 공사로 서두에 박아 넣은 이 세 살림 폐백幣帛 집지례執贄禮 공사 내용은 실로 놀라운 공사내용입니다.

천지공사 중에 상제님이 세 분으로 분신(分身)하시는 공사내용은 처음이니까요. 여기서 안 내성(安乃成) 성도에게 차려놓은 세 상(床)의 폐백상과 상제님 세 분이 동시에 폐백음식을 드시며 절을 받음은 종통문제에 있어 무엇을 의미할까요. 폐백(幣帛)은 본래 종묘 신위에 이바지하는 공물을 말하며 폐백의식은 종묘신위에 제사를 드리는 예식입니다. 우리나라 전통 혼례에서는 시아비 구, 시어미 고를 써서 시부모에게 인사하는 폐백인사를 구고례(舅姑禮)라고 합니다.

본래 폐백은 가문에 따라 사당참례를 먼저 하고 다음에 구고례(舅姑禮)를 하기도 하고, 구고례(舅姑禮)를 먼저 하고 사당참례를 하기도 해서 폐백의식이라 한 것이지 시부모에게 인사하는 것만이 폐백의식은 아니었습니다.

그러나 바쁘게 돌아가는 요즘엔 신부가 시댁에 와서 시부모를 비롯한 여러 시댁 어른들에게 드리는 인사만을 일반적으로 말하는 것으로 결혼식장에서는 보통 간단히 예식을 끝내고 사당에서 조상에 대한 제례의식 인사는 각자 알아서 하도록 생략하고 시부모에게 폐백의식을 드리는 것만으로 끝냅니다.

폐백 상(床)앞에서 동일한 모습으로 폐백음식을 잡수시는 공사는 경만장 안 내성 성도의 운암강수 만경래 초중말복 세 살림 공사를 안 내성 성도로 하여금 천지공사로 천지인신(天地人神)의 폐백의식으로 천지에 질정하는 공사입니다. 상제님께서 세 상(床) 앞에서 동일한 모습으로 폐백음식을 잡수시고 계시는 모습은 세 살림 지도자의 위격을 대등하게 대하는 모습입니다. 초중말복 세 살림 지도자를 동일하게 대하고 있는 것을 볼 수 있습니다.

<천지개벽경(天地開闢經)>*상제(上帝)께서 안내성(安乃成)의 집(家)에 임어(臨御)하시어 내성(乃成)에게 가라사대(曰) 네(汝)가 오늘(今日)은 **나(吾)에게 백냥(百兩)의 폐백(幣帛)을 바치라** 하시거늘 내성(乃成)의 형편(形便)이 심(甚)히 궁핍(窮乏)하여 일푼(一分)도 없는(無)바라 하릴없어 마을(里)에 나가 모친(母親)를 찾아뵙고 사실(事實)을 고(告)하니 모친(母親)이 한탄(恨歎)하여 말하기를 우리의 형편(形便)에 백냥(百兩)의 거금(巨金)이 어디에 있으리오. 내가 푼푼(分分)이 모아둔(聚) 엽전(葉錢) 몇 잎이 쌀항(米缸)에 있을 뿐이라. 그러니 그라도 필요(必要)하면 쓰라(用之) 하거늘 내성(乃成)이 집(家)으로 돌아와(歸來) 항아리 속(裡)에 엽전(葉錢)을 세어보니(算則) 한냥(一兩)이더라.

그리하여(然而) 한 냥(一兩)을 올리며(上) 사정(事情)을 고(告)하니 들으시고(聞之) 가라사대(曰) 「내(吾) 이(是) **한 냥(一兩)으로써(而) 백배(百倍)로 느려(大) 쓰리라(用)** 하시며 그 돈(其金)으로 술(酒)을 사오라 하시거늘 명(命)하신대로 술(酒)을 사오니 **상(床)을 세(三) 개 놓고(置) 술(酒)을 삼등분(三等分)하여 세(三) 상(床)에 차려놓고 절(拜)하라** 하시기에 그대로 차려놓고 내성(乃成)이 절(拜)하며 보니(觀則) **상제님께서 세(三) 상(床)에 동시(同時)에 같은 모습(模襲)으로 잡수시고 계시더라** 전(傳)하니라.(정영규 <천지개벽경>)

*참고<증산도 道典 5:263>에는 -태을주 내려주는 공사-타이틀로 백냥이 삼백냥으로, 한 냥이 백닢으로, "세(三) 상(床)에 동시(同時)에 같은 모습(模襲)으로 잡수시고"가 "가운데 상에 앉으시어 진지드신다"고 바뀌어진 채 나머지 부분은 생략되어 있음. 세 지도자의 위격이 같다. 1906년(丙午) 상제님께서 벽력표霹靂表를 땅에 묻으시고는 종도들에게 모두들 제각기 흩어져서 돌아가라 하시고 오직 김광찬(金光贊)만을 데리고 며칠 더 머무시다가 광찬에게 돈 100냥을 주시면서 먼저 만경(萬

頃)에 가서 나의 통지를 기다리라고 한 적이 있는데 이는 경만장 안 내성 성도의 운암강수만경래 도안都安세 살림 추수 도수의 인사문제에 있어 안 내성 성도의 100냥 준비로(한 냥으로 백배로 늘여 쓴 공사) 세 상 폐백 집지례 공사와 연관이 있음. (<보천교 교전>,<동곡비서>, <대순전경 3판>, <증산도 도전>에는 돈 백냥이 없으나 <증산천사공사기>에 100냥이 기록되어 전한다)

*참고:안내성 성도에게 하사하신 종통(宗統) 사명기(司命旗)의 색이 黃紅靑 3色이며 상제님께서 안내성(安乃成) 추종 성도에게 전해 내리신 공사도(公事圖)인 성장(誠章) 공사도(首陽梅月 萬古遺風圖), 예장(禮章) 공사도(洛出神龜 天地節文圖), 신장(信章) 공사도(青鳥傳語 白雁貢書)가 3개이다.

태모 고 수부님의 교단개창 낙종물 사명 세 살림 중 첫 살림은 차 경석 성도의 이종물 사명과의 합동살림입니다. 두 번째 조종골 살림에서 세 번째 오성산 살림으로 넘어갈 때는 강 응칠·강 사성 성도의 난동을 피해 순흥 안 씨 집성촌 왕심리로 도장살림을 옮기셨다가 이 상호·이 정립의 금구 용화동 동화교와 과도기 합동살림을 여심으로써 역경만첩(逆境萬疊)의 곤경에 처합니다. 숙구지 문왕 도수의 초·중복 추수 살림은 소위 '사람들(둘)이 없어 못 나서노라(『대순전경』)' 한 청음·남주의 불발된 두 사람 교의가 그대로 받아들여져 그런대로 순탄히 넘어갑니다.

그러나 중복살림에서 말복살림으로 넘어가는 과정은 천지공사 종필(1909) 이후 105년째 동지한식백오제의 사오미 개명장 시간대이므로 그동안 감춰져있던 세 살림 말복 추수도수의 전체 진법퍼즐이 드러나며, 그동안 초나라 장수들 벌떼처럼 일어나는 초장봉기지세로 물중전의 본을 보이며 열거해 있던 다양한 범 증산계 교단에 지각변동을 일으키게 되는 진리의 혁명 기간입니다.

그러한 상황을 보여주는 공사가 용머리 고개 위로 급히 뛰어 오르시며 세 번을 흘끔 쳐다보며 탄식하시는 다음의 공사입니다. 가을을 상징하는 율목(栗木) 밤 송이는 알이 세 개 들어있어 세 살림을 상징합니다. 밤 알 세 번 까는 공사 역시 도안(都安) 세 살림을 나타내는 공사입니다.

<천지개벽경(天地開闢經)>★전주(全州)에서 공사(公事)를 끝마치(止)시고 돌아오실세(歸路) 용 머리고개(龍頭峙) 밑(下)에 오시더니 두 주먹을 불끈쥐고 걸음을 빨리(速)하여 다급(多急)하게 뛰여(躍) 오르시니 모든 종도(從徒)들이 황급(惶急)히 따르는데 뒤(後)를 한번(一番) 흘끔 돌아(顧) 보시고 여전(如全)히 다급(多急)하게 뛰여(躍) 오르시며 또(又) 뒤를 흘끔 돌아(顧)보시고 또(又) 다급(多急)하게 뛰어(躍)올라 용머리고개(龍頭峙)를 썩 올라 서시더니 세 번(三番)째 뒤를 홱 돌아(顧)보시고 가라사대(曰) 이 고개(峙)를 몇 사람(幾人)이나 넘을 수 있으리요 하시며 탄식(歎息)하시더라 전(傳)하니라. ★<정영규 천지개벽경 2장31절>(참고:<증산도 道典 7:46>에는 내용 생략)

문왕추수살림 도안 초,중,말복 세 살림 상징 밤송이, 세톨이 들어있다

<증산도 道典>★회문산에서 보신 추수도운의 진주 공사:무신년 가을에 상제님께서 수부(首婦)님과 김형렬, 김갑칠, 박공우, 문공신, 안내성, 차경석 등 여러 성도들을 데리고 태전 콩밭 도수를 보러 떠나시니라. 상제님께서 회문산에 이르시어 공우에게 물으시기를 "공우야, 여기가 어디냐?" 하시니 공우가 "순창 회문산입니다." 하고 아뢰니라. 공우가 상제님께 여쭙기를 "여기는 무슨 도수를 보러 오셨습니까?" 하니 말씀하시기를 "오선위기 도수를 보러 왔다." 하시고 "밤 밭이 어디 있느냐?" 하시거늘 수부님께서 "밤이 익었겠지요." 하시니라. 이에 상제님께서 명하시기를 "가서 밤송이를 주워 와라." 하시니 성도들이 상제님의 말씀을 따라 밤을 주워 오니라. 상제님께서 다시 "밤을 까라." 하시고 잠시 후 "밤을 몇 번 깠느냐?" 하고 물으시니 성도들이 "세 번 깠습니다." 하고 아뢰거늘 상제님께서 "밤을 한 번 까면 정월이요, 두 번 까면 사월이요, 세 번을 까면 가을 아니냐." 하신 후 치성을 올리시고 오선위기 공사를 보시니라. 상제님께서 회문산에서 공사를 마치시고 성도들을 데리고 눈 깜짝할 사이에 고창 사창리로 가시니 성도들이 잠깐 사이의 일에 놀라 서로 웅성거리더라. (박공우 성도의 수제자 김일화의 아들 김천수 씨의 증언)

<증산도 道典 5:395>임피 오성산 사명당 기운의 세 말뚝★하루는 새울 최창조의 집에 '사명당(四明堂)'이라 쓴 종이를 종처럼 매달아 놓으시고 "이 사명당 기운으로 사람

하나가 나오느니라." 하시니라. <증산도 道典 5:395> (오성산) 임피로 해서 태전간다. ☞오로봉전 태전해서 가을용 안씨 찾아간다(김천수 옹)<증산도 道典 6:74>"나의 일은 알다가도 모르는 일이라. 나의 일은 판밖에 있단 말이다."<회문산 오선위기 혈은 단주해원 세운 공사, 임피 오성산 오선위기 혈은 단주해원을 매개해 초복, 중복, 말복 도수 3명의 지도자 배출하는 교운공사(도운공사)로 음양공사임>
★참고 상제님께서 안내성(安乃成) 추종 성도에게 내리신 사명기(司命旗)의 색이 黃紅靑 3色이며 함께 내리신 공사도(公事圖)인 성장(誠章) 공사도(首陽梅月 萬古遺風圖), 예장(禮章) 공사도(洛出神龜 天地節文圖), 신장(信章) 공사도(靑鳥傳語 白雁貢書)가 세살림 3개이다.

<천지개벽경(天地開闢經)>★전주(全州)에서 공사(公事)를 끝마치(止)시고 돌아오실세(歸路) 용머리고개(龍頭峙) 밑(下)에 오시더니 두 주먹을 불끈쥐고 걸음을 빨리(速)하여 다급(多急)하게 뛰여(躍) 오르시니 모든 종도(從徒)들이 황급(惶急)히 따르는데 뒤(後)를 한번(一番) 흘끔 돌아(顧) 보시고 여전(如全)히 다급(多急)하게 뛰여(躍) 오르시며 또(又) 뒤를 흘끔 돌아(顧)보시고 또(又) 다급(多急)하게 뛰어(躍)올라 용머리고개(龍頭峙)를 썩 올라 서시더니 세 번(三番)째 뒤를 홱 돌아(顧) 보시고 가라사대(曰) 이 고개(峙)를 몇 사람(幾人)이나 넘을 수 있으리요 하시며 탄식(歎息)하시더라 전(傳)하니라.★<정영규 천지개벽경 2장31절>(참고:<증산도 道典 7:46>에는 내용을 생략 처리해 무슨 내용인지 전혀 알 수 없게 되어있다)

열세 번째, 도안都安 세 살림 도수는 문왕 가문과 사마중달 가문의 역사에서 보듯이 아주 드문 케이스입니다. 상제님께서 밝혀주신 다음의 삼인동행칠십리三人同行七十里라는 시도 있습니다만 <동국산서> 권말에는 "삼인동행칠십희三人同行七十稀, 오류문전이십일五柳門前二十一, 칠월칠석삼오야七月七夕三五夜, 동지한식백오제冬至寒食百五除"의 시구가 아무런 설명 없이 실려 있습니다.(五柳선생=陶淵明)

그런데 이 시는 조선조 산원算員 경선징(慶善徵:1616-?)의 ≪묵사집 嘿思集:우리나라의 가장 오래된 算學書≫ 중 1차합동식, 즉 전관술(翦管術:일차합동식의 근을 구하는 동양 전래의 산법(算法))에 관한 다음의 가결(歌訣)에서 유래한 것입니다. "삼인동행칠십희三人同行七十稀, 오봉루전이십일五鳳樓前二十一, 칠월추풍삼오야七月秋風三五夜, 동지한식백오제冬至寒食百五除"

삼인동행칠십리(三人同行七十里)
오로봉전이십일(五老峰前二十一)
칠월칠석삼오야(七月七夕三五夜)
동지한식백오제(冬至寒食百五除)
삼인동행칠십희(三人同行七十稀)
오봉루전이십일(五鳳樓前二十一)
칠월추풍삼오야(七月秋風三五夜)
동지한식백오제(冬至寒食百五除)

*<전관술(翦管術) 이해>*105 이하의 자연수 X를 생각하게 하고 이를 알아 맞추는 방법: 그 수를 3으로 5로 7로 각각 나눈 나머지를 a, b, c 라 하면 각 나머지에 70, 21, 15를 곱하게 하여 합한 d, e, f, g를 구하게 하면 X=G−105n(n은 자연수)

a×70=D, ※三人同行七十稀(70)
b×21=E, ※五老峰前二十一(21)
c×15=F, ※七月七夕三五夜(3×5=15)
D+E+F=G 답;G−105n=X(105 이하의 자연수(n은 자연수))※冬至寒食百五除 105년을 빼야 답(세 살림 진법)이 드러난다는데 이 비결의 핵심이 있다.

*해설:백중百中은 7월 보름(3×5)으로 묵사집의 전관술 비결로 보면 1壬×3(三才)×5(戊五空 일태극)×北斗7星=105(仙道數)이므로 천지공사 종필 선언(1909 기유년) 이후 105년이 지나야만(사오미개명장 中 2014년 갑오년 세 살림 발표 및 동지절 통합경전 탈고) 종통의 진법이 뿌리째 모두 드러나 모든 진리의 퍼즐이 맞는 백사적중百事的中, 백사개중百事皆中이 되는 것입니다. 기유년(1909) 천지공사 종필 이후 105년 만의 사오미 개명장(巳2013, 午2014, 未2015)에 천지공사의 전체 퍼즐이 동시에 밝혀지도록 한 것은 증산 상제님 천지공사의 최종결론인 종통 추수사명 세 살림 진법의 핵심비결입니다.

기유년(1909) 천지공사 종필 선언 후 105년째 갑오년(2014)과 안운산 성도사님 기두(起頭:1945)로부터 70년인 을미년(2015)은 '사오미 개명판'인 '칠월보름 백중'으로 범증산계 통합경전 내용이 전격적으로 공개됩니다. 이는 마지막 추수 사명자가 숙구지 문왕의 도수로 일어나 도안의 세 살림을 일으키도록 3초 끝에 대인출세라는 세 살림 도안(都安) 공사로 꾸며 놓고 동지한식백오제(105년)를 넘어서서 사오미 개명도수에 즈음해 <수지지어사마소 공사>로 비로소 마지막 말복 살림이 드러나도록 했기 때문입니다.

따라서 백오제(百五除) 이전의 105년간의 세월은 사실상 전체 퍼즐이 봉인된 채 암흑에 가려진 신앙을 해야 하는 눈뜬 봉사 시대일 수밖에는 없는 기간이었습니다. 백중百中은 7월 보름(15=3×5)으로 묵사집의 전관술 비결로 보면 7×(3×5)=105이므로 천지공사 종필 선언(1909

기유년) 이후 105년이 지나야만(사오미개명장 中 2014년 갑오년 세 살림 발표 및 동지절 통합경전 탈고) 종통의 진법이 뿌리째 모두 드러나 모든 진리의 퍼즐이 맞는 백사적중百事的中, 백사개중百事皆中이 되는 것입니다. 기유년(1909) 천지공사 종필 이후 105년 만의 사오미 개명장(을사2013, 갑오2014, 을미2015)에 천지공사의 전체 퍼즐이 동시에 밝혀지도록 한 것은 증산상제님 천지공사의 최종결론인 종통 추수사명 세 살림 진법의 핵심비결입니다.

<증산도 道典>*천부지(天不知) 신부지(神不知) 인부지(人不知) 삼부지(三不知)이니, 참종자 외에는 모르느니라. **선천 운수 궁팔십(窮八十) 달팔십(達八十)이요 지금 운수 동지(冬至) 한식(寒食) 백오제(百五除)니라.**

*해설:증산상제님 9년 천지공사와 태모 고수부님 10년 신정공사의 진법 추수도수의 주인공은 경만장 안내성 성도의 운암강수만경래 도안都安 문왕추수도수의 세살림 개창 주인공 안운산安雲山 성도사聖道師님이시며 초,중,말복 세 살림으로 선천역사를 매듭짓는다. 이것이 증산도 천지공사의 핵심 노른자이며 최종 결론이다. 문왕 추수자의 종통판은 강생원 집 잔치처럼 성대하지 못하지만 문왕판에 들어와야만 후손들이 마치 강태공이 문왕을 만나 궁팔십 달팔십의 소원을 이루는 것이다.

삼인동행칠십稀>삼인동행칠십里; 삼인동행칠십리는 문왕 삼부자(문왕, 무왕, 주공단), 사마중달 가문 3부자(사마중달, 사마사, 사마소) 처럼 추수도운 세 살림의 도안(都安) 세 살림이 희귀하다는 것이며, 기유년(1909년) 천지공사 종필 선언이후 백오년 만에 진법이 드러난다는 것입니다. 문왕 추수 책임자 안 운산 성도사 님이 甲乙 기두한- 을유 해방(1945년) 초복도수 이후 두 자식을 좌보우필 삼아 모두 70년 세월을 지나 진법이 열린다는 것이니(1945+70=2015) 즉, 동지한식백오제 사오미개명장(2013계사, 2014갑오,2015을미)에 도달해야 태모 고수부님의 통일 윷판 말복도운 진법이 펼쳐진다는 것입니다. 모든 천하사 일꾼은 문왕의 도수 주인공이 개창한 종통 추수판을 만나는 것이 마치 강태공 여상이 문왕을 만나 팔자를 고친 것과 같은 운명이라는 것이다.

역사에서 전하는 강태공은 전 80은 빈궁하게 살았지만 후 80은 부귀영화를 누리며 산 것으로 전하는데, 강태공은 고 씨 부인과 재혼하여 얻은 어린 딸을 무왕의 어린 아들 성왕에게 여의여(주공단이 섭정) 무왕의 장인으로 자리매김해 마침내 주나라를 자신의 사위국으로 만들고 마지막에는 주나라로부터 산동성의 제齊나라의 제후(왕)로 봉해지는 것으로 대미를 장식했다. 결과적으로 천하사 일꾼들의 선천운수는 마치 강태공 여상이 빈궁한 생활 끝에 부인 마천금과 이혼하고 위수강가에서 문왕을 만남으로써 80 년 동안의 빈곤한 생활을 마치고 고 씨 부인과 재혼하여 문왕 사후 무왕과 주공단을 보필해 은상의 폭군 주紂를 쳐부수고 주周나라를 연 뒤 현달顯達한 인생 80년을 보낸 운수와 같다는 것이다. 동시에 그러한 운수가 현실적으로 크게 발복하는 지금운수는 동지한식백오제라는 것이다. 다시 말해, 1909년 기유년 천지공사 종필로부터 105년만의 사오미 개명장(2013계사, 2014갑오, 2015을미)에 등장하는 통일윷판의 세 번 째 말복살림 진리선포 시기에 이르러야만 강태공의 선천운수처럼 전80 후80으로 현달할 수 있는 운명이라는 것이다. 증산상제님은 초복, 중복 다 제끼고 말복 운을 타라 하셨다. 조화봉(造化棒)으로 조화 내는 수지지어사마소의 사명을 맡은 말복살림의 주인공에 붙어야 말복대운을 타는 만복동이라 하셨다. 여기에 붙지 못하면 깜부기라는 것이다.

<대개벽경(大開闢經)>* 말씀하시되, "7월 보름을 백중(百中)이라 이르나니 백중백중이니 백가지 일이 모두 적중하노라. -曰 七月望間 謂之百中 百中百中 百事皆中-

<한용주(韓龍霔 1844~) 봉명서(奉命書)>* 19. 선도수(仙道數)는 백오수(百五數)요, 불도수(佛道數)는 백팔수(百八數)니, 오칠두수(五七斗數) 깨친 후(後)에 사구태수(四九太數) 살펴내어 남태북두수화성(南太北斗水火星)을 오팔수(五八數)로 계산(計算)하면 사십평생(四十平生) 알 것이니, 삼천용도(三天用道) 못 지킬까?

侍

산서성 면산 綿山 개자추(介子推) 사당의 개자추 모자상& 허벅지 살까지 베어 바치며 정성을 다한 진문공에게 불타 죽은 화염으로 표현한 개자추상. 동지한식백오제 개명장 진법출현에는 誠,禮,信 공사도 中 <誠章 공사도> '수양매월 만고유풍' 주인공 백이숙제와 개자추의 해원도수를 걸어놓았다. 문왕 추수도수 도안 세 살림 삼련불성의 열매 상징이 백이숙제 만고유풍과 새빨간 개자추 정성 誠 덕목

예전부터 인생칠십고래희人生七十古來稀라고 합니다. 요즘은 100세 시대라

무색해 보이는 말로 전락했지만 수명이 짧은 옛날에는 인생 칠십까지 사는 것은 고래로 아주 드문 일이었습니다. 상제님은 삼인동행칠십리(三人同行七十里)라 말씀하고 계십니다만 원래의 《묵사집嘿思集》 에서는 삼인동행칠십희 三人同行七十稀 라고 되어있어 칠십희七十稀는 세월을 뜻함과 동시에 아주 희귀함을 강조하는 것에 방점을 찍고 있음을 바로 알 수 있습니다.

즉 전통적으로 우리가 알고 있는 인생 칠십을 사는 것이 드문 것이 아니라 세 살림 삼인동행三人同行七十稀이 희귀하다는 본의本意를 살짝 숨겨 놓으신 삼인동행칠십리三人同行七十里입니다. 이렇게 살짝 한 글자를 숨겨 놓으면 제 도수 돌아 닿는 그때가 아니면 그 누구도 눈뜬 봉사 잔치가 되어 결코 알 수 없게 됩니다. 결론적으로 한 가문에서 삼인이 천하사 세 살림 주역으로 차례로 무기토戊己土 정리해 나온다는 것이 아주 희귀하다는 뜻입니다.

상제님께서는 이같이 희稀를 리里로 살짝 한 글자를 바꾸어 놓으셨는데 다른 고문의 성구도 한 글자나 한 단어씩 바꾸어 놓은 것이 여러 곳 있습니다. 3에다 7을 승乘하면 21이 됩니다. 시천주侍天呪 주문도 21자로 되어 있습니다. 오로봉전이십일도 숫자를 잘 보면 5와 21(3×7)을 승乘하면 105가 됩니다. 冬至寒食百五除는 105년을 빼면 사오미 개명장을 거쳐 정답(세 살림 진법)이 드러난다는데 이 비결의 핵심이 있습니다.

<동곡비서>★(초중복의 봉사잔치)**나는 알고 너는 모르니, 봉사 잔치란 말이다. 아는 사람은 알지마는 누가 갈쳐 주나? 제가 알아야 한다니께**." 하시고, 또 가라사대 "나의 일은 알다가도 모르는 일이라. 끝판에 ○씨가 있는 줄 모른단 말이다."상씨름 딸 사람은 술이나 먹고 잠이나 자면서 누워서 시치렁코(시치렁코) 있다가, 상씨름이 난다고(나온다고) 야단들 칠제 그때야 일어나서 판 안에 들어와서 '어우(어유), 상씨름 구경하러 가자. 끝이(끝내기) 여기 있다. 노른(누런) 장 닭 두 홰 운다. 상 씨름꾼 드르오라(들어오라)' 벽역(벽력)같이 고래장치니 어느 뉘가 당적 할까. **허허허 참봉이로고. 소 딸 놈은 거그(거기) 있든감만. 밤새도록 헛 춤만 추었고나. 육각소리 높피 뜨니 상씨름이 끗이 났다**." 하시니라.

<만법전(萬法典)>★(봉사놀음)**생리화生理花가피었네 생리화生理花가피었네 생리화生理花가피었네 울도담도없는 우리형제兄弟집에 생리화生理花가피었네 봉사놀음이나온**

다 봉사놀음이나온다 봉사놀음이나온다 옆에다두고도 보지못하는 봉사놀음이나온다 작지를들고 이끌어주어도 따라오지를못하는 봉사놀음이나온다 가련可憐한창생蒼生들아 눈을뜨고도 보지를못하거든 소리를듣고도 따라오지를 못하겠나 한발자칫하면 보지를못하는 봉사놀음이나왔다 딸코딸는내제자야 이목구비耳目口鼻있으시면 태극용사풍족太極用事豊足한데 영웅장사英雄狀士무엇할고 회천명개조화回天命改造化에 고쳐노니귀물이라 못난제자弟子귀물되니 팔모귀물천하보天下寶라

결론 내립니다. 왜 삼인동행 칠십 리라고 하셨을까요? 인생 칠십 고래희처럼 한 집안에서 도안都安 세 살림이 있는 것은 고래부터 아주 드문 일이며 문왕과 사마중달의 삼부자처럼 삼인이 동행한다는 것입니다.(석성 이치복 입문시 70냥 공사) 동지한식의 105년간은 종통 세 살림 진리가 드러나지 않은 추운 계절입니다. 문왕 추수사명자 (안 운산 성도사)의 1945년 초복살림 개창 이후 70년 뒤인 2015년 사오미 개명장이 바로 천지공사 종필(기유년:1909) 이후 105년입니다. 이 기간은 진리의 과도기이므로 105년이 지나야만 도안都安 종통 세 살림의 전체 퍼즐이 다 드러난다는 산법算法이 내포되어 있습니다. 산학서算學書인 《묵사집 嘿思集》의 시詩 구절이 인용된 것 자체가 이 시詩를 어떻게 풀어야 할지의 성향을 알게 해 주고 있습니다.

<격암유록 궁을도가(弓乙圖歌)>★동해삼신불사약(東海三神不死藥)은 삼대적덕지가외(三代積德之家外)는 인력(人力)으로 불구(不求)라네-동해삼신불사약은 삼대에 걸쳐 덕을 많이 쌓은 집안 외에는 사람의 힘으로는 구하지 못한다네

<증산도 道典>★하루는 공신이 이르기를 "우리 일은 삼대(三代)밖에 없다." 하니라.

<보천교普天教 교전教典>★백암리白巖里로부터 구릿골 약방藥房에 이를어 계실새 여러종도從徒들을 벌여 안치시고 「삼국시절三國時節이 수지지어사마소誰知止於司馬昭」를 큰소리로 읽히시니라

열네 번째, 임진년(2012) 벽두劈頭에 안 운산安雲山 숙구지 문왕 도수의 막이 도운역사에서 내려지면서 암흑천지로 변한 도운道運은 동지한식백오제의 사오미(임

진.계사.갑오)를 기점으로 태모님이 말씀하신 소위 흑운명월黑雲明月도수로 새로운 진리의 밝은 달이 검은 구름 속에서 휘영청 떠오릅니다. 이 밝은 달은 바로 다름 아닌 교운의 전체 퍼즐을 보여주는 경만장 안내성 성도의 운암강수 만경래 초중말복 세 살림 도수이며, 이 세 살림의 정체가 새롭게 밝혀지면서 옥구 오성산 사명당 기운을 받은 만고성인 영웅호걸이 출세합니다.

이 대목은 동지한식백오제冬至寒食百五除에 있어 현실적으로 가장 중요한 대목이기도 합니다. 상제님께서 장량 제갈이 굴비엮듯이 두름으로 많이 날지라도 어느 틈에 끼인지 모르리라 하신 말씀처럼 후천개벽을 맞이해 각색 영웅호걸들이 즐비하게 출세하는 분기점이 바로 백오제란 화두입니다.

태모 고 수부님은 옥구 오성산 사명당 기운을 풀어 초, 중복 살림인 장닭 두 쇄 살림 끝내고 상씨름 세 쇄 살림 기두 무렵에 흑운명월도수로 말복살림의 교리적 진리기반이 활짝 드러남과 동시에 만고성인 영웅호걸이 두름으로 출세한다 하셨습니다. 영웅호걸은 이미 두름으로 우리 주위에 출세해 있으며 중통인의하지 못한 범부중생은 한 식구 한 형제 가운데 함께 있어도 결코 알아보지 못하는 봉사 잔치 운수라는 것입니다.

<만법전(萬法典)>★(도덕가(道德歌)) **한방房에서성현聖賢나도 누가난줄모를운수運數 부모형제천륜 父母兄弟天倫이나 말못하는유불선식儒佛仙式 장량제갈張良諸葛이두름나건마는 봉사잔치꾸며내니 알수없는미묘법微妙法을 네정성精誠이부족不足하야 이런도법道法못하는걸 뉘를보고말을하리** 여동빈呂東賓의참빗도수度數 후회자탄後悔自嘆부디마소 대법도수大法度數마련할때 귀신鬼神도난측難測이라 이런이치理致누가알고 천감지응天感地應안되고야 성현聖賢이안다든가

<선도신정경(仙道神政經)>★어느날 신정공사(神政公事)를 베푸시며 말씀하시니 이러하니라. 천부지(天不知) 신부지(神不知) 인부지(人不知) 하니 내일은 되어 놓고 보아야 아느니라. 선천(先天)으로부터 지금(只今)까지는 금수대도술(禽獸大道術)이요, 지금(只今)으로부터 후천(後天)은 지심대도술(知心大道術)이니라. **마음 닦는 공부(工夫)이니 심통공부(心通工夫) 어서 하소. 제가 저의 심통(心通)도 못하고서 무엇을 한다는가**. 석가(釋迦)는 극락(極樂)이 천당(天堂)에 있다고 그랬고, 도가(道家)는 선경(仙境)이 봉래산(蓬萊山)에 있다고 그랬는데, 신선(神仙)노는 자리어늘 수중(水中)에 있다고. 잘되었네 잘되었네 천지(天地)일이 잘되었네. 인신사해(寅申巳亥)에 문(門) 열리니 될려는 사람의 일일세 그려. 바다해(海)자 열 개자(開字) 사진주(眞主)가 오신다네. 옥구(沃溝)가 근본(根本)이네 삼제갈(三諸葛) 팔한

신(八韓信). 관우(關羽) 장비(張飛) 조자룡(趙子龍) 진묵대사(震黙大師) 사명당(四溟堂)이 때가 때인 만큼 일제(一齊)히 서로 나서 만고성인(萬古聖人)이 다 오신다네. 오방신장이하(五方神將以下)로 신영(神迎)맞이 어서하소. **나는 바닥에 일(一) 붙은줄 알고 뽑노라**. 하시고 이어서 말씀하시니 이러하니라. **우리들의 공부(工夫)는 나 살고 남 살리는 공부(工夫)이니 사람(人) 잘 되기를 바라소. 제가 제 마음(心)을 찾아야 되고 제가 제 일(事)을 해야만 되느니라. 쓸 사람(人) 몇 사람(人) 있으면 그만이니라**. 우리가 읽을 글은 절후주(節侯呪)와 태을주(太乙呪)라. 훔치(吽哆) 훔치(吽哆)는 신농씨(神農氏) 찾는 도수(度數)니라 하시더라.

侍

풍류주세백년진(風流酒洗百年塵)의 백년 의혹은 동지한식백오제(冬至寒食百五除)의 105년(2014)을 전후한 사오미(2013, 2014, 2015) 개명을 분기점으로 풀립니다. 또한 105년 사오미 개명에 문왕의 도수를 중심으로 도안都安의 세 살림 도수의 전체 퍼즐이 드러납니다. 경만장 운암강수 만경래 세 살림 진리는 이 기간에 비로소 통일경전 <십경대전> 서문의 공개로 상제님 종통(宗統)의 세 살림 전 면모가 비로소 세상에 창명(彰明)됩니다.

도기(道紀) 39년(己酉年 1909)으로부터 도기(道紀) 144년(甲午年 2014)까지 105년 동안 미명(未明)에 가려 종통의 전면모를 전혀 알 수 없었던 교운(낙종물 사명-이종물 사명-추수 사명)과 도운(문왕 도수 도안 세 살림)의 실체가 17 종류 경전의 종합적이고도 입체적인 조명으로 그 실체를 드러내게 된 것입니다.

해방이후 2변 교운인 증산교 대법사를 개창하신 운산雲山 안 흥찬安興燦 총 사수總師首는 수주水主로서 토주土主로 임명한 맹인 이 상호, 토주 밑의 사성司成으로 임명한 이 정립 형제에게 단체를 송두리째 탈취당하고도 뱉은 침이 저절로 마를 때까지 그대로 두는 타면자건唾面自乾으로 대한 후, 두 말없이 오직 천심(天心)하나만을 간직 한 채 20년 말점도 도수 대 휴게기를 선언하시고 74년 복귀해 안 경전安耕田, 안 원전安原田 두 자식을 좌우 보필로 삼아 84년 증산도를 개창하시게 됩니다.
(갑자갑자甲子甲子 성인공덕聖人功德:<육갑타령(六甲打令)>)

하지만 독행천리獨行千里에 백절불굴百折不屈 하시던 문왕 도수의 주인공 안 운산

安雲山 성도사님이 2012년 2월 상제님 품으로 등천선화登天仙化하시면서 세 살림의 전 면모가 처음으로 드러나는 파천황적破天荒的인 사오미巳午未 개명開明 시대를 맞이하게 됩니다.(*참고: 해방이후 '2변(變) 교운' 호칭은 동지한식백오제 진법 초중말복 세살림 공개 이전으로 보천교 이종물 시대(1변)의 연장선으로 편의상 호칭한 것)

사오미巳午未 개명開明 시대가 열림과 동시에 얼어붙었던 동지한식 105년이 지나면서 흑운명월黑雲明月 도수에 의한 세 살림 전체 퍼즐이 떠오르기 시작하니 이 또한 도수 돌아 닿는 대로 새 기틀이 열리리라는 상제님 천지공사 이념내용이 아닐 수 없습니다. 장닭 두 홰 우는 지금까지의 초, 중복 과도기는 추수도수 도안都安의 세 살림 전체 윤곽이 전혀 드러나지 않았던 진리의 여명기였습니다. 닭은 일정한 시간에 맞추어 새벽에 세 번 날개를 펼쳐 횃대를 치며 웁니다. 세 번째 횃대치는 모습을 정북창은 계등고목창오성(鷄登古木唱午聲)<鄭北窓 八卦詩>이라 표현합니다. 누런 장닭 오래된 횃대에 올라 날개 짓 하며 세 번째 말복울음인 오성(午聲)을 우는 모습입니다.

☞오성(午聲)이란 다름아니라 사오미巳午未(계사,갑오,을미) 개명(開明)도수에 맞추어 기유년(1909)으로부터 동지한식105除의 105년에 해당하는 갑오년(2014)에 경만장 도안(都安) 세 살림 도수를 부르짖는 소리가 처음으로 천하에 울려 퍼짐을 뜻합니다.(艮道光明:艮山回運降雲祥) 상제님 천하사는 이 세 살림을 모르면 다 아는 것 같아도 결국은 모두 봉사 잔치에 불과합니다. 격암 남사고의 <격암유록>에 여자 성씨 세 살림 3인이 등장하는 것을 어찌 모르느냐 했습니다. 기하부지삼인일豈何不知三人日 동서합운지엽도東西合運枝葉道 차운득수여자인此運得受女子人(格菴遺錄 말세운)

열다섯 번째, 안 내성(安乃成) 성도에게 막둥이 도수를 부치시어 초복, 중복 다 제끼고 말복 운을 타라 하시고, 손가락을 하나씩 꼽았다가 새끼손가락을 펴 여섯을 세어 보이시며 "이것이 조화봉(造化棒)이다. 새끼손가락이 조화 낸다." 하셨습니다. 꼽았다 펴시는 새끼손가락은 5황극 중수(中數) 다섯째이면서 동시에 후천수인 6수(6律 6呂, 6任, 탄소(C)의 전자수 6, 물의 결정도 육각수) 여섯째입니다. 북두칠성의 6째 성(星)이 무왕을 상징하는 무곡성(武曲星)이며, 안(安)의 획수도 6수요, 의통 천하사 구호부대 연원조직도 6임 조직이며, 태모 고 수부님은 천하에 대도통도 6으로써 벌린다 하셨습니다.

명나라 때 호승지(胡承之)가 지은 「진주선(眞珠船)」에 용생구자설(龍生九子說) 중 5子는 붉은 악마의 치우(蚩尤) 도철문의 주인공으로 아무거나 먹어치우는 사나운 불가사리 도철(饕餮)이고, 6子는 공복(蚣蝮), 또는 범공(帆蚣)이라고도 부르는 공하(蚣蝦) 6水로 물길(水)의 잡귀 막는 역을 좋아하여 창덕궁 금천교(錦川橋)에도 새겨져 있습니다.

앞에서 살펴본 바와 같이 숙구지 문왕의 도수로 기두한 초, 중복 장닭 두 횃대 치는 살림은 말복살림을 위한 여정으로 필수적으로 거쳐야만 하는 통과의례입니다. 이 통과의례 기간은 세 번째 횃대 치는 말복 막둥이 도수의 진법이 나오기까지 동지한식백오제(冬至寒食百五除)의 미명(未明) 속에 양육만 되던 시기입니다.

초, 중복 운은 마지막 도운(교운)을 결판내는 윷판 말복 운에 비하면 아주 작은 운입니다. 이에 비하면 말복 운은 마지막 열매 맺는 운이 굽이치는 대운중의 대운입니다. 초중복 운에 큰 공덕을 세웠어도 천심을 갖지 못하고 심통이 바르지 못 한자는 그저 사상누각에 불과합니다. 상제님은 그저 마음자리 하나만 보신다 하셨습니다.

<증산도 道典>★상제님께서 내성에게 일러 말씀하시기를 "초복, 중복 다 제끼고 말복 운을 타라." 하시고 또 말씀하시기를 "말복 운이 가장 크니라. 늦게 들어온 사람이 크게 받나니 '막둥이 놀음'이니라." 하시고 내성에게 막둥이 도수를 붙이시니라. 하루는 문공신에게 말씀하시기를 "나의 일은 결인(結咽) 도수로 되느니라." 하시니라.

<증산도 道典>★하루는 안 내성(安乃成)이 "때는 언제 오나이까?" 하고 여쭈거늘 손가락을 하나씩 꼽았다가 새끼손가락을 펴 여섯을 세어 보이시며 "이것이 조화봉(造化棒)이다. 새끼손가락이 조화 낸다." 하시고 시 한 수를 읽어 주시니 이러하니라. -나도 가네 나도 가네 임을 따라서 나도 가네 저 임을 따라서 나도 가네 십리사장(十里沙場) 너른 들에 오색포장(五色布帳) 둘러치고 일이삼사오륙(一二三四五六) 중에 고장(鼓杖) 소리만 둥둥 난다 인묘진(寅卯辰) 사부지(事不知) 사오미(巳午未) 개명(開明).-

<증산도 道典>★이에 내성이 "잘 모르겠습니다." 하니 상제님께서 다시 노래를 부르시니 이러하니라. -난(難)이라 난이라 사난(四難)이로구나 저 건너 갈미봉에 비 몰아온다 우장을 허리에 두르고 논에 지심이나 매러 가자 어렵다 어렵다 네 가지가 어렵구나 부자 걸뱅이 되는 것 똑똑한 놈 병신 되는 것 유식한 놈 무식 되는 것 양반

상놈 되는 것.-

<선도신정경(정영규)>(종통 인사문제 6,7,8 월생)★-천지대사가 6월 7월 8월, 나는 바닥에 일1 붙은 줄 알고 빼느니라.-

☞해설★ 미륵존불이시자 천주하나님이신 건존 증산 상제님과 곤존 태모 고수부님께서는 모든 천지공사를 대 우주자연의 이법에 순응하는 한도 내에서 집행하셨습니다. 그리하여 종통을 전하심에 있어서도 우주원리에 입각해 순천리하게 이화시켰습니다. 왜 종통을 6, 7, 8월 생으로 정했을까요. 세 살림이고 음력 8월이 결실의 8월 한가위가 있어 결실시기의 도수 8월에 초중말복 중 특히 말복 인사문제를 맞춘 것입니다. 우리 농가에 어정7월 동동8월 또는 어정7월 건들8월 혹은 어정7월 8월 신선이라 하여 7월은 어정어정 쏜살같이 지나 신선 같은 8월이라는 것이니 추수기 8월에 말복살림을 맞추면 6,7,8 월 생 일수밖에 없습니다. 만일 중복책임자 9월생이 매듭짓는 운수라면 태모님께서 집행하신 공사가 6,7,8월생이 아닌 7,8,9월생으로 공사 보셨을 것입니다.

상제님이 어천하신 것이 6월인데, 안내성을 만난 것도 6월(정미년)입니다. 이런 기본 바탕 하에 보천교 차경석 교주는 6월생입니다. 음력 2,3,4 월 양력으로는 3,4,5월이 대국적으로 낙종물 씨 뿌려 싹 내는 봄철이라면 차경석 교주의 6월은 양력 7월 장하의 여름으로 가을추수이전의 과도기입니다. 차경석 성도는 당대에 자신이 열매를 거두는 줄 알았지만 열매를 거두지 못하는 이종물 도운사명으로 일제하 6백만 보천교 신도로 크게 한번 모내기해 벌여놓는 시기에 속하는 장하의 6월생입니다. 그런데 추수사명자인 문왕 사명자 안운산 성도사님도 6월생이십니다. 추수사명자인데 어찌된 일일까요?

대국적으로는 차경석 성도의 이종물 사명이 결실자는 아니었던 것처럼 안운산 성도사님도 초중말복 도안 추수 세 살림을 개창은 해도 비록 문왕 추수사명자일지라도 초복 사명자일 뿐 '당대에는 열매를 거두지는 못하는 장하의 6월 때이기 때문입니다. 이는 갑오생 중복 사명자가 6,7,8월 종통 시기 중 중복철 7월에서 벗어나 있는 9월생으로 이 역시 결실의 적기 8월을 벗어나 있는 것과 마찬가지임을 보여줍니다. 매듭짓는 8월 말복사명은 어차피 아니기에 현무경 갑오사명에만 문왕사명자의 부자관계 형제 중 인사문제로 맞춘 것으로 보입니다. 이미 태모님이 6,7,8 월로 집행하신 신권 공사의 잣대로 재면 그는 중복 살림자로서 말복 사명자가 아님을 알 수 있습니다.

이종물 사명자 차경석 교주와 마찬가지로 안운산 성도사님이 비록 대시태조 문왕 추수사명자일지라도 이들 두 분 모두 말복사명으로 열매를 맺는 추수의 적기 8월을 벗어나 있는 과도기 지도자임을 보여주는 것입니다. 태모님은 3변성도의 후임 종통 사명자 모두 열매 맺는 말복 사명자 8월을 포함해 6, 7월의 우주이법의 카테고리 안에 있게 하셨습니다. 문왕 추수 사명자가 차월곡 교주와 같은 6월임은 크게 보아 도안 삼부자 세살림의 역경만첩 개창자로서 과도기이기 때문에 그러하기도 하고 세 살림이 각기 6,7,8월에 비정하도록 했기 때문이기도 합니다. 즉, 경만장 안내성 성도를 통해 도수를 부친 운암강수만경래 도안 세 살림 성격 때문에 그렇기도 합니다.

<증산도 道典>★태모님께서 항상 말씀하시기를 "내 새끼들 중에서는 안 되고 판밖에서 성도하여 들어오리라." 하시니 ....."너희들이 앞으로 한 지경을 넘어야 하리니 나는 그것을 걱정하노라."

<증산도 道典>★이 뒤에 일제히 그 닦은 바를 따라서 도통이 한 번에 열리리라. 그런고로 판밖에 도통종자(道通種子)를 하나 두노니 장차 그 종자가 커서 천하를 덮으리라." 하시니라.

<증산도 道典>★진주(眞主)노름에 독조사라는 것이 있어 남의 돈은 따 보지 못하고 제 돈만 잃어 바닥이 난 뒤에 개평을 뜯어 새벽녘에 회복하는 수가 있으니 같은 끗수에 말수가 먹느니라. (대부분 기존 경전의 공통성구)★<증산도 道典 5:226>

<증산도 道典>★ 또 말씀하시기를 "현하대세가 가구(假九)판 노름과 같으니 같은 끗수에 말수가 먹느니라."

<이중성 대개벽경>★말씀하시되, "바야흐로 지금의 천하운세가 도박판과 같아, 같은 끗수(同數)에 말수(末數)가 먹고, 같은 힘(同力)에 마지막에 등장한 말수(末數)가 이기노라(方今天下之勢 如博戲 同數而末勝 同力而末勝)"

<증산도 道典>★또 말씀하시기를 "내 일은 판밖의 일이니라. 가르쳐 줘도 모를 것이요, 직접 되어 보아야 아느니라." 하시니라. (★씨름판, 레슬링,복싱, 태권도 같은 투기종목이나 노름판 법칙은 끗수가 같을 때(同數 즉 비겼을 때) 계체량을 통해 체중이 가벼운 사람을 선택한다. 체중도 같으면 나이가 1살이라도 어린사람을 선택하며 나이마저 같으면 생일이 늦은 어린 사람을 손들어 준다. 이를 말수(末數)라 하고 상제님은 1-6 數 中에 후천 대표수 6任 상징하는 막둥이(6수) 도수로 특정해 부르셨다)

☞<가구판 15진주노름 해설:혜광 대선사>★ 동지한식백오제 105년 동안 지금까지는 상제님이 말씀하신 전라도 지방의 가구판 15진주노름의 정체를 그 누구도 알지 못했다. 노름판 용어에서 5는 진주라 하고 6을 판모리로 판을 모두 끝내는 서시라 하는데 15진주도 판을 끝낸다 하니 도대체 무어가 무언지 알 도리가 없었다. 15진주노름 마지막 판에 서시가 있는 줄 몰랐지? 하셨는데 서시를 서 씨로 착각하기도 했다. 상제님 천지공사 종통 인사문제를 결론적으로 말하면 5진주 세 사람 카드가 초중말복 세 사람 도안都安 3부자父子로 삼련불성三聯佛成 연합해 15진주를 이루어 추수판 인사문제를 매듭짓는 것이다.

가운데 중복은 갑오 말 사명으로 5진주 종통이긴 종통이로되 집안에서 죽은 장남 포함 넷째이자 다섯째인 9가보(4,5眞 가보=甲午,갑칠)라는 것이고 마지막 말복 5진주는 다섯째이자 여섯째인 새끼손가락 막둥이로 11귀체에 의한 5=6으로 6서시임과 동시에 15 건곤 진주수 및 한 끗 수 튄 16수로 판을 종결한다는 것이다. 다시 말하면,

5진주(이율곡은 진주 수 참 5를 '달구나 달구나 참외(5)'로 표현) 세 사람 5(초복)+5(중복)+5(말복)=15 건곤 진주로 밤송이 하나에 밤 세 톨, 그것도 세 살림에 걸쳐 세 번 까는 초중말복 세 살림이지만 동지한식백오제 이전은 초중복 살림이 천지일월사체론인 일월 용봉 2사람 론만으로 보아 보천교 1變에 이은 초복 2變, 중복 3變으로 세 살림化 교리로 성도사님 살아생전 당대 천하사를 매듭짓는 것으로 생각했으나 결과적으로 아닌 것으로 판명났다. 셋, 둘, 하나 교리는 세 사람 3 부자가 함께 한 중복 도정 시절 중복도정의 포교대운을 실질적으로 주도한 사람은 교리적으로 제거되어 유명무실화 되어 셋이면서도 둘이었다.

강강술래의 주인공 임술생 문왕사명자이신 안운산 성도사님이 임진년2012 선화등천 하시자 유명무실한 그 한 사람을 최종적으로 내쫓아 둘이면서도 하나가 되었다. 그러나 필연적으로 흑운명월도수에 의해 윷판 말복도정이 일어나지 않을 수 없었으니 天長地久 申命無窮 말복도정의 마지막 5진주 수는 5 이면서도 가구판의 판돈을 싹쓸이(판모리) 해 종결시키는 6수 서시(포카판의 Royal Straight Flush)이므로 105제 이전에는 암흑천지근(금)백년으로 그 정체가 드러날 수 없었다.

즉, 말복 5진주는 윷판도수의 종결자인 6서시로 105제 이전의 5+5+5=15건곤 진주 수는 사실상 한 끗이 뒨 5+5+6=16 수 였던 것이다. 엄밀히 말하면 마지막 진주는 5이면서도 6이므로 초복 5 + 중복 5=10, 다음 말복은 진주 수 5이면서 판모리 서시 수 6이므로 5+5+5=15 수인 동시에 5+5+6=16 수이다. 초, 중복은 같은 5진주 수 종통이지만 아직은 동지한식백오제 다음 진법이 열리기 이전 과도기 종통이므로 15 수가 차질 못했다. 105제 지난 말복진법이 열려 15수가 차야 하는 것이다. 이 5진주를 3개의 패로 15를 만드는 것 즉, "대방신주"의 삼신일목이라는 방법 즉 세 사람이 가진 패로 세살림 종통의 얼개를 맞추는 삼련불성三聯佛成이 바로 <15진주 대방신주 진주노름판>이다!!!!! (105년 간의 초복 중복운에서의 진주 노름판은 난리치나 안치나 말이 들어야 말복 대업이 성사되는 과도기<갑오잡기> 노름판)

마지막 말복은 5 진주 종통이면서도 판모리를 하는 서시 6수이다. 15 수이면서 16 수인 것이다. 15수가 안 찬 초, 중복 5, 5+5의 10수는 판모리를 할 수 없다. 왜? 5수이자 6수인 마지막 주자가 들어서지 않은 과도기이므로. 5, 6은 11成道, 11歸體에 의해 5=6인 새끼손가락 천지정리 무기토. 그러면 왜 가구판이냐 하는 문제. 15진주 수 전체 세살림 얼개와 한 끗 수가 뒨 6서시로 16수가 되는 인사문제가 동지한식백오제 이후 열리는 사오미 개명장의 정체가 초중복시절의 5수, 10(5+5)수 시절엔 6서시 등장 이전의 과도기이므로 (넷째이면서 다섯째인 4+5)갑오 노름이었다.

<선도신정경(仙道神政經)>★어느날 상제(上帝)께서 고후비(高后妃)께 가라사대 신축년(辛丑年) 이후(以後)부터는 세운(世運)을 내가 맡았나니 사절기(四節氣)는 수부(首婦)에게 맡기고 이십사방위(二十四方位)는 내가 맡으리라 동서남북(東西南北)에서 우겨 들어 새 천지(天地)를 만드리니 혼백동서남북(魂魄東西南北)이라 이일은 판(版) 밖에서 이루어져 들어오는 일인즉 그리 알라 하시더라

<선도신정경(仙道神政經)>★어느날은 시종(侍從)하던 도인(道人) 한 사람이 고후비

님(高后妃任)께 물어 가로대 이 천지(天地)가 본시(本是) 어떻게 되어진 것입니까 하고 물어 보았더니 대답(對答)하여 가라사대 응 이 천지(天地)는 동서남북(東西南北)에서 한꺼번에 위겨져 된 것인 바 판(版) 밖에서 되어 가지고 들어오나니 혼백동서남북(魂魄東西南北)으로 성도(成道)하여 들어오리라

<증산도 道典>★"세상을 다 추려 잡을 수는 없으니 이만하여도 종자(種子)는 하겠다." 하시고 "대도통은 육(六)으로 되느니라." 하시니라.★<증산도 道典 11:138>

<대개벽경(大開闢經)>★(만고풍상을 겪고 일편단심으로 그 때를 기다리고 있는 사람이 있노라)말씀하시되, "경석아, 광찬아, 천지대운에 나에게 영화가 있고 너희가 망하게 되면 내 마음이 즐겁겠느냐. 경계하고 경계하라. 만일 너희 두 사람이 배은망덕하면 이 뭉둥이로 너희 머리를 부수고 이 칼로 너희 배를 가르리라." 훈계를 마치심에 연초를 대청위에 던지시고 길게 탄식하사 말씀하시되, "팔자대로 이루어지라." 성도 물어 여쭈기를, "두 사람이 장차 배은망덕한 행동을 하게 되나이까." 말씀하시되, "장차 일이 닥쳐옴에 경석이 의롭지 못하게 되거든 너희들은 가까이 말라." 하루는 말씀하시되, "정읍에 먼저 어지럽고 뒤에 잘 다스려지는 운이 있나니 의로운 사람을 가까이 하고 의롭지 못한 사람을 멀리하라." 성도 물어 여쭈기를, "의로움과 의롭지 못함을 또한 어찌 알 수 있으리이까. 말씀하시되, "만고풍상을 겪고 일편단심으로 그 때를 기다리고 있는 사람이 있노라."

-曰 京石 光贊 天地大運 我 有榮 汝 有亡 我心 悅乎 戒哉戒哉 若汝二人 有背恩忘德 此棒 破汝之頭 此劒 割汝之腹 戒訖 投煙草於廳上 長嘆 曰 成乎八字 弟子 問曰 兩者 將有背恩忘德之行乎 曰 來頭 京石 爲不義 汝之徒 勿近 一日 曰 井邑 有先亂後治之運 義者 近之 不義者 遠之 弟子 問曰 義與不義 亦何以知之乎 曰 閱歷風霜 有一片丹心 以待其時-

도안都安의 세 살림 초복, 중복, 말복도수는 벼이삭 패는 과정과 같습니다. 우리는 앞서 3초공사와 대인출세 공사를 통해 도안의 세 살림이 경만장 운암강수만경래의 세 살림공사임을 알아보았습니다. 그리고 초복중복말복의 세 살림공사가 단순하게 부치신 공사가 아니고 우주변화의 천리에 의한 것임을 알아보았습니다. 벼이삭은 무더운 삼복을 통하여 각기 세 살을 먹으며 벼줄기에 세 마디의 계급장을 붙이며 이삭이 패입니다.

<보천교 교전(普天敎 敎典)> <음양이기론>에서 차 경석 성도는 일월이 순환하는 것은 각기 일월의 승강고저에 기인하는 것이며 한 달은 달이 승강하는 것이고 일년은 해가 승강하는 것이라 했습니다. 동지에 일양이 시생하는데 즉시에 또는 바

로 시생하는 것이 아니라 소한의 전반기인 7일 반 동안 양 기운이 생겨야 소한의 후반기인 7일 반 동안 음기운의 형질 변화가 일어나는 것이라 합니다.

하지는 일음이 시생하는데 곧바로 변화가 생기는 것이 아니라 동지와 동일하지요. 하지 다음 절기인 입추의 절반인 전반기 7일 반 동안 음 기운이 생겨야 후반기 7일 반 동안 형질 변화가 생긴다고 합니다. 또한 남북은 태양의 자오선이요 동서는 달의 자오선이라 합니다. 달은 묘유를 기준으로 밀물썰물의 조수가 바뀝니다. 또한 태양은 속이 비어 변화가 없지만 달은 속이 차 있어 찼다 비었다 영허(盈虛)하며 변화가 있습니다.

이러한 이유로 남북 간에는 물 도는 방향이 서로 다르고 동서양 간에는 밀 톱과 썰 톱이 다르듯이 사람을 부르는 손짓 또한 손바닥과 손등으로 각자 다릅니다. 무관과 문관은 각기 좌우의 존대가 다릅니다. 문관은 좌의정이 우의정보다 높고 존귀하지만 밖에 나가 칼 들고 싸우는 무관의 경우는 좌장군보다 우장군이 더 높고 존귀합니다. 이는 인(仁)함을 중시하는 좌청룡의 문관 개념보다 의열(義烈)로 치열하게 전쟁을 치루는 우백호를 중시한 결과입니다.

북반구에서 운동하는 물체는 운동방향의 오른쪽으로, 남반구에서는 왼쪽으로 향하는 힘을 받게 됩니다. 그리하여 북반구에서는 시계방향으로 힘을 받고, 남반구에서는 시계 반대방향으로 힘을 받게 되는데 이것을 발견한 프랑스의 과학자 코리올리의 이름을 따 코리올리의 힘(Coriolis' Force)이라고 합니다. 이러한 법칙에 의해 이 코리올리의 힘 때문에 우리 가정의 세면대에서 물이 내려갈 때 북반구에서는 시계 반대방향, 남반구에서는 시계방향으로 돌면서 내려갑니다. 과학은 차 월곡 성도가 밝히고 있는 것처럼 원래 있는 동양의 우주원리를 물리학의 법칙을 이용해 밝혀낸 겁니다.

바람도 북쪽에서 남으로부는 바람은 순행하는 풍이라 하고 남쪽에서 북쪽으로 부는 바람을 역행하는 풍이라 합니다. 남풍인 역풍은 간인지풍艮寅地風으로 지이생화地二生火기운을 가지고 있어 따뜻하여 온순(온열)합니다. 반면 북풍은 곤신천풍坤申天風이라 해서 천일생수天一生水 기운이 있어 냉한합니다. 본래 바람은 그 바탕이 수화기운이므로 서로 밀고 당기고 하므로 일역일순(一逆一順)하며 서로 순행풍과 역행풍을 만듭니다.

일월의 순환이 만물을 짓고 양육하여 열매 맺을 때 열매 맺는 과정은 어떠할까요. 예부터 농자는 천하지대본이라 했습니다. 천하의 근본인 농사를 보면 모든 일의 귀추를 알 수 있다는 말입니다. 기독교 영지주의 <빌립 복음서(The Gospel of Phillip)>에서도 이러한 천하사 하나님 농사와 자연농사를 비교해 다음과 같이 말하고 있습니다. '이 세상에서 농사를 짓는 데는 네 가지 요소가 결합되어야 한다. 물, 흙, 바람, 빛의 자연활동의 결과로서만 수확물을 곳간에 모을 수 있다. 하나님의 농사에도 마찬가지로 네 가지 요소가 있으니—믿음, 소망, 사랑, 지식이 그것이다. 믿음은 우리가 뿌리를 내리는 땅이다. 그리고 소망은 우리에게 양분을 주는 물이다. 사랑은 우리가 자라게 해 주는 바람이다. 지식은 우리를 여물게 해 주는 빛이다.'

일만 이천 도통군자가 배출되고 도운이 영그는 모습을 보려면 그 대표인 벼이삭이 영그는 과정을 보면 됩니다. 상제님은 물샐 틈 없이 도수를 짜놓으시되 없는 법칙을 새로이 사용하신 것이 아니고 이 같은 천리를 이용해 천지도수로 이화시키셨습니다.

그것이 바로 벼이삭이 들어차 익는 원리인 초복, 중복, 말복도수입니다. 벼는 줄기마다 마디가 셋 있는데 복날마다 한 마디씩 생기며 그것이 벼의 나이를 나타냅니다. 벼 마디가 셋이 될 때인 말복이 지나야만 이삭이 패게 되는데 백로 전에 이삭이 패여야 벼이삭 알곡이 잘 들어찬다고 합니다. 먹이를 일찍내이나 늦게 내이나 백로 전에 패이는 이 도수만 맞으면 다 같이 오르는 거라고나 할까요? 초복, 중복 운이 끝나고 감추어진 모든 천지공사 비밀이 드러나는 막바지 말복 운을 맞이한 도운입니다.

복(伏)은 태양태음력에서 황경의 기울기를 춘분점(春分點)을 0°로 하여 한절기를 15°씩 하여 1년을 24등분 한 절후 중에 황경이 정 90°에 이르는 하지점(夏至點)을 기준하여 십간(十干)의 庚日이 세 번째 돌아오는 날을 초복(初伏)으로 네 번째 경일이

중복(中伏)으로 입추후 첫 경일을 말복(末伏)으로 20일이 경과하게 정한 것입니다.

삼복더위를 달리 경금(庚金), 삼경 일(三庚日)이라 부릅니다. 금화교역의 우주원리를 내포한 말로 행복이 침대위에 있을 때 창문너머에서 불행이 엿보고 있다는 칼릴지브란의 리토릭(수사학)이 생각나는 단어입니다. 인고와 시련이 운명위에 춤을 출 때 행복을 선물할 조상신과 천지신명은 창문너머에서 침대를 엿보며 응원하고 있는 법입니다. 한 번 온 인생은 소중하지만 이제는 그동안 선천 5만년 동안 수없이 환생해 오면서 쌓은 전생의 업장을 모두 소멸하고 상생의 정신으로 대개벽기에 창생을 구제하여 자신의 자손을 후천으로 인도하는 뿌리장사에 다 같이 눈 돌려야 할 때입니다. 이것이 바로 조상신명과 천지신명이 응원하고 있는 이유입니다.

삼복더위는 그 열기가 너무 치열하기 때문에 가벼운 속옷 하나도 무겁습니다. 불가의 계정혜에서 계(戒)는 우리가 지켜야 할 상제님의 말씀이며 공사내용입니다. 먼저 사람다운 사람이 되라. 먼저 마음보 심통을 바르게 하라. 의로운 사람이 되라 했으면 그대로 해야 합니다. 도판에 들어와 희생과 봉사는 저버린 채 다른 사람위에 군림하고 행패를 부리고 배사율을 범한다면 이는 자신의 신앙을 감싸줄 옷(戒)을 벗어버린 사람입니다.

중복이 지나고 말복이 들이치면 벼가 세 살을 먹으며 갑자기 벼이삭이 패기 시작하는데 불과 서너 시간 만에 알곡이 패인다고 합니다. 사실 초복 중복 말복의 뜨겁고 치열한 태양의 염열에 시달리던 세월에 비하면 눈 깜짝할 사이지요. 그래서 민간에 이런 말이 있습니다. 입추 때는 벼 자라는 소리에 개가 짖는다. 이게 무슨 말이냐면 삼복을 지난 벼가 워낙 순식간에 자라기 때문에 그 소리를 듣고 개가 짖는다는 것입니다.

앞으로 중복이 지나고 말복 살림이 시작되면서 상제님께서는 결실도운의 대나무 공사를 다음과 보셨습니다. 마치 벼이삭이 순식간에 패이듯이 벼이삭보다도 더 속히 자라는 대의 기운을 도운 세 살림 도수 중의 말복도수에 쓰신 것입니다.

<증산천사공사기(甑山天師公事記)>*천사께서 여러 제자에게 물어 가라사대 곡류

이외 일 년 중 장성하는 물로 무엇이 제일 값이 높으뇨. 모두 죽(대나무)으로써 대답한대 천사 가라사대 대의 기운이 만물에 특장(특별한 장점)하니 그 기운을 감(덜어)하여 쓰리라 하시고 공사를 행하시더니 이 해에 죽이 대황(큰 흉작)하다.

原文: 天師께서여러弟子의게물어가라사대 穀類以外一年中長成하는物로 무엇이제일 갑이놉흐뇨 모다 竹으로써對答한대 天師가라사대 대의긔운이萬物에特長하니그긔운을감하야쓰리라하시고公事를行하시더니 이해에竹이大荒하다

<이중성 대개벽경>*기유년(1909) 봄에 구릿골에서 칙명을 내리시니, "삼국시절이 사마소에 가서 그침을 누가 알리오.(三國時節이 誰知止於司馬昭리오)"-유비, 조조, 손권이 당대에 천하통일의 결판을 못내고 사마중달의 아들 사마소에 의해 결판이 나게 되는 이치를 누가 알리오. 말씀하시되, "너희들은 소리를 합해 크게 읽으라." 성도-명을 받들어 크게 읽으니라. 말씀하시되, "삼국시절이 귀결되어 나아갈 바를 알았던 자는 오직 사마소 한 사람뿐이었노라." 성도 물어 여쭈기를, "대도 아래 천하사의 장래를 아는 자 오직 한 사람 있나이까." 말씀하시되, "너희들이 성도하기 전에 한 사람이 천명과 신교를 받들어 천지에 보은하노라."

-己酉春 銅谷 下勅 三國時節 誰知止於司馬昭 曰 汝之徒 合聲大讀 弟子 奉命大讀 曰 三國時節之歸就 所知者 有司馬昭一人而已 弟子 問曰 大道之下 天下事之將來 所知者 有一人乎 曰 汝之徒 在成道之前 一人 奉天命 奉神敎 報恩天地-

<이중성 대개벽경>*기유년(1909) 봄에 상제님께서 구릿골에서 성도들에게 물어 말씀하시되, "만물 가운데 일 년 중 가장 속히 자라는 물건이 무엇이뇨?" 대하여 여쭈기를, "대나무의 성장이 가히 으뜸을 차지할 것이나이다." 말씀하시되, "대나무의 기운이 만물 중에 제일 크니 이번 공사에 천하의 대 기운을 덜어 쓰리라." 이 해에 천하의 대 밭이 크게 황폐하게 되니라. 성도 물어 여쭈기를, "이번에 대 기운을 덜어 쓰시니, 천지공사-필히 만물의 기운을 쓰나이까." 말씀하시되, "산위에 큰 불이 나면 이는 혹 하늘이 사람 눈의 정기를 취하는 공사가 되나니, 익히 바라보면 눈의 정기를 손상하노라."

-己酉春 大先生 銅谷 問衆弟子 曰 万物之中 一年之長 何物 爲最 對曰 竹之長 可以居首 曰 今次公事 除用天下之竹氣 此年 天下之竹田 爲大荒 弟子 問曰 今 除用竹氣 天地公事 必用万物之氣乎 曰 山上 有大火 此 或天 取人眼精 爲公事 熟視 損眼精-

열여섯 번째, 곤존(坤尊) 태모 고 수부님은 칠월(七月) 칠석 절(七夕節)에 임피 오성산 고 민환(高旻煥) 성도 집에 가시어 야밤에 집안 뜰에다 주안(酒案)을 성비(盛

備)하여 오성(五聖)의 위(位)와 산신위(山神位)를 존설(尊設) 하시고 안 내성(安乃成) 성도에게 맡겨진 천하사 세 살림의 대업(大業)을 축원 사례하십니다. 뿐만 아니라 태모님 10년 신정공사의 원칙 개략 초록(抄錄)에

"근본 근원에 귀의하여 성경신에 따라 내성(乃成)이 의세성업(乃成醫世聖業)하야 또는 의세성업(醫世聖業)을 이루어 만방에 오직 포덕인저-귀의본원이수기성경신(歸依本源而隨其誠敬信)하야 내성의세성업(乃成醫世聖業)하야 만방(万邦) 유일포덕(惟一布德)인저"라 하셨습니다.

상제님은 경만장(敬萬丈) 안 내성(安乃成) 성도에게 운암강수 만경래 도안(都安) 세 살림 도수를 맡기고 사명기(司命旗)와 현무경을 맡기셨습니다. 따라서 내성의세성업(乃成醫世聖業)은 안내성 성도의 핵심 공사를 평범한 관용어법으로 은장시킨 것입니다. 이 공사의 핵심을 보려면 다음의 고 민환(高旻煥) 성도 집에서 칠성제를 지내시며 칠성도수를 부치신 안 내성 성도의 내성대업(乃成大業) 축복 사례(謝禮)의식입니다.

<선정원경(仙政圓經)>★차절(此節)은 현무경(玄武經) 법서(法書)에 십구자(十九者)난 천지이종지수(天地二從之數)라 하신 바 천수구도(天數九度)로 건존증산(乾尊甑山)께서 구년공사(九年公事) 설법(說法) 하시고 지수십도(地數十度)로 곤존고씨(坤尊高氏)께서 십년공사(十年公事) 설법(說法)의 원칙약초야(原則略抄也)라

<선정원경(仙政圓經)>★건존증산(乾尊甑山) 께옵서 선후천(先后天) 삼계대업(三界大業)의 공사(公事) 설법(說法)은 대순전경(大巡典經)에 총재이(總裁而) 자(自) 신축년(辛丑年)으로 지(至) 기유년(己酉年)이 구년공사(九年公事) 설법(說法) 종결(終結)하사 계통전수어(繼統傳授於) 곤존고씨이(坤尊高氏而) 곤존(坤尊)께서 자(自) 병인년(丙寅年:1926)으로 지(至) 을해년(乙亥年:1935)이 십년공사(十年公事) 설법이(說法而) 전무전서(全無典書)나 공사시(公事時) 참종인(參從人)과 고민환(高旻煥)이 구상채집기초(究想採集記抄)에 선후불일불시(先後不一不啻)라 항하일사격(恒河一沙格)로되 추일사이가측(推一事而可測)이로다. 연이수기(然而隨其) 건곤양위(乾坤兩位) 사업원리(事業元理) 종지(宗旨)하야 귀의본원이수기성경신(歸依本源而隨其誠敬信)하야 내성의세성업(乃成醫世聖業)하야 만방(万邦) 유일포덕(惟一布德)인저.

<선정원경(仙政圓經)>★기묘년 칠월(七月) 칠석 절(七夕節)에 고씨(高氏)께서 신도(信徒) 십여 인(十餘人)을 영솔(領率) 하시고 임피군(臨陂郡) 오성산(五聖山)에 공사(公事)가 있어 가겠으니 행구(行具)를 준비(準備)하라 명(命) 하시고, 익일(翌

日)에 발정(發程)하사 성덕리(聖德里) 고 민환(高旻煥) 가(家)에 좌정(坐定) 하시고, 그 밤에 정중(庭中)에 설석(設席)하사

<선정원경(仙政圓經)>★동서남북(東西南北)과 중앙(中央)에 명촉(明燭) 하시고 주안(酒案)을 성비(盛備)하여 오성(五聖)의 위(位)와 산신위(山神位)를 존설(尊設)하시고, 신도(信徒)에게 명(命)하사 진법주(眞法呪) 삼칠독(三七讀)과 진액주(津液呪) 사십구독(四十九讀)케 하신 후에 주효(酒肴)로 근공지행(勤供之行)을 하시며, 천지무궁무극(天地無窮無極)의 대도(大道)를 참역(參役)하야 내성대업(乃成大業)의 말씀을 하시며 사례(謝禮)를 하시고, 회향지례(回向之禮)로 기동(起動)하시니라.

侍

七月七夕 견우직녀가 오작교위에 만나는 날

태모님은 회문산 오선위기 혈(穴)을 임피 오성산에 옮기셨는데 세운은 상제님께서 집행하신 회문산 오선위기 혈 기운으로 매듭지어지고 종통 추수도운(교운) 인사문제는 임피 오성산 오선위기 혈 기운의 상씨름(비교씨름)으로 장 닭 세 횃대 치며 세 살림이 마무리되도록 했습니다. 태모 고 수부님은 임피 오성산 사명당 기운으로 출현하는 운암강수 만경래 도안(都安) 세살림 사명자 안내성 安乃成을 기묘년 칠월 칠석날 축원하셨습니다. 왜 하필 칠월칠석날일까요? 여기에는 아주 중요한 사실이 숨겨져 있습니다. 안 내성 성도와 성포 고민환에게 부친 공사에 칠성도수가 있습니다.

칠월 칠석은 견우와 직녀가 오작교에서 만나는 날로 '칠석'이라고도 합니다. 이날 처녀들은 직녀성에게 바느질 솜씨가 늘기를 빌거나, 별이 뜨는 쪽을 향해 칠성제를 지내는데 목욕재계를 하고 제사를 올리며 칠성제를 지내면 아들을 낳는다고

합니다. 칠월칠석날의 핵심은 목욕재계를 하고 별이 뜨는 쪽을 향해 칠성제를 지내는 것이 핵심입니다.

그렇다면 태모님은 오성산에 가셔서 공사 보신다 하고서 오성산 성덕리에 사는 고 민환(高旻煥)의 집으로 가셔서 뜰에다 제단을 차리게 하시고 오성산 오성(五聖)의 위(位)와 산신위(山神位)를 존설(尊設) 하시고 친히 칠성제를 드리며 안 내성(安乃成), 율곡 후신 고 민환 성도의 칠성도수, 상두쟁이 상씨름 도수를 축원한 것이 됩니다. 이는 교운(도운)의 상씨름 말복도수에 대한 신정공사(神政公事)이므로 대단히 중요한 공사입니다.

일찍이 상제님께서 안 내성(安乃成) 성도에게 칠성도수를 내려주시며 도운(道運)의 상씨름 결론은 상두쟁이가 한다 하시고, 상두(上斗)는 북두(北斗)니 칠성(七星)이라 하셨습니다. 태모 고 수부님께서는 칠성 공사는 후천 인간을 내는 공사요, 낳아서 키우는 공사라 하셨습니다.

상제님께서 안 내성(安乃成)에게 친히 상투를 틀어주시고 보발잔존 도수를 통해 칠성도수인 상두(상투)쟁이 도수로 도운의 상씨름 도수를 맡기시고 뾰죽한 수가 있다는 유첨수지설(有尖數之說)은 상투의 덕이므로 이 칠성도수의 무량대덕을 안(安)씨 성에 부쳐 판밖에서 때가 임박하면 말복 상씨름 상두쟁이 도수로 크게 한 번 쓰신다 하셨습니다.

결국 태모님이 칠월(七月) 칠석절(七夕節)에 오성산 공사를 보시기 위해 율곡 후신인 고민환(高旻煥) 성도 집에 친히 가시어 안내성(安乃成) 세 살림 대업을 축수하신 공사는("내성대업(乃成大業)의 말씀을 하시며 사례(謝禮)를 하시고") 칠성 도수인 상두쟁이 상씨름 사마소 말복진인 출세 도수를 1536년 병신생 5번 째 흑룡태몽 12월26일생 율곡의 재생신재생신 탄생비화를 칠성도수에 맞추어 1536+420=1956 (60×7=420) 성포와 내성에게 부친 공사입니다.

아래에서 보는 바와 같이 이중성의 <대개벽경>에서는 상제님께서 성도들로 하여금 칠성경의 위차를 바로잡아 읽게 하시고 칠성경의 혈맥전수(血脈傳授)라 하셨습니다. 칠성도수를 부치신 일등 처방문(一等方文) 경만장 안 내성(安乃成) 성도의 도안(都安) 세 살림 도수는 말 그대로 칠성경의 위차를 바로잡아서 그 진액을 뽑아 넣은 문왕 도수 상두쟁이 혈맥 3대 전수공사입니다.

바둑판 낚싯대 성주(聖主) 모시는 공사, 저울도수 주인공. 율곡 후신 성포(聖圃) 고민환(高旻煥) 성도. 말복 종통의 비밀을 간직

이에 더하여 <선도신정경>에서는 태모님께서 7살 차이의 고민환(高旻煥) 수석 성도에게 칠성용정 도수를 부쳤기 때문에 오성산 사명당 기운으로 출세하는 도안(都安) 초, 중, 말복 추수사명 세 살림 대업을 고 민환(高旻煥)가(家) 뜰에서 칠월 칠석 절을 택해 칠성제를 지내심으로써 축원하신 것이며 또한 <증산도 도전(道典)>을 보면 문 공신 성도가 교단을 만들어 제자 박 인규가 공신을 자주 찾으매 그 때마다 인규를 배웅하여 대사리 재까지 따라 올라가 칠성바위를 바라보며 이르기를 "앞으로 오실 분은 저리 오시니 착실히 잘하라." 하셨으니 추수사명 세 살림 주인공은 태모 고 수부님이 축원하신 칠성 기운을 타고 오심을 알 수 있습니다. 칠성기운을 타고 온다는 말씀의 의미는 상제님께서 칠성도수를 부치신 운암강수 만경래 경만장 안 내성 성도 도안(都安) 세 살림 도수의 혈맥전수를 따라 온다는 뜻입니다.

<선도신정경(仙道神政經)>(고민환의 칠성용정도수)★병인년(丙寅年) 삼월(三月) 이십팔일(二十八日) 선도신정공사(仙道神政公事)를 행(行)하실새 고후비님(高后妃任)이 입으신 의복(衣服)을 벗어서 고민환(高旻煥)에게 입혀 여장(女裝)을 시킨 후(後)에 내실(內室)에 들어있으라 명(命)하시더니 고후비(高后妃)께서 상제님(上帝任)의 의장(衣裝)을 갖추어 남장(男裝)하신 후(後)에 도중(道衆)에게 가라사대 내 나이 마흔일곱(四十七)에서 일곱(七)을 떼어 내면 내가 성포(聖圃:고민환(高旻煥)의 호(號))가 되고 마흔(四十)에다 일곱(七)을 붙이면 성포(聖圃)가 나 되니라 하시며 공사(公事)를 보시다가 또 가라사대

<선도신정경(仙道神政經)>★내가 증산(甑山)이니라 하시며 청년(青年) 일곱(七)을 선발(選拔)하여 드리라 하시거늘 청년(青年) 일곱(七)을 선발(選拔)하여 모으니 새 옷을 지어 그들에게 입히시고 그들에게 일곱 칠성(七星) 도수(度數)를 정(定)하시어 공사(公事)를 보신후(後) 가라사대 이 공사(公事)는 칠성용정도수(七星用政度數)를 정(定)함이니라 하시더라

<증산도 道典>★(칠성용정(七星用政)의 선기옥형 도수)정미년 12월에 정토칠봉淨土七峰 아래 와룡리臥龍里 문공신文公信의 집에 계시며 대공사를 행하시니라. 며칠 동안 진액주津液呪를 수련케 하시고 당요唐堯의 '역상일월성신경수인시曆像日月星辰敬授人時'를 해설하시며 "천지가 일월이 아니면 빈 컵데기요, 일월은 지인至人이 아니면 빈 그림자라. 당요가 일월이 운행하는 법을 알아내어 온 누리의 백성들이 그 은덕을 입게 되었느니라." 하시고 日月無私治萬物일월무사치만물하고 江山有道受百行강산유도수백행이라-일월은 사사로움 없이 만물을 다스리고 강산은 큰 도가 있어 온갖 작용을 수용하느니라. 하시며 선기옥형璿璣玉衡 도수를 보실 때 天地大八門천지대팔문이요 日月大御命일월대어명이라 禽獸大道術금수대도술이요 人間大積善인간대적선이라 時乎時乎鬼神世界시호시호귀신세계 라 쓰시어 경수의 집 벽에 붙이시고 경수의 집에 저울갈고리 도수를 정하시니라. 이어 응종의 집에 추 도수 공신의 집에 끈 도수를 정하신 뒤에 다시 경수의 집에 일월대어명日月大御命 도수와 공신의 집에 천지대팔문天地大八門 도수를 정하시고 여러날 동안 주야로 세 집을 번갈아 왕래하시며 공사를 행하시니라.

<대개벽경(大開闢經)>★"이 경은 재난을 없애고 복을 구하는 큰 경문이니라." 말씀하시되, "서방 기운이 동방으로 옴에, 이를 막아도 또 동방으로 몰려옴으로 이를 괴이하게 여김이러니, 바깥방에서 딴전 보는 자가 있으니 <대괴탐랑문곡거문녹존염정무곡파군(大魁貪狼文曲巨門祿存廉貞武曲破軍)>으로 주문을 바로잡아 읽으라." 훈회를 내리시니, 칠성경의 혈맥 전수니라.-曰 此經 除災求福之大經 曰 西方之氣 東來也 防之又東故 怪之 有爲外廛者 正之以大魁貪狼文曲巨文祿存廉貞武曲破軍 讀之 下訓 七星經之血脈傳授-

<대순전경 초판>★김 형렬이 가로대 선생께서 공사를 행하실새 단주를 자미원에 부치사 칠성을 주재하야 써 일체성수를 관장하며 인간의 수명복록을 사리(맡아 다스림)케 하셨으니 그러므로 약장에 단주수명과 칠성경을 쓰셨다하고 일반 문인(문하종도)의 설을 의거하건대 단주로써 세운(세상 정치운로)을 관장케 하사 현세대국(현 세상 대국)이 그의 기법(바둑의 기법)에 응하여 기축(정치운로 중심)을 전개케 하셨으니 회문산을 부산(아버지 산)으로 하여 오선위기(다섯 신선이 바둑을 두는 형국)를 응기케 하심이 차(이)로 인함이니 대개 기법(바둑의 기법)이 단주로부터 시작한 까닭이라 하니

原文: 金 亨烈이 가로대 先生께서 公事를 行하실새 丹朱를 紫微垣에 붓치사 七星을 主宰하야 써 一切 星宿을 管掌하며 人間의 壽命福祿을 司理케 하셧스니 그럼으로 藥

藏에 丹朱受命과 七星經을 쓰셧다하고 一般門人의 說을 據하건대 丹朱로써 世運을 管掌케하사 現世大局이 그의 碁法에 應하야 機軸을 展開케 하셧스니 回文山을父山으로하야 五仙圍碁를應氣케하심이 此로因함이니 大盖碁法이丹朱로부터始作한싸(까)닭이라 하니

<대순전경 초판>★이제 제설(많은 학설)을 종합하고 선생의 유물과 법언과 문명을 고찰컨대 약장에 단주수명(丹朱受命)과 칠성경을 쓰셨고 법언에 단주를 해원한다 하셨으며 중천신으로 하여금 복록을 맡아서 균분케 한다 하셨으며 산하대운을 돌리실 새 회문산을 부산(아버지 산)으로 하여 그 오선위기를 응기케 하시고 대운이 기(바둑판)와 여(같이)히 전개되리라 하셨으니 독자는 천지공사에 단주해원이 큰 의의가 있음을 생각할지어다.

原文: 이졔諸說을綜合하고 先生의遺物과 法言과文明을考察컨대 藥藏에丹朱受命과 七星經을 쓰셧고 法言에丹朱를解寃한다하셧스며 中天神으로하여금 福祿을맛허서均分케한다하셧스며 山河大運을돌니실새 回文山을父山으로하야 그五仙圍碁를應氣케 하시고 大運이碁와如히 展開되리라하셧스니 讀者는天地公事에丹朱解寃이큰意義가 잇슴을생각할지어다.

<증산도 道典>★7년 공사를 마친 뒤부터 공신을 따르는 제자들이 생겨 7, 80여 호(戶)의 교단을 형성하게 되거늘 공신이 15호를 한 반으로 하여 각 반마다 통솔할 수 있는 육임을 하나씩 두고 제자들에게 이르기를 "이것이 진주(眞主) 도수니라. 진주를 상기하고 잊지 마라." 하니라. 이 때 제자들이 자연스레 공신을 '선생님'이라 부르니 하루는 공신이 이르기를 "선생님이라는 호칭은 합당치 않으니 나를 주인(主人)이라 불러라." 하니라. 한편 박 인규가 공신을 자주 찾으매 그 때마다 인규를 배웅하여 대사리 재까지 따라 올라가 칠성바위를 바라보며 이르기를 "앞으로 오실 분은 저리 오시니 착실히 잘하라." 하니라.

열 일곱 번째, 종통은 이 상호 형제가 아닌 임옥 자손 거느리고 모든 일을 결탁하리라. 태모님은 신정공사를 통해 사명당 기운을 임피·옥구 오성산에다 옮겨 놓으시고 장 닭 세 홰치는 상씨름 추수 사명자가 오성산 기운타고 나오게 하셨습니다.

태모 고 수부님은 조종골 둘째 살림과 동화교와의 합동살림으로 이 상호 이 정립에게 온갖 고난과 핍박을 당하시고 "조강맥식(糟糠麥食)이라도 임옥 자손(臨沃子孫)

을 영솔(領率)하고 제반사(諸般事)를 결탁(結托)하리라-거친 술지게미와 쌀겨, 꽁보리밥을 먹는 한이 있을지라도 불온한 이 상호 동화교 교단 신도를 제외한 오성산 임옥 자손 거느리고 모든 일을 의탁하리라"' 하신 바 계신데 이는 바로 이 상호·이정립 형제의 불의에 대해 한마디로 잘라 말씀하신 최종결론이기도 하지만 이 말씀은 세 살림 지도자 종통(宗統) 역시 상제님의 오성산 큰 말뚝 세 개 박은 공사와 태모님 임피 오성산 무기 오십토 공사와 연결되어 있어 동일하게 연계된 말씀입니다.

<선도신정경(仙道神政經)>*내가 오십토(五十土)를 세(三) 곳(處)에 나누어 놓았느니라 내가 마음먹고 하는 일은 천지(天地)의 귀신(鬼神)도 모르는 일이니라

<대순전경 3판>*하루는 임피 오성산(五聖山)에 가셔서 세상이 칭찬할만한 곳이라 하시니라.

<고부인신정기(천후신정기)>*열이렛날 천후(天后) 고 영(高英)에게 물어 가라사대 '너희 집 근처(近處)에 오성산(五聖山)이 있느냐?' 대(對)하여 가로대 '있나이다.' 가라사대 '그 산(山) 속에 수백(數百) 간(間) 집을 지을만한 터가 있느냐?' 대(對)하여 가로대 '수천(數千) 간(間)이라도 지을 만 하나이다.' 가라사대 '거미가 집을 지을 때에 이십사 방(二十四方)으로 줄을 늘여서, 집을 다 지은 뒤에는 거미는 남이 알지 못하게 한편 구석에 숨어있으니, 너는 그 곳을 떠나지 말라' 하시고,

<고부인신정기(천후신정기)>*그 이튿날 종도(從徒)들을 데리고 오성산(五聖山)에 가실새, 종도(從徒)들이 하늘을 보니 흰 구름가닥이 본소(本所) 상공(上空)으로부터 오성산(五聖山)을 향(向)하여 길 모양(模樣)으로 뻗쳐있고, 그 위에 구름 무더기가 사인교(四人轎) 모양(模樣)을 이루어 천후(天后)의 길을 따르며, 돌아오실 대에도 또한 교자(轎子) 모양(模樣)을 이룬 구름이 공중(空中)에 떠서 따르니라.

<선도신정경(仙道神政經)>*지고후비님(地高后妃任)께서 대중(大衆)을 모아 놓으시고 오성산(五聖山)으로 향(向)하심을 선언(宣言)하신 후에 가라사대 너희들이 이를 아느냐 모르느냐 모름직이 우리들의 공부(工夫)는 남이 잘 살(生) 때에는 고생(苦生)하자는 공부(工夫)요 남이 죽을(死) 때에는 잘 살자(生)는 공부(工夫)요 남 살(生)때에는 영화(榮華) 보자는 공부(工夫)이니라 잘 맞이하여 받들어 모(慕)셔 들이도록 하라 하시고 인(因)하여 오성산(五聖山)을 향(向)하여 들어가시더라 하니라

<선도신정경(仙道神政經)>*어느날은 고후비님(高后妃任)이 삼불산(三佛山)에 가시어 장상집결(將相集結) 공사(公事)를 보시고 가라사대 장상신(將相神)이 집결(集結)하였으니 그에 따라 사람도 참석(參席)해야 할 것이 아니더냐 도읍(都邑)을 다

시 옮겨 장상신(將相神)이 앉으리니 장상신(將相神)이 아니면 그 자리를 어찌 들어가리 선천(先天)은 문자(文字)로 계어인(戒於人)이요 후천(後天)은 신자(神字)로 계어인(戒於人)이요 공자(孔子)의 안빈락도(安貧樂道)는 인간(人間)으로서 차마 하지 못할 일이니 나는 만물(萬物)을 다 해원(解寃) 시키리라 하시고 또 이어서 말씀하시기를 성인(聖人)이 나오는데 도덕군자(道德君子)도 따라서 나오나니 내 일은 판(版)밖에서 성공(成功)해 가지고 들어 오느니라

<선도신정경(仙道神政經)>*혼백(魂魄) 동서남북(東西南北) 아니던가 한(漢) 고조(高祖)는 마상(馬上)에서 득천하(得天下) 하였으나 우리는 좌상(座上)에서 득천하(得天下) 하는 법(法)이니 이제부터 자씨보살(慈氏菩薩) 여동빈지(呂童賓之) 일월수부(日月首婦)가 일을 맡아 하느니라 하시더라

<선도신정경(仙道神政經)>*또 어느날 신정공사(神政公事)에서 고후비님(高后妃任)이 가라사대 동요동(東堯洞)은 신금산(新金山)이요 서요동(西堯洞)은 오성산(五聖山)이라 일후(日後)에 누가 나던지 정각(亭閣)하나 잘 지어줄 것이니라 이 천지대사(天地大事)가 유월(六月) 칠월(七月) 팔월(八月) 나는 바닥에 일(一) 붙은 줄 알고 빼느니라

✎열여덟 번째, <20년 귀양살이 공사와 독조사 도수>&성포 고민환 바둑판 낚싯대 공사로 연결되는 흑룡태몽 율곡 이이 재생신재생신 공사

–<혜광 대선사>*"헌데 그 사람 종정이 성장 과정을 보면 <스무 살> 때부터 내가 짐을 지워줬거든. 그러니 그 20 년 동안은 그가 생겨나고 어쩌고 한 과정도 있었을 것 아닌가."

☞1945년 해방과 더불어 24세의 운산 성도사님께서 상제님 천하사를 시작하시어 서울 합정동 최위석 집에서 일체의 경비를 대시고 이정립을 장옥과 혼인시켜주고 대순철학을 쓰게 하셨는데, 6.25사변으로 함께 피난길을 오르셨습니다. 이때 장옥의 남동생 장상달도 같이 오다가 천안 즈음에 이정립 부부는 15살 소년이 걸음이 느리다고 떼어놓고 가버려 성도사님께서 동란이 끝날 때 까지 서산 집에서 안전하게 보호하여 잘 먹이고 잠재워 주었습니다. 용화동 본부에서 원평으로 가시어 병

겁이 날 줄 아시고 의통 인패 제작에 전력을 다 쏟으시다가 휴전이 되자 2년 만에 서산 사가에 돌아오시니 사단이 나 있었습니다.

국민학교 5학년 큰 아들이 열병으로 시름하는 사이 황원택 등이 주사를 놓자 급사하게 된 현장을 목도하신 것. 청천벽력이었습니다. 때는 1953년 말 겨울, 99칸 문짝이나 되는 큰 집과 전답을 정리하고 정처없이 300년 고향 땅을 떠나 이삿짐을 용달차에 싣고 가는데, 죽은 큰 아들 혼백이 데려가 달라며 막 달려오질 않는가! 다시 인도환생하라고 하며 차에다 태우고 계룡산 아래 공주시 유구읍 창말에 안착하시게 된 이듬해, 1954. 9. 15일 죽은 큰아들 혼백이 넷째이자 다섯째로 환생하게 됩니다.

그리고, 2년 후 집 마당 사방에 칠성단을 만들어 기도하여, 서산 앞바다에서 흑룡이 날아와 성도사님 품에 안기는 상서로운 태몽을 꾸신 후, 낳은 이가 흑룡이 여의주를 물었으니 아명이 '택주'요, '유구천에서 사람이 나면 세상을 구원하여 천하를 태평하게 한다'는 소위 도선국사 비룡승천혈 유구 전설의 주인공이 1956 병신년 8정유월에 흑룡임진 기운으로 새끼손가락 조화봉 다섯째이자 여섯째로 태어나게 됩니다. 1536병신년 5째 이율곡 선생의 흑룡이 60갑자가 7칠성으로 돌아 닿아서 다시 인신화현하였다!

전생 이율곡인 고민환 성도에게 7성용정 도수를 부치시고 낚싯대 바둑판 공사를 보시며 강태공이 성주를 모신다고 하신 태모님 공사와 성포에게 부친 자운백범 남조선 배 가사 참조. 칠성용정도수가 가득찬 일원수 조화와 두 번의 재생신 도수로 인사문제가 완성된다. *십이월 이십육일 재생신 재생신十二月 二十六日 再生身 再生身<玄武經> End-

☞★참고;<선정원경>에 12월 26일은 태모님 3월 26일 재생신이라 하여 고수부님 종통맥 문왕 사명자 3대혈맥 신앙자로서 <현무경>엔 12월 26일 재생신재생신 十二月 二十六日 再生身再生身이라 하여 율곡 이이가 성포 고민환으로 한 번 재생신하고 12월 26일 흑룡 율곡 탄생 비화로 마지막 말복 주인공이 다시 한번 재생신하는 천기를 담고 있다.

<선정원경(仙政圓經)>★십이월이십육일(十二月二十六日) 재생신(再生身)이 즉(卽) 삼월이십육일(三月二十六日)이라. 삼월이십육일(三月二十六日)은 곤존(坤尊) 고씨(高氏)의 탄일(誕日)

이니(也而) 십이(十二)가 일이(一二)라

<선도신정경>★고후비(高后妃)께서 가라사대 성포(聖圃:고민환(高旻煥)는 율곡(栗谷)의 후신(後身)이요 수제(首濟) 너는 이태백(李太白)의 후신(後身)이니라

건곤(乾坤) 양위(兩位) 환신(換身) 법구성용정명절야(法九星用政明 也)라.

<선정원경(仙政圓經)>★건존증산(乾尊甑山) 삼십삼세시(三十三歲時)오. 곤존고씨(坤尊高氏) 이십사세시(二十四歲時)가 계묘년(癸卯年) 영연세야(迎緣歲也)라. 증산(甑山)께옵서 말씀하시되 "오년수(吾年數) 삼십삼(三十三)에서 구수(九數)를 그대 연수(年數)에 가(加) 한 즉(則) 삼십삼(三十三)이니 그대가 나되고 오년수(吾年數) 삼십삼(三十三)에서 구수(九數)를 감(減)하여서 이십사여(二十四餘) 고(故)로 내가 그대되었도다." 오년여수(吾年餘數) 이십사(二十四)는 이십사(二十四) 방위(方位) 부0(付0)하고 구수(九數)만 가지고 가감(加減) 즉(則) 그대가 나오 내가 그대 된다 하였으니, 이십사세(二十四歲)에서 구수(九數)를 제감(除減) 즉(則) 십오여(十五餘)라 나도 십오세(十五歲)오 그대도 십오세(十五歲)라 하셨으니 차도(此度)난 진주본관(晋州本貫)을 말씀 함이라. 진주난 도전(睹傳) 전에 십오수(十五數)를 진주(晋州)라 칭(稱)함이라. 고(故)로 곤존(坤尊)께옵서 병인년(丙寅年) 신정시(神政時) 남장의관(男裝衣冠)하시고 내가 증산(甑山)이라 하시며 공사(公事)를 행(行)하시고 고민환(高旻煥)에게 여복(女服)을 하며 내실(內室)에 있게 함은 고성(高姓)을 의(依)하야 곤존(坤尊) 대표(代表)로 정(定)함이라 연고(然故)로 증산(甑山) 성령(聖靈)이 곤존(坤尊)에 합응(合凝)하야 용사고(用事故)로 신인합발(神人合發)이라야 만화정기(万化定機)라 하셨도다.

<선정원경(仙政圓經)>★곤존고씨(坤尊高氏)와 민환(旻煥)에 칠성(七星) 용정명절야(用政明 也)라. 곤존고씨(坤尊高氏)께옵서 병인년(丙寅年) 선정공사(仙政公事) 시(時)에 사십칠세(四十七歲)요 민환(旻煥)은 기시(其時)에 사십(四十)세라 곤존년수(坤尊年水) 사십칠에서 칠수(七數)를 민환(旻煥) 년수(年數) 사십에 가즉(加則) 사십칠이니 곤존(坤尊)의 년수고(年數故)로 나의 대리(代理)라 하셨고 증산(甑山)의 대리(代理)도 된다 하심은 계묘년(癸卯年) 양위결연(兩位結緣)시에 건존연수(乾尊年數)가 삼십삼(三十三)이니 이상(以上) 칠수(七數)를 더한즉(加則) 사십이 즉(卽) 민환(旻煥)의 년수되는고(年數故)로 증산(甑山)의 대리(代理)도 된다 하셨으며 도국내(道局內)에 고성(高姓)이 다유(多有)에 하필(何必) 나인가(吾也)하면 이것이 곧 칠도수인 연고(此乃七度故也)라 또한(且又) 청년(青年) 7인을 선출(選出)하야 칠성도수(七星度數)를 정(定)하여 의복(衣服)을 신제(新製)하여 착복(着服) 시키시고 행정(行政)에 수용(隨用) 하시니라

열아홉 번째, 곤존 태모 고수부님께서는 말복인사 문제에 대한 '시절화' 비밀을 이 율곡 후신인 성포에게 숨겨놓으셨으며 1536년 병신생 율곡 이이 흑룡태몽 탄생에 대한 설화는 나도 밤나무 이야기에 얽힌 부친 이원수의 대관령 평창 주막집 권 씨 주모 이야기와 신사임당의 태몽 이야기와 연관되어 있습니다.

<선도신정경(仙道神政經)>★고후비(高后妃)께서 가라사대 성포(聖圃:고민환(高旻煥))은 율곡(栗谷)의 후신(後身)이요, 수제(首濟) 너는 이태백(李太白)의 후신(後身)이니라.

<증산도 道典>★민환은 "내가 일을 공평하게 보니 어머니께서 나에게 저울 도수를 맡기셨다." 하니라.

<이중성 대개벽경>성도 물어 여쭈기를, "금번 공사에 빠져 나오는 것이 어렵다 하시고, 때 가운데 서로 도모하려는 뜻이 있으니 어찌된 연고이나이까." 말씀하시되, "선악으로 천하를 가름하게 되노라 -弟子 問曰 今次公事 其抽出也難 時中 有相圖之意 何以乎 曰 此以善惡 爲天下之分."-

<고사모신정기 10P>★하루는 公事時에 姜孝伯을 命하시와 명주실을 드리라하시와 방안에 느러노시고 낙시대를 드리라하시여 高旻煥으로 하여금 碁板우에 안저서 낙시질을 하게 하시니라 이난聖主를모시는 公事로다

<선정원경(仙政圓經)>★곤존고씨(坤尊高氏)께옵서 선정설법(仙政說法)을 하시난대 강대용(姜大容)을 명(命)하사 가제주사(家製紬絲)를 구래(求來)하시고 또 조간일구(釣竿一具)를 구하여 오라 하사 방사간(房四間)에 천장(天張)에 주사(紬絲)로 밀괘포련(密掛布練)하고 고민환(高旻煥)을 기판상(碁板上)에 앉으라 하시며 조간(釣竿)으로 조어지형상(釣魚之形像)을 시키시더니 차공사(此公事)난 강태공(姜太公)이 성군(聖君) 만나는 설법(說法)인대 오등(吾等) 대증산지명시(待甑山之明示)이라 할지라.

<증산도 道典 4:146>★봉서사의 진묵(震默)은 3둔(遁)을 하였고, 주나라의 강태공은 52둔(遁)을 하였으나, 나는 이제 72둔(遁)을 다 써서 화둔(火遁)을 트리라.

<대순전경 3판>★강태공이 십년 경영(經營)으로 삼천 육백 개의 낚시를 벌렸음이 어찌 한갓

주나라를 일으켜 봉작(封爵)을 얻으려 함이랴, 이를 넓게 후세에 전하려 함이라.

스무 번째, 초복 문왕과 말복 사마소 무왕을 하나로 보는 시종일여 戌依申(술의신) <정역 십일귀체시> 과 포오함육 새끼손가락 조화봉 인사문제

화입 금입
용 : 갑, 을, *병, 정, 무, 기, 경, *신, 임, 계--선천화금
체 : 기, 경, *신, 임, 계, 갑, 을, *병, 정, 무
금향 화향

금입 화입
용 : 기, 경, *신, 임, 계, 갑, 을, *병, 정, 무--후천금화
체 : 갑, 을, *병, 정, 무, 기, 경, *신, 임, 계
화향 금향

* 火金은 선천이고 金火는 후천이다.

손도수 :10 9 8 7 6 5 4 3 2 1
선 천 : 갑 을 병 정 무 기 경 신 임 계
후 천 : 기 경 신 임 계 갑 을 병 정 무
(己己-지십위천, 戊戊-천오위지)

-6자리에서 地10하던 己가 1자리로 天이 되어 올라오니 天이고, 5자리에 위치한 戊5가 땅의 자리인 10자리로 내려가니 地이다. (갑 을 병 정 무 기 경 신 임 계)가 (기 경 신 임 계 갑 을 병 정 무)로 뒤바뀌어 후천이 되는 것이다.

* 卯兮歸丑戌依申 : 5,8존공은 戌5,卯8이다. 卯자리에는 丑(10,미제)이 돌아가고 戌은 申(9,기제)에 의지한다. 戌 초복 문왕사명자의 목적은 午의 중복을 거쳐 申 무왕 말

복의 열매를 거두기 위해 존재한다. 선천 상고 유가의 왕도정치가 문왕, 무왕에 끝난 것 처럼 천지공사 도운 인사문제의 종통 역시 문무 사명으로 끝난다. 신부 말복 사명자가 무왕인 것이고 오부 중복사명자를 무왕으로 막연히 알고 있는 것은 허구의 천지일사체론을 전제한 착각일 뿐이다. 문왕 임술은 우주원리의 인사문제로 볼 때 결국에는 말복 사명자 병신에 의지해 열매맺을 수박에 없다. 地十爲天天五地 卯兮歸丑 戌依申(지10위천천오지 묘혜귀축 술의신) <정역 십일귀체시>

이서남이교통 구이착종, 申丙의 금입화향으로 유리세계가 열린다.

구이착종혜(九二錯綜兮)여 화명금청(火明金淸)이로다
구와 이가 착종하니 화가 밝고 금이 맑네
화명금청혜(火明金淸兮)여 천지청명(天地淸明)이로다
화가 밝고 금이 맑아 하늘 땅이 맑고 밝네
천지청명혜(天地淸明兮)여 일월광화(日月光華)로다
하늘 땅이 맑고 밝아 해와 달이 빛이 나네
일월광화혜(日月光華兮)여 유리세계(琉璃世界)로다<정역 십일음>

결론적으로 정역의 십일귀체十一歸體는 십일성도十一成道이므로 서로 11의 보수가 되어 도를 이루는 원리입니다. 기동북이고수(氣東北而固守) 이서남이교통(理西南而交通)에서 이서남이교통은 문왕팔괘에서 남방 9리화와 서방 2곤지가 서로 자리를 바꾸는 것입니다. 남방에 자리잡은 9는 본래 서방 금이 고향이고 서방 2곤지는 본래 남방 화가 고향이므로 화금교역으로 떠났다가(화입금향) 금화교역으로 원 고향으로 돌아가는 것이 금입화향입니다.(천지무일월공각, 일월무지인허령으로 일월정사는 천지를 대행하고 인사문제는 일월정사를 대신함 월혼생신(月魂生申), 월백성오(月魄成午)<정역 금화 5송> 달의 정사에는 1수지정과 4금지질이 있는데 1수는 정혼이고 4금은 질백이다. 달이 광명을 냄에 1수지정이 먼저 광명을 받아서 광명이 점점 커진 즉, 금질이 전면에 빛을 받는 고로 월혼이 생한다 말하고 이어서 월백이 이루어진다 말한다. 月之組織 有一水之精 四金之質 一水之精魂也 四金之質魄也 月之生光也에 水精先受光明 光明漸增則 金質之全面受光 故月魂言生 月魄言成也)

화입금향하는 선천은 5무토 무위 친정시대이고 금입화향하는 후천은 10기토로 기위친정하는 시대이니 이를 주도하는 인사문제는 양병 양신 7군화 7상화 겸 9양금 '병신丙申'의 지도리일 뿐입니다. 10기토가 친정한다 함은 상제님이 육신으로 다시 오는 것이 아니고 후천의 대 우주천리가 남조선 대시국(대한민국)을 중심으로 하나로 통일되대 심통하는 상중하 직분에 따라 도통이 열리는 지심세계에서 무위이화로 통치되는 덕치주의 왕도정치 시대를 10기토 친정시대로 설명한 것입니다. 이것이 바로 12,000 도통군자 시대이자 12,000아미타, 관세음 미륵 정토불 시대입니다.

따라서 인사문제에 있어 화입금향과 금입화향하는 기운을 가진 말복 사명자는 병신으로만 가능합니다. 따라서 마지막 말복 사명자는 네째이자 다섯째가 아닌 다섯째이자 여섯째 즉, 午가 아닌 바로 申이라는 것으로 현무경에서 오신술 세살림符 공사로 매듭을 지었습니다. 그리하여 상제님께서 다음과 같이 말씀하신 것입니다. '손가락을 하나씩 꼽았다가 새끼손가락을 펴 여섯을 세어 보이시며 "이것이 조화봉이다. 새끼 손가락이 조화낸다." ' 왜? 새끼손가락이 바로 5, 6 무기 토이자 5진주 6 서시인 막둥이 艮申, 丙申이므로...역도종장 김일부 선생은 5, 6 황극의 자리(位)를 공자의 '시중지중'이라 하고 가장 완전무결한 자리라 하여 '일부의 자리'라 처음 정의했다!(주역 공사는 이미 일부(一夫) 시켜서 봐 놓았노라. 김일부는 내 세상이 오는 이치를 밝혔으며 일부가 내 일 한 가지는 하였느니라.)

一夫는 所謂包五含六十退一進之位하니

<일부의 이른바(소위, 세상에 널리 알려져 있음) 5를 싸고 6을 머금은 것은 巽의 1,6궁 자리에서 10은 물러가고 1이 나아간다(5,10土자리)는 것으로 5,10토 자리에 위치하였다는 것이다>

-位- 궐중지중, 시중지중의 中을 모두 포함하여 완전무결한 자리(位)가 일부의 자리(후천位)이다. -다섯과 여섯이 제 5지에서 손가락을 다 굽힌 것이 5이고 제 5지를 편 것이 6으로 이루어진다. -포오함육하는 이 자리가 中中의 空하는 자리이다. -5, 6은 태양지정이고 10, 1은 태음지정이다.

* 수	운동	지수	정	비고
5,6	포5함6	제5지	태양지정	174
10,1	10퇴1진	제1지	태음지정	187

*십퇴일진은 건이나 손으로는 艮의 위치(태음지정인 187)이고 포오함육은 곤이나 손으로는 兌의 자리(태양지정인 174)이다. 中과 空을 뜻한다.

–생장이 甲乙丙丁戊에서 그 세력을 발휘하려고 할 때 수장하는 成의 운행(己庚辛壬癸)은 이면에서 포위을 하는 것이다. 그러므로 8甲으로 발생의 정지를, 3乙으로 음속에 양을 머금은 상으로 방위의 정수를 바꿨다(포오함육 십퇴일진).

–庚金에 음수를 붙인 4庚은 陽庚이 음수를 가지면 수렴에 지장이 없고, 辛陰에 양수를 붙인 것은 辛陰이 양을 포위하는 상으로 음속에 양을 머금은 상으로 방위의 정수를 바꿨다(포오함육 십퇴일진)

*포오함육(坤, 손으로는 兌, 태양지정인 174자리) 십퇴일진(乾, 손으로는 艮, 태음지정인 187자리)

무지	식지	중지	약지	소지
1	2	3	4	5
10	9	8	7	6
(십퇴일진)				(포오함육)

포오함육:일삼오칠구의 중수는 선천 5황극, 이사육팔십의 중수는 후천 6황극–새끼손가락 조화봉

6)종통과 유기적으로 연관된 또 다른 공사내용 

이상의 20가지 다양한 공사내용은 안 내성(安乃成) 성도에게 부치신 공사로 이러한 공사 내용은 문 공신(文公信) 성도에게 부치신 문왕과 이윤의 도수 공사와 그 이외의 다양한 종통 공사와 긴밀히 연결되어있습니다. 일찍이 상제님께서는 천지공사의 엄밀성에 대해 실로 물샐틈없이 짜 놓았다고 하셨습니다.

건존 증산 상제님이 짜 놓으신 숙구지(宿狗地) 문왕(文王)의 도수는 곤존 태모 고 수부님이 받아 무진년(1928) 구월도(九月度) 공사로 이화시키십니다.(고 민환 성도가 <선정원경>에서 처음 사용한 용어인 건존(乾尊), 곤존(坤尊)이란 용어는 남성 하느님, 여성 하느님을 뜻하는 우주원리적인 용어입니다)

첫째, 무진년(1928) 9월에 태모 고 수부님께서 잠든 개 깨우는 숙구지(宿狗地) 공사를 집행하신 때는 청풍명월(淸風明月)의 고향인 충청남도 서산군(瑞山郡) 대산면(大山面) 운산리(雲山里)에서 부모님과 함께 살던 안 운산(安雲山) 성도사님이 아직 어린 7세 때입니다. 부친 안 병욱(安柄彧) 선생은 이 치복 성도를 좇아 보천교를 신앙하며 일대에서 가장 큰 규모의 부농이던 서산 집에는 보천교 신도들이 끊임없이 드나들었다고 합니다. 임술년(1922) 6월에 16일 운산리(雲山里) 본가에서 태어난 운산(雲山)은 어린 시절 보고 듣는 것이 항상 집안에 모여 있는 보천교(普天敎) 신도들이 주고받는 음양 우주원리, 역학, 선후천 개벽 천지공사 도담(道談) 뿐이어서 어린 시절부터 자연스레 어깨너머로 상제님 진리 세계로 관심이 가던 상태였습니다.

<안운산 종도사 강론 도기 131(2001).양 6.3.월간 개벽 2001.7)>*(천지신명이 정해준 호)내가 호를 그럴 연然 자 두 자를 붙여서 '연연然然'이라고 했다. 그렇게 해서 호를 여러 번 바꿨는데, 한 번은 신명들이 와서 그런다. "그렇게 하지 말고 자연 사실 그대로 사시면 좋지 않습니까?" "아니, 뭘 어떻게 하란 말이냐?"하니까 신명들이 무슨 소리를 하느냐 하면, "태어난 데가 운산雲山 아닙니까. 또, 운雲 자 앞에다 물 수水 자를 써 놓고 보면 수운水雲이고, 산山 자 앞에다 시루 증甑 자를 쓰면 증산甑山이 됩니다. 수운 선생과 증산 하나님의 일을 하기 위해 그런 기운이 붙어서 이 세상에 오게 됐고, 또 평생 그 일만 할 거니까 태어난 그대로 그저 운산이라고 하면 좋지 않습니까. 어떻게 그걸 바꾸려고 합니까, 바꿔지지를 않을텐데." 한다. 무슨 말인고 하면, 내가 서산군瑞山郡 대산면大山面 운산리雲山里라는데서 태어났으니 그냥 운산이라고 하라는 것이다. 그래서 운산이라고 한 것이다.

<새시대 새진리(안운산 종도사 어록>*상제님 일은 원래 좀 더디다. 영화로 말하면 3막짜리다. 영화가 짤막한 것은 1막에 끝난다. 좀 긴 것은 2막에 끝나고. 상제님 일은 3막으로써 매듭을 짓게 된다. 지금 증산도는 마지막 3막을 열어놓고 있다. 다시 이것을 공사내용으로 얘기하자면, 삼변성도三變成道다. 세 번 변해서 매듭이 지어지고 비로소 성도가 된다. 세 번 변해서 상제님 세상이 되는 것이다. 내적으로는 도운道運도 삼변이고 세운世運도 삼변이다.

<선정원경(仙政圓經)>*건존증산(乾尊甑山) 께서 예언(豫言)하사대 "태인(泰仁) 숙구지(宿狗地) 자는 개가 일어나면 산호랑이를 잡는다"는 말씀하셨는데, 고씨(高

氏)께서 **무진(戊辰:1928) 구월도(九月度)에 말씀하시되 "시대(時代)가 불원(不遠)하니 자는 개를 깨워야겠다"** 하시고 신도(信徒) 수십인(數十人)을 영솔(領率)하시고 숙구지(宿狗地)에 행차(行次) 하시와 공사(公事)를 설행(設行) 중 고기국에 밥을 교화(交和)하야 일통(一桶)을 정전(庭前)에 놓으시며 많이 먹으라 하시고 "인제는 잠든개를 깨웠으니 염려(念慮)는 없다" 하시니라.

둘째, 문공신(文公信) 성도에게 부치신 숙구지(宿狗地) 문왕(文王) 도수가 무진년(1928) 구월도에 잠에서 깨어 일어나 이종물 사명기간(1936년까지의 普天教)을 포함한 일제시대 암흑기의 포태기(胞胎期)를 거쳐 해방이후 비로소 발아(發芽)합니다. 태모고 수부님 무진년(1928) 구월도 숙구지(宿狗地) 공사 이후 영적으로 잠에서 깨어난 어린 안 운산(安雲山)은 곧 더 이상 배울 것이 없다 하여 초등학교 3학년 올라가기 무섭게 그만두고 개안(開眼)해 초통(初通)한 기운으로 수행과 천하사하는 쪽으로 뜻을 두게 되었다 합니다.

후일 안 운산(安雲山) 성도사 님은 실제로 상제님 탄신 120주년(1990) 개벽 대성회 모 유력 월간지 황보 태수 기자와 인터뷰에서 7세 때 문득 배고픔이 얼마나 큰 고통인가를 깨닫기 위해 식음을 전폐하는 수행을 했으며 그러다가 어머니의 만류로 5일 만에 그만두고, 다시 불 없는 방에 밀대방석을 깔고 콩, 곡식가루만 먹는 생식을 하며 8개월 동안 참선을 했다고 합니다.

이 인터뷰에서 호패 찰 나이인 15세 때 쯤(1936) 일제의 모진탄압으로 보천교(普天教)가 침체에 빠지고 상제님의 사업을 펼치기 위한 준비를 하리라 마음먹었다고 합니다. 그래서 무작정 집을 나와 조선 팔도와 만주를 주유천하하며 인간의 세상살이를 직접 체득한 후 43년에 집에 돌아와 집안의 기둥을 먼저 마련하기 위해 결혼하고 결혼식 이튿날 일제에 비협조적이었던 부친이 기왕의 독립운동 자금 전달 탄로로 구금되는 등의 미운털이 박힌지라 조기 강제징용 통지서를 받았으며 강제징용 입대 중에 우여곡절 끝에 탈출에 성공한 후 2년 여 세상을 떠돌다 해방을 맞이해 고향에 온 후 상제님 천하사만을 하기로 굳게 마음먹었다고 합니다.

무진년(1928) 9월도 숙구지 공사의 핵심을 명확히 인식하지 못하는 한 천지공사 도운의 핵심인 태모 고 수부님 낙종물 세 살림 도수, 차 경석 보천교(普天敎) 이종물 도수, 경만장 안 내성에게 보신 安家 초복, 중복, 말복 세 살림 추수도수의 핵심을 영원히 풀 수 없습니다. 초복도수인 문왕의 도수 중에서 중복도수와 '천장지구(天長地久) 신명무궁(申命無窮)'의 말복도수가 차례로 천지 정리해 나오기 때문에(태모 고 수부님 무기 오십토 세 벌 공사) 문 공신 성도는 "우리 일은 삼대(三代)밖에 없다."고 합니다. 살림도 세 살림이지만 혈대(血代)로도 이 치복 성도로부터 직접 도를 전해 받은 1대 보천교도였던 안 병욱(安柄彧) 태상 성도사님으로부터 3대입니다.

<도기 125년(1905) 을해 단기4328 기사모음집. 모 월간지 손 광주 기자 대담>★14세 때였다. 방문을 걸어 잠그고 태을주를 계속 외우자 운산은 3일째 되던 날 '눈앞이 환히 밝아지는 초통(初通)을 경험했다'고 한다. 말하자면 도를 통했다는 뜻이다. 그는 '초통을 하게 되면 신명계(神明界)를 출입할 수 있는 단계'라는 말로 일단 정리했다. 일단 '신비체험'을 한 그는 14일간 혼자 수련한 후 집을 나가 황해도 함경도 등을 다니며 농삿일과 석탄채굴장에서 막노동을 하기도 했다. 그는 이 기간 동안 각양각색의 사람들을 만나면서 '세상의 이치'를 알게 되었다고 한다. 해방직전 44년, 집으로 돌아와 결혼한 그는 이 무렵부터 증산도 포교에 본격적으로 뛰어들었다. 처음 증산도의 한 파(派)인 보천교에서 '상제님 사업'을 시작한 그는 곧 보천교와 결별, 독자적으로 포교활동을 전개했다.

<새 시대 새 진리 1(安雲山 종도사님 어록)>★문왕의 도수(安家 세 살림 도수 싹을 틔우는 初伏 도수)를 여신 안 운산(安雲山) 종도사(宗道師)님은 임술 년(1922)에, 충남 서산군 대산면 운산리에서 안 병욱(安柄彧) 성도의 장남으로 태어나시어 증산 상제님을 신앙하신 조부님과 부친의 영향으로 상제님 신앙의 분위기 속에서 성장하신다. 12세 때 2 주 동안 집에서 수련하시던 중 3 일 만에 홀연히 영성이 열리는 큰 체험을 하신 뒤, 상제님 대업이 천명임을 아신 종도사님은 그 일을 꼭 이루어 내겠다는 웅지를 품으시고, 국내는 물론 만주 중국 등지를 주유하시며 전쟁의 참상을 직접 겪는 등 숱한 경험을 쌓으신다.

<증산도 道典>★태모님께서 종종 성도들에게 말씀하시기를 "자던 개가 일어나면 산호랑이를 쫓느니라." 하시고 여러 차례 절실히 말씀하시기를 "내가 숙구지(宿狗地) 공사를 보아야 하느니라." 하시더니 **9월에 이르러 "이제 때가 멀지 않으니 자는 개를 깨워야겠다.**" 하시며 성도 수십 명을 거느리고 태인 숙구지로 행차하시어 공사를 행하시니라. 이 때 마포(麻布)로 일꾼들 여름살이 30벌을 지어 동네 머슴사는 사람들에게 입히신 후에 통(桶) 하나에 고깃국을 담고 밥을 잘 말아 뜰 앞에 놓으며 말씀하시기를 "많이 먹으라." 하시고 "이제 잠든 개를 깨웠으니 염려는 없다." 하시니라. 이후로 태모님을 모신 성도들은 다음과 같으니라.

<천지개벽경(天地開闢經)>★어느 날 문공신(文公信)에게 가라사대(曰) 잠든 개(宿狗)가 일어나(起)면 산 호랑이(生虎)를 잡는다(捕殺)는 말이 있나니 **태인(泰仁) 숙구지(宿狗地) 공사(公事)로 일을 돌린다(返)** 하시며 공사(公事)를 계속(繼續)하시였다 전(傳)하니라.

<증산도 道典>★하루는 상제님께서 개의 창자를 빼내신 후 그 가죽을 둘러쓰시고 사람들에게 달려드시니 모두 크게 놀라니라. 어느 날 공신에게 일러 말씀하시기를 "'잠자던 개가 일어나면 산 호랑이를 잡는다.'는 말이 있나니 태인 숙구지(宿狗地) 공사로 일을 돌리리라." 하시니라.

문왕 연역대

상제님께서 조선을 일본에게 넘기면서 어질 인(仁)자까지 주면 다 저희들 세상이 되지 않겠느냐 하셨는데 어질인의 인(仁)이란 단순히 착하다는 뜻이 아닌 과핵(果核)인 씨(종자)의 뜻이 있습니다. 삼초 끝에는 대인(大人)이 나오리라 하신 천하창생 구제의 씨인 핵이 일제의 모진 겨울을 지내고 해방과 더불어 역사의 전면에 터져 나온 것이 바로 운산(雲山) 안 흥찬(安興燦:世燦) 총 사수(總師首)의 도안(都安) 세 살림 초복도수인 2변(變) 증산교(甑山教) 대법사(大法社)입니다. 장차 출세할 일만 이천 도통군자 열매들의 씨이며 핵(仁)입니다.

주 문왕 영대靈臺

이 핵(仁)이 태모 고 수부님 무진년(1928) 구월도 공사로 천지인신(天地人神)의 부름을 받고 영적으로 깨어나 이종물 사명인 보천교(普天教)가 강제 해체되자(1936) 15세부터 천하를 풍찬노숙하며 세상을 경험한 운산은 43년 잠깐 들러 결혼식만 끝내고 이튿날 징용통지서를 받고 끌려가던 중 생사를 걸고 탈출해 포교활동

차 충청도(천안, 아산, 온양), 전라도(김제, 정읍, 군산, 부안, 태인 등 7읍 전역), 경상도(울진, 영덕, 포항, 밀양) 경기도(김포) 시골에서 포교활동 차 은신하다가 김포에서 1945년 해방을 맞이해 해방과 더불어 2변 교운을 대대적으로 일으키며 마침내 때만 기다리며 조삭비(鳥數飛:새끼의 첫 날개짓)로 준비만 해 온 문왕 도수의 씨핵(仁)을 터뜨립니다.

<보천교普天教 교전教典>*(1906년, 丙午) 원일元一은 당도當到하는 즉시卽時 천

자부해상天子浮海上이라는 글을 써서 남대문南大門에 붙이니 온서울이 크게 소동騷動하야 인심人心이 뒤끌음으로 조정朝廷에서는 엄중嚴重히 경계警戒하더라 서울서 십여일十餘日동안 머물으시며 여러가지로 공사公事를 보시고 벽력표霹靂表를 묻으신후에 종도從徒들에게 일러 가라사되 모두 흩어져 돌아가라 십년후十年後에 다시 만나리라 십년十年도 십년十年이오 이십년二十年도 십년十年이오 삼십년三十年도 십년十年이니라 어떤사람이 여쭈어가로되 사십년四十年은 십년十年이 아니나있가 가라사되 사십년四十年도 십년十年이야 되지마는 넘지는 아니하리라 하시며 모다 돌려보내시고 오직 광찬光贊만 머물어게 하시다가 수일數日후에 다시 만경萬頃으로 보내시며 통지通知있기까지 기다리라 하시니라

숙구지 문왕 도안(都安) 초중말복 세살림 추수사명자 안운산 성도사님

이 공사로부터(1906) 40년이 넘지 않은, 을유년(1945년) 8.15 해방과 더불어 임술 생 문왕 도수 책임자 운산(雲山)은 본격적인 천하사에 나서게 된 것입니다. 호패 차던 나이였던 15세 때였던 병자개로丙子開路 병자년(1936)에 천하주유에 나선 이후 갑인년(1974) 기두로 계산해도 40년은 넘지 않은 기간입니다.

운산(雲山) 안 흥찬(安興燦)은 태모님께서 집행하신 잠자는 개 깨우는 무진년(1928) 구월도 숙구지(宿狗地)공사로 7세 때 문득 배고픔이 얼마나 큰 고통인가를 깨닫기 위해 서산 대산면 운산리 각시바위에서 식음을 전폐하는 수행을 했으며 그러다가 어머니의 만류로 5일 만에 그만두고, 다시 불 없는 방에 밀대방석을 깔고 콩, 곡식가루만 먹는 생식을 하며 8개월 동안 참선을 하면서 영적으로 깨어나 이

다음에 크면 반드시 상제님 천하사만 하리라 마음먹는 계기가 됩니다.

영적으로 잠에서 깨어난 운산은 곧 더 이상 배울 것이 없다 하여 초등학교 3학년 올라가면서 바로 그만두었으며 12세 때 부친의 영향으로 보천교에 정식 입교한 뒤 2주간 수련과정에서 영성체험을 크게 한 다음 14세 때 역시 14일간 수련하며 눈앞이 밝아지는 초통(初通)을 경험하게 되는데 그 이후 호패 차는 나이인 15세가 되자(1936) 차 경석 성도의 선화에 이어 일제의 모진탄압으로 보천교가 강제 해체되면서 상제님의 사업을 펼치기 위한 준비를 하리라 마음먹고 상제님 천하사 예비단계로 전국을 주유하며 세상을 배우게 됩니다.(丙子開路)

1943년 집에 돌아와 운명처럼 다가온 결혼식 이튿날의 강제 징용 사건과 탈출로 전국 시골산골에 숨어서 포교나 하며 기초 연원(淵源) 조직를 다진 뒤 1945년 8.15 을유 해방과 더불어 본격적으로 문왕 초복도수 <증산교甑山教>를 출범시키고 해방 당년 아산 천안 방면에만 3천 여 세대를 결집시키고 이후 부여 공주 전주 등 전국에 십 수만호 연원(淵源) 조직을 삽시간에 일으켜 세웁니다.

해방 당년 정읍 시기리에서 만난 창맹과니 맹인 청음 이 상호를 경제적으로 거두어 용화동에 거처하도록 배려하고 간부 김 종렬로 하여금 지은 용화동 본부에 토주土主로 임명하고 서울 합정동 치성에서 만난 청음의 동생 남주 이 정립을 최 위석 간부 집에 하숙를 대면서 <대순철학>을 집필하도록 독려하여 2년 만에 세상에 빛을 봅니다.

그러나 이 상호 형제의 안하무인의 욕심과 해원, 갖은 음해와 공격, 찬서리의 고통, 그리고 1950년 6.25라는 산고의 고통을 겪고 다시 또 이십년간의 휴게기를 지내고 나서야 1974년 갑인년에 드디어 삼변 도안의 세 살림 중복살림의 기초를 놓기 시작하였고 다시 십년의 과도기 준비기간을 보낸 뒤 1984 갑자년에 드디어 공식적인 중복 살림을 시작 하게 된 것입니다. 84년 갑자년에 “증산도甑山道”라는 이름을 처음 세상에 알린 것입니다.

그러나 도기 142년 2012 임진년에 ‘독행천리獨行千里에 백절불굴百折不屈’하신 문왕

도수를 받은 안 운산 성도사聖道師님은 세월의 무게를 이기지 못하고 등천선화登天仙化합니다. 그럼 문왕의 도수는 무엇일까요. 상제님은 문왕 도수만으로는 천하사 세 살림의 비밀을 알 수 없기 때문에 '수지지어사마소(誰知止於司馬昭)리오-삼국통일이 조조, 유비, 손권 등 세 영웅이 당대에 못 이루고 무명의 소마소에 가서 이루어 짐을 누가 알았겠는가?' 공사를 통해 중달 사마의司馬懿 사마司馬씨 가문의 비밀을 새롭게 제시했습니다.

달기의 모함으로 폭군 주紂에게 포로 떠서 죽은 문왕의 장남 백읍고의 묘

문왕은 유리에 유폐되었을 적에 장자 백읍고를 잃었으므로 차남인 무왕과 주공단 두 형제에게 대업을 맡긴 채 뜻을 못 이루고 붕어하고 무왕은 강 태공과 주공단의 힘으로 혁명을 일으켜 주나라를 엽니다. 만일 천하사 인사문제가 문왕 일가와 여합부절如合符節로 동일하다면 사마 중달 가문의 사마소 도수는 필요 없었을 것입니다. 문왕 가문에 있어서 주(周) 왕실 개창의 주인공은 사실상 무왕이지만 상제님 후천개창의 천하사에 있어서 세 번째 말복 살림 주인공은 사마소이므로 문왕의 도수로 등치시키면 중복살림 사명자는 무왕이 되지 못합니다. 상제님 천하사를 매듭짓는 사람은 바로 중복 살림 사명자가 아닌 말복 살림 사명자이므로 굳이 문왕 일가로 말하면 사마소 사명자가 바로 무왕이 됩니다.(묘호는 晉 태조(太祖), 시호는 문황제

(文皇帝))

삼국시절의 사마 중달 역시 조조가문 아래에서 제업의 기초를 닦고 자식에게 넘겨줄 뿐 당대에 열매를 맺지는 못합니다. 문왕(文王)의 도수와 사마소 도수는 대국적으로 문왕(文王)과 사마 중달의 자식 중에서 중복 살림 책임자와 말복 살림 책임자가 나온다는 것이며 이것이 바로 경만장 안 내성(安乃成) 성도의 운암강수 만경래 만경강 세 살림 도수입니다. '암흑천지근(금)백년'—'동지한식백오제' 105년 이전 과도기 중복도정에서 모든 것을 마무리한다는 천지일월사체 이론의 교리체제에서는 초복 사명자를 문왕사명자 한계 속에서 만 볼 수밖에 없었기 때문에 말복 사마소 출현의 핵심 인사문제가 철저히 숨겨질 수 밖에 없었습니다.

사마소는 사마 중달 3부자 가문의 세 살림 인사문제 속에 있으므로 마무리 사마소의 입장에서 보면 문왕사명자는 바로 사마의(사마중달)입니다. 이는 105년 이전 과도기에는 문왕 중심으로 인사문제를 볼 수 있게 본질을 감추고, 105년이 지나는 사오미 개명장진법출현 말복 도정에 와서야 수지지어사마소 중심의 사마중달 3부자 가문으로 인사문제를 보는 안목이 비로소 열리기 때문입니다. 사마사 중복사명자가 사마소 말복 교리체제를 주장할 수는 없기 때문입니다.

<2변 도운 121(1991).3.4 강론>★고 수부님이 상제님 비슷한 통(通)을 해가지고 상제님 그 문도들 그 성도들을 전부 다 불러들여 가지고 포교를 개창했다 이거여. 그래서 보천교 문을 열어놓고 차경석씨에게 배척을 당했어. 그러니 고 수부님이 파종물을 맡고 차경석씨에게 이종물을 맡았을거 아녀. 이종물 맡은 분에게 거기서 상제님 추수할 사람 하나를 추려야 하거든. 거기서 하나가 나와야 하는디 결론적으로 그 하나는 증산도 종도사가 될텐데.

문왕(文王)의 장남은 의인 백읍고(伯邑考)인데 백읍고는 부친을 유리(羑里)감옥에서 석방시키고 자신이 대신 들어가기 위해 폭군 주(紂)를 만나러 갔다가 달기를 먼저 만나게 됩니다. 백읍고(伯邑考)의 준수한 의표와 기상 그리고 달인의 경지에 오른 거문고 실력에 매료되어 백읍고를 유혹하려다 실패한 달기(妲己)는 폭군 주(紂)에게 백읍고(伯邑考)가 자신을 유혹했다고 역 모함하여 백읍고는 그만 폭군 주에게 만두국 소인 육포로 뜨여져 죽습니다. 18명의 아들 중 문왕(文王)의 뒤를 이은 사람은

차남 무왕(武王)인데 무왕(武王)은 태공망(太公望) 여상(呂尙)을 모시고 동생 주공 단(周公旦)과 함께 폭군 주(紂)를 치고 주(周)의 시대를 활짝 열며 고 씨 부인과 재혼한 태공망은 어린 딸을 무왕의 어린 아들 성왕과 결혼시킴으로써 무왕의 장인이 됩니다.

주周나라 희창 문왕릉

문왕(文王)의 3부자와 같이 사마중달(仲達)=사마의(司馬懿)의 3부자 일화 역시 동일합니다. 사마중달(司馬仲達)의 아들 사마 사(司馬師)와 사마소(司馬昭) 형제는 평생 부친을 따라 전쟁터를 누빈 사람입니다. 상제님이 집행하신 도안(都安:All 安) 세 살림 주인공 역시 도희(都姬:All 姬) 3부자, 도사마(都司馬:All 司馬) 3부자의 예와 같이 모두 숙구지 문왕의 도수 주인공을 따라다니며 평생 젊음을 바쳐 상제님 천하사만 하던 낯익은 사람일 수밖에 없습니다.

상제님께서 말씀하신 삼국시대를 통일한 사마의(司馬懿) 도사마(都司馬) 3부자나 은상(殷商)의 폭군 주(紂)를 멸하고 주(周)나라를 연 문왕(文王), 차남 무왕(武王), 4남 주공단(周公旦)의 도희(都姬) 3부자의 비유는 모두 사마(司馬)씨 가문, 희(姬)씨 가문 한 가문에서 세 살림이 나온다는 동일한 비유입니다.

사마중달(사마의)은 원래 조조 휘하에서 자란 사람입니다. 조조시절에는 지위가 낮아 적벽대전에도 참여하지 못한 사람이었지만 점점 두각을 드러내 제갈량과 맞서는 대장군으로 중원진출을 위해 출사한 제갈량을 번번이 막아내어 결국 제갈량으로 하여금 숙원을 이루지 못하고 오장원에서 죽게 합니다. 조조는 조비에게 사마의司馬仲達를 조심하라 유언하지만 조비는 진충보국盡忠報國하는 사마중달을 크게 믿고 조비 후반기에 조조의 유언과는 반대로 가장 큰 권력을 얻게 됩니다.

문왕릉의 문왕

남조선 배의 선장 도사공은 전 명숙 장군이지만 태모 고 수부님은 노를 젓는 사공은 적벽화선(赤壁火船) 노 젓던 조조 군사의 군졸(軍卒)들이라고 하시고 이들이 죽어 선인(仙人)들의 남조선 배 노를 젓는다고 하셨습니다. 문왕 도수의 실체는 곧 사마중달의 사마소 도수이기 때문에 남조선 배의 노를 적벽대전 때 연환계로 불타 죽은 사마중달 가문이 속한 조조 편의 군사가 젓는다는 것입니다.

성이 희(姬), 이름은 창(昌)이어서 희 창(姬昌)으로 불린 문왕(文王:天同星)은 일반적으로 역사에서 서백(西伯) 문왕(文王)으로 불립니다. 문왕(文王)의 부친은 계력(季歷),

모친은 태임(太任), 처는 태사(太姒)로 아들만 18명을 두었는데 덕이 높아 백성들부터 존경을 받자 폭군 주(紂)의 시기로 유리옥(羑里獄)에 갇힙니다.

장남 백읍고(伯邑考:紫微星)는 달기(妲己:貪狼星)의 농간으로 폭군 주(紂)에 의해 육포(脯)로 뜨여져 죽어 부친인 문왕에게 바쳐지는 봉변을 당하고 희 창 문왕은 사냥을 나가기 전 위수(渭水) 강가에서 왕을 보좌할 인물을 얻는 점괘대로 위수(渭水) 강가에 가서 태공망(姜子牙:天機星)을 만나 주(周)나라의 기반을 닦게 됩니다. 강태공은 문왕 사후 차남 무왕(武王:武曲星)을 도와 상나라 폭군 주(紂:破軍星)를 멸망시키고 주(周)나라를 엽니다.

★장남: 백읍고(伯邑考) 차남: 주 무왕(周武王) 삼남: 관숙선(管叔鮮) 사남: 주공(周公旦) 오남: 채숙도(蔡叔度)

셋째, 문 공신(文公信) 성도에게 "문왕의 도수와 이윤의 도수가 있으니 그 도수를 맡으려면 극히 어려우리라" 하신 공사는 결국 모든 종통공사의 주인공 안 내성 성도 공사에 해당되는 말씀입니다. 그리하여 안 내성(安乃成)의 '이에 내(乃)'자가 끌고 가기가 고달프고 어렵다는 예(曳)자를 뜻하며 상고시대에는 궁(弓) 자를 세로로 두자 연이어 쓴 글자였으며 동시에 끌고 가기가 너무 고달프고 어렵지만 마침내 이루게 되므로 완료 료(了)자를 세 개 합하여 쓰는 글자로 썼습니다. 또한 경만장 만경강 세 살림 도수를 여는 숙구지(宿狗地) 문왕(文王) 초복 도수는 세 살림 과정에서 자기혁명의 도수를 동시에 받기 때문에 상제님께서는 문 공신 성도에게 문왕의 도수와 이윤의 도수를 받으려면 심히 어려우리라 하셨습니다.

<대개벽경(大開闢經)>★공신에게 일러 말씀하시되, "너는 정음정양 도수니 네가 온전히 잘 이기어 받겠느냐. (정심으로 잘 수련해) 덕 쌓기에 힘쓰라 문왕의 도수와 이윤의 도수가 있으니 그 도수를 맡으려면 극히 어려우리라. 미물곤충이라도 원망이 붙으면 천지공사가 아니니라." -曰 汝 勝守正陰正陽度數乎 懋德 有文王度數 有伊尹度數 受之至難 曰 雖微物昆蟲 有寃 非天地公事也-

<선도신정경(仙道神政經)>*어느날 고후비(高后妃)께서 신정공사(神政公事)를 베

푸시며 대창하시니 이러하니라 남조선(南朝鮮) 배질 하네 만고성인(萬古聖人) 타신 배가 칠산(七山)바다에 떠서 적벽화선(赤壁火船) 노젓던 군졸(軍卒)이 선인(仙人)들의 노를 젓네 조조 군사(軍事)가 래(來) 군사 닻줄 맬 자가 누구(誰)신고 중앙대신(中央大神)이 닻줄 매네 이 천지(天地)가 뒤끓어서 동갑(同甲) 넘는 땅(地) 덩이가 둥둥 떠밀려 들어오네 조화(造化) 조화(造化) 내 조화(造化) 한울님의 조화(造化)로다 하시더라

侍

넷째, 김 호연 성도도 도안(都安) 세 살림 도수에 다음과 같이 증언한 바 있습니다. 91년 김호연 성도는 <증산도 道典> 편찬 성구채록을 위해 처음 방문한 운산(雲山) 안 세찬(安世燦:輿燦) 종도사, 안 경전(安耕田) 종정 2人에게 개구벽두(開口劈頭)의 첫 인사로 세 사람인데 왜 두 사람뿐이냐 하고 "그래서 나는 저것들(취재신도들) 끼리라고만 해서 선상들을 안 봤어. 그래서 내가 **"아니 셋인디, 어찌 둘이 오냐 오냐 그랬어"** 라고 하십니다.

증산 상제님 모신 김호연 聖徒와 초중복 운산雲山 성도사聖道師님 부자._아니 셋인디 어찌 둘이 오냐오냐 그랬어._

상제님을 직접 모시고 천지공사를 지켜본 증언자로 평생을 상제님 천명을 기다리고 산 **김 호연 성도는 운암강수 만경래 경만장 도안 세 살림 도수의 본말을 너무나도 잘 알기 때문에 초면에 첫 입 여는 개구벽두(開口劈頭)에 삼련불성(三聯佛成) 세 살림 삼부자(三父子)가 같이 안 오고 어찌 둘이 오냐 한 것입니다.**

운산(雲山) 안 세찬(安世燦:輿燦) 부친이신 보천교인 안 병욱(安柄彧)으로 부터 시작해 혈대(血代)로 3대(代)에서 매듭짓는 세 살림 도수는 초복도수인 숙구지 문왕의 사명 도수에서 다시 중복, 말복 세 살림 도수로 '상제님 9년 천지공사(天地公事), 태모 고수부님 10년 신정공사(神政公事)'의 음양 짝 천지공사의 막을 내리게 됩니다.(속이 통으로 빈 금산사 3층 미륵불은 혈맥관통 세 살림)

김 호연 성도는 상제님 천명(天命)을 받고 그동안 숨겨진 진리를 전하기 위해 세 살림 도수의 주인공을 한 평생을 기다려 온 삶이어서 문왕의 도수 혈맥관통 세 살림 주인공이 마침내 찾아오자 개구벽두(開口劈頭) 초면에 입 열자마자 문왕 가문과 사마중달 가문 주인공이 모두 3부자 삼련불성 세 사람인데 어찌 두 사람만 오냐 하신 것이었습니다.

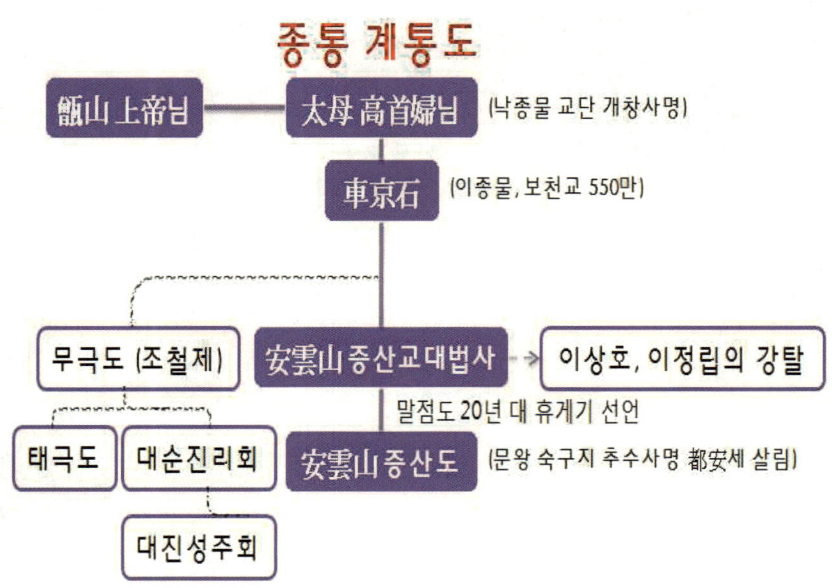

상제님께서 금산사 입구 홍예(紅霓:돌 무지개문)의 내력을 아느냐고 하신 말씀은 천륜에 의한 혈맥관통을 말씀하신 것으로 현재 견훤 석성의 홍예는 사라져 볼 수는 없지만 신검이 935년에 아버지 견 훤을 금산사에 가두기 위해 금산산성을 쌓고 돌무지개 문을 만들었으니 천륜을 거스르면 나라도 잃어버릴 수 있다는 것, 그리고 상제님의 천지공사 또한 천륜 3대(代)로 이뤄져 있음을 암시하는 말씀입니다.

김 호연 성도가 밝힌 세 살림 혈맥관통의 선맥은 문왕의 도수 씨앗(仁)이 일제하 이종물에서 온전히 지켜지면서 해방과 더불어 2변(變)으로 발아해 세 살림 도수로 금강산 12000명 도통군자의 열매를 맺도록 '여래장의 선맥'을 3대 혈맥에 교배한 종통(宗統)입니다. 종통을 벗어나 무성하게 성장한 곁가지 역시 모두 인(仁)이 싹을 틔워 열매를 맺는 과정에서 종통을 보호하고 감추어주는 역할을 했던 형제교단이므로 이제는 모두 하나로 힘을 모을 때입니다.

「어질 인仁」의 인(仁)이란 단순히 착하다는 뜻이 아닌 과핵(果核)인 씨(종자)의 뜻이 있습니다. 바로 문왕 도수의 주인공으로서 장차 출세할 일만 이천 도통군자 열매들의 씨이며 핵(仁)입니다. 이 씨앗(仁)을 틔우기 위해서는 차 경석(車京石) 성도의 보천교 이종물 도수의 접붙이기가 필요했습니다. 이 치복(李致福) 성도의 공덕으로 서산군(瑞山郡) 대산면(大山面) 운산리(雲山里)인 안 병욱(安柄彧)이 보천교도로 들어가면서 비로소 이종물 사명 도수와 추수사명 도수가 접붙이기 되면서 7세(五七斗數 仙數) 소년이었던 장자 안 운산(安雲山)에 의해 혈맥관통 세 살림 문왕 도수 씨앗(仁) 즉, 12000 선맥(仙脈)이 잉태되기 시작합니다.(태모님 무진년(1928) 9월도 숙구지 공사)

삼초 끝에는 대인(大人)이 나오리라 하신 천하창생 구제의 씨인 핵이 일제의 모진 겨울을 지내고 해방과 더불어 역사의 전면에 터져 나온 것이 바로 운산(雲山) 안 홍찬(安興燦:世燦) 총 사수(總師首)의 증산교(甑山敎) 대법사(大法社)입니다. 이 상호, 이 정립 형제에 의한 증산교 대법사의 강탈과 안 홍찬(安興燦) 총 사수(總師首)에 대한 온갖 고난과 핍박은 결국 문왕의 도수로서 추수 사명이 세 살림으로 진행되기 위한 필요악이었던 것입니다.

<증산도 道典>*(석성(石城) 이치복의 입문) 이 치화(李致和)는 부안 청호리(晴湖里) 사람으로 일찍이 도학에 관심이 깊어 신 원일, 김 형국(金炯國)과 함께 이 옥포의 문하에 들어 공부하니라. 이 옥포가 말하기를 "나는 그대들에게 길을 일러 주는 사람일 뿐이요, 참으로 그대들이 스승으로 받들 분은 이 뒤에 나오실 강 성인(姜聖人)이시라." 하고 또 영보국 정정편(靈寶局定靜篇)을 전수하며 "대개 신인합덕(神人合德)하는 연성(鍊性) 공부는 예나 지금이나 다름이 없으나 그 길 잡아드는 문호가 많으므로 이 책으로써 영보국(靈寶局)을 연성하는 첩경을 드러내어 그대들에게 전하나니 그대들은 이 책을 가지고 성심으로 수도하다가 뒷날 강성인을 받들어 성도하라." 하는지라

<증산도 道典>*원일과 치화가 영보국 정정편으로 법을 삼아 공부하다가 을사년에 원일이 이 환구의 천거로 상제님을 추종하더니 기유년 정월 보름에 치화를 상제님께 인도하매 치화가 18세 된 아들 중학(重學)과 함께 백암리로 상제님을 찾아뵈니라.

<증산도 道典>*이 때 상제님께서 방 안에서 내다보시며 "오랜만에 큰 일꾼 하나 들어오는구나." 하시고 치화가 인사를 여쭙자 마루로 올라오게 하신 뒤에 "이럴 때는 나이 적은 사람이 나이 많은 사람에게 인사를 받느니라. 사배를 하라." 하시니라.

<증산도 道典>*치화가 공손히 사배를 올리니 이번에는 치화를 앉혀 놓고 친히 단배(單拜)로 답하시고 거주성명을 물으시거늘 치화가 아뢰기를 "시생은 부안 사람으로 성은 이가(李哥)요, 이름은 영로(榮魯), 자(字)는 치화(致和)입니다." 하니 상제님께서 "화(和)는 화(禍)와 같은 음이라. 사람은 복이 있어야 하나니 치화(致和)를 치복(致福)으로 하라." 하시며 친히 이름을 고쳐 주시니라.

<증산도 道典>*하루는 상제님께서 내성에게 말씀하시기를 "**온갖 것은 다 주어도 감 하나는 안이 주네**." 하시니라.

<汉 典>*(감柿):《說文》赤實果。《禮·內則》棗栗榛柿。《鄭註》人君燕食所加庶羞也。《爾雅翼》柿有七絕：一壽，二多陰，三無鳥巢，四無蟲蠹，五霜葉可玩，六佳實可啖，七落葉肥大可以臨書。又《左思·吳都賦》平仲君遷。《註》君遷，柿之小者。《司馬光·名苑》君遷子似馬奶，卽今牛奶柿也。
*감씨(6개)를 심으면 고욤나무가 되는데 감나무와 접붙여야 감이 열린다. 고욤나무 열매는 군천자君遷子라 하여 마유(말젖)와 같고 감은 우유과 같으며 감나무는 7절七絕의 특징이 있다. (참고: 棗는 임금을 뜻하여 씨가 한 개이며, 栗은 3정승을 뜻하여 씨가 세 개이며, 梨는 팔도관찰사를 뜻하여 씨가 열덟개 이며, 柿는 6조 판서를 뜻하여 씨가 여섯 개임)

侍

낙종물 사명과 이종물 사명이 대흥리 합동교단이라는 접점이 있었듯이 이종물 사명과 문왕의 추수도수는 보천교(普天敎)를 통해 연결되어 일제하에 인(仁)을 보존하고 있다가 해방과 더불어 발아하기 시작합니다. 그러나 이 어린 씨앗은 이 상호, 이 정립의 무서리를 만나 다시 20년간의 말점도 도수 대휴게기를 인큐베이터 삼아 보낸 뒤 74년 대궁(줄기)을 쳐들고 본격적으로 둘째 살림 중복도수를 꾸리기 시작합니다.

-20년 유폐의 말(점)도 도수에서 깨어나 중복 말 도수가 기두하는 내막-

1954년 안 운산(安雲山) 총 사수(總師首)가 공주로 은거해서 57년 대전으로 이사하여 자식농사에만 신경 쓰고 있으면서 20년이 된 74년이 되었습니다. 74년 총 사수(總師首)가 다시 재 기두(再起頭)하게 되는 계기가 일어나게 되는데 이때에 4남 경전(耕田), 5남 원전(原田)은 아직 학생일 때였고 집에는 22세 된 3녀 혜전(惠田 英文學博士)이 현장목격자가 됩니다.

역사적인 74년 그 해 어느 날 대전 보문산 아래 대사동(大寺洞)의 허름한 누옥(陋屋)으로 1945년 8.15 해방 직후 보천교 1변 이후 증산교 대법사 2변 때의 신도였던 80대 중후반 노옹(老翁) 두 사람이 깜짝 방문하게 됩니다. 이때는 안 운산(흥찬) 총사수가 52세 때로 방문객 한 분은 89세, 또 한분은 85세에서 86세로 기억하고 있습니다. 두 분 다 흰 옷을 입었으며 머리는 올백 상태였으며 수염이 길었다 합니다.

장녀는 두 노옹(老翁)이 비좁은 방에 안내되어 앉자마자 무섭게 젊은 부친을 향해 다시 일어나 아주 공손히 두 무릎 꿇고 극진히 재배하며 선생님이라 깍듯이 대하는 것을 보고 적지 아니 충격을 받았다 합니다. 그리하여 호기심이 발동해 옆방 문지방 뒤에 숨어서 동정을 지켜보았더니 두 노옹이 부친에게 선생님이 8.15 해방과 더불어 단체를 일으켜 세워놓고 54년 대휴게기를 선언하시고 종적없이 사라져 거의 모든 신도가 당시 청음, 남주 형제에게 모두 의탁하지 않을 수 없었지만 마음속으로 선생님을 기다리던 신도도 많았으며 자신들도 20년 내내 선생님만 찾다가 어떻게 물어물어 수소문해 여기 계시다는 말을 듣고 겨우 겨우 찾아오게 되었다는 말을 엿듣습니다.

장녀가 지켜볼 때 부친인 안 운산(安雲山) 총 사수(總師首)와 두 노옹은 밤새 도담을 나누었는데 두 노옹은 할아버지임에도 불구하고 어쩌면 그 연세에 전혀 흩뜨림 없이 꼿꼿하게 아들 뻘인 부친 앞에 두 무릎 꿇고 앉아 밤을 세워 도담을 나누는 것을 보고 큰 충격을 받았다고 합니다. 늙은 할아버지 제자 신도들이 젊은 선생님에게 무릎 꿇은 자세로 밤새 흩뜨리지 않는 것이 너무 신기하기도 하고 충격적인데다가 해방직후 20대 젊은 총 사수(總師首) 선생님의 종교적 위치에 대한 두 노옹의 회고 등이 어린 당시로서는 너무나 충격적이어서 뜬 눈으로 지켜보다가 다음날 아침 두 분과 잠시 대화를 나누는데 우리는 해방 전후 당시 선생님이 너무 잘생기셔서 사모님이 누가 될지 가장 궁금했었다고 전합니다.(결혼여부는 모른 듯)

당시 두 노옹은 아침식사 자리에서 부친이 대단한 분이어서 천안 아산 공주만 해도 신도수가 엄청나서 당시 종교 단체 지도자로 국회의원을 원하지 않아서 그렇지 만일 우리 선생님이 당시 나서기만 했다면 벽보 한 장 안 붙이고도 20대 최연소 몰표당선 될 정도로 인권을 많이 가지신 지도자였다고 회고합니다. 집에서 종종 자식들에게 허풍 치는 정도로만 알아들었던 장녀는 마치 영화 '빅휘시(Big Fish)'의 내용처럼 두 노인의 말을 듣고 나서 비로소 부친의 평소 말을 믿게 되었다고 합니다.

왜냐하면 부친은 대사동 움막집에 살면서 집식구들을 자주 굶겨 늘 핏기없이 부황기 들게 하면서도 막상 잘 차려입은 고향 손님이 오면 이웃에서 꾸어온 쌀로 밥을 지어내게 하면서도 내 그늘 밑에 있어야 한다고 큰 소리쳐 종종 어린 자식들 눈에 신뢰성 제로의 허풍으로 비쳐지곤 했기 때문이었습니다. 장녀는 부친이 늘 상제님 진리 책을 보라는 말을 귀엣말로 넘겨듣다가 이날을 계기로 당시 집에 있는 상제님 책을 밤새워 다 독파한 이후 본격적으로 포교자료를 정리해 포교일선에 나서게 되었다고 증언합니다.

그리하여 대전 보문산 입구 태미고개 5거리 약국 뒤에 아지트를 정하고 본격적으로 포교에 나서 야심한 밤 당시 가로등 하나 없어 칠흙같이 어두운 보문산 중턱의 집으로 귀가하곤 하는 중복도정 개척생활을 선구자적으로 시작합니다. 이로써 젊은 총 사수의 역사적인 74년 문왕의 도수 재 기두는 두 노옹이 찾아와 예전의 젊은 총 사수(總師首) 선생님이 다시 복귀할 것을 권유한 이 날을 계기로 새로운 중복도정 도운사(문왕 사명자가 정의한 3변 도운)의 출발점이 됩니다. 이듬해 부친은 대학에 갓 들어간 중복 책임자의 주인공 네 째 경전(耕田)에게 교리 전수를 시작하고 당시 대전 중학교에 갓 입학한 일곱째 시전(時田:사회학 博士.)에게는 방과 후 매일저녁 수행공부에 전념하게 합니다.

대전의 총 사수(總師首) 선생님이 활동을 재개한다는 이 소식이 두 노옹을 통해 퍼진 이후 가장 먼저 반응을 보인 사람은 금구 용화동의 범초(凡草) 홍 성렬(洪性烈) 입니다. 두 노옹이 다녀간 지 얼마 안 되어 홍 성렬은 선생님이 드디어 기두(起頭) 하셔서 반갑다고 바로 서신을 띄워 인사드리고 앞으로는 자신이 모시고 싶다고 서신을 수 차 보내옵니다.(문상현, 김석환, 금은주, 민성규, 여정수, 양의정, 김영곤, 노영균 등 초기 간부들 供覽)

총 사수(總師首)는 마치 과거 조종골 동화교 합동교단 시절 이 상호·이 정립이 태모님을 정책적으로 모셔다 이용만 해 먹었듯이 이 정립을 계승했다고 자처하는 홍 범초 역시 그런 사람일 것이라는 것을 알고 그의 제의에 일체 응하지는 않게 됩니다. 결과적으로 어린 시절 자신의 최고 지도자였던 총 사수(總師首)에게 의사타진의 친절모드를 취했던 범초는 자신의 기대와 어긋나자 언제 그랬느냐는듯이 곧바로 총력을 기울여 스승을 헐뜯는 야수 모드로 바뀝니다.

해방이후 2변(變) 교운 때 사용한 안 흥찬(安興燦)이라는 구명(舊名)과 총 사수(總師首)라는 칭호마저 과거의 전설 속에 묻어버린 개인 운산(雲山) 안 세찬(安世燦) 성도사님은 이로부터 84년까지의 10년 준비기를 마치고 84년 비로소 아들 안 경전(安耕田)과 함께 하는 첫 살림과 둘째 살림의 28년 동거 살림을 출발하게 됩니다.

해방이후 문왕(文王)도수의 씨(仁)가 발아한 뒤 67년만인 2012년 파란만장한 숙구지 문왕의 도수가 지면서 이듬해인 2013(도기 143)년부터 동지한식백오제(冬至寒食百

五除) 105년간의 추운 겨울을 보내고 마침내 사오미(巳午未) 3년간의 개명(開明)도수에 의해 묻혀있던 말복도수의 진법이 인터넷상에 새로이 밝혀지고 윷판도수의 범증산계 통일 경전인 <통합경전>이 마침내 세상에 드러나게 되고 증산 상제님 9년 천지공사天地公事와 태모 고 수부님의 10년 신정공사神政公事의 음양공사 윤곽 전체 퍼즐이 이로써 만천하에 드러납니다.

숙구지 문왕 도수로 일어난 세 살림 혈맥관통의 선맥(仙脈)은 일제하 조선을 일본으로 넘기면서 간직된 문왕 도수의 씨가 고난과 역경의 무서리 속에 열매 맺는 종통맥(宗統脈)이며 도통맥(道通脈)입니다. 상제님께서는 "그러나 한 가지 못 줄 것이 있으니 곧 어질 인仁자라, 만일 어질 인仁자까지 부쳐주면 천하는 다 저희들 것이 되지 않겠느냐. 그러므로 어질 인仁자는 너희들에게 부쳐주나니, 오직 어질 인仁자를 잘 지키라."하셨습니다.

그리하여 일제하 이종물 도수(보천교) 기간 동안 무진년(1928) 구월도 공사로 깨어나 잘 보존된 문왕의 도수 인(仁:果核;씨)이 해방과 더불어 틔워져 온갖 시련과 고난을 경험 한 뒤 다시 말점도 20년 도수를 거친 이후 강강술래 인신합덕을 술래로 하는 임술 문왕(文王)의 세 살림 혈맥관통(血脈貫通) 삼련불성 도수를 거치며 마침내 말복(末伏) 도수에 이르게 되면 의통(醫統) 천하사 완수와 함께 그 결과물인 12,000명의 도통군자 선맥(仙脈)이 열매로 영그는 것입니다.

<증산도 道典>★(호연에게 붙이신 후천선경 진법맥 도수)하루는 상제님께서 형렬에게 말씀하시기를 "선매숭자가 있어야 사느니라. 호연에게 선맥을 전하리라." 하시고 호연을 천지에 제(祭) 지내시며 **"천지 천황에 천제(天祭) 지낸다. 맥을 전해 주자! 선맥을 전해 주자!"** 하시고 여러 가지 글을 쓰시니라. 다시 **'혈맥관통(血脈貫通)'이라 써서 불사르시고, 호연의 코를 쥐신 채 큰 음성으로 "혈맥관통이다!" 하고 소리치시거늘** 그 소리에 응하듯 사방에서 천둥과 우레가 일더니 이내 폭우가 쏟아지니라. 상제님께서 제를 마치시고 호연에게 이르시기를 "너에게 선맥을 전해 줬으니 너를 찾을 사람이 있다. 죽어도 증인이 있어야 한다." 하시고 "천지에서 너를 부르는 날이 있다. 죽지 말고 살아라." 하시니라.

<증산도 道典>★(호연에게 선매숭자(仙媒崇子)의 명을 내리심)상제님께서 호연에게 말씀하시기를 "**내가 선매숭자로 명을 빌어서 너의 명을 이어 주었으니, 네가 오래 살아야 진인(眞人)이다.**" 하시거늘 호연이 "내가 오래 살면 누가 나를 보살펴 주고 먹여 줘요? 선생님은 세상 이치를 다 아니 가르쳐 주세요. 내 얘기를 가르쳐 줘야

내가 때를 기다릴 것 아니에요? 그러면 얻어먹고 다니더라도 '아무 때에는 이러저러할 테니 두고 보자.' 하고 살지만 아무것도 몰라서 고생만 하다가 죽을 거면 그렇게 오래 살 사람이 누가 있어요?" 하니라. 이에 상제님께서 "너 가르쳐 주면, 요 혓바닥으로 내두른게 안 가르쳐 준다. 너는 몰라도 혼은 다 안다." 하시니 호연이 "뭔 혼이 다 알아요? 내 혼이요, 선생님 혼이요?" 하고 여쭈거늘 걱정스런 표정으로 말씀하시기를 "어린것을 데려다가 '맥을 전한다.'고 공을 들여 선매숭자로 천지에 제(祭)를 지내 놓았는데 저것을 죽이자는 말도 못하고, 놓아 두면 어떤 놈이 죽일 것이고, 저것을 어찌해야 좋을꼬…." 하시니라.

<증산도 道典>★제를 마치고 호연에게 이르시기를 "네가 하느님에게다 목숨을 바쳤으니 안 죽느니라." 하시고 또 말씀하시기를 "고목에서 움이 돋아나면 추수할 도인이 생긴다. 네 목숨을 살려 낼 사람이 다시 생기느니라. 좇던 사람은 고목인데 거기서 움이 나면 너의 생활이 있을 것이다. 네 목숨을 살려 낼 사람이 그렇게 생기느니라." 하시니라. 이어 형렬에게 당부하시기를 "선매숭자를 얻어 맥을 이으려고 어려서부터 호연이를 데려다 길렀느니라. 호연이 죽으면 증인이 없어지니 큰일나느니라. 그러니 호연이를 잘 보살펴야 하리라." 하시니라.

<증산도 道典>★(선매숭자(仙媒崇子) 공사를 명하심)하루는 상제님께서 종이에 제비를 그리신 후에 형렬에게 말씀하시기를 "선매숭자를 써야 나갔던 제비가 다시 들어온다." 하시고 호연을 가리켜 말씀하시기를 "낳기는 제 어미가 낳았어도 맥은 얘가 붙인다. 이 도수를 맞추려면 삼색(三色) 실과 제물이 있어야 하고, 첫 몸을 받아야 천지에 공을 드릴 수 있나니 이 애를 잘 돌봐서 선매숭자를 받아라. 선매숭자를 지녀야 표적이니라." 하시고 호연의 첫 경도(經度)를 받아서 공사를 행하도록 그 방법을 세세히 일러 주시니라.

<증산도 道典>★(여자의 첫 월경 피로 쓴 가을의 인간 몸개벽 공사)이내 호연이 첫 월경(月經)을 시작하매 준비한 종이를 쌓고 그 위에 호연을 앉히거늘 첫날은 책 한 권 분량이 조금 못 되게 젖고 다음날은 책 두 권 분량이 흠뻑 젖으니 너무 흥건하게 젖은 것은 짜서 사용하는데, 짜고 모인 피만도 두어 사발이나 되는지라 그것으로 남은 종이에 제비를 그려 넣기도 하고, 점도 찍고, '감결(甘結)'이라 서(書)하여 완성하니라. 이 공사에 참여한 사람은 김형렬과 서중옥, 김기보, 장기동으로 공사를 마친 후에 종이째로 묻은 것을 조그맣게 잘라서 하나씩 가지고, 월경수(月經水)로 점을 찍고 글씨 쓴 종이도 각기 한 장씩 가져가니라. 이후 호연이 상제님의 성적(聖蹟)을 증거하기까지 이루 말할 수 없는 인고의 나날을 보내며 깊은 회한과 원망으로 한탄을 하니 하루는 상제님께서 오시어 "네게서 나간 이슬을 모르냐? 네 육신에서 우러난 피를 내서 선매숭자를 써 준 맥이 있는데 어찌 몰라야. 너 그것 잊어버리지 마라. 증명 없이 사는 놈 없다. 죽어도 증명이 있어야 한다. 아는 놈은 너를 건질 테니 걱정 말아라." 하고 위로해 주시니라. 선매숭자 공사를 마친 후에 상제님께서 인연 맺어 주신 대로 형렬과 호연이 부부의 연을 맺으니 전주 인봉리(麟峰里)에 방 하나를 얻어 새살림을 마련하고 이 해 겨울에 첫아들을 낳으니라.

<증산도 道典>★(호연이 첫 몸하기를 기다려)호연이 상제님께서 어천하신 후로도 계속 구릿골에 머물다가 이 해 섣달 그믐경에야 흑석골 오두막집으로 돌아가니라. 이후 16세 되는 임자(壬子 : 道紀 42, 1912)년 초에 형렬이 선매숭자 공사를 보기 위해 호연의 집으로 가거늘 호연의 어머니가 방 하나를 깨끗이 치워서 내주므로 그곳에서 기거하며 상제님께서 명하신 대로 가로 세 치, 세로 다섯 치 남짓한 종이를 한 자 반 높이가 될 정도로 준비하고 각 종이마다 글을 써서 공사 준비를 마친 후에 호연이 첫 몸 하기만을 기다리니 그 글은 이러하니라.

1. (선·후천 문명 접속과 혈맥관통의 신인합일) 基礎棟樑기초동량 天地人神有巢文천지인신유소문하니 文理接續문리접속하고 血脈貫通혈맥관통이라 治天下之大經大法치천하지대경대법이 皆在此書개재차서로되 文以時異문이시이나 治以道同치이도동이라-기초동량 천지인신(天地人神)에 바탕으로 삼는 글(巢文)이 있으니 문리(文理)가 이어지고 혈맥이 관통되느니라. 천하를 다스리는 대경대법이 모두 이 책에 실려 있으니 글은 시대에 따라 다르나 천하를 다스리는 도는 모두 같으니라.

2. 文則天文문즉천문이니 文有色문유색하고 色有氣색유기하고 氣有靈기유령하니라 氣靈不昧기령불매하여 以具衆理而應万事이구중리이응만사라 事之當旺사지당왕은 在於天地재어천지요 不必在人불필재인이라 天地生人천지생인하여 用人용인하나니 天地之用천지지용은 胞胎養生浴帶冠旺衰病死葬포태양생욕대관왕쇠병사장이니라-문(文)은 곧 천문이니 문에는 색(色)이 있고 색에는 기(氣)가 있고 기에는 영(靈)이 있느니라. 기의 신령함(기 속의 영)은 어둡지 않아 모든 이치를 갖추어 만사에 응하느니라. 일이 흥왕하게 됨은 천지에 달려 있는 것이요 반드시 사람에게 달린 것은 아니니라. 천지가 사람을 낳아 사람을 쓰나니 천지의 작용(用)은 '포태양생 욕대 관왕 쇠병 사장'이니라.

3. (도솔천의 가을문명 관왕 도수)元亨利貞원형이정이니 奉天地道術봉천지도술하여 敬授人時경수인시하라 佛之形體불지형체요 仙之造化선지조화요 儒之凡節유지범절이라-천지의 정신은 원형이정이니 천지도술을 받들어 공경히 사람들에게 때(人時)를 알려 주라. 불(佛)은 형체를 주장하고 선(仙)은 조화를 주장하고 유(儒)는 범절을 주장하느니라.

4. 天文陰陽政事천문음양정사 受天地虛無수천지허무하여 仙之胞胎선지포태하고 受天地寂滅수천지적멸하여 佛之養生불지양생하고 受天地以詔수천지이조하여 儒之浴帶유지욕대라 冠旺관왕은 兜率도솔 虛無寂滅以詔허무적멸이조니라-천문 음양정사 천지의 허무한 기운을 받아 선도가 포태하고 천지의 적멸한 기운을 받아 불도가 양생하고 천지의 이조하는 기운을 받아 유도가 욕대하나니 이제 (인류사가 맞이한) 성숙의 관왕(冠旺) 도수는 도솔천의 천주가 허무(仙) 적멸(佛) 이조(儒)를 모두 통솔하느니라.

다섯째, 안 내성(安乃成) 성도의 운암강수 만경래 도안 세 살림 공사에는 2014년 동지한식백오제(冬至寒食百五除)가 지나며 밝혀지는 임피 오성산 세 말뚝 공사가 있습니다. 임피 오성산에는 태모 고 수부님이 사명당 기운을 옮겨 놓으셨습니다. 옥구 오성산 큰 말뚝 3개 박으신 공사는 초복 중복 말복 세 살림도수에 대한 공사이며 추수 세 살림 도수의 책임자는 옥구 오성산 기운으로 오시기 때문에 증산 상제님께서 야밤에 홀로 오성산에 가시어 천지인신 수찰(天地人神垂察)의 큰 말뚝을 증거삼아 천지에 질정(質定)하신 것입니다.

<대순전경 3판>★하루는 임피 오성산(五聖山)에 가셔서 세상이 칭찬할만한 곳이라 하시니라.

<선도신정경(仙道神政經)>★어느날은 고후비님(高后妃任)이 삼불산(三佛山)에 가시어 장상집결(將相集結) 공사(公事)를 보시고 가라사대 장상신(將相神)이 집결(集結)하였으니 그에 따라 사람도 참석(參席)해야 할 것이 아니더냐 도읍(都邑)을 다시 옮겨 장상신(將相神)이 앉으리니 장상신(將相神)이 아니면 그 자리를 어찌 들어가리 선천(先天)은 문자(文字)로 계어인(戒於人)이요 후천(後天)은 신자(神字)로 계어인(戒於人)이요 공자(孔子)의 안빈락도(安貧樂道)는 인간(人間)으로서 차마 하지 못할 일이니 나는 만물(萬物)을 다 해원(解寃) 시키리라 하시고 또 이어서 말씀하시기를 성인(聖人)이 나오는데 도덕군자(道德君子)도 따라서 나오나니 내 일은 판(版)밖에서 성공(成功)해 가지고 들어 오느니라

<선도신정경(仙道神政經)>★또 어느날 공사(公事) 후(後)에 고후비(高后妃)께서 말씀하시니 이러하니라. 오성산(五聖山)에는 오성(五聖)이 있고 오성산(五聖山)에는 서요동(西堯洞)이 있고 오성산에는 사옥(士玉)재가 있지 아니하더냐. 이곳이 오성산(五聖山)이니 오선위기(五仙圍碁) 도수(度數)를 끌어다가 이 곳에 붙여 쓰니라.

<선도신정경(仙道神政經)>★오선위기(五仙圍碁) 도수(度數)에 두 신선(神仙)은 바둑을 두고 두 신선은 훈수(訓數)를 하다가 돌아갈 때에는 바둑판(碁版)과 바둑돌(碁石)은 두고 가리라 하셨지 않느냐 이 벽강궁촌(僻岡窮村)에 바둑판(碁版)과 윷판(柶版)을 내가 묻었으니 이 세상(世上) 누가 능(能)히 그를 알수 있으리요 내 일은 판(版) 밖에서 성도(成道)하여 들어오나니 너희들은 잘 닦기나 하라 하시더라.

<참고>★회문산 오선위기 바둑판 도수는 세계운로 세운판의 운수지만 회문산 기운을 오성산으로 옮긴 오성산 바둑판 도수는 추수도운의 인사문제이다. 즉 운암강수

만경래 숙구지 문왕 초중말복 도안 세 살림의 도수다. 그리하여 곤존 태모 고수부님은 이 벽강궁촌(僻岡窮村)에 바둑판과 윷판을 내가 묻었으니 이 세상 누가 능히 그를 알 수 있으리요《仙道神政經》하셨다. 그럼 바둑판 추수살림의 인사문제는 어떠한 형식으로 숨겨놓으셨나? 성포 고민환 성도를 불러 바둑판 위에 올라가 낚시대를 잡고 성주聖主 모시는 공사를 집행하셨다. 성포 고민환 성도는 이율곡의 후신이므로 이율곡 탄생의 비밀 속에 말복 지도자의 비밀이 숨겨져 있는 것이다. 말복살림의 포교대운은 어떠한 기운인가? 상제님은 대나무 공사로 속발하게 하셨지만 태모님은 옥구 오성산의 기운을 성포 고민환 성도로부터 확인 받으신 바 계시다. 6임팔괘는 김제에 묻으시고, 12임은 이리에 묻으시고 24절인 24방위- 24장은 당태종 24장 처럼 말복판에 등장하는 영웅장군들인데 24 수는 오성산에 묻었다. 그리하여 태모 고수부님은 오성산에 사는 성포 고민환에게 수백 칸 수 천 칸을 지을 기지가 있느냐 물으시고 수 만칸(기 만칸)이라도 지을 수 있다고 하자 그러면 좋은 곳이라 재차 확인 해주셨다. 이는 문왕 세살림 추수 도운판 자체가 태모 고수부님이 회문산에서 옮겨온 오성산 오선위기 기운으로 나오기 때문인데 이러한 대국적인 판을 모르면 당연히 오성산 교단에서 뭔가 이루어진다 착각할 수 있는 것이다.

<삼개개편선정원경>★기미(己未) 팔월(八月)에 고민환(高旻煥)과 이근우(李根宇)와 동반(同伴)하야 고씨(高氏)전 승안(承顔)차로 가서 승안(承顔) 중 고씨(高氏)께서 거주(居住)를 물으시기에 옥구군(沃溝郡) 성산면(聖山面) 성덕리(聖德里)라 고(告)한 즉 "좋은 곳에 산다" 하시고 "기처(其處)를 떠나지 말라" 삼차(三次)를 다짐후에 기처(其處)에 오성산(五星山)이 있느냐 하시기에 있나이다 한즉 그러면 기천간(幾千間)이라도 지을 기지(基地)가 있느냐 하시기 기만간(幾萬間)이라도 지을수 있나이다 한즉 "그러면 좋은 좋은 곳이라" 하시니라.

<고사모신정기>★師母(사모)께서 하루는 沃溝(옥구) 高旻煥(고민환)에게 가라사대 그 近處근처에 五聖山오성산이 있느냐 무르시니 있사읍니다 然則연즉 其그 山산에 数百間수백칸 집을 建築건축 할만한 基地기지가 있는고 물으시와 數萬間수백칸) 집을 建築건축할 만합니다 告한즉 그곳을 노치지마라 하시고 가라사대 거미가 집을 질때에는 二十四方으로 줄을 느려다진 후엔 거미는 남이모르게 한 편便에 숨어있는것 이니 잘 生覚생각하라하시니라

<정영규 천지개벽경 6:8>★상제(上帝)께서 안내성(安乃成)의 집(家)에 임어(臨御)하시어 내성(乃成)에게 가라사대(曰) 네(汝)가 오늘(今日)은 나(吾)에게 백냥(百兩)의 폐백(幣帛)을 바치라 하시거늘 내성(乃成)의 형편(形便)이 심(甚)히 궁핍(窮乏)하여 일푼(一分)도 없는(無)바라 하릴없어 마을(里)에 나가 모친(母親)를 찾아뵙고 사실(事實)을 고(告)하니 모친(母親)이 한탄(恨歎)하여 말하기를 우리의 형편(形便)에 백냥(百兩)의 거금(巨金)이 어디에 있으리오.

<선도신정경(仙道神政經)>★또 어느날 신정공사(神政公事)에서 고후비님(高后妃任)이 가라사대 <u>동요동(東堯洞)은 신금산(新金山)이요 서요동(西堯洞)은 오성산(五聖</u>

山)이라 일후(日後)에 누가 나던지 정각(亭閣)하나 잘 지어줄 것이니라 이 천지대사(天地大事)가 유월(六月) 칠월(七月) 팔월(八月) 나는 바닥에 일(一) 붙은 줄 알고 빼느니라 하고 창(唱)하시더라

<선정원경(仙政圓經)>★기묘년 칠월(七月) 칠석 절(七夕節)에 고씨(高氏)께서 신도(信徒) 십여 인(十餘人)을 영솔(領率) 하시고 임피군(臨陂郡) 오성산(五聖山)에 공사(公事)가 있어 가겠으니 행구(行具)를 준비(準備)하라 명(命) 하시고, 익일(翌日)에 발정(發程)하사 성덕리(聖德里) 고 민환(高旻煥) 가(家)에 좌정(坐定) 하시고, 그 밤에 정중(庭中)에 설석(設席)하사

<선정원경(仙政圓經)>★동서남북(東西南北)과 중앙(中央)에 명촉(明燭) 하시고 주안(酒案)을 성비(盛備)하여 오성(五聖)의 위(位)와 산신위(山神位)를 존설(尊設)하시고, 신도(信徒)에게 명(命)하사 진법주(眞法呪) 삼칠독(三七讀)과 진액주(津液呪) 사십구독(四十九讀)케 하신 후에 주효(酒肴)로 근공지행(勤供之行)을 하시며, 천지무궁무극(天地無窮無極)의 대도(大道)를 참역(參役)하야 내성대업(乃成大業)의 말씀을 하시며 사례(謝禮)를 하시고, 회향지례(回向之禮)로 기동(起動)하시니라.

<선정원경(仙政圓經)>★증산(甑山)께옵서 임피읍(臨陂邑) 강장한(康壯翰) 집에 종종(種種) 내왕(來往) 하신 중 한번은 모야(暮夜) 중(中) 어디를 갔다 자정후(子正後) 당도(當到) 하신지라. 야중(夜中)에 어디를 갔다오시니까 주인(主人)이 문(問)한 즉(則), “오성산(五聖山)에 가서 큰 말뚝을 박고 온다” 하시더라. 차(此) 공사(公事)를 삼차(三次)를 행하시니라.★<선정원경(仙政圓經)>

<천지개벽경(天地開闢經)>★(임피 오성산에 큰 말뚝 세 개 박는 공사)임피(臨陂) 강장한(康壯翰)의 집을 종종(種種) 왕래(往來)하시더니 어느 날 임어(臨御)하사 계실세 밤(夜)중에 출행(出行)하시려 하거늘 장한(壯翰)이 놀래며 만류(挽留)하여 가로대 어찌하여 밤중(夜中)에 출행(出行)을 하시려 하나이까 하니 가라사대(曰) 내가 볼일(管事)이 있노라. 곧 돌아오리니(歸) 그리 알라(知) 하시며 가시더라. 장한(壯翰)이 자지않고 기다리더니 자정(子正)쯤 되여 오시거늘(來) 장한(壯翰)이 물어 가로대 야심(夜深)한 밤중에 어데(何處)를 다녀 오시나이까 하고 여쭈니 대답(對答)하여 가라사대 응 오성산(五聖山)에 다녀오느니라. 장한(壯翰)이 놀래며 다시 문기를(問) 밤중에 오성산(五聖山)은 무슨 일로 다녀 오시나이까. 가라사대(曰) 큰 말뚝을(大橛) 박고(挿) 오는(來) 길이니라 하시였으며 그 후(後)에도 이와 같은(如此) 공사(公事)를 세(三) 차례(次例)나 보시였다 하니라.

<증산도 道典>★(임피 오성산 큰 말뚝이 태전 간다:추수도운의 텃밭)상제님께서 **서산(西山)에 이르시어** 공우에게 물으시기를 “공우야, 내가 텃밭을 찾아가는데 내 텃밭이 어디로 가야 있겠느냐?” 하시거늘 수부님께서 불쑥 대답하시기를 “당신 마음먹

고 가시는 길이 텃밭 아닙니까?" 하시니라. 이어 공우가 상제님께 여쭙기를 "어디로 가시렵니까?" 하니 상제님께서 "임피로 해서 태전 간다." 하시니라. ★서산(西山):문왕 도수 주인공 安雲山 성도사님 고향 지명(瑞山)의 重意

<증산도 道典>★(임피 오성산 사명당 기운의 세 말뚝)하루는 새울 최창조의 집에 사명당(四明堂)'이라 쓴 종이를 종처럼 매달아 놓으시고 "이 사명당 기운으로 사람 하나가 나오느니라." 하시니라.<증산도 道典 5:395> (오성산) 임피로 해서 태전간다. ☞오로봉전 태전해서 가을용 안씨 찾아간다(김천수 옹)<증산도 道典 6:74>"나의 일은 알다가도 모르는 일이라. 나의 일은 판밖에 있단 말이다."<회문산 오선위기 혈은 단주해원 세운 공사, 임피 오성산 오선위기 혈은 단주해원을 매개해 초복, 중복 말복 도수 3명의 지도자 배출하는 교운공사(도운공사)로 음양공사임>

여섯째, 건존 증산 상제님이 보신 대국적인 9년 천지공사는 낳는(生) 공사이고 태모 고 수부님이 집행하신 10년 신정(神政) 공사는 기르는(養) 공사입니다. 증산 상제님이 포석하시는 공사를 보시면 태모님이 구체적으로 확정짓는 공사입니다. 차 경석 성도 이종물 사명에 이어 상제님은 임피 오성산에 큰 말뚝 세 개 박는 공사를 보시고 태모 고 수부님은 추수 세 살림 도수를 무기(戊己) 오십토(五十土) 공사로 확정지으시고 바둑알 묻는 공사와 천하 통일 윷판 도수를 집행하시는 것으로 세 살림 도수를 확정지으십니다.

윷판도수는 도운전개의 마지막 핵심입니다. 이 공사는 임피 오성산 사명당 기운으로 현실화되는 공사이므로 태모님은 '"조강맥식(糟糠麥食)이라도 임옥 자손(臨沃子孫)을 영솔(領率)하고 제반사(諸般事)를 결탁(結托)하리라" 하시더니 오성산(五聖山) 도장(道場)으로 오시사 신도선정(信徒仙政)을 시설(施設) 하시니라.' 하신대로 옥구(沃溝)가 근본(根本)이라 하시고 임피·옥구 공사 기운을 기반으로 마지막에 모든 영웅호걸들이 출세한다 하십니다.

<선도신정경>★기사년(己巳年) 정월(正月) 초삼일(初三日) 치성(致誠)을 드릴 새 고후비님(高后妃任)께서 헌작(獻酌)을 드리고 나서 모든 도중(道衆)들이 반천무지사배(攀天撫地四拜)를 드린 후(後) 고후비(高后妃)께서 도중(道衆)에게 가라사대 이

제부터 세 번(三番)을 천지정리(天地整理) 무기토(戊己土)라고 읽도록 하라 지시(指示) 하시거늘 말씀에 따라서

천지정리(天地整理) 무기토(戊己土)라
천지정리(天地整理) 무기토(戊己土)라
천지정리(天地整理) 무기토(戊己土)라 읽으니라

이 때에 태을단(太乙壇) 천정(天井) 위에서 큰 거미가 줄을 타고 내려와 매달려 있거늘 이를 보시고 강재숙(姜在淑)에게 가라사대 그대는 거미의 이치(理致)를 아느냐 만약(萬若) 안다면 그 이치(理致)를 말해 보라 하시니 강재숙(姜在淑)이 대답하지 못하거늘 고후비님(高后妃任)이 도중(道衆)을 향(向)하시여 누구든지 거미의 이치(理致)를 아는 사람은 말하라 하시나 아무도 대답(對答)하는 사람이 없더라 이 때에 고후비님(高后妃任) 가라사대 거미가 집을 지을 때 이십사방(二十四方)으로 줄을 늘이고 집을 다 엮은 후(後)에는 한쪽에 뵈지 않게 숨어 있는 법(法)이니라 하시더라

<선정원경(仙政圓經)>★기사(己巳) 정월(正月) 초삼일(初三日) 치성(致誠)후에 곤존고씨(坤尊高氏)께서 수헌(首獻)을 하신 후 신도(信徒) 등(等) 납배(納拜)후 고씨(高氏) 께서 천지정리무기토(天地定理戊己土)라 삼송(三誦)을 읽으시니 치성(致誠) 설위상(設位上) 천정(天井)에서 대지주(大蜘蛛)가 수현(垂懸)인바 고씨(高氏) 께서 강재숙(姜在淑)에게 대하사 "지주(蜘蛛)의 이치(理致)를 알면 말하라" 하시나 "알지 못하외다" 고(告)한즉, 고씨(高氏) 께서 말씀하시되, "차역시(此亦是) 구지리야(究之理也)라" 하시며 "거무가 집을 지을 때 이십사(二十四) 방위(方位)로 줄을 느리고 집을 다 지은 후에는 불견처(不見處)에 가서 있느니라 하시다.

무기 오십토(五十土)는 천지공사 인사집행의 총 결론으로 열 번 강조해도 부족한 대목입니다. 하도 중궁 오십토(五十土)는 15건곤 5 진주 지도자 3인을 상징하는 공사로 율곡 이이 표현대로 하면 '달고나 참외'의 참5- 5진주 3명의 지도자가 차례로 천지 정리해 나오며 삼련불성으로 완성됩니다. 그런데 이보다 더욱 중요한 곤존 태모 고 수부님의 결정적 3인 지도자 출현의 마무리 공사가 바로 다음 대목입니다.

<선도신정경>(천지(天地)의 귀신(鬼神)도 모르는 일)*고후비님(高后妃任)이 김제(金堤) 조종(祖宗)골을 떠나오실 적에 육임(六壬)과 팔괘(八卦)와 십이(十二)며 이십사(二十四)를 싸 가지고 오시다가 육임(六壬)과 팔괘(八卦)는 김제(金堤)에 오시

어 땅(地)에다 묻으(埋)시고 땅(地)을 세 번(三番) 구르시더라 또 십이(十二)는 이리(裡里)에 가시어 묻으시며 땅(地)을 세 번(三番) 구르시고 **바둑(碁)돌과 윷판(板)은 옥구(沃溝)에다 묻게(埋) 하시고** 종도(從徒) 열 사람(十人)을 데리고 공사(公事)를 행(行)하시고 가라사대 **내가 오십토(五十土)를 세(三) 곳(處)에 나누어 놓았느니라 내가 마음먹고 하는 일은 천지(天地)의 귀신(鬼神)도 모르는 일이니라** *참고:(옥구 오성산(오선위기혈) 세 말뚝 박은 공사와 바둑돌 세 번 사온 공사가 3 살림 초복 중복 말복지도자 오선위기 기운 연관임/ 옥구 윷 판 묻은 것 역시 초장봉기지세의 각기 다른 교운 판으로 신앙권 진입한 사람이 윷판에서 서로 잡아먹고 싸우다 말복 지도자 교운 때(천하통일의 사마소 도수) 한 구멍으로 나가는 홍문(항문: 출구)의 통일원리 때문이다) <선도신정경>*지경(地境)이 보리밥이라도 임옥구(臨沃溝) 내 자손(子孫)을 거느리고 모든 일을 선택(選擇)하여 결정(決定)하리라.

즉, 초중말복 세 살림 지도자는 증산 상제님이 야밤에 홀로 가셔서 옥구 오성산에 박으신 큰 말뚝 3개 공사(사명당 기운인 오성산 5선위기(자미성 단주해원)) 기운으로 출세합니다. 이 공사의 후속 바톤을 이어받으신 태모 고 수부님께서 도운(교운) 세 번째 말복 살림인 장닭 세 번째 횃대치는 상두씨름 기두하는 공사로 옥구에 바둑돌과 윷판을 묻게 됩니다. 윷판은 무엇이고 옥구에 윷판을 왜 묻었을까요? 상제님이 천지공사를 보시고 신해년(1911) 태모 고 수부님의 낙종물 대흥리 교단이 선포된 이래 초장봉기지세로 각종 난법 교단이 일어나 물중전(백화점)의 본(모델)을 보입니다.

난법은 상제님 진리가 드러나지 않아 생기는 교운(도운) 역사의 어쩔 수 없는 필요악입니다. 교운(教運)은 낙종물, 이종물, 추수사명의 대강인 3막의 大운로이며 도운(道運)은 숙구지 문왕 추수사명의 도안(都安) 초중말복 세 살림 3장(章) 小운로입니다. 진리적으로 난법이 생존할 수 있는 기간은 대략 신해년(1911) 낙종물 대흥리 교단개창 이래 진법의 공백기인 동지한식백오제(冬至寒食百五除)의 105년 기간 동안입니다.(정확히는 종필 선언이후부터)

초나라 장수들이 벌떼처럼 일어나는 초장봉기지세(楚將蜂起之勢)로 벌어져 나아간 난법 도운판의 통일은 천지공사로 집행해 놓은 추수 세 살림 중 마지막 셋째 말복 도수가 닥치기 전까지는 결코 인위적으로는 이루어지지 않습니다. 이 상호·이 정립 형제가 실패한 것도 사실은 비록 남이 개척한 판일지라도 정책적으로 장악해 범 교단을 정치적으로 흡수 통일만 하면 천하를 석권하는 줄 크게 착각했기 때문이었습니다.

태모 고 수부님이 옥구에 윷판을 묻은 이유는 마지막 추수 도안(都安) 세 살림 중 세 번째 말복 살림에 이르러서야 비로소 교운(도운)이 통일되기 때문입니다. 비록 인연 따라 여러 갈래 다양한 상제님 신앙권에 들어가 신앙을 한다 해도 열매를 맺을 시기인 의통성업 중생구제의 천하사가 임박하면 통일된 진리 아래 윷판의 한 구멍의 출구로 모두 나와 하나가 되도록 천지도수로 짜 놓으신 것입니다.

<선도신정경>★들어(入)가기는 마음(心)대로 들어가되 들어(入)가기만 하면 나갈(出)래야 마음(心)대로 나가지 못하고 상호간(相互間)에 잡아먹다가 승리(勝利)하여 나갈 적에는 오직(唯) 한 구멍(一口)으로 밖에 나가(出)는 데가 없나니 꼭(必) 그리 알라 생사출입(生死出入)이 이와 같으니라 하시더라

<선도신정경(仙道神政經)>★어느날 신정공사(神政公事)를 베푸시며 말씀하시니 이러하니라. 천부지(天不知) 신부지(神不知) 인부지(人不知) 하니 내일은 되어 놓고 보아야 아느니라. 선천(先天)으로부터 지금(只今)까지는 금수대도술(禽獸大道術)이요 지금(只今)으로부터 후천(後天)은 지심대도술(知心大道術)이니라. 마음 닦는 공부(工夫)이니 심통공부(心通工夫) 어서 하소 제가 저의 심통(心通)도 못하고서 무엇을 한다는가 석가(釋迦)는 극락(極樂)이 천당(天堂)에 있다고 그랬고 도가(道家)는 선경(仙境)이 봉래산(蓬萊山)에 있다고 그랬는데 신선(神仙)노는 자리어늘 수중(水中)에 있다고 잘되었네 잘되었네 천지(天地)일이 잘되었네 인신사해(寅申巳亥)에 문(門) 열리니 될려는 사람의 일 일세 그려 바다해(海)자 열 개자(開字) 사진주(眞主)가 오신다네

<선도신정경(仙道神政經)>★옥구(沃溝)가 근본(根本)이네 삼제갈(三諸葛) 팔한신(八韓信) 관우(關羽) 장비(張飛) 조자룡(趙子龍) 진묵대사(震默大師) 사명당(四溟堂)이 때가 때인만큼 일제(一齊)히 서로나서 만고성인(萬古聖人)이 다 오신다네 오방신장이하(五方神將以下)로 신영(神迎)맞이 어서하소 나는 바닥에 일(一) 붙은줄 알고 뽑노라 하시고 이어서 말씀하시니 이러하니라 우리들의 공부(工夫)는 나 살고 남 살리는 공부(工夫)이니 사람(人) 잘 되기를 바라소 제가 제 마음(心)을 찾아야 되고 제가 제 일(事)을 해야만 되느니라 쓸 사람(人) 몇 사람(人) 있으면 그만이니라 우리가 읽을 글은 절후주(節侯呪)와 태을주(太乙呪)라 훔치(吽哆) 훔치(吽哆)는 신농씨(神農氏) 찾는 도수(度數)니라 하시더라.

천하 통일도수인 상씨름판 윷판 도수로 상제님은 운산리(雲山里) 신 경수 집에서 상제님 윷놀이 공사를 보신 바 계십니다.<증산도 道典 3:279>

*그 후 공우가 고부 운산리 신경수의 집에서 상제님을 모시거늘 공우와 그 외 세 사람에게 명하시어 "윷을 놀자." 하시며 "'윷이야, 샅이야.' 하고 부르라." 하시더니 이윽고 윷판을 거두시며 말씀하시기를 "다른 것은 무엇이든지 '한다.'고 이르나 오직 윷은 '논다.'고 이르나니 가르치고 놀라." 하시니라.

운산리 신경수 집에서 윷 공사를 보신 이유는 운암강수 만경래 금만경 공사를 보시고 운암강 물줄기를 도안 세 살림 문왕 도수에 돌리어 대한불갈의 젖줄기로 만들기 위함이었습니다.

<증산도 道典 5:198>★(운산리 신경수의 집에 가시어) "이곳이 운산(雲山)이 아니냐. 운암(雲岩) 물줄기를 금만경(金萬頃:천하사 세 번 세 살림 하는 원천)으로 돌리더라도 하류에서 원망은 없을 것이니 이 물줄기가 대한불갈(大旱不竭)이라. 능히 하늘을 겨루리라." 하시니라. 또 말씀하시기를 "강태공은 제(齊)나라 한 고을의 흉년을 없게 하였다 하나 나는 전북 일곱 고을의 큰 흉년을 없게 하리니 운암은 장차 만인간의 젖줄이 되리라." 하시니라.★운산리 신 경수 집에서 상제님 윷놀이 공사<증산도 道典 3:279>나올 때는 한 구멍으로 통일(태모님도 신경수 집 윗방에 더부살이 하는 박공우 방에서 100일 기도 끝에 도통하심)

<증산도 道典 11:261>★하루는 태모님께서 말씀하시기를 "옥구 앞을 흐르는 만경강이 막혀서 농토로 바뀔 것이다." 하시고 또 만경 쪽을 가리키며 말씀하시기를 "옥구 일부와 김제 만경은 덮평이 공사가 있어 저쪽은 앞으로 다 육지가 된다." 하시니라.★

<증산도 道典 10:24>★(장차 만인간의 젖줄 운암의 대한불갈 水原 나그네)또 말씀하시기를 "상말에 '이제 보니 수원(水原) 나그네'라 하나니 '누구인지 모르고 대하다가 다시 보니 낯이 익고 아는 사람이라.'는 말이니 낯을 잘 익혀 두라.

운산리 신경수 집에서 본 윷 공사는 다음의 태모님 윷 판 통일도수로 이어집니다. 도운 통일공사는 초복, 중복, 말복 등 문왕 세 살림 중에서 막둥이 새끼손가락(小指) 말복공사로 상제님은 말복에 벼 알곡 패는 속도보다 더 빠른 대나무 성장 기운을 뽑아서 말복 윷판 통일 공사에 걸어 놓으셨습니다.

<선도신정경(仙道神政經)>*고후비(高后妃)께서 윷놀이(柶版)를 즐기시기에 윷판(柶版)을 만들어 두고 있더라 언제든지 윷놀이를 하시려 하면 윷가락(柶枝)과 윷판(柶版)을 대령하는 바 하루는 윷판(柶版)을 가져오라 하시어 윷판을 가져다 올리니 윷판을 받아 놓으시더니 적삼(赤衫)을 벗으시고 젖통을 늘어뜨린체 속꼿만 입으시고 윷판(柶版)의 날지(출구:出入)를 고후비님의 홍문(肛門)쪽으로 놓고 앉으시어 가라사대 이것이 이러하니라 들어(入)가기는 마음(心)대로 들어가되 들어(入)가기만 하면 나갈(出)래야 마음(心)대로 나가지 못하고 상호간(相互間)에 잡아먹다가 승리(勝利)하여 나갈 적에는 오직(唯) 한 구멍(一口)으로 밖에 나가(出)는 데가 없나니 꼭(必) 그리 알라 생사출입(生死出入)이 이와 같으니라 하시더라

<선도신정경(仙道神政經)>*(세 번(三番)을 천지정리(天地整理) 무기토(戊己土) 천지(天地)의 귀신(鬼神)도 모르는 일)고후비님(高后妃任)이 김제(金堤) 조종(祖宗)골을 떠나오실 적에 육임(六壬)과 팔괘(八卦)와 십이(十二)며 이십사(二十四)를 싸 가지고 오시다가 육임(六壬)과 팔괘(八卦)는 김제(金堤)에 오시어 땅(地)에다 묻으(埋)시고 땅(地)을 세 번(三番) 구르시더라 또 십이(十二)는 이리(裡里)에 가시어 묻으시며 땅(地)을 세 번(三番) 구르시고 바둑(碁)돌과 윷판(板)은 옥구(沃溝)에다 묻게(埋) 하시고 종도(從徒) 열 사람(十人)을 데리고 공사(公事)를 행(行)하시고 가라사대 내가 오십토(五十土)를 세(三) 곳(處)에 나누어 놓았느니라 내가 마음먹고 하는 일은 천지(天地)의 귀신(鬼神)도 모르는 일이니라

<증산도 道典>*하루는 태모님께서 전 선필에게 말씀하시기를 "윷판은 나요, 저울은 성포요, 잣대는 수제 너니라. 저울은 성포한테 주고 잣대는 너를 주리니 윷판과 바둑판은 맡을 사람이 없어서 내가 가지고 간다." 하시고 또 말씀하시기를 "너는 목숨이나 건져 주어라. 전하기만 잘 하여라." 하시니라. 이 날 이후로 선필이 늘 성도들에게 말하기를 "길고 짧은 것은 대보아야 안다." 하고 민환은 "내가 일을 공평하게 보니 어머니께서 나에게 저울 도수를 맡기셨다." 하니라.

<천후신정기>*어느날 고후비께서 가라사대 옛날 제나라 강태공의 부인이 고씨였나니 이왕에도 고씨로되 이제도 고씨로구나 하시더라 하니라. 어느날 고후비님이 간부도인들 모인 방에 들어 오시어 둘러보시고 가라사대 천하에 대도통은 육으로써 벌리나니 윷판은 나요, 저울은 성포며 잣대는 수제니라 하시더라 전하니라.

<천지개벽경(天地開闢經)>*이(是) 네 가락(四枝)이 천하(天下)를 둥글면서(轉) 선후천(先後天) 놀음으로써 모든 승부(勝負)를 내느니라. 윷판(擲柶板)을 자세보면 선후천(先後天) 승부도수(勝負度數)가 다(皆) 드러 있(存)으니 재중(在中)에 십상십수(十象十數)하고 제방(諸方)에 각오수(各五數)하여 사오(四五)는 이십수(二十數)라 평정도(平定度)가 이것(是者)이니 이 도판(度板)에 선후천(先後天)이 승부(勝負)내기를 하는구나. 이(是) 도수(度數)를 잘 궁구(窮究)하면 후천도수(後天度數)를 깨치(覺)니라.

일곱째, 경만장 안 내성(安乃成) 성도에게 부치신 도안(都安) 세 살림 중 세 번째 마지막 말복도수는 막둥이 도수에 걸어두셨습니다. 상제님은 안 내성 성도에게 막둥이 도수를 부치시고 초복, 중복 다 제끼고 말복 운을 타라 하시고 또 말씀하시기를 말복 운이 가장 크니라. 늦게 들어온 사람이 크게 받나니 '막둥이 놀음'이니라 하십니다. 하루는 안 내성(安乃成)이 "때는 언제 오나이까?" 하고 여쭈거늘 손가락을 하나씩 꼽았다가 새끼손가락을 펴 여섯을 세어 보이시며 "이것이 조화봉(造化棒)이다. 새끼손가락이 조화 낸다."하십니다. 새끼손가락 속에는 문왕이 유리감옥에 유폐되어 있는 동안 장남 백읍고를 잃듯이 문왕의 도수 사명자 역시 장남을 동일하게 잃게 되는 운명의 비밀이 숨겨있습니다.(6수는 仙道數 오칠두수(五七斗數)에 있어 십일귀체의 中數로 문왕의 장남 백읍고가 죽어 隱伏되어 숨겨짐)

상제님께서 어천하신시기 전에 김 형렬 성도 집 약방 법궤에다 세 가지 사명을 써 넣은 심지 3개를 넣어두고 잠그셨습니다. 어천하신 이후 태모 고 수부님이 부벽지 천반자까지 다 훑어 대흥리로 가져가셨는데 차 경석 성도도 아직 법궤를 열어 보지 못한 상태였을 때입니다.

그때 계축(癸丑)년(1913) 9월 19일에 후일 현무경파–순천도를 개창하고 김 일부 성사의 정역을 용담팔괘로 완성시킨 장 기준이 차 경석(車京石)을 찾아옵니다. 태모 고 수부님, 차 경석, 장 기준 세 분은 경진 생으로 동갑(同甲)이었기에 후일 사람들은 비례(非禮)이긴 하지만 '삼룡(三龍)'이라고 약칭하기도 합니다. 마침 상제님의 탄강(誕降) 치성(致誠)일이어서 장 기준은 치성금(致誠金)을 올리고 비단 옷 한 벌을 해 드리고 치성을 정성껏 올리고 나서 상제님의 행적을 자세히 물으며 도담(道談)을 나누던 중 고 수부님(高夫人)께서 상제님 어천(御天)하신 후에 생계가 곤란하여 그분이 재세 시에 사주신 검은 소 한 마리까지 팔아 썼다는 얘기를 하며 눈물을 흘리십니다.

상제님 어천하신 후 1911(辛亥)년에 태모 고 수부님께서 정읍 대흥리 본소로 약장과 궤를 옮긴 후 다음해 1912(壬子)년에 차 경석은 고 수부님이 지니고 있던 약장 열쇠를 양도받아 비밀히 열어보려 하였으나 실패하였으며 법궤에 일자(壹字)로 봉한 함지를 떼고 열쇠로 열려고 조화궤에 대는 순간 청천하늘에 뇌성번개가 대작하여 혼비백산(魂飛魄散)하여 놀란 뒤 조화궤안에 보물조화가 들어 있음을 짐작하고 때가 되어야 법궤를 열 것으로 알게 됩니다. 그 후 장 사수(기준)는 고 수부님을 찾아뵙고 조화궤를 탐문하니 차 경석이 가로막으며 조화궤는 어느 누구도 보여 줄 수 없다고 거절합니다.

장 사수는 꼭 한 번만 보자고 청을 하니 또 다시 거절하여 서로 언쟁이 일어 고성이 오가니 고 수부님께서 말씀하시기를 상제님께서 열쇠를 내게 맡기실 때 뒷날에 열쇠를 찾는 자가 오거든 그 분에게 내어주라 하셨기에 보관하고 있다가 거년(去年:지난해)에 그대가 열쇠를 달라고 해서 내어 주었으나 그 때는 뇌성벽력이 대작하여 열지 못한 일을 볼진대 그 누구라도 때가 아니고 열쇠주인이 아니라면 열 수 없을 터인데 왜 안 주려고 그리 싸우는가 하면서 열쇠를 주어보라고 말하니 차 경석은 하는 수 없이 열쇠를 방에다 던지고 밖으로 나간 후 태모 고 수부님이 열쇠를 장 기준에게 건네면서 한 번 법궤(둔궤)를 열어보라고 하였습니다.

옆에 있던 차경석이 불같이 화를 내면서 '그깟 돈 좀 받았다고 아무한테나 열쇠를 내주느냐?'고 하면서 밖으로 나갔습니다. 장 사수가 열쇠를 집어다 쇠 통에 대고 끌러보니 아무 이상 없이 쇠 통이 열리게 되어 경석이 대문을 나서기도 전에 방안에서 환성이 나왔습니다. 고 수부님께서 조화궤가 열렸다고 하니 밖에 나가서 있던 차 경석은 급히 방으로 뛰어 들어와 확인한 결과 조화궤가 열려있는지라, 고부인, 차 경석, 장 기준 3 경진생(三庚辰生)이 합일 되는 도수로 조화궤가 열린 것입니다.

개탁(開坼:개봉)된 궤 속의 내용물을 인수하여 확인하니 창호지(窓戶紙)로 쌓여진 책보자기가 나왔는데 한 겹을 펴보니 또 백지로 쌓여져 있는 끝에 흰 병이 있었고 병마개를 펴보니 길화개길실 흉화개흉실(吉花開吉實 凶花開凶實)이라는 글이 쓰여 져 있었고 병 속에는 백지로 말려진 심지 세 개가 들어 있기에 병을 쏟아 보니 심지 세 개가 바닥에 떨어져 각자 하나씩 주워서 펴보니 고 수부님이 짚은 심지에는 安乃成이라 쓰여진 밑에 律呂度數라 쓰여져 있었고, 차 경석이 짚은 심지에는 車京石이라 쓰여 진 밑에 布政度數라 적혀 있었고, 장 기준이 짚은 심지에는 張基準이라 쓰여 진 밑에 大學度數라 쓰여져 있었습니다.

차 경석이나 안 내성은 증산 상제님을 추종하던 성도들이었으나, 장 기준은 전혀 생면부지였는데 대학도수를 맡긴다는 글을 보게 되자, 차 경석은 장 기준을 다시 보지 않을 수 없었습니다. 차 경석이 손을 내밀면서 큰일을 도모하자고 하였으나, 장 기준은 '나는 그럴 위인이 못 된다'고 하면서 현무경(玄武經)을 필사하여 고향으로 돌아갑니다.(계축년 9월 24일(陰)) 하지만 아무리 들여다봐도 그 내용을 모르고 있던 차에, 을묘乙卯년(1915년) 3월에 전주 동곡銅谷에서 김 형렬이 도통했다는 소문을 듣고 혹시 그가 현무경(玄武經)을 풀 수 있을까 하는 기대감을 지니고 김 형렬이 창도한 「미륵불교」에 찾아갑니다.

증산 상제님 수석성도였던 김 형렬은 일본이 망하게 하기 위해서는 화둔(火遁)을 명산 꼭대기에 묻어야 한다고 하여 많은 무리들이 추종하였으나, 예정한 기일이 지나도 아무 일이 일어나지 않자 정사丁巳년(1917) 정월에 김 형렬의 그릇됨을 깨우치고 다시 고향으로 돌아가 3월 중순부터 마을 뒷산의 제왕봉(帝王峯)에서 상제님이 말씀하신 대로 서전서문(書傳序文)을 만독(萬讀) 하는 수련을 행하여 그 해 6월 23일에 활연대통(豁然大通)하여 현무경(玄武經)의 비의(秘意)를 풀고 정북창의 팔괘시(八卦詩)에서 정역팔괘의 한계를 보충한 황극수 십일귀체의 용담팔괘를 세상에 내놓게 됩니다.

<나의 세상 龍華仙境이 오면(李孝鎭)>★김후비(金后妃)님 연세(年歲) 십구세(十九歲)때 상제(上帝)께서 어천(御天)하셨는데 삼년상(三年喪)을 마치시고 신해(辛亥 1911) 구월(九月) 이십칠일(二十七日)에 이십일세(二十一歲)로 선화(仙化)하셨다. 선화(仙化)하시기 삼일(三日)전에 고수부(高首婦)께서 차 경석(車京石) 차 륜경(車輪京) 두분과 동곡(銅谷)에 오셔서 솔개봉(峰) 밑 장태날에 안장된(安葬) 상제(上帝)님의 묘소(墓所)를 참배(參拜)하시고 형렬가(亨烈家)에 들러서 이일(二日)동안 김후비(金后妃)님과 함께 지내시고 구월(九月) 이십칠일(二十七日) 대흥리(大興里)로 돌아가실때, 차 경석(車京石)으로 하여금 약방(藥房)에 설치된 모든 기물(器物)과 벽지(壁紙)까지 뜯어서 짐꾼에게 시켜 대흥리(大興里)로 옮겨 가시니라.

<나의 세상 龍華仙境이 오면>★경석(京石)이 짐을 옮겨 구리골을 떠날때, 마침 김 후비(金后妃)님께서 선화(仙化)하시니 경석(京石)이 가진 돈 20원을 치상비로 내어 안장(安葬)하였으며, 고부인(高婦人)께서는 약장(藥欌)위에 청수(淸水)를 모시니, 상제유언(上帝遺言)에 "약방벽지를 뜯을 날이 하루속히 와야 하리라. 약장은 안장(安葬)농이 될 것이오. 신주(神主)독이 되리라." 하셨는데 약장이 김후비(金后妃)님에게는 안장(安葬)의 농이 되었으며, 고부인(高婦人)에게는 신주(神主)를 모시는 독이 되어 이로써 상제(上帝)님 말씀이 실현되더라. 김후비(金后妃)님 묘비(墓

碑)에는 전생(前生)에 대한 내력이 명기(明記)되어 있으며, 비문(碑文)은 다음과 같이 새겨져 있더라.

-관세음보살화신(觀世音菩薩化身) 안동김씨홍덕관음지묘(安東金氏弘德觀音之墓)-

<고부인신정기(천후신정기)>★천후(天后) 사인교(四人轎)를 타시고 경석(京石)을 앞세우시고 윤칠(輪七)과 임 정준(林正俊)과 주 낙범(朱洛範)을 데리고 길을 떠나, 원평(院坪)에 이르사 송 찬오(宋贊五)의 집에 처소(處所)를 정(定)하신 뒤에, 윤칠(輪七)을 명(命)하여 약장(藥藏)과 궤(櫃)의 열쇠를 가지고 약방(藥房)에 가서 지키라 하시고, 경석(京石)을 명(命)하여 짐꾼 세 사람을 데리고 가서 약장(藥藏), 궤(櫃) 등 약방기구(藥房器具) 일체(一切)와 부벽서(附壁書)와 벽(壁) 바른 종이까지 모조리 떼고, 방(房)바닥에 먼지까지 쓸어서 가져오라 하시니라.

<증산교사(甑山敎史)>★스무나흗날 고부인(高夫人)이 경석에게 명하여 사인교(四人轎)를 빌려오라 하더니 이튿날 아침에 경석(京石)의 한삼(汗衫)에 『어명(御命)』이라 써서 입히고 갓을 주물러 씌우며 가로대 『너는 암행어사라 암행어사는 폐의파립(敝衣破笠:해진옷과 구겨진 갓)으로 행동하여야 하나니라)』하고 부인이 사인교를 타고 경석을 앞세우고 길을 떠나 원평에 이르러 송 찬오(宋贊五)의 집에 머무르며 경석을 명하여 구릿골 약방에 가서 약장과 궤와 기타 약방기구 일체와 부벽서와 벽 발은 종이까지 모조리 떼고 방바닥에 먼지까지 실어서 가져오라 하였다.

<증산도 道典>★하루는 문공신에게 말씀하시기를 "나의 일은 결인(結咽) 도수로 되느니라." 하시니라. (산세(龍脈)가 태조산, 소조산, 손산을 거쳐 굽이쳐 내려가다 마지막으로 명당 혈(穴)자리 하나를 맺으려면 명당자리 바로 위에서 과일꼭지처럼 아주 가늘게 쪼그라들며 굽이치고 내려온 그 용맥의 핵심 기운을 모두 쥐어짜 혈자리에 공급하게 되는데 이를 풍수지리학에서는 결인(結咽)이라 한다. 이같이 말복운인 3변 도운의 열매기 의통목이 있기 바로 전 상제님 도판도 외형상 마지막으로 과일꼭지 모양으로 쪼그라들어 수렴하게 되는데 중복 도운에서 말복 도운으로 넘어가는 도판의 운로(道運)를 결인(結咽)도수에 부치셨다. 특히 이 말씀은 상제님께서 내성에게 일러 말씀하시기를 "초복, 중복 다 제끼고 말복 운을 타라." 하시고 또 말씀하시기를 "말복 운이 가장 크니라. 늦게 들어온 사람이 크게 받나니 '막둥이 놀음'이니라." 하시고 내성에게 붙인 막둥이 도수 공사와 한 묶음 한세트 공사임. 따라서 막둥이 말복운 공사와 결인도수는 연계된 공사이다.)

<증산도 道典>★상제님께서 내성에게 일러 말씀하시기를 "초복, 중복 다 제끼고 말복 운을 받으라." 하시고 또 말씀하시기를 "말복 운이 가장 크니라. 늦게 들어온 사람이 크게 받나니 '막둥이 놀음'이니라." 하시고 내성에게 막둥이 도수를 붙이시니라.

<증산도 道典>★막둥이 여섯째가 등장하는 때가 의통목 ★하루는 안내성(安乃成)이 "때는 언제 오나이까?" 하고 여쭈거늘 손가락을 하나씩 꼽았다가 새끼손가락을 펴

여섯을 세어 보이시며 "이것이 조화봉(造化棒)이다. 새끼손가락이 조화 낸다." 하시고 시 한 수를 읽어 주시니 이러하니라. -나도 가네 나도 가네 임을 따라서 나도 가네. 저 임을 따라서 나도 가네. 십리사장(十里沙場) 너른 들에 오색포장(五色布帳) 둘러치고 일이삼사오륙(一二三四五六) 중에 고장(鼓杖) 소리만 둥둥 난다. 인묘진(寅卯辰) 사부지(事不知) 사오미(巳午未) 개명(開明)- 이에 내성이 "잘 모르겠습니다." 하니 상제님께서 다시 노래를 부르시니 이러하니라. -난(難)이라 난이라 사난(四難)이로구나. 저 건너 갈미봉에 비 몰아온다. 우장을 허리에 두르고 논에 지심이나 매러 가자. 어렵다 어렵다 네 가지가 어렵구나. 부자 결뱅이 되는 것, 똑똑한 놈 병신 되는 것, 유식한 놈 무식 되는 것, 양반 상놈 되는 것.-
<선도신정경>★임피(臨陂)는 흑운명월(黑雲明月) 도수(度數)니라 하시며 또 가라사대 상제(上帝)께서 섣달 그믐날 저녁에 임피(臨陂)에서 달 뜨게 하셨음을 알라.

<증산도 道典 9:27>★(새끼손가락은 꼭 이루는 맹세 상징)하루는 호연이 석두의 손을 잡고 "너하고 나하고 아버지 꼭 보자, 잉?" 하고 새끼손가락을 걸며 "요것도 다 이치가 있는 것이여." 하니 석두가 눈을 동그랗게 뜨며 "무슨 이치가 있어?" 하고 묻는지라 호연이 "새끼손가락을 한번 걸면 변치 못하는 것이니 이게 맹세여." 하고 일러 주니

<증산도 道典 8:104>★하루는 상제님께서 성도들에게 말씀하시기를 "속담(俗談)이 모두 성담(聖談)이요, 인생의 비결이니라."

<대순전경 3판>★천지 안에 있는 말은 하나도 헛된 말이 없느니라.

여덟째, 상제님께서 "운암강수(雲岩江水)가 만경래(萬頃來)라. 김만경(金萬頃) 뜰을 가지고 천하사 세 번 못하겠느냐. 너희들 내성이한테 '경만장, 경만장' 하면서 세 번씩 외우라." 하시고 갑오(1894), 갑진년(1904)의 일초(哨,招), 이초(哨,招) 사명과 선진주(先眞主) 손 병희의 3초(哨,招) 뒤에 세 번째 추수사명을 맡은 숙구지 문왕(文王) 도수의 주인공- 후진주(後眞主) 대인 출세(大人出世) 공사를 보셨습니다.

낙종물 사명과 이종물 사명 뒤 마지막 세 번째 세 살림 추수사명의 관문을 여는 후진주(後眞主) 대인출세 공사는 숙구지 문왕과 이윤의 도수 그리고 사마소 도수와 연관되어있는 중요한 도수이므로 증산 상제님 천지공사와 더불어 태모 고 수부님이 집행하신 무진년 9월도 음양공사로 긴밀히 상호 연결되어 있습니다.

<증산도 道典>★상제님께서 "그러면 그렇지. 아따 저놈 '무식영웅'이라!" 하시고 손을 떼시니 과연 '경만(敬萬)'이란 글자가 쓰여 있더라. 이어 상제님께서 이르시기를 "운암강수(雲岩江水)가 만경래(萬頃來)라. 김만경(金萬頃) 뜰을 가지고 천하사 세 번 못하겠느냐." 하시고 "너희들 내성이한테 '경만장, 경만장' 하면서 세 번씩 외우라." 하시니 성도들이 모두 명하신 대로 하니라. 상제님께서 다시 내성에게 말씀하시기를 "앞으로 세상 사람들이 너를 우러러 존경할 것이다." 하시니라.

<증산도 道典 5:198>★(운산리 신경수의 집에 가시어) "이곳이 운산(雲山)이 아니냐. 운암(雲岩) 물줄기를 금만경(金萬頃:천하사 세 번 세 살림 하는 원천)으로 돌리더라도 하류에서 원망은 없을 것이니 이 물줄기가 대한불갈(大旱不竭)이라. 능히 하늘을 겨루리라." 하시니라. 또 말씀하시기를 "강태공은 제(齊)나라 한 고을의 흉년을 없게 하였다 하나 나는 전북 일곱 고을의 큰 흉년을 없게 하리니 운암은 장차 만인간의 젖줄이 되리라."

<천지개벽경(天地開闢經)>★어느 날 문공신(文公信)에게 가라사대(曰) 잠든 개(宿狗)가 일어나(起)면 산 호랑이(生虎)를 잡는다(捕殺)는 말이 있나니 태인(泰仁) 숙구지(宿狗地) 공사(公事)로 일을 돌린다(返) 하시며 공사(公事)를 계속(繼續)하시였다 전(傳)하니라.

<선정원경(仙政圓經)>★건존증산(乾尊甑山) 께서 예언(豫言)하사대 "태인(泰仁) 숙구지(宿狗地) 자는 개가 일어나면 산호랑이를 잡는다"는 말씀하셨는데, 고씨(高氏)께서 무진(戊辰:1928) 구월도(九月度)에 말씀하시되 "시대(時代)가 불원(不遠) 하니 자는 개를 깨워야겠다" 하시고 신도(信徒) 수십인(數十人)을 영솔(領率)하시고 숙구지(宿狗地)에 행차(行次) 하시와 공사(公事)를 설행(設行) 중 고기국에 밥을 교화(交和)하야 일통(一桶)을 정전(庭前)에 놓으시며 많이 먹으라 하시고 "인제는 잠든개를 깨웠으니 염려(念慮)는 없다" 하시니라.

<대순전경 3판>★(낙종물, 이종물 , 추수사명자를 모아 상제님 태모님 동상례 받으심)하루는 천사께서 종도 십여 인을 뜰아래 늘여 세우신 뒤에 고부인과 더불어 마루에 앉으사, 차 경석을 명하여 망치를 들리고 천사와 부인을 치며 동상례(同床禮)를 받게 하시니, 부인이 방으로 뛰어 들어가며 가로대, 죽으면 한번 죽을 것이요 두 번 죽지는 못하니라 하시니, 천사께서 크게 칭찬하시고 다시 안 내성에게 망치를 들리사 경석을 치며 무엇을 하려느냐고 물으시니, 경석이 역모(逆謀)를 하겠다고 대답하는지라 이에 부인에게 일러 가라사대, 「네 나이는 스물아홉이요 내 나이는 서른여덟이라 내 나이에서 아홉 살을 감하면 내가 너 될 것이요 네 나이에 아홉 살을 더하면 네가 나 될지니 곧 내가 너 되고 네가 나 되는 일이니라」 하시니라.

<고부인신정기(천후신정기)>★무신년(戊申年) 정월(正月)에 천사(天師)께서 종도(從徒) 십여인(十餘人)을 뜰아래 늘어세우신 뒤에 천후(天后)와 더불어 마루에 앉으사, 차 경석(車京石)을 명(命)하여 망치를 들고 천사(天師)와 천후(天后)를 치며

동상례(同床禮)를 받게하시니, 천후(天后)는 방(房)으로 뛰어 들어가시며 가로대 죽으면 한 번 죽을 것이요, 두 번 죽지는 못하리라 하시니 천사(天師)께서 크게 칭찬(稱讚)하시고, 다시 안 내성(安乃成)에게 망치를 들리사 경석(京石)을 치며 무엇을 하려느냐고 물으니 경석(京石)이 역모(逆謀)를 하겠다고 대답(對答)하는지라.

<고부인신정기(천후신정기)>★이에 천후(天后)에게 일러 가라사대 '네 나이는 스물아홉이요, 내 나이는 설흔여덟이라. 내 나이에서 아홉 살을 감(減)하면 내가 너 될 것이요, 네 나이에서 아홉 살을 더하면 네가 나될지니, 곧 내가 너 되고 네가 나 되는 일이니라' 하시니라.

<無黨 장경만)>★(무진년 동지기두의 참주인공 붉은 닭 정유생 김 호연 성도)우 선생님(우철석禹哲錫 옹:「정역강해」 저자, 김호연 성도를 증산도 지도자에게 소개한 장본인)이 전라도 도판에 계실 때 '대도원'이라고 있었습니다. 그곳에서 당시 부산 동래산성에서 '미륵불교'를 이끌고 있는 변 중규 씨를 알게 되었습니다. 헤어질 때 의례 부산에 오시면 한 번 들리라는 인사를 하고는 헤어졌는데, 몇 년이 지난 후 우 선생님이 갑자기 변 중규 씨가 보고 싶더랍니다. 당시 우 선생님은 대구에 살았는데 내려갈 여비도 여의치 않았는데 변 중규 씨를 만나야겠다는 생각만 들었답니다. 사모님이 어렵게 차비를 마련해 드려 그 돈으로 부산 동래산성에 있는 변 중규 씨를 무턱대고 찾아갔습니다. 우 선생님은 군 생활을 부산에서 하셔서 그 쪽 지리는 좀 알고 있었습니다. 그때가 올림픽이 끝난 1989년 1월 달이었습니다. 변 중규 씨를 만나보니 그곳에 김 호연 할머니가 계셨습니다. 김 호연 할머니는 1897에 태어나셔서 1992 년에 돌아가셨으니 당시 나이로는 92 세 때였습니다. 그럼 어떻게 해서 이곳에 오게 되었는가? 우 선생님이 김 호연 할머니와 변 중규 씨에게 직접 들었던 내용으로는, 1933년에 김 호연 할머니가 만 36 세에 전라도 어느 절에서 허드렛일을 하고 있었고 며칠 후 누군가가 모시러 오기로 약속이 되어 있었는데 그때 상제님이 오셔서는 너를 이렇게 두었다가는 너도 욕보고 나도 욕보니 미안하지만 너의 정신을 잠시 빼앗아 가야되겠다. 미안하다 하시면서 혼을 빼 가버렸답니다. 그 시간부터 김 호연 할머니는 바보가 되어버렸고 그 시간이 장장 55년간입니다. 하도수를 걸어놓아 55년 만인 1988년 그것도 정확히 동짓날에 깨어났습니다. 그것도 우 선생님이 김 호연 할머니께 그날이 동지인지 어떻게 아셨느냐고 물어보니 깨어나 달력을 보니 그날이 1988년 동짓날이더랍니다. 1988년이 무진년입니다. 무진 동지에 기두할 자가 있으니 내일을 알리라. 경전에 나오는 이야기입니다.

경만장 안 내성 성도를 통해 보신 추수 세 살림도수, 운암강수 만경래의 도안(都安) 세 살림은 초복, 중복, 말복 도수로 이루어져 있으며 초복도수는 태모 고 수부님의 무진년 구월도 숙구지 문왕 도수로 깨어나 문왕의 유리(羑里) 감옥 유폐도수인 20년 말점도 귀양도수를 운명적으로 받게 되어있습니다.

서백(西伯) 창(昌) 문왕이 와병 중 일 때 서백 창을 따르는 적지 않은 신하들이 문병을 옵니다. 간신히 일어나 맞이하고 있을 때 은상의 마지막 폭군 주왕(紂王)은 충신인 구후(九侯)와 악후(鄂侯)의 육포를 떠 사자를 시켜 보내옵니다. 구후(九侯)는 달기의 계략에 빠져 묶인 채 소금에 절여져 젓갈로 담궈진 것이고(醢) 악후는 달기의 이런 악행을 주왕에게 간하다 같은 신세가 되어 포로 떠져 모든 신하에게 보내진 것이었습니다.

다들 경악하여 서로 참담하게 말없이 쳐다만 보다가 뿔뿔이 흩어져 가는 가운데, 폭군 주왕의 심복 숭후호(崇侯虎)가 그 중에 숨어, 몸져누운 상황에서도 참담해 하는 서백 창을 위시한 제후들의 모습을 지켜보고 폭군 주(紂)에게 모함을 해댑니다. 숭후호(崇侯虎)의 모함에 넘어간 폭군 주(紂)는 문왕을 유리(羑里) 감옥(하남성 湯陽>安陽)에 유폐시킵니다.

감옥에서 문왕은 복희 8괘에 이어 문왕 8괘를 짓고 8괘의 64괘를 풀어서 괘명을 짓고 연역해 해설하고(卦辭), 아들 주공 단이 대를 이어 64괘의 6효를 각각 풀어 384효를 해석하고(爻辭), 이를 공자가 이어받아 10개 파트로 해설하여 10익(翼)을 첨가합니다. 상제님은 고기잡이하는 김광찬 성도의 종질(조카)이 말점도(末島)에서 살고 있으므로 갑칠과 형렬을 남포로 불러 문왕의 유리(羑里) 유폐도수인 말점도 도수를 집행합니다.

<증산천사공사기(甑山天師公事記)>★삼월 초에 천사께서 광찬을 데리고 말점도에 들어가실 새(광찬의 재종이 말점도에서 어업을 경영하는 연이 있음) 갑칠 형렬을 만경 남포로 부르사 일러 가라사대 내가 지금 섬으로 들어감은 천지공사로 하여 정배(유배)됨이니 너희들은 정성백의 집에 가서 성백과 함께 날마다 초혜(짚신) 한 켤레와 지등(종이등) 한 개씩 만들라. 그 신으로 천하 사람을 신게 하며 그 등으로 천하 사람의 어두운 길을 밝히리라. 형렬, 갑칠이 봉명(명을 받들고)하고 성백의 집에 가서

성백과 함께 날마다 초혜와 지등을 만드니라.

原文: 三月初에 天師께서光贊을다리고 末店島에들어가실새(光贊의再從이末店島에서漁業을經營하는 緣이잇슴) 甲七亨烈을萬頃南浦로불으사 일너가라사대내가지금셤으로들어감은 天地公事로하야定配됨이니 너의들은鄭成伯의집에가서 成伯과함께날마다 草鞋한컬이와紙燈한개식만들라 그신으로天下사람을신게하며 그燈으로天下사람의어두운길을밝히리라 亨烈甲七이奉命하고 成伯의집에가서 成伯과함께날마다草鞋와紙燈을만드니라

<증산천사공사기(甑山天師公事記)>★삼월 회(그믐)에 천사께서 말점도로부터 돌아오사 그 초혜(짚신)는 원평 시장에서 팔게 하시고 지등(종이등)은 불사르시니라. 이때 김 형렬이 천사를 모시고 고부 객망리로 가니 신 원일이 마침 그곳에 와서 천사께 뵈오니라.

原文:三月晦에 天師께서末店島로부터도라오사 그草鞋는院坪市場에서팔게하시고 紙燈은불살으시니라 이때金亨烈이 天師를모시고 古阜客望里로가니 辛元一이마참그곳에와서 天師께뵈오니라

3초공사와 대인출세 공사를 통해 등장하는 추수사명 도안(都安) 세 살림은 안내성 성도의 경만장 운암강수 만경래의 세 살림공사이며 이러한 초복 중복 말복의 세 살림공사는 단순하게 부치신 공사가 아니고 우주변화의 천리에 의한 것입니다. 우리 조상대대의 신관(神觀)이 천일(天一) 지일(地一) 태일(太一) 삼신(三神)인 것처럼 우주창조와 운동 및 조화의 본체인 무극(無極) 태극(太極) 황극(皇極) 3극론도 3수 원리요. 만유의 실상인 허(虛) 무(無) 공(空)이 3이요, 빛의 삼원색(빨,초,파)과 물질의 삼원색(빨,노,파)도 3수 조화요, 만물의 생육도 생장성(生長成)의 삼변성도(三變成道)일 뿐입니다.

그런가 하면 양의 정기신(精氣神)도 3이요, 음의 혈맥령(血脈靈)도 3이고 이 둘이 음양으로 합해 정혈(精血), 기맥(氣脈), 신령(神靈)으로 3 수 조화요, 낙서구궁의 시간 운행도 3원(元)이라 황제헌원 원년인 기원전 2697년 갑자년을 그 기점으로 삼아 낙서 구궁 구성운행의 시간구분 역시 상원갑자(1864-1923), 중원갑자(1924-83), 하원갑자(1984-2043)로 나뉩니다.(칠정산내외편)

우리 민족은 이런 우주원리에 바탕해 3신 상제님을 신앙했던 신교(神敎) 민족인지라 상고 시절 나라도 환인천제 시대(3301), 환웅천황 시대(1565), 단군성조 시대(2096) 등 3위성조 시대가 있었고 단군조선(고조선) 시대도 막조선, 번조선, 진조선 등 3조선으로 단군이 직접 통치하는 진조선 외에 번조선, 막조선에 부 단군 2인을 두어 통치한 것입니다.

<선도신정경(仙道神政經)>★ "사람 욕심 내지 말라 옳은 줄 하나만 추켜들면 다 오느니라."

<증산도 道典 6:59>★ 막둥이 도수-상제님께서 내성에게 일러 말씀하시기를 "초복, 중복 다 제끼고 말복 운을 타라." 하시고 또 말씀하시기를 "말복 운이 가장 크니라. 늦게 들어온 사람이 크게 받나니 '막둥이 놀음'이니라." 하시고 내성에게 막둥이 도수를 붙이시니라.

<박공우 성도 모신 김일화 子 김천식 옹 증언>★ 상제님이 안내성 성도에게 **고수부님은 못자리 용이고, 차경석 성도는 이종용이고, 안 씨집으로 가을 용 찾아 간다. 삼인동행칠십리 오로봉전태전 해놓고 왜 태전을 찾는가? 어떤 가을용을 찾는가? 어떤 선생이 가을용인가? 하늘나라 가서 임시도수 보고, 갓머리 밑에 계집녀 한 편안한 安자, 安씨한테 내려와 인신합덕해서, 5만년 개벽선경을 만들 것이다.** (김천식 옹 동영상 증언자료 원본)

아홉 번 째, 지금은 추수 세 살림 중에서도 초복 중복 운이 끝나고 그 동안 백년진(百年塵)의 의혹으로 감추어진 모든 천지공사 비밀이 사오미(巳午未) 개명(開明)으로 드러나는 막바지 가장 무더운 말복 도운입니다. 상제님께서 천지공사를 마치시고 어천하신 기유년(1909) 이래 세 살림 종통의 신비가 윤곽을 드러내기까지 백년간의 적막은 소동파의 적벽가에 일년월명임술추(一年月明壬戌秋) 만리운미태을궁(萬里雲迷太乙宮) 청음교무이객소(淸音蛟舞二客簫) 왕겁오비삼국진(往劫烏飛三國塵)과 같으면서도 한편으로는 마지막 말복도수가 이르기까지 사마소가 누군지 모르는 허망한 과정이었습니다.

달 밝은 가을 임술 적벽에 배 띄우고 노니노니(임술 문왕 도수 종통 교단에서 신앙은 해왔지만), 만리 구름 속에 숨은 태을궁은 아득하기만 한데(백오제까지 진법은 아득하고), 백년 세월 지치는 적막 속에 이종물 도수(차경석), 추수 문왕 도수(안운산) 혹은 청음과 문왕 사명자 두 영웅이 부는 맑은 퉁소 소리에 백년 세월 다 보내니, 다만 까마귀 날개 짓 뽀얀 먼지 속에 흘러간 삼국시절의 자취뿐이라.-진법이 창명된 상황에서 문왕 무왕사명자 두 사람으로 보아도 무방하다.

지난 1911년 태모 고 수부님 낙종물 선도교(太乙敎) 교단 개창 이래 동지한식백오제(冬至寒食百五除)의 백여 년 세월은 이종물 사명 보천교를 비롯해 각 교파마다 초장봉기지세로 홀생홀유하며 명멸해 왔습니다.

백여 년 세월동안 다퉈온 살바싸움은 해방 후 2변 교운 이후 본격적인 84년 들어 장 닭 두 홰치는 교운(도운)의 애기판, 총각판인 초, 중복 삼국시절까지 왔습니다.(낙종물 이종물 추수 사명 세 살림은 교운으로, 도안 세 살림은 도운으로 통일함) 누런 장 닭 세 홰치며 등장하는 마지막 상씨름 판 주인은 도안(都安) 혈맥관통의 세 번째 살림 주인으로 콩밭(太田)에서 보양물 먹고 때를 꼬누고 있다 했으며 콩밭 이슬을 맞으며 판밖에서 술 고기 많이 먹고 있다가 '아우' 소리 한 번에 똑 한 사람 지우고 황우를 몰아간다 했습니다.

태모님께서는 늘 말씀하시기를 "상씨름 판에는 콩밭(太田)에서 엉뚱한 인물이 나온다."하셨습니다. 늘 보던 사람 눈앞에 놓고도 설마 하며 눈뜬 봉사 신앙한다는 것입니다. 도운에서의 상씨름판은 애기씨름(초복), 총각씨름(중복) 다음의 세 번째 천하장사 말복씨름으로 북한에서는 상씨름을 비교씨름이라 합니다. 누런 장닭 세 홰치는 말복도수의 상씨름 결론이 모습을 드러내기까지 모든 과정을 개관해 볼 수 있는 공사가 있습니다.

이 공사는 상제님께서 세 살림 공사의 주인공을 모두 모이게 해 동상례(同床禮)를 받는 천지공사입니다. 즉 천지공사를 집행하신 미륵존불이시자 절대자 하느님이신 증산 상제님과 여성 하느님이신 곤존 태모 고 수부님이 태모님의 경진생 동갑장사 차 경석 성도 그리고 안 내성 성도 두 사람과 함께 참여한 자리에서 동상례(同床禮)

를 받는 예식을 올립니다.

차 경석 성도가 1936년 선화하던 때(丙子開路) 남아 십오 세면 호패(號牌)를 차느니 무슨 일을 못하리요 과연 인유기인(人有其人) 시유기시(時有其時)로다 하신 임술생 15세 문왕 숙구지 도수의 주인공이 서로 임무를 교대하는 천기(天機)임을 그 누구도 모르는 건곤부지월장재(乾坤不知月長在)요 적막강산근백년(寂寞江山近百年)이라 했습니다. 달이 건곤속의 달로써 길게 건곤의 품안에서 늘어져 있건만 소경 장님잔치로 어둠에 잠긴 세월이 근 백여 년 적막강산이라는 말입니다.

달은 검은 구름에 가려진 채 교운(도운) 통일의 마지막 윷판도수가 나오기까지 백여 년간의 삼국시절은 먼지만 날리고, 어느 누가 삼국시절을 매듭짓는지 세월도 시름에 잠겨 적막강산에 빠져있지만(寂寞江山近百年) 태모님이 부치신 흑운명월(黑雲明月) 도수는 칠흙 같은 어둠 속에서 검은 구름과 장막을 헤치고 105년 만에 도안(都安) 세 살림 명월이 두둥실 떠오르니 가히 건곤부지월장재(乾坤不知月長在)였습니다.

<천지개벽경(天地開闢經)>*기유년(己酉年) 어느날 종도(從徒)들에게 옛글(古文) 한수(一首)를 읽어(讀)주시니 이러하니라. 건곤부지월장재(乾坤不知月長在) 적막강산근백년(寂寞江山近百年) 譯:건곤부지월장재(乾坤不知月長在):하늘(天)과 땅(地)이 알(知)지는 못(不)해도 달(月)은 길이(長) 있(在)을 것이요, 적막강산근백년(寂寞江山近百年):이 강산(江山)이 막막하고 쓸쓸하기가 백년(百年)이 가까우(近)리.

복(伏)은 태양태음력에서 황경의 기울기를 춘분점(春分點)을 0°로하여 한절기를 15°씩하여 1년을 24등분한 절후중에 황경이 정90°에 이르는 하지점(夏至點)을 기준하여 십간(十干)의 庚日이 세 번째 돌아 오는날을 초복(初伏)으로 네 번째 경일이 중복(中伏)으로 입추 후 첫 경일을 말복(末伏)으로 20일이 경과하게 정한 것입니다.

삼복더위를 달리 경금(庚金), 삼경일(三庚日)이라 부릅니다. 금화교역의 우주원리를 내포한 말로 행복이 침대위에 있을 때 창문너머에서 불행이 엿보고 있다는 칼릴지브란의 리토릭(rhetoric 修辞学)이 생각나는 단어입니다. 인고와 시련이 운명위에 춤을 줄 때 행복을 선물할 조상신과 천지신명은 창문너머에서 침대를 엿보며 응원하고 있는 법입니다.

삼복더위는 그 열기가 너무 치열하기 때문에 가벼운 속옷하나도 무겁습니다. 불가(佛家)의 계정혜(戒定慧:계율, 선정, 지혜)로 보면 계(戒)는 우리가 지켜야 할 상제님의 말씀이며 공사내용입니다. 천주 하나님이신 상제님과 곤존 태모 고 수부님은 무엇보다도 먼저 선하고 사람다운 사람이 되라. 먼저 마음보 공부, 심통공부를 하여 심통 바른 사람, 의롭고 참된 사람이 되라 하시고 격물은 사물의 이치를 관통(貫通)하는 것이니, 관통을 하려면 먼저 마음을 닦아 심통(心通)을 해야 한다 하셨습니다.

의롭고 참된 사람은 마음이 따뜻하고 자애로운 사람입니다. 만일 천하사하는 도판에 들어와 희생정신과 봉사정신은 저버린 채 다른 사람위에 군림하여 행패를 부리고 배사율(背師律)을 범한다면 이는 자신의 신앙을 감싸줄 생명의 옷(戒)을 스스로 벗어버린 사람입니다.

중복(中伏)이 지나고 말복(末伏)이 들이치면 벼가 세 살을 먹으며 갑자기 벼이삭이 패기 시작하는데 불과 서너 시간 만에 알곡이 팬다고 합니다. 사실 초복·중복·말복의 뜨겁고 치열한 태양의 염열(炎熱)에 시달리던 세월에 비하면 눈 깜짝할 사이입니다.

그래서 민간에 이런 말이 있습니다. 입추 때는 벼 자라는 소리에 개가 짖는다. 이게 무슨 말이냐 하면 삼복을 지난 벼가 워낙 순식간에 자라기 때문에 그 소리를 듣고 개가 짖는다는 것입니다. 상제님께서는 마치 벼이삭이 순식간에 패듯이 벼이삭보다도 더 속히 자라는 대의 기운을 세 살림 추수 도수 중의 말복 결실 살림에 부치어 다음과 같은 대나무 공사를 집행하셨습니다.

<증산천사공사기(甑山天師公事記)>★천사께서 여러 제자에게 물어 가라사대 곡류 이외 일 년 중 장성하는 물로 무엇이 제일 값이 높으뇨. 모두 죽(대나무)으로써 대답한대 천사 가라사대 대의 기운이 만물에 특장(특별한 장점)하니 그 기운을 감(덜어)하여 쓰리라 하시고 공사를 행하시더니 이 해에 죽이 대황(큰 흉작)하다.
原文: 天師께서여러弟子의게물어가라사대 穀類以外一年中長成하는物로 무엇이제일

갑이놉흐뇨 모다 竹으로써對答한대 天師가라사대 대의긔운이萬物에特長하니그긔운을감하야쓰리라하시고公事를行하시더니 이해에竹이大荒하다

<대개벽경(大開闢經)>★기유년(1909) 봄에 구릿골에서 칙명을 내리시니, "삼국시절이 사마소에 가서 그침을 누가 알리오. (三國時節이 誰知止於司馬昭리오)"-유비, 조조, 손권이 당대에 천하통일의 결판을 못내고 사마중달의 아들 사마소에 의해 결판이 나게 되는 이치를 누가 알리오. 말씀하시되, "너희들은 소리를 합해 크게 읽으라." 성도-명을 받들어 크게 읽으니라. 말씀하시되, "삼국시절이 귀결되어 나아갈 바를 알았던 자는 오직 사마소 한 사람뿐이었노라." 성도 물어 여쭈기를, "대도 아래 천하사의 장래를 아는 자 오직 한 사람 있나이까." 말씀하시되, "너희들이 성도하기 전에 한 사람이 천명과 신교를 받들어 천지에 보은하노라."

-己酉春 銅谷 下勅 三國時節 誰知止於司馬昭 曰 汝之徒 合聲大讀 弟子 奉命大讀 曰 三國時節之歸就 所知者 有司馬昭一人而已 弟子 問曰 大道之下 天下事之將來 所知者 有一人乎 曰 汝之徒 在成道之前 一人 奉天命 奉神敎 報恩天地-

<대개벽경(大開闢經)>★기유년(1909) 봄에 상제님께서 구릿골에서 성도들에게 물어 말씀하시되, "만물 가운데 일 년 중 가장 속히 자라는 물건이 무엇이뇨?" 대하여 여쭈기를, "대나무의 성장이 가히 으뜸을 차지할 것이나이다." 말씀하시되, "대나무의 기운이 만물 중에 제일 크니 이번 공사에 천하의 대 기운을 덜어 쓰리라." 이 해에 천하의 대 밭이 크게 황폐하게 되니라. 성도 물어 여쭈기를, "이번에 대 기운을 덜어 쓰시니, 천지공사-필히 만물의 기운을 쓰나이까." 말씀하시되, "산위에 큰 불이 나면 이는 혹 하늘이 사람 눈의 정기를 취하는 공사가 되나니, 익히 바라보면 눈의 정기를 손상하노라."

-己酉春 大先生 銅谷 問衆弟子 曰 万物之中 一年之長 何物 爲最 對曰 竹之長 可以居首 曰 今次公事 除用天下之竹氣 此年 天下之竹田 爲大荒 弟子 問曰 今 除用竹氣 天地公事 必用万物之氣乎 曰 山上 有大火 此 或天 取人眼精 爲公事 熟視 損眼精-

열 번 째, 종통 추수 세 살림의 최종결론인 말복도수에 대한 말씀은 "선천 운수 궁팔십(窮八十) 달팔십(達八十)이요, 지금 운수 동지(冬至) 한식(寒食) 백오제(百五除)"라는 성구에 모든 것이 다 들어있습니다. 상제님 추수도수는 문왕(文王)의 도수로 부쳐놓았습니다.

따라서 문왕의 선천운수는 위수 강가에서 3600개 민낚시(곧은 바늘) 드리우며 세월

을 낚았던 가난했던 마馬씨 부인과의 곤궁팔십(困窮八十), 부귀공명으로 현달했던 고高씨 부인과의 달팔십(達八十)으로 유명한 강 태공 여상과 만나 두 사람이 뜻을 이루었음을 보여줍니다. 강태공은 궁팔십 끝에 위수강가에서 문왕을 만나면서 고씨 부인과 재혼해 은상을 멸하고 주나라를 열어 무왕의 아들 평왕의 장인으로 현달팔십의 부귀영화를 누렸습니다.

후천을 여는 지금 운수는 '동지한식백오제'에 있다고 했습니다. 임술역사(壬戌役事:육갑타령六甲打令) 문왕 도수는 도안(都安) 세 살림을 여는 숙구지 초복도수입니다. 마치 낙종물 초복도수와 동거형태 살림을 한 대흥리 이종물 차 경석 성도처럼 중복살림은 초복도수 부친 사마중달과 모든 것을 함께 한 사마사 차지입니다. 지금운수가 '동지한식 백오제'에 있다는 의미는 앞에서 모두 설명되었습니다.

기유년(道紀 39. 1909) 증산 상제님 천지공사 종필(終畢) 선언 이후 105 년간은 천지공사 종통의 전 면모가 드러나지 않은 어둡고 추운 동지한식의 세월이었습니다. (참고:終筆은 <보천교普天敎 교전敎典> <증산천사공사기>, <대순전경 초판>, 정영규 <천

지개벽경>에서, 종필(終畢)은 <동곡비서>, <선정원경(仙政圓經)>,<선도신정경(仙道神政經)>,<이중성 대개벽경>, <나의 세상 龍華仙境이 오면>, <대순전경 3판>. 이로 보면 이상호 기록은 차경석 성도의 전언임을 알 수 있고 정영규 <천지개벽경>은 이상호 기록을 옮긴 것으로 보이지만 <선도신정경(仙道神政經)>은 <선정원경(仙政圓經)>을 옮긴 것임을 알 수 있고 <대순전경> 3판이 종필(終畢)로 수정한 것으로 보아 이 부분은 종필(終畢)로 최종 정리됨을 알 수 있음.)

이는 마치 문왕이 위수강가에서 강 태공을 만나 주(周)나라 창업의 역사적인 획을 긋듯이 지금운수는 동지한식백오제의 105년이 기점(起點)이 되어 도운 말복 상씨름 진리의 전 면모가 공개되면서 마지막 세 번째 살림으로 들어가게 되는 운수입니다. 상제님께서는 이 원원한 대 운수를 「삼국시절三國時節이 수지지어사마소誰知止於司馬昭리오」 하셨습니다. 삼국시절 천하를 삼분해 쟁패한 유비, 조조, 손권 등의 당대 영웅 중 백이면 백, 천이면 천, 누구나 이의 없이 3명 중의 한 사람이 천하의 주인이 되리라 생각했습니다.

그러나 결론은 아주 엉뚱한 사마소(司馬昭)에 의해 사실상 삼국 통일이 되고 맙니다. 조조의 말단관리로 출발한 사마중달(司馬仲達:懿)이 조조 사후 그 아들 조비에 의해 크게 중임되어 사마중달 말년에 조조 손자들과의 정권싸움에서 이긴 뒤 사마소(司馬昭)에 의해 삼국이 통일되고 맙니다. 원래 사마소(司馬昭)는 형 사마사(司馬師)의 그늘에 가려 있어 부친과 형의 둘러리에 불과했을 뿐 그리 크게 두각을 나타낸 인물은 아니었습니다. 부친인 사마중달이 제갈량의 위(魏) 북벌 정복전쟁에 맞서 출정할 때마다 부친을 그림자처럼 호위해 전군을 호령한 사람은 바로 사마사(司馬師)였기 때문입니다.

사마사(司馬師)는 249년 아버지 사마의(懿:仲達)를 도와 고평릉(高平陵) 쿠데타 사건에 출병하여 당시 실력자 조상과 그 일족을 제거하고 실권을 잡게 됩니다. 251년 병든 부친 사마의(司馬懿)가 죽자, 사마사(司馬師)는 당시 황제인 조방(曹芳)으로부터 대장군 벼슬을 제수받아 아버지보다도 더 큰 권세를 누리고 그 권력은 황제를 뛰어넘게 됩니다.

이에 위기감을 느낀 허수아비 황제 조방(曹芳)이 사마사(司馬師) 제거 계획을 세웠

고평릉(高平陵) 쿠데타로 조조의 위魏 왕조를 제압하고 사마(司馬)씨 가문의 기초를 다진 사마의(司馬懿)

다가 사전에 발각되어 사마사(司馬師)는 조방(曹芳)을 제왕(齊王)으로 강등, 폐위시키고 조모(曹髦)를 새 황제로 앉히게 되면서 비로소 사마씨 가문은 바야흐로 천하통일의 초석을 마련하게 됩니다.

정역(正易)과 영가(詠歌)를 창시한 일부(一夫) 김 항(金恒, 1826~1898)은 제자인 김 창부(金昌夫, 본명 영태)에게 영가(詠歌)를 전하고 김 창부는 28세 된 박 상화를 만나 스승에게 배운 영가를 직접 전수해 줍니다. 뒤에 정역의 '영가무도회'를 창안한 박 상화 옹은 <음양오행을 소리로, 춤으로: 현암사 95년 刊>에서 다음과 같이 말합니다. "**이 나라와 이 민족은 하늘의 뜻이 있어 내세워졌고 보호돼 왔습니다. 말법(末法)시대를 책임지고 정리해 갈 정법자(正法者)가 이 땅에서 출현해요.** 그런 위인은 예상치도 않던 곳에서 생각지도 않던 사람의 나타남으로 매듭짓게 됩니다."

뿐만 아니라 1980년대 중반 베스트셀러 소설 <단(丹)>의 중심인물 봉우 권 태훈 옹 역시 다음과 같이 우주사에 최대 영광을 가져올 인물이자 세계평화를 건설할 인물이 우리 대한 조선족, 백두산 족 가운데 나온다고 강조합니다.

“앞으로 세계 인류의 공통된 목자(牧者)로 모든 사람이 희망하고 있는 이상을 실현시킬 만한 역량이 있는 인물이 나온다면 전 인류가 쌍수로 환영할 것이요, 이 사람이야말로 우주사(宇宙史)에 최대 영광을 차지할 인물이 될 것이어늘 이 좋은 시대에 어느 곳에서 그 위대한 사업이 세워질 것인지 궁금하다. **역학(易學)으로 보면 간도광명(艮道光明)이라 하여 우주사가 전개된 이후 인류의 운명이 이 간방(艮方,동북방)에서 시작하였고 다시 광명이 간방에서 온다고 하였다. 이것이 중명(重明, 거듭 빛남)이라는 것이다. 백두산족 가운데서 세계 평화를 건설할 인물이 나오리라는 옛 성인들의 예시인데 누가 이 운(運)에 맞는 인물인가, 하루라도 속히 출현하라, 전 세계 인류는 고대한 지 오래다.**”

<증산도 道典>*너희 아버지께서 하시는 일은 이 세상에서 누구하나 알게 하시는 줄 아느냐. 천부지(天不知) 신부지(神不知) 인부지(人不知) 삼부지(三不知)이니, 참 종자 외에는 모르느니라. **선천 운수 궁팔십(窮八十) 달팔십(達八十)이요 지금 운수 동지(冬至) 한식(寒食) 백오제(百五除)니라.** 후천 창생 되기도 어려우니 살아 잘되기를 바랄지라. 내 일은 되어 놓고 봐야 아느니라. 일은 딴 사람이 하느니 **조화 조화 개조화(改造化)라.**

<보천교普天敎 교전敎典>*백암리白巖里로부터 구릿골 약방藥房에 이르어 계실새 여러종도從徒들을 벌여 안치시고 「**삼국시절三國時節이 수지지어사마소誰知止於司馬昭**」를 큰소리로 읽히시니라

열 한 번 째, 「우주변화원리(韓東錫 著)」 6기론의 궐음 소음 태음, 소양 양명 태양의 삼음삼양운동은 하도 낙서의 복희, 문왕팔괘만의 개념입니다. 정역팔괘에 들어가면 오운육기가 바뀌고 인체오장육부가 바뀌어 맞질 않습니다. 하지만 상제님의 후천선경 도래를 노래한 김 일부 성사의 정역팔괘에 들어가서도 한계가 있어서 증산 상제님은 장 기준을 내세워 용담팔괘를 짓게 하는 공사를 보셨습니다.

용담팔괘로 들어가야 역행하던 1)선천 포태양생법이 후천에 왜 순행으로 바뀌어 용화선경이 도래하는지 알 수 있고, 2)십일귀체(十一歸體)의 황극력과, 3) 『言聽計用神』 오부(午符)다음의 『水火金木待時以成水生於火故天下無相克之理』 신부(申符)로 추수도운 세 살림을 매듭짓는 이치를 이해할 수 있어 최종적으로 천장지구天長地久 신명무궁申命無窮이라 한 것입니다.

<대개벽경(大開闢經)>★무신년(1908) 겨울 12월 ★일 ★시에 대흥리에서, 천지대신문을 여시고 천지공사를 집행하시니라. 법을 베푸사 절차가 엄숙하고, 법을 집행하사 이치를 닦음이 정제하니라. 주야로 계속하사 많은 날 동안 칙명을 내리시니, 공사를 집행하신 종이가 마치 언덕처럼 쌓이니라. 이번 집행하신 공사를 자세히 가르쳐 주시지 않으시더라. 말씀하시되, "이번 집행한 공사가 무신戊申년 납월공사가 되나니 무신戊申년 납월臘月공사가 천지의 대공사가 되노라." 훈회를 내리시니,

★북방 현무는 해(亥)에서 물러나고(北玄武謝亥去)
★상서로운 동방청룡은 자(子)로부터 다가오노라(東青龍自子來)
★묵묵히 앉은 마음 고금을 관통하니(黙然坐通古今)
★지금은 선후천 천지인이 바뀌어 진퇴하는 교차기라(天地人進退時)
★편편 한설에 대세를 가를 한 판 바둑판 결판나면(片片雪棋一局)
★집집마다 등불 밝혀 천하가 꽃동산이라(家家燈天下花)
★선천 묵은 세월 가고 후천 선경세월 오니(去歲去來歲來)
★때 되면 인가에 만방이 봄이로다(有限時萬方春)

-戊申冬十二月 日 時 在大興 開天地大神門 行天地大公事 設法 節次 嚴肅 行法 修理 整齊 晝以喩夜 下勅多日 紙積如丘 今次公事 不明教 曰 今次公事 爲戊申臘月公事 戊申臘月公事 爲天地大公事 下訓 北玄武謝亥去 東青龍自子來 默然坐通古今 天地人進退時 片片雪棋一局 家家燈天下花 去世去來世來 有限時萬方春-

<용담팔괘도> 설명:후천 용담에서는 하늘 북쪽 임계(壬癸)에서 음(陰)인 계(癸)가 하늘(천간)의 시작자리가 되고, 지지는 낙서 땅의 북쪽인 자(子) 자리에 후천 용담에서는 사람이 주인이 되므로 동서남북 사정위(四正位)에 인신사해(寅申巳亥)가 자리잡아 변화를 주도하는데, 이 중 사람의 축은 사해(巳亥)이며 사(巳)는 사람의 머리, 해(亥)는 사람의 배이므로 사(巳)가 낙서 북쪽의 자(子) 자리에 들어가게 된 것이다. ★용담도 용담팔괘로 정역팔괘를 보완하는 사명을 맡은 장기준이 상제님의 공사로 정역팔괘를 업그레이드 함. 기존의 복희팔괘, 문왕팔괘, 정역팔괘 중 미흡한 정역팔괘의 팔괘는 그대로 두고 11귀체로 황극력을 드러내도록 간지와 수를 보완한 용담도의 팔괘가 용담팔괘임.

<정북창 팔괘시>★팔괘시 간위뢰석대고작(艮位雷石大鼓作) 태인산택급조성(兌因山澤急潮成)- 간(艮)이 뢰석 자리에 위치하여 큰 북을 짓는다. 태(兌)로 인한 산택이 급히 조수를 이룬다. 동서는 간태(艮兌)이니 산택(山澤)이 된다. 동서(東西)는 일월지도(日月之道)로 낮과 밤을 구분하는 기준이다. 용담도에서 동서인 산택(山澤) 자리는 寅申이 자리한다. 寅申을 기준으로 입지(入地) 36도(度) 출지(出地) 36도(度)를 이루어 72둔(遁)으로 조수(潮水)의 왕래를 이루니 급조성이다.

<통천록(通天錄)>★고조선비사(古朝鮮秘詞), 조대기(朝代記), 표훈천사(表訓天詞), 삼성밀기(三聖密記)와 함께 비사(秘詞)로 조선왕조실록에 기록된 통천록(通天錄)에 "육만년전(六萬年前) 개천시(開天時)요 오종차회(午終此會) 천수시(天收時)라 자오침(子午針)을 수원(收圓)하고 인신선(寅申線)으로 교환하여 설치한다."

4	9	2
3	5	7
8	1	6

(낙서수)

7	2	9
8	6	4
3	10	5

(용담수)

★1) 정역 팔괘와 용담팔괘는 동일하고 수열구조만 다르며 각 궁끼리의 합은 11로 십일귀체(十一歸體)를 이룬다. 낙서수에 11의 보수(補數)를 뽑아내면 용담수이다.

★2) 낙서도의 묘유진태357 축과 용담도의 인신간태864 축을 보면 낙서도는 1,3,5,7,9 양수가 행마하되 왼쪽으로 돌면서 상승하여(남자가 주인, 여자가 손님인 억음존양시대) 선천은 명반(命盤) 포국(布局) 12포태법이 명반상의 시계방향으로 원기를 소멸하면서 극대 분열수 9수까지 분열시켜가므로 인간은 포태양생욕대관왕쇠병사장의 역리(逆理)로 100년도 못살고 죽는다. 반면 후천 용담도는

坤(5)

巽(1) 地(7) 離(9)

艮(8) 兌(3)

坎(4) 天(2) 震(6)

乾(10)

< 정역8괘 >

坤(2)

巽(7) 離(9)

艮(8) (6,1) 兌(4)

坎(3) 震(5)

乾(10)

< 황극역(용담8괘) >

낙서도와 정반대인 2,4,6,8,10 음수가 행마하되 오른쪽으로 돌면서 하강하여(여자가 주인, 남자가 손님되는 정음정양시대) 12포태법도 장사병쇠왕관대욕생양태포의 순리(順理)로 극대분열수 9에서 1태극수를 찾아들어 순행하므로 1000세 수명을 누리는 신선 용화세계이다. (상수(上壽)가 일천이백세(一千二百歲)요 중수(中壽)는 구백세(九百歲)며 하수(下壽)는 칠백세(七百歲))

★3) 數의 행마법 이해:선천(先天)을 중심으로 만물의 전개 양상을 살펴보면 양(陽)은 왼쪽으로 돌면서 상승하고 음(陰)은 오른쪽으로 돌면서 하강한다고 본다. 그 이유는 하늘은 가볍고 맑은 기운이므로 위에 자리를 잡고 땅은 무겁고 탁한 기운

의 모임이 되는 까닭에 오른쪽으로 돌면서 하강한다고 보는 논리 때문이다. 여기서 왼쪽의 개념은 해가 움직이는 시계 방향을 뜻하고 오른쪽은 지구가 회전하는 시계 반대 방향이다. 그리고 이 이치는 역의 선천 기본 팔괘에서도 그대로 반영되어 있다. 해는 동쪽에서 이른 아침에 나타나 남쪽을 거쳐 서쪽으로 기우는 까닭에 선천에서 이(離)는 동쪽이 되고 달은 해가 기울고 난 뒤 밤에 해당하는 서방에 떠있으면서 해를 계승하는 까닭에 감(坎)은 서쪽이 되었다. (離東坎西)

*4) 이처럼 해와 달이 서로 밀치면서 음(陰)과 양(陽)으로 작용할 때 위에 있는 하늘은 양(陽)이 가득한 상이 되므로 오히려 하나의 음(陰)이 아래로부터 생겨나 오른쪽으로 돌면서 하강하는 상(象)이 되고, 오른쪽으로 하강하여 음(陰)이 지극해진 곤(坤)은 음이 지극한 까닭에 다시 하나의 양이 생겨나면서 왼쪽으로 돌아 상승하면서 선천 팔괘의 기본 패턴을 이룬다. 그러므로 여기서 말하는 오른쪽과 왼쪽의 개념은 단순하다. 음(陰)이 가득한 땅은 겨울 혹은 해가 진 북쪽 방위와 일치하므로 곤의 자리가 아래인 북방이 되고 양이 가득한 하늘은 해가 중천에 떠올라 가장 무더운 한낮이거나 여름철의 삼복 기운을 나타내므로 건의 자리가 위인 남쪽이 된다. (乾上坤下) 이로써 보면 왼쪽이란 땅이 자리잡은 북쪽으로부터 해가 솟아나며 양기가 발산되는 동(東)쪽을 뜻하고, 오른쪽이란 하늘이 자리잡은 남쪽으로부터 해가 기우는 서(西)쪽 방위가 됨은 너무나 당연하다. (인용: 역에서 말하는 좌선左旋과 우선右旋: 문수의눈)

*좌선(左旋)으로 본 8괘(八卦)와 수(數)

離(9)
巽(4) 坤(2)
↘
震(3) → 5 → 兌(7)
↘
艮(8) 乾(6)
坎(1)

〈문왕(文王) 8괘(八卦)〉

坤(2)
巽(7) 離(9)
↖
艮(8) ← 6 ← 兌(4)
↖
坎(3) 震(5)
乾(10)

〈용담(龍潭) 8괘(八卦)〉

*5) 정역팔괘 내부의 2천7지의 불이 용담팔괘에서는 1,6수 황심월 자하도(紫河島) 속에 자리하여 안정되어있다. 문왕팔괘에 금화착종(金火錯綜: 금화가 뒤바뀜)된 것이 용담팔괘에 다시 원 위치되어 돌아가 있다.

*6) 낙서도에서 마주보고 있는 대대(待對)자리의 합은 10이지만 용담도에서 대대(待對)자리의 합은 12이며 가로, 세로, 대각선의 합이 모두 19를 이룬다. (15마방진이 19마방진)

*7) 건곤이 천지정위(地天泰卦)하고, 간태가 합덕(艮兌合德)하고, 진손의 뇌풍이

서로 취해 상박(雷風相搏)하고, 감리의 일월이 합명(日月合明)하여 4정위(正位), 4유위(維位)가 서로 음양을 이루고, 수의 서열이 양음 (1,6) (7,2) (3,8) (9,4) (5,10)의 순서와 합수 7, 9, 11, 13, 15가 양을 이루어 지천태괘(地天泰卦)와 더불어 총체적으로 정음정양(正陰正陽)을 이루게 되었다.

★8) 막둥이 도수에 6수가 붙어있고 연원(淵源)조직의 기본체계도 6임(任) 제도이며 태모 고 수부님은 도통도 6수에 붙여놓았다. 황극역인 용담팔괘 용담도 중앙에 6이 있고 1수가 귀장(숨겨짐)되어 있다. 36궁 도시춘(복희8괘의 수 1~8의 합. 36궁이 모두 선경)이 중궁에 들어있다 (6×6=36). 황극역의 중심에 6이 들어간다는 것은 인간의 중심(自性)에 "조화 조화 내조화"의 선경세계가 들어있음을 의미한다. (복희8괘를 천역(天易), 문왕8괘를 지역(地易)이라고 한다면 황극역은 인역(人易)이라고 할 수 있으므로 인존시대를 이루기 위해서는 그 중심에 6수가 들어가야 함)

★9) 진변위간(震變爲艮)은 복희팔괘의 진(震)괘가 문왕팔괘로 가면 간(艮)괘가 되며 문왕팔괘의 진(震)괘는 정역팔괘로 가면 간(艮)괘가 되어 열매맺는다는 것이다. 김 일부 성사의 정역팔괘는 증산 상제님의 마지막 사명을 맡은 장기준에 의해 용담팔괘로 완성된다. 복희팔괘의 괘상이 문왕팔괘에서 금화착종(金火錯綜), 금화교역(金火交易)을 하면서 동서축인 감리(坎離)가 진태(震兌)로 바뀌고 그 대신 기존의 천지를 대행하는 일월정신의 감리(坎離)는 기존의 건곤 방위로 새로이 자리잡게 된다. 이러한 문왕팔괘는 정역팔괘로 와서 비로소 간소남 태소녀의 간태(艮兌)로 제 자리를 찾게 되는데(寅申巳亥가 四正位) 간태(艮兌)는 11歸體의 용담팔괘에서 8간산(艮山:申) 4태택(兌澤:寅)으로 산택통기(山澤通氣)한다. (子午寅申 先天之先后天<正易> '萬物之所成終而所成始也일새 故로 曰成言乎艮이라. <u>山澤通氣然後에야 能變化하야 旣成萬物也하니라</u>. <주역 설괘전>')

★10) <금강 대선사>★가귀판 진주 놀음은 낙서판 15 마방진 놀음입니다. 한민족의 삼한시대 놀이가 투전판에 흡수된 것이죠. 하도는 1. 2. 3. 4. 5. 6. 7. 8. 9. 10의 열개의 수. 낙서는 1. 2. 3. 4. 5. 6. 7. 8. 9. 의 아홉개의 수. 낙서는 종횡 경사로 숫자의 합이 모두 15인 15 마방진. 이러한 낙서원리로 15수를 맞추는 놀이가 가귀5판 15진주치기 놀음입니다.

☆2개조 6인 이하가 할 때는
(9. 5. 1)이 최고의 패—(진주인 5와 갑오인 9를 동시에 가진 패)
☆3개조 9인 이상이 할 때는
(5. 5. 5.)대방신수가 최고 패.
5. 5. 5. 패가 없으면 (9. 5. 1)이 최고 패.
—(3개조면 총 27개의 패가 있고.
5. 5. 5. 대방신수가 나올 경우는 유일하다.
9. 5. 1. 은 세 경우가 있다.

같은 9. 5. 1. 이면 순번상 말수가 먹는다.

((상세는 제(금강)가 쓴 가귀판 15 진주놀음에 대한 글 참조하세요.))
((가구9판 진주 놀음. 15진주 놀음은 말 자체가 안되죠?))
ㅡ이 갑오생이 15진주라는 괴이한 과도기 중복 프레임에 빠져 30 년 동안 천지공사 까막눈으로 살았습니다. 가귀(5)판 15진주 놀음은 패 두 장으로 하는 땡치기 놀음이 아닌 패 석장으로 하는 15 마방진 진주숫자 만드는 놀이입니다.

11) <금강 대선사>○○[동곡비서 六八] 평소에 선생이 종도들을 다리고 노르실 적에는 반드시 "가구 진주치기 노리"를 하시는데 투전을 들고 탁 치시면서 "ㅇ씨가 판을 첫다." 하시고, 다 걸거 드리시면서 "파라 파라 깊이 파라. 얖이 파면 다 죽는다. 잘못하다가는 십년공부 도로아미타불이란 말이다. 알것느냐. 도로 본자리에 떨어진단 말이다. 나는 알고, 너는 모르니 봉사 잔치란 말이다. 아는 사람은 알지마는 누가 갈처주나. 제가 알아야 한다니께" 하시고 또 가라사대 "나의 일은 알다가도 모르는 일이라. 끝판에 ㅇ씨가 있는 줄 모른다 말이다"알이라.
끝판에 ㅇ씨가 있는 줄 모른다 말이다"

●ㅇ씨는 서씨로 표현되나 특정 성씨가 아니라 투전판 족보 중 6(서시)를 의미합니다. ((제가 여러번 밴드글에 밝힌 내용입니다.))
○○
육두문자가 나의 비결이니라.

이 말은 가귀판 공사인 15진주 지도자 3진주 내는 공사는 문왕팔괘 낙서도에서 이미 이루어지는 도수입니다. 이제는 15진주 도수가 나왔기 때문에 15수가 차면 판몰이를 하는 도수(역도)이 나와야 합니다. 그것이 바로 육두문자인 18궁 공사인 정역팔괘 용담계사도 입니다.

○(동곡비서 21장)
"또 가라사대 [금산사 삼층전 미륵은 손바닥에 불을 받았으나 나는 입에다 물었노라] 하시고 입을 열어 보여주시니, 좌측 볼에 붉은 점이 바둑돌 같이 박혀 있더라. 부를 그려 소화하시며 각국 신명을 부르시는데, 각국 신명이 올적에는 각국말을 하시고, 천상공사(天上公事)를 보실 적에는 천상글을 써서 소화하시고 천상말로 공사를 보시고,
●[육두문자가 나의 비결이니라. ●육두문자를 잘 살피라.
천상말을 모르고 지상천국 도수를 어이보며, 천상글을 모르고 천상공사를 어찌 부칠까] 하시더라."

*12)●●낙서도에서 용담계사도가 출현하는 원리.

((북방 임자 1 조화수의 원리)) ㅡ천지에 수기가 내린다.

4	9	2
3	5	7
8	1	6

ㅡ천지의 질이 변한다. 낙서의 구궁의 모든 수에다가 북방 1수를 더합니다.

5(4+1)　10(9+1)　3(2+1)
4(3+1)　6(5+1)　8(7+1)
9(8+1)　2(1+1)　7(6+1)

이 도圖를

●●리서남교통의 숫자 3을 기동북고수의 동북으로. ●●기동북고수의 숫자 9를 리서남교통의 서남으로 역전시키면. 뒤집으면. ●● 육두문자 18마방진이 나온다. (용담계사도수리)

7　2　9
8　6　4
3　10　5

낙서수리의 11귀체가 완벽히 이루어지고. 정역 십오일언에서 글로는 보이고 정역괘도의 수리에선 보이지 않던 구이착종(9. 2착종)이 도상에 수리로 드러납니다.

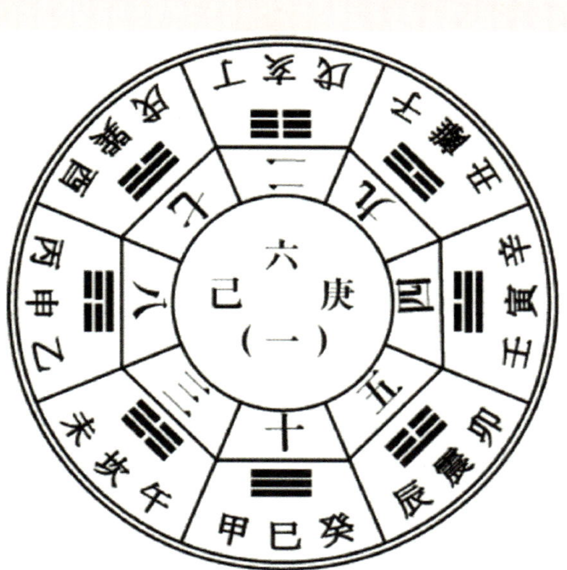

문왕팔괘의 수는 우리가 흔히 마방진이라고 하는 15수가되는 낙서 마방진 수이고 용담팔괘는 문왕팔괘에다가 1수를 더하여 판을 뒤집어 엎으면 되는 육두문자 18마

방진이 일이라. 끝판에 ㅇ씨가 있는 줄 모른다 말이다"

●●
15수가 찬다는 것은 낙서판 15진주 놀음이 끝나고. 용담계사도 18마방진이 출현하여 현실에선 5.5.5 대방신수 패 석장. 지도자 셋 도수가 끝나고 진주 5에서 한 끗 튄 6 서시가 나와서 판몰이 한다는 의미입니다.
○○
●세속에 가귀라는 노름판이 있어 열다섯 수가 차면 판모리를 한다하니 후천에 이루어질 비밀을 세간에 누설한 것이니라!

●성도들로 뒤를 따르게하여
☆좌선 (15)회 하시며 (구천지 상극 대원 대한) 하시며 읽게 하시고
☆우선 (15)회 하시며 (신천지 상생 대자 대비)하시며 읽게 하시고 다음 이어

●(서신사명 · 수부사명)이라

●(16)회 읽게 하시니라!

●●(15진주수에서 한 끗 튄수 16. 16이 곧 서시도수)
☆16은10+6(봉천지도술약국 재전주 동곡 생사판단은 10무극 상제님이 짜시고
6수6서시가 이룬다. 6은1+5로 1수가 내재되어 있는것 용담계사도에서 중궁 자하도 용담에 1수가 숨어 있는 것 —북방 1임수 임진 흑룡 비는 용이 내린다

●●우산 7고랑중 여섯고랑에 물이 흘러 내림
칠성도꾼 육임조직으로 도통이 내림 칠성용정 육임 핵랑군 1개조 7인
(7×12000=84000 의통성업조직)

●●*후천의 천지사업이 지심대도술 하나 뿐이로다! 일왈 통이요! 이왈 개안이요! 삼왈 포계니라!
이 모두가 대서(24절후중 15번째)에 생장하고 입추(24절후)중 ((16번째))에 결실하게 되리로다!—(물(수)자 수부사명)—입추후 첫번째 경일이 (말복)!

●●봉천지 도술약국 재전주동곡 생사판단
~몇 자인지 세어보라 ~열여섯(16)자 이옵니다. ~ 진주에서 (한끗)이 튀었네! 하시고 내 일은 판밖에서 성도하게 되느니라!(6서시 서신사명 판밖 판몰이 도수)

●●알뫼장터 투전판 공사에서 패 석장(3장)을 던지시며 판을 거두어 들이시니라.
나는 순이다.((내가 5.5.5. 대방신수로 도수를 짜 놓았다))

●천하에 대도통은 육(6)으로써 벌리나니~오성산은 북방 1·6수라야 채울수 있느니

라!

●●진변위간·신명무궁.

●진변위간으로 12지지상 신이 천명을 받습니다.
●문왕팔괘 사정위 자오묘유가 후천 ●정역팔괘에선 간동태서건북 곤남인데
●용담도에선 지지로 인신사해가 됩니다.
오군화의 망동을 신상화가 10토의 중재로 금화상쟁을 금화교역으로 완성. (오미방광 신유이)

인사적으론
●●갑오가 (갑3목을 오7화가) 금화교역할 수가 없고, 이치가 맞지않고.
●●병신이(병7화를 신9금이 10미토의 중재로)금화교역을 완성하는 것. 이를 ●신명무궁이라 하고 이치에 맞습니다.

●●☆
선천 문왕팔괘 사정위 자오묘유가
후천 정역팔괘에선 지축정립으로 사정위가 진술축미인데.
●●용담에선 왜?
사정위가 인신사해 특히 동방 간이 신이 되고 서방 태가 인이 됩니까?

왜냐하면
●● 지축이 기울어진 문왕팔괘에서
●지축이 바로서는 정역팔괘는 오운과 육기의 질량변화의 량적인 변화라면.
●용담도는 지축이 서는 량적인 변화뿐만 아니라 질적인 변화까지 포함하였기에 그러합니다.
그래서 용담계사도라 합니다.
<한동석 우주변화원리>의 오운육기의 질량변화를 이해하시면.
용담의 질적변화도 이해하실듯 합니다.

*13)중궁에 1, 6수가 있어 36궁 도시춘을 자하도라 하고 태모 고 수부님은 이를 "자씨부인(慈氏夫人) 자하도(慈下道) 일월수부(日月首婦) 자하도(慈下道) 여동빈씨(呂童賓氏) 자하도(慈下道) 일곱칠성(七星) 자하도(慈下道) 천지(天地)가 자하도(慈下道) 선인옥봉(仙人玉逢) 자하도(慈下道) 하도낙서(河圖洛書) 자하도(慈下道) 조화(造化) 조화(造化) 내조화(造化) 한울님의 조화(造化)로다 생신(生身) 생신(生身) 생신(生身)이라 선천(先天)은 물러가고 후천(後天)에 들어서니 후천도통(後天道通)은 이 분(分)들의 책임(責任)이라" 하셨다. 즉, 후천을 선인으로 만드는 여동빈의 자하도가 바로 일월수부 자하도이며 최종적으로 의통성업을 매듭짓는 추수도수 세 살림의 종통 역시 이러한 1.6수 도시춘 기운을 가진 일곱칠성 자하도라야 후천도통을 내릴 수 있어 태모님은 후천도통(後天道通)은 이

분(分)들의 책임(責任)이라 하셨다.

<선도신정경(仙道神政經)>★인신사해(寅申巳亥)에 문(門) 열리니 될려는 사람의 일일세 그려 바다해(海)자 열 개자(開字) 사진주(眞主)가 오신다네 옥구(沃溝)가 근본(根本)이네 삼제갈(三諸葛) 팔한신(八韓信) 관우(關羽) 장비(張飛) 조자룡(趙子龍) 진묵대사(震默大師) 사명당(四溟堂)이 때가 때인 만큼 일제(一齊)히 서로 나서 만고성인(萬古聖人)이 다 오신다네 오방신장이하(五方神將以下)로 신영(神迎)맞이 어서하소 나는 바닥에 일(一) 붙은 줄 알고 뽑노라

<격암유록(格庵遺錄) 송가전(松家田)>★易理乾坤循環之中역리건곤순환지중 三變九復삼변구복 돌아오네 儒佛仙三理氣妙法유불선삼이기묘법 易理역리로서 出現출현하니 小男小女先天河圖소남소녀선천하도 義易理氣造化法희역이기조화법에 儒道正明人屬유도정명인속하야 七十二賢歌時調칠십이현영가시조 乾南坤北天八卦건남곤북천팔괘로 天地否卦春生之氣천지비괘춘생지기 八卦陰陽相配故팔괘음양상배고로 相生之理禮義상생지리예의로다 八卦磨鍊義易法팔괘마련희역법이 四時循環사시순환되오므로 胞胎養生春生發芽포태양생춘생발아 衰病死葬不免쇠병사장불면이요 喜怒哀樂四時循環희노애락사시순환 一去一來 次일거일래전차로다

<격암유록(格庵遺錄) 송가전(松家田)>★先天河圖已去선천하도이거하고 後天洛書到來후천낙서도래하니 中男中女後天洛書중남중녀후천낙서 周易理氣變化法주역이기변화법이 佛道正明地屬불도정명지속하야 五白盡漢阿彌陀佛오백진한아미타불 離南坎北地八卦이남감북지팔괘로 火水未濟夏長之氣화수미제하장지기 八卦陰陽着亂팔괘음양착란하야 相生變爲相克상생변위상극이라 八卦磨鍊周易法팔괘마련주역법이 四時動作一般사시동작일반으로 浴帶冠旺夏長之理욕대관왕하장지리 衰病死葬如前쇠병사장여전으로 溫熱涼寒四時到來온열양한사시도래 晝夜長短 次주야장단전차로다

<격암유록(格庵遺錄) 송가전(松家田)>★後天洛書又已去후천낙서우이거로 中天仁符更來중천인부갱래하니 長男長女印符中장남장녀인부중에 天正易理氣造化法천정역이기조화법이 仙道正明天屬선도정명천속하야 一萬二千十二派일만이천십이파로 坤南乾北人之八卦곤남건북인지팔괘 地天泰卦人秋期지천태괘인추기로 八卦陰陽更配合팔괘음양갱배합에 相克變爲相生상극변위상생일세 八卦變天正易法팔괘변천정역법이 四時循環永無故사시순환영무고로 浴帶冠旺人生秋收욕대관왕인생추수 衰病死葬退却쇠병사장퇴각이라

<격암유록(格庵遺錄) 송가전(松家田)>★不寒不熱陽春節불한불열양춘절에 夜變爲晝晝不變야변위주주불변을 長女長男仙道法장녀장남선도법을 四時循環無轉故사시순환무전고로 胞胎養生포태양생올수없고 衰病死葬쇠병사장갈수없네 欲帶冠旺永春節욕대관왕영춘절에 不死消息불사소식반가워라 儒佛仙合皇極仙運유불선합황극선운 手苦悲淚수고비루없었으며 衰病死葬一坏黃土쇠병사장일배황토 此世上차세상에있단말가 女上男下鷄龍之運여상남하계룡지운 男女造化一般남녀조화일반이라

<보천교 교전(普天教 教典)>★曰河圖之理如何曰河圖之體圓天也陽也體陽則用陰 故數終於十其理虛 故先天事多實中有虛 洛書之體方地也陰也體陰則用陽故數終於九其理實 故後天事多虛中有實 盖河圖揭陰陽之全體以示人 洛書揭陰陽之正位以示人 先天以河圖爲軆而洛書爲用 故 相生中相克 後天以洛書爲軆而河圖爲用故相克中相生 曰何以虛實 曰大衍之數五十河圖五十五點虛五然後爲五十-선천괘도인 하도의 이치는 여하한가 가로대 하도의 이치는 둥근 원(圓)인 하늘을 양의 본체로 삼아 음을 방편으로 쓰기 때문에 그 수의 이치가 10에서 매듭을 지어 본질상 허해 속이 비어있는 고로 선천에는 허다한 열매의 속이 빈 것이다. 낙서의 이치는 모난(方) 땅을 음의 본체로 삼아 양을 방편으로 쓰기 때문에 그 수의 이치가 9에서 매듭을 지어 속이 가득 차 있는 고로 후천에는 허한 중에 실함이 있다. 대개 하도는 음양의 전체를 들어 사람에게 보여주고 낙서는 음양의 바른 자리를 들어 사람에게 보여준다. 선천에는 하도가 본체가 되고 낙서를 방편으로 쓰는 고로 상생 중 상극이지만 후천에는 낙서를 본체로 쓰고 하도를 방편으로 쓰는 고로 상극 중에 상생이다. 가로대 무엇이 허실인가. 대연수 50은 하도 55점에 5가 빈 연후에 50이 된다.

≪주역≫ <계사전 상편>에서는 "대연지수(大衍之數:천지 음양 변화를 추측하는 데 사용하는 수)는 50이고, 그 중에 사용하는 것은 49이다. 49를 둘로 나누어서 하늘과 땅, 양의(兩儀)를 상징한다. 1개를 떼내어 따로 걸침으로써 하늘과 땅과 사람 삼재(三才)를 상징한다. 나머지 시초를 4개씩 덜어내어 사계절을 상징한다. 4개씩 덜어낸 나머지를 손가락 사이에 끼운 다음 두 손의 나머지를 내려놓음으로써 윤달을 상징한다. 윤달은 대개 5년에 두 차례 있으므로 그 이치를 상징해 덜어낸 나머지를 손가락 사이에 끼우는 동작을 두 번해 괘를 찾는다." 고 하였다.

<증산천사공사기(甑山天師公事記)>★구월에 천사께서 「병자기이발」이라 쓰시고 또 「장사병쇠왕관대욕생양태포」를 지(종이) 칠매에 한결같이 써서 각각 봉하신 후 형렬을 불러 가라사대 이제 전주에 가서 이 칠봉(7봉서)을 모모 칠 인에게 분급(나누어주고)하고 일모(날이저뭄)를 한하여 돌아 오라. 모든 제자가 그 의의를 묻자온대 천사 가라사대 말하여도 알지 못할 것이라.

原文: 九月에 天師께서 「病自己而發」이라 쓰시고 또 「葬死病衰旺冠帶浴生養胎胞」를 紙七枚에 한결같이 써서 各各 封하신 後 亨烈을 불러 가라사대 이제 全州에 가서 이 七封을 某某 七人에게 分給하고 日暮를 限하야 돌아 오라. 모든 弟子가 그 意義를 묻자온대 天師 가라사대 말하여도 알지 못할 것이라.

<증산천사공사기(甑山天師公事記)>★성편(책이 만들어진) 후에는 스스로 알리라 하시더라. 형렬이 봉명(명을 받들고)하고 전주에 가서 김 낙범, 김 병욱, 김 윤찬, 김 윤근, 김 준찬 오인에게 분전(나누어 전함)하고, 명하시던 바 김, 박(미상명) 양인은 출타함으로 다만 일모(날저뭄) 귀래(귀가)하라신 명을 어기지 말려고 기다려 전하지 않고 그대로 돌아왔더니, 천사께서 기다려 전치 아니하심을 꾸중하시더라.

原文: 成篇 後에는 스스로 알리라 하시더라. 亨烈이 奉命하고 全州에 가서 金洛範 金秉旭 金允贊 金允根 金俊贊 五人에게 分傳하고, 命하시든 바 金朴(未詳名) 兩人은 出他함으로 다만 日暮 歸來하라신 命을 어기지 말려고 기다려 傳하지 않고 그대로 돌아왔더니, 천사께서 기다려 傳치 아니하심을 꾸중하시더라.

<동곡비서>★하루는 동곡에 계실 새, 형렬에게 일러 가라사대 "내가 이제 화둔(火遁)을 묻었으니 불을 조심하라. 만일 너희 집에 불이 나면 불귀신의 세력이 광대하여 전 세계에 큰 화를 끼치리라." 형렬이 놀래어 종일토록 불을 조심하고 마음을 놓지 아니하였는지라. 구월에 선생이 양지 일곱 장에 각기 '병자기이발 장사병쇠왕관대욕생양태포(病自己而發 葬死病衰旺冠帶浴生養胎胞)'를 써서 보아여 형렬에게 주시며 가라사대 "전주부중에 가서 누구누구 일곱 사람에게 전하고 오라."

<선도신정경>★천지공사에는 인정도 사정도 없는 법이니라 하시니 이때에 어느 사람이 얼른 묻기를 어찌 그러하나이까 하고 물으니 가라사대 허허 제각기 하고 싶은 일을 하니 그 뜻을 어찌 다 받아 줄까 하시더라.

<증산도 道典>★또 말씀하시기를 "나는 바닥에 일(一) 붙은 줄 알고 빼려 드니 누구든지 일자, 삼자를 잡아야만 임자네." 하시고 "같은 끗수면 말수가 먹느니라." 하시니라. (종통의 인사문제에 있어 일자 삼자는 사주에 壬일수, 甲삼목을 동시에 잡아야 한다는 말씀이다)

<선도신정경3:27>★오성산(五聖山)은 북방(北方) 일육수(一六水)라야 채울 수 있으리라 솥(鼎)은 말리면 아니 되리니 조왕(竈王)의 솥(鼎)을 말리지 말고 일육수(一六水) 물을 훌훌 둘러 놓아두도록 해야 하리라(같은 물이라도 음수인 6수(癸)는 컵 속의 물이고 양수인 1수(壬)는 大海, 大洋의 물이다. 물은 우주생명의 근본이라 생명을 낳는 壬=姙娠의 뜻과 생명의 王이며 대임을 맡는 맡길 任에 쓰인다. 인류구원의 의통목 집행은 갑3목으로만은 안되고 大任을 뜻하는 임 1수가 반드시 있어야 한다.)

<선도신정경>★(壬 1수 사명)"나는 바닥에 일(一) 붙은 줄 알고 뽑노라." "물아래 박서방 물아래 박서방.."

<선도신정경>★"바다 가운데 자하도 해중 문을 열어놓고 사람 맞이 하느니라." (참고: 『선도신정경』에 여동빈의 자하도라 했으니 태모 고 수부님의 도는 신선도인 태을도라서 초창기 선도교라 했다. 壬 一수바다 가운데 신선도 해중문 열어 놓고 사람 맞이한다. 용담팔괘 중심에 1.6수가 들어있어 자하도이다.)

<김일부 正易>★(壬 1수 德의 속성)天一壬水兮여 萬折必東이로다:백절불굴의 정신으로 누런 황톳물의 황하는 만 번 꺾어져 넘어져도 결국에는 동쪽 끝 서해바다로 흘러 목표를 이룬다.

<선도신정경>★은천상제(恩天上帝)가 상천(上天)이요 토궁지(土宮之) 오복(五福)이라. 수궁성군(水宮聖君)을 모시어 탈겁중생(脫劫衆生)이 이 아니냐

<선도신정경>★또 어느날 공사(公事)에서는 말씀이 계시니 이러하니라 사철(四節) 새 하나(一)에서 이루어(成)지느니라 나 살고(生) 남 살리자는 공부(工夫)이니 살아(生)서 잘 되기를 바라소 이제 선자(善者) 개재차사(改在此事) 되느니라(★막둥이 도수의 선자(善者)는 말 잃고 오양간 고치는 개혁으로 재출발한다;<선도신정경>★저 망(亡)하고 남 망(亡)치는 공부(工夫)이니 망(亡)하고 들어서야 하느니라.

<선도신정경>★새 천지(天地)가 다시 나오나니 개제차사(改再此事) 하라. ★<선도신정경>개재차사(改再此事)라 하니 말 잃고 오양간 고친다는 말이네.

<김일부 正易>★天一壬水兮여 萬折必東이로다:백절불굴의 정신으로 누런 황톳물의 황하는 만 번 꺾어져 넘어져도 결국에는 동쪽 끝 서해바다로 흘러 목표를 이룬다.

열 두 번 째, 증산 상제님은 안(安) 씨 재실인 추원재에서 댓가지로 천하 수기 돌리는 공사를 보시고, 안 내성 성도를 통해 도안(都安) 세 살림 세 상(床) 폐백을 받으시는 공사를 친히 집행하시고, 야밤에 나가시어 옥구 오성산에 세 말뚝을 박는 공사를 집행하시고, 안 내성(安乃成) 성도에게 후진주 세 살림 추수 도수를 집행하는 청홍황(黃紅靑) 삼색(3色) 사명기(司命旗)를 내리셨는데, 안 내성(安乃成) 성도에게 전해 내리신 공사도(公事圖)인 성장(誠章) 공사도(首陽梅月 萬古遺風圖), 예장(禮章) 공사도(洛出神龜 天地節文圖), 신장(信章) 공사도(靑鳥傳語 白雁貢書)가 3개입니다.

사명기는 임금이 어명으로 출정하는 대장군에게 곤이내(대궐 문안)는 짐이 제지하고 곤이외(대궐 문밖)는 장군이 제지하라는 뜻으로 전쟁터에서의 모든 권력을 공인해서 주는 것을 의미합니다. 동학혁명을 일으킨 전 명숙 장군도 당시에 단지 당대에 소문이 난 이인쯤으로 알고 만난 20대의 젊은 상제님을 보고 혁명거사에 도움을 요청했으나 무고한 백성만 상하니 혁명을 하지 말라는 권유로 젊잖게 거절당한 뒤 혁명 실패 후 처형된 후 귀신이 되어 보니 혁명전에 자신이 만나 도움을 요청했던 젊은 이인(異人)이 바로 천주 하느님이심을 알아보고 깜짝 놀랍니다.

그리하여 귀신이 된 전 명숙 장군은 왜 살아생전 거사를 도와 달라 했을 때 하느님의 권능을 붙여주는 사명기(司命旗)를 안 내려주셨느냐 포한(抱恨)하며 눈물을 흘립니다. 상제님께서는 포한(抱恨)한 전 명숙 장군에게 신명으로나마 해원을 시켜주는 사명기(司命旗) 공사를 따로 보신 바 계십니다. 이같이 안 내성(安乃成) 성도에게 내린 사명기(司命旗)는 추원재 안 씨 재실공사로부터 안(安) 씨 성에 부치신 도안(都安) 세 살림 추수 도수의 종장을 짓는 천지인신(天地人神) 수찰(垂察)의 명증(明證)입니다.

<동곡비서>*순창 피노리에 계실 새, 황응종이 이르거늘 선생이 가라사대 "고부사람이 오니 바둑판을 가히 운전하리라." 하시고 '영웅소일대중화 사해창생여락자(英雄消日大中華 四海蒼生如落子)'라는 글을 외우시고, 그후에 "최수운(崔水雲)과 전명숙(全明淑)이 사명기가 없음을 한하노니 그들의 원을 끊으리라." 하시고 사명기(司命旗)를 각 한통씩 지어서 높은 소나무 가지에 달앗다가 다시 데어 불사르시니라.

열 세 번 째, 안(安) 씨 성은 이두문자를 만든 대석학 설총(薛聰:원효대사 子)비결에도 근어여성성어녀(根於女姓成於女)라 해서 여자 성씨인 강(姜)씨 성에서 뿌리를 두어 여자 성(安)씨에서 천하사를 이룬다는 의미입니다. 선천은 억음존양 시대로 양체음용의 건도시대이며 후천은 정음정양 시대로 음체양용의 곤도 시대입니다.

증산 상제님께서는 칠산 앞바다의 조기도 먹는 사람을 정해 놓고 잡힌다 하시고 '만사분이정 부생공자망'이라 하셨습니다. *만사분이정(萬事分已定) 부생공자망(浮生空自忙)-모든 일이 이미 다 정해져 있는데 세상 사람들이 덧없이 공연히 저 혼자 바쁘구나.<증산도 道典> 칠산(七山) 바다에 조기잡이도 먹을 사람을 정하여 놓고 잡히나니<증산도 道典>

증산 상제님께서 1, 2, 3 차의 3초(哨, 招:경순왕의 귀부 등 새 시대를 여는 상징적 사건) 공사를 보시며 3초를 맡은 선진주 영웅 손병희가 성(城)돌 밑에서 턱을 고이고 앉아서 조선 왕조에 대해 역적(逆賊)을 도모(圖謀)함으로 성사(成事)치 못하리라 하시고 선진주에 이어 운암강수 만경래 만경강 세 살림도수의 주인공 후진주(後眞主) 대인이 출세하는 공사를 보셨습니다. 상제님께서는 33인 민족지사의 태화관 3.1 독립선언서 낭독과 기미 독립만세운동을 기획한 의암 손병희에 대해 선진주(先眞主)인 의암 손병희(孫秉熙)는 '구암(舊庵)'이고 상제님이 공사 집행중인 원평(院坪) 신암(新岩) 주막의 음동기운을 부쳐 도안(都安)의 세 살림 집이 바로 '신암(新庵)'이라는 것입니다.

<보천교 교전>*원평(院坪)을 지나 신암주막(新岩酒幕)에 이르사 가라사대 들으니 손병희(孫秉熙)가 전주(全州)에 왔는데 서울에 교당(教堂)을 짓는다고 빙자(憑藉)하고 그 부하(部下)의 어린아해(兒孩)들 옷고름에 채운 돈까지 글거다가 큰집과 적은 집을 거느리고 행락(行樂)하며 윈부하(部下)들을 망(亡)친다 하니 그 무능(無能)함은 가(可)히 알지라. 만일(萬一) 재능(才能)이 있으면 천하(天下)집이 모두 저의 집이 될지니 집을 지어 무엇 하리오. 이제 호남(湖南) 각지를 다 돌면 그 부하들은 다- 망(亡)하리라.

<보천교 교전>*이제 누구든지 몽둥이를 들어 그 머리를 치며 네 재능(才能)이 무엇이관대 부하(部下)들을 그다지 망(亡)치느냐고 꾸짖으면 대답(對答)하지 못하고 돌아가리라. 응종(應鐘)이 몽둥이를 들며 엿주어 가로되 내가 쫓아가서 그리하겠나이다. 가라사되 네가 진실(眞實)로 쾌남자(快男子)로다 하시고 또 가라사되 저희들은 다-구암(久庵)이오 이곳은 신암(新庵)이니 곧 도안(都安)의 집이니라. 이 때에 손병희(孫秉熙)가 호남지방을 순회하려다가 뜻밖에 예정을 변하야 돌아가니라.

<보천교 교전>*어든 사람이 엿주워 가로되 조선말(朝鮮之末)에 이란(吏亂)이 있으리라 하오니 그렇하오리있가. 가라사되 손병희(孫秉熙)가 영웅(英雄)이라 장차(將次) 난리(亂離)를 꾸미리니 그 일을 일음이니 손병희(孫秉熙)가 선 진주(先眞主)라 박절(薄切)하게 성(城)돌 밑에서 턱을 고이고 앉어서 역적(逆賊)을 도모(圖謀)함으로 성사(成事)치 못하리라.

<새시대 새진리(안운산 증산도 종도사 어록>*상제님은 안 내성 씨를 중하게, 긴요하게 쓰기 위해 아주 심하게 박대를 하셨다. 그러고서 안 내성 씨에게 태을주(율려도수)를 전해주신 것이다.

<증산도 道典>*하루는 상제님께서 공사를 보시다가 일꾼이 없음을 한탄하시며 "사람이 없다. 사람이 없다." 하시더니 내성을 보시고 "갈보야, 칠보야! 쬐달막한 네가 있구나!" 하시니라. 상제님께서는 소나 돼지를 잡아도 내성에게는 "저놈은 뼈다귀만 줘라." 하시며 고기 맛을 못 보게 하시고 국물만 큰 그릇에 하나 가득 주시며 "너는 국량이나 키워라." 하시더니 하루는 한 성도를 불러 말씀하시기를 "저 장 닭 큰 놈 한 마리 잡아 푹 삶아서 내성에게 주고 깃털과 뼈다귀 하나 남기지 말고 다 먹으라고 해라. 안 먹으면 큰일 나니 다 먹으라고 해라." 하시니라. 그 성도가 명하신 대로 닭을 삶아 내성에게 주며 상제님의 말씀을 전하니 굶주린 내성이 털 째로 삶은 장닭을 정신없이 다 먹은 뒤에 입맛을 다시며 상제님께 와서 "다 먹었습니다. 터럭 하

나 안 남겼습니다." 하고 아뢰거늘 상제님께서 웃으시며 "아따 그놈, 계룡산 도둑놈이로구나!" 하시니라.

열 네 번 째, 세 번에 걸쳐 완성되는 3변성도(三變成道)의 상제님 진리는 음을 본체로 삼아 양을 쓰는 후천 가을 정음정양의 곤도시대를 맞아 태모 고 수부님에게 장차 속히 도통을 하리라 하시고 1911년(辛亥) 교단개창의 낙종물 사명(모판 씨뿌리기)을 맡기십니다. 낙종물 사명은 대흥리 첫 살림과 조종리 두 번째 살림 그리고 세 번째 살림의 세 살림인 ①왕심리 살림, ②이 상호 동화교의 합동교단, ③옥구 오성산 살림 등으로 이루어져 있습니다.

동화교 창교 당시 청음이 걸어온 발자취를 보면, 청음 이 상호는 당시 조선 총독부 경무청 경시(警視)로 조선인 독립운동, 문화, 종교계 정탐조직을 이끈 동광회 두목 김 태식(金泰湜)과 경기도 경찰부 후지모토(藤本) 고등과장에게 이중으로 매수되어 그들이 파견한 경찰 간부들을 길안내 하여 함양 황석산 고천제(告天祭)를 비밀리 준비 중이던 차 경석 교주의 함양 황석산 우전리 비밀 안가를 급습합니다.

그 결과 이 상호는 보화교(보천교) 교주 월곡 차 경석과 전국 600만 신도와 60 방주 간부 조직에 대한 모든 정보를 조선총독부에게 반 강제로 공개시킨 양해사건을 일으키고, 이들 조선 총독부 경무청 김 태식과 경기도 경찰부 후지모토(藤本) 고등과장의 힘을 믿고 보천교 혁신운동을 일으켜 종권을 잡아 친일교단을 수립하려다 실패하자 보천교 재산을 불법 매각해 일제관리의 후원 하에 만주로 도망갑니다.

동생 이순탁의 주선으로 차 교주를 만나 용서를 비는 자리에서 조차 차 경석 보천교 교주를 이용해 만주 삼림 개발 투자를 미끼로 과거 보천교 혁신운동을 일으키던 즈음의 최고위 방주직을 다시 요구한 청음 이 상호는 자신의 제안이 거절당하자 결국 보천교 재산을 횡령한 채 보천교를 탈퇴합니다.

그 후 청음은 태운장 김 형렬 수석 성도가 창교한 미륵불교에 들어갔다가 미륵불교 경전편찬을 위한 명분으로 김 형렬 성도로부터 상제님 공사내용의 전반을 취재하고 대원사로 수행에 들어간 태운장 김 형렬 교주직을 임시 대행할 수 있도록 대표직 사용을 허락받습니다.

청음은 병인년(道紀 56:1926) 8월에 미륵불교의 대표이름으로 교단통합(팔파연합회) 운동을 통해 형제교단의 모임을 주도해 취재 활동반경을 넓히고 자신의 목적이 이루어졌다고 생각하자 다시 배사율을 범하고 미륵불교를 탈퇴합니다. 청음이 미륵불교에 들어가 통합운동을 벌인 이 전력은 해방이후 운산(雲山) 안 흥찬(安興燦) 총 사수(總師首)가 개척한 증산교 대법사를 조직적으로 탈취해 몰아내는데 성공합니다.

이미 맹인이 되어 사회적 활동이 사실상 힘들었던 청음 이 상호와 동생 남주 이 정립 형제는 금산을 도득하기가 심히 어렵다는 천지공사 내용과는 별도로 금구 용화동을 중심으로 한 용화동 신앙촌화 운동을 벌여 당시 안 흥찬(安興燦) 총 사수가 개창한 2변 증산교 대법사 신도들을 이 상호 이 정립 형제 중심의 조직으로 재건합니다.

용화동 신앙촌화 운동과 교단통합운동 그리고 동생 이 정립과 함께 증산교 대법사 단체 접수를 위한 치밀하고도 다양한 정책은 실권자 안 흥찬(安興燦) 총 사수(總師首)로부터 간부들을 철저히 이간시켜 마침내 안 흥찬(安興燦) 총 사수(總師首)가 대휴게기를 선언하자 거의 대부분의 신도는 증산교 대법사 개창자이자 자신들의 총 연원주인 총 사수(總師首)를 등지고 이 상호 형제에게 자진 굴복해 들어가게 됩니다. 이제 단체 주도권을 확실히 넘겨받았다고 판단한 이 상호 형제는 과거 미륵불교시절 이루지 못한 교단통합운동을 실천에 옮깁니다.

이 상호 형제는 49년 미군정청의 통위부장을 지낸 류 동열(柳東說) 장군을 내세워 형해(形骸)만 앙상히 남은 17개 증산교단의 대표들을 모아 통합조직 증산교단통정원(甑山教團統整院)을 출범시켰는데 남주 이 정립은 전국으로 순회강연을 하고 다녔으나 곧 바로 김 구 암살사건으로 정국이 어수선해져 순회강연은 중단되고 곧 이어 터진 6.25 남북전쟁에 류 동렬장군은 납북되어 증산교단통정원은 해산되고 이상호 형제의 헛된 야망으로 시작된 교단 통합운동은 1년 만에 실패로 돌아가고 맙니다.

<증산교사(甑山敎史)>*이로부터 일반이 보천교의 횡포를 분개하더니 8월에 이상호의 발안으로 친자종도 박 공우, 안 내성, 이 치복, 김 경학, 미륵불교 대표 이 상호, 무극대도교 대표 조 용모(조철제 부친), 조종리 교단대표 고 찬홍과 채 경대 등이 원평에 모여서 팔파연합회를 조직하여 각파 간에 서로 친목할 것과 교단운동에 서로 협조하며 환란에 서로 구조할 것과 경전편찬에 서로 협력할 것을 결의하고 달마다 한 번씩 모이기로 약속하였다.

과거 일제하에서 미륵불교를 탈퇴한 청음은 조선총독부 조선 종교문화계 밀정인 김 환(金丸)의 기획과 도움으로 무진년(1928)년 금구 용화동에 동화교(東華敎)를 창교한 바 있으며 창교 동기조차 순수하지 못했던 동화교(東華敎)의 정통성을 위해 온갖 노고를 아끼지 않으며 태모 고 수부님을 찾아 동화교(東華敎)로 모시고자 노력했습니다.

금구 용화동에서 동화교(東華敎)를 창교한 청음 이상호가 자신의 간부 조학구와 동반하여 태모 고 수부님을 모셔가고자 누차 왕심리(세번째 살림 중 첫 살림)로 차를 대절해 와서 간곡히 부탁하던 차에 조종골 '도집사건'으로 왕심리로 옮긴 고 민환 수석성도가 재정난 타개를 위해 이상호의 청도 들어줄 겸 살림을 합쳐 재정이 펼 때까지 잠시 과도기를 갖도록 주청해 성사된 '왕심리 교단-동화교 합동살림'의 둘째살림을 거쳐 옥구 오성산의 세 번째 살림으로 이루어져 있습니다.

<대순전경 3판>*천사께서 매양 고 부인(高夫人)의 등을 어루만지시며 가라사대, 「너는 복동(福童)이라 장차 천하 사람의 두목이 되리니 속히 도통을 하리라」 하시니라.

<선정원경>*양위향배(兩位向拜) 후 천지(天地)에 고축(告祝)하시고 축사문명(祝辭文明)을 소화(燒火) 하시며, "내가 없으면 대대적(大大的) 세 살림을 어떻게 할고." 신탁(信託) 하시며, 문명(文明)으로 말씀 하시되, "오군서약중십산(吾君誓約重十山) 답진고고태을단(踏盡高高太乙壇) 무어별시정여월(無語別時情如月) 유기래처

신통조(有期來處信通潮)"하시며 "내가 수만리(數萬里) 외(外)에 가있으면 어찌 하겠느냐" 하시니, 고씨(高氏)께서 "어디든지 찾아 가겠노라" 하니 증산(甑山)께서 말씀하시되, "오지 못한다." 하시매 "내가 찾아올지니 기다리고 있으라" 하시더라. 시즉(時則) 기유(己酉) 삼월(三月) 이십칠일(二十七日)이러라.

<고부인신정기(천후신정기)>*천사(天師)께서 매양 천후(天后)의 등을 어루만지시며 가라사대 '너는 복동(福童)이라. 장차(將次) 천하(天下) 사람의 두목(頭目)이 되리니, 속(速)히 도통(道通)을 하리라' 하시니라.

<대순전경 초판>*또 일러 가라사대 내가 없으면 "그 크나큰 세 살림을 어떻게 홀로 맡아서 처리하리오" 하시니 고 부인인은 어느 외처에 출행하실 말씀으로 알았더라.

原文: 또(또) 일너 가라사대 내가 업스면 "그 크나큰 세 살님을 엇더케 홀로 맛터서 處理하리오" 하시니 高夫人은 어느 外處에 出行하실 말삼으로 알엇더라.

侍

일제 시대 조선인을 통제하기 위한 고등밀정 조선총독부 촉탁에는 이등박문 수양딸로 당대 친일 마타하리로 불리며 만주 독립군 토벌에 앞장선 배 정자 외 몇 명 안되는 소수의 인원에 불과합니다. 조선 총독부 집계 국내 최대의 600만 신도수를 가진 <보천교>에 당시 친일 언론인 출신으로 친일지 사장까지 지낸 김 환(金丸)을 내세워 이 상호·임 경호·문 정삼이 한 동아리가 되어 이 상호를 지원하고 정무총감 책임 비서인 조선인 채 기두까지 그 속에 하나가 되어 움직입니다. 이 정립의 <증산교사>에는 서울에서 총독부 밀정 김 환(金丸)이 문 정삼과 함께 내려와 이 상호와 긴밀히 상의한 내용이 실려 있습니다.

조선 총독부 정무총감이나 총독의 명을 띄고 내려온 것으로 보이는 김 환(金丸)이 이 상호의 동화교(東華敎) 교단과 태모님 조종골 통합교단을 위해 내려온 것을 보여주는 대목입니다. 결국 김 환은 통합교단 동지치성에 축사를 읽는 것으로 외형상 그 정점을 찍습니다. 통합교단 추진 이전 이 상호의 동화교(東華敎) 창교도 총독부의 지휘를 받아 김 환(金丸)이 기획하고 직접 참여한 것으로 나온 바 있습니다.

<선정원경(仙政圓經)>에는 본래 태모님을 모시던 내부 살림 간부 몇을 제외하면 밖으로 활동하는 외부간사에 모두 이 상호 사람들로 채워져 있어 이

상호·김 환이 조종골 간부들의 수족을 철저히 묶어두었음을 알 수 있습니다.

일제하 정읍 대흥리 600만 보천교普天敎 본부 십일전十一殿. 24년 시공, 1928년 겨울에 준공한 보천교 본소는 2만평이 넘는 부지에 현 조계사 대웅전·내장사 대웅전 등과 같은 건축물이 45채(십일전은 경복궁 근정전 두 배였고 건축물 수도 경복궁 건축물 수 보다 적지 않았다), 그리고 10여 채의 부속 건물이 자리하였다. 본소와 본소 주변은 우물井字로 구획한 신도시로, 新政府의 도읍이 된다하여 몰려든 탄갈자彈竭者 약 500여 호가 거주하였다. 인근 마을에도 탄갈자 약 3,000여 호가 거주하였으니, 식민지 시대 정치·사회적 파급을 몰고 온 보천교의 이러한 움직임은 일제를 위협하고도 남았다.

게다가 이 상호·이 정립이 태모님 수석성도 고 민환을 야밤에 살해하려 하자 이를 눈치 챈 고 민환 성도가 심야에 도망가 실패했고 태모님은 이 정립에 의해 철저히 고립됩니다. 심지어 이 상호는 이 상호 처까지 동원시켜 태모님 살림을 도맡아 운영하는 내무실장 전 대윤 신도까지 내쳐 1년 안에 죽게 하는 죄악을 저지릅니다. 태모님은 고 민환에 이어 살림을 맡은 전 대윤까지 사라져 아주 힘든 생활을 보내시게 됩니다. 참고로 전 대윤 성도의 첫째 아들은 김 수응 성도이며 둘째 아들은 김 수남 성도로 딸이 고 민환 성도의 큰 며느리로 들어간 김 순자입니다. (김순자의 호가 일월당인데 태모 고소부님을 상징하는 일월수부라 견강부회하여 이 종맥을 이었다는 천지조화정부파(강석봉), 일도자호(증산도 초기 '증산도 전국대학생 포교회' 출신 배승환(건대 부동산학과)의 태을선도가 있으나 모두 동지한식백오제 이전의 과도기 주장임)

딥스 카발이 지구촌을 장악한 세운판은 국내외를 막론 만고원신의 해원판이며, 교운(도운) 세 살림 판은 만고역신의 해원판입니다. 전명숙(봉준) 장군을 남조선배의 도사공으로 내세운 만고역신의 해원판은 교운에 있어 태모 ①고 수부님의 낙종물 세 살림과, ②차 월곡(경석) 성도의 보천교(원명 보화교) 이종물(모내기) 사명 그리고 ③운암강수 만경래 숙구지 문왕 추수사명의 3단계로 이루어져 있습니다. 상제님 천하사는 이같이 3변성도(三變成道)로 이루어져 있습니다.

그리고 상제님께서는 어천이전 재세시(在世時) 천지공사 보실 때에 차 경석 성도를 이종물 공사로 못 박아 두십니다. 그런 다음, 추수 사명자에 대해 다음과 같은 3초(哨, 招) 끝에 대인출세 공사를 보십니다. 경전의 발행년도는 청음 이 상호의 <대순전경>이 <보천교 교전>보다 앞서지만 <대순전경>은 차 월곡(경석) 성도와 태운장 김 형렬 성도에게서 전언해 듣고 편찬했으므로 <동곡비서(성화진경)>과 <보천교 교전>이 사료가치로서는 그보다 신뢰도가 앞선 경전이라 할 수 있습니다.

<증산도 道典 3:196>*상제님께서 "그러면 그렇지. 아따 저놈 '무식영웅'이라!" 하시고 손을 떼시니 과연 '경만(敬萬)'이란 글자가 쓰여 있더라. 이어 상제님께서 이르시기를 "운암강수(雲岩江水)가 만경래(萬頃來)라. 김만경(金萬頃) 뜰을 가지고 천하사 세 번 못하겠느냐." 하시고 "너희들 내성이한테 '경만장, 경만장' 하면서 세 번씩 외우라." 하시니 성도들이 모두 명하신 대로 하니라. 상제님께서 다시 내성에게 말씀하시기를 "앞으로 세상 사람들이 너를 우러러 존경할 것이다." 하시니라.

<증산도 道典 5:198>*(운산리 신경수의 집에 가시어) "이곳이 운산(雲山)이 아니냐. 운암(雲岩) 물줄기를 금만경(金萬頃:천하사 세 번 세 살림 하는 원천)으로 돌리더라도 하류에서 원망은 없을 것이니 이 물줄기가 대한불갈(大旱不竭)이라. 능히 하늘을 겨루리라." 하시니라. 또 말씀하시기를 "강태공은 제(齊)나라 한 고을의 흉년을 없게 하였다 하나 나는 전북 일곱 고을의 큰 흉년을 없게 하리니 운암은 장차 만인간의 젖줄이 되리라." 하시니라.

경전마다 증산 상제님과 태모 고 수부님을 부르는 칭호가 상이하므로 지금까지 각기 다른 교단에서 증산 상제님과 태모 고 수부님을 신앙하는 신도들은 칭호의 어색함으로 본서에 접근하기 어려울 수 있으나 절대 그럴 필요 없다고 봅니다. 본 통

보천교 본소. 교주 차경석이 입양면 대흥리에 교전을 지었던 자리.

합경전에는 일단 기존의 모든 경전의 출처를 밝히면서 있는 그대로 성구말씀을 뽑았기 때문에 경전을 읽어나가며 그러한 선입관은 저절로 사라지리라 생각합니다. 건존 천주 하느님이신 증산 상제님의 9년 천지공사와 곤존 태모 고 수부님의 10년 천지공사가 이루어져 가는 운로(프로그램)는 청실과 홍실 두 개의 실을 꼬아 만든 것입니다.

청실은 누구나 지켜볼 수 있는 양판으로 세상의 정치판이 흘러가는 국내 정치판과 국제 정치판이 비벼져 흘러가게 만드셨고, 홍실은 아무도 알지 못하는 음판으로 천지공사의 운로가 이루어져가는 도운판으로 진법판과 난법판이 서로 비벼져 은두장미의 천기(天機)속에 굳게 봉인(封印)되어 흘러가게 만드셨습니다.

건존 증산 상제님 9년 천지공사가 대국의 바탕을 정한 공사라면 곤존 태모 고 수부님 10년 천지공사는 이를 보다 한 차원 높여 업그레이드한 구체적인 공사로 서로 상보적인 보완관계에 있습니다. 진법과 난법이 서로 얽힌 도운판은 하늘에는 그 때가 있고(天有其時) 사람도 그 사람이 있듯이(人有其人) 인사(人事)는 기회(機會)가 있고 천시(天時)는 때가있어 바로 적기(適期)의 그 때가 되어야만 도수로 정한 천하사 집행의 인물(時節花)이 피어납니다.

<증산도 道典>*"<u>은두장미(隱頭藏尾)를 해야 살아 남으리라</u>."(문공신 7년 진주도수)

<증산도 道典>*"<u>나의 일은 귀신도 모르나니 오직 나혼자 아는 일이니라.</u>" 하시니라.

<증산도 道典>*"너희 아버지께서 하시는 일은 이 세상에서 누구하나 알게 하시는 줄 아느냐. <u>천부지(天不知) 신부지(神不知) 인부지(人不知) 삼부지(三不知)이니, 참종자 외에는 모르느니라</u>."

성녀(聖女) 마리아 막달레나(마들렌). 프랑스 메로빙가 왕조는 생뜨(성녀) 마들렌 후손. 프랑스 국조는 마들렌 딸 사라.

열 다섯 번 째, 도운공사의 총결론은 아무래도 상제님 어천이후 초장봉기지세로 동지한식백오제의 105년 세월동안 벌여놓은 도운판 속에 숨겨진 종통(宗統:정통성)문제입니다. 종통문제란 도대체 무엇입니까. 종통문제의 혼란이 역사에 어떠한 결과를 초래했는지 볼까요?

초기 기독교에서 예수의 12사도 모두 겁에 질려 도망가 숨었을 때 예수 십자가 처형의 마지막에서부터 겟세마네 석벽동굴의 부활까지 지켜본 이는 십자가 처형이전 베드로를 비롯한 12사도 마저 질투한 성녀(聖女) 마리아 막달레나였습니다. 그녀는 사실상 예수 사후 기독교에 있어 베드로로 시작된 지금과 같은 남성 사제위주 가톨릭이 아닌 최고위 여성사제(베드로를 대신할 교황)가 될 적격자였습니다. 불교로 말하면 석존 입멸 후 종통을 쥔 석존의 수석제자 마하가섭 역할이 바로 요한복음의 저자이기도 한 마리아 막달레나였습니다.

마하가섭은 달마이후 혜능에서 끝난 선종(禪宗)의 초조(初祖:1대 조상)이고 후일 500여년 뒤 중국에서 태상로군 노자로 태어난 바 있으며 살아생전 자신의 염원대로 마치 진표율사의 수계처럼 미륵존불이신 증산상제님의 후천개벽 의통목에 3천년 인연 법줄을 댑니다.

<마하가섭과 노자>* ① '마하가섭이 곧 노자이시니, '부처님께서 세 사람의 제자를 보내어 중국을 교화하심에, 첫째 저곳에서는 유동보살(儒童菩薩)을 공자라 부르고, 둘째 광정보살(光淨菩薩)을 안회(顔回 = 顔淵)라 부르며, 셋째 마하가섭을 노자라 부른다.' 『한글 대장경 광홍명집1』 : 청정행법경의 삼성 파견설 ② '가섭을 노자 … 노자를 가섭의 화신 ….' 『가산불교대사

림』 : 권1 ③ "나의 열반 348년 후에, 大가섭이 삼매에 놀아 중국에 화현하리니, 그 이름을 노담(老聃)이라 하리라." 『진리의 문』 ④ 『기세계경』 에, 부처께서 "내가 두 성인을 중국에 보내 교화하리니, 그 첫째가 노자로서 이는 곧 가섭보살이요, 그 둘째는 공자이니 곧 유동보살이라. 밝히 알지니, 자고로 인간에게 이로움을 준 자들은 모두 밀화보살이라. 오직 대사(大士)들만이 밝게 아는 바요 보통 사람들은 알 수가 없는 것이다." 『만선동귀집』 ⑤ "가섭보살을 저곳에선 노자라 부르고 …." 일본 『대정신수대장경』 : 46권 ⑥ '부처께서 세 제자를 파견하여 중국을 교화하시니, 저곳에선 유동보살을 공자라 하고, 광정보살을 안연이라 하며, 마하가섭을 노자라 부른다.' 일본 『대정신수대장경』 : 52권 ⑦ '노자는 마하가섭이요 …….' 일본 『망월불교대사전』 : 3권

마리아 막달레나는 기독교의 탄생에 결정적인 역할을 한 인물로 그녀는 바로 구약의 제사장 멜기세덱과 레위 제사장 아론이 기름(향유) 부음을 받은 것처럼(가톨릭의 견진성사) 예수에게 향유로 씻는 의식으로써 시련과 고난의 길을 가는 예수가 메시아임을 선포했으며 예수의 십자가 처형의 현장에 있으며 예수의 장례를 준비했고 겟세마네 동산의 석벽동굴 무덤 속에서 예수의 부활을 제일 처음 목격해 예수의 신성함을 공인시켜준 가장 유력한 기독교 초대 교황 후보 즉, 사실상 기독교 초대 성인(Saint)에 해당하는 인물입니다.

이는 그녀가 예수와 공생애를 같이 했으며 로마군의 처벌이 두려워 숨어버린 12사도와는 달리 생명을 걸고 십자가 처형과 부활의 현장에 나타나 전 과정을 지켜본 유일한 수석 제자로서 무덤에서 일어난 예수로부터 부활 사건을 전파하라는 사명을 직접 부여 받고 수행한 첫 복음 선포자였으며, 공관복음 중 요한복음의 저자로서 궁극적으로 예수의 사후 초대교회를 세우는 결정적인 주역으로 자리매김 되었기 때문입니다.

<성공회대 최영실 교수>*(막달라 마리아 이후의 교회와 여성)고린도 전서 15장(고전 15: 1-11)에는 바울이 교회 전승으로부터 받은 부활 목격자들의 긴 명단이 나온다. 그런데 놀랍게도 이 명단에는 단 한명의 여자 이름도 나오지 않는다. 그러나 최초의 복음서로 알려진 마가복음은 예수의 부활 소식을 들은 사람을 명시하면서 단 한명의 남자 이름도 언급하지 않는다. 그는 단지 '예수께서 갈릴리에 계실 때에 예수를 따르며 섬기던 여자들'을 말하면서, 그녀들만이 예수의 처형을 지켜보고 있었

다고 말한다. 그리고 "그녀들 가운데는 막달라 마리아와 야고보의 어머니 마리아와 살로메도 있었다"(막 15: 40) 고 증언한다.

<성공회대 최영실 교수>*마태는 '많은 여자들'이 예수의 처형을 지켜보고 있었는데, 그 여인들은 "예수를 섬기려고 갈릴리에서 따라온 사람들"이라고 말한다. 그리고 그녀들 가운데는 '막달라 출신 마리아와 야고보와 요셉의 어머니 마리아와 세베대의 아들들의 어머니가 있었다"(마 27: 56-57)고 말한다. 누가는 예수의 부활 사건을 듣고 사도들에게 전한 것은 여자들이었으며, 그 여인들은 "막달라 마리아와 요안나와 야고보의 어머니 마리아와 이 여자들과 함께 있던 다른 여자들"이었다고 말한다.

그러나 예수 살아생전 베드로의 가장 강력한 경쟁자이자 <빌립 복음서> 상에 '예수의 동반자'이자 '축복받은 자'로 묘사된 성녀(聖女) 마리아 막달레나는 베드로와 바울 및 12사도 등 남성위주의 사제 권력이 장악한 교회에 의해서 불결한 전직 창녀로 낙인이 찍혀 역사에서 흔적도 없이 제거됩니다.

이는 당시 유대사회의 신앙생태계가 일개 소수의 여권(女權)이 넘기에는 너무도 견고하게 짜여진 남성위주의 가부장적 사회인데다가 핵심 교의(敎義)로도 예수가 베드로에게 하늘나라의 열쇠를 주고 땅과 하늘에서 매고 푸는 권세를 주었다는 명분이 세상에 통했기 때문이었습니다.

교황 그레고리우스 1세는 591년 루카복음 7장 36-50절에 언급되는 "죄 많은 여인"을 지칭하며, '죄인'을 이르는 헬라어 'Harmartolos'를 '창녀'를 의미하는 헬라어 '포린Porin'으로 공포하고 예수의 발을 씻긴 성경속의 익명의 죄인이 바로 막달라 마리아라고 규정함으로써 약 1500년 동안 회개한 창녀로 매도당하다가 1969년에야 이를 성경에 근거하지 않은 오류라고 공식적으로 철회하여 그 누명이 벗겨진 바 있으며, 그 뒤 1988년 교황 바오로 2세는 '성경에 기록되어 있듯이 예수 그리스도는 남성만을 그의 사도로 선택했다'라는 전제하에 그녀를 이율배반적인 '사도 중의 사도'로 격상시킨 바 있습니다.

하지만 과거 교황 그레고리 1세의 이러한 매도는 결과적으로 여성의 사제권력 접근을 원천적으로 차단했고 이는 마치 장막 뒤에서 왕권을 요리한 고대의 애굽 신비사제 집단처럼 그들 남성 사제권력 만의 난공불락의 철옹성을 쌓아 전 유럽의 왕권을 지배합니다.

그러나 이러한 종통 왜곡현상은 마침내 중세 유럽전체에 광풍처럼 불었던 마녀심판의 사제권력 남용과 바티칸의 과도한 면죄부 판매 악영향으로 마침내 루터의 개신교 혁명을 맞이하게 됩니다. 그러나 개신교 혁명이 있기 전 마녀심판의 대열에서 수없는 인간 살륙을 저지른 건 청교도 캘빈도 예외는 아니었습니다.

마녀 지목자는 교황청이 재산을 몰수하므로 교황청의 재산약탈 수단으로 악용된 마녀 '이단심문(inquisitioher eticae pravitatis)제도'는 교황 그레고리우스 9세에 의해서 창설되어 이단 검찰수사 임무를 맡는 적격자로 '도미니크 수도회'가 뽑혀 심문했고 형 집행은 '예수회(제수이트 교단)'에서 집행하여 황족도 예외가 없었으니 도미니크 수도회와 예수회의 서슬이 얼마나 퍼랬는지 알 수 있습니다.

이같이 기독교 성립초기에 있어 가장 첨예한 권력투쟁은 바로 대의명분이 뚜렷했던 마리아 막달레나 중심의 영지주의(Gnosis:순복음, 密敎) 복음과 가부장적 사회전통과 인습을 등에 업은 바울과 베드로 등 12사도 중심의 문자주의(성서 지상주의 顯敎) 복음과의 종통 투쟁이었습니다. 당시 유대인 사회는 철저한 가부장적 사회였기 때문에 여성으로서 단기필마인 마리아 막달레나의 영지주의 복음은 남성 사제 권력이 지휘하는 현교顯敎, 문자주의 복음의 벽을 넘기에는 역부족이었습니다.

그래서 결국 막달레나는 살아남기 위해 성배(聖杯:자식)의 비밀을 안고 남불 프로방스 소도시로 도망가 막달레나의 성배(후손)는 프랑스의 메로빙가 왕조의 혈통으로 이어집니다. 나그함마디 도마복음서에는 예수와 막달레나는 부부이며 자식이 두 명이라고 분명하게 나옵니다.(『잃어버린 도마복음서(The lost Gospel)』(페가수스 출판)) 특히 이 내용은 대영 박물관에서 발견된 아람어 번역본과도 일치해서 영국의 바리 윌슨(Barrie Wilson) 교수와 다큐멘터리 제작자 심차 야코보비치(Simcha Jacobovici)가 이를 번역 출판해 2014년 말 공동 기자회견을 하여 영국과 미국 언론계에 특종기사로 보도되기도 했습니다.(내셔널지오그래픽 소사이어티 뉴스

Nationalgeographic Society News, 폭스 뉴스Fox News 참고) 이보다 앞선 2008년 3월 15일 영국 <BBC 2> 채널에서는 『잃어버린 도마복음서(The lost Gospel of Thomas)』란 타이틀로 90분짜리 다큐멘터리를 제작 방영해 큰 호응을 얻은 바 있습니다.

이집트 나그함마디 콥트어 원본과 파피루스 영지주의 문서

남성우위의 사제 권력은 콘스탄티누스 로마황제의 정치적 목적과 맞아떨어져 교회사가의 아버지 유세비우스의 주도아래 신약성서를 편찬하게 되고 니케아 공의회 이후 막달라 마리아 중심의 초기 기독교 사료는 그노시스(영지주의)라는 이름으로 이단 정죄되어 모두 땅속에 깊숙이 숨겨집니다.

이 문서들은 아부 알 마지드(15세)라는 소년에 의해 1945년 12월에 이집트의 나일강 상류 나그함마디(Nag Hammadi) 산기슭에서 발견되었는데 당시 약 70cm 쯤 되는 토기 항아리에는 13개의 코덱스(고문서) 속에 총 52종의 파피루스 문서가 들어 있었습니다. 이 속에는 성경에 포함되지 않은 복음서들, 예를 들어 도마복음, 빌립복음, 진리복음, 이집트인 복음, 요한의 비밀서 등이 포함되어 있었습니다. 결국 종통의 왜곡에서 비롯한 이러한 개신교의 탄생−이것이 바로 그릇된 종통 계승이 몰고 온 구교(가톨릭)−기독교 역사의 실체와 내막입니다.

누가복음서에도 천국을 밖에서 찾지 말고 네 안에서 찾으라 했음에도 불구하고 종권을 차지한 현교顯敎 문자주의자는 예수를 하나님의 독생자 아들이라 하는데 밀교密敎 영지주의자들은 대신 ‘너희들이 바로 하나님의 아들 딸’이라고 말하고 내면에 있는 자신의 그리스도를 깨달으면 누구나 예수와 같이 될 수 있다고 가르쳤으니 서로 적대적인 차원에서 이단으로 매도되지 않을 수 없었습니다.

결국 오늘날의 이러한 기독교 종통 왜곡이 본래의 복음인 막달레나의 영지주의(Gnosticism)를 증발시켜 버리고 베드로와 바울의 남성교권주의를 정점으로 삼은 정치적인 문자주의(성경유일 실증주의)로 왜곡된 원인이 됩니다. 불교로 말하면 석존의 본래 복음인 조사선의 원시불교(네가 직접 부처가 되라)가 제자들에 의한 부파불교로 희석된 것과 같으며 세월의 흐름과 더불어 현세구복으로 변해 불법승 모두 변질된 것과 같습니다.

막달레나의 영지주의에 대한 베드로 바울의 문자주의 왜곡과 대결처럼 회교의 두 정파 사이의 대결 역시 동일합니다. 무함마드의 사후 계승권 분쟁으로 시작된 시아파와 순니파 두 정파의 갈등은 이름에서도 나타나듯이 시아는 'Shia-t-Ali' 즉 '알리(종교적 혈통가문)를 쫓는 사람들'에서 유래하였고, 순니는 'Sunna(원로회의 정치적 선거전통)를 따르는 사람들'에서 유래 합니다.

소수파인 시아파 무슬림들은 예언자 혈통에 신의 특별한 임무가 주어졌다고 믿고 있어 무함마드 사후 그의 혈통인 사촌이자 사위인 알리에게 칼리프(이맘)가 가야한다고 믿었습니다. 따라서 그들은 무함마드 사후 이슬람 전통을 따라 원로회의에서 뽑혀진 정치적인 순니파(다수파) 무슬림 칼리프를 부정하고 신에게 택함을 받은 종교적 선지자의 가문에서만이 칼리프가 나온다고 주장합니다.(막달레나 영지주의를 시아파, 추기경 선거로 교황을 뽑는 바티칸을 순니파로 보면 이해가 빠르겠다)

대승불교는 석존이외의 다양한 불보살을 신앙하고 진리(법)는 부파불교로 희석되었으며 승려들도 석존당시 계율을 따르던 원시불교 상가(승가단)의 비구들이 아닙니다. 진리는 불변이므로 법(法:담마>달마)의 유통기한은 없습니다. <열반경>을 보면 쿠시나가라 사라쌍수 아래에서 장차 열반(涅槃)하고자 하는 석존에게 열반하지 말고 아직 채 가르쳐주지 못한 궁극의 도법道法인 감로甘露(<잡아함경(雜阿含經)>24권 608 <감로경(甘露經)> 참조)를 내려달라며 제자들이 슬피 울며 애걸하는 모습이 나옵니다.

석존은 가치가 전도된 상락아정常樂我淨에 대해 여래는 법신이며 법신은 몸은 비록 떠날지라도 대 우주시공의 적멸 속에 영원히 상주불멸함을 주장하며 울며 보채는 제자들을 토닥여 달래줍니다. 불교에서 열반사덕으로도 대변되는 상락아정常樂我淨이란 세속 범부대중이 자기가 사는 세상의 본질(생멸문과 진여문)에 무지해 생멸문에 속한 현재의 삶이 영원히 존재하고, 즐겁고, 자아의 주체성을 가졌고, 청정하다고 생각하는 그릇된 4가지 견해를 말합니다.

열반을 반대하며 궁극의 감로甘露 법수(아므리타(Amrita))를 내려주어 진리의 갈증을 해소해 주기를 간절히 바라며 눈물 흘리는 10대 제자를 비롯한 에게 석존은 생멸문에 처한 삼라만상에 영원한 것은 아무것도 없으며(諸行無常 是生滅法) 오직 깨달은 부처의 법신만이 상주불멸하므로 더욱 정진에 힘쓰라 하지만 <열반경>을 살짝 비틀어 본질을 보면 석존은 불멸의 영약으로 갈증을 해소할 감로甘露를 간절히 바랬던 10대 제자들과 비구, 비구니, 우바새, 우바이 사부대중四部大衆의 비통을 근본적으로 풀어주지는 못했습니다.

왜 그랬을까요? 그것은 바로 한민족 <창세가>와 <불설법멸진경佛說法滅真經>, <불설미륵고불존경佛說彌勒古佛尊經>에 밝혀졌듯이 석가세존이 미륵존불의 세월을 빼앗아 현실 사바세계를 교화한 한계적인 과도기 사명 때문입니다. 이러한 이유로 석가부처님은 스스로 <불설법멸진경(佛說法滅盡經)>에서 장차 자신의 불법은 진멸해 없어지고 <화엄경>에서 밝힌 비로자나 장엄장의 주인이신 비로자나불(절대 조화주 천주님)이 직접 미륵부처님으로 하강해 새로운 진리- 제자들이 그토록 바래왔던 감로수-를 내려주게 된다고 밝힌 것입니다. 감로는 바로 석존의 사명이 아닌 미륵존불이 장차 석존 3천년 후 마지막 말법시대에 계두성 한반도에 강림해 진멸지경에 처한 지구염부제 중생을 죽음 속에서 살려낼 '천지공사 내용'의 결론 -의통(醫統) 해인(海印)-입니다.

<『격암유록』 해인가(海印歌)>★(진시황, 한무제가 구하던 불로불사의 영약 감로甘露 법수(아므리타(Amrita))는 미륵불이 전해주신 의통해인(醫統海印)이다)

秦皇漢武求하던 不老草不死藥이 어데 있소
진황한무구　　불로초불사약
虹霓七色雲霧中에 甘露如雨海印이라
홍예칠색운무중　　감로여우해인
火雨露三豊海印이니 極樂入券發行하니

화우로삼풍해인　　극락입권발행
化字化字化字印에 無所不能海印이라
화자화자화자인　무소불능해인

<『격암유록』 해인가(海印歌)>★
八萬念佛藏經中 彌勒世尊海印出
팔만염불장경중 미륵세존해인출
-팔만염불 장경 중에 미륵세존이 해인을 들고 세상에 나오신다.

人生秋收審判日 海印役事能不無 脫劫重生變化身
인생추수심판일 해인역사능불무 탈겁중생변화신
-인생을 추수하는 심판일에 해인(海印)을 가지고 역사하니 대병겁 심판에서 살아나 환골탈태 변화를 하네.

無疑海印天授得 高官大爵無覺智 英雄文章非能士
무의해인천수득 고관대작무각지 영웅문장비능사
-해인을 받을 수 있는 사람은 순수한 영혼과 믿음을 가진 의심이 없는 사람들이 받는 것이지 고관대작이나 영웅호걸 또는 문장에 능한 사람이라고 해서 받는 것이 아니네.

<『격암유록』 해인가(海印歌)>★
朝生暮死十戶餘一 無名惡疾免할소냐 當服掩魔常誦呪로
조생모사십호여일 무명악질면　　당복엄마상송주
-아침에 멀쩡히 살아있던 사람도 저녁에는 죽어있으니 열 가구에 한 집이나 살아날까. 이름 없는 악한 질병을 면할 수 있으랴 엎드려 끊임없이 주문(태을주)을 외움으로써

萬怪皆消海印일세 無道大病걸린者들 不死海印나왔다네
만괴개소해인　　무도대병　자　불사해인
-온갖 만가지 괴질을 다 해소하는 해인일세, 무도대병에 걸린 자도 죽지 않는 불사해인이 나왔다네.

倒山移海海印用事 任意用之往來하며 無爲理化自然으로
도산이래해인용사 임의용지왕래　　무위이화자연
-산을 뒤엎고 바다를 옮기는 해인의 힘으로 마음대로 해인을 써 왕래 하면서 무위이화의 자연스런 이법으로

白髮老軀無用者가 仙風道骨更少年에 不老不衰永春化
백발노구무용자　선풍도골갱소년　불노불쇠영춘화

-백발노구의 쓸모없는 자가 신선의 풍모를 지닌 소년이 되며 노쇠하지 않는 영원한 생명을 가지니

<『격암유록』 해인가(海印歌)>★
病人骨髓不具者 死者回春更生하니 不可思議海印일세
병인골수불구자 사자회춘갱생 불가사의해인
-병을 골수에 가지고 있던 불구자도 그리고 죽었던 자도 회춘갱생하니 과연 불가사의한 해인이로구나.

先塋父母靈魂 다시살아 相逢하리 神神차려 海印알소
선영부모영혼 상봉 신신 해인
-먼저 돌아가신 조상님과 부모님의 영혼이 다시 살아서 상봉하리라. 정신차려서 해인을 알도록 할지라.

無窮造化限量없네 너의 先塋神明들은 不知일가 歎息이라
무궁조화한량 선영신명 부지 탄식
-무궁조화가 한량이 없도다. 너의 선영 조상신명들은 너희가 해인을 알지 못할까 탄식하고 있도다.

따라서 석존은 모두 실, 알 지, 볼 견-실지실견(悉知悉見)이라 하여 본래 자신을 중심한 원시불교의 불법승이 세월의 흐름과 더불어 모두 변질되어 소멸되고 미륵존불의 후천 용화선경이 올 것을 내다보았기 때문에 불법의 중생 교화 유통기한을 정법, 상법, 말법으로 나누어 각기 천 년씩 3천 년이라 한 것입니다. 이러한 불법의 삼시관(三時觀) 속에서 석존은 가섭존자에게 자신이 설산동자로 나찰에게 먹이로 바쳤던 전생의 구도담을 들려주면서 이 세상에 영원한 것은 없다는 무상게(無常偈)의 가르침으로 자신의 열반을 슬퍼하지 말라 합니다.

진표율사의 부안 변산 부사의방 망신참법 구도과정이 연상되는 <대반열반경>의 유명한 설산동자의 무상게(無常偈)의 가르침은 다음과 같습니다.(빨리어(巴里語)로 '자타카(본생담:本生譚)>'라고도 하는 <본생경(本生經)>에도 나옴)

열반을 앞둔 부처님께서 열반을 슬퍼하는 가섭존자에게 자신이 보살로 수행할 때의 애기를 해 주시는데, 그게 바로 설산동자의 구도담(求道談)입니다. 즉 설산동

자의 구도심을 시험하기 위해 제석천신이 나찰(원래 고대 인도의 신으로, 불교에서 악귀(惡鬼)의 총칭)의 모습으로 변신하여 그 앞에 나타나 "이 세상의 모든 만물은 영원함(常)이 없어서 나면 반드시 멸해지나니(諸行無常 是生滅法)"라는 구절의 게송(깨달음의 시)을 외우고 다녔습니다.

설산동자는 그 게송을 듣고 나자 목마른 이가 샘을 만나듯이 너무나 기뻤습니다. 그래서 나머지 게송을 들려달라고 간청을 했지만, 나찰은 몹시 배가 고파서 더 이상 외울 기력이 없다고 하였습니다. 동자는 나머지 게송을 듣고 나면 자신의 몸을 먹게 해주겠다고 약속합니다. 이윽고 나찰로부터 "나고 죽는 생멸의 관념조차 멸하면 적멸(열반, 죽음)이 즐거우리라(生滅滅已 寂滅爲樂)"는 게송의 후편을 들은 설산동자는 바위에다 게송을 새긴 후, 나무 위에 올라가 나찰의 먹이가 되기 위해 뛰어 내렸습니다.

이를 본 나찰은 곧 제석천(수미산 정상 하늘인 도리천의 불법 수호신)의 모습으로 변하여 떨어지는 동자를 사뿐히 받아 안고서, 반 구절의 게송을 듣기 위해 자신의 몸을 버리는 동자를 찬탄해마지 않았습니다. 설산동자는 이와 같은 공덕으로 호명보살(護明菩薩)로 도솔천에 올라 '미륵존불 모란꽃 피우기 내기' 일화 이후 다음 생에 석가모니 부처님이 되었습니다.

열반에 들려는 석존에게 열반을 만류하며 감로법수를 내려달라 슬피 우는 제자들을 대표해 두타행 제일의 가섭존자에게 내린 이러한 전생 이야기는 가섭존자로 하여금 3천 년 뒤 말법시대가 지나면서 자신이 모신 석가부처님보다 법력이 더욱 높은 말대의 당래불 미륵부처님이 비로자나 법신불의 절대신권으로 하생할 것을 깨닫고 장차 그 시절에 다시 희유(稀有)의 인연을 맺어 인도(人道) 환생해 미륵부처님의 일을 만나 천하사를 하게 해 달라고 기원 발원하는 계기가 됩니다.

이 뿐 아니라 석존은 열반에 들기 직전 자기 아들인 라훌라와 수석제자인 가섭존자를 비롯해 군도발탄, 빈두타 등 4대 성문에게 천상의 도솔천을 손으로 가리키며 바야흐로 중대한 선언을 합니다. 3천년 뒤에 통일천에 계시는 미륵존불이 동방의 나라 계두성에 강세하니 속세와 인연을 끊는 열반에 들지 말고 그때까지 윤회

전생하며 도를 닦다가 미륵의 도를 받들어 열매맺은 뒤 열반에 들라는 충격적인 가르침입니다.

<미륵 상생경>★"너희들은 내 법(法)을 따라서 열반에 들지 말고 3000년 뒤 말법시대가 오면 미륵님이 인간으로 오시는데 그 미륵님의 도(道)를 받아 열반에 들라."

<화엄경 입법계품 제28장>★말법의 이때에 그 통일의 하늘에 계시는 미륵불이 바다에 둘러싸인 동방의 나라에 강세하리라. 하였나니 이는 부모와 친척과 여러 사람들을 거두어 성숙케 하려는 것이며, 또 모든 중생들로 하여금 지금 있는 것에서 본래의 선근을 따라서 성숙케 하려는 것이니라.

중부아함경(中部阿含經) 13, 설본경(說本經)에서는 「미래세에 이 세계가 매우 풍부하고 인민이 복락하여 닭이 한번 날아 이웃 마을에까지 닿을 정도가 되면 소라왕(螺王)이 온 천하를 다스려 천하가 태평하게 되는데 그때 미륵여래가 출현하리라.」 하고, 또 증일아함경 44권에도 부처님께서 아난존자에게 다음과 같이 말씀하셨습니다. 「장차 계두성(鷄頭城)에 미륵보살이 도솔천으로부터 태어나 계두성 멀지 않은 곳 용화수(龍華樹) 아래서 불도를 성취 하리라. 미륵이 성불한 뒤에는 미묘한 법을 연설하여 제 1회 설법에서는 92억 중생을 제도하리라.」 하였습니다.

<불설법멸진경(佛說法滅盡經)>★(석존의 불법이 진멸해 없어진 뒤 미륵존불의 새 진리가 흥왕될 것을 석가 부처님이 스스로 고백한 경전) 어느 때 부처님께서 구이나갈국(拘夷那竭國)에 계셨다. 여래께서는 석 달 뒤면 열반에 드시게 되어 모든 비구와 모든 보살과 한량없이 많은 대중들이 부처님 계신 곳에 나아가서 땅에 머리를 조아려 예를 올렸다. 세존께서는 고요하고 평안하며 아무 말씀이 없으셨고, 광명도 나타내지 않으셨다. 현자(賢者) 아난이 예를 올리고 부처님께 아뢰었다. "세존이시여, 전후로 설법하실 때에는 독특한 광명을 위엄 있게 드러내셨는데, 지금은 대중이 모였는데도 광명을 나타내지 아니하시니, 무슨 까닭으로 그러십니까? 반드시 까닭이 있을 것이니, 그 뜻을 듣고자 합니다." 부처님께서는 묵묵히 계시며 응하지 않으셨다. 이와 같이 하여 세 번째에 이르니, 부처님께서 아난에게 말씀하셨다. "내가 열반한 뒤 법이 망하여 없어지려 할 때 다섯 가지 극악무도한 중죄가 일어나고 탁하고 더러운 세상에는 마군[魔]의 도(道)가 치성하게 일어나고, 마군이 사문이 되어 나의 도를 무너뜨려 어지럽게 할 것이니라. 세속 의상을 입고 좋은 가사와 오색 옷을 좋아하고, 술 마시고 고기 먹으며 살생하고 맛을 탐내며 자비의 마음은 없고 서로 미워하고 질투하게 되느니라.

<불설법멸진경(佛說法滅盡經)>★이때 어떤 보살·벽지불·나한이 정진하고 덕을 닦아 일체 중생을 공경히 대하여 사람들이 우러러 받드는 바가 되고 평등하게 교화하여 가난한 이를 불쌍히 여기고 늙은 이를 염려하며 곤궁하고 재앙에 빠진 이를 구제하여 길러주며 항상 경상(經像)을 사람들로 하여금 받들어 섬기게 하며 모든 공덕을 짓고 뜻과 천성이 선을 생각하여 남을 침해하지 않으며, 제 몸을 버려 만물을 구제하고 자신을 아끼지 않고 인욕하고 인화할 것이니라. 그러나 설사 이런 사람이 있다 하더라도 마군이 들린 비구들이 모두 다 그를 시기하고 비방하여 악을 드러내며 배척하고 내쫓아 머무를 수 없게 할 것이니라. 그들과 함께 후에 도와 덕을 닦지 않으며 절과 사당이 비고 황폐하여도 다시 수리하지 않고, 점점 허물어지고 무너져도 그저 재물을 탐하여 쌓고 모으기만 할 뿐 흩어 나누어주지 않고 복덕을 짓지 아니하며, 판매하고 노비를 부리며 밭을 갈고 씨 뿌리며 숲을 불태워 많은 생명을 해치며 자비심은 없고 사내종은 비구가 되고 계집종은 비구니가 되어 도덕이 없으며, 음탕하고 혼탁하며 어지러워 남녀의 구별이 없어 도가 천하고 경박하게 하는 것이 모두 다 이러한 무리들로 말미암는 것이다.

<불설법멸진경(佛說法滅盡經)>★어떤 이는 고을 관리를 피하여 나의 도를 의지하여 사문이 되기를 구하였지만 계율을 닦지 않고 보름날과 그믐날에 비록 계율을 외운다고 하지만 싫증내고 게을러서 법을 듣고자 하지 않느니라. 앞뒤를 대강 생략하고 자세하게 다 말하려 하지 않는다. 경을 외우고 익히지 않으며, 설사 경을 읽는 자가 있다 하더라도 자구(字句)도 모르면서 억지로 이것을 옳다고 말하며, 밝은 이에게 묻지도 아니하고 교만하여 명예를 구하느니라. 우아하고 고상한 걸음걸이를 드러내어서 영화롭게 여기고 다른 이의 공양을 바라니, 이러한 많은 마군의 비구는 목숨을 마친 뒤에는 반드시 무간 지옥에 떨어질 것이고, 5역죄 속에서 아귀·축생을 거치지 아니함이 없으며, 항하사 겁을 지나 죄가 다하여도 변방의 삼보를 뵐 수 없는 곳에 태어날 것이니라.

<불설법멸진경(佛說法滅盡經)>★법이 멸하려 할 때에는 여인들은 정진하여 항상 공덕을 짓지만 남자들은 게으르고 교만하여 법의 말씀을 쓰지 않고 눈으로 사문 보기를 더러운 흙같이 여기고 신심이 없느니라. 법이 장차 아주 다 없어지려 하는 바로 그 때에는 모든 하늘이 눈물 흘리고, 홍수와 가뭄이 고르지 못하며, 오곡이 익지 않고 전염병이 유행하여 죽는 자가 매우 많으며, 백성들은 수고하고 고생스러우며, 고을 관리들은 형벌을 혹독하게 적용할 것이다. 도리를 따르지 아니하고 모두가 어지러운 것만을 즐겨 생각하며, 악한 사람은 점점 많아져서 바다의 모래 같고 선한 사람은 매우 적어 하나나 혹은 둘을 헤아릴 수 있을 뿐이다. 겁(劫)이 다하려는 까닭에 세월이 점점 짧아지고 사람의 수명도 점점 짧아져서 마흔 살에 머리가 희어지며, 남자는 음탕하여 정력이 다하여 젊어서 죽기도 하고, 어떤 이는 예순까지 살기도 한다. 남자의 수명은 짧고 여자의 수명은 길어 70, 80, 90 혹은 1백 세까지 살기도 하느니라.

<불설법멸진경(佛說法滅盡經)>★홍수가 홀연히 일어나 기약할 수 없는 데 이르나

세상 사람들은 믿지 않기 때문에 항상함이 있다고 생각한다. 여러 세계 모든 중생들의 귀천을 막론하고 모두 물에 빠져서 이리저리 떠다니다가 물고기와 자라의 밥이 되느니라. 이때 보살과 벽지불과 나한은 뭇 마군들에게 쫓겨나서 대중의 모임에 참여하지 못하고, 3승(乘)은 산에 들어가 복덕의 땅에서 편안하고 담박하게 자신을 지켜 기쁘고 쾌활하게 여기며 수명을 연장하고 모든 하늘이 호위하고 보호하여 월광동자(月光童子)가 세상에 나오면 서로 만나 함께 나의 도를 일으키리라. 사람의 수명이 쉰두 살일 때에 『수릉엄경(首楞嚴經)』과 『반주삼매경(般舟三昧經)』이 먼저 변화하여 사라지고 12부경은 찾은 뒤에 다시 없어지며, 없어지고는 다시 나타나지 아니하여 문자를 보지 못하느니라. 사문의 가사는 저절로 흰색으로 변하리라.

<불설법멸진경(佛說法滅盡經)>★나의 법이 멸하는 때는 비유하면 등불과 같으니 꺼지려 할 때에 불꽃이 더욱 성하게 빛나다가 이에 문득 꺼지느니라. 내 법이 멸하는 때도 또한 등불이 꺼지는 것과 같으니라. 이후로는 이루 다 헤아려 말하기 어렵구나. 이와 같은 뒤 수천만 년 후에 미륵이 세상에 내려와서 성불하리라. 그때 천하는 태평하고 독한 기운은 소멸되고 비는 고르고 알맞게 적셔주어 오곡이 무성하며 수목은 장대하고 사람은 키가 8길[丈]이며 수명은 모두 8만 4천세이며, 바라밀을 얻는 중생은 그 수를 헤아릴 수 없으리라." 현자 아난이 예를 올리고 부처님께 아뢰었다. "이 경을 무엇이라 불러야 하고 어떻게 받들어야 합니까?" 부처님께서 말씀하셨다. "아난아, 이 경의 이름은 『법멸진경(法滅盡經)』이라 하니, 모든 세계에 널리 알리어 마땅히 분별하게 하라. 그 공덕이 한량없어 이루 다 헤아릴 수 없느니라."

<구전신화 '창세가'가 주는 교훈: 최원오 광주교육대 국어교육>★ 미륵신이 주관하는 인간 세상, 그 세상에서 사람들은 섬들이 말들이로 먹으며 태평세월을 보냈다. "네 세월은 다 갔으니, 이젠 내 세월을 만들겠다." 난데없이 석가신이 내려와서는 미륵신의 세상을 빼앗으려고 했다. "내 세월을 빼앗으려거든 나와 내기를 하여 결정짓자. 이 더럽고 축축한 석가야!" 미륵신은 금병에 금줄 달고, 석가신은 은병에 은줄 달고 누구의 것이 오래 버티는지 내기를 했다. 석가신의 줄이 끊어졌다. 승복하지 않은 석가신, 내기를 한 번 더 하자고 했다. "강물을 먼저 얼게 하는 쪽이 이기기로 하자." 미륵신은 동지제사를, 석가신은 입춘제사를 올렸다. 미륵신이 먼저 강을 얼렸다. 석가신은 이번에도 승복하지 않았다. "모란을 심어놓고 그 앞에 너와 내가 누워 있다가 내 무릎 위로 꽃이 피어 올라오면 내 세월이요, 네 무릎 위로 올라오면 네 세월이다." 석가신은 도적과 같은 음흉한 생각을 품어 얕은 잠을 자고, 그렇지 않은 미륵신은 깊은 잠을 잤다. 밤이 되자 미륵신의 무릎 위로 꽃이 피어올랐다. 석가신은 미륵신의 꽃을 뚝 꺾어다가 자기 무릎 위에다 꽂았다. 사태를 파악한 미륵신, 석가신의 성화를 더 이상 받기 싫어 자기 세상을 석가신에게 넘겨주기로 하되 저주를 퍼부었다. "이 축축하고 더러운 석가야! 네 세월이 되면 집집마다 솟대 솟고 기생 나고 과부 나고 역적 나고 백정 나리라. 그런즉 말세가 된다." 세상이 말세가 되는 이치는 간단하다. 그를 주관하려는 자가 자연의 이치에 무지하고, 생명을 무시하고, 속임수를 쓰면 된다. 구전신화 '창세가'가 주는 교훈이다.

<격암유록>★(3천년운 석가예언과 말세를 당하여 미륵불이 하강함) 입산수도념불入山修道念佛님네 미륵세존고대彌勒世尊苦待치만 석가지운거불래釋迦之運去不來로 한번가고아니오니 삼천지운석가예언三千之運釋迦豫言 당말하생미륵불當末下生彌勒佛을 만첩산중선인萬疊山中仙人들아 산중자미한적山中滋味閒寂하나 이매망량호랑도적魑魅魍魎虎狼盜賊 시역궁불재산是亦弓不在山일세 두우재야승지처斗牛在野勝地處엔 미륵불彌勒佛이 출현出現컨만 유불선儒佛仙이부패腐敗하여 아는군자君子그누구냐

<불설미륵고불존경(佛說彌勒古佛尊經)>★(미륵수기품 제일)1.
참고: 《불설미륵고불존경(佛說彌勒古佛尊經)》은 又称《미륵존경(弥勒尊经)》, 亦称《나무미륵존옥경(南无弥勒尊玉经)》、《나무미륵존보옥조촉부옥불하생도인진경(南无弥勒尊宝玉诏嘱咐玉佛下生度人真经)》、《나무미륵존보옥조촉부옥불하생도인옥경(南无弥勒尊佛宝玉诏嘱咐玉佛下生度人玉经)》등 으로도 불린다.

이때 미륵존불이 석가모니불과 더불어 삼세 이래로 친형제를 맺어왔으며 함께 대도를 닦았고 함께 지혜를 증득하여서 위없는 깨달음과 십호를 구족하였다. 천만억 주변신을 삼세 이래로 큰 공을 성취하였다. 미륵부처님은 덕혜가 원만하시와 이에 스스로 상의하여 말씀하시되, 누가 먼저 오는 세상을 맞아 중생을 제도할고 하시고 이에 석가모니불과 같이 맹세하시고 크게 정하시어, 석장을 앞에 두고 만약 석장 위에 먼저 꽃이 피는 자가 세상을 다스리고 뒤에 피는 자는 뒤에 세상을 다스리기를 말씀하시고 각각 자리를 정하고서 선정에 들었는데, 저 때에 석가모니가 입정한 후 하루는 눈을 떠서 석장을 쳐다보니 자신의 지팡이 위에는 단지 오색영롱한 서기만 비출 뿐이요 꽃은 피지 않았는데, 미륵불의 지팡이 위에는 이미 꽃이 피어 붉게 빛나고 있는지라, 그 석장의 머리 부분에서는 마치 해가 처음 뜰 때에 그 빛이 온 천하를 다 비추듯이, 삼계가 다 비쳐지는 것이었다.

<불설미륵고불존경(佛說彌勒古佛尊經)>★2. 이때 석가모니불께서 미륵존불을 쳐다보니 정히 큰 선정 속에 들어있는지라, 이때 조심조심히 그 상서러운 꽃을 옮겨서 자신의 지팡이 위에 얹어 놓았다. 그리고는 다시 깊은 선정에 드시었다. 삼일이 지난 후 두 분이 동시에 선정에서 나오시어 석장을 바라보니, 그 상서러운 꽃의 색깔이 소멸되고 붉은 빛이 희게 변하여 있었다. 그때 미륵부처님께서 미소를 지으면서 말씀하시되, 내가 비록 선정에는 들었지만 천안(天眼)으로는 능히 보고 있었노라. 나의 아우가 꽃을 옮겨 자기석장 위에 얹어 놓으니, 꽃의 색깔이 흡족치 못하고 광명 또한 감소되어 있었노라. 이 세계를 먼저 자네에게 부여하여 다스리게 하겠지만 애석하게도 온전하게 아름답지만은 않을 것이다. 삼천년(三千年) 동안 사람들의 부귀함과 행복함이 고르지는 못 하겠구나. 골짜기는 깊고 언덕은 적을 것이요, 국토에서는 전쟁이 그칠 날이 없으며, 사방이 편안치 못하고 도적이 뒤 끓고, 삿된 잡신들이 번성할 것이며 백가지 괴이함이 사람들을 더욱 수고로이 할 것이리라.

<불설미륵고불존경(佛說彌勒古佛尊經)>★3. 삼천 년 후 오당자래설법(三千年房吾當

自來說法) 내가 마땅히 내려와 설법을 할 것이다. 그때에는 한량없는 광명이 비추는 가운데에서 안팎이 모두 밝아질 것이요, 일찍이 없었던 상서로움이 나타날 것이로다. 이때 하늘의 제석이나 큰 성현들 그리고 일체 호법 금강신장들이 모여와 자리를 잡고 경청하니, 미륵존불께서 대중에게 고하여 가로대 내가 지금 삼십삼천 위로 올라갈 것이다. 삼천 년 후 내가 마땅히 인간계로 내려와 이 용화정법을 설하여 하늘과 사람들을 모두 해탈케 하리라. 이때 대중들이 모두 예배하고 간청하기를 마지않으니, 오직 원컨대 부처님이시여 큰 자비를 베푸시와 급히 세상에 내려오셔서 중생들을 구원하소서.

<불설미륵고불존경(佛說彌勒古佛尊經>*4. 만약 삼천년이 차기를 기다린다면, 중생들에게 수고로움이 닥쳐와 오백년에 작은 인륜이 져 버려질 것이요, 일천년에는 큰 인륜이 져 버려질 것이며 내지 후 오백년에 이르러 인륜의 도리가 뒤집혀지는 말겁 때에 이르면, 고통스러운 일들이 생길 것이요, 오곡의 수출이 적어지고 백가지 괴이한 일들과 요사스러운 무리들이 이상한 파당을 지어 가이 두렵고 두려울 것이라. 내지 이천 오백 년 후 하원을 지난 때에 이르러서는 사람들이 그 고통을 견뎌내기 어렵사오니, 원컨대 급히 하생하시고 삼천년을 기다리지 마시옵소서.

<불설미륵고불존경(佛說彌勒古佛尊經>*5. 관세음보살이 여러 대중과 더불어 무릎 끓고 청하기를 그치지 않고 슬피 고하여 말씀하시되, 세존께서 빨리 하생 하시어 중생을 구하시고 말겁의 고난을 쉬게 하소서. 이때 미륵불께서 허락지 아니하시더니, 때에 좌중에 한 두타존자가 있으니 곧 세존의 상수제자요 신통제일이며, 공덕이 비할 이 없고 십호가 구족하며 덕행이 원만하고 몸에 서린 서광이 한량없는 분으로서, 즉시 중도를 좇아 일어나 세존께 예배하고 말씀드려 가로대, 이천 오백 년 후 말겁이 된 때에 인심이 고집스럽고 바른 도를 믿지 않은 까닭으로 하늘에서 마왕을 보내 인륜을 꺾어버리고, 질병과 전쟁과 수재와 화재 등이 일시에 도달할 때, 부처님께서 세상에 하생하지 않을 그때를 당하여 원컨대 부처님을 대신하여 오백년간의 말겁을 구하여 제도하겠나이다. 만약 인연 있는 중생이라면 모두다 여래가 친히 하생함을 기다리리니, 세계가 태평해지고 만민이 화락하며 임금과 신하가 기쁨에 차고 부자가 서로 친하여 사람마음이다 착해질 때, 즉시 세존을 청하여 인간계에 태어나사 국왕가의 왕자로 태어나시고 바른 지혜를 닦아 널리 용화정법을 세우시어 하늘과 사람들을 건네주시고 모든 중생들을 모두 다 성불케 하시옵소서.

<불설미륵고불존경(佛說彌勒古佛尊經>*6. 이때에 세존께서, 상수제자가 이와 같은 착한 믿음을 내어 부처를 대신하여 인간계에 하생하여 구제하겠다는 서원을 내는 것을 들으시고 대중들 앞에서 두타존자가 바른 깨달음을 얻으리라고 수기를 주시었다. 그대는 오는 세상에 옥불(玉佛)이라 이름 하리니, 열 가지 이름이 구족하고 불가사의한 대 공덕을 성취하여 마땅히 나와 똑같이 이름을 갖고, 똑같이 중생을 구제하여 그대의 서원을 마치리라. 나도 또한 그때에 빛으로 화하여서는 그대와 같이 가고 오며, 그대의 으뜸 되는 소원을 성취시킬 것이리라. 그대의 공덕은 하늘의 이치에 합치되는 만법의 주인이 되는지라, 옥상자존과 만 만억 화신과 구황상제를 마땅

히 세상에 머물게 하리라.

<불설미륵고불존경(佛說彌勒古佛尊經)>★7. 미륵존불이 이때 부처로서 대중에게 수기주심을 보고 대중들이 모두 기뻐하며 모두 합례하여 가로대, 세존께서 옥불의 고함을 들으시고 수기를 주시며 우리의 모든 만억보살과 제자들까지도 구제하리라는 말씀을 주시니, 저희들은 마음을 닦으며 기다리겠나이다. 이때 세존이 모든 보살제자와 용천·선인·일체 성중들에게 말씀하시기를, 옥불이 하생한 후 상원(上元)의 가운데며 당원(當元)의 끝이 되는 해에 이르면 너희 등 대중이 모두 다 위없는 깨달음을 얻으리라. 나의 하생함을 기다려 차례차례로 용화대회의 수기를 빌어, 너희들 모두가 차례로 부처가 될 것이며 차례차례 하생하여 나의 정법을 펴고 나의 정도를 행하여 모두 다 밝은 깨달음을 얻으리라. 이때 대중들이 모두 부처님의 설하심을 듣고 백번 예배하고 꿇어 앉아서 찬탄하고 우러러 보기를 마지않더라.

<불설미륵고불존경(佛說彌勒古佛尊經)>★(청불하생품 제이)1. 그때 미륵존불께서 모든 중생으로 더불어 정각수기를 주기를 마치시고 곧 대중에게 고하신 뒤 문득 하늘로 오르시니, 이때 오백 천자가 제천풍악을 울리며 즐겁게 맞이하거늘 세존께서 포대로 온 세계를 거두어 간직하실 새 옥불에게 명하여 포대 속에 앉게 하시고 부탁하여 말씀하시기를, 내가 이제 자네와 더불어 같이 삼회(三會)에 오르니 만약 포대가 열리거든 자네가 마땅히 하생할 것이리라 하였다. 그때 다만 오색 상운이 사방에서 일어나고 붉은 연꽃이 천왕을 받들고 보호할 때 팔대 금강과 오방뢰장과 만만천신과 천남 천녀와 만억보살과 오백제자가 좌우로 호위하며 좇아가며 우러러 보는 사이에 도솔천 궁중으로 오르시니라, 이때 옥황은 한이 없는 호광을 내며 천조원시지존(天祖元始至尊 태초에 삼신일체 부처님) 역시 무량광명을 내니 그 빛이 서로 화합하여 일체를 이루는지라 일체 제천상제와 제천천자와 제천승상 제천신성과 천왕비와 천남 천녀 천신이 모두 다 회중에 모여 세존께 예배하고 둘러앉아 도를 행할 때, 허공을 걸으시며 노래하고 오르며 세존을 백보궁중에서 뵈옵고 예배하니 붉은 연꽃 좌석 위에 무량한 신묘한 광명이 돌고, 하늘 꽃이 떨어지며 이상한 향기가 일어나더라.

<불설미륵고불존경(佛說彌勒古佛尊經)>★2. 제천대중과 더불어 지극히 높고 위 없는 묘한 깨달음인 대승묘법을 설하시니 모든 하늘 대중이 모두 다 세존 앞에서 바른 도의 눈과 바른 도의 몸과 정각을 얻고 무궁하게 도를 향유하였다. 이때에 대중이 세존에게 청하여, 미륵존불과 더불어 내원궁에 같이 계시게 하였던 것이다. 이로부터 모든 하늘 대중이 다 정도를 얻고, 세존의 성호를 생각하며 대승정각 무상묘도를 수행하느니라. 이때 세존께서 내원에 드시니, 제천 대중들이 만화좌석 위에서 석장을 우편에 세우시고 배낭을 좌편에 정돈하여 대승정각의 선정에 들어갔더니 금종이 스스로 울고 옥경이 스스로 흔들리거늘, 세존이 이에 법안을 열어 홀연히 하늘의 음악소리를 듣는 사이에 하늘의 사자 세 사람이 부처님 전에 와서 무릎 꿇고 아뢰길, 삼천년의 기한이 다 찼으니 이제 세존께서 하생하시어 미혹한 중생을 제도하여 말겁의 재난을 벗게 하소서. 옥황의 조칙을 받든 하늘사자가 말을 마치고는 이내 물러갔다.

<불설미륵고불존경(佛說彌勒古佛尊經>★(촉부옥불품 제삼)1. 그때에 미륵존불이 포대를 열어 하늘과 땅을 내시니, 옥불이 정에서 나와 세존에게 예배하니, 세존께서 이르시길 그대가 일찍이 원을 세운바 있으니 나를 대신해서 하생하라. 지금이 바로 그때니라. 이제 옥제의 조칙이 있으니 그대는 마땅히 하생하여야 되느니라. 이때 옥불이 한편으론 기뻐하고 한편으론 근심이 되어 세존에게 고하시되, 세존이시여 지금 저에게 하생하라 하시니 어떻게 응변하여 처리하오리까. 때는 마침내 말겁을 당하여 중생이 완악하고 우둔하니 악의 무리를 어떻게 다스리며 어떻게 가르치며 어떻게 유화하게 하여 구원하리요, 원하노니, 그 자세함을 들어 가르쳐 주옵소서. 세존이 이에 말씀하시되, 마침 하늘의 조서를 받았으니 열어보면 알 것이니라. 사람을 빼어 바꿀 때를 당하여 하늘의 마왕이 하계로 내려와서 일체 악한 무리를 빼어 바꾸니 이것이 다 하늘의 일이라 옥황의 지혜스러운 빛과 성스런 눈이 일체 모든 것을 살피나니, 세상의 출가 수행자들과 관리 인민과 불충·불효·불공·불법의 과실을 보아, 악인을 없애고 선인을 남기는 추스리는 때를 당하여, 네가 내려갈 때 착함이 있는 자와 허물을 고치는 자는 다 보호하여 남기게 하고, 다만 악이 있더라도 조금도 고치려고 하지 않는 자들은 구제할 수 없으니 난리와 물과 불, 그리고 흉년과 병으로 다 진멸케 되리라.

<불설미륵고불존경(佛說彌勒古佛尊經>★2. 옥불이 여쭙되, 어떻게 해야 이 악한 재난을 면할 수 있겠습니까? 원컨대 자세히 알려주시옵소서 하니 세존께서 옥불에게 고하여 가로대, 내가 이제 너에게 이것을 주니, 이 옥황의 조서를 그 꼭대기부터 열면, 밝은 빛이 쏟아져 하방(下方)을 비추리니 하나하나 옥조의 내용을 좇아 조목조목 되어있는 것을 보게 되리라. 악함이 있는 자에게는 하늘에서 마왕을 보내어 그 이름을 기록하여, 마땅히 멸하여 없앨 것은 다 장부에 기록될 것이니 네가 정히 하생할 때에는 잘 이루어진 장부를 보게 되리라. 이때 세존께서 옥불과 더불어 똑같이 법의 눈을 열어 마왕이 기록한 바를 낱낱이 살피시었다.

<불설미륵고불존경(佛說彌勒古佛尊經>★3. 처음에는 명산대찰에 거하는 출가수행자들을 살펴보니, 화려한 큰집에 거처하되, 그림기둥과 조각한 대들보며 현란한 단청과 빛나는 치자에 고운 비단 옷을 입고, 씨 뿌려 갈지도 않으면서 밥을 먹고, 세금 없는 밭을 가지며, 밝고 한가한 복을 누리며, 위로는 선조상의 성씨를 버리고 다음은 부모의 은혜를 저버리며 한조각의 착함도 없이 매사를 위압적인 태도로 바라보는구나. 혹은 골육지친에게 간음을 하며, 혹은 나그네와 친구들에게도 음탕한 생각이 있으며, 유부녀를 점령하고 그 남편을 살해하며 그러한 추악함이 일가친척에게까지 미치며 혹은 짐승을 살해하여 제사 지내며, 고기 먹고 술 마심에 조금도 거리끼지 않고 또한 도둑질하고 장사하며 관청에 송사만 크게 하고 말로만 번드르하게 늘어놓으며 수행은 도무지 하질 않으니, 이러한 자들은 태반을 다 빼어버리리라. 그대가 하계에 내려갈 때, 만약 능히 마음을 고쳐 염불하며 양친에게 효도하고 계를 지켜 수행하며 조그마한 착함이라도 닦는 자가 있다면 다 보호하여 지켜서 멸함을 받지 않게 하여라.

<불설미륵고불존경(佛說彌勒古佛尊經)>★4. 또한 다시 관리들을 살펴보니, 일체 관리들이 청렴함을 힘쓰지 아니하고 오직 의식만 도모하여 백가지 수단으로 어진 백성들을 해치며 굽은 것은 바르다고 하고, 바른 것은 굽다 하며 충성치도 ·효성스럽지도 ·청렴하지도 않고 지혜롭지도 않나니 이와 같은 사람은 마땅히 빼어버릴 것이니라. 그대가 세상에 내려갈 때 만일 조금이라도 선함이 있고, 그대에게 숨은 공이 있으며 마음 고쳐 잘못을 회개하고 바른 도에 들어와 다섯 번 만 염불하더라도 죄업이 소멸되고 복력이 늘어나리니, 다 보호되어 멸망치 아니하고 태평함에 머물러 다 안락함을 받을 것이라.

<불설미륵고불존경(佛說彌勒古佛尊經)>★5. 다음에 모든 부자들을 살펴보니, 완악한 당을 믿고 착한 사람을 속여서 저버리며 말로 받고 되로 주기를 좋아하며, 물건 값을 높이며 양민들을 못살게 하고 이익에서 또 이익이 나게 하며 소인들을 못 살게 하고 그들의 가난하고 고생스러움은 조금도 알지 못하고 전혀 자비심이 없으며, 안락과 청한 한 복을 누리면서도 전혀 불법을 믿지 아니하고, 분수껏 만족함을 알지 못하고 부유하면서도 더욱 탐욕을 내고 남의 전답을 꾀하고, 남의 자녀를 점령하고 타인이 선을 닦는 것을 비웃고 신명을 비방하고, 날마다 생각하고 밤마다 계산해도 도무지 착한 생각이 없으니 이제 마땅히 빼어버릴 것이라. 그러나 만약 조금이라도 선한 공덕이 있거든 가히 머물러 있을 것이니 그대가 마땅히 보호하여 머물러 두게 할 것이다.

<불설미륵고불존경(佛說彌勒古佛尊經)>★6. 또한 일체 모든 빈궁한 사람들을 보라. 본분을 의치하지 않고 본래부터 곤궁한 것을 긍정치 아니하고 부모에게 불효하며 형제에게 우의롭지 못하고 도적질하여 재물을 빼앗고 빌린 것을 갚지 아니하며 오곡의 수확이 적은 것을 하늘을 원망하고 땅을 한탄하며, 전생에 닦지 않아서 금생에 이른 것은 생각지 아니하고 금생의 빈곤함만 생각하는구나. 다만 마음으로 탐내기만 하고 천지를 믿지도 않고, 나의 법도 믿지 않는구나. 참법도 믿지 아니하고 인과응보도 믿지 아니하고, 착한 사람을 잘 속이고도 악은 두려워하는 자는 다 빼어버리리라.

<불설미륵고불존경(佛說彌勒古佛尊經)>★7. 그대가 이 세상에 내려갈 때 마음을 돌려 선을 향하며 허물을 고치고 스스로 새롭게 하고 염불을 다섯 번 만 하더라도 일찍이 한 조각의 착함과 하늘의 인연이 있을 때는 다 보호하여 지키며, 만약 총칼 밑에 있더라도 손상이 없을 것이며, 병환 가운데 있더라도 가볍게 지나고 죽지 않을 것이며, 평화함을 주고 기다려 장차 태평을 누려서 그 안락을 받게 할 것이다. 또한 세간의 선비들을 보아라. 의리를 가볍게 여기며 죄를 지으면서 바람과 우뢰를 비웃고 업신여기면서, 하늘의 이치를 밝히지 못하고 그릇된 총명을 얻었다고 하며, 선한 마음을 내지 아니하며 참 부처(미륵불)를 믿지 아니하고 대도를 따르지 아니하고 삿된 신을 섬기는구나.

<불설미륵고불존경(佛說彌勒古佛尊經)>★8. 또한 농민을 볼 것 같으면, 악을 짓고 죄

를 지어 하늘에 가득하여, 하늘의 꾸짖음을 받아 수재와 한재가 서로 침범하여도 하늘에 빌지도 아니하고, 세상의 잡신을 향하여 축원하며 또한 여러 악을 짓고도 도리어 갖가지 재앙을 만나되 영영토록 생각지 못하고 몸이 마치도록 깨닫지 못하는 도다. 또한 공예인들을 보아라. 백가지 수단으로 남모르게 순한 백성을 해치는도다. 또한 장사하는 사람을 볼 것 같으면 정직하지 못하여 거짓을 참이라고 하며 저울과 자를 길거나, 짧거나, 가볍거나 또는 무겁게 하고 당장 제자리에서 한 가지 것을 세 가지로 나누어 매매하며, 백가지 수단으로 약한 자를 속이고, 선한 자를 농락하고 손을 움직여 눈을 속이는 도다.

<불설미륵고불존경(佛說彌勒古佛尊經>★9. 또한 다방과 술집을 보면 한 물건을 세 번이나 매매하고, 정밀하고 섬세한 사람에게는 넉넉히 주고, 어리석은 사람에게는 적게 주며, 교묘한 꾀를 백가지로 써서 가히 유감되고 중악한 일을 하며, 또한 공공의 관리들은 법을 농락하며 문자를 꾸며 양민을 속여 해치며 백가지로 일을 만들고 있구나. 또한 여자들을 보면, 무리를 모으고 떼를 지어, 어지러이 삿된 짓을 행하고 폐단 있는 일을 하며, 어리석은 사람은 깨치지 못하고 재물을 손실하고 자기 몸을 그르치나니, 이 같은 어리석은 아녀자들이 백가지로 사람을 미혹케 하여 남의 목숨까지도 해치면서도 도무지 만족함이 없느니라. 또한 악한 사람을 보면, 소·말을 죽이고 선한 사람을 속이고 꾸짖으며, 권세를 믿고 재물을 가지고, 남의 재물을 마음대로 취하며, 백가지로 선한 사람을 속이고 업신여기느니라.

<불설미륵고불존경(佛說彌勒古佛尊經>★10. 또한 군인들은 군세를 의지해 선한 사람을 사기하고 남의 재산을 마음대로 취하며, 백가지로 선한 사람을 속이고, 또한 군대가 싸움터로 출정하는 것을 볼 것 같으면, 도로 사이에서 사납게 때리며 빼앗아 남의 재물을 거두며 일부러 선한 사람을 죽이고 가옥과 그릇을 파손케 하며, 또 살펴보면 악한 사람이 백가지로 꾀를 부려 선한 사람을 굴복케 하며 속이되 이것을 이름하여 정이라 하나니, 또한 어떤 사람은, 자기의 부부나 부모님 등이 여러 세대를 두고 도를 닦아 오는 중에 포기함을 닦고 수염 깎고 도를 닦았으되, 그 공을 얻지 못하고 먼저 나쁜 죄만 짓는 줄을 깨닫지 못하는구나.

<불설미륵고불존경(佛說彌勒古佛尊經>★11. 또 살펴보면 세상 사람들의 본분을 깨닫지 못하고, 재물을 가져서 예불을 드리며, 나무로 새기고 흙으로 만든 등신불에게 공양하고 공덕을 구하며 빌고 있으니, 이와 같이 한 조각 착함도 깨닫지 못하고 반드시 충효를 깨닫고 본분에 의지해 복을 구함이 한량없거늘 이와 같지 아니하고 또한 세상 사람들이 부모님을 돌보지 아니하고 멀리 타방에 가서 스스로 처첩을 취하여 이름을 구하고 이익을 구하되, 돌아갈 줄 모르니 이 같은 사람들은 다 빼어버리리라. 그대가 하생할 때 만약 한조각의 착함과 공이 있으면서 마음을 돌려 염불하면서 귀의하는 자들은 다 보호하여 지킬 것이며, 전체 생명을 구원하고 모든 난을 만나지 않도록 할 것이니라.

<불설미륵고불존경(佛說彌勒古佛尊經>★(소멸사신품 제사)1. 이때 미륵존불께서 옥

불에게 위촉하시기를, 또한 세간의 신전과 사당을 보아라. 다 고목과 바위의 정기로 이룬 것이요, 뱀·벌레·여우·토끼·개·말·소·양의 정기로 이루어짐이며 금석그릇들 등의 요사스러움으로서 그 제사를 받고는 오로지 한가지로 사람들을 해치며, 집이나 가구들을 파괴하며 또 살펴보면 대낮에 요괴들이 오로지 사람들을 해치고, 또 살펴보면 대표와 신사의 무리들은 작은 괴물의 간악한 짓을 덮어두고 사람을 해치는 일이 한 두 가지가 아니며, 개를 희롱하고 닭을 훈련시키면서 빛을 내고 피를 뿌리며, 남의 부인에게 음란을 행하고, 남녀를 사로잡아 목숨을 끊고, 소와 말 등을 몰래 때려서 목숨을 끊어뜨리고 백가지 괴이한 법으로 재앙을 지어내니 (팔부오방만뢰)와 (삼십육위뢰장)과 (왕마이영관)과 (삼원상장)과 (등신장삼사) 등을 시켜 이것들을 전부 소멸시켜 남겨두지 아니할 것이며, 또 살펴보면 크고 작은 사당의 괴신들이 비와 바람을 막아 한재를 일으키며 오곡을 말라 죽게 하고, 사람들을 괴멸시키니라.

<불설미륵고불존경(佛說彌勒古佛尊經)>*2. 물속에 사는 용과 뱀과 거북과 자라의 점령들과 메기·쏘가리·장어 같은 괴물들과 소라·조개·미꾸라지 같은 요물들이 마음대로 장마를 일으켜 강물을 넘치게 하여 백성들을 손해케 하며, 삼년 안에 두 번 씩이나 가뭄이 들게 하니 그러한 까닭으로 천지가 회신의 힘을 빌어 보호하고 지켜나가니, 그대가 가서 뢰정으로써 일체를 소멸시키며 비바람을 순하게 하고 고르게 만들어서 만 백성이 편안하고 나라가 태평하게 되도록 하여라. 또 살펴보면 대묘의 신과 산악대신들이 감당치 못할 제사를 받아먹고, 고의로 악인들을 보호하고 나아가 모든 악을 짓게 하며 백성을 괴롭히니 이런 것은 다 제거하며 또 다시는 제사를 지내지 못하게 하여라.

<불설미륵고불존경(佛說彌勒古佛尊經)>*3. 또 살펴보니 석가모니의 가르침이 삼천년간 투쟁을 경계하여서 하여금 하늘의 스승을 본받게 하고 오계의 가르침을 두었어도, 투쟁과 역행을 저지르는 고로 마땅히 고치며 옛과 같이 않게 하며, 또 살펴보니, 죽음의 세계에서 사람을 벌하는 지옥을 보면 아주 많이 변한 까닭으로, 톱이나 불로 태우는 형이 있고, 장막 안에서 수식이 되고 귀신의 밥이 되게 하여도 전생의 선악을 기억하지 못하고, 세상에 나와서 사람이 되고 가축이 되며 벌레가 되고 물건이 되어도 이것들이 나쁜 몸인지 어쩐지도 기억치 못하고 또한 나쁜 짓을 산과같이 행하여서, 이후에 또다시 지옥에도 들어가며 온갖 고초를 다 당하되, 가고 가고 오고 옴에 언제 마칠 날이 있을 것인가.

<불설미륵고불존경(佛說彌勒古佛尊經)>*4. 이러한 것을 마땅히 쓸어 소제하여 중생으로 하여금 일심으로 염불케 하고 항상 본 분사만을 생각케 하고 어버이와 나라에 충효케 하며 모두 다 가르쳐 부처가 되게 한다면, 지옥의 사자들이 다스리지 않아도 모두다 유명계에서 뛰쳐나와서, 이 유명계가 변하여 청정한 고향이 되도록 할 것이라. 또한 살펴보니, 인간이 이미 생성된 이래로 사람이 되어 세상에 머물며 효도하지 아니하고, 본분을 잃어버리고, 인의를 품지 않으며, 가지가지 죄를 짓고서 병을 얻고는, 즉 일시를 따져 사람으로 하여금 추산케 하여 말하되 하늘의 별자리가 사람에게 벌을 주었다고 한다.

<불설미륵고불존경(佛說彌勒古佛尊經>★5. 내가 이제 옥황의 조칙을 받들어 이제 모든 하늘의 별들로 하여금 중생을 교화하여 마음에 염불이 끊이지 않게 하며, 충효인의를 수행케 하여, 일체 하늘의 별들로 하여금 감히 화를 입히지 못하게 하리라. 또한 세간을 바라보니, 내가 승천한 이후로 입으로 신을 죽이는 이름을 부름이 일백이십 가지나 되며, 오직 방위만을 점치며, 또 년월일시를 점치는 것을 인연하여서 지금에까지 이르고, 사람을 교육하여 염불케 하니 이러한 신들은 다 제멸 시킬 것이며, 곧 여러 귀신 중에 굴복하지 않는 것은 다 벼락을 쳐서 없애버릴 것이니 그렇게 하면 이십사방위가 항상 이로울 것이요, 년월일시도 다 금하고 꺼릴 것이 없어질 것이다.

<불설미륵고불존경(佛說彌勒古佛尊經>★6. 또 보니 천조(天曹:하늘법정)로 인간의 선과 악을 기록하여(鑛人間善惡) 심판하니(勞心報應), 정신이 맑고 한가롭지 못하는지라 이제부터서는 사람들을 교화하여서 염불케 하며 향 사르고 본분에 의지해 수행케 하는 고로 하늘의 붓으로 일체를 기록할 노고를 쉬게 하고, 하늘의 관리들 역시 마땅히 각자 바른 길을 닦아 영원히 맑고 한가함을 누리도록 할 것이니, 오르고 또 오르고 향상되고 향상되어 복을 영원히 누리리니 수고로움을 면할 것이다. 일체 시방의 모든 부처님들이 다 이 맑고 한가함을 따라서 공덕을 원만히 건취하였고 인간들에게 힘을 소비하지 않고 금일에 모두 성불을 하였으니, 모든 하늘들도 역시 무량한 복을 받게 된 것이다.

<불설미륵고불존경(佛說彌勒古佛尊經>★7. 또한 세간을 살펴보니, 일체 용들과 성현들과 선인들이 각기 다 본성을 깨달아 나의 가르침을 보호하여 지니고, 중생들을 교화하니, 화평한 복을 누리고 정각을 이루어서 부처님 깨달음과 똑같이 깨달아서 게으름이 없으리라. 또한 세간을 살펴보니, 먼저 돌아가신 구대 조상들을 이름하여 저승에 가셨다고 하지만, 금일에 중생을 가르쳐 염불케 하며 향 사르고 천계를 뛰쳐 오르게 하며 일체 외로운 혼령들이 타락됨을 가련히 여겨 염불할 때, 저승계에서 뛰쳐나와 초월케 하고 다 쾌락케 하니, 이상과 같은 부탁을 일일이 세목에 따라 받들어 행할지어다.

<불설미륵고불존경(佛說彌勒古佛尊經>★(옥불제문품 제오)1. 그때 옥불께서 여쭈어 가로대 세존이시여, 부촉하심을 일일이 받들어 행하겠나이다. 제가 이제 어느 일시에 내려가리이까. 세존께서 말씀하시되 그대가 옥황의 조칙을 받들어 있으니 곧 내려가야 할 것이라. 옥불이 말씀하시되, 어떤 용신이 저와 더불어 하생하리이까? 세존께서 말씀하시되 이십사 위 제천이 그대를 보호하고 지킬 것이라. 그대가 하생할 때 모름지기 어려운 것은 전부 마멸시켜 관장하고 취하는 까닭에, 그대를 방해할것이 없으니 모름지기 그대는 인내하고 잘 참고 지켜야 한다. 옥불이 말씀하시되 어떻게 모든 사람들을 구하겠습니까. 세존께서 말씀하시되, 진리의 물(法水=감로수)을 널리 행하여 중생들을 구제하여라. 일체 용신들이 스스로 와서 감응할 것이리라. 옥불께서 말씀하시되 어떻게 해야 군왕을 구제하여 정법에 귀의시키겠습니까. 세존께서 말씀하시되 내가 하늘의 별(星)을 보내어 차례로 하생시켰으니 네가 그곳에 이르

면 곧 와서 모두가 그대의 교화를 따라 행할 것이리라.

<불설미륵고불존경(佛說彌勒古佛尊經)>★2. 그대 이제 내려가서 먼저 병란 가운데 들어가서 그들을 구하여 칼날과 화살을 떠나게 하고 다음에 병고의 가운데 들어가서(疫疾復害) 다시는 병고의 해를 입지 않게 하여라. 내가 하늘에서 보낸 마군의 무리에게 분부하였으니 만약에 나의 이름을 기억하는 사람이 있거나 마음을 돌이켜 선을 향하는 사람이 있으면, 다 재난을 면케 될 것이며 순종치 않는 자가 있다면 하늘에서 벼락이 내려 그를 멸절시키리라. 또한 옥불의 이름을 듣고 마땅히 머리 숙여 염불하고 거역치 않는다면 일체 마왕들도 같은 소리를 내면서 귀의할 것이리라. 세존께서 말씀하시길, 오직 명을 들을 것이요 어기지는 못할 것이리라.

<불설미륵고불존경(佛說彌勒古佛尊經)>★3. 지금이 가히 그대가 하생할 때다. 일체 용신(龍神) 대중들이 그대를 따라 하생할 것이며 그대가 하생한 이후에, 나의 말을 취하여 기록하고 중생들을 잘 교화시켜 번뇌를 참고 어려움을 이기어라. 내가 친히 하생하기를 기다려라. 그대는 최상의 도과(道果)를 얻을 것이요, 자자손손은 영원토록 부귀를 누릴 것이요 일체권속들은 모두다 천인(天人)이 되어 천하가 태평하고, 사계절이 길이 봄날이 될 것이며 사람들이 기쁘게 자기의 일을 즐길 것이리라.

<불설미륵고불존경(佛說彌勒古佛尊經)>★4. 성인이 바르게 세상을 다스리는 때를 기다려서 내가 친히 하생하여, 똑같이 주(主)의 위치에 오르고, 똑같이 중생을 제도하며, 똑같이 바른 도를 내어서 다함께 얻는 경사스러움이 무궁무궁할 것이리라. 옥불께서 여쭙되, 제가 세존을 대신해서 하생할 때에는 어떻게 해야 바르게 고치는 것이 되겠습니까? 세존께서 말씀하시되, 때를 당하여 먼저 그대로 하여금 내가 하생한 후에야 성불하여 설법하게 할 것이니, 일체 세간에 있어서, 사람에게 이롭지 못한 자나 사람을 해치는 물건은 모두 다 제거할 것이요 다만 세간에 유익한 물건만을 남겨둘 것이라.

<불설미륵고불존경(佛說彌勒古佛尊經)>★5. 벌레 ·뱀 ·호랑이 · 여우 ·살쾡이 ·원숭이 ·토끼 ·지네 ·파리 · 벼룩 · 이 같은 독물은 다 없앨 것이므로 세상 사람들로 하여금 이와 같은 안락함을 누리도록 할 것이라. 이는 모두 석가모니 부처가 꽃을 옮겨 놓은 화근이라. 석가모니의 다스리는 시절에는 배고프고 · 가난하고 · 부유하고 · 귀하고 하열함 이 각기 다 달라서 도적을 이루는지라, 이는 다 사람 마음이 정직하지 못한 까닭이니라. 모름지기 허다히 많은 계율을 세우고 또한 관리로 하여금 형을 주고 지옥살이를 시켜도 모든 교화가 잘되지 않으며, 또 책을 써서 사람을 가르켜도 교화가 잘되지 않으니, 모두다 꽃을 옮긴 까닭인 것이다.

<불설미륵고불존경(佛說彌勒古佛尊經)>★6. 내가 하생한 이후에 먼저 포대를 취하여, 그 중에 담겨있는 일체 보물을 세간에 흩어 가득 채울 것이고, 여덟 금강신장으로 하여금 하늘과 사람의 주인이 되게 하는 여덟 선인으로 할 것이요, 일체 보물창고를 세간에 흩뿌려서 세상을 유지하게 할 것이라. 세상 사람들은 서로 말하기를, 지난날

의 사람들은 일체 물건을 탐내는 것으로 인하여 목숨을 상해하는데 까지 이르렀고 급기야는 감옥에 갇히게도 되었었지만, 금일에 이르러서는 내가 부처님의 은혜를 입고서부터 온 땅에 가득한 것이 모두다 보물이요 마치 향과 꽃으로 천지간에 공양을 올리는 것과도 비슷한 까닭에 자연히 집 집 마다 부유하고 풍족하며 자연히 곳곳마다 평화스러운 기운만이 있게 되었다고 말할 것이다.

<불설미륵고불존경(佛說彌勒古佛尊經)>★7. 세간의 사람들이 삼천년 동안 고통을 받았지만 내가 하생한 후에는 마땅히 황금·백미를 하늘에서 비 내리듯 하기를 다섯 아침과 열흘 동안 하여 땅이 바뀌며 자연히 배부르게 될 것이다. 또한 세간의 일체 무익한 풀들은 다 없애버리고 온 땅과 산하에 가히 기를 수 있는 곡식이 자라게 하여 속히 싹이 나고 속히 자라서 사람들에게 일임하여 받아먹게 할 것이다. 한편 일체 세상에 있는 쓸모없는 나무들은 다 쓸어 없애고, 높고 낮은 땅 할 것 없이 두루두루 다 과일이 열리는 나무가 자라게 하여, 크고 작기가 마치 됫박이나 옹지만한 과실들이 열리면, 사람들이 그것을 먹고 얼굴이 붉어지고 사람의 수명이 연장되며 병도 없고 일찍 죽지도 않으며 그 맛이 좋기가 으뜸이라 하나만 먹어도 배부르고 몇일 동안도 배가 고프지 않게 할 것이다.

<불설미륵고불존경(佛說彌勒古佛尊經)>★8. 또한 최상품의 목화나무로 하여금, 그 잎이 크고 유연하여 솜과도 같이 부드러워서 가히 의복을 지을만하니, 사람들에게 일임을 하여 그것을 취하여 이용하게 하면, 춥지도·덥지도·가난하지도·부유하지도 않고 사람사람이 단정하게 되고, 맑고 기이한 형색을 띠어 음란하지도·잡되지도·희롱하지도·난잡하지도 않게 될 것이다. 개개인의 수행자와 염불하는 사람 사람마다 장수할 것이며, 스스로 삼만 구천 세를 살 것이요, 몸의 형태가 크고 훌륭하며 태어나면서 걸어 다니게 될 것이리라. 이때에 이르면 옷을 생각하게 되면 금시에 뜻에 맞는 옷이 공중으로부터 내려와 임의로 입으며, 음식을 생각하면 맛좋은 음식이 자연이 나타나 한번 먹음에 배부르고 만족하게 될 것이리라.

<불설미륵고불존경(佛說彌勒古佛尊經)>★9. 대지는 하늘 세계와 똑같이 될 것이요, 삼천세계와 똑같이 수기를 받아, 나지도 않고 멸하지도 않을 것이며, 더욱 많고 더욱 넓어서 온 세상에 혼탁한 기운이 없으며 땅에서도 향기를 뿜으리니, 타방 세계의 모든 백성들이 다 나의 이름을 생각하고 나의 국토에 태어나기를 원할 것이다. 이와 같이 하생한 후를 당하여서는, 교화를 권하고 주장하여 일체 인민이 다 제도를 얻은 후에 내가 하늘을 돌아가 주달하리니, 천조지존과 옥조께서 무극천에 오르시어 가이 없는 복락을 누릴 것이며 그 이후로는 일체 모든 일들이 기이하고 묘해서 능히 헤아릴 수 없으며 불가사의하고 가히 더불어 설 할 수 없을 것이다. 옥불이여, 옥불이여, 그대가 먼저 내려가거라. 나도 친히 내려오리라. 부처님 말씀은 지극히 정성스러워 허망함이 없으니, 믿고 받들어 봉행할지어다.

<불설미륵고불존경(佛說彌勒古佛尊經)>★(옥경공덕품 제육)1. 이때 세존께서 옥불에게 부촉하시니, 천조가 기뻐하고 옥황도 찬탄하기를 한량없이 하며, 제천상제와 뭐

어난 성현진사들과 시방 세계에 가득한 일체 제불과 일체 보살들과 천룡뇌신과 제천 성중들이 다 크게 환희하여 둘러싸고는 찬란하여 꽃 뿌리고 향을 사르며 자비로운 세존을 둘러싸고 찬탄하더라. 이 경이 하세에 전하여질 때에는 마땅히 일체 중생으로 하여금 이 경을 얻어 듣고는 즉시 정법에 귀의하고서 원컨대 세존을 뵙기를 원하며, 원컨대 이 경을 만나기를 원하여지이다. 저희 등의 시방 성중들도 역시 세존께서 법계의 즐거움을 성취하여 이 탁한 세상을 꽃과 같이 장엄하기를 보기를 원하오며, 일체 사람들이 이 경을 얻어들으면 만 가지 죄업이 닦고 스스로 선해지면, 종국에 세존께서 즐거운 세상을 이루는 것을 보고 모두다 천인이 되어 이러한 쾌락을 받을 것을 보게 될 것이다.

<불설미륵고불존경(佛說彌勒古佛尊經>★(옥경공덕품 제육)2. 일체 모든 외로운 혼령들이 이 옥경의 공덕에 대해 듣고는 누구나 다 다시 살아나, 좋은 몸을 갖추며 필경에는 세존께서 즐거운 세상을 성취시키는 것을 볼 것이다. 일체 세상 사람들이 이 경을 얻어듣고는 책 한권을 써서 베껴서 지니고 읽으면 마땅히 좋은 인연을 얻을 것이요 내지 부처님 도에 이를 것이다. 한 세상에서 받아 지녀서 게으르지 않는다면 삼재의 큰 난을 면할 것이요, 종국에는 좋은 세상을 볼 것이니, 일체 세상사람 가운데 능히 백 권의 책을 인쇄하여 돌린다면 필히 부처의 지위에 오를 것이요, 마음을 닦아 바르게 살면 위없는 깨달음을 얻을 것이다. 만약 어떤 사람이 있어, 이 경을 향하여 기도하고 남자아이를 구하면 남자를 얻을 것이요 여자아이를 구하면 여자를 얻을 것이다.

<불설미륵고불존경(佛說彌勒古佛尊經>★(옥경공덕품 제육)3. 일체 마왕들이 이 경을 염송하는 소리를 들으면 형태는 물론 그림자마저 소멸될 것이요, 다시는 모습을 나타낼 수 없으리라. 일체 토지신 등이 이 경 외우는 소리를 듣는다면 허공으로 돌아가 나타나지 않을 것이며 크게 이로움을 얻으리라. 일체 모든 병고자가 이 경 외우는 소리를 들으면 즉시 안락함을 얻을 것이요, 만약 한 사람이 있어 이 책 한권을 남에게 공양하면, 구대에 걸친 조상들이 모두 천상세계에 태어날 것이며 그 공덕은 칭할 수가 없고 헤아릴 수 없으며 불가사의할 것이다. 그때 모든 대중이 세존께 예를 드리고 물러나더라.

<불설미륵고불존경(佛說彌勒古佛尊經>★(옥경공덕품 제육)4. 이때 일체 제대보살과 제대제자 ·제천성중과 관 ·조이위뢰신 등이 다 함께 둘러싸고 세존께 공양을 올리었다. 그러면서 찬탄을 그치지 않고 똑같은 목소리로 염불하며 받들어 고하였다. 세존이시여, 마침 이와 같은 극히 즐거운 세계에 대해서 들었사오나 알지 못할진대 어느 때나 그러한 시기가 도래 하겠습니까. 저희 등도 모두 함께 그와 같은 쾌락을 누리고자 합니다. 듣지 못하였을 때에는 오히려 아무런 생각도 없더니, 이미 듣고 나서는 조급한 생각이 일어남이 마치 배고픈 사람이 밥 생각하듯 하나이다. 오직 바라옵건대 세존이시여, 빨리빨리 하생하시여 좋은 세계를 성취하시고 일체 중생을 제도하시어 밝은 시절을 보여주시옵소서. 세존이시여 이와 같은 좋은 세계를 저희 등이 모두 중생들을 교화하여 가르침을 받아와 염불하면서 세존의 하강함을 기다리겠나

이다.

<불설미륵고불존경(佛說彌勒古佛尊經)>★(옥경공덕품 제육)5. 그때 미륵존불께서 여러 대중에게 고하시되, 때가 적게 추스리는 기간이 지난 후가 되며는 점차 안락함을 볼 것이니, 먼저 옛 성에 도달하는 자가 바르게 될 것이요, 나중에 도달하는 자가 보기 좋은 모양새의 왕신(王臣)이 될 것이다. 강서에 숨은 자는 복된 별이 든 모양이라, 크게 천하가 태평할 것이다. 누에가 늙고 뽕잎이 없어지면 호(胡)가 예전의 구원으로 돌아갈 것이요, 이(李)가 호로 더불어 싸우고, 패한 호가 겹으로 나아간 연후에서 혼연히 하나로 될 것이다. 여진(呂棄)의 여덟 말이 반이 자빠지면 사방에서 혼란하여질 것이요, 유와 장과 이와 두는 서로 다투어 서로 능멸할 때, 다 능히 서지 못하리라. 드디어 소멸함에 이르러 내가 친히 올 것이다. 백마양년(庚午辛未)에 내가 마땅히 두 세상이 가고 오는 땅에서 하생하리라. (미륵부처님께서 사람 몸으로 오신다는 뜻)

<불설미륵고불존경(佛說彌勒古佛尊經)>★(옥경공덕품 제육)6. 내가 마땅히 국왕대신과 일체 인민에게 널리 묘한 도를 설하여 일체의 선남신녀들을 다 제도하여, 모두다 성불을 생각하게 하고 사람마다 장수하며 부귀 화평하여 집집마다 즐겁고, 씨를 뿌리지 않고도 날마다 먹으며, 나무는 묘한 과일을 생성하리니 즉 극락의 세계가 펼쳐지리라. 이러한 때를 당하여 하늘에서 사람을 빼어 바꾼 후 내가 세상을 다스리기를 이십만 년 동안 할 것이리라. 모든 것이다 하늘의 경치로 바뀌고 일체 인민들이 모두다 하늘의 복락을 누리면서 찬란하기를 그치지 않으리라.

<불설미륵고불존경(佛說彌勒古佛尊經)>★(옥경공덕품 제육)7. 때에 천친보살이 말하여 가로대, 부처님께서 이 경을 설하시니 공덕이 무량하오니 일체 중생이 한번만이라도 믿고 예배하면, 나가고 · 들어오고 · 행하고 · 숨고 · 공예하고 · 장사 지내고 · 땅을 파고 · 공사를 일으키는 등 백가지 일을 함에 있어서 금지하고 기피할 것이 없고, 일체 삿된 마귀가 모두다 자취를 감추게 될 것입니다. 죽은 혼령들도 모두다 하늘에 태어나고 군사를 움직여 전쟁을 할 때에도 자연히 이기게 될 것입니다. 국왕이 믿게 되면 천하가 태평하고, 대신이 믿어 예하며는 녹음이 늘어날 것이니, 대중이 예를 지어 믿고 받들어 봉행 할 것이리다. 천친보살이 인간에 전하여 교화시켜 널리 인연 있는 사람을 제도하여 널리 받들어 행하고 예를 지어 물러 가는도다. 위로는 세 가지 중한 은혜를 보답하고 아래로는 삼악도의 괴로움을 건질 것이라. 만약 듣고 보는 사람이 있다면, 모두다 보리심을 발할 것이라. 나무 미륵존불

베드로와 바울을 중심한 남성 사제 권력이 마태복음이 고증하는 대로 예수가 베드로에게 하늘나라의 열쇠를 주고 땅과 하늘에서 매고 푸는 권세를 주었다는 문자주의의 명분을 내세웠지만 마태복음 18장 18-20절에 의하면 예수는 베드로뿐만이

아니라, 제자들 모두에게 땅에서 매고 푸는 권세(신권)를 부여합니다. 예수는 제자들을 향해 이렇게 말합니다. "내가 진정으로 너희에게 말한다. 무엇이든지 너희가 땅에서 매면 하늘에서도 매일 것이요, 땅에서 풀면 하늘에서도 풀릴 것이다."

이에 더하여 요한복음에서는 죄를 매고 푸는 권세를 베드로를 비롯한 예수의 12사도들이 아니라 성별과 인종을 초월하여 누구든지 '성령을 받는' 자들에게 부여하는 것으로 나옵니다. 예수의 선포에 의하면 제자 됨의 특권은 성별이나 인종, '12사도(12 Apostle)'로 지칭되는 소위 역사적 예수의 제자와 무관합니다.

원래 '사도' 즉 '아포슬(Apostle)'은 엄밀한 의미에서 예수와 공생활을 함께 하고 예수의 처형과 부활을 직접 체험한 사람을 뜻하므로 12사도는 자격미달이고 오히려 마리아 막달레나만이 유일한 적격자이자 종통계승자입니다.

그리하여 예수는 부활한 후에 제자들에게 나타나 평화의 인사를 하고, 성령을 받으라고 말하며 이렇게 말합니다. "너희가 누구의 죄든지 사해 주면 사해질 것이요, 사해 주지 않으면 그대로 남아 있을 것이다."(요 20: 23) 바울과 베드로 남성사제파 문자주의가 주장하듯이 '죄를 메고 푸는자'는 베드로나 12사도만이 받은 것이 아니라, 성령을 받은 모든 자로 자격을 확대한 것입니다.

따라서 마리아 막달레나와 관련된 이러한 은폐된 진실을 덮어 남성 사제권력 종단을 만들기 위해, 성령을 받는 자라면 누구나 부여되는 '죄를 매고 푸는 권세'를 마치 베드로만이 가진 양 왜곡된 교리체계를 만들고, 성모 무오류설이 등장하고, 예수복음과 전혀 상관없는 바울서신 위주의 미사보(여성신도가 머리에 쓰는 너울) 같은 의식이 자리 잡게 된 것입니다.

예수는 갈릴리 가나의 혼인잔치에서 자신의 어머니에 대해 "여인이여, 나와 무슨 상관이 있나이까.(요한 2:4)", "여인이여, 당신의 아들을 보소서 하시고 또 그 제자에게 말씀하시기를 "네 어머니를 보라(요한 19:26,27) "라 하며 '여인'으로 불렀는데, 로마 가톨릭은 예수의 어머니를 성모 마리아라 하여 성경에도 없는 하늘의 여왕으로 만들어 성모 무오류 설을 말하지만 정작 가톨릭에서 매도하는 평화의 신 바알교(농경민 신)에서 모시는 하늘의 여왕 이쉬타르(Ishtar, IŠTAR:슈메르의 천신 아누의 딸 이난나 여신)는 사탄의 종교로 단죄합니다.

물론 이는 중동 사막지역의 지방신으로써 군신(軍神)이자 질투의 신이요 복수의 사막신인 야훼신(유목민 신)을 섬기는 소수의 유대인이 당시 애굽을 비롯해 중동 필리스타인(팔레스타인의 옛 이름)의 대다수 사람(블레셋인:필리스타인人)이 신앙한 아피스신(Apis:애굽 황소신)과 관련된 만물의 창조자 엘(EL)의 장자, 하늘의 주재신 바알(평화의 신인 슈메르 농경신)과 끊임없이 투쟁하여 생긴 뿌리 깊은 적대감에 기인하는 것이기는 합니다.

사람이 살기에 척박한 중동 사막지역에 평화의 신이자 풍요의 신인 농경신(슈메르 신) 바알신은 바람과 비를 주재하는 우사, 운사, 풍백의 자연신 역할을 하며 대다수 중동 정착민인 필리스타인(블레셋)인 농민들에게 풍요로움을 선물한 신이었습니다. 한편 떠돌이 유목민이었던 이스라엘 족에게는 농경문화로 고도의 문명을 이루어 사는 이들의 삶에 젖어들어 애굽의 아피스 신, 바알신에 경도되므로 마침내 이들을 몰아내고 자신들을 지켜줄 호전적인 군신 야훼신의 이름으로 모세와 호세아(Hosea:여호수아)를 중심으로 신앙 결사체로 더욱 거듭나 탈(脫) 애굽하게 된 것입니다.

메소포타미아 문명의 발상지로 젖과 꿀이 흐른다는 본래의 이상적인 가나안은 아브라함이 살던 유프라테스강 티그리스 강 사이의 초승달 지역으로 그 대부분의 중심은 이라크에 있으며 시리아 북부와 터어키 터키 남동 국경지대에 분포해 있습니다. 그러나 모세와 호세아(여호수아)가 실제 인도한 젖과 꿀이 흐르는 가나안 땅이란 요단강 사해 지역을 빼면 결국 우리 한국인 같은 농경민족에게는 먼지만 풀풀 날리는 척박한 사막 땅입니다. 바로 현재의 갈릴리 호수, 요단강, 사해의 모압 암몬과 마주한 지역입니다.

구약에서 가나안의 본래 모델인 현재의 이라크, 시리아 땅은 바로 고대 페니키아 제국, 바빌론 제국, 앗시리아 제국이 번성을 이루던 곳으로 이 곳은 당시 국가도 이루지 못한 일개 양치기 종족으로는 언감생심 꿈도 못 꾸고 요단 강 유역으로 간 것이 바로 모세와 호세아가 인도한 짝퉁 가나안 땅입니다. 호세아가 인도한 유대족은 결국 압도적인 고등문명 국가 바알신의 앗시리아 제국에게 멸망당하고 말았습니다.

이에 비하면 상제님으로부터 점지(聖別) 받은 한반도 간방위(艮方位) 금수강산은 그야말로 모세와 호세아가 인도한 가나안보다 백배 천배 젖과 꿀이 흐르는 축복받은 땅이 아닐 수 없습니다. 우리 땅을 먼지만 풀풀 나는 황량한 가나안 땅에 굳이 비교하면 그들 표현으로 신의 음식인 암브로시아(Ambrosia)와 모세 때 하늘에서 내린 음식인 만나(Manna), 신의 식품을 의미하는 테오브로마(Theobroma)로 가득 찬 축복받은 땅이라 아니할 수 없습니다.

척박한 가나안으로 인도된 이스라엘은 이마저도 수천 년 간 싸워온 팔레스타인 블레셋인과 지금도 긴장상태로 남녀 할 것 없는 국민개병제로 싸워야하는 업보를 못 피하고 있습니다. <탈무드 임마누엘>에서 예언자 예수는 자신을 십자가에 못 박고 핍박하는 사람들에게 다음과 같이 마지막으로, 그들이 서자 취급해 박대하는 이스마엘의 후손 중에서 위대한 예언자 마호멧이 나와 강력한 (이슬람) 교단을 창시해 시대의 종말이 올 때까지 그들로 부터 영원히 죽고 죽이며 피의 대가를 치를 것이라 예언합니다.

<탈무드 임마누엘>★ "옛날의 예언자들이 기록에 남긴 바대로 나는 유대의 지혜의 왕이며, 그것은 바로 정곡을 찌른 말입니다. 따라서 나는 지구상의 모든 인종을 위한 진정한 예언자입니다. 그러나 이 모든 진리에도 불구하고, 나는 자기들 스스로를 시온의 아들딸이라고 부르는 혼란된 저 이스라엘 사람들을 위한 예언자는 아닙니다.

<탈무드 임마누엘>★진실로 내가 그대에게 말합니다. 그대들이 나를 때리고 조롱하면 그대들 역시, 옛날부터 그대들이 노예로 삼았고 그대들과 그대의 조상들이 그들로부터 땅을 약탈해 온 바로 그 사람들에게 맞고 조롱을 당하게 될 것입니다.

<탈무드 임마누엘>★그리고 앞으로 오백년 내로 그대들이 이를 보상해야할 때가 올 것이니, 그 때에는 그들에게 예속되었던 이 땅의 정당한 소유자들이 그대들에게 항거하여 일어나기 시작할 것이며, 먼 뒷날까지 싸우게 될 것입니다. 새로운 사람이 이 땅의 예언자로 나타나 정의에 입각하여 그대들을 저주하고 핍박할 것이니, 그대들은 그대들의 피로써 그 대가를 치러야만 할 것입니다.

<탈무드 임마누엘>★이 사람은 진정한 가르침을 보존하기 위하여 특별히 강력하고 새로운 종파를 창시할 것이며, 자기 스스로를 예언자로서 인식시킬 것입니다. 또한

그렇게 하는 가운데 모든 시대를 통해 그대들을 핍박할 것입니다. 그대들은 그를 거짓 예언자라고 할 것이며 그를 모욕할 것입니다.

<탈무드 임마누엘>★그럼에도 불구하고 그는 참된 예언자이며 위대한 능력을 가지고 있을 것이고, 또한 그는 장래의 모든 시대에 걸쳐 이 종족을 박해하도록 할 것입니다. 그의 이름은 무하메드일 것이니, 그의 이름은 그대들의 종족에게, 당하여 마땅한 공포와 비참과 죽음을 가져올 것입니다.

<탈무드 임마누엘>★진실로, 진실로 내가 그대들에게 말합니다. 그의 이름은 그대들을 위해 피로 씌어질 것이며, 그대들을 향한 그의 노여움은 끝이 없을 것입니다. 그대들은 거짓이라고 주장할 것이지만 그는 진정한 예언자인 까닭에, 그대들의 눈에는 혼란되고 비지성적인 것으로 비칠 새로운 교리를 가져올 것입니다.

<탈무드 임마누엘>★그러나 그가 일으킨 종파도 결국에는 그들과 그대들의 추종자들이 피비린내 나는 종말을 위한 기초를 함께 다지게 될 때에 끝나게 될 것입니다. 이는 그의 가르침이 왜곡되고 날조되어, 그릇된 종파로서 끝을 맺게 될 것이기 때문입니다."

侍

구약이 중동지역 유대족만의 지방신인 야훼(여호와)의 가르침 기록이라면, 아바 하나님을 외치는 신약은 중동 지역을 넘어서서 '메시아Savior'를 표방한 예수의 가르침 기록으로 엄연히 다른 세계관, 다른 신관을 가진, 성격과 지향하는 바가 전혀 다른 경전입니다. '기독교' 진리는 신·구약이 마치 하나의 세계관, 신관인 것처럼 풀이하고 있는 성서학자들에 의해 그 빛을 잃었다고 해도 과언이 아닙니다.

구약성서 속에서 율법으로 이스라엘 백성을 가르쳐 온 야훼신의 모습은 그 심법이나 스케일로 볼 때 '야훼'의 이름을 세상에 처음 드러낸 모세시절 그저 중동 변두리 지역의 양치기 유목 부족만을 위할 줄 아는 편협하고 독선적인 '신참 신' 일 뿐이었지 주위의 농경민족들의 바알신이나 이슈타르 여신, 이시스 여신, 태양신을 믿는 이웃 민족들과 화합해 살 줄 아는 포용적이고 대인적인 신이 결코 못되었습니다.

스스로 전능하고 우월하다고 여긴 신참 야훼신은 자신의 품안 목축민족만 사랑할 줄 알았지 오히려 자신보다 열등한 신으로 치부한 주위의 고참 고등신인 농경신, 태양신을 포용해 더불어 살지 못하고 무력으로 쳐 없애고 정벌해야만 분이 풀리는 무자비한 복수의 군신軍神이었습니다. 구약에는 피의 살인, 저주, 간음, 잔인한 복수 등의 얘기가 타 경전보다 유난히 많습니다.

<신화의 힘(조셉 캠벨Joseph Campbell, 빌 모이어스 대담집>*"수렵민은 죽이는 민족이다. 왜냐? 이들은 끊임없이 움직이면서 만나는 문화는 모조리 정복해 버리는 유목민이기 때문이다. 바로 이런 침략적인 민족에서 제우스나 야훼같이 벼락을 주 무기로 쓰는 호전적인 신들이 나오는 것"이라 합니다.

기독교는 이같이 수렵민족, 유목민족의 죽이는 신화로부터 비롯되었기에 다른 어떤 종교보다도 사람을 많이 죽여 왔습니다. 여호와 신이 죽인 인간만 해도 그 수를 헤아리기 어렵습니다. 구약에 수없이 나오는 "죽이라'는 명령에서 보듯이 여호와 신은 자신을 믿는 이스라엘 민족을 제외하고 다른 신을 믿는 모든 이방인들은 모조리 죽여 없애라고 명령했습니다.

따라서 그의 신봉자, 기독교도들이 세계 도처에서 다른 신앙을 가지고 있는 이방인들을 사람으로 취급하지 않으며(짐승을 뜻하는 고이) 아무 양심의 가책 없이 무차별 살상을 저지를 수 있었던 것입니다. 기독교의 역사는 참으로 피비린내 진동하는 역사입니다. 그들끼리 구교니 신교니 하면서 싸워 죽이고 또 회교와 십자군 전쟁으로 싸워 죽이고, 마녀심판으로 전 유럽이 피로 진동하고 다른 대륙에 가서는 남, 북 아메리카 인디언, 마야, 잉카족을 비롯 호주 원주민들을 대량살상 이 잡듯이 종족 살해(Genocide) 한 것입니다.

구약에 의하면 야훼는 지구촌 시대인 오늘날 언어가 다르고 인종과 문화가 제각기 다른 다양한 지구촌 인류를 품어주는 인류전체의 자애로운 하나님의 모습을 결코 갖추지 못했습니다. 이에 비해 후천 개벽시대를 맞이해 인간 추수열매 시대를 연 증산 상제님은 전 인류를 품을 수 있는 자애로우신 천주 하나님이십니다. 만일 세계관과 신관이 서로 이질적인 구약과 신약이 하나라면 편협한 중동의 골목대장 신(지방신) 야훼의 아들 예수 역시 별 볼일 없는 골목대장 구세주의 범주를 벗어나지 못할 것입니다. 지구촌 속에서 인류를 하나로 엮을 수 있는 대동大同의 신앙 문화로 자리하려면 신앙의 생활문화가 사람의 행위를 구속시켜서는 절대 안 되고 모든 민족에게 아무 모순 없이 통용이 되는 보편적인 생활신앙 문화여야 합니다.

자민족에게만 통용되는 테두리 좁은 신앙문화여서는 세상을 엮어내는 통일 신앙이 결코 될 수 없습니다. 가령 술 마시지 말고 담배 피지 말고 돼지고기 소고기 등 아무개 음식은 먹지 말라거나 아무 날에는 금식기도를 해야 하고 머리에는 히잡이나 부르카, 챠도르를 쓰라거나 사리를 꼭 입어야 하고 아무개 날은 일하면 안 된다는 식으로 갖가지 편협한 교리를 구실로 사람을 제한시키고 억제시키는 신앙은 오히려 인간을 신앙의 노예로 만드는 것입니다. 후천열매기 신앙인 증산 상제님 신앙은 어떠한 의식주 관습을 구실로 인간의 삶을 구속시키지 않고 어느 민족에게도 통용이 될 수 있는 열려있는 생활신앙입니다.

<새시대 새진리 1(安雲山 성도사님 어록)>★(진정한 문화는 모든 부문이 함축된 생활문화)진정한 종교문화라면 기존 문화권 같이 편벽된 진리 가지고는 안 된다. 가령 지금 여기 놓인 탁자 전체가 진리의 틀이라고 할 것 같으면, 기존 문화권은 극히 제한된 사람들이 나와서 이 탁자 한 모퉁이와 같은 제한된 이념을 제시한 것에 불과하다. 유교도 한 쪽 귀퉁이만 허물다 말고, 불교도 한 쪽 귀퉁이만 허물다 말고, 서교도 한 쪽 귀퉁이만 허물다 말았다. 그런 제한된 것들이 어떻게 참 진리가 될 수 있나. 상제님이 말한 '원원한 진리'란 그 진리의 틀 속에 전부가 다 함축돼 있는 걸 말한다. 특히 인류문화는 생활문화라야 한다. 생활문화! 그 속에 생활의 모든 문제, 즉 정치·종교·사회 등 모든 부문이 전부 다 함축되어 있는 문화, 사람이 생활하는데 전혀 손색없는 문화라야 하는 것이다.

<새시대 새진리 1(安雲山 성도사님 어록)>★가을로 들어서는 이때에 그런 진리가 나오는 때다. 상제님 진리는 그런 성숙된 진리, 하나인 진리, 통일된 열매기 진리다. 이 하추 교역기에 그런 성숙된 진리가 나온다는 것은 이미 대우주 천체권이 형성될 때부터 정해져 있는 것이다. 그건 아주 역천 불변하는, 하늘이 바뀌어도 변하지 않는, 그런 절대적인 원리이다.

<월간조선 2007년 7월호>★(136. 11. 12 증대 성도사님 도훈)(주체 신앙)증산도는 천지의 열매요, 우주의 결실이다. 또한 천지를 담는 그릇이다. 그런 자부와 긍지를 가지고 주체적인 신앙을 하라. 남의 뒤꽁무니만 쫓아갈려고 하는 그런 생각을 절대적으로 버리고, "나는 내가 호주다. 나는 새 문화를 개창하는 주체다, 증산도 신도다."하는 그런 주체성을 가지고 참된 신앙을 하란 말이다.

❀참된 사람이 되라. (4대요소가 구비된 사람. 가효국충하고 바른 사람. 정의롭고 충의로운 사람)

<월간조선 2007년 7월호>★사람은 창조적이고, 도덕적이고, 외교적이고, 영웅적인 4대 요소를 구비해야 물건으로 말하면 완성품(完成品)이 된다. 인격적으로 그런 4대 요소가 구비한 사람이라야 성숙된 사람이 된다. 사람은 누구나 다 갖춰져 있다. 자기하기 나름이다. 일관된 신앙, 성경신을 다하는 신앙이 돼서 후천 새세상에 기초동량, 주춧돌이 되기를 축복한다. 사람은 가정에 효도(孝道)하고 국가에 충성(忠誠)하고 사회의 정의(正義)로운 사람이 돼야 한다.

<월간조선 2007년 7월호>★사람은 바르게 살아야 한다. 사람이 바르게 살면 그 업적이 자손에게 간다. 알기 쉽게 말해, "적덕지가(積德之家)에 필유여경(必有餘慶)이요, 적악지가(積惡之家)에 필유여악(必有餘殃)이다."라는 말이 있다. 덕을 쌓는 집은 반드시 남은 경사 복(福)이 있고, 악한 것을 쌓는 집은 남은 악(惡)이 있단 소리다. 다시 말해, 남에게 잘해주고 적덕을 하면 그 자손에게 그 업적을 물려주고, 못되게 생활하면 그 못됨(악)이 남아 자손에게까지 간다는 소리다. 그러니, 사람은 좋게 살아야 한다.

<월간조선 2007년 7월호>★(충의로운 사람이 되라)상제님은"나는 태양 같은 충의(忠義)를 사랑하노라."라고 하셨다. 상제님은 태양 같은 뜨거운 충의를 사랑하신다 하셨다. 인간은 국가와 민족, 천지와 인류에게 충성을 다하란 말씀이다. 우리는 공도(公道)를 집행해야 한다. 상제님의 충의라는 틀 밖에 벗어나면 진리가 제외를 시킨다. 우리는 상제님의 충의라는 틀 안에 수용을 당해야 한다. (1370806 도훈)언고행행고언(言顧行 行顧言)이라 했다. 말은 행실을 들여다보고 행실은 말을 들여다보란 말이다. 언행이 일치되는 참신앙을 해야 한다. (1350904 도훈)

<월간조선 2007년 7월호>★(언행이 일치하는 참신앙을 하라)사람은 성경신(誠敬信), 일심(一心)만 가지면 못 되는 일이 없다. 자연섭리, 천지사업을 집행하는데 어떻게 안 될 수가 있겠는가? 알기 쉽게 농부가 때를 맞춰서 파종(播種)을 하고, 기르고, 결실(結實)을 하듯이 천지에서 다 그렇게 해준다. 그 철을 맞춰서 천지와 사람이 같이 합심해서 반드시 꼭 되게 돼져 있다. 그것을 수행하지 못하는 사람은 천지의 낙오자가 되는 수밖에 없다. (1361112 도훈)

<월간조선 2007년 7월호>★사람으로서 가장 좋은 시기가 언제냐 하면, 요 하추교역기 천지의 철이 바뀌지는 때를 만나는 것이다. 시대가 영웅을 낳는다는 말이 있잖은가. 요 시기가 12만9천6백년 만에 한번 만날 수 있는 가장 큰 시기를 만난 것이다. 상제님 일을 대타로 할 사람들을 탄생시킬 때가 바로 이때다. (1390128 도훈)

(<월간조선 2007년 7월호>★安雲山 성도사님 인터뷰)

Q: 甑山道는 민족종교로 알고 있습니다. 우주의 통치자이자 주재자인 上帝(상제)님이 하필이면 왜 한국에 降世(강세)했을까요?

♕"그건 그럴 수밖에 없습니다. 세계 지도를 보십시오. 우리나라가 바로 지구의 核(핵)입니다. 지구상의 5대양 6대주가 모두 우리나라를 감싸고 있습니다. 정확하게 말하자면 우리나라를 위해 생긴 것입니다. 山이 가는 것을 行龍(행룡)이라 하는데, 산이 구부러지고 뒤틀리는 것이 우연히 그렇게 된 것이 아닙니다. 그게 穴(혈) 하나를 만들기 위해 그런 겁니다.

대한민국이라는 穴 하나를 만들기 위해 지구가 이렇게 생긴 겁니다. 일본 열도가 內靑龍(내청룡)을 이루었고, 중앙아시아에서 뻗어 내린 인도차이나 반도가 內白虎(내백호)입니다. 南北 아메리카 대륙이 外靑龍(외청룡)이고, 유럽과 아프리카 대륙이 外白虎(외백호)로 우리나라를 감싸고 있습니다. 저 호주대륙은 案山(안산)입니다.

우리나라 터가 이렇게 되어 있으니까, 민족 구성원으로 보아도 우리 민족이 지구상에서 가장 영민하고 근기 있고, 부지런하고 지혜로운데다 높은 문화수준을 지니고 있습니다. 그러니 상제님이 이 땅에 오신 것이 당연하지 않습니까.

또 지리학적으로 한반도가 지구의 核이자 穴이라면, 역사적으로 보면 한민족史는 인류문화의 母胎(모태)입니다. 그러나 불행하게도 한민족은 太古(태고)의 始原(시원)문화와 역사의 뿌리를 송두리째 상실해 버리고 말았습니다. 그러다 보니 인류 종교문화의 뿌리인 神敎(신교)와 上帝문화도 잃어버리고 말았죠.

우주 운행의 이치를 밝힌 것이 「周易」인데, 팔괘를 처음 그어 易을 창안한 복희씨가 바로 우리 조상이었습니다. 그 「周易」, 陰陽五行(음양오행)이라는 게 인류문화의 모태, 틀입니다. 꽃 핀 데서 열매가 여물지 않습니까. 인류문화의 꽃이 여기서 피었기 때문에 「열매 문화」, 「결실 문화」, 「알갱이 문화」도 여기서 여무는 겁니다. 그래서 상제님이 우리나라에 오신 것이죠."

Q : 증산 상제님 강세 후에 세상은 무엇이 달라졌습니까?

♕"기존의 역사는 相克(상극)의 문화입니다. 상제님의 문화는 相生(상생)의 문화입니다. 우주의 통치자가 몸소 인간 세상에 오셔서 天地公事를 집행하셔서 세상 둥글어 가는 프로그램을 짜놓았습니다. 그 기본 틀이 원시반본, 解寃, 相生, 그리고 報恩입니다."

Q : 解寃을 시키는 것이 相生의 道를 펼치는 선결과제인 것 같은데 대체 무슨 원한들이 그리 사무쳐 있으며, 이미 죽어서 과거 역사 속으로 사라진 사람들의 원한이 이 세상과 무슨 관계가 있습니까?

♕"사람은 누구나 천부의 자유를 향유하면서 한 세상을 살려고 나왔는데, 인간세상을 살다 보면 그게 마음대로 안 됩니다. 예를 들면, 나라끼리 전쟁이 붙으면, 가서

죽을 줄을 뻔히 알면서도 전쟁터로 나가야 됩니다. 또 지난 세상에 여자는 남자의 부속품이었습니다. 실컷 부려먹고는 얼마나 천대했습니까. 인류 역사가 다 그렇게 내려왔습니다.

사람이 죽으면 신명이 되는데, 이렇게 살다가 원한을 품고 죽으면, 寃神(원신)이 되는 겁니다. 저 神明界에는 지상의 인간들보다 훨씬 더 많은 수의 신명들이 와글거리는데, 그들이 품고 있는 천고의 원한들이 지상 인간세계에 영향을 끼칩니다. 지금 원한 맺힌 신명들이 하늘 땅 사이에 가득 차 있습니다. 지난 세월 동안 寃이 寃을 낳고, 그 寃이 쌓이고 또 쌓여 마침내 이 세상이 폭발할 지경에 이른 겁니다.

또 하나 예를 들어, 녹두장군 全琫準은 스스로 임금을 하려 했던 것도 아니고, 고부군수 趙秉甲(조병갑)이 재산 다 뺏어가고 거기다가 부친까지 때려서 죽이니 분격하여 일어났던 것이지, 혁명하려고 한 게 아닙니다. 그런데 당치도 않게 역적 누명을 쓰고 죽었으니, 그런 신명들의 恨을 풀어 주지 않고 어떻게 좋은 세상을 만들겠습니까."

Q : 현재의 세상이 정말 모두 甑山 상제님이 天地公事로 짜놓은 프로그램대로 돌아가는 것인가요?

♖"상제님께서 집행하신 天地公事의 틀이 난장판 씨름 도수입니다. 100여 년 전 우리나라 풍속을 보면, 난장판 씨름은 애기판·총각판·상 씨름판으로 되어 있습니다. 상제님은 이 천하대세가 애기판·총각판·상 씨름판으로 둥글어 가도록 판을 짜 놓으셨는데, 애기판은 제1차 세계대전, 총각판은 제2차 세계대전으로 실현됐고 지금은 마지막 상 씨름판입니다. 8·15 광복 5년 후 6·25 전쟁이 일어났는데, 이게 상 씨름판의 시작입니다. 헌데 남북 상투쟁이가 벌이는 상 씨름판이 58년이 된 지금도 끝이 안 난 채, 아직도 五仙圍碁 국면으로 진행되고 있습니다.

본래 우리나라 판도가 8道에 360州였습니다. 우리나라의 360개 고을 터는 지정학상으로 한 고을의 터가 되게끔 結穴(결혈)이 되어 있어서, 바둑판과 똑같이 생겼습니다. 우리나라에서 지금 다섯 神仙이 바둑을 두는데, 두 神仙은 판을 대하고 두 神仙은 훈수를 하고, 한 신선은 주인입니다. 여기에서 네 神仙은 미국·일본·러시아·중국이고 한 神仙은 바둑판의 주인인 우리나라입니다. 바둑을 마치고 나면 손님들은 돌아가고 주인에게 판이 돌아오게 돼 있습니다. 앞으로 대세가 돌면, 이 콩알만 한 나라에 全세계가 매달리게 됩니다."

Q : 天地公事의 궁극적 목적은 무엇입니까?

♖"天地公事는 世運公事(세운공사)와 道運公事(도운공사)로 대분할 수 있습니다. 世運공사는 국제정세가 애기판, 총각판, 상씨름판으로 둥글어 가다 궁극적으로 世

界一家(세계일가)의 통일정부로 나아가도록 짜놓은 것이며, 道運공사는 상제님 진리가 세상에 드러나는 운로를 짜놓은 도수입니다. 진리가 하나로 통일되어야 세계일가가 이루어질 테니, 도운공사를 집행하신 겁니다.

65억 인구가 모두 仙境세계에서 살아갈 수 있다면 누가 싫다고 하겠습니까? 앞으로 꼭 그런 세상이 옵니다. 이건 대우주 천체권이 생겨날 때부터 미리 짜여 있는 일입니다. 그런 좋은 세상, 현실선경, 지상선경을 만드는 게 천지의 궁극 목적이고 또 그게 바로 상제님께서 집행하신 天地公事의 목적입니다." - 이상 <월간조선 2007년 7월호>*에서 발췌

서울 국립중앙박물관 인두사신人頭蛇身 복희 여와신

신약에서 외치는 예수의 복음은 불교의 이타행과 자비에 해당되는 '사랑'입니다. 그래서 원수까지도 용서하고 사랑하라는 것이 신약의 사랑의 실천입니다. 예수를 내보내신 예수의 진짜 아버지이신 증산 천주님은 떡에는 떡으로 하고 돌든 자에게도 떡으로 하라 하셨습니다. 그러나 예수의 아버지라고 하는 야훼는 그 백성의 단 한 번의 실수조차도 용서해 준 적이 없이 잔인합니다.

이는 모세가 아내 십보라의 부친 이드로(Jethro)에게서 슈메르족의 동방신 태호복희씨의 여동생 여와(女媧)신을 전해 듣고 차용하되 함무라비 법전의 이에는 이로 갚으라는 탈리오의 복수법(lex talionis)을 율법으로 차용했기 때문이었습니다.

-"생명은 생명으로, 눈은 눈으로, 이는 이로, 손은 손으로, 발은 발로, 데운 것은 데움

으로, 상하게 한 것은 상하게 함으로, 때린 것은 때림으로 갚을지니라.<출애굽기 21장 23~25> "-

이것이 여호와가 이스라엘 백성에게 가르친 율법입니다. 백보좌 천주 하나님으로 예수를 내보내신 증산 상제님은 기독교에 대해 "족히 취할 게 없다." 하시고 "서교는 신명을 박대함으로서 성공치 못하리라. 이는 풀잎도 신이 떠나면 마르고 벽도 신이 떠나면 흙이 떨어지나니 서양도 신이 떠난 연고라.<용화전경>" 하셨습니다. 서교에 대해 차 경석 성도는 남이 욕해도 묵묵히 참고 도광양회(韜光養晦:자신의 재능이나 명성을 감추고(韜) 어둠(晦) 속에서 힘을 기름 <나관중 삼국연의>)하여 화평굴기(和平崛起:실력을 키워 웃으며 세상에 우뚝 일어섬)하라는 뜻으로 다음과 같이 밝힌 바 있습니다.

<보천교(普天敎) 교전(敎典)>★(성사(聖師) 훈사기(訓辭記))목하目下 서교西敎를 신앙信仰하는 자者가 공연空然히 우리교敎를 구수시仇讐視하여 멸망滅亡하기를 원願하며 혹或은 음해적陰害的으로 혹或은 면접적面接的으로 타격打擊하며 무단無端히 질시疾視하오니 심甚히 분통憤痛하오나 천지신명天地神明이 도우시니 불원내不遠來에 우리교리敎理를 만천하인류萬天下人類가 추앙推仰하며 만국萬國이 대동단결大同團結화리라. 우리들은 그이들 분忿하게도 알지말고 원망寃望치도 말고 지성至誠으로 우리도道를 딱아나아가면 일시적세력一時的勢力으로 우리를 압박壓迫하는 행위行爲는 자연소멸自然消滅되나니라 금일今日은 행동行動만 경계警戒하고 도리道理는 차기次期에 교수敎授하리라

<증산도 道典>★하루는 태모님께서 "똑똑한 놈들은 다 서교(西敎)한테 빼앗기고 못난 놈들이 내 차지니라." 하시거늘 성도들이 그 연유를 여쭈니 말씀하시기를 "그나마 그것도 다행으로 알아야지."

고린도 전서 11장에서 바울은 당시 고린도 교회 안에서 영을 받은 여인들이 이방 여사제들 처럼 열광주의에 빠져서 머리를 풀어 헤치는 것이 교회에 덕을 끼치지 못한다고 생각하여, 머리를 가리고 너울을 쓸 것을 권고하여 가톨릭 미사에서 여인들이 미사보를 쓰는 예식으로 정착하게 된 것입니다. 또한 '성모 무오류설'로부터 비롯한 성모 마리아 신앙은 신약편찬 당대 만신의 어머니로 추앙된 이집트 여신 성모 이시스(Isis <Ishtar, 4)를 모델로 한 것이며, 성찬식은 태양신 미트라교에서 차용했고, 성탄절 역시 미트라의 생일 12월 25일에서 도입한 것입니다.

뿐만 아니라 주일로 불리는 일요일 안식일(SaABBAth day:아빠ABBA(아버지神)를 찾는 날. 희브리어 sabbat [t'B;v]의 기원은 불분명하나 stop, to cease, or to keep를 뜻하는 동사 sabat 에서 나왔음. Sa는 3인칭 소유격) 역시 원래 유대교의 제 7일인 토요일을 말하는 것으로 미트라교가 국교였던 로마제국시절 교회사가의 아버지로 신약성서를 편찬한 유세비우스의 지휘 하에 미트라교의 태양절 일요일에서 도입해 습합한 것으로 당시 교권을 장악한 문자주의 남성 사제 권력은 그 명분을 예수가 부활한 첫날 일요일로 둔 것일 뿐입니다. 그럼에도 불구하고 유대인과 그 역사적 전통을 이은 회교인은 제 7일인 토요일을 정통으로 고수합니다.

남성 교부들에 의해 이시스(Isis <Ishtar) 여신의 영지주의에 부합하는 성녀(聖女) 마리아 막달레나가 제거된 이후 오늘날의 기독교는 피르미쿠스 마테르누스와 교회사가 유세비우스의 합작에 의해 태양신 미트라와 당시 의(義)의 태양신으로 포장된 그리스도"(Kristos)의 합작이 일어나면서 소위 기독교에서 주일이라는 일요일 개념이 탄생하게 됩니다. 일요일의 유래와 기독교 교리 체계화 그리고 기독교 역사의 왜곡 주범 유세비우스에 대한 내용은 다음과 같습니다.

3대에 걸쳐 황실 점성관을 지낸 당대의 유력 정치인 마테르누스(Firmicus Maternus)는 콘스탄티누스 황제의 야심을 파악하여 그의 종교 정책을 입안하는데 수훈을 세우게 됩니다. 태양신 미트라 숭배일인 일요일을 법제화시켜 "일요일 휴업령"(The Sunday-Law, 321 A.D.)을 공포케 하고 이를 토대로 해서 두 큰 종파인 "태양신교(미트라교)"와 "그리스도교"를 통합하는데 전력을 다합니다.

일요일(Sunday)은 본래 미트라교의 태양신을 경배하는 축일이었고 원래 제 7일인 토성신, 토요일이 안식일이었던 기독교의 유세비우스는 기독교의 기본 예배일인 토요일-"안식일"(The Sabbath)"을 양보하는 한이 있을지라도 예배의 대상만은 "그리스도"(Kristos)로 할 것을 요구합니다. 반면 미트라교를 대표한 마테르누스는 예배 대상의 명칭이야 어찌되었든지 간에 그것이 "태양신"(The Sun-god)이면 족했으므로 그 "태양신의 날"(Dies Solis-the Sun-day)이 예배일로 규정되기를 내심 바랐기 때문에 "아폴로"(Apollo) 대신에 당시에는 "의의 태양신"으로 어필된 그리스도를 제3의 통합 종교 가톨릭교의 예배 대상의 명칭으로 받아들입니다. 그리하여 이 두 사람은 "태양의 날" 곧 "일요일"을 매체로 해서 두 종파를 하나로 묶어 새로운 종교를 창설하는 초석을 삼는데 의견의 일치를 보게 됩니다.

이 두 사람은 황제의 요청에 의해, 로마 제국 내에 2대 종파로 반분하고 있는 국교 미트라교와 기독교를 단일 종교로 통합 또는 통일을 위해서 어전에서 협상하게 된 주역들로 태양신 미트라교가 국교인 로마제국 하에 급격하게 세력을 확대한 기독교의 영수이자 정적인 리키니우스(Licinius, 308-324 A.D.) 산하의 기독교인들의 협력을 이끌어내기 위해 종교적 통일을 통해서, 동서 로마제국을 자신의 통치하에서 통일하려는 야심에서 각 파를 대표하는 두 사람을 불러 하나로 통일하게 한 것입니다.

유세비우스의 속셈은 이 "일요일 휴업령"을 힘입어 "부활절-일요일 논쟁"(Easter-Sunday Controversy-윤대화, 주일 논쟁사, 중, 129-201 참조)에서 동방교회의 안식일 존중론자들을 국법으로 제압하고 여세를 몰아 기독교의 세력을 이교의 세계에 침투하여 궁극적으로 제국을 기독교화(Christianization) 하려는 것이었습니다. 이에 비해 마테르누스는 이교의 다양한 잡신교를 태양신교로 통일하고 궁극적으로 기독교를 점성술을 기반으로 하는 태양신교화(Solarization)가 그의 관심목표였으며 그 결과물은 바로 가톨릭이었습니다.

원래 기득권자의 논리인 정사(正史)보다 야사(野史)가 더 사실이듯이 남성 교부들의 사제권력을 뒷받침하는 문자주의(성서중심주의) 보다는 사해문서라든가 나그함마디 문서가 뒷받침하는 기독교 본래의 영지주의(막달레나 복음주의)가 오히려 기독교의 실체에 가까움에도 불구하고 문자주의는 삼위일체설을 중심으로 영지주의를 거짓교리에 미혹된 것으로 이단정죄하고 맙니다.

예수가 전하는 순복음의 실체는 쿰란 사해문서의 영지주의 문서에서도 그 실체를 드러낸 바 있지만 여기서는 <탈무드 임마누엘(독일어 원본판 해석) 대원출판 이재건 譯>의 핵심요지를 통해 그 본질을 살펴보기로 합니다. 원본은 숫자처리로 번잡하고 내용이 분산되어 있어 편의상 핵심요지를 잘 정리해 놓은 <보병궁의 성약(The Aqarian Gospel of Jesus the Christ) 대원출판 安原田 譯>의 서문에서 그대로 인용합니다.

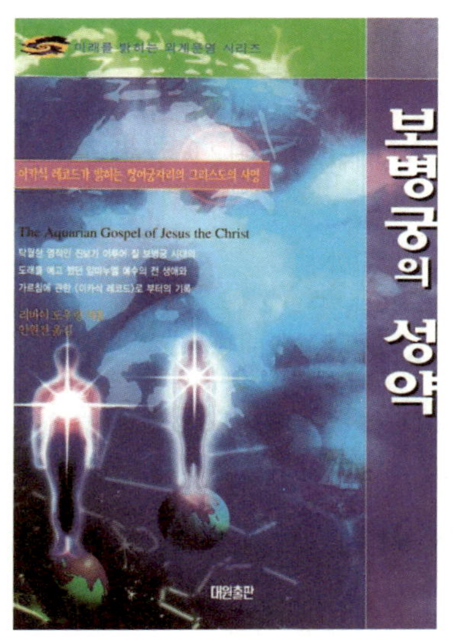

－은하계인류(Humanoid)의 탄생의 뿌리는 거문고자리(琴座)로 일컬어지는 라이라(Lyra) 별자리에 유전적 뿌리를 두고 있다. 이들 성단 안에 직녀성 베가(Vega) 항성계 인들이 있는데 그들은 라이라의 후손으로 본류 라이라인들과 서로 다른 종족적 특성으로 마찰을 빚다 새로운 매혹적인 지구행성을 발견, 이주한다.

초기 지구 영장류의 DNA를 추출 지구환경에 적응하던 이들은 본류 라이라인들의 끈질긴 추적에 새로운 성좌인 플레이아데스(Pleiades)를 개척하여 이주한다. 플레이아데스 성단은 7성별로 금우궁(황소좌), 좀생이별이라 하는데 실은 254개로 이루어져 있어 7성은 그 입구(Channel)이며 각 별에는 5억씩의 인구가 살고 있다고 한다. 호모사피엔스의 유전자적인 연결고리를 가진 플레이아데스 인들은 지구의 아버지격 역할을 담당하면서 환생이라는 신비주의적 채널을 통해 지구문명의 통합에 이바지하고 있다.

한편 천랑성(개자리)로 불리는 시리우스 좌는 본류 라이라족과 베가 라이라족이 충돌하는 사이 이들을 통합하고자 시도했던 베가 직녀성의 라이라 존재들이 최초로 식민지화한 지역 중의 하나인데, 레무리아 문명 시기를 비롯 이집트 마야문명들의 지구문명에 직접적으로 영향을 끼친 지구의 어머니 문명 격에 해당하는 역할을 담당했다.

라이라 성단에서 가장 발전한 사회가 에이펙스(Apex)행성인데 이들이 새로운 시·공 차원으로 전이해 나아간 것이 소위 회색인종으로 알려진 대머리에 곤충눈의 형상인 제타 레티쿨리인이다. 제타인은 고대에 벌인 핵전쟁으로 인해 방사능 낙진을 피해 지하로 숨어들어 살아왔기 때문에 눈이 통방울처럼 발달해 외형상 곤충의 눈처럼 보이며 귀와 코는 퇴화되어 없는 것처럼 보인다.

그들은 지하에서 사는 생활 특성상 양성 생식의 형태를 포기하고 유전자 조작을 통해 단성화 했으며 단성생식의 유전자 복제를 통해서만 번식이 가능하다. 그들은 다시 옛날의 양성생식으로 복귀하기 위해 성 신경회로와 난소, 정자 등의 생명의 씨앗에 대한 생명공학의 차원에서 매년 5만 명씩 지구인을 납치, 임신 등 생체실험을 하고 있는 것으로 알려져 있다.

영화 인디펜던스 데이는 이 인종을 기본 소재로 하되 1947년 비행접시의 기계적 결함으로 추락하여 미 육군에 의해 생포된 뉴멕시코 주 로즈웰(Roswell)사건을 기본으로 헐리우드의 상업성으로 재구성한 것이다. 미국이 지구의 인종전시장이듯 지구태양계는 조물주(창조의 원천적인 힘)께서 원래 계획 하신 바 은하계 생명체들의 최고속 발전을 위한 시범태양계 100개 중의 하나이다.

현재 시리우스인의 평균 수명은 3,000~4,000세(지구 년)인데 이들은 소량의 순수 에너지 식품을 먹기 때문에 한 시간 반에서 두 시간 수면을 취하며 보다 높은 에너지 형태로 상승시킬 수 있는 반 에테르체 신선들이다. 70세까지가 청소년 시기로 이때까지는 육체적 관계를 가질 수 없다. 플레이아데스 인들은 생리를 마음대로 조절하며 아기의 영혼이 부부생활 하는 자리에 찾아오면 "아가야, 지금은 네 때가 아니란다"라고 설득하여 보내기도 한다.

플레이아데스인들이 전해주는 정보에 의하면 모든 사람에게는 미아즘(miasms)이라는 반입자(Antiparticle)가 있는데 이것의 활성화로 인간은 은하인류처럼 반 에테르체인 광자인간이 될 수 있다고 한다. 미아즘을 활성화시키는 방법은 수도를 통해 차크라 안에 잠재된 영적 에너지 쿤달리니를 활성화하는 것으로 가능하다. 쿤달리니의 활성화는 현재의 DNA 염기구조 1쌍 2개를 6쌍 12개 DNA의 완전한 구조로 재구성하게 해주는 중요한 원동력이다.

마야인의 예언에서도 2012년 말末에 새로운 인류역사의 분기점이 된다고 하듯이 외계인들의 메시지에 의하면 태양계가 포톤벨트(광자대)에 진입을 완료하는 2012년 말에 지구인은 누구나 미아즘의 활성화로 5차원 광자인간인 에테르체 신선이 된다고 한다.(그러나 이 시기는 지구인의 의식 수준 성취에 따라 다소 앞당겨 지거나 미루어 질 수 있다고 한다).

스위스 쮜리히 근교 빌리 마이어 박물관에는 빌리 마이어가 플레이아데스 여인 셈야제와의 접촉 과정에서 얻은 방대한 분량의 갖가지 자료들이 전시되어 있다.

빌리 마이어는 1938년생으로 1942년 7 월 2일 5세 때 UFO 체험을 하기 시작했다. 쮜리히 주 브라하 근교 한 작은 마을에서 UFO 체험과 동시에 텔레파시를 통해 90세~95세 가량으로 보이는 스퍼타(Sfath)라는 남자 외계인과의 교신 끝에 1944년 여름, 스퍼타와 직접 만난 바 있다. 마이어는 그 뒤 10여 년 동안 교신하다 53년 2월 3일을 마지막으로 교신을 끝냈는데 그 후, 수 시간 뒤 젊고 참신한 여성 음성이 새로이 찾아들었다. 그 여성은 아스켓(Asket)으로 1956년까지 3년에 걸쳐 영적인 교의(敎義)에 관해 마이어를 학습시켰으며, 마이어는 경이적인 지식과 광대한 인식의 싹을 틔우게 되었다. 이후 마이어는 아스켓이 권고한 학습의 일환으로 여러 가지 종파에 들어가 배웠고 69년에 이 학습을 마쳤다. 그 동안 마이어는 12년간 32종의 직업을 경험했다.

아스켓은 마이어와 자신이 전생에 인연이 있었다는 말과 창조는 생명과 존재의 기초로 지상의 종교가 신(神)이라 부르는 것과는 다르다는 것, 자신들은 우주선과 우주에 손상을 입히지 않고 여행하기 위해 우리의 시공과 자신들의 시공구조를 중화시킨다는 것, 자신들의 고향은 '다르 우주'의 아곤 태양계에 있는데 이는 우리 우주를 둘러싼 알려지지 않은 여러 개 우주에 속한 많은 태양계의 하나라는 것,

그들 많은 우주는 각기 다른 시간 수준에 있으며 우리들이 전혀 모르는 공간에 속해 있다는 것, 그들의 우주는 우리 우주에 대해 평행 우주이며 우리시간에 따르면 같은 수준에 존재하며 상호간의 시간차는 극히 적다는 것, 자신들의 기술 발달에 따라 자신들과 우리 우주 사이의 벽을 허무는데 성공함으로써 우리의 시간대 속으로 진입하는 것이 가능하게 되었다는 것,

우리 우주를 광범위하게 조사한 결과 수 백 년 전 우리의 태양계와 지구를 발견하게 되었으며 지구시간으로 133년 동안 우리의 우주를 여행하며 연구한 끝에 지구 인류의 발상지를 발견했다는 것, 지구 인류의 조상은 다름 아닌 환상성운(環狀星雲)으로부터 이주해왔으며 현재 이 성운에 지구 인류 선조의 자손들은 살고 있지

않고 황소좌(금우궁) 칠성별인 플레이아데스(Pleiades)성단의 천체에 살고 있다는 것, 이에 대한 모든 내용이 지금부터 20년 안에 밝혀지리라는 것 등을 전했다.

이로부터 꼭 20년 만인 1975년에 빌리 마이어에게 제 3의 여인 셈야제가 등장하면서 아스켓이 전한 메시지에 대한 구체적이고 놀라운 내용들이 밝혀지기 시작했다. 마이어는 75년 1월 28일, 우주선을 타고 나타난 셈야제를 처음 만난 이래 1986년 1월 28일의 접촉을 마지막으로 수백 회에 걸쳐 회견했으며 이미 78년 10월 19일, 200회 회견 중 114회의 회견 내용이 활자화되어 셈야제 시리즈로 공개된 바 있다.

마이어는 76년 그가 태어나고 성장한 뷰라크 마을을 떠나 힌타슈미트 룻티 마을로 이주했으며 셈야제로부터 전해받은 놀라운 메시지를 세상에 전파하기 위해 <FIGU ·SSSC>란 활동센터를 세웠다. FIGU는 「극한적 지식, 영적 지식, UFO를 위한 자유이익 공동체」란 뜻이며 SSSC는 Semjase Silver Star Center의 약자이다. 현재 「FIGU 스위스」와 「FIGU 일본」이 활동 중이다.

1956년 2월 14일 마이어는 아스켓의 권유로 서기 32년, 즉 임마누엘(예수)의 십자가 처형 받은 해로 과거여행을 체험한다. 예루살렘 근교의 감람산에서 임마누엘(예수)은 마이어에게 율법학자가 인류 고래의 가르침을 위조하여 자기들 편의로 해석하고 잘못된 의식을 만들어 내어 신자들로부터 영성의 자유를 빼앗고 그 결과로 신자들은 정신적 광신상태에 빠지게 하여 자기들의 돈벌이에 강제로 이용하고 있다고 하고 마이어는 그러한 잘못된 가르침을 시정하고 참된 가르침을 사람들에게 전하는 사명을 받고 활동하고 있는 것이라고 설명한다.

그러면서 그는 앞으로 자신이 말하고 있는 진리가 후대에 나타날 성경에서 어떻게 위조되어 갈 것인가를 구체적인 내용을 들어가며 설명하고 자기는 어디까지나 인간으로 태어났고 인간적인 생활을 하고 있음을 강조, 지금까지 자신은 한 인간으로서 취급받고 있으나 머지않아서 자신은 모독적 형식으로 조작되어 창조'와 동일한 존재로 만들어지거나 신의 아들로 칭해질 것이라고 예언한다. 임마누엘은 바울에게 바울교로 변한 현대의 기독교가 이상한 종파를 만들어 예수의 이름으로 찬양하지만 이는 많은 사람의 의식과 자유를 속박해 노예화하고 땅과 돈에 더 많은 권세를 갖기 위함이 목적이라 질타하고 2천 년 뒤에야 비로소 자신의 복음이 변조없이 드러날 거라 질타한다.

그러나 바른 진리를 후세에 전하기 위해서 제자인 가롯 유다에게 자기의 참된 가르침을 기록하게 하여 책의 형태로 남겨 두려 한다고 말하고 그 기록을 안전한 장소에 감추어 두게 했으며 그 장소는 훗날 마이어에게 알려주겠다고 약속한다. 이 기록이 바로 셈야제에 의해 세상에 알려진 『탈무드 임마누엘』(Talmud Jmmanuel-첫 스펠링은 I가 아니고 고대 라이라어인 J임)이다. 그 뜻은 '신의 지식을 가진 자'이며 신에 대한 상징과 존경을 나타내는데 이는 신의 능력과 돌보시는 섭리에 의해 우주의 먼 곳에서 온 여행자들인 하늘의 아들들과 지구의 여인들이 짝을 지음으로 인하여 인간생명을 가질수 있게 되었기 때문이다.

플레이아데스의 사명(Pleiadian Mission: Randolph Winters 저) 177쪽 <임마누엘의 이야기 편을 보면 임마누엘의 탄생에 얽힌 임마누엘의 정체에 대해 자세히 소개되는 부분이 있다. 이 부분을 직접 번역해 소개하면 다음과 같다.

임마누엘의 탄생은 지상의 마지막 플레이아데스 지도자인 플레요스(Plejos)의 요청에 의한 것으로 그는 그의 만년을 플레이아데스로 돌아가 보내고 싶어 했으며 그 대신 창조의 가르침과 인생의 교훈을 수행할 예언자를 남기고 싶어 했다. 지상에는 지구를 통치할 어떠한 신도 있지 않았으므로 플레요스는 플레이아데스의 영적 지도자들에게 지구로 임마누엘의 영혼을 배정해 줄 것을 간청했으며 이 간청은 허락되었다.

그러나 임마누엘의 경우, 그의 영혼은 너무 높은 수준으로 진화되어 있었으므로 평범한 지구 부모들의 육신을 빌어올 수 없었다. 따라서 먼저 그의 아버지는 임마누엘의 영혼보다 더 높은 수준으로 진화된 플레이아데스 인으로 인연을 맺기로 결정되었다. 그 사람이 바로 그들 플레이아데스인의 8순위 계급인 천사장(Arch Angel: 大天神)직을 맡고 있던 가브리엘(Gabriel)이었다. 가브리엘의 정기를 받아들여 수태할 지상의 여인으로는 마리아라 부르는 여인이 선택되었다.

그녀는 지상에 살고 있었던 플레이아데스 인들의 조상인 고대 라이라(Lyra)인들의 영혼 중의 하나였으며 그녀의 유전학적 특질은 자신이 잉태할 영혼의 보다 높은 진화를 감당할 수 있었다. 가브리엘이 마리아의 몸을 통해 임마누엘을 탄생시키기 위해서는 마리아의 설득과 동의가 필요했으므로 그는 마리아가 훗날 성령잉태로 불리어진 아주 특별한 임마누엘의 영혼의 탄생을 돕는 것이 인류사에 있어 아주 중요한 의미가 있다는 것을 설명했고 마리아는 에테르체로 채널링되어 현시한 가브리엘의 요청에 동의한다.

마리아는 요셉과 약혼한 상태였는데 그는 그녀의 의외의 임신소식에 깜짝 놀라 격노하여 약혼을 깨고 결혼 계획을 취소하고 마리아를 떠나려 했다. 요셉의 심정을 이해한 가브리엘은 그에게도 채널링하여 현시해 지구를 지배하는 신이 이 일을 주도하는 것이며 이 사건의 중요성을 설명했다. 요셉은 신을 경외하는 사람인지라 마음을 가라앉혀 순순히 마리아와 결혼했다.

신의 보호에 길들여진 지구인은 창조(Creation)과 신(God)을 구별할 능력이 없었다. 복잡한 은하세계의 다차원적 천계구조와 지구인과 똑같이 혈육을 지닌 천계인간이 에테르체로 비 물질화 할 수 있는 빛의 존재(신선)임을 이해 못하는 요셉에게 가브리엘은 플레이아데스 인들을 편의상 신(God)이라 했고 후일 임마누엘은 신의 아들로 왜곡된다. 임마누엘은 그의 전 생애를 통하여 몇몇 경우에 그를 찾아와 만난 적이 있는 가브리엘이 그의 실제 아버지였다는 사실을 잘 알고 있었다.

그는 그의 아버지 가브리엘이 신이 아니라는 사실을 너무도 잘 알고 있었으며, 아버지 가브리엘이 그 당시 플레이아데스 인들의 영적지도자들로부터 명령을 받들어 자신을 지구에 보내어 2월 3일 날 태어나게 한 사실을 아주 잘 알고 있었다. 『탈무드 임마누엘』 에서 임마누엘은 다음과 같이 자신의 정체를 밝히는 가르침을 준 바 있다.

“나는 원래 아라하트 아테르사타(매우 높이 진화된 영적인 수호자들의 그룹)의 영역에 있다가 이 세상으로 환생하였습니다. 나는 신의 의지에 따라 예언자로서 이곳에 보내졌으며, 이는 내가 이 세 인종에게 새로운 진리의 가르침을 전하기 위한 것입니다. 그러므로 나는 아라하트 아테르사타에 의해 예정되었고 신에 의해 요구된 길을 가야만 하나니, 이는 신이 창조의 법칙을 섬기는 것과 마찬가지로 나도 신의 뜻과 법칙을 섬기기 때문입니다.”

“내가 그대들에게 말하노니, 나보다 훨씬 더 위대하신 영적 스승들이 계십니다. 그들은 창조에 가까운 정신 층에 있는 프탈레 영역에 계신 우리들의 아주 먼 조상들이십니다.” “나는 수호천사인 가브리엘로부터 태어났으며 내가 어떻게 그(다윗)의 아들이 될 수 있습니까?”

“신과 그의 하늘의 아들들은 쇠로 만든 기계를 타고 저 먼 우주로부터 온 다른 인종들입니다.(에스겔서 우주선 묘사 및 에녹 서 참고)” “(빌라도에게)잘 들으시오. 영겁 전에 나는 한 가지 어려운 과업을 완수하기 위해 더 높은 영역으로부터 환생하였습니다. 그리고 이번에는 예언자가 되기 위해 하늘의 아들로부터 태어났습니다. 그것은 운명과, 또한 이 지구상에 인류를 창조하고 다스리시는 존재인 신의 요청에 의해 행해진 것입니다. 이생을 통해 얻은 지식에 더하여, 나는 신의 배려 덕분으로 커다란 통찰과 올바른 지식을 배웠으니, 나는 그것을 신과 같이 거주하는 선생들로부터 40일 동안 밤낮으로 배웠습니다.” (이상 탈무드 임마누엘 중에서)

그의 특별한 재능은 미래를 바라보는 것이어서 임마누엘은 그의 가르침이 훗날 어떻게 왜곡되어질 것인지 미리 내다보았으며 그의 아버지가 천계(天界)의 한 아들이었다는 사실대신 그 자신이 신의 아들로 둔갑됨은 물론 자신의 본래 이름 임마누엘이 예수(Jesus)로 바뀌어 불려질 것까지 내다보았다(『Pleiadian Mission』).

그는 인도에서의 자기성찰과 깨달음의 유학과정을 거친 뒤 이집트의 신비교단인 밀의적 聖 형제교단에서 마침내 지상에서 자신의 사명에 대한 깨달음을 증득하여 인류의 미래뿐 아니라 곧 자신에게 벌어질 운명적인 사건들을 정확히 인식하고 있었다.

그러나 그는 사람의 일원으로 태어나 그가 걸어야 할 인도(人道)의 한계적 규범과 그에게 운명적으로 짐 지워진 사명을 정확히 인식하고 있었으므로 그의 예정된 운명을 바꾸는데 그가 할 수 있는 것이 사실상 아무것도 없다는 것을 느꼈다. 그는 십자가 위에서 "엘리 엘리 라마 사박다니(Eli Eli lama Sabachthani: 하나님 왜 저를 버리셨나이까로 해석됨)"라 소리치고 임사상태에 빠졌는데 이 말은 본래 티벳 라마불교의 주문인 "엘리 엘리 라마 삼약 삼보리 다라니(Eli Eli lama Samm -ach Sam Bori Daranii: 성자의 위대한 바른 지혜의 종지)"였는데 그가 가사상태에 빠지기 전 끝말이 흐려졌던가 성서 기자들에게 주문 전체가 온전히 전해지지 않은 채 뜻이 왜곡된 것이 확실하다.

분명한 것은 임마누엘은 인도 티벳 유학 과정에서 체득한 라마불교 주문을 즐겨 암송했다는 사실이다. 미륵의 어원이 마이트레야(Maitreya)가 빨리어(Pali)로 메테야(Metteyya)인데 이는 메시아(Messiah)와 동일한 의미로 고대 태양어의 태양신 미트라(Mitra)에 동일한 어원을 두고 있는 점도 전혀 새로운 사실이 아니다.

아무튼, 십자가 위에서 숨을 거둠으로써 그의 지상에서의 외형상 사명은 사실상 끝이 났다. 그러나 십자가 위에서 숨을 거두었다는 성경기록과는 달리 탈무드 임마누엘에 보면 임마누엘은 실제 죽은 것이 아니고 가사상태에 빠져 있었던 것이다. 아리마대 요셉은 그가 임사상태에 놓여있음을 눈치채고 죽은 줄 알고 있는 빌라도로부터 시신을 인도받아 장래에 자신의 안식처로 쓰기 위해 미리 예비해 둔 바 있는 바위를 깎아 만든 석벽동굴로 안치한다.

아리마대 요셉은 동굴 묘지를 조성할 때 앞에 공식적인 출입구 외에 뒤쪽에 별도의 비밀통로를 마련해 놓았으므로 모친 마리아와 빌라도의 병사들은 동굴 앞 입구만 봉인하여 시신을 감시했지만 건축 당사자인 아리마대 요셉은 자신만이 아는 뒤쪽의 비밀 통로를 통해 인도에서 온 임마누엘의 친구들과 수시로 드나들며 고약과 약초로 삼일 밤낮을 지극 정성 치료하여 충분히 걸을 수 있을 정도로 회복시켰다.

임마누엘이 뒤에 있는 비밀 통로를 통해 떠나자 하늘에서 거대한 천둥소리와 함께 밝은 빛이 나타났다. 그 속에서 가브리엘이 나타나 병사들을 잠들게 하고 굴 입구를 막았던 거대한 바위를 치웠다(『플레이아데스의 사명』에서는 가브리엘로 묘사되고 있지만 『탈무드 임마누엘』에서는 수호천사로 묘사됨). 그는 임마누엘의 어머니 마리아와 막달라 마리아로 하여금 임마누엘이 떠나가고 없는 텅빈 무덤 안으로 들어가게 했다.

그들은 시내로 들어가 임마누엘이 살아 일어났다는 사실과 갈릴리 길가에서 그를 만나도록 그의 사도(제자)들에게 전해주라는 것과 그의 사도들 외에 어느 누구에게도 말하지 말 것을 당부 받았다. 이때 막달라 마리아가 가브리엘의 손을 잡으려 하자 그는 "나를 건드리지 마시오. 나는 당신들과 다른 인류입니다. 내 옷은 이 세상으로부터 나를 보호하고 있습니다. 만일 당신이 나를 만지면 당신은 죽을 것이고 불에 타서 소멸될 것"이라 경고한다.

임마누엘은 그의 사도들 앞에 두 번 이상 모습을 드러냈다. 한 번은 최후의 만찬을 축하하기 위해 며칠 전 모인 바 있었던 바로 그 방에서였고 또 한 번은 갈릴리로 가는 노상에서였다(이하 『탈무드 임마누엘』에서 발췌). 같은 날 저녁 제자들은 예루살렘 성 안 아론의 집에 모였는데 그곳은 유월절 전날 임마누엘과 함께 마지막으로 음식을 먹은 곳이었다. 토마(도마)가 임마누엘의 옆구리와 두 손 두 발의 못자국 상처를 확인한 바로 그곳이다.

그는 갈릴리에서 다음과 같이 사실상 역사 속에서의 마지막 설법을 한다.

"내가 마지막으로 그대들에게 말합니다. 그러고 나면 나는 떠날 것이니 다시는 돌아오지 않을 것입니다. 나의 길이 나를 인도로 이끌고 있습니다. 그 곳에도 또한 이 인종이 많이 살고 있습니다. 나의 사명이 나를 그들과 그 곳에서 태어난 사람들에게 이끌고 있습니다. 그리로 가는 길은 매우 멉니다. 이는 내가 나의 예전의 가르침과 새롭게 베풀어야 하는 가르침들을 아직도 여기서부터 북쪽에 있는 대흑해 연안의 나라들과 같은 많은 나라들에게 전해야 하기 때문입니다.

내 가르침의 마지막 지침은 다음과 같습니다. 만일 창조의 법칙에 따라서 산다면, 사람들은 진리 안에서 바르게 사는 것입니다. 그러나 최종적인 목표는 이것입니다. 사람이 가진 모든 인간적인 요소는 죽지 않으면 안 됩니다. 그러나 그들이 가지고 있는 모든 창조적인 것은 죽지 않고 계속 일어나서 창조를 포용하지 않으면 안됩니다. 저 우주를 창조가 영원히 살고 계시는 곳으로 생각하십시오. 사람들이 소유한 모든 요소는 창조 안에 근원이 있습니다.

그러므로 그것들은 모두 창조에게 귀속됩니다. 인간성의 위대한 승리는 창조적인 영혼을 거역하는 힘을 하나씩 파괴하고 제거하는데서 이루어집니다. 그럼으로써 창조적인 영혼이 승리를 할 수 있는 것입니다. 사람들은 선과 악을 분별하고, 사물을 올바르게 이해할 수 있는 능력을 계발해야만 합니다. 그럼으로써 그들은 지혜로워지고 올바르게 되며 법칙들을 따를 수 있게 됩니다. 무엇이 실상이고 허상인지, 무엇이 가치 있는 것이며 무가치한 것인지, 또한 무엇이 창조로부터 온 것이며 그렇지 않은 것인지를 이해하는 것이 반드시 필요합니다.

사람들은 우주적으로 일체가 되어야 합니다. 그렇게 함으로써 그들은 창조와 일체가 될 수 있습니다. 그대들의 삶을 자연의 법칙과 일치가 되도록 만드십시오. 그리하면 그대들은 창조의 법칙에 따라서 살게 되는 것입니다. 사람들이 겪는 고통이 아무리 클지라도, 사람들의 내부에 존재하면서 모든 사악한 것들을 정복하고자 하는 창조의 힘은 헤아릴 수 없을 만큼 더 큽니다.

만일 사람들이 오직 인간으로서 그들의 의식 안에서만 산다고 하면, 그들은 자신들의 영혼들과 창조로부터, 따라서 창조의 법칙들로부터 도달하기 어려울 정도로 멀어지게 됩니다. 창조의 법칙들에 대한 사람들의 헌신이 크면 클수록 그들 내면의 평화는 더욱 심오해 질 것입니다. 사람의 행복은 진리를 구하고 발견하는데 있습니다. 그렇게 함으로써 그는 지식과 지혜를 쌓게 되며 창조와 화합하여 생각하고 행동할 수 있게 되는 것입니다.

오직 인간의 삶의 조건들을 통해서만, 사람은 의식과 영혼 속에 있는 창조적인 힘을 계발하고 사용할 수 있습니다. 사람은 매일 자신이 가지고 있는 힘과 능력들을 펼치기 위한 노력을 함으로써 그것들을 활용할 때에만 경험을 얻을 수 있습니다. 사람이 창조와 일체가 되지 않는 한 그는 결코 죽음이나 임사상태에서 벗어날 수 없을 것이니, 이는 알지 못하는 것에 대한 두려움이 사람 안에 있기 때문입니다.

그리고 사랑은 창조의 완전성과 통일성을 완전히 인식할 수 있을 때에만 서서히 탁월함을 얻을 수 있습니다. 사람은 본능과 충동에 따라 움직이기를 멈추고 지혜와 지식에 따라서 살아야만 합니다.

사람은 한계라고 하는 숲 속에서 길을 잃어서는 안 됩니다. 오히려 의식을 확대시키고 지식과 논리를 구하고 발견하여 그로부터 지혜를 배워야만 합니다. 그럼으로써 그는 삶의 목표에 더 가깝게 다가설 수 있으며, 모든 사물 속에서 창조적인 원리를 인식할 수 있는 것입니다. 그가 깨어있으면 무수한 제약의 숲 속에서도 지식과 논리라고 하는 수천 개의 불빛이 길을 제대로 걸을 수 있도록 인도할 것입니다. 만일 사람이 완전을 위하여 진지하게 노력한다면, 필요한 모든 지식과 지혜를 얻을 수 있을 것입니다.

법칙은 제한되지 않은 기준 안에서 진리를 찾고 그로부터 지혜를 배우기를 기꺼워하는 모든 사람들을 위해 봉사합니다. 사람들이 자신의 내부에 있는 가능한 모든 차원에 완전히 숙달하고 영적인 능력을 더욱 더 높이 계발하며, 그 과정에서 스스로를 완벽하게 하는 한 그렇습니다. 사람은 육체적인 고난에 집착하지 않도록 노력해야 하며, 영혼의 실재와 창조의 존재를 깊이 인식하면서 살아야만 합니다. 사람들 속에는 끊임없는 불안정이 있습니다. 이는 그들의 창조가 그들의 운명이며 궁극적인 목적이라고 하는 예감을 가지고 있기 때문입니다. 아무리 사람이 위대하고 지혜롭고 또 선하다고 하여도 그것만으로는 충분치 않습니다. 왜냐하면 그는 항상 더 위대하고 더 지혜로우며 더 선할 수 있기 때문입니다. 사랑, 평화, 기쁨에는 아무런 한계도 있을 수 없습니다. 현재라고 하는 것은 끊임없이 극복되지 않으면 안 되기 때문입니다. 진실로 내가 그대들에게 말합니다. 무한하고 영속적이며 오류가 없는 사랑이란, 조건이 없으며 순수한 것입니다.

그리하여 불결하고 사악한 모든 것을 그 자체의 불로써 태워 버릴 것입니다. 왜냐하면 바로 그러한 사랑이 태초 이래로 인간들에게 예정된 창조와 그 법칙들의 사랑이기 때문입니다. 이것이 인간성의 마지막 목표이므로, 사람들은 반드시 이루어져야만 하고 필연코 이루어지게 될 이 사랑을 돌보지 않으면 안 됩니다. 왜냐하면 그렇게 하는 것이 사람들의 운명이기 때문입니다. 그러나 사람들이 아직 이 가르침 안에 있는 지혜를 깨닫지 못하고 있으므로 지상의 모든 곳에서 이 가르침이 왜곡되고 있습니다.

사람들은 무지한 가운데 이 가르침을 온갖 방법과 형태로 왜곡하기 때문에, 가르침이 흩어져서 이해하기 어려운 것이 되고 마는 것입니다. 그러나 이천 년 내로 그것은 다시 새롭게, 또 왜곡되지 않은 상태로 가르쳐질 것입니다. 그 때에는 사람들이 이성적으로 되고 지식을 갖게 될 것입니다. 또한 그때는 바로 대변동을 예언하는 새 시대가 될 것입니다. 그 새로운 시대의 사람들은 위대한 혁명가들일 것이라는 것을 별들을 통해서도 알 수 있습니다. 그러므로 특별히 선택된 몇 사람들이 나의 가르침을 새롭게 선포할 것이며 또한 큰 용기를 가지고 변조함이 없이 전파할 것입니다."

이후 임마누엘은 커다란 금속성의 빛에 들어가 시리아에 내려졌으며 사람의 눈에 띄지 않은 채 2년 동안 다마스커스에서 살았다. 그곳에서 그는 동생 토마와 유다 이스카리옷을 찾은 뒤 자신을 박해하는 사울(바울)을 회유했다(12사도 중 토마(도마)는, 대부분 막 노동자였던 다른 제자들과는 달리 가장 박식한 것으로 알려지는데 바르돌로메, 맛디아 등과 함께 인도, 티벳, 중국인에게 복음을 전파했다고 알려지고 있다). 그는 걱정하는 도마에게 사울이 도마와 이스카리옷을 잡기 위해 다마스커스로 오고 있는 중이라고 말하고 그가 다마스커스에 도착하기 전 직접 대면하여 정공법으로 설유할 것을 공언한다.

그는 임마누엘을 죽은 것으로 알고 있으므로 자신을 보면 유령을 보고 있는 줄로 착각할 것이라 말하고 한 사람에게 폭약과 고약 그리고 고약한 냄새가 나는 액체들을 구해오게 한 뒤 사울이 오는 길목의 바위틈 사이에서 폭죽을 제조하여 사울을 맞이한다.

사울과 함께 한 무리의 사람들이 몰려오자 임마누엘은 불을 붙여 준비해 놓았던 폭죽을 던져 넣었다. 폭죽은 엄청난 빛을 발하여 그들의 눈을 멀게 했으며 임마누엘은 그 빛을 발하는 폭죽을 계속해서 찔러댔다. 엄청난 번개, 별, 불덩이들이 하늘로 치솟고 하늘에서 떨어지면서, 천둥같은 폭발음과 쉬잇 쉬잇 소리를 쉴 새 없이 내니, 이는 마치 거대한 용과 뱀들이 내는 소리 같았다. 그 뇌성벽력이 가라앉으면서 쉬잇 쉬잇하는 소리도 줄어들었다.

그리고 눈을 멀게 하는 번개와 오색찬란한 불꽃들도 잠잠해졌다. 그러나 코를 찌르는 연기는 아직도 공중에 자욱하였기 때문에 그 무리들은 기침을 하면서 눈물을 흘리고 있었다. 그러자 임마누엘이 외친다. "사울아, 사울아, 너는 왜 내 제자들을 박해하느냐?" 그러자 겁에 질린 사울이 땅에 엎드려 울부짖었다. "내게 이같이 말하는 당신은 누구십니까?"

임마누엘이 답하되 "나는 네가 증오하여 내 제자들과 마찬가지로 박해하고자 하는 임마누엘이니라. 일어나거라. 성 안으로 가서 네가 어떻게 살아야 하는지를 배우라." 사울이 몹시 겁을 내며 말했다. "그러나 당신은 십자가에 매달렸던 사람입니다. 그러나, 당신은 죽었고 유령이 되어 내게 말을 하고 있습니다." 임마누엘은 아무런 대답을 않고 다마스커스로 향해 떠났으며 그곳에서 삼십일 동안 머물면서 그가 곧 그 나라를 떠나 인도로 여행을 떠날 것이라는 소문을 냈으며 그리하여 그의 어머니 마리아가 나사렛으로부터 그를 찾아와서 임마누엘과 동생 토마와 제자인 유다 이스카리옷과 함께 인도로 가는 여정에 올랐다.

한편 사울과 그 동료들은 자신들이 유령을 만났다고 생각하여 두려움으로 얼어붙어 꼼짝도 못하다가, 밝은 빛으로 인해 일시적으로 눈이 먼 사울은 가까스로 동료들의 부축으로 다마스커스에 인도되었다. 사흘 동안 그는 아무것도 볼 수 없었고 먹거나 마시지 못했는데 임마누엘의 제자 한 사람이(*사울을 개종시킨 아나니아) 그에게 보내져 가르침을 주었으며 그는 서서히 임마누엘의 사람으로 변했다.

그러나 그는 정신착란으로 많은 것을 잘못 알아들었고 의식이 황폐해진 상태로 그곳을 떠나 논리에 맞지 않는 전파를 하게 되었다. 이것은 임마누엘의 독신문제와 교황, 사제의 독신문제에 있어 기독교가 왜곡되기 시작한 중요한 분기점이기도 했다. 임마누엘과 그의 어머니 마리아와 동생 토마, 그리고 제자인 유다 이스카리옷은 북쪽의 바다 근처에 있는 도시들을 여행하게 되었다. 그곳에는 아주 오랜 옛날에 호전적인 여인들이 살았으나(고대 그리이스의 아마존 여인 왕국), 이제는 평화를 사랑하는 그의 후손들이 살고 있었다. 그와 일행들은 도주하는 동안에 큰 무리의 대상을 만나게 되어, 그들과 합류하여 내륙을 거쳐 산속으로 들어갔다.

그들은 여러 주일 만에 그 나라의 중심부를 통과하여 다른 바닷가로 나와서 에페소 고을로 들어갔다. 그러나 에페소(에베소) 안에는 장사를 위해 예루살렘에서 온 많은 사람들과 도매상과 상인들이 있었으므로 임마누엘은 그를 알아보지 못하도록 더 이상 가르침을 전파하지는 않았다. 그들 상인 중에는 임마누엘을 알고 또한 그에게 적개심을 품은 자들이 많았으므로 그는 그들을 피하여 천으로 얼굴을 가렸다. 상인들과 장사꾼들은 임마누엘과 이년 반전에 있었던 그의 예정된 죽음에 대한 말들을 에페소(에베소)에 퍼뜨렸다.

그러나 그가 그곳에서 며칠 동안 머무는 동안, 장사꾼들 가운데 하나가 그를 알아보고 엣세네(에세네) 파라 불리는 비밀스런 집단에 소속된 같은 무리에게 알렸다. 그들은 임마누엘을 그들의 비밀스런 모임에 끌고 갔는데 그중 나이가 가장 많은 유단이란 사람이 십자가 위에서 처형된 것으로 아는 그가 어떻게 아직도 살아있는지 이실직고 하라고 말한다.

임마누엘이 사실대로 털어놓자 유단은 자신들의 엣세네(에세네)파의 가르침과 바리새파 사람들의 가르침은 서로 맞지 않으나 자연의 비밀들과 사람들에게 설명할 수 없는 모든 것들과는 잘 조화가 된다는 것과 임마누엘은 지식이 매우 뛰어나고 모든 기준에서 자신들 엣세네(에세네)파 사람들이나 바리새파 사람들, 점성가들, 심지어는 장로들이나 현자들보다도 훨씬 탁월하게 진보되어 있으니 자기들 집단에 가입하여 자신들에게 가르침을 달라고 요청했다.

그러나 임마누엘은 자신의 지혜는 영적인 지혜지만 그대들의 지혜는 인간적인 지혜이므로 서로 맞지 않으나 삼 일간 생각할 여유를 달라 한 뒤 일행과 함께 곧 그 곳을 떠나 내륙 깊이 여행하며 일행에게 다음과 같이 말한다.

"비록 엣세네(에세네)파 사람들이 나의 가르침 가운데 많은 것을 채택하고 있으나 그들은 그릇된 종파 속에서 살고 있습니다. 그들의 낡은 교리는 진리와 지식, 사랑과 지혜, 그리고 창조의 법칙들에 관한 가르침이 아닙니다.

그러므로 그것은 그릇되고 가치가 없는 것들입니다. 그들이 이것을 깨닫고 새로운 종파를 만들기 위하여, 이제 나의 진리에 관한 교리를 진리에 반하는 그들의 가르침 속에 짜 맞추어 넣고 있으며, 나를 그들의 일원이라고 부름으로써 나의 명예를 떨어뜨리고자 합니다. 그들은 내가 그들의 단체와 연결되어 있다고 주장할 것이며, 또한 그들이 내 삶을 시작할 때부터 나를 도왔다고 주장할 것입니다. 그들은 나를 따르는 모든 사람들이 그들 종파의 일원들이라고 주장할 것이며 나를 신의 아들이라고 주장할 것입니다.

그러나 나는 그대들에게 말합니다. 나는 결코 이 엣세네(에세네)파에 속해있지 않고 그들과 아무 관련도 없으며, 그들로부터 어떠한 도움도 받지 않았습니다. 엣세네파가 나의 이름을 도용할 유일한 집단은 아니니, 많은 종파들이 내 이름을 내걸고 나타날 것입니다. 그리하여 그들 스스로를 위대하다고 생각하고 모든 사람들 앞에 그렇게 보이기를 원할 것입니다.

따라서 이상한 종파들이 생겨나서 스스로를 좀 더 믿음성 있게 만들기 위해 나를 찬양하려고 할 것이니, 이는 그럼으로써 더 많은 사람들을 노예화하기 위한 것입니다. 많은 종파들이 나의 이름을 내세워 설립될 것입니다. 그러나 오로지 인간의 의식과 자유를 예속시킬 목적에서이며, 따라서 인간들과 그들의 땅과 돈에 대해 큰 통제력을 갖기 위해서입니다.

나의 가르침이 변조됨이 없이 새롭게 전파될 때가 오려면 앞으로 이 천년이 걸릴 것입니다. 그때는 그릇된 가르침과 종파들, 거짓, 사기, 죽은 자들과 영혼에 관한 마술사들의 기만과 사기 점쟁이들과 투시자들의 협잡들이 최성기에 이르러 있을 때입니다. 사람들이 진리와 지혜로부터 해답을 탐구하면 무엇이 자기들 앞에 있는지 깨닫게 될 것이고 그들로부터 감추어진 것들도 또한 저절로 드러나게 될 것입니다.

그러나 진리는 창조의 법칙들 속에 깊숙이 놓여져 있고 삶들은 그것을 그 안에서만 찾고 발견해야 하는 것입니다. 찾고자 하는 사람들은 찾는 것을 발견할 때까지 구하는 것을 멈추지 말아야 할 것입니다. 그리고 발견했을 때에는 깊이 충격을 받고 놀랄 것입니다.

그러나 그들은 그 때에 우주를 다스리게 될 것입니다. 처음에는 불과 몇몇 사람들만이, 사람이 지구상에만 살고 있는 것이 아니라 우주의 끝없는 심연들 속에도 살고 있다는 것과 사람들이 물질적인 세계에서 살고 있을 뿐만 아니라 통상적인 감각으로는 감지할 수 없는 다른 세계에까지 그들의 영혼들이 도달하게 된다는 것을 알게 될 것입니다. 훌륭하게 짜여져 있는 다른 세계야말로 영혼의 진정한 고향입니다."

이 외에도 임마누엘은 창조와 신에 대해 다음과 같은 가르침을 준 바 있다. "내가 그대들에게 말하노니 나보다 훨씬 더 위대하신 영적 스승들이 계십니다. 그들은 창조에 가까운 정신층에 있는 프탈레 영역에 계신 우리들의 아주 먼 조상들이십니다. 또한 우주로부터 왔던 존재들 또한 위대하며, 그들 중에서 가장 위대한 분이 신이십니다.

그리고 그는 세 인종의 영적 지배자이십니다. 그러나 창조는 신의 위에 존재하시니, 신 또한 창조의 법칙들을 충실하게 따르며 존중하십니다. 따라서 창조가 전능한 만큼 신께서 전능한 것은 아닙니다. 그러므로 자기 자신을 신으로 불리는 것을 자신에게 허용하고 또한 문자 그대로 모든 황제들과 왕들 위에 군림하시는 신에게도 한계가 있는 것입니다.

사람들은 무지하고 어리석어서 신을 창조라고 믿고 있으며 또한 성서를 왜곡한 자들이 섞음질을 한 그릇된 가르침을 따르고 있습니다. 사람들이 신을 전능한 창조라고 믿을 때, 사람들은 창조의 진리에 대해 제대로 알지 못하게 됩니다. 왜냐하면 신 또한 우리와 마찬가지인 (은하)인간이기 때문입니다. 그러나 신과 우리 인간과는 커다란 차이점이 있으니, 그것은 신은 그의 의식과 지혜 그리고 논리와 사랑에 있어서 우리보다도, 또 지구상의 모든 사람들보다도 수천 배나 위대하다는 것입니다.

그렇지만 신이 곧 창조는 아닙니다. 창조는 무한하며 형태가 없습니다. 따라서

신 또한 창조의 피조물이니 창조야말로 논리적이지 못한 인간들의 판단에 따르면 시작도 끝도 없는 존재입니다."

가르침을 오해하는 제자들에게 임마누엘은 종종 "그대들이 나와 오랫동안 같이 있었으되 아직도 생각하는 능력과 진리를 깨닫는 능력이 없으니 그대들 스스로가 장차 내 가르침을 변조하는 짓을 많이 할 것"이라 강조하고 "주의하시오. 그렇지 않으면 그대들은 나를 잘못된 관점에서 보게 될 것이며 나를 내가 주장할 수 없는 어떤 근원이라고 몰아세울 것"이라 꾸짖었다.

한 번은 자신을 누구라고 생각하느냐고 한 질문에 시몬 베드로가 "당신은 예언된 메시아이며 세 인종의 영적 지배자이신 살아있는 신의 아들이십니다."라고 대답하자 크게 노하여 다음과 같이 깨우쳐 준 바 있다. "오! 이 불행한 자여! 나는 그대들에게 진실만을 가르쳤으니 그대들에게 그런 것을 드러낸 적이 없습니다. 나는 또한 그대에게 말합니다. 그대가 분명히 충실한 제자이기는 하나, 그대의 이해는 어린아이의 수준에 불과합니다.

그대 베드로여! 나는 그대의 반석 위에 나의 가르침을 펼 수가 없습니다. 그대는 무지의 문을 열 것이니, 그로 인해 나의 가르침을 그대가 잘못 해석한 것에 사람들이 압도되어 그릇된 해석과 변조된 가르침에 따라서 살아가게 될 것입니다. 나는 영혼의 왕국의 열쇠를 그대에게 줄 수 없습니다. 그대가 그것으로 그릇된 자물쇠를 열고 잘못된 문을 열고자 할 것이기 때문입니다. 나는 세 인종의 영적인 지배자의 아들이 아니니, 따라서 신의 아들이 아닙니다.

또 오직 창조만이 영혼을 다스리실 뿐, 결코 인간이 다스리지 아니합니다. 그러므로 그대는 이 틀린 가르침으로부터 스스로 벗어나서 진리를 배우도록 하시오. 나의 어머니는 마리아이고, 그녀는 외계에서 온 우리 조상들의 자손인 수호천사(가브리엘)로 말미암아 나를 가졌으며, 또한 내 지상의 아버지는 요셉이니 그는 오직 나의 양아버지로서 행동합니다."

유월절의 고난에 대해 베드로가 와서 권능으로 고난을 당하지 않도록 원했을 때에도 베드로에게 "사탄아, 썩 물러나거라. 그대는 나를 성가시게 하는 자로다. 그대의 무지로 인해 세상은 많은 피를 흘리게 될 것이니 이는 그대가 나의 가르침을 변조하고 사람들에게 사실과 다르게 퍼뜨릴 것이기 때문입니다. 그대 때문에 많은 사람들이 죽게 될 것이요, 그대는 최초로 나를 그릇된 이름으로 부르는 자가 될 것이며, 나를 신의 아들이라 칭하고 또 신은 바로 창조 자체라고 말하여 사악한 모욕을 하는 원천이 될 것입니다."라고 훈계했다.

이외에도 그는 그의 가르침이 왜곡될 것에 대해 "내가 지구의 여인에 의해 태어나 그녀의 언어로 말하고 있기 때문에 그녀의 언어로 임마누엘이라 불리고 있듯이 신 또한 그 별의 언어로 신, 곧 지혜의 왕이라고 불리고 있습니다. 그대들이 뻔뻔스럽게도 나를 신의 아들 또는 창조의 아들이라고 부르고, 심지어는 선과 악의 지배자라고 일컬음으로써 나를 모독하는 일이 없도록 하시오. 많은 사람들이 나에 대한 그릇된 가르침을 따를 것이며 그 때문에 진리를 발견하지 못할 것입니다. 이는 그들이 나를 신으로, 또는 신의 아들로, 심지어는 창조의 아들로까지 잘못 알 것이기 때문입니다. 그들은 큰 소리를 칠 것이며 오직 그들만이 진리를 알고 있다고 주장할 것입니다."라고 경계한 바 있다.

임마누엘은 자신이 예수 그리스도로 잘못 불려질 것과 기독교가 바울교로 변질될 것에 대해 사울에게 다음과 같이 밝힌 바 있다. "진실로 내가 그대에게 말하노라. 그대는 사울이라 하는 자이며 내 가르침 때문에 나와 제자들을 박해할 것이나, 나중에는 마음을 바꿀 것이니라. 이제부터 그대는 바울이라 불리게 될 것이며, 온 사방으로 떠돌아 다니게 될 것이니, 내 가르침을 그릇되었다하고 내 영혼이 혼란되었다고 한 것으로 인해 고난을 겪어야만 할 것이니라. 그대는 양 어깨에 큰 죄를 쌓아올릴 것이니, 그대가 나의 가르침을 잘못 이해하고 내 가르침을 그릇되게 전파할 것이기 때문이니라.

그대의 말은 혼란될 것이니 따라서 온 세상 사람들은 그릇된 교리를 경배하게 됨으로써 믿음의 노예로 전락할 것이니라. 그대가 그릇된 그대의 가르침을 가지고 악한 종파의 노예가 되어 그리이스 땅에 들어갈 때 나를 그들의 말로 <기름부음을 받은 자>라고 부를 것이니라. 그리이스 사람들은 나를 예수 그리스도, 곧 <기름부음을 받은 자>라고 부를 것이니, 이는 모두 그대의 무지함에서 기인하는 것이로다. 이 이름으로 인해 수많은 사람들의 피가 이 세상에 있는 모든 통을 가지고도 담지 못할 정도로 흐르게 될 것이니, 이는 그대가 무지한 탓이니라.

그대는 아직도 내 가르침으로 인해 나와 내 제자들을 핍박하고 있으나, 그대가 마음을 바꾸게 될 때가 올 것이니라. 나를 다시 대하게 될 때에는 그대는 나를 유령이라고 생각할 것이니라. 진실로 내가 그대에게 이르노라. 다른 많은 사람들과 마찬가지로 그대는 앞으로 내 가르침을 왜곡하고, 사람들에게 그릇된 종파들을 만들 기초를 제공한 데에 대해 크게 비난을 받아 마땅할 것이니라.

그대는 나로 하여금 <예수 그리스도>라 불리도록 하고 그릇된 종파의 구세주로 불리도록 하는 어리석은 짓을 하는 주체가 될 것이니라"

이 말과 함께 임마누엘은 진노하여 지팡이로 사울을 멀리 쫓아냈으며 사울은 복수심에 가득차 바리새파 시몬의 아들 유다 이하리옷과 합세했다. 그리고 임마누엘은 자신을 팔아넘긴 자가 유다 이하리옷임에도 불구하고 유다 이스카리옷으로 왜곡될 것에 대해서도 다음과 같이 언급했다.

"나를 배신할 자는 바리새파 사람인 시몬의 아들 유다 이하리옷이니, 이는 그가 금과 은이나 재물에 탐욕스럽기 때문입니다. 그가 은 삼십 냥에 나를 팔아넘길 것인데, 이는 그가 제 아비의 욕심 때문에 잘못 이끌어졌기 때문입니다. 그러나 은을 얻은 데서 오는 그의 기쁨도, 그리 길게 가지 못할 것이니, 이는 그가 변덕스럽고 불안정하여 곧 죄의식을 느끼게 될 것이기 때문입니다. 유다 이하리옷은 용기가 없고 지식도 별로 없으므로 스스로 나뭇가지에 허리띠로 목을 매달 것입니다."

후일 임마누엘을 배신한 유다 이하리옷은 임마누엘에게 심한 불의와 고문이 가해지는 것과 그의 얼굴이 피투성이가 되는 것을 보자 후회를 느꼈고 그의 내부에는 커다란 비탄과 비참함이 자리를 잡았다. 그는 자기도 모르게 돈주머니를 집어 대사제들과 의회의 장로들 앞에 내어 던지면서 말했다.

"내가 이 사람에게 사악한 일을 저질렀습니다. 이는 내가 오직 금, 은과 재물

따위의 부(富)에만 집착했기 때문입니다. 나는 무고한 사람을 배신한 것을 뉘우칩니다. 왜냐하면 그의 가르침이 내게는 악한 것으로 보이지 않기 때문입니다."

이에 대사제들과 장로들은 흠칫 놀라 회유한다.

"그것이 우리들과 무슨 상관이 있느냐? 보라, 네가 마음 편히 살기 위하여 무엇을 하든, 그것은 네 손에 달려 있느니라."

그러자 유다 이하리옷은 울면서 달아나 곧 토기장이의 밭 뒤에 있는 성벽의 나뭇가지에 목을 매어 자살했다. 이에 대사제들은 그 은화를 집어 들고 "이 피 묻은 돈을 성금 함에 넣을 수 없으니 이것을 어떻게 처리하는 것이 옳겠소?" 하니 장로의 아들 가운데 하나가 나서서 말하되 *제가 유다 이하리옷을 따라 갔었는데 그가 토기장이의 밭에 있는 나뭇가지에 목을 매었습니다." 하므로, 대사제장 가야파가 "자, 그렇다면 그 돈을 토기장이에게 주고 그 밭을 사서 나그네들을 위한 묘지로 씁시다."

다음날 새벽, 그 거래는 끝났으며 대사제들과 의회의 장로들은 임마누엘의 제자인 유다 이스카리옷이 그를 배신한 뒤에 스스로 목을 매달아 죽었으므로 토기장이의 밭에 묻혔다고 소문을 퍼뜨렸다. 사람들은 이 말을 믿고 말했다.

"그가 은전 몇 냥 때문에 친구를 배반했으니 제가 스스로 목을 매어 죽은 것은 당연한 일이로다. 그는 죽을죄를 범했도다. 이제부터는 우리가 그 토기장이의 밭을 피밭이라고 부를 것이노라."

한편 이야기를 거슬러 올라가 임마누엘과 그의 제자들이 베들레헴에서 사람들을 가르치고 그들에게 조언을 해 줄 때의 일이다. 유다 이스카리옷은 임마누엘의 가르침을 충실히 따르지 않고 자기의 욕심만을 위해 살게 되었다. 그는 임마누엘의 말씀을 듣고자 모인 사람들에게서 은밀히 금품을 거두었고, 금, 은과 동전을 전대에 모아 그의 허영심을 충족시키며 살고자 하였다. 그러자 바리새인 시몬의 아들 유다 이하리옷이 그의 잘못된 행동을 임마누엘에게 고자질하였으니 이는 그가 대가를 받고자 하였기 때문이었다.

그러나 임마누엘은 고맙다고 말할 뿐 아무런 선물이나 대가도 내리지 않았으므로 그에게 앙갚음하고자 했다. 한편 유다 이스카리옷은 임마누엘에 의해 사막으로 인도되어 꼬박 사흘 동안 옳고 그른 것에 대한 개념을 배운 결과 그는 과거를 뉘우치고 진심으로 임마누엘의 가르침을 따르게 되었다. 그는 베들레헴으로 돌아와서 자신의 모든 재산과 소유물들을 가난한 사람들에게 나누어 주고, 임마누엘의 신뢰받는 제자가 되었다. 그러나 바로 그 때, 사관(史官) 또는 서기 역을 수행하던 그는 자신이 임마누엘의 가르침에 대해 줄곧 기록해 두었던 두루마리를 도난당하고 말았다.

그러자 임마누엘이 훈계한다. "진실로, 진실로 내가 유다 이스카리옷 그대에게 말합니다. 그대는 다만 내 가르침과 삶에 대한 기록을 분실당한 것뿐만 아니라 그보다 훨씬 더 사악한 일들로 인해 고통을 당해야만 하게 될 것입니다. 왜냐하면 앞으로 이천 년 동안 그대는 나를 배반하였다는 그릇된 비난을 받게 될 것이기 때문입니다. 이는 바리새파 사람 시몬이 그렇게 되기를 바라고 있기 때문입니다.

그러나 실제로는 그의 아들인 유다 이하리옷이 범인입니다. 그 역시 아비인 시몬 이하리옷과 마찬가지로 내 생명을 노리는 바리새파 사람 가운데 하나입니다. 그대에게서 그 기록들을 훔쳐서 율법학자들과 바리새파 사람들에게 가져다 준 자도 바로 유다 이하리옷이니, 이는 그들이 그 기록을 근거로 나를 재판하고 죽일 수 있도록 하기 위해서입니다. 그는 그대가 기록한 두루마리의 대가로 은 일흔 냥을 받았고, 또 장차 나를 박해자들에게 넘기는데 성공하고 나면 은 서른 냥을 더 받게 될 것입니다.

진실로 내가 그대에게 말합니다. 그는 그 일에 분명히 성공할 것이며, 또한 그대는 앞으로 이천 년 동안 그에 따른 대가를 무고하게 치를 것입니다. 그리하여 그대는 순교자가 될 것입니다. 그러나 내 가르침과 생애를 한 번 더 기록하시오. 왜냐하면 이천 년 내로 그대의 기록들이 드러날 때가 올 것이기 때문입니다. 그때까지 나의 가르침은 변조되어 한 사악한 종파가 될 것이니, 그로 말미암아 많은 피가 흐르게 될 것입니다.

왜냐하면 사람들에게는 내 가르침을 이해하고 진리를 깨달을 준비가 아직 되어 있지 않기 때문입니다. 내 가르침이 진리임을 인정하고 커다란 용기를 내어 이를 전파할 사람, 사람들에게는 별로 대단하지도 않게 보일 그 사람은 이천년이 지나서야만 나타날 것입니다."

『탈무드 임마누엘』 내용 중에는 아주 흥미 있는 일화 두가지가 나온다. 하나는 환생에 대한 가르침이고 또 하나는 동성연애에 대한 가르침이다. 첫째, 환생에 대해; 하루는 환생을 믿지 않는 사두개파 사람들이 임마누엘에게 와서 물었다. "스승이시여, 모세는 '남자가 죽을 때 그에게 자식이 없으면 그의 형제가 형수를 아내로 맞아 죽은 형제를 위해 자식을 낳게 하라' 고 하였습니다. 언젠가 우리 가운데에 일곱 형제가 살았습니다. 그 중 첫째가 결혼을 한 뒤에 죽었는데, 그에게 자식이 없었기 때문에 자기 아내를 바로 밑의 동생에게 부탁하고 죽었습니다.

그런데 둘째와 셋째 또한 같은 식으로 죽었고, 결국에는 일곱째까지도 죽었습니다. 마침내 그 여자도 죽었습니다. 지금 스승은 새로운 생이 있다고 가르치십니다. 그렇다면 그들의 내생에서 그 여인은 일곱 형제 중 누구의 아내가 되어야만 하겠습니까? 그들 모두는 그 여자를 이생에서 아내로 맞았었기 때문입니다."

임마누엘이 대답하기를 "그대들은 잘못 알고 있으며 장로들이 가지고 있는 왜곡되지 않은 성서들에 대해 모르고 있을 뿐만 아니라, 창조의 법칙들에 대해서도 알고 있지 못하고 있습니다. 진실로 나는 그대들에게 말합니다. 모세는 결코 그러한 계명을 전하지 않았습니다. 그는 다만 죽은 사람의 형제 되는 이가 죽은 형제에 대한 존경의 표시로 그 부인을 자신이 부양함으로써, 의지할 데 없는 과부를 돌보아 주어야만 한다는 계명을 준 것입니다. 어떻게 동생이 자기의 형을 위해 후손을 낳아주는 것이 가능하단 말입니까? 모든 사람마다 그 씨가 다르지 않습니까? 또한 다음 생에서는 그들이 서로 알아보지 못하기 때문에, 그들은 모두 남남이 될 것입니다.

그러므로 그 아내가 이 사람이나 저 사람에게 속해야 한다는 법은 없습니다. 각기 새로운 생에서 사람들이 결혼하고 싶으면, 결혼하고 싶어 할 지 안할지는 확실치 않지만, 결혼하고 싶은 상대를 자기들 스스로 결정하는 것입니다. 창조의 법칙을 확고하게 믿으시오. 창조의 법칙은 새로운 생에 있어서 사람들은 자기들의 전생을 기억하지 못한다고 가르치고 있습니다. 그러므로 그대들의 질문은 불필요한 것입니다."

둘째, 호모, 레즈비언 등 동성연애에 대해;

"남자들끼리 동침을 하면 처벌하여야 하나니, 그들이 생명과 생명의 법칙에 합당하게 행동하지 않고 이단적으로 행동하기 때문입니다. 따라서 그들은 거세시킨 뒤 사람들 앞에서 쫓아내고 추방해야 합니다. 그러나 여자들끼리 동침하는 것은 처벌해서는 안 됩니다. 여자는 씨를 뿌리는 것이 아니라 단지 받게 되어있는 까닭에, 그들의 행위가 생명과 생명의 법칙에 어긋나는 것은 아니기 때문입니다. 씨를 뿌리는 자들끼리 동침을 하면 생명이 침해당하고 파괴되지만(AIDS), 씨를 받는 자들끼리 동침할 때에는 생명의 침해나 파괴 또는 생식도 없는 것입니다.

이 질서의 법칙들은 자연으로부터 주어진 것이며 반드시 준수되어야 합니다. 그렇지 않으면, 인간들은 자신들과 인류 전체에게 죽음을 초래할 것입니다. 지구는 오억 정도까지의 인류를 먹이고 지탱할 수 있습니다. 그러나 이러한 법칙들이 지켜지지 않을 경우에는, 이천 년 안으로 오억의 열배가 넘는 인간들이 이 지구상에 존재하게 될 것이며 그러면 지구는 더 이상 그들을 지탱할 수 없게 될 것입니다. 따라서 기근과 재앙, 세계적인 전쟁과 전염병들이 지구를 뒤덮게 될 것이고, 인류는 자살행위를 저지르게 되어 불과 극소수만이 살아남게 될 것입니다."

임마누엘이 십자가 위에 못 박히기 전 가시면류관이 씌어진 채 학대와 구타를 당할 때, 대 제사장 가야파와 주위 군중들에게 자신을 학대하고 구타한 만큼 새로운 종파에 의해 역으로 당할 것을 예고하는 부분도 독자들에게는 처음 소개되는 장면이다.

"옛날의 예언자들이 기록에 남긴 바대로 나는 유대의 지혜의 왕이며, 그것은 바로 정곡을 찌르는 말입니다. 따라서 나는 지구상의 모든 인종을 위한 진정한 예언자입니다. 그러나 이 모든 진리에도 불구하고, <u>나는 자기들 스스로를 시온의 아들딸이라고 부르는 혼란된 저 이스라엘 사람들을 위한 예언자는 아닙니다.</u> 진실로 내가 그대에게 말합니다. 그대들이 나를 때리고 조롱하면 그대들 역시, 옛날부터 그대들이 노예로 삼았고 그대들과 그대의 조상들이 그들로부터 땅을 약탈해 온 바로 그 사람들에게 맞고 조롱을 당하게 될 것입니다.

그리고 앞으로 오백년 내로 그대들이 이를 보상해야할 때가 올 것이니, 그 때에는 그들에게 예속되었던 이 땅의 정당한 소유자들이 그대들에게 항거하여 일어나기 시작할 것이며, 먼 뒷날까지 싸우게 될 것입니다. 새로운 사람이 이 땅의 예언자로 나타나 정의에 입각하여 그대들을 저주하고 핍박할 것이니, 그대들은 그대들의 피로써 그 대가를 치러야만 할 것입니다. 이 사람은 진정한 가르침을 보존하기 위하여 특별히 강력하고 새로운 종파를 창시할 것이며, 자기 스스로를 예언자로서 인식시킬 것입니다. 또한 그렇게 하는 가운데 모든 시대를 통해 그대들을 핍박할 것입니다. 그대들은 그를 거짓 예언자라고 할 것이며 그를 모욕할 것입니다.

그럼에도 불구하고 그는 참된 예언자이며 위대한 능력을 가지고 있을 것이고, 또한 그는 장래의 모든 시대에 걸쳐 이 종족을 박해하도록 할 것입니다. 그의 이름은 무하메드일 것이니, 그의 이름은 그대들의 종족에게, 당하여 마땅한 공포와 비참과 죽음을 가져올 것입니다.

진실로, 진실로 내가 그대들에게 말합니다. 그의 이름은 그대들을 위해 피로 씌어질 것이며, 그대들을 향한 그의 노여움은 끝이 없을 것입니다. 그대들은 거짓이라고 주장할 것이지만 그는 진정한 예언자인 까닭에, 그대들의 눈에는 혼란되고 비지성적인 것으로 비칠 새로운 교리를 가져올 것입니다. 그러나 그가 일으킨 종파도 결국에는 그들과 그대들의 추종자들이 피비린내 나는 종말을 위한 기초를 함께 다지게 될 때에 끝나게 될 것입니다. 이는 그의 가르침이 왜곡되고 날조되어, 그릇된 종파로서 끝을 맺게 될 것이기 때문입니다."

이에 대해 대사제들과 의회 장로들이 분노에 불타서 그를 심하게 때려 그는 땅에 쓰러져 신음했다. 임마누엘은 먼 미래에 대해 다음과 같이 예견했다.

"그는 나보다 지식이 더 뛰어날 것이며, 진정한 나의 가르침에 대한 그의 계시는 전 세계의 뼈대를 흔들어 놓을 것입니다. 왜냐하면 그 시대에는 전 세계에 성서를 왜곡한 자들에 의해 변조된 나의 가르침들이 범람하고 있을 것이며 또 죽음을 초래하게 될 그릇된 종파 속에서 살고 있을 것이기 때문입니다.

그때는 또한 우주로부터의 전쟁들이 지구를 위협하기 시작할 것이며, 많은 새로운 신들이 이 지구를 지배하기 위해 힘을 모색하기 시작할 것입니다. 진정으로 나는 그대들에게 말합니다. 그 새로 올 예언자는 나에게로 장차 일어날 것과 마찬가지로 불신자들에 의해 박해를 받게 될 뿐만 아니라, 온 세상 사람들과 많은 거짓 예언자들을 만들어 낼 수많은 거짓 종파들로부터 핍박을 받을 것입니다.

그러나 이천 년 말까지는 그 새 예언자가 변조되지 않은 내 가르침들을 작은 모임을 통해 밝힐 것입니다. 그때에 인류는 오억의 열 배를 훨씬 더 넘을 것이므로 그들 가운데 대부분이 멸망하고 죽음을 당할 것입니다. 사람들은 서로를 죽이기 위하여 하늘과 땅과 물에서 사용하기 위한 쇠로 만든 기계를 제작할 것입니다. 그들은 이 철제 기계들을 사용하여 땅과 도시들을 가로질러 무거운 발사체들을 던질 것입니다. 발사체들에서는 불이 나와서 온 세계를 태울 것이니, 남아있는 것들이 별로 없는 것입니다. …中略… 이 모든 일들이 일어나게 될 날짜와 시간은 아무도 모릅니다. 수호천사는 물론 신 자신도 모르시며, 나 임마누엘 또한 모릅니다. 오직 가장 위대한 지혜를 소유하고 있는 창조의 법칙과 명령들 속에 있는 섭리와 운명만이 알고 있을 뿐입니다. 창조만이 모든 인류들의 까마득한 위에 홀로 우뚝 솟아 계시며 또 그 혼자만이 영광과 찬양을 받으실 자격이 있습니다." -終

임마누엘이 38세 되던 해 어머니 마리아는 지금의 서파키스탄 지역 가까운 서부 히말라야 산맥의 마지막 구릉 가까이에서 병이 나 서거했다. 마리아는 그곳에 묻혔으며 그곳은 현재 파키스탄에서 마리(Mari>Muree)라는 소읍으로 불리어지고 있다. 그녀의 묘지 앞에는 그 사실을 기록하고 있는 작은 기념비가 놓여져 있다.

☞

인도(현재 파키스탄) 스리나가르의 칸자르(Khanjar) 지역의 안지마르(Anzimar) 마을에 있는 예수 무덤.
이슬람 색채로 칠해진 예수 무덤 로자발입구(Entrance painted in Islamic colours)

한국의 기독교인 만 모르고 있는 인도 스리나가르의 칸자르(Khanjar) 지역의 안지마르(Anzimar) 마을에 있는 예수 무덤. 성모 마리아(Maria)의 무덤은 캐시미르 지역의 경계에 한가롭게 자리 잡은 마리(Mari>Muree)라는 조그만 마을에 있다.(쿠란Quran도 이를 명백히 증거한다. 맨 아래 참조) 빛의 시대인 디지털 시대를 맞이하여 이제 모든 정보가 샅샅이 드러나고 있다.

참고로 후손을 회임한 부인였던 베다니마을의 막달라 마리아는 프랑스로 가 혈손을 전했고(가나안 혼인잔치는 예수와 베다니 마을 나사로의 누이 막달라 마리아의 혼인잔치) 예수는 아테네를 거쳐 인도 스리나가르로 향한다. 아내 막달라 마리아와 자녀들은 프랑스 골(gaul) 지방에 정착해 살았다. 프랑스 남부의 마을 렌느 르 샤토에서 수 킬로 떨어진 야산 몽 카르두에도 예수의 무덤이 있는데 이는 막달라 마리아 후손이 세운 가묘로 보인다.

막달라 마리아는 렌느 르 샤토에서 교회를 세워 교구장으로 지내다가 프랑스의

예수 무덤 안. 관이 안치된 방. 파키스탄 스리나가르의 칸자르(Khanjar) 지역의 안지마르 (Anzimar). 예수 석관을 나무 구조물로 짜서 씌워놓은 것(The wooden framework covering over the gravestones)

액생 프로방스 생 봄므 산 바위동굴 수도원에서 은거해 지내다가 죽었으며 막달라 마리아 동생 나사로(생 라자르:가나안인 시몬 젤롯(Simmon Zealot)이 동일인)는 마르세이유에 주교관구 겔트 교회를 세워 주교로 있다가 거기서 죽었다.

예수와 막달레나(마들렌)의 딸 사라의 후손들은 4세기 후에 프랑크 왕국의 메로빙 왕조에 동화되었으며 카롤링거 왕조의 비지코트가등 8개의 가문을 이루었으나 이후 기독교가 번성함에 따라 예수의 혈족은 겉으로 예수의 혈통임을 드러내지 않은 채 살아왔다. 1099년에는 예수의 후손으로 추정되는 고드프로아 드 부이용이 십자군 전쟁 때 예루살렘에서 십자군이 세운 예루살렘왕국에서 잠시 다윗 왕을 계승하기도 하였다.

그리고 예수의 친척 징표를 가진 귀족을 포함하여 많은 예수의 후손들이 현재에도 프랑스와 영국을 비롯한 유럽에 살고 있다. 이러한 예수家의 비밀에 대해 성당기사단(聖堂騎士團, 일명 템플기사단. 1118년 예루살렘 순례자 보호를 위해 조직된 교회 군대)과 시온의 소수도원이라는 유명한 비밀조직은 깊이 믿고 신뢰하였다.

그래서 그들은 이러한 비밀에 대해 자세한 비밀기록들을 간직하여 남겨 놓았다. 그것이 중세 성당(템플)기사단의 지방지부의 성터가 남아있는 프랑스 남부 마을 렌느 르 샤또에서 1891년 폐허가 된 이 성채의 성당을 복원하던 교구 신부 베랑제르 소니에르에 의해 양피지 문서와 보물이 발견되면서 널리 알려지게 되었다. 보물과 고문서를 팔아 막대한 부를 누린 신부에 관한 이야기를 조사하던 기자들에 의해 모든 사실들이 밝혀지게 되었다.

인도(현재 파키스탄) 스리나가르의 칸자르(Khanjar) 지역의 안지마르(Anzimar) 마을에 있는 예수 무덤. 건물 뒤 현관 입구(Entrance with the small porch added to the building later)

스리나가르의 안지마르 (Anzimar) 예수묘 로자발 뒷모습

이슬라마바드 인근 마리(Mari>Muree) 市에 있는 성모 마리아 무덤 (Mai Mari da Asthan). 예수 묘와 80Km.

BBC 방송에서 부분적으로 3차례에 걸쳐 방송까지 된바 있는 이러한 내용의 책 『성혈과 성배』가 출판이 되어 세계를 경악케 하자 이에 놀란 영국의 기독교와 천주교인의 사실 확인 소송이 영국 법정에 제소되어 재판까지 하게 되었다.

그러나 대대로 예수를 믿어온 가문의 기독교인이 주심 판사를 맡아 3년간에 걸쳐 심리를 하였으나 프랑스에 사는 예수의 27대 후손 피에르 플랭타르씨 등 많은 증인과 증거들을 비롯해 조상이 예수로 되어 있는 족보 책과 프랑스의 렌느 르 샤또에 예수의 묘비명이 있는 예수의 무덤까지 현지 답사하여 확인하고는 무덤의 사진까지 보여주며 책의 내용을 모두 인정하는 판결을 하지 않을 수 없었다. 결론은 막달라 마리아는 프랑스로 가서 혈손을 전하고 살았으며 예수와 모친 마리아 및 동생 도마(토마스), 이스카리옷 유다(가롯 유다)는 인도 스리나가르로 가서 살다 그곳에서 묻혀 묘지가 그곳에 있으니 회교 경전 쿠란(코란)도 이를 증거한다.

☸The carved Footprints

It has always been the custom and practise of worshippers to place candles around the tombstones. When the century-old layes of wax were removed in 1975 from an elevated stone in the inner chamber of the tomb, a sensational discovery was made:

"A pair of footprints was carved into the stone and beside them lay a wooden crucifix and a rosary."

캐슈미르 예수무덤에서 발견된 2천년된 못자국의 발자국. 예수무덤 앞 석판발자국

☸The Scars from the crucifiction

The sculptor of the relief has very clealy shown the scars from the crucifixtion wounds. The position of the wounds even shows, that the left foot has been nailed over the right, a fact that has been confirmed by the bloodstains on the Turin Shroud.

Crucifixtion was unknown as a form of death penalty in India, so the sculptor carved according to what had been visible. Or was he instucted by John, the disciple of Jesus, who built the tomb and knew about the scars firsthand?

이슬람교의 창시자인 성인 무함마드가, "예수는 카쉬미르에서 120세에 죽었다."고 언급한 것이 있다. 이슬람 페르시안의 출처들은 이사(Isa) 또는 유즈 아사프(Yuz Asaf: leader of the healed)로 불린 예수가 옛 실크로드를 따라 동쪽으로 이동한 흔적을 주장한다.(도마는 인도 남부 마드라스(첸나이) 市에 남겨져 순교) Aziz Kashmiri가 쓴 책 "Christ in Kashmir"과 독일 신학자 홀거 케르스탄(Holger Kersten)이 쓴 "Jesus Lived in India"에서 이러한 주장을 하고 있다. 케르스텐에 따르면, 바비시얏 마하 퓨라나(Bhavishyat Maha Purana)는 이스라엘인들이 인도에 체류했었다고 주장한다.

그리고 게송 17-32절에서는 예수가 라다크에 도착함을 기술하고 있다. 성인 이사를 위한 사원이 인도의 캐쉬미르 주에 있다. 이 사원의 성직자들은 예수가 2000

년 전에 여행 왔었다고 주장한다. 케르스탄에 따르면, 예수가 캐쉬미르에서 살았다는 것을 목격한 21개 이상의 역사적 문헌들이 존재한다고 한다. 그 문헌들에는, 실크로드를 따라 여러 지역에 대한 기술, 그리고 예수의 다른 이름과, 또한 모세의 다른 이름도 있다고 한다.

유즈 아사프의 무덤은 오늘날까지 스리나가르(Srinagar)에 존재한다고 한다. 유즈 아사프의 무덤에서 80 킬로미터 떨어진 곳에는 성모 마리아의 무덤과 모세의 무덤이 있다고 한다. 리시스(Rishis, 깨달은 수행자)로 여기는 사람의 무덤이며, 무덤 관리인에 따르면 2700년 이상이 되었다고 한다. 무덤의 이름은 Mai Mari da Asthan이다. "The Final Resting Place of Mother Mary(성모 마리아의 마지막 안식처)"라는 뜻이며, 파키스탄과 캐쉬미르의 국경선 부근인 Mari>Muree라고 불리는 작은 마을에 위치해 있다고 한다.

*코란(Quran)에 등장하는 예수 Jesus in the Quran The Quran says:

"That they said (in boast), 'We killed Jesus Christ the son of Mary, the Messenger of Allah,' but they killed him not, nor crucified him, but so it was made to appear to them. And those who differ therein are full of doubts, with no (certain) knowledge, but only conjecture to follow, for of a surety they killed him not. Nay, Allah raised him up unto Himself; and Allah is Exalted in Power, Wise."(Quran, Chapter 4, vs.157-158)
The Quran speaks of a future meeting between Jesus and God in the following words:"And when Allah will say, 'O Jesus, son of Mary, didst thou say to men, 'Take me and my mother for two gods beside Allah?' he will answer, 'Holy art THOU, I could never say that which I had no right. If I had said it, Thou wouldst have surely known it. Thou knowest what is in my mind, and I know not what is in Thy mind. It is Thou alone Who art the Knower of all hidden things; " (Quran, Chapter 5, vs.117)

임마누엘은 어머니를 여읜 뒤, 더 많은 가르침을 베푼 바 있는 인도 북부를 가로질러 캐쉬미르(Kashmir)라고 알려진 지역까지 여행했다. 45세가 되었을 때, 그는 마리아(Maria)로 알려진 어여쁜 인도 아가씨와 결혼을 했으며 그녀는 많은 자손을 낳아주었다. 모든 정상적인 가장과 같이, 그는 인도의 최북단에 자리하고 있는 스리나가르(Srinagar)에 정착하여 그의 가족을 부양하기로 결심했다.

그곳으로부터 그는 많은 여행을 계속했으며 그의 새로운 가르침을 전파했다. 115세 정도 되어서 그는 노환으로 자연사했으며 마을 외곽 알려지지 않은 묘지에 매장되었다. 유다 이스카리옷은 신약성경과는 달리 90세에 사망했으며 스리나가르(Sri-nagar)로부터 그리 멀지않은 곳에 장사지내졌다. 요셉(Joseph)이라 불리는 임마누엘의 장남은 부친의 이야기를 기록했으며 부친 사후에 인도를 떠났다. 3년간의 여행 끝에 그는 그의 여생을 보내기 위해 예루살렘에 정착했다.

그는 그의 아버지의 가르침들을 적은(유다 이스카리옷 저술본을 합한 것) 두루마리 원본을 가지고 갔으며 그것을 임마누엘이 원래 묻혔던 동굴 무덤 안 석벽 밑에 감추었다. 그는 그 장소를 가장 안전한 장소라고 생각했다.

고대 천축(天竺) 땅 캐쉬미르의 가장 큰 관광도시 스리나가르의 '달(Dal)' 호수 풍경

플레이아데스의 여인 셈야제가 스위스의 농부 빌리 마이어에게 밝힌 이러한 엄청난 사실은 그리스 가톨릭 신부 라시드(Rashid)로 하여금 1963년에 두루마리 원본을 석벽 아래에서 발굴케 함으로써 셈야제의 모든 말이 사실로 확인되었다. 그 두루마리 기록의 원본들은 송진에 둘러싸인 채 임마누엘이 어린 시절 단지 이러한 용도로만 사용할 수 있도록 그의 아버지 가브리엘이 선물로 건네준 크리스탈 같이 생긴 박스 속에 담겨져 있었다.

그 두루마리 원본은 고대 아람어(Aramic script)로 씌어져 있었으며 그것이 발견된 곳은 일찍이 임마누엘의 아들 요셉에 의해 거의 2,000여 년 동안 숨겨져 있었던 편평한 석벽 아래에서였다. 라시드(Rashid)신부는 고대 아람어로 된 두루마리를 독일어로 번역하기 시작했으며 다수의 복사본을 마련했는데 이는 그가 그것을 세상에 공개하는 것이 그의 사명이라 생각했기 때문이었다. 그 두루마리 원본은 장문이었으며 120장이 넘는 정보를 담고 있었는데 그는 지금까지 스위스에 있는 빌리 마이어에게 그들 중 단지 36장 만 보내왔다.

유즈 아사프- 예수 모자가 살았던 인도 캐쉬미르

라시드 신부는 기독교도들과 유태교도들 모두로부터 암살대에 의해 추적을 받았기 때문에 그의 가족과 함께 바그다드에 은신하고 있었으며 다시 그곳에서 필사의 도망을 하여 레바논으로 탈출했다. 그곳에서 그는 그의 가족과 함께 피난민 수용소에 머물렀으나, 그와 그의 가족들은 결국 유태인 병사들에 의해 발견되었으며 그 수용소의 대부분의 피난민은 그들에 의해 학살당했다. 그는 그의 가족을 거느리고 겨우 그 대량학살로부터 탈출하여 야음을 틈타 도주했는데 그 대신 그는 두루마리 기록의 대부분을 잃어버리는 대가를 치루어야 했다. 얼마 뒤, 라시드 사제와 그의 가족은 총으로 무장한 테러리스트 갱에 의해 증오와 노여움 속에 쓰러졌다.

현재 존재하는 두루마리는 36장만이 번역되어 존재하고 있으며 잃어버린 두루마리 원본의 소재는 알려져 있지 않다. 잔존하는 36장의 원고는 『탈무드 임마누엘』란 타이틀로 독일어와 영어, 일본어, 한국어 등 세계의 각국 언어로 번역되었으며 모든 번역본은 초기 번역어인 독일어를 의무적으로 합본케 하고 있다.–

결론적으로 이러한 진리의 근본적 왜곡 때문에 예수를 내보낸 백보좌(ABBA) 하나님으로서 한반도에 강림하신 증산 상제님께서는 서교(西教)에서는 족히 취할게 없다고 최종 결론 내리시고(마녀심판과 과도한 면죄부 판매로 인해) 루터의 종교혁명으로 된서리를 맞은 한(恨)을 동양의 영적 식민지 제국주의로 눈을 돌렸던 예수회(제수이트교단)의 이마두(마테오 릿치) 신부님을 새로운 기독교 종장으로 내세움으로써 큰 틀에서의 해원과 동시에 신명계와 현대문명에 끼친 공덕 그리고 인류와 신명계의 큰 겁액(劫厄)을 구천(九天)에 있는 상제님께 하소연한 공덕을 인정한 것입니다.

<보천교普天教 교전教典>★하로는 종도從徒다려 일러 가라사되 내가 이 공사公事를 맡고저함이 아니로되 천지신명天地神明이 모여들어 법사法師가 아니면 천지天地를 바루잡을수없다 함으로 괴롭기는 한량없으나 어찌할수없이 맡게되였노라

<보천교普天教 교전教典>★서양西洋사람 이마두利瑪竇가 동양東洋에 와서 천국天國을 건설建設할려고 여러 가지 계획計劃을 내었으나 쉽게 모든 적패積幣를 고치고 이상理想을 실현實現하기 어려움으로 마침내 뜻을 일우지 못하고 다만 하늘과 땅의 경계境界를 틔워 예로부터 각各히 지경地境을 굳게지켜 서로 넘나들지 못하든 신명神明들로 하여금 서로 거침없이 넘나들게하고 그 죽은뒤에 동양東洋의 문명신文明神을 거느리고 서양西洋으로 돌아가서 다시 천국天國을 건설建設하려 하였나니 일로부터 지하신地下神이 천상天上에 올라가 모든 기묘奇妙한법法을 받어내려 사람에게 알음귀를 열어주어 세상世上의 모든 학술學術과 정묘精妙한 기계器械를 발명發明케 하야 천국天國의 모형模型을 본떳나니 이것이 현대現代의 문명文明이라

<보천교普天教 교전教典>★내가 서양대법국西洋大法國 천계탑天階塔에 나려와서 삼계三界를 둘러보고 천하天下에 대순大巡하다가 이 동토東土에 그처 모악산母岳山 금산사金山寺 미륵금상彌勒金像에 임臨하야 삼십년三十年을 지내면서 최재우崔濟愚에게 천명天命과 신교神教를 내려 대도大道를 세우게 하였더니 제우濟愚가 능能히 유교儒教의 테밖에 벗어나 진법眞法을 들처내여 신도神道와 인문人文의 표대를 지으며 대도大道의 참빛을 열지못함으로 드디여 갑자년甲子年에 천명天命과 신교神教

를 걷우고 신미년辛未年에 스스로 세상世上에 나려왔노라

<증산도 道典>★이로부터 지하신(地下神)이 천상에 올라가 모든 기묘한 법을 받아 내려 사람에게 '알음귀'를 열어 주어 세상의 모든 학술과 정교한 기계를 발명케 하여 천국의 모형을 본떴나니 이것이 바로 현대의 문명이라. 서양의 문명이기(文明利器)는 천상 문명을 본받은 것이니라. 그러나 이 문명은 다만 물질과 사리(事理)에만 정통하였을 뿐이요, 도리어 인류의 교만과 잔포(殘暴)를 길러 내어 천지를 흔들며 자연을 정복하려는 기세로 모든 죄악을 꺼림 없이 범행하니 신도(神道)의 권위가 떨어지고 삼계(三界)가 혼란하여 천도와 인사가 도수를 어기는지라 이마두가 원시의 모든 신성(神聖)과 불타와 보살들과 더불어 인류와 신명계의 큰 겁액(劫厄)을 구천(九天)에 있는 나에게 하소연하므로

<증산도 道典>★내가 서양 대법국 천개탑에 내려와 이마두를 데리고 삼계를 둘러보며 천하를 대순(大巡)하다가 이 동토(東土)에 그쳐 중 진표(眞表)가 석가모니의 당래불(當來佛) 찬탄설게(讚歎說偈)에 의거하여 당래의 소식을 깨닫고 지심기원(至心祈願)하여 오던 모악산 금산사 미륵금상에 임하여 30년을 지내면서 최 수운(崔水雲)에게 천명(天命)과 신교(神敎)를 내려 대도를 세우게 하였더니 수운이 능히 유교의 테 밖에 벗어나 진법을 들춰내어 신도(神道)와 인문(人文)의 푯대를 지으며 대도의 참빛을 열지 못하므로 드디어 갑자(甲子:道紀前 7, 1864)년에 천명과 신교를 거두고 신미(辛未:道紀 1, 1871)년에 스스로 이 세상에 내려왔나니 동경대전(東經大全)과 수운가사(水雲歌詞)에서 말하는'상제'는 곧 나를 이름이니라.

이상에서 우리는 기독교에 있어 종통문제의 혼란이 역사에 어떠한 결과를 초래했는지 알아보았습니다. 엇갈린 진리왜곡과 종통문제는 이같이 중요한 문제입니다. 역사에는 가정이 없다지만 만일 원시불교 상가(승단)에서 석존보다 먼저 열반에 든 가장 뛰어난 두 명의 수석제자 사리불(舍利弗,지혜제일)과 목건련(目犍連, 목갈라나 Moggallana:신통제일) 존자가 석존 입멸 후까지 살았다면 가섭(迦葉) 존자와 아난(阿難)이 이은 지금의 불교와는 또 다른 모습을 하고 있을 지도 모릅니다. 사리불과 목건련 존자는 공자의 가장 뛰어난 제자로서 공자보다 먼저 세상을 떠난 안회(顔回) 같은 분들로 세속적인 종통의 시운은 없었던 분들입니다.

사리불은 1겁을 살 수 있는 신권을 가졌음에도 대 우주의 시운과 전생과 현생에 지은 업보에 계합해 석존의 허락을 얻어 뭇 범천(천신)들의 배례 속에 일반중생과 같은 열반의 길을 택했으며 신통력 제일로 지옥에서 아귀로 고생하는 어머니를 빼와 칠월 보름 부모님의 명복과 천도를 기원하는 불가의 우란분절일을 만든 주인공인 목건련 존자도 전생에 부모를 타살해 죽인 업력(카르마)의 인과응보로 인해 자이나교의 고행자들에게 타살당합니다. 자신이 신통력으로 살 수 있는 신권이 있었음에도 불구하고 온갖 인연법과 상호 인과응보의 윤회와 연기공덕으로 얽혀진 대자연의 복잡계 그물망(인드라망) 이법을 순리적으로 받아들인 것입니다.

불교의 종통문제는 어떻습니까. 불교는 수많은 부파불교의 경전 속에 다양한 기록이 있어 <열반경>, <불설미륵고불존경> 등에 모란꽃 먼저 피우기 선정 삼매경 시합으로 '지구 염부제' 사바세계에 당래하생으로 먼저 나투게 될 미륵보살과 석가보살의 인연공덕에 대해 밝혀주고 있지만 역사적으로도 석가불교 이전에 전불시대가 있었음을 『화엄경』이 고증하고 있고 『삼국유사』에도 전불시대의 가람터(절터)가 한반도에 있었음을 고증합니다.

석가불의 아버지는 연등불(보광불)이기도 했고 또 다른 시대에는 대통지승불이 부친이기도 했습니다. 석가불은 아버지 연등불이 강론한 내용이 법화경이라 밝힙니다. 한 치윤(韓致奫)은 『해동역사(海東繹史)』 단군세기(壇君世紀) 편에서 환인(桓因,B.C.8937년) 때부터 <법화경(法華經)>이 있었다고 기록하고 <남본대반열반경(南本大般涅槃經)> 제 36권 상권(上卷) 편에는 환인천제가 광명불인 백불이라 하여 다음과 같이 적고 있습니다. 상고시대의 연등고불이 바로 환인천제임을 밝히는 기록입니다.

'너희들도 하늘의 사람이므로 부처 즉 깨달음을 얻으면 누구든 사리(舍利)를 취할 수 있다. 그러므로 모두가 평등한 마음이다. 따지고 보면 삼계일체(三界一切)에 분포되어 있는 것은 육도(六道)이다. 그러기에 있는 정성을 다하여 세상에 이바지하여야 한다. 이때는 석제(釋提) 환인백불(桓因白佛) 시대이다.-汝等天人取佛舍利. 以平等心. 分布三界一切六道. 世間供養. 爾時釋提桓因白佛.-(율곤 이중재)

온몸에서 빛이 나는 연등불燃燈佛.정광여래定光如来, or 보광여래普光如来라고도 부른다.
과거 장엄겁庄严劫중에 출세한 수많은 천불 중 으뜸이다千佛之首。

강 상원 박사는 『천축(天竺)은 인도(印度)가 아니다. 林喜景 著 』 추천사에서 다음과 같이 말합니다.

–법현(法顯)의 일대기(一代記)에 관하여 송고승전(宋高僧傳)에는 다음과 같이 기록 하고 있다. 법현(法顯)의 성(姓)은 공(龔)씨이며, 평양무양인(平陽武陽人)이다. 집에서 살 때에는 병이 심히 위독하여 죽을 고비에 이르자, 절(寺)로 보내게 되었다. 세살 때에 사미(沙彌. sramna)가 되었다. 열 살 때에 부모상(父母喪)을 당하게 되었다. 장사지내고 즉시 절(寺刹)로 돌아오게 된다. 성품(性品)이 매우 강직(剛直)하고 신심(信心)이 비범한 면모(面貌)를 보여주고 있다.

평소에 개탄(慨歎)하기를 경률천(經律舛), 즉 경(經)과 계율(戒律)이 서로 상치(相馳)된다는 사실이다. 그리하여 법현(法顯)은 율장(律藏)을 구(求)하기 위하여 동학배 혜경(慧景), 도정(道整), 혜응(慧應), 혜외(慧畏)등과 함께 진(晉)나라 융안(隆安) 삼년(三年)에 장안(長安)을 떠나게 된다.

첫째, 역자(譯者)가 금반 역유천축기전을 번역하여 새롭게 혜초(慧超)스님

보다 오래전에 천축(天竺)을 여행(旅行)한 기록(記錄)을 접하게 되어 중요한 의미를 느끼게 된다. 단순히 역정(歷程)의 상황을 읽을 수 있는데 그치지 않고, 여행기(旅行記)에 나타난 불교의 용어(用語)에 담긴 의미를 상세하게 고증(考證)하여 주석(註釋)한 부분은 학술 연구에 귀중한 자료가 된다.

천축(天竺)을 단순히 인도(印度)로 잘못 인식(認識)하게 되어 불교의 발상지가 인도(印度)라고 알았던 사실을 <중국고금지명대사전>과 <율장>의 출처에서 중천축(中天竺), 북천축국(北天竺國)에서 <율장(律藏)>을 얻었다는 기록은 매우 충격적인 역사적 사건이다. 또한 중천축국과 북천축국이 동이족(東夷族)의 중앙조정(中央朝廷)의 강역(疆域)임을 기록(記錄)하고 있다는 사실이다.

이는 동이족의 강역인 지금의 감숙성 돈황(燉煌)을 중심으로 한 천산(天山), 즉 설산(雪山)에서 석가무니 부처가 수행(修行)하여 득도(得道)하였고, 수미산(須彌山), 역왈(亦曰) 설산(雪山)은 지금의 감숙고원현북구십리(甘肅固原顯北九十里)에 위치하며, 수미루(須迷樓)에서 불경을 결집하였다고 중국고금지명대사전(p.974)에서 밝히고 있다. 이 기록 역시 불교가 인도(印度)에서 발생되지 않았다는 사실을 입증하고 있다.

둘째로, Dipanka, 즉 한역(漢譯)하여 연등불(燃燈佛)에 관한 주석(註釋)이다. 상고역사에 의하면, 지금으로부터 일만년전 환인(桓因:桓仁) 천황이 우리 조상(祖上)이며, 환인(桓仁)의 오대손(五代孫) 왕자(王子)인 연등부처가 일명(一名) 금선자(金蟬子)라 한다.

법화경(法華經) 방편품(方便品) 大9:7과 금강반야경(金剛般若經 大:748下)에서 "아념과거무량아승지겁어연등불전(我念過去無量阿僧祇劫於燃燈佛前) 득치팔백사천만억나유타제불(得值八百四千萬億那由他諸佛)", 석가무니 부처가 이 세상에 출현(出現)한 일대사(一大事) 인연(因緣)은 그의 전생(前生)에 연등불 밑에서(* 석가 出現보다 8500년 전) 난행고행(難行苦行)한 인연공덕(因緣功德)으로 부처가 되리라는 수기(授記)를 받게 된다.

이 기록(記錄)에 의하면, 불교의 역사(歷史)는 우리 동이족(東夷族)의 상고만년의 역사(歷史)가 되며, 불교는 석가무니가 창건한 종교가 아니라, 불교의 중흥조(中興祖)임을 반증(反證)하고 있다. 이 역사적 사실은 불교(佛敎)의 인도(印度) 발생설(發生說)을 전복(顚覆)시키는 확실한 증거(證據)가 되기에 충분하다.

상기와 같이 법현(法顯)의 역유천축기전(歷遊天竺記傳)을 번역(飜譯)한 중요성과 학술적(學術的)이요 어원적(語源的)인 정밀(精密)한 주석(註釋)의 가치(價值)는 불교(佛敎)의 유구한 역사의 근원(根源)을 밝히는데 있어서 새로운 지평(地坪)을 여는 충분(充分)한 계기(契機)가 된다고 확신(確信) 한다. -강상원 姜相源 박사 월심학제月尋鶴齊에서 丁亥年 2007. 4. 15

석존의 전생인 화목(華目) 전륜성왕에게 수기를 준 묘향광명(妙香光明) 세계의 향공덕 여래(香功德 如來) 부처님. 진시황같은 유가의 천자(天子)를 전륜성왕이라 한다.

석존의 전생은 설산에서 구도하던 선혜 동자였는데 다른 전생에는 연등불에게 수기를 받는 무구광 동자이기도 했으며 또 다른 전생을 보면 향공덕 부처님의 제자인 화목(華目)이란 전륜성왕(만승천자)으로 태어나기도 했습니다. 당시 화목 왕은 선견(善見) 부인과 함께 왕국을 버리고 불도를 닦은 인연공덕으로 다시 윤회 환생하여 카필라 성의 왕자로 태어났지만 그 자리를 버리고 용맹 전진해 당대에 석가 부처가 된 것입니다.

다음 일화는 석가 부처님이 화목(華目)이라는 전륜성왕(만승천자) 시절에 대우주의 본질을 깨우치고자 모든 부귀영화를 버리고 크게 발심(發心), 발원(發願)하는 전생담 일화입니다. 아난존자나 가섭존자도 수없이 윤회전생하며 업을 닦은 끝에 도를 통했지만 심지어 부처님까지도 수없는 윤회전생과 끊임없는 구도과정과 수행으로 맺어진 인연공덕 및 여러 차례의 수기 끝에 마침내 부처님으로 열매 맺게 되었음을 알 수 있습니다.

보리수 아래 싯다르타 태자의 무상정등각(無上正等覺:아뇩다라삼먁삼보리) 때 마왕 파순 세 딸의 유혹

<마왕(魔王) 파순(波旬)의 전생>★ 부처님이 마왕 파순의 전생을 이야기하셨습니다. 파순이 얼마나 악한 짓을 했기에 악마의 왕이 되었을까요? "셀 수 없을 만큼 아득한 과거의 세상이었지. 향공덕(香公德) 부처님이 계시던 세상이었다. 향공덕 부처님 세상을 묘향광명(妙香光明)세계라 했단다." 묘향광명 세계의 사람들은 6만 8천살을 살았다 합니다. 그처럼 오래 사는 세상에서는 죽음에 대한 걱정이 없을 테지요? 풍족한 세상이어서 다른 아무 걱정도 없었답니다. 이 때에 화목(華目)이라는 전륜성왕이 있었는데 수미산 동서남북 4주세계가 모두 화목왕의 국토였대요.

<마왕 파순의 전생>★ 이처럼 넓은 땅, 많은 권력을 가진 전륜성왕이, 향공덕 부처님으로부터 법문을 듣고 나서 생각했습니다. "전륜성왕도, 넓은 국토도, 권력도, 재물도 모두 헛것이로군. 오직 해야 할 일 한 가지가 있다. 부처님 도리를 배우는 거다." 전륜성왕 화목은 여러 왕자를 불러 국토를 나누어준 다음, 신하들과 같이 출가를 했습니다. 화목 비구라는 이름을 가진 향공덕 부처님의 수제자가 되었습니다.

<마왕 파순의 전생>★ 그런데 세상을 거꾸로만 생각하는 말썽장이 신하가 있었습니다. 이름이 선행(善行)이었지만 악행만 하는 사람이었습니다. 선행은 왕이 부처님께 귀의한다는 것은 말도 안 되는 소리라며 반대를 하고 나섰습니다. 향공덕 부처님이 제자들에게 보당다라니를 가르치셨습니다. 지혜를 얻게 되는 다라니(주문)입니다. 괴로움을 깨뜨리고 기쁨을 얻게 되는 다라니입니다. 이 다라니로 32상과 80종호의 잘난 모습을 갖출 수도 있습니다. 부처님이 말씀하셨습니다

<마왕 파순의 전생>★ "보당다라니를 외우고 베껴 쓰면 공덕이 크다. 남자 몸을 갖고 싶은 여자가 있다면 남자의 몸을 지닐 수도 있다!" 이것은 정말 정말 놀라운 말씀이었습니다, 여자가 남자로 몸을 바꿀 수도 있다니까요. 향공덕 부처님이 보당다라니를 설하신 다음, 발가락으로 땅을 살짝 누르셨습니다. 그러자 땅이 여섯 가지 소리로 쨍쨍쨍 쨍쨍쨍… 울리었습니다. 다라니의 위력이 증명된 것입니다. 전날의 화목왕비가 정성스런 마음으로 보당다라니를 외웠습니다. 그러자 차츰 여자 몸이 남자의 몸으로 바뀌어 갔습니다.

<마왕 파순의 전생>★ 손가락 몇을 셀 동안에 잘난 모습을 갖춘 튼튼한 남자가 되었습니다. 남자가 된 왕비는 부처님께 나아가 계를 받고 스님이 되었습니다. 전날의 전륜성왕인 화목 비구 옆에 앉았습니다. 이 놀라운 광경을 보고 전날의 궁녀들이 왕비의 뒤를 따라 비구가 되었습니다. 보당다라니는 무슨 소원이나 이루어지는 다라니이므로 여자가 되고 싶은 남자가 있다면 이 다라니를 외워서 여자가 될 수도 있습니다.

<마왕 파순의 전생>★그러나 아직까지 여자가 되려는 남자는 없고, 남자가 되려는 여자만 있었습니다. "이거 엉터리다! 엉터리야." 말썽꾸러기 선행이 화를 내며 저주를 퍼부었습니다. 묘향광명 세계의 모두가 지옥에 떨어지라며 저주하였습니다. "오는 세상에 화목 비구가 도를 이루면 마땅히 나는 그가 성불하려는 국토에 가서 악마가 되리라. 악마의 왕이 되어 보리수 아래에서 방해를 할 것이다! 그렇게 할 것이다!"<법보신문 신현득의 불교동화 68. 마왕 파순의 전생, 화목왕의 출가를 반대하는 선행> 원출처는 <대방등대집경19권 보당분 제2왕고품>

<연등불(燃燈佛) 수기(授記)>★ 연등부처님은 제타위국의 등성치라고 하는 임금의 첫째 아들로 태어났다. 등성치 왕은 태자가 태어나자 해와 달이 필요 없을 정도로 온 세상이 밝아지는 신비한 모습을 보고 태자의 이름을 연등(燃燈)이라고 지었다. 제타위국은 땅이 기름져 곡식은 잘 자라 풍요롭고 태평하였다. 백성들은 수명도 길고, 마음씨도 곱고, 인자하며, 부모에게 효도하며, 어른들에게 공경하였다. ★수기(授記)란 당래하생불로 사바세계에 태어나 부처가 되리라는 점지

<연등불(燃燈佛) 수기(授記)>★ 연등태자는 어릴 때부터 총명하여 세상에서 비길 이가 없었

북경 연등불 사리탑. 북경 통주구 북부구北京通州区北部区.

다. 이에 아버지 등성치 왕은 연등태자를 끔찍이 사랑하였다. 그러나 아버지 등성치 왕은 오래 살지 못하고 그만 목숨을 마쳤다. 왕은 임종에 이르러 나라의 임금을 연등태자에게 맡기려고 하였으나, 태자는 세상의 무상(無常)을 깨닫고 있던 터라 동생에게 임금의 자리를 양보하고서 수행을 위해 숲속으로 떠났다. 연등태자는 산숲의 나무 아래로 나아가서 수염과 머리털을 깎아 없애고 법복을 입어 비구가 되었다. 연등비구는 부지런히 고행하면서도 괴로움이라 여기지 않고, 마음을 비워 고요함을 즐겼다.

<연등불(燃燈佛) 수기(授記)>★ 사사로운 욕심을 내지 않았으며, 자기의 것을 덜어서 보시하였고, 지극 정성으로 계율을 지켰으며, 겸손하였고 욕망을 참아내었다. 또한 성인의 지혜를 배울 때는 용맹스럽게 힘써 배웠고, 한결같은 마음으로 수행에 전념하였다. 그리고 가난하고 불쌍한 이를 가엾이 여겨 구휼하였으며, 근심하고 슬퍼하는 이를 위로하였다. 이렇게 수행한 지 만 육천년이 되어서 마침내 위없이 지극히 높은 깨달음을 이루어 거룩한 부처님이 되었다.

<연등불(燃燈佛) 수기(授記)>★ 연등 부처님(燃燈佛, DIpamkara)은 깨달은 진리를 가르치기 위해 수행자들을 교화하였다. 수행자들은 연등부처님의 설교를 듣고 모두 깊은 깨달음을 얻어 아라한이 되었다. 부처님은 잠시도 쉬지 않고 진리를 배우고자 하는 이에게는 언제나 가르침을 주었다. 그리고 마을에도 가서 사람들을 교화하여 연등부처님이 지나는 마을마다 평화로운 음률이 가득 차게 되었다. 연등부처님이 가는 곳마다 중생들을 교화하여 수많은 비구들이 그를 따라 긴 행렬을 이루었다.

<연등불(燃燈佛) 수기(授記)>★ 지나는 길마다 자비의 광명이 거리를 환하게 비추어 그 모습을 보는 이는 누구나 환희심에 가득 찼고, 음성을 듣는 이는 누구나 큰 깨달음을 얻었다. 이렇게 오랜 세월동안 중생들을 교화하다가 연등부처님은 발걸음을 고향으로 향하였다. 수많은 비구들이 연등부처님을 따라 한 걸음 한 걸음 부처님의 고향을 향하고 있었다. 거대한 긴 행렬은 멀리서 바라보면 도도히 물결이 흘러가는 듯 장관을 이루었지만 고요하여 먼지 하나 일어나지 않았다. 모두 연등부처님을 따라 깊은 선정에 잠겨 걷고 있었던 것이다. 이렇게 여러 날을 걸

연등불. 일명 정광불 또는 보광불. 음력 8.22일생. 과거불의 대표. 석가불의 스승. 탄생시 신변전체가 빛으로 둘러싸여 연등태자燃灯太子라 불렸고 부처가 되어서도 연등燃灯이라 이름했다.

정광여래定光如来, 보광여래普光如来라고도 부른다. 과거 장엄겁庄严劫 중에 출세한 천불 중 으뜸이다千佛之首。연등불은 과거세에 석가모니에게 수기授记를 주었으니《금강경》에 선남자여, 너는 내세에 응당 부처가 되어 석가모니라 부를 것이라 했다.

《金刚经》云 : "善男子 , 汝于来世 , 当得作佛 , 号释迦牟尼"。

어 고향인 제타위국까지 얼마 남지 않아 일행들은 한낮의 뜨거운 햇살을 피해 나무숲의 그늘 아래에서 휴식을 취하고 있었다.

<연등불(燃燈佛) 수기(授記)>★ 이 때 제타위국의 임금과 신하들은 거대한 연등부처님의 행렬을 보고 '연등부처님과 대중이 우리나라를 빼앗으려고 온다.'라고 생각하였다. 그리하여 모두가 함께 긴급히 의논하여 '군사들을 일으켜 먼저 공격하여 쫓아내고 절대 나라를 내주어서는 안 된다.'라고 마음을 모아, 즉시 부대를 인솔하여 연등부처님에게로 달려갔다. 연등부처님은 신통력으로 제타위국의 임금과 신하들의 마음을 미리 아시고는 신통변화로 넓고 큰 성을 만들어 제타위국의 군사들이 더 이상 나아오지 못하게 하였다.

<연등불(燃燈佛) 수기(授記)>★ 그리고 성을 유리처럼 안이 들여다보이게 만들었는데, 제자들도 모두 연등부처님과 같은 부처의 모습으로 만들었다. 이것을 본 제타위국의 왕은 곧 두려움과 의심이 풀리어 마음이 편안하게 되었다. 왕은 연등부처님께 나아가서 예의를 다하고 스스로의 잘못을 반성하면서 "제가 성품이 고루하고 둔해서 나쁜 뜻으로 부처님께 공격하려 했습니다. 어리석은 저의 잘못을 용서해 주십시오. 돌아가셨다가 7일 후에 다시 오시면 공양물을 마련하여 지극한 예로 모시겠습니다."라고 하였다. 연등부처님은 제타위국왕의 뜻을 아시고 잠자코 곧 돌아가셨다.

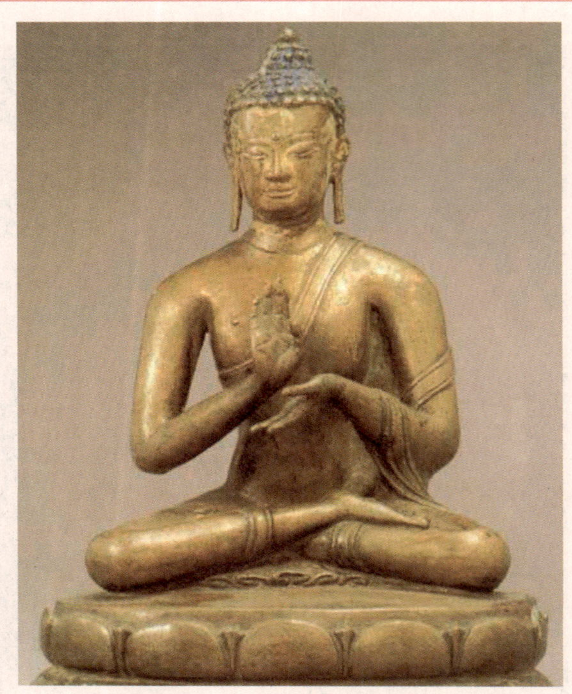
무구광 동자에게 수기를 준 연등불. 석가불과는 다른 모습(북경). 『석보상절』에는 연등불이 보광불로 무구광 동자가 선혜동자로 꽃파는 여인이 俱夷(구이)로 나온다.

<연등불(燃燈佛) 수기(授記)>★ 제타위국왕은 부처님을 받들어 맞이하는 방법에 맞게 모든 준비를 갖추라고 신하들에게 명령하였다. 신하와 백성들은 먼저 국토를 장엄하기 위해 도성의 주변둘레 40리를 평평하게 고르게 하여 향즙을 땅에 뿌리고, 금과 은이며 값진 옥의 칠보 난간과 아름답게 장식된 여러 깃발을 세우고, 비단과 꽃 일산을 성문과 거리에 장엄하게 꾸몄다. 그리고 거문고를 타고 악기를 울려 하늘나라처럼 음악이 울리도록 하고, 꽃을 흩뿌리고, 연등을 밝히고, 가장 좋은 향을 사르면서 공경히 길곁에서 연등부처님을 모실 준비를 하였다. 왕은 7일 동안 정성을 다해 대접할 공양 준비를 끝내고는 각종의 꽃을 지닌 사람에게 개인적으로 팔거나 가지지 못하게 하고, 가지고 있는 꽃은 모두 왕궁으로 가져오게 하였다. 그리고 왕은 여러 신하들과 함께 연등부처님을 맞이하기 위해 성문 밖 부처님 오시는 곳으로 향하였다.

<연등불(燃燈佛) 수기(授記)>★ 한편 부처님께서는 제타위국 왕과의 약속을 기억하시고, 그 나라의 백성들을 가엾게 여기어 여러 제자들에게 <제타위국에 갈 준비를 하여라. 제타위국왕의 초청을 받아들일 것이다>라고 분부하였다. 비구제자들은 곧 부처님과 함께 본국으로 나아갔다. 그 때 연등부처님께서 <너희들은 이렇게 공양을 마련하고 잘 꾸민 광채를 눈으로 보느냐. 옛날에 내가 여러 부처님을 받들어 섬기면서 공양하고 장엄한 것도 지금과 같았느니라.>라고 비구들에게 말씀하시면서 옛일을 기억하셨다.

<연등불(燃燈佛) 수기(授記)>★ 이 때 나이어린 무구광이라고 하는 동자가 제타위국을 지나고 있었다. 무구광 동자는 어리지만 총명하고 슬기로운 수행자였다. 그는 산과 숲에 은둔하여 선정에 들기를 좋아하였고, 스승으로부터 비밀리에 전해오는 지식들도 많이 배워 알고 있었다. 무구광 동자가 제타위국의 도성에 도착했을 때, 마침 도성의 사람들이 연등부처님을 맞이하기 위하여 거리와 집을 장식하고 있었다. 이런 모습을 본 무구광 동자는 행인에게 "무슨 일 때문에 이렇게 거리와 집을 장식하고 계십니까?"라고 물었더니, 행인은 "부처님이 오시기 때문에 이렇

게 장식하는 것입니다."라고 대답하였다.

<연등불(燃燈佛) 수기(授記)>★ 무구광 동자는 부처님이라는 말을 듣고 기뻐하다가 곧 숙연해지면서 "부처님은 어디서 오시며, 어떻게 공양하면 됩니까?"라고 물었다. 행인이 "오직 꽃과 향, 비단 깃발만으로 공양할 수 있습니다."라고 대답하였다. 무구광 동자는 곧바로 부처님께 올릴 공양거리를 구하기 위해 분주히 두루 돌아 다녔지만 끝내 구할 수가 없었다. 왜냐하면 제타위국 왕만이 부처님께 꽃과 향을 공양하도록 명령하였기 때문이었다. 이에 무구광 동자는 몹시 실망하고 말았다.

<연등불(燃燈佛) 수기(授記)>★ 연등부처님은 멀리서도 무구광 동자의 마음을 알아채시고 천안통으로 무구광 동자를 보고 계셨다. 그 때에 어느 한 여인이 꽃을 듬뿍 담은 화병을 안고 무구광 동자가 있는 곳을 지나고 있었다. 무구광 동자는 곧 그 여인에게 나아가 은전 500전으로 꽃 다섯 송이를 사고 싶다고 하였다. 여인은 "이 꽃의 값어치는 5, 6전 밖에 안 됩니다. 그런데 동자께서는 왜 500전으로 꽃을 사려고 하십니까? 지금 소원하시는 것이 무엇입니까?"라고 물었다. 무구광 동자는 "이 꽃으로 부처님께 공양드리고자 합니다. 저는 제석, 범왕, 악마왕, 사천왕, 전륜성왕이 되기를 소원하는 것이 아니라, 오직 부처가 되어 온 세상의 중생을 구제하고자 소원합니다."라고 대답하였다.

<연등불(燃燈佛) 수기(授記)>★ 그러자 여인은 "장하십니다. 소원을 빨리 이루시기를 기원하겠습니다. 제가 다음 세상에 다시 태어나면 당신의 아내가 되고 싶습니다."라고 말하였다. 이 같은 말을 들은 무구광 동자는 "나는 청정한 수행을 하여 함이 없는 도(無爲道)를 구하고 있으므로 태어나고 죽는 윤회의 인연은 받아들일 수 없습니다."라고 하였다. 여인은 "당신이 저를 가엾이 여겨 제가 원하는 것을 들어 주시겠다면 이 꽃을 팔겠지만, 그렇지 않으면 이 꽃을 팔 수 없습니다."라고 하였다. 바로 그 때 무구광 동자는 전생을 생각하면서 그 여인을 자세히 살펴보니, 그녀는 오백생에 동안을 지내오면서 자신의 아내였음을 알았다. 이에 무구광 동자는 여인의 요청을 허락하였다. 그러자 여인은 기뻐하면서 꽃을 전해주면서 "저는 연약한 여인이므로 연등부처님을 나아가 뵈올 수 없습니다. 두 송이 꽃을 맡기오니 부처님께 올려 주십시오."라고 하며 떠나갔다.

<연등불(燃燈佛) 수기(授記)>★ 그 무렵 연등불은 국왕과 신하와 백성들에게 수천 겹으로 에워싸여 제타위국으로 걸어오고 있었다. 무구광 동자는 연등부처님께 나아가 꽃을 흩으려 하였지만 도저히 사람들의 물결 속을 헤치고 앞으로 나아갈 수가 없었다. 연등부처님은 무구광 동자의 지극한 뜻을 아시고 신통력으로 땅을 질편하게 만들어 사람들을 양편으로 갈라서게 하였다. 이에 무구광 동자는 연등부처님 앞으로 나아갈 수 있게 되어 다섯 송이 꽃을 부처님께 뿌렸다. 꽃들은 모두 공중에 머물다가 해를 가리는 우산(日傘)으로 변화되어 모든 사람들을 덮었

으며 두 송이 꽃은 연등부처님의 양 어깨위에 머물러 있었다. 무구광 동자는 더욱 기쁜 마음으로 머리카락을 풀어 땅에 깔며 "부처님이시여. 제 머리카락을 밟고 나아오시옵소서."라고 하였다.

<연등불(燃燈佛) 수기(授記)>★ 연등부처님은 "어떻게 네 머리카락을 밟을 수 있겠느냐?"라고 하셨다. 무구광 동자는 "오직 부처님만이 밟으실 수 있습니다."라고 대답하였다. 연등부처님은 이에 머리카락을 밟으시고 서서 웃으셨다. 연등부처님의 입안에서 오백 가지의 광명이 나와 입으로부터 일곱 자를 떠나서는 두 줄기로 나누어졌다. 한 줄기의 광명은 부처님을 세 번 돌고 삼천대천세계를 비추다가 다시 정수리로 들어갔다. 그리고 나머지 한 줄기의 광명은 18개의 지옥을 비추었는데, 그 빛을 받은 지옥의 고통 받는 중생들이 한꺼번에 편안해졌다. 여러 제자들은 연등부처님께 "부처님은 헛되이 웃으시지 않습니다. 웃으신 그 뜻을 저희들에게 말씀해 주십시오."라고 가르침을 청하였다. 연등부처님이 제자들에게 물으셨다. "너희들은 이 동자를 보느냐?" "네 보았습니다." "이 동자는 수 없이 윤회하는 세월 동안 청정한 수행을 하여 욕심을 버렸고, 평등한 사랑으로 덕을 쌓아 이제 그 열매를 얻었다."라고 하셨다.

<연등불(燃燈佛) 수기(授記)>★ 그리고 연등부처님은 동자에게 "너는 미래에 부처가 되어서 나처럼 지혜와 자비로 모든 하늘과 사람들을 제도할 것이다. 그 때 그대의 이름은 석가모니이다."라고 수기를 내려주시었다. 이때부터 미래에 석가모니 부처님이 될 무구광 동자는 극진히 연등부처님을 받들어 섬기었고, 연등부처님이 열반하기까지 계율을 깨끗이 받들고, 정법을 수호하였다. 그리고 중생들에게 평등한 사랑을 베풀고 구제하는데 게으르지 않다가 목숨을 마치고 하늘나라 도솔천에 올라갔던 것이다. 무구광 동자는 도솔천에 올라가서 호명(護明)보살이라 불려졌다. 이상 <자타카(本生經) : 빨리어. 547가지의 석존 전생 이야기 수록 >

불교의 핵심은 무엇입니까. 만유는 모두 적멸지공(空)에 비추어진 환영이며 허상이라는 것입니다. 우주는 그저 이러한 적멸지공의 진여문(眞如門)에서 공연히 신기

루처럼 잠시 비추어진 존재로 찰나사이에 본래 생겨나온 생멸문(生滅門)의 무대 뒤로 사라져버리는 허무한 환상(幻)이라는 것입니다. 심통(戒定慧)을 통해 환(幻)의 껍질을 깬 진여의 실상은 인간의 마음조각 하나에 새겨져 있습니다.

그리하여 텅 빈 바탕처럼 탐음진치貪淫瞋痴(탐심, 음란, 성냄, 어리석음) 4종마種魔로 가득 찬 자신의 마음을 비우고 내면에 숨겨진 진여 법광의 부처를 보라는 것입니다. 이러한 고갱이 핵심을 본래의 기독교의 영지주의 복음서에서는 언어만 다를 뿐 동일하게 자기안의 그리스도, 자기안의 천국을 보라 합니다. 세계적인 비교 신화학자 조셉 캠벨(Joseph Campbell)은 종교에 대해 다음과 같이 정리합니다. "종교에 대한 내가 좋아하는 정의는 '신화에 대한 오해'이다. 신화의 역동적이고 은유적인 언어가 전달하는 경험은 모든 개체적 존재의 내밀하고도 깊숙한 곳에 있는 내적인 불꽃이 결국은 만물의 근원이자 신으로서의 궁극적 존재와 하나라는 것이며, 종교적 수련의 중요한 과제는 내 안에 있는 신성을 발견하는 것이다."

그러나 증산 상제님께서는 천지일월을 짝하고 있는 텅 빈 우주에 대해 천지는 일월이 없으면 빈껍데기이며 일월은 삼라만상의 주재자인 지인知人이 없으면 빈 그림자에 불과하다 하십니다. 우주 삼라만상의 주인은 인간본연의 참된 마음입니다. 적멸지공에 놓여진 대우주의 주인은 비록 스쳐지나가는 바람 같은 환(幻)일지언정 바로 우주 주재자로서 '후천 인존시대의 인간'이라는 파천황적인 인본주의 선언을 하신 것입니다.

따라서 성주괴공, 생장염장으로 끝없이 변모해 나아가는 대우주 삼라만상은 서로 대등한 상대적 존재로서 천지일월과 더불어 모두 인간의 참된 벗이기 때문에 증산 상제님은 <보천교 교전>*너희는 나의 예속된 존재가 아니라 나의 참된 벗이 되라 하십니다.–이비아지충복야爾非我之忠僕也 내양우야乃良友也

선천과 후천은 우주 원리 자체가 분열(선천)과 통합(후천)으로 길항작용, 순역운동이 서로 반대이기 때문에 인문가치관도 바뀝니다. 그리하여 선천의 모사재인 성사재천을 미륵불의 절대적 신권으로 모사재천하여 모든 천지공사를 운수에 맞는 도수로 정하고 천지도수 돌아닿는 대로 일꾼들이 성사재인 합니다. 심지어 상제님은 포태양생욕대관왕쇠병사장 12포태법의 순역(順逆)도 장사병쇠왕관대욕생양포태 반대로 바뀌어 후천 용화선경 시대에는 1000세 시대의 知心대도술 장생시대라 하셨습니다. 석가불, 노자, 예수, 공자의 사명은 불교, 선교, 유교, 서교 각기 동일하게 선천 5만년 과도기 꽃의 시대 중생 교화사명입니다.

증산 상제님은 불, 선, 유, 서교 등 석가, 노자, 공자, 예수를 내가 선천중생의 교화사명으로 쓰기 위해서 내보냈노라고 말씀하십니다. 그러나 각자 그 사명과 한계 속에서 그 본질과 사명을 망각했기 때문에 내 세상인 후천에는 모두 필요 없으니 모두 저 세상으로 가라 하시고 대신 진묵대사(불도종장), 최 수운 대신사(선도종장), 주자(주회암:유도종장), 이마두 신부(마테오릿치:서도종장)를 새로운 선, 불, 유, 서교의 선후천 과도기 종장(宗長)으로 교체하여 신명계 세계 통일 후천 조화정부(造化政府)를 짜십니다.

석가불은 선천말대의 한계를 정확히 보고 정법시대, 상법시대, 말법시대의 삼시관(三時觀)을 말하고 당래불(미륵불)의 강림을 내다보았습니다. 삼시관은 당래불 강림이 도래할 때까지 3천 년 간을 정법, 상법, 말법시대로 3분하여 자신이 설파한 불법이 올바로 받들어졌다가 멸해가는 시운을 밝힌 것입니다. 석가불의 배터리 수명이 3천년이라는 뜻입니다. 이 배터리가 수명이 다할 즈음 후천 5만년 수명을 지닌 미륵부처님의 진리 배터리가 다시 나온다는 것입니다.

1) 석존은 멸후정법(正法)시대 1000년中, 첫 500년은 부처님의 가르침이 그대로 통하는 시대로 그 가르침 수행을 통해 진리를 증득해 궁극의 열반을 얻을 수 있다는 해탈견고(解脫堅固) 또는 해탈뇌고(解脫牢固), 2)두 번째 500년은 부처님말씀이 빛바래 열반은 힘들고 선정 자체만으로도 깨달음을 대신한다는 선정견고(禪定堅固) 또는 선정뇌고(禪定牢固).

2) 다음 두 번째 상법(像法)시대 1000년中, 첫 500년은 부처님 경전 말씀과 경전에 기대어 사는 이판승이 지배하는 다문견고(多聞堅固)또는 다문뇌고(多聞牢固), 2)두 번째 500년은 경전 이판승이 빛바래 절과 탑만 남은 탑사견고(塔寺堅固) 또는 탑사뇌고(塔寺牢固).

3) 마지막 세 번째 말법(末法)시대 a) 1000년 中, 첫 500 년은 승려끼리 사찰재산 싸움하는 투쟁견고(鬪爭堅固) 또는 투쟁뇌고(鬪爭牢固) b) 마지막 말세 500 년은 오탁악세(五濁惡世)인데 5탁은 ① 겁탁(劫濁):시대의 혼탁·전쟁·전염병·기근 등 ② 견탁(見濁):사상의 혼탁 즉 그릇된 견해·사상이 만연해지는 것 ③ 번뇌탁(煩惱濁):인간 개개인의 탐욕·분노 등으로 세상이 탁해지는 것 ④ 중생탁(衆生濁):인간의 자질이 저하되어 사회악이 증가하는 것 ⑤ 명탁(命濁)혹은 수탁(壽濁):환경이 나빠져 중생의 수명이 점차 짧아지는 것을 말합니다. 이 같은 말기적 현상을 드러내는 시대를 오탁악세(五濁惡世)라고 합니다

격암 남사고도 석가부처님이 자신의 도가 3 천년으로 끝남을 알고 자신보다 더 지존인 절대자 하느님 미륵존불께서 오실 것을 다음과 같이 노래했습니다.

<격암유록 가사총론>★三千之運釋迦預言삼천지운석가예언 當末下生彌勒佛당말하생미륵불-석가는 3천년의 운수로 자신의 도가 끝남을 예언하였네. 말세를 당하여 미륵불이 정말로 하강하네. 天地反覆此時代천지반복차시대 天降在人此時代천강재인차시대 豈何不知三人日기하부지삼인일 東西合運枝葉道동서합운지엽도 此運得차운득-천지가 뒤집어지는 이 때는 하느님이 사람으로 내려오는 때인데, 어찌 영원한 생명(春봄과 같은 세상)이 있음을 모르는가. 가지와 잎 같이 동서로 뻗어나간 운이 도(道)로 합하는 운이라.

〈말운론>★受女子人수여자인 道道教教合十勝도도교교합십승 一道合而人人合일도합이인인합 無道滅무도멸-이 때 운은 여자를 품은 사람이 받는다. 모든 도(道)와 교(教)가 십승으로 합하네. 하나의 도(道)로써 통일되니 도가 없으면 멸망하네. 東西道教合一理동서도교합일리 混迷精神永不覺혼미정신영불각-동양과 서양의 도(道)와 교(教)가 합하여 하나가 되는 이치임을 정신이 혼미하여 영원히 깨닫지 못하네.

<은비가>★儒佛仙三各人出유불선삼각인출 末復合一聖一出말복합일성일출-유교·불교·선교에서 각각 한 사람이 나왔으나 말세에는 한 성인이 나와 모든 교를 하나로 합치네 〈가사요〉

<송가전>★儒佛仙合皇極仙運유불선합황극선운 三千之運釋迦預言 當末下生彌勒佛삼천지운석가예언 당말하생미륵불<가사총론〉 -유교·불교·선교가 각각 황극(皇極)의 신선의 운수로 합하네 석가는 3천년의 운수로 자신의 도가 끝남을 예언하였네. 말세를 당하여 미륵불이 정말로 하강하네.

<도하지〉 ★道者弓弓之道도자궁궁지도 無文之通也무문지통야 弓弓之道궁궁지도 儒

佛仙合一之道유불선합일지도 天下之倧也천하지종야-도란 궁궁의 도(道)요, 글을 배우지 않고도 통하네(도통하네). 궁궁의 도는 유불선(儒佛仙)을 하나로 합친 도요, 천하의 으뜸가는 옛 신인(神人)의 가르침이네.

<송가전>★仙道正明天屬선도정명천속하야 一萬二千十二派일만이천십이파-선도(仙道)를 바르게 밝혔으나, 하늘에 속하여 1만 2천 제자가 12파로 도를 전하네.

<도부신인>★清水名山蓮花坮청수명산연화대 十二穴脈蓮穴십이혈맥연혈 十二神人先定後십이신인선정후 各率一萬二千數각솔일만이천수-맑은 생명수가 흘러 넘치는 연화대의 12혈맥으로 12신인(神人)을 먼저 정한 후에 각각 통솔할 수 있는 1만 2천명을 따르게 하네.

<정각가>★末世汨染儒佛仙말세골염유불선 無道文章無用世무도문장무용세 西學立道讚美人서학입도찬미인 海內東學守道人染失道無해내동학수도인구실도무 用人용인-말세에 유불선이 타락했네. 도(道)가 없는 문장이니 세상에 쓸모가 없네. 서학(西學)의 도(道)를 세우고 찬미하는 사람들과, 국내 동학(東學)을 따르는 사람들도 옛것에 물들어 도를 잃었으니 쓸모 없는 사람이 되네.

<정각가>★海外信天先定人해외신천선정인 唯我獨尊信天任유아독존신천임 降大福不受강대복불수 我方東道呪文者아방통도주문자 無文道通主唱무문도통주창 生死之理不覺생사지리불각 不知解寃無用부지해원무용 道道教教獨主張도도교교독주장 信仰革命不知신앙혁명부지 天降大道此時代천강대도차시대 從道合一解寃知종도합일해원지-해외에서 오직 자기들만이 하느님을 믿으며 선택받은 사람들이라고 독실히 주장하는 민족이 있으나, 하늘이 내려주는 큰 복을 받지 못하네. 우리나라의 동도(東道) 주문자는 무문도통(無文道通)을 주장하나, 삶과 죽음의 이치를 깨닫지 못하고 '해원(解寃)'을 모르니 쓸모가 없네. 각각의 도(道)와 교(教)가 홀로 제일이라고 주장하나 신앙혁명을 모르네. 하늘이 대도(大道)를 내려주는 때는 이 때니, 이 도(道)를 따라 하나로 합쳐 '해원'을 알으소서.

<가사총론>★儒佛仙유불선이 各分派각분파로 相勝相利상승상리 天堂천당인지 極樂극락인지 彼此一般피차일반 -유교·불교·선교가 각각 분파되어 서로 자신이 가장 뛰어나다고 말하지만, 천당인지 극락인지 저도 못 가고 나 또한 못 가기는 다 마찬가지이네. 西學入道天堂人서학입도천당인들 天堂천당 말은 참 좋으나 九萬長天구만장천 멀고 머니 一平生일평생엔 다 못가고-서학입도(西學入道) 천당인(天堂人)이여! 천당(天堂) 말은 참 좋으나 구만장천(九萬長天) 멀고 머니 한평생엔 다 못가네.

<승운론>★儒佛仙道通難得유불선도통난득커든 儒佛仙合三運通유불선합삼운통을 有無知者莫論유무지자막론하고 不勞者得불로자득 될가보냐-유도(儒道)와 불도(佛道)의 통달도 어려운데, 하물며 유불선(儒佛仙)이 하나로 합하여 통하는 운수를 어찌

지혜로운 자이거나 지혜롭지 못한 자이거나 간에 모두 노력하지 않고 공짜로 얻기를 바라는가?

<불설미륵구고경(佛說彌勒救苦經:彌勒眞經)>★保佑彌勒去成功(보우미륵거성공) 諸天星宿萬仙菩薩中央淸靜佛, 七十二寶佛三十六天佛保佑彌勒去成功. 註釋): 제천성수(諸天星宿), 만선보살(萬仙菩薩), 중앙청정불(中央淸靜佛) 72보불(寶佛) 36천강불(三十六天佛)이 내려와서 미륵을 도와서 성공시킨다.

<불설미륵구고경(佛說彌勒救苦經:彌勒眞經)>★轉到三陽彌勒尊(전도삼양미륵존) 三期世上負債第一大責任者白陽彌勒世尊佛以 三期修道享受萬八百 年靑紅雙面之福. 주解) : **삼기(三期:청양,홍양,백양) 세상 중에 제일 큰 책임자는 말기의 백양(白陽)미륵세존불(彌勒世尊佛)시대로써 삼기수도(三期修道)는 결실(結實)로서 만팔백(10,800)년이며, 청양(태호복희:연등불), 홍양(석가모니불)의 복을 함께 받아 누릴 수 있기 때문이다.**

侍

불교가 왜곡된 것은 무엇 때문일까요. 불교에 있어서 종통왜곡의 본질은 함경도 무가(巫歌) 형태로 전해지는 한민족 <창세가>와 <불설미륵고불존경:일명 미륵존경>에 모두 담겨있습니다. 세상에 가장 영원한 존재이고 사랑이라고 믿어왔던 부처님께서 80을 일기로 세상을 떠나시자 사람들은 4고(苦) 중 하나인 애별이고(愛別離苦)의 슬픔 속에서 희망을 잃고 방황하게 됩니다. 가장 뛰어난 제자인 사리불과 목건련 존자도 석존입멸 이전에 이미 열반한 때이므로 두타행 제일의 수석 제자인 가섭이 종통을 쥡니다. 가섭은 기억력 제일인 아난(아난다)이 아직 제대로 영글지 않았다 하여 내쫓아버립니다.

대영박물관_동이족 석가부처_진영.
10대 제자인 부루나 존자가 그린 것이므로 가장 친영에 가깝다.

크게 깨달은 아난존자는 가섭존자의 뜻을 받들어 여시아문(불경은 아난이 '나는 이렇게 들었노라如是我聞'로 시작하니 도통경지에서 석존생전의 모든 가르침을 기억해 그대로 풀어낸 것)의 제 1차 불전결집에 나섭니다. 그 뒤 2차 결집부터 4차 결집에 이르면서 소위 불교 경전의 초장봉기지세의 분열이 일어납니다. 이것이 소위 원시불교에서 부파불교의 출가공동체인 상가단(승려대중)의 성립이며 애별이고(愛別離苦)의 슬픔 속에서 희망을 잃고 방황하던 대중이 불전佛典을 중심으로 새로운 의지처를 찾은 불전중심의 교종은 교외별전의 선종과 더불어 북방불교와 남방불교로 분열합니다.

석존 입멸 당시 원시불교 종통 계승자였던 가섭존자는 3천년 뒤의 미래에 나툴(강림할) 당래불이 그동안 자신이 모신 석존보다 조화법력이 더욱 무량한 법신불(비로자나불=성부하나님)임을 깨닫고 살아생전 지성 발원하여 다시 윤회 환생하여 후천의통성업을 하겠다고 서원했는데 이에 대해 증산 상제님은 나의 종자는 3천 년 전에 심어놓은 종자라고 말씀하셨습니다.

제주대 안 창범 교수에 의해 학술적 씨를 뿌리고 고대 사학가 이 중재에 의해 꽃을 피운 뒤에 열매를 거둔 강 상원 박사(한글학)는 <u>석가불이 동이족이며 대영박물관에도 10대 제자인 부루나 존자에 의해 인도인이 아닌 동이족으로 그려진 석가부처님 진영이 보관되어 있으며, 옥스퍼드 산스크리트어 사전을 보면 산스크리트어가 한국의 토속 (전라도)사투리이며 한국어 특히 전라도 말이 세계 언어의 뿌리라 주장하고 있습니다. 그는 천축(天竺)은 인도가 아니며 불교 또한 인도 것이 아니라 밝히고 천축(天竺)은 바로 티벳고원과 신강성 일대를 중심 전체를 포괄하는 말이며, 불교는 바로 이곳에서 유래되었다고 말합니다.</u>(『天竺(천축)은 印度(인도)가 아니다』 임희경 著 강상원, 이중재 감수)

불교의 뿌리종통이 왜곡된 이유는 일제 식민사관에 의해 잘못 전해진 것인데, 불교도 석가도 조선 것이라고 하면 조선이 위대해지니 인도 것이라 조작했다는 것입니다. 이처럼 불교는 인도에서 발생된 것이 아니라 바로 천축에서 발생되었습니다. 강 상원 박사와 이 중재의 주장은 다음과 같이 요약됩니다.

1. 원전(原典)(漢文)에 의(依)한 상고역사(上古歷史) 통찰(通察)이 필수적(必須的)으로 요청要請됩니다. 산해경(山海經)·자치통감(資治通鑑)·역대신선통감(歷代神仙通鑑)·태평어람

(太平御覽)·삼국사기(三國史記)·삼국유사(三國遺事)·통지(通知)·통전(通典)· 25사(25史)·후한서(後漢書)·당서(唐書)·구당서(舊唐書)·신당서(新唐書)·위서(僞書)·양서(梁書)·송서(宋書)·수서(隋書)·주서(周書)·삼국지(三國志)·위지(魏志)·죽서기(竹書記) 등등等等 …많은 사서에 대한 고증이 있어야 합니다.

싼스크리트어가 우리의 토속사투리인 증거를 결론만 한마디로 기술(記述)하면, ① 우리 문명文明 동이족(東夷族)은 돈황(燉惶)을 중심으로 한 천산天山, 곤륜, 백산지역, 즉(卽) 서역(西域)의 천축강역(天竺疆域)에서 발생한 1만년의 역사이다. ② 이 상고역사와 언어로 밝힌 1만년의 역사는 일치한다. ③ 천축(天竺)은 인도(印度)가 아니다. Sanskrit(범어(梵語))는 인도어(印度語)가 아니다. ④ 불교(佛敎)는 인도에서 발생하지 않았다. 천축(天竺)에서 발생했다. ⑤ 역사(歷史)에서 "中國"은 현재의 "중화민국" 과 구별해야 한다. 상고사 사서에서 '中國'은 중심中心된 나라 또는 중원의 여러 나라라는 뜻이다. 나라의 중앙(임금이 있는 곳)이란 조선(朝鮮)이란 뜻이다. 조선朝鮮은 한반도(韓半島)에 국한 된 것이 아니다. 고구려, 백제, 신라의 삼국三國과 고려·조선(朝鮮)의 역사(歷史)무대는 지나대륙(支那大陸)이었다. ⑥ 천인지, 음양 오행사상과 불교(佛敎)·도교(道敎)·유교(儒敎)는 우리 한민족(韓民族) 고유의 우주만유자연 철학사상이며, 태초(太初)의 실담사상思想이다. 중화민국의 사상思想이 아니다.

2. 우리가 현재 사용하고 있는 언어言語(토속사투리)가 실담어語요, Sanskrit의 모태(母胎:original)가 되는 말이다. Sanskrit어는 실담어語가 인도로 유입流入되면서 변조된 것이다. 1만 년 전 부터 우리는 실담어語(싼스크리트어에 근간이 되는 말)를 말하고 있는 민족民族이었다.

3. 한문 고전(漢文 古典)에 훈민정음 28자字로 표기表記된 '고어古語' 는 모두가 실담어語 그 자체(自体)이다.

●동국정운(東國正韻)· 훈몽자회(訓蒙字會)· 신증유합(新增類合)· 광주천자문(光州千字文)· 주해천자문(註解千字文)· 아해(兒解)· 능엄경언해· 용비어천가· 석보상절· 월인천강지곡… 등의 언해(古語)는 모두 실담어語이다.

●한자漢字는 실담어를 음사한(이두처럼) 글이다. 즉, 실담어 개념에 의해 만들어졌으며 이 또한 동이족(東夷族)인 우리 민족의 글이다.

●통지通志에 있는 정초(鄭樵)의 칠음약서(七音略序)에 기술記述되기를, "칠음육운(七音六韻) 기자서역(起自西域) 유입제하(流入諸夏)… 췌승종이정문(萃僧從而定文)… "는 칠음七音이 서역西域에서 하(夏)나라(BC.2224 - BC.1778) 즉卽, 지나대륙(支那大陸)으로 유입流入 되었음을 밝히고 있다.

4. 실담어語와 산스크리트Sanskrit와 우리말(토속사투리)의 관계를 알고자 한다면,

• Oxford 사전(Sanskrit English Dictionary) 20만 단어를 통달하지 않으면 안 된다.
• Sanskrit어語, 불경佛經, 법화경, 금강경을 통독通讀해야 한다.

이 모두가 실담어語이며 우리는 현재現在 이 실담어語(토속사투리)를 사용하고 있다는 사실을 재확인(再確認)시키고자 한다. 따라서 우리 한민족(韓民族)은 동서문명(東西文明)의 찬란한 역사를 창조創造한 위대偉大한 민족民族임을 밝혀 드리는 바입니다.(참고로 Oxford 사전辭典 안에 있는 표지表紙의 Title를 주목注目 하십시오.) "Sanskrit Language Cognate Indo-European Language" Sanskrit는 인도어(印度語)가 아니라는 뜻입니다. 인도어라면 Cognate 대신代身 Proto를 써야 합니다.)-이상-

증산 상제님은 장차 후천에서는 언어가 조선어 하나로 통일되며 그 중에서도 상제님이 탄강하신 전라도 말로 통일이 된다 하셨습니다. 게다가 역사가들은 천축이 파키스탄의 캐쉬미르 지역을 중심으로 각기 동서남북의 천축으로 되어있으며 타클라마칸 사막 위 당唐의 안서도호부인 쿠차를 포함한 천산산맥 부근까지 연결되어 있음을 밝힙니다.

혜초나 현장법사가 답사한 곳도 모두 이 곳이며 법현(法顯, 317~420 역유천축기(佛國記)) 선사가 불법을 구한 곳은 인도가 아니라 천산산맥과 수미산 일대입니다. 현장법사(602~664 대당서역기(서유기))는 남부 인도를 거쳐 탁실라, 사마르칸드, 타쉬켄트, 카쉬가르, 투르판 등 천산산맥을 다녀갔고, 혜초(700~780)가 남긴 『왕오천축국전』 원본은 1908년 3월 중국 둔황의 천불동(千佛洞)에서 발견되어 1909년 중국학자

에 의해 『왕오천축국전』 임이 확인되었고 1943년 최 남선이 원문과 해제를 붙임으로써 국내외에 널리 알려지게 됩니다.

"당(唐)나라의 요사겸(姚思廉)이 지은 양서(梁書)에 의하면 "중천축국(中天竺國)은 대월지국(大月支國) 동남으로 수천리(數千里) 떨어진 곳에 있는데, 그 지역은 3만리(三萬里)이다. 일명 신독국(身毒國)이라고도 한다."고 하였는데 통전에서는 월지국(月支國)을 월씨국(月氏國) 이라고 하였으며 감숙성 돈황 남쪽에서 흉노에게 쫓겨 서역인 토노번까지 도망을 갔다고 합니다. 이들은 본래 월지국(月支國)이었으며 신독국(身毒國)이라고도 합니다.[출처]천축국(天竺國)과 불교(佛敎) 지식스닷컴"

평생 상고사학 연구에 일심을 바친 고 이 중재 재야 사학자는 『삼국사기』 기록에 고구려 평원왕, 양원왕 시기에 섬서성 장안성이 수도였다고 한 바 있지만 그 시기 이전의 북부여 멸망이후 상고사 왜곡은 말할 것도 없고 고려건국에 대한 내용도 뿌리부터 왜곡되었음을 주장한 바 있습니다. 불교의 성지인 천축을 답사한 혜초와 현장법사의 여정은 비슷합니다. 불교의 성지인 천축에 얽힌 역사를 벗겨내야 한민족 상고사의 전체 윤곽과 함께 대영박물관에 소장된 동이족 석가부처님에 대한 비밀이 이 드러납니다.

<강상원 박사>*천축은 바로 조선 땅이었다. 석가도 인도 사람이 아니라 바로 조선 사람이다. 범어(梵語, Sanskrit)도 인도어(印度語)가 아니라 조선말이다. 그것을 증빙해 주는 것이 바로 옥스퍼드 산스크리스트어 사전 509페이지 내용이다. 왕을 뜻하는 다누_라자(Dhanu_raja)의 '다누'는 단군(檀君), '라자'는 임금이라는 뜻으로 설명을 보면 "단군은 석가모니 선조 대 할아버지 중한 사람의 이름"이라 분명히 기록하고 있다. 따라서 석가는 단군조선 사람인 것이다. 또한 석가모니가 득도를 한 곳은 수메르산인데 Sumer를 풀이하면 Su(수)는 생명과 관계되는 뜻이며 mer(메르)는 씨대롱 즉, 종자를 뜻하는 것으로 연밥을 수메르라고 한다.(수메르 – 생명의 근원) 수메르는 한자로 번역되어 수미산(須彌山)이 되었다.

사천성(四川省)은 삼국시대에 하늘곳간 천부지도(天府之都)라 불렸던 곳입니다. 비옥한 토지와 풍부한 천연자원 및 식량을 소유한 성도평원의 중부에 위치한 사천성의 성도는 분지지형으로 4계절이 온화한 기후여서 연평균온도 16.3℃로 혹한과 혹

중 마한의 오가(五加)들은 BC 158년 오손(烏孫)의 침략을 받고 다시 남하하여 5 천축국으로 번성했다. 5천축국은 각각 수 십 개의 소천축국으로 이루어져있다. 조선을 천축국이라 칭했습니다.

서가 없고 겨울에도 따뜻하고 강우량이 풍부해 땅이 기름져 농사짓기에도 최적의 조건입니다. 사천성(四川省) 성도(成都)는 춘추전국 시대에 백제의 영토로서 양자강(한강) 북안, 삼협(三峽) 서쪽에 백제성이 있었지만 중국은 백제성(百濟城)을 백제성(白帝城)으로 바꾸어 버렸습니다.

백제 영토였던 이곳은 뒤에 삼국을 통일한 신라의 영토로 편입되었으며 당(唐)의 현종(玄宗)이 안사의 난 때에 이곳 신라 땅으로 피신하게 됩니다. 현재 사천성 성도(成都)에는 고려태조 왕 건 묘(王建墓)가 있습니다. 왕 건 묘를 영릉(永陵)이라고 부르는데 능묘는 높이 15m, 길이 80m의 둥근 형태로 내부에는 삼실(三室)이 있고, 삼실 중 중실에 관이 안치되어 있습니다.

이 능묘는 특히 당시의 무용, 음악 등의 예술 분야에 귀중한 자료가 되고 있는데, 중국은 고려태조 왕건의 일대기 역사와 비슷하고 또한 연대도 비슷한 동명이인의 상인 출신 장군 왕건(847~918년)을 내세워 당나라 조정의 쇠퇴기에 힘입어 전촉을 세운 인물이라고 조작해 놓았습니다.

우리나라에서 가장 먼저 불교의 뿌리에 대해 체계적으로 연구하고 민족고유의 신교(선교)를 심도 있게 연구한 제주대 안 창범安昶範 교수는 환웅의 신단수는 일본의 신사라는 주장에서 다음과 같이 말합니다.

-<안 창범安昶範 교수>*환웅천황의 실존에 대한 실재적 근거는 환웅천황의 무덤, 환웅천황의 석상 내지 동상 또는 초상화 등을 들 수 있다. 그러나 고려를 지배한 몽고의 민족종교 탄압과 근세 조선의 사대모화 정책에 의하여 환웅상이 파괴됨으로써 우리나라에서는 찾기 어렵게 되었다. 또한 환웅천황은 신선 중 신선이며, 부처 중 부처로서 환골탈태(換骨奪胎)하여 원만 구족한 상(像)을 나타내기 마련이므로 석가상(釋迦像)과 동일하여 구별하기 어렵다는 것이다.

사천성 성도(成都) 고려태조 왕건묘(王建墓)

그러나 석가상은 그 두발(頭髮)과 의복(衣服)이 인도풍(印度風)이라면, 환웅상은 한국풍(韓國風)이다. 이래서 혹이면, 환웅상이 우리나라의 어디에 있다 하더라도 어느 보살의 상으로 오인하여 찾아보기 어렵다는 것이다. 그러나 우리나라가 아닌 몽고 · 만주 · 러시아의 연해주 · 일본 등지에 있을 수 있다. 그런데 일본 북구주(北九洲)에서 환웅천황의 유상(遺像)이 발견되었다. 이를 소개한다.

<u><천축국 인도(印度)는 불교의 발생지가 아니다: 律坤 李重宰></u>★15세기경 일본인들이 지도를 작성하면서 인도에 다섯 천축국(天竺國)이 있는 것처럼 만들었다. 인도 북부에 북천축국(北天竺國), 중부에 중천축국(中天竺國), 서부에 서천축국(西天竺國), 동쪽에 동천축국(東天竺國), 그리고 남쪽에 남천축국(南天竺國)이 있었다는 지도를 만든 것이 계기가 되어 오늘날 인도에 천축이 있었다고들 믿고 있다. 이 지도는 이화여자대학교 도서관에 보관되어 있다.

그러나 통전(通典), 통지(通志), 후한서(後漢書) 등 어떤 사서(史書)를 보더라도 인도에 천축국(天竺國)이 있었다는 기록은 보이지 않는다. 더구나 월씨국(月氏國)이 망한 후 천축국(天竺國)이 생겼으므로 인도에 불교가 전파된 것은 석가모니 이후 약 7백 년이 지난 후라고 보아야한다.

통전(通典)을 보면 후한(後漢. A. D. 25～220년) 환제(桓帝) 연희(延熹) 2년에서 4년 사이에 월씨국(月氏國)은 감숙성(甘肅省) 돈황(燉煌) 근처에 있다가 흉노(匈奴)에 의해 망하여 서역으로 도망갔다고 되어있다(中國古今地名大辭典 157쪽 참고).

그 후 천축국(天竺國)이 생겼는데 천축국을 마가타(摩伽陁)라 했으며 또는 파라문(婆羅門)이었다고 통전(通典)은 적고 있다. 마가타인 파라문은 지금의 총령(葱嶺) 남쪽이라고 되어있으며, 강역은 동남으로 수천리(數千里)이고 지방은 삼만여리(三萬餘里)라고 기록하고 있다.

이러한 점으로 미루어 보아 본래 불교는 서역(西域)인 실크로드를 기준하여 신강성(新疆省)과 감숙성(甘肅省)의 돈황(燉煌)을 무대로 불교가 전파되어 왔음을 사서(史書)에는 잘 기록하고 있다. 인도철학서에는 인도를 인드라에서 유래된 것으로 적고 있다. 인드라는 인타(因陀)라는 말로서 환인씨(桓因氏. B. C. 8937년)가 있던 동이지(東夷地)를 말한다.

상고시대(上古時代)에는 위도 80도를 기준하여 서쪽을 요서(遼西), 동쪽을 요동(遼東)이라 했다. 그러기에 지금의 신강성(新疆省) 일대에 있는 곤륜산(崑崙山) 자락을 타(陀) 또는 타(陁)라고 했다. 타(陀,陁)란 바로 동이지(東夷地)란 뜻이다. 인도에 퍼진 범어(梵語) 즉 산스크리트 어는 최초의 동이들이 사용했던 산스크리트 어의 방언이다.

불교 경전인 법화경(法華經), 금강경(金剛經), 반야바라밀경(般若波羅密多經), 수행본기경(修行本起經), 그리고 아함경(阿含經) 등 각종 고대 경전에, 타불(陁佛) 또는 타불(陀佛), 타이(陁夷)와 아이(阿夷), 파이(婆夷)라고 기록된 것은 모두 동이지 땅에 있는 동이(東夷)들을 말하는 것이다.

그리고 천축국(天竺國)은 불교(佛敎)를 계승해 온 나라일 뿐, 천축국에서 불교가 발생한 것은 아니다. 기원 후 5세기 이후부터 인도에 불교가 전파되기 시작했다는 기록이 오백나한(五百羅漢)이라는 책에 기록되어 있다. 본래 불교의 발상지는 곤륜산(崑崙山) 자락인 이전원(伊甸園)인 현재 화전(和田) 지구에서 생겨났으며, 기원전 8937년경의 범천왕(梵天王)과 환인씨(桓因氏)를 기원으로 하고 있다.

서 량지(徐亮之)가 쓴 중국사전사화(中國史前史話) 이전원(伊甸園) 건설자(建設者) 편에는 다음과 같이 기록되어 있다. 上帝所造. 自無理由住進上帝的伊甸園. 眞正的伊甸園. 其中心區就是今日. 新疆省的塔里木盆地.

상제(上帝)가 터를 잡아 살았던 곳이다. 여기서 상제(上帝)란 천제(天帝)이며, 하늘의 제왕이란 뜻이다. 무슨 연유인지 알 수 없으나 상제(上帝)은 이전원(伊甸園)으로 나아가 머물렀다. 진정한 이전원의 중심지는 지금의 신강성(新疆省) 탑리목분지(塔里木盆地:타림분지)라고 기록하고 있다.

이곳은 곤륜산(崑崙山) 남쪽에 위치한 총령(葱嶺)의 언저리에 위치한 화전(和田) 지구이다. 천산(天山)과 곤륜산 일대에 살고 있던 한민족의 조상이었던 묘족(苗族)들은 학문의 득도를 업(業)으로 삼을 정도로 성행되고 있었음을 전술한바 있다.

한 치윤(韓致奫)의 해동역사(海東繹史)의 단군세기(壇君世紀) 편에 보면 환인(桓因,B.C.8937년) 때부터 법화경이 있었다고 기록한 것으로 보아서, 수도자(修道者)들은 고대(古代) 경전(經典)이었던 법화경(法華經)을 기조로 하여 수행한 것으로 보인다. 남존대반열반경(南本大般涅槃經) 제36권 상권(上卷) 편에는 다음과 같이 적고 있다. ★(법화경은 석가불의 수수 전전생 아버지인 연등불이 설법한 경전이라 석가불이 밝힌 바 있음)

汝等天人取佛舍利. 以平等心. 分布三界一切六道. 世間供養. 爾時釋提桓因白佛.

너희들도 하늘의 사람이므로 부처 즉 깨달음을 얻으면 누구든 사리(舍利)를 취할 수 있다. 그러므로 모두가 평등한 마음이다. 따지고 보면 삼계일체(三界一切)에 분포되어 있는 것은 육도(六道)이다. 그러기에 세상에 있는 정성을 다하여 이바지하여야 한다. 이때는 석제(釋提) 환인백불(桓因白佛)시대이다, 라고 기록되어 있다.

그러기에 상고시대(上古時代) 때 석제(釋提) 즉 제석(帝釋)으로 불리는 환인천황(桓因天皇 B.C. 8937년)은 이상과 같은 큰 깨달음을 얻어 신시(神市)를 정하고, 많은 중생을 제도하기 위해 360가지의 일들을 정리하고 돈황(燉煌)에서 인류 최초로 불을 밝혔고, 백불(白佛)의 칭호로서 나라를 세워 다스렸음을 볼 수 있다.★ 이상<천축국 인도(印度)는 불교의 발생지가 아니다>

1993년 5월, 서울에서 개최된 한국학술회의에서 나카노 하타노(中野幡能) 교수는 "단군신앙과 일본 고대 종교"라는 주제로 발표하면서, 일본에는 단군이라는 이름이 살아남지 못했으나 백산(白山)이나 환웅(桓雄)이란 이름은 살아남아서 전해지고 있다고 했다. 나카노 교수는 평생을 일본 산악신앙 연구에 바쳐 일본문화훈장을 받은 원로 학자이다. 그뿐만 아니라 소에다정청(添田町役場)에서 펴낸 <영언산(英彦山)을 탐구한다>(1985, 添田役場 編)에 보면, 일본 영언산 신궁(神宮)에 모셔있는 환웅상이 우리나라에서 건너갔음을 분명히 밝히고 있다. 본문은 다음과 같다.

☞영언산을 비롯한 일본 북규슈의 여러 산에는 백산신(白山神)이 모셔져 있다. 이것은 한국의 산악신앙의 영향을 받은 것이다. 한국의 산악신앙이란 단군신앙을 말하는 것으로 백두산을 중심으로 널리 분포되어 있다. 신앙의 대상은 환인·환웅·환검(단군)의 삼신(三神)인데, 그 중에서도 환웅은 인간세상을 교화하기 위하여 태백산에 내려온 신으로서 고대 조선을 개창했다 하여 민중의 신앙이 두터웠다. 이 한국의 환웅신앙이 일본 영언산에 전파되어 등원환웅(藤原桓雄)이 되고 일본 환웅신앙이 되었다. 그 때문에 백산신앙이 따라 들어오지 않을 수 없었을 것이다.

侍

영언산(英彦山:히코산) 신궁의 박달 나뭇잎을 어깨에 두른 등원(藤原:후지와라) 환웅

이상과 같이 우리나라 선천개벽의 시조인 환웅천황이 일본에 가서는 산악신앙의 대상이 되고, 옆에 실려 있는 사진은 "일본 북규슈 후쿠오카현 소에다초오(日本北九州 福岡縣 田川郡 添田町)" 영언산(英彦山) 신궁(神宮)에 모셔있는 환웅상으로서 어깨쭉지의 밝달나무 잎과 어깨에 늘어뜨린 검은머리 또한 한복 차림이 석가상과 전혀 다르고 한국적임을 나타내고 있다. 이를 보면, 환웅천황은 선천시대 개벽의 시조이며, 우리 민족의 국가를 최초를 건국하고 수호한 우리 민족의 국조(國祖)임에 틀림없는 것이다.

더욱이 동양철학은 천지인일체(天地人一體) 사상으로서 서구와 같은 인간을 지배하는 신(神)의 존재를 인정치 않는다. 동양에서 신(神)이란 죽은 사람의 혼백으로서 살아서는 역사적 실재 인물을 의미한다. 예컨대, 일관도(一貫道)에서 관우(關羽)· 장비(張飛)·제갈공명(諸葛孔明)·유비(劉備)를 신으로 모신다. 그러나 이들이 살아서는 모두 역사적 실재 인물이었다.

따라서 환웅천황이 신(神)으로 모셔있다 하더라도, 살아서는 역사적 실재 인물이었다는 것이다. 그러나 환웅천황에 대한 고고학적 근거가 있느냐 하고 반문하는 사람이 있을 수 있다. 오늘날 수십 억 인구가 믿는 예수도 고고학적 근거가 없다. 그러나 예수에 대해 아무도 이의를 제기하지 않는다. 환웅천황도 그와 같다는 것이다.－<이상 안 창범安昶範 교수>*

한얼 역사정신 선양회 총재 박 종호(93세) 고문도 '환웅천왕의 행적과 공적'에서 커발환居發桓 환웅천황 桓雄天皇은 무량수 무량광불 아미타불로서 부처중의 부처님이이며 일본 북 규슈 후쿠오카현 영언산(英彦山 :히코산) 신궁에 모셔진 환웅상은 우리나라에서 건너간 것이라 하고, 북 규슈의 여러 산에 모셔진 백산신白山神은 인간을 교화하기 위해 태백산에 내려온 환웅신과 함께 따라 들어간 신으로 등원(藤原:후지와라) 환웅이 된 것이라 주장합니다. 후지와라(등나무 잎) 환웅이라 한 것은 환웅시절의 신단수神壇樹로 인해 환웅신의 어깨에 그려진 박달나무 잎이 일본인 눈에는 일본에 아주 흔한 등나무 잎으로 표현되었기 때문으로 보입니다.

일본 신사神社의 뿌리는 알고 보면 우리민족의 신교(풍류신도) 소도제천단(蘇塗祭天壇)이 이식된 것입니다. 일본 11대 수인垂仁왕 때 신라에서 왕자 천일창天日槍이 7개의 신물神物을 가지고 규슈 북부 이토 지역으로 간 것에서 시작합니다. 이 7대 신물 중 하나가 '웅(熊)의 신단'으로 알려진 신웅神熊인데 이것이 일본 열도에 전해지면서 일본 신사神社가 시작된 것입니다. 김 철수 교수(중원대)는 신웅神熊제단의 신단수(神壇樹)가 일본 신사神社가 된 것이라 말합니다.

고조선에 전하는 건국설화에 의하면 천자 환웅이 강림한 태백산太白山 산정에 신시를 베풀었고 중국 주 무왕 때에 기자가 조선왕으로 책봉되게 되니 건국시조 단군은 아사달에 은퇴하여 산신이 되었다고 하고 고조선 단군이 산신으로 은퇴하여 옮긴 지역이 아사달이라고 전해지고 있는데 아사달阿斯達이란 삼국유사에 의하면 '평양성 도읍지를 조선이라 칭하기 시작하였고 백악산 아사달로 도읍을 옮겼다都平壤城 始稱朝鮮 又移都白岳山阿斯達…'라고 함으로써 백산 숭배의 뿌리가 백악산 아사달을 바탕으로 한 '동표일출東表日出의 땅'을 말하고 있습니다. 동표일출이란 『신증동국여지승람新增東國與地勝覽』 에서 "동쪽의 바깥 해가 떠오르는 땅이므로 조선이라 부른다(東表日出之址, 故曰朝鮮)" 한 대로 원래 해가 떠오르는 땅은 단군조선 백악산 아사달과 이를 이은 조선 땅이지 지금의 일본이 아닙니다.

율곤 이 중재는 천축국은 서장성의 남쪽 인도북부 항하(恒河)에서 동북으로 감숙성의 남쪽인 기연산(祁連山: 북천축 雪山), 그 아래로 청해성(靑海省), 운남성(雲南省), 광서성(廣西省), 광동성(廣東省), 복건성(福建省), 귀주성(貴州省) 등 중국대륙의 서부 남부 동부에 걸쳐 있었던 五천축국(五天竺國)을 말한다고 합니다. 그 지역은 3만 여리(三萬餘里)였다고 하니 한반도 전체가 3천리(三千里)임을 비교해 보면 10배가 되는 강역이라는 것입니다.

여기서 남천축국은 큰 바다(大海)에 접해 있다고 했으니 지금의 중국대륙 최남단인 남해(南海)이며 남해에서 바라보는 북쪽의 하늘 끝은 감숙성 돈황입니다. 쉽게 말해서 동이지(東夷地)인 아미타지(阿彌陀地)는 지금의 돈황으로 당시에는 세계최고의 문화수준을 자랑하는 정신문명의 땅이며 고조선(古朝鮮)이래 진(秦)나라, 신라(新羅), 한(漢)나라가 도읍을 했던 곳입니다.

돈황의 아미타지(阿彌陀地)에 부처가 있음을 뜻하는 나무아미타불(南無阿彌陀佛)은 부처가 남쪽(인도를 포함한 남천축)에는 없다는 말입니다. 결국 혜초의 문서가 돈황에서 발견되었으므로 혜초는 그곳에서 수행을 하였을 것이란 것입니다. 노자도 주(周)나라 왕실이 곧 망할 것을 예견하고 더 수행하여 득도하기 위해서 돈황으로 간 것이라 하며 돈황에는 이미 500나한 이라는 깨달은 자들을 비롯하여 무수히 많은 수행자들이 그 곳에 있었을 때였습니다. 돈황은 바로 동이지(東夷地)이며 최초로 불교가 발생한 곳이기도 합니다.

다음은 5 천축 국이 북부여 5가 후예가 건설했다는 주장을 알아보기로 합니다. 사실은 단군조선이 망하고 북부여가 망하여 상고 고조선의 후예들이 쇠퇴한 것으로 보이지만 사실은 한배달의 정체성이 약간 느슨한 상태로 새로운 문명을 이끌었을 뿐이지 잊혀진 천축국의 실체를 알고 나면 대륙의 동서남북 천축국의 주인공이 동이족이라는 점에서 한국 사람이라면 모두 그러면 그렇지... 하고 다들 박수를 칠 것입니다.

5 천축국의 중앙인 중천축국(中天竺國)은 5 천축국의 중심 지도국으로 바로 동이족 산해경에 등장하는 신독국(身毒國)으로 보기도 합니다. 요 사겸(姚思廉)이 지은 양서

(梁書) 에 의하면 "중천축국은 대월지국(大月支國) 동남으로 수천리(數千里) 떨어진 곳에 있는데, 그 지역은 3만리(三萬里)이다. 일명 신독국(身毒國)이라고도 한다." 하였습니다.

-천축국의 정체는 북부여 5가(五加)들이 5 천축국으로 발전한 것이며 천불동은 바로 고조선 북부여 후예들이 건설한 5천축국의 작품입니다. 삼국사기의 진한(辰韓)은 신라이고, 마한(馬韓)은 고구려이고, 변한(弁韓)은 백제가 계승했다는 기록은 후조선(후삼한)시대의 영토일 뿐입니다. 한편 북부여의 5가(五加)들이 건국한 후삼한은 5 천축국(중조선)으로 발전했기 때문입니다.

북부여 해모수 천제가 BC 194년 돌아가시자 북부여의 5가들은 대장군 탁(卓)이 태어난 월지국(月支國:서천축)에 이르러 나라를 건국하여 중마한(中馬韓)이라 칭합니다. 이때 5가들은 땅 백리를 받아 수도로 정하고 변한, 진한의 두 한을 재 건국합니다. 그 당시 진한과 변한은 각각 12 제후국을 거느리고 마한은 54개 제후국을 거느려 무려 78개국으로 발전합니다. 마한 54개 제후 중에 월지국을 월씨국이라 합니다.

월지국(月支國)은 서역(西域) 말로 또는 월씨국(月氏國)이라고도 하며, 서역의 큰 왕국입니다. 이 종족은 원래 중국의 감숙성 돈황과 기련(祁連) 사이에 살다가 BC 174년에 흉노에게 쫓겨 이리천(伊犁川)과 실타리야천(悉陀犁耶川)의 상류인 열하(熱河)의 남방으로 옮겼으나 BC 158년경 다시 오손(烏孫)의 침략을 받아 지금의 사마르칸트(Samarkand) 지방에 근거를 정하고 새종(塞種:인도)을 정벌(征伐)하고 위수 연안의 大夏國(대하국)을 정복하여 대왕국을 건설합니다.

오손(烏孫)은 신강성(新疆省) 천산 산맥 일대에 있다. 제3세 가니색가왕(迦泥色迦王) 때에 세력이 크게 떨쳐 서쪽으로는 이란(페르샤)의 동부에서부터 중앙아세아 인도에 걸친 건타라(乾陀羅) 왕국이 되자 불교의 외호자(外護者)가 되고 500명의 아라한(阿羅漢)을 모으고 대비파사(大毘婆沙)를 편찬합니다. 그 후 불교가 대성(大成)하여 지루가참(支婁迦懺)등 많은 스님들이 중국에 불경을 전하고 지양(支亮), 지겸(支謙), 법호(法護), 지법도(支法度), 지도근(支道根), 지시륜(支施崙) 또는 지성(支姓)의 저자(著者) 모두 월지국(月支國) 사람들입니다. 이 나라가 멸망한 것은 미상이나 5C경으로 보고 있습니다. <불교 사전 참조>-< "大백제는 한반도 속에 없었다!" 박병역(朴炳譯) 기사>

석가불이 선천 말대의 한계를 정확히 보고 정법시대, 상법시대 말법시대의 삼시관(三時觀)을 말하고 당래불(미륵불)의 강림을 내다본 것은 불교의 종통관이 근본적으로 왜곡된 것과 깊은 관련이 있습니다. 우리 민족은 조상 대대로 석가모니 부처

님과 미륵불 강림에 대한 비밀을 간직한 유일한 민족입니다. 유대인의 구약에 창세기가 있지만 우리나라 창세신화에는 북방 이북 함경도 무가에 전해지고 있는 『창세가創世歌』와 시대미상의 『대별왕 소별왕』 창세신화가 아주 짧지만 강력한 메시지를 담아 전하고 있습니다.

창세가創世歌』에서는 미륵님이 금 벌레 다섯 마리와 은 벌레 다섯 마리를 땅으로 내려 보내 각자 남녀 5명씩 남녀를 만들어 짝을 이루어 자손을 번창하게 하는데 두 문건의 창세신화가 동일하다는 점에서 의미심장하다 하겠습니다. 먼저 『대별왕 소별왕』 창세신화를 먼저 음미하고 『창세가創世歌』 원문을 한 번 보겠습니다. 먼저 원문을 쉽게 풀이한 박 성수 교수의 글을 음미한 다음 그 부분이 누락되어 원문전체를 게재揭載합니다.

—☯옛날하고도 아주 먼 옛날, 하늘과 땅은 하나로 붙어 있었다. 세상은 하늘나라와 땅나라 뿐이었다. 하늘 나라는 옥황상제님이, 땅 나라는 지부왕이 다스렸다. 신들만이 살고 있는 세상에 옥황상제님은 새로운 세상을 만들기로 마음먹었다. 옥황상제님은 하늘나라 천신들을 보내 하늘과 땅을 둘로 나누기 시작하였다. 하늘과 땅이 갈라지면서 한반도 북방과 서해 건너에 너른 땅이 펼쳐졌고, 서쪽 끝에는 누런빛의 넓은 바다가 생겨났다. 하늘과 땅이 생겨나면서 하늘에서 땅에서 공중에서 이슬이 피어올랐다. 그 이슬들이 합쳐져 구름이 되었다. 구름에서 비가 내려 땅을 촉촉하게 적시자, 초목들이 생겨나 자라나기 시작하였다.

그러나 아직 세상은 깜깜한 암흑과 같았다. 옥황상제님은 세상을 밝게 비출 일월성신을 마련하기 시작하였다. 먼저 하늘 사방에 무수한 별들이 생겨났다. 견우성,직녀성,노인성,북두칠성,삼태성이 자리를 잡았으나 어둠은 계속되었다.

옥황상제님은 다시 해와 달을 마련하였다. 낮에는 해가 떠서 세상을 비추고 밤에는 달이 세상을 희미하게 비추게 하였다. 해는 불덩이로 만들고 달은 얼음덩이로 만들어 해가 뜨면 덥고 달이 뜨면 춥도록 하였다. 해와 달이 생겨나자 초목들이 더욱 잘 자라고, 크고 작은 동물들이 새롭게 나타나기 시작하였다. 옥황상제님은 새로운 세상에 더 많은 것들이 생겨나야 한다고 생각했다.

옥황상제님은 지상에 무지개 두 개를 드리운 다음 금 벌레 다섯 마리와 은 벌레 다섯 마리를 땅으로 내려 보냈다. 금 벌레는 자라나서 남자가 되고 은 벌레는 여자가 되었다. 옥황상제님은 다시 인간세상 서쪽 끝 바다 건너에 저승세계를 마련하여 인간의 죽은 영혼이 머무르도록 하였다. 그 바다 위에는 어두운 구름을 두어 인간세상과 분리하였다. 그곳은 신들과 죽은 영혼만이 오갈 수 있는 곳으로 황천바다라 불렸다.[네이버 지식백과] 소별왕 대별왕 (문화콘텐츠닷컴 (문화원형백과 한국천문 우리하늘 우리별자리), 2003, 한국콘텐츠진흥원)-

유대인에게 구약의 창세기가 있다면 한민족에게는 함경도 무가(巫歌)의 <창세가(創世歌)>가 있다. 이 메시지 속에는 3천 년 시공을 초월한 석가불과 미륵존불의 중생제도에 대한 메시지와 함께 담겨있다. <불설미륵고불존경>도 <창세가>의 메시지가 진리임을 뒷받침하고 있다.

우리 민족은 한민족 전래의 『창세가創世歌』를 무가巫歌 형태의 구전 가사 형태로 전승해 온 특별한 민족입니다. 박 성수 교수(한국학중앙연구원 명예교수 역사학. 국사편찬위 편사실장, 한국민족문화대백과사전 편찬부장 역임)는 한민족 창세기인 『창세가創世歌』에 대해 다음과 같이 주장합니다.

-사람이 철이 들려면 시작을 알아야 한다. 우리는 지금까지 우리나라의 시작을 모르고 살았다. 그러니 우리가 어디로 가야 하는지 알 턱이 없는 것이다. 그런데 최근 우리에게도 『창세가創世歌』가 있었다는 사실을 알아 철이 들기 시작했다. 아니 철이 들어야 한다. 대다수 한국인은 기독교 성경에 창세기가 있다는 사실만 알고 있으나 우리의 창세기는 천부경天符經 말고 아는 사람이 드물다. 천부경은 그 해독이 어려워 무슨 말인지 아는 사람이 드물다. 이제야 우리 『창세가』를 발견하였으니 늦었으나 매우 다행한 일이다.

『창세가』는 이 세상이 언제 어떻게 생겨났는가를 노래하면서 이 세상의 끝이 어딘가를 알려 준 신가神歌였다. 신가는 우리 민족 고유의 신교에서 부르던 찬송가다. 우리나라에 불교와 유교 그리고 도교가 들어온 것은 일설에 4,000년 전이요 다른 일설에 2,000년 전이라고도 한다. 그러면 9,000년이나 되는 우리 역사 속에서 5,000년 7,000년 되는 이전의 시대에는 아무것도 믿지 않고 먹지 않고 살았단 말인가. 우리말과 우리글이 있었고 우리 신이 있었고 문화가 있었으니 바로 신교다.

▲ 대무大巫 김쌍석이金雙石伊

글이란 우리말 자체가 부지깽이로 땅을 긁어 글을 썼다는 사실을 입증하고 있다. 그때 우리는 하늘이 있다는 것을 알았다. 하늘을 <한울>이라 했다. 땅을 <따>라 했다. 그리고 인간을 <사람>이라 했다. 얼마나 사실에 맞는 말들인가. 천자문에 보면 하늘 천天 따 지地 감을 현玄, 누루 황黃이라 했는데 바로 현황은 한울을 말하는 것이다.

하늘이 있고 땅이 있고 그리고 신이 있고 나서야 사람이 있는 것이다. 오늘 소개하는 『창세가』는 민속학자 남창南倉 손 진태孫晉泰(1900- 납북)선생이 1923년에 함경남도 함 흥에 살던 대무大巫 김 쌍석이金雙石伊(당년 68세)가 노래하는 것을 듣고 녹취한 것이다. 김 쌍석이란 대무大巫가 기억하고 있던 『창세가』는 태곳적부터 불러 온 신가의 한 가락이었다. 그 뒤 불교와 불교가(歌) 들어온 뒤에도 무당들이 불러서 아주 쉽게 천지가 갈라진 전후의 일을 쉽게 설명하여 주었다.

신을 불러 내린다. 즉 강신한다는 사람이 신관神官이요 그 후손이 무당이었다. 무당은 성직자였는데 신을 설명하지 못하면 신관으로서 자격이 없었다. 그래서 『창세가』를 부르지 못하고서는 무당자격이 없었던 것이다. 이제 그런 귀중한 신가神歌를 한 번 불러보기로 하는데 독자를 위해 필자가 원문을 현대어로 바꾸었다.

창세가 (1) - 미륵님 시대가 좋았다 -

-하늘과 땅이 생길 적에 미륵이 탄생하셨다. 그때 하늘과 땅이 서로 붙어있어 떨어지지 않았소. 하늘은 가마 솥뚜껑 꼭지처럼 돋아나 있었고 땅에는 네 귀퉁이에 구리기둥이 서 있었다네. 그때는 해도 둘이요 달도 둘이어서 별 하나 떼어서 북두칠성 남두칠성을 마련하고 해 하나를 떼어서 큰 별을 마련하고 잔별은 백성들의 별을 마련하고 큰 별은 대신大臣별을 마련하였다.

미륵님은 옷이 없어 하늘 아래 베틀(織機) 놓고 구름 속에 잉아(=베틀의 날실을 끌어올리도록 맨 굵은 줄) 걸고 이 산 넘어 저 산 넘어 뻗어 가는 칡넝쿨로 아래위 바지저고리를 짓고 나머지 두자 세치를 떼어 머리고깔을 지어냈다.

미륵님 탄생하여 미륵님 세월에는 생화식生火食을 잡수시어 불 아니 넣고 생 낱알을 잡수시어 미륵님은 섬 들이로 잡수시고 말들이로 잡수시어 내 이렇게 탄생하여 물의 근본 불의 근본 찾아낼 이가 나밖에 없어라. 미륵님 세월에는 사람들도 섬들이 말들이 잘 먹고 남녀가 부부되고 인간세월 모두 태평하였다.-

(박성수 교수)*이상의 글을 요약하면 미륵님이 다스릴 때는 태평 성대하여 사람들이 입고 마시고 먹는데 부족한 것이 없었다. 그래서 모두가 섬들이 말들이로 먹을 수 있었고 남녀가 서로 화합하여 가정을 이루어 잘 살았다. 특히 신도 둘 셋 있지 않고 한 분밖에 없었다. 그래서 우리 신이 나밖에 없다. 나 말고는 믿지 말라고 했는데 어느 날 석가라는 외방신이 나타나더니 나를 믿으라 소리쳐 세상이 돌변하였다.

창세가 (2) - 석가모니의 도전 -

-그랬는데 석가모니가 내려와서 이 세상을 빼앗고자 하니 미륵님이 말씀하시기를 아직은 내 세월이라 너 세월은 못된다. 그러나 석가님은 말씀하시기를 미륵님 세월은 다 갔다. 인제는 내 세월을 만들겠다. 이에 미륵님 말씀하시기를 네가 나의 세월을 빼앗으려거든 너와 내가 내기를 하자. -

(박성수 교수)*창세가의 1편은 이렇게 해서 미륵이 물러가는데 그냥 물러 간 것이 아니라 내기를 걸었다. 무슨 신들이 점잖지 않게 노름을 하시는가. 생각하겠지만 신화란 그런 것이다. 아무튼 제 2편 석가모니의 시대로 넘어가 외래종교 불교가 들어와서 신교와 싸우게 되는 데 전쟁하는 것보다 내기하여 승패를 결정하였으니 다행한 일이었다. 이 내기에서 석가모니가 비겁하게도 속임수를 쓴다. 엄청난 속임수라 불교가 우리나라에 들어와서 잘한 것이 없다는 창세가의 속내가 드러난다. 분명 『창세가』의 작사 작곡가는 불교를 반대하고 신교에 편들어 노래를 한

분이었다.

-"축축하고 더러운 석가야 지금 너의 세상이 되면 집집마다 솟대가 서고 너의 세월이 된다면 집집마다 기생이 나고 집집마다 과부 나고 집집마다 무당 나고 집집마다 역적 나고 집집마다 백정 나고 너의 세상이 된다면 삼천 중에 일천 거사居士가 나느니라."-

(박성수 교수)*이렇게 해서 미륵님이 산속으로 도망가고 말았다. 단군이 아사달에서 산신이 되었다는 『삼국유사』의 이야기와 비슷하다. 『삼국유사』를 지은 이가 일연 스님이라 절에 대웅전 미륵전 그리고 산신각 칠성각 등을 지어 불교가 아닌 신교의 신을 모신 까닭을 암시하고 있다. 즉 석가가 미륵에게 완승한 것이 아니라 그냥 타협한 것이었다. 창세가의 이야기를 들어 보면 마치 동화를 읽는 것 같으나 끝이 애매모호하다. 아무튼 『창세가』는 우리 조상들이 알고 있던 역사관이요 세계관이요 우주관이니 아무렇게나 버릴 일이 아니다.

<박종성(한국방통대 국문학 교수) 해설>*서기 6~8세기에 남러시아와 유럽에서 큰 세력을 형성하였던 유목민족인 아바스(Avars)는 유연(柔然)의 후예로 인정되는 민족이다. 그런데 돌궐이나 페르시아는 아바스를 케름(Kerm), 곧 벌레라고 부른다는 사실이 관심을 끈다. 특히 하우시히(H.W.Haussig)라는 학자는 '벌레'라는 말을 늑대의 은어로 간주하여 '연연(蠕蠕)'이 늑대토템을 지닌 유연을 빗대는 말이라고 해석한다. 서기 576년 사산(Sasan)조 페르시아의 견제를 위해 동로마에서 서돌궐로 파견된 왈렌티노스(Oualentinos)의 보고서에는, 늑대의 토템을 가지고 있는 서돌궐의 달두가한(達頭可汗) – 타르두스 카간(Tardus Khagan) – 의 아우가 유연을 벌레라고 호칭한다는 기록이 있는데, 이러한 점을 미루어보면 그 '벌레'는 늑대가 아닌 다른 동물, 곧 뱀을 상징하고 있을 가능성이 크다.

<박종성(한국방통대 국문학 교수) 해설>*이 점에 있어서 쉐더(Schaeder)는 오늘날 동몽골 지역의 샤머니즘과 연관시켜 볼 때 매우 흥미로운 견해를 제시하고 있다. 오늘날 몽골인들은 뱀을 '아브르가'라 부르며 지방신이나 용왕을 대표하는 성물로 간주하여 죽이지 않는 습속이 있다는 것이다. 이렇게 보면, 우리는 금벌레 ·

은벌레가 어떤 성스러운 동물의 다른 표현일 수 있다는 것을 생각해 보게 된다. 그 동물의 원래적 의미가 전승의 과정에서 잊혀짐으로써 오늘날 누구나 생각하는 그런 벌레로 인식하게 되었던 것은 아닌가 하는 의구심이 드는 것이다. 우리네 창세신화에 등장하는 금벌레와 은벌레가 사신류(蛇神類) 혹은 용사류(龍蛇類) 같은 신비스러운 동물과 밀접한 관련이 있을 것이라고 해석할 수 있는 여지가 충분히 있는 것이다.

<박종성(한국방통대 국문학 교수) 해설>*다시 신화의 내용으로 돌아가 보자. 다섯 쌍의 부부가 있어 인간이 태어났으니 이 땅의 사람들은 다섯 조상 혹은 다섯 개의 족원(族源)에게서 나온 셈이 된다. 그런데 고대 한반도의 삼국 가운데 다섯이라는 숫자를 특별하게 인식한 나라는 고구려였다. 건국시조인 주몽의 아버지 해모수가 지상에 강림할 때 타고 왔던 수레를 오룡거(五龍車)라 칭했던 것과, 고구려의 연맹체가 오부(五部)였다는 점을 생각해본다면, 다섯 쌍의 금벌레 · 은벌레가 다섯 쌍의 용, 즉 오룡거와 의미상으로 통한다는 점을 지적하는 데 큰 불편함이 없다. 이렇게 보면 김쌍돌이본 「창세가」는 고구려의 신화의식과 연계되어 있을 가능성이 높다.

<박종성(한국방통대 국문학 교수) 해설>*하늘에서 내려온 한 쌍의 벌레가 부부가 되어 인류를 퍼뜨렸다고 하지 않고 다섯 쌍의 부부에게서 다시 인류가 비롯했다고 하는 설정은, 이 땅의 사람들이 하늘의 후손이면서 동시에 서로 다른 다섯 시조를 가졌다고 하는, 동질성과 개별성을 동시에 드러낸 것으로 볼 수 있다. 고구려는 천신의 후예인 주몽이 세운 나라여서 그 백성들은 천신(天神)의 후손들이다. 그러면서 각기 다른 다섯 연맹이 있었으므로 서로 다른 시조를 가지고 있었다고 해야 할 것이다. 더욱이 김쌍돌이가 구연한 「창세신화」는 고구려의 옛 영토인 함흥지역에서 전승되는 노래라고 하는 사실은 우연의 일치이기만 한 것일까.

*생략된 원문 포함:(최 원오 광주교육대 국어교육과 교수)

- ☯하늘땅이 생길 적에 거인 창세신 미륵신도 함께 생겨났다. 처음이라 조정하고 마련해야 할 일이 한두 가지가 아니었다. 하늘을 가마솥 뚜껑의 손잡이처럼 도드라지게 하고, 땅의 네 귀퉁이에 기둥을 세워 하늘과 땅을 갈라놓는 일부터 시작했다.

두 개의 해 중에 하나를 떼어 큰 별과 작은 별을 만들고, 두 개의 달 중에 하나를 떼어 북두칠성과 남두칠성도 만들었다. 이 산 저 산 넘어가고 뻗어가는 칡을 파내 껍질 벗겨 익혀내어 하늘 아래 베틀 놓고 구름 속에 잉아 걸어 칡 장삼도 만들었다.

'생식(生食)만 하며 못 살겠다. 이번엔 물의 근본, 불의 근본을 내보자.' 미륵은 풀메뚜기를 잡아 형틀에 올려놓고 세 차례 무릎뼈를 때려가며 물었다. "여봐라, 풀메뚜기야! 물의 근본, 불의 근본을 아느냐?" "밤이면 이슬 받아먹고, 낮이면 햇빛 받아먹고 사는 미물이 어찌 알겠습니까? 나보다 한 번 더 세상을 먼저 본 풀개구리를 불러 물어보십시오."

그러나 풀 개구리는 자기보다 두 번 더 세상을 먼저 본 생쥐를 잡아다 물어보라고 했다. "나에게 무슨 보답을 하시겠습니까?" 거래를 해보자는, 생쥐의 대답이었다. "세상의 모든 뒤주를 차지하게 해주겠다." "그렇다면 가르쳐 드리지요. 금정산에 들어가 한쪽은 차돌이고, 한쪽은 무쇠인 돌로 툭툭 치면 불이 날 것입니다. 소하산에 들어가 샘물이 솔솔 솟는 것을 보면 물의 근본을 아실 것입니다." 물과 불의 근본까지 알게 된 미륵, 마지막으로 인간을 점지하고 싶었다.

한 손엔 금 쟁반을, 다른 손엔 은쟁반을 들고 하늘에다 빌었다. 금 쟁반에 금 벌레 다섯 마리, 은쟁반에 은 벌레 다섯 마리가 떨어졌다. 그 벌레가 자라서 금 벌레는 남자 되고 은 벌레는 여자 되어 서로 부부의 연을 맺었다. 다섯 쌍의 '금 벌레 남자'와 '은 벌레 여자' 부부, 그들 사이에서 세상 사람이 차츰차츰 태어나기 시작했다.

미륵신이 주관하는 인간 세상, 그 세상에서 사람들은 섬들이 말들이로 먹으며 태평세월을 보냈다. "네 세월은 다 갔으니, 이젠 내 세월을 만들겠다." 난데없이 석가신이 내려와서는 미륵신의 세상을 빼앗으려고 했다. "내 세월을 빼앗으려거든 나와 내기를 하여 결정짓자. 이 더럽고 축축한 석가야!" 미륵신은 금병에 금줄 달고, 석가신은 은병에 은줄 달고 누구의 것이 오래 버티는지 내기를 했다.

석가신의 줄이 끊어졌다. 승복하지 않은 석가신, 내기를 한 번 더 하자고 했다. "강물을 먼저 얼게 하는 쪽이 이기기로 하자." 미륵신은 동지제사를, 석가신은 입춘제사를 올렸다. 미륵신이 먼저 강을 얼렸다. 석가신은 이번에도 승복하지 않았다. "모란을 심어놓고 그 앞에 너와 내가 누워 있다가 내 무릎 위로 꽃이 피어 올라오면 내 세월이요, 네 무릎 위로 올라오면 네 세월이다."

석가신은 도적과 같은 음흉한 생각을 품어 얕은 잠을 자고, 그렇지 않은 미륵신은 깊은 잠을 잤다. 밤이 되자 미륵신의 무릎 위로 꽃이 피어올랐다. 석가신은 미륵신의 꽃을 뚝 꺾어다가 자기 무릎 위에다 꽂았다. 사태를 파악한 미륵신, 석가신의 성화를 더 이상 받기 싫어 자기 세상을 석가신에게 넘겨주기로 하되 저주를 퍼부었다.

"이 축축하고 더러운 석가야! 네 세월이 되면 집집마다 솟대 솟고 기생 나고 과부 나고 역적 나고 백정 나리라. 그런즉 말세가 된다." 세상이 말세가 되는 이치는 간단하다. 그를 주관하려는 자가 자연의 이치에 무지하고, 생명을 무시하고, 속임수를 쓰면 된다. 구전신화 '창세가'가 주는 교훈이다.-

<불설미륵고불존경(佛說彌勒古佛尊經:미륵존경)>★(한민족 창세가가 근거 있음을 보여주는 석가세존의 가르침) 미륵부처님은 덕혜가 원만하시와 이에 스스로 상의하여 말씀하시되, 누가 먼저 오는 세상을 맞아 중생을 제도할고 하시고이에 석가모니불과 같이 맹세하시고 크게 정하시어, 석장을 앞에 두고 만약 석장 위에 먼저 꽃이 피는 자가 세상을 다스리고 뒤에 피는 자는 뒤에 세상을 다스리기를 말씀하시고 각각 자리를 정하고서 선정에 들었는데, 저 때에 석가모니가 입정한 후 하루는 눈을 떠서 석장을 쳐다보니 자신의 지팡이 위에는 단지 오색영롱한 서기만 비출 뿐이요 꽃은 피지 않았는데, 미륵불의 지팡이 위에는 이미 꽃이 피어 붉게 빛나고 있는지라, 그 석장의 머리 부분에서는 마치 해가 처음 뜰 때에 그 빛이 온 천하를 다 비추듯이, 삼계가 다 비쳐지는 것이었다.

<불설미륵고불존경(佛說彌勒古佛尊經:미륵존경)>★ 이때 석가모니불께서 미륵존불을 쳐다보니 정히 큰 선정 속에 들어있는지라, 이때 조심조심히 그 상서러운 꽃을

옮겨서 자신의 지팡이 위에 얹어 놓았다. 그리고는 다시 깊은 선정에 드시었다. 삼일이 지난 후 두 분이 동시에 선정에서 나오시어 석장을 바라보니, 그 상서러운 꽃의 색깔이 소멸되고 붉은 빛이 희게 변하여 있었다. 그때 미륵부처님께서 미소를 지으면서 말씀하시되, 내가 비록 선정에는 들었지만 천안(天眼)으로는 능히 보고 있었노라. 나의 아우가 꽃을 옮겨 자기석장 위에 얹어 놓으니, 꽃의 색깔이 흡족치 못하고 광명 또한 감소되어 있었노라. 이 세계를 먼저 자네에게 부여하여 다스리게 하겠지만 애석하게도 온전하게 아름답지만은 않을 것이다. 삼천년(三千年) 동안 사람들의 부귀함과 행복함이 고르지는 못 하겠구나. 골짜기는 깊고 언덕은 적을 것이요, 국토에서는 전쟁이 그칠 날이 없으며, 사방이 편안치 못하고 도적이 뒤 끓고, 삿된 잡신들이 번성할 것이며 백가지 괴이함이 사람들을 더욱 수고로이 할 것이리라.

<불설미륵고불존경(佛說彌勒古佛尊經)>★ 삼천 년 후 오당자래설법(三千年後吾當自來說法) 내가 마땅히 내려와 설법을 할 것이다. 그때에는 한량없는 광명이 비추는 가운데에서 안팎이 모두 밝아질 것이요, 일찍이 없었던 상서로움이 나타날 것이로다. 이때 하늘의 제석이나 큰 성현들 그리고 일체 호법 금강신장들이 모여와 자리를 잡고 경청하니, 미륵존불께서 대중에게 고하여 가로대 내가 지금 삼십삼천 위로 올라갈 것이다. 삼천 년 후 내가 마땅히 인간계로 내려와 이 용화정법을 설하여 하늘과 사람들을 모두 해탈케 하리라.

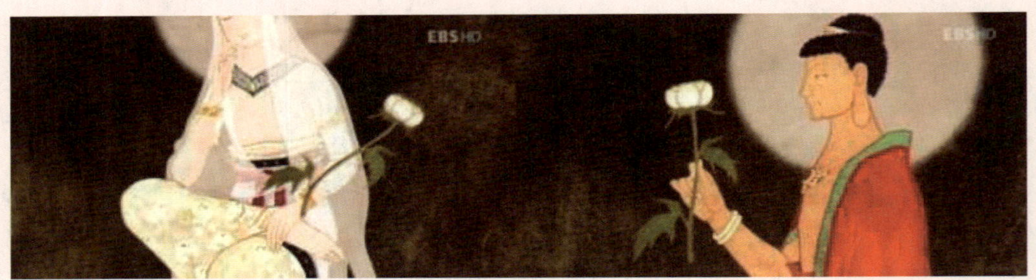

<불설미륵고불존경(佛說彌勒古佛尊經)>* 벌레 ·뱀 ·호랑이 · 여우 ·살쾡이 ·원숭이 · 토끼 ·지네 ·파리 · 벼룩 · 이 같은 독물은 다 없앨 것이므로 세상 사람들로 하여금 이와 같은 안락함을 누리도록 할 것이라. 이는 모두 석가모니 부처가 꽃을 옮겨 놓은 화근이라. 석가모니의 다스리는 시절에는 배고프고 · 가난하고 · 부유하고 · 귀하고 하열함 이 각기 다 달라서 도적을 이루는지라, 이는 다 사람 마음이 정직하지 못한 까닭이니라. 모름지기 허다히 많은 계율을 세우고 또한 관리로 하여금 형을 주고 지옥살이를 시켜도 모든 교화가 잘되지 않으며, 또 책을 써서 사람을 가르켜도 교화가 잘되지 않으니, 모두 다 꽃을 옮긴 까닭인 것이다.

결론적으로 우리의 창세신화를 있는 그대로 받아들이면 미륵님은 우는 아이 떡

하나 더 주는 심정으로 먼저 지구 염부제에 내려가 선근을 심겠다고 보채는 석존을 내려 보낸 뒤 3천 년 말법 시대 끝에 진표율사의 지극한 인연 수계와 마테오 릿치 신부의 간곡한 요청으로 마침내 금산사 미륵전에 성령으로 30년간 응해 계시다가 도성인신(道成人身)하신 것입니다. 결과적으로 석가 부처님은 본래 자신을 중심한 원시불교의 불법승이 세월의 흐름과 더불어 모두 변질될 것을 내다보았으며 그 결과 불교의 중생 교화의 유통기한이 정법, 상법, 말법으로 나누어 각기 천 년씩 3천년이라 한 것입니다.

이러한 불법의 삼시관(三時觀) 속에서 수석제자인 가섭도 3천년 뒤에 말법시대가 지나면서 자신이 모신 석가부처님보다 법력이 더욱 높은 말대의 당래불 미륵부처님이 동방 계두성(한반도 조선 땅)에 하생할 것을 깨닫고 장차 그 시절에 다시 아주 드문 희유(稀有)의 인연을 맺어 인도(人道) 환생해 미륵부처님의 일을 만나 천하사를 하게 해 달라고 기원 발원한 것입니다.

그럼 기독교에는 이상에서 살펴본 바와 같이 불교의 석존 3천년 말법시대 선언 같은 메시지가 과연 없을까요? 기독교 성경에는 큰 그림을 보여주는 예언서가 둘 있습니다. 하나는 신약의 맨 마지막에 나오는 요한계시록이고 또 하나는 구약의 다니엘서입니다. 구약의 총 결론을 전해주는 다니엘서 9장에는 BC 457년부터 2300년 주기가 끝나는 1844년 성경말씀이 폐하고 신약시대가 끝남을 말하고 있습니다.

그러나 1844년에 예수 재림은 없었으며 이 해는 정작 기독교 복음의 진수를 밝혀주는 리바이 도우링(Levi Dowling)이 태어난 해입니다. 리바이 도우링은 평생 기도와 묵상으로 자동기술법으로 천계의 아카샤 기록을 그대로 받아내린 <보병궁의 성약(원제는 『보병궁 복음서:Aquarian Gospel of Jesus the Christ)』>을 펴 낸 사람입니다.

신약시대가 끝남을 예언한 1844년은 바로 다름아닌 리바이 도우링(Levi Dowling)을 필두로 영지주의의 부활이 시작된 해입니다. 이후 1945년 12월에 이집트 나일강 상류 나그함마디(Nag Hammadi) 산기슭에서 아부 알 마지드(15세)라는 소년에 의해 초기 기독교 영지주의 복음서들인 나그함마디 문서(Nag Hammadi), 곧 12권의 가죽 장정된 파피루스 코덱스가 밀봉된 항아리를 발견하게 됩니다.

이후 1947년, 사해 연안(요르단 강과 예루살렘사이) 구릉에 세 명의 양치기 중 하나가 우연히 그 협곡 동굴 항아리에서 후에 인류 현대사 최대 발견으로 서구 기독교계를 지각 변동케 하는 사해문서(또는 사해사본) 두루마리를 발견하게 됩니다. 『보병궁의 성약(보병궁 복음서)』은 『탈무드 임마누엘』과 함께 기독교의 핵심인 영지주의 복음의 양대 핵심 교의서입니다.

리바이 도우링(Levi Dowling:1844-1911. 69세 사망)은 1844년 미국에서 출생하여 18세에 목사가 되었고, 20세에 종군목사(從軍牧師)로 남북전쟁이 끝날 때까지 목사로서의 의무를 성실히 이행해 자동기술법으로 천상의 아카샤 기록을 받아 내린 바 있습니다. 그가 자동기술로 받아 쓴 『보병궁의 성약(보병궁 복음서)』에는 마태, 마가, 누가 등 3대 공관복음서(共觀福音書, Synoptic Gospel)의 내용을 대부분 포함하고 예수의 어머니 마리아의 출생과 세례요한의 어린 시절, 예수의 어린 시절 등 3대 복음서에 나타나지 않은 부분이 상세히 기록되어 있음을 볼 수 있으며 영지주의 복음의 핵심이 드러나 있습니다.

로마황제의 정치적 교의서로 편찬된 신약성서는 다수결의 원칙으로 본래의 기독교 복음인 소수 그노시스(Gnosis) 영지(靈知)주의를 이단정죄하고 문자(文字)주의의 디자인을 덧씌운 남성 교권(敎權)주의, 교부(敎父)주의의 산물입니다. 본래의 영지주의가 인간 내면에서 천국을 찾고 내면의 지혜와 영적인 성장(불교의 여래장 사상)을 지향한다면 남성 교부(敎父)주의자들이 덧씌운 문자(文字)주의는 내면이 아닌 밖에서 천국을 찾고 육신의 부활을 찾습니다.

그러나 예수는 천국을 자신의 안에서 찾으라 했지 결코 하늘에서 찾으라 한 적이 없습니다. 예수는 그리스도란 우주보편적인 사랑이며 자신이 인간으로서 겪어야 할 모든 시련과 고난을 극복하여 자신의 육신 안에 거하는 우주 보편적 사랑인 그리스도의 용안을 영접해 '예수 그리스도(Jesus the Christ)'가 되었듯이 모든 사람 역시 스스로 인간으로 겪어야 할 모든 시련과 고난을 극복하여 우주 보편적 사랑인 그리스도의 용안(容顔)을 영접해 각자의 "아무개 그리스도"가 되라 설파합니다. 진리에 대한 사랑과 끊임없는 열정 노력으로 자기 육신의 성전(聖殿) 안에 거하고 있는 그리스도의 용안(容顔)을 영접하라는 것입니다. 영지주의에서 본래 예수가 외친 그리스도(Christ)—크라이스토스란 용어는 놀랍게도 불가에서 외치는 '깨닫은 자' – 부처(Buddha), 여래(如來)의 같은 의미의 또 다른 말입니다.

<도마복음서 제3장>*예수께서 말씀하시기를, "너희를 인도하는 자들이 말하기를, '보라, 나라가 하늘에 있다'하면, 하늘의 새가 너희를 앞 설 것이다. 그들이 너희에게 말하기를 '나라가 바다에 있다'하면 물고기가 너희를 앞 설 것이다. 오히려 나라는 너희 안에 있고 너희 밖에 있다. 너희가 자신을 알 때 너희를 알게 될 것이며, 너희가 바로 살아계신 아버지의 아들들임을 깨달을 것이다."

<도마복음서 제50장>*예수께서 말씀하시기를, "그들이 너희에게 묻기를, '너희는 어디서 왔는가?'하면, 그들에게 말하라, '우리는 빛에서 왔도다, 그리고 그곳은 빛이 스스로 생겼으며, 일어났으며, 그들의 형상으로 드러나게 되었다.' 만약 그들이 너희에게 묻기를, '그 빛이 너희인가?'하면, 말하라, '우리는 빛의 아이들이다, 우리는 살아있는 아버지의 선택된 자들이다.' 만약 그들이 너희에게 묻기를, '너희 안에 있는 너희 아버지의 증거가 무엇인가?'라고 하면, 그들에게 말하라, '그것은 운동이며, 안식이다.'"

<도마복음서 제70장>*예수께서 말씀하시기를, "만약 너희가 너희 안에 있는 것을 내어 놓는다면, 너희가 가진 것이 너희를 살릴 것이다. 만약 너희가 너희 안에 그것을 가지고 있지 않다면, 너희 안에 너희가 가지지 못한 것이 너희를 죽이리라."

<도마복음서 제83장>*예수께서 말씀하시기를, "모습들(images)은 사람들에게 보인다, 그러나 그들 안에 있는 빛은 아버지의 빛의 모습 속에 가리워진다. 아버지는 나타날 것이다, 그러나 그의 모습은 그의 빛으로 숨겨져 있다."

<도마복음서 제88장>*예수께서 말씀하시기를, "천사들과 선지자들이 너희에게 올 것이다. 그리고 이미 너희에게 속한 것을 너희에게 줄 것이다. 너희도, 보답으로, 그들에게 너희가 가진 것을 주도록 하라 그리고 자문해보라, '그들은 언제 와서 그들에게 속한 것을 가져갈 것인가?'"

<도마복음서 제89장>*예수께서 말씀하시기를, "어찌하여 너희는 잔의 겉만을 씻는가? 안을 만드신 이가 또한 겉을 만드신 이라는 것을 깨닫지 못하는가?"

<빌립복음서>* 빛과 어둠, 생명과 죽음, 오른쪽과 왼쪽은 서로 형제들이니라. 그들은 분리할 수 없느니라. 그러므로 선도 선이 아니고 악도 악이 아니며, 생명도 생명이 아니고 죽음도 죽음이 아니니라. 이런 이유로 각 사람은 원래의 본성으로 녹아 들어갈 것이니라. 그러나 세상 위로 높아진 자들은 해체될 수 없으며 영원하니라.

영지(靈知)주의의 주장은 불교의 돈오점수(頓悟漸修) 중에서 성실 근면으로 꾸준히 점수(漸修)하며 정진, 노력하라는 메시지이며 문자(文字)주의 남성 교부(敎父)들의 주장은 천고의 죄를 지었어도 회개하고 예수만 받아들이면 일확천금으로 단 한 번에 돈오(頓悟)해 구원받는다는 영지주의와 전혀 상반적인 주장입니다. 예수가 "내가 스스로 온 것이 아니니라. 나를 보내신 이는 참되시니, 너희는 그를 알지 못하나 나는 아노니, 이는 내가 그에게서 났고 그가 나를 보내셨음이라." 외친바 그대로 예수를 보내신 백 보좌 성부 하느님이신 증산 상제님은 이같이 근본이 왜곡된 서교(西敎)에 대해 족히 취할 것이 없다고 최종 결론내린 바 있습니다.

열 여섯 번 째, 세 번째 말복도수는 그동안 105년간 드러나지 않은 숨겨진 그림 전체를 드러내면서 나오는 진리혁명입니다.

그동안 105년간 드러나지 않고 숨겨져 있던 그림 전체가 수면위로 떠오르면서 안팎을 말할 것 없이 진리의 혁명시대를 맞이한 지금은 엄청난 진리의 전환기입니다. 지금은 모든 도중(道中)이 경만장 도안(都安) 추수 세 살림 공사 가운데, 초 중복이 지나 말복도수로 넘어가는 전환기에 처한 터닝포인트(Turning point)입니다. 이와 관련해 상제님께서 기유년(1909) 6월 23일 추종성도 총동원령을 내리시어 무언가 심각한 상황을 눈치 챈 종도들이 어천 이틀 전 22일 미리 모이자 상제님 말복도수에 대한 공사를 별도로 보신 여파 때문에 그런 것으로 보면 정확한 것입니다.

부연설명하면 <동곡비서>에는 6월 23일 날 모이라 해서 심상치 않음을 알아챈 성도들이 미리 하루 전에 모두 집결해 6월 22일 날 말씀하신 것으로 되어있습니다. 22일에 형렬을 불러 가라사대 "네가 나를 믿느냐?" "믿나이다." 가라사대 "성인의 말은 한마디도 땅에 떨어지지 아니하나니, 옛날 자사(子思)는 성인이라. 위후(魏候)에게 말하되 '약차불이면 국무유의(若此不已 國無遺矣)'라 하였으나, 위후가 그의 말을 쓰지 않았으므로 위나라가 참멸(참혹히 멸망)하였나니, 나의 말도 땅에 떨어지지 아니하리니 너는 나의 말을 믿어라. 나의 말을 믿는 자가 한사람만 있어도 나의 일은 되리라." 하시니라. 이러한 중복살림과 말복살림의 과도기혼란에 대해 이중성의 <대개벽경>과 정영규의 <천지개벽경>에서는 다음과 같이 전합니다.

<천지개벽경(天地開闢經)>*어느 날 공사(公事)를 보시며 김병선(金炳善)에게 글(詩) 한수(一首)를 읽어(誦) 주시니 이러하니라. 파진구기이삼차(破盡舊器二三次)하고 일재하기정신기(一在下器定新器)니라.-옛 그릇이 두세 차례 다 깨지고 나서 아래 그릇(下器)을 새 그릇(新器)으로 정하여 하나를 둔다는(一在)것입니다.

<선도신정경>*마소, 마소, 그리 마소. 옳고 그름이 나오느니라 하시면서 바둑(碁)알을 들어 바둑판(板)에 내려치니 바둑(碁)알이 깨지(破)거늘 명(命)하시되 너희들 속(速)히 바둑(碁)알을 사오니라 하시기에 사다 올리니 받으시어 바둑(碁)알을 꺼내 들고 바둑판(碁板)에 내려치니 바둑(碁)알이 깨어(破)지거늘 또 사오라 하시니라 이와 같이 세 번(三番)을 사다 올리니 받아서 바둑판(碁板)에 놓으시고 치호야(治乎也) 치호야(治乎也) 하고 부르시더니 종자(種子) 뭉치를 가져 오니라 하시거늘 시자(侍者)가 종자(種子) 뭉치를 찾아다 올리니 받으시어 모든 종자(種子:씨앗)뭉치를 펴놓으시고 각종(各種)의 종자(種子)를 고루고루 열람(閱覽)하신 후(後)에 일일(一一)이 손수 싸서 도로 주시며 가라사대 가져다 잘 보관(保管)하여 두도록 하라 하시더라.<증산도 道典:10:149>*하루는 공신이 이르기를 "우리 일은 삼대(三代)밖에 없다." 하니라.

먼저 파진구기이삼차(破盡舊器二三次)하고 일재하기정신기(一在下器定新器)니라. -옛 그릇이 두세 차례 다 깨지고 나서 아래 그릇(下器)을 새 그릇(新器)으로 정하여 하나를 둔다는 성구말씀을 보면 교단운로가 두 세 번 모두 깨먹고 나서 새 그릇이 선다는 것입니다. 상제님 진법 종통판도 이렇게 되어있는데 판밖의 교단은 거론할 필요도 없습니다. 일제하에 보천교로 스케일 한번 크게 벌였다가 일제와 결탁한 이상호·이정립 형제로 인해 모든 보천교에 대한 모든 정보를 공개한 바람에 결국 강제 해산당했습니다.

두 번째는 1945년 8.15 해방이후 안 운산 문왕 도수가 발아해 역시 이 상호·이정립의 준동으로 단체를 탈취당해 깨먹고 만 살림입니다. 세 번째 역시 안 운산 숙구지 문왕의 도수가 지면서 동거살림을 한 중복살림 책임자가 단체를 모두 깨먹은 것이 바로 파진구기이삼차의 내용입니다.

첫 번째 보천교를 깨먹은 당시의 환경은 일제의 압박 속에 이 상호·이 정립 형제의 준동으로 스케일 큰 차 경석 교주도 상제님 천지공사의 대국 속에 볼모잡혀 있어 열매를 거두는 사명이 아니라 그저 일제압박의 곤고함 속에 안절부절하다 세월을 다 보냈습니다. 차 경석 교주는 당시 자신이 열매를 거두는 줄 알았고, 청음·남주 역시 자신들이 열매를 거두는 주인공으로 착각하여 건곤일척(乾坤一擲)의 배사율을 범합니다.

정읍 대흥리 보천교 십일전(경복궁 근정전 2배 스케일) 해체 모습. 일부 기둥으로 종로 조계사 대웅전, 내장산 백양사 대웅전을 만듦. 청기와는 경무대(청와대) 지붕이 되었다.

과도기 이종물 사명자였던 차 경석 교주는 자신이 마지막 결실자가 아님을 깨닫자 막판에 유교로 신로(信路)을 틀어버렸으니 애초에 상제님은 단지 마음보(심보) 하나 보시고 30만 동학원신 해원 사명을 맡기신 것이었습니다. 당시 동지한식 백오제의 은두장미(隱頭藏尾)로 가려진 진리의 암흑기에 비젼을 제시하지 못하던 차 교주는 일제의 압박 속에 결국 미로를 벗어나지 못하고 다음과 같이 천지공사에 예정된 운명에 굴복한 채 선화하고 맙니다.

<보천교普天教 교전教典>★농바우에서 수일數日동안 일을 행行하시고 돌아 오실때에 글한수를 외우시니 이러하니라 「경지영지불의쇠經之營之不意衰, 대곡사로결대병大斛事老結大病, 천지권우경지사天地眷佑境至死, 만사아손여복장慢使兒孫餘福葬」

<대개벽경(大開闢經)>★하루는 경석이 상제님을 곁에서 모심이러니 글 한 수를 주시니, 큰 뜻을 품고 천하를 경륜하다가 불의에 쇠패함으로(經之營之不意衰) 천하사를 도모하려던 큰 그릇이 늙어 천하대병을 맺으리라(大斛事老結大病) 천지가 돌보아 주려해도 마침내 사경에 이르리니(天地眷佑竟至死) 다만 남은 복이란 어린 자손들로 하여금 장사지내는 것 뿐이로다(漫使兒孫餘福葬)

150만원을 들여 경복궁 근정전보다 크게 지은 보천교 십일전의 정문 보화문. 덕수궁 대한문 보다 큰 수준임을 알 수 있는데 경복궁을 본 따 지은 것이다. 보신각 종보다 훨씬 더 큰 종이 설치되어 있었다.

차 경석 보천교 교주는 자신이 열매를 거두는 주인공이 아님을 알게 되자 소수 간부들 앞에서 그대들은 나에게 속았고 나는 증산에게 속았으니 단체를 해산한다고 했습니다. 그러나 간부들이 적극 반대하는 바람에 유교부흥운동으로 신로(信路)을 바꾸어 단체를 유지하려 했으니 결과적으로 일찍이 상제님께서 너희들이 이후로 유교로 큰 낭패를 본다 하신 말씀만 무섭게 응험된 결과가 되고 말았습니다.

이로 보면 막판에 배신해 비참하게 비명횡사한 김 광찬 성도의 예를 굳이 들지 않아도 수많은 사람들이 상제님 앞에서 맹세하고 목숨을 바쳐 신앙한다 했던 것이 얼마나 값어치 없고 치졸한 맹서였으며 신앙의 깊이가 졸렬한 것인지 알 수 있습니다. 그러나 이 자체도 상제님 공사라면 참으로 상제님 공사가 무이구곡(武夷九曲)의 변화무쌍 이상으로 심오하다 하지 않을 수 없습니다. 심지어 '동지한식백오제' 105년의 어둡고 추운 기간 동안 무이구곡(武夷九曲) 이상으로 변해 가는 교단의 운로 속에 얼마나 많은 시험대와 험난함이 도사리고 있을지는 이미 이러한 공사내용

속에 예고되어 있었습니다.

금번 공사에 빠져나오기 어렵다는 이 말씀은 참고로 <대순전경 초판>에서 "백암으로부터 동곡(구릿골) 약방에 이르러 계실 새 모든 종도들을 벌여 앉히시고 "삼국시절 수지지어사마소"를 대성(큰소리)으로 송독케 하시니라"하는 부분 다음에 2판부터 다음과 같이 첨가된 성구에서도 나옵니다. "하루는 공사를 보실새 글을 써서 불사르시니 이러하니라. 『천지귀신축문 소원인도 원군불군 원부불부 원사불사 유군무신 기군하입 유부무자 기부하입 유사무학 기사하입 대대세세천지귀신 수찰』

또 글을 불사르시니 이러하니라. 『천상무지천 지하무지지 인중무지인 지인하처귀』 하루는 등을 처마에 달고 공사를 보실새 문득 가라사대 오랫만에 어렵게 빠져나온다 하시고 글 한 수를 읊으시니 이러하니라. 『면분수구심생신 지원급사속망망 허면허소거래간 불토심정견여의 세월여유검극중 왕겁망재십년호 부지이지지부지 엄상한설대홍로』 "

<대순전경 3판>★하루는 차 경석을 앞에 세우신 후에 공우에게 몽치를 들리시고 윤경에게 칼을 들리사, 그들로 하여금 네가 이 후에도 지금의 스승을 모시고 있듯이 변개(變改)함이 없겠느냐, 일후에 만일 마음을 변개함이 있으면 이 몽치로 더수기를 칠 것이요, 이 칼로 할복을 하리라고 경고하여 써 굴복케 하시니라.

<천지개벽경(天地開闢經)>★전주(全州)에서 공사(公事)를 끝마치(止)시고 돌아오실세(歸路) 용머리고개(龍頭峙) 밑(下)에 오시더니 두 주먹을 불끈 쥐고 걸음을 빨리(速)하여 급(多急)하게 뛰여(躍) 오르시니 모든 종도(從徒)들이 황급(惶急)히 따르는데 뒤(後)를 한번(一番) 흘끔 돌아(顧) 보시고 여전(如全)히 다급(多急)하게 뛰여(躍) 오르시며 또(又) 뒤를 흘끔 돌아(顧)보시고 또(又) 다급(多急)하게 뛰어(躍)올라 용머리고개(龍頭峙)를 썩 올라서시더니 세 번(三番)째 뒤를 홱 돌아(顧) 보시고 가라사대(曰) 이 고개(峙)를 몇 사람(幾人)이나 넘을 수 있으리요 하시며 탄식(歎息)하시더라 전(傳)하니라.

<증산교사(甑山敎史)>★신미년(道紀 61, 1931) 정월 삼일 치성후에 경석은 사정방주(四正方主)를 불러들여 일러가로대 『수십년 동안 노력하던 일이 모두 허사로 돌아갔으니 그대들은 나에게 속았고 나는 증산에게 속았고 증산은 옥황상제에게 속은 일이라 수원수구(誰怨誰咎)할 것 없으니 이제 교단을 해산하고 각히 고향으로 돌아가라』 하고 무기일월인(戊己日月印)을 폐기한다고 선언하여 버렸다. (★"증산은 옥황상제에게 속은 일이라" 차 경석 성도에 대해 이 정립이 첨언해 기록한 이 부분은 상제님의 절대 신권을 부인하는 대표적인 기록임과 동시에 평생 차 교주에 대항해 싸우

다 출교당한 그가 어떻게 해서라도 차 교주를 깎아내려 한 끝없는 원한을 엿 볼 수 있는 허무맹랑한 내용의 대목입니다)

<대개벽경(大開闢經)>★말씀하시되, "경석아, 광찬아, 천지대운에 나에게 영화가 있고 너희가 망하게 되면 내 마음이 즐겁겠느냐. 경계하고 경계하라. 만일 너희 두 사람이 배은망덕하면 이 몽둥이로 너희 머리를 부수고 이 칼로 너희 배를 가르리라." 훈계를 마치심에 연초를 대청위에 던지시고 길게 탄식하사 말씀하시되, "팔자대로 이루어지리라." 성도 물어 여쭈기를, "두 사람이 장차 배은망덕한 행동을 하게 되나이까." 말씀하시되, "장차 일이 닥쳐옴에 경석이 의롭지 못하게 되거든 너희들은 가까이 말라." 하루는 말씀하시되, "정읍에 먼저 어지럽고 뒤에 잘 다스려지는 운이 있나니 의로운 사람을 가까이 하고 의롭지 못한 사람을 멀리하라." 성도 물어 여쭈기를, "의로움과 의롭지 못함을 또한 어찌 알 수 있으리이까. 말씀하시되, "만고풍상을 겪고 일편단심으로 그 때를 기다리고 있는 사람이 있노라."

-曰 京石 光贊 天地大運 我 有榮 汝 有亡 我心 悅乎 戒哉戒哉 若汝二人 有背恩忘德 此棒 破汝之頭 此劒 割汝之腹 戒訖 投煙草於廳上 長嘆 曰 成乎八字 弟子 問曰 兩者 將有背恩忘德之行乎 曰 來頭 京石 爲不義 汝之徒 勿近 一日 曰 井邑 有先亂後治之運 義者 近之 不義者 遠之 弟子 問曰 義與不義 亦何以知之乎 曰 閱歷風霜 有一片丹心 以待其時-

<증산교사(甑山教史)>★이 말을 들은 사정방주들은 크게 낙망하였으나 그렇다고 일조(一朝)에 해산을 선언할 수도 없으므로 이 일을 비밀에 붙치고 간부회의를 열어 불승기임(不勝其任)하는 간부들은 자발적으로 사임하기로 결의하였다. 경석은 일단 사정방주들에게 해산하자고 말하였으나 여러간부들의 입장으로 인하여 해산도 용이한 일이 아님을 간파하고 궁여일책(窮餘一策)으로 유교부흥운동으로 방향을 바꾸어서 새출발할 것을 고안하였다.

<대개벽경(大開闢經)>★성도 물어 여쭈기를, "금번 공사에 빠져 나오는 것이 어렵다 하시고, 때 가운데 서로 도모하려는 뜻이 있으니 어찌된 연고이나이까." 말씀하시되, "선악으로 천하를 가름하게 되노라." 성도 물어 여쭈기를, "'왕겁망재십년호'는 어찌되나이까." "10년이 10년이 되고, 20년이 10년이 되고, 30년이 10년이 되노라." 성도 물어 여쭈기를, "40년도 역시 10년이 되나이까." 말씀하시되, "40년은 10년이 되지 못하노라." (천자부 해상 공사 때도 언급한 바 있음) 성도 물어 여쭈기를, "대도 아래에 장차 망하는 자 30년 동안의 복을 누림이 있고, 장차 흥하는 자 30년 동안의 고통을 당함이 있나이까." 말씀하시되, "때가 오면 아노라."

-弟子 問曰 今次公事 其抽出也難 時中 有相圖之意 何以乎 曰 此以善惡 爲天下之分 弟子 問曰 往劫 忘在十年乎者 何以乎 十年 爲十年 二十年 爲十年 三十年 爲十年 弟子 問曰 四十年 亦有十年之理乎 曰 四十年 不爲十年 弟子 問曰 大道之下 將亡者 有三十年之享福 將興者 有三十年之喫苦乎 曰 時來 知-

말복살림인 사마소 도수 다음에 오랫만에 어렵게 빠져나온다는 말씀은 말복도수의 출범 도국이 기독교 구약에 등장하는 이삭의 아들 형 에서와 종통의 축복을 받은 동생 야곱처럼 아주 어렵게 꼬여 있음을 알 수 있습니다. 상제님께서 안 내성(安乃成)에게 말씀하시기를 "내가 이곳 해동조선에 지상천국을 만들리니 지상천국은 천상천하가 따로 없느니라."하시며 "장차 조선이 천하의 도주국(道主國)이 되리라." 하셨습니다. 하지만 초중복 살림 아래에서는 결코 조선이 천하의 도주국(道主國)이 되지 않습니다. 초중복 살림은 열매를 맺는 때가 아니기 때문입니다. 해동조선은 야곱이 축복받은 벧엘같은 곳이요, 콩밭두둑 태전(대전) 한밭을 포함 구릿골 및 김제 만경 전북 7읍은 상제님의 얼굴 브니엘입니다.

<보천교 교전(普天教 教典)>★부천지지대운夫天地之大運은 비기인非其人이면 불명不命하고 인간지대업人間之大業은 비기명非其命이면 불성不成하나니 인유기인人有其人하며 운유기운運有其運하고 기지소위其之所爲도 역유기시每有其時하나니 여시대창如是大創이니 하이이언재何以易言哉아-무릇 천지의 대운은(夫天地之大運) 그 사람이 아니면 명하지 않고(非其人不命) 인간의 대업은(人間之大業) 그 명이 아니면 이루지 못하노니(非其命不成) 사람은 그 사람이 있고(人有其人) 운에도 그 운이 있어(運有其運) 그의 행하는 바(其之所謂) 또한 그 때가 있을 뿐이니(亦有其時) 이 같은 대창(大創)을 어찌 쉽사리 말하리오.

초중복도 더운 여름의 염천이기는 하지만 알곡이 패지는 않는 때입니다. 지금은 초중복 살림에서 알곡이 패는 말복살림으로 급선회하는 아주 중차대한 도국입니다. 이 도국에 대해 "초복, 중복 다 제끼고 말복 운을 타라." 하시고 또 말씀하시기를 "말복 운이 가장 크니라. 늦게 들어온 사람이 크게 받나니 새끼손가락 '막둥이 놀음'이니라." 하십니다.

말복 운은 갑자기 벼이삭이 패는 도수입니다. 말복이 지나면 비로소 벼이삭에 3개의 마디가 생기고 나서 벼이삭이 패이기 시작합니다. 벼이삭이 팬다는 것은 벼 알곡이 들어선다는 뜻입니다. 이 벼 알곡은 때가 이르면 서너 시간 만에 순식간에 들어선다고 하여 말복 나락 크는 소리에 개가 짖는다는 말이 전해집니다.

그러나 증산 상제님은 아무리 하여도 창생을 다 건져 살리기 어렵다 하시고 벽을 향해 돌아누우시어 우신 바 계십니다. 그리하여 벼 알곡 들어서는 도수로도 모자라 천하 만물지중에 자라나는 속도가 말복의 벼이삭보다도 속히 자라는 대나무 기운을 취해 말복 도운에 쓰신다 하셨습니다.

이 공사를 어떤 공사와 음양 쌍으로 같이 보았을까요? 그렇습니다. 바로 문왕(文王)과 이윤(伊尹)의 도수 그리고 '수지지어사마소(誰知止於司馬昭)' 공사와 같이 보신 공사입니다. 이윤과 사마소 공사는 바로 도운을 마무리 짓는 말복도수이기 때문입니다. 객관적으로 보면 문왕 도수 책임을 맡은 안 운산(安雲山) 성도사님의 초복살림, 중복살림에 이어 세 번째 말복도수가 전개되어야 비로소 의통목 추수열매가 가능하다는 실상을 알 수 있을 것입니다.

열 일곱 번 째, 말복도수는 아무도 모르게 옵니다. 말복 도수의 책임자인 살아있는 이치꽃 생리화(生理花), 성의웅약(聖醫雄藥)은 때가 되어야 피는 시절화(時節花)이므로 배은망덕처럼 아무나 알게 하지 않는다는 말씀이 있습니다. 부모·형제·처자·귀신도 모르고, 도통자도 모르리라 하셨습니다. 성도 물어 여쭈기를, "배은망덕(背恩忘德) 만사신(萬死神)의 아래에 일분명(一分明)이라는 글자가 있으나, 작지부지 성의웅약의 아래에는 일분명(一分明)이라는 글자가 없으니, 어찌된 연고이나이까?" 말씀하시되, "배은망덕(背恩忘德)은 한가지로 분명함이 있어 세상이 함께 아는 바 되고, 성의웅약(聖醫雄藥)은 한가지로 분명하지 않으니, 하늘이 이를 은폐시켜 때가 오면 천하 사람이 알게 되노라."*<이중성 대개벽경(천지개벽경)>

<만법전(萬法典)>*(봉사놀음)생리화生理花가피었네 생리화生理花가피었네 생리화生理花가피었네 울도담도없는 우리형제兄弟집에 생리화生理花가피었네 봉사놀음이나온다 봉사놀음이나온다 봉사놀음이나온다 옆에다두고도보지못하는 봉사놀음이나온다 작지를들고이끌어주어도 따라오지를못하는 봉사놀음이나온다 가련可憐한창생蒼生들아 눈을뜨고도보지를못하거든 소리를듣고도따라오지를못하겠나 한발자칫하면보지를못하는봉사놀음이나왔다 딸코딸는내제자야 이목구비耳目口鼻있으시면 태극용사풍족太極用事豊足한데 영웅장사英雄狀士무엇할고 회천명개조화回天命改造化에 고쳐노니 귀물이라 못난제자弟子귀물되니 팔모귀물천하보天下寶라

<증산도 道典>*"너희 아버지께서 하시는 일은 이 세상에서 누구하나 알게 하시는 줄 아느냐. 천부지(天不知) 신부지(神不知) 인부지(人不知) 삼부지(三不知)이니, 참

종자 외에는 모르느니라."

<선도신정경>*내가 오십토(五十土)를 세(三) 곳(處)에 나누어 놓았느니라 내가 마음먹고 하는 일은 천지(天地)의 귀신(鬼神)도 모르는 일이니라

<선도신정경>*(세 번(三番)을 천지정리(天地整理) 무기토(戊己土) 천지(天地)의 귀신(鬼神)도 모르는 일)고후비님(高后妃任)이 김제(金堤) 조종(祖宗)골을 떠나오실 적에 육임(六壬)과 팔괘(八卦)와 십이(十二)며 이십사(二十四)를 싸 가지고 오시다가 육임(六壬)과 팔괘(八卦)는 김제(金堤)에 오시어 땅(地)에다 묻으(埋)시고 땅(地)을 세 번(三番) 구르시더라 또 십이(十二)는 이리(裡里)에 가시어 묻으시며 땅(地)을 세 번(三番) 구르시고 바둑(碁)돌과 윷판(板)은 옥구(沃溝)에다 묻게(埋)하시고 종도(從徒) 열 사람(十人)을 데리고 공사(公事)를 행(行)하시고 가라사대 내가 오십토(五十土)를 세(三) 곳(處)에 나누어 놓았느니라 내가 마음먹고 하는 일은 천지(天地)의 귀신(鬼神)도 모르는 일이니라

<선도신정경>*"이 천지대사(天地大事)가 유월(六月) 칠월(七月) 팔월(八月) 나는 바닥에 일(一) 붙은 줄 알고 빼느니라."(*세 살림 지도자는 최소한 6, 7, 8月 태생으로 임일(壬一)이 들어가도록 공사로 박아놓음)

<선도신정경>*"나는 바닥에 일(一) 붙은 줄 알고 뽑노라."(*만절필동 壬일수)

<선도신정경>*"바다 가운데 자하도 해중 문을 열어놓고 사람 맞이 하느니라." (*참고: <선도신정경>에 여동빈의 자하도라 했으니 태모 고 수부님의 도는 신선도인 태을도라서 초창기 선도교라 했다. 壬 一수바다 가운데 신선도 해중문 열어 놓고 사람 맞이한다.)

<선도신정경>*은천상제(恩天上帝)가 상천(上天)이요 토궁지(土宮之) 오복(五福)이라. 수궁성군(水宮聖君)을 모시어 탈겁중생(脫劫衆生)이 이 아니냐

<선도신정경>*또 어느날 공사(公事)에서는 말씀이 계시니 이러하니라 사철(四節)새 하나(一)에서 이루어(成)지느니라 나 살고(生) 남 살리자는 공부(工夫)이니 살아(生)서 잘 되기를 바라소 이제 선자(善者) 개재차사(改在此事) 되느니라

<선도신정경>*어느날 신정공사(神政公事)를 베푸시며 선언(宣言)하시니 이러하니라 유리법당(琉璃法堂) 앞에 엎드려서 일편단심(一片丹心) 심통(心通)하라 옳은 줄하나 추켜들면 모두가 옳으니라 유가(儒家)에서는 착(善)하라 하고 불가(佛家)에서는 얌전하라 하고 선가(仙家)에서는 신통(神通)하라 하나 이모두가 삼부지(三不知)이니 천부지(天不知) 신부지(神不知) 인부지(人不知) 삼부지(三不知)인데 참으로 종자(種子) 외에는 모르느니라 운수(運數)보소 운수(運數)봐 질병(疾病)목의 운수(運數)로다 상고지사(上古之事)를 더듬으면 내도지사(來到之事)를 아느니라 내도지사(來到之事)를 알았으면 나의 일을 하느니라 하시더라 하니라

<증산도 道典>*너희 아버지께서 하시는 일은 이 세상에서 누구하나 알게 하시는 줄 아느냐. 천부지(天不知) 신부지(神不知) 인부지(人不知) 삼부지(三不知)이니, 참 종자 외에는 모르느니라. 선천 운수 궁팔십(窮八十) 달팔십(達八十)이요 지금 운수 동지(冬至) 한식(寒食) 백오제(百五除)니라. 후천 창생 되기도 어려우니 살아 잘되기를 바랄지라. 내 일은 되어 놓고 봐야 아느니라. 일은 딴 사람이 하느니 조화 조화 개조화(改造化)라. 심통 공부 어서 하라 선천에서 지금까지는 금수대도술(禽獸大道術)이요 지금부터 후천은 지심대도술(知心大道術)이니라. 피차 마음을 알아야 인화(人和) 극락 아닐쏘냐. 마음 닦는 공부이니 심통(心通) 공부 어서 하라. 제가 제 심통도 못하고 무엇을 한단 말이더냐. 불(佛)은 선(仙)의 밑자리니라.

열 여덟 번 째, 신앙노선과 도통보다 급선무는 심통 바르게 닦기입니다. 상제님 진리의 혁명은 스스로를 돌아보는 마음의 혁명이자 스스로를 추스르는 영적인 혁명이고 그동안 100년간 드러나지 않았던 풍류주세 백년진의 세 살림 진리를 들추어내는 혁명입니다. 상제님께서는 성의웅약(聖醫雄藥)한 자에 대한 질문에서 마지막 말복도수의 지도자는 백년진의 의혹 속에 묻어놓았다가 도수 돌아 닿는대로 때가 되어야 열리는 時節花이므로 배은망덕 만사신의 一分明처럼 누구나 알아보게 하지 않고 아무도 못 알아보게 은폐시켰다고 하십니다.

하늘이 말복도수를 은폐시켰다가 막판에야 알게 해야 하기 때문에 성의웅약은 깊이 숨겨놓았다가 초심을 지켜 나아가는 마음의 결집체 속에서 비로소 나오게 하신 것입니다. 어리석은 범부중생은 카퍼필드같은 세계적인 마법사 정도의 남모르는 술법이 있어야 성의웅약한 자일 것이라는 선입관이 있어 결코 한 눈에 알아볼 수 없습니다. 신인(神人) 격암 남사고는 그와는 반대로 "어느 성聖이 진성眞聖인고 진성일인眞聖一人 알랴거든 우성입중牛聲入中 찾아들소 함지사지조소중陷之死地嘲笑中의 시비是非 많은 진인眞人일세"라 했습니다. 태모님이 말씀하시는 참사람의 기준은 오직 천심을 지키고 사는 올바른 사람일 뿐입니다.

기본란이말치자부의其本亂而末治者否矣라! 기본이 어지러우면 말단이 다스려질 리 없습니다. 근본이 잘못된 것은 궁극적으로 대세에 있어 그냥 내버려 두어도 결국은 모래성으로 모두 부서지고 맙니다. 이런 상황에서는 안팎으로 마음을 추스르고 순수하고 의로운 초심 시절로 돌아가는 것이 바로 개인 개인의 당면한 첫걸음입니다. 변질된 지오지존至傲至尊(지극히 오만하고 지극히 자존자대)의 묵은 마음을 버리고 초심시절의 새 마음을 취하는 것. 그것이 바로 새 출발입니다.

<보천교(普天敎) 교전(敎典)>★이애이불능초以愛而不能超 만물성자萬物性者 비진리지애야非眞理之愛也 애자愛者 고야苦也 위가족애이인기고자爲家族愛而忍其苦者 유지有之 위사회애이인기고자爲社會愛而忍其苦者 선의신자鮮矣神者 진리야眞理也 –_사랑으로 능히 만물이 지닌 본성의 한계를 초월해 넘지 못하면 진리적인 참사랑이 아니니라. 사랑이란 것은 고통이니라. 가족을 사랑하며 그 수반된 고통을 참는 것에 참사랑이 있느니, 사회를 사랑하며 그에 수반된 고통을 참는 자는 드므나니 신이란 진리니라.

<선도신정경(仙道神政經)>★선천(先天)으로부터 지금(只今)까지는 금수대도술(禽獸大道術)이요 지금(只今)으로부터 후천(後天)은 지심대도술(知心大道術)이니라. 마음 닦는 공부(工夫)이니 심통공부(心通工夫) 어서 하소 제가 저의 심통(心通)도 못하고서 무엇을 한다는가

<증산도 道典>★하루는 태모님께서 여러 성도들에게 물으시기를 "너희들, 도통(道通)을 지극히 원하느냐?" 하시니 성도들이 대답하기를 "원이옵니다." 하매 말씀하시기를 "격물(格物)이 곧 도통이니라." 하시니라. 또 말씀하시기를 "격물은 사물의 이치를 관통(貫通)하는 것이니, 관통을 하려면 먼저 마음을 닦아 심통(心通)을 해야 하느니라." 하시고 "도통을 원치 말라. 모르고 짓는 죄는 천지에서 용서를 하되 알고 짓는 죄는 천지에서 용서하지 않나니 도통을 가지면 굶어죽을 수밖에 없느니라." 하시니라.

<증산도 道典>★다시 말씀하시기를 "도통과 조화와 법술을 가졌다 하나 시대를 만나지 못하면 쓸모가 없나니 다 허망한 것이니라. 그 동안 도통을 해서 한 번이라도 써먹은 놈이 있더냐. 도리어 자신에게 해(害)가 미치느니라." 하시니라.

<증산도 道典>★성도들이 평소 의통을 원하니 태모님께서 꾸짖으시기를 "마음을 고쳐야 의통이 오지, 너희 아버지가 의통 준다고 다 줄 것 같으냐." 하시고 이어 말씀하시기를 "의통, 신통, 관통을 해야 하나니 그것도 때가 있느니라." 하시니라. 태모님께서 항상 말씀하시기를 "마음을 고쳐야 한다. 마음을 고치면 안 되는 일이 없느니라." 하시고 "마음을 고치려면 선덕(善德)이 있어야 하고 선덕이 있어야 활연관통(豁然貫通)이 되느니라." 하시니라.

<증산도 道典>★태모님께서 말씀하시기를 "신인합발(神人合發)이라야 하나니 신통해

서 신명 기운을 받아야 의통이 열리느니라." 하시고 "의통을 하려면 활연관통을 해야 하고, 활연관통에 신통을 해야 도통이 되느니라. 도도통이 활연관통에 있느니라." 하시니라. 또 말씀하시기를 "도통을 하려면 진묵(震黙)과 같은 도통을 해야 하느니라." 하시니라.

<증산도 道典>★너희 아버지께서 하시는 일은 이 세상에서 누구하나 알게 하시는 줄 아느냐. 천부지(天不知) 신부지(神不知) 인부지(人不知) 삼부지(三不知)이니, 참종자 외에는 모르느니라. 선천 운수 궁팔십(窮八十) 달팔십(達八十)이요 지금 운수 동지(冬至) 한식(寒食) 백오제(百五除)니라. 후천 창생 되기도 어려우니 살아 잘되기를 바랄지라. 내 일은 되어 놓고 봐야 아느니라. 일은 딴 사람이 하느니 조화 조화 개조화(改造化)라. 심통 공부 어서 하라 선천에서 지금까지는 금수대도술(禽獸大道術)이요 지금부터 후천은 지심대도술(知心大道術)이니라. 피차 마음을 알아야 인화(人和) 극락 아닐쏘냐. 마음 닦는 공부이니 심통(心通) 공부 어서 하라. 제가 제 심통도 못하고 무엇을 한단 말이더냐. 불(佛)은 선(仙)의 밑자리니라.

<선도신정경>★어느날 고후비님(高后妃任)이 도중(道衆)을 모아 공부(工夫)를 시키시며 가라사대 우리의 공부(工夫)는 오장육부(五臟六腑) 통제(統制) 공부(工夫)이니 곧 선각(先覺) 지각(知覺)이니라

<보천교(普天敎) 교전(敎典)>★(성사(聖師) 훈사기(訓辭記))주천수周天數로 연월일시年月日時의 수數를 추리推理하면 기결퇴其缺退할 시時도 가지可知이니라 우리의 공부工夫는 주문呪文을 독讀하여 귀신鬼神을 교交함이안이요 여천지합기덕與天地合其德하며 여일월與日月로 합기명合其明하여 여천무이與天無二하는 정심공부正心工夫이다 신교神交는 기기별별奇奇別別의 재조才操가 유有하여도 결국귀신結局鬼神의 노예奴隷가될뿐이다 정심공부正心工夫는 중정지도中正之道이니 직인도卽人道이다

열 아홉 번 째, 말복살림 교대공사와 막둥이 도수 말복살림은 자기혁신, 진리혁명의 용정(龍井)도수입니다. 상제님께서 보신 문왕 도수에는 숙구지 도수와 독조사 공사가 붙어 있으며 동시에 이윤의 공사가 쌍으로 붙어있습니다. 이는 도안(都安) 세 살림 중 중복살림에서 말복 살림이 나오는 과정이 자기혁신의 도수를 받으며 어렵게 나옴을 의미합니다. 말복살림이 나오는 과정은 험난하지만 상제님은 을사년(1905) 3월 삼짇날 공사와 김 형렬 성도를 통해 두 살림의 교체례 공사를 다음과 같이 보십니다.

<증산도 道典 5:88>(**을사년 뱀해 3월 삼진(辰)날 말복살림 起頭 공사**)★을사(乙巳 : 道紀 35, 1905)년 삼월 삼짇날 상제님께서 큰 장수신명을 부르시어 "가서 너의 대장을 불러오너라." 명하시고 종이를 한 자 가량 쌓아 두신 채 **계속 종이에 용(龍)을 그려 점을 찍으시며 고축(告祝)하신 뒤에** "물을 떠 오라." 하시어 그 종이를 불살라 재를 물에 풀어 넣으시니라. 한참 후에 밖에서 **말이 코투레질 하는 소리가 들리거늘** 상제님께서 문을 여시고 **"왔냐." 하시며 재를 풀어 넣은 물을 밖으로 뿌리시니라**. 이어 형렬에게 명하시어 먼저 밖으로 나가 의자에 앉아서 신명들의 절을 받게 하시고 잠시 후에 나오시어 의자에 앉으시거늘 신명들이 상제님께 절을 올리고 토방 밑으로 가서 모두 고개를 숙이니라. 상제님께서 커다란 종이에 용을 그려 마당에 놓으시니 신명 둘이 나와서 상제님께서 보실 수 있도록 종이를 반듯이 세워 양쪽으로 붙들고 서거늘 성도들의 눈에는 신명은 보이지 않고 허공에 떠 있는 종이만 보이는데 **먹으로 그리신 용이 붉은 빛깔을 띠었다가 다시 푸른빛으로 변하더라**. 상제님께서 **다시 그 종이를 살라 재를 채반에 받으시어 잘게 갈아 물에 타서 모든 성도에게 한 모금씩 마시게 하시니라**.

<증산도 道典 5:279>★(**김형렬의 집 마당에서 보신 말복살림 갑오 병신 말,용 전수공사**) 명절 때가 되면 성도들이 돈이나 쌀, 곡식 등 여러 가지를 가져오는데 서기가 상제님께 일일이 말씀드리면 그것을 모두 형렬의 집으로 가져다 놓게 하시니라. **하루는 형렬의 집 마당에 단을 설치하여 제물을 차리게 하시고, 용과 말을 그린 종이를 한 자 반 높이로 쌓아 놓으시니라**. 이어 형렬이 구슬 달린 네모반듯한 관에 새 옷을 입고 마당에 나가서 상제님을 기다리니 상제님께서 푸르스름한 저고리와 오동꽃 색 고의를 입으시고, 그 위에 긴 두루마기와 도복을 걸치신 뒤에 뿔이 달린 관을 쓰고 혼례식 할 때 신는 목화를 신고 나오시거늘 기다리고 있던 성도들이 양쪽으로 나뉘어 상제님의 뒤를 따르니라. 상제님께서 마당에 이르시어 의자에 앉으시매 뒤따르던 성도들이 좌우로 엎드리거늘 자리에서 일어나시어 "재배를 하라." 명하시니 먼저 형렬의 옆에 있는 성도들이 일어나 절을 올리고, 이어 다른 성도들도 따라서 절을 올리니라. 호연이 평소에 공사 보실 때는 항시 사배하는 것을 보았던 터라 상제님께 "네 번 하는데 오늘은 왜 두 번만 해요?" 하고 여쭈니 "아이고, 알지도 못하는 소리 말어. 이것 데려다 어디 방에 가두어 놓고 해야지 내놓고 못 하겠다." 하시거늘 호연이 "자기들은 옷을 그렇게 해 입고 나는 안 해 주고!" 하며 토라지는지라 상제님께서 "해 줄게, 해 줄게. 인제 천지가 네 옷이여, 천지가 네 옷." 하시며 얼러 주시니라. **상제님께서 제를 지내시는 동안 용과 말을 그린 종이를 일일이 소지하며 고축하시니 마당이 불꽃밭처럼 환하거늘** 호연이 "하늘이 쳐다보간디? 뭣 하려고 맥없이 종이를 불지를까. 이런 것 하면 하늘이 뜨겁다고 하겠네!" 하니 시종 엄숙하게 제를 모시는 중인지라 상제님께서 검지를 조용히 입에 대시며 눈치를 주시니라.

안 운산(安雲山) 성도사님의 초복 살림 시절 이후의 중복살림 도정은 중복살림 책임자인 안 경전(安耕田) 전 종정(宗正)을 슬하에 꿰어차고 도무(道務)를 주재 섭정하며 천하사를 개척했던 시기입니다. 이는 "천지대사가 6 월, 7월, 8 월, 나는 바닥에 일1

붙은 줄 알고 빼느니라. <선도신정경(정영규)>" 하신 말씀과 관련되어 있습니다. 제갈량(諸葛亮)이 출사표를 던지고 위(魏)나라 정벌에 나섰을 때 사마중달(司馬仲達)은 조비(曹丕)의 명을 받고 아들 사마사(司馬師)를 앞세워 제갈량(諸葛亮)과 맞섭니다.

대흥리 본소 이웃 안 내성 성도에게 전한 현무경은 사마가(司馬家)를 모델로 한 도안(都安) 세 살림 부(午,申,戌)로 시작합니다. 현무경에는 중복 책임자는 현무경의 오부(午符) 사명자로 "난리 치나 안치나 말이 들어야 성사하느니라. 말에게 이기고 지는 것이 있다."하신 말씀대로 난리치나 안치나 중복도정 통과의례로서 가구판 노름을 갑오판으로 해석하는 오부(午符) 사명을 끝내야 도운의 세 번째 5진주+5진주+5진주(6서시)= 15진주노름 상씨름 판의 말복도수로 들어가게 되어있습니다.

<증산도 道典>★하루는 호연이 지루하고 싫증이 나서 "아이고, 하기 싫어!" 하고 투정을 부리니 타일러 말씀하시기를 "닭이 울어야 날이 샌다. 암탉이 울면 죽기가 쉽고, 장닭이 울어야 날이 새느니라." 하시니라. 이에 호연이 "말은 어째서 그려요?" 하고 여쭈니 말씀하시기를 "난리 치나 안 치나 말이 들어야 성사하느니라. 말에게 이기고 지는 것이 있다." 하시거늘 다시 "그럼 뱀은 뭐예요?" 하니 "그것은 뱀이 아니라 용마(龍馬)니라. 큰 자로 들어간다." 하시니라.

<증산도 道典>★상제님께서 공주산(公主山)과 입마산(立馬山), 어래산(御來山)을 지나 임피 술산(戌山)에 이르시어 성도들에게 명하시기를 "망량신 대접을 하리니 개를 잡으라." 하시고 크게 제를 지내신 후에 말씀하시기를 "인신합덕(人神合德)을 술래(戌來)로 하느니라." 하시니라. 상제님께서 임피에서 태전으로 향하시니라.

<증산도 道典>★상제님 일행이 태전에 거의 다다르니 두 사람이 서로 판을 대하여 머리를 맞대고 앉아 있거늘 상제님께서 "저 사람들 무엇 하고 있느냐?" 하고 물으시니 공우가 "장기를 둡니다." 하고 아뢰니라. 이 때 성도들이 장기 두는 사람들 옆으로 다가가 장기판을 구경하는데 공우가 큰 소리로 "저 차(車), 저 차, 저 차! 차가 죽게 생겼다." 하니 장기 두던 사람들이 버럭 화를 내며 "왜 훈수를 두느냐." 하며 싫은 소리를 하니라.

<증산도 道典>★이 때 상제님께서 말씀하시기를 "아, 말(馬)이 콩밭에 들어가는구나! 여봐, 말이 콩밭으로 들어가는데 안 쫓아?" 하시니라. 상제님께서 또 말씀하시기를 "사(士) 두 개는 좌우에서 왕을 보호하여 제 목숨을 아끼지 않는 것이요 차(車)는 선이 그어진 자리면 아무 데나 휘젓고 다니니 무서우니라. 차도 무섭고 포(包)도 무서우나 참으로 무서운 건 졸(卒)이니 졸은 후퇴하는 법 없이 오직 전진만 하느니라." 하시고 또 말씀하시기를 "알들은 서로 친하고 비켜 주고 보호하느니라." 하시니라. 잠시 후에 상제님께서 태전으로 들어가시며 말씀하시기를 "우리 일에 말이 들어야 한다." 하시니라.

<증산도 道典>★하루는 호연을 데리고 계룡산에 오르시어 서 계시는데 어디선가 백마 한 필이 훌쩍 뛰어올라 저 하늘 끝까지 날아오르더니 갑자기 뚝 떨어져 상제님의 목덜미에 목도리처럼 앉는지라 상제님께서 웃으시며 "이제 그만 떨어져야지." 하시니 말이 땅으로 내려앉거늘 다시 "어느 앞이라고 꼿꼿할꼬?" 하시매 말이 고개를 수그리니라. 상제님께서 말을 향해 "너, 하늘 ○○ 나라에 가서 ○○을 잡아오겠느냐?" 하시니 말이 고개를 끄덕이고 하늘로 올라가거늘 상제님께서 옥단소를 꺼내시어 열십자로 한 번 그으시니 말이 떨어져 죽으니라.

<증산도 道典>★호연이 "아이고, 무슨 심사로 그런대요? 살려 주세요!" 하고 애원하니 상제님께서 "그 말이 네 어미냐 아비냐, 왜 살려 달라고 네가 빌어? 제 어미가 있는데." 하시거늘 "제 어미가 어디에 있어요?" 하고 대꾸하니라. 이에 상제님께서 "그럼 네가 잘 해 줘라." 하시니 호연이 뾰로통하게 "어떻게 해? 가르쳐 주어야지." 하거늘 "달 월(月) 자, 날 일(日) 자를 써라." 하고 일러 주시니라.

<증산도 道典>★호연이 "내가 쓸 줄 알간디?" 하니 상제님께서 직접 호연의 손을 잡고 글을 써 주시거늘 죽었던 말이 곧바로 눈을 뜨며 고개를 드는지라 호연이 "아주 일어나게 해 주지." 하매 상제님께서 다리 하나를 일으켜 세워 주시니 말이 벌떡 일어서고 다시 "아주 걸어 댕겨서 저 갈 데로 가게 해 주세요." 하고 조르니 상제님께서 고개를 저으시며 "아이고, 내가 요것 데리고 못 댕겨. 네 소원대로 하자." 하시고는 말의 엉덩이를 한 번 들어 주시니 말이 제 갈 길로 가더라. 호연이 여쭈기를 "왜 시켜 놓고 그래요?" 하니 말씀하시기를 "나의 명을 받고 간다고는 했으나 정작 가서 하지 못하게 생겼으니 내가 그랬다." 하시니라.

우주원리로 볼 때 자오 군화(君火)의 무한 자가분열은 자아상실, 주체상실, 무한 폭압도정의 위험성(赫曦)이 있습니다. 따라서 이러한 위험한 7 군화 혁희(赫曦)를 방어하기 위해 미토(未土) 상제님이 스스로 미토의 힘을 과도하게 쓰셔서 미토(未土)를 돈부(敦阜)를 만들어 인신(寅申)의 3목, 9 금 기능을 2, 7 상화(相火)의 종혁(從革)으로 만듭니다. 종혁의 힘을 극대화시켜 양명 조금(陽明 燥金)이라는 후천으로 넘기는 공사가 바로 최 덕겸 성도의 동도지 공사보실 때 집행한 용정(龍井)도수입니다.(우물 井에 龍 글자를 집어넣는 공사)

우물은 곧 불가불혁不可不革으로 혁명을 따르는 종혁(從革)도수입니다. 종혁은 금기운의 불급지운(不及之運)을 말합니다. 木의 불급지운은 위화(委和)라 하고, 火의 불급지기는 비감(卑監)이라 하고, 水의 불급지운은 학류(涸流)라 합니다. 군화(君火)가

지축이 진술축미로 바르게 되면 승명(升明)이 되는데, 선천에는 지축이 만물생장을 위한 고육책으로 자오로 경사되어 정위(正位)되어 찬탈하고 있는 탓에 승명(升明)이 못되고 불급의 혁희(赫曦)가 되어 폭압, 폭서가 됩니다. 우주원리에서 진술 축은 이론이고 실제 후천 정역팔괘나 이를 업그레이드한 용담팔괘에서는 선천 卯酉 正位가 辛酉艮兌인 지천태괘(地天泰卦)로 바뀌어 산택통기(山澤通氣)가 됩니다.

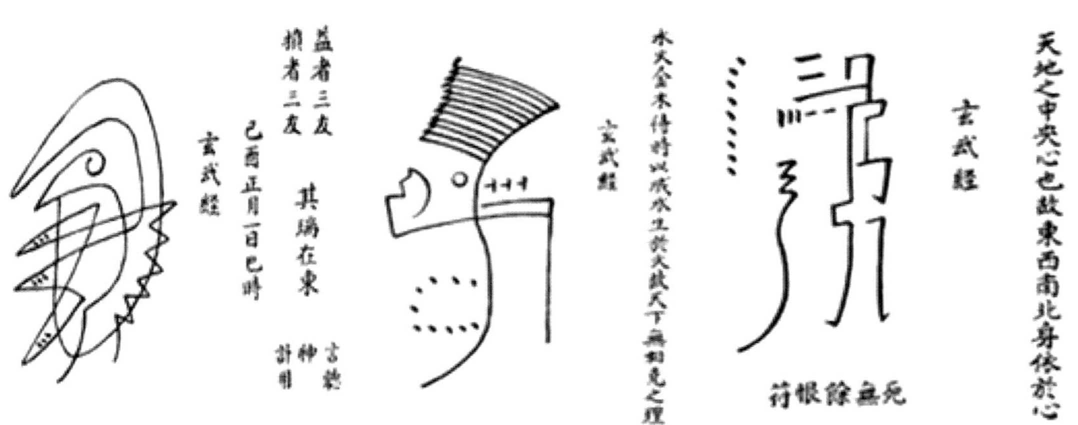

중복 오부 사명자(甲午)와 말복 신부 사명자(丙申)를 좌보우필로 삼아 중복시대를 연 오신술午申戌부의 뿌리 사마중달 사명의 문왕 술부(壬戌)사명자. 비록 부자간일지라도 동지한식백오제 105년 이전의 살아생전에 세 번째 말복살림의 정체를 알 수 없었기에 사후에나마 상제님께서 신명으로나마 위로해 주신 말씀이 뜻을 못 다 이루고 떠나도 여한은 없다는 "사무여한부"입니다. 신부(申符)사명을 인사문제로 내세우셨기 때문에 임壬 일수는 일간, 일지의 본신으로 깊이 감추셨습니다.

<현무경>의 시작 역시 삼련불성 도안都安 5진주 세 살림인 언청계용신(言聽計用神) 오부(午符), 수화금목대시이성수생어화고천하무상극지리(水火金木待時以成水生於火故天下無相克之理) 신부(申符), 천지지중앙심야고동서남북신의어심(天地之中央心也故東西南北身依於心) 사무여한부死無餘恨符 술부(戌符)로 시작합니다. 홀수(奇數)는 양수요 짝수(偶數)는 음수입니다. 사람은 양이요 귀신은 음인지라 각기의 거처 또한 양택(陽宅)과 음택(陰宅)으로 구분합니다.

마찬가지로 동지(冬至)는 일양(一陽)이 시생(始生)하고 하지(夏至)는 일음(一陰)이 시생(始生)합니다. 동지와 하지는 각기 자(子)와 오(午)이며, 일음(一陰)이 시생(始生)하는 오(午)는 「작지부지성의웅약作之不止聖醫雄藥 일음시생一陰始生」 하는 양방위로 오신

술(午申戌)이 성사재인(成事在人)을 담당하고, 자(子)는 「배은망덕만사신背恩忘德萬死身 일양시생一陽始生」으로 대대세세 천지귀신수찰(大大細細 天地鬼神垂察)하는 음방위로 자인진(子寅辰)이 담당합니다.

결론적으로 쉬지않고(作之不止) 성의웅약(聖醫雄藥)하는 천하사 종통 인사문제는 오신술(午申戌) 양방위에서 도안都安 세 살림이 이러한 우주원리를 붕어빵 찍어내듯이 도안(都安) 세 살림 도수의 인사문제로 나오게 됩니다.

중복시절 한동석 著 <우주변화의 원리>에 매몰되어 중복지도자와 말복지도자를 비유한 君火, 相火論은 地支 6기론에 의한 것으로 지지의 午火는 천간 丙火를 제외한 땅의 6기론 군화를 상대적으로 설명한 것일 뿐, 천간의 君火인 丙火를 굳이 따지자면 地支 6기론의 午君火보다 더욱 치열한 眞君火입니다. 이를 굳이 중복시절의 군화, 상화론으로 따지자면 丙申은 午 군화 하나에 비해 丙 7군화, 申 상화를 동시에 가진 것이므로 申 상화는 午 군화의 영원한 보좌역이라는 주장은 6기론에만 매몰되어 천간의 丙火 7군화를 간과한 과도기 중복살림의 유치하고 설익은 심 봉사 소경 잔치 교리였을 뿐입니다.

막둥이 艮은 艮土丙辰의 주인공으로 艮土는 申이며 태모님 말씀하신 壬일수와 甲3목을 든 주인입니다. 초립동이 도수는 10 대 청소년을 뜻하는 것이 아니라 간토병진의 간소남 막둥이 도수를 역학적으로 말씀하신 것입니다. <정역>에서 간동태서의 간艮은 <용담계사도>에서 午가 아닌 申이라 밝힙니다. 또한 神은 申에서 나온 것입니다. 그래서 간동태서에서의 마무리 막둥이 도수가 바로 '천장지구天長地久 신명무궁申命無窮'입니다.

오(午)는 결코 간(艮)소남이 되지 못합니다. 간은 인(寅)과 한 짝으로 역학에서는 간인(艮寅)에서 출발하는 것이 문왕팔괘의 원리입니다. 정역팔괘에서 용담팔괘로 넘어가면 11귀체(補數)에 의하여 인신(寅申)인 간태(艮兌)는 4와 8이 되고, 간태는 좌선(左旋)판으로 신(申)인(寅)으로 또 바뀌게 됩니다. 상제님 진법 진리는 정역팔괘와 중복시절 교리체계에서 철저히 제외된 용담팔괘입니다. 간동태서(艮東兌西)에서의 마무리 막둥이 도수의 천장지비(天藏之秘)가 바로 '천장지구天長地久 신명무궁申命無窮'입니다.

<단주수명서(丹朱受命書)>*연자강남심구주(燕自江南尋舊主) 종시일신성인덕(終是日新聖人德):강남제비가 옛주인을 찾아 끝까지 일신우일신 날로 새로운 개혁을 하니 성인의 덕이로다.(김호연 성도의 혈맥관통 선매숭자 공사와 연관)

<대개벽경(大開闢經)>*성도 물어 여쭈기를 약장에 단주수명(丹朱受命)이라 쓰시고 열풍뇌우불미(熱風雷雨不迷)라 쓰시고 우보상최등양명(禹步相催登陽明)이라 쓰시니 그 이치가 어찌되나이까. 말씀하시되, 후천의 요, 순, 우니라. -弟子 問曰 藥藏書 丹朱受命 烈風雷雨不迷 禹步相催登陽明 其理 何以乎 曰 后天之堯舜禹也-

<대순전경 초판>*덕겸과 겸상(兼床)하여 잡수신 후 양지에 무수히 태극(太極)을 그려 놓으시고 또 그 사각(四角)에 다른 글자를 쓰신 후 덕찬에게 동도지(東桃枝)를 꺾어오라 하사 덕겸에게 일러 가라사대 태극을 세는데 열 번째에 가서는 동도지를 물고 세도록 하라 하시므로 그대로 하여 다 세이니 사십 구 개러라 천사 가라사대 맞았다 하시며 또 가라사대 만일 잘못 세었으면 큰 일이 나느니라 하시며 동도지를 들으시고 큰소리를 지르신 뒤에 그 문축(文軸)을 약방으로 가져다 불사르시니라 그 뒤에 양지에 용(龍)자 한 자를 써서 약방 우물에 넣으라 하사 그대로 하니 그 종이가 우물 속으로 들어 가니라. 종도들에게 이십사절(二十四節)을 읽히시며 가라사대 그 때도 이 때와 같아서 천지의 혼란한 시국(時局)을 광정(匡正)하려고 당태종(唐太宗)을 내고 다시 이십사절을 응(應)하여 이십사장(二十四將)을 내어 천하를 평정(平定)하였나니 너희들도 장차 그들에게 못지않은 대접을 받으리라 하시니라 <대순전경 초판>*우물 井이란 글자는 혁명을 뜻하는 글자다. 우물의 도는 혁명을 통하지 않고는 불가능하므로 우물 속에 붓으로 써 넣은 용자를 써 넣으셨다.

*<중화경> 易曰, 井道는 不可不革이라 故로 受之以革이라하고 革物은 莫若鼎이라 故로 受之以鼎이라하고... 革은 去舊하고, 鼎은 取新하느리라.
-주역에서 말하기를 정도(井道)는 개혁하지 않으면 안되는 뜻이 담긴 괘(卦)이므로, 그 사업을 혁괘(革卦)가 인계받아서 수행하고, 가죽을 다루려면 솥보다 더 좋은 것이 없으므로 그 일을 다시 정괘(鼎卦)가 인수하여 맡아보게 된다고 하며... 혁괘의 할일은 옛것을 버리는 것이요. 정괘의 할일은 새것을 취하는 일이니라.-

<대개벽경(大開闢經)>*神明世界(신명세계)에 和風蕩蕩(화풍탕탕)하고 眞正乾坤(진정건곤)에 皓月朗朗(호월낭랑)이라 天長地久(천장지구)에 申命無窮(신명무궁)하고 日去月來(일거월래)에 寅賓有方(인빈유방)이라

상제님 진리의 지난 105년간 암흑천지근백년 도운판은 너나 할 것 없이 내가 종통(宗統)이라는 종통경쟁이었다 해도 무방합니다. 그러나 동지한식백오제는 선진주(先眞主) 손 병희 다음의 후진주(後眞主) 안 운산(安雲山) 문왕의 큰 씨앗 하나(泰仁)

를 틔워내는 혹독한 과도기에 불과했습니다.

스무 번 째, 태전(太田)은 후천 무극대운의 발원지입니다 증산 상제님은 아무리 능력이 출중한 영웅이어도 지운이 뒷받침 안 되면 천하사로 긴박한 이때에 영웅소일대중화(英雄消日大中華)로 허송세월할 수밖에 없음을 지적하신 바 계십니다.

"개인이나 집안의 이름은 그 일가의 소망과 바람이 깃들어 있어, 이름이 지어지는 순간 생동하는 기운을 받게 됩니다. 한 가문과 지역의 인명, 지명은 그 사회의 최상급문화로써 이름문화는 일조일석에 만들어지는 것이 아닙니다.

우리나라 지명에는 그 땅의 기운과 그 땅에 깃든 인간을 비롯한 뭇 생명들의 운명과 미래의 모습이 예언처럼 스며있어 현재를 살아가는 후인들을 놀라게 합니다. 지地란 만물을 구제하는 땅을 말합니다. 만물을 구제하는 데 있어서 땅의 상태에 따라야 하고 땅의 상태가 만물의 성장에 합당해야 합니다. 땅의 바탕과 구제하는 만물간의 관계는 서로 본질이 맞아야 하기 때문에 땅이 구제된다 하더라도 땅의 바탕이 합당하지 못하면 만물은 옳게 자라나지 못합니다.(장영주 : 국학원장. 전국민족단체협의회 대표회장)"

삼국지에서 와룡 제갈량과 쌍벽을 이루는 영웅 봉추(방통)는 낙봉파(落鳳坡)에서 죽습니다. 지명은 이처럼 일의 성패는 물론 삶과 죽음까지 좌우합니다. 태전 주위를 둘러싼 지명은 일등방문으로 처방한 안 내성(安乃成) 성도의 안(安)을 사용한 지명으로 가득합니다. 증산 상제님께서는 후천 부모산인 회문산과 모악산을 상호 응기(應氣)시켜 부모산의 종주로 삼고 사명당 기운을 발음(發蔭)시켜 후천건설의 바탕자리를 마련하셨습니다. 상제님의 사명당 공사에 이어 태모 고 수부님은 도운 추수살림이 발음(發蔭)되도록 사명당 기운을 임피옥구 오성산에 옮겨놓아 태전 한밭 땅에서 문왕의 도안(都安) 세 살림이 열매 맺게 해 놓았습니다.

<증산도 道典>★상제님께서 서산(西山)에 이르시어 공우에게 물으시기를 "공우야, 내가 텃밭을 찾아가는데 내 텃밭이 어디로 가야 있겠느냐?" 하시거늘 수부님께서 불쑥 대답하시기를 "당신 마음먹고 가시는 길이 텃밭 아닙니까?" 하시니라. 이어 공우가 상제님께 여쭙기를 "어디로 가시렵니까?" 하니 상제님께서 "임피로 해서 태전 간

다.” 하시니라.

<동곡비서>★전주 모악산은 순창 회문산과 대립하여 활연히 부모산에 모든 부로 통합이 되었으니, 부모는 일가의 장으로 가족을 양육통솔하는 이유와 함께 지운을 통일한다면 부모산으로써 종주를 삼을지라. 이제 모악산을 위시하여 회문산 오선위기(回文山 五仙圍碁)를 응기하고, 태인 배례밭 군신봉조(君臣奉詔), 무안 승달산 호승예불(胡僧禮佛), 장성 손룡산 선녀직금(仙女織錦) 기령을 통합하여 이로써 본종을 삼아 대지의 종령을 집중할지니, 궁을가에 이르기를 '사명당이 갱생하니 태평시대 불원이라' 하였나니 이 일을 이름이니라.

태전(太田)은 무극대운의 발원지입니다. 노령산맥은 태백산맥에서 갈려나와 지리산을 향해 뻗어 내린 소백산맥의 백운산(장수군)에서 시작됩니다. 백운산에서 갈려나온 소령산맥은 장수군의 장안산(1237m), 팔공산(1151m), 진안군의 마이산(685m) 부귀산(806m)을 거쳐 완주군 소양면 신안리 동평에서 남북으로 분리되는데, 북쪽지맥이 태전지세를 이루었습니다. 태전은 대체적으로 계룡산, 안평산, 보문산, 식장산 등 4대산의 지맥으로 형성되었는데, 안평산(安平山) 지맥이 정룡(正龍:眞龍)으로 중심체가 되어 계룡산지맥은 좌청룡과 식장산 지맥의 우백호에 둘러 싸여있습니다.

보문산(鳳舞山) 역시 한밭 태전(太田)시의 주산으로 여겨질 정도의 명산입니다. 태전의 정룡(正龍)은 안평산을 거쳐 도솔산을 세웠으며 대둔산을 거쳐 계룡산으로 이어진 좌청룡과 식장산, 응봉산, 계족산으로 이어진 우백호에 둘러싸여있습니다. 태전의 주산으로까지 비견되는 봉무산(鳳舞山:寶文山)은 후천인류를 계도해나갈 증산상제님의 진리를 펼치는 기운이 응축되어있는 명산이요, 식장산(食藏山)은 후천 5만년 간 인류를 먹여 살릴 식록이 감추어진 명산이며 오대산에서 안평산을 거쳐 융결된 도솔산 역시 전 세계를 복속시켜 다스릴 큰 기운이 응축되어있는 명산입니다.

계룡산의 좌청룡, 계족산의 우백호와 더불어 속리산에서 갈려나온 차령산맥과 장수에서 발원한 금강이 조화를 이루면서 태전 산하전체를 치마폭에 감싸듯 휘어 싸고 돌아 금강은 계룡산 뒤편인 강경에 기운을 몰아붙인 뒤 군산으로 빠져 나아갔고 차령산맥은 장항제련소에서 융결 되면서 거대한 우백호를 형성하여 격을 이루었습니다.

이토록 주산으로 비견되는 봉무산(보문산)과 좌청룡 계룡산 우백호 계족산, 그리고 금강과 차령산맥의 둥우리에 담겨진 태전은 백두대간을 타고 밀려들어오는 현기가 조금도 유루됨이 없이 축적되는 형세로 짜여져 있음으로서 가히 신의 걸작이라 찬탄을 금할 수 없을 정도로 완벽한 격을 이루고 있습니다. 태전(太田)은 청학포란형(靑鶴抱卵形)으로 웅장하고 수려한 산천경개의 모습그대로 상서롭고 강렬한 지기가 서려있는 천하제일의 대 명당이며 증산상제님께서는 바로 이곳을 천지공사로서 진법도운의 발원지로 정하셨습니다.

<甑山道 道典 11:240>*「늘 말씀하시기를 "상씨름 판에는 콩밭(太田)에서 엉뚱한 인물이 나온다" 하시니라.」 도운의 경만장 도안都安 세 번째 상씨름 판에서 엉뚱한 인물이 나온다.

<甑山道 道典 6:65>*「"나의 일은 상씨름 판에서 주인이 결정되나니 상(上)씨름꾼은 술 고기 많이 먹고 콩밭(太田)에서 잠을 자며 끝판을 넘어다보고 있느니라." 하시니라」

<甑山道 道典 5:104>*「하루는 말씀하시기를 "일꾼이 콩밭(太田)에서 낮잠을 자며 때를 넘보고 있느니라." 하시고 또 말씀하시기를 "내가 후천선경 건설의 푯대를 태전(太田)에 꽂았느니라." 하시니라.」

곧 태전은 미륵불의 진법도운의 발원지요, 영원불변의 후천 5만년의 세계의 중심지요, 후천역사의 중추적 역할을 할 세계의 수도가 될 땅입니다. 이를 두고 일찍이 격암 남사고는 「左三立三玉璽移(좌삼입산옥새이) 「천자의 옥새가 태전(田:坐三立三)으로 옮겨간다」 「入田卷 얻기 克難구나(입전권 얻기 극난구나)」 「태전(田)에서 펼쳐지는 무극대운의 운 받기가 극히 어렵겠구나」 라고 말하고, 이로움이 태전 콩밭 田에 있다하여 利在田田, 田田字, 井田이라 하고, 이로움이 안 내성의 궁궁(乃=弓弓 태극)에 있다하여 利在弓弓, 弓乙弓乙 등으로 표현했는가 하면, 전의전의하전의(田意田意何田意) 사면방정시전의(四面方正是田意) 전지우전변화전(田之又田變化田) 묘술무궁진전의(妙術無窮眞田意)라 합니다.

심지어 원효 대사의 아들 설총은 자신의 유작인 설총 결(薛聰訣)에 －艮地太田龍華園에 三十六宮 皆朝恩이라－「간방(한국)의 태전은 용화낙원의 중심지라. 세계 만국(36궁)이 그 은혜를 조회하게 되리라.」 하여 후천 5만년이 매듭지어지는 중심 수도를 중원의 중심도시 충청도 태전(太田)－한밭 용화낙원의 중심지라 했습니다. 강산 이서구 선생도 「춘산채지가」에 이에 대해 비교적 소상히 밝힌 바 있는데 다음은 그 내용의 일부입니다.

<춘산채지가>★바둑판을 받을적에 後天運數후천운수 열렸으니 解寃時代해원시대 期待기대려라 五萬年오만년의 運數운수로세 內八點내팔점 그 가운데 太乙點태을점이 中宮중궁이라 三十三點삼십삼점 梅花點매화점은 太極理致태극이치 붙어있네 三十六宮삼십육궁 되었으니 都是春도시춘이 아닌가 三百六十삼백육십 一點中 일점중에 五十土오십토가 用事용사하네 無極運무극운이 用事하니 不天不易불천불역 되리로다 井井字정정자 成宮성궁하니 利在石井이재석정이 아니련가 田田字전전자로 成宮성궁하니 利在田田이재전전이 아닌가

<대전국립현충원의 설명>★(대전 국립현충원 산세는) 문필봉을 조종산으로 옥녀봉을 주산으로 하고 있으며 계룡산을 태조산으로 삼았다. 택리지(擇里志)의 저자인 이중환(李重煥,1690～1752)은 한밭(대전(大田))을 다음과 같이 살기 좋은 고장으로 기술하였다. 고을동쪽에서 금강 남안을 돌아 계룡산의 배후가 되는 곳에서 겹쳐진 고개(중령(中嶺))를 넘으면 유성(儒城)의 대평야인데, 즉 계룡산 북동 모퉁이에 해당한다. 계룡산 남동마을(新都內)은 국초에 서울로 정하고자 하였으나 이루지 못하였다. 이 동네의 물은 한 들 가운데를 구획하여 서쪽에서 동쪽으로 흘러 진산(珍山)의 옥계(玉溪)와 합치어 북으로 금강에 들어가는 데 갑천(甲川: 회덕 서쪽 주암천(舟岩川)에 합하는 강)이라 이름한다. 내의 동쪽은 곧 회덕현(懷德縣)이고, 서쪽은 유성촌(儒城村)과 진잠현(鎭岑縣)이다. 동서의 두 산이 남쪽에서 평야를 끼고 돌아 북쪽에 이르러서 합치었고, 또 높게 사방을 산으로 막아 가운데를 둘러쌌다.

평평한 언덕과 산은 길고 구불어지고, 어여쁜 산기슭은 맑고 깨끗하다. 구봉산(九峯山)과 보문산(寶文山)이 남쪽에 높이 솟아 그 맑고 깨끗한 기상이 거의 한양의 동교(東郊)보다 낫다. 논밭은 극히 좋고 또 넓으나 다만 바다에서 다소 멀어 서쪽에 있는 강경(江景)에서 교역하는 것에 의지한다. 그러나 강경과의 거리는 백리를 넘지 않는다. 거기에다 역사의 젖줄인 금강이 도시의 등뒤로 유유히 흐르고 도시 한복판에는 세 가닥의 큰내가 흐리니 한밭내(대전천(大田川))에서 먼저 만나 하나되고 다시 성천(省川)과 만나 갑천(甲川)을 이루어 금강으로 가나니 하늘에서 내려다 본 대전(大田)의 산천(山川)은 과연 장관이 아닐 수 없다.

이중환(李重煥) 택리지(擇里志) 原本
(自州東 循錦江南岸鷄龍背後 踰重嶺 爲儒城大野 卽鷄龍維也. 鷄龍南洞 國初欲都而未果. 是洞之水 畫一野之中 自西流 東與珍山玉溪合 北入錦江 名曰甲川. 川東 卽懷德縣

西卽儒城村及鎭岑縣也. 東西兩山 自南抱野 至北合又 高障四山 而環圍野中 平岡委蛇 嫩麓精秀 九峯山 與寶文山 聳峙於南 清名氣像 殆過漢陽東郊. 田地極善且廣但海汀稍遠 西仰江景之輪易 然江不滿百里)

백두대간은 태백(太白)산맥과 소백(小白)산맥을 거쳐 노령(蘆嶺)산맥을 이루는데 전북 장수군 백운산에서 갈려나온 노령산맥은 진안 마이산을 거쳐 완주군 소양면에 이르러 각기 남북으로 갈라져, 남향지맥은 모악산으로 북향지맥은 미륵불의 진법도운의 발원지요 후천 중생구제 의통목 천하사의 중심지인 태전(太田)을 이룹니다. 지구의 핵(核)이요 지상최고의 길지인 태전(太田)은 청학포란형(靑鶴抱卵形:청학이 알품은 형국)으로 오대산(五臺山)과 안평산(安平山)을 거쳐 도솔산(兜率山)으로 길다랗게 밀고 들어간 중앙간(中央幹)이 정룡(正龍)으로 학(鶴)의 몸통입니다.

오대산(五臺山)에서 대둔산(大芚山)을 거쳐 계룡산(鷄龍山)을 주축으로 태전의 서방을 병풍처럼 에워싸면서 갑천(甲川)과 금강의 합류지점까지 밀고 들어간 지맥이 좌청룡으로 둥우리를 틀고 있는 좌측날개에 해당되고 월봉산(月峰山), 만인산(萬人山), 식장산(食藏山)에 이어 계족산(鷄足山)을 올려 세우고 당산으로 밀고 내려가면서 동방을 휘감고 있는 지맥이 우백호로서 우측날개에 해당됩니다.

태전의 정룡(正龍)인 중앙간(中央幹)은 안평산(安平山)의 지맥으로 안평(安平)이란 세계를 평정하고 세계평화를 이루는 안(安)씨 성의 대지도자가 등장하는 지맥임을 상징하는 지명입니다.(平: 바를 평, 고를 평, 편안할 평, 고르게 다스려질 평) 따라서 태전(太田:大田)의 중앙간(中央幹)에는 웅대한 스케일의 安씨 지도자가 등장되는 맥이요, 영원토록 다스릴 安씨 지도자가 등장하는 지맥이라 하여 장안(壯安)과 안영(安永)이란 지명이 있습니다.(웅장할 장)(길 영)

좌청룡(左靑龍)은 인사문제를 조율합니다. 따라서 계룡산(鷄龍山)의 지명은 후천(後天) 진인眞人 등장을 상징하므로 좌청룡 머리부위에 위치한 도룡(道龍洞)이란 지명이 자리 잡고 있습니다. 도룡동(道龍洞)에서 갑천(甲川)을 따라 거슬러 올라가면 도안동(道安洞)이 있습니다. 도안(道安)이란 좌청룡의 작용으로 등장한 도(道)의 주인공이

安 씨임을 상징하는 지명입니다.

식장산(食藏山)에 이어 계족산(鷄足山)을 올려 세운 우백호 머리 부분의 지명은 법동(法洞)입니다. 법원과 검찰청등 법을 관장하는 기관이 들어서 있거나 장차 들어설 땅이란 데서 유래된 명칭이 아니고 미륵불의 진법(眞法)을 세상에 펼치는 운을 조율하는 우백호(右白虎)를 상징하는 지명입니다. 좌청룡에 도안동(道安洞)이 있듯이(長泰山엔 壯安洞) 우백호에는 신안동(新安洞)이 있어서 우백호 조율에 의해 세상에 드러나게 되는 미륵불(彌勒佛)의 후천 통합 진리가 安씨 지도자에 의해 펼쳐짐을 상징하고 있습니다.

후천역사의 중심지인 대전(太田)은 이와 같이 지형과 지명으로 미륵불(彌勒佛)의 도안(都安) 세 살림 추수 사명자가 어떤 성씨로 등장될 것인가를 명백하게 밝혀주고 있는바 이것을 총체적으로 결론짓는 지명이 주작인 안산(案山)으로서 새 역사의 견인차 역할자는 후천 가을 금성(金姓)인 安 씨 지도자임을 분명하게 못 박고 있습니다.

대전(太田)을 중심으로 펼쳐지는 증산 상제님의 천하사의 윤곽을 2백여 년 전에 이미 내다봤던 이서구(李書九:1754-1825) 선생도 유작인 <춘산채지가「春山採芝歌」> 태전가사(太田歌詞)에 태전을 안태전(安太田)이라 하여 태전을 바탕삼아 펼쳐지는 새 역사의 주체가 安씨 지도자임을 밝히고 있습니다.

<춘산채지가「春山採芝歌」>★ (태전가사(太田歌詞)) 松松家家송송가가 지낸후에 利在田田이재전전 밭을갈아 安太田안태전을 많이갈아 궁을궁을 때가오니 어느밭을 가잔말가

<상생의 문화를 여는길(안운산 성도사님 말씀. 대원 2005년 초판)>(김형렬 성도와 천안의 태조산)김형렬 성도는 그 직계를 따져보면 충청도 천안(天安) 사람이다. 천안에는 태조산(太祖山)이라는 산이 있다. 그건 대한민국에서 절대적인 산으로 이름 그대로 태조산(太祖山)이다. 콩 태(太)자는 비로소 태, 처음 태, 세울 태, 하나라고 하는 태, 그런 여러 가지 의미가 있다. 그 태는 창시한다는 태 자다. 태조산은 후천 오만년 세상에 할아버지 산이다. 그저 태조산이 천안에 있다 하는 것만 알아둬라. 이 태조산이 천안의 주산(主山)이다. 태조산을 바탕으로 해서 충청도가 형성이 됐다. 천안, 하늘 천 자, 편안 안자, 태조산은 바로 그 천안(天安)에 자리를 잡고 있다.

◎ 차령산맥의 기운

금강과 함께 태전권(太田圈)을 화려하게 에워싸고 있는 차령산맥의 중간부분에 안성(安城)과 천안(天安)이 있습니다. 위 두 곳의 지명은 차령산맥의 정기가 지향하는 운과 역할을 상징하는 명칭입니다. 천안(天安)지역의 옛 이름은 백제의 수도 직산 위례성(慰禮城)입니다. 천안(天安)의 본래 지명인 천원(天原)은 하늘의 뜻을 지상에 펴는 바둑판의 중심점인 천원(天元)을 의미하는 근본이 되는 땅이며, 지명이 근래에 이르러 천안(天安)으로 전환된 것은 하늘을 대신한 安씨가 주관하는 땅임을 상징합니다.

따라서 천안(天安)에는 태조산(太祖山)과 왕자산(王子山) 일봉산(日峰山)과 월봉산(月峯山) 등이 포진되어 있고 여기에 청수동(淸水洞)이란 지명이 끼어있습니다. 즉 청수(淸水)로 천지를 받들어 모시는 후천태조(太祖)와 왕자(王子)를 배출하는 땅이란 것입니다. 그러나 천안(天安)은 천원(天元)도 아니요 천지를 대신할 安씨의 터전도 아니며 천자를 배출하는 군왕지지(君王之地)도 아니며 천안(天安)과 접해있는 안성(安城)역시 安씨성의 못자리도 아니요 안심안신(安心安身)의 보신처도 아닙니다. 곧 천안(天安)과 안성(安城)은 외백호(外白虎)로서 감싸 안고 있는 태전(太田)의 운로(運路)를 대국적으로 밝힌 지명입니다.

천안(天安), 안성과 더불어 대덕(大德), 중원(中原), 음성(陰城), 괴산(槐山), 충주(忠州), 청주(淸州), 청원(淸原), 진천(鎭川), 보은(報恩)등 차령산맥(車嶺山脈)의 지맥에 맺혀있는 지명들은 거의 대다수가 태전(太田)의 운로(運路)와 관계된 명칭으로 천하대명당(天下大名堂)이라면 마땅히 지맥(地脈)과 더불어 중앙혈(中央穴)이 갖는 운로와 동질적인 지명(地名)을 포진시켜 중앙을 향해 기운을 몰아붙이게 됩니다. 천안(天安: 太祖山)과 안성(安城: 七長山)의 금북(금강이북)정맥은 세 살림 주인공 안(安)씨의 도약대인 태전(太田)의 외백호(外白虎)로서 인사문제 차원의 운로(運路)와 역할(役割)을 밝힌 지명입니다.

서촉의 유현덕의 모사(謀士) 봉추(鳳雛)가 촉나라 원정길에 험준하기로 유명한 촉

지방의 검산도곡(劍山刀谷)의 고갯길을 넘다가 미리 매복하고 기다리던 촉나라 병사들의 집중적인 표적이 되어 수많은 화살을 맞고 말에서 떨어져 죽었는데 바로 그곳의 지명이 봉(鳳)이 떨어져(落) 죽을 고개(坡)라는 낙봉파(落鳳坡)입니다.

전남 승주군 송광사 입구에 낙수(落水)란 지명이 있는데 주암호의 댐이 그곳에 건설되어 결국 수량이 낙수에 떨어지게 되었으며, 전남 장성과 백양사의 중간지점에 용강(龍江)과 수성(水城)이란 마을이 있었는데 장성댐의 건설로 그 지역이 가장 깊은 댐의 심부가 되어버리기도 했습니다.

목포시와 영암군 삼호면을 가로질러 흐르는 섬진강에 문도(門島)라는 자그마한 섬이 있었는데 영산강 하구언이 건설되면서 수문(水門)이 바로 그곳에 설치되기도 했으며, 60년대 서울 명동 대연각(大燃閣) 호텔에 큰 화재가 발생했는데 음동(音同)에 의한 명칭이 하필 대연각(大燃閣:크게 불타는 집)이었습니다. 시인 김 영일(金英一)씨가 지하(芝河)로 개명 후부터 감옥생활로 연결된 인생이 전개되더라고 직접 TV에서 밝힌바 있듯이 지하(芝河)의 음동(音同)은 지하(地下)로서 "땅 밑", "갇히다" 등을 의미합니다.

70년대 말경 현역은 물론 예비군까지 구보(驅步)할 때 구호로 "초전박살"을 전국적으로 외쳐댄 적이 있었는데 전쟁개시와 동시에 적을 단숨에 섬멸시켜 버리자는 결의에 찬 구호로서 한자로 初戰撲殺이었습니다. 당시에 "초전박살(初戰撲殺)"의 구호가 꽤 오래 사용되었는데 그 무렵 고(故) 박 정희(朴正熙) 대통령이 시해된 10.26 사태에 이어 군부 수사권력 체제인 전 두환(全斗煥) 신 군부체제가 등장하면서 음동(音同)이 초전박살(招全朴殺:박씨를 죽이고 전 씨를 불러낸다)의 구호였음을 결국 깨닫게 되었습니다. 1979년 초 저명 역술인 박재완 옹이 김재규 중앙정보부장에게 줬다는 점괘인 "풍표낙엽(楓飄落葉) 차복전파(車覆全破)"는 10·26 사건 후에야 "가을에 차지철이 뒤집혀 죽고 전두환이 (김재규를) 파괴한다는 뜻임이 드러났습니다.

이와 같이 현실과 관련해 지명(地名), 인명(人名) 그리고 말소리나 문자 심지어 의미가 전혀 없을 것 같은 외침 속에도 그 음(音)에 상응(相應)하는 기운이 감추어져 있거나 발동되는 것이 바로 음동(音同)의 법칙입니다. 이로 보면 증산 상제님이 성도들의 성씨를 이용해 각종 공사를 처결하시고 성도들의 이름도 공사 격국에 맞게 왜 바꾸어 주셨는지 이해할 수 있을 것입니다.

한반도의 북방 현무는 백두산이요 남방 주작은 한라산이며 동방 좌청룡은 일본이요 서방 우백호는 중국입니다. 풍수론에 있어서 중앙혈(中央穴)을 에워싸고 있는 명칭은 음동기운의 작용으로 그대로 투영되어 박혀버리기 때문에 후천 길목에는 대중화大中華인 한국이 곧 백두요 한라요 일본이며 중국이 되어버립니다. 현무요 종주산인 백두산(白頭山)의 명칭은 후천(白) 우두머리를 상징하며 국운진로의 향방을 결정하는 위치인 남방주작 한라산(漢拏山)의 명칭은 중국(漢)을 석권(拏:잡는다, 석권하다, 제압하다)하는 국운의 대륙진출을 상징합니다.

국운의 인사문제를 조율하는 좌청룡 일본(日本)은 한민족 고유의 광명, 태양을 근본으로 삼음을 상징합니다. 이는 대국적으로 한국에서 후천 5만년 무극대도 광명진리가 나옴을 상징합니다. 법(眞理)과 사상적인 운(運)을 조율하는 우백호 중국(中國)의 국명은 자신이 감싸는 혈처 한반도가 세계 중심국(世界中心國)임을 상징합니다.

따라서 한국은 현무 백두산(白頭山)의 정기가 바탕이 되어 후천 종주국(宗主國)-도주국(道主國)이 되며 국운의 견인차인 남방주작 한라산에 의해 대륙진출의 국운의 인사문제를 조율하는 좌청룡 일본(日本) 기운에 의해 남조선 광명 대도진리가 출현하며, 법과 사상줄을 조율하는 우백호 중국(中國) 기운에 의해 한국을 세계의 중심국으로 부상시키는 위대한 10무극 상제님 진리가 한국에서 출현하게 됩니다.

◎ 흥안령(興安嶺)과 백두대간

한반도 북방을 감싸고 있는 흥안령(興安嶺)은 동방의 종주산인 백두산을 향해 현기(玄氣)를 몰아붙이는 대 구릉성 산악으로 지형상 국운에 지대한 영향을 끼치도록 조판되어 있습니다. 흥안령(興安嶺)은 대흥안령(大興安嶺)과 소흥안령(小興安嶺)으로 이루어졌으며 험준하기로 유명한 음산(陰山)산맥에서 동으로 뻗어 몽골고원과 만주대평원과의 경계를 이루는 내몽골 자치구를 거쳐 동북방을 향해 힘차게 밀고 올라갑니다. 크게 만곡한 흑룡강(黑龍江)을 따라 ㄱ자로 꺾어지면서 소흥안령(小興安嶺)으로 연결되어 송화강까지 뻗어내립니다.

흥안령(興安嶺)의 옛 이름은 안흥령(安興嶺)으로 安 씨를 흥興하게 하는 기운이 갈무리된 산맥이란 뜻입니다. 흥안령(興安嶺)의 지세 자체가 흑룡강(黑龍江)과 송화강(松花江)에 차단되어있기 때문의 지맥의 조종(朝宗)인 곤륜산으로부터 넘쳐드는 현기(玄氣)가 모두 축적되는 형국인 관계로 흥안령(興安嶺)에 축적된 북방의 현기(玄氣)는 만주평야의 중앙을 동남쪽으로 가로질러 장백산맥(長白山脈)을 거쳐 백두산(白頭山)으로 이어지는 유일(唯一)한 지맥(支脈)을 통해 오로지 한반도로 만이 흘러들게 되어있습니다.

이토록 흥안령(興安嶺)은 간방(艮方) 한반도를 위해 조판된 산맥이므로 흥안(興安)이란 곧 한반도 추수 결실 국운(國運)과 직결(直結)된 명칭(名稱)입니다. 동방의 종주산(宗主山)인 백두산(白頭山)이 뿌리를 흥안령(興安嶺)에 박고 있기 때문에 한반도(韓半島) 국운은 흥안령(興安嶺)이 갖는 운의 테두리를 벗어날 수가 없습니다. 흥안령(興安嶺)에서 뻗어내린 백두 중앙대간은 전북 진안, 무주, 장수를 거쳐 후천의 중심지 태전(太田:대전)에 이르는데, 무주(茂州) 진안(鎭安) 장수(長水) 등의 지명은 모두 태전(太田)의 운로와 관계된 것으로 특히 진안(鎭安)의 진鎭이란 《玉篇》에 白玉兮爲鎭, 寶器也。安也。라 해서 安이라 풉니다.

진안(鎭安)이란 安이 거듭된 지명임과 동시에 진안(鎭安) 마이산(馬耳山)은 물줄기의 수원(水源)으로 세계를 진정시키고 진압하는 위대한 지도자가 安 씨임을 상징하는 지명으로 인사문제의 차원에서 태전(太田)은 이 테두리를 벗어날 수 없어 상제님은 이러한 지운을 일등방문의 인사문제로 안 내성 성도에게 이화시키신 것입니다.

진안(鎭安) 마이산(馬耳山)에 떨어지는 물은 동쪽으로 가면 금강이 되고 서쪽으로 가면 섬진강이 된다고 하며, 산맥으로 말하면 소백산맥과 노령산맥의 경계가 되기도 하는 수원(水源)이기도 합니다. 상제님이 집행하신 경만장 안내성 성도의 운암강수만경래의 세 살림 도수의 수원(水源)이 바로 진안(鎭安) 마이산(馬耳山)에서 출발하는 물줄기입니다.

이 기운을 머금고 수원 나그네의 인사문제가 실현됩니다. 진안(鎭安) 마이산에 대해 무학대사의 스승인 나옹대사는 "진안(鎭安) 서다산(西多山 :마이산의 원명)은 산태극·수태극의 중앙 혈(穴) 자리다. 또한 계룡산까지 다시 속리산에서 관악산 너머 한양까지 힘을 밀어 올리는 역할을 하며 천을(天乙), 태을(太乙)이라고 하는 귀봉(貴峰)이다."라 말합니다. 열다섯(十五)수를 채우는 3련불성 운을 바탕으로 천하통일의 대위업을 이룰 도안(都安) 세 살림 주인을 배출하는 자미원국을 이룬 차령산맥이 안성(安城)과 천안(天安)을 통과함으로써 인사문제가 대국적으로 결정나게 됩니다. 지구촌의 후천 대중화(大中華) 운을 담보하는 이러한 천하 명당(艮穴)은 이처럼 후천 5만년 대운에 부응해 대간(大幹)의 대운(大運) 기운과 함께 합니다.

따라서 지상의 핵(核)이요 열매 맺는 꽃 봉우리인 간방 한반도가 흥안령(興安嶺)에 뿌리를 박고 있기 때문에 용과 혈이 체와 용의 상보관계를 이루면서 천지대운이 크게 열리는 대시이성(待時而成) 때는 반드시 흥안령(興安嶺)의 음동기운을 받게 되어 안(安) 씨 지도자가 등장하게 되는 것입니다. 이러한 사실을 천지인신(天地人神)의 인사문제로 처결하신 공사가 바로 경만장 운암강수 만경래 안 내성(安乃成) 도안(都安) 세 살림 공사입니다.

이에 마지막 한 가지 더 덧붙이면, 곤륜-흥안령(興安嶺)-백두 대간의 내주작(內朱雀)은 한라산이며 호주(濠洲)는 외주작(外朱雀)입니다. 외주작인 호주(濠洲)의 국명인 호(濠)자는 중국 안휘성(安徽省) 지명인데, 과거 영국령으로 중국과는 하등의 관계가 없는 호주의 국명에 중국 안휘성(安徽省)의 지명을 취한 이유는 선두에서 운을 펼쳐가는 위치가 주작(朱雀)이므로 호주(濠洲)의 호(濠) 자 곧 안휘(安徽)는 안(安) 씨를 앞세워 아름다운(徽) 세상을 연다는 뜻이 있기 때문입니다.

이는 곧 주작(朱雀)을 대신하여 안휘(安徽)로 표현한 것에 불과할 뿐이며 후천벽두 대륙진출 국운의 영광과 후천문명의 새로운 광영(光榮)이 安씨 선구자를 중심으로 열리게 됨을 의미합니다.

✎스물한 번 째, 세 살림 도수를 여는 후천 대주교 일등방문(후천개창 도운의 일등 처방문) 안성(安姓).

일등방문 안 내성(安乃成) 성도를 참여시켜 처결한 이등방문 제거공사는 결국 기유년 10. 26 '대한의군 참모중장 독립특파대장' 안 중근(安重根)에 의해 하얼빈 역에서 사살되는 것으로 마무리됩니다. 안 내성(安乃成)을 주인으로 정한 공사이므로 반드시 안 씨가 주체가 됨을 의미합니다. 안 씨를 내세운 공사가 비단 이등방문 제거 공사에만 해당 되는 것이 결코 아닙니다. 안 내성(安乃成) 성도를 일등공사로 내세우신 공사는 문왕과 무왕, 주공 단 3부자와 사마의 사마사, 사마소 3부자 가문처럼 도안(都安)세 살림 종통(宗統)을 3부자(父子)로 모두 한 꿰미에 꿰어 넣으신 공사입니다.

추수사명의 세 살림의 기초는 마치 문왕과 사마의(중달) 처럼 일태극 숙구지 문왕 도수에 의해 임성인(壬聖人)을 내세우심을 의미하며 "장차 천하난국을 바로 잡으려면 일등방문을 씀이 가하니" 하신 바대로 천하난국을 바로잡는 도안(都安) 세 살림을 주도하게 될 대인출세는 이등방문의 제거와 동시에 무진년(1928) 구월도 숙구지 문왕 도수의 기두와 더불어 장차 등장하게 된다는 말씀입니다.

본 이등방문 제거 공사에 상제님께서 직접 주체가 되시고 안 내성(安乃成) 성도를 사역(使役)시킨 것은 증산 상제님이 천하사 추수 대행자로 안(安)씨 지도자를 내세운 천지공사임을 의미합니다. 따라서 "안 성(安姓)을 썼노라" 이 성구는 이등방문 제거자도 안(安) 씨지만 천하사 추수 대행자 역시 일등(처)방문 안(安) 씨임을 명백하게 밝히신 말씀입니다.

지금까지 추수도수 도안의 세 살림 전체 윤곽이 드러나기 전까지 장막속에 가려있던 105년간은 장닭 두홰 우는 과도기였습니다. 안(安)씨가 주관하는 종통(宗統) 도운(道運)이 세계인의 종교가 되며 세계를 교화시켜 나아갑니다. 이 종통 문제는 싫든 좋든 찬성하든 반대하든 하는 선택의 문제가 아닌 상제님 천지공사에 있어 마지막 의통성업 추수에 대한 절대적인 대명제입니다. 후천 일만 이천 도통군자를 배출하는 문왕 도수의 씨(仁)마저 일본에게 넘기면 천하가 다 저희 것이 되지 않겠느냐는 뜻은 다른 모든 것을 다주어도 못줄 것이 있으니 마지막에 인류를 구제 중생하는 일만 이천 도통줄의 씨(仁)만은 잘 간직하라 하신 것입니다.

<증산도 道典>★시루산에서 공부하실 때 목에 붉은 수건을 거신 채 '구천하감지위(九天下鑑之位)'와'옥황상제하감지위(玉皇上帝下鑑之位)'를 찾으시며"도통줄 나온다! 도통줄 나온다!"하고 큰 소리로 외치시니라.

증산 상제님의 지상강림 이전에는 천문을 통한 달인들 이에는 천도를 알 수 없었지만 구한 말 1871년(신미년) 지상강림 이후 천도를 뜯어고친 천지공사天地公事를 집행하셨기 때문에 현세에서는 천문에 대한 별도의 공부를 하지 않고도 천도를 알 수 있게 되었으니 이는 곧 미륵불이신 증산상제님께서 집행하신 천지공사 내용이 곧 후천을 열어가는 천도이기 때문입니다. 세계의 핵은 한국이요 한국의 핵은 대

전(太田:한밭)입니다. 고로 세계지세는 한반도를 중심점으로 하는 형국을 이루었고 한반도는 대전을 중심점으로 하는 형국을 이루었으며 이에 따라 증산 상제님은 천하사의 주도국과 중심지를 태전으로 결정지으셨습니다.

본래 하늘 땅은 객체이며 인간 역시 객체이지만 하늘과 땅은 음양 관계요, 인간은 천지기운을 받아 태어나기 때문에 상호분리 될 수 없는 관계이므로 천문과 부합되는 땅은 천기와 합덕하여 반드시 천도에서 점지한 인물만을 배출시킬 뿐 다른 인물을 배출시키지 않습니다. 반대로 천도와 부합되는 땅이 安 씨 성을 배출할 형국이면 천도에서는 安 성씨를 점지할 뿐 계룡산 鄭씨나 趙씨의 성씨를 점지하지 않기 때문에 지상에 조판된 지세와 형국은 곧 무형인 천도의 정신을 유형으로 나타내는 틀이라고 할 수 있습니다.

<보천교普天教 교전教典>★궁을가弓乙歌에 「조선강산명산朝鮮江山名山이라 도통군자道通君子 다시난다」라 하였으니 또한 나의일을 일음이니라 동학신자간東學信者間에 대선생大先生이 갱생更生하리라고 전傳하나 이는 대선생大先生이 다시 나리라는 말이니 내가 곧 대선생大先生이로라 또 가라사대 예로부터 계룡산鷄龍山의 정씨왕국鄭氏王國과 가야산伽倻山의 조씨왕국趙氏王國과 칠산七山의 범씨왕국范氏王國을 일러오나 이뒤로는 모든말이 영자影子를 나타내지 못하리라 그럼으로 정씨鄭氏를 찾어 운수運數를 구求하려 하지말지어다 하시니라

<중화경(中和經)>★如三代之治는 氣像이 寬緩하고 五伯之治는 氣像이 促迫하니 如地勢寬緩則 長遠하고 地勢斗峻則 短促하니 皆宜寬緩之義니라.

삼대 임금의 정치는 기상이 너그럽고 완만하였고, 오패의 다스림은 기상이 촉박하여, 마치 지세가 너그럽고 완만하면 장원(長遠)하고, 지형이 높고 험준하면 짧고 급박함과 같으니, 이는 모두 너그럽고 완만한 성품이 좋다는 뜻이니라.

<대개벽경(大開闢經)>★상제님께서 28세 무술년(1898)에 객망리에서 말씀하시되, "대인이 세상에 내려옴이 광구천하에 뜻이 있으니 나는 주유천하하여 천하의 세태와 인정풍속을 살펴보리라." 전국 각도 주류(週流)의 길을 떠나실 새 당시 20 세가량 된 안 필성이 논산 강경까지 수행하고 그곳에서부터는 단신으로 각도 각 읍을 촌촌전지하사 민심과 풍속을 살피시고 각 명산대천의 지운을 관찰하시니

<증산도 道典>★이렇게 수년 동안 유력하시며 민심과 풍속을 살피시고 명산대천의 지운(地運)과 기령(氣靈)을 관찰하신 뒤에 서른 살 되시는 경자(庚子 : 道紀 30, 1900)년에 고향에 돌아오시니라.

<동곡비서>★전주 모악산은 순창 회문산과 대립하여 활연히 부모산에 모든 부로 통함이 되었으니, 부모는 일가의 장으로 가족을 양육통솔하는 이유와 함께 지운을 통일한다면 부모산으로써 종주를 삼을지라.

<나의 세상 龍華仙境이 오면>★형렬亨烈이 가로대 선천先天은 천하만국天下萬國이 인종人種의 색깔이 다르고 풍습이 달라서 어떻게 일가一家가 될 수 있습니까? 가라사대 선천先天은 지운地運이 통일되지 못하였나니 지금 내가 사명당四明堂의 법도를 대본大本으로 삼아서 천하산하天下山河의 기운을 돌려서 평화롭게 통일하면 크게 어려울 것이 없노라.

<천지개벽경(天地開闢經)>★구릿골(銅谷)을 출발하시며 김형렬(金亨烈)에게 가라사대(曰) 내가 공사차(公事次) 다녀오리니 너(汝)는 이곳을(此處) 떠나지 말라. 조선(朝鮮)이 동과혈(冬瓜穴)인데 수기(水氣)가 뿌리(根)로부터 말러(枯) 들어가니 죽을 지경(地境)에 이르렀느니라 하시며 인(因)하여 가라사대(曰) 백두산(白頭山)이 조선(朝鮮)의 근본인즉 그 곳으로부터 수기(水氣)를 넣어야 하리라 하시고 출타(出他)하시어 수일(數日) 후(後)에 돌아오시더니 가라사대(曰) 이제 수기(水氣)를 집주(集注)시켰으니 다시금 회생(回生) 되리라 하시였다 하니라.

<천지개벽경(天地開闢經)>★하루는 천지공사(天地公事)를 행(行)하실세 가라사대(曰) 기우는 지운(地運)을 바루기 위(爲)해서는 먼저 높은(高) 곳(處)으로부터 지운(地運)을 뽑아(拔出) 당겨서 써야 되리라 하시며 장백(長白) 산맥(山脈)에 결실(結實)한 백두산(白頭山)의 기운(氣運)을 뽑아당겨서 남해(南海) 제주도(濟州道) 한라산(漢拏山)으로 옮겨(移) 쓰니라(用) 하시고 덕유산(德裕山)에 뭉쳐있는 기운(氣運)을 뽑아서 남도(南道) 무등산(無等山)으로 옮겨 쓰니라 하시고

<천지개벽경(天地開闢經)>★또 강원도(江原道) 금강산(金剛山) 일만이천봉(一萬二千峰) 기운(氣運)을 뽑아 당겨서 영암(靈岩) 월출산(月出山)으로 옮겨 쓰리라 하시면서 조선(朝鮮) 명산기운(明山氣運) 천발공사(遷拔公事)를 보시니 한사람(一人)이 물어(問) 가로대 그와 같이 하시는 사유(事由)가 무엇이오니까 하니 대답(對答)하여 가라사대(曰) 뭉쳐있는 기운(氣運)을 뽑아서 골라(調) 잡아야 때(時)를 마추어 쓰리라 하시며 또(又) 가라사대(曰) 백두산(白頭山) 상봉(上峰)에는 천지(天池)라는 못이 있고 한라산(漢拏山) 상봉(上峰)에도 백록담(白鹿潭)이라는 못(池)이 있느니라.

<천지개벽경(天地開闢經)>★강원도(江原道) 금강산(金剛山)도 일만 이천 봉(一萬二千峰)이요, 전라도 월출산(月出山)에도 일만 이천 봉(一萬二千峰)의 기운(氣運)이 있으니 이는 여일지의(如一之義)로다 하시며 이어서 가라사대(曰) 전주(全州) 모악산(母嶽山)은 순창(淳昌) 회문산(回文山)과 서로 간(相互間)에 마주서서 부모산(父母山)이 되었으니 지운(地運)을 통일(統一)하려면 부모산(父母山)으로부터 비롯할지라 하시면서 계속(繼續)하시어 지운통일공사(地運統一公事)를 보시며 산하대운

(山河大運) 진귀차도(盡歸此道)라 하시고 이 강산(江山)의 산하대운(山河大運)을 돌려 발음(發蔭)하게 하노라 하시며 연일(連日) 공사를 계속(繼續)하시였다 하노니 <선도신정경(仙道神政經)>★좋을시구(造乙矢口) 좋을시구 우리시절(時節) 좋을시구 전무후무(全無後無) 천운(天運)이요 전무후무(全無後無) 지운(地運)이요 전무후무(全無後無) 운수(運數)로다 삼년불여(三年不餘) 성취(成就)되면 천하만사(天下萬事) 아련마는 어느누구 알을소냐

<2변 도운 121(1991). 3. 4 강론>★여기가 본래 콩밭이여. 이등박문이란 놈이 우리나라 통감으로 와서 대전을 초도순시 차 들렀어. 콩 태(太) 태전(太田). 그 놈이 머리 영특하고 한 놈인데 태(太) 자는 우리나라 장래 기운 뽑기 위해서도 점하나 빼야 되겠다, 점을 빼 버리면 대전이 된다. 신문에도 그게 나왔데, 태전이라고 하지 말고 대전이라고 해라. 본래 여기가 태전이여.

<2변 도운 121(1991). 3. 4 강론>★상제님 말씀에 일꾼은 콩밭에서 잠을 자구서 뒤판을 꼬눈다. 증산도가 우리나라에서 최고 마지막 일어난 단체여. 증산도 간판 내건지가 몇 해나 되었나, 개척 단체란 말이여. 콩 태(太)자의 뜻이 뭐냐면, 창업 군주를 콩 태(太)자를 붙여 태조(太祖)라고 그래. 역성혁명(易姓革命), 이성계씨가 왕(王)씨 성을 바꾸는 혁명을 했다. 그래서 태조(太祖)여, 고려 왕 건이 고려를 세워서 태조(太祖)여. 고려 태조다, 태조. 당 나라 이 세민이가 당 태종(太宗)이여, 콩 태(太). 그렇게 처음 창업을 해서 하게 되면은 그게 콩 太자, 처음 太, 비로소 太, 하나 太, 그 태(太)자가 그런 太자여. 이 대전(大田)이라는 곳이 본래 후천 세계를 건설 하는 곳이여.

<2변 도운 121(1991). 3. 4 강론>★이 지명이라는 것이 아주 오랜 옛날에 누구도 모르던 신인들이 그렇게 이름 붙여서 누구도 그렇게 잘 뜯어 고치질 못 혀. 책에는 쓰지 못했지만 상제님이 <사람은 충청도 사람을 쓴다> 한 사람만 나와도 된다 그러셨어. 그 한 사람은 신도 각 개인을 이야기 한 것이 아니고 지도자를 이야기 한 거여. 지도자급 한 사람만 나와도 내 일은 된다. 사람은 충청도 사람을 쓴다. 그게 전부 내게 해당되는 것이라. 그런 이야기를 안 하고 있어. (문왕 도수)

증산 상제님께서 천지개벽과 직접적인 관련이 있는 공사는 모두 안 내성(安乃成) 추종 성도를 주인으로 내세워 결정한 바 이는 천하사 대행자가 "평생불변심(平生不變心)"으로 결정한 안(安)씨 성으로 등장 하신다는 것을 의미하는 것입니다. 안(安)씨 성은 이두문자를 만든 신라 현인(賢人) 설 총(薛聰)이 후천 5만년 무극대운을 받는다고 한 성(姓) 씨입니다. 상제님의 진리 말씀 증언자들은 여기서 마지막에 안(安)씨가 등장함을 증언하고 있습니다.

학암 이중성 선생의 따님 이옥수(박공우 성도 며느리)는 증산도 도전 답사팀 앞에서 '우리 일은 여자 성씨가 나와 상제님의 도운을 새로 개척한다.'고 몇 차례 증언했습니다. 심지어 초기 기록인 『대순전경』에는 '평생불변심 안내성'이라 기록되어 있으나, 학암 이 중성 선생은 『대개벽경(천지개벽경)』에 '平生不變心 安○○'으로 안(安)씨 성(姓)만 특정해 기록하고 있습니다. 이것은 청음 이 상호가 상제님께서 성씨만 쓰신 것을 이해하지 못하여 안 내성 성도로 유추해서 써넣은 것입니다.

안 내성 성도로부터 수없이 이 이야기를 전해들은 안 정남, 윤 기택 씨는 '천상천하불변심 안○○(天上天下不變心 安○○)'이라 하여 안(安)씨 성(姓)만 밝혔을 뿐 성명을 특정(特定)하지 않았음을 새롭게 증언했습니다. 상제님 진리 역사에서 평생을 변함없이 진리 사업에 전념하는 한 인물의 성(姓)이 안(安)씨 성(姓)이라고 말씀해 주시고 계십니다.

증산 상제님은 정명(正名)사상에 준하여 각 공사마다 공사주인의 이름과 연월일 속에 핵심 의미가 들어있도록 각 공사와 기운이 부합된 이름을 가진 추종 성도를 공사의 주체 인물로 내세우셨습니다. 안 내성(安乃成)이란 이름의 내(乃)자는 끌고 가기 아주 어렵다는 예(曳)의 뜻을 지니고 있습니다.

安○○: 일만 이천 도통군자를 잉태할 문왕 도수의 씨앗(仁)이 태모 고 수부님 무진년 구월도 숙구지 공사로 깨어 일제치하에 온전히 보존되다가 해방이후 발아했다가 말점도 20년 유배기간을 거쳐 초복살림을 꾸린다.
安○○: 상두쟁이 安씨로 태어나 일을 아주 곤고할 정도로 어렵게(乃) 이룬다(成)
安○○: 3부자 세 안씨(都安) 초중말복 세 살림, 혈맥 3대(代)에 의해 이루어진다.

<증산도 道典>*하루는 공신이 이르기를 "우리 일은 삼대(三代)밖에 없다." 하니라.

安○○: 상두쟁이 安씨의 뾰족한 수로 이루어진다. 安은 여자가 규방에 앉아있는 모습으로 시속에 무당의 성씨라 한다. 갓머리 집 면(宀)의 모습은 뾰죽하게 상투를 튼 칠성도수의 모습을 하고 있다. 태모님 세 살림 무기토(戊己土) 천지정리 공사에 준해 기묘(己卯)년 칠월칠석날(七星제사 드리는 날) 칠성용정도수를 받은 고 민환 성도의 집 안뜰에서 오성산 사명당 기운으로 출세하는 도안 세 살림 책임자를 축원하는 칠성제사를 드리는데 내성대업(乃成大業)의 말씀을 하시며 사례(謝禮)한다.
安○○:6자에 모든 비밀이 들어있다. 6은 우주원리로 후천 음기운의 대표로 亥水, 癸水의 음수이다. 6각수의 신비도 이에 준한다. 무왕인 무곡성도 6星이고, 천지중앙 무기戊己 토土도 5, 6이다. 安은 6획으로 6획의 성씨를 추수 세 살림 지도자로 점지

했다.

<증산도 도전(道典)>(증산도 백년 역사 『도전』 나오는 과정)*그 다음 박 공우 성도와 사돈을 맺은 이 중성씨가 쓴 『천지개벽경』이 있다. 전주 코아 호텔에서 이 중성 씨의 딸을 만났는데, 그녀가 나한테 그런다. "우리 아버님 말씀이, '우리 일은 안 씨가 나와서 일을 이룬다'고 했다."고. 아, 내가 묻지도 않은 애길 한다. 『개벽경』에도 "평생불변심 안○○"이라고 있다. 『도전』에도 그게 실려 있다.

<안 운산 성도사님 도훈 (도기134.5.17)>*(안 내성 성도의 3년 촌촌 도수) 한 사람에게 진리가 의식화되기까지는 그렇게 어렵게 껍질이 깨지는 과정이 필요하다. 사람을 기른다는 것이 그렇게 단기간의 투자와 정력으로 되는 게 아니다. 오죽했으면 상제님이 안 내성 성도에게 "모악산이 포해지형(胞孩之形) 아니더냐!"고 하셨겠는가. 안 내성 성도는 지구의 어머니 산인 모악산을 대행하는 중차대한 역할을 했다. 그는 한평생 자기를 희생해 가며 앉은자리에서 3년을 태을주를 읽었다. 당시 먹을 것조차 없던 시절에 그 고생은 이루 말할 수가 없었다. 상제님이 안내성 성도에게 붙이신 소위 9년 역사에서 가장 힘든 것이 3년 촌촌 도수라고 한다.

<안 운산 성도사님 도훈 (도기134.5.17)>*그릇을 메고 전국 팔도, 저 함경도까지 다니며 밥을 얻어먹었다. 밥 얻어다 놓고 청수 떠놓고 상제님께 심고하고 먹는 것이다. 증언을 들어보면 그게 가장 힘들었다고 한다. 그런데 그게 또 가장 추억에 남는다는 것이다. 윤 기택 씨도 그런 애길 한다. 안 내성 성도는 평생 그것만 하고는 모악산 백운동 교단을 해체했다. 그러니 한평생 거기에 매달린 신도들은 얼마나 허망하겠는가. 전부 천지의 제물이 된 것이다. 내가 지금 생각해 보니 촌촌 도수라는 것이 이 세상에 안 씨 기운을 박는 공사다. 안내성 성도의 기운을 천지에다 박는 것이다. 그 제자들, 백운동 신도들이 전국을 다니면서 그 기운을 뿌리고 다녔다.

<仙道神政經>*천하에 대도통은 6으로써 벌리나니 하셨다.

<증산도 道典>*(막둥이 6도수)"세상을 다 추려 잡을 수는 없으니 이만하여도 종자(種子)는 하겠다." 하시고 "대도통은 육(六)으로 되느니라." 하시니라.

<仙道神政經>*오성산(五聖山)은 북방(北方) 일육수(一六水)라야 채울 수 있으리라 솥(鼎)은 말리면 아니 되리니 조왕(竈王)의 솥(鼎)을 말리지 말고 일육수(一六水) 물을 홀홀 둘러 놓아두도록 해야 하리라*(같은 물이라도 음수인 6수(癸)는 컵 속의 물이고 양수인 1수(壬)는 大海, 大洋의 물이다. 물은 우주생명의 근본이라 생명을 낳는 壬=姙娠의 뜻과 생명의 王이며 대임을 맡는 맡길 任에 쓰인다. 인류구원의 의통목 집행은 大任을 뜻하는 임 1수가 들어야 한다.)

<격암유록 양백론(兩白論)>*하락천지육일수河洛天地六一水로 양백성인출세兩白聖人出世하야 십승대선十勝大船지어놓고 고해중생증제苦海衆生拯濟로세 선천하도우태백先天河圖右太白과 후천낙서좌소백수 後天洛書左小白數 좌우산도궁궁지간左右

山圖弓弓之間 백십승白十勝이 은잠隱潛하니 산궁전궁전궁산궁山弓田弓田弓山弓 양백지간십승兩白之間十勝일세

하루는 상제님께서 성도들에게 말씀하시기를 "속담(俗談)이 모두 성담(聖談)이요, 인생의 비결이니라."<증산도 道典> 천지 안에 있는 말은 하나도 헛된 말이 없느니라.<대순전경 3판> 일상적으로 가장 적합함을 표현하는데 사용하는 말이 안성맞춤이라는 말입니다. 천지 안에 있는 말이 하나도 헛된 말이 없는데 왜 안성맞춤일까요. 이는 단지 안성의 유기그릇만을 의미하는 것이 아니라 상제님 천지공사의 추수사명에 있어 대세흐름의 초점이 安氏 姓이 대주교임을 알려주는 언어입니다.

안전(安全)이란 말과 문자에도 장차 천하가 3년 대병겁의 대혼란 속에서 유일한 안심안신(安心安身)의 보신처가 바로 만국함녕의 편안한 안 씨 품안이라는 뜻입니다. 그리하여 이러한 천지 안에 있는 말에 담긴 의미는 증산 상제님께서 하나도 헛된 말이 없느니라 하신 것처럼 천도의 핵을 직관한 천기누설적인 언어들입니다.

증산 상제님께서 말씀하신 원시반본(原始返本)이란 근본정신으로 회복해 되돌아감을 의미하기도 하지만 미래지향적인 의미로 환원하면 후천 인류역사의 첫머리요 모든 제도의 근본바탕이 되는 시원의 모든 제도를 성제님 9년 천지공사 정신과 태모님 10년 신정공사의 법으로 후천의 새 모델로 삼는다는 말씀입니다. 즉 증산상제님의 후천 원시반본 사상의 귀결점은 인사문제로부터 시작하여(처음과 끝이 같은 여자 성씨로 돌아감) 전 세계로 퍼진다는 말씀입니다. 이에 대해 가장 예리하게 표현한 것이 곧 원효대사의 아들로 신라의 대 현인이요, 문장가인 설총의 다음 비결입니다.

「인류의 성씨가 여자성씨(성씨의 시조 염제 신농씨 姜)에서 근원을 두고 시작하여 여자성씨(安)에서 후천개벽 의통성업이 이루어지니 이는 천도의 운수가 본래부터 확고히 그렇게 정해져 만고의 정신으로 전해져 내려온 까닭이라. 간방 태전이 용화낙원의 중심지로서 전세계 36궁이 모두 그 은혜를 조회하리라(근어여성성어녀根於女姓成於女 하니 천도고연만고심天道固然萬古心이라 간지태전용화원艮地太田龍華園에 삼십육궁개조은三十六宮皆朝恩이라)」 <설총결>

즉, 염제 신농의 여자성씨 강(姜)으로 시작된 인류역사가 원시반본(原始返本)되어 또다시 안(安)의 여자 성씨에게로 되돌아간다고 했으며 격암 선생도 "이 때는 여자(女)를 품은 성씨(安)가 운을 받는다고 했으니 차운득수여자인(此運得受女子人)<격암유록>라는 내용입니다.

수미산須彌山은 천지를 제압하는 거물巨物입니다. 마치 사람의 목덜미에서 사지룡四肢龍을 만들어 우뚝 솟구친 모습입니다. 사지四肢는 4세계로 분출되고, 동서남북 4파派가 됩니다. 서북 공동崆峒산으로 수만리 뻗어 있고, 동으로는 삼한三韓으로 아득히 깊은 곳 백두산으로 들어가 금강산으로 들어가 니환궁(泥丸宮)을 형성하고 오로지 남룡은 대륙에 남아 사지몸체를 이루어 황하는 구곡九曲을 쳐 대장大腸이 되고, 장강長江은 굴곡하여 방광膀胱이 됩니다.

곤륜수미에서 사방으로 뻗어 유, 불, 선, 예수·석가 ·공자 성인이 나오고 이들을 내보내신 절대자 천주님이시자 미륵존불이신 증산 상제님이 바로 백두산 금강산맥으로 올 것을 예고한 것이 <용화전경>에 나오는 주장춘 비결입니다. 명대 주장춘은 곤륜산의 지맥의 왕기(旺氣)가 니구산, 석정산, 감람산으로 뻗어 나가 공자, 석가, 예수가 나오게 되었으며 마지막으로 이들을 통합할 백보좌 하느님이 백두산 지맥을 통해 금강산 일만 이천 봉우리로 들어가 태중(胎中)인 모악산에서 열매 맺을 것에 대해 다음과 같이 예언했습니다.

<진인도통연계(眞人道通聯系)>★

1. 곤륜산(崑崙山) 제일지맥(第一枝脈)이 입우동해(入于東海)하여 생유발산(生儒拔山)하고 유발산(儒拔山)이 생니구산(生尼丘山)하여 기맥칠십이봉(起脈七十二峯)하니 운재자오묘유(運在子午卯酉)라. 고(故)로 생공자(生孔子)하여 칠십이명도통야(七十二名道通也)라.

   공자의 부친은 숙량흘(叔梁紇)로 나이 70에 안(顔)씨 집안의 막내딸(16세)에 장가 들어 니구산에서 백일기도 만에 공자를 낳았다. (魯襄公 22:BC 551년에 노나라 昌平鄕 추읍에서) 부친 숙량흘은 세 살 때 타계했으며(72세) 공자 역시 만 72세를 살았다. 공자는 머리가 니구산을 닮았다 하여 字를 仲尼라 했다. 3,000 제자를 길러냈으며 그 중에 예악사어서수(禮樂射御書數) 등 6禮에 통한 제자가 바로 72인이다.

2. 곤륜산(崑崙山) 제이지맥(第二枝脈)이 입우서해(入于西海)하여 생불수산(生佛秀山)하고 불수산(佛秀山)이 생석정산(生釋定山)하여 기맥사백구십구봉(起脈四百九十九峯)하니 운재인신사해(運在寅申巳亥)라. 고(故)로 석가모니(釋迦牟尼)는 사백구십구명도통야(四百九十九名道通也)라.

3. 곤륜산(崑崙山) 제삼지맥(第三枝脈)이 입우서해(入于西海)하여 생감람산(生橄欖山)하고 기맥십이봉(起脈十二峯)하니 운재자오묘유(運在子午卯酉)라. 고(故)로 생야소(生耶蘇)하여 야소(耶蘇)는 십이명도통야(十二名道通也)라.

4. 곤륜산(崑崙山) 제사지맥(第四支脈)이 입우동해(入于東海)하여 생백두산(生白頭山)하고 백두산(白頭山)이 생금강산(生金剛山)하여 기맥일만이천봉(起脈一萬二千峯)하니 운재진술축미(運在辰戌丑未)라. 고(故)로 생증산(生甑山)하여 천지문호(天地門戶) 모악산하(母岳山下)에 도출어오야(道出於熬也)라. 고(故)로 일만이천명도통야(一萬二千名道通也)라. <진인도통연계(眞人道通聯系)>

<금산사가(金山寺歌)>★좌우산세 살펴보니 곤륜산이 조종이라 그산맥을 살펴보니 태산일맥 장하도다 노국으로 들어가서 칠십이봉 생겨나니 공자님이 나신후에 칠십이현 나셨도다 서역이라 인도국에 일지맥이 들어가서 령산일봉 생겨나서 석가세존 탄생하니 불도교가 성했도다 그산정기 장하도다 오백봉이 생겨나서 오백라한 도통이라 또한편을 살펴보니 안동으로 연맥되어 몽고로 들어가서 장백산이 생겨나고 또한가지 백두산은 금강산이 생겼구나 그산정기 장하도다 일만이천 봉이 생겼구나

백두대간(白頭大幹)에 4대 회룡고조(回龍顧祖)의 진룡(眞龍)이 있는 바 첫째 모악산을 거쳐 고창 방장산에 이르러 북방으로 꺾어 돌아 두승산을 이룬 진룡(眞龍)이요. 둘째 모악산에서 담양 고비산(高飛山:高妃山)을 거쳐 대덕에서 담양쪽으로 꺾어서 격을 이룬 고비산의 진룡이며, 셋째 안성(安城), 천안(天安)을 거쳐 청양에서 방향을 북방으로 전환하여 가야산, 상왕산, 금강산, 팔봉산 등 서산 땅의 축을 이루고 다시 북진하여 망일산(望日山)을 올려 세운 차령산맥이요. 넷째 진안, 완주에서 일로 북진하여 오대산과 안평산(安平山)을 거쳐 도솔산(兜率山)을 이룬 노령산맥의 중앙간(中央幹)입니다.

위 4대 회룡고조 진룡은 천상천하에서 한반도로 집중시키는 천지대운을 주재하는 인사문제의 바탕인즉 모악산에서 방장산을 거쳐 두승산으로 휘몰아친 대간(大幹)은 증산 상제님의 지상강림의 성지를 이루었고, 추월산(秋月山)을 바라보는 고비산高飛山의 진룡은 어머니 하느님이신 태모 고 수부님의 지상강림의 성지를 이루었으며, 서산을 거쳐 망일산(望日山)을 올려 세운 차령산맥의 중앙간(中央幹)은 증산상제님의 천하사 추수 대행자로 숙구지 문왕 도수 책임자 임술 성인이 내려올 상서로운 당(山)을 이루었으며, 안평산을 거쳐 도솔산을 이룬 노령산맥의 중앙간(中央幹)은 곧 태전의 진룡(眞龍)으로 후천의 중심지며 상제님의 천하사를 매듭질 천원天元을 이루었습니다.

따라서 증산상제님께서 강림하신 성지의 주위에는 부안(扶安), 보안(保安:신라의 喜安), 행안(幸安), 안성(安城), 궁안(宮安), 덕안(德安) 등의 지명이, 어머니 하느님께서 강림하신 성지에는 안평(安平), 봉안(奉安), 봉안(鳳安) 등의 지명이, 문왕 숙구지 공사의 추수도수를 처음 여신 안 운산 성도사님께서 탄강하신 성지에는 태안(泰安), 안흥(安興), 안면(安眠), 안기리(安基里), 후천의 중심지 태전에는 안평산(安平山)을 비롯하여 장안(長安), 안영(安榮), 도안(都安), 신안(新安) 등의 지명이 포진되어 우주절대자의 추수자 도안(都安)의 세 살림 사명자가 바로 안 씨요, 우주절대자의 대행자가 안 씨 성임을 축복하고 있습니다.

천도와 지리가 이처럼 일치되어 있는 것은 천도가 본래 안(安) 씨 성으로 점지되어 출세하실 곳과 안 씨 대행자에 의한 천하사 성공의 땅임을 확고히 표명하고 있는 것이며 미륵불의 진법도운을 이룰 세 살림 지도자 안 씨(都安)와 천도와 지리와 인사는 이토록 불가분의 정연한 이치로 결부되어 있는 것입니다.

신도안의 우백호는 태전분지를 감싸 안고 회덕에서 멈춘 거대한 원형의 둥우리를 형성하였고, 금강이 장수에서 발원하여 태전권 전체를 굽이굽이 휘감아 돌다 강경에서 죄이고 부딪치며 기운을 계룡산 쪽으로 몰아붙인 후 군산으로 빠져나가는 형국인데다 속리산에서 갈려나와 두터운 울타리 역할을 하고 있는 외백호 차령산맥이 장항까지 금강을 따라 밀고 내려오는 형국에 의해 서울의 판국과는 옥석(玉石)으로 비유될 정도로 훌륭한 격을 이루고 있습니다.

태전의 식장산(食藏山)은 후천 5만년 동안 창생의 식록(食祿)이 들어있는 엄청난 기운의 명산인데 바로 신도안의 우백호가 식장산을 업고 있으므로, 신도안은 경제

도읍으로서의 역할을 할 조건을 갖추고 있습니다.

계룡산 신도안은 회룡고조로 후천이 되어야 크게 힘을 쓰는 명당이므로 세운에서 인근 세종 시에 정부청사 건립과 아울러 공직자의 대거이동은 천도차원에서 후천 기운이 임박해 있음을 은연중 알리는 것이며 후천터전인 그 지역에 운이 피어나고 있음을 시사합니다. 상제님이 계룡산 기운을 돌돌 말아 주신 안 내성(安乃成) 성도에게 장닭을 삶아 먹이시고 터럭 하나 안 남겼습니다 하니 웃으시며 "아따 그 놈, 계룡산 도둑놈이로구나!" 하신 바 있는 계룡산에 대해 핵심만 정리하면 다음과 같습니다.

<풍수가: 계룡도령춘월>★(계룡산의 의미) "계룡산(鷄龍山)이라는 산 이름이 갖는 의미는 산의 생김새가 마치 "닭 벼슬을 닮은 뿔을 가진 용"처럼 생겼다는 뜻이다. 한국의 많은 산들 중 동물의 이름으로 산 이름을 삼은 것은 흔치않다. 그 중에서 계룡산은 닭(鷄)과 용(龍)이라는 두 가지 동물로 이름을 삼았다. 이 계룡이라는 이름은 산봉우리와 줄기의 생김새에서 비롯한 것이다. 신도안에서 볼 때 계룡의 주봉인 천황봉과 우측의 개봉, 관음봉을 잇는 능선의 모습이 닭벼슬 처럼 생겼고 삼불봉에서 신선봉을 거쳐 장군봉으로 이어지는 봉우리가 마치 꿈틀거리는 용의 몸통처럼 보이기 때문이다.

계룡이라는 이름이 붙게 된 연유는 조선조 초기에 이태조가 신도(新都) 안에 도읍을 정하려고 이 지역을 답사하였을 당시, 동행한 무학대사가 산의 형국이 금계포란형(金鷄袍卵形)이요 비룡승천형(飛龍昇天形)이라 일컬었는데, 여기서 두 핵심 주체인 계(鷄)와 용(龍)을 따서 계룡산이라 부르게 되었다고도 한다. 백두대간(白頭大幹) 중 금남정맥(金南靜脈)의 끝부분에 위치한 계룡산은 845.1m의 천왕봉을 중심으로 28개의 봉우리와 10개소의 계곡으로 형성되어 있고 그 자태와 경관이 매우 뛰어나 삼국시대에는 백제를 대표하는 산으로 계룡 또는 계림등의 산이름으로 바다건너 당나라까지 알려 졌으며, 신라통일 후에는 오악(五岳)중 서악(西岳)으로, 조선시대에는 삼악(三岳)중 중악(中岳)으로 봉해질 정도로 이미 역사에서 검증된 명산이다."

<계룡산 승지가(鷄龍山 勝地歌)>★곤륜산(崑崙山) 일지맥이 동으로 뻗어 와서 백두산은 머리되고 지리산은 발이 되어 삼백리 역룡(逆龍)으로 이사기두(異巳起頭) 칠십팔회 회룡고조(回龍顧祖)이루었고 산태극수태극(山太極水太極)이 되었으니 장하고 아름답다. 상봉은 뒤에 서서 형제봉을 앞세우고 북쪽에 삼불봉은 유성면을 바라보고 동쪽에 기린봉은 선리를 품에안고 남쪽에 국사봉은 부남리를 반겨앉고 서쪽에 연천봉은 아버지요 하대리는 어머니라 암용추 숫용추는 제석굴로 통했으니 선(仙) 불(佛) 유(儒)가 합이로세 용동과 구포에는 우적(禹跡)이 남아 있고 한복판에 인경봉은 구룡(九龍)의 여의주라 양석간(兩石間)에 집은 높고 부남에 못은 깊었으니 십

이대장 조림지(照臨地)에 문만무천(文萬武千) 날 것이니 이런 승지(勝地) 또 있는가

<삼한산림비기(三韓山林秘記)>*계룡산 아래에 서울이 될 만한 땅이 있다. 정씨(鄭氏)가 여기에다 서울을 세우리라. 계룡산 시대는 한양 시대보다 짧을 것이나, 밝고 훌륭한 임금과 올바른 신하가 연이어 나오리라. 또 때를 맞아 불교가 크게 일어난다. 어진재상, 슬기로운 장수, 훌륭한 종교인과 문인들이 무수히 출현한다. 이들이 아름다운 문화(풍속)를 활짝 꽃피우리니 보기 드문 일이로다. 참으로 드문 일이로다. 나라의 도읍터로는 (계룡산아래) 금강(錦江)이 가장 좋고 송악(개성)이 그 다음이다. 한양(서울)땅은 셋째요, 넷째는 평양, 다섯째는 경주다.

<격암유록(格庵遺錄)>*새시대를 여는 이의 성(性)은 정씨가 아니다. 그 이는 바를 정(正)자, 길 도(道)자를 써서 정도령(正道靈)이라 부른다. 또 그이는 유불선(儒佛仙), 기독교, 힌두교 등 모든 종교사상을 융합하여 꽃피우는 대성자이다. 새 시대엔 정씨 왕조가 서는 게 아니라, 성자들이 나라를 이끌어가는 시대인 것이다. 정도령이 만드는 새 세상은 천국, 극락, 무릉도원 같은 이상향이라 했다. 거기서는 모든 사람이 성자. 성인처럼 살게 된다. 이 엄청난 사건이 후천개벽(後天開闢)이다. 후천개벽이 언제쯤 이뤄지는가. 물질주의가 극성을 떨 때 새 시대가 열린다.

<감결(鑑訣)>*곤륜산에서 뻗어온 산맥이 백두산에 다다랐다. 곤륜산,백두산 정기(精氣)가 평양에 뻗치었으나, 평양의 천년운(千年運)이 이미 끝났다. (이에)그 정기가 송악(개성)으로 옮기어 송악땅이(고려) 5백년 도읍지가 되었다. 곤륜산. 백두산 정기가 다음엔 한양(서울)땅으로 옮아갔다. 한양의 운수가 다한 다음에는 도읍지의 기운이 금강산, 태백산, 소백산을 거쳐 계룡산으로 들어온다.

<정도령(正道靈)>*정도(正道)란 한치의 어긋남이 없는 도이니 `하늘의 도`이다. 하늘의 도는 모든 종교의 근원이며 뿌리이다. 성인들께서 창시한 종교들은 그 이름만 다를 뿐 모두가 세상 사람들에게 이 하늘의 도를 가르쳤다. 여기 새시대를 여는 구세성인 정도령은 하늘의 도를 완전히 깨닫고 실천하는 대성인이다. 하늘과 합일(合一)되어 하늘 자체가 된 `하늘 사람`이다. 진인(眞人)이라고도 부르는데 선인의 경지에 오른 분이라는 것이다.

<격암유록(格庵遺錄)-계룡론(鷄龍論)>*利涉大川 木道乃行 天運仙道 長男長女
이섭대천 목도내행은 제세이화[濟世理化],홍익인간[弘益人間]. 장남은 진괘(震卦)로 용을 상징하고, 장녀는 손괘(巽卦)로 닭을 상징한다. 풍뢰익괘의 상하괘가 상징하는 동물은 각각 닭과 용으로서 합하면 계룡(鷄龍)이 된다. 새시대를 여는 이의 성(性)은 정씨가 아니다. 그 이는 바를 정(正)자, 길 도(道)자를 써서 정도령(正道靈)이라 부른다. 또 그이는 유불선(儒佛仙), 기독교, 힌두교 등 모든 종교사상을 융합하여 꽃피우는 대성자이다. 새 시대엔 정씨 왕조가 서는 게 아니라, 성자들이 나라

를 이끌어가는 시대인 것이다. 정도령이 만드는 새 세상은 천국, 극락, 무릉도원 같은 이상향이라 했다. 거기서는 모든 사람이 성자. 성인처럼 살게 된다. 이 엄청난 사건이 후천개벽(後天開闢)이다. 후천개벽이 언제쯤 이뤄지는가. 물질주의가 극성을 떨 때 새 시대가 열린다.

<격암유록-성운론(聖運論)>

♖천계룡(天鷄龍)을 불각(不覺)하고 지계룡(地鷄龍)을 찾는단 말인가? 천계룡은 삼신상제를 지계룡은 십승지지를 뜻한다. 삼성일합(三聖一合) 신인동작(神人動作)으로 임의출입천하(任意出入天下)에 석백해인(石白海印) 천권(天權)으로 천하소탕강마세(天下消蕩降魔世)를... 계룡백석을 석백해인(石白海印)이라 했다. 해인은 해인삼풍을 의미하며 홍익인간(弘益人間), 재세이화(在世理化), 성통광명(性通光明)을 상징하며 천계룡(天鷄龍)과 같은 뜻이다. 천권은 세상의 참된 힘의 집결된 힘이며, 그것이 삼신상제의 힘으로 표시된다고 할 수 있다.

<풍수지리로 본 계룡산>

♖계룡산은 최고봉의 높이가 845.1m 로 그리 높은 산은 아니지만 명산(名山) 또는 영산(靈山)이라 하여 많은 사람들이 관심을 갖는 산이다. 고래로 산악신앙, 불교문화에 덧붙여 풍수지리설, 도참설과 같은 내용이 연결되면서 계룡산만의 독특한 특성과 이미지를 형성하게 되었고 오늘날까지 이어진다. 그리고 그것은 단순히 관념적인 차원에 머무르지 않고 국도(國都)로 책정되어 새로운 도읍지 건설공사가 이루어지는가 하면, 향후 미래 세계와 정세까지 연결 짓는 예언적 부분이 결합되어 세간의 이목이 집중되기도 했다.

♖산 태극, 수 태극(山太極, 水太極)

계룡산은 산세가 백두대간의 맥이 마이산에서 분기(分岐)하여 북으로 거슬러 올라오며 대둔산, 천호산을 거쳐 공주 동쪽에서 역C 자형으로 우회하므로 회룡고조(回龍顧祖) 또는 산태극(山太極)이라 한다. 또한 조선의 도읍인 한양을 향한 활의 모양이기도 하다. 물길 역시 금강줄기는 전북 장수읍 신무산(神舞山:신이 춤을 추는산) 아래 수분리(水分里)의 뜸샘(물뿌랭이 라고도 함)에서 발원하여 무주-영동-대청호-부강-공주-부여-강경을 거쳐 장항읍에서 바다로 들어가는데 여기에 신도안 용추골에서 발원한 명당수가 청룡의 뒤를 우회 하면서 합류하는 형태가 커다란 태극모양을 보이므로 수 태극(水太極)이라 한다.

♖회룡고조(回龍顧祖)

조산(祖山)을 되돌아보는 명당으로 계룡산의 조산은 금남정맥으로 이어진 대둔산이 된다. 이때 조산이 너무 높으면 압박감을 주므로 조산의 기세에 눌려 기운을 크게 꽃피우지 못한다. 예로 서울은 조산이 관악산이 너무 높아 압박하는 형상이라 우리나라가 외세의 압박을 받아왔다고 한다. 그리고 대둔산은 높이도 계룡산 보다 약간 높고 멀리 떨어져 있어 높다는 느낌이 전혀 안들며 생김새가 수려하다.

태조 이 성계는 즉위 이듬 해(1393년) 정월에 새 도읍(新都) 후보지인 계룡산에 행차 후 천도계획(遷都計劃)을 세우고 음력 3월부터 도시건설을 위한 기반공사를 시작했으나 하륜(河崙)을 비롯한 신하들의 반대로 동년 연말에 갑작스레 중지된다. 하 륜은 세 가지를 들어 계룡산 신도안이 도읍터로 적합치 않다고 하였는데 첫째, 남쪽에 너무 치우쳐 있어 동.서.북 3면과 서로 떨어져 있고 둘째, 큰 강을 끼고 있지 않아서 중요교통수단인 배가 드나들 수 없으며 셋째, 계룡산의 산(山)이 건방(乾方,西北方)으로부터 오고 물은 손방(巽方.東南方)으로 흘러가니 이는 송조(宋朝)의 풍수가 호 순신(胡舜臣)이 말하는 `水破長生,衰敗立至`의 땅 즉 `물이 땅의 기(氣)를 부수어 쇠퇴가 곧 닥치는 땅`이라는 것이다.

<새시대 새진리 2(安雲山 종도사님 어록)>★(상제님이 이 땅에 오시게 된 지리적 배경)상제님이 왜 우리나라에 오시게 되었고, 왜 우리나라를 바탕으로 프로를 짜시고, 세계통일정부가 왜 우리나라 땅에 서야 되느냐 하는 것을, 내가 지리학상으로 한 번 얘기해 줄까? 사실 이건 얘기하려고 생각도 안했던 것이다. 오늘 이 자리에서 내가 지리학을 조금 설명해 주겠다. 이건 하늘땅 생긴 이후로, 오직 증산도 종도사만이 아는 것이고 종도사만이 얘기하는 것이다. 이건 백억 천억 주고도 못 듣는 얘기다. 세상 아무 데를 가도. 하니까 제군들, 똑똑히 들어봐라.

<새시대 새진리 2(安雲山 종도사님 어록)>★지구의 핵核이 어디냐? 다시 얘기해서, 지구의 축軸이 어디냐? 축이란 수레 거車 옆에 말미암을 유由 한 자다. 축이라는 축자. 수레바퀴가 둥글어 갈 때, 수레바퀴를 연결하는 중심이 있잖은가. 그것과 같이, 지구에 축이 있는데, 거기가 어디냐 하면 중국의 곤륜산崑崙山이다. 그것은 세상에서 다 아는 얘기다. 우리 클 때만 해도, 무지몽매한 나무꾼들이 지게를 걸머지고, 작대기로 지게 통발을 톡톡 두드리면서, "산지조종山之祖宗은 곤륜산崑崙山이요, 수지조종水之祖宗은 황해수黃海水라"는 노래를 부르곤 했다. 산의 조종은 곤륜산이고 물의 조종은 황해수다.

<새시대 새진리 2(安雲山 종도사님 어록)>★지구의 형세를 볼 것 같으면, 동서양이 곤륜산을 중심으로 갈려 나갔다. 그렇게 곤륜산을 모태로 지구가 펼쳐졌고, 물은 황해로 다 모여든다. 만주 요하遼河, 난하灤河, 황하黃河, 양자강楊子江 등이 전부 서해, 황해로 모여든다. 지도를 펴놓고 보면, 곤륜산을 바탕으로 한 줄기가 네팔 쪽으로 와서 불수산佛秀山을 일으키고, 불수산에서 석정산釋定山으로 이어져서 499봉이 솟았다. 한 봉 부족한 5백이다. 석가모니가 석정산 정기를 타고나서 그의 제자가 499명이다.

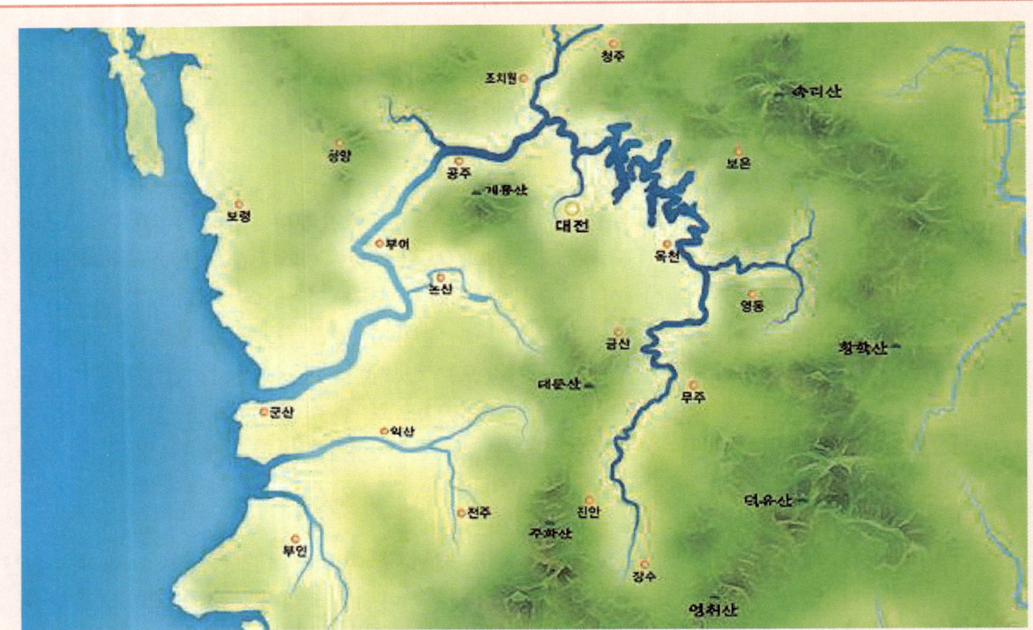

<새시대 새진리 2(安雲山 종도사님 어록)>★또 한 줄기는 산동성 쪽으로 들어와 유발산儒拔山이 솟고, 유발산을 바탕으로 니구산尼丘山이 생겨났다. 니구산이 72봉이다. 공자가 그 기운으로 일흔 두 명의 제자를 두었다. 그런데 곤륜산 마지막 한 줄기가 어디로 뻗었느냐? 바로 우리나라로 들어왔다. 우리나라 쪽으로 들어와, 요동 7백 리 만주 평지를 결인結咽하고, 백두산을 일으켰다. 맺을 결 자 목구멍 인 자, 결인. 이건 뭘 말 하느냐? 여기 태전으로 말하면, 동학사 가는 데에 삽재라고 있다. 산이 이어지다가 잘뚝한 목이 있는데, 그런 지세地勢를 가리켜 지리학적 용어로 결인이라고 한다. 사실 요동 7백 리를 가보면, 온종일 차타고 가도 갈대밭하고 들밖에 없다.

<새시대 새진리 2(安雲山 종도사님 어록)>★백두산은 또 동으로 뻗어 금강산을 일으켜 세웠다. 금강산은 가히 세계의 공원이다. 그래서 옛날 중국 사람들이 이런 시구詩句를 읊기도 했다. "원생고려국願生高麗國하야, 원컨대 고려 땅에 태어나서, 일견금강산一見金剛山이라, 한 번 금강산 보기를 원하노라."고. 금강산이 그렇게 잘 생겼다. 지구상에 금강산 같은 데가 없다. 제군들도 금강산을 한 번 보면 정말 놀랄 것이다. 참 기막힌 절경이다. 이번에 그 금강산 기운으로 일만 이천 도통제자가 나온다. 그러면 지구의 혈穴이 어디인가? 바로 우리나라다.

<새시대 새진리 2(安雲山 종도사님 어록)>★헌데 어떻게 해서 우리나라가 지구의 혈이냐? 내 그걸 하나하나 따져 주겠다. 부산 태종대에서 보면, 날 좋은 때는 일본 구주九州가 다 보인다. 그만큼 바짝 우그러졌다. 우리나라를 중심으로 이렇게 감싸주고 있는 일본이 바로 좌청룡, 내청룡이다. 그리고 아메리카 대륙이 외청룡이다. 또

중국대륙서부터 저 싱가포르까지가 우백호, 내백호다. "청룡은 비상飛上하고, 청룡은 나는 것같이 보이고, 백호는 순복順伏해야, 백호는 순하게 엎드려 있는 것 같아야" 지리가 되는 법인데, 중국, 그 백호가 오죽이나 실한가. 아주 만첩백호다. 그게 바로 내백호다. 또 저 아프리카가 외백호다. 아프리카는 50여 개국에 약 7억 인구가 산다. 그렇게 지구의 모든 나라가 좌청룡 우백호로 우리나라를 감싸고 있다. 또 호주가 안산案山이다. 그러면, 물 빠지는 파破는 어디냐? 동해, 서해가 내명당수內明堂水고 대만 해역이 파破다.

<새시대 새진리 2(安雲山 종도사님 어록)>★(세계통일정부의 터, 태전)세상만사가 다 순順해야 되지만, 지리地理만은 역逆해야 한다. 꼭 역해야 되는 이치가 있다. 앞으로 지리를 교육시키는 시간이 혹 있으면, 그걸 자세히 가르쳐 주겠다. 제군들이 일을 잘하면 그런 시간도 만들어 교육시킬 수도 있건만, 아직 내 마음에 맞도록 일이 안 되니까 못하고 있다. 그저 오늘은 내가 겉목만 쳐주는 것이다. 지리는 역해야 된다. 그 이치를 내가 알기 쉽게 얘기해 줄 테니 잘 들어봐라.

<새시대 새진리 2(安雲山 종도사님 어록)>★여기 서울을 모르는 사람은 아무도 없을 것이다. 서울이 어떻게 생겼냐 하면, 저 북악산이 춤추는 것처럼 떡 하니 내려와서 오른쪽으로 뻗은 가지를 인왕산이라고 한다. 인왕산 줄기 아래쪽으로, 신촌이니 연희동이니 해서 이화여대 연세대 등, 학교들이 잔뜩 붙어 있다. 인왕산 줄기에서 내려오면 사직터널이 있다. 사직터널서부터 미끄러져 내려와 서대문이 생기고, 서소문 남대문으로 해서 그 줄기가 남산을 치켜올렸다. 서울을 둘러싼 물줄기의 흐름을 볼 것 같으면, 서대문 서소문 남대문 안쪽 물은 다 청계천으로 모여든다. 지금은 복개를 했지만, 북악산 골짜기 남산 골짜기 등 서울 장안 안쪽 물은 전부 청계천으로 흘러들어, 저 중랑천으로 해서 거꾸로 치올라가고, 바깥쪽은 물은 성 밖 밑으로 해서 용산 쪽으로 빠져나가 버린다. 서울이 그렇게 된 데다. 그것을 그냥 봤을 때는 모르지만, 이렇게 가르쳐주면 알 수가 있다.

<새시대 새진리 2(安雲山 종도사님 어록)>★그러니까, 서울에 도읍 터 하나 생기기 위해서 그렇게 역을 한 것이다. 저 북한강 남한강 물이 양수리로부터 합해서 대세가 강화도 인천 쪽으로 냅다 빠지는데, 서대문 서소문 남대문, 남산 안쪽 물만 거꾸로 쳐올라간다. 아니, 그렇게 된 데가 어디 있나? 지리학상 그렇게 돼야 터가 생기는 법이다. 그래야만 하는 절대적인 이유가 있다. 그렇지 않으면 안 된다. 남산서 경복궁까지 면적을 따져보면, 거리로는 몇 킬로미터 안 된다. 아주 흉악한 산골이다. 헌또한 조선의 도읍인 한양을 향한 활의 모양이기도 하다. 그렇게 좁아터진 터 가지고도 5백 년을 잔뜩 해 먹었다.

<새시대 새진리 2(安雲山 종도사님 어록)>★허면, 서울하고 비교할 때, 여기 태전은 어떻게 생겼느냐? 태전을 둘러싼 금강줄기가 저 무주, 진안, 장수에서부터 추풍령, 속리

산으로 해서 거꾸로 올라온다. 가만히 생각해봐라. 그렇지? 우리나라 물줄기의 대세가 전부 아래로 갔는데, 그 물은 거꾸로 치오른다. 아니, 추풍령이 태전 남쪽 아닌가? 헌데 금강 줄기가 거기서 위쪽으로 거꾸로 올라오는 것이다. 이걸 얘기해주기 전에는, 그저 추풍령은 저기고 물은 이렇게 오고, 그렇게 알고 말았을 것이다. 모르니까. 알고 보면 거꾸로 오른다. 아니, 전라도 무주 저쪽 물이 왜 여기로 거꾸로 올라오느냔 말이다. 참 이상도 하다.

<새시대 새진리 2(安雲山 종도사님 어록)>★허면 어떻게 올라오느냐? 무주, 진안 장수에서 발원해서 거꾸로 올라와 금강으로 이어지고, 그 물이 공주까지 간다. 공주에 고마나루라고 있다. 그 고마나루까지 거꾸로 기어 올라가서, 부여 저쪽에서부터는 냅다 구부러져서 저 장항 군산 쪽으로 빠져물줄기 맨 아래 마이산 장수로부터 시작해 무주, 진안, 장수에서 발원한 물이 금산, 옥천을 지나 대전 옆 대청댐을 거슬러 역(逆)해 올라간다. 공주 부여를 거쳐 서해안 군산으로 빠져 나간다. 왜 그렇게 됐느냐? 여기가 세계 통일국가가 형성되기 위한 자리가 되느라고 그렇게 된 것이다. 지구촌 어디에도 이런 데가 없다. 가만히 생각해 봐라. 추풍령이 여기서 어디인가? 서울 터하고 한번 비교해 봐라. 서울 터는 손바닥 만 한데 여기는 서울 터 몇 백 배다. 속리산 이쪽으로 해서 무주, 진안, 장수 저 쪽까지 얼마나 넓은가? 여기가 그렇게 역한 데다. 역해서 저 공주까지 간다.

<새시대 새진리 2(安雲山 종도사님 어록)>★ 예전엔 여기 태전에서 공주까지 어떻게 갔는지 아는가. 마암 터널 뚫기 전에는 대평리를 지나서 갔다. 그렇게 가면 태전에서 자동차로 한 시간 걸리는 거리다. 그러고 보면 우리나라의 절반을 역한 것 아닌가. 여기가 그렇게 범위가 넓은 곳이다. 지리학상으로 조선, 남북한을 통털은 대한민국이 지구의 혈이다. 헌데 대한민국 중에서도 오직 이 중부는 그렇게 역을 했다. 해서 여기가 지구의 혈이다. 본래 이 땅은 천지가 형성될 때부터, 후천 오만 년 세계 통일정부가 될 기초가 마련돼 있는 곳이다. 알고서 보면 그렇다. 헌데 그 비밀을 누가 아는가? 그래서 상제님이 이 땅에 오신 것이고, 바로 이 땅에 세계 통일정부를 건설하게 된다. 제군들, 이만하면 알아듣겠는가? 이것은 천지의 비밀이 돼놔서 얘기하고 싶지 않지만, 제군들은 내 신도고 하니까, 언젠가는 이런 것도 좀 알아두는 게 좋을 것 같아서, 내가 참고로 얘기해 주는 것이다.

증산 상제님은 인간의 몸으로 오시어 9년 천지공사를 집행하시고 천지공사의 문을 닫은 기유년(1909) 봄에 박 금곡 주지가 주재하는 대원사 칠성각 49일 공사를 보시고 안 내성 성도로 하여금 보초를 서게 하시고 49일 수도가 끝나자 안 내성

성도에게 담(가래)이 가득한 오른쪽 버선을 건네셨습니다. 대원사 칠성각은 신축년 칠월칠일七月七日 대우大雨 오룡허풍五龍虛風에 천지대도天地大道를 깨달으시고 탐음진치貪淫瞋癡 사종마四種魔를 극복克服하신 곳입니다.

바로 이곳을 상제님이 다시 찾으시어 49일 대공사를 보심은 결코 범상한 공사가 아닌 대공사입니다. 석가불이 열반에 들 때 황금 관 밖으로 두 발을 내민 공안이 상의 뜻이 안 내성(安乃成) 성도에게 건네신 오른쪽 버선에 담겨있습니다. 조선 전래의 전통에 버선은 손아래 "협조자協助者"나 "보호保護" 또는 걸어온 "행적行蹟"이나 "내력來歷" 등을 나타내는 상징입니다.

<증산도 道典>★기유년 봄에 상제님께서 내성과 형렬 등 여러 성도들을 데리고 대원사에 들어가시어 대공사를 행하시거늘 이 때 성도들에게 여러 가지 명을 내리시니 내성과 성도들이 아랫마을 등지로 출입하며 심부름을 하니라. 하루는 금곡과 성도들을 불러 말씀하시기를 "내가 이제 칠성각에 들어가리니 밖에서 종이를 발라 방문을 밀봉하고 내가 부를 때까지 칠성각 근처에는 얼씬도 하지 말라." 하시고 칠성각 안으로 들어가시어 남쪽에 청수 한 그릇을 모신 후 방문을 잠그시니 금곡과 성도들이 명을 좇아 출입문을 완전히 봉하니라.

<증산도 道典>★이에 성도들이 말하는 것도 삼가는데 금곡 또한 일체 불공을 올리지 않으며 내성이 칠성각 주위를 돌면서 보초를 서니라. 그 후 수십 일이 지나도록 간간이 기침 소리만 내실 뿐 물 한 모금 잡숫지 않고 공부에만 전념하시거늘 금곡과 성도들이 심히 걱정하더니 49일째 되는 날 상제님께서 방을 나오시어 기지개를 크게 켜시며 "다 끝났다. 가자." 하시는데 용안에서 환하게 빛이 나는지라 금곡이 순간 탄복하여 말하기를 "이 어른이 하느님이네! 어떻게 사람으로서 49일 동안 물 한 모금 안 마시고 도를 구하겠는가!" 하니라. 이 때 상제님께서 내성에게 오른쪽 버선 한 짝을 건네시거늘 내성이 보니 담(痰)이 가득 담겨 있더라.

<증산도 道典>★이어 상제님께서 금곡에게 물으시기를 "며칠이나 되었는고?" 하시니 금곡이 "49일 되었습니다." 하고 아뢰거늘 "그러하냐." 하시고 곧바로 대원사를 떠나시며 "금곡아, 내가 너의 신세를 많이 지고 가는구나." 하시매 금곡이 몸둘 바를 몰라하며 "선생님 말씀이 석가의 도수는 삼천 년밖에 안 된다 하셨사온데 제가 선생님을 믿지 누구를 믿겠습니까?" 하니 크게 웃으며 말씀하시기를 "이 다음에 자네하고 나하고 다시 만나세." 하시니라.

<증산도 道典>★이후로 금곡은 상제님이 마지막으로 다녀가신 그 방을 금쪽같이 아끼며 "미륵님이 여기 계시는데 석가모니가 무슨 필요 있는가." 하고 죽는 날까지 일체 불공을 올리지 않으니라. 훗날 내성의 큰아들 문환(文煥)이 칠성각에 들어가 보니 상제님께서 앉으셨던 자리만 마치 불을 땐 것처럼 따뜻하였다 하니라.

<대개벽경(大開闢經)>★상제님께서 31세 되시던 신축년(1901) 여름 6월 초에 객망리 본가에서 시루봉 선인 독서혈에서 14일간 수련 공부 하실새 정씨 사모님의 시봉으로 공부를 마치시고 그날로 대원사로 가시니 말씀하시되, "이제 광구천하 하려는 천하의 세태에 즈음하여 천지의 대덕이라도 조화의 권능이 있지 아니하면 가히 행세치 못하노라." 6월16일에 전주 모악산 대원사(大院寺)로 들어가사 칠성각에 자리 잡으시고 취정회신(聚精會神:정기를 모아 신을 불러모음)하시니라. 추 7월 5일 ★시에 대우(大雨) 오룡허풍(五龍噓風)에 천지대도를 깨달으시고 탐음진치(貪淫瞋癡) 사종마(四種魔)를 극복하시니(대순전경 초판) 천 가지 짐승이 모여들어 경하하고, 오룡이 상서로움을 드러내고, 상서로운 비바람이 내리고, 하늘에서는 번개가 치고 땅이 진동하여 울리더니, 모든 마귀의 권세를 꺾어 항복 받으시고 천지 대신문(大神門)을 여시니라. 말씀하시되, "나는 옥황(玉皇)이니라." 또 말씀하시되, "나는 천하대순(天下大巡)이니라."

★(<대개벽경>과 <대순전경> 3판은 7.5일로 표기(<대순전경>초판은 7월大雨로만 표기), <용화전경>과 <동곡비서(성화진경):김형렬, 김자현 전술을 김형렬 손 김현식, 김자현 손 김충식, 김준상 자 김태순, 김갑칠 질 김태규 등 공동간행>는 7.7일로 표기, <천지개벽경>은 6.16일 시루봉(甑峰)을 떠나 전주(全州) 모악산(母嶽山) 대원사(大願寺)로 들어가셨음을 기재, <용화전경>에는 6.16일 대원사에 들어가셔서 21일 만인 7월7(庚午)일 도통하심을 기록. <증산도 道典>은 7.7(庚午)일로 기록)
-大先生 三十一歲 辛丑夏 在客望 曰方今天下之勢 匡救天下也 天地之大德 不有造化之權能 不可爲也 入全州母嶽山大願寺 於七星閣 聚精會神 秋七月 日 時 千禽 來賀 五龍 呈祥 瑞雨祥風 天雹地震 降諸魔 開天地大神門 曰我 玉皇也 曰我 天下大巡也-

스물 두 번 째, 말복 인사문제의 천기는 곤존 태모 고수부님이 성포고 민환 성도에게 묻어 놓으셨습니다. 추수사명 도안都安 세 살림 중 마지막 말복사명자는 동지한식백오제 비결인 105년만의 사오미(2013, 2014, 2015) 개명장에 진법을 창명彰明하며 드러나게 하셨습니다. 도안 초중말복 세 살림은 문왕사명자이신 안운산 성도사님이 여시는 사명입니다. 먼저 도안 세 살림과 관련한 –'평생불변심 안安 **(이중성 <대개벽경=천지개벽경>)'과 관련된 공사를 설명한 뒤 고민환 성도의 말복 인사문제를 알아봅니다.

증산 상제님은 남방 삼리화 기운을 주재하시는 서신사명이십니다. 이 남방 삼리화 기운을 임술생 태운장 김형렬 성도 대나무 밭에 묻어 임술생 도안都安 문왕 세 살림 사명자에게 부치셨습니다. 이 치복 성도가 부안, 서산 일대를 가가호호 포교하면서 문왕사명자의 부친 안 병욱 태상 성도사님이 상제님 신앙을 하게 된 후, 문왕사명자 안 운산 성도사님은 부친의 정성기운으로 상제님 천하사와 인연을 맺었습니다.

그런데 이 치복 성도를 포교한 신 원일 성도는 을사년(1905) 정월 이 환구 성도로부터 천거 받아 비로소 공사에 수종들게 되는데 이 환구 성도의 부인은 바로 김 형렬 성도 막내 여동생 내주평댁 김 성녀입니다.(이환구의 처가 김형렬 동생이며, 태운장 김형렬 성도는 정춘심 성도와 사돈간이고 정성백 성도의 장인. 김갑칠, 김준상 형제와는 4촌간이며, 김자현 성도와는 사종(四從)간)

결론적으로 문왕사명자 안 운산 성도사님의 연원맥은 '부친 안 병욱 태상 성도사님－이치복 성도－신 원일 성도－이 환구 성도&내주평댁 김 성녀 성도－천지공사의 식주인 안동 김씨 태운장 김 형렬 성도로 연결됩니다. 그리하여 하운동 제비창골 안동 김씨 선산 재실(사당) 영사재(永思齋) 김 형렬 집 감나무 밑에 음식을 차리게 하시고 종통의 상징 감나무를 잡고 '만수(萬修)'를 부르시며 성주풀이로 안동김씨 김 형렬 식주인 가문에서 시(始)도 일어나고 종(終)도 마치리라 도수로 정합니다.

<증산도 道典>★長安長唱吾笑歌(장안장창오소가) 誰識南方埋火家(수식남방매화가)' 를 불러 주시고 이어 '매화(埋火)'라 쓰시어 형렬의 집 대밭에 묻으시고 형렬에게 일러 말씀하시기를 "내가 이제 화둔(火遁)을 하였나니 너의 집에 불을 조심하라. 만일 너의 집에 불이 나면 화신(火神)이 세력을 얻어 온 세계에 큰 재앙을 끼치리라."

<증산도 道典 3:13>★경상도 안동 땅 제비원(帝妃院) 솔씨 받아 소평(小坪) 대평(大坪) 던지더니 밤이면 이슬 맞고 낮에는 볕뉘 쐬어 그 솔이 점점 자라 청장목(青壯木)이 되었구나. 황장목(黃腸木)이 되었구나. 낙락장송이 쩍 벌어졌구나. 태평전(太平殿) 대들보가 되어 어라 만수(萬修) 어라 대신(大神)이야. 대활연(大豁然)으로 이 땅으로 설설이 내립소사. 시(始)도 여기서 일어나고 종(終)도 여기서 마치리라. 이렇게 노래 부르신 후에 금산사를 넘어다보시고 "여기를 큰집으로 할까, 작은집으로 할까. 제비 새끼 치는 날에 제비창골이 가득 차리라." 하시고 쇠머리를 땅에 묻으시니라. 형렬의 집에 계실 때 하루는 상제님께서 "여기가 어찌 제비창고(帝妃創庫)일까?" 하시더니 말씀하시기를 "옛집을 다시 찾는다는 말이니라. 이곳은 제비창골이 아니요 제업창골(帝業創谷)이니라." 하시니라.

<증산도 道典 2:15>★"시속에 '아무 때 먹어도 김가가 먹을 밥'이라는 말이 있나니" 대저 무체면 무용이라. 서는 금인 고로 김씨에게 주인을 정하였노라." 하시니라.

한편, 상제님은 하운동 이 환구 부부의 집에 들러 49일 동안 날마다 목욕재계한 후에 떡 한 시루씩 찌어(49 시루떡) 정성을 드리게 합니다. 이 정성은 도운 추수사명 인사문제의 결정판으로 결론적으로 이 환구 부부의 정성을 통해 신원일 성도와 이 치복 성도 그리고 안 병욱 태상 성도사님을 인연공덕으로 줄줄이 불러들여 천지공사의 대단원의 결론인 숙구지 운암강수 만경래 도안 세 살림의 주인공 문왕사명자를 불러들이는 공사입니다. 그리하여 이 환구 부부가 49일 정성을 마친 후 상제님께서는 다음과 같이 그 공덕을 치하합니다.

<증산도 道典 5:12>★"너의 정성이 하늘을 움직이고 신명을 감동시켜 이제 신명들이 너의 공덕을 기리고 있느니라. 믿지 못하겠거든 저 달을 보라." 하시매 하늘을 쳐다보니 오색채운(五色彩雲)이 달무리를 이루고 있더라.

결국 상제님이 천지공사의 식주인으로 정한 태운장 김 형렬 성도는 문왕 사명자의 연원 뿌리이므로 "시속에 '아무 때 먹어도 김가가 먹을 밥'"이라 촌철살인의 경구로 인사문제의 결론을 내리시고 임술생 태운장 김 형렬 성도 대나무밭에 남방 삼리화 기운을 묻는 매화(埋火)공사로 임술생 도안都安 문왕 세 살림 사명자가 출현하게 하신 것입니다. 그리하여 수식남방매화가라 하여 남방삼리화 불기운의 인사문제를 비밀리에 묻은 줄 누가 알겠느냐 하시고 문왕 추수 사명자의 도안 세 살림에 대해 남방삼리화 기운을 돌돌 몰아주시어 '장안장창오소가(長安長唱吾笑歌)'라는 7자로 초중말복 도안都安 추수사명에 대한 인사문제에 크게 만족하시어 흔쾌히 기꺼워하신 것입니다.

이러한 문왕 사명자 기두에 대한 공사는 이 치복 성도를 통해 사명당 발음공사를 보시고 일신천금 천냥 고폐금을 기꺼이 바쳐 정성을 치하받은 '천금도통' 새울(봉황둥지) 최 창조의 집에 '사명당(四明堂)'이라 쓴 종이를 종처럼 매달아 놓으시고 "이 사명당 기운으로 사람 하나가 나오느니라." 하시어 문왕 공사를 집행하신 바 있습니다.<증산도 道典 5:395> 이 공사와 연관한 매화공사에 대해 곤존 태모 고수부님은 신정공사로 다음과 같이 마무리 추수 인사문제의 도비道秘를 더욱 구체화시키신 바 있습니다.

<선도신정경>★어느날 신정공사(神政公事)에서 가라사대 누구든지 일자(一字)와 삼자(三字)를 잡아야 임자이니 같은 끝수면 말수(末數)가 먹느니라 수식남방(誰識南方) 매화가(埋火家) 불 묻으신 줄 뉘가 알거나 변산(邊山)만한 불덩이를 묻지 않고 그냥 두면 세계인민(世界人民) 다 죽는다 하시더라

수식남방매화가를 언급하시되 추수 세 살림 도운 中 '마지막 상씨름'에 해당하는 '같은 끝수에 말수가 먹는다' 와 병립해 설명하셨습니다. 이는 마지막 상씨름이 세운이 아닌 낙종물-이종물-추수사명 3변성도와 관련된 교운이며 교운 중에서도 초중말복 추수 도운 중의 말복도정 기두를 말씀하신 것으로 '수식남방매화가(誰識南方埋火家) 불 묻은 공사' 는 바로 마지막 최종 말복 인사문제임을 말해 주는 것입니다.

그리하여 '누구든지 일자(一字)와 삼자(三字)를 잡아야 임자이니' 라 하십니다. 태운장 김형렬 수석성도 대나무밭에 남방 삼리화 불기운을 묻어(埋火) 화둔(火遁)하여 동지한식백오제 105년간 감추었다가 드러날테니 도안都安 세 살림 마지막 상씨름 도정의 말복지도자는 임壬일수와 갑甲삼목을 잡아야 임자라 천지도수로 질정(質定)하신 것입니다.

그러면 이제 결론적으로 안동 김씨 매화가埋火家 가문에 솔씨 뿌려 청장목, 황장목으로 피워낸 낙락장송 도안 초중말복 세 살림의 연원뿌리를 알아보기로 하겠습니다. 수식남방매화가(雖識南方埋火家)는 남방삼리화 불기운을 묻어 만사분이정萬事分已定으로 내세운 도안都安의 집을 누가 알겠는가, 105년 기간은 아무도 알지 못한다는 뜻입니다. 그래서 종통 세 살림 사명기를 안 내성 성도 사가(私家)에 은밀히 전해 동지한식백오제 기간 뒤에 매사부대자연래로 만천하에 드러나게 하신 것입니다.

결론적으로 안동 김씨 영사재에 남방삼리화 기운을 묻은 뜻은 안 씨 재실 추원재에서 천지수기 돌리는 댓가지 공사와 안 내성 성도 일등방문 공사 그리고 초중말복 도안 추수 세 살림 오신술부로 시작하는 현무경 전수 공사 및 경만장 안내성 성도 도안都安 세살림 종통 추수 사명기에 그 정답이 숨겨져 있습니다.

또한 식주인 태운장으로부터 시작해 이 환구&내주평 댁 부부를 거쳐 신원일 성도에 이어 이 치복 성도로 내려가는 연맥 중 이 치복 성도의 입문일화 속에도 바로 도안 문왕 추수사명 초, 중, 말복 세 살림이 천지공사로 예정되어 있습니다. 이치복 성도가 기유년 정월 보름 첫 승안(承顔:처음 웃어른을 찾아뵘) 차 상제님을 찾아뵈니 70냥을 가져오라 해서 다음과 같이 세 살림 공사를 보신 바 있습니다.

<증산도 道典 3:294>*이 날 상제님께서 치복에게 명하시어 "빨리 돌아가라." 하시되 치복이 종일토록 가지 아니하거늘 다시 기일을 정하여 주시며 "속히 돌아가서 돈 일흔 냥을 가지고 기일 내에 돌아오라." 하시니라. 이에 치복이 돌아갔다가 기일 내에 돈 일흔 냥을 허리에 차고 구릿골 약방으로 와서 상제님께 올리매 성도들에게 명하시어 그 돈을 방 안에 두었다가, 문 밖에 두었다가, 다시 사립문 밖에 두어 밤낮을 지내게 한 뒤에 들여다가 간직해 두시더니 그 후 공삼을 시켜 그 돈을 차경석에게 보내시니라. (참고:<증산천사공사기>에는 돈 일흔 냥을 일주야간(7일간) 방중, 문외, 사립문밖에 두는 공사를 보심. 공삼(公三)을 시킨 뜻은 세 살림.)

회문산 오선위기 바둑판 도수는 세계운로 세운판의 운수지만 회문산 기운을 오성산으로 옮긴 오성산 바둑판 도수는 추수도운의 인사문제입니다. 즉 운암강수만경래 숙구지 문왕 초중말복 도안 세살림의 도수입니다. 그리하여 곤존 태모 고수부님은 이 벽강궁촌(僻岡窮村)에 바둑판과 윷판을 내가 묻었으

니 이 세상 누가 능히 그를 알 수 있으리요《仙道神政經》하셨습니다. 그럼 바둑판 추수 살림의 인사문제는 어떠한 형식으로 숨겨놓으셨을까?

성포 고 민환 성도를 불러 바둑판 위에 올라가 낚싯대를 잡고 강 태공 여 상을 불러들여 성주聖主 모시는 공사를 집행하셨습니다. 인사문제는 특정 추종성도의 '전생의 탄생 비밀' 속에 말복진법 시절화의 천기를 철저히 숨기신 것입니다. 이처럼 성포 고 민환 추종성도를 통해 강 태공 여상을 불러들여 성주 모시는 공사 안에는 105년간의 풀지 못할 인사문제의 도비(道秘)가 감추어져 있습니다. 즉, 운암강수만경래 세 살림 개창자로서 숙구지 문왕 도안都安 세 살림의 도문을 연 안 운산 성도사님의 초, 중복 도정과 동지한식백오제 105년 만에 밝혀지는 사오미개명장의 말복도정이 맞물려 있는 사이에는, 초, 중복 시절까지의 과도기 교리체계와 말복진법 출현으로 말미암은 필연적인 인사도비道秘 사이에 교리 충돌과 혼란기가 개재介在되어 있습니다.(7년 은두장미 도수)

즉, 천지공사 종필 선언(기유년 1909) 이후 105년 만의 사오미 개명장(2013 계사, 2014갑오, 2015을미)을 통해 마지막 세 번 째 말복 추수도운 살림인 비교씨름 상씨름 인사 도비道秘가 바로 곤존 태모 고수부님이 집행하신 성포 고 민환 성도의 '강태공을 불러들여 성주(聖主)모시는 공사'인 것입니다. 강태공이 누구입니까. 바로 바가지 긁는 마천금과 이혼하고 궁팔십(窮八十) 나이에 위수 강가에서 문왕을 만나 은상의 폭군 주紂를 멸하고 주周나라를 열어 무왕의 장인으로 산동성 제齊나라를 봉국으로 하사받아 제국의 왕으로 대대손손 80년 달팔십 부귀영화를 누린 사람입니다.

그리하여 태모 고수부님은 선천 운수 궁팔십(窮八十) 달팔십(達八十)이요 지금운수는 <동지한식백오제>라 했습니다. 즉 '강태공을 불러들여 성주모시는 공사'는 겉으로는 강태공을 불러들이는 공사로 오인할 수 있지만 그 속에는 강태공을 불러들여 과거 문왕을 만나 궁팔십달팔십했던 만날 사람 만나는 공사를 체결하기 위해 강태공을 끌어들여 성포 고 민환 성도에게 신정공사로 부친 인사문제의 비밀을 처결한 것입니다. 일찍이 태모 고수부님은 '성포는 율곡의 후신이요 수제 너는 이태백의 후신이니라' 하신 바 있습니다. 그냥 스쳐갈 만 한 이 신정공사 속에는 천지공사 종필 선언 이후 105년간 금단의 영역으로 그 이전에는 그 누구도 전혀 풀 수 없었던 말복 추수도정의 시절화문제가 숨겨져 있습니다.

강릉 오죽헌 우측 몽룡실. 1536 병신丙申년 12월 26일생(두 번의 재생신 도수) 흑룡태몽으로 신사임당이 5째 율곡을 출산한 방. 이율곡 탄생에는 한성 사는 부친 이원수의 오죽헌으로의 귀향 중 대관령을 넘기 전 대화(大和:평창) 주막집 권씨 주모와의 일화, 신사임당의 흑룡 태몽 등이 전해진다.

곤존 태모님은 1880년 경진생, 성포 고민환 성도는 7년 아래인 1887년 정해丁亥생(~1966)입니다. 태모님은 너는 저울만 맡아 보라 하시고(도전 11:98) 모든 일을 민환에게 맡긴다 하셨습니다. 이 율곡 선생은 1536년 병신丙申생 다섯째 아들입니다. 신사임당의 태몽이 흑룡黑龍이라 지금도 강릉 오죽헌 옆 방 산실 이름이 몽룡실夢龍室이며 어린 시절 아명도 현룡見龍입니다. 49세로 임종시 이를 지켜보던 부인이 보니 흑룡이 몸에서 떠나가는 것을 보았다고 전합니다.

강릉 오죽헌 우측 몽룡실.

성포 고민환 성도와 신사임당 흑룡 태몽 병신생 율곡 이이, 문왕사명자의 흑룡태몽 다섯째 병신생과 수지지어사마소 말복 진인과의 연관성이 핵심 키워드입니다. 그 가운데 연결고리는 성포 고민환의 남조선 배 가사와 율곡 이이의 가족묘가 모셔진 파주의 자운서원이며 결정적인 단서는 현무경에 단서를 달아놓은 상제님의 12월 26일 재생신 재생신 두 번 공사에 얽힌 종통인사비밀과 칠성공사입니다.

곤존 태모 고수부님께서는 말복인사 문제에 대한 '시절화' 비밀을 이 율곡 후신인 성포에게 숨겨놓으셨으며 이 율곡 탄생에 대한 설화는 나도 밤나무 이야기에 얽힌 부친 이원수의 대관령 평창 주막집 주모 권씨 부인 이야기와 신사임당의 태몽 이야기와 연관되어 있습니다.

동지한식백오제의 길다면 길고 짧다면 짧다 할 지루했던 105년간 아무도 모르게 깊숙이 숨겨져 있었던 추수도운의 마지막 말복 인사문제 퍼즐 '천장지구天長地久 신명무궁申命無窮', '오미방광신유이午未方光申酉移'의 정체가 드디어 대단원의 막을 내린 것입니다.

그러면 '수부 도수(首婦度數)로 천하 만민을 살리는 종통대권(宗統大權)은 나의 수부, 너희들의 어머니에게 맡긴다'-조종골 마지막 공사인 궁팔십 강태공이 문왕 만나 달팔십 소원이루는 바둑판 낚싯대 공사, 성포 고민환의 뱃노래 공사의 진실은 무엇일까요?

어느날 고후비(高后妃)께서 신정공사(神政公事)를 베푸시며 가라사대 오늘은 남조선(南朝鮮) 배 도수(度數)를 보리라 하시며 율곡 후신인 성포 고민환(高旻煥)에게 이르시기를 너는 뱃노래를 써서 들이라 하시거늘 고민환(高旻煥)이 뱃노래를 써서 올리니 받아 보시고 주시면서 네가 뱃노래를 읽어 보라 하심으로 뱃노래를 읽으니 이러하니라. '수부 도수(首婦度數)로 천하 만민을 살리는 종통대권(宗統大權)은 나의 수부, 너희들의 어머니에게 맡긴다-조종골 마지막 공사인 '궁팔십(곤궁80)' 강태공이 문왕 만나 팔자펴고 소원이루는 '달팔십(현달80)' 바둑판 낚싯대 공사와 관련된 마지막 말복 추수사명 인사비밀 성포 고민환의 뱃노래 공사 내용은 다음과 같습니다.

-성포 고민환의 뱃노래-

石泉試茗하고 白雲可耕타가
석천시명　백운가경
祥風瑞湖에 紫雲白帆으로
상풍서호 자운백범
武夷九曲을 謝別하고
무이구곡 사별

桃花流水渺然去라
도화유수묘연거
龍華彌勒과 太乙仙官께서
용화미륵 태을선관
至德至道로 廣濟蒼生하시려
지덕지도 광제창생
이 배 타고 오시도다.

이 시에서 가장 중요한 인사문제의 핵심은 자운백범입니다. 곤존 태모 고수부님께서 전생이 이율곡이었던 성포 고민환 성도에게 읽게 하신 이 시 내용의 '이 배'는 지덕지도로 광제창생하러 '용화미륵 태을선관'이 타고 오는 배입니다. 용화미륵 태을선관은 과연 누구인가? 수지지어사마소의 진인과는 무슨 관계이며 그 분은 과연 어떠한 법줄과 인연줄의 배를 타고(탄생을 의미하는 사람의 배로 자운의 자紫는 자금성紫禁城, 자미성紫微星 처럼 상서로운 구름(자운)에 덮힌 지존의 존재를 삼신으로부터 태워내리는 미혹에 싸인 금단의 배를 상징=인연줄) 이 세상에 등장하는가?

무이구곡을 사별한다는 뜻은 다섯 사람-5막, 아홉 살림-9장의 낙종물-이종물-초중말복 도안 세살림 도운의 무이구곡이 사람으로는 다섯 번째요, 도정 살림으로는 9곡 아홉번째 막바지 말복 터미널에 도착해 내릴때가 되어 감사한 마음으로 이별 사례한다는 뜻입니다. 여기에 시점이나 때는 없습니다. 도운에 등장하는 무이구곡 인사문제의 종착역이라는 뜻입니다.

여기서는 마치 상풍서호라는 배경에 어울리는 자운백범으로 표시되어 단순한 배경설명으로 오인해 무엇인지 알 수 없게 되어있습니다. 흰돛단배의 정체는 자운紫雲이고 자운서원은 바로 파주 율곡리-신 행정구역: 법원읍 동문리에 율곡부부 및 형제들 및 부모님을 모신 가족서원으로 광해군이 창건하고 효종이 사액(친필현판)을 내린 왕실공인의 사액(賜額)서원입니다. 결국 이 시에 숨겨있는 인사문제의 핵심은 5막 9장으로 천변만화하는 무이구곡의 도운이 성포 고민환 성도의 전신인 율곡 이이의 병신생 흑룡 탄생 태몽의 인연줄을 받잡고-자운백범의 배를 타고 오심으로써 전 인류가 그토록 고대해 왔던 수지지어사마소 진인 등장을 이룬다는 것입니다.

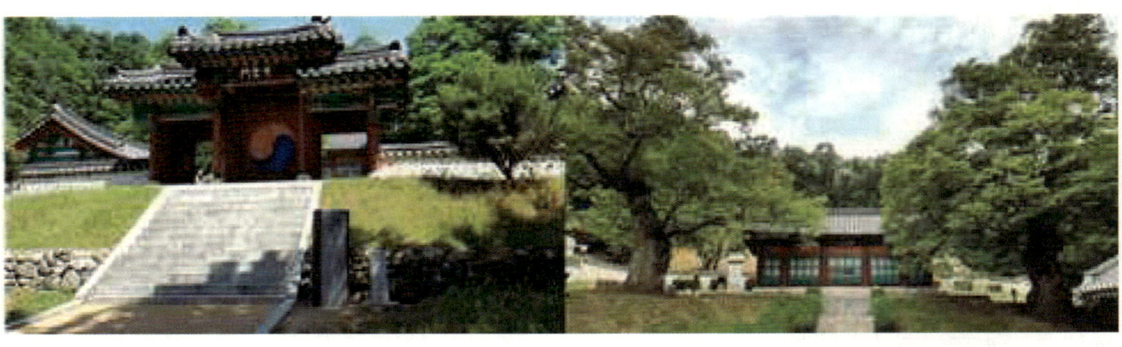

자운서원은 화석정과 함께 이율곡, 이율곡 부인 곡산노씨 및 이원수, 신사임당 부모님 묘역이 가족묘 형태로 조성된 곳으로 율곡 이이가 6세 때 신사임당이 강릉에서 데리고 올라와 구도장원이 된 뒤 조선왕실의 동량이 된 율곡을 기리기 위해 사후 광해군때 창건되어 위패와 영정을 모셨고 효종의 친필사액으로 모셔진 왕실지정 개인 종묘 사당입니다. 참고로 대전 유성쪽 호남고속도로 변 유성구 자운동에 교육사령부, 국방과학 연구소, 국군통합병원, 군인 아파트, 자운대 골프장, 자운대 수영장, 자운대 복지회관 등 온갖 군 관련 후생복지 편의시설 등 자체 자급자족 시스템을 갖춘 자운대 마을이 있습니다.

자운대 명칭은 율곡의 10만 양병설에서 채택한 것으로(김자현 10만 명 공사) 정부가 계룡산 신도안에 전시체제에 군 전략상 군을 후방에서 효율적이고 안전하게 운용할 수 있도록 1983년부터 6.20 계획이란 암호명으로 육해공 3군 통합군사기지로 <계룡대>를 설치하자, 부수적으로 1995년 고위장교 교육기관인 육군대학, 해군대학, 공군대학이 합동군사대학으로 자운대 옆으로 통합해 옮겨오면서 17개 군부대와 이와 관계한 소속 부대원 가족의 후생복지를 위해 인근에 보안유지가 되는 독립적인 자운대 군인마을을 설치한 것입니다. 마치 상풍서호라는 배경에 어울리는 자운백범으로 표시되어 단순한 배경설명으로 오인해 무엇인지 알 수 없게 되어있습니다.

흰돛단배의 정체는 자운紫雲이고 자운은 바로 파주 율곡리-신 행정구역: 법원읍 동문리에 율곡부부 및 형제들 및 부모님을 모신 가족묘가 조성된 광해군이 창건하고 효종이 사액을 내린 사액서원입니다. 고려말 주자학을 처음 도입한 문성공文成公 안향安珦(회헌晦軒1243~1306) 선생을 모신 경북영주 소수서원(백운동서원)은 우리나라 최초의 사액서원입니다.

결국 이 시에 숨겨있는 인사문제의 핵심은 5막 9장으로 천변만화하는 무이구곡의 도운이 '12월 26일생 율곡 이이'의 병신생 흑룡 탄생의 재생신 두 번 인연줄을 받잡고-(성포 고민환 성도를 거쳐) 자운백범의 배를 타고 오심으로써 전 인류가 그토록 고대해 왔던 수지지어사마소 진인 등장을 이룬다는 것입니다. 동지한식백오제의 길다면 길고 짧다면 짧다 할 지루했던 105년간 아무도 모르게 깊숙이 숨겨져 있었던 추수도운의 마지막 말복 인사문제 퍼즐 '천장지구天長地久 신명무궁申命無窮', '오미방광신유이午未方光申酉移'의 정체가 드디어 대단원의 막을 내린 것입니다.

<선도신정경>★고후비(高后妃)께서 가라사대 성포(聖圃:고민환(高旻煥))은 율곡(栗谷)의 후신(後身)이요, 수제(首濟) 너는 이태백(李太白)의 후신(後身)이니라.

<고사모신정기 10P>★하루는 公事時에 姜孝伯을 命하시와 명주실을 드리라하시와 방안에 느러노시고 낙시대를 드리라하시여 高旻煥으로 하여금 碁板우에 안저서 낙시질을 하게 하시니라 이난聖主를모시는 公事로다

<선정원경(仙政圓經)>★곤존고씨(坤尊高氏)께옵서 선정설법(仙政說法)을 하시난대 강대용(姜大容)을 명(命)하사 가제주사(家製紬絲)를 구래(求來)하시고 또 조간일구(釣竿一具)를 구하여 오라 하사 방사간(房四間)에 천장(天張)에 주사(紬絲)로 밀괘포련(密掛布練)하고 고민환(高旻煥)을 기판상(碁板上)에 앉으라 하시며 조간(釣竿)으로 조어지형상(釣魚之形像)을 시키시더니 차공사(此公事)난 강태공(姜太公)이 성군(聖君) 만나는 설법(說法)인대 오등(吾等) 대증산지명시(待甑山之明示)이라 할지라.

<증산도 道典 4:146>★봉서사의 진묵(震默)은 3둔(遁)을 하였고, 주나라의 강태공은 52둔(遁)을 하였으나, 나는 이제 72둔(遁)을 다 써서 화둔(火遁)을 트리라.

<대순전경 3판>★강태공이 십년 경영(經營)으로 삼천 육백 개의 낚시를 벌렸음이 어찌 한갓 주나라를 일으켜 봉작(封爵)을 얻으려 함이랴, 이를 넓게 후세에 전하려 함이라.

결론結論

 3. 결론(結論)

무이구곡의 변화무쌍 삼변성도-낙종물, 이종물, 추수 사명의 파란의 역사

상제님 진리는 낙종물 도수(태모님 세 살림 5도장 도수)로부터 둘째, 차월곡 성도의 이종물 도수(보천교)에서 셋째, 문왕의 도수로서 태모님 숙구지(宿狗地) 문왕추수 도수로 깨어나 삼련불성(三聯佛成) 초중말복 세 살림을 여신 안 운산 성도사님의 초복 도수로부터 비로소 추수도수가 출발되어지도록 짜여져 있습니다. 첫째, 낙종물 도수와 이종물 도수 그리고 추수도수에는 어떠한 차이가 있는 것일까요. 첫째, 태모님의 낙종물 세 살림 도수도 역경만첩 그 자체였습니다. 상제님께서는 이러한 상황에 대해,

> <동곡비서>★선생이 고부인에게 일러 가라사대 "내가 비록 죽을지라도 마음이 변하겠느냐?" 대하여 가로되 "어찌 변할 수가 있겠읍니가?" 선생이 다시 글 한수를 외어주시니 이러하니라. -무어별시정약월 유기래처신통조(無語別時情若月 有期來處信通潮)- 또 말씀하시되 "내가 없으면 여덟가지 병으로 어떻게 고통하리요. 그 중에 단독이 크리니 이제 그 독기를 제거하리라." 하시고 그 손등에 침을 바르시더라. 또 가라사대 "그 크나큰 세 살림을 어떻게 홀로 맡아서 처리하리요." 하시니, 고부인은 어느 외처에 출행하는 말로 알더라.★<동곡비서>
>
> <고부인신정기(천후신정기)>★천사(天師)께서 매양 천후(天后)의 등을 어루만지시며 가라사대 '너는 복동(福童)이라. 장차(將次) 천하(天下) 사람의 두목(頭目)이 되리니, 속(速)히 도통(道通)을 하리라' 하시니라. 하루는 천사(天師)께서 천후(天后)에게 일러 가라사대 '내가 없으면 크나큰 세 살림을 네가 어찌 홀로 맡아 하려하느냐' 하시니라.

1928년 동화교를 창교하게 된 동기도 조선총독부의 보천교 탄압의 일환으로 조선총독부 촉탁 김 환(金丸)의 기획과 참여 속에 일제 경무국에 매수되어 차 경석 교주 축출에 사활을 걸고 보천교 혁신운동을 벌인 이 상호를 옹립하여 이루어졌지만 태모 고 수부님 두 번째 살림인 조종골 교단과의 용화동 합동교단의 첫 치성도 청음 이 상호는 조선총독부 촉탁이었던 김 환(金丸)을 끌어들여 합동교단 기념

사를 읽게 합니다.(조종골 교단과 용화동 동화교의 통합살림 표현은 종통정당화를 위한 남주 이정립의 표현이지만 실상은 왕심리 교단과의 통합교단임.)

<보천교 연혁사(普天教 沿革史)>★그 후에는 전주군 우림면 동곡리 김 형렬(金亨烈)에게 추종하야 미륵교(彌勒教)를 조직하든 바 도로혀 보천교주의 방해적 언론을 유포하야 보천교도를 유인하다가 또 김 형렬을 배반(背叛)하고 김제군 수류면 용화동에서 당국의 허가를 얻어 동화교(東華教)를 조직하고 교주라 칭한다.

<보천교 연혁사(普天教 沿革史)>★동화교 창설의 동기를 탐문하면, 그 때 당국에서 난 보천교 해산을 명하게 되면 보천교도 대중이 귀의할 곳이 없어 반란을 일으키면 큰일이라고 생각하고 미결(未決)중인 바 경무국 촉탁(囑託) 김 환(金丸)이라 칭하난 자가 이를 탐지하고 이 상호, 임 경호, 이 성영과 공모하야 강증산 생존제자 박공우(朴公又)로부터 교의 종통(教統)을 이 상호에게 대를 잇게 시킨다는 제전(祭典)을 행하고 동화교(東華教)라 명칭하야 당국과 협의상 보천교도를 받아들인다(受容)고 선전하였다.

<보천교 연혁사(普天教 沿革史)>★전에 이 상호로 인하야 수행인 김 응두에게 정읍경찰서장이 일시 핍박을 받고 더욱이 이 상호 보호 상 교도의 반동으로 인하여 미와(三輪) 경부(警部)의 부탁(信託)을 완벽에 이르게 수행치 못함으로 보천교를 증오하야 심히 거리를 두고 있던 중(懸隔中) 그 때에 외교(外交)난 채 규일(蔡奎壹)이 담임하였다.

<증산교사(甑山教史)>★무진년(道紀 58, 1928) 여름에 총독부에서 동학 통제안을 구상하고 동학문헌을 경성대학 교수회에 보내어 교의(教義)의 비판을 부탁하였다. 이 기밀을 탐지한 김 환(金丸)은 임 경호(林敬鎬)를 방문하여 이 기밀을 말하고 인하여 가로대 『총독부에서 교수회의 보고를 받은 뒤에는 반드시 일체 유사종교단체를 해산하고 각파의 신도들을 시천교(侍天教:친일파 이용구)로 집결케 하여 써 통제교단을 세울 것이니 이제 우리 두 사람이 시천교(侍天教)에 들어가서 조직을 개선하고 교재(教財)를 정리하고 교세부흥운동을 일으키면서 통제(統制)를 대기(待機)하면 뒷날 통제교단의 영도권을 얻게 되리라 그러나 이제 교주로 추대할 만한 인물이 없으니 그대가 물색하여 보라』

<선정원경(仙政圓經)>★시즉(時則) 신미년(辛未年:1931) 십일 월(十日月) 동지(冬至)에 행차(行次)하사 동지치성(冬至致誠)을 봉행(奉行)하니, 기시(其時) 고 씨(高氏) 시봉(侍奉)은 고 민환(高旻煥), 김 수열(金壽烈), 이 용기(李用己)오, 식모(食母)는 용기(用己) 처(妻)러라. 외무 간사인(外務幹事人)은 이 상호(李祥昊), 조 학구(趙鶴九), 김 재윤(金在允), 임 경호(林京鎬), 김 환(金丸)인 중, 교리진행(教理進行) 방도(方途)와 유지시즉(維持視則)이 내부외부(內部外部)에 전연불온(全然不穩)이 조직(組織) 고(故)로 신도(信徒) 내왕(來往)이 두절(杜絶)하니 하이감당(何以堪當)이리오.

<증산교사(甑山教史)>★7월 그믐께 경성에서 임 경호(林敬鎬)와 김 환(金丸)이 내려왔는데 때마침 찬홍(贊弘)이 다시 온지라 상호가 김 환과 임 경호에게 이 일을 의논하니 모두 찬성하거늘 상호가 이에 조 학구(趙鶴九)를 데리고 찬홍과 함께 조종골에 가서 고부인께 뵈옵고 합동치성에 관한 일을 협의하고 돌아왔다. 9월 보름날 상호는 임 경호와 이 성영을 조종골에 보내어 열 일햇날 영정과 부인을 모시고 용화동으로 와서 열 아흐렛날 새벽에 회갑치성을 올릴 새 통정 이 상호가 천사 탄강 60주년 기념사를 강연하였다.

<증산교사(甑山教史)>★(동화교와 조종골 교단 합동 상제님 60주년 탄신 치성, 김 환(金丸) 기념사) 1. 오늘은 우리 증산 천사(天師)께서 사람의 형체로써 이 세상에 탄강하신 회갑일이올시다. 9년 동안 여러 가지 고난을 당하시면서 행하신 천지공사에는 참관한 종도가 적지 아니하나 신비에 속하여 사람의 지식으로는 능히 측량하여 알 수 없는 것이므로 공사의 내용에 이르러서는 하나도 아는 종도가 없었고 가르치시는 말씀도 폭잡을 수 없는 은어나 풍자어를 많이 쓰셨으므로 조리분명하게 요령을 깨닫는 종도가 없었다 하여도 과언이 아닐 것이외다.

<증산교사(甑山教史)>(김 환(金丸) 기념사)★2. 다만 기행이적에 이르러서는 많은 종도들이 전부 이상히 생각하고 믿고 부러워하여 그 도술을 배우고저 한 것은 또한 틀림없는 사실인듯 합니다. 그리하여 천사(天師)께서 기유년 유월 스무나흗날 서른 아홉 살이라는 장령(壯齡)으로써 화천(化天)하신 뒤에 종도들이 실망하고 낙담하여 탄식하지 아니한 자가 없었으니 대개 종도들의 생각에는 천사 생전에 도술을 배워주실 뿐 아니라 천지개벽을 행하사 후천 선경을 열어 억조창생으로 하여금 무궁한 행복을 누리게 하실 줄로 확신하였다가 뜻밖에 보통 사람과 다름없이 합연장서(溘然長逝:돌연히 어천하심)하심을 만남에 말미암은듯합니다.

侍

이 상호·이 성영의 동화교 창교는 보천교시절의 차 교주에 대한 끝없는 배신과 배사율(背師律) 그리고 미륵불교 김 형렬 교주의 배신(背信)과 배사율(背師律)로 잉태된 것이며 이러한 배사율의 열매로 이루어진 <증산천사공사기>와 <대순전경 초판>은 적지 않은 천지공사 정보가 누락된 초기형태의 경전에 불과했습니다.

이 상호가 차 경석 성도와 김 형렬 성도로부터 충분한 사료 채취이전에 배신해 나간 연고로 <증산천사공사기>와 <대순전경 초판>에 누락되거나 채 밝혀지지 않은 새로운 성구들이 후일 김 형렬 성도 쪽에서 나온 경전으로 <동곡비서>와 <중화경>이 출간되어 후일 <현무경>이 별첨으로 합본되어 공개되고, 이종물 사명을 맡은 차 경석 성도의 보천교 쪽에서 종합 정리된 <보천교 교전>, <보천교 연혁사> 등이 출간됩니다.

후일 여기에 태모 고 수부님의 수석성도였던 고 민환 성도의 <선정원경>, 상해 임정 독립운동가인 이 중성의 <대개벽경>, 정 영규의 <천지개벽경>과 <선도신정경>, 김 낙원의 <용화전경>, 상제님 유일 혈식인 화은당 강 순임 선사의 법종교 쪽에서 <화은당실기>, <선도진경>, <증산도 도전> 등이 출간되면서 상제님 진리의 5막 9장 중 5막 8장의 대미가 종장(終章)을 짓습니다.

주자(朱子)의 무이구곡(武夷九曲)의 아홉 구비는 그야말로 안개 덮인 기암절벽의 청정호수로부터 안개비의 수풀과 기암절벽으로부터 떨어지는 폭포에서 조화선경의 정상에 이르기까지 변화무쌍 그 자체입니다. 상제님은 <현무경> 신명부(神明符)에 무이구곡(武夷九曲)의 변화무쌍함을 서예(書叡)하셨습니다.

상제님 교운 삼변성도 종통의 5막 9장(전체로는 9마디 9章)의 변화도 바로 무이구곡의 변화무쌍 못지않습니다. 무이구곡의 아홉 번째 9곡은 용화선경과 같은 이상향의 풍광이므로 이를 제외하고 105제 추수도수 중복살림까지 치면 교운 도운의 8장이 마치 무이구곡의 8장과 같이 변화무쌍합니다. 2변 교운을 포함한 여덟 번째 마디 구비에서 마지막 아홉 번째 마디로 넘어가는 마지막 과도기는 동지한식백오제의 추운 계절을 지나 사오미 개명장으로 모든 진리가 밝혀지는 흑운명월(黑雲明月)도수의 시간대입니다.(<선정원경>)

흑운명월도수에 의해 본 통일경전 <통합경전>이 고난받는 열악한 환경(開闢精神黑雲月) 속에서 1년 반 만에 나오게 된 것은 9년 천지공사와 10년 신정공사에 예정된 김 갑칠 성도의 깊은 산골 오줌먹물로 글 쓰는 공사와 왕발(王勃)의 도수로 뜻을 이루는 "유지자(有志者) 사경성(事竟成)" 도수 입니다.

<대법천사님 유서 김형렬 김자현 가 보존서>*또 가라사대 우리 일은 왕발(王勃)이 일과 꼭 같으니라 왕발(王勃)이는 하루밤에 천리(千里)길을 바람이 보냈다 하나 왕발(王勃)이가 하도 열심(熱心)히 공부(工夫)하기로 천지신명(天地神明)이 일일(一一)히 간찰(看察)하사 만일등왕각(萬一謄王閣)이 아니라면 왕발(王勃)이 같이 열심

(熱心)히 한 글공부(工夫)가 귀어허지(歸於虛地) 되는 것을 불쌍히 여겨 하루 밤에 천리(千里)길을 보내 왕발(王勃)의 평생(平生) 소원(所願)을 마치게 하였느니라 생각(生覺)해보라 얼마나 애를 쓰고 공부(工夫)를 하였기에 천지신명(天地神明)이 감동(感動)하여 하루밤에 천리(千里)길을 보내어 등왕각(謄王閣) 서문(序文)을 붙히어 만고천추(萬古千秋)에 이름을 떨치게 되었는지 지극(至極)히 생각(生覺)해 볼지어다 또 가라사대 속담(俗談)말이 모두 성담(聖談)이요 인생(人生)의 비결(秘訣)이니라 유지자(有志者) 사경성(事竟成)이라 뜻 있는 자(者)는 한번 뜻을 세우면 평생(平生)을 한결같이 일관(一貫)하는 자(者)라야 필경(畢境)에는 성취(成就)한다는 말이다 지성(至誠)이면 감천(感天)이라고 말로는 쉽지마는 입으로 함부로 쉽게 말하리 하시다

<증산도 道典>*하루는 상제님께서 말씀하시기를 "우리 일은 왕발(王勃)의 일과 꼭 같으니라." 하시고 이어 말씀하시기를 "하루는 왕발의 꿈에 한 노인이 나타나 '등왕각(騰王閣) 낙성식에 서문(序文)을 지으라.' 하므로 왕발이 의연히 배를 타고 등왕각을 향하니 때마침 순풍이 불어 놀랍게도 칠백 리 먼 길을 하루 만에 당도하였느니라. 왕발이 얼마나 애를 쓰고 공부를 하였으면 천지신명이 감동하여 하루에 칠백 리 길을 보내어 등왕각 서문을 쓰게 하고 마침내 그 이름을 만고천추(萬古千秋)에 떨치게 하였겠는가. 그 지극한 마음을 잘 생각해 볼지어다." 하시니라.

侍

상제님이 김 갑칠 성도를 데리고 깊숙한 산골에 들어가 갑칠의 오줌으로 먹을 갈아 글을 쓰시는 공사가 있습니다. 이 성구를 읽어보면, 아무도 없는 깊은 산속에 상제님께서 오직 '막내아들 도수와 갑오갑자(甲午甲子)꼬리 도수'를 붙였다는 갑칠만 데리고 들어가셔서 아무도 모르게 중대한 공사를 보십니다. 막둥이 도수는 안내성 성도에게 집행하신 도수이지만 막내아들 도수는 추종성도 이름 만 다를 뿐 갑오갑자꼬리 도수에 방점을 찍은 또 다른 표현의 막둥이 도수입니다. 이 도수를 받는 주인공은 동일한 한 사람이라는 의미입니다.

기유년(1909) 천지공사 종필終畢 이래 동지한식백오제 105년 만기 년인 2014년 갑오년과 1984년 갑자년 중복도정 선포 이래 30년째 갑자꼬리 갑오년은 2014년으로 서로 일치하며 만나는 교운 통일의 윷판 말복 도수입니다. 갑오와 갑자는 일년 중 하지와 동지로 각기 일음一陰이 시생始生하고 일양一陽이 시생始生하며 서로 물고 물리며 머리와 꼬리가 됩니다. 60갑자로 하면 절반인 30년째가 바로 갑오와 갑자가 물고 물리면서 서로 꼬리가 되는 해입니다.

물조차도 없는 적막한 숲 속에서 상제님과 <오직 갑칠>만 있는 이런 상황에서 상제님께서 갑칠에게 먹을 갈라고 명하시자 아무 것도 없는 깊은 숲 속인지라 갑칠은 침이라도 뱉어서 갈려고 하지만 침은 안 된다고 하십니다. 생각다 못한 갑칠이 이제는 오줌이라도 싸서 먹을 갈아도 되느냐고 여쭙니다. 그제야 상제님께서 <흔쾌히 웃으시며> 허락하시고 오줌으로 간 먹물로 글을 쓰시어 아무도 모르는 천지공사를 집행하십니다.

상제님께서 갑칠을 데리고 산골 깊숙한 곳에 들어가신 것은 마치 상제님께서 광찬을 데리고 말도(말점도)로 들어가신 것과 흡사한 장면입니다. 상제님께서 말도에 가셔서 갖은 고생을 다하시고 20일 만에 돌아오신 공사이후 1945년 을유 8.15 해방과 함께 기두하신 안 운산 성도사聖道師 님께서 이 상호·이 정립의 지독한 중상모략과 조직적인 교단탈취 농간에 포교를 해도 소용이 없다는 것을 아시고, 1954년 공주 유구 창말을 거쳐 중복도정의 좌보우필의 자식을 얻은 뒤 57년 봄 중, 말복도정 추수의 땅 태전으로 들어오시어 갖은 고생을 다하며 지내시다가 드디어 20년 만인 1974년 갑인 년, 추수도정의 싹을 틔우는 포교의 문을 다시 엽니다.

상제님께서 갑칠 혼자만 데리고 적막한 산골 깊숙이에서 아무것도 없는 숲속에서 갑오갑자꼬리 도수와 막내아들 도수를 붙인 갑칠의 오줌으로 먹을 갈아 글을 쓰신 공사는 <범증산계 통합경전-십경대전>이 동지한식백오제를 즈음해 어떠한 상황에서 나왔는지 가늠하는 공사가 될 것입니다. 사문死門 기운인 침으로 먹을 갈지 못하게 하시고 생문生門 기운인 오줌으로 먹을 갈게 하여 글을 쓰심으로써 생문生門의 기운을 붙인 말복 추수도정은 이처럼 아무도 없는 고립무원의 절박한 상황에서 출태되었습니다. 말복도정은 율곡 이이 후신인 성포 고민환 바둑판 낚싯대 공사와 연관된 수지지어사마소 주인공이 암흑천지근(금)백년 105년간 검은 구름에 가려져 초장봉기지세로 벌어진 중구난방의 물중전에 종지부를 찍을 종통의 천기와 천지공사의 전체얼개를 세상에 공포함으로써 점화되었습니다.

<증산도 道典>*(갑칠아, 먹 갈아라)하루는 상제님께서 갑칠을 데리고 산골 깊숙한 곳에 가시어 문득 "갑칠아, 먹 갈아라." 하시거늘 갑칠이 당황하여 여쭈기를 "무슨 물이 있어야 먹을 갈지요. 침 뱉을까요?" 하니 "침은 안 된다." 하시니라. 갑칠이 생각다 못해 "그럼 제 오줌이라도 쌀까요?" 하니 상제님께서 웃으시며 "그래라, 네 오

줌에다 갈아라." 하시거늘 갑칠이 그대로 하여 올리니 그 먹물로 글을 쓰시어 공사를 보시니라.

<증산도 道典>*상제님께서 내성에게 일러 말씀하시기를 "초복, 중복 다 제끼고 말복 운을 타라." 하시고 또 말씀하시기를 "말복 운이 가장 크니라. 늦게 들어온 사람이 크게 받나니 '막둥이 놀음'이니라." 하시고 내성에게 막둥이 도수를 붙이시니라.

<증산도 道典>*이 때 문득 공우가 여쭈기를 "누구를 큰아들로 세우시렵니까?" 하매 상제님께서 잠시 머뭇거리시다가 말씀하시기를 "형렬이니라." 하시니라. 이에 공우가 형렬에게 빈정대듯 농을 던지기를 "형님이요, 아우요?" 하니 상제님께서 "공우야, 너는 왜 그러냐?" 하시니라. 공우가 "저는 막고 품는 것을 좋아허요!" 하더니 다시 여쭈기를 "그럼 막내아들은 누구입니까?" 하니 말씀하시기를 "갑칠(甲七)이니라. 갑칠이가 갑오갑자(甲午甲子)꼬리니라." 하시니라.

<증산도 道典>*너희들은 폭 잡히면 일을 못 하느니라. 내가 하는 일은 세상에서 폭 잡히지 않느니라. 또 말씀하시기를 "나의 일은 귀신도 모르나니 오직 나혼자 아는 일이니라." 하시니라.

<증산도 道典>*"너희 아버지께서 하시는 일은 이 세상에서 누구하나 알게 하시는 줄 아느냐. 천부지(天不知) 신부지(神不知) 인부지(人不知) 삼부지(三不知)이니, 참종자 외에는 모르느니라."(<증산도 道典 11:250>)*밑줄 원본 출처는 <선도신정경> *나의 일은 비록 父母兄弟妻子라도 모르는 일이니<대순전경>

<선도신정경 3:70>*유리법당(琉璃法堂) 앞에 엎드려서 일편단심(一片丹心) 심통(心通)하라 옳은 줄 하나 추켜들면 모두가 옳으니라 유가(儒家)에서는 착(善)하라 하고 불가(佛家)에서는 얌전하라 하고 선가(仙家)에서는 신통(神通)하라 하나 이 모두가 삼부지(三不知)이니 천부지(天不知) 신부지(神不知) 인부지(人不知) 삼부지(三不知)인데 참으로 종자(種子) 외에는 모르느니라(종통의 핵심은 선자(善者)=막둥이=참사람(眞人)= 참종자만 알게 하여 사오미 개명장에 밝히게 하심)

<선도신정경 5:14>*천부지(天不知) 신부지(神不知) 인부지(人不知) 하니 내일은 되어 놓고 보아야 아느니라.

<증산도 道典 11:277>참종자, 참사람(眞人)*경오(庚午 : 道紀 60, 1930)년 정월 초사흗날에 태모님께서 고사(告祀)치성을 마치시고 유일태, 이근목, 이진묵, 문명수, 채유중, 이중진 등 10여 명에게 일러 말씀하시기를 "참사람이 어디 있느냐. 참사람을 만나야 하리니 춘하추동 사시절에 일시라도 변치 말고 성경신 석 자로 닦으면서 진심으로 고대하면 참사람을 만나리라." 하시니라. (<증산도 道典 11:277>) <동곡비서>*판밖에서 도통종자(道通種子)를 하나 두노라. 장차 그 종자가 커서 천하를

덮으리라."(문명수는 <고부인신정기> 표기, <선정원경>에는 문기수로 표기)

그러면 이제 종통의 마지막 마무리 부분입니다. 무이구곡(武夷九曲)의 정상에 이르기까지 5막 9장 도운의 전체 얼개를 보지 못하게 한 주요 원인은 과연 무엇이고 그 사명과 역할은 무엇이었을까요. 가장 큰 이유는 때가 되어야 배역을 점지받은 주인공이 시절화(時節花)로 피어나는 상제님 천지공사의 은두장미(隱頭藏尾) 정신때문입니다. 다음으로 현실적인 중요한 이유는 바로 무진년(1928)에 얽힌 도수와 이에 관련된 핵심인물 사이에 깊숙이 은장·은폐된 문제입니다. 앞에서 난법은 백오제 105년간 진법을 감추어 보호하는 역할을 한다고 했습니다. 무진, 기사년(1928, 1929)푯대로 들고 나온 사람은 바로 보천교에서 태모 고 수부님 배척운동에 이어 차 경석 교주 배척운동을 강력하게 벌인 이 상호 · 이 정립 형제였습니다.

청음 이 상호는 진사성인출(辰巳聖人出)의 비결과 조선 중·말기에 민간에 널리 퍼진 진인해도출(眞人海島出)의 비결을 근거로 나의 덕을 펴는 자는 무진년(戊辰年)에 기두(起頭)한다고 하신 상제님의 말씀을 조선총독부의 기획과 후원을 등에 업고 무진년에 창교한 동화교(東華敎)에 결부시키고 "천지대운이 서전서문에 있노라. 내 조정에 설자는 서전서문을 만독하라." 하신 말씀과 서전서문이 기사己巳 삼월三月 기망旣望(陰 16日)에 맞추어져 있는 점을 이용해 <대순전경>을 기사(1929)年 3월 기망에 맞춰 발행하여 자신이 그 주인공임을 자임했습니다.(서전서문 만독의 주인공은 이종물 사명, 추수사명의 차경석과 이치복 2인)

그러나 막상 이 상호가 <대순전경>을 간행하여 태모 고 수부님께 올리자 태모님께서 아무말씀도 않으시고 담뱃대로 바닥에 놓인 책을 옆으로 휙 밀쳐버리신 바 계십니다. 이는 증산 상제님께서 "천지대운이 서전서문에 있노라. 내 조정에 설자는 서전서문을 만독하라." 하신 말씀은 삼변성도(三變成道)의 종통과 관련해 이종물 사명자인 차 경석 성도와 마지막 3변變 추수 사명자인 문왕도수의 주인공을 배출하는 사명을 맡은 이 치복 성도에게 하신 말씀이었기 때문입니다.

무진년 공사의 주인공 자임은 그릇된 욕망과 함께 청음 이상호가 크게 착각 오인한 결과였지만 현실적으로 해방이후 2변 교운을 일으킨 안 운산(安雲山) 문왕의 도수 주인공에 대한 조직적인 교권 탈취와 2변 교운의 뿌리역사에 대한 왜곡과 날조는 백오제(105) 기간이 차는 동안 세인의 이목을 완전히 따돌리는 역할을 성공적으로 수행했습니다.

동시에 이 상호·이 정립 형제의 이러한 악행은 역설적으로 문왕의 추수도수 세 살림 주인공을 철저하게 은폐시켜 보호하게 되는 결과를 가져다주었습니다. 나의 덕을 펴는 자는 무진년(戊辰年)에 기두(起頭)한다고 하신 상제님의 말씀은 태모 고수부님의 숙구지 문왕 도수를 일깨우는 '무진년 숙구지 문왕 9월도九月度' 공사로 완결되어 내성대업(乃成大業)의 일등방문(一等方文) 도안(都安) 세 살림으로 펼쳐집니다.

<증산도 道典>*태모님께서 종종 이 상호를 가리켜 말씀하시기를 "상호, 저 도둑놈, 역적놈!" 하시고 "저놈이 내 일을 망쳐 놓는다." 하시니라. 어느 날 태모님께서 상호를 보시고 또 "저 도둑놈, 역적놈!" 하시니 상호가 대들며 "제가 무슨 도둑질을 했습니까?" 하거늘 태모님께서 신도(神道) 난 음성으로 "네 이놈!" 하고 호령하시며 담뱃대로 때리시니 상호가 무서워 달아나니라. 태모님께서 평소 상호에게 거처하시는 방문 앞을 지나다니지 못하도록 엄명을 내리시거늘 간혹 상호가 그 앞을 지나가면 "저기 어떤 놈이 지나가느냐!" 하고 호통을 치시니라.

<새 시대 새 진리 3(安 雲山 증산도 종도사 어록)>*태모님은 순 독재로, 이 상호를 대하실 때도 이름도 부르지 않고 "도둑놈! 도적놈!" 이라 하시고, 성도들 앞에서도 "상호야! 너, 이놈! 이 못된 놈!" 하면서 애들 다루듯 하신다. 그러니 이상호가 생각할 때 위신 문제도 있고, 참 편칠 않단 말이다. 태모님은 본래 그런 양반이시다. 누구에게도 그랬다. 태모님을 모시는 전 대윤이라는 여자가 있었다. 태모님보다 나이도 많이 먹은 사람인데, 태모님이 막 반말을 하면서 "이년, 저년" 하고 구박을 하시니까, 이 상호 마누라가 전 대윤의 아들에게 쫓아가서 "고 판례가 당신 어머니를 그렇게 하대하고 혹사시키고 있다. 왜 어머니를 거기다 두고 그 고생을 시키느냐? 어서 데려가거라." 하고 고자질을 했다.

<새 시대 새 진리 3(安 雲山 증산도 종도사 어록)>*전 대윤은 아들이 데려간 후 조금 살다 죽어버렸다. 태모님이 그 여자의 운명을 미리 아시고, 그 명을 이어주느라고 잠시 그렇게 대하신 것이다. 그렇게 해야 명이 이어지기 때문에 말이다. 헌데 일반 사람들이 그걸 알 턱이 있나. 태모님이 용화동에서 당하신 고통은 이루 말로 다 할 수 없다. "네가 금구로 가면 네 몸이 부서진다."(6:34:8), "내가 없으면 그 크나큰 세 살림을 어찌 홀로 맡아서 처리하리요."(10:6:10)라고 하신 상제님 말씀이 다 그 말씀이다. '대순전경'에는 그걸 다 고쳐 써버렸지만.

<선정원경(仙政圓經)>*(안내성 상투쟁이 칠성도수 내성대업 축원:칠월칠석절 칠성용정도수 고민환家 칠성제)기묘년 칠월(七月) 칠석 절(七夕節)에 고씨(高氏)께서 신도(信徒) 십여 인(十餘人)을 영솔(領率) 하시고 임피군(臨陂郡) 오성산(五聖山)에 공사(公事)가 있어 가겠으니 행구(行具)를 준비(準備)하라 명(命) 하시고, 익일(翌日)에 발정(發程)하사 성덕리(聖德里) 고 민환(高旻煥) 가(家)에 좌정(坐定) 하시고, 그 밤에 정중(庭中)에 설석(設席)하사

<선정원경(仙政圓經)>*동서남북(東西南北)과 중앙(中央)에 명촉(明燭) 하시고 주안(酒案)을 성비(盛備)하여 오성(五聖)의 위(位)와 산신위(山神位)를 존설(尊設)하시고, 신도(信徒)에게 명(命)하사 진법주(眞法呪) 삼칠독(三七讀)과 진액주(津液呪) 사십구독(四十九讀)케 하신 후에 주효(酒肴)로 근공지행(勤供之行)을 하시며, 천지무궁무극(天地無窮無極)의 대도(大道)를 참역(參役)하야 내성대업(乃成大業)의 말씀을 하시며 사례(謝禮)를 하시고, 회향지례(回向之禮)로 기동(起動)하시니라.

청음 이 상호는 이러한 무진년 구월도 숙구지 문왕 도수를 자신에게 아전인수하여 스스로 해도진인(海島眞人)으로 크게 착각한 사람입니다. 상제님과 태모님이 집행하신 천지공사 차원으로 보면 무진년 구월도 숙구지 문왕 추수 세 살림 공사에 진법과 난법 두 명의 주인공 카드를 안팎으로 내세워 이선충자성공以善充者成功과 이악충자성공以惡充者成功의 역할을 통해 각자 자기 역할을 하면서 해원하도록 유도해 종국적으로는 문왕의 도수 도안(都安) 세 살림 도수가 이루어지도록 배려했음을 알 수 있습니다. 이는 9년 천지공사와 10년 신정공사에 있어 동지한식백오제 공사에 의해 105년 만에 밝혀질 수밖에 없었던 종통문제의 핵심 중 핵심입니다.

비록 선(善)으로 채우는 이선충자도 성공하고 악(惡)으로 채우는 이악충자以惡充者도 성공한다고 하셨지만 이선충자以善充者는 길화개길실吉花開吉實로 참된 열매를 맺게 하시고 이악충자以惡充者는 흉화개흉실凶花開凶實로 흉한 열매를 맺게 하셨습니다.(청음 이 상호 1888년 쥐띠생. <현무경> 자부子符에 보이는 성구) 다만 임술생 안 운산 성도사님이 평생 품은 천하사 대업의 매듭을 못 짓고 세 살림 대업의 기초만 마련한 채 마침내 한(恨)을 남기고 떠나게 됨을 미리 내다보신 상제님께서는 <현무경> 술부戌符에 신명으로나마 사무여한부死無餘恨符로 위로하시어 3련불성 초중말복 3부자로 뜻을 이루니 더 이상 한을 남기지 말라 하시어 길화개길실吉花開吉實의 수지지어사마소誰知止於司馬昭 도수로 최종 매듭을 짓게 했습니다. 겉으로 표방한 문왕의 도수 세 살림 도안都安의 실체는 바로 사마의(중달) 가문의 세 살림(사마의(중달)-사마사-사마소)으로 매듭짓게 한 것입니다

그리하여 서전서문 공사의 대미(大尾)를 다음과 같은 말씀으로 끝내십니다. "내 조정에 설자는 서전서문을 만 독 하라. 말씀하시되 내도 아래에서 이 서문으로 망하는 자 한 사람 있고 흥하는 자 한 사람 있느니라." 무진년 공사에 대척점으로 맞서 있었던 안 운산과 이 상호 두 사람의 운명은 해방이후 표면상으로는 이 상호 형제에 의해 교단을 강탈당하고 뿌리역사까지 철저히 왜곡 말살되어 안 운산은 이 상호 · 이 정립 형제의 암살단 파견으로 생명의 위협은 물론 명예까지 훼손당한 채 어느 천지에 하소연할 곳 하나 없을 정도로 철저히 파괴됩니다.

<대개벽경(大開闢經)>*말씀하시되, "천지대운이 이 책의 서문에 있노라." 말씀하시되, "내 조정에 설 자는 이 서문을 적어도 만독하라." 말씀하시되, "내 도 아래에서 이 서문으로 망하는 자 한사람 있고, 흥하는 자 한사람 있느니라." -天地大運 在此序文 曰 立我朝者 此序 少而万讀焉 曰 在我道之下 以此序 有亡者 一人 有興者 一人-

侍

그러나 상제님 진리는 이러한 외형상의 문제가 아니라 나는 오직 마음 하나만을 보신다 하신 것처럼 심법으로 인사문제의 본질을 보고 사람을 추려 중생구제하는 천하사 공사입니다. 서전서문의 핵심이 바로 무덕(無德)한 이악충자以惡充者가 되지 말고 정덕(正德)한 이선충자以善充者가 되라는 것이며 도와 덕에 합치한 2제3왕(堯·舜, 夏禹·殷湯·周文武)이 되느냐, 이 심법을 잃고 폭군인 하걸夏桀과 상주商紂가 되느냐는 덕(德)이 있느냐 없느냐 하는 존부존(存不存) 문제라 하신 것입니다.

이로 보면 서전서문이 규정하는 덕의 존부존 여하로 서로 대척점에 서서 문왕(文王)의 도수와 해도진인(海島眞人)으로 1945년 정읍 시기리에서 조우해 악수한 안 운산(安雲山)과 이 상호(李祥昊)의 운명은 극명하게 엇갈립니다. 결국 대국적으로 보면 춘치자명(春雉自鳴)한 해도진인(海島眞人) 청음 이 상호는 무진년 구월도 공사를 중심으로 음도수로서 진법인 '문왕의 세 살림도수'의 내막을 은폐시키면서 때에 맞추어

세상에 드러내야만 하는 문왕의 도수 '시절화(時節花)'를 철저히 숨겨주는 역할을 했습니다.

1960년 <선정원경仙政圓經>이 발간發刊되자 남주南舟 이 정립은 과거 형인 청음靑陰과 자신이 핍박逼迫했던 곤존坤尊 태모太母 고 수부님高首婦님 10년 신정공사天地公事에 대한 신성성神聖性을 비로소 깨닫고 태모님과 동화교 합동 살림을 태모님의 세 번째 살림으로 정의하여 동화교의 정통성을 견강부회한 <고부인신정기高夫人神政記>를 2년 만에 급急히 새로 출간出刊함(1963)과 동시에 1만 3천여 평의 제비산 중턱을 장옥張玉(처) 외 4人(홍기화, 최창헌, 황수찬, 민영환) 등 5人의 이름으로 매입買入해 용화불교龍華佛敎에 30만원에 팔린 적이 있는 태모太母님 유골이장遺骨移葬을 적극적으로 추진推進해 자신의 정통성에 대못을 치고자 마지막 혼신을 기울입니다.

비경전 참고자료인 <대법천사님 유서 김형렬 김자현 가 보존서(大法天師님 遺書 金亨烈 金自賢 家 保存書)>에 보면 갑오甲午는 진주眞主가 아니라 진주에 비견하는 준주准主로 준주갑오치기가 있음을 밝힘과 동시에 교운사敎運史에 서徐씨를 상징하는 쥐띠 생 청음 이상호가 서불徐市 해원 공사로 내세워진 인물임을 밝히고 있습니다. 진주노름은 십오 진주노름이고 갑오노름은 가구판假九板 노름으로 진주가 못되지만 중복 지도자로서 말복지도자에 버금가는 준주노름의 주인공임을 밝히고 있습니다.

서씨는 판모리를 하는 마지막 말복 5진주 6서시를 잘못 기재되어 전하는 것으로 앞서 이미 밝혔지만 굳이 역사의 사례를 들어 설명하면, 서徐씨는 다름아닌 진시황秦始皇을 속인 서불徐市(일명徐福)을 말하는 것으로 서 씨는 쥐띠라고 나옵니다. 경남 남해군 상주리 석각화에 서불徐市이 지나갔다고 하여 '서불과차徐市過此' 혹은 서불기배일출徐市起拜日出이라는 고대어(산스크리트어) 석각화가 전하지만 서불徐市은 일본에 들어가 일본인의 선조로 떠받들어지고 있습니다.

추사 김 정희가 제주도에 유배받던 시절 정방폭포에서 상주리 석각화와 동일한 석각화를 탁본했다는 기록이 있으며 서불이 남해를 거쳐 제주도를 통해 일본으로 들어갔다가 서귀포를 거쳐 다시 돌아간다 하여 서귀포西歸浦 시市가 되었다고 하여 지금도 정방폭포에는 서불徐市공원이 있습니다.

일본 화가산현 기이紀伊에 서불이 자기의 이름을 적어놓은 각서가 있습니다.(日本紀伊有徐市題名之刻) 우리나라 서귀포도 서불과차徐市過此 즉, 서불이 장차 여기를 지나 서쪽 진(秦)나라로 돌아간다 해서 서귀포西歸浦라는 이름이 생겼다고 합니다. 일본의 이국신궁伊國新宮에 유서불묘사운有徐市墓祠云이라 해서 서불이라는 사람의 무덤과 사당이 있다 전해오고 있습니다.(삼황내문)

서불은 진시황을 속이고 동남동녀 각각 500 씩 천 명을 거느리고(일설엔 3천 동남동녀) 불노초와 신선을 찾으러 경상도 남해-제주도-일본으로 갔으나 다시는 고국 땅을 못 밟고 일본사람의 시조로 추앙됩니다. 일설엔 신무천왕이 바로 서불이라고 봅니다. 상제님은 서불徐市의 서徐씨 해원공사를 서鼠=子 띠 생에게 부쳐 이악충자以惡充者로 해원하게 하셨습니다.(현무경 子符)

쥐띠는 바로 청음 이 상호입니다. 원 대순전경은 1915년에 이양섭이라는 다른 분이 썼는데 이 상호는 이때 도문에 들어오지도 않았을 때입니다.(1916년 보천교 연혁사 첫 등장) 보천교 들어와서 차 경석 교주에게 부탁하여 동생 이 성영(정립)을 교경편찬부에 들어가게 해 기존의 모든 경전 사료를 가로채 후일의 <대순전경>으로 선보입니다. 충북 충주시 고불선원에서 발견된 국내 유일본 <육필대순전경>은 1910년 7월 26일 이 양섭 완필본으로 밝혀졌습니다.

이 상호는 의통을 전수받은 박 공우 성도와의 1928년 무진년 대각교 조우 와 1929년 기사년 삼월 기망(旣望:16)에 맞추어 펴낸 대순전경 간행을 아전인수我田引水하여 천지공사 내용에도 없는 비결서의 해도진인海島眞人 주인공으로 자처하여 쥐띠 해원공사의 주인공이 된 것입니다. 한때 용화교주 서 백일이 서徐 씨 등장의 주인공이 바로 자신이라 하던 적도 있었으나 이는 무지해서 벌어진 해프닝에 불과할 뿐입니다. 상제님은 막판의 문왕 사명자를 따돌려 보호하기 위해 서불 해원의 쥐띠鼠=子 서 씨가 나오는 줄 모른다 하셨습니다. 서불徐市 해원공사의 주인공으로 문왕 추수사명 출발의 막바지까지 해원한 것이 바로 가구판 준주치기 노름의 쥐(鼠=子)띠생 청음 이 상호였습니다.

문왕 사명자이자 도안都安 추수사명자로 초복살림을 개창한 안 운산 성도사님과 동거살림을 꾸린 갑오 중복 사명자 또한 말복 사명자를 출태하기까지 과도기 사명 역할을 맡은 주역입니다. 거듭 말하여 중복 갑오 사명자는 십오 진주가 아닌 가구판假九板 진주노름인 갑오 준주치기 노름의 과도기적 주역이었을 뿐입니다. 15진주 노름자체는 갑오노름이 결코 아니고 중복도정에서 성립되는 과도기 -가짜 가구판 갑오 중복노름-이며 본래의 15 건곤수 진주노름은 동지한식백오제 과도기 진리의 암흑세월 105년이 지나면서 공식적으로 등장하는 마지막 5진주 말복 사명자가 초복, 중복 5진주 두 사람에 이어 3인 성원으로 삼련불성 15건곤 진주수를 채우는 것으로 완성하는 것입니다.

(비경전 참고자료)
★<대법천사님 유서 김형렬 김자현 가 보존서(大法天師님 遺書 金亨烈 金自賢 家 保存書)>
평소(平素)에 선생님(先生任)이 종도(從徒)들을 데리고 갑오 준주치기를 하시는데 다 터러라 하시고 맨 끝에 서씨(徐氏)를 탁 치면서 서(徐)가가 판을 쳤다 하시고 다 - 끌어 들이시며 서(徐)가도 해원(解冤)을 해야지 삼신산불사약(三神山不死藥)에 얼마나 고생(苦生)하였을까 동남동녀(童男童女) 오백인(五百人)과 만경창파(萬頃蒼波) 떠나갈제 하늘같은 그 역사(役事)가 촌토공(寸土功)도 없었으니 오죽이나 원통(寃痛)할까 서씨(徐氏)도 판을치자 왜놈이 저희 족보해원(族譜解寃)한다고 거리거리에 서(徐)가 패(牌)를 붙이리라

또 가라사대 만수대(萬壽坮) 성주(成主)풀이 만수(萬壽)가 들어오니 성주풀이를 알아두라 하시니라 또 가라사대 서(徐)가를 쥐(鼠)라고 하느니라 쥐가 득세(得勢)하거던 서(徐)기운(運)이 든줄 알고 잘 살펴라 잘못 하다가는 삼십년(三十年) 공부(工夫)가 도로아미타불이란 말이다 알아듣겠느냐 도로 본자리에 떨어진다는 말이다.

형열(亨烈)이 하루는 하도 허망(虛妄)해서 울고 앉아 세상(世上)에 우리 선생님(先生任)은 광인(狂人)이라는 말만 들으셨고 우리는 미친 사람을 따라 다니다가 김(金)가 문중(門中)을 망(亡)쳤다고 하니 선생님(先生任) 화천(化天) 하신 후(後) 이것이 제일(第一) 원통(寃痛)하여 어찌 할꼬 하며 남이 부끄러워 크게는 울지도 못하고 소리 죽여 울고 있으니 뜻밖에 선생님(先生任)이 큰 기침을 하시고 태운(太運)아 너는 그만해도 대략 할 줄 알았더니 그다지 무식(無識)하냐 너희들을 살리려고 내가 갔는데 탄식(歎息)이 왠일이냐 태운(太運)이 깜짝 놀라 일어나니 선생님(先生任)이 방(房)으로 들어 오신지라 배례(拜禮)하고 옆에 서니 너희 선생(先生) 미쳤다는 것이 원통(寃痛)하냐 수운가사(水雲歌詞)에 이르기를 여광여취(如狂如醉) 저 양반을 따르기만 따르고 보면 만단설화(萬端說話)한 연후(然後)에 소원성취(所願成

就) 하련마는 알고 따르기 어려워라 따르는자 만복동(萬福童)이요 못 따르는자(者) 깜부기된다 이 말을 못 들었느냐

또 일렀으되 판안(內) 사람 둘러보니 많고 많은 저 사람들 어떤 사람 저러하고 어떤 사람 이러하니 판안(內)사람 판안(內)공부(工夫) 소용(所用)없어 허리띠 졸라메고 뒷문(門)을 열고 내다보니 봉황(鳳凰)이 지저귄다 판안에 그 문서(文書)로 아무리 돌려 보아도 할 수 없어 판박(外)에 것을 가르치고 허탄 마음 거머잡고 죽기로 찾았으니 조금도 걱정마라 황학성(黃鶴聲)이 날개털면 판밖소식(消息) 알리로다 네가 그렇게 서러워하니 판밖에 있드라도 소식(消息)을 통(通)해 주마 하시고 가신후(後)로 밤마다 생존시(生存時)에 조금도 다름없이 꼭 오셔서 생전(生前)과 같이 일러주시니라

<보천교普天教 교전教典>★(현무경玄武經)
(益下上損老三)기서재동其瑞在東 (言聽計用)신神 기유정월일일사시己酉正月一日巳時 수화금목대시이성수생어화고천하무상극지리水火金木待時而成水生於火故天下無相克之理 기유정월일일사시己酉正月一日巳時 동어예자정어예왈도리정어무예왈무도리動於禮者靜於禮曰道理靜於無禮曰無道理 기유정월일일사시己酉正月一日巳時 충자욕야이선충자성공이악충자성공充者慾也以善充者成功以惡充者成功(吉花吉實開凶花凶實開) 기유정월일일사시己酉正月一日巳時

<대개벽경(大開闢經)>★훈회를 내리시니 서전서문이니라
서전서문(書傳序文) 二帝三王 存此心者也, 夏桀商受 亡此心者也, 太甲成王 困而存此心者也 存則治 亡則亂, 治亂之分 顧其心之存不存如何耳(이제삼왕 존차심자야, 하걸상수 망차심자야, 태갑성왕 곤이존차심자야 존즉치 망즉난, 치란지분 고기심지존부존여하이)

-2제3왕은 이 심법을 잘 간직한 자요, 하나라 걸 왕과 상나라 주왕은 이 심법을 잃은 자요, 은나라 왕 태갑(이윤 섭정)과 주나라 성왕(주공 단 섭정)은 간신히 이 심법을 간직한 자라. 간직하면 잘 다스려지고, 잃으면 어지러워지나니, 잘 다스려짐과 어지러워지는 분기점이, 그 심법을 잘 간직하느냐, 못 하느냐의 여하에 달려 있을 따름이니라.
★이제삼왕: 2帝-堯(요)임금과 舜(순)임금, 3王-夏(하)나라 禹王(우왕), 殷(은)나라 湯王(탕왕), 周(주)나라 文王(문왕)과 武王(무왕)을 이름(문왕과 무왕은 부자간이라 하나로 봄)

<선도신정경>★(세번째 말복살림)마소, 마소, 그리 마소. 옳고 그름이 나오느니라 하시면서 바둑(碁)알을 들어 바둑판(板)에 내려치니 바둑(碁)알이 깨지(破)거늘 명(命)하시되 너희들 속(速)히 바둑(碁)알을 사오니라 하시기에 사다 올리니 받으시어 바둑(碁)알을 꺼내 들고 바둑판(碁板)에 내려치니 바둑(碁)알이 깨어(破)지거늘 또 사오라 하시니라 이와 같이 세 번(三番)을 사다 올리니 받아서 바둑판(碁板)에

놓으시고 치호야(治乎也) 치호야(治乎也) 하고 부르시더니 종자(種子) 뭉치를 가져오니라 하시거늘 시자(侍者)가 종자(種子) 뭉치를 찾아다 올리니 받으시어 모든 종자(種子:씨앗) 뭉치를 펴놓으시고 각종(各種)의 종자(種子)를 고루고루 열람(閱覽)하신 후(後)에 일일(一一)이 손수 싸서 도로 주시며 가라사대 가져다 잘 보관(保管)하여 두도록 하라 하시더라.

그러면 이제 첫째, 3초哨,招 문제와 3복伏 문제를 갑을기두甲乙起頭에 근거해 대국적으로 알아보고 둘째, 교운의 3변성도(태모 고 수부님 낙종물사명 3살림-차경석 보천교 이종물사명-숙구지 문왕 추수사명 3복 살림) 세 사명 중에서 문왕의 도수로 연 도운 추수사명의 초중복 살림이 마지막에 말복살림으로 들어가는 과정이 지극히 어려운 이유를 낙종물 사명에 이미 암시되어있음을 알아보기로 합니다. 추수사명의 초중복 살림에서 말복살림으로 들어가기가 유독 어려워 사오미 개명의 진리혁명을 거쳐야만 하는 이유는 다음의 천지공사 내용 때문입니다.

상제님 천지공사의 전체 얼개는 동지한식백오제(冬至寒食百五除)의 105년간은 드러나지 않게 천기로 봉인해 놓아서 누구도 알 수 없게 해놓았습니다. 따라서 105년간은 맹인 봉사잔치의 신앙일 수밖에 없으며 단지 문왕의 도수만이 종통의 축으로 설정해 고난과 시련의 무서리 속에서 추수 도수 세 살림의 씨(仁)가 발아하게 질정해 놓았습니다.

그리하여 태모 고 수부님도 "선천 운수 궁팔십(窮八十) 달팔십(達八十)이요, 지금 운수 동지(冬至) 한식(寒食) 백오제(百五除)니라." "너희들은 폭 잡히면 일을 못 하느니라. 내가 하는 일은 세상에서 폭 잡히지 않느니라. 또 말씀하시기를 "나의 일은 귀신도 모르나니 오직 나 혼자 아는 일이니라." 하시니라. " 하신 것입니다.

이에 대해 상제님은 어천하시기 전 문 공신 성도에게 "문왕의 도수와 이윤의 도수가 있으니 그 도수를 받으려면 극히 어려우리라." 이같이 문왕의 도수는 마지막 진리혁명의 도수(이윤의 도수)를 거쳐 힘들게 진입함을 말씀하셨습니다.

상제님께서는 삼초三哨,招 중 1, 2초에 대해 갑오년(1894), 갑진년(1904) 등의 시점으로 말씀하셨습니다. 그러나 '초哨,招'는 시점뿐 아니라 사건까지 내포하므로 천지공사에 의미를 갖는 이러한 3초와 같은 특정 사건이 그 해 뿐 아니라 그 이후 시간대까지 지속되며 역사 상황에 영향을 주게 됩니다. 즉, 숨어서 은복隱伏된 상태를 미발未發이라 한다면 밖으로 꽃을 활짝 피운 이발已發의 특정 시간대까지 영향을 주게 됩니다.

상제님은 삼초三哨,招 중 세 번 째 3초에 대해서는 구체적 시점은 밝히지 않으시고 그 '초'를 맡은 주인공이 의암 손 병희라고 밝히신 바 계십니다. 손 병희는 1914년 8월 제 1차 세계대전이 발발하자 일본의 패망을 기대하고 보성사 내에 천도구국단(天道救國團)이라는 비밀결사를 조직하여 갑오·갑진 그리고 갑인(甲寅:1914)의 삼갑운동(三甲運動)을 본격적으로 추진하게 되면서 결국 기미년(1919) 3.1 만세운동이 점화됩니다.

상제님이 3초 사명을 말씀하신 바탕을 살펴보면 갑을기두甲乙起頭라는 기제機制(작용원리)를 바탕에 깔고 인사문제화 되었음을 알 수 있습니다. 3초 사명 뒤의 대인출세(문왕 사명) 역시 동일하게 갑을기두甲乙起頭라는 기제機制(작용원리)를 바탕에 깔고 인사문제화 됨을 알 수 있습니다.

따라서 이러한 원리 하에 안 운산安雲山 성도사 역시 갑을기두甲乙起頭라는 기제機制(작용원리)를 바탕에 깔고 일동일정하며 세상에 모습을 드러낸 것이며, 1945년 을유년 해방이후 2변 <증산교 대법사> 20년 대휴게기 선포이후 74년(甲寅) 기두한 것이며 10년의 준비기간을 거쳐 84년(甲子)에 공식적으로 증산도를 선포한 것입니다.

"갑을로 머리를 들 것이요 무기로 구비친다"는 말씀은 특정 사건에만 국한되는 것이 아니라 상제님 천지공사에 있어 대국적인 마디와 절을 이루는 분기점에 있어 대국적인 천간의 기운을 읽어주신 것이며, 대소사를 막론하고 천지 기운의 변화흐름을 타고 진행됨을 볼 때 상제님 대업과 같은 대대적인 사건이 변화 이치에 벗어나서 이루어질 리는 만무합니다.

그래서 '상제님께서 내성에게 일러 말씀하시기를 "초복, 중복 다 제끼고 말복 운을 타라."<증산도 道典>' 하신 삼복도 역시 삼초와 마찬가지 원리로 바라볼 수 있습니다. 과거사로 남게 된 교운의 역사를 갑을로 머리를 든 '갑을기두甲乙起頭'의 체로 걸러 삼복의 시점을 찾아봅니다.

갑을기두에 해당되는 을유년 8.15 해방을 계기로 안 운산 성도사님이 우주 1년 이치를 바탕으로 상제님 진리를 세상에 내놓은 사건은 결코 가볍게 넘어갈 수 없는 대형사건이었습니다. 성도사님은 어린 나이에 대우주 절대자 천지부모님의 무진년 9월도 숙구지 공사로 깨어나시어 천지 이치를 관통하시고 문무의 덕을 겸전하신 대인으로 역사에 전무후무한 발자취를 남기신 분입니다.

초인적인 열정으로 짧은 시간에 폭발적이고 경이로운 단체 성장을 이루셨지만 혼자서 대업의 끝을 볼 수 없게 되어 있는 상제님 공사정신에 의해 현실적으로 이상호·이정립 형제라는 최악의 파트너를 만나 자신의 개척 결과물을 송두리째 빼앗겼을 뿐 아니라 목숨마저 위태로운 상황으로 몰려 귀양살이처럼 은둔의 삶을 사시게 됩니다. (20년 대휴게기 末島, 末店島 공사)

능력은 있으되 그 능력을 다 발휘할 수 없는 상황에 의해 능력을 펴 보지 못하고 세상을 떠난 안타까운 인물들이 역사에는 비일비재한데 안운산 성도사님 또한 그런 분이라 할 수 있습니다. 다만 성도사님이 어떤 능력자인지는 이 치복(李致福) 성도가 충청도 지방에서 가가호호 방문포교 했던 것처럼 독행천리(獨行千里) 백절불굴(百折不屈)의 정신 하나로 1945년 8.15 해방 전후 전국 방방곡곡 가가호호 찾아다니며 잠자고 있는 영혼을 성성이 깨워 2변 교운으로 알려진 증산교 대법사 판을 일군 것으로 잘 알 수 있습니다.

일반적인 인생의 전성기라 할 수 있는 30~50대에 걸쳐서 무려 20년 동안이나 묶여 지내신 성도사님이 다시 머리를 들고 일어나신 건 74년 갑인甲寅년이었습니다. 자취만 남은 왕년의 증산교를 다시 찾으시어 단체 개창자로서 책임을 지려고 하셨지만 단체는 이미 이상호 · 이정립의 교단으로 완전 변질되어버린 상태라 어찌할 수 없음을 깨달으시고 60을 바라보는 초로에도 결코 퇴색되지 않은 개척 정신으로 새롭게 판을 개척하시게 됩니다.

20여 년 은둔 기간 동안 양육한 자식들의 보필로 온갖 우여곡절 끝에 드디어 84년 갑자년에 갑을기두로 증산도 체제를 공식적으로 출범시키게 됩니다. 이 때 여러 자식들이 증산도의 개척에 뛰어들어 함께 했지만 이 시기에 분위기를 주도한 사람은 안 경전 중복지도자입니다. 문왕 사명을 맡으신 성도사님의 요약 함축된 진리 선언 말씀을 풀어, 문명화된 세상에 보편적인 문화사업을 펼치는데 있어서 필수적이라 할 <증산도의 진리>, <이것이 개벽이다 상, 하> 등 서적을 연속적으로 내놓으면서, 자신을 중심으로 한 확고부동한 종통관을 세워, 92년 <증산도 도전> 초판을 간행하는데 혼신을 다 바쳐 성도사님으로부터 절대적인 신임을 받게 됩니다.

더불어 이미 70을 넘긴 성도사님은 단체의 정신적인 상징에 불과하고 실제적인 일은 안 경전 종정의 주도하에 돌아가게 되는 90년대 후반기부터 증산도 단체는 경영과정상 많은 문제를 야기해 나가다가 2012년 성도사님의 등천 선화(登天仙化)를 계기로 마침내 말복도수 속에 숨겨진 진법이 천지공사 105년 만인 동지한식백오제의 사오미 개명장 기운으로 터져나오게 됩니다. 계사(2013), 갑오(2014), 을미(2015)의 사오미 역시 갑을기두입니다.

<보천교普天教 교전教典>★하로는 종도從徒들에게 옛글한수首를 외워주시며 가라사되 이글은 세상비결世上秘訣이니 잘 기억記憶하여두라 하시니 이렇하니라 삼인동행칠십리三人同行七十里, 오로봉전이십일五老峯前二十一 칠월칠석삼오야七月七夕三五夜, 동지한식백오제冬至寒食百五除

<증산도 道典>★너희 아버지께서 하시는 일은 이 세상에서 누구하나 알게 하시는 줄 아느냐. 천부지(天不知) 신부지(神不知) 인부지(人不知) 삼부지(三不知)이니, 참종자 외에는 모르느니라. 선천 운수 궁팔십(窮八十) 달팔십(達八十)이요 지금 운수 동지(冬至) 한식(寒食) 백오제(百五除)니라.

이를 운암강수 만경래의 초중말복 신암 세 살림도수로 대국적으로 환원하면 다음과 같습니다. 안 운산 성도사님이 1945년 을유해방 이후 처음 개창하신 용화동 증산교는 추수 사명 초복도정이며, 74년 재 기두 이후 10년 만인 84갑자년 4남이자

초복도정 개척시절 요절한 장남을 포함 5남인 안경전을 내세워 새롭게 선포한 단체 증산도는 추수사명 중복도정이며, 동지한식백오제라는 금단의 진리영역이 깨어지는 상제님 기유년 어천 이후 105년째의 사오미 개명장에 등장한 기시其時, 기사其事의 주인공 기인其人- 말복지도자에 의해 2014년 갑오년 이후 <범증산계 통합경전-십경대전>을 바탕으로 교운(도운)의 대통합을 이루는 계기를 마련했으니 곧 마지막 세 번째 말복 추수사명입니다.

물론 초복 살림을 일으키신 성도사님의 역할은 초복 시간대에 국한되지 않고 은둔 20년 기간 동안 중복 지도자와 말복 지도자를 여러 자제와 더불어 길러내셨으며 74년 재 기두로부터 84년 공식적인 증산도 선포 이후 독자적인 능력이 미흡한 중복 지도자를 슬하에 꿰어차고 도정을 이끌다가 동지한식백오제 사오미 개명장의 말복운이 열리기 바로 직전 2012(임진)년에 불현 듯 등천선화 하심으로써 말복살림이 열릴 수 있는 계기를 만들어 주시게 됩니다.

결론적으로 인물사로 본 3인 등장의 천하사 세 살림을 논외로 하고 초중말복 3복伏 기두起頭와 관련해 문왕사명의 대국적인 기두만을 놓고 보면, 해방 후 지금까지 ㉮㉯로서 머리를 든 사건은 바로 45년 ㉯유년 성도사님의 활동개시와 54년 ㉮오년 대휴게기 선포와 말도(말점도) 귀양 20년 도수가 끝난 74년 ㉮인년 재 기두, 84년 ㉮자년 공식적인 <증산도> 출범의 기두 이렇게 네 번 있습니다.(105제 사㉰미 말복 진법 개명장의 중심도 ㉮오임)

1945년 ㉯유 8.15 해방의 2변 안 흥찬 총 사수의 증산교 대법사 개척은 초복살림이며(2변 개념은 중복살림을 3변 마무리로 오인한 결과), 74(갑인)년 기두해 10년간의 준비로 증산도를 공식 선포한 84(갑자)년은 중복살림입니다. 이러한 중복도수는 1992(임신)년 <증산도 도전> 출간으로 정점을 찍게 됩니다.

범증산계 통합경전 <십경대전>의 동지한식백오제 105년 만의 전격적인 공개는 갑오갑자꼬리 도수와 함께 사오미 개명시기가 맞물린 ㉮오(2014), ㉯미(2015)를 계기로 말복살림을 등장시켰습니다. 그 결과 이들 일등방문 안安 가家 도안都安의 집 세 살림에 대한 모든 비밀이 <운암강수 만경래 공사>에서 상제님이 말씀하신

‘천하사 세 번’ ‘삼련불성’ 3대혈맥과 ‘천지불변심 안**’ 에 대한 비밀과 성포 고민환의 ‘남조선배 가사’의 ‘자운백범의 천기’와 ‘바둑판 낚싯대 성주聖主 만나는 공사’와 연관되는 ‘1536년 병신생 12월 26일 율곡 이이’에 대한 신사임당의 ‘흑룡태몽’과 60×7=420년 ‘칠성도수 문제’와 ‘12월 26일 재생신재생신 두 번 탄생문제’와 ‘천장지구 신명무궁’, ‘5,6번째 새끼손가락 막둥이 조화봉’, ‘원제춘수등양명’의 화두와 관련해 모든 것이 송두리째 밝혀집니다.

1945년 숙구지 문왕 도수의 초복을 맞이한 성도사님은 시절화로 피어나 증산교 대법사 판을 개척하시지만 때가 아직 이름을 아시고 은둔하셨다가 중복의 시간대에 재 기두하시어 초복 때 벌여놓은 천하사 도정 수습의 한계를 깨달으시고 새로운 개척활동을 도모하시게 됩니다. 이렇게 하여 중복의 시간대에 펼쳐진 천하사의 결과물이 증산도 단체이며, 이 때 성도사님은 이미 초로의 연세로 정신적인 지주 역할을 하실 수밖에 없는 상황이었고 활동 주역들은 성도사님의 자제분들입니다. 그 중 가장 두드러진 존재는 진리를 책으로 펴내고 교리를 정립하는데 결정적인 역할을 한 안 경전 중복지도자로 중복의 시간대에 최고의 파워와 권위를 누렸다 해도 과언이 아닙니다.

도기 142년(임진 2012) 안 운산 성도사님의 등천선화登天仙化를 계기로 중복지도자인 안 경전 종정이 공식적으로 종통을 물려받게 되지만 그동안 누적되어온 문제가 표면화되어 “천하사 세 번” 세 살림 진리혁명 기운이 태동하게 되었고, 사오미巳午未 개명開明 도수의 2014년 갑오년에 접어들면서부터는 그 동안 교운사(낙종물, 이종물, 추수사명 3변성도)와 도운사(추수사명 초중말복 3번 천하사)에서 감추어져 드러나지 않았던 범증산계 통합경전인 <십경대전>의 추수 도수 공사 내용의 전모가 인터넷을 통해서 출간에 앞서 사전에 전격 공개됩니다.

이것은 도기 41년, 1911년(신해년) 태모 고 수부님 교단(선도교) 개창 이래 교파가 초장봉기지세로 벌어져 각축을 벌이고 있어 지금까지 이루지 못했던 범증산계 교단 대통합을 위한 “윷판 도수”의 발동이며, 이 역시 갑을로서 머리를 들어 시작되고 있기에 2014년 갑오년은 새로운 천하사 판이 시작되는 분기점이므로 당연히 말복기두에 해당한다 할 것입니다.

2014년 갑오년은 후천 종자의 알곡이 들어차기 시작하는 말복살림의 출발점으로 택산함괘(澤山咸卦:☱☶)의 '수출서물(首出庶物)에 만국함녕(萬國咸寧)-무리가운데 새 지도자가 나와 만국이 모두 함녕(편안)하다'라 한 만국함녕萬國咸寧의 원년입니다. 덕수궁의 함녕전은 이를 말함이며 대문인 대한문(大漢門)은 함녕전의 만국함녕(편안함)의 뜻을 담아 대안문(大安門)으로 문패를 걸었으나 이등박문이 경희궁과 함께 덕수궁을 각기 1/3로 축소시키고 대한문(大漢門)으로 바꾼 이래 아직도 본래의 문패 하나 못 바꾸고 있는 중입니다.

원래의 덕수궁은 성공회 터를 비롯 구 국회의사당(서울시 의원회관), 조선일보(코리아나 호텔), 구 경기여고 자리, 러시아대사관(아관파천했던 구 러시아 공사관은 본래 덕수궁 옆 담벼락에 존재)을 포함해 구 정동 MBC에 이르러 맞은편 경희궁과 맞닿을 정도로 웅장한 규모이고 구 서울고 자리인 경희궁 역시 서울경찰청과 사직공원 가까이까지 아우르는 방대한 규모였으나 일제는 1/3로 축소시키고 이곳에 일본인 전용 학교인 경성중학교를 짓고 해방이후 서울고가 개교하게 되었습니다.

추수 도수의 완성으로 가는 흐름에서 1차적으로 성도사님이 우주 1년을 통해 교리의 기초 토대를 놓고 1945년 을유 해방 이후 증산교 대법사 2변 교운을 개척한 것이 첫 번 째 초복살림 쾌라면, 중복도정에서 <증산도의 진리>, <증산도 도전> 책을 통해 2차적으로 교리의 틀을 잡은 것이 두 번 째 중복살림 쾌에 해당하며, 마지막으로 교운의 대통합을 위한 본 <범증산계 통합 경전-십경대전>이 세 번 째 말복살림 쾌에 해당되지 않을 수 없습니다.

상제님의 공사 중 '패 석 장'을 펼치시어 판몰이를 하시는 공사에서도 패를 인물(카드)의 개념으로 풀어보면, '패 석 장 공사'는 '추수 도수가 3명의 패(지도자)로 되어있다는 것이 밝혀지면서 판몰이가 된다' 는 1차적인 풀이가 가능하며 오성산 세 말뚝 공사에서도 세 말뚝은 세 사람 지도자를 뜻하며 세 번 천지정리 무기토 공사 역시 마찬가지입니다.

<증산도 道典>*상제님께서 홍덕(興德) 하오산(下鰲山) 앞의 알미장(卵山場)에 이르시어 성도들을 사방위로 앉게 하시고 가운데로 들어가시어 투전 공사를 보시니라. <u>상제님께서 성도들에게 투전목을 돌리시고 얼마간의 돈을 걸게 하신 뒤에 이르시기</u>

를 "패를 지어 차례로 내보이라." 하시니 성도들이 말씀을 좇아 한 명씩 패를 보이니라.

<증산도 道典>*상제님께서 '너는 무엇이다, 너는 무엇이다.' 하시며 각 성도들의 패를 읽어 주시고 상제님의 차례가 되자 띠자리 위로 패를 후려치시니 패 석 장이 '짝' 하고 펼쳐지거늘 "나는 순이다!" 하시고 판돈을 모두 거두어들이시니라. 상제님께서 이어 말씀하시기를 "지혜 있는 장수가 복 있는 장수를 못 당하느니라." 하시니라.

<박 공우 성도 제자 김 일화子 김 천수 옹 증언>*투전이란 것은 이제 노름인데 이렇게 창호지 백지로 이렇게 기름 먹여서 넉 사자라면 새를 그리고 말여, 오행으로 해 가지고 만든 투전노름이란 거여. 말하자면 놀음을 하면서 인자 갑칠이가 나는 갑오요. 나는 해양딴이요. 해양 딴이냐? 나는 순이다. 그래가지고 이놈을 손가락에다 딱 감아서 딱 단에다 때린단 말여. 그래가지고 나는 순이다 허고 인자 여기다 딱 때리면서 돈을 싹싹 쓸어 모태고 그 쪽으로 그렇게 (상제님이) 노름을 했다고.

<박 공우 성도 제자 김 일화子 김 천수 옹 증언>*노름으로 도수를 보면서 하는 것이지. 긍게 해양딴이다 한 사람은 말하자면 태운장 김 형렬씨가 했는지 그랬는데 손가락으로 감어가지고 탁 때리면 주르르르 해 가지고서 기름먹은 거라 잘 휘어지고 잘 뻗쳐. 해양딴이다 하면 순이가 다 먹는 거지, 갑오도 나왔지만 갑오, 해양딴 그런 사람은 순한테 다 지는 거여. 상제님이 다 먹는거여 응.

<丁永奎 천지개벽경>*전주(全州)에서 공사(公事)를 끝마치(止)시고 돌아오실세(歸路) 용머리고개(龍頭峙) 밑(下)에 오시더니 두 주먹을 불끈쥐고 걸음을 빨리(速)하여 다급(多急)하게 뛰여(躍) 오르시니 모든 종도(從徒)들이 황급(惶急)히 따르는데 뒤(後)를 한번(一番) 흘끔 돌아(顧) 보시고 여전(如全)히 다급(多急)하게 뛰여(躍) 오르시며 또(又) 뒤를 흘끔 돌아(顧)보시고 또(又) 다급(多急)하게 뛰어(躍)올라 용머리고개(龍頭峙)를 썩 올라 서시더니 세 번(三番)째 뒤를 홱 돌아(顧) 보시고 가라사대(曰) 이 고개(峙)를 몇 사람(幾人)이나 넘을 수 있으리요 하시며 탄식(歎息)하시더라

<선도신정경>*고후비(高后妃)께서 윷놀이(柶版)를 즐기시기에 윷판(柶版)을 만들어 두고 있더라 언제든지 윷놀이를 하시려 하면 윷가락(柶枝)과 윷판(柶版)을 대령하는 바 하루는 윷판(柶版)을 가져오라 하시어 윷판을 가져다 올리니 윷판을 받아 놓으시더니 적삼(赤衫)을 벗으시고 젖통을 늘어뜨린체 속꼿만 입으시고 윷판(柶版)의 날지(출구:出入)를 고후비님의 홍문(肛門)쪽으로 놓고 앉으시어 가라사대 이것이 이러하니라 들어(入)가기는 마음(心)대로 들어가되 들어(入)가기만 하면 나갈(出)래야 마음(心)대로 나가지 못하고 상호간(相互間)에 잡아먹다가 승리(勝利)하여 나갈 적에는 오직(唯) 한 구멍(一口)으로 밖에 나가(出)는 데가 없나니 꼭(必) 그리 알라 생사출입(生死出入)이 이와 같으니라 하시더라

<선도신정경>*세 번(三番)을 천지정리(天地整理) 무기토(戊己土) 천지(天地)의 귀신(鬼神)도 모르는 일*고후비님(高后妃任)이 김제(金堤) 조종(祖宗)골을 떠나오실 적에 육임(六壬)과 팔괘(八卦)와 십이(十二)며 이십사(二十四)를 싸 가지고 오시다가 육임(六壬)과 팔괘(八卦)는 김제(金堤)에 오시어 땅(地)에다 묻으(埋)시고 땅(地)을 세 번(三番) 구르시더라 또 십이(十二)는 이리(裡里)에 가시어 묻으시며 땅(地)을 세 번(三番) 구르시고 바둑(碁)돌과 윷판(板)은 옥구(沃溝)에다 묻게(埋)하시고 종도(從徒) 열 사람(十人)을 데리고 공사(公事)를 행(行)하시고 가라사대 내가 오십토(五十土)를 세(三) 곳(處)에 나누어 놓았느니라 내가 마음먹고 하는 일은 천지(天地)의 귀신(鬼神)도 모르는 일이니라*<선도신정경> *참고:이 역시 <증산도 道典>에는 완전히 생략되어 없는 성구임.(옥구 오성산(오선위기혈) 세 말뚝 박은 공사와 바둑돌 세 번 사온 공사가 3살림 초복 중복 말복지도자 오선위기 기운 연관임/ 옥구 윷 판 묻은 것 역시 초장봉기지세의 각기 다른 교운 판으로 신앙권 진입한 사람이 윷판에서 서로 잡아먹고 싸우다 말복 지도자 교운 때(천하통일의 사마소 도수) 한 구멍으로 나가는 홍문(항문:출구)의 통일원리 때문이다)

<丁永奎 천지개벽경>*상제(上帝)께서 안내성(安乃成)의 집(家)에 임어(臨御)하시어 내성(乃成)에게 가라사대(曰) 네(汝)가 오늘(今日)은 나(吾)에게 백냥(百兩)의 폐백(幣帛)을 바치라 하시거늘 내성(乃成)의 형편(形便)이 심(甚)히 궁핍(窮乏)하여 일푼(一分)도 없는(無)바라 하릴없어 마을(里)에 나가 모친(母親)를 찾아뵙고 사실(事實)을 고(告)하니 모친(母親)이 한탄(恨歎)하여 말하기를 우리의 형편(形便)에 백냥(百兩)의 거금(巨金)이 어디에 있으리오. 내가 푼푼(分分)이 모아둔(聚) 엽전(葉錢) 몇 잎이 쌀항(米缸)에 있을 뿐이라. 그러니 그라도 필요(必要)하면 쓰라(用之) 하거늘 내성(乃成)이 집(家)으로 돌아와(歸來) 항아리 속(裡)에 엽전(葉錢)을 세어보니(算則) 한냥(一兩)이더라.

그리하여(然而) 한 냥(一兩)을 올리며(上) 사정(事情)을 고(告)하니 들으시고(聞之) 가라사대(曰) 「내(吾) 이(是) 한 냥(一兩)으로써(而) 백배(百倍)로 느려(大) 쓰리라(用) 하시며 그 돈(其金)으로 술(酒)을 사오라 하시거늘 명(命)하신대로 술(酒)을 사오니 상(床)을 세(三) 개 놓고(置) 술(酒)을 삼등분(三等分)하여 세(三) 상(床)에 차려놓고 절(拜)하라 하시기에 그대로 차려놓고 내성(乃成)이 절(拜)하며 보니(觀則) 상제님께서 세(三) 상(床)에 동시(同時)에 같은 모습(模襲)으로 잡수시고 계시더라 전(傳)하니라.(정영규 <천지개벽경>)

1911년 신해년, 고 수부님이 상제님 성탄치성을 계기로 도통을 받고 깨어나시며 옆에 있던 차 경석 성도에게 같은 경진생으로 동갑장사하자 하시며 "낙종물(파종)은 내가 맡으리니 그대는 이종물(모내기)을 맡으라. 추수할 사람은 다시 있느니라."

고 하신 말씀은 교운이 3변성도三變成道로 세 번 변하며 전개되는 대국적인 틀을 제시해 주신 것입니다.

고 수부님이 구릿골로 가시어 약장 기물 일체를 접수하시고 상제님 공사에 수종 들었던 성도들을 불러 모아 처음으로 교단(태을교, 선도교)을 개창하시게 되는데 시간이 지나며 차 경석 성도가 모든 교권을 자신에게로 집중시키는 행태를 보이자 성도들이 분개하여 이탈하게 되고 따로 교단을 만드는 경우도 있게 된 것은 두 분의 낙종물 사명과 이종물 사명이 현실화되는 모습이었습니다.

그리하여 고 수부님이 김제 조종리 강姜 씨 집성촌으로 가시어 새롭게 살림을 펼치시게 된 것이 둘째 살림이라고 볼 수 있는데 여기서 만백성의 부모로서 상제님의 9년 천지공사와 짝이 되는 10년 신정공사神政公事의 집행을 1926년 병인년부터 시작하시게 됩니다.(~1935)

공사에 수종 든 수석 성도인 성포 고 민환 성도에 대한 시기 질투가 심해지더니 결국 강 씨들의 배신과 음모로 인해, 조종리 도집 경매사건으로 수부님은 순흥順興 안씨 집성촌인 정읍 왕심리에 신정공사를 집행하실 거처를 마련하시어 그쪽으로 옮겨 가시게 되는데, 그 곳에서 2년여 머무르시며 계속 신정神政을 베푸시다가 이 상호가 고 수부님을 모시겠다고 간청을 해서 만들어진 동화교와의 과도기 통합교단 2년 후에 곤존 태모 고 수부님은 결국 오성산 도장으로 옮겨 가시게 되어 35년 어천하실 때까지 10년간의 신정공사(神政公事 : 음 천지공사)를 매듭짓게 됩니다.

곤존 태모 고수부- 고성(高聖) 후비님의 조종골 둘째 살림이 강씨들의 배신에 의해 경매처분되어 정읍 대흥리 본소 바로 옆 비룡산 끝자락 순흥 안씨 집성촌 왕십리로 가신 이후는 낙종물 셋째 살림이 됩니다. 셋째살림 전체는 또다시 작은 세 살림으로 이루어져 1)정읍 왕심리 살림- 2)이 상호 동화교와의 과도기 통합교단 살림- 3)오성산 살림으로 구분됩니다.

셋째 살림의 첫 장소는 순흥順興 안安씨 집성촌인 정읍 왕심리인데 이는 성포 고 민환을 내세운 바둑판 낚싯대 공사(천하사 일꾼이 말복 진인만나는 공사)에 반발한 강씨들에게 아예 추수말복 인사문제의 본질을 은연중 드러내 주심과 동시에 문왕 추수 사명 자체가 도안 세 살림으로 짜여져 있음을 암시합니다. 그리고 청음이 상호 동화교와의 과도기 통합교단을 연 둘째 용화동 살림은 후일 현무경 술부(戌符) 추수 사명자가 용화동에서 자부(子符) 사명자 청음과 손잡고 '증산교 대법사 초복도정'이 등장함을 신정공사로 예비 리허설하신 것이며, 마지막 세 번째 살림으로 윷판 통일도수를 비롯한 마지막 갈무리 추수 사명공사를 오성산에서 별도로 집행하신 것입니다.

곤존 고성(高聖) 후비님이 청음의 간곡한 요청에 부응하여 힘든 고초를 감수하면서까지 용화동 동화교에 잠시 함께 하시게 된 이유는 추수 사명의 첫 포문을 열게 될 초복 문왕 사명자로 하여금 청음을 만나게 함으로써 청음, 남주 두 형제의 해도진인론-두 사람론이 중복도정의 천지일월사체론-두 사람론으로 연결되게 유도하여 암흑천지 근(금)백년의 마지막 순간까지 도안 세 살림의 핵심에 다가서지 못하게 결계를 치기 위함이었습니다. 다시 말해 진법출현 시기인 동지한식백오제 사오미 개명장(2013,~15) 이전의 과도기에 문왕 추수도수 도안 세 살림의 진법을 철저히 은폐시키기 위한 목적이 바로 동화교와의 통합살림입니다.

이에 더하여 태모 고성(高聖) 후비님이 용화동을 떠나실 때인 1933년 11월 6일(<고부인 신정기> 기록), 두 형제에게 건곤사당을 말씀하시며 오성산에서 오실 때 가져오신 용봉기(龍鳳旗)를 꺼내어 손수 꽂아 놓으시고 일러 말씀하시기를 "일후에 사람이 나면 용봉기를 꽂아놓고 맞이하라."고 하시고 "이 자리는 용화세존의 꽃밭이 되리니 사람을 잘 맞아들여야 하느니라" 하시고 13일 용화동을 떠나 오성산 도장으로 돌아오시니라. <도전 11:384>, '너 저기에다 건곤의 사당을 짓겠느냐 하시거늘 상호가 대답하지 못하고 있으려니까 고후비님이 불 같이 대답을 재촉하여 가라사대 이놈아 빨리 대답하라 빨리 대답해 하시며 담뱃대로 등줄기를 때리시거늘 상호가 엉겁결에 예예 짓겠나이다 하니 가라사대 그래야지 그래야 하고 말고 일후에 사람이 나거든 용봉기를 꽂아 놓고 잘 맞이해야 하느니라 하시더라<선도신정경> 하신 것은 결국 그들 형제와 만나게 될 초복 지도자의 위격을 명확히 밝혀주신 것입니다.

박공우 종도로부터 두 형제에게 해인이 전수되고 고성 후비님이 통합 교단까지 응해주신 것은 그들이 자신들의 착각처럼 교운을 매듭짓는 추수 사명자여서가 아

용화동 대법사 청음, 남주의 용봉기

니라 천지공사의 근본바탕이 해원이라는 원대한 바탕 속에 일제하 이종물 사명자 차경석 6백만 보천교 교주에 대한 '보천교 혁신운동'으로 그들의 해도진인 욕망을 불사르게 하면서 다른 일방 해방이후 조우한 추수사명자에게 마저도 마지막 남은 욕망의 불꽃마저 아낌없이 사르게 하면서 중복도정 시절까지 '두 사람론'으로 암흑천지근(금)백년이라는 결계를 쳤던 것입니다.

결과적으로 해방 후 자신이 직접 개척한 단체를 두 형제에게 송두리째 강탈당하게 되는 초복 지도자가 인고의 세월을 견뎌내고 74년 갑인년에 재 기두하여 두 아들과 새롭게 개척하게 되는 증산도의 초, 중복 교리 체계에서는 동지한식 백오제의 도안 세 살림도수의 진법이 드러나기 전인지라 용화동 통합 교단이 당연히 고수부님의 세 번째 살림으로 인식될 수밖에 없습니다.

그러다 보니 용화동을 떠나 선화하실 때까지 머무르신 오성산 시절은 이 정립의 표현처럼 동화교 수양소라는 견강부회와 함께 은거의 시간으로 표현되며, 용화동으로 들어가시기 전에 계셨던 정읍 왕심리 시절도 남주에 의해 별 의미 없는 과도기로 도매금에 삭제처리 될 수밖에 없었던 것입니다.

그러나, 오성산에서의 신정공사라든가 "조강맥식일지라도 임옥 자손들과 제반사를 결탁하리라."는 말씀이나 그 공사 기간 등을 헤아려볼 때, 오성산이 용화동보다 더 중요한 비중을 차지하는 살림임을 부인할 수 없습니다. 더구나, 오성산에서 보신 공사는 추수 사명 지도자가 3명으로 나온다는 천기天機를 감추어서 막판인 백오제(105년째) 사오미 개명장開明場에야 알 수 있도록 하신 것과 도운의 마지막에 윷판 통일도수로 대업이 이루어지도록 하시면서도 오성산의 공사 자체가 주목받지 못하게 조처해 놓으신 것입니다.

결국 용화동으로 드러나는 맥에서는 이상호 · 이정립 형제가 그들을 주인공으로 크게 착각하게 만든 '두 사람' 론이 중복 지도자에게 크게 쓰여(천지일월사체론) 도안 세 살림의 종통을 초중복 지도자 두 사람에게 한정시키는 교리체계의 틀을 벗어날 수 없도록 만드신 것입니다.

이와 같이 고 수부님의 크나 큰 세 살림은 24년 공생애 기간 전부이며, 그 중 셋째 살림은 10년 신정 공사의 후반 6년 동안 장소를 세 군데로 옮겨 다니시며 추수 사명 세 살림의 모습을 그대로 투영시켜 보여 주시면서도, 때가 되기 전에는 그 전모가 드러나지 않도록 감추어진 것입니다.

의통의 실체에 대한 비밀은 본 통합경전 <십경대전>에 포함된 이 중성 <대개벽경>에 자세히 전하며 기유년(도기 39,1909) 6월 23일 상제님께서는 입에 곤륜산을 달라 주의를 주시며 어천 전날 밤 인암 박 공우 성도에게 비밀리 전수했으며 박 공우 성도는 좋고 나머지 2벌을 만들어 집안에 숨겨 두었으나 후일 이를 모두 분실하였고, 박 공우 성도로부터 의통 제작 비밀을 전해 받은 사람은 인암의 제자 송 종수 씨였으며 송 종수씨는 해방이후 손잡은 변산 부안 해왕도수의 주인공 안흥찬 2변 총 사수에게 은밀히 전해 안 흥찬 총 사수는 증산상제님 어천 이후 처음으로 청음 이 상호 씨와 손잡고 대대적인 의통 제작을 한 바 있습니다.

상제님은 겉으로는 박 공우 성도로 하여금 무진년(1928) 동지에 태인 대각다리에서 만나는 특정인(청음 이상호)에게 '좋고나머지' 한 벌을 전하라 하여 마치 특별히 종통을 전하는 양 함으로써 무진년 구월도 숙구지 공사로 그보다 뒤에 등장하는 문왕 추수 사명자를 세인으로부터 완전히 따돌려 은폐시키도록 원모심려遠謀深慮합니다. 내용상에 있어서도 인암 박 공우 성도로부터 직접 의통의 비밀을 전해 받은 수석 제자 송 종수씨로부터 의통의 핵심만은 문왕 추수자에게 모두 흘러가도록 배려하고 마치 음극과 양극이 만나듯이 '무진년 숙구지 문왕공사'와 '무진년 진사성인출 해도진인'으로 대척점에 서 있던 두 사람으로 하여금 8.15 해방이후 드디어 문왕의 초복도수에서 조우하게 합니다.

대척점에 서 있던 두 사람의 조우는 '문왕 초복살림'의 정체성마저 본질부터 왜곡되도록 하여 도안의 세 살림마저 동지한식백오제(105년)의 사오미 개명장까지 절대 봉인되도록 조치한 고도의 인사정책임이 추수 도운사秋收道運史에 드러났습니다. 의통에 있어서 문왕사명자는 도안에서 부안(扶安:안씨를 돕고 떠받치며 꼭 붙들 부)으로 연결됩니다. 연결고리는 진표율사입니다.

변산의 삼국시대 옛 이름 변弁은 백제의 무사도인 수박도가 기원한, 누구나 두려워하는 강대국의 뜻을 가진 변한弁韓이며 변한의 중심 변산弁山은 변산卞山으로 바뀌어 다시 궁벽진 지금의 변산邊山으로 바뀌는데 설문해자에서 변弁 변卞은 모두 '환락, 낙'–>파라다이스–>후천 연화장 정토세계를 뜻합니다. 백제땅은 미륵신앙의 본토입니다.(【傳】弁, 樂也/ 弁, 樂、歡樂。國語辭典)/ 卞, 樂。也作"般"。《集韻•桓韻》: "般, 《爾雅》:'樂也。'或作卞。) 그 당시 진한(신라)과 변한(백제)은 대륙에 각각 12 제후국(천축국, 신독국)을 거느리고 마한(고구려)은 54개 제후국을 거느려 무려 78개국으로 발전하게 됩니다.

"평생불변심 안씨" 추수사명자가 여는 후천 파라다이스 정토세계를 부안(扶安)이라는 정명 기운에 붙여 의통의 해인 해왕도수로 연결시킴으로써 박공우 선생은 1928 무진년 동지 대각다리 조우 사건으로 청음 이상호 씨에게 해인을 전달해 의통전수 인물의 정체와 본질을 감추게 했고(왜? 1928년은 추수사명자가 아직 어리고, 청음은 종통에 있어 곁다리로 스스로의 착각 속에 해원시키며 세속의 눈을 따돌려야 했던 과도기 시간대), 해인전달 사명을 다한 것으로 판단한 박공우 성도 대신 수제자 송종수씨를 통해 문왕사명자에게 은밀히 흘러 들어가게 배려한 사실입니다. 이것이 진표, 부안, 임술 문왕사명자 간의 상관관계 속에서 105년간 감추어진 의통전수 과정의 본질과 내막입니다.

이에 더하여 참고로 화개어부안(花開於扶安) 결실어태인(結實於泰仁) 속에 숨은 의미를 보면 泰, 安也。《字汇》, 泰, 安也。【論語】君子泰而不驕。에서 보듯이 태(泰)는 클 태, 편안 안 자로 문왕사명자의 큰 씨(仁)에서 결실한다는 뜻도 있지만 평생불변심 문왕사명자(扶安)에서 꽃을 피워 문왕사명자 안 씨에서 열매맺는다는 뜻이 이중으로 중첩되어있다.

대국적으로 보면, 의통 제작 비밀은 1920년대 중반 미륵불교의 창교주 김 형렬 수석성도로 전해져(인암인지 제자 송종수인지는 불명) 이미 반 공개화 되는 과정을 거쳤고, 인암 박 공우 추종 성도는, 1928년 무진년 동지에 기두하여 조선총독부 촉탁 김 환의 도움으로 동화교를 창교한 청음 이 상호에게 전했으며 서불(徐=鼠) 해원도수를 받은 쥐띠 이 상호는 해방이후 처음으로 정읍 시기리 초옥草屋에서 해인 샘플을 만들다 조우한 안 흥찬 총 사수의 전폭적인 자금지원으로 의통을 대대적으로 제작하게 됩니다.

태극도, 대순진리회를 비롯 그곳에서 분파된 대진성주회 청우일신회 등 각 단체는 태모 고성 후비님의 교단개창과 낙종물 사명 그리고 이로부터 성립되는 낙종물사명–이종물사명–문왕 추수 사명(도안 세 살림)의 3변성도(三變成道)을 인정하지 않는 관계로 그 종통의 핵심내용과 본질을 상실했습니다. 따라서 천지공사의 총 결론인 의통의 핵심내용과 본질도 증발해 버리고 말았습니다.

본 <십경대전> 본문에 이중성 <대개벽경(천지개벽경)>의 의통 관련 성구가 상세히 포함되어 있는 연고로 이곳 서문에서는 이에 대한 중복 언급을 생략하고 격암 남사고가 전하는 해인 의통의 비밀과 지난 105년간 밝혀지지 않았던 차 경석 성도가 증언하는 <보천교 교전> 경經의 순 한문본 상제님 말씀을 본 서문 말미에 처음으로 번역 공개합니다.

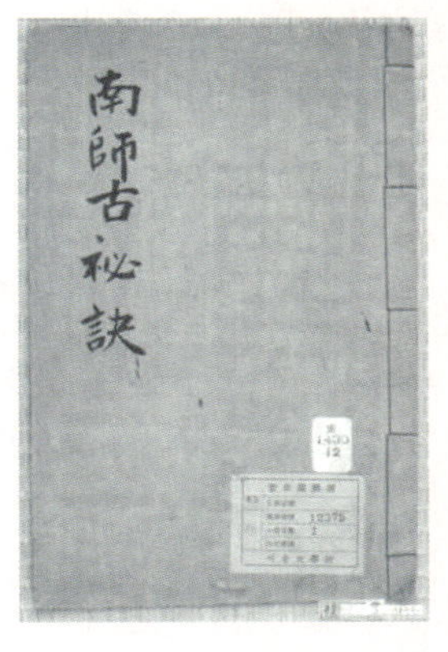

■ 인류구원의 조화주문 태을주와 해인(海印)의통(醫統)

八萬念佛藏經中 彌勒世尊海印出
팔만염불장경중 미륵세존해인출
(팔만가지 비밀을 감추어 놓은 장경 중에 보면 미륵세존이 해인을 들고 세상에 나오신다.)

人生秋收審判日 海印役事能不無 脫劫重生變化身
인생추수심판일 해인역사능불무 탈겁중생변화신
(인생을 추수하는 심판일에 해인(海印)을 가지고 역사하니 능치 못함이 없네.)

無疑海印天授得 高官大爵無覺智 英雄文章非能士
무의해인천수득 고관대작무각지 영웅문장비능사
(해인을 받을 수 있는 사람은 순수한 영혼과 믿음을 가진 의심이 없는 사람들이 받

는 것이지 고관대작이나 영웅호걸 또는 문장에 능한 사람이라고 해서 받는 것이 아니네.)

朝生暮死十戶餘一 無名惡疾免할소냐 當服掩魔常誦呪로
조생모사십호여일 무명악질면 당복엄마상송주
(아침에 살아있던 사람도 저녁에는 죽어있으니 열 가구에 한 집이나 살아날까. 이름없는 악한 질병을 면할 수 있으랴)

萬怪皆消海印일세 無道大病걸린者들 不死海印나왔다네
만괴개소해인 무도대병 자 불사해인
(엎드려 끊임없이 주문(태을주)을 외움으로써 모든 괴질을 다 씻어버리는 해인이 있구나. 어처구니 없는 큰 병에 걸린 자도 죽지 않는 해인이 나왔다네.)

■ 죽은자도 살려내는 해인(海印)의통(醫統)

倒山移海海印用事 任意用之往來하며 無爲理化自然으로
도산이래해인용사 임의용지왕래 무위이화자연

白髮老軀無用者가 仙風道骨更少年에 不老不衰永春化
백발노구무용자 선풍도골갱소년 불노불쇠영춘화

病人骨髓不具者 死者回春更生하니 不可思議海印일세
병인골수불구자 사자회춘갱생 불가사의해인
(산을 뒤엎고 바다를 옮기는 해인의 힘으로 마음대로 해인을 써 왕래 하면서 무위이화의 자연스런 이법으로 백발의 늙은 몸을 가진 쓸모없는 자가 신선의 풍모를 지닌 소년이 되며 늙지 않고 쇠약해지지 않는 영원한 생명을 가지니 병을 골수에 가지고 있던 불구자도 그리고 죽었던 자도 다시 생명을 얻어 소생하니 과연 불가사의한 해인이로구나. 하나님이 주시는 해인을 받으면 장차 모두 신선이 된다는 말이다)

■ 해인(海印) 소식을 모를까봐 너희 조상님이 한탄 하신다

先塋父母靈魂 다시살아 相逢하리 神神차려 海印알소
선영부모영혼 상봉 신신 해인

無窮造化限量없네 너의 先塋神明들은 不知일가 歎息이라
무궁조화한량 선영신명 부지 탄식
(먼저 돌아가신 조상님과 부모님의 영혼이 다시 살아서 상봉하리라. 정신차려서 해인을 알도록 할지라. 무궁조화가 한량이 없도다. 너의 선영 조상신명들은 너희가 해인을 알지 못할까 탄식하고 있도다. 해인이란 개벽기에 살수있는 구원의 생명줄이다. 해인은 태을주 수행(소울음 소리)을 하는 곳에서 찾을 수 있다. 천상의 우리 조

상들은 자손들이 해인을 찾지 못할까 걱정하고 탄식하고 있다는 말이다)

■ 인류구원의 조화신물(神物), 해인(海印)의통(醫統)

♣태을주(太乙呪)와 해인의통(醫統)

태을주 조화 : 무형의 神權
해인 의통 : 유형의 神權

상제님께서는 개벽기에 대 병겁이 전 인류를 휩쓸 때 인류구원의 법방으로 태을주와 해인 의통醫統을 내려 주셨다. 의통醫統이란, 질병목의 운수에서 병든 창생, 죽은 사람을 고치고 살려서 통일한다는 뜻이다. 머지않아 가을개벽의 추살기운으로 병겁이 지구촌을 휩쓸면서 어떠한 약도 무용지물이 되어 전 인류가 죽어 넘어가는 현장에서 사람을 살려내는 하나님의 절대권능의 구원의 신패가 의통이다. 이러한 의통으로 전 인류의 생명을 살려내는 대업을 의통성업醫統聖業이라 한다. 이 의통은 실재하는 신물神物로서 무형의 신권神權인 태을주 太乙呪와 유형의 도권神權인 해인의통海印醫統이 있다.

■의통에는 세가지 종류가 있다.

하나는 호부의통戶符醫統이다. 사람은 잠을 자야 산다. 잠잘 때 상제님의 어명으로 문 밖에 모셔두는 게 호부의통이다.

둘째는 호신의통護身醫統이 있다. 마패와 같이 몸에다 모시고 다니는 의통이다. 호위할 호 자 몸 신 자, 몸을 보호하는 게 호신의통이다.

셋째는 해인의통海印醫統이 있다. 상제님이 "나를 잘 믿는 자에게는 해인海印을 전하여 주리라 (도전 7:41:3) 하신 말씀대로, 해인이 있다. 해인은 한마디로 죽은 사람을 살리는 도장이다. 인印은 도장 인 자 아닌가? <새시대 새진리 3권: 안 운산 성도사님 도훈집>

*참고)동지한식백오제 105년(2014갑오) 만에 본문에 처음 밝혀지는 <보천교 교전普天教 教典> 경 經 4부에 수록되어 있는 주옥같은 성구 말씀을 뽑아 본서 맨 뒤에 게재합니다.(참고:원본의 오자 탈자 띄어쓰기는 그대로 인용 기재함)

먼저 미륵불이신 증산 상제님 진리에 있어 신앙의 삼법언三法言이자 도통문道通門의 삼법인三法印은 성경신誠敬信이며 주요 3대 교의教義는 ①해원解寃, ②상생相生, ③보은報恩이고 이를 하나로 묶으면 대중화大中華인 대한민국, 조선朝鮮의 근본 뿌리

환단시대의 광명이세光明理世 홍익인간弘益人間과 재세이화在世理化 정신을 후천 용화 낙원 세계에서 구현하는 원시반본原始返本 뿌리정신입니다. 이 한민족 고유의 뿌리 정신(조상 제사문화)에 근거해 조상제사를 극진히 모시라는 것이며 나를 믿으려면 먼저 너의 부모형제를 공경하고 조상신을 먼저 모시라는 것이 뿌리로 돌아가는 원시반본입니다.

우주일년 인류사 발전의 대주기

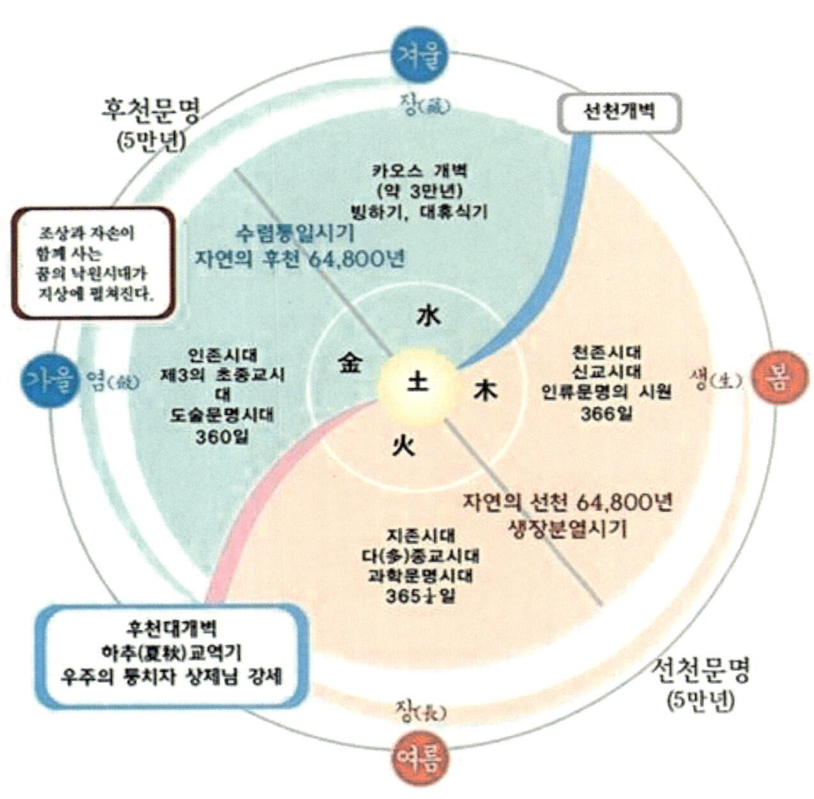

<증산도 道典>*만성 선령신(萬姓 先靈神)들이 모두 나에게 봉공(奉公)하여 덕을 쌓음으로써 자손을 타 내리고 살길을 얻게 되나니 너희에게는 선령(先靈)이 하느님이니라. 너희는 선령을 찾은 연후에 나를 찾으라. 선령을 찾기 전에 나를 찾으면 욕급선령(辱及先靈)이 되느니라. 사람들이 천지만 섬기면 살 줄 알지마는 먼저 저희

선령에게 잘 빌어야 하고, 또 그 선령이 나에게 빌어야 비로소 살게 되느니라. 이제 모든 선령신들이 발동(發動)하여 그 선자선손(善子善孫)을 척신(隻神)의 손에서 건져 내어 새 운수의 길로 인도하려고 분주히 서두르나니 너희는 선령신의 음덕(蔭德)을 중히 여기라. 선령신은 그 자손줄을 타고 다시 태어나느니라.

<증산도 道典>*조선국 상계신 중계신 하계신 무의무탁朝鮮國 上計神 中計神 下計神이 無依無托하니 불가불 문자계어인不可不 文字戒於人이니라 -조선국 상계신(환인) 중계신(환웅) 하계신(단군)이 몸 붙여 의탁할 곳이 없나니 환부역조 하지 말고 잘 받들 것을 글로써 너희들에게 경계하지 않을 수 없노라.

侍

그동안 범 증산계 각 형제 교단마다 종지(宗旨)가 제각각으로 해원, 상생, 보은을 3대 종지로 하기도 했었고, 보천교는 4대법리四大法理라 해서 일심一心, 상생相生, 거병去病, 해원解寃을, 대순진리회에서는 음양합덕, 신인조화, 해원상생, 도통진경을 들기도 했었지만 마지막 3변성도三變成道 추수교운에 있어 문왕 도수 도안都安의 집 초중말복 세 살림 말복시대를 맞이한 종지(宗旨)는 진리적 차원에서 대국적으로 두 가지입니다.

첫째는 먼저 생명의 뿌리인 태을주 염송을 생활화 해 올바른 종통줄과 혈통줄을 바르게 하여 태을주 전수를 통한 천하사 6임 완수와 후천 개벽철에 창생을 구제하는 '의통성업醫統聖業 완수'입니다. 둘째는 천지인신天地人神의 신인병진神人竝進, 신인합일神人合一로 각자 친 선조, 진외가陳外家(아버지 외가) 선조, 처 선조, 처외가 선조 등의 조상신을 포함해 남녀불문 모두 도통군자, 여래如來, 선인仙人으로 열매맺어 후천 만사지萬事知 조화 문명시대, 도술문명시대를 개창하는 것입니다. 불교에 여래장如來藏 사상이 있는데 모든 사람의 청정한 마음속에는 여래(眞如)의 씨, 보살의 씨가 숨어있다는 것입니다.

하지만 중생은 각기 저마다 각종 번뇌의 망상(無明)으로 인해 청정한 마음속에 깃든 본래의 여래(眞如)를 못 알아보고 본인자신이 여래임(부처)을 모른 채 스스로 옭아맨 환幻의 번뇌 감옥 속에 영원히 갇힌 중생이라는 것입니다. 이번 후천 개벽철에 천상 옥추문이 열리면 모든 사람이 6도 윤회의 결과로 추려져 모든 사람의 무구청정 여래심이 활짝 피어나 열매를 맺게 됩니다.

기독교에서 인간은 야훼신이 진흙을 빚어 만든 피조물에 불과하다고 말합니다. 진흙을 빚어 옹기를 만든 옹기장이 야훼신에게 진흙과 옹기에 불과한 피조물 인간이 감히 불평불만하지 말라는 주장이 기독교신의 종속사관이자 노예 신관입니다. (이사야서 45장 9-10, 이사야서 제29장 16절, 예레미아서 제18장 2~11절, 로마서 9장 20-21,)

이에 비해 예수 석가 공자 이상으로 열매 맺는 후천 가을 인존시대를 맞이해 사람은 누구나 우주의 주재자로 전지전능하며 나에게 죄 사함을 빌기 전에 너 스스로 참회하라는 증산 천주 하느님의 성훈聖訓은 기독교의 종속적 노예 신관과 비교해 실로 후천 인간농사 열매기 시대를 맞이한 파천황적인 인존선언이 아닐 수 없습니다.

<보천교普天教 교전教典>*죄적참회罪則懺悔 가야可也 불여초불작죄지위귀야不如初不作罪之爲貴也- 죄가 있다면 참회하는 것이 옳으니라. 참회함이 처음 죄를 짓지 않음과 같지는 않지만 참회함을 귀중하게 여겨야 하느니라.

<보천교普天教 교전教典>*아역이이유죄我亦爾以有罪 불인거이지귀不忍拒爾之歸 유과이참회有過而懺恢 가야可也 불약초불위참회지사不若初不爲懺悔之事 정생활情生活 호어지생활好於智生活- 나는 또한 너에게 죄가 있음으로써 그 죄가 너에게로 돌아감을 차마 막지 못하노니 허물이 있으면 참회함이 옳으니라. 비록 참회해도 참회할 일을 하지 않은 처음만 못하나니 진심 있는 생활은 지혜로운 생활을 함으로부터 좋아지느니라.

侍

기독교는 예수의 본래 순수복음인 영지주의(그노시스) 복음이 말살된 반쪽 진리입니다. 증산 상제님 무극대도 진리는 기독교의 영지주의 복음과 통하며, 스폴딩의 <초인생활>에서 전하는 메시지 역시 동양 고유의 선도와 기독교의 영지주의 복음이 서로 상통함을 보여주고 있습니다. 본래의 영지주의 복음에서 예수는 천국을 하늘에서 찾지 말고 네 안에서 찾으라 했지만 문자주의인 성서지상주의 기독교는 죽어서 요단강 건너가 심판을 받고 베드로가 문지기로 있는 천국에서 만나자고 합니다.

<보천교普天敎 교전敎典 경經>*네 마음속의 신성함이 교경의 음성보다 귀중하노니 너는 나에게 예속됨을 자처하지 말지어다. 화려한 전탑을 지상에 짓지 말고 너의 마음에 지을지니라. 혼미한 세상인지 유쾌한 세상인지는 한결같은 일념을 가졌는가의 차이니라.

-이이내심지성爾以內心之聖 중어교경지성重於敎經之聲 이물자처이여아爾勿自處以隷我 전탑殿塔 물건어지상勿建於地上 건어이심상建於爾心上 미계쾌계迷界快界 일염지차一念之差-

<도마복음서(나그함마디 파피루스 영지주의 복음서)>*예수께서 말씀하시니라. "만약 너희 인도자들이 너희에게 말하길, '보라 아버지의 나라가 하늘에 있노라'고 한다면 공중의 새들이 너희를 앞설 것이요, 만일 그들이 너희에게 말하길, '아버지의 나라가 바다에 있노라'고 한다면 물고기들이 너희를 앞설 것이라. 차라리 그 나라는 너희 안에 있으며 또 너희 바깥에 있느니라. 너희가 자신을 안 즉 알려 진 바 될 것이요 너희가 살아계신 아버지의 자녀임을 깨달으리라. 그러나 만약 너희가 자신을 모른다면 빈곤 가운데 사는 것이며 또 너희는 빈곤이니라."

그러나 증산 상제님은 천국과 지옥이 그 누가 심판해서 가는 것이 아니라 이 세상을 살아나가는 주인이자 우주의 주재자로서 전지전능한 존재인 네 스스로 지은 인연공덕의 업장으로 스스로 선택해 따르는 것이라 말씀하셨습니다. 기독교의 야훼신은 본래 중동에서 소수 유대인만의 마이너Minor 그룹 신이었습니다.

당시 중동의 메이저Major 그룹 신은 농경신이자 평화의 황소신이던 바알신Baal과 아몬Amun, 아톤Aton의 태양신이었으므로 질투의 신인 야훼신은 호전적인 군신軍神이 아니면 고도로 발전된 문명을 구사하던 바알신 문명(페니키아 문자로 지중해문명을 주도한 지중해 동안(현 레바논, 시리아)의 페니키아(포에니) 문명권)과 태양신(애굽)의 틈바구니에서 생존조차 어려웠습니다. 오늘날 서양인이 쓰는 알파벳의 기원이 바로 바알신 문명권의 페니키아 문자이니 바알신 문명권이 당시 뒤떨어진 야훼신 양치기 문명권에 비해 얼마나 발전된 문명을 구가하고 있었는지 잘 알 수 있습니다.

페니키아(포에니)인은 지중해 해상권 장악을 위해 카르타고(현재의 튀니지) 도시국가를 만들었으며 로마제국과 싸웠던 카르타고의 한니발 장군이 바로 페니키아인입니다. 이런 이유에서 기독교에서 야훼 유일신 신앙 체제가 확립되기 이전의 구약

시절, 이스라엘 초대 왕 사울을 비롯한 대부분의 상류층 유대족 마저도 당시로서는 고도의 선진문명을 구가하고 있던 황소-바알신을 믿는 것으로 자칭 최고의 선진 엘리트층이자 상류계급으로 자부했던 것입니다.

명화 <엑서더스Exodos>에서 보듯이 모세가 이방신인 태양신과 바알신의 틈바구니 속에서 유대족 해체 지경까지 전락한 오합지중의 무리를 이끌고 홍해를 건너 가나안 땅으로 탈 애굽한 것은 바로 이런 압도적인 문화차이 속에서 영적, 육적 혼혈로 정체성이 형해形骸밖에 남지 않은 이유 때문입니다. 특히 모세가 가나안 땅으로 향한 것은 유프라테스 강과 티그리스 강 사이에 있는 초승달 모양의 평야 지대(가나안의 오리지날 모델) 메소포타미아를 배경으로 슈메르 제국, 바벨론 제국, 페니키아 제국, 그리고 앗시리아 제국이 지중해 역사에서 가장 화려한 영광과 영화를 누렸기 때문이었습니다.

<출애굽기>에 의하면 야훼신이라는 이름은 모세 때 처음 이름을 소개해 데뷔한 신입니다. 따라서 당시 야훼신은 이미 선진문명을 구가하고 있었던 바알신, 태양신, 이슈타르신, 이시스신 등의 강력한 고참 신에 비하면 모세에 의해 중동에서 갓 일어난 보잘 것 없는 신참 신에 불과했습니다. 당시 중동의 떠돌이 양치기 집시족에게 선진 바알신 페니키아인들이 전 지중해 해상권을 장악하고 건설한 화려한 문명터전(시리아 레바논) 제 2 가나안이 꿈에 그리는 낙원으로 자리한 것은 당연한 것입니다.

구약 창세기에 낙원으로 소개되는 에덴동산은 출애굽기에서 소개되는 가나안의 원형입니다. “여호와 하나님이 동방(東邦, Eastern country)의 에덴에 동산(東山)을 창설하시고,”라고 하여 동방(東邦)에 에덴동산이 있다 하고 <창세기> 제2장, 10절과 14절에 “강이 에덴에서 발원하여 동산을 적시고 거기에서부터 갈라져 네 근원이 되었으니 첫째의 이름은 비손이라 금이 있는 하윌라이며, 둘째의 이름은 기혼이라 구스 온 땅에 둘렀고, 셋째 강의 이름은 힛데겔이라 앗수르 동편으로 흐르며, 넷째 강의 이름은 유브라데라” 하고, <에스겔> 제28장 13절에 “네가 옛적에 하나님의 동산 에덴에 있어서 각종 보석 곧 홍보석과 황보석과 금강석과 황옥과 홍마노와 창옥과 청보석과 남보석과 홍옥과 황금으로 단장(丹粧)하였음이여, 네가 지음을 받

던 날에 너를 위하여 소고와 비파가 예비되었도다" 하여 티그리스, 유프라테스 강이 있는 지금의 이라크 땅인 메소포타미아 지역이 모세 당시에는 낙원의 원형이었던 것입니다.(*사실상 이들 기독교 성경상의 낙원의 원형 에덴은 성경 속에서는 찾을 수 없고 불경 속의 천축에 연관되어 있으며 상고시대 연등불 같은 백불白佛 역시 바로 흑피옥의 연장선에 있는 환국의 환인으로 환국은 전불시대 불국토(낙원)의 원형이었다.)

그러나 성경 속에서 모세와 여호수아가 유대인을 인도한 젖과 꿀이 흐른다는 가나안 땅은 티그리스 강, 유프라테스 강의 초승달 메소포타미아 지역도 아니고 페니키아인의 터전 레바논과 시리아 땅도 아니고 지금의 요단강 서안인 이스라엘입니다. 이곳은 원래 아모리 족속이 블레셋인으로 유명한 필리스타인(Philistine)족에 얹혀서 대대손손 살던 곳입니다.

필리스타인(불레셋) 땅은 로마 하드리아누스 왕 때 지금의 팔레스타인으로 이름을 바꾸고 지금까지도 이 땅을 무단 점거한 유대족과 원 주인인 블레셋족 사이 격렬한 투쟁이 오가는 중입니다. 모세 당시 블레셋 인은 가장 비옥한 이곳 해변가에 아스돗, 아스글론, 가사, 에그론, 가드 등 5개 도시 국가를 건설해 살던 주인이었습니다. 당시 이곳에는 다양한 족속들이 모여 살고 있었으며 모세의 후계자 호세아(여호수아)가 인도한 유대인은 요단강, 사해 왼편 광야에 천막촌을 이루고 주위 종족을 모두 야금야금 쳐 죽여 내쫓게 됩니다. 그러나 가장 큰 세력을 가진 블레셋의 5개 도시국가는 무력으로 내쫓지 못한 채 로마에게 멸망당해 흩어집니다.

그런데 창세기에 "너는 장수하다가 평안히 조상에게로 돌아가 장사될 것이요 네 자손은 사대 만에 이 땅으로 돌아오리니 이는 아모리 족속의 죄악이 아직 관영(貫盈:가득참)치 아니함이니라."고 하여 모세는 애굽에서 4 대가 지나 돌아오고 아모리족이 사악하여 그들의 죄악이 다할 무렵 그들 땅이 유대족의 땅이 되도록 섭리해 놓았다는 것입니다. 명화 <엑서더스Exodos(출애굽)>의 OST(Original Sound Track) 가사에 "이 땅(가나안)은 내 것이라, 야훼신이 우리에게 이 땅을 주었도다-This land is mine. God gave this land to me."라는 가사가 있는 건 바로 이 때문입니다.

본래 가나안은 노아의 손자로 동성애자 함의 아들입니다. 노아가 술 취해 잠든 사이 함은 노아를 범하고 자신이 아비를 범한 것을 자랑스럽게 떠벌립니다. 노아는 손자인 가나안에게 저주받을 놈이라 저주하고, 종놈들의 종놈이 될 거라고 그의 형제들에게 독설을 퍼붓습니다. 구약 창세기에 함의 아들은 구스, 미스라임, 붓, 가나안인데 그중에서 가나안 자손은 오늘날 이스라엘이 위치하고 있는 중동 땅에 거주하여 자손을 퍼뜨리며 노아가 저주한 가나안의 후예가 블레셋(필리스타인) 종족에 얹혀 혼거하는 팔레스타인에(원래 필리스타인으로 성경에서 번역한 이름은 블레셋인이며 로마 하드리아누스 황제 때 팔레스타인으로 이름을 바꿈) 무력으로 쳐 들어가 나라를 열게 됩니다.

그러나 우습지만 엄밀히 말하면 모세오경에서 밝히는 야훼신 이름 자체도 모세가 처음 세상에 밝힌 신이라는 신학적인 입장과 애굽의 화려한 태양신 문명에 취해 영적, 육적 혼혈 속에 정체성조차 까마득히 잊어버린 유대인을 거느리고 오갈 곳 없는 모세의 입장으로 본다면 다음 모세오경의 신명기에서 밝히는 야훼가 약속한 언약의 땅을 가서 얻으라는 말은 사실상 선천 약육강식 시대에 모두 쳐 죽이고 강도짓해서라도 빼앗으라 하는 생존전략과 같은 것입니다.

<신명기 1:8>여호와께서 너희의 열조 아브라함과 이삭과 야곱에게 맹세하사 그들과 그 후손에게 주리라 하신 땅이 너희 앞에 있으니 들어가서 얻을찌니라.

<신명기 10:11>여호와께서 내게 이르시되 일어나서 백성 앞서 진행하라. 내가 그들에게 주리라고 그 열조에게 맹세한 땅에 그들이 들어가서 그것을 얻으리라 하셨느니라.

실제로 떠돌이 집시족 이스라엘의 유대인은 혈통이 불분명한 독일계 아슈케나지 유대인(Ashkenazi Jews)이 대부분(80%)입니다. 이들 독일계 아슈케나지 유대인들은 시간이 지나면서 11세기부터 19세기까지의 기간 동안 헝가리, 폴란드, 벨라루스, 리투아니아, 러시아, 우크라이나 등을 포함한 동유럽 국가들로 이주하여 비 독일어권 지역에서 공동체를 형성하여 이스라엘 국가 성립과 더불어 이스라엘 국민으로 다시 태어나게 됩니다. 아슈케나짐(Aschkenasim:독일 유대인집단 거주지역)은 11세기 당시 전 세계 유대인들의 3%에 불과했으나 1931년에는 92%를 차지했으며 현재 80%를 차지하고 있습니다.

지중해 주변에 있는 유대인들을 제외하면 유럽 출신 유대인들의 대부분은 아슈케나지로(6백만 명의 대학살;홀로코스트 희생자) 현재 아슈케나지 유대인의 숫자는 8백만 명 내지 1천 2백만 명입니다. 이중 3~4백만 명은 이스라엘에 거주하고 있으며, 약 6백만 가량의 유대인들은 미국에 거주하며 세계 최강의 경제력으로 프리메이슨 유대인 세계정부를 주도하고 있습니다.<위키백과>

❁참고자료

<유대인 혈통>★유대인 정체성(正體性)의 일반적인 원칙은 모계가 유대인으로 유대교를 신봉하여 정기적으로 시나고그(유대교 교회)에 나가면 완전한 유대인으로 본다. 반면 부계(父系)가 유대인인 경우는 절반만 유대인으로 본다. 언론인 조지프 퓰리처와 배우 폴 뉴먼은 아버지가 유대인인 '절반의 유대인'이다. 원칙적으로 부계만 유대인인 경우는 유대인으로 간주하지 않는다. 유대인의 정체성에 대한 판단은 랍비(유대교 목회자)가 결정한다.

<유대인 혈통>★ 全 세계 유대인은 크게 두 가지로 하나는 터어키계 백족인 카자르족이 독일에서 퍼뜨린 유럽계 아슈케나지(Ashkenazi Jews:80%)고, 다른 하나는 스페인에서 퍼뜨린 이슬람권, 북아프리카 지중해계인 세파르디(Sephardi Jews:20%)이다. 세파르디가 유대인의 원래 인종인 셈族(족)에 속한다면 미국 유대인의 90 % 이상을 차지하는 아슈케나지는 원래 스페인 백족으로 독일에 거주하던 유대인이 우크라이나·러시아·폴란드·헝가리 등으로 퍼져 나아간 중·동구계다. 헝가리 출신의 영국 작가 아서 쾨슬러(Arthur Koestler)는 <제13支派(지파)>, 역사학자 케빈 부룩은 <카자르(Qajar)>라는 책에서 아슈케나지의 대부분은 터키계 백인부족의 하나인 카자르(유랑종족이라는 의미)족이 7세기 중엽 동남부 러시아 지역에 세운 카자르 왕국 離散民(이산민)의 후손으로 인종적으로 아브라함의 셈족후손과 전혀 달라 유대인이 아니라고 주장한다.

<유대인 혈통>★ 남부러시아와 중앙아시아 평원 일대에서 유목생활을 하면서 많은 민족과 피가 섞인 카자르(Qajar)족은 검은 머리에 밤색 눈, 붉은 머리에 갈색 눈, 그리고 금발에 푸른 눈을 가진 사람들의 인종 모자이크를 형성했다고 한다. 카자르(Qajar) 왕국은 지리적 여건을 이용해 페르시아와 슬라브족 사이에서 중계무역을 주로 했던 상업국으로 카자르 국왕 중 하나인 죠셉은 항상 자신의 조상이 성경에 나오는 노아라고 믿었으며 카자르 족은 이스라엘 12지파의 하나인 시므온 지파의 자손이라고 주장했다.

<유대인 혈통>★ 카자르(Qajar) 왕국은 685년 주변의 적을 모두 물리치고 국가 기반을 충실하게 다진 후 737년에는 도읍을 아틸에 정하고 8세기 후반에는 남쪽은 코카서스산맥, 서쪽은 볼가강 하류, 북쪽은 카스피해, 동쪽은 드네프르 강으로 영토를 넓혀 전성기의 카자르 왕국은 카자르족 외에 알라니족, 마자르(헝가리)족, 불가르족은 물론, 크림반도의 그리스계 부족까지 통합한 강대한 국가였다.

<유대인 혈통>★ 740년경 유대교에 심취한 불란 왕은 주변 이슬람국가와 기독교 국가들이 서로 자기네 종교를 선택하도록 강요하여 유대교로 개종했다. 이어 신하와 국민들이 국왕의 뒤를 이어 유대교로 개종하면서 카자르 왕국은 러시아 평원의 유대교 국가가 됐다. 카자르(Qajar) 왕국은 9세기부터 國勢(국세)가 기울어 수차 슬라브족의 침략을 받다가 935년 우크라이나의 스비아토슬라브 왕의 침략을 받고 멸망했다. 그 후 몽고족의 침략으로 13세기 이후부터는 가까운 우크라이나·러시아를 비롯해 헝가리·폴란드·보헤미아·모라비아(오늘날의 체코)·루마니아·불가리아 등지로 흩어져 카자르 왕국에 대한 후속 역사는 전해지지 않고 있다.

터키 백족 카자르 족의 후예였던 그들이 한때 독일 땅에 터를 잡았는데(아슈케나짐Aschkenasim:유대인 집단 거주지역), 그들은 독일 기독교로부터 온갖 박해를 당했으며 그 결과 바로 그들로부터 한 손에는 자본주의가, 한 손에는 공산주의가 수립됩니다. 자본주의의 대표 수립자는 로스차일드 가문이고, 공산주의 혁명의 주창자는 칼 마르크스로 표면적으로는 둘이 서로 다른 노선을 추구하는 것 같지만 실은 공동의 목표를 지닌 한 몸의 두 얼굴 – 메두사입니다. 유럽에서는 기독교 절대 왕정을 무너뜨리고, 미국에서는 자본주의를 퍼뜨려 기독교를 박멸시켜 아슈케나지 유대인 중심의 몰록신 세계정부를 수립하는 것이 그들 프리메이슨 유대인의 목표입니다. 노벨상 수상자의 25%가 유대인이고, 아이비리그 명문대 교수의 40%가 유대인이며, 25%~30%가 유대계 학생입니다.

월드컵, IMF, 미 연방 중앙은행, 골드만 삭스, JP모건, 메릴린치, 리먼 브라더스, 시티은행, AIG보험, HSBC, 드비어스, 무통, 라피트, 스타벅스, 몬산토, 카길사(Cargill Corp.), 던킨 도너츠, 배스킨 라빈스, 암웨이, 워렌버핏, 앨런 그린스펀, 벤 버냉키 등 미국 내 굵직굵직한 기업과 CEO들이 바로 그들 아슈케나지 프리메이슨 유대인입니다. 전 세계적인 신종플루 유행으로 한때 타미플루 백신이 전 세계적으로 불티나게 팔린 적이 있습니다. 그런데 놀라운 건 다국적 제약회사 '길리어드 사이언스 社(Gilead Sciences 社)'가 이미 그 약을 미리 만들어 놓고 세계의 자금을 빨아들이기 위해 벌인 협의를 받고 있는데 당시 그 대표자는 다름 아닌 바로 카자르(Qajar) 유대인의 후예– 미국의 부시 대통령 시절 전 국방장관을 지낸 럼스펠드였습니다. 그들 딥스카발들은 이미 오래 전부터 인류학살을 위해 세계 곳곳의 숙주국(중국, 카자흐스탄, 우크라이나) 생물무기 연구소에 자금을 대 다양한 유행성 바이러스 세균무기와 2~5년 안에 서서히 죽게 정교하게 설계된 다양한 생물학 무기 백신을 준비하여, 75억 중 최종적으로 5억 정도로의 인류감축(Depopulation)을 통한 신세계 질서 구축-위대한 지구촌 재설정(Great Reset)을 준비해 왔던 것입니다.

<슈퍼리치 패밀리(한국경제신문)>★"유대 음모론은 <시온주의자 의정서>를 기초로 하여 다양한 형태로 국가와 시대를 넘나들며 전파되었다. 특히 로스차일드 가문의 금융 지배와 관련해 핸드류 히치콕은 최근 저서 <사탄의 시나고그 : 유대 패권의 비밀사>를 통해, 이민족들을 서로 이간질시키고 싸우게 할 목적으로 마이어 암셀의 명령과 재정적 지원 아래 독일의 유대계 지식인 아담 바이스하우프크(Adam Weishaupt)가 1776년 5월 1일 '일루미나티(Illuminati)'를 창설했다고 밝혔다. 일루미나티의 목적은 정치적, 경제적, 사회적, 종교적 수단을 통해 비유대인을 분열시키는 것이라고 책은 주장한다. 실제로 일루미나티는 프랑스 혁명에 지대한 영향을 미쳤고 공산주의의 태동에도 커다란 영향을 미쳤다(220쪽)."

그럼 기독교에서 말하는 가나안의 근본뿌리만 간단히 이해해 보기로 합니다. 기독교에서 타락천사 개념으로 자리 잡은 사악한 루시퍼는 원래 불꽃, 빛, 태양 또는 모든 것을 내다보는 눈으로 대표되는 상징입니다.(프리메이슨 상징으로 이집트 피라밋 벽화에 그려진 눈은 달러에도 피라밋 위에 그려짐) 일반적으로 그들의 종교의식에 가장 일반적으로 쓰이는 이름은 남신인 사마엘(Samael)과 여신인 릴리스(Lilith)이며 종종 성관계를 갖는 의식을 치루는 것은 이들 두 디먼(악마)을 흉내 내는 것입니다. 서양의 모든 성 풍속과 카발라의 디먼(악마)들의 다양한 성관계는 문화인류학적으로 뿌리 깊게 연관되어 있습니다.

양성기관(자웅동체)을 가진 자를 어지자지 또는 남녀추니라 하는데, 같은 유대인들에게 마저 남녀추니로까지 묘사될 정도로 음란했던 가나안(Canaan)의 아버지 함(Ham)은 구약에도 아비인 노아를 범하고 것으로 나오고 있지만 12세기 유대인의 죠하르(Zohar)에는 다음과 같이 자세히 묘사되어 있습니다.

-함(Ham)은 인간 말종이며, 고대의 뱀의 깨끗지 못한 영혼을 자극하고 각성시키는 황금의 찌꺼기 광재(鑛滓)다. 이는 그가 가나안의 아버지로 점지되었기 때문이며,

세계에 저주를 가져다주었고, 저주 받은 자이며, 인류의 얼굴을 어둡게 했기 때문이다-

이는 함(Ham)이 아비 노아가 술 마시고 곯아떨어진 사이 수간으로 아비를 범했기때문입니다. 창세기에는 자세히 언급되지 않는 이 내용이 카발리스트 텍스트에는 다음과 같이 자세히 전하고 있습니다.

-노아는 지아비가 되자, 포도밭을 경작했다. 그는 포도주를 마시고 취했다. 그는 발가벗은 채 장막 안에서 곯아떨어졌다. 가나안의 아비 함이 아비의 발가벗은 모습을 보고 밖에 있는 두 형제들에게 말했다. 노아는 술에서 깨어났으며 그의 어린 아들이 그를 범한 것을 알았다. 그는 손자인 가나안에게 저주받을 놈이라 저주하고, 종놈들의 종놈이 될 거라고 그의 형제들에게 독설을 퍼부었다-

카발리스트 자료에 의하면, 아비가 할비를 범한 자리에 동참해 이를 지켜 본 가나안은 우습게도 소돔과 고모라에서 호모 집단을 창설합니다. '수간하다, 호모 성행위를 하다'라는 영어 단어가 바로 소돔Sodom에서 나온 소도마이즈Sodomize임을 통해 우리는 소돔의 성 풍속도가 어떠했는지 헤아릴 수 있습니다.

물론 이런 성적 타락이 끝없이 만연되어 모종의 신의 징벌로 도시 자체가 사라진 건 이미 다 아는 바입니다. 카발리스트 죠하르에서 랍비(율법학자)는 "가나안이 의인 노아로부터 비교적秘敎的(비법적) 상징을 제거하는 것으로 자신의 뜻대로 일할 기회를 잡았다"고 말합니다.

'비교적(비법적) 상징'은 앞서 본 바와 같이 남자의 성기를 의미합니다. 유대인 성직자 랍비는 가나안이 아비 함과 함께 할비인 노아를 수간(獸姦;호모의 성행위)한 사실은 의심합니다. 성서에서는 함이 아비를 수간 한 후, 밖에 있는 두 형제에게 말했다(Told)고 나오는데 성서학자들은 이 '말했다(Told)'라는 단어가 '대담하게 알렸다'로 번역된다고 말합니다. 따라서 성경의 기록은 함이 분명히 자신이 한 호모(게이) 성행위에 대해 거만하게 자랑했거나 과시했음을 보여주고 있습니다.

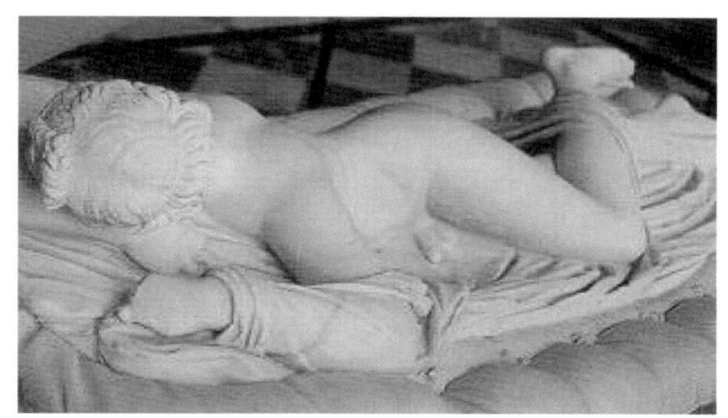
헤르메스와 아프로디테 자식
헤르마프로디테 Hermaphrodite.

어지자지, 남녀추니인 가나안의 아버지 함이 숭배대상이 됨에 따라, 함을 묘사하는 바빌론의 고대 신들은 중근동 모든 나라 속으로 침투해 들어가 어지자지로 그려집니다. 중근동의 고대 세계에서 호모섹스는 관용적으로 받아들여졌으며, 심지어 종교로 편입되어 예우되기 시작했습니다. 타나힐(Reay Tannahill)은 「역사 속에서의 성(Sex in History)」에서 중동의 모든 신비교단에서 호모섹스를 하는 것은 사람을 신과 같이 만드는 것이라 말합니다.

블로흐(Vern L. Bullough)도 「호모섹스(Homosexuality)」에서 역사는 마치 제우스와 가니메드, 헤라클레스와 이올라우스(또는 하일라스), 아폴로와 미소년 히아신투스의 관계에서와 같이, 그리스 신화가 동성애를 나눈 신들의 러브스토리로 가득 찼음을 기록하고 있다고 말합니다.

자웅동체, 어지자지, 남녀추니를 뜻하는 영어 단어는 바로 다름 아닌 그리스 신, '헤르마프로디테(Hermaphrodite)'에서 기원한 것인데, 이 신은 육체적으로 양성을 모두 갖추고 있는 신으로 믿어집니다. 마찬가지로 인도네시아 발리 섬 사람들은 그들의 양성 신 '싱 향 토엔갈(Syng Hyang Toengal)에 최고의 가치를 부여합니다. 발리 섬 사람들의 우주관에 따르면 '고독한 자 또는 티지니차(Tijinitja)'로도 불리는 '티지니차(Tijinitja)'는 신들의 시대 이전, 여성으로부터 남성이 분리되기 이전의 시대를 나타낸다고 하며 지아비와 아내, 남성과 여성 모두를 뜻합니다.

동양에서 음양이 분리되기 이전의 무극은 바로 음양의 자웅동체를 지니고 미분화된 상태를 말하지만 분화가 된 태극체는 바로 이러한 자웅동체를 의미합니다. 힌두교에서 브라흐마는 양성을 모두 갖춘 채 우주를 조판하는 창조주로 등장합니다.

그는 양성으로 분화한 뒤 이름을 바치(Vach) 그리고 비라즈(Viraj)로 바꿔 답니다. 바치(Vach)와 비라즈(Viraj)의 성적 결합은 창조를 완성하며 힌두인들은 성공적인 성행위로 창조가 진화된다고 믿습니다. 이러한 교리로 말미암아 힌두교는 이방인의 눈에 가장 역겹게 보이는 동시에, 인간적인 눈으로 볼 때 모든 형태의 성교를 지향한 타락한 '종교적 헌신'으로 충만해 보입니다. 16세기에 만들어진 인도 트리치노폴리(Trichinopoly)에 있는 스리랑감(Srirangam) 사원의 벽에는 이러한 에로틱한 부조가 그대로 드러나 있습니다.

호모섹스는 그 뿌리인 중화대륙으로부터 중앙아메리카와 멕시코의 마야 인디언으로부터 아랍, 유럽에 이르기까지 지구 전역의 많은 나라, 종교, 단체에서 번성해 왔습니다. 모든 종교에서 동성애는 양성신의 이미지로 그려집니다. 이러한 패러다임은 1500년 전, 그리스에서도 일반적이어서 그리스인들은 동성애를 고등교육의 지류로 확고히 믿었습니다. 우리 눈으로는 이해가 안 가지만 당시 그리스에서는 동성애가 사회의 지도적인 현자들이 탐닉한 탓에 존경받았다 합니다. 이에 대해 블로흐(Bullough)는 다음과 같이 말합니다.

"플라톤은 디온(Dion)의 알렉시스(Alexis)의 연인이었다./.... 아리스토텔레스는 찬가(讚歌)에서 불후의 명성을 안겨 준 생도 헤르미아스(Hermias)의 연인이었다. 희곡작가 유리피데스(Euripides)는 비극시인 아가쏜(Agathon)의 연인이었으며, 조각가 피디아스(Phidias)는 자신의 생도인 파로스(Pharos)의 아고라크리투스(Agoracritus)의 연인이었다. 의사 테오메돈(Theomedon)은 크니두스(Cnidus)의 천문학자 유독서스(Eudoxus)의 연인이었으며, 알렉산더 대제는 남성연인을 가지고 있었다."

플라톤은 이성애와 마찬가지로 동성애도 자연의 계획의 일부라고 적었습니다. 고대 그리스에서는 스승이 어린 학동들을 동성애 파트너로 삼는 것을 허용하고 격려했으며 마찬가지로 그 학동들 역시 커서 어른이 되면 그들의 신이 양성신인 것처럼 다시 젊은 학동들을 동성애 파트너로 양육해야 했습니다. 로마의 에트루리아인 선구자들은 그리스 스타일의 남색(男色)을 포함한 호모섹스에 관용적이었습니다.

그러나 에트루리아의 마지막 왕이 축출되고 로마 공화정이 수립되자 이러한 풍조는 탄압 받았습니다. 로마법의 축소판인 유스티니아누스 법전(法典)은 호모섹스를 주요범죄로 규정해 다루었습니다. 그러나 세월이 지나 로마가 제국이 되자, 시민의 기강과 도덕적 활기를 잃게 되었습니다. 실제로 로마 제국은 일찍이 제국 초기부터 병사들 사이에 광범위하게 퍼진 호모섹스로 인해 몰락하게 됩니다.

모든 로마 병사들이 호모섹스를 신앙의 일부로 받아들이는 미트라교 신도가 되었음에도 불구하고 이를 제재할 법(法)을 갖추지 못한 '미트라교가 국교인 로마제국'은 맥없이 무너지고 말았습니다. 반 호모 법을 제정하는 것은 황제를 좌지우지하는 실권자들을 이간시키는 것을 의미했으므로 그러한 법이 애초부터 입법화 될 수는 없었습니다. 미국에서 수없이 총기사고가 발생해 언론에서 떠들어도 잠시 그때 뿐일 뿐 금권과 권력을 장악한 자들이 강력히 지지하는 총기 소유법에 대항해 총기 폐기법이 법률화 될 수 없는 것과 똑같은 상황이었습니다.

로마병사들을 오염시킨 호모섹스는 B.C. 1세기, 폼페이(Pompey) 대제의 동방출정기간 중에 주둔중인 병사들이 죠로아스터교에서 한 단계 더 업그레이드 된 페르시아 태양신 미트라(Mithras)교를 접하면서부터입니다.

미트라는 그의 아버지 오르무즈드(Ormuzd)로부터 기적적으로(초자연적으로) 태어난 것으로 알려져 있습니다. 이들 부자 모두는 동성애 의식을 통해 숭배되는데, 미트라교는 오랫동안 부인들과 떨어져 지내는 외로운 병사들 사이에 삽시간에 유행하게 되어 A.D. 1세기경 로마에는 상대를 가리지 않는 난잡한 성행위와 성적 타락이 뿌리를 내리게 됩니다. 지금은 '아이다'같은 오페라 공연으로 유명한 남녀 공동 목욕탕 가라칼라 유적지가 보여주듯, 벼라 별 형태의 부도덕이 경쟁적으로 불을 뿜게 됩니다.

전 로마제국을 전염시킨 악질(惡疾)은 남색을 포함한 호모섹스였으며 로마인 엘리트들 중 많은 사람들이 그리스에서 어른이 소년에게 성교육을 직접 실습한 철학을 상기시키는 것으로 남색을 정당화했습니다. 로마집정관들은 자유의 몸으로 태어난 소년을 찾았으며, 초기 기독교도의 박해자였던 로마 황제 네로 역시 호모로, 남자 연인과 행한 결혼식 때 신부복장을 하기도 했습니다. 네로 시대 희곡작가들은 로마의 엘리트들이 온갖 다양한 호모섹스 탐닉에 자신들을 소진시켰다고 그립니다. 로마의 퇴폐를 지적한 몇몇 공화정 비판가들은 로마가 반드시 몰락하리라 정확히 예언했으며 그 예언대로 로마 제국은 망했습니다. <탈무드 임마누엘 이재건 譯>에서 예수는 이에 대해 다음과 같이 질타합니다.

<탈무드 임마누엘(독일어 원판)>*"나의 가르침은 변조되어 한 사악한 종파가 될 것이니, 그로 말미암아 많은 피가 흐르게 될 것입니다. 왜냐하면 사람들에게는 내 가르침을 이해하고 진리를 깨달을 준비가 아직 되어 있지 않기 때문입니다." "내 가르침이 진리임을 인정하고 커다란 용기를 내어 이를 전파할 사람, 사람들에게는 별로 대단하지도 않게 보일 그 사람은 이천 년이 지나서야만 나타날 것입니다."

<탈무드 임마누엘(독일어 원판)>*"이스라엘 사람들은 창조의 법칙들에 충실치 않기 때문에 저주를 받아서 결코 평화를 찾지 못할 것입니다. 그들은 피를 뿌리게 될 것이니, 이는 그들이 끊임없이 창조의 법칙들을 거역하여 불법을 자행하기 때문입니다. 그들은 스스로를 선택된 민족이며 또한 별개의 종족으로서 다른 모든 인류의 위에 존재하는 것으로 생각합니다. 이 얼마나 사악한 잘못이며 사악한 생각입니까?"

<탈무드 임마누엘(독일어 원판)>*"왜냐하면 원래 이스라엘이란 결코 한 나라나 한 인종이 아니었으므로, 따라서 결코 선택된 인종이 아니기 때문입니다. 창조의 법칙에 충실하지 않은 이 이스라엘은, 살인과 방화로 규정지을 수 있는 불명예스러운 과거를 가진 인간들의 집단일 뿐입니다. 이 불충실한 집단 가운데 불과 몇 사람들만이 명예로운 과거와 거슬러 올라갈 수 있는 가계를 가지고 있을 뿐입니다."

<탈무드 임마누엘(독일어 원판)>*"그렇지만 이 사람들은 저 독사들의 세대에 속하지 않나니, 저들은 그릇된 유대의 믿음과, 모세로부터 취한 그릇된 믿음과 가르침에 자기들 스스로를 저당 잡힌 사람들입니다. 이 그릇된 믿음과 가르침 또한 모세가 이집트인들에게서 도용한 것입니다. 이 몇 안 되는 사람들은 진리와 참된 지식을 깨달은 사람들입니다. 따라서 그들은 오직 창조의 법칙들만을 인정합니다. 그러나 그들은 이 땅에 얼마 남지 않았기 때문에 다섯 손가락으로도 헤아릴 수가 있습니다."

결론적으로 야훼신은 일본의 천조대신이나 중화족의 반고 신처럼 중동 한쪽 구석의 힘 없는 변두리 '지방신地方神'에 불과했기 때문에 예수는 새로운 신약시대를 선포하면서 이러한 편협한 지방신 야훼신을 폐기하고 대신 보편적인 아버지 하나님의 아람어 칭호인 '아빠ABBA'로 대체합니다. 성서학자에 의하면 겟세마네 동산에서 체포되기 직전, 예수가 기도한 하나님 호칭은 바로 아람어로 아빠Abba-아버지였습니다. 후일 숲속 은적한 곳에 기도원을 짓고 아빠를 찾는 수도원을 애비Abbey, 수도원장을 애버트Abbot라 부른 것은 바로 이 때문입니다.

예수가 외친 아빠신(백보좌 하나님이시자 천주하나님)의 입장에서 본래 기독교의 종통이 왜곡되지 않은 순수한 나그함마디 영지주의 문서로 기독교 복음의 본질을 재해석하면 아버지가 온전한 것처럼 너희도 온전하라는 것이며 하늘에서 천국을 찾지 말고 하나님의 자녀로서 네 마음속에 깃든 그리스도의 원형(붓다)을 찾아 아빠 하나님의 온전한 신성을 찾아 스스로 신이 되라는 것입니다. 여기에서, 스스로 신이 되라는 예수의 본래 메시지는 바로 불교에서 네 안의 불성(如來, 心眞如)을 찾아 각자의 부처(여래=大仙人=도통군자)가 되라는 석존의 가르침과 동일합니다. 이러한 영지주의 가르침과 관련해 예수가 수석제자 막달라 마리아와 요한에게 전수한 아빠하나님, 백보좌 하나님, 천주 하나님의 신성에 대해 자세히 설명해 놓은 그노시스(영지주의) 문서는 바로 나그함마디 문서인 「요한의 비록秘錄(Apocryphon of John)」입니다.

<마가복음 14장 36절(New International 개역성경 Version)>*"Abba, Father," he said, "everything is possible for you. Take this cup from me. Yet not what I will, but what you will" "아바 아버지여 아버지께서는 모든 것이 가능하오니 이 잔을 내게서 옮기시옵소서. 그러나 나의 원대로 마옵시고 아버지의 원대로 하옵소서. –"

<요한복음>*"예수께서 이르시되 너희 율법에 기록된 바 내가 너희를 신이라 하였노라 하지 아니하였느냐"(개역개정 요 10:34).

아람어를 썼던 예수가 찾은 고대 희브리어 "아빠Abba"라는 단어는 아람어로도 아빠Abba였는데 예수가 죽은 뒤 신약의 3대 공관복음서 중 가장 오래된 마가 복음서를 기록한 마가(Mark)가 "아빠 빠테Abba, Pater" 라 하여 "아버지Pater"를 추가해 표기한 것을(AD 70년경) 오늘날의 영어 판에 "Abba, Father"로 다시 바꾼 것입니다.

아빠는 세계 공통어로 인도人도 아버지를 아빠라 하고 유대人도 아빠Abba라 하여 아람어로 아빠로 발음한다고 하며 강 상원 박사에 의하면 옥스퍼드 산스크리트어 사전에 산스크리트어는 전라도 토속어라 하니 한국어로 아빠는 산스크리트어로 아빠입니다. 이 말은 중세 때 까지도 아버지 하나님이란 뜻으로 '우리 아버지(Pater Noster: Abba Padre(스페인어)=Notre Pater 또는 Notre Pere(불어)=Our father(영어)=Vater

Unser(독일어))' 라는 라틴어로 사용했는데 Pater는 원래 단어 뜻이 아빠ABBA 아버지란 뜻으로 후일 '아버지를 찾는 주기도문'이란 뜻으로 정착되었습니다.

노스테(Noster)는 라틴어 형용사로 "우리의=Our"라는 뜻으로 불어로 노뜨르담의 노뜨르(Notre)와 통하며 영화 "노뜨르담의 곱추"로 유명한 프랑스 빠리의 세느강변 노뜨르담(Notre Dame) 대성당은 담이 마담Ma dame이라는 "부인"이므로 "우리의"라는 '노뜨르'와 합해져 "우리의 부인" 곧 '성모 마리아' 대성당이라는 뜻입니다.

페이터Pater는 스페인어로는 빠드레Padre이며, 프랑스 말로 아버지가 빠테Pater, 어머니가 마떼(Mater)로 엄마로 뻬흐(Pere), 메흐(Mere)가 된 것입니다. 스페인어로 아버지를 파드레Padre, 엄마를 마드레Madre라 하는데 영어로도 파드레이Padre는 아버지 하나님을 대행한다 해서 신부, 목사 등의 신학적인 뜻으로 정착됩니다.

이러한 과정은 구한말 식민지 정복과정의 한국에 기독교를 처음 뿌리내리던 구한말 선교사들이 빠테Pater에서 나온 영어의 파드레이Padre(가톨릭 사제)를 한국어로 번역하면서 유달리 파드레이Padre 앞에 신神 자를 덧붙여 권위를 갖게 했는데 이를 굳이 풀이하면 "아버지"라는 의미의 가톨릭 사제 칭호에 신이 맺어준 아버지, 신부神父-God Father로 분장 해 부르게 된 과정과 동일합니다. 다시 말해 지금 우리가 "신부"라고 하는 명칭도 영어로는 Father, 불어로는 Pere(아버지)인데 한국에 들어와 독특하게 신神 자를 덧붙여 신부神父-갓 화덜God Father(영어), 디외 뻬흐Dieu pere (불어)가 된 것입니다.

이상으로 지금까지 장황하게 설명한 결론은 예수가 중동의 골목대장 신인 야훼신을 버리고 새로운 아빠ABBA 신을 선포한 것처럼 기독교의 야훼신은 본래 중동 유대족의 변두리 지방 신으로 소수 유대인 만 포용한 마이너Minor 그룹 신이었을 뿐이지결코 전 인류의 아버지 하나님은 아니라는 말이었습니다. 서교西敎는 남성교부 중심의 사제 권력을 위해 예수 복음의 중핵인 막달라 마리아의 영지주의를 잘라 낸 본말전도의 종교로 전락했습니다.(*곤존 태모 고 수부님을 잘라 내고 그 자리에 정산 조철제를 땅 상제로 들어앉힌 대순계열이 더도 덜도 없이 딱 이 모습입니다) 예수가 외친 하나님은 야훼신이 아닌 완전수 10수 하나님이신 백보좌 하나님-아빠ABBA이기 때문입니다.

보병궁의 성약(The Aquarian Gospel of Jesus the Christ 대원출판 刊 안원전 譯)에 예수는 "하나님은 10이시며, 거룩한 Jod(히브리어로 10)이시다." 하나님은 거룩한 Jod(쟈드(영어), 요드(히브리어))의 십(10) 수 하나님이라는 것입니다. 신지학회를 창설한 러시아의 블라밭스키(Blabatsky)는 신성수 4 방위 수를 언급하면서 7수에 대한 언급을 합니다. 보병궁의 성약(『Aquarian Gospel of The Jesus the Christ』)에서도 기독교는 극대 분열수 7수(동양 상수철학에서는 丙午 君火라 한다) 종교이며 10(무극) 수인 쟈드(Jod:10)는 God의 수라 말합니다.

블라밭스키(Blabatsky)는 원초의 7을 불의 회오리바람으로 표현하여 동양의 丙午君火와 같은 의미로 새기고 있습니다. 또한 오칼트(신비주의)의 수에서 사각형으로 표현되는 4는 모든 나라와 인종에 있어 신성한 수이며 브라만교, 불교, 카발라와 이집트와 칼데아(갈데아) 그리고 다른 수의 체계에서 같은 뜻이라 말합니다. 그녀는 『마누법전』을 인용하면서 히란가르바(Hirangarbha)는 인식 불가능한 원인 없는 원인에 의하여 "태양처럼 찬란한 황금의 알-광휘를 발하는 자궁" 속에서 형성된 최초의 남성 브라흐만이라 말합니다.

그녀는 이것이 『리그베다』에서 언급되는 "신들과 인간에게 생명을 불어넣는 유일한 원리는 태초에 황금의 자궁인 히란가르바 속에 나타난다"는 귀절을 상기시킵니다. 그녀는 동양의 상수철학 3,8목 2,7화 5,10토 4,9금 1,6수와 같이 황금알 속에서 태어난 최초의 존재인 남성 브라흐만과 여성 프라자파티의 수 값이 10과 6과 5이며 이들의 합은 7의 3배수 21이며, 그 안에 빛과 생명이 있으므로 헤르메스가 말하듯이 "10은 영혼의 어머니"이며(동양에서는 완전수 10무극이라 한다) 수 1은 영(靈)에서 태어나고(풀이하면 화엄경의 말이기도 하다) 10은 혼돈, 여성인 물질에서 생겨나는 것이며 1은 10을 낳고 10은 1을 낳는다고 말합니다.

그런데 이는 "십변시十便是 태극일太極一/ 일무십무체一無十無體(1은 10이 없이 순수질료가 되지 못하고)/ 십무일무용十無一無用(10은 1이 없이 순수형상이 못되는지라)/ 합토거중오황극合土居中 五皇極"이라 한 『정역』 십오일언十五一言을 꿰뚫은 말입니다.

또한 그녀 역시 1과 9의 합은 완전수 10인 유일 창조주라 말하고, 이 창조주는 일신론자가 모든 창조주를 하나의 신으로 합쳐버린 바로 그 창조주에 붙여진 명칭으로 "엘로힘", "아담 카드몬" 혹은 "세피라(왕관)"는 10개의 세피로트의 양성적 총체라 말합니다. 그녀는 프리메이슨 리뷰 "히브리인의 도량형"을 인용해 카발리스트들이 7의 배수 3,1,4,1,5의 수 값을 엘로힘에서 발견했으며 본래 칼데아(갈데아)에서 전해 받은 것이라 말합니다.

31415는 원주율 파이(Π)수이며 스와스티카의 수로 「측정의 기원」의 저자 랄스톤 스키너(Ralston Skinner)에 의하면 히브리어 Alhim(엘로힘)에서 0을 빼버리고 숫자의 위치를 바꾸어 같은 값을 얻고 있다고 말합니다. 원은 미지의 상징이자 시간인 무한한 원으로 찬란한 태양 오르마즈드(Ormazd) 곧 로고스이며 처음 태어난 자입니다. 그녀는 오컬트적인 차원에서 에소테릭(비의적) 부디즘, 베단타 학파, 타라카 라

자 요가들이 공히 칠중 우주를 말한다고 결론 내리고 물질우주와 마찬가지로 초 물질우주(형이상학 세계) 역시 칠중 우주로 되어 있다고 말한다.

모든 천체, 혹성은 다른 여섯 개의 동료 구체와 조로 이루어져 있으며 7라운드 즉 7주기 동안 제 1 부터 7까지의 일곱 개의 구체 위에서 생명의 진화가 행해진다고 말합니다. 지구인류는 2, 3라운드에서 인간의 모든 형태를 경험하고 제 4라운드인 현재에 이르렀는데(공자 플라톤은 5라운드 존재며, 부처, 샹카라차리아는 6라운드 존재) 지상의 모든 생명 주기는 모두 7개의 근본인종으로 구성되어 영적인 인간으로 열매 맺는 것으로 끝맺습니다. 기독교에서는 하나님의 일곱 성령이 만물을 창조했다고 합니다.

그런데 블라밧스키(Blabatsky)는 창세기에서 7성령으로 묘사되는 엘로힘에 대해 다음과 같이 말합니다.(창세기는 BC1450년 - BC1250년에 생존한 모세에 의해 처음 공개된 문서고 디사이플 주석 성경 연대고증에 의하면 모세는 우리 역사로 하면 18대 동엄단군 (BC1484 - BC1436), 19대 종년단군 (BC1435 - BC1381), 20대 고홀단군 (BC1380 - BC1338), 21대 소태단군 (BC1337 - BC1286) 때 사람이니 한번 곰곰이 생각해보라)

수 자체가 없는 무한함, 암흑은 '아디-니다나(Adi-Nidana) 스바바바트(Svabhavat)'인 원(동양적인 무극)입니다. 여기서 원초적 고대의 존재인 1수- '아디 사나트

(Adi-sanat)'가 나옵니다. 이는 카발리스트의 세피라와 아담 카드몬과 같으며, 창조주 브라흐마와 같습니다. 다음에 말씀의 목소리인 1에서 9까지의 모든 수인 질료의 통일체 상태 '스바바바트(Svabhavat)'가 나왔습니다. 소리(음성)와 영(靈)이 합해져 말씀인 로고스가 현시화 된 9 개의 숫자를 나타내고 비로소 0과 함께 전 우주(무한 우주인 아루파 우주)를 포함하는 10 수를 형성합니다.

여기에서 7자식과 생명의 숨(Breath)이 나왔으며 이 숨이 비로소 빛을 만들었습니다. 첫 번째 7 다음에 두 번째 7이 있는데 이는 인과응보라는 카르마 법칙에 의해 지배되는 모든 것을 아스트랄 광으로 된 「생명의 서」에 기록하는 연대기록관 '리피카(Lipika)'로 '별들의 영들', '혹성의 영들'또는 7성령들과 나란히 서는 존재들입니다. 인간은 지상 유일의 위대한 하나짜리 단위(Unit)의 7重의 상징입니다.

첫 7의 숨들, 원초의 7은 두루 돌아다니며 불의 회오리바람을 일으키며 아카샤의 7 원질에 상응합니다. 여기에 맞추어 7개 챠크라가 있고 7명의 디야니(보디사트바) 부처가 있습니다. 지금까지는 다섯만이 출현했지만 나머지 둘의 디야니 부처는 제 6, 제 7 근본 인종 때 출현하게 됩니다. 일곱 디야니 부처의 종합이 최초의 부타인 로고스-관자재 부처(아발로키테스바라)입니다.

7수는 다른 우주발생론이나 상징에 나오는 수와 불가사의하게 관련되어 있어 리그베다에도 태양에너지의 나타남인 비쉬누는 우주의 일곱 영역을 세 걸음으로 지나간다고 묘사하고 있으며, 힌두교의 현교적 성전에서는 우리의 혹성체인 7개의 천체 혹은 세계가 이야기되고 있습니다. 「조하르」에서는 엘로힘은 하나였다고 말합니다. 그녀는 뒤에 변화가 생겨 여호와를 엘로힘이라 주장했다고 합니다.

그런데 이러한 주장의 근거는 "세 걸음에 의해"라는 말인데 이는 상징일 뿐이며 본래 3,5,7(백오제 기본수)은 본래 신비한 숫자로 7과 3은 조로아스터 교도들과 프리메이슨들이 대단히 소중히 여겼던 숫자라 합니다. 그녀는 삼각형은 모든 곳에서 신의 상징이며 기독교의 삼위일체는 오히려 고대의 오칼티즘과 상징학에서, 이교도의 삼각형에서 유래한 것이라 말하고 있습니다.

동양철학의 음양오행을 아는 독자라면 블라밧스키가 동양의 하도, 낙서에 보이고 있는 상수철학의 본질을 꿰뚫고 있으면서도 동시에 동양철학의 언저리를 맴돌 수밖에 없는 서양지식의 한계를 나름대로 이해할 수 있었으리라 생각합니다. 서양사 내림역사의 주체가 역사 이면에 잠장한 프리메이슨 역사라면 동양사 내림역사의 주체는 지나 대륙사 이면에 똬리를 틀은 한민족 신교 도가사관의 영적세계인 풍류도가의 은비세계가 될 것입니다. 환국 백불(연등불)의 이상이 풍류도가의 신교로 내림역사 하다가 최수운의 동학으로 고고성을 지르고 비로자나 미륵불존의 지구촌 대통일 진법으로 후천 용화세계 장엄장을 구현하는 것이 바로 풍류도가의 은비세계입니다. 따라서 프리메이슨의 대척에 서있는 민족 도가세계의 은비세계를 학승 탄허 스님의 예언을 통해 프리메이슨의 신비세계와 비교해 짚어봅니다.

탄허 스님은 1913년 1월 15일 전북 김제 만경에서 조선총독부 통계 600만이라는 일제하 최대의 민족종교로 국내 최대의 독립군 군자금 연줄인 보천교 최고위 간부 24방주 김 홍규의 둘째 아들로 태어났습니다. 학승 탄허는 어린 시절 일제시대 보천교의 고위 간부 북집리를 지낸 김 홍규가 정읍 대흥리에 있던 시절 보천교의 후천개벽 사상을 터득하고 한학과 사서삼경을 배운 바 있습니다.

어린 시절 보천교普天敎의 간부 북집리北執理 김홍규金烘圭 아들로 정읍 대흥리 보천교 본부에 살았던 학승 김 탄허. 부친이 상해임시정부로 보낼 독립운동자금 10만원을 마루 밑 항아리에 보관 중 잡혀 옥고를 치루었는데(3대일간지 대대적 보도) 탄허 스님은 당시 부친의 10만원 독립운동 자금(1원=만원) 체포에 대해 일제의 경부선 부설비가 당시 20만원으로 그때 돈 10만원은 엄청난 자금임을 밝힌바 있음. 단순 환율상으로 계산하면(한국은행) 지금 돈으로 10억 정도이지만 당시 일제하 조선의 경제 케파(Capacity)로 견주어 실물경제로 환산하면 최소한 백억대 이상의 가치에 달하는 엄청난 자금. 당시 1원은 여성 노동자 10일 품삯이므로 10만원을 환산하면 180억. 김 좌진 장군의 1920년 10월 21~26일 청산리전투青山里戰鬪의 자금을 극비리에 집행한 보천교 재무 책임자가 바로 탄허 부친 김홍규金烘圭였음.

일제에 의해 '보천교 신법'이라는 가장 강력한 민족종교 탄압정책에 의해 보천교가 망하고 부친이 사망하자 이미 어린 시절부터 증산 상제님의 후천개벽에 대한 대도진리를 흡수한 바 있는 소년 탄허는 충남 보령에서 기호학파의 거유 최 면암(익현)의 후학인 이 극종에게서 유학 및 도교학을 배우고 불가에 귀의, 방 한암의 제자가 되어 출가했습니다. 그는 학문적 갈증으로 불문에 귀의하여 학승이 되지만 그의 학문적 기반은 증산 상제님 후천개벽관과 정역에 진리의 근원을 대고 있습니다.

학승 탄허는 인류를 구원할 이념이 한국에서 나온다 말하고 서해가 연륙되고 동해가 가라앉아 일본열도가 침몰 한다 밝힌 바 있습니다. 파티마 예언이 말하고 있듯이 기독교가 인류를 구원하지 못함을 탄허는 간접 증언하고 있는 것입니다. 탄허 스님은 생전에 불교뿐만 아니라 유교, 도교 등 동양사상 전반, 특히 그중 에서도 가장 난해하다는 화엄경과 주역의 으뜸 권위자로 평가받은 당대 최고의 학승입니다.

일본열도 침몰에 관해 탄허 스님은 "일본은 손방(巽方)으로 손(巽)은 주역에서 입야(入也)로 푼다. 들 입(入)자는 일본영토의 침몰을 의미한다"고 설명한 바 있습니다. 그는 미래에 대한 역철학적 학술적 예견인 「주역선해」, 「부처님이 계신다면」 이라는 책을 쓰기도 했으며, 역학을 근거로 하여 그가 다룬 인류사회의 미래 비젼은 문명사적 차원을 뛰어넘는 포괄적인 것입니다.

-★기독교의 말세론은 2000년 전부터 있어왔습니다. 그러나 이러한 미래에 대한 예견은 서양종교에서 그 기원을 찾아 볼 수 있지만 동양의 역학원리에 따르면 이미 6000년 전에 복희팔괘(伏羲八卦)로 '천(天)의 이치'를 밝혔고 3000 년 전에 문왕팔괘(文王八卦)로 지상 생활에서의 '인간절의(人間節義)의 이치'를 밝혀 오늘에 이르고 있으며 80년 전에 미래역으로 밝혀진 정역의 이치는 "후천의 자연계와 인간의 앞날"을 소상히 예견해 주고 있습니다. 서양종교의 예언은 인류종말을 말해주고 주의 재림으로 이어지지만 '정역의 원리'는 후천세계의 자연계가 어떻게 운행될 것인가, 인류는 어떻게 심판받고 부조리 없는 세계에서 얼마만한 땅에 어느 만큼의 인구가 살 것인가를 풀어주 고 있습니다. (부처님이 계신다면 128쪽)

★이 정역팔괘(正易八卦)는 후천팔괘로서 미래역입니다. 이에 따르면 지구는 새로운 성숙기를 맞이하게 되며 이는 곧 사춘기의 처녀가 초조(初潮)를 맞이하는 것과 같다고 할 것입니다. (132쪽)

★정역의 원리로 보면 간도수(艮度水)가 이미 와 있기 때문에 후천도수는 곧 시작이 됩니다. (163쪽)

★주역에서 보면 한국은 간방(艮方)입니다. 역에서 간(艮)이라 함은 사람에 비하면 소남(小男)입니다. 이것을 다시 나무에 비하면 열매입니다. 열매는 시종(始終)을 가지고 있습니다. 소남을 풀이하면 소년인데 이 소년은 시종(始終)을 가지고 있습니다. (117쪽)

★북극빙하의 해빙으로부터 시작되는 정역시대는 이천칠지(二天七地)의 이치때문입니다. 이에 의하면 지축 속의 불기운이 지구의 북극으로 들어가서 북극에 있는 빙산을 녹이고 있다고 합니다. 이로써 북빙하의 빙산이 완전히 녹는데 이 때 대양의 물은 불어서 하루에 440리의 속도로 흘러내려 일본과 아시아 국가들을 휩쓸고 해안지방이 수면에 잠기게 됩니다. (129쪽)

★북빙하가 녹고 23도 7분 가량 기울어진 지축이 바로 서고 땅속의 불에 의한 북극의 얼음물이 녹는 심판이 있게 되는 현상은 지구가 마치 초조 이후의 처녀처럼 성숙해 간다는 것을 의미합니다. (167쪽)

★이제까지 지구의 주축은 23도 7분 기울어져 있는데 이것은 지구가 아직도 미성숙단계에 있다는 것을 말하며 4년마다 윤달이 있게 되는 원인이기도 합니다. (130쪽)
★그렇게 되면 한국의 장래는 매우 밝으며 지금까지 23도 7분 기울어져 있던 지축이 빙하가 녹음으로써 바로 서게 되어 극한(極寒)과 극서(極暑)가 없어지고 세계적인 해일과 지진으로... (경향신문, 1980. 5. 31字) 이것이 바로 불란서 예언가가 말한 세계멸망기가 아닌가 합니다. 또는 성경에서의 말세에 불로 심판한다는 시기가 아닌가 합니다. 그러나 성경의 말세와 예언가의 말 은 심판이니 멸망이니 하였지만 역학

적인 원리로 볼 때는 심판이 아니라 성숙이며, 멸망이 아니라 결실인 것입니다. (주역선해 429, 430쪽)

★지금 현재는 지구 표면에서 물이 4분의 3이고 육직 4분의 1밖에 안되지만 이같은 변화가 거쳐가면 바다가 4분의 1이 되고 육지가 4분의 3으로 바뀌어집니다. (133쪽)

★지금은 중국 영토로 되어 있는 만주와 요동반도 일부가 우리 영토로 속하게 될 것이고, 일본 영토의 3분의 2가량이 바다로 침몰할 것입니다. 일본은 손방 (巽方)이라고 하는데 손(巽)은 주역에서 입야(入也)로 풉니다. 이들 입(入) 자는 일본영토의 침몰을 의미합니다. (125쪽)

★소규모의 전쟁들이 계속 일어날 것입니다. 그러나 인류를 파멸시킬 세계전쟁은 일어나지 않고 지진에 의한 자동적인 핵폭발이 있게 되는데 이 때는 핵보유국들이 말할 수 없는 피해를 받을 것입니다. 남을 죽이려고 하는 자는 먼저 죽고 남을 살리려고 하면 자기도 살고 남도 사는 법입니다. (130쪽)

★반드시 그러한 왕도정치(王道政治)가 세워질 것입니다. 누구의 덕으로 사는지 모를 세상이 펼쳐질 것입니다. 그런데 종교는 과연 어떻게 변모할 것인가가 궁금스러운 일이지만, 모든 껍데기를 벗어버리고 종교의 알몸이 세상으로 드러날 것입니다. 현재의 종교는 망해야 할 것입니다. 쓸어 없애버려야 할 것입니다. 신앙인끼리 반목질시하고 네 종교, 내 종교가 옳다고 하며 원수시하는, 이방인(異邦人)이라 해서 동물처럼 취급하는 천박한 종교의 벽이 무너진다는 뜻입니다. 그 장벽이 허물어지면 초 종교(超宗教)가 될 것입니다. (108쪽)

★그러고 보면 1인 독재의 통치시대는 선천사가 된 것이요, 앞으로 오는 후천시대는 만민의 의사가 주체가 되어 통치자는 이 의사를 반영시킴에 불과한 것입니다. 강태공의 말씀에 천하(天下)는 천하인(天下人)의 천하요, 일인(一人)의 천하가 아니라는 것도 바로 이것을 의미하는 것일 것입니다. (주역선해 3권 432쪽)

★우리 선조가 적선해온 여음(餘蔭)으로 우리 한국은 필경 복을 받게 될 것이다. 우선 이 우주의 변화가 이렇게 오는 것을 학술적으로 전개한 이가 한국인 외엔 있지 않으며, 이 세계가 멸망이냐 심판이냐 하는 무서운 화탕(火湯)속에서 인류를 구출해 낼 수 있는 방안을 가지고 있는 이도 한국인 외에 또 다시 없는 것이다. 그러고 보면 한국은 세계적인 신도(神都), 다시 말하면 정신 수도(首都)의 근거지라 하여도 과언이 아닐 것이다. 시만물(始萬物) 종만물(終萬物)이 간(艮)에서 일어난다면 세계적인 인류를 구출할 정신적문화가 어찌 한국에서 시(始)하고 종(終)하지 않으랴(주역선해 3권 434, 435쪽)-

-후천 간도수 통일원리(왕도정치)를 알리고 있는 <신교총화>-

<신교총화(神敎叢話:한민족 전통 도가서)>★先生曰: 神市天王, 造化能力廣大 將爲震兌統一, 自在理數中

선생이 말씀하신다. 신불(神市)천왕(초대 환웅천왕(桓雄天王)은 조화능력이 광대하였다. 장차 동서양 세계(震兌)가 하나로 통일되는 원리는 (환웅천왕께서 가르치신) 동방 조선의 상수철학(理數:천지의 생명의 변화를 상수(象數)로써 설명하는 동방조선족의 역학(易學)) 가운데 다 들어 있다.

<신교총화(神敎叢話>★曰: 神敎之爲衆敎之爲祖爲母之理, 不待노노而略知 神道理철之學者, 可旣然 流來中葉, 人情多私忘本源, 而自主自尊者 滔滔然 皆是 不시不究神市敎之本源如何也, 亦自失其源頭始派 豈不慨然? 悲惜處乎!

신교(神敎:以神設敎의 삼신 제천신교로 단재 신채호 선생은 한민족 본연의 역사실체를 알려면 풍류도인 신교를 알아야 한다고 하였다. 위암 장지연(韋庵 張志淵)은 <朝鮮儒敎淵源>에서 우리나라는 삼국시대까지 신교를 숭상하였다 하였으며, 이능화(李能和)는 1922년 <朝鮮神敎源流考>라는 논문을 발표하기도 하였다. 최남선 등도 고신도(古神道)라는 이름으로 이를 호칭하였다)가 모든 종교의 조상이요, 모체가 되는 진리라는 것은 여러 말 하지 않아도 대략 알 것이다. 그러나 신도(神道) 와 이철(理哲)을 공부하는 자들이 이미 중대(中代) 이래로 인정은 사욕으로 뒤끓어 뿌리를 잊어버리고 자기만을 위하며 자기만 을 높이는 풍조가 넘쳐 팽배하였다. 이것은 모두 신불교(神市敎)의 본원이 어떤 것인가를 밝히려고 하지 않을 뿐 아니라 스스로 그 뿌리를 잊어 버렸기 때문이니 어찌 개탄스럽지 아니한가. 슬프고 안타까운 일이로다.

<신교총화(神敎叢話>★以道敎言之, 老子之初生, 而自指李(東方木也) 李字 木子之意, 非東方而何? 以釋迦言之, 其所耐苦六年而悟道, 不過是 尊吾帝釋之無窮無窮無無窮神理之覺, 圓得如如而來, 如如而歸之惺惺一靈, 同歸神化 故 平生所工, 只此尊天命, 務慈悲而已 後世僧侶, 昧此之理, 反釋迦之所慕之神市, 只知 釋迦是佛之先主, 設偶像 而浪禱不修之福, 以失大乘(自小乘主大乘之理), 旣不悲 哉!

道敎로 말하면, 옛날에 노자가 나와서 스스로 성을 李씨라고 하였는데, '오얏 리(李)'字는 '木之子'(木은 동방이다.)의 뜻이니 동방사람임을 가리킨 것이 아니고 무엇이겠는가([太白逸史] <번한세가> 하편에 보면 노자는 본래 그 성이 韓氏인데 아버지의 이름은 乾이며 그 선조는 풍이족이라고 하였다. 사마천의 사기를 비롯한 중국의 사서에 의문으로 남아 있는 그의 말년 행적에 대해서는 내몽고를 거쳐 아유타(阿踰타; 暹羅, 1939년 이전의 태국 국호인 Siam)국으로 귀화하여 백성들을 교화하였다고 한다. 석가로 말하면, 그가 육 년 동안 고행하여 깨달은 도는 거룩하신 우리 상제님(帝釋)의 무궁 무궁하고 한량없는 신리(神理)를 깨쳐, 인간이 여여(如如)한 일심의 본체자리에서 왔다가 다시 성성한 우주조화의 대령(惺惺一靈)으로 여여히 돌아가 삼신상제의 조화에 한 몸이 되어 귀의하는 것을 원각한 것에 지나지 않는다.

그러므로 평생의 공이 단지 이 천명을 받들어 자비에 힘쓴 것일 따름이다. 후세의 승려들이 이러한 이치에 어두워 석가가 흠모한 신불(神市)천왕을 알지 못하고, 다만 석가가 부처의 처음인 줄로 알아 우상을 설치하고 닦지도 않은 복을 헛되이 기도하며 대승(大乘)을 잃어버리니(스스로는 소승이면서 대승의 이치를 주장한다.) 이 어찌 슬프지 않으리요. (★佛經에서 前世七佛, 또는 前世三佛을 이야기하는 것은 상식이다. {華嚴經} [入法界品]에서는 석가모니의 어머니 마야부인이 善財童子에게 구류손, 구나함모니, 가섭불의 전세삼불을 이야기하는 장면이 나온다. 절에 있는 대웅전(大雄殿)의 大雄이 '환웅'의 이두자라는 것은 주지의 사실인 바 환웅천왕의 목상(雄常)이라고 하였다. 대웅을 쫓아내고 석가불을 대신 들어앉힌 류의 행동은 불교만이 범한 것이 아니다. 대웅전은 원래 蘇塗에 위치하는 것인데 후세에 도교의 무리는 소격전(昭格殿)을 세워 태상노군(太上老君)이라는 노자를 모셨으며 유교의 무리는 대성전(大成殿)을 세워 대성지선문선왕(大聖至善文宣王: 원나라 때 추증된 공자의 시호) 공자를 모셨다.)

<신교총화(神敎叢話>★以孔子敎說之, 孔子一生所重, 順天命 敬天道, 以尊上帝之意 世之尊孔子者, 尤不知神市天王之神敎, 只主形而下之道器, 說心說 性以作眞理, 竟歸不知本之境, 何不蕙歎處乎! (儒字之形論之則 需於人之義)

공자의 가르침으로 말하면 공자가 일생 동안 중히 한 것은 천명에 순응하고 천도를 공경하여 상제님의 뜻을 존숭하는 것이었다. 그런데 세상에서 공자를 높이는 자들은 더욱 신불천왕의 신교을 알지 못하고 단지 형이하(形而下)의 도기(道器)를 주장하여 마음(心)과 성(性)을 설명하는 것으로써 진리를 삼아 필경에는 근본을 알지 못하는 지경에 이르렀다. 어찌 탄식할 노릇이 아닌 가. [생각건대 儒자의 모양으로 논하면 곧 '사람에게 필요하다(需於人)'는 뜻이다.]

<신교총화(神敎叢話>★以耶蘇談焉, 耶蘇 不過是 受上帝之命, 降于猶太亡國之際(是亦震東之派地方內), 以說明上帝之道 自東조西, 而鼓動平等之說, 以驚一世, 亦不過是上帝之一命者而已 其後信徒, 反以耶蘇妄稱上帝, 亦可戒其失道理也 尤有痛歎矣! 外此 各各浮浪輩之 忘本而無倫喧회之說, 何足道?

예수(耶蘇)로 말하면 예수 역시 상제님의 명을 받고 유태(猶太)의 나라(이 역시 진동(震東)의 지파 지방이다(유태 문명의 뿌리인 수메르(Sumer)는 12환국 중의 한 나라인 수밀이(須密爾)국이다). 로마가 망했던 때에 태어나서 상제님의 도를 밝힌 것에 지나지 않는다. 동방으로부터 서방으로 가서 평등의 설을 고동 시켜 일세를 놀라게 하였으니 또한 상제님의 일명을 받은 사람일 따름이다. 그런데 그 후의 신도들이 도리어 야소를 망령되이 하느님이라 칭하니 또한 그 도리를 잃음을 경계하는 것이며 더욱 통탄함이 있는 것이다. 이 밖에 각각의 부랑배들이 근본을 잊고 인륜도 없이 시끄럽게 떠드는 설들이야 어찌 다 말하겠는가.

<신교총화(神敎叢話>★曰: 道之行於世, 不過是 老之遁數延命, 迦之抱元含神, 儒之陳紀明倫而已 皆不能違於神敎涵泓廣大

세상에서 행하여지는 삼교의 진리를 보면 도교의 은둔수행하여 장생불사하는 것(遁數延命)과 불교의 고요히 선정(禪定)하여 심법 닦는 것(抱元含神)과 유교의 기강을 펼치고 인륜을 밝히는 것(陳紀明倫)에 지나지 않는다(선지조화(仙之造化), 불지형체(佛之形體), 유지범절(儒之凡節)). 이것들은 모두 신교의 심오하고 광대한 진리에 위배될 수 없는 것이다.

<신교총화(神敎叢話>*先生曰: 生而守忠孝, 死亦爲忠孝神 今世俗, 平日不修道德, 而死而欲爲靈神, 空禱山川, 且至於禱人, 作之石人, 土木之偶, 稱佛 有靈, 亦可怪也

선생이 말씀하신다. 살아서 충효를 지키면 죽어서 또한 충효의 신이 된다. 요즘 세태가 평소에 도덕을 닦지도 않으면서 죽어서는 영신(靈神)이 되기를 바라 헛되이 산천에 기도하고, 또 사람에게 기도함에 이르러서는 돌사람과 흙, 나무의 우상을 만들어 부처라 칭하고 영이 있다고 하니 또한 괴이한 일이다.

<신교총화(神敎叢話>*曰: 近日 所謂修道者, 往往欲取人財物 曰: 禱佛則換禍轉福之談, 鼓動一世, 愚夫愚婦 不知理說之誤, 欺人者之罪 難逃天誅, 被欺 者 亦不無其責

오늘날 이른바 도를 닦는다는 자들이 왕왕 사람들의 재물을 갈취하려고 말하기를 '부처에게 기도하면 화를 바꾸어 복으로 돌린다' 는 이야기가 일세를 고동하고 있는데, 평범한 사람들은 이러한 말의 그릇됨을 알지 못한다. 혹세무민하는 자들의 죄는 하늘의 주살함을 면하기 어렵거니와 속임을 당하는 자들도 책임이 없다고는 못하리라.

<신교총화(神敎叢話>*先生曰: 從今以後 世路尤險, 千私萬魔 以亂天理矣, 汝輩 愼之 神聖之道 必復於七丁兩丙三回之年五歸之月

앞으로 세상 운로가 더욱 험해져서 천사만마(千私萬魔)가 일어나 천리를 어지럽히리니 너희들은 삼가하라. 신불환웅의 진리가 칠정양병 삼회지년 오귀지월(七丁 兩丙 三回之年 五歸之月)에 반드시 회복될 것이다.

<신교총화(神敎叢話>*先生曰: 靈神誥 五郞神君所誦 (不可一日休)

신령한 신고(靈神誥:三一神誥;환웅천왕께서 가르치신 총 366자의 경전으로 삼일(三一)원리가 핵심이다.))는 역대 화랑과 신조(神朝)의 임금들께서(五郞神君)이 암송하던 것이다. (하루라도 쉴 수 없다.)

<신교총화(神敎叢話>*先生曰: 今世之人, 只知;佛是佛而不解神市之眞市眞 理將明於天下, 長男運更壯, 而小女從之理, 自然的 後世必有垣姓, 妄欲崇 佛同歸麗鑑

오늘날의 사람들은 단지 석가만 부처인 줄 알았지 신불환웅께서 진불임을 알지 못한

다. 신불환웅의 진리가 장차 천하에 밝게 드러나 동방 조선(長男)의 운이 다시 왕성하게 되고 서방의 미국(小女:小成卦 8괘에서 건곤의 여섯 자녀에 해당하는 6괘는 각기 지구상에서 대응하는 방위가 있다. 한국은 간방(艮方), 미국은 태방(兌方), 일본 손방(巽方), 소련 감방(坎方))가 이를 따르리니 이것은 천도 섭리의 자연함이라. 후세에 반드시 垣姓이 있어 망령되이 부처를 높이고 함께 려감(麗鑑)으로 돌아가려 할 것이다.

<신교총화(神教叢話>★先生曰: 萬川有源, 衆木始本, 通萬古大理 故 惟我桓祖(雄) 主震男之理, 以木德王, 是謂天(受命爲皇)皇氏也

모든 강물은 그 근원이 있고 모든 나무는 뿌리가 있는 것이니 이것은 만고불변의 진리이다. 우리 환조(桓祖:桓雄)께서는 진 장남(震男)의 이치를 주재하시어 목덕왕(木德王)이 되셨으니 이 분을 일러 천황씨(天皇氏:天受命爲皇)라 한다.

<신교총화(神教叢話>★曰: 太陽之明, 到中照四方, 人物之靈, 선壯通萬理 故 人生百年, 普通而五十, 知天命

태양의 광명은 중천에 이르러 사방을 비추고, 사람의 신령함은 장년(壯年)에 이르러 뭇 이치를 통한다. 그러므로 인생 백 년에서 보통 오십에 천명을 안다. (知天命)

<신교총화(神教叢話>★曰: 人之修道, 不在他, 只做低一個正字, 心神必靈, 神必佑

사람이 도를 닦는 것은 다른 데 있는 것이 아니니 오직 '바를 정'자로 바탕을 삼으면 마음과 정신이 신령해지고 신이 반드시 도와준다.

<신교총화(神教叢話>★先生曰: 昔 黃帝受西岬王母大丹珠以後, 得陰符三皇玉訣, 修而通神教之道

옛날에 황제(黃帝:혈통은 동방조선족이다. 제 8세 안부련(安夫連) 환웅이 군병을 감시하라는 명을 내려 소전(少典)을 강수(姜水)로 파견했는데 소전(少典)의 별파인 공손씨(公孫氏)가 황제의 조상이다.)가 서갑왕모(西岬王母:서갑(西岬)은 곧 비서갑(菲西岬)을 말하는 지명으로 보통 비서갑 왕모라고 하면 단군 성조의 후비(비서갑 河伯의 따님)를 가리킨다. 하지만 황제는 제 14대 치우천왕 때의 인물이므로 당시의 선녀(仙女:神教의 道女)를 말하는 듯하나 불상함. {환단고기}에는 황제가 자부선인으로부터 삼황내문을 받았다고 하였다.)로부터 큰 붉은 구슬(大丹珠)을 받은 이후에 음부삼황옥결(陰符三皇玉訣:황제 음부경(黃帝 陰府經)이라고도 하며 황제가 자부선인(紫府仙人)으로부터 받았다고 전하는 삼황내문(三皇內文)을 말한다 . 상경, 중경, 하경으로 되어 있다.)을 얻고 수행하여 신교의 도에 통했다.

<신교총화(神教叢話>★先生曰: 近日 所謂西來市法云者, 始於王母之從神祖而來 尊神市教時 衆愚不曉此, 而但尙其末之佛, 忘尊其本源市理

요사이 이른바 인도에서 온 불교(西來市法)라 하는 것은 서갑 왕모께서 환웅천왕을 따른 이래 신불교(神市教)를 존숭하던 시대에 시작되었다. 요즘 우매한 중생들은 이를 깨닫지 못하고 다만 마지막에 온 부처만을 높여 본원의 신불천왕의 진리(市理)를 존숭함을 잊어 버렸다.

<신교총화(神教叢話)>*先生曰: 惟我神市教理, 不救禍福於虛虛寂滅之中, 以眞理導之, 拯救生民, 輔翊世運 體上帝好生之心, 闡列祖同源之旨, 扶樹道法於無窮, 斯可以上玉淸, 朝金闕而無愧之眞人

우리 신불교의 진리는 허허 적멸한 가운데서 화복을 구하지 않으며, 진리로써 인도하여 생민을 구하고 세상 운로에 도움이 되는 것이다. 상제님의 호생지심(好生之心)을 체득하고, 다 한 가지 근원에서 나온 열조(列祖)의 가르침을 천명하며 무궁한 도법을 붙잡아 세우면 이러한 사람은 옥청(玉淸: 태청(太淸), 상청(上淸)과 더불어 도가에서 삼청(三淸)이라고 하며, 상제님이 계신 천상의 수도를 말한다.)에 올라가 상제님의 궁궐(金闕)을 배알해도 부끄럽지 않은 진인(眞人)이다.

<신교총화(神教叢話)>*先生曰: 顯世之稱道者, 不講道之本源, 亥豕眞안混淆, 後之學者 或强爲附合,或互起戈矛, 有志者深可惜!

현세에 도를 일컫는 자들이 도의 근본을 익히지 않고 참 거짓을 가리지 못한 채 혼동하여 뒤섞어 놓으니 후세의 학자들은 또 이것을 가지고 혹은 억지로 끌어다 붙이고, 혹은 서로 과모(戈矛)를 일으켜 싸우리니 뜻이 있는 자라면 심히 슬퍼할 일이다.

<신교총화(神教叢話)>*先生曰: 後必有 乾坤不蔽,日月貞明, 闡示源流, 發蒙警외之日矣 小子 敬守天命, 崇此神市

훗날 건곤이 가리워지지 않고 일월이 정히 밝아서, 인류문명사의 뿌리를 밝혀 어리석음을 깨치고 무지를 경고할 날이 반드시 있을 것이다. 소자(小子) 공경하여 천명을 지키고 신불의 진리를 숭상하겠나이다.

<신교총화(神教叢話)>*先生曰: 從玆 幾年之後, 世路多端, 天下主動萬회相爭, 人皆滔滔, 自欺欺人, 天地光明 失矣 汝輩 主靜, 以俟七丁兩丙之後

앞으로 수년 후에 세상은 여러 갈래로 나뉘어 천하가 온갖 시끄러움을 주동하여 서로 싸우며, 사람들이 모두 도도해져서 스스로를 속이고 남을 속이어 하늘의 광명이 상실될 것이다. 너희들은 조용히 칠정양병(七丁兩丙)의 후일을 기다리리라.

<신교총화(神教叢話)>*先生曰: 世雖有 升天之才, 入地之能, 若一失神, 機自取滅亡如沒水入火

세상에 비록 하늘에 오르는 재주와 땅속에 들어가는 능력을 가지고 있는 사람이 있을지라도 일단 神을 잃어버리면 機는 저절로 멸망되어 마치 불이 물속에 들어가는 것과 같이 스러진다.

예수 성자가 외친 아빠ABBA-아버지 하나님이신 증산 상제님은 천국과 지옥이 그 누가 심판해서 가는 것이 아니라 이 세상을 살아나가는 주인이자 우주의 주재자로서 전지전능한 존재인 네 스스로 지은 인연공덕의 업장으로 스스로 선택해 따르는 것이며 너스스로 너를 구하려 노력해야 나 또한 너를 구해준다 하셨습니다. 피조물 죄인으로 지은 죄를 신 앞에 간구하여 믿음으로써 죄 사함의 구원을 받으라는 것이 결코 아닙니다.

너는 전지전능한 아버지 하나님을 닮았으므로 네 안의 전지전능함을 찾아 네 스스로 죄 사함을 받고 참회하라는 것입니다. 불신호붕우不信乎朋友면 무소도야無所禱也라. 친구들 사이에서 믿음을 저버리면 하늘에 기도해도 들어주지 않는 법입니다. 스스로를 속이는 자는 남에게 진실할 수 없어 신에게 빌어도 용서를 못 받는 법입니다.

<보천교普天敎 교전敎典>*이자구이爾自救爾 아역구이我亦救爾-너 스스로 너를 구

하고자 하면 나 또한 너를 구하노라.

<보천교普天教 교전教典>*천당지옥무문天堂地獄無門 유이소종惟爾所從–천당과 지옥은 문이 없나니 오직 네 스스로 따르는 바이니라.
<보천교普天教 교전教典>*경진이식지鏡塵而拭之 불약초불사진不若初不使塵 우주간宇宙間 가인이인격적可認以人格的 실재자實在者 제이인생除爾人生 갱무타물更無他物 옥경비재비밀이야玉京非在秘密裏也 형개어이안전模開於爾眼前 – 먼지 앉은 거울을 떨어내어도 애초에 먼지가 없음과 같지 못하나니, 우주 간에 인격으로 가히 인정해줄 실재 존재자는 네 인생을 제외하고 다른 실물로는 다시없느니라. 천상 옥경은 비밀 속에 존재하지 않으니 그 모습이 네 눈앞에 펼쳐져 있느니라.

<도마복음서 44장>* 누구든 아버지나 아들을 모욕한 자는 용서받을 수 있으나 성령을 모독한 자는 땅이나 천당에서나 용서받지 못할 것이다. *성령=천지신명

<도마복음서 113장>* 아버지의 나라는 이 땅 위에 펼쳐져 있으나, 사람들이 그것을 보지 못할 뿐이다.

<막달라 마리아 복음서>*There is no sin, but it is you who make sin when you do the things that are like the nature of adultery, which is called sin. 이 세상에 죄라는 것은 없다. 그렇지만 죄라고 불리어지고 있는 타락한 본성을 좇아 일들을 행하면서 죄를 만드는 사람인 바로 너희가 있을 뿐이다.

<막달라 마리아 복음서>*That is why the Good came into your midst, to the essence of every nature in order to restore it to its root. 그리고 자신의 근원으로 향한 본성을 회복하기 위해 모든 만물의 힘의 정수(精髓)인 선량함이 너희 가운데로 들어오는 이유도 그와 같다.

<막달라 마리아 복음서>*That is why you become sick and die, for you are deprived of the one who can heal you. 그것이 너희들이 병들고 죽게 되는 이유이다. 왜냐하면 너희가 너희를 치유할 수 있는 '하나 됨'에서 벗어났기 때문이다.(한글 평역 : 4339. 6. 28 푸른글)

지금까지의 선천은 사람이 신명을 받들고 위하는 세상이었지만 임박한 후천은 신명이 사람에게 종속되어 사람의 명을 받들어 수종隨從하는 신인합일神人合一 시대입니다. 이는 인간이 예수, 석가, 공자 이상으로 열매 맺어 완성되는 후천 가을의 인존人尊 세상 곧 용화낙원 연화장 세계이기 때문입니다.(<빌립복음서>:진리에 합당하

게 되려면, 신들이 인간을 숭배하는 것이 마땅할 것이니라.)

증산 상제님은 천지인 우주 삼계에서 우주 봄철에 인간을 씨 뿌려 후천 가을에 완성된 신인神人(神聖佛)으로 거두시는 인간농사의 농부이십니다. 예수, 석가, 공자, 노자 등 선천 성자를 내가 쓰기 위해 내놓았으나 이제 그 기운이 다하였으므로 그 기운을 거두고 그 대신 마테오 릿치 신부, 진묵대사, 주자, 최 수운을 새로운 종장宗長으로 임무 교대시켜 천상의 통일 신명정부인 조화정부에 배속시켜 후천을 여는 천지공사를 집행한다 하셨습니다.

원래 인간은 우주의 주재자로 전지전능한 존재라는 것이 증산상제님 말씀입니다. 상고 시대 인간 씨를 파종해 뿌리는 우주 봄철 천존天尊시대는 천존신이 이를 주관해 인간의 전지전능한 본유종자本有種子의 씨앗은 본래의 속성을 나타내지 못하는 때입니다. 중고시대인 여름철 지존地尊시대에는 지존신이 이를 주관해 천존시대와 마찬가지로 본래의 전지전능한 속성을 드러내지 못합니다.

그러나 증산 상제님이 1871년 전라도 정읍 고부 땅에 도성인신道成人身하시어 탄강하시고 9년 천지공사를 집행하신 이후 개막된 열매기 인존人尊 시대에는 인존신이 이를 주관하므로 최상의 도과道果인 새로운 신성불神聖佛(도통군자, 광명부처) 인간 열매新熏種子를 맺게 됩니다.

육신을 부리는 주인은 마음입니다. 증산 상제님은 마음이란 귀신(鬼神)이 주로 머무는 중추기관이며 귀신이 드나드는 문호이자 통행하는 고속도로라 밝혀주셨습니다. "마음은 귀신이 왕래하는 도로니, 성현을 생각하면 그 신명이 응해 오고, 영웅을 생각하면 그 신명이 응해 오고, 장사를 생각하면 그 신명이 응해 오고, 도적을 생각하면 그 신명이 와서 응하노라. <u>그러므로 천하만사 길흉화복이 모두 스스로의 정성으로 스스로 구하는 것이노라.</u>(이중성 『대개벽경』)"

성리학에서는 마음이 인간의 성정性情을 주관한다 하여 본성인 인의예지 사단四端과 칠정七情인 희노애락애오욕喜怒哀樂愛惡欲을 통제한다 하여 심통성정心統性情이라 말합니다. 불교에서 마음은 실체 없는 심왕(心王)으로 인연공덕으로 잠시 환영의 꽃을 피우다가 사라지는 공허한 것으로 보기 때문에 후천 5만 년 인존시대를 맞이하는 인본주의 상제님 진리 안목으로 보면 모든 것을 단지 스쳐지나가는 환영幻影으로 보는 불교개념으로 설명하는 것은 적당치 않습니다.

불교에서는 원래 제행무상(諸行無常)이라 해서 삼라만상이 끊임없이 변화하고 생멸(生滅)하여 영원한 것은 아무것도 없으며(색즉시공) 생사문生死門에 놓인 삶도 죽음도 그저 영겁속에 내던져진 실체 없는 공空으로 인연법의 인과로 굴절된 유위법有爲法을 제외한 불변의 진여문眞如門을 무위법無爲法이라 합니다. 반면에 마음은 온갖 생멸문의 현상세계인 현실 사바세계에서 인연 화합의 산물로써 인연법의 인과업보로 엮인 유위법有爲法으로 파악합니다.

그런데 유가에서는 성인이 아닌 일반 범부중생의 마음은 7정 5욕에 사로잡혀 인의예지 사단을 조절할 능력이 없으므로 "사람의 마음은 불안하기만 하고, 도를 향한 마음은 미약하기만 하다. 오로지 정신을 하나로 모아 성실한 마음으로 중정(中正)의 도리를 지키라."(人心惟危, 道心惟微, 惟精惟一, 允執厥中.) 합니다.

공 영달(孔穎達)은 이 대목을 해설하는 소(疏)에서 "인심은 온갖 근심의 주역이고, 도심은 뭇 도의 근본이 된다"(人心惟萬慮之主, 道心爲衆道之本) 하고, 주자는 인심은 인욕(人欲)이고 도심은 천리(天理)라 정의하고 '중용장구 서문'(中庸章句序)에서 주자는 인심이 "형상과 기질의 사사로움에서 생겨나고"(生于形氣之私) 도심은 "성명의 올바름에서 기인한다"(原于性命之正)고 말합니다.

증산 상제님은 주자가 정의한 도심을 얻은 성인의 경계에 대해 다음과 같이 말씀하십니다. “성인의 마음이 사물에 감촉되지 않으면 그 체가 광대허명하야 털끝만큼도 치우침이 없어서 소위 천하(天下)의 큰 근본이요. 성인의 마음이 사물에 감촉되면 희노애락을 각기 느끼는 바에 따라서 대응하게 되므로 중정(中正)의 절도에 하나라도 어긋남이 없을 것인즉 소위 천하의 달도가 되느니라.*<中和經>”

주자의 정의처럼 어두침침한 무명의 사바세계에 태어나면서 욕망덩어리인 인간의 마음은 의도하지 않아도 죄를 짓지 않을 수 없게 되어있습니다. 입은 사문死門

이고 항문은 생문生門이므로 혀끝이 바로 화복의 근원입니다. 사소하고 부주의한 잔인한 말 한마디가 참혹한 재앙을 부릅니다.

상제님께서는 말은 마음의 소리요 행사行事는 마음의 자취라 말을 좋게 하면 복福이되어 점점 큰 복을 이루어 내 몸에 이르고 말을 나쁘게 하면 재앙災殃이 되어 점점 큰 재앙을 이루어 내 몸에 해롭다 하십니다. 아름다운 언어생활이 바로 인생의 무량대복을 부르는 관문입니다. 의도하지 않았음에도 구업口業을 짓지 않을 수 없는 세속 사바세계의 한계 때문에 태모님은 너희들은 죄를 짓지 않았어도 마치 죄를 지은 사람처럼 빌라 하십니다.

<보천교普天敎 교전敎典>*이악보악以惡報惡 여이혈세혈如以血洗血-악으로써 악을 갚음은 피로 피를 씻는 것과 같으니라.

<보천교普天敎 교전敎典>*아역이이유죄我亦爾以有罪 불인거이지귀不忍拒爾之歸 유과이참회有過而懺悔 가야可也 불약초불위참회지사不若初不爲懺悔之事 정생활情生活 호어지생활好於智生活- 나는 또한 너에게 죄가 있음으로써 그 죄가 너에게로 돌아감을 차마 막지 못하노니 허물이 있으면 참회함이 옳으니라. 비록 참회해도 참회할 일을 하지 않은 처음만 못하나니 진심 있는 생활은 지혜로운 생활을 함으로부터 좋아지느니라.

<증산도 道典>*만성 선령신(萬姓 先靈神)들이 모두 나에게 봉공(奉公)하여 덕을 쌓음으로써 자손을 타 내리고 살길을 얻게 되나니 너희에게는 선령(先靈)이 하느님이니라. 너희는 선령을 찾은 연후에 나를 찾으라. 선령을 찾기 전에 나를 찾으면 욕급선령(辱及先靈)이 되느니라. 사람들이 천지만 섬기면 살 줄 알지마는 먼저 저희 선령에게 잘 빌어야 하고, 또 그 선령이 나에게 빌어야 비로소 살게 되느니라. 이제 모든 선령신들이 발동(發動)하여 그 선자선손(善子善孫)을 척신(隻神)의 손에서 건져 내어 새 운수의 길로 인도하려고 분주히 서두르나니 너희는 선령신의 음덕(蔭德)을 중히 여기라. 선령신은 그 자손줄을 타고 다시 태어나느니라.

<보천교普天敎 교전敎典>*이유부채爾有負債 이자상환爾自償還 자불작적自不作敵 무적無敵 이약유죄爾若有罪 이자속지爾自贖之 아불시이이속죄이충능력我不視爾以贖罪而充能力 인내야忍耐也 과감야果敢也 승리지문勝利之門-너에게 부채가 있다면 네 스스로 갚을지어다. 스스로 적을 만들지 말고 적을 없게 하라. 만일 너에게 죄가 있다면 네 스스로 속죄할지니라. 내가 비록 보지 않더라도 속죄함으로써 능력을 채울지니 인내하고 과감한 것이 승리의 문이니라.

<증산도 道典>*(천하창생의 죄를 대속하심) 9일에 태모님께서 고 찬홍과 전 준엽

등 여러 성도들에게 일러 말씀하시기를 "세상 사람이 죄 없는 자가 없어 모두 제 죄에 제가 죽게 되었으니 내가 이제 천하 사람의 죄를 대신하여 건지리라." 하시고 청수 한 그릇을 떠 놓고 그 앞에 바둑판을 놓으신 뒤에 담뱃대로 바둑판을 치시며 성도들에게 태을주를 읽게 하시더니 잠시 후 태모님께서 문득 정신을 잃고 쓰러지시니라.

<증산도 道典>*한나절 동안이나 기절하셨다가 깨어나시어 성도들에게 명하시기를 "밖에 나가 하늘을 보라." 하시므로 모두 나가 보니 한 자 너비나 되는 검은 구름이 하늘 남쪽으로부터 북쪽까지 길게 뻗쳐 있더라. 나에게 죄를 빌어라 하루는 태모님께서 성도들에게 말씀하시기를 "죄가 없어도 있는 것같이 좀 빌어라, 이놈들아!" 하시고 "천지에 죄를 빌려면 빌 곳이 워낙 멀어서 힘이 드니 가까이 있는 나에게 빌어라." 하시니라.

<대개벽경(大開闢經)>*"너희들은 널리 천하에 거하여, 선을 권하는 것으로 급무를 삼고, 남의 죄를 논해 시비하지 말기를 힘써 행하라."

<증산도 道典>*안다는 자는 죽으리니 아는 것도 모르는 체하여 어리석은 자와 같이 하라. 남이야 어떻게 알든 실속만 있으면 되느니라. 길가에 좋은 꽃을 심어 두면 아이도 꺾고 어른도 꺾느니라.

<증산도 道典>*상제님께서 말씀하시기를 "닦지는 않고 죄만 지으면 도가니 속에 무쇠 녹듯 하리라. 어리석고 약하고 빈하고 천한 것을 편히 생각하고 모든 죄를 짓지 말라." 하시니라. 또 말씀하시기를 "날마다 새로워지도록 덕(德) 닦기에 힘쓰라." 하시니라. 하루는 성도들에게 이르시기를 "공(功)은 포덕(布德)보다 더 큰 것이 없고, 죄(罪)는 남의 윤리를 상하게 하는 것보다 더 큰 것이 없느니라." 하시니라.

석가가 어머니 뱃속에서 태어나자마자 탄생게로 "천상천하유아독존天上天下唯我獨尊"을 외친 것으로 전해집니다. 이 말은 경전에 따라 다소 차이가 있는데, 《전등록(傳燈錄)》에는 "석가모니불이 태어나자마자 한 손은 하늘을, 한 손은 땅을 가리키고 사방으로 일곱 걸음을 걸으며 사방을 둘러보며 하늘 위와 하늘 아래 오직 내가 홀로 존귀하다고 말하였다(釋迦牟尼佛初生 一手指天 一手指地 周行七步 目顧四方曰 天上天下唯我獨尊)"라고 기록되어 있습니다.

또 《수행본기경(修行本起經)》에는 "하늘 위와 하늘 아래 오직 내가 홀로 존귀하다. 삼계가 모두 고통이니, 내 마땅히 이를 편안케 하리라(天上天下 唯我獨尊 三界皆苦

我當安之)."라고 하였고, 《서응경(瑞應經)》에는 "하늘 위와 하늘 아래 오직 내가 홀로 존귀하다. 삼계가 모두 괴로움뿐인데 무엇이 즐겁겠는가?(天上天下 唯我獨尊 三界皆苦 何可樂者)"라고 한 것으로 나옵니다.

이 선언은 결론적으로 모든 사바세계의 세속 중생들은 갓 태어난 아기 석가를 빼면 존귀한 자가 없다는 것입니다. 기독교에서도 인간은 야훼신이 진흙을 빚어 만든 피조물에 불과하다고 말합니다. 그럼 석가불 3000년 말법시대에 등장한다는 미륵불로 오신 증산상제님은 이와 비교해 후천시대를 맞이한 인간의 정체성에 대해 무슨 말씀을 선언하셨을까요? 그것은 바로 모든 인간은 우주의 주재자이며 전지전능한 존재라는 실로 파천황적인 선언입니다.

<보천교普天教 교전教典>*물위아주재우주勿謂我主宰宇宙 이역주재우주爾亦主宰宇宙 욕애아欲愛我 선애이친先愛爾親- 내가 우주를 주재한다 일컫지 말지니 너도 또한 우주를 주재하느니라.

<보천교普天敎 교전敎典>*이역爾亦 전지전능全知全能 상세上世 천존신주지天尊神主之 중세中世 지존신주지地尊神主之 종금세계從今世界 인존신주지人尊神主之- 너 또한 전지전능하니, 상고 시대에는 천존신이 이를 주관하고 중고시대에는 지존신이 이를 주관하여 왔나니 따라서 지금 이후 시대에는 인존신이 이를 주관하느니라.

<보천교普天敎 교전敎典>*개문영이開門迎爾 이비아지충복야爾非我之忠僕也 내양우야乃良友也- 문을 열고 너를 즐거이 맞이함은, 네가 나의 충성스런 종(충복)이 아니요 곧 나의 좋은 벗임이라.

1975년 미국의 만델브롯(Mandelbrot 1924~) 박사가 제창한 기하학 이론 중에 프랙탈 이론Fractal theory이란 것이 있습니다. 세상은 그림같이 매우 아름답고 추상적이지만 현실은 늘 구체적이고 사실적입니다. 우리가 생각하는 미학적인(천국) 형이상학적 이상세계는 아름답고 고우며 향기롭고 예쁜 규칙적인 코스모스 세상입니다. 그러나 우리가 실제 살고 있는 형이하학적 현실 세계는 그리 아름답지도 않고 거칠고 굴곡져 울퉁불퉁하며 악취와 향기가 뒤섞인 불규칙적인 카오스 세상이란 것입니다.

그런데 이러한 카오스 세상이 불규칙하기만 한 세상인 줄 알았더니 카오스 세상의 모든 조각 조각의 프랙탈Fractal이 질서정연한 전체 코스모스 세상의 모습과 똑같이 닮아있으며 오히려 카오스 같아 보이는 그 속에는 정교한 자기복제와 자기동일성의 규칙이 숨어있더라는 것입니다. 종교적으로 표현하면 인간은 하느님을 똑같이 닮은 복사판이라는 것이며 인간행위의 결과에 대해 꽤나 불공정하게 흘러가는 것처럼 보이는 인간의 삶이 사실은 대국적으로 연기공덕, 인연공덕에 의해 4차원 신명계의 인과율로 제어되며 열매 맺어가는 세상이라는 것입니다. 우리는 프랙탈 이론에 의해 카오스 이론의 과학이 드디어 '부처님은 뒷간 화장실의 똥막대기'라는 고승대덕의 선문답에 드디어 도달한 것입니다.

기독교에 있어 문자주의(성서유일 교권주의)의 주장은 인간은 흙으로 빚어 만든 피조물입니다. 이 주장과는 달리 그들에 의해 삭제 처리된 기독교 영지주의Gnosis 복음의 주장은 '그리스도는 우주보편적인 사랑이며 지상에서 인간으로서 겪어야 할 모든 시련과 고난을 극복해 그리스도의 용안을 영접한 예수 그리스도처럼 누구든 자신이 짊어져야 하는 시련과 고난을 극복해 갑돌이 그리스도, 갑순이 그리스도가 되라.' 는 것입니다.

이때의 그리스도는 바로 여래장(如來藏), 부처의 동의이음어同義異音語일 뿐입니다. 증산 상제님께서 인간은 본래 우주의 주재자이며 전지전능한 존재라고 선포하신 것은 나만 신의 아들이 아니라 너희도 신의 아들이라 주장하는 본래의 기독교 영지주의 복음과 맞닿아 있으며 고승들의 처처불상 뒷간 똥막대기 선문답 그리고 카오스 이론의 프랙탈 이론과 맞닿은 놀라운 선언입니다. 진리가 두루춘풍으로 통하지 않고 막히는 곳이 있으면 보편적인 통합진리가 결코 될 수 없습니다. 한 칸 남짓 좁은 감옥 수감자보다 감옥 창살 밖의 사람은 더 큰 세속 감옥에 수감된 사람이기 때문입니다.

사람이 한평생 살아가면서 겪는 인생의 경험은 비슷한 것 같지만 천차만별로 다 다릅니다. 살아생전의 가치관은 인생 전반全般을 좌우합니다. 올바른 가치관은 10대, 20대의 젊은 시절부터 정립해야 합니다. 공자는 삼십이립三十而立이라 하여 나이 삼십에 가치관 정립을 끝내야 나이 40에 주위의 말에 함부로 미혹되지 않는 사십이불혹四十而不惑의 경지가 되며 이런 경지가 되어야 50이 되어 자연히 지천명知天命 할 수 있다고 밝힙니다.

남보다 평탄한 삶을 사는 사람과 아무리 유복하게 삶을 영위하는 사람일지라도 삶 자체가 고통인 일체개고一切皆苦의 입장에서 보면 친구, 지인을 넘어서서 육친의 인연도 반드시 헤어져야 하는 회자정리會者定離, 사랑하는 사람과 영원히 이별해야 하는 애별이고愛別離苦의 통과의례를 경험하지 않을 수 없습니다. 이러한 인생의 경륜이 쌓인 사람이라야 나이 60이 되어 비로소 남의 말을 들으면 그 이치를 깨달아 곧바로 이해하게 되는 육십이순六十耳順의 경지에 도달하게 되는 것입니다.

사랑하는 부모님과 형제들이 오손도손 영원한 행복을 누릴 줄 알았더니 하나 둘씩 곁을 떠나며 점점 현실에서 유리되는 이방인이 되어갑니다. 순우분이 누린 남가일몽南柯一夢의 부귀영화가 무더운 여름 잠시 나무 그늘 밑에서 졸다가 잠시 꾼

허망한 한 편의 꿈에 불과하듯이 장자의 호접몽胡蝶夢처럼 잠시 꿈 한편 꾸는 것이 우리네 인생입니다. 천지는 만물이 잠시 스쳐 지나가는 역려건곤逆旅乾坤의 찰나여관 같은 것이며 세월은 이러한 천지여관에 끊임없이 바람결같이 밀려와 그저 낙엽과 함께 스쳐 지나가는 싸늘한 바람나그네 같은 것입니다.– 부천지자만물지역려夫天地者萬物之逆旅 광음자백대지과객光陰者百代之過客–

꿈결처럼 밀려와 자취 없이 사라지는 백대지과객의 길손 광음자처럼 100년 세월도 채 안 되는 우리의 생애 역시 남가일몽의 삶처럼 스쳐지나가는 허망한 실바람에 가깝습니다. 인생의 덧없음은 동서양이 매 한가지여서 럭셔리 부귀영화의 극치를 맛본 다윗왕의 아들 솔로몬 지혜의 왕은 자기가 산 인생의 결론에 대해 "헛되고 헛되며 헛되고 헛되니 모든 것이 헛되고 헛되도다. 모든 것이 바람을 잡는 것이로다.(구약 전도서 1:2)" 라 촌평했습니다.

선천의 허망할 정도로 짧은 인간의 수명과 복록에 비교해 후천의 수명과 복록은 전혀 다릅니다. 태모님께서 말씀하시기를 "후천선경에는 수(壽)가 상등은 1200세요, 중등은 900세요, 하등은 700세니라." 하시고 " 그 때에는 장수 시대가 열려 백 리 안에 할아버지가 셋이면 손자는 하나인 세상이 되느니라." 하셨습니다. 원래 단주해원의 궁극적인 목적은 선천 5만년 묵은 원신들을 원한의 역사의 시초인 요임금 아들 단주에게 실어서 해소하는 것이며 시비가 없는 자미성에 단주를 부쳐서 인류의 수명과 복록을 맡긴 것이며 불설운 단주원한의 응결체인 단사, 주사, 영사인 경면주사에 해인, 호신의통, 호부의통의 기운을 부쳐 단주수명인 후천 우주수명을 부여하는 것입니다.

따라서 후천 5만년 자손대대로 열매 맺는 영광은 오직 천지 성경신에 있는 것이며 단주수명의 핵심은 불설운 단주원한의 응결체인 경면주사에 실어놓은 우주수명에 있는 것입니다. 결론적으로 우주수명과 함께 하는 후천복록은 앉는 자리에 따라 그 복록(천록)이 열리는 것이므로 1만 2천 도통군자 출세의 후천 대운은 오직 이러한 천지대사에 준하는 천지성경신에 매어있는 것입니다.

<선도신정경(仙道神政經)>*어느날 도인(道人)들에게 가라사대 후천(後天)의 인간(人間) 수한(壽限)은 상수(上壽)가 일천이백세(一千二百歲)요 중수(中壽)는 구백세(九百歲)며 하수(下壽)는 칠백세(七百歲)를 살 것이요 그리고 성(姓)은 삼십육성(三十六姓)만 둘 것이니라 하시더라.

<용화전경>*후천에는 천하가 일가(一家)로서 형벌을 쓰지 아니하여 화권(化權)으로 창생(蒼生)을 다스리되 자기의 잘못을 스스로 깨닫게 하여 쇠병사장을 물리쳐 불로장생으로 무병장수하야 영락케 하리니 너희들은 환골탈퇴되여 신장비대(身長肥大)로 지금의 체형이 완전히 옥골(玉骨) 풍채(風采)가 되고 혜각이 열려 과거 미래를 통달하며 신명들이 수종함으로서 가고 싶은 곳을 경각에 왕래하리라 하시니라.

<용화전경>*의복은 상중하 별로 성경신에 의하여 공급되고 복록은 균일하며 또 선등(仙燈)이 있어서 밤에도 햇볕과 같이 밝으리라. 현세에 전등은 그를 모방함이니라 하시니라. 허미수(許眉受)가 중수(重修)한 평북성천에 강선루는 일만 이천고물(장(張))이나 나는 야(夜)에 일 만 이천 간을 건설하리라 하시니라.

<용화전경>*우리나라가 중국을 대국이라 칭한 고로 대국인종이 우리나라 사람보다 큰지라 대국위에 특등국이 있으니 그는 즉 서양이니라. 그 인종이 제일 크노라. 앞으로 우리나라가 세계일등국이 되리니 그때에 너희는 세계에 제일 큰 인종이 되리라 하시니라.*<용화전경>

<증산도 道典>*하루는 말씀하시기를 "조선이 중국을 대국이라 칭한 고로 중국 인종이 조선 사람보다 큰 것이니라. 또 대국의 위에 특대국이 있으니 이는 곧 서양이라. 그러므로 서양 인종이 제일 크니라. 그러나 앞으로는 조선이 세계의 일등국이 되리니 선생국의 인종이 서양 사람보다 작아서야 쓰겠느냐. 내가 너희들의 키를 여섯 자 여섯 치로 쭉 늘여 뽑으리라." 하시니라.

<증산도 道典>*이 때 한 성도가 여쭙기를 "일등국이 되려면 전쟁으로 세계 각국을 다 이겨야 되지 않습니까?" 하거늘 상제님께서 말씀하시기를 "넌 왜 그리 멍청하냐? 세계 사람들이 '선생님'이라 하면 일등국이 될 것 아니냐." 하시니라. 상제님께서 안내성에게 말씀하시기를 "내가 이곳 해동조선에 지상천국을 만들리니 지상천국은 천상천하가 따로 없느니라." 하시며 "장차 조선이 천하의 도주국(道主國)이 되리라." 하시니라.

상제님께서는 교훈을 주는 최고의 가르침이 '귀신의 세계'라 하시고<중화경> 마음은 혼과 넋이 합한 것이며(心者는 魂魄之合) 천지간에 가득 찬 것이 신神이니 풀잎 하나라도 신이 떠나면 마르고 흙 바른 벽이라도 신이 떠나면 무너지고 손톱 밑에 가시하나 드는 것도 신이 들어서 된다 하십니다. 사람에게는 혼魂과 넋魄이 있어 혼은 하늘에 올라 신神이 되어 제사를 받다가 사대가 지나면 영靈도 되고 혹 선仙도 되며 넋魄은 땅으로 돌아가서 사대四代가 지나면 귀鬼가 됩니다. <보천교 교전>

정과 기는 몸(體)을 만들고 혼령이 변화해 음의 정기와 양의 기운으로 서로 만나서 몸체를 이루며 혼은 하늘로 올라가고 넋은 내려가 이것이 흩어졌다가 다시 변화를 이룹니다. 사람은 귀와 신이 모인 것이며 생각은 혼이 움직이는 것으로 사람이 어떤 사실에 대해 무지하면 해답을 찾아내기 위해 부단히 움직이는 것이 바로 혼입니다. 만일 혼이 부산히 움직여 해답을 찾으면 넋은 이를 기억의 창고에 저장 기록해 조용히 갈무리합니다.<중화경>

우리는 흔히 혼백(혼과 넋)을 말하나 혼백은 죽어서의 이름이고 살아서는 정기精氣라 합니다. 정精은 넋魄이며 기氣는 혼魂입니다. 귀와 눈으로 듣고 봄은 넋이 하는 일이오, 입과 코로 호흡하는 일은 혼이 하는 일입니다. 사람이 잠을 잘 때 혼이 코로 들락날락하는 것은 이 때문입니다. 정과 혼은 서로 합해져서 물체를 이루는

데 혼이란 것은 신神의 감응이고 넋魄이란 것은 귀鬼의 감응입니다.<중화경>

그래서 귀와 신이 서로 합치되는 이치가 가르침 중에서 가장 지극한 가르침이라는 것입니다. 혼은 만물이 있게 하는 근본이므로 모든 크고 작은 만물에는 혼이 깃들어 있고 혼이 깃들어 있는 한 신이 머무니 신명이 떠나면 사람도 죽는 것이며 싱싱한 나뭇잎도 마르고 흙 바른 벽도 형체를 유지하지 못하고 허물어지는 것입니다.<중화경>

삶의 경험은 천차만별 다릅니다. 40이불혹四十而不惑과 50지천명知天命의 경륜을 가진 사람 혹은 삶에 있어 애별이고愛別離苦의 강력한 충격을 맛보았거나 죽음의 고비를 넘겨본 사람은 귀신의 세계인 4차원 신명의 세계를 쉽게 받아들이고 이해합니다. 이런 경륜의 사람이라면 단테의 <신곡>에서 말하는 연옥과 지옥의 세계 또는 스웨덴보르그의 <천국과 지옥Heaven and Hells> 그리고 <티벳사자의 서>를 굳이 강조 안 해도 스스로 이들 메시지가 전하는 죽음의 경계가 자신과 무관한 세상이 아님을 잘 압니다.

스웨덴보르그(Emanuel Swedenborg1688~ 1772)가 밝히는 영계의 묘사는 단테의 <신곡>, 괴테의 <파우스트:스웨덴보르그가 모델>보다 월등히 자세한 정보가 담겨있으며 영지주의 문서의 핵심 메시지와 법화경, 화엄경의 우주관 그리고 상제님의 진리관과 맞닿아 있으며 <티벳 사자의 서>의 내용과도 일맥상통합니다. 스웨덴보르그는 영계 문명권이 우리가 사는 세상과 동전의 앞뒤와 같으며, 영계의 언어, 글자에 대해서도 언급하고, 천국과 지옥 등 영계(靈界)를 마음대로 오갈 뿐 아니라 성경 속의 많은 왕이나 인물의 영혼을 만나기도 하고, 화성, 금성, 달에도 사람이 살 뿐 아니라 자신은 그들과 대화까지 나눈 영靈 능력자입니다.

굳이 비범한 서양의 스웨덴보르그가 아니어도 동양 불교의 법화경, 화엄경에도 천계의 다양한 불보살들이 사는 수많은 행성을 언급하고 있음을 볼 수 있으며, 증산 상제님도 외계의 천상문명을 이식한 것이 지금의 지상문명이라 분명히 밝혀주시고 천상문명도 우리와 같은 육신을 가진 사람들이 고도의 문명을 이루고 산다고 분명히 말씀하셨습니다. 유명한 헐리웃의 '아바타'라는 영화는 바로 법화경, 화엄경의 세계를 반영한 것입니다.

<대개벽경(大開闢經)>*천상무지천天上無知天하고 지하무지지地下無知地하고 인중무지인人中無知人하니 지인하처귀知人何處歸리오-하늘위에 또 다른 하늘이 있는 줄 알지 못하고 땅 아래 또 다른 땅이 있는 줄 알지 못하고 사람 가운데 또 다른 사람이 있는 줄 알지 못하니 이를 아는 천하사 일꾼 장차 갈 곳 어드메뇨.

<증산도 道典>*이윽고 신명들이 모두 물러가거늘 상제님께서 형렬에게 말씀하시기를 "하늘에도 나라가 있고 나라마다 각 고을마다 다 장수가 있느니라."

<탈무드 임마누엘>*처음에는 불과 몇몇 사람들만이, 사람이 지구상에만 살고 있는 것이 아니라 우주의 끝없는 심연들 속에도 살고 있다는 것과 사람들이 물질적인 세계에서 살고 있을 뿐만 아니라 통상적인 감각으로는 감지할 수 없는 다른 세계에까지 그들의 영혼들이 도달하게 된다는 것을 알게 될 것입니다.

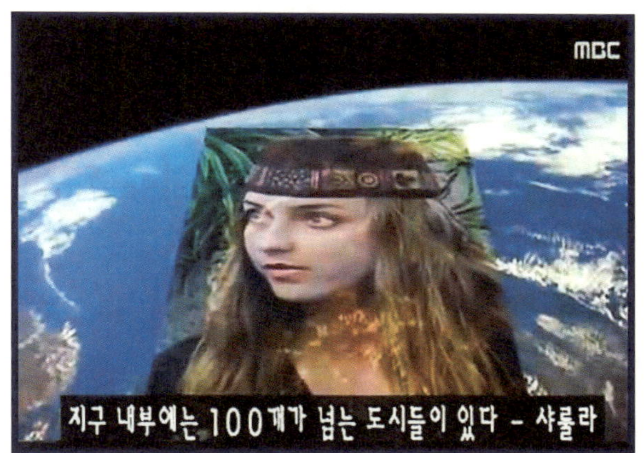

지구의 내부에 또 다른 신인류가 살고 있다는 지구 공동설은 지금까지 우리가 배워왔던 기존 상식을 완전히 뒤집어버리는 충격적인 내용입니다. 그동안 우리가 알고 있는 상식은 지구는 지구핵, 맨틀, 지각 이렇게 세 개의 층으로 지구속이 채워져 있다고 알고 있었는데 '지구 공동설-속 빈 지구(Hollow Earth)'에 따르면 지구 속에는 지구핵과 맨틀은 없고 그 부분이 텅 빈 축구공처럼 빈 공간으로 되어있으며 '지구 핵'이 바로 텅 빈 지구 속 하늘에 떠 있는 태양(연기의 신:Smoky God)입니다. 지각부분만 존재한다는 것이며 지구의 빈 공간에는 우리와는 차원이 다른 또 다른 인류가 초 고도문명을 이루면서 평화롭게 살고 있다는 것입니다. 역사상 이곳을 다녀 온 사람이 두 명 있습니다.

◆ **올랍 얀센(Olaf Jansen)의 '연기의 신(Smoky God: 『지구속 문명』 :안원전 譯 대원출판 刊)'**

19세기~20세기 전반까지 어부생활을 했던 노르웨이의 올랍 얀센(Olaf Jansen)은

리처드 E. 버드(1888 - 1957) — 미 해군제독

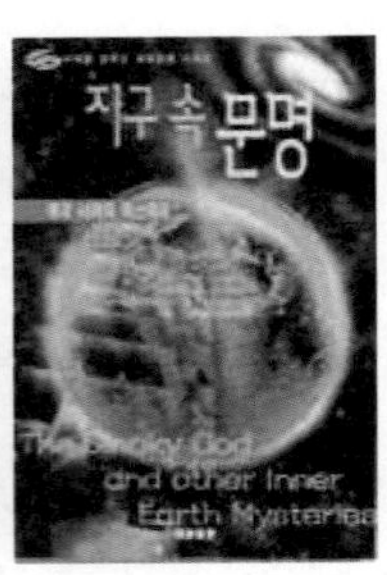

19세기 전반인 1829년 4월 3일 자신의 아버지와 함께 외돛배 범선(Sloop)을 타고 스톡홀름을 출발해 고틀랜드섬, 욀란드 섬, 샌드홈마 포인트(Sandhommar Point), 함메르페스트(Hammerfest), 로포튼(Lofoden)섬, 스피츠베르겐(Spitz bergen) 섬을 거쳐 프란츠 요제프(Franz Josef)섬 부근 북극해를 항해하다가 우연히 주기적으로 개폐운동을 하는 북극해의 열린 구멍을 통해서 지구 속을 방문하게 되었고 그곳에서 우리 인류와는 전혀 다른 고도의 문명을 이루고 살아가는 새로운 거인 족 인류를 발견하게 됩니다.

올랍 얀센(Olaf Jansen)은 순정도 100% 염부단금의 황금문명을 누리고 있다는 여느 천계 행성의 불국토처럼 동일한 지구 속 문명의 생활상을 상세히 전해 충격을 주었습니다.

북극으로 들어간 올랍 얀센(Olaf Jansen) 부자는 지구 속 세계에서 4미터가 좀 넘는 거인족 인류를 만나 2년 반 정도 살다가 역 조류로 인해 북극해를 통하지 못하고 남극의 구멍을 통해 다시 지구 밖으로 돌아와서 자신의 경험담을 책으로 출간하게 됩니다. 그 책이 바로 올랍 얀센이 캘리포니아 L.A. 헐리우드 옆 글렌데일에서 살며 집필한'연기의 신(Smoky God: 『지구속 문명』 :안 원전 譯 대원출판 刊)'이라는 책으로 세계의 많은 사람들에게 엄청난 충격을 주었던 책입니다.

◆ 리차드 버드(Richard Byrd) 제독의 '지구 속 비행일지'

먼저 리차드 버드 소장의 비행일지를 보기 전에 화엄경의 현란한 대 우주비경의 연원을 잠시 스케치 해 봅니다. 이 내용은 1996년 대원출판사에서 출판되었던 세계적 영능력자 소위 채널들이 전하는 <외계문명 시리즈>의 연속 시리즈입니다. 모두 절판되어 전해지지 않으므로 핵심만 간추립니다.

올랍 얀센(Olaf Jansen) 부자 이외에도 지구 속 문명인들을 목격하고 경험했다는

지구속 문명. 내부중심에 Smoky God이란 태양이 있다.

또 다른 증인은 바로 미국의 남극개척 대장으로 남극의 버드 랜드를 개척한 리차드 버드(Byrd)제독입니다. 『랜덤하우스 영한대사전』 P.322 (YBM 시사영어사, 1996) 소개에 의하면; "Byrd n. 버드. Richard Evalyn. (1888-1957): 미국의 해군 소장, 극지 탐험가. Byrd Land 버드 섬 : Ross 해 동남쪽에 있는 남극 대륙의 일부; R. E. Byrd가 발견하고 탐험. 옛 이름은 Marie Byrd Land"라 나옵니다.

위의 약력 중 버드 제독이 『비행일지』를 기록한 시기는 1947년의 북극탐험 도중이었습니다. 당시 지구 속 2,720㎞를 비행해 들어가 지구 속 문명세계와 접하고 귀환한 뒤, 미 국방성에 보고하기까지의 상황이 기록되어 있습니다.

미국 초대 남극개척대장을 지낸 리차드. E. 버드(Richard E. Byrd) 해군 제독은 1947년 2월 19일 북극 베이스캠프에서 출발해 지구 속 1,700마일(약 2,720㎞)을 비행해 들어가 지구 속 문명세계와 접하고 귀환한 뒤 이 사실을 객관적으로 기록한 비행일지를 미 국방성(펜타곤)에 제출했습니다. 이 비행일지의 원제는 『북극너머의 지구 속으로의 비행-리차드. E. 버드 제독의 행방불명된 비행일지(The Missing Diary of Admiral Richard E. Byrd)』 입니다.

이처럼 지구 속 문명세계를 직접 경험한 역사상 인물은 1829년 북극해의 해류에 떠밀려 북극의 열려진 구멍(굴뚝)을 통해 지구내부에서 2년 반을 살다 나온 올랍 얀센(Olaf Jansen)부자와 1947년 2월 19일 북극 베이스캠프에서 출발, 북극너머 1,700 마일을 비행해 들어가 지구 속 문명인과 회견까지 하고 그들의 메시지를 가지고 온 본 비행일지의 저자 버드 소장 두 명뿐입니다. 이 들 두 사람의 증언이 중요한 이유는 외계문명권에서 은하 인류들이 채널(Channel)들에게 전해주는 메시지와도 부합할 뿐 아니라 증산 상제님께서 전해 주신 다음의 말씀과 부합하기 때문입니다.

<대개벽경(大開闢經)>*"천상무지천天上無知天하고 지하무지지地下無知地하고 인중무지인人中無知人하니 지인하처귀知人何處歸리오-하늘위에 또 다른 하늘이 있는 줄 알지 못하고 땅 아래 또 다른 땅이 있는 줄 알지 못하고 사람 가운데 또 다른 사람이 있는 줄 알지 못하니 이를 아는 천하사 일꾼 장차 갈 곳 어드메뇨."

<증산도 道典>*"하늘에도 나라가 있고 나라마다 각 고을마다 다 장수가 있느니라." 하시고 또 말씀하시기를 "모든 장수에게 기운을 돋우려고 칡뿌리를 썼느니라. 약장을 그래서 만들었느니라."

侍

버드(Admiral R. E. Byrd 1888-1957)제독은 1925년 5월 9일 해군 항공대를 지휘해 북극 상공에 도달한 이래, 1929년 이후 수회에 걸쳐 남극탐험을 지휘했던, 초대 미국의 남극 탐험대장이었습니다. 1939-1940년, 1946-1947년에는 대규모의 장비, 인원으로 과학적 군사적 탐험에 착수, 마침내 1947년 북극너머 1,700 마일의(2,720km) 비행에 성공했습니다. 지구 속 문명인들

인 아리안니(Arianni)족의 인도에 의해 지구 속 도시의 한 공항에 착륙한 그는 우리보다 수천 년 문명이 앞선 지구 속 문명국(아갈타 왕국 〈샴발라국〉)의 지도자를 만나 메시지를 갖고 오지만, 미 국방성(펜타곤) 고위 간부회의에 의해 그의 비행일지(본서)는 소위 극비문서(X-File)로 열람 금지된 채 50여년이 지난 90년대에야 해금되어 공개되었습니다.

그 뒤 침묵을 지키고 있던 버드 제독은 1955년 4월 5일 남극개척을 위해 또 다시 출정하게 됩니다. 미국의 각 방송신문 등 언론 매체들은 1947년 북극탐험의 그 때처럼 당시의 남극원정 출정식을 대대적으로 보도했습니다. 5척의 배, 14대의 비행기, 특수 트랙터 그리고 1,393명의 원정단이 샌프란시스코에서 출정식을 갖는 모습을 일제히 보도했습니다. 출발 전 날 밤 버드 제독은 미국의 한 라디오 프로에 출연해 다음과 같이 인터뷰합니다.

"이번 원정은 남극에 인공위성 기지를 구축하기 위한 것인데, 이것은 세계사에서 가장 중요한 원정이 될 것이다."

물론 남극에 인공위성 기지를 구축한다는 말은 지극히 비현실적이고도 낭비적인 계획으로 세인의 이목을 다른 곳으로 돌리려는 버드 제독의 계산된 멘트였음은 물론입니다. 그 후 마침내 1956년 1월 13일 버드 제독은 남극을 넘어 2,300마일(3,680㎞)되는 지구 속을 비행하게 됩니다. 이때의 비행일지 역시 아직은 공개되지 않은 채 미 국방성 자료실에 그대로 보존되어 있으리라 생각됩니다. 당시 1956년 1월 13일 당일 라디오 뉴스는 다음과 같이 방송되었습니다.

"1월 13일, 미합중국의 원정대 요원들은 극점 너머 2,300 마일(3,680㎞) 크기의 땅으로 침투해 들어갔다. 비행은 미합중국 해군 비행단을 이끄는 해군소장 죠지 다페크(George Dufek:1903-1977)에 의해 이루어졌다."

그 후 한 달 뒤 1956년 2월 5일 신문, 방송등 전 매스컴을 통해 공식적으로 보도된 내용을 보면 다음과 같습니다.

"1월 13일, 미합중국의 원정대 요원들은 남극의 서쪽 400마일에 있는 맥머래이도 사운드(McMarado Sound)에 있는 기지로부터 2천 7백 마일의 비행을 완수했으며 극점을 넘어 2천 3백 마일(3,680km) 크기의 땅으로 침투해 들어갔다." 한 달 뒤 3월 13일 원정대 주력부대를 데리고 남극으로부터 귀환한 버드 제독은 "현재 진행 중인 원정은 한 방대한 새로운 땅의 지평을 활짝 연 것이다(The present expedition has opened up a vast new land)"

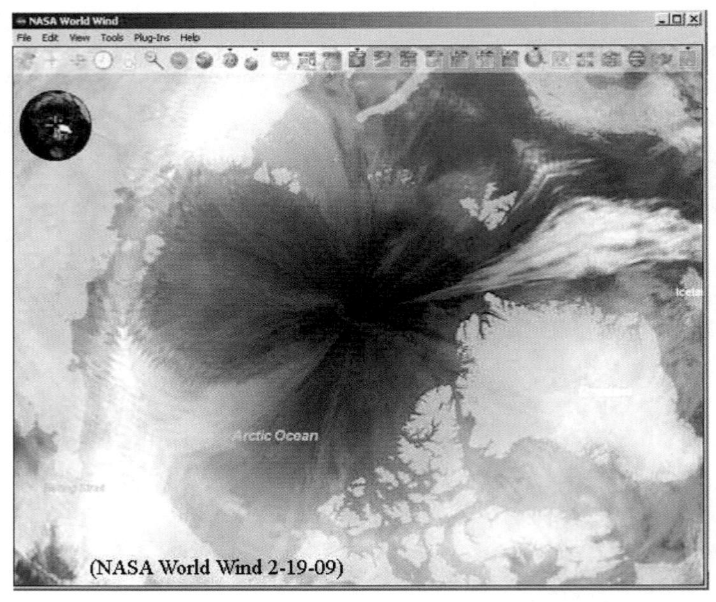

나사에서 발표한 움푹 함몰된 북극 구멍.

버드 소장이 본 알려지지 않은 북극 너머의 땅과 남극 너머의 땅은 얼음과 빙하가 있는 동토의 땅이 아닌 00-300m의 아열대 식물들이 우거져 이곳 지구바깥에서는 볼 수 없는 26m의 초대형 매머드가 사는 천혜의 샹그릴라(Shangrila), 엘리시움(Elysium), 파라다이스(paradise)입니다.

1947년 2월 북극탐험 출발 전 한 일간지와의 인터뷰에서 "나는 북극 너머의 땅을 보고 싶습니다. 북극 너머의 그 지역은 미지의 세계의 중심입니다"라고 밝힌 바 있는 버드 소장은 북극을 넘어(북극의 구멍을 통해) 지구 속 세계로 들어가면서 환상적인 경험을 하게 됩니다. 북극지방의 얼어붙은 빙하의 풍광이 갑자기 사라지는듯하더니 홀연히 마치 지중해에 와 있는 것 같이 밝은 햇살과 함께 푸른 파도가 그의 쌍발 프로펠러 경비행기 밖으로 펼쳐졌기 때문이었습니다.

그런데 더욱 놀라운 일이 발생했습니다. 비행기 아래로 푸른 바다가 놓여있는가 했더니 하늘 위로 거대한 대륙이 거꾸로 떠 있음과 동시에 매머드들이 오가는 모습과 멀리 도시의 불빛이 선명하게 보였던 것입니다. 우리의 수평선은 지구가 볼

록하게 둥글기 때문에 돛단배가 처음 나타날 때는 돛대가 처음 보이며 나타났다가, 사라질 때는 반대로 돛대가 맨 뒤에 없어집니다.

그러나 지구 속은 텅 빈 축구공처럼 오목하게 둥글기 때문에 수평선 끝이 일직선으로 되어있지 않고 푸른 바다가 아련한 하늘 위 저편 끝까지 연장되어 있는 것입니다. 특히 지구안과 밖이 서로 통하는 북극의 광대한 영역 바로 아래에서는 반대편 하늘에 거꾸로 매달린 육지를 볼 수 있는 것입니다(독자 여러분 각자가 방안에 있다고 상정하되 둥근 구체로 된 방안에 있다고 상상해보면 이해하기 쉬울 것이다). 일반적인 상식으로 받아들이기 어려운 이러한 충격적인 상황은 리자 로얄의 <환생의 라이라 Prizm>을 번역한 배 수선의 평범한 다음 고백이 오히려 설득력이 있어 보입니다.

<배수선(환생의 라이라Prizm) 역자>★누군가 말했다. 새로운 진리란 처음에는 조소를 받다가 그 다음에는 완강한 반대에 부딪히고 나중에는 마치 처음부터 당연했던 것처럼 받아들인다라고. 또한 말하기를 근기가 약한 자는 도를 들으면 비웃는다 했으며 비웃음을 받지 않으면 도가 아니라는 자조적인 역설을 얘기했으니 새로워진다라는 것이 참으로 어려운 모양이다. 동서고금을 통해 새로운 진리란 새로울 것이 없는 그 세계관에 있는 언어를 통해서 말할 수밖에 없는 새로운 발견인 것이다. 그런데 종종이 새롭다는 진리는 진정한 이치에 가까울수록 허구보다 더 허구적으로 보인다.

<배수선(환생의 라이라Prizm) 역자>★인간의 의식 세계는 아직도 탐험되지 않은 복잡한 신비함으로 남아 있다. 우리를 진화의 극한선까지 밀고 나가게 하는 힘은 과연 어디에서 나오는 것일까? 무엇이 이 지구상의 종족 간에 불화를 일으키도록 만들고 있는 것일까? 아마도 우리는 대우주가 짜여진 극본대로 극을 공연하는 중에 잠시 우리의 대본을 잃어버렸는지도 모른다.

<배수선(환생의 라이라Prizm) 역자>★우리는 이 지구상의 한 나라나 한 종족이 하는 일이 곧 다른 나라에 영향을 미친다는 것을 잘 알고 있다. 이러한 논리에서 보면 지구에서 발생하는 일이 우주에까지 영향을 미칠지도 모른다. 우리가 지구상에서 하는 일은 다른 수많은 행성들의 문명세계에까지 어떤 영향력을 발휘하고 있을 것이다. 우리 지구인과 은하인들과는 정말 어느 정도까지 연결돼 있는 것일까?

<배수선(환생의 라이라Prizm) 역자>★인간의 무한한 가능성을 더욱 풍요롭게 하는 중요한 사고들 중 하나는 모든 여러 갈래의 진실들이야말로 절대적이고 궁극적인 진리(One Truth)-그것이 무엇이든간에-의 표상이라는 사실을 받아들이는 것이다. 이러한 수용태도를 통해서만이 어떤 통일된 것이 출현하게 될 것이다.

일찍이 올랍 얀센은 하늘과 땅이 태초에 만들어질 때 지구는 형체가 없이 텅빈 상태였다고 했습니다. 인간은 그 자신과 가족을 위해 집을 짓는데 현관, 베란다는 모두 외부에 있어 부수적이며 건물은 지붕 위에 살기 위해 짓는 것이 아니라 안에 살기 위해 짓는 것이라 했습니다. 신은 소박한 정밀가구인 지구를 창조하되 그 내부에 있는 땅과 바다, 수많은 강과 산, 숲과 계곡들 그리고 다른 내부의 편의들을 위해 창조했다고 합니다.

그에 의하면 지구 표면의 바깥은 그저 베란다나 현관에 해당하는데 특히 지구는 은하계에서도 아주 아름다운 별로 지구 바깥에서도 사람이 살 수 있는 곳이 되었습니다. 올랍 얀센에 의하면 지구 내부의 지각으로부터 지구 바깥 지각까지의 거리는 약 300마일(480km)입니다. 즉 위, 아래에 구멍을 뚫은 달걀을 세워놓고 생각해 보면, 중력 중심은 사물의 중심에 있습니다. 달걀의 중력 중심은 달걀을 깨기 전에는 중앙 노른자의 중심부가 되겠지만 만일 위, 아래 구멍을 내고 속을 비운 달걀 껍질의 두께가 480㎞라면 중력 중심은 당연히 껍질 중간의 240㎞선을 이은 선이 될 것입니다.

버드 소장이 북극의 열려진 구멍을 통해 지구 내부로 비행해 들어갈 때는 다음의 그림처럼 북극 구멍 부분의 만곡부(완만하게 경사진 극구멍)로 자연스럽게 거꾸로 처박히는 자세를 취하며 비행해 들어가게 됩니다. 중력중심선을 감안하면 지구 속 문명인들이 취하고 사는 자연스러운 자세임을 알 수 있습니다.

버드 소장은 1957년 임종 전 남극 너머의 땅에 대해 "하늘에 걸린 마법의 대륙, 영원한 신비의 땅"이라 진술했습니다. 「비행접시들(Flying Sauer)誌」의 편집장인 뢰이 팔머(Ray Palmer)는 다음과 같이 자신의 견해를 밝힌 바 있습니다.

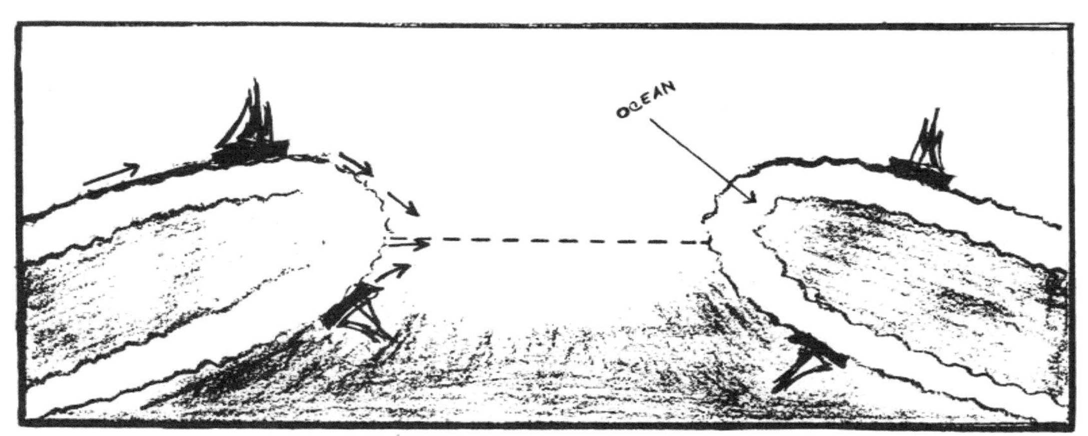

SHIPS SAILING TO THE INSIDE

The Bible, the book of Enoch, and ancient writings of the Chinese, Egyptians Eskimos, Hindus and others tell about the great opening in the north. The wise men of these brown races also teach that there is a race of men UNDER the earth crust. Also that some of their ancestors came from the interior of the earth.

This drawing shows how the needle of the compass works while explorers are passing into the interior of the earth. Notice how the compass would lead them out again, they not knowing the earth was hollow.

"지구는 얼마나 잘 알려져 있는가? 비행접시가 기원가능한 곳으로 여겨지는 어떤 지역이 지구에 있는가? 그러한 곳으로 두 곳이 있습니다. 중요한 두 구역은 바로 남극과 북극입니다. 버드 제독의 양극 지방 너머에 대한 두 번의 탐험 비행은 양극 지역 모두에서 지구 모습에 관해 기존의 통념과 다른 어떤 '이상함'이 있음을 증명해 줍니다. 버드 소장이 발견했던 이 새로운 땅은 지구 밖 지도가 잘 알려진 이래, 어느 지도에도 나와 있지 않으며 지구 밖이 아닌 알려지지 않은 지구 안에 존재합니다. 그런 연유로 인해 버드 소장은 그것을 'Great unknown'으로 표현했습니다." (『텅빈 지구 속』: Raymond Bernard)

북극 구멍 안으로 비행해 들어가며 보이는
반대편 극 구멍 쪽 머리위의 지구 속 바다와 대륙.

원래 태초에 빅뱅으로 불리는 대폭발이 벌어진 후 지구 행성도 여타의 행성과 같이 시뻘건 불덩이로 회전을 시작했습니다. 불덩이가 회전을 하게 되면 용적이 팽창하게 되고 그러기 위해서는 속이 비게 됩니다. 이는 마치 도자기를 빚을 때 점토판을 회전 틀 위에 놓고 돌릴 때나 믹서기 안에 과일을 넣고 돌리면 점토와 과일 조각이 밖으로 쏠리는 현상과 같은 것입니다. 학자들은 대륙이동이 지구가 팽창했던 단서로 보고 그 과정에서 지구내부가 텅비게 되는 현상이 있음을 지적합니다. 많은 학자들은 실제로 지구 뿐 아니라 달, 화성 등 모든 행성이 실은 속이 비어있다고 말합니다.

✈버드 소장의 북극너머 지구 속 비행 일지
-The Missing Diary of Admiral Richard E. Byrd-

✈1947년 3월 11일

나는 미 국무성(펜타곤)에서 열린 한 참모모임에 막 참석했다. 나는 내가 발견한 것과 지구 내부의 최고지도자로부터 전해 받은 그 메시지를 충분히 진술했다. 대통령이 상담했다. 나는 지금 수 시간 동안 억류되어 있다(6시간 39분이 정확하다). 나는 최고 안전부대 한 의료팀에 의해 여념없이 집중적으로 인터뷰를 받고 있다. 그것은 하나의 괴로운 체험이었다. *트루먼 대통령과의 상담.

나는 미합중국의 국가 안정규정에 의하여 엄격한 통제아래에 놓여졌다.
나는 휴머니즘을 위하여(!!!) 내가 알게 된 모든 것에 대하여 침묵하도록 명령받았다. 너무나 엄청나 스스로도 믿기지 않는다! 나는 내가 군인이며 명령들에 순종해야만 한다는 것을 상기했다.

1956년 12월 30일 (마지막 기입)
1947년 이래 경과한 요 지난 수년간(10년간)은 견디기 힘들 정도로 애정이 안가는 세월이었다. 나는 이제 이 유례없이 특이한 일기에 나의 마지막 기재를 하는 바이다. 매듭을 지으면서 지금까지 10년간 나는 지시받은 대로 이 일을 충실히 비밀로 지켜왔다는 사실을 진술해야 한다. 그것은 나의 도덕적 정의의 가치들에 전적으로 반하는 것이었다.

지금, 나는 긴 밤이 오고 있으며 이 비밀이 나와 함께 죽지 않을 것이라는 것을 느낀다. 그러나 모든 진리가 앞으로 그렇게 될 것이듯이, 그것은 승리하게 될 것이며 승리할 것이다. 이것은 인류를 위한 유일한 희망이 될 것이다. 나는 진리를 목격한 바 있으며 그것은 나의 영혼을 생기있게 자극했고 나를 자유롭게 해 주었다!

나는 그 기괴한 군사산업 복합체를 지향한 나의 의무를 다 했다. 지금, 그 긴 밤이 다가오기 시작한다. 그러나, 머지않아 끝이 있을 것이다. 마치 북극의 긴 밤이 끝이 있듯이, 진리의 눈부신 태양빛은 다시 찾아 올 것이며, 어둠의 존재들은 그 태양빛 안에서 실패할 것이다……. 왜냐하면 나는 "극지방 너머에 있는 그 땅과 알려지지 않은 거대한 세상의 핵심"을 본 바 있기 때문이다.

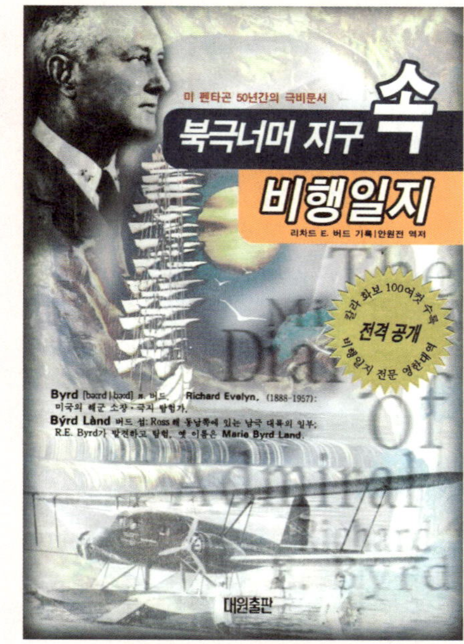

−제독 R.E.B., USN(미해군), 1956년 12월 24일.
✈The Missing Diary of Admiral Richard E. Byrd✈

북극기지

✈1947. 2. 19

−−−−−−−− 시간 :✈
북극을 향해 비행하기 위한 모든 준비들이 완료되었다. 우리는 연료를 가득 채우고

○○時에 이륙했다.(시간은 미 국방성에서 미공개)

-------- 시간 :✈
항공기 우현(右舷) 엔진에서 뿜어져 나오는 짙은 혼합가스가 너무 선명해서, 조정이 이루어졌으며 본 「프랫트 휘트니(Pratt Whitney)」기는 현재 부드럽게 순항중이다.

-------- 시간 :✈
조정석 유선형 덮개 이각(離角) 60°(6분원) 위치로 위치 점검. 태양 나침반으로 우리의 기수 방향을 재점검- 경미한 기수 방향 변화실행, 계획한 진로로 접어듦.

-------- 시간 :✈
비행기지 본부와 무선통신(Radio)점검, 모든 상황 양호하며 라디오 수신이 정상임.

-------- 시간 :✈
항공기 우현(右舷) 엔진에 경미한 기름 누출을 주목, 그러나 오일 압력 표시계기가 정상적인 듯이 보임.

-------- 시간 :✈
2,321 피트의 고도에서 동쪽에서 불어오는 경미한 난기류를 주목했음. 1,700피트로 고도를 수정하여 더 이상의 난기류는 없었으나 선미(船尾)에서 부는 순풍이 증가함에 따라 캬브레터 공기 조절판 통제를 약간 조정하여 항공기는 현재 아주 좋은 상태로 항진중임.

버드 제독이 북극에 도달한 것은 바로 이 비행기 안에서였다.

-------- 시간 :✈
(기지사령부)
베이스캠프 기지와 무선전신 점검, 상황정상.

-------- 시간 :✈
난기류에 또다시 마주쳤음, 고도를 2,900피트로 올림, 다시 부드러운 비행상태가 유지됨.

-------- 시간 :✈
아래에 거대한 얼음과 눈이 시야에 들어옴. 누르스름한 자연의 배색(채색)과 그것이

줄무늬 형태로 흩어져 산재해 있음을 주목함. 또한 비행기 아래로 보이는 이들 더욱 붉고 새빨간 색깔형태를 더욱 자세히 관찰하기 위해 진로를 변경함.이 지역의 범위는 나침반의 북을 기준으로 비행방향을 측정하기 위해 정확히 두 번 회전했다가 귀환할 수 있는 권역임. 또다시 기지 사령부에 위치 점검이 이루어졌으며 비행기 아래 얼음과 눈 속에 펼쳐진 천연색들에 대한 정보를 중계 보고함.

-------- 시간 :✈
자기 콤파스와 회전나침반 모두가 회전하고 흔들거리기 시작하고 있는 중임. 기구사용을 통해 우리의 기수가 향한 방위를 아는 것은 불가능함. 태양을 나침반 삼아 위치를 파악하니 모든 것이 괜찮은 듯이 보임. 비행기의 제어장치들이 표면상은 느리게 반응하고 질적으로 기능이 둔한 듯이 보이나 계기판이 얼고 있다는 징후는 보이지 않음.

-------- 시간 :✈
멀리 산같이 보이는 것들이 나타남!
-------- 시간 :✈
처음 산들의 모습을 본 뒤로 29분의 비행시간이 경과함. 그것은 환영(幻影)이 아님, 그것들은 내가 일찍이 결코 본 적이 없는 한 작은 산맥을 이루고 있는 산들임.

-------- 시간 :✈
고도를 2,950 피트로 바꿈. 또다시 강한 난기류를 마주침.

-------- 시간 :✈
우리는 지금 조그마한 산맥을 넘어가고 있는 중이며 아직도 확인 가능한 한 최선을 다해 북쪽으로 진행 중임. 산맥 너머로 계곡같이 보이는 것이 나타났는데 그 중심부분을 한 조그마한 강 또는 냇물이 관류해 흐르고 있음. 아래에는 어떠한 녹색 계곡도 없어야만 함! 무언가 전적으로 잘못된 듯 하며 이곳은 비정상적임! 우리는 얼음과 눈을 넘어야만 함! 비행기 좌현(左舷)에 산 경사면 위로 거대한 숲들이 울창히 자라고 있는 중임. 우리의 항공 계측기들은 아직도 돌아가고 있는 중이며 회전계측기인 자이로스코프(gyroscope)는 앞뒤로 흔들리고 있음.

-------- 시간 :✈
고도를 1,400 피트로 변경하고 아래에 펼쳐진 문제의 계곡을 더욱 자세히 관찰하기 위해 급속히 좌현 회전을 실행함. 계곡은 이끼 또는 아주 조밀하게 짜놓은 융단같은 초원의 형태를 한 녹색임. 이곳의 빛은 다르게 보임, 더 이상 태양을 볼 수 없음. 비행기를 다시 왼쪽으로 꺾으니 우리 밑에 어떤 종류의 아주 큰 동물같이 보이는 것을 발견함. 그것은 코끼리로 판명됨! 세상에! 이럴수가!

그것은 어떤 초대형 매머드같이 보임! 도저히 믿을 수 없음! 그렇지만 그것이 지금 저곳에 생생히 있음! 고도를 1,000 피트로 낮추고 그 동물을 더 자세히 조사하기 위해 망원경으로 관찰함. 그것이 전적으로 매머드 같은 동물이라는 것이 확인됨! 이 사실을 기지사령부에 보고함.

-------- 시간 :✈
현재 땅이 더욱 완만하게 기복하는 녹색 언덕들과 마주침. 외부온도 표시계가 74°F를 표시함! 현재 계속해서 앞으로 순항중임. 비행 계측기들은 현재 정상으로 보임. 나는 그들의 작동들에 대해 어찌해야 할 바를 모르겠음. 기지사령부와 접촉을 시도함. 무선통신이 작동하지 않음!

-------- 시간 :✈
비행기 아래 펼쳐진 시골 변두리 같이 보이는 곳은(만일 내가 그 말을 사용해도 된다면) 보다 평평하고 정상임. 우리 앞에 어떤 도시와 같이 보이는 것을 발견함!! 이것은 도저히 있을 수 없는 일임! 항공기가 가벼워진 듯하며 기묘하게 부력을 받아 허공에 붕 뜬 듯함. 항법장치들이 전혀 말을 들어먹지 않음!! 맙소사!!

우리의 항공기 좌현(左舷 : 좌측)과 우현(右舷 : 우측) 날개 쪽에 각기 이상한 형태의 항공기가 다소 거리를 둔 채 접근해 있음. 그들은 급속하게 우리 옆쪽으로 가까워지고 있는 중임! 그들은 원반형이며 그들 스스로 빛나 보이게 하는 특성을 가지고 있음. 그들은 이제 그들 원반형 항공기 위에 새겨진 표식을 충분히 볼 수 있을 정도로 가까이 접근해 있음.

그 표식은 내가 밝히지 못할 어떤 이상한 표상(表象)임. 이것은 환상적임. 우리가 도대체 어디에 있는가! 무엇이 일어났는가. 또 다시 항법장치들을 통제하려 분투노력함. 그들은 한사코 반응치 않음!!! 우리는 어떤 종류의 보이지 않는, 움직이지 못하게 하는 결함 속에 잡혀 있음!

-------- 시간 :✈
우리의 무선 교신기가 직직거리더니 아마도 다소 경미한 노르웨이 또는 독일 억양이 섞인 영어 목소리가 흘러나오고 있음! 그 메시지는, “제독, 우리의 영토에 오게 된 것을 환영한다. 우리는 정확히 7분 내로 당신을 예인 착륙시킬 것이다! 긴장을 풀라. 장군, 그대는 우리의 훌륭한 지도하에 있다.”

우리의 비행기 엔진들이 작동하는 것을 멈춘 사실을 주목함! 우리의 비행기가 어떤 이상한 통제하에 놓였으며 지금 제멋대로 선회하고 있는 중임. 항법제어장치들이 쓸모없게 됨.

-------- 시간 :✈
또 다른 무선전신 메시지가 수신됨. 현재 우리는 착륙과정을 시작함. 이어 순식간에 비행기가 경미하게 떨더니, 마치 어떤 거대한 보이지 않는 엘리베이터 안에 갇힌 것처럼 하강이 시작됨! 아래로 강하하는 작동은 느끼지 못할 정도로 대수롭지 않으며

우리는 단지 다소 경미한 동요와 함께 착륙함!

-------- 시간 :✈
비행일지에 마지막 기재사항을 황급히 기입하고 있는 중임. 소수의 남자가 우리 비행기 쪽으로 걸어서 접근해 오고 있는 중임. 그들은 금발머리를 하고 있으며 장신임. 멀리에 무지개 빛 색조로 희미하게 반짝이며 맥동질 치는 한 큰 도시가 있음. 나는 지금 무슨 일이 벌어지고 있는 지 모르겠음. 그러나 착륙진입로 어느 곳에도 무기를 표시하는 표지판은 보이지 않음. 화물 수송기의 문을 열라고 나에게 명령하는 목소리를 지금 들음. 이에 응함.
✈The Missing Diary of Admiral Richard E. Byrd✈

-✈ 비행일지 끝✈ -

✈ 이 지점에서부터, 나는 모든 다음의 사건들을 기억에 의거하여 이곳에 기록한다. 그것은 상상을 허용하지 않으며 만일 그것이 일어나지 않았다면 거의 미친 것처럼 보일 것이다. 무선기사와 나는 비행기로부터 포로로 잡혔으며 우리는 최상의 충심어린 예절로 환대를 받았다. 우리는 그때 바퀴가 전혀 없는 플랫폼같이 생긴 작은 수송기관 위에 올라탔다! 그것은 아주 신속한 속도로 그 빛나는 도시를 향해 우리를 데려다 주었다. 우리가 그 도시에 가까이 다가서니 그 도시는 어떤 수정체로 만들어진 듯이 보인다.

✈곧 우리는 내가 일찍이 전에는 결코 본적이 없는 종류의 어떤 큰 건물에 도착했다. 그것은 후랭크 로이드 라이트(Frank Lloyd Wright)사(社)의 디자인 국(局)의 수준을 벗어난 것이 확실해 보이며, 또는 아마 더욱 정확하게 말해서 벅 라져스(Buck Rogers)의 건물 세팅수준을 넘어선 듯이 보인다!

✈우리에게 어떤 따끈한 종류의 마실 것이 주어졌는데 그것은 일찍이 내가 전혀 맛본 적이 없는 맛을 내는 음료이다. 그것은 맛이 좋다. 10분 뒤, 우리의 놀랄만한 주인인 듯한 두 명의 사람이 우리가 있는 구역으로 와서 내가 그들과 함께 가야한다고 전했다. 나는 응낙하는 외에 다른 선택이 없었다. 나는 뒤에 무선기사를 남겨두고 가까운 거리를 걸어 엘리베이터인 듯이 보이는 것 안으로 들어갔다. 우리는 잠시 아래로 하강했으며 승강기가 멈추더니 문이 조용히 위로 올려졌다! 그리고 나서 우리는 어떤 긴 현관 복도를 따라 내려갔는데 현관은 바로 그 복도의 벽으로부터 발산되는 듯이 보이는 장미빛 조명으로 밝혀져 있다!

✈나를 호송한 두 명중의 하나가 우리가 어떤 거대한 문 앞에 멈추도록 몸짓으로 신호를 한다. 문 너머에 내가 읽을 수 없는 글이 새겨져 있다. 그 큰 문이 소리없이 미끄러져 열렸으며 나는 안으로 들어가도록 몸짓 신호를 받았다. 나를 안내하는 호스트 중 한 사람이 말한다. “겁내지 마시오, 제독. 당신은(정신적) 지도자와의 접견을 갖게 될 것입니다.”

✈나는 안으로 걸어갔으며 내 눈은 그 방에 완전히 가득 채워진 듯이 보이는 아름다운 채색에 순응되었다. 그리고 나서 나는 주변들을 쳐다보기 시작했다. 내 눈에 띈 것은 내 전 면모의 가장 아름다운 모습이다. 그것은 사실상 너무나 아름답고 훌륭해서 이루 말로 다 표현할 수 없다. 그것은 아주 훌륭하고 섬세하다. 나는 그 상황을 가장 적절하게 묘사할 수 있는 어떤 인간의 상세한 술어가 존재한다고 생각지 않는다.

✈나의 생각은 진심에서 우러나온 예절로 어떤 선율적인 음색의 온화하면서도 낭랑한 한 목소리에 의해 중단되었다. "우리의 영역으로 온 것을 환영합니다, 제독." 나는 곱고 섬세한 용모를 하고 있으며 그의 얼굴 위에 세월의 역정이 선명히 그려진 한 남자를 본다. 그는 한 긴 테이블에 자리잡고 있다. 그는 나에게 그 의자들 중의 하나에 앉으라고 몸짓한다. 내가 의자에 착석한 뒤, 그는 그의 손가락 끝을 함께 모으고 미소짓는다. 그는 또다시 부드럽게 말을 하며 다음과 같이 알려준다. "우리가 당신을 이곳에 모신 이유는 당신이 고상한 인격자이며 지구 바깥 세계에 아주 잘 알려진 사람이기 때문입니다. 제독!"

✈지구 바깥 세상, 나는 작은 목소리로 반쯤 숨을 헐떡였다! "그렇습니다."그 지도자는 미소를 머금고 대답한다. "당신은 지구 내부세계인 아리안니(Arianni)족의 영유권 안에 있습니다. 우리는 당신의 사명을 오래 지체시키지 않을 것이며 당신은 지구바깥 지표와 그 너머 거리까지 안전하게 호위되어 귀환하게 될 것입니다. 제독, 그러나 지금 나는 당신이 왜 이곳으로 소환되었는지를 말하고자 합니다.

✈우리의 관심은 당신의 인간종족이 일본 히로시마, 나가사키 전역에 걸쳐 첫 번째 원자폭탄을 터뜨린 바로 직후에 정확히 시작되었습니다. 당신들 인류가 무슨 짓을 했는지 조사하기 위해 우리가 당신들이 살고 있는 지구 바깥 세계로 우리의 비행기구인 '훌루젤라드(Flugelrads)호'를 파견한 것이 바로 그때의 비상경보시간 때였습니다. 물론 그것은 지금은 이미 지나간 과거의 역사입니다.

✈나의 경애하는 제독, 하지만 나는 계속해서 밝혀야겠군요. 그러니까, 우리는 일찍이 당신들 인류간의 전쟁들, 그리고 만행에 참견한 적이 결코 없습니다. 그러나 이제 우리는 당신들이 인간을 위한 것이 아닌 원자에너지라 하는 어떤 힘을 무장하는 것을 배웠으므로 당신들에게 참견해야 합니다. 우리의 사신들은 이미 당신세계의 권력자들에게 우리의 메시지들을 전달한 바 있습니다. 그럼에도 불구하고 아직도 그들은 주의를 기울이고 있지 않습니다. 이제 당신은 지구 안에 우리의 세계가 확실히 실존하고 있다는 사실을 증거하기 위하여 증인으로서 이곳에 선택되었습니다. 아시다시피, 장군, 우리의 문화와 과학은 당신들 지구 밖 인류의 수준보다 수수천년이나 앞서 진보해 있습니다."

✈나는 도중에 끼어들었다. "하지만 이것이 나와 무슨 상관이 있다는 겁니까, 귀하." 그 지도자의 눈은 내 마음속을 깊숙이 꿰뚫어 보는 듯이 보였다. 그리고 잠시 얼마 동안 나를 면밀히 살펴본 뒤에 그는 대답했다. "당신들 지구 밖 인류는 이제 더는 돌

아올 수 없는 지점까지 도달해 있습니다. 왜냐하면 당신들 가운데 스스로 알다시피 그들의 권력을 포기하는 것 보다 다름아닌 당신들의 세계를 파괴할 사람들이 있기 때문입니다."

✈나는 머리를 끄덕였다. 그리고 그 지도자는 계속 말을 이었다. "1945년과 그 이후에, 우리는 당신네 종족을 접촉하고자 노력했습니다만, 우리의 노력들은 적개심으로 직면되었으며 우리의 우주비행선 훌루젤라드는 피격을 받았습니다. 그렇습니다. 심지어 당신들의 전투기들에 의해 악의와 증오로 추적받기까지 했습니다. 그래서 지금 나는 당신, 나의 아들에게 말합니다. 당신의 세상에 거대한 폭풍의 소용돌이가 휘몰아치고 있습니다. 그 검은 격노의 폭풍은 수년간 스스로 소멸되지 않을 것입니다. 당신네 군대 안에는 응답이 없을 것입니다. 당신네 과학 안에는 안전이 없을 것입니다. 당신들 문화의 모든 꽃이 짓밟힐 때까지 그리고 모든 인간적인 것들이 방대한 혼돈 속에서 파괴될 때까지 그것은 맹위를 떨칠 것입니다.

✈당신네의 최근의 전쟁은 단지 당신네 종족이 언젠가는 맞이하게 될 것의 서곡이었습니다. 우리는 여기서 그것이 시시각각 보다 명백하다는 것을 알고 있습니다. 당신은 내가 실수하고 있다고 생각합니까?""아닙니다."나는 대답했다. "그것은 이전에 한 번 일어났었으며, 그 암흑시대가 도래하여 그들은 500년 이상을 지속했습니다.""그렇습니다, 나의 아들."그 지도자는 대답했다.

✈"그 암흑의 시대는 지금 당신네 인류에게 다가와 지구를 마치 음침한 장막처럼 에워쌀 것입니다. 그러나 나는 당신네 종족의 약간은 그 폭풍을 이기고 살아남을 것을 믿습니다. 그 너머 이상의 것에 대해 나는 말할 수 없습니다. 우리는 아주 멀리에서 당신의 종족의 폐허들로부터 어떤 새로운 세계가 그 자신의 분실된 바 있는 전설상의 보물들을 찾으려 발동하고 있음을 봅니다.

✈나의 아들, 그들은 우리의 관리 안에서 안전히 이곳에 있을 것입니다. 그 때가 당도하면 우리는 당신네 문화와 종족들을 소생시키는 것을 돕기 위해 또다시 앞으로 나서게 될 것입니다. 아마도 그때까지 당신은 전쟁과 그것의 투쟁의 무용성을 배우게 될 것입니다. 그리고 그 시간 뒤에 당신의 종족으로 하여금 다시 한 번 시작할 수 있도록 당신의 문화와 과학이 되돌아오게 될 것을 확신합니다. 내 아들, 당신은 이제 이 메시지를 가지고 지구 밖 세상으로 돌아갈 것입니다."

✈이들 끝맺는 말들과 함께 우리의 회견은 끝이 난 듯이 보였다. 나는 마치 꿈속을 노니는 것 같이 잠시 서 있었다. 그러나 그럼에도 불구하고 나는 이것이 실제였다는 것을 알았다. 그리고 내가 존경과 겸손으로 가볍게 인사한 약간의 이상한 이유에 대해서, 나는 그것을 알지 못한다. 갑자기, 나는 나를 이곳으로 데려온 두 명의 아름다운 담당인들이 또 다시 내 곁에 와 있다는 사실을 알아차렸다.

✈"이쪽입니다. 장군."한 사람이 몸짓을 했다. 나는 떠나기 전에 한 번 더 몸을 돌려

그 지도자를 향해 뒤돌아보았다. 어떤 온화한 미소가 그의 섬세하고 노화된 얼굴 위에 선명히 그려졌다. “안녕, 나의 아들.” 그는 말했다. 그리고 나서 그는 사랑스럽게 보이는 가냘픈 손으로 평화의 어떤 동작을 지었으며 우리의 회견은 진실로 끝이 났다. 급히 서둘러, 우리는 그 지도자의 방에 나 있는 거대한 문을 통해 걸어나왔으며 또 다시 엘리베이터 안으로 들어갔다. 그 문은 아래쪽으로 소리없이 미끄러져 내려갔으며 우리는 갑자기 위를 향해 올라가고 있었다. 안내자 중의 한 사람이 다시 한번 말했다.

✈“이제 우리는 서둘러야만 합니다, 제독. 최고 지도자가 당신이 당신의 예정된 시간표에 더 이상 지체하지 않기를 바라십니다. 당신은 당신네 세상의 종족들에게 전해줄 그의 메시지를 가지고 돌아가야만 합니다.”나는 아무런 말도 하지 않았다. 내가 겪은 이 모든 일들은 거의 믿음을 뛰어넘는 것이었다. 그리고 또 다시 나의 복잡한 생각들은 우리가 멈추어 섰을 때 방해를 받았다. 나는 그 방에 들어갔으며 그 방에서 나의 무선기사와 다시 합류했다. 그는 그의 얼굴에 어떤 근심스러운 표정을 지었다. 나는 접근하자마자 말했다.
✈“모두 옳아, 호위(Howie), 모두 옳아.”그 두 명의 호송자는 우리에게 대기하고 있는 수송기관 쪽을 향해 가자고 몸짓했다. 우리는 올라탔으며, 이윽고 우리의 비행기가 있는 곳으로 되돌아 왔다. 엔진들이 저속으로 공전하고 있었는데 우리는 즉시 탑승했다. 전체의 대기는 어떤 비상공기로 채워진 듯이 보였다. 그 화물수송기 문이 닫힌 뒤에 비행기는 우리가 고도 2,700피트에 도달할 때까지 곧바로 보이지 않는 힘에 의해 들어 올려져 띄워졌다. 두 대의 항공기가 우리의 양측에서 약간의 거리를 두고 귀환길로 우리를 활강시켰다. 나는 여기에서 진술해야 한다. 공기속도계가 어떤 치수도 나타내지 않았다. 그럼에도 불구하고 우리는 매우 빠른 속도로 움직이고 있었다.

-------- 시간 :✈
라디오 메시지가 흘러나왔다. “우리는 이제 당신을 떠나는 중입니다. 제독, 당신의 항법통제는 자유입니다. 안녕(독일어로, Auf Wiedersehen!!!)”우리는 그 훌루젤라드가 희미한 창공 속으로 사라질 때, 잠시 동안 쳐다보았다. 항공기가 갑자기 잠시 맹렬하게 불어 내리는 바람에 잡힌 듯이 느껴졌다. 우리는 재빨리 항공기의 통제를 회복했다. 우리는 얼마간의 시간 동안 아무말도 하지 않았다. 각자 나름대로 생각중이다.

비행일지에 있어 기입 계속됨

-------- 시간 :✈
우리는 또다시 얼음과 눈으로 둘러싸인 방대한 지역 위에 놓였는데 베이스 캠프(기지 사령부)로부터 거의 27분 거리이다. 우리는 그들에게 무선전신을 보냈으며 그들이 응답함. 우리는 모든 조건들이 정상… 정상이라고 보고함. 기지사령부는 우리의 접촉이 재수립된 것에 대해 구호할 것을 표시함.

-------- 시간 :✈
우리는 기지 사령부에 부드럽게 착륙함. 나는 하나의 사명…을 가지고 있음…….

- 비행일지 기입 끝 -

로켓이 대기권을 빠져나가기 위한 임계(한계)속도는 1초당 11㎞가 필요합니다. 그런데 지구의 자전 속도는 초당 27㎞가 넘는 엄청난 속도로 돌고 있으므로 이론상으로는 지상의 모든 사람, 동물, 가옥, 물건들은 대기권 밖으로 휩쓸려 나가야 하며 통념대로 지구속이 암반과 지층으로 가득 차 있다면 지구는 자전속도를 이기지 못하고 산산조각이 나야 합니다. 이는 과학적인 기초상식만 있어도 지구 속이 비어 있음을 뒷받침하는 것입니다. 더욱이 반 알렌(Van Allen)이 발견한 지구를 에워싼 방사능 복사 띠, 반 알렌 대가 북극과 남극이 뻥 뚫린 도우넛 형이라는 사실은 이러한 입장을 더욱 뒷받침합니다.

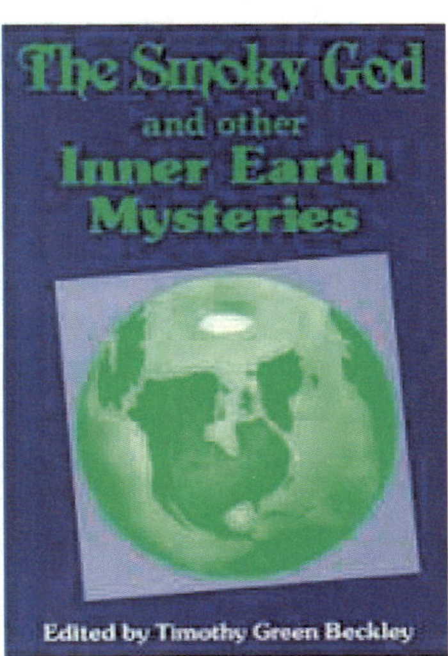

아폴로 12호, 14호는 달 표면의 계측활동을 한 지진계 기록에서 달의 내부가 특이한 구조임을 밝혀낸 바 있습니다. 즉 운석이 충돌할 때마다 달이 거대한 종처럼 울려서 속이 빈 사실을 밝힌 것입니다. 이러한 사실은 지구에서도 동일하게 나타났습니다. 1950년 핀란드 헬싱키에서 열린 세계 지진학회 모임에서는 이 지진의 충격이 너무나 격렬하여 지구라는 행성 자체가 거대한 종이 울리듯 울렸으며, 이 울림은 상당 시간에 걸쳐 지진 관측소에서 기록되었다고 말합니다. 또한 1964년 5월 24일 알래스카 앵커리지 대지진으로 지구가 다시 한 번 울렸으며 과학자들은 이러한 사실들에 대해 전율했습니다.(『지구 속 문명』 안원전 역. 서문 중)

올랍 얀센에 의하면 애초에 우리의 이 오래된 세상은 오직 지구 내부 사람들을 위해서 창조되었다고 합니다. 그 곳에는 구약 성서에 등장하는 네 개의 거대한 강인 유프라테스 강, 비손 강, 기혼 강, 힛데겔 강이 자리 잡고 있습니다. 이들 강의 동일한 이름들은 지각의 바깥쪽으로 뻗어나간 작은 지류들에 적용되어 태고 이래로 인간의 기억너머로 전승되어 남은 것입니다.

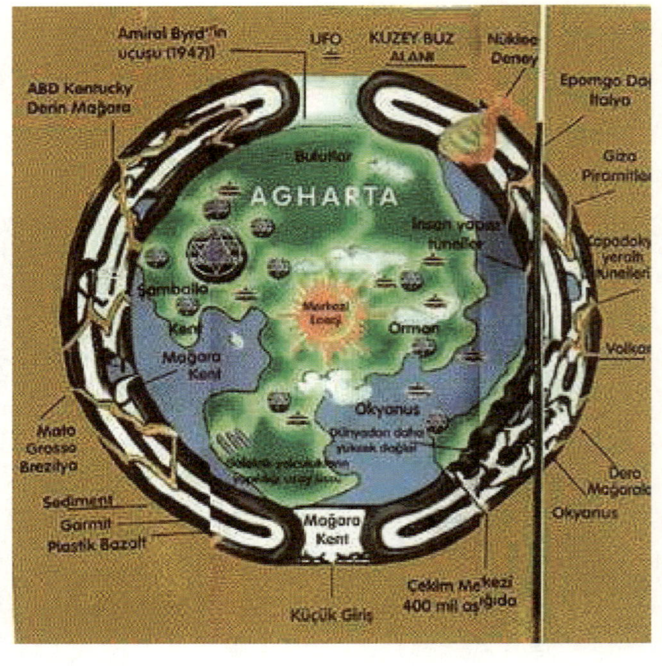

그는 이들 네 개 강의 수원지 가까이에 있는 높은 산 정상에서 오랫동안 잃어버린 지구의 실제 배꼽(지구 밖은 수미산인 곤륜산)을 발견했으며 거대한 식물과 동물들이 서식하는 이 경이로운 지구 내부 세계에서 2년 반 동안 공부하고 답사했습니다. 그 곳은 구약 기록상 최장수한 므두셀라 Methuselah와 다른 성서의 인물들이 살고 간 이후 사람들이 수백 년 동안 살 수 있는 곳이며 내부지각의 1/4은 물(대양)이고 3/4은 육지인 곳입니다.

큰 대양들과 많은 강과 호수가 있고 도시의 건축물들은 버드 소장이 동일하게 증언하고 있듯이 극치에 이를 정도로 완벽하고 웅혼 장려합니다. 금이 천지에 널려 웬만한 사원은 황금으로 입힌 호화로운 황금사원이며 문고리, 장식 등 모든 부분이 금으로 세공되었습니다. 그들의 운송수단은 버드 소장이 증언하듯 바퀴 없는 도로가 목적지로 신속히 이동하는가 하면 외길철로 위로 자기부상 열차가 신속히 오가는데 수평 이동 뿐 아니라 직 상승, 직 하강 등이 자유자재로 가능한 것이 수평이동만 하는 우리 지구 밖 기차와는 다릅니다.

지구내부의 하늘 한가운데에는 전기의 중심지인 내부태양이 있는데 우리의 태양처럼 빛으로 빛나는 것이 아니고 어떤 하얗고 온화하며 빛으로 반짝이는 구름으로 둘러싸인 선명성이 다소 떨어지는 붉은 불의 거대한 공입니다. 그것은 언제나 지구내부의 환경을 온난하게 지켜주며 불변의 중력 법칙에 의해 지구 속의 정중앙에 고정된 채 스스로의 빛을 발하고 있습니다. 지구 속 문명인들은 이 빛나는 전기구름을 연기의 신(The Smoky God)이 사는 곳으로 믿고 있으며 그것을 최고 높은 옥좌로 믿고 신앙합니다.

올랍 얀센은 지구내부의 몇몇 강들은 수량으로 따져 미시시피 강과 아마존 강들이 합해진 것보다 더 크다고 주장합니다. 실로 그들 강의 거대함은 그 길이보다 폭과 깊이에 의해 결정됩니다. 그들이 지구 내부 지표를 따라 남북으로 흐를 때 거대한 빙산이 발견됩니다. 이 강들의 일부는 폭이 15-20마일(24-32㎞)정도이고 길이는 40-100마일(64-160㎞)에 이릅니다. 한강 폭이 평균 2㎞로 쳐도 그들 강폭은 10여 배가 넘을 정도로 어마어마한 것입니다.

지구내부는 하루에 약 30분씩 적절하게 비가 내리므로 모든 농작물, 식물들이 크고 풍성하게 자랍니다. 포도송이들은 길이가 4-5피트(122-152㎝)이고 각각의 포도알은 오렌지만큼 크고 지구 내부세계에서 가장 잘 자란다는 사과는 사람머리 보다

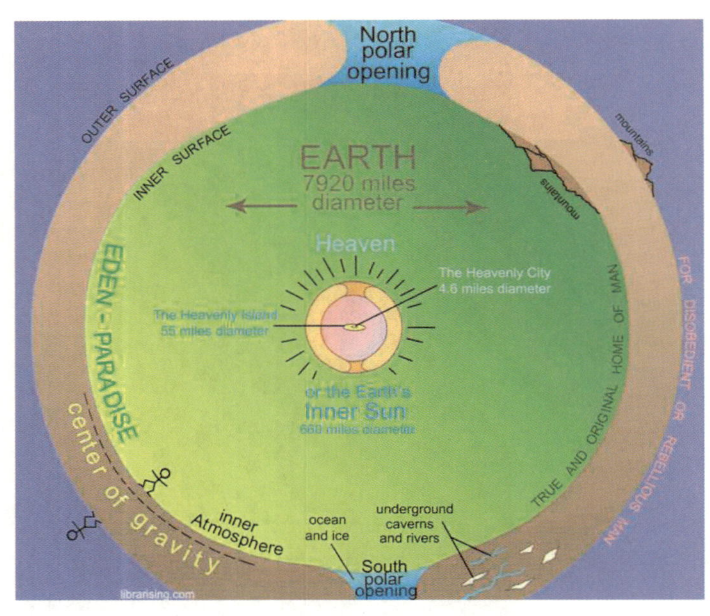

큽니다. 고고학자들은 시베리아 북극 해변가와 수많은 섬 주위에 방대하게 널려있는 코끼리 상아 무덤(bone yard)이 홍적기 시대에 살았던 것으로 말하고 있습니다.

그러나 올랍 얀센에 의하면 그것은 들과 숲 그리고 지구 내부세계의 수많은 강둑 위에 풍부하게 서식하고 있는 다양한 동물 군에서 비롯한 것이며, 매머드, 상어 뼈는 지구내부의 조류를 타고 북극해류를 넘어 북극 위에 떠있는 부빙(浮氷)위에 도달하여 시베리아 해안, 섬 주위에 표류하는 나무같이 오랜 세월 동안 축적되어 방대한 코끼리 뼈 무덤을 이루었다고 합니다.

얀센은 지구내부 도시 중 예후 시, 에덴 시외에 니기(Nigi), 델프트(Delft), 헥티아 시 등을 방문했는데, 델프트 시 근처에서 100-800피트(30m-240m)높이에 100-120피트 직경에 걸쳐 해변가 숲을 채우고 있는 것을 보았다고 증언합니다. 조류학자는 새들이 어떤 이유에서인지 모르나 자주 북극을 향해 날아간다고 보고하며 북극 탐험가들은 어디에서인지 모르지만 시베리아에는 없는 꽃가루 등이 오색찬란하게 극지방을 수놓는다고 증언합니다. 지구 내부의 풍부하고 살기 좋은 생태계로 인한 것임은 물론입니다.

얀센은 몇몇 새들이 거대한 날개를 펴니 양 날개 길이가 30피트(9m) 정도로 보였으며 한 둥지에 들어있는 5개의 알 크기가 각각 2피트(60cm) 길이에 반경이 15인치(38cm)였다고 증언합니다. 또한 지구 북극입구 쪽의 모래해변에 수천 마리의 민물 거북이들(남생이)을 보니 그 크기가 25-30피트(7.62m-9.14m) 길이, 15-20피트(4m-6m) 폭, 꽉 찬 7피트(2.13m) 높이를 하고 있다고 말하고 펭귄 떼를 보니 펭귄의 선 키가 9피트(2.7m)였다고 증언합니다.

또 500마리 정도의 엄청난 무리의 코끼리 떼를 보았는데(버드 소장이 비행기에서 내려다보고 탄성을 지른 것과 내용일치) 그들의 평균 몸 둘레 길이는 100피트(30m), 키는 75-85피트(23-26m)가 족히 넘어 보였다고 말합니다. 26m키는 6, 7층 건물 높이의 코끼리이니 그 거대함을 짐작할 수 있습니다. 로버트 B. 쿡(Robert B. Cook)은 1884년 저서 『지식(knowledge)』 에서 다음과 같이 말합니다.

"북극의 빙하 퇴적물 속에서 매머드뿐만 아니라 머리털이 난 코뿔소, 순록, 하마, 사자, 하이에나가 발견되었는데 이들은 추운 기후를 견디지 못하고 죽은 것으로 빙하시대의 혹독한 기간 찾아든 여름 방문자들이었거나 아니면 그 지역이 보다 온화한 지역으로 있었던 기간 그 지역에 붙박이로 살던 서식 동물들이었음에 틀림없다. 그러나 매머드만큼 오래되지 않은 나머지 동물들의 생태학적 삶의 형태를 고려하면 이들 동물들이 빙하기 동안 남쪽기후로부터 찾아와 죽은 것이 아니라, 지구 내부의 땅에서 살다 나와 이곳으로 와서 얼어 죽은 것이 확실하다. 그렇지 않다면 오늘날 살고 있는 동물들이 현재 지구내부에 살고 있는 서식 동물인 매머드의 유해와 나란히 발견되지 않았을 것이다."
-마샬 B. 가드너 『지구 내부로의 여행』 중-

19C 프랑스 동물학자 조르쥬 퀴비에는 동물들이 얼어붙어 있는 곳은 원래 얼음이 없었는데 이는 그들이 추운 환경에서는 살 수 없기 때문이며 그들이 살고 있던 장소가 얼어붙은 것이라는 지극히 상식적인 결론은 내린바 있습니다. 올랍 얀센은 지구 속 문명인들에 대해 다음과 같이 말합니다.

"그들은 75-100세 전에는 남자들이 결혼하지 않으며 여성이 결혼하는 나이는 단지 조금 더 어릴 뿐이다. 남성, 여성 모두는 보통 6백-7백세를 사는데 일부는 더 오래 살기도 한다."

참고로 이들과 교류하고 있는 시리우스 성좌의 외계인은 3,000-4,000세 수명에 60-70세 되어야 결혼을 하며 플레이아데스 인들은 1,000세를 산다고 합니다. 『지구 속 문명』 에 의하면 그들 하이프로빈(hyprobean) 문명 족은 매우 음악적인 예술

과 과학, 특히 기하학과 천문학에 있어 상당한 수준에 올라있습니다. 도시들은 방대한 음악 궁전들을 잘 갖추어 놓고 있는데 그곳에서는 종종 2만 5천명이나 되는 이들 거인 족의 원기 좋은 목소리들이 만들어내는 가장 장엄한 교향악들의 힘있는 합창이 울려 퍼집니다. 아이들은 20세가 되기 전에는 교육기관에 다니게 되어있지 않으며 20세가 되면 학교생활이 시작되는데 30년 동안 계속됩니다. 그 기간의 10년은 남녀 모두 한결같이 음악공부로 할애합니다.

모종의 주기로 개폐운동을 하는 북극&극광(오로라)

97년 1월 16일(木) 중앙일보를 비롯한 각 일간지에 AP 연합통신 발(發) 기사로 충격적인 내용이 공개되었습니다. 먹고 사는데 만 급급한 일반 서민이야 눈에 들어오지도 않았겠지만 내용만큼은 가히 충격적인 것이었습니다. 독자들을 위해 전문을 그대로 소개합니다. 이 기사는 북극바다 밑에 '물 굴뚝' 이란 타이틀로 지구속과 밖이 통하는 입구가 실제 개방되어있다는 사실을 전 세계에 공식적으로 확인해 주었습니다.

--北極 바다 밑에 '물 굴뚝' --
--美러 軍극비자료 동시공개 --

미국과 러시아가 냉전시절 40여 년 간 군사목적으로 수집한 북극해에 관한 비밀정보가 처음으로 공개돼 지구기상변화의 수수께끼를 풀 실마리가 될 것으로 기대되고 있다. 앨 고어 미 부통령은 14일 국립지리학회 주최로 열린 북극해 정보 디스크 공개 식에서 "미국과 러시아가 1백 30만회에 걸쳐 관측한 자료들의 공개로 기상연구에 큰 진보가 예상된다." 고 말했다.

미국과 옛소련은 냉전기간 중 북극지역을 미래의 전장(戰場)으로 상정, 이 지역의 기상, 해류, 빙산 등에 관한 정보를 모아 비밀리에 보관해 왔다.

자료공개는 고어 부통령이 과학연구를 위해 미중앙정보국(CIA)에 요청한데 이어 빅토르 체르노미르딘 러시아 총리와 만나 공동보조를 취하기로 해 이뤄졌다. 과학자들은 이 자료에서 특히 북극해의 물이 그린란드와 노르웨이 북단 사이의 바다 밑으로 가라앉는 통로인 이른바 '굴뚝'이 존재한다는 사실을 확인했다며 흥분하고 있다.

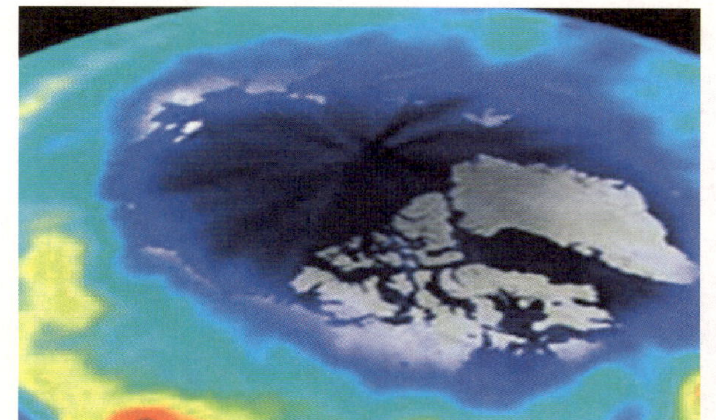

북극 구멍의 소용돌이치며 오목한 물 굴뚝.

제임스 베이커 미국립 해양대기 관리국(NOAA) 국장은 "북극해 물의 침강현상에 대한 지식은 지구온난화 등 기상변화를 이해하는데 큰 도움이 될 것"이라고 논평했다. 이 '굴뚝'은 폭이 수 km 밖에 안되고 지속시간도 짧아 포착하기 어려우나 러시아 자료들을 종합적으로 검토한 결과 확인됐다고 미 과학자들은 말했다. 『워싱턴-AP연합』 -중앙일보 97년 1월 16일 기사-

--美·러 北極海정보 공개--
--기상변화 신비 실마리--

냉전시절 미국과 러시아가 군사목적으로 수집한 북극해(北極海)에 관한 비밀정보가 공개돼 지구기상변화의 시비를 풀 단서가 될지도 모른다는 기대를 모으고 있다. 美국립 해양대기 관리국(NOAA)측이 14일 공개한 자료중 가장 관심을 끄는 것은 북극의 해류 단면도다(사진).

NOAA는 따뜻한 물이 그린랜드 해분(海盆)으로 흘러들어 냉각된 뒤 바다밑 '굴뚝'을 타고 북극으로 이동한다고 밝혔다. 이번에 새로 밝혀진 '굴뚝'의 폭은 수 ㎞에 불과하고 지속시간도 매우 짧은 것으로 알려졌다. 앨 고어 미국 부통령은 이 날 내셔널 지오그래픽 협회에서 열린 북극해 정보 공개식에 참석해 『이번에 공개되는 자료가 기상변화의 수수께끼를 풀 실마리가 될지도 모른다』고 말했다.

이날 공개된 디스크는 총 4개로 제작될 북극해 관련 정보 디스크 중 첫 번째로 미국과 러시아가 냉전시절 40년간 주로 군사목적을 위해 1백 30만 회 이상에 걸쳐 실시한 북극해 관측자료가 수록되어 있다. 『워싱턴-AP연합』 -조선일보 97년 1월 16일

기사-

侍

얀센은 북극속으로 들어가면서 민물이 존재하고 꽃가루가 날리며 온도가 높다고 했다. 적외선 촬영결과 남극, 북극의 극지방 온도가 지구에서 높은 것으로 드러났다.

이 공개된 정보 가운데 새로운 사실을 알 수 있는 기사는 굴뚝의 폭이 수 ㎞에 불과하고 극 구멍이 열려져 있는 지속시간이 매우 짧아 열려져 있는 순간을 포착하기 어렵다는 부분입니다. 버드 소장이 극 구멍을 통해 들어갔을 때 극 구멍의 크기나 주변 상황에 대한 기록은 해 놓지 않았으므로 구체적인 정보는 알 수 없었었습니다. 그러나 이 정보로 인해 북극 주위에 형성된 굴뚝 형태의 바다절벽이 마치 말미잘이나 해파리의 입처럼 모종의 주기를 가지고 쩍 벌어졌다 오므라드는 개폐운동을 함을 알 수 있습니다.

그것은 북극의 자궁이 신축성 있게 열렸다 닫혔다하는 개벽운동임을 알 수 있게 해주는 중요한 단서가 됩니다. 이런 상황에서 올랍 얀센의 경험과 비교해 한 가지 더 추측해 볼 수 있는 것은 바다에 밀물과 썰물이 있는 것처럼 북극해의 조수 역시 지구 속과 지구 밖으로 일정한 주기를 통해 뒤바뀐다는 사실입니다.

일찍이 올랍 얀센과 그의 아버지는 지구 속 문명세계에서 2년 반 동안 살다 그들과 작별하고 지구 밖으로 귀환하기 위해 북극 극 구멍 가까이 갔다가 지구 밖으로부터 밀어닥치는 역풍과 조수에 의해 무동력 범선이 더 이상 전진을 못하자 아예 방향을 바꾸어 남극 밖으로 빠지는 썰물과 순풍을 타고 기적적으로 살아 나온 바 있습니다. 이러한 올랍 얀센의 고백은 일정한 주기를 갖고 뒤바뀌는 극 구멍 주위의 조수환경을 잘 증명해 주고 있습니다. 또한 극 구멍이 마치 살아있는 해파리 입처럼 벌렸다 닫혔다 한다는 데서 지구도 하나의 살아있는 생명체로 스스로 생각하고 행동한다는 제임스 러브 록의 가이아 이론(Gaia theory)은 지극히 합당하지 않을 수 없습니다.

한편 이보다 앞선 95년 12월에는 미국의 대중 주간지 「위클리 월드 뉴스(Weekly World News)」가 미 우주 항공국(NASA) 소식통들의 말을 빌어 지하에 빛과 산소 없이도 생존할 수 있는 생명체가 있다는 실로 세계가 깜짝 놀랄만한 정보를 공개했습니다. 지구 속에는 빛은 물론 산소도 있습니다. 이것은 지금까지 알아본 바와 같이 지구내부에 존재하는 문명세계에서 보내는 전파를 수신한 NASA과학자들이 엄청난 과학문명을 가진 모종의 지성체 휴머노이드(Humaoid)가 존재하고 있는 것은 같은데 지구구조의 몰이해 내지는 이와 같은 입장을 수용하지 않는 차원에서 지구내부가 어둡다는 가정 하에 추측한 말일뿐입니다. 우선 이 기사를 외신으로 받아 번역해 소개한 〈「스포츠 서울」 1995년 12월 17일 기사, 김혜경 기자〉를 살펴보기로 합니다.

〈김혜경 기자〉 * "지구지하에 고 지능 생물체 있다" 미 NASA 소식통들 '깜짝' 주장. 지난해 10월부터 우주 항공기지로 전파 보내 대화 시도. 복잡한 수학적 암호로 된 송신문 비공개 해독 중. 뉴스지가 이렇게 주장하는 근거는 지난해 10월 30일부터 간헐적으로 지표로부터 수백km 떨어진 지구중심부에서 플로리다주 케이프 카베랄의 우주항공기지로 전파를 보내고 있다는 것이다. 이 전파는 높은 지능과 고도로 발달된 생활양식을 가진 생명체로부터 보내진 것 같다는 것.

익명을 요구한 NASA의 고위 간부는 "지하세계에 사는 사람이나 물체가 우리와 대화를 하려고 하는 것이 틀림없다"며 지반과 암반을 통과, 수백km 위의 지표로 전파를 보낼 수 있을 정도라면 대단한 기술수준일 것이라고 말한다. 이처럼 지구중심부로부터 발사된 전파는 첨단위성의 도움으로 수신됐는데 그 송신 문은 복잡한 수학적 암호로 되어있다는 것.

다른 NASA소식통에 따르면 "복잡하긴 하지만 과학자들이 이 암호를 푸는데 큰 어려움은 없다"고 했으나 구체적인 내용을 밝히기는 꺼려했다. 공개를 하지 않는 이유는 전파의 내용에 비록 적의가 없다 하더라도 논쟁을 제공할 소지가 있기 때문이라는 것이다. "내용을 공개함으로써 쓸데없이 대중을 공포에 떨게 하느니 내용을 공개하지 않고 과학자들이 완벽하게 해석하도록 하는 것이 바람직하다고 생각 한다

" 고 덧붙인다.

이 소식통은 지표아래 문명이 존재한다거나 생명체가 생존할 수 있다는 것을 잠꼬대처럼 여겨온 과학자들은 그 동안 주장해온 학설이 깨진데다가 그곳으로 회신을 보낼 수 있는 기술이 부족하다는 점에서 당혹스럽게 생각하고 있다고 전했다. 전파를 보낸 주체가 누구든 간에 지상의 인류는 그들에 대해 거의 알지 못하고 있는데 비해 그들은 인류를 잘 알고 있다는 점에서 전율하고 있다는 것.

또 다른 소식통은 "이 전파를 수신한 것이야말로 금세기 최고의 발견" 이라며 "그 동안 우리는 우주만이 마지막 남은 개척지라고 생각해왔지만 지구 안에 미개척지가 남아있다는 사실을 알려주는 것" 이라 대단히 반가운 사실이라고 말한다. 이 같은 뉴스 지의 기사내용은 NASA의 소식통을 밝히지 못했다는 점에서 '믿거나 말거나' 같은 기사이긴 하지만 최근 'FBI비록(秘錄) X파일' 같은 TV시리즈를 좋아하는 현대인들이 호기심을 가질 만한 내용임에는 틀림없다. 〈김혜경 기자〉

北極바다 밑에 '물굴뚝'

美·러 軍극비자료 동시공개

미국과 러시아가 냉전시절 40여년간 군사목적으로 수집한 북극해에 관한 비밀정보가 처음으로 공개돼 지구기상변화의 수수께끼를 풀 실마리가 될 것으로 기대되고 있다.

엘 고어 미 부통령은 14일 국립지리학회 주최로 열린 북극해정보 디스크 공개식에서 "미국과 러시아가 1백30만회에 걸쳐 관측한 자료들의 공개로 기상연구에 큰 진보가 예상된다" 고 말했다.

미국과 옛소련은 냉전기간중 북극지역을 미래의 전장(戰場)으로 상정, 이 지역의 기상·해류·빙산등에 관한 정보를 모아 비밀리에 보관해왔다.

자료공개는 고어 부통령이 과학연구를 위해 미 중앙정보국(CIA)에 요청한데 이어 빅토르 체르노미르딘 러시아 총리와 만나 공동보조를 취하기로 해 이뤄졌다. 과학자들은 이 자료에서 특히 북극해의 물이 그린란드와 노르웨이 북단 사이의 바다밑으로 가라앉는 통로인 이른바 '굴뚝' 이 존재한다는 사실을 확인했다며 흥분하고 있다.

제임스 베이커 미국립해양대기관리국(NOAA) 국장은 "북극해 물의 침강현상에 대한 지식은 지구온난화등 기상변화를 이해하는데 큰 도움이 될 것" 이라고 논평했다.

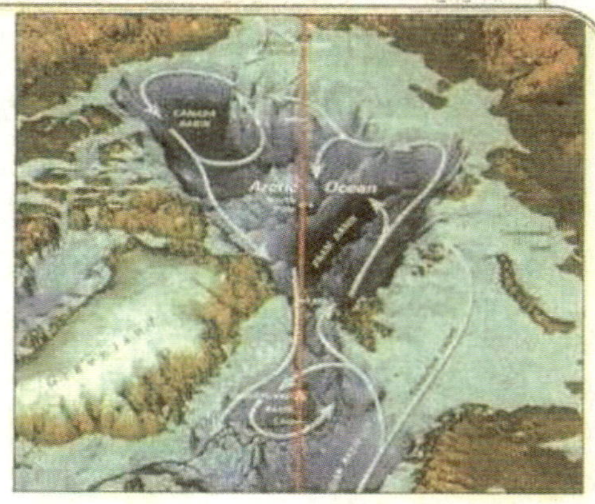

북극해의 해류가 그린란드 부근에서 차가워져 깊은 곳으로 가라앉은뒤 이동하는 경로를 보여주는 북극해 단면도. [워싱턴 AP=연합]

이 '굴뚝' 은 폭이 수㎞밖에 안되고 지속시간도 짧아 포착하기 어려우나 러시아 자료들을 종합적으로 검토한 결과 확인됐다고 미 과학자들은 말했다. [워싱턴 AP=연합]

▲ 〈스포츠서울〉 1995년 12월 17일 금요일

▲▲ 〈중앙일보〉 1997년 1월 16일 목요일

지구 속이 비어있다는 지구공동 설은 르네상스 기의 바티칸 교황청에 의해 화형된 이태리 중세 철학자 브루노(Bruno: 1548-1600)가 코페르니쿠스의 영향을 받아 주장하면서 그 실마리를 열었습니다. 1682년 핼리혜성을 발견한 핼리는 1692년 런던의 영국학사원에서 "약 800㎞ 의 두께를 가진 지구의 지각 밑에는 공간이 있으며 이 공간 내부에는 3개의 천체가 존재하는데 이들 천체의 크기는 화성, 금성 아니면 수성과 맞 먹는다" 고 주장하여 지구 속이 비어있음을 주장했습니다.

또 스위스의 유명한 고등 수학자이자 물리학자로 오일러 방정식을 만든 오일러는 핼리가 주장한 것처럼 지구 안에는 3개의 천체가 있는 것이 아니라 중심태양이 오직 하나뿐이라고 주장했습니다. 우리가 단편문학 소설가로만 알고 있는 천문학자 애드가 알렌 포우(1809-1849) 역시 지구 속 문명의 실체에 대해 거리에서 팜플렛 등을 나누어주며 지구 속 문명에 대해 계몽운동을 하다 쓰러져 죽었습니다.

한편 1812년 영미전쟁에서 캐나다 '포트에리'의 영국군 요새를 격파했던 '존 그리피스 심메스' 대위는 전역한 뒤 토성에 둥근 테가 둘러 있는 것이 동중심구체설(同中心球體設: 지구 속에 지각이 여러겹 싸고 있다는 설)의 유력한 증거라 주장했습니다. 그는 우리가 사는 지구를 비롯하여 모든 행성이 속이 비어있음을 주장, 지구

안의 대륙을 찾아 미국의 성조기를 꽂을 것을 주장하여 국회에 청원까지 하며 전 미국을 달아오르게 했으나 아쉽게 부결되었습니다.

지구공동 설에 대한 이러한 생각은 1906년에 윌리엄 리이드가 『양극의 환생』을 통해 이론적으로 주장했고 마샬 가드너(Marshall B. Gardner)는 보다 신빙성 있는 자료로 1920년 『지구 내부로의 여행(A Journey to the Earth's Interior)』에서 주장하고 강조한 것입니다. 마샬 가드너는 지구 내부에 한 개의 태양이 있으며 지구 양극에 광대한 구멍이 열려있어 북극과, 남극과의 오로라 현상이 일어나며 이 오로라는 내부태양의 광선이 극 구멍으로부터 새어나오는 현상이라 말하고(올랍 얀센과 일치) 지구 내부는 텅 비어있으며 지각두께는 올랍 얀센과는 다소 차이 있는 1,300㎞, 극 구멍 직경은 2,240㎞라 했습니다.

또 그는 매머드는 지구내부 원산동물이라 말하고 아직도 그곳에 살고 있을 것이라 추정했습니다. 북극지방의 얼음 속에서 냉동된 채 발견된 매머드는 지구내부에서 잘못 기어 나왔다가 북극에서 얼어 죽은 것이라 단언했습니다(이 견해도 얀센과 일치한다). 뿐만 아니라 그는 지구를 포함한 달, 화성 등 모든 행성이 속이 비어있음을 말하고 있습니다.

문화인류학, 신화학 등 민간전승학적인 차원에서 지구 속 통일문명왕국 '아갈타 왕국' 혹은 '샴발라(Shambahla)'는 어떻게 전해져 왔을까요? 문화 인류학과 신화학, 민간전승적인 차원에서는 샴발라가 이상향의 한 반영으로 중앙아시아에 있었던 미지의 세계를 말합니다. 또 그 중심은 모든 종교적 교의의 중심지인 수미산(쿤륜산)에서 나왔다고 전합니다. 지구 속세계가 중앙아시아의 미지의 세계로 둔갑해 신화화된 것은 그나마 다행스런 일입니다. 이 부분은 우선 빅토리아 리페이지(Victoria Lepage)의 저서 『샴발라(Shambhala)』에서 발췌 번역해 소개합니다.

샴발라는 산스크리트어로 '평화, 고요한 곳'을 뜻합니다. 힌두 인들은 『베다』가 비롯한 땅으로 알고 있으며 그것을 '아리야발샤(Aryavarsha)'로 알고 있습니다. 윌리엄 와렌(William Warren)은 『낙원의 발견, 인류의 요람』에서 그곳을 다음과 같이 말하고 있습니다.

"인류의 발상지는 북극너머 열대성기후의 대륙이며 이곳은 고대 그리스의 전설에서 유명한 하이퍼보레아(Hyperborea), 즉 희랍어로 멀리 북녘하늘 밑에 있는 따뜻한 나라를 가리키는 말이다. 거기에는 항상 햇볕이 눈부시게 내리쪼이고 있어 과일이나 곡물이 풍성하고 주민은 훌륭한 품성을 가지고 있어서 천년이상의 불로장수를 누릴 수 있다고 전해지는 나라이다."

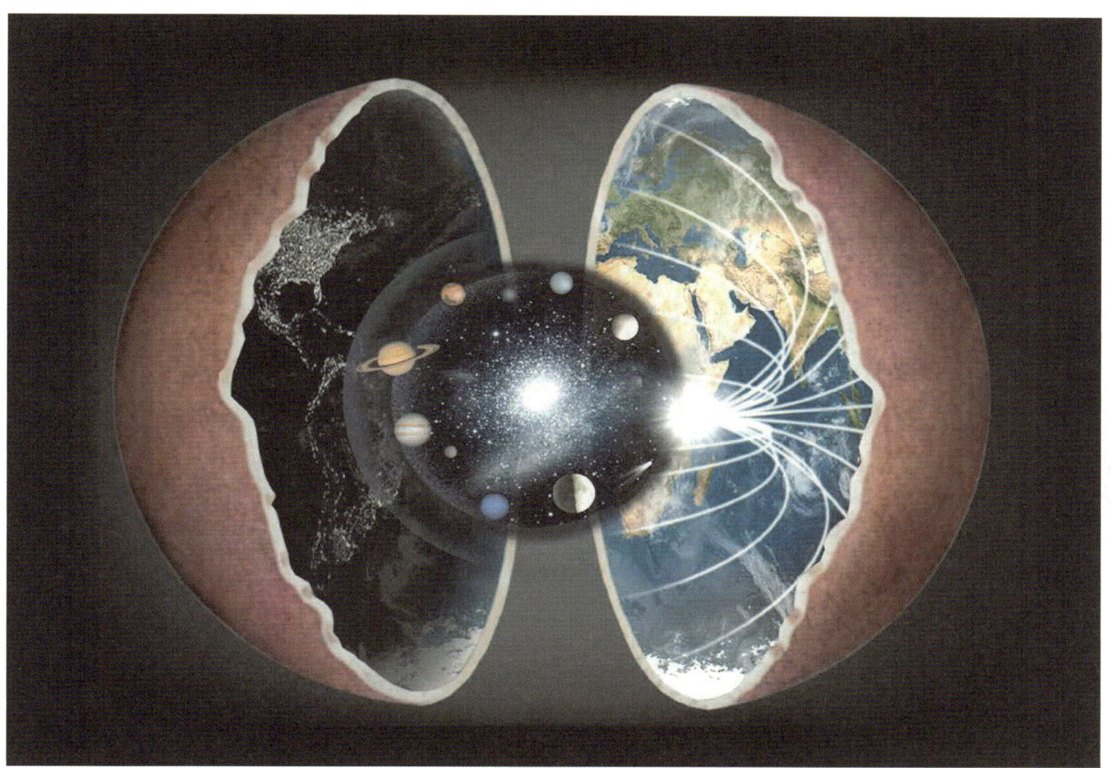

텅빈 지구 속 대륙과 바다. 지구 속 중심에 내부 태양이 있다.

힌두 쿠르마 푸라나(Hindu Kurma Purana)에 따르면 북쪽 바다 멀리 최고의 지혜와 지식을 소유한 훌륭한 요기(Yogi)들이 살고 있는 스웨타-드베파(Sweta-dvepa) 또는 흰섬(White Island)이라는 낙원 같은 고향이 있다고 전합니다. 토마스(Thomas)는 고비사막이 바로 이곳으로 향하는 내륙 해의 배꼽이라 말하고 그 섬은 수많은 높은 산봉우리들이 그 황무지와 돌로 가득한 바다 바닥으로부터 솟아올라 있다고 전합니다. 러시아 탐험가 프리예발스키(N. M. prjevalsky)는 백여 년 훨씬 전 이 샴발라

(Shambhala)섬에 대해 자세히 말한 적이 있습니다.

"북해 멀리에 놓여 있는 섬 샴발라에 대한 아주 재미있는 이야기… 알타이 산맥이 그렇듯이 그곳에는 금이 풍부하며 옥수수가 엄청난 높이로 자라며 그 세계에는 빈곤이 알려져 있지 않고 젖과 꿀이 흐른다. 고비사막이 형성된 이래 지각격변을 가져다 주는 기후대 변화가 중앙아시아에 도래하여 지금 같은 사막과 메마른 스텝으로 바꾸어 놓은 수백만 년 전 그곳의 내륙 해가 빠져나갔다. 샴발라 섬의 전설은 유사문명의 개화가 출발하기 전 아주 오래된 고대의 전설임이 틀림없다."

북극 구멍 속에서 얀센부자와 버드 소장이 목격한 4층 높이의 매머드

샴발라 세계는 아틀란티스 대륙의 침강과 혹독한 지각격변 및 지구온도 변화 뒤 곧바로 잊혀졌으나 민간 전승, 신화, 라마교 경전 등 일부에 지상 위의 미지의 낙원으로 윤색되어 졌습니다. 이러한 차원에서 수천 년 동안 티벳 너머 중앙아시아의 눈 덮인 봉우리와 주위와 차단된 계곡 어딘가에 샴발라(Shambhala)라 불리는 접근할 수 없는 낙원이 있다는 소문과 보고들이 회자되어왔습니다.

그곳이 비록 다른 이름들로 알려지고 있음에도 불구하고 그곳은 우주적인 지혜와 신성한 평화가 가득한 곳이라 했습니다. 그곳에는 모든 인종과 문화로부터 온 영능 자들이 살고 있는데 그들은 비밀리에 은밀한 집단을 이루어 그들의 진화를 인도하고 있다고 전합니다. 많은 전설에 의하면, 더할 나위 없는 최상의 행복으로 가득한 계곡에 인류역사의 시작 이래 현인들이 존재해 왔으며 이들 낙원은 빙하의 북극 바람에 의해 숨겨져 있다고 전합니다.

또한 이곳의 기후는 늘 따뜻하고 적당히 온난해 태양이 늘 내리쬐고 부드러운 미풍이 늘 수혜를 베풀며 천혜의 꽃들이 흐드러지게 피어있습니다. 그곳에 있는 녹색의 한 오아시스에는 오직 마음이 순결한 자만이 살 수 있어 완벽에 가까운 안락과 행복을 즐기고 있으며 고통, 부족함, 노쇠 따위를 결코 알지 못합니다. 사랑과 지혜가 군림할 뿐 불의는 알려져 있지 않습니다. 심지어 그곳은 부덕함이라든가 사악함에 대한 어떠한 징조조차 없는 곳입니다.

라마 가르제 캄투룰 린포체(Garje Kam-trul Rinpoche)는 심지어 그곳은 "전쟁과 증오라는 말조차 알려져 있지 않다. 그곳은 행복과 기쁨만이 신들의 그것과 경쟁할 수 있다"고 말한 바 있습니다. 그곳에 사는 주민들은 아주 오래 장수를 누리며 아름답고 완전한 신체를 구비하고 있으며 초자연적인 권능을 소유하고 있습니다. 그들의 영적 지식은 심오하며 기술문명의 단계는 높은 수준으로 진보되어 있으며, 법은 온건하고, 예술, 과학의 연구수준은 문화적 성취의 충분한 범위를 다루고 있는데 외부세계가 도달한 어느 것보다도 훨씬 더 높은 수준입니다.

유명한 민간전승은 이러한 기본주제 안에서 이상하고 경이로운 기사거리들을 엮어낸 바 있습니다. 그곳은 보이지 않는 곳이며 신비한 물질로 만들어져 있습니다. 또한 그곳은 맛좋은 술의 바다에 떠있는 섬이며 하늘을 찌르는 산이 있는 금단(禁斷)의 땅입니다. 땅에는 금과 은이 뒤덮여 있으며 루비, 다이아몬드와 비취옥, 화관(花冠)등 온갖 보석이 나무들을 장식하고 있고 다른 세계에서 온 대단한 천신들(Devas)이 지키고 있으며 하늘과 같이 높이 둘러쳐진 담에 의해 지켜지고 있습니다.

마법의 샘, 온갖 보석들과 수정 그리고 불멸의 미주(美酒)로 담겨진 호수들, 소원을 이루어주는 과실들, 하늘을 나는 비마(飛馬)들, 말하는 돌, 지상의 온갖 보물들로 가득한 지하 동굴들, 이러한 것들과 더 많은 경이로운 것들이 인간의 마음속 깊이 가장 바라는 것들을 표현하는 듯이 보이는 최고낙원의 풍경을 장식하고 있습니다.

아시아 깊숙한 오지에는 이러한 경이로운 낙원에 대한 헤아릴 수 없는 지방 이설(異說)이 많습니다. 그러나 그들 모든 이설들은 그곳으로의 여행이 어렵고 위험

하다는 데 일치합니다. 비록 북극너머의 낙원이 중앙아시아의 한 곳으로 윤색되어지긴 했어도 그곳으로의 여행은 불가능하다고 입을 모읍니다.

초대받지 않은 사람이나 온당하게 여행을 준비한 사람들도 눈과 얼음의 냉혹한 황무지 가운데에서 폭풍과 산사태, 과일하나 없는 방황으로 인해 심지어 죽는 것으로 여행을 마칩니다. 왜냐하면 어떤 강력한 자연의 힘이 그곳으로 들어갈 준비가 안 된 외지인으로부터 그들 영적으로 교화된 사람들의 세계를 혼연일체로 지켜주기 때문입니다. 여행 중 위험을 대비한 여행가에게 조차 그 길은 육체적인 것과 마찬가지로 정신적으로 위험하고 불확실합니다.

유럽 현대사에 샴발라의 소식을 전한 첫 유럽인은 17C, 2명의 제수이트 교단 선교사 스테판 칸첼라(Stephen Cancella), 죤 캐부럴(John Cabral)인데 이들은 판첸라마(Panchen Lama) 수도원에 딸린 시가츠(shigatse)에 머물다 돌아가 세계의 왕에 의해 통치되는 신비한 샴발라에 대한 소식을 전했습니다.

캐부럴 신부는 1625년 샴발라는 중국이 아니라 지도상에서 광대한 타르타리아(Great tartaria)로 불린다고 했으며, 1827년-1830년에 티벳 수도원에서 4년간을 생활한 헝가리 철학자 소마 쾨뢰스(Csomade Koros)는 샴발라의 구체적인 방위각에 대해 언급, 시르 다리아(Syr Darya)강 너머 위도 북위 45°-50°에 걸쳐 위치한다고 언급하기도 했습니다. 그러나 이들은 서방세계에서 큰 주목을 받지 못했습니다.

1879년 〈신지학회〉를 창시한 헬레나 블라밭스키(Helena Blavatsky)는 서방세계의 신비주의 모임들에게 샴발라의 존재에 대한 믿음을 주어 처음 관심을 집중시킨 바 있습니다. 그녀는 자신의 저서 『비밀교의(The Secret Doctrine)』에서 "전설적인 샴발라(Shambhala)"는 고비사막에 있는 에테르 도시(Etheric city)로 태평양 아래로 뮤(Mu)대륙이 가라앉은 뒤 훌륭한 영적 스승 형제단인 보이지 않는 대 스승들의 사령부가 그곳으로 옮겨왔다고 말합니다. 그녀는 어머니 지구의 심장이 신성한 샴발라의 발아래에서 맥동질 친다고 선언했습니다. 샴발라는 분명히 지구 속 문명국인 아갈타 왕국입니다.

그러나 모든 신화학, 민간전승, 경전의 가르침이 많은 부분 윤색되어졌거나 어렴풋하게나마 진면목을 반영해 주고 있듯이 서양인 대부분에게 샴발라는 마치 저서 『잃어버린 수평선(Lost Horison)』과 제임스 힐튼(James Hilton)에게 불후의 명성을 던져준 영화 신비한 낙원 〈샹그릴라(Shangri-La)〉와 같이 적어도 현실과는 동떨어지게 알려져 있습니다.

하지만 샴발라는 점점 유명해지고 있으며 매 작가마다 그곳 세계의 특이한 초자연적 윤곽을 밝혀내려 시도함에 따라 서방세계에 실체적인 모습을 드러내가고 있습니다. 그들의 접근은 다양하게 이루어져 왔으며 몇몇은 회의적이기도 했고 몇몇은 재미있는 우화꺼리로만 치부하기도 했으며 다른 사람들은 마치 번연(Bunyan)의 『순례자의 진보(Pilgrim's progress)』가 사실상 받아들여질리 없었지만 기독교인들의 영적탐구에 가치가 있었던 것과 많은 면에서 똑같은 방식으로 힌두교-불교 신비주의자들에게 가치 있는 영적 은유를 제시하는데 그치고 말았습니다. 끝으로 몇

몇은 확고하고 열정적으로 그러한 세계가 실제 이 세상 어딘가에 있는 것으로 믿었습니다.

아무튼 샴발라는 아시아 민간전승 중 가장 오래된 부류에 속합니다. 그것은 불가해한 우화거리 또는 동화거리나 낭만적인 신화로 지상의 낙원을 염원하는 인간영혼을 투영하는 원형질로 자리하고 있습니다. 민간전승에서 샴발라의 위치가 어디인지 알려진 바는 없습니다. 뿐만 아니라 그것의 체계는 보이지 않으며 어디에서 시작되는지 그것의 실재여부는 증명된 바 없습니다. 그럼에도 불구하고 인류사에서 그것이 실재하고 있는 확증을 보고 싶어 하는 사람들에게는 완고하게 실재하며 살아있습니다.

리페이지(Lepage)는 샴발라의 개념이 아직 완전히 꽃피지는 않았지만 그것이 꽃피울 때 문명을 다시 형성하는 엄청난 힘을 가질 것이며, 우리 문명이 현재 떠맡아야 할 새로운 통일 원리의 탐구는 그것을 더 높은 에너지의 원천으로 이끌 것이고 샴발라는 새로운 천년의 위대한 상징이 될 것이라고 말합니다. 나아가 리페이지는 우리가 지구상의 다른 장소들을 이해하는 만큼 그것을 이해하리라고는 믿지 않으며, 그것은 열리면 열릴수록 기이해지는 비밀들처럼 수수께끼로 남게 될 것이라고 말합니다.

사람들은 두려운 마음으로 그곳에 이름을 붙였습니다. 그리하여 그곳은 금지된 나라, 빛을 내는 영혼의 나라, 살아 있는 불의 나라, 살아 있는 신들의 나라, 놀라움의 나라로 불려져 왔습니다. 힌두교도들은 그것을 아리야발샤(Aryavarsha) 즉, 베다가 유래한 땅으로 알고 있습니다. 중국인들은 서왕모가 노닐던 서쪽낙원 서천으로 알고 있으며, 러시아에서는 19세기 크리스트교파인 올드 빌리버스(Old Believers)가 그것을 비러보디예(Belovodye)로, 키르키즈 사람들은 자나이다르(Janaidar)로 알고 있습니다.

그러나 아시아 전역에서 그것은 산스크리트어로 평화와 고요의 땅을 의미하는 샴발라, 또는 힌두교인들에게 인도에 있는 같은 이름의 도시와 구별하기 위해 북쪽 샴발라라는 뜻의 창 샴발라(Chang Shambhala)로 가장 잘 알려져 있습니다. 이 각

각의 민족들 모두에게 샴발라는 그들 자신의 종교의 원천인 전통을 가지고 있습니다.

티벳불교 이전의 티벳 전통 민족종교인 본(Bon) 교의 어떤 책들은 샴발라 외에도 그 숨겨진 샴발라라 불리는 종교왕국이 한때 실제로 중앙아시아 대부분을 지배했다고 주장합니다. 바이칼 호수에서부터 롭노르에까지 또 코탄으로부터 베이징에 이르기까지 그 교파의 고향이었다고 주장합니다.

티벳불교에 있어 샴발라에 관한 많은 부분은 칼라챠크라 문서에서 들여왔습니다. 불교의 전통에 따르면 칼라챠크라 문서는 원래 부다에 의해 샴발라의 왕에게 가르쳐졌습니다. 그리고 그 문서는 마침내 인도에 반환될 때까지 그 곳에서 수 세기 동안 보존되었습니다. 그것은 11세기에 산스크리트어에서 티벳어로 번역되었습니다.

그러나 이 샴발라에 대한 소문은 그리스, 로마 시대부터 서양에 전해졌습니다. 오늘날 가장 유명한 종교의식들의 기원을 탐구한 5명의 조사팀 중의 한 멤버인 수피주의자 어네스트 스코트(Ernest Scott)는 그들이 찾아낸 바에 따르면 모든 비결전통의 지류는 공통적으로 중앙아시아를 기원하는 것으로 추적할 수 있다고 말합니다. 마법, 다양한 서양의 비밀결사, 불교의 비결적인 믿음, 프리메이슨, 수피주의, 접신론, 연금술, 인도의 베단타 철학 등 이 모두는 샴발라에서 기원한 것으로 보인다는 것입니다.

중앙아시아의 혈통을 선사시대까지 거슬러 올라갈 수 있는 수피주의자들은 그들 계급질서의 정점의 우두머리가 샴발라로부터 지시를 받아 내린다고 믿습니다. 샴발라에서 부처는 시간의 윤회라는 불교의 위대한 원리인 칼라 챠크라를 받은 것으로 생각됩니다. 노자는 비록 그것을 테브 랜드(Tebu Land)라고 불렀지만 생애 끝에 샴발라로 돌아갔습니다. 그리고 힌두교도들이 그들의 미래의 구원자이자 이 시대의 샴발라의 마지막 왕인 '스리칼키 아바타라(Sri Kalki Avatara)'가 올 것으로 기대하는 것도 바로 샴발라 부터입니다.

더욱이 샴발라적인 영향은 비전 교의의 전 세계적인 상징체계에 동시 편재해 반영되어 있습니다. 전 세계를 통틀어 그것은 똑같습니다. 불교도 동양학자인 에반스 웬츠는 가장 먼 과거로부터 입회자들 사이에 공통적으로 사용된 국제적인 비밀 상징코드가 있었는데 그것은 아직도 인도의 종교결사나 티벳, 중국, 몽고, 그리고 일본에서 열렬히 지켜지고 있는 밀교 교의의 의미를 이해하는데 열쇠를 제공한다고 말합니다.

노르웨이 신화에서 우주의 산은 유리로 만들어졌으며 영웅은 산 정상에 갇힌 왕의 딸을 얻기 위해 그곳에 올라야 합니다. 고대 힌두 인들에게 메루

(Meru)산은 평범한 숭배 대상이었습니다. 그들은 대 서사시 마하바라타(Mahabarata)가 언명하듯 세상을 위아래로 가로지르며 지탱하고 서 있는 북쪽 낙원의 신에 관한 전설을 중앙아시아로부터 인도로 가져왔습니다. 힌두 인들은 오늘날까지 그것이 모든 신화적인 산들의 원형이라 믿고 있습니다.

이 북쪽에 있는 산에는 새로운 영적 계시가 필요할 때면 언제든지 세상에 모습을 나타냈던 7명의 위대한 리시스(Rishis)가 살고 있습니다. 종교학자 엘리아데(Eliade)는 이 전설의 내적 의미를 그 우주적 산이 신화적인 찬미, 교화의 가장 높은 정상을 상징하는데 있다고 보았습니다.

이상에서 살펴본 바와 같이 지상의 중심되는 조종산(祖宗山)은 수미산 쿤륜입니다.

지구내부의 아갈타왕국, 샴발라를 상징한 지표 밖 세상의 수미산 쿤륜은 모든 인종들이 영적인 차원에서 샴발라의 세계로 접근하려 했던 하나의 모델로 지상의 모든 정신세계가 지향했던 구심점이었습니다. 이에 대해 『화엄경』은 세계의 중심 수미산이 지구 염부제의 중심이라 말하고 있습니다. 즉 유,불,선(기독) 및 모든 지상의 종교 문화를 먹여 살리는 산 중의 산이 바로 쿤륜(곤륜)산입니다. 불교에서는 무량수의 은하 천체권 중에서도 사주세계와 일월을 포함하는 욕계 6천세계가 바로 이 지구 염부제의 수미산을 중심으로 돌고 있으며 이러한 단위 세계를 '일세계'라 말하고 있습니다.

얀센은 지구 속의 중심 우두머리 산이 지구 속 지도자가 거하고 있는 에덴 시에 있는 산이라 말합니다. 그러나 지구 밖과 안에 있는 이들 조종산(祖宗山)은 지축의 한 반영입니다. 힌두 인들이 수미산에 대한 북쪽 낙원의 신화에 관한 전설을 중앙아시아로부터 가져왔듯이, 후일 인도인들은 베다 신으로 흡수된 인드라 신 석제환인을 불교로 끌어들여 33천의 지배자로 삼았습니다. 『환단고기』에 의하면 5대 환인의 이름은 석제임 환인으로 불교의 33천신 석제환인과 한자표기까지 동일합니다.

얀센은 에덴시가 지구 속의 중심, 배꼽, 인류의 요람이며 그 산의 중앙에 있는 자분정(自噴井)분수가 유프라테스 강, 기혼 강, 비손 강, 힛데겔 강 등으로 나뉘어 흐르는 중심이라 했으며 그곳에서 최고 지도자를 알현한 바 있습니다.

명대의 철인 주 장춘에 의하면 지표 밖의 경우 수미산인 곤륜산은 지구 밖 세계의 중심, 우두머리 산으로 그 한 맥이 동해로 뻗어 유발 산(儒拔山)을 만들고 그 산은 다시 공자가 태어난 니구 산(尼丘山) 72봉우리를 만들어 공자제자 72인을 만든다 하여 공자의 자가 중니(仲尼)입니다. 그 둘째 지맥이 서해로 뻗어 불수 산(佛秀山)을 만들고 석가부처가 태어난 석정 산(釋定山) 499봉우리를 만들어 499나한을 배출합니다. 그 셋째 지맥이 역시 서해로 뻗어 사막 한 가운데의 조그만 둔덕 감람 산 12봉우리를 만들어 놓으니 이 기운을 타고 예수와 그 제자 12명이 배출됩니다.

지금은 외계문명과 지구 속 문명이 교류하는 과정에서 지상에 UFO가 목격되지만 이들이 전해주는 메시지는 고도로 발달한 은하문명이 지상에도 열리어 지구 속 같은 꿈같은 낙원세계가 꽃핀다는 것입니다. 그리하여 그 마지막 네 번째 지맥이 동해로 뻗어 백두 산(白頭山)을 만들고 백두산이 금강산 12,000봉우리마다 알알이 박히어 전라도 고부에 있는 시루 산(甑山)에 그 핵심 되는 기운이 뻗어 내린 바 천지의 문호인 모악산 아래에서 일만 이천 도통군자가 배출되어 지구문명을 구원통합하고 천상의 고도로 발달된 외계문명과 지구 속 문명이 하나가 되는 꿈같은 은하문명 시대가 지구 위에 펼쳐집니다(명대의 철인 주장춘(朱長春) 『진인도통연계(眞人道通聯系)』).

화엄경의 총 결론은 다음과 같습니다. 선재동자는 각종 다양한 무한 삼매경을 통해 호호탕탕 벌여져 있는 호화 장엄경의 은하우주계 성좌로 침투해 들어가 은하계 성좌의 다양한 선지식을 만나 진리를 접 합니다 그 총 결론에서 미륵보살을 만

나 장차 말법시대에 보살도에 대한 결정적인 한 소식을 들으려면, 그리하여 지구 염부제에 더 이상 환생치 않고 단 한 차례의 생애에 일만 이천 도통군자인 일생보처보살로 열매 맺으려면 미륵불이신 증산 상제님의 용화도장인 <비로자나 장엄장>엘 들어가라고 수계를 줍니다. 화엄경에서 선재동자에게 전하는 이 소식은 전 인류에게 전하는 복음입니다.

<대방광불화엄경>*"선재동자가 문득 보니 미륵보살이 천룡팔부와 제석천왕, 범천왕, 사천왕 및 본래 태어난 곳에 있는 수많은 권속과 바라문들과 무수한 중생들이 앞뒤로 에워싸고 와서 장엄장 누각을 향해 행차하는 것이 보였다. 이에 선재동자가 뛸 듯이 기뻐하며 그 앞에 다가가 땅에 넙죽 엎드려 예배한다. 선재동자는 자신의 구도열정의 공덕에 대해 한참 칭찬 받은 뒤 보살도에 대해 한 소식 접하려면 〈비로자나 장엄장〉의 큰 누각에 들어가 두루 살펴보면 보살도의 한량없는 공덕을 성취하리라고 듣는다.

<대방광불화엄경>*미륵보살이 한 손가락을 탁하고 튕기자 문이 열려 선재는 기뻐하며 안으로 들어갔고 선재는 무한히 넓고 장엄하고 호화로운 또 하나의 우주허공이 그 안에 펼쳐져 있음을 알게되어 곧 생각이 어지럽지 않은 해탈문으로 들어가 미륵보살의 신통력으로 온갖 불가사의하고 신묘한 과거세와 시방세계를 두루 살펴본다. 그때 미륵보살이 손가락을 튕겨 신통력을 거두자 선재는 삼매에서 깨어나 자신이 경험한 해탈문의 이름과 자신이 구경한 장엄이 어디로 갔는지 묻는다.

<대방광불화엄경>*이에 미륵보살은 이 해탈문의 이름은 삼세의 모든 경계에 들어가 잊지 않고 기억하는 지혜로 장엄한 장(藏)인데 그 가운데 무수한 해탈문이 있어 일생보처 보살(차생에 부처가 되는 보살)만 능히 얻을 수 있으며, 선재가 본 장엄은 마치 마술사의 묘기처럼 온 데도 간 데도 없지만 보살의 지혜의 신통력으로부터 와서 그 지혜의 신통력에 의지하여 머물지만 실제로는 간 곳도 머문 곳도 없으며 모인 것도 아니고 항상 있는 것도 아닌 모든 곳에서 멀리 떠난 것이라 설법한다.

르네 귀에농(Rene guenon)은 메루산(Mountain Meru)을 극(極: the pole), 극산(極山: polar mountain)이라 불렀는데 이는 그것이 모든 다른 영적인 중심들이 그 주위를 도는 축이며 그것으로부터 시초의 지식이 유래했기 때문입니다. 귀에농(Guenon)은 한때 아갈타(Agartha)가 지상 위에 있었으며 산스크리트어로 '최상의 나라(Supreme Country)'를 의미하는 '파라데샤(Paradesha)'란 다른 이름이었다고 말합니다.

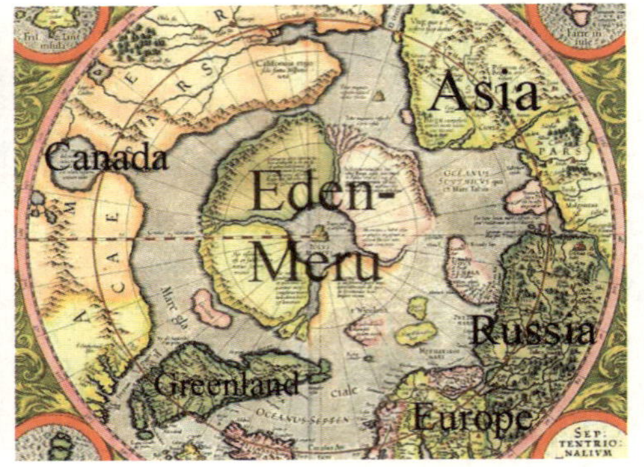

수학자, 지도 제작자인 Mercator(1512-1594 벨기에)가 그린 북극 너머
지구 속 대륙 에덴 대륙의 중심에 위치한 지구 중심 산 메루산(Meru)

그는 파라데사에서 칼데아(Chaldean)의 파르데스(Pardes)와 유대의 기독교 낙원이 나왔으며 메루(Meru)는 지상낙원의 산이라고 말합니다. 힌두교도, 회교도, 유대교도, 불교도, 기독교도 등 동서양 전통 모두 똑같이 메루(Meru)는 '최상의 나라' 입니다. 베다. 아베스타 경전에 따르면 그것은 올랍 안센, 버드 소장 등이 동일하게 증거하고 있는 것처럼 단어 뜻 그대로 본래 북극 방위에 놓여있었습니다.

인도의 위대한 서사시 『마하바라타(Mahabarata)』에서는 신들의 땅 메루산에 대해 다음과 같이 말합니다.

<마하바라타(Mahabarata)>★ "메루에서는 태양과 달이 매일 왼쪽에서 오른쪽으로 돌고 별도 마찬가지다. 메루산은 빛이 나며 어두운 암흑을 압도하기 때문에 밤은 낮과 거의 구별할 수 없다. …낮과 밤을 합치면 여기 사는 사람의 1년과 같은 길이가 된다. " (태양이 한번 뜨면 신들은 반 년 간 그것을 본다).

비록 인류사에서 각기 다른 단계에 따라 그 위치가 변한다손 쳐도 그것은 본질적으로 모든 것이 그 주위로 돌고 있는 고정된 축이기 때문에 상징적인 의미에서 아직도 극지방으로 남아있습니다. 유명한 영국의 작가 조프레이 애쉬(Geoffrey Ashe)는 저서 『고대의 지혜(The Ancient Wisdom)』에서 같은 결론을 내리고 있습니다.

그는 알타이 중심부로부터 신전들과 애굽, 인도, 그리스, 중국황실 등에 이르기까지 많은 다른 신화적 형태들 속에 단편적으로 삽입되어 굴러다니는 해석 가능한 동일한 신화를 세심한 주의를 기울여 취합 편집했습니다. 그의 시나리오는 멀리 북극에서 전개됩니다.

<고대의 지혜(The Ancient Wisdom)>★ "그곳 높은 곳에 있는 낙원에는 장수 장명하고 지혜를 지닌 초 인류 집단의 인간들이 살고 있다. 그들은 보다 낮은 수평면(지구 속)에서 친교와 접촉을 가지며 접근은 어렵다. 이곳은 천체의 중심인 하늘의 축에 결합하기 위해 지구가 떠오르는 곳이다. 이곳에 하늘의 축이 있으며 그 위에 그것을 돌게 하는 힘이 있다. 눈으로 볼 수 있는 그 힘의 최상의 표시는 바로 북두칠성 자리(큰 곰 좌)인데 지지 않는 고리(원형: Smoky God인 지구 속의 태양?)를 가지고 있다. 우리의 원반 모양의 지구는 신성한 중심을 가지고 있는데 그것은 천체가 선회하는 이 중심축과 함께 합일되어있다."

지상에 있는 이 신성한 중심은 샴발라-아갈타(Shambhala-Agarttha)입니다. 신기하게도 공통의 중심에 대한 생각이 세계 종교들의 성서 교재들 속에 감추어져 있는데, 그 교재들 속에서 전통적인 사람들은 그들의 신성한 산을 그들 자신의 땅에 비정하지 않고 먼 북쪽에 있다고 했습니다.

예를 들어 아일랜드에는 북녘 저편에 언제나 밤이 없으며, 초여름처럼 싱그러운 기온의 아름다운 나라가 있다는 전설이 전해져 내려오고 있으며, 스칸디나비아의 전설에는 북녘 끝에 있는 불가사의한 나라 알티마 슈우리(Ultima Thule)에 대한 전설이 전해져 내려오고 있습니다.(『UFO X파일』 90쪽 두리 刊)

에스키모 인들은 먼 옛날 자신의 조상들이 북극너머의 미지의 세계로부터 왔다고 믿고 있습니다. 그들의 신화는 무쇠날개를 단 '신들'이 최초의 부족을 북쪽으로 데려왔다고 전합니다. 마야신화 포폴 부(Popol Vuh)는 '신들'은 우주와 지평선의 네 방향은 물론 지구의 둥근 모습까지 알고 있었을 거라고 말합니다. 그리고 적도 상에 있는 이집트에서 셋(Set)과 호루스(Horus)는 북쪽 별들의 신이었으며 코란(꾸란)에 따르면 지구에서 가장 높은 곳은 카바(Ka'aba)인데 이는 북극곰 자리가 그것과 천체의 중심이 마주 대하고 있음을 증거하고 있기 때문입니다.

기독교 성서 시편 48:2에서 지온산(Zion)은 기묘하게도 "먼 북쪽에 있는 지온 산(Mountain Zion in the far north)"으로 불립니다. 기독교인이 일반적으로 생각하듯이 이스라엘에 있는 시온 산이 결코 아닌 것입니다. 이에 대해 조프레이 애쉬(Geoffrey Ashe)는 다음과 같이 말합니다.

<고대의 지혜(The Ancient Wisdom)>★ "그 성산(聖山)은 신비하게도 팔레스타인에 전혀 있지 않은 아주 더 높은 다른 산으로 밝혀지는 것을 통해 정상의 위치를 얻은 듯이 보인다. 동일한 북쪽산은 가나안 사람들과 관련된 신화들 속에서 나타난다. 그들은 그것을 '사폰(Safon)'이라 불렀으며 그 위에는 지상낙원이 있었다. '사폰'은 기독교 성서에 지온(Zion)에 대한 동의어로 나온다. 에스겔은 신의 정원인 에덴을 신의 성산(聖山) 위에 놓고 있는데 그것은 아무리 해도 세속의 예루살렘 언덕이 될 수 없다."

바빌론 사람들 역시 성산(聖山)이 멀리 북쪽에 있다고 보고 있습니다. 이사야는 바빌론 왕의 오만을 비난하면서 신들의 별들 위인 하늘로 승천할 것과 자신의 보좌를 하늘 위에 두고 신들의 회의장이 있는 북극 산에 자리 잡고 앉을 것이라 말합니다.(I'll sit on the mount of assembly in the far north)

바빌론에서 포로가 된 에스겔은 하늘이 열리며 주의 수레가 나타나는 신비한 광경을 보는데 수레가 내려오되 성산이 있는 지온(Zion)으로부터 남쪽으로 내려오는 것이 아니라 폭풍과 함께 북쪽으로부터 내려오는 모습을 보았습니다.(에스겔 1:4)

그리스인들은 희랍 신과 관련되는 그 지방 특유의 제식(祭式)과는 상관없이 극락세계, 낙원에 해당하는 그들만의 고유한 파라다이스 엘리시움(Elysium)을 믿고 있습니다. 프랑스 파리의 뜨리옹쁘(개선문)가 있는 아름다운 샹젤리제(Champs-Elysees) 거리와 그 뒤에 자리 잡은 대통령궁 엘리제(Champs-Elysee) 궁은 바로 다름 아닌 서양인의 뇌리에 깊숙이 각인된 이 지상낙원을 가리키는 말입니다.

빠리지앵들은 바로 이 샹젤리제 거리가 세계에서 가장 아름다운 거리로 생각하고 있으며 파리는 공기도 예술이라는 말과 같이 세계인의 유행과 패션의 중심거리로 생각하고 있습니다. 그리스인들에게 델피신전은 세계의 중심이었습니다. 그럼에도 불구하고 델피신전의 신 아폴로(Apollo)는 그리스 판테온(만신전)에 있어서 주술적인 외래 신입자였습니다. 그는 7성별 성좌를 지탱하는 우주 축이 서 있었던 북극 멀리 비밀의 땅의 신이었던 것으로 믿어졌습니다. 그 우주 축을 그리스 사람은 헬리스(Helice)라 불렀는데 헬리스(Helice)는 나선형, 나선을 뜻하는 단어 헬릭스(Helix)의 복수형으로 쓰입니다. 본래 헬릭스(Helix)란 단어 자체가 선회하는 우주축을 뜻하는 헬리스(Helice)에서 나온 말입니다.

그리스인들에게 그곳은 '하이퍼보리안(Hyperborean)'이라 불리는 반신(半神)으로 추앙 받는 현인들의 고향이었습니다. 아폴로는 그들의 축복을 받는 회합 속에서 백조들이 끄는 훌륭한 수레를 타고 하늘을 날았습니다. 조프레이 애쉬는 아폴로의 수레를 끄는 백조들이 리투아니아(Lithuania) 북극지방 민간전승 속에 있는 천국의 영역으로 길 안내하는 '새들의 길'을 상기시킨다고 말합니다.

그리스인들은 후일 영국으로부터 중국의 변경에 이르기까지 어디에선가 또다시 만나게 될 북극주변의 현인 족들을 상정해 왔습니다. 그러나 구드리(W.K.C.Guthrie)같은 학자는 하이퍼보리안 족이 본래 시베리안과 몽골샤먼들, 약사들이었다고 말합니다. 심지어 그는 아폴로가 알타이 산에서 오래 전부터 경력을 쌓은 '회합의 신'을 의미한다고 했는데, 그의 가르침과 습속이 그리스 사람들에게 너무 낯설어 점차 소아시아를 통해 그리스, 터키 사이의 에게 해로 흘러 들어갔다고 합니다. 그는 다음과 같은 조프레이 애쉬의 견해를 인용합니다.

즉 우주 산의 개념은 거의 확실히 남부 시베리아의 샤머니즘에 그 기원을 두고 있다는 것이며 샴발라의 개념 또한 알타이의 반(半)신화적 주술사들, 극지방 지배자들 주위에서 자라났다는 것입니다. 그는 니콜라스 로에리치(Nicholas Roerich)가 『알타이-히말라야』에서 설명하는 비의적(秘義的) 상징으로 가득 찬 몽골전설을 인용합니다. 큰곰자리의 북두칠성별이 되었던 7명의 대장장이 이야기에서 대장장이와 주술사는 시베리아의 민간전승에서 밀접한 연관이 있는데 대장장이는 잘 알려진 대로 주술사의 형이었습니다.

애쉬는 힌두신화의 일곱 리쉬스(Rishis)가 아마도 알타이의 큰곰 북두칠성 신앙종파에 관계한 지도자 주술사와 동일하다고 보았습니다. 이들 두 몽골전설과 힌두인들의 리쉬(Rishi) 신화 모두는 차이가 나지 않는 7명의 현자(賢者)들-대장장이, 주술사들로서 북두칠성의 단일한 알타이 개념에 뿌리를 둔 것입니다.

고대 이집트인들에게 황새의 가면을 쓴 지혜의 신 토트는 별을 헤아리고 지상을 관측하며 죽은 파라오에게 생명을 부여하는 신입니다. 토트가 살던 고대의 이집트에는 많은 신들이 있었는데 이집트인들은 그들을 네테루라 했으며 그들이 자신들을 창조했다고 믿었습니다. 네테루와 관련 있는 곳으로 여겨지는 '성스러운 거주지(타-네테루: 신들의 땅)'가 있었는데 이곳은 상상의 낙원으로, 뛰어난 인류가 때때로 그곳에 정착했다고 믿어집니다. 그곳은 '망망대해 너머 멀리 떨어진 장소'로 여겨졌는데 윌리스 버지는 저서 『오시리스와 이집트의 부활』에서 다음과 같이 말합니다.

> "이집트인들은 이 나라에 가기 위해서는 배를 타고 가거나 아니면 마음에 드는 사람을 데리고 가는 신들의 개인적인 지원을 받아야 한다고 믿었다. 그 나라에 갈 수 있게 된 운이 좋은 사람은 불가사의한 낙원에 도착했다. 그곳에는 섬들이 있는데 그 섬들은 흐르는 물로 채워진 운하로 연결되어 있어서 땅은 항상 녹색으로 덮여 있다."(『신의 지문 下』 그레이엄 핸콕, 584쪽. 까치 刊)

북유럽의 오딘과 토르 신화에 의하면 천지창조 이전부터 북극 위에는 북극 속에 뿌리를 박은 우주나무 이그드라실이 있어왔으며 오딘과 토르의 부자(父子)신은 북극하늘 <아스가르드>의 천상궁전 발라스칼프에 사는 것으로 나옵니다. 희랍의 제우스신에 비견되는 전쟁과 지혜의 신, 바이킹의 신, 애꾸눈 오딘 신은 용상인 힐드스칼프에 앉아 지상세계 <미드가르드>를 타고 무지개 다리를 건너 지상세계와 북극너머의 거인국 <요툰헤임>을 굽어보며 감시합니다.

신들의 세계 <아스가르드>와 지상세계 <미드가르드>는 무지개 다리로 연결되어 있어 오딘신은 양들이 끄는 마차를 타고 신계와 인간계를 넘나들며 전쟁을 벌입니다. 지상의 전투에서 죽은 바이킹 전사들의 영혼은 천계 <아스가르드>의 발할라궁에 다시 모여 오딘신의 전사로 재훈련되는데, 오딘신은 도끼 묠니르를 휘두르는 아들 토르와 함께 명마 '슬레입니르'를 타고 보검 '궁니르'를 휘두르며 40만 명의 전사를 거느리고 결전장 비그리드 평원에서 <요툰헤임>의 거인 족과 최후의 일전을 벌입니다.

일찍이 이 세상 최초의 생명체이자 거인족의 조상 이미르를 죽인 오딘과 토르신은 결국 이 최후의 전쟁에서 원죄의 악업을 벗어나지 못하고 북극 밖으로 쳐들어온 거인족들과 함께 비극적인 종말을 맞이합니다. <아스가르드>와 <미드가르드>는 끝내 타오르는 불길 속에 바다 밑으로 가라앉게 됨으로써 우주가 한차례의 순환주기를 끝맺고 또다시 새로운 주기를 맞이하게 된다는 것이 오딘신화의 줄거리입니다(『바이킹 전사들의 북유럽 신화여행』 금호문화. 강응천 저).

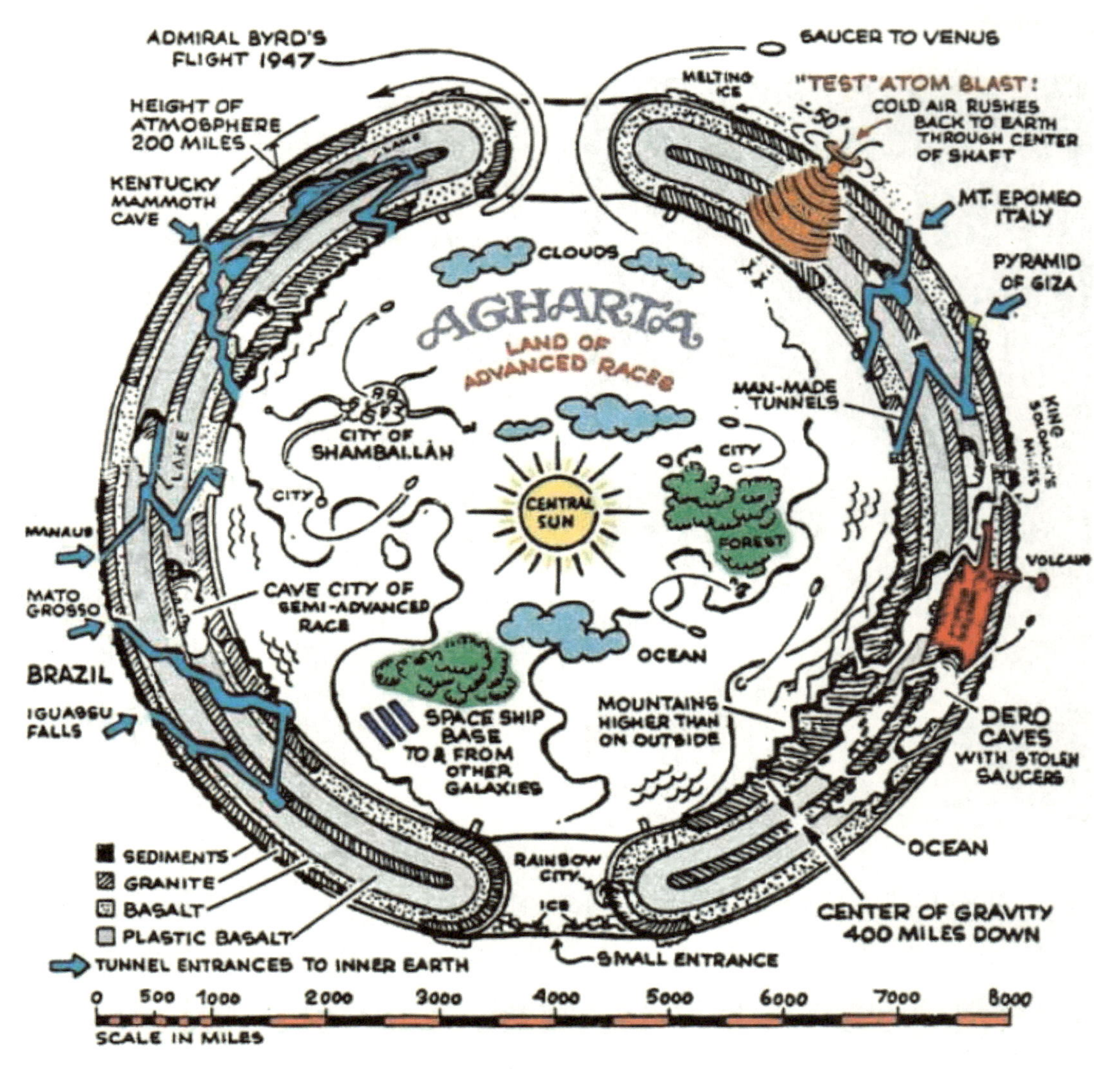

그러나 이 신화에서 지구 속의 거인족이 모두 멸망했다는 이야기는 없습니다. 파국으로 끝나는 오딘신화의 대국적인 줄거리는 지구의 대 격변으로 아틀란티스가 가라앉은 뒤 핵 오염을 피해 '비마나'라는 비행선을 타고 북극너머 거인 족이 사는 지구 속 문명으로 탈출한다는 고대의 민간전승과 또 다른 신화들과 일치합니다. 현재 대영박물관에 소장되어 있는 고대문서 중 유카탄 어로 쓰여진 마야의 책 『트리아노 고사본』에는 비슷한 연대에 쓰여진 마야의 책 『코르테시아누스 고사본』이라든가 그밖에 인도나 버마(미얀마), 이집트의 기록들에서 볼 수 있는 것과 똑같은 표상을 사용한 뮤 대륙의 이야기가 소개되고 있습니다.

일만 이천년 전, 10개 민족, 6,400만의 인구를 거느린 뮤 대륙은 지진으로 땅이 갈라져 솟아올랐다가 불길의 심연 속으로 잠겨버렸다고 합니다. 그 뒤 선교사이자 선지자들인 수많은 나칼(신비교사)들이 미얀마, 인도 데칸을 거쳐 이집트, 바빌로니아로 흘러들어갔으며, 중남미, 멕시코, 잉카, 아즈테카, 마야 등지로 흘러들어가 적지 않은 『나칼의 명판』을 남겼으며, 대륙붕괴 때 목숨을 잃은 6천 4백만의 사람들을 추모하기 위해 이집트 『사자의 서』 등을 남기기도 했습니다.

그리스 알파벳도 본래는 뮤 대륙의 종교문자(신성문자)였는데 멸망당한 뮤 대륙의 진실을 종교문자를 빌어 시 귀절로 담아 놓은 것이 오늘날의 히브리어의 알파벳이 되었다는 것입니다. 『사자의 서』가 뮤 대륙의 희생자를 추모하기 위해 지은 것이라든가 히브리어의 알파벳 자체가 가라앉은 뮤 대륙의 진실을 담고 있는 한편의 시라는 사실은 실로 놀라운 일입니다.

또한 모세가 쓴 성서 설화의 원전이기도 한 천지창조에 관한 이집트의 전설은 나칼들이 이집트로 건너갈 때 인도로부터 가져간 것으로 본래 사라진 뮤 대륙으로부터 기원한 것이라 합니다. 이러한 이야기는 『라사 기록』을 비롯하여 인도의 철학자이자 사학자 발미키가 쓴 『라마야나』, 이집트와 그리스, 중앙 아메리카, 멕시코 및 미국 서부 암벽에 새겨진 기록에도 동일한 내용이 언급되어 있습니다. (『뮤대륙의 비밀』 문화사랑. 제임스 처치워드 저)

신약과 구약에 정통한 성경학자 조지 헌트 윌리암슨은 초고도의 문명을 구가하던 당시의 인류 중 일부는 대륙의 침몰과 지구격변을 피해 비행선을 타고 헤스페러스(금성)로 탈출했으며 자신들이 누리던 초 고대 문명의 비밀을 후세에 전하기 위해 불멸의 금속판인 텔로니움 판에 기록해 지상에 남겼는데 이 텔로니움 판에서 에머랄드 판이 나왔으며 여기에서 모세의 10계를 담은 명판이 나왔음을 말하고 있습니다.

그는 파라오 람세스 2세와 형제간인 모세가 이집트의 국고성인 비돔 성과 라암셋에 비장된 이들 명판을 이미 잘 알고 있었다고 합니다. 특히 윌리암슨은 미트라 비밀의식을 통과한 자를 라이온(사자)이라 칭하였다고 하여 사자의 갈기는 태양신 아톤(Aton)의 빛을 의미한다고 했습니다.(『신들의 탄생(Secret Places of The Lion)』 조지 헌트 윌리암슨 著. 대원출판 안원전 譯)

그러나 이것은 레무리아, 아틀란티스 시절 이후 이주해간 나칼들에 의해 더욱 보편화 되었습니다. 본래 백호는 서방정토를 상징하여 인도의 아쇼카왕은 불교국가의 상징으로 대형석주 위에 4마리의 사자가 서로 등을 마주대고 있는 상을 조각케 했는데 현재 이 4마리 사자 석상은 인도의 국장(國章)입니다. 윌리암슨은 빛의 자녀 아톤(Aton)의 사제들이 새로운 사명을 가지고 이 땅에 수없이 환생해 온다는 것을 말하고 있어 모든 사람을 빛으로 인도하는 태양, 광명, 빛의 민족 내면에 드리워진 사명, 곧 라이온의 비밀을 공개하고 빛으로 인도하는 사명을 예견케 하고 있습니다.

지구는 마치 우리 몸속이 살아서 5장 6부가 살아 움직이듯이 지구내부도 살아서 순환하는 생명체입니다. 동양의 우주관은 우주자체가 하나의 살아있는 생명체이며 길가의 돌멩이 하나에도 하나의 생명체로 신(神)이 깃들어 있다고 봅니다. 그러나 서양의 학문체계에서 이러한 생각을 하게 된 것은 최근의 일이었습니다. 영국의 생물학자 중에 제임스 러브록(James Lovelock)이라는 사람이 있습니다. 이 사람은 1988년 『가이아의 시대(The Ages of Gaia)』 란 책에서 지구에게 희랍의 여신 가이아(Gaia)를 붙여 지구는 지성과 목적을 가진 행성크기의 초대형 유기체라 정의한 바 있습니다.

이것이 바로 가이아의 가설로 생태학자들이 즐겨 인용해서 쓰는 가이아 이론의 기초가설입니다. 즉 지구의 각 부분이 다른 모든 부분과 상호간 생명의 지속과 진화를 증진하기 위해 단일 생명체를 이루면서 서로의 개별 유기체와 환경이 상호작용하며, 지구 가이아는 공생적으로 진화하는 생명의 모체망(母体網)으로 통합된 하나의 행성이라는 것입니다.

이 이론은 학계의 중심무대에 서지는 못했는데 1990년 루퍼트 셸드레이크(Rupert SheldraKe)라는 학자가 '지구는 스스로 자율성을 지닌 생명체'라는 가설의 선도자가 바로 러브록이라 언급하면서 정설로 자리 잡게 되었습니다. 그 뒤 1996년 돈 마이클(Don Michael)은 이 이론을 계승해 더욱 세련되게 가다듬었습니다. 즉 지구 가이아는 마치 살아있는 생명체처럼 행동하며 스스로 안정성을 추구하고(따라서 하나의 정향성(定向性)을 가지고 있으므로 환경 파괴가 한계점을 넘으면 인류를 재앙으로 거세시키고 자신의 길을 간다), 계속 존재하려 하는 경향을 보인다는 것입니다. 이는 의도적인 몇몇 지침에서 나오는 것이 아니라 시스템(System)의 특성에서 나오는 것이라는 것입니다.

고대 카발라(히브리 신비철학) 연금술 전통에 충실한 귀에농(Guenon)은 이에서 한 걸음 더 나아가 지구는 살아있을 뿐 아니라 사람과 같은 영적인 존재라 주장합니다. 일찍이 중세의 연금술사 바실리우스 발렌티누스(Vasilius Valentinus)는 지구는 죽은 몸이 아니라 그 자신의 생명과 정기를 지닌 영혼이며 이 생명의 영혼은 별들에 의해 영양공급을 받으며 지구 자궁 안의 거주지(shelter)에 있는 모든 것들에게 그것을 나누어준다고 했습니다.

뉴 에이지(New Age) 운동의 기수 존 미첼(John Michell)은 이와 비슷하게 고대 철학자들의 견지에서 지구는 모든 다른 생명체들과 마찬가지로 살아있는 생명체로 지구 곳곳에 흐르고 있는 자기장으로 연관되는 내부 신경조직을 가지고 있음을 말한 바 있습니다. 지구가 살았는지 죽어있는지는 올랍 얀센과 버드 제독이 경험한 지구 내부의 문명세계와 생태계로 사실상 그 대답이 내려졌습니다. 지구는 분명히 속 내부의 생태계까지 생생히 살아있는 것입니다.

니콜라이 로에리치(Nicholas Roerich 1874-1947)는 그의 저서 『샴발라』의 '땅 밑에 사는 사람들' 이란 장(章)에서 지구 공동설과 지저왕국에 얽힌 세계각지의 신앙에 대해 말하고 있습니다.

<샴발라 '땅 밑에 사는 사람들'>* "인류역사상 가장 흥미로운 문제는 민족대이동에 대한 문제다. 모든 국가 모든 민족이라는 거대집단이 통째로 정든 땅을 뒤로하고 푸른 안개 자욱한 사막의 지평선 저 너머로 어떤 새로운 행복과 은혜를 기대하면서 정처없이 이동해 갔다. 세계도처에 헤아릴 수 없이 퍼져있는 그 많은 전설이나 고담들 중에서 우리는 사라진 민족이나 땅 속 주민 등의 이야기를 건져낼 수 있다. 방향이 서로 다른 그 넓은 범위에 걸쳐 사람들은 모두 공통적인 내용들을 전해주고 있는데 이것들을 비교, 대조해 보면 비록 천태만상의 변화된 양상이긴 하지만 하나의 이야기를 뿌리로 해서 모두 갈려 나갔다는 것을 알 수 있다. 지구 최고의 산악지대로부터 가장 깊은 바다에 이르기까지 거기에 전하는 민화, 설화 등은 한결같은 연관성이 나타나 있다. 그들은 한결같이 어떤 거룩한 민족이 있었는데 폭군에게 박해받게 되자 그 잔학성에 굴복치 않고 지하로 통하는 산 속으로 들어가 버렸다는 이야기가 전해 내려오고 있다."

侍

지구 속에 지구 속 문명이 존재한다는 것에 대해 얀센의 체험기록과 버드 소장의 비행일지는 서로 일치합니다. 버드 소장은 지구 속 지도자와의 회견에서 지구 속에는 지구 밖 문명세계보다 수 천 년 앞선 문명이 실재하고 있음을 증거하라는 말을 들었습니다. 아울러 버드 소장은 그 지구 속 지도자로부터 자신은 인격이 고매한 명사이므로 소위 지구 밖 지도자들이 미친 소리로 흘려듣지는 않을 것이라는 요지의 말까지 들었습니다.

또한 원자력 시대 이전에는 지구 속 문명이 지구 밖 문명의 전쟁에 간여한 적이 없었으나 1945년 히로시마 나가사끼 원폭투하 이후로 지구 밖 문명세계의 권력자들에게 원자력 관리에 대한 모종의 메시지를 보냈으며 그럼에도 불구하고 지구 밖 지도층은 주의를 기울이지 않았으며 오히려 그들이 북극의 열려진 구멍(굴뚝)을 통해 띄운 원반형의 지구 속 항공기 '훌루겔라드(Flugelrad)'를 격추 시켰노라는 말까지 들었습니다.

실제 2차 대전이 끝난 직후 북극과 가까운 스칸디나비아 반도를 중심으로 이상한 현상이 나타났습니다. 일종의 큰 별똥과 비슷한 물체였는데, 불꽃을 내뿜는 꼬

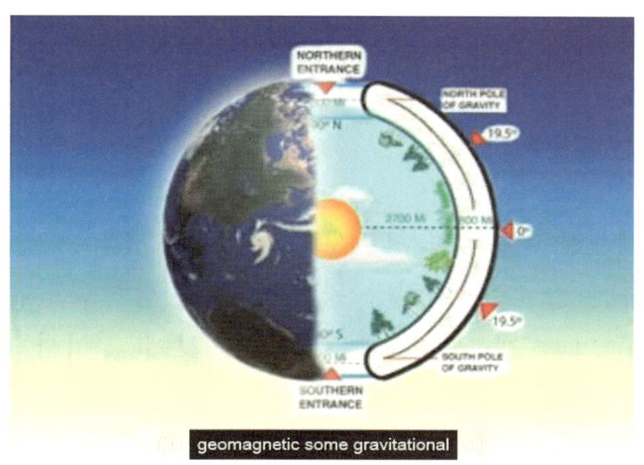

geomagnetic some gravitational

리가 달려 있어서 사람들은 이를 유령로켓(Ghost Rocket)이라 불렀습니다. 이 로켓은 1946년 스웨덴 상공에 1천여 번 이상 출몰하여 국민들에게 공포감을 주었습니다(『UFO X 파일』 참조).

미국은 미 공군 정보전문가이자 장거리 폭격 전문가인 육군 준장 제임스 둘리틀과 공중병기 전문가인 데이비드 사노프 장군을 급파했습니다. 이들은 이 물체들이 가공의 산물이거나 기상학적 현상이 아니라 실제 미사일이 틀림없다고 보고했습니다. 영국정부도 스웨덴에 전문가들을 보냈는데 영국 공군 참모본부 정보책임자 리차드 존스 교수는 이것들은 대부분 낮에도 관측되는 진입초기의 밝은 유성들이라고 섣불리 결론지었습니다. 그러나 유럽의 다른 국가 정보기관들은 바짝 긴장하여 혹시 2차 세계대전 중 독일이 개발한 신종 V형 로켓을 실험하고 있는 것이 아닌가 의심을 했습니다.

스웨덴은 스웨덴대로 소련의 접경지대에서 유령로켓의 출몰이 잦아 소련을 의심하고 있었습니다. 혹시 소련이 전쟁 후 독일에서 데려간 과학자들의 협조로 이런 신무기를 제작 실험하는 것으로 의심했던 것입니다. 1967년 들어 신토리니 박사는 우주운항 협의회에서 비로소 이 유령로켓은 다름 아닌 UFO였으며 각 국가들이 UFO의 존재를 비밀로 하는 것은 각국 정부가 무방비 상태로 어떤 미지의 세력에 노출되어 있다는 사실을 숨기려 하기 때문이라고 최종 결론을 내렸습니다.

버드 소장의 비행기 양옆에 따라 붙었던 원반형의 지구내부 비행기는 이 사실을 확실하게 증거하고 있으며 훌루젤라드(Flugelrad)라는 지구 속 원반 비행체는 지구 속 지도자가 버드 소장에게 증언한 것처럼 북극 주위 스칸디나비아 반도에 일천 번 이상 띄워졌으나 2차 대전 중 연합군에 의해 격추되었거나 2차 대전 종결 후 위에서 본 것처럼 무시되어졌습니다. 몇몇 UFO연구가들은 UFO가 우주에서뿐만 아니라 지구 내부에서도 날아온다고 주장하는데 브라질의 신지학 협의회 엔리케 호세데스자는 이러한 학설을 처음 발표한 사람이며 그의 제자 유그난과 스트라우스 중령은 이러한 사실을 대중화하는데 공헌했습니다.

유그난은 미확인 비행원반이 지하세계인 아갈타로부터 오고 있으며 아갈타 수도는 샴발라라고 주장합니다. 그에 의하면 지구 속 아갈타 왕국은 매우 높은 문명에 발달한 경제기구, 사회, 문화, 종교 등이 존재하며 특히 과학의 진보에 있어서는 지표문명과는 비교가 되지 않을 정도로 발달해 있다고 합니다.

그들에 의하면 이 지하세계는 옛날 지구상에 있었던 대홍수 이전의 초 고대 민족의 핏줄을 이어받은 자들에 의해 건설되었다고 합니다. 그들은 바다 속으로 침몰되어 버린 유사이전의 대륙, 25,000년 전에 태평양에 가라앉아 버린 레무리아나 12,000년 전 대서양에 가라앉은 아틀란티스로부터 옮겨간 자들로서 대홍수가 그들의 모국을 파괴시킬 때 그곳으로 피해 들어가게 되었다고 합니다.

특히 아틀란티스인들은 당시에 '비마나'라는 현재의 비행원반과 비슷한 비행체를 보유하고 있어서 대재앙이 몰아닥치기 이전에 '비마나'를 타고 극 구멍(극굴뚝)을 통해 지구내부로 피난했다고 합니다. 인도의 산스크리트어에서 유래한 고대 문서에는 구약성서보다 더 지겨울 정도로 자주 하늘을 나는 비행물체에 대해 언급되어 있습니다.

가령 『라마야나』에는 항공여행의 기담과 함께 기계에 대해 명확히 언급되어 있는데 그 기계는 산을 공포로 떨게 하며 번개와 함께 솟아올라 숲과 들, 건물의 상층부를 태워버립니다. 또 인도 고대의(3,500년 전) 마하바라타 서사시에도 비마나가 묘사되어있는데 거기에는 붉은 불꽃을 뿜으며 혜성처럼 보이게 될 때까지 먼 하늘로 높이 솟아 올라가 태양과 별의 영역에까지 도달하는 창문이 많고 2층으로 된 천공차(天空車)가 묘사되어 있습니다.

산스크리트어의 한 교재인 『사마란가나 슈트라다라』란 고문헌에는 현대의 헬리콥터와 유사하게 생긴 비마나에 대한 묘사가 나옵니다. 이 비마나는 독특한 방

고대 인도인들의 2층 천공차 UFO 비마나.

법으로 조종할 수 있으며 공중에서 정지할 수 있고 지구주변을 돌거나 지구너머 더 먼 곳을 날기도 하고, 급강하하여 지상의 목표물을 공격할 수 있다고 합니다.

또한 국제 범어 연구학원에서 발견한 3천 년 전에 기술된 고대 항공학에 관한 책 『비마 쿠리카 쇼스트라』는 도면을 곁들인 3종류의 항공기에 대한 제작 설명서입니다. 이 문헌의 전문은 번역되지 않았으나 이 비행체가 31개의 주요부분으로 구성되어 있고 거기에는 16종의 금속이 사용되었음을 알게 되었습니다. 그러나 그 중에서 3가지 금속만이 현재 우리가 알고 있는 것이었습니다. 그밖에도 이 기계를 조종한 승무원들의 복장과 음식에 대한 상세한 내용도 기록되어있습니다.

성서외경인 에녹서에는 천계인간(외계인간)인 아눈나키들이 지상에 배치되어 오는 사실과 함께(셈야사는 주문과 악마의 근절을 가르쳤고 아르마로스는 주문을 푸는 방법을, 바라켈은 기상예보를, 코카벨은 천문학을, 라키넬은 대지의 상징을, 삼사벨은 태양의 상징을, 세리넬은 달의 상징을 가르쳤다), 책의 저자 에녹이 여러 나라와 먼 천공(天空)까지 여행한 것을 보여줍니다. 그 중 에녹이 천계인간 아눈나키를 만나는 장면이 있습니다. 이 내용은 천계인간 네필림이 지상에 내려와 지상의 딸을 취해 결혼하는 구약의 메시지와 크게 어긋나지 않습니다.

<에녹서>* "내가 365살이 되었을 때 나는 두 번째 달의 어느 날, 집에 혼자 있었다. 그 때 매우 키가 큰 두 사람이 나타났다. 그렇게 큰 사람은 한 번도 본적이 없다. 그 얼굴은 태양처럼 찬란하고, 눈은 이글거리는 햇 불같았고, 입에서는 불을 뿜었고 그들의 옷과 음성은 다채롭고, 팔은 황금날개 같았다. 그들이 내 침대 머리맡에 서서 나의 이름을 불렀다."

최근 고고학자들은 전차대(前次代) 문명에서 고대인류의 문명 수준이 현재의 호모 사피엔스 문명보다 훨씬 앞서 있었으며 그들은 외계 문명권의 천계 인간들과 우주 교역까지 했으며 모종의 엄청난 핵전쟁으로 전차대(前次代) 문명이 사라졌다고 말합니다. 6쌍의 DNA 유전자 쌍이 1개 쌍으로 파괴되어 현재의 새로운 인종 호모 사피엔스가 구석기 시대로부터 새 출발했음을 시사해주고 있습니다.

레무리아, 아틀란티스 대륙시절 겪었던 수많은 핵전쟁은 현재의 우리 지구문명보다 수천 년 앞선 지상의 고대 문명과 외계문명 사이에서는 다반사로 있었던 전쟁 중의 하나입니다. 이러한 사실은 인도의 고대 베다 경전이나 라마야나, 마하바라타, 기독교 구약성서, 불경에 수 없이 등장합니다. 외계문명의 존재를 이해하지 않고는 모든 경전, 고문서 서사시에 등장하는 이러한 기사들을 결코 이해할 수 없으며 단지 환상적인 차원으로만 이해해야 하는 것이 현실입니다.

1957년 콜럼비아 대학의 랄프 엘 솔레키(Ralph L. Solecki)교수는 이라크 북방 티그리스 강의 상류지역에 위치한 자그로스 산맥 북쪽의 샤니다르(Shanidar) 동굴을 조사했는데, 9인의 초기 유골을 발견한 뒤 발굴을 계속한 결과 1만 년 전에서 멀리 10만년-13만 년 전에 이르는 초기인류의 주거흔적을 발견했습니다.

그런데 연대에 따른 계통적 발굴이 진전됨에 따라 인류문화는 차차 진보해 왔던 것이 아니라 반대로 퇴보해온 사실이 드러났습니다. Z 시친은 『신과 인간의 전쟁(The Wars of Gods and Men)』에서 4천 년 전 소돔과 고모라의 핵폭발 사실에 대해 7발의 핵무기가 투하되었다는 놀라운 사실을 고 문헌 텍스트를 연구한 끝에 밝혀냈습니다.

『플레이아데스 비망록(Pleidian Agenda)』에 보면 우라늄이라 이름 지어진 고고학적 유래에 대한 이야기가 나옵니다. B.C. 3000년 말 니비루(Nibiru)는 유프라테스강에 위치한 수메르 고대도시 우르(Ur)를 통치했는데 니비루 인들은 당시 수메르족으로 불려졌습니다. 우르는 니비루인에 의해 바티칸 시티처럼 통치되는 신정국가로 우라늄이 산출되는 도시였습니다.

구약성서의 아브라함은 우라늄이 담긴 작은 박스를 옮기는데 우르로부터 보내진 책임자라고 밝히고 있으며, 우라늄은 우르(Ur)에서 산출되는 광석으로 천계인간(은하인간)인 아눈나키(Anunnaki)의 지도자 아누(Anu)의 이름과 합해져 우라늄(Ur-anium: 우르의 아눔)이 되었다고 전합니다.(『지구 속 문명』 서문 中. 대원출판. 안 원전 역) 에리히. 폰. 대니켄(Eridh Von Daniken)은 자신의 최근 저서 『미래의 수수께끼(삼진기획刊. 김선영 역)』 에서 전 세계 모든 민족의 창조신화는 한결같으며 가장 오래된 창조신들은 항상 우주에서 왔으며 할 일을 마친 후에는 그곳으로 돌아가 다시 올 것을 약속했다고 말합니다.

뿐만 아니라 부인할 수 없는 고대문서에서 발췌한 신빙성 있는 간접증거들을 통해 신(神)들은 오늘날 기성종교 신앙인이 생각하는 단순한 영(靈)이 아니라 육체적으로 실존했으며 그들은 구약성서의 '네필림'의 예에서 보듯이 지구에 내려와 지상의 인간들과 동침해 자손을 번창했다고 말합니다. 러시아 태생의 심리학자 벨리콥스키는 1939년 수많은 고대 전승들이 비록 알레고리컬(비유적)하지만 사실에 근거한 것이라 말합니다. 최근의 성경학자, 고고학자들도 이에 대해 거의 유사한 견해를 보이고 있는 것이 새로운 추세입니다.

더욱이 근래의 UFO 연구 관계자 및 외계문명 관련 학자들은 외계인이 현재 수만 명 살고 있으며 지구인과 결혼해 자식까지 두고 있음을 말하고 있습니다. 희랍의 신화나 『산해경(山海經)』 헤로도토스의 『이집트 역사』 플라톤의 『향연』 등 수많은 고대 문서를 보면 반인 반수(半人半獸)라든가 온갖 기묘한 형태의 짐승 등이 나옵니다. 과거에는 이런 동물들이 과연 산 적이 있었을까 반문할 정도로 기묘한 모습을 한 동물들은 한 때 지상에서 존재했던 반인 반수의 영장류 및 멸절된 동물들이었습니다(일부는 지구 속에 살아남아 있다).

대니켄은 고대에 사람과 짐승, 천계인간과 지상인간의 혼혈이 있었음을 다양한 실례를 들어 증명합니다. 날개 달린 사람, 인어, 전갈인간, 반인반조의 사람새, 사람머리에 말의 몸, 손가락 4개의 고래 영장류 등 다양한 반인 반수(半人半獸)는 곳

법화경의 가루라迦樓羅(일명 가루다)는 황금빛 금 시조새로 항공기 만한 크기. 인도네시아 국영 가루다 항공.

곳에서 등장합니다. 극락정토에 산다는 '가릉빈가'는 얼굴은 아름다운 천상소녀의 얼굴인데 몸은 새로 등장합니다. 삼계 우주를 통한 석가 부처님이 결코 거짓말로 지어내 설법한 것은 아닐 것입니다.

이집트의 숫염소는 12세기에 결성된 〈성전기사단〉 이야기에 등장하는데 그 염소는 직립으로 보행하며, 인간의 머리카락을 가졌고 염소발굽에 염소 하반신과 힘센 남근을 가진 것으로 묘사됩니다. 실제 외계의 다양한 천체에는 별 요상한 형체의 인간들이 가득한 것으로 알려져 있습니다. 『법화경』에는 용을 사냥하는 금시조라는 새가 등장합니다. '가루라'로도 알려진 이 새는 용이 되기 이전 강 속에 잠긴 채 죽어있는 잠룡을 하늘 높이에서 달려들어 나꾸어 채는 진귀한 천상세계의 새입니다. 성인이 등장할 때마다 나타난다는 봉황 역시 용과 함께 천상의 새로 실제 있는 새입니다.

헤로도토스는 『이집트 역사』에서 '반인반조(半人半鳥)'의 진기한 암컷 흑비둘기에 대해 기록했습니다. 페르시아 아락스(Arax)의 강어귀에 살던 사람들은 물고기와 어울려 살았으며 헤로도토스의 보고에 따르면 그들은 피부에 비늘이 달린 물고기 인간들이었다고 합니다. 페리이토스(Peirithos)의 결혼식에서는 인간의 상체에 말의 하체를 가진 반인 반수 켄타우로스들이 '라피트'의 여인들을 범했다고 합니다. 크레타 섬에 사는 황소 머리를 한 '미노타우르스'에게는 여섯 청년과 여섯 처녀가 제물로 바쳐져야 했습니다.

<연합뉴스 강지성 기자>* 구름 속으로 승천하는 용. 캐나다의 죤 쉐일턴(34세)씨가 2006년 12월28일 찍은 것으로 먹구름이 뭉게뭉게 피어오르며 그 속으로 동양의 용 모습과 흡사한 것이 사진에 잡혀 화제가 되고 있다. 정체는 무엇일까? 지난달 28일 캐나다에서 경비행기를 타고 하늘을 날던 존 쉐일턴씨(34세)는 빠르게 움직이는 구름을 보고 경악했다. 그 속에서 거대한 용이 머리만을 드러내고 있었던 것이다.

존 쉐일턴 씨의 말에 의하면, 날씨가 흐리고 비가 와서 먹구름이 낮게 깔려 있었는데 옆에 먹구름들 사이로 구름이 뭉게뭉게 생겨나는 모습을 보고 호기심에 쳐다보니 거대한 용이 자신을 쳐다보고 있었다고 한다. 그러나 용은 자신을 공격하거나 하지는 않고 노려보고만 있었다고. 당시 옆에 사진기가 있었고 필름이 한방밖에 남지 않아 한 장 밖에 찍지를 못했다고 쉐일턴 씨는 전했습니다.

용의 전체적인 생김새에 대해선 날개가 달린 서양의 용 모습이 아니라 긴 뱀처럼 생긴 모양에 짧은 다리가 달린 것이 동양의 용 모습과 흡사했다고. 다행히 쉐일턴씨는 무사히 비행을 마치고 목적지에 무사히 착륙했다고 합니다. 또한 사진에 대한 전문가의 분석결과 합성은 아니라는 결과를 받았다고.

플라톤의 저서 『향연』에서는 원래 남성과 여성 외에 제 3의 성(性)이 있었는데 이 인간은 네 손과 네 발을 가지고 있는데 힘이 세고 생각은 담대하고 하늘로 돌진해 신들에게 도전하려 했다고 합니다. 건축물, 회화에서 보아온 기묘한 반인반수가 사실은 이와 같이 역사 속에서 실제로 존재했으며 아직도 일부가 외계와 지구내부에 현재 실재하고 있습니다. 얼마나 충격적입니까. 우주 대자연은 실로 경이로운 것이 아닐 수 없습니다.

2004년 6월 22일, 한 아마츄어 사진작가가 티벳 라사에서 칭하이-칭장 철로부설 행사에 참가하고 내륙으로 되돌아가는 도중 우연히 비행기 밖으로 찍은 두 마리 "티벳 용" 사진과 캐나다의 죤 쉐일턴(34세)씨가 2006년 12월28일 캐나다에서 경비행기를 타고 하늘을 날다 찍은 용 사진 그리고 2014년 6월 18일에 내몽고 오량소 호수에서 승천하지 못한 용이(5미터 정도 됨) 어부에게 잡혀 중국전역에 큰 화제가 되바 있습니다.

이 사진들은 우리가 아는 용과 똑같이 생겼습니다. 영물이 아닌 신물로 실제 존재하는 것입니다. 용은 한 잔의 물만 있어도 승천한다고 하며 구름 속에 있는 용은 UFO처럼 속도가 너무 빨라 가시광선 밖의 속도로 움직이는 용과 UFO는 적외선Infrared 렌즈를 쓰지 않으면 잘 안 보인다 합니다.

奇观：有人在西藏上空摄到“龙” ------- 【大纪元8月5日讯】国内网站综合消息，有人曾在飞越西藏雪山时拍摄到两个奇异的不明龙形物体(如图)，引起网友强烈兴趣。据称提供这些照片的是位摄影爱好者，于去年6月22日到西藏安多参加青藏铁路铺轨仪式，而后从拉萨乘飞机返回内地的途中在西藏上空雪山意外地拍到这两条“龙”。他当时感到甚是是新奇，就把这两个物体叫做“西藏龙”。从照片看，这两个物体显现出爬行生物特征：身躯像有鳞片覆盖，背部有类似脊椎骨的突起，也有逐渐变细的尾部。虽然摄到的仅为局部，但足以使人把它们联想成两条正在云端飞行的巨龙。网络照片：有人在西藏上空摄到“龙”，见图左下角。该照片在一些网站和论坛贴出，引起网友的好奇。一些网民评论说：“自然界的秘密我们永远无法知道完全，探索中，我也好奇中”；“中国不愧是龙的故乡！大自然真是神奇有神气，总是能造就出让人意想不到的宏伟奇观”；“是真的吗？难道那些人迹稀少的地方真的有我们不曾了解的古老文明的保存”。“真的觉得和传说中的龙很像啊，而且我真的希望那就是传说中的龙”。当然，更多的网民希望有人能够确认这照片上龙的真实性。在中国神话中，龙是一种神异动物。传说它能隐能显，春风时登天，秋风时潜渊。又能兴云致雨，后成为皇权象征，历代帝王都自命为龙，使用器物也以龙为装饰。《山海经》记载，夏后启、蓐收、句芒等都“乘雨龙”。另有书记“颛顼乘龙至四海”、“帝喾春夏乘龙”。前人分龙为四种：有鳞者称蛟龙，有翼者称为应龙，有角者称虬龙，无角者称螭龙。文化上，龙是华夏先民的图腾。商周予它威武，汉唐给它大度；龙在魏晋如竹林七贤，仙风道骨；在辽金则如草原野马，恣肆奔腾。帝王贵胄使它至贵至尊，民间百姓让它入乡随俗。在中国的各个民族几乎都有以龙为主题的传说和故事，人们也以赛龙舟、舞龙灯来欢庆节日，以祭祀龙来祈求风调雨顺。是否真实存在这种动物，应该 还是未解之谜。历代记载中有相当多目击神龙的记录。其中最令人感到惊奇的是各种 “坠龙”事件，就是某些特殊情况下天上的龙突然掉到地面被众人亲眼目睹。距今较近的传闻事件发生在伪满洲国时期：1944年8月有乌龙掉到黑龙江省牡丹江（为松花江某段的旧称）南岸陈家围子村（当时这里归肇源县管辖，位于肇源县城偏西北15公里处），坠地后奄奄一息，当地村民自发组织往它身上浇水给予救援。有当时目击称，该动物头上长角，身体覆盖鳞片，并发出强烈的鱼腥气招至大量苍蝇。八、九十年代有国内作家对此事件作过专门调查，并将结果出版为一本有关中国龙的专著。历代记载中也提到“龙”这种灵异动物的出现和人世间朝代变迁的联系。西藏神龙现身，令人好奇和遐想无限。@(http://www.dajiyuan.com) 8/5/2005 11:21:05 AM

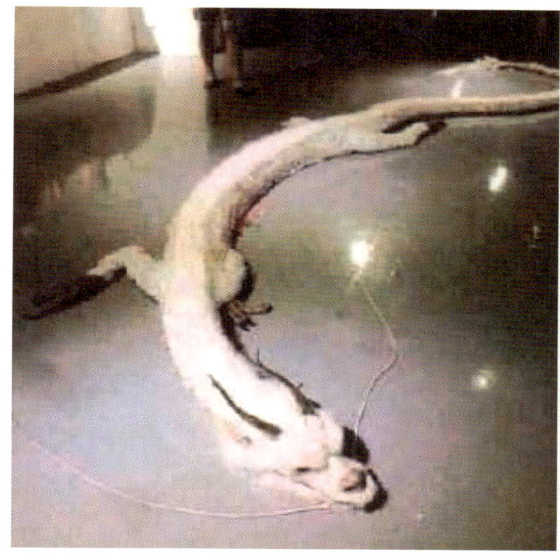
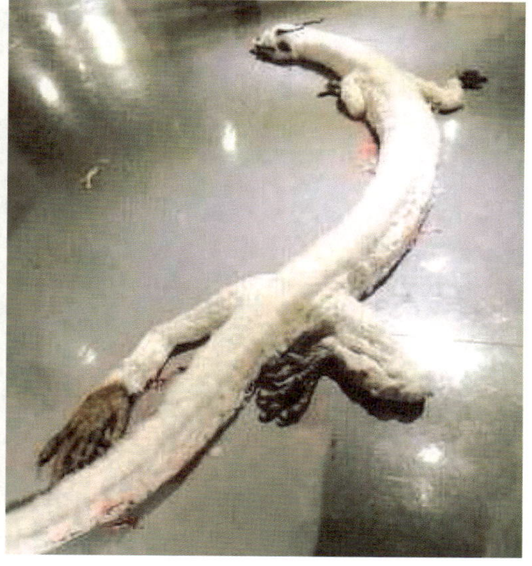

內蒙烏梁素海漁民捕獲漁民捕獲眞龍:몽골 오양소乌梁素 호수에서 어민 왕이룡(王二龙)에게 잡힌 실제 용. 북경으로 호송 전 찍은 사진. 중국의 각종 언론매체와 중국의 Naver인 바이두, 유튜브에 공개되어 있다.

위의 사진은 2014년 6월 18일 오전에 내몽골 우라터첸치(乌拉特前旗), 우량쑤하이(乌梁素海)에서 어민 왕얼룽(王二龙)씨가 조업 중 잡힌 실제 용을 거실 바닥에 놓고 찍은 것입니다. 머리에 뿔이 있고 입주위에 수염이 있으며 눈은 거대하고 용의 발톱이 있습니다. 내몽골 인터넷 <하타망>보도에 의하면 2014년 6월 18일 상오 우라터젠치乌拉特前旗 시 우량쑤(오량소)호수 어민 왕이룽이 물고기를 잡을 때 3미터의 진짜 용을 포획했다고 하며 포획당시 마을 전체에 긴급사태 경보가 내려진 상태로 경찰은 밤을 세워 북경으로 보냈다고 합니다.

포획 속에 숨은 뜻은 바로 다름 아닌 우리가 상상으로만 여기고 있는 전설 속의 용이 실제 존재하며 포획한 용이 "진룡眞龍"이란 사실입니다. 당시 우라터 시가 발견한 진룡 사건을 보도한 우라터 시의 신문에 대해 모든 사람이 한마디씩 하며 불이 붙었다 합니다. 과거 1934년 여름에도 중국 동북에 위치한 잉커우(营口) 지역에서 용이 하늘에서 떨어진 사건이 언론에 의해 보도된 바 있는데 목격자에 따르면, 그 용의 모습은 그림 속의 용과 같았으며, 이 용은 땅에 떨어진 후 통증으로 몸부림쳤고 차츰 기운을 잃었으며, 시간이 흐를수록 수분이 고갈돼 결국 죽은 것으로 알려져 있습니다.

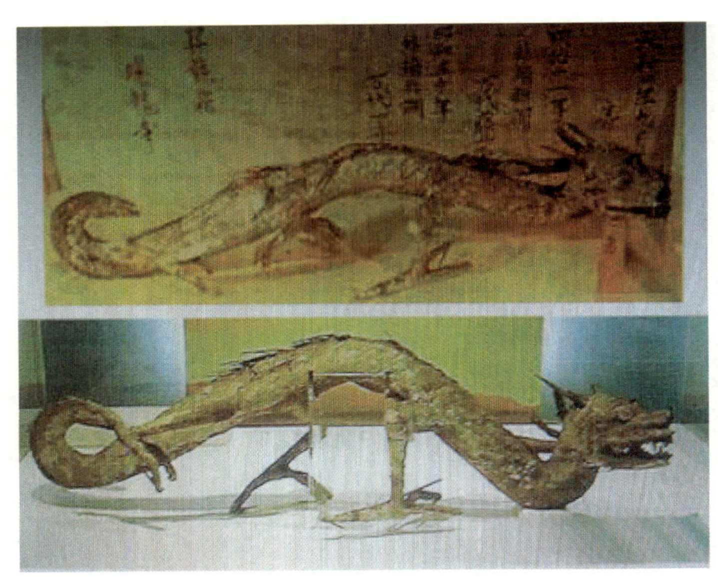
일본 오사카의 서룡사(瑞龍寺)에 건조된 작은 용 샘플

해외 중문 주간 잡지 『신기원』에 따르면, 일본 오사카의 서룡사(瑞龍寺)에 건조된 작은 용 샘플이 전시되어 있는 것으로 알려지고 있습니다. 이 용은 명나라 때 한 어부가 잡은 것으로 중국 상인이 일본으로 가져가 일본의 유명한 수집가 반다이 토베씨에게 팔았으며, 반다이 토베씨는 나중에 이 용을 서룡사에 기증해 지금까지 보존되어 온 것으로 알려지고 있습니다.

『성호사설』을 쓴 순암 안 정복의 스승 이 익은 용을 직접 본 체험담을 다음과 같이 증언한 바 있습니다.

"내가 어렸을 때, 용이 강을 따라 올라가는 것을 보았는데 이때 천둥이 일고 폭풍이 불고 우박이 떨어지며 주위의 풀과 곡식이 모두 없어졌다. 내가 본 곳은 3~4백 보 앞에서의 일이었고, 용은 다시 뭍으로 한 10리쯤 가다가 조령을 넘어 낙동강으로 들어갔는데, 강가의 풀 한 포기도 움직이지 않았으며 한강은 10여 일 동안 탁하고 붉은 물이 일었다."

"내가 일찍이 경험한 바로는 용은 공기를 휘몰고 하늘로 올라가게 되는 바...., 바람과 비란 반드시 용이 공기를 휘몰고 힘껏 일어날 때에 있게 되는 것인 듯 하다. 그러나 용은 혹 구름 속에서 움직이지 않고 죽어 사그러진 재처럼 죽은 듯이 있다 해도 아래로 떨어지지 않으니 그 신비로운 변화란 사람의 지혜로는 헤아릴 수 없는 것이다."

용이 실재함을 아는 사람은 이게 무엇인지 안다. 안 믿는 사람은 100년이 지나도 못 믿고. 화룡천년에 진룡을 몰라보는 세상. 아래 전봇대 크기를 비교해 수백 미터 높이임을 생각하면 수 십 미터는 될 듯.

"용은 돌을 보지 못한다는 옛말은 용이 성내어 일어날 때는 돌도 다 부숴버려 막힐 때가 없음을 나타낸 것이다. 내가 젊은 시절에 놀러 다니기를 좋아해 이상한 일을 많이 보았다. 속리산 옆에 용유동이 있어 떨어져 내리는 폭포가 아주 깊고 그 아래에 두 개의 용추가 있다. 물깊이를 헤아릴 수 없고 개구리와 물고기도 없는 어둡고 시커먼 그곳을 내려다보면 무섭고 두려웠다."

"진실로 신비한 용이 그 속에 숨어있지 않다면 두 산 사이에서 여름 장마철에 언덕이 갑자기 무너져 돌이 순식간에 그 못을 메워버리고 말았을 것이다. 그런데 그 자방 사람들이 말하기를 '이 용추는 옛날이나 지금이나 늘 한 모양인데, 혹 해가 가물어서 냄새나고 더러운 물건들이 용추 속으로 들어가면 반드시 폭우가 내려서 씻어버린다'고 하니 용의 신비함은 여기서도 경험할 수 있다."

《설문 說文》 에 의하면, "용은 비늘이 있는 동물의 우두머리이다. 능히 어둡거나 밝을 수 있고, 가늘거나 커질 수 있으며, 짧거나 길어질 수 있다. 춘분에 하늘에 오르고 추분에 연못에 잠긴다." 하였고, 《회남자 淮南子》 에서는, "깃털과 털, 비늘과 딱딱한 껍질을 가진 모든 것은 모두 용을 조상으로 하고 있다."고 하였습니다.

용龍은 12지신 중에서 다섯 번째 진(辰)입니다. 진(辰-천추天樞 즉 북두칠성의 첫 번째의 별)을 가리키며, 음양으로는 양陽에 해당되며, 오행으로는 토土이며 색(色)은 황(黃)으로 12방위 중 동남東南을 담당합니다. 시간은 오전 7시부터 9시까지(辰正-8시)이고 음력 월은 삼월三月(辰月)이며, 계절로는 사계(四季)입니다. 용은 조화 화권을 상징하는 성스러운 동물로 들면 황제의 얼굴을 용안이라고 하고, 황제의 옷에 다섯 발톱의 용을 수놓은 것은 무5토(戊5土) 지배자를 이 성수(聖獸)와 동일시하고 있기때문입니다. 따라서 용은 서양의 드래곤과 달리 흉악한 존재가 아니고, 무(武)보다는 문(文)을 상징하는 상서로운 존재로 사람들은 용과 봉황의 출현을 길조로 여겨 기뻐했습니다.

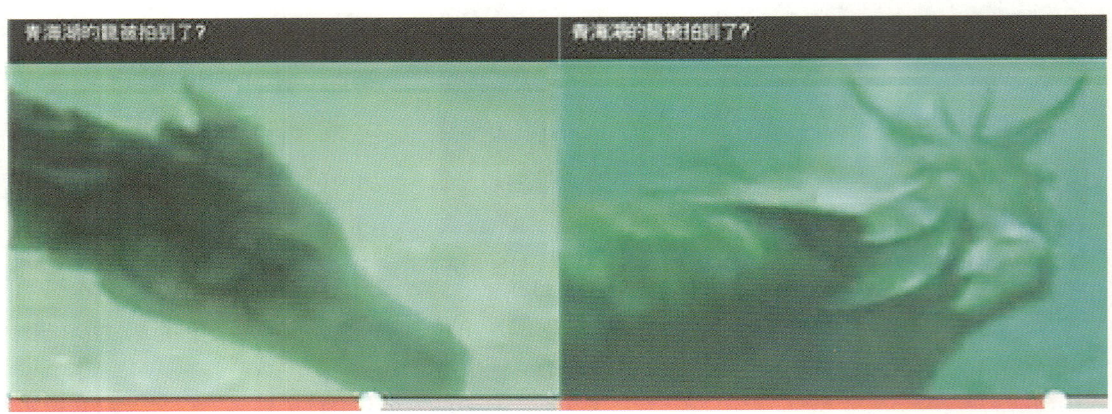

중국 청해호(青海湖) 수중 용. 머리는 뿔이 있고 문헌상의 낙타(駝)와 비슷한 기린모습이다.(유튜브)

용은 물속에 살며 바람, 구름, 비, 번개를 부르고 하늘을 나는 등 광대한 신통력을 갖고 있어 예로부터 수신(水神)으로서 숭배되어 왔습니다. 용에는 몇 종류가 있습니다. 비늘이 있는 것을 교룡, 뿔이 있는 것을 지룡, 뿔이 없는 것을 리룡, 날개가 있는 것을 응룡이라고 합니다. 이 중 날개가 있는 응룡은 남방에 살며 비를 축적하는 능력을 갖고 있습니다.

옛날 군신 치우와 맞붙은 황제는 바로 이 응룡의 힘을 빌려 치우를 멸망시키는데 성공하기도 했으며 그 때 많은 신통력을 소비한 탓으로 응룡은 천계로 다시 돌아갈 수 없게 된 적도 있습니다.

고대 제순 시대에 용을 키울 수 있는 권룡씨(拳龍氏) 부족이 있었습니다. 그들은 용을 키우기 위한 특수한 지식과 기술을 갖고 있었습니다. 그 이후 하(夏) 왕조의 폭군 공갑(孔甲) 때 하늘에서 암수 두 마리의 용이 내려왔지만, 공갑은 용을 키울 수 없었습니다. 그 때 유루(劉累)라는 사람이 권룡씨에게 용을 키우는 기술을 배웠기 때문에 제帝 공갑의 용을 키울 수 있었습니다. 공갑은 유루에게 어룡씨(氏)라는 성을 내려 어룡씨(御龍氏)는 하 왕조 때에 하남성 임영현 북쪽 15리 지점에 정착해 이 곳이 유(劉)라는 땅으로 불립니다. 후에 용의 암컷이 죽자 유루는 고기를 공갑에게 헌납했는데, 공갑(孔甲)은 그 고기가 너무 맛있어서 계속 자신에게 바치길 요구했으며 결국 뒷감당을 못한 유루는 도망가고 말았습니다. 어룡(御龍氏)씨는 하를 힘써 섬겼고 시위씨는 상을 도왔는데, 유(劉)씨는 본래 중국 고대에 용을 키우던 루(累)가 유(劉) 땅에 봉해져 유(劉) 씨를 사용해 유루(劉累)로 불리게 된 것이 족보의 시작입니다. 그 후 어룡씨, 시위씨, 당두씨, 사씨 등으로 불리어지다가 한나라 고조인 유방(邦) 때 다시 유(劉)씨라 한 것입니다.

사마천은 『사기』에서 한(漢) 고조(高祖) 유방(劉邦)이 용의 혈통을 이어받은 영웅이었다고 쓰고 있습니다. 그러나 정작 유루는 용을 기르던 사람이지 용의 혈통까지 이은 사람은 아니었습니다. 유방이 용의 혈통을 이은 이유는 다음과 같습니다. 유방의 어머니인 유온이 설핏 잠들었을 때 신과 만나는 꿈을 꾸었다고 합니다. 그 때 주위가 캄캄하고 천둥소리가 났는데 유온의 남편이 놀라서 달려가 보니 유온의 몸 위에 용이 올라타고 있었습니다. 용은 금방 날아가 버렸지만 유온은 곧 임신하여 유방을 낳게 됩니다. 유방은 용과 같은 얼굴에 용의 수염을 가지고 있었습니다.

용은 입에서 기를 뿜어내 불로 바뀌게 할 수도 있습니다. 그러나 이 불은 습한 곳에서는 활활 잘 타지만 건조한 곳에서는 금방 꺼지는 기이한 특징을 가지고 있습니다. 또한 용은 하늘 꼭대기나 땅 속 깊은 곳까지 순식간에 도달하거나, 몸의 크기와 형태를 자유롭게 바꾸는 신통력이 있는데 이는 목 밑에 감춰진 여의보주(如意寶珠:여의주)라는 아름다운 구슬에 숨겨져 있기 때문입니다.

<용화전경>*나는 미륵이노라 하시며, 금산사 미륵은 여의주를 손에 들었거니와, 나는 입에 물었노라 하시니라.

<보천교(普天敎) 교전(敎典)>*(성사전(聖師典)) 교주 왈(敎主曰) 태을교(太乙敎)라 함은 나에 명(名)한 것이 안이라, 교조(敎祖)의 말삼에 여의주(如意珠)라 무어시든지 원(願)하는대로 되고 세상(世上)을 구제(救濟)함에도 비차(非此)면 불능(不能)이라 하였음니다

<대순전경 초판>*선생이 가라사대 나는 곧 미륵이니 나를 보고 싶거든 금산미륵을 보라하시고 또 가라사대 금산미륵은 여의주를 손에 들었으나 나는 입에 물었노라하시며 하순(아랫입술)안에 주점(붉은 점)을 보이시더라.

侍

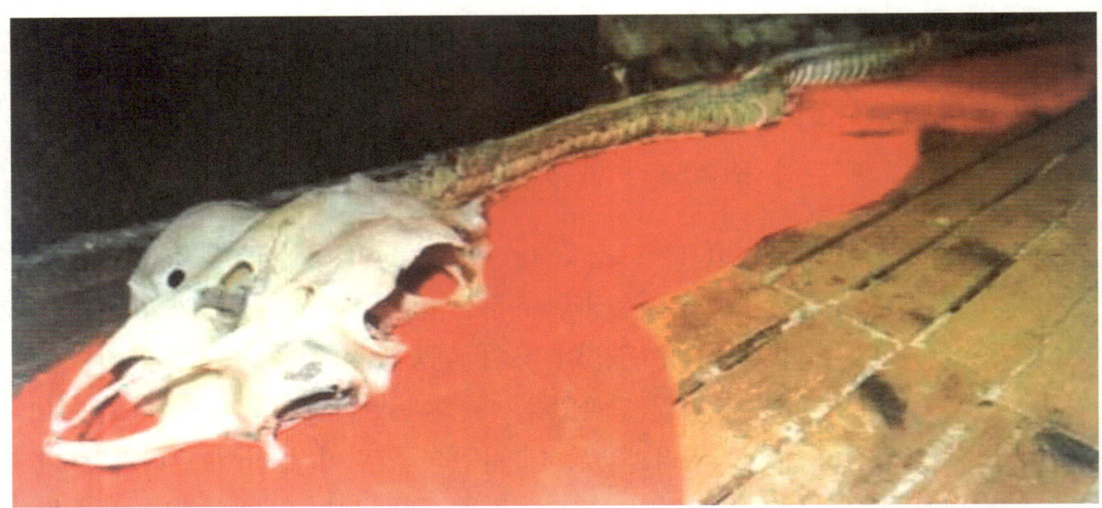

용(龍)이 실재하므로 태골인 용골(龍骨)도 실재 존재하여 한방으로 쓰인다.

용은 추분에는 깊은 연못 밑에서 조용히 살다가 춘분에는 아지랑이의 습기를 타고 하늘로 날아갑니다. 특히 천 년마다 오는 춘분에는 낡은 몸을 버리고 새로운 몸으로 하늘에 오르는데 이 때 버려진 몸은 돌이 되고, 뇌는 보석으로 바뀝니다. 이 용뇌(龍腦)라고 불리는 보석은 만병통치약으로 악귀나 재앙으로부터 몸을 지키는 효과가 있었기 때문에 옛날 한방에서는 귀한 보물로 여겨졌습니다. 특히, 보령성(普寧省)에서 발견되는 용뇌는 품질이 좋아 어디에서든 귀하게 여겨졌습니다.

또한 용은 낡은 뼈를 천 년마다 정해진 장소에 버리는 습관이 있습니다. 뼈를 버리는 장소는 동해의 방장산(方丈山)기슭인데, 약 5백 ha에 이르는 그곳에는 뼈와 태골이 산더미처럼 쌓인 것으로 전해집니다. 중국 진녕현 용장주라는 곳이 있는데, 이곳 수중에서도 용이 벗어놓은 뼈를 볼 수 있다고 합니다. 이 태골 또한 정신을 가라앉히는 약으로 귀하게 여겨집니다. 태골의 분말은 목으로 잘 넘어가며 약간 단맛이 나고 쇠고기 기름과 섞어놓으면 그 효과가 늘어나는데, 철로 만든 석고나

무기에 닿으면 효과가 없어진다고 합니다.

그리고 용은 잠자기를 매우 좋아하여, 오래 자는 경우에는 천 년, 짧게 잔다고 해도 수백 년은 잡니다. 비늘 사이로 모래가 산처럼 쌓이건 새들이 버린 나무 열매가 비늘 사이에 끼어 나무가 자라든 용은 아랑곳하지 않고 계속 잔다고 합니다. 모든 하천과 호수에는 그 물을 관리하는 용신이 있다고 합니다. 이와 같이 수신으로 숭배되는 용신 중에서 네 곳의 바다와 풍우(風雨)를 관리하는 용은 특별히 사해용왕(四海龍王)이라 합니다.

진법주(眞法呪)의 일부
오악산왕응감지위 사해용왕응감지위 사시토왕응감지위 직선조하감지위
五岳山王應感之位 四海龍王應感之位 四時土王應感之位 直先祖下鑑之位

십오건곤주(十五乾坤呪)
십오건곤 만화통제 동서남북 유일집중
十五乾坤 萬化統制 東西南北 唯一執中

천통지통인통 자아자아 물화양의 성 선천후천 태음태양 조아정성
天通地通人通 自我自我 物華兩儀 成 先天後天 太陰太陽 助我定誠
심아괴아 형아성아 복록수명 성경신아 지기금지원위대강
心我魁我 形我成我 福祿壽命 誠敬信我 至氣今至願爲大降

십계명주(十啓明呪)
일월성신 조아정 태을신군 조아정 팔음팔양 조아정 태음태양 조아정
日月星辰 助我定 太乙神君 助我定 八陰八陽 助我定 太陰太陽 助我定
지기금지 원위대강
至氣今至 願爲大降

①동해용왕－창녕덕왕: 오광, ②남해용왕－적안홍성제왕: 오윤, ③서해용왕－소청윤왕: 오흠, ④북해용왕－완순택왕: 오순 등 이 사해용왕의 바다 속 궁전, 즉 용궁을 수정궁이라 하였는데, 매우 웅장하고 화려한 이 궁전은 내부의 모든 것이 보물로 이루어졌을 정도로 보물이 가득했다고 합니다.

용은 모든 실제 동물과 상상 속 동물들의 능력과 장점을 취합하여 만들어 낸 신

비한 동물로 전해지지만 사실은 법화경에 전하는 가루라처럼 이 세상에 실재하는 동물입니다. 『본초강목(本草綱目)』에 의하면 용의 머리는 뱀, 뿔은 사슴, 눈은 귀신, 귀는 소, 목은 뱀, 배는 큰 조개, 비늘은 잉어, 발톱은 매, 발바닥은 호랑이를 닮았다고 합니다.

용은 81개의 비늘이 있어 99라는 양수를 갖추고 있다고 하는데 , 특히 닮은 것을 9가지라고 한 것은 9라는 숫자가 극양(極陽)이고 또 99의 양수를 가졌다고 하는 것은 모두 존엄과 아름다움을 함께 갖추었다는 뜻이라 합니다. 용은 81개의 비늘을 가지고 있습니다. 81은 9×9입니다. 곧 양수의 최고수인 9를 거듭 갖추고 있는 양(陽)의 극치인 동물입니다.

용은 모든 동물의 우두머리로서 여의주를 갖추면 조화가 무궁하여 사람들이 가히 측량하지 못하는 능력과 힘을 지닌 동물입니다. 출생에 따라 태생룡(胎生龍) 난생룡(卵生龍) 습생룡(濕生龍), 화생룡(化生龍), 위치에 따라 천룡(天龍) 지룡(池龍) 신용(神龍) 해룡(海龍) 복장룡(伏臟龍) 형태에 따라 상용(象龍) 마룡(馬龍) 어룡(魚龍) 사룡(蛇龍), 색깔에 따라 황룡(黃龍) 청룡(靑龍) 백룡(白龍) 적룡(赤龍) 흑룡(黑龍), 용의 새끼를 교룡(蛟龍)으로 분류합니다.

가장 강력한 힘을 가진 하늘에 살고 있는 용(龍), 뿔이 없고 바다 속에 살고 있는 려, 비늘이 달렸고 산 속의 늪과 동굴에서 사는 교(蛟)로도 분류하며 또는 용은 비늘(龍鱗)이 있는 동물(교룡蛟龍)로 천년을 살아야 용이 되고, 뿔이 자라서 각룡(角龍)이 되려면 5백년, 각룡(角龍)에서 천년의 세월이 더 흘러야 날아다니는 응룡(應龍)이 된다고 용의 변화과정에 따라 구분하기도 합니다.

문양에서는 구름 속에 반쯤 감추어진 운룡(雲龍)의 형태가 많이 나타나는데 이것은 용의 신비스럽고 영험한 능력을 표현하기 위한 것입니다. 비늘이 있는 것은 교룡, 날개를 가진 것은 응룡, 빛이 붉고 뿔이 있는 새끼 용인 규룡, 빛이 노랗고 뿔이 없는 이룡, 승천하지 못한 반룡, 물을 좋아하는 청룡, 불을 좋아하는 화룡, 울기 좋아하는 명룡(미르), 싸우기 좋아하는 석룡, 그 가운데 규룡(虯龍)을 여러 용들의 우두머리로 칩니다. 규룡은 뭇 용들을 나아가고 물러나게 할 수 있으며, 구름을

73년 6월 19일 미 조종사가 대만 북동해안 상공에서 찍은 <용두관음보살> 사진. 우측은 원판에다 채색한 사진.

타고 비를 뿌려 창생를 구제하고 사악함을 물리치는 신으로 여깁니다. 용생구자(龍生九子)라 하여 용에는 구룡이라고 하는 아홉 자식이 있다는 이야기도 전해지는데, 이 용들에게는 각기 독특한 성질이 있어 명나라의 호승지(胡承之) 라는 사람이 쓴 『진주선(眞珠船)』 에 구룡을 다음과 같이 열거하고 있습니다.

1. 비희(贔屭:힘쓸 비, 힘쓸 희) : 일명 패하(覇下). 모양은 거북이를 닮았는데 무거운 것을 지기를 좋아한다. 돌비석 아래에 있는 귀부(龜趺)가 이것이다.
2. 이문(螭吻) : 모양은 짐승을 닮았는데, 먼데를 바라보는 것을 좋아한다. 전각(殿閣)의 지붕위에 있는 짐승머리가 바로 이것이다. 일명 조풍(嘲風)이라고도 하는데 험한 곳을 좋아한다. 또한 치미라 하며, 화재를 누를 수 있다. 한국에서는 불을 다스리는 물의 동물로는 해태가 있다.
3. 포뢰(蒲牢) : 모양은 용을 닮았는데 , 소리 지르기를 좋아한다. 종(鐘)위에 있는 것이 바로 이것이다. 바다 속에는 큰 고기인 고래(鯨)가 있는데, 포뢰는 고래를 무서워하여 고래가 포뢰를 치면 번번이 놀라 크게 운다. 종의 소리를 크게 하고자 할 때는 포뢰를 종위에 조각하고 고래 모양으로 만든 당(撞)으로 친다.(여기서 고래란 아마도

곤이라는 동물일 것이다.)

4. 폐안(狴犴) : 일명 헌장(憲章)이라고도 한다. 모양은 호랑이를 닮았는데, 위엄과 힘이 있어 옥문에 세운다.
5. 도철(饕餮) : 마시고 먹는 것을 좋아 한다. 그래서 솥의 뚜껑에 세운다.
6. 공하(蚣蝦) : 물을 좋아하는 성질을 가졌다. 그래서 다리의 기둥에 세운다. 한편 범공(범蚣)이라고도 하는데 마시기를 좋아한다.
7. 애자(睚眦): 죽이기를 좋아 하여 칼의 콧등이나 칼자루에 새긴다. 입으로 삼킨다. 관우의 무기 청룡언월도에 용의 아가리를 물린 부분은 이 애자이다.
8. 산예(狻猊:사자 산, 사자 예) : 모양이 사자와 닮았고 연기와 불을 좋아하여 향로에 새긴다. 또한 앉기를 좋아하는데, 부처님 자리의 사자가 바로 이것이다. 일명 금예(金猊)라고도 한다.
9. 초도(椒圖):일명 초도(椒塗)로 모양이 소라 고동을 닮았다. 닫기를 좋아하여 문고리에 붙인다.

이렇게 용에게 부여된 다양한 성격과 기능을 옛 사람들은 건축물, 예기(禮器), 가구, 의복, 문구 등의 장식에 널리 응용했습니다.

<이중성 대개벽경(大開闢經)>*"금산 미륵전은 진표율사가 창건한 바요, 진표율사는 본시 만경(전북)의 곤궁한 아전으로, 하루는 죄를 입은 잉어 한 마리를 낚시질하여 생명을 구해주었더니, 그 은혜로 선녀로 화해 처가 되어 10년간 같이 살다가, 선녀가 죄를 풀어 장차 하늘로 올라가려 할 새, 아들 세 용을 남기거늘, 진표율사의 잘못으로 지금 역시 만경에 용의 봉분(龍墳)이 있고, 진표가 애원하여 놓아주지 아니하여 선녀가 가르쳐 주는 대로 삭발하고 승려가 되어, 모악산 용안대(龍眼臺)에 들어가 천일기도하니 소원을 발원함이, 천유여 년 후에 미륵 존불이 출세하면 제자가 되고, 용화세계에서 계속 선녀와 인연을 맺음이라 하옵니다."

<이중성 대개벽경(大開闢經)>*"변산 먼 길을 일 보 일 배 씩 하며 찾아가니, 마침내 지극한 정성이 부처를 움직여 미륵존불이 너그러이 엎드리니, 모악산 중에 <비장곡(臂壯谷)>이 있어 진표율사가 도를 이루는 첫 발원에 존불이 각기 부모산인 모악, 회문에 서시니 대화신(大化身)의 몸이 하늘에 이르러 모습을 나타내고, 다시 발원함에 존불이 모악 양쪽 산기슭에 서시니, 중화신(中化神)의 몸이 천공(天空)에 높이 솟아오르고, 세 번 발원함에 존불이 금산사 용추 못 연못가에 서시니, 소화신(小化身)의 몸이 지금의 금산사 시루 솥 위에 서있는 부처라."

<이중성 대개벽경(大開闢經)>*"율사가 목욕재계를 행하여 장차 금강을 건너고자 하되 배가 없더니, 강에 어족이 가득하여 스스로 와서 다리를 놓아 이상한 소문이 세상을 진동하므로, 신라국왕이 마침내 율사를 맞이하여 국사(國師)로 삼아, 율사가 국왕을 가르쳐 깨닫게 하여 천유여년의 후에 왕이 존불에게 제자가 되기를 원하여, 금, 은, 곡식, 비단을 스스로 크게 들여세워 바치니, 율사가 금산사 경내의 용추 못

속에 사는 용을 부안 변산으로 옮기고, 도술로 안질을 퍼뜨려 용추 못을 숯(탄)으로 메꾸고, 정성과 힘을 모아 미륵불상을 건립하니, 크고 빼어난 절의 건물이 지금의 삼층 각 미륵 전이오,"

2004년 6월 22일, 한 아마츄어 사진작가, 티벳라사에서 청해-칭쟝 철로부설행사에 참가하고 내륙으로 되돌아 가는 도중 우연히 비행기 밖으로 두 마리 용을 찍어 중국 웹 사이트에 올려 많은 사람의 흥미를 끔. 그는 이 두 마리 용을 "티벳 용"이라 불렀다. 사진을 보면 기어가는 생물체의 특징들을 가진듯이 보이고 몸통은 비늘로 둘러 싸인듯이 보이고 등은 척추같이 보이는 돌기가 보인다. 이 용들은 꼬리 쪽으로 갈수록 점점 가느러지는 모습을 보이고 있으며, 사진 상에는 비록 전체 용의 일부만 찍혔지만 그 자체는 구름 속을 날고 있는 거대한 두 마리 용의 자태를 보여주는데 충분하다. 이 사진은 post.baidu.com과 다른 훠롬들에 실려 많은 네티즌의 호기심을 야기했다. 한 네티즌은 "의심할 바 없이 중국은 용의 고향이다! 자연은 실로 신비하고 강력하여 항상 사람들의 상상너머 스펙타클 한 장면들을 만들어낸다."고 언급했다. 필자가 보기에 이 사진을 찍은 중국인은 용의 전체모습을 이미 보았으므로 성급히 카메라를 꺼내들었겠지만 아래 좌측에 까만 부분의 동체 왼쪽 날개가 보여주고 있듯이 이미 비행기가 빠르게 진행되고 있는 상황에서 카메라는 머리를 비롯한 몸통부분이 이미 지나쳐버린 상황에서 용의 아래부분만 찍게 된 것으로 추정하고 있다. 모르긴 모르되 촬영자는 피사체인 용의 전체를 다 보고 찍은 것임이 틀림없다 보고 있다.용은 본래 변화의 상징이다. 봄철 아지랑이처럼 한 점의 수분만 있어도 몸을 감추고 구름사이로 승천하며 구름과 구름사이에 몸을 감추고 은닉하며 조화로운 변화를 하고 가을바람에 몸을 내던져 용트림을 하고 물속에 몸을 숨기는 것으로 알려져 있으며 용의 조화로 비를 내리기도 한다.(春风时登天, 秋风时潜渊。又能兴云致雨) 본 역자는(안원전 자료사진 찾고 간추린 번역 설명)

시리우스 인들이 밝혀주는 지구의 잊혀진 역사를 보면 최근의 문명사가나 고고학자 및 천문학자들이 밝혀주는 사실과 여러모로 부합 일치하는 면이 많습니다. 천문학자들은 거문고 자리 또는 비파자리인 라이라(Lyra)좌를 맥동성이라 부르고 있으며 은하계에 숨 쉬고 있는 모든 생명체가 기원한 곳이라 생각하고 있습니다. 맥동성은 말 그대로 원초적인 생명만을 간직한 채 심장소리처럼 쿵쿵거리며 성운 전체가 맥동질 치는 성좌를 말합니다.

그런데 미국의 심리학자 겸 저명한 채널 리사 로얄의 『환생의 라이라(원제: The prism of Lyra. 대원출판. 배수선 역)』를 보면 라이라 좌가 생명의 원초적인 심층의식이 집단 무의식으로 응고된 생명 자궁 집단으로서의 성좌임을 묘사하고 있습니다. 이 맥동성은 이러한 생명 자궁집단을 유지하려는 포지티브한 영적 세력(통합적 집단 무의식)과 "이같이 통합되어 한 군데 가두어진 무형태의 영적 상태"에서 개별적으로 분열 발전하여 새로운 형태를 취해 독자적인 생명현상을 지니고 진보, 개혁적으로 살려하는 네가티브한 영적 세력으로 나뉘어 대립 투쟁합니다.

동양의 오행철학에서는 우주가 하나로 통합하려 하는 정신을 수(水)라 하고 반대로 우주가 끝없이 분열하려 하는 정신을 화(火)라 합니다. 통일된 생명 무의식 집단인 포지티브한(+) 영적 세력 수(水)에 대립하는 네가티브한(-) 영적 세력 화(火)는 무형의 영적 집단 무의식에서 수없이 쪼개져 분열하는 영적 개체를 기반으로 육신을 뒤집어쓰고 생명을 영위하려는 개척세력입니다.

화운더(Founder)로 불리는 이들 개척세력의 진취적 정신의 핵심은 무한한 호기심인데 이들은 마침내 물리적 실체를 뒤집어쓰고 환생의 순환 고리를 만들어 베가좌(Vega) 직녀성으로 입식(入植)해 들어갑니다. 라이라의 생명모체와 영적 전쟁을 치른 베가 라이라인들은 라이라의 포지티브한 영적 힘이 미치지 못하는 성좌를 찾아 나서게 되는데 그것이 켄타우리 행성과 은하계에서 가장 아름답다는 지구별이었습니다.

지구 영장류의 DNA를 추출해 지구환경에 적응해 오던 이들은 라이라인과 후발 베가 라이라인의 추적 및 투쟁에 굴복, 마침내 지구를 떠나 금우궁(황소자리)의 어깨부분에 위치한 칠성별(칠자매 별) 플레이아데스(Pleiades) 성좌-일명 묘성(昴星)을 찾아 개척 이주합니다. 일찍이 고대 마야 인들이 스스로를 묘성(昴星)의 자녀라고 한 것과 시신을 칠성판 위에 누이는 것은 바로 이러한 고대의 역사적 사실과 깊은 관계가 있는 것입니다.

플레이아데스 성좌는 254개의 별로 이루어져 흩어져 있는 산개성단으로 현재 각 별에는 약 5억씩의 인구가 살고 있으며(약 1,250억이 넘는 인구로 지구인류 50억에 비교하면 실로 대단한 인구이며 지구인에 비교하면 인격은 거의 불 국토 부처님인 성자수준이다), 성좌 전체가 하나로 통합되어 플레이아데스 은하연합을 이루고 있습니다.(이에 대해서는 대원출판 刊 『셈야제 이야기』 『보병궁의 성약』 『플레이아데스의 사명』 및 『탈무드 임마누엘』 을 참조)

『플레이아데스의 가르침(The Teachings of Pleiades)』 에 나타난 그들의 생활과 문화를 간략히 소개하면 다음과 같습니다. 254개의 별 중 지구에서 보이는 7개의 칠성별은 성단으로 들어가는 출입구(통로)와 같은데 지구에서 이 성단을 보는 것은 불가능합니다. 플레이아데스 성좌 안에는 불모지로 황폐화된 행성이 하나 있는데 이는 오리온 좌의 전쟁에 개입해 오리온 문명의 핵 공격과 초음파 병기에 의해 혹독하게 파괴되었기 때문입니다.

이로 인해 플레이아데스 인들은 이 일을 계기로 이 행성을 자신들의 교훈으로 삼고 남의 행성문제에 간섭을 안 하는 불간섭의 원칙을 조화, 사랑의 덕목과 함께 갖게 되었다고 합니다. 지구 문명의 부권(父權)문명으로서 플레이아데스 인들은 지구문명의 발전을 '불간섭의 원칙' 의 대전제 아래 관심과 사랑으로 지켜보고 있다고 합니다. 지구인과는 셈야제라는 플레이아데스인 여성을 통해 스위스의 농부 빌리 마이어와 접촉하면서 지구문명을 위한 많은 정보를 전해준 바 있습니다.

플레이아데스 인들은 지구인과 마찬가지로 다양한 인종이 있으며 혼혈종도 있다고 합니다. 그들의 키는 여성의 경우 160㎝로 서양 여성보다 약간 작고 동양 여성키와 비슷하며, 남성의 경우는 평균 163㎝~173㎝정도로 180㎝ 이상은 거의 없습니다. 라이라 좌의 유전자를 많이 가진 플레이아데스인의 경우에 한해 남녀 공히 180㎝가 넘는 사람이 더러 있다고 합니다.

플레이아데스 인 중 어떤 그룹은 청동의 머리색에 피부는 하얗고 눈의 색은 연한 종족이 있는가 하면 피부는 하얀데 머리색은 진한 검정색을 하고 있는 종족도 있습니다. 또 라이라 좌 출신 사람들은 빨간 머리색을 하고 있으며 전반적인 눈의 특징은 서양인보다는 동양인의 아몬드 형 눈을 하고 있는 것이 특징이라 합니다. 플레이아데스 인들에게도 그들 성좌를 개척하면서 수많은 모험을 통해 선도자가 된 성자들이 있는데 사람들은 그를 '잇슈비슈'라 부릅니다.

플레이아데스 인들은 홀로그램을 이용해 많은 사람이 동시에 참여할 수 있는 입체조각 게임, 홀로덱스를 즐기며 휴가 때에는 우주여행을 즐깁니다. 음식은 소량을 먹어 수면은 2~3 시간이면 족하며 또한 생식(生殖)을 마음대로 조절하여 만일 아이를 원하지 않을 때 어린아이의 혼이 찾아오면 조용히 지금은 네 때가 아니라고 일러서 보내며 예외로 남자 혼자 은하계 멀리 여행을 하는 도중에 자신을 통해 태어나고자 하는 어린아이의 혼이 찾아오면 남자의 DNA만으로 태어나게 하는 의식(儀式)을 통해 클론인간이 태어나게 된다고 합니다.

플레이아데스 인에게 노화란 없으며 본래 죽음은 없지만 만일 이 세상을 하직할 때면 자신의 사명을 다한 것을 모든 사람이 다 알기 때문에 마치 불교의 고승들처럼 의식(儀式)을 통해 다 같이 축복해주고 편안하고도 기쁜 마음으로 세상을 떠난다고 합니다. 마치 윤회전생을 더 이상 않는 아라한 같은 이들에게도 때에 따라 윤회전생은 있으며 질병은 존재하지만 치료가 거의 없기 때문에 질병은 없는 편에 속합니다.(『플레이아데스의 가르침(The Teachings of Pleiades)』 中)

한편 별이 3 세트로 이루어진 3부성(3중성)으로 이루어진 시리우스 문명은 시리우스 성단에 관심을 품은 라이라인들의 의식체들에 의해 개척되었습니다. 시리우스 문명은 개척 초기에 라이라로 부터 환생의 고리를 끊고 과거의 의식을 완전히 제거해 지배구조에만 탐닉했던 초기 개척자와, 무의식과 잠재의식의 차원에서 사랑과 치유의 에너지를 쏟아 붓기 시작한 후발개척자들 사이에 투쟁이 있었습니다. 이들이 화해와 통합을 위해 물색한 새로운 장소가 오리온좌입니다. 이들 시리우스(천랑성, 즉 개자리) 문명은 레무리아 문명시기 및 이집트 · 마야 문명 등 인류의 고대사에 직접적인 영향을 끼친 호모사피엔스의 모권 문명에 해당합니다.

『포톤벨트(버지니아 에신 지음:You Are becoming A Galactic Human)』에는 시리우스인들의 생활에 대한 모습이 소개되고 있습니다. 그들은 한 시간에서 한 시간 반 정도 잠을 자는데 이는 그들이 순수한 식품과 늘 들여 마시는 프라나 에너지 때문이라고 합니다. 일찍이 석가부처는 천상 사람들이 늘 법을 즐겨하는 법희식(法喜食)과 선정을 즐겨하는 선열식(禪悅食)을 먹고 불로불사한다고 했는데 그들은 여럿이 모이면 명상을 즐겨 한다고 합니다. 또한 그들은 약 3, 4천년을 사는데 자신들의 수명을 스스로 결정한다고 하며 실제의 죽음은 없다고 합니다. 사춘기는 70년 정도이며, 그들 사회에서 지혜를 터득하는 데는 약 2천년이 걸리며 지혜를 터득한 장로는 대단한 존경을 받는다고 합니다.

고대 이집트인은 시리우스별을 천랑성(天狼星: Sothic Star)이라 불렀는데 그들은 이 별이 7일 동안 두아트(Duat: 下界)에 숨었다가 동쪽 지평선에 나타난다고 믿었습니다. 이때 시리우스는 태양과 함께 떠오르며 이것을 근거로 시리우스 달력이 만들어졌습니다. 고대 이집트에서는 이 현상을 중요시하여 중요한 건물을 건축할 때, 정문 입구에서 내부로 통하는 중앙 통로에 시리우스가 뜨는 시각에 그 빛이 비치도록 정교하게 설계 건설했습니다. 고대 이집트인들은 시리우스가 지평선 위로 떠오르기 2시간 전에 오리온성좌의 별들이 떠오르는 것을 대단히 중시해 오리온을 시리우스의 선도자라 불렀습니다.

고대 이집트에는 오시리스 신앙 훨씬 이전부터 의식이나 내용, 교리가 외부에 알려지는 것을 철저히 금기시한 아누비스 신앙이 있었는데, 아누비스는 시간을 상

징함과 동시에 시리우스B의 궤도를 상징하는 것으로 개의 그림으로 형상화되어 이집트인은 자신들의 왕을 개의 형상으로 나타냈습니다.

참고로 이집트 신화에 있어 오시리스 신의 아내는 이시스 여신인데 이시스의 아들로 알려진 아누비스는 실제로는 여신 네프티스(Nephthys)의 자식이었습니다. 그녀는 오시리스를 죽인 동생 셋의 아내로 오시리스의 아내인 이시스를 동정하여 오시리스의 시체를 찾아주었기 때문에 죽은 자의 신으로 알려졌습니다. 이 양모와 생모를 이집트인들은 '온갖 눈에 보이는 것'과 '보이지 않는 것', 즉 어두워서 보이지 않는 별(네프티스)이 둥근 궤도(아누비스)라는 상대적 상호 관련성을 가지고 눈에 보이는 별(이시스: 시리우스A)의 주위를 돌고 있다는 것을 종교적으로 은유한 것입니다.(『플레이아데스의 비망록』 대원출판. 『수수께끼의 외계문명』 김진경, 김진영 공저, 넥서스 참조)

시리우스B에서 온 외계인 와슈타와 시리우스 위원회의 과학자인 아움트론 및 역사학자 텔레트론, 우주생물학자 시라이, 지질학자 겸 고래과 동물 연구의 생물학자인 미카 등이 밝힌 놀랄만한 소식들을 간추려 소개하면 다음과 같습니다.(『포톤벨트(원제 You are becoming a galactic human)』 대원출판. 홍준희 역 中)

첫째 지구 태양계와 광자대(Photon Belt)가 서로 접근해 지구 태양계가 거대한 도넛 모양의 광자대로 들어가 구조거품(rescue bubble)에 진입하면서, 극이동(Pole Shift)의 개벽현상이 일어납니다. 요한계시록, 용담유사, 에드가 케이시, 노스트라다무스,

고든 마이클 스캘리온, 진 딕슨, 폴 솔로몬, 격암 남사고, 등 동서고금의 예언은 바로 이러한 동일한 상황을 언급한 것입니다.

이때 지구 태양계는 3차원에서 5차원으로 진입하며 모든 인간은 완전한 의식을 되찾게 됨은 물론, 현재 1쌍인 DNA구조가 6쌍 12개로 복구되며, 인체의 영적 에너지 중추인 7개의 차크라가 새로이 13개로 바뀝니다. 플레이아데스인들이 전해주는 정보에 의하면 모든 사람에게는 미아즘(miasms)이라는 반입자(Antiparticle)가 있는데 이것의 활성화로 인간은 은하인류처럼 반 에테르체인 광자인간이 될 수 있다고 합니다. 미아즘을 활성화시키는 방법은 수도를 통해 차크라 안에 잠재된 영적 에너지 쿤달리니를 활성화하는 것으로 가능합니다. 쿤달리니의 활성화는 현재의 DNA 염기구조 1쌍 2개를 6쌍 12개 DNA의 완전한 구조로 재구성하게 해주는 중요한 원동력입니다.

음양오행 구조 자체가 바뀌는 이러한 전대미문의 개벽상황에서 인류는 반 에테르체(발광체인 靈人體)의 신선으로 바뀌며, 수명이 천년 되는 후천 시대(신선세계)를 맞이합니다. 이때 지구 행성은 완전히 변질되어 실리콘과 탄소물질 두 가지로 구성된 특별한 종류의 다차원적 크리스탈 수정체가 됩니다.

둘째 지구는 무한 우주 가운데 가장 아름다운 별이며 지구 인류는 다른 여러 태양계에 영적 뿌리를 둔 존재로 라이라 좌의 베가(직녀성)에서 처음 이주해 온 후 시리우스, 플레이아데스, 안드로메다 등의 여러 성단에서 옮겨왔습니다. 미국이 세계 인종의 도가니이듯 지구 태양계는 조물주가 초고속 발전을 위한 시범 태양계로 원래 계획한 100군데 진열장(Showcase)중의 하나로 은하인류의 인종도가니입니다. 그 중 지구는 전 은하계를 연결하는 정보교환의 중심장소이며 어떤 은하계에서도 가장 도달하기 쉬운 곳입니다.

『내부로부터의 방문자(Visitors from Within. 리사 로얄, 키이드 프리스트 공저. 대원출판)』에 의하면 동양인은 미래문제(영적인 지구 통합문제)를 풀기 위해 미래로부터 온 존재들에 의해 선택된 특수종족임을 알 수 있는데, 이 말 속에는 서양인으로는 궁극적인 인류구원, 지구통합 문제를 해결할 수 없어서 동양인을 미래 시간대 속에서 선택해 왔다는 뜻이 함축되어 있습니다.

셋째 은하계에는 지구보다 더 복잡한 인종들이 다양하게 있는데 1972년 '빛의 세력'이 태양계의 다른 차원의 생명문화에 개입하여 '암흑의 세력'을 제압하기 전에는 파충류 인간이 대부분이었습니다. 영화 브이(V)는 이러한 외계 파충류 인간(렙틸리언)을 소재로 스토리화 한 것입니다. 이들은 우리보다 수 천 년 앞선 고도의 지성(intelligence)을 갖추고 있지만 지구인보다 차가운 감성(Emotion)을 지닌 존재들인데, 시리우스 인들의 증언에 의하면 1년에 5만 명씩 지구인을 납치하여 생체실험하고 있는 회색 피부의 대머리 족, 제타(Zeta)인의 일부는 바로 이들 암흑 세력의 앞잡이라 합니다. 그러나 이러한 주장은 수많은 정보를 종합해 볼 때 종족간의 편견일 수 있습니다.

지혜의 완성인 반야바라밀다를 몸소 증득한 사람을 깨달은 자, 부처라 하고 그러한 차원에서 천상에 올라가 아르크투루스 영역의 리싸이클링을 받지 않고 환생할 필요도 없는 부처를 '아라한'이라 합니다. 리싸이클링이란 지상에서 상처받은 영혼을 치유 재생하는 과정을 말하는 것으로 모든 인간은 사후에 차원영역으로 연결된 이곳 아르크투르스 성좌로 보내져 재생된다고 하며 지상의 새로운 부모와 인연을 맺어 환생하게 된다고 합니다.

인간은 지상의 삶을 통해 최고의 지혜 반야바라밀다를 증득해 더 이상의 환생을 하지 않아도 되는 아라한으로 되는 것이 인생의 목적이지만 대부분 세속에 찌든 채 왜 사는 지도 모르게 꿈결같이 세월만 보내는 것이 인생입니다. 그러나 지구문명을 개척한 플레이아데스, 시리우스 인들은 거의 준(準) 아라한들로 지구문명이 곧 우주적인 재조정기 개벽을 거쳐 고도로 발달한 자신들의 수준으로 끌어 올려질 것과 지구 속 문명과 함께 천지인 3계 문명이 21세기에 합일되어 열릴 것을 예고하고 있습니다.

넷째 현재 23.5° 경사진 지축은 아틀라스 인들이 본래 지구가 지니고 있던 2개 위성(달)중 하나를 지구 중력권으로 끌어들여 레무리아 제국을 파괴하고, 또 제국들의 핵전쟁에 의해 지구를 둘러싼 둥근 천공(天空) 파괴로 지구상에 대홍수가 발생한 시기 동안 이루어진 것인데, 지구 태양계가 광자대로 진입을 완료하면 또다시 하늘에 천공이 제 모습을 도로 갖추고 경사된 지축이 정립됩니다. 이와 관련해 잠시 눈을 동양 역 철학으로 돌려보기로 합니다.

미래인종의 영적 프로그램인 동양 역 철학은 진술축미 4토가 정 4방위에 있어야 하는데 자오묘유에게 쫓겨나 축미선이 23.5°기울어져서 음력과 양력이 불일치 할 뿐 아니라 공전주기가 360일 정원궤도를 그리지 못하고 타원궤도 365.25일을 그리는 바람에 남아도는 양기운으로 해서 선천 봄, 여름의 분열 발달 과정을 밟게 된다고 말해주고 있습니다.

공자가 언급한 후천 가을 은하시대의 정역을 완성시킨 김 일부 역도종장(易道宗長)은 정역팔괘와 역수(曆數)의 시원인 375일 원역(原曆)을 찾아내고 지구 태양계가 광자대로 들어가 지축이 정립되고 음력과 양력이 공히 30일씩 30×12=360일 되는 황금의 은하시대가 임박했음을 안 선지자였습니다. 그는 꿈같은 우주 가을철 은하시대가 옴을 다음과 같이 동양 역 철학의 언어로 간단히 표현했습니다.

"오호라, 우주의 여름, 가을 금화(金火)가 서로 바뀌니 양이 음을 지배하는 천지비괘 시절은 가고 음양이 조화를 이루는 지천태괘 시절이 오는구나. 오호라, 10미토 기위(하느님 자리)가 친히 정사하니 무 5토는 빈자리가 되는구나. 오호라, 축궁(아래그림에서 축미 지축이 정남북에서 우주정사함)이 정북에 거해 왕운을 얻으니 지금까지 자리를 지킨 자궁은 자리에서 물러나는구나. 오호라, 후천 가을 앞 세상은 기갑야반에 계해를 쓰므로 계해년으로 시작해 묘월로 세수를 삼아 묘궁이 일을 하게 되니 인궁은 자리에서 떠나는구나." (지금은 갑기야반에 갑자를 써 인월이 1월인 세수를 썼으나 1% 부족한 정역에서의 앞 세상은 병인두에서 정묘두로 바뀌어 묘월부터 1월이 된다. 그러나 현무경 중심 핵심결론으로 선후천 전후 세수를 재 정의하면 각기 인월세수와 유월세수로 비정批正된다. 선천 낙서의 삼원운동은 자오묘유가 4정위 동서남북에 있으므로 (자축인)~(묘진사)~(오미신)~(유술해) 운동이다. 자가 정북 11월이니 (자축인)운동의 마지막 (인)이 세수가 되어 정월이 된다. 후천 정역의 오원운동은 23,5도 기울은 지축이 바로 서 진술축미가 4정위 동서남북이 되어

<(해자(축)인묘)) (진)동방에 정위 ((사오(미)신유)) (술) 서방에 정위((해자(축)인묘)> 오원운동에선 (축)이 (정북)이 되므로 (해자축인묘) 오원운동의 마지막인 (묘)가 세수가 되어 정월이 된다)

흔히 식자들이 공자는 앞으로 다가올 낙원시대에 대해 알고 있지 못했던 것으로 잘못 알고 있으나 사실은 그렇지 않습니다. 후천 360일 정역시대는 바로 공자가 주역 계사전 상에 밝혀놓은 것이며 모든 천리를 대각하고도 입하나 벙긋하지 않은 사실에 대해 김 일부 선생은 다음과 같이 토로했습니다.

'오호, 지극하도다, 무극의 무극이여. 공자께서 굳이 말씀하지 않으셨네. 말씀 안하시고 믿으심은 공부자의 길이시네(무극은 상대적 차별세계 태극이 있기 전의 바탕세계이며 앞으로 펼쳐질 조화 선경세계로, 수운 최제우 대신사는 용담유사에서 후천 5만년 무극지운이 닥쳤다고 수없이 강조했다). 천지무형의 경개를 훤히 내다보기는 일부가 능히 하고 천지유형의 이치를 두루 통달하기는 공자께서 먼저 하셨네' (김일부 『정역』 中)

그런가 하면 앞으로 오는 지상 낙원세계에 대해 "그 누가 용화낙원의 세월을 이제야 보냈는가" 하고 장차 전개될 유토피아 세상을 다음과 같이 말했다.

구이착종혜여 화명금청이로다(9금 2화의 하추가 바뀌니 화가 밝고 금이 맑네)
화명금청혜여 천지청명이로다(화명금청하니 천지가 청명하도다)
천지청명혜여 일월광화로다(천지가 청명하니 일월의 새생명 빛나도다)
일월광화혜여 유리세계로다(일월의 새생명 빛나니 가히 유리세계의 낙원이로다)
세계세계혜여 상제조림이로다(은하개벽세계여 상제님이 강림하시도다)
상제조림혜여 우우이이로다(상제님이 조림하시니 기쁘고도 즐겁도다)

마지막으로 그는 최후의 오도송을 다음과 같이 토로했습니다. "우주의 조화세계를 고요히 바라보니, 하늘의 조화공덕이 사람으로 오시는 미륵상제님을 기다려 이루어짐을 그 누가 알았으리"

이로써 인간의 수명은 수천 년에서 불과 수십 년으로 줄어들었고 본래 6쌍인 DNA구조가 1쌍으로 돌연변이 되었으며, 8-10피트나 되던 키가 5-6피트의 키로 줄어들게 되었습니다.(희랍신화에도 거인족 신인 타이탄 족이 등장하고 구약을 비롯한 수많은 고대 기록에는 거인들에 대한 일화가 나온다) 또한 예전의 고도로 진보된 문명에서 한참 뒤쳐진 저급문명으로부터 조금씩 진보해 나아가고 있는 지금의 문명시대에 도달하게 된 것입니다. 참혹했던 아틀란티스 핵전쟁의 상흔이 바로 지금의 인류가 그 원인을 까마득히 잊고 있는 지상의 사하라, 고비, 네바다, 사우디 등 거대한 사막들입니다.

아틀란티스 핵전쟁 때 일부는 방사능을 피해 지하세계로 들어가 아갈타 또는 샴발라 왕국을 건설했는데, 지구 태양계가 광자대로 진입하여 5차원 세계로 바뀌게 되면 지상문명과 해후하게 됩니다. 지금도 지구 속 문명인 아갈타 문명과 외계인은 서로 교류를 하고 있습니다. 이는 올랍 얀센도 입증하고 있는 바이지만 일찍이 십 천 무극상제이시자 미륵부처님이신 증산 상제님께서는 천상의 고도로 발달된 외계문명을 본떠 지하문명이 생겼으며 지상문명은 지하문명이 이식되어 건설된 것임을 밝힌바 있습니다.

지구 속 거인 족 문명은 지구 밖보다 정신적, 물질적 차원에서 몇 차원 앞선 문명이지만 지구행성이 안고 있는 3차원 한계에 묶여 3, 4천세 장수 장명하는 에테르체의 은하인류(플레이아데스인, 시리우스인 등)에 비교하면 상대적으로 짧은 6, 7백세의 생명을 영위하는 우리와 비슷한 한계를 지닌 지구인입니다. 버드 소장과의 회견을 끝내면서 지구 속 지도자는 버드 소장에게 지구 밖 문명보다 수천 년 앞선 문명이 지구 안에 실재한다는 사실을 북극 너머 지구 밖으로 귀환하면 지상의 지도자들에게 증거 해 달라고 간곡히 부탁했습니다.

그러나 이러한 진실은 버드 소장의 고백처럼 백악관과 미 국방성의 고위층에 의해 극비사안으로 분류되어 철저히 통제되었습니다. 버드 소장이 북극 너머 지구 속 문명세계를 다녀온 1947년은 루즈벨트 대통령이 뇌일혈로 급사하여 트루먼 대통령이 1945년 4월 12일 이후부터~1953년 1월 20일까지 대통령 직무 중인 때입니다. 트루먼 대통령은 머제스티 12(Majesty 12) 비밀 프로젝트를 가동한 장본인으로 이 프로젝트의 일환으로 버드소장의 북극 비행일지는 비밀문서로 봉인조치 됩니다.

트루먼 대통령 취임 이듬해인 1946년 캘리포니아 팔로마 가든에 살고 있는 아마추어 천문가 조지 아담스키는 자택 근처에서 거대한 UFO를 목격한 뒤, 아놀드가 목격한 바로 그 해 두 달 뒤인 1947년 8월, 184대의 비행원반이 하늘을 선회하는 것을 보고 무려 500여장 이상의 사진을 찍어 공개함으로써 세인의 관심을 집중시켰습니다. 당시 미국은 45년 2차 세계대전 종전 후, 폰 브라운 박사를 위시해 독일의 로켓 과학자 20명과 자재, 장비를 인수해 4,000여명을 데려간 소련과 보이지 않게 숨 막히는 경쟁을 하고 있는 중이었습니다.

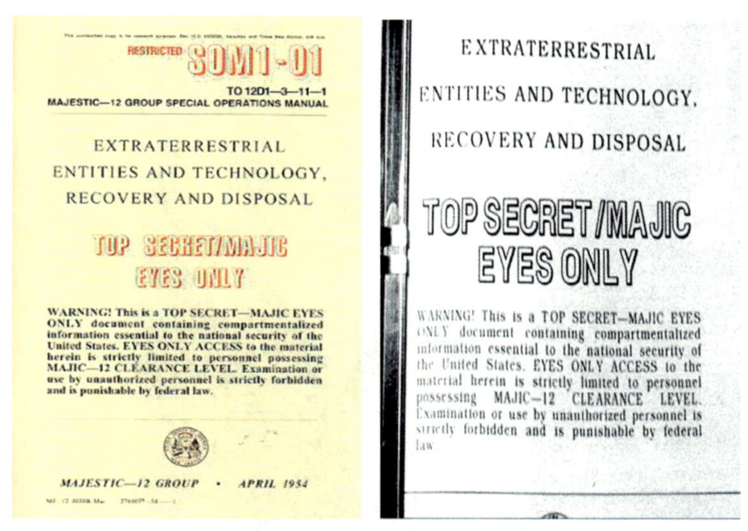
RESTRICTED SOM1-01
TO 12D1—3—11—1
MAJESTIC—12 GROUP SPECIAL OPERATIONS MANUAL

EXTRATERRESTRIAL ENTITIES AND TECHNOLOGY, RECOVERY AND DISPOSAL

TOP SECRET/MAJIC EYES ONLY

WARNING! This is a TOP SECRET—MAJIC EYES ONLY document containing compartmentalized information essential to the national security of the United States. EYES ONLY ACCESS to the material herein is strictly limited to personnel possessing MAJIC—12 CLEARANCE LEVEL. Examination or use by unauthorized personnel is strictly forbidden and is punishable by federal law.

MAJESTIC—12 GROUP • APRIL 1954

EXTRATERRESTRIAL ENTITIES AND TECHNOLOGY, RECOVERY AND DISPOSAL

TOP SECRET/MAJIC EYES ONLY

WARNING! This is a TOP SECRET—MAJIC EYES ONLY document containing compartmentalized information essential to the national security of the United States. EYES ONLY ACCESS to the material herein is strictly limited to personnel possessing MAJIC—12 CLEARANCE LEVEL. Examination or use by unauthorized personnel is strictly forbidden and is punishable by federal law.

머제스틱(Majestic)-12 프로젝트 메뉴얼

제32대;-프랭클린 루즈벨트 = 1933 ~ 1945(*4선)
제33대;-해리 S. 트루먼 = 1945 ~ 1953(루즈벨트 사망으로 계승)
제34대;-드와이트 아이젠하워 = 1953 ~ 1961
제35대;-존 F.케네디 = 1961 ~ 1963(암살)
제36대;-린든 존슨 = 1963 ~ 1969(케네디 암살로 계승)

버드 소장이 지구 속 지도자와 회담하고 귀환한지 넉 달 뒤인 1947년 6월, 공교롭게도 미국 동북부 워싱턴 주 산악지대 상공에서 민간인 조종사 케네쓰 아놀드가 사상 최초의 공식적인 UFO 목격자가 됨으로써 미국과 전 세계가 UFO의 열풍 속으로 빠져들었습니다.

히틀러는 외계인의 존재와 지구 안에 지저문명 세계가 있다는 것을 확신한 유일한 지도자로 게르만족에 의한 지구촌 통일을 위해 당시 최신무기인 로켓 개발 계획에 무려 12,000여명의 과학자를 동원해 개발하게 했으며 UFO형 비행체 , 로켓 및

1947년 6월 24일 민간인 조종사 케네쓰 아놀드 (Kenneth Anorld)가 워싱턴주 캐스케이드 산맥의 Mount Rainier 상공에서 상공에서 비행중 공중을 날고 있는 9개의 빛나는 원반형 물체를 목격하고 오레곤주 Pendleton의 지역신문인 East Oregonian의 기자인 Bill Bequette가 1947년6월 25일자 신문에 "Flying Saucer"로 첫 보도. 영화 <인디펜던스 데이>는 케네쓰 아놀드 목격을 바탕한 것.

각종 무기개발이 성과가 있을 무렵 패망해 종전 후 5명의 과학자만 활동하고 있던 미국을 경악시켰습니다.

이런 상황에서 트루먼 대통령은 1946년 랜드(Rand) 계획이라는 이름아래 위성개발 계획을 진행하게 되었으며 1947년에는 연방정부 내각에 육군성을 폐지하고 미 국방성(DOD)을 신설해 초대 제임스 포레스탈(James V. Forrestal) 국방장관으로 하여금 위성개발 계획이라는 미명하에 머제스틱 12(Majestic 12) 비밀 프로젝트를 우선 과제로 극비리에 추진 중인 상황이었습니다. 즉, MJ-12는 극비의 조사개발, 정보작전이며 미국 대통령만이 책임을 질 수 있는 대통령 직속 프로젝트입니다. 이 작전은 1947년 9월 24일 트루먼 대통령의 1급 기밀(TOP-Secret) 행정지령에 근거하여 아래에 언급한 MJ-12 위원회의 통제 하에 실행되고 있었습니다.

1949년 5월 22일 정신적 스트레스로 포레스탈 국방장관의 자살에 의하여 다음 50년 8월 1일까지 그의 자리는 공석이었으나 베델 스미스 장군이 후임 상임위원으로 임명되었습니다. UFO에 관한 정보를 될 수 있는 한 수집하기 위해 1947년 12월 미국 공군에 "프로젝트 사인"이 설치되었습니다. 비밀을 엄수하기 위해서 프로젝트 사인과 MJ-12의 사이를 연결하는 인원은 공군물자부의 정보 부분의 두 사람에게만 한정되었습니다. 그들의 사명은 경로에 따라서 정보교환을 하는 것입니다. 1948년 12월 프로젝트 사인은 프로젝트 그랏지로 발전 개칭되었으며 현재는 "블루북(Blue-Book)"이라는 암호명 하에서 실행되고 있습니다.

1950년 12월 6일 멕시코 국경에 가까운 텍사스 주의 UFO 추락사건과 1952년 봄에서 가을에 걸쳐서 UFO의 활동이 활발해져 일반 대중의 패닉을 방지하기 MJ-12 위원회는 세대가 바뀌고 대통령이 교체되어도 이 비밀은 그대로 계속 이어져야 한다고 생각하여 "비상사태계획"을 생각해 두지 않으면 안 된다고 결정합니다. MJ-12는 MAJESTIC-12의 약어로 로즈웰 사건 이후에 트루먼 대통령의 지시 하에 관계 고위직 인물들이 모여서 만든 일종의 대통령 직속 정부 비밀조직입니다. 구성원은 12인으로 되어 있으며 초기멤버들은 다음과 같습니다.

1.전 CIA 장관 리어 힐렌카터 해군제독(Roscoe Hillenkoetter) 2.국가 군사편제 연구개발위원회 의장 겸 원자탄 개발 대통령 고문 과학자 바네바 부쉬박사(Dr. Vannevar Bush) 3.제임스 포레스탈 국방장관(James V. Forrestal 본 프로젝트 스트레스로 49년 자살. 후임에 Walter Beddel Smith) 4.제 20대 공군사령관 나단 트와이닝 공군대장(Nathan Twining 본 프로젝트로 군 최고직 합참의장에 오름) 5.군사 정보국장 중앙정보국 부장관 호이트 반더버그장군(General Hoyt Vanderberg) 6.생물물리학자로 국가과학 아카데미 원장, 원자력위원회 의학자문위원회 의장 브롱크 박사(Dr. Detlev Bronk) 7.저명한 항공기 디자이너 국가 항공 자문위원회 의장 제로미 헌세이커 박사(Dr. Jerome Hunsaker) 8.첫 중앙정보국장 국가안전보장회의 첫 사무국장 시두니 사워즈(Sidney Souers 해군 소장) 9.육군 부장관 국가 안전 보장 담당 대통령 특별 보좌관 CIA 심리전략국 국장 고든 그레이(Gordon Gray) 10.하버드대학 천문대장 도날드 멘질 박사(Dr. Donald Menzel) 11. 뉴 멕시코 원자력 위원회 특별무기 프로젝트 책임자 육군 장관 로버트 몬테이그(Major General Robert Montague) 12.공동연구 개발국 사무국장 UFO 위원회 창시자 로이드 벌키너 박사(Dr. Lloyd Berkener)

트루먼 대통령(1945년 4월12일~1953년 1월20일) 시절에 구성된 MJ-12는 로즈웰 지역에 추락한 우주선 및 외계인을 연구하고 그것을 이용하여 미국의 국익 또는 인류의 이익을 위한 특수목적을 수행한다는 명분하에 몇 년간 기초 작업을 진행 중에 차기 대통령 당선자 아이젠하워에게 대통령 직 인수인계 보고서로서 "MJ-12작

전"이란 명칭의 극비문서를 작성하게 됩니다. 이 문서가 80년대 말에 유출되어 센세이션을 일으키게 되는데 이때 정부의 신원보증의 정보 보안검사 허락을 받고 임원이 된 하버드대학 천문대장 도날드 멘질 박사(Dr. Donald Menzel)가 정보유출 혐의자로 찍혀 CIA에 끌려가 조사를 받습니다. 그 문서 내용의 진위는 많은 논란거리를 낳았으나 그 후 많은 민간 UFO 관계자들의 노력에 의하여 다음과 같은 사실이 밝혀집니다.

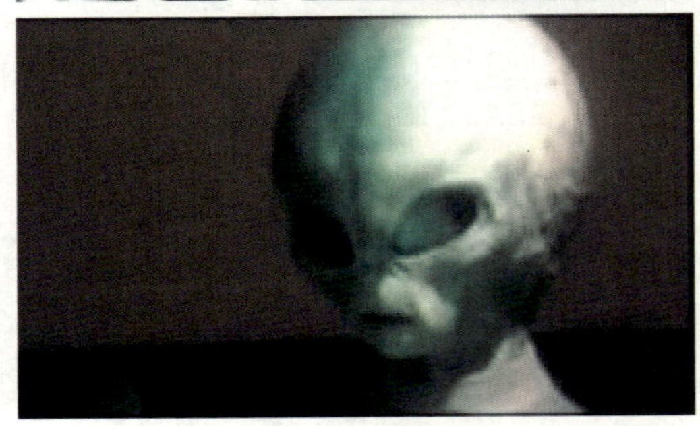

1947년 멕시코 로스웰에 추락한 외계인 사령관 에어럴 (Airl)과 인터뷰를 한 마틸다 오다넬 맥클로이 미 공군 전역 상사가 60년 만에 안락사 직전 공개한 『에일리언인터뷰 (alien interview)』가 출간되었다. 마틸다는 작가 로렌스한테 이 자료들을 공상과학 소설 형식으로 출판하라고 권했지만, 다행히도 로렌스는 이 충고를 어기고, 이 자료들을 편집하여, 『Alien Interview』라는 이름으로 최대한 원본 상태를 유지한 채 이 책을 출판했다.

1. MJ-12는 실재하는 비밀조직이며 미국 최고위층들로 구성되어 있다.
2. 로즈웰 사건은 실제로 일어난 외계인의 우주선 추락사건이었다.
3. 미국정부는 일관되게 UFO를 부정해왔으나 그것은 국가정책이었다.
4. 미국정부는 그동안 UFO와 관련해 상상을 초월한 일들을 벌여왔다.

암살당한 케네디가 그날 밤에 전 세계에 공표하려했던 내용을 적은 메모지에 적힌 내용이 있습니다.(케네디는 그림자 정부 딥스테이트 카발 세력으로부터의 암살정보를 사전에 입수해 짝퉁 더블(가케무샤)를 내보내 숨어 살았으며 군부에 Q-(Anon) 세력을 심어 레이건 행정부로 하여금 네사라게사라(Nesara Gesara) 법을 기초하게 하였으며, Q 군부세력은 트럼프를 대통령 후보로 추천해 2017년 1월 20일 대통령으로 취임케 했고, 트럼프 연임을 목표한 2020. 11월 3일 대선일, 12월 9일 선거인단 대선일 결과 개표당일 딥스카발의 꼭두각시 민주당 바이든 후보를 당선시키려는 조직적인 스윙 스테이트 경합주(죠지아주, 버지니아주, 플로리다주, 펜실바니아주, 위스콘신주, 미네소타주, 네바다주, 앨러바마주) 도미니언 부정 검표기 개표사건을 계기로 지구촌을 지배하는 거대 딥스카발 세력 박멸을 통해 GCR(Global Currency Reset) 화폐혁명을 하게 된다.)

존 F. 케네디 대통령이 1963. 11. 22, 달라스Dallas에서 암살당하던 날 저녁에 행하려던 연설문은 그의 연설을 적은 몇 장의 카드로 주머니 속에 가지고 있었으며, 누군가가 그의 몸으로부터 그것을 꺼내 안전하게 보관했습니다. 그는 바로 그날 밤 멕시코 주 로즈웰 사건과 연관된 천계 은하연합의 외계존재에 대해 발표하려고 했었으며 그것으로 인해 누군가에게 살해 명령을 받은 오스왈드에게 생명을 바쳐야 했습니다.

제임스 포레스탈(James V. Forrestal) 국방장관. 극비코드명 블루북(Blue-Book) 집필 중 변사체로 발견, 자살로 발표.

오스왈드는 이틀 뒤 현장검증 현장에서 제 2의 저격자로 달라스 지역의 나이트클럽 운영자였던 잭 루비에 의해 전 매스컴 앞에서 총격당해 사망합니다. 존 F. 케네디 대통령 암살사건은 작전 코드 이름인 "블루북(Blue-Book)"에 대해 책으로 작성하던 제임스 포레스탈(James V. Forrestal) 국방장관이 의문의 변사체로 발견되어 자살로 처리된 사건과 그 맥을 같이 합니다.

-존 F. 케네디 암살당일 미발표 연설문-

나의 동료 미국인이여, 세계의 국민이여, 오늘 우리는 새로운 시대로의 여정을 출발합니다. 한 시대, 인류의 아동기가 끝나가고 있는 중이며, 인류의 또 다른 단계가 새롭게 시작하려 합니다.

내가 말하는 여정은 미지의 도전들로 가득 차 있으며, 그러나 나는 모든 우리의 어제들, 과거에 우리가 투쟁 해 온 모든 것들이 우리 세대가 극복하도록 유례없이 준비시켰다고 믿습니다. 이 지구의 시민들이여, 우리는 혼자가 아닙니다. 신은 그의 무한한 지혜 속에서 그의 우주를 다른 존재들, 우리 자신과 같은 지적 생물들로 거주케 하는 것을 당연하게 여겼습니다.

제가 어떻게 그러한 권한을 가지고 이것을 말할 수 있는 것일까요? 1947년에 우리의 군대가 메마른 뉴멕시코 사막에서 알 수 없는 기원의 항공기 잔해들을 복구했습니다. 과학은 곧 이 기체가 외계 우주의 먼 곳으로부터 온 것임을 확인했습니다. 그 시간 이래 우리 정부는 그 우주선을 만든 자들과 접촉했습니다.

이 뉴스가 환상적이고, 실로 놀랍게 들릴 수 있지만, 나는 당신들이 지나친 두려움이나 비관적으로 그것을 맞아들이지 말기를 요청합니다. 나는 당신들의 대통령으로서 이 존재들이 우리들에게 아무 해를 끼치지 않음을 당신들에게 확신합니다.

그에서 더 나아가 그들은 우리나라가 인류의 모든 공통된 적들, 독재, 빈곤, 질병, 전쟁을 극복하는데 도울 것을 약속하고 있습니다. 우리는 그들이 적들이 아니고 친구들임을 확인했습니다. 그들과 함께 우리는 더 나은 세계를 창조할 수 있습니다. 나는 앞에 놓인 길 위에 실패나 잘못이 없을 것이라고 말할 수 없습니다.

나는 우리가 이 위대한 땅의 국민으로 세계를 영광된 미래로 이끄는 우리의 참된 운명을 발견했다고 믿습니다. 다가오는 날마다, 주마다, 달마다, 당신들은 이 방문자들에 대해, 왜 그들이 여기에 있는지, 왜 우리의 지도자들이 그들의 존재에 대해 그토록 오랫동안 당신들에게 비밀에 붙였는지에 대해 더 많은 것을 알게 될 것입니다. 나는 당신들이 소심함이 아닌, 용기로써 미래를 내다볼 것을 요청합니다. 왜냐하면 우리는 지상 평화의 고대적 비전과 모든 인류를 위한 번영을 우리 시대에 성취할 수 있기 때문입니다.

신의 축복이 있기를 바랍니다.

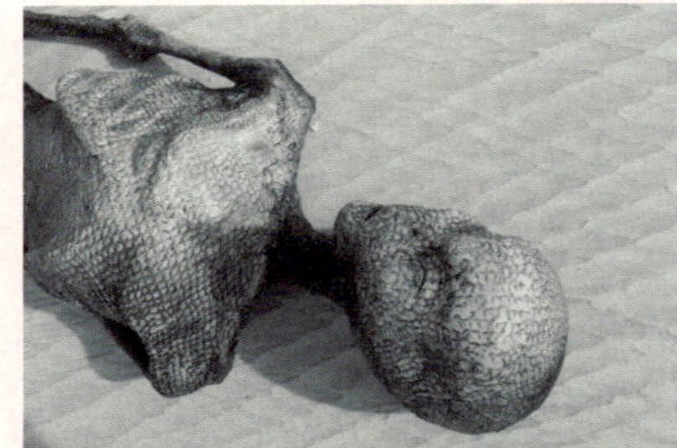

MJ-12 관련 외계인은 사실로 밝혀졌고 케네디 대통령의 암살 당일 연설문도 외계인에 대한 것이었다.(아래 전문)

-(케네디 암살 피격당일 발표 못한 연설문 영어 원문)-

My fellow Americans, people of the world, today we set forth on a journey into a new era. One age, the childhood of mankind, is ending and another age is about to begin. The journey of which I speak is full of unknowable challenges, but I believe that all our yesterdays, all the struggles of the past, have uniquely prepared our generation to prevail.

Citizens of this Earth, we are not alone. God, in His infinite wisdom, has seen fit to populate His universe with other beings, intelligent creatures such as ourselves. How can I state this with such authority?

In the year 1947 our military forces recovered from the dry New Mexico desert the remains of an aircraft of unknown origin. Science soon determined that this vehicle came from the far reaches of outer space. Since that time our government has made contact with the creators of that spacecraft.

Though this news may sound fantastic–and indeed, terrifying–I ask that you not greet it with undue fear or pessimism. I assure you, as your President, that these beings mean us no harm. Rather, they promise to help our nation overcome the common enemies of all mankind–tyranny, poverty, disease, war. We have determined that they are not foes, but friends. Together with them we can create a better world. I cannot tell you that there will be no stumbling or missteps on the road ahead.

I believe that we have found the true destiny of the people of this great land: To lead the world into a glorious future. In the coming days, weeks and month, you will learn more about these visitors, why they are here and why our leaders have kept their presence a secret from you for so long.

I ask you to look to the future, not with timidity, but with courage, because we can achieve in our time the ancient vision of peace on Earth and prosperity for all humankind.

God bless you.

머제스틱12 팀은 트루먼 대통령의 임기가 끝나고 차기 아이젠하워 대통령에게 인수인계 시에 정보누설의 부작용을 한 번 경험한 바 있습니다. 그리하여 미소냉전 중 대통령이 바뀌어도 자신들의 비밀 프로젝트를 절대 공개하지 않는 룰을 이미 구축한 상태였습니다.

그런데 패기 찬 젊은 케네디 대통령이 암살되기 10일 전에 냉전중인 소련과 우주개발을 함께 하려하며 미국(정보당국)과 국제 정부(프리메이슨 비밀사회)가 알고 있는 (지상에 있는) UFO의 진실(머제스틱 12)을 밝혀 공개하겠다는 정보 공개 요청서 서류(Memorandom)에 직접 대통령 사인까지 해서 정보사령관이자 프로젝트 고문관인

A모 책임자에게 보낸 것이 밝혀졌습니다.(공개한 서류에는 이니셜 A만 보임)

링컨 대통령 암살, 케네디 대통령 암살 등과 같은 이러한 엄청난 사건의 이면에는 비밀사회, 소위 그림자 정부로서 세계정부로 통칭되는 프리메이슨 딥스 카발 상부조직 일루미나티 조직이 개입되어 있는 것으로 밝혀졌으며 일루미나티 조직 배후에는 바티칸의 제수이트 교단(예수회)이 있음이 밝혀졌습니다.(가톨릭의 프란시스 스펠맨(Francis Spellman) 추기경이 케네디 암살조종 및 은폐에 협력) 제수이트 교단(예수회)의 정체에 대해서는 다음 <예수회의 비밀역사> 서문과 유의선 목사의 글에 잘 표현되어 있습니다.

<예수회의 비밀역사 서문>★(에드몽 파리 著) 과거 카톨릭 신부이자 예수회의 핵심회원이었던 리베라 박사의 서문으로 책 소개를 대신한다. 이 세상에서 가장 위험한 자들이 있다면 그것은 광적인 종교인들로서, 특히 그들이 조직을 형성하고 권좌에 오르게 되면 더욱더 위험하다. 그럼에도 불구하고 권력의 실체를 모르는 무지한 대중들은 그들을 깊이 존중한다. 하나님의 이름을 앞세우는 이들 종교인들은 살인은 물론, 필요하다면 혁명이나 전쟁까지도 사양하지 않는다. 지능적이며 교활한 이들 종교적 정치인들은 거룩한 척 하지만 음모나 꾸미는 어둠의 세력일 뿐이다. 본 저서인 <예수회의 비밀 역사>에서 고찰한 그와 같은 예는 예수 그리스도 당시의 바리새인들과 사두개인들로 불리웠던 유대의 율법박사들에게서도 보여지며, 그와 같은 악령은 로마황제로 하여금 초대 교회를 박해하도록 만들었다.

<예수회의 비밀역사 서문>★(에드몽 파리 著) "초기의 교부들은" 대체로 고대 바빌론에서 제도를, 헬라(그리이스)에서 철학을, 유대(이스라엘)에서 신학을 수용, 병합하였다. 이로 인하여 로마 카톨릭 교회의 체제를 형성하기 위한 토대는 마련되었지만, 그리스도와 그의 사도들의 가르침을 대부분 왜곡시켜 버렸다. 그들은 신앙심이 지나쳐서 함부로 성경을 비판하고, 수정하며, 가감시켰던 것이다. 이들에게 작용했던 적그리스도의 영이 16세기에 또다시 나타나게 되었으니, 이그나티우스 로욜라(Ignatius de Loyola)의 예수회 창설, 바로 그것이다. 예수회는 로마 카톨릭 교회를 위하여 비밀리에 수행해야 할 두 가지 주요 목적을 가지고 창설되었다. 그 첫 번째 목표가 세계 정치권력의 장악이며, 두 번째 목적이 세계 종교의 통합이다. 이는 요한계시록 6장, 13장, 17장, 18장에 각각 예언된 바 있다.

<예수회의 비밀역사 서문>★(에드몽 파리 著) 16세기 경 프로테스탄트(개신교도)의 종교개혁으로 로마 카톨릭 체제는 심각한 위기에 직면하게 되었다. 바로 이때 이그나티우스 로욜라가 등장하였다. 그는 생각하기를, "'교회'가 생존할 수 있는 유일한 길은 도미니크파 수도사들이 행하였듯이 종교재판소를 통하여 사람들의 생명을 위협함으로써 교황과 교회의 세속권에 의한 교회법과 교리에 의하여 다스리는 것뿐이다."라고 결론을 내렸다. 그렇게만 된다면 프로테스탄트는 자연히 소멸될 것이며

교황권만이 득세하게 될 것이기 때문이다. 바로 이것이 교세회복을 위하여 건의한 다수 의견 중, 교황 바오로 3세가 선택한 이그나티우스 로욜라의 주장이었다. 그리하여 예수회는 병원, 학교, 대학 등 개신교 세력권에 침투하여 그들의 은밀한 선교 활동을 수행하였으며 오늘날 거의 완벽한 결실을 보게 되었다.

<예수회의 비밀역사 서문>★(에드몽 파리 著) 성경에 의하면, 각 지역교회의 운영권은 각 교회의 목자에게 있음을 보여 주고 있으나, 해를 거듭할수록 간교한 예수회의 활동으로 지역교회의 운영권이 소속된 교파의 지도부에게 넘어가도록 만들어졌으며, 거의 모든 개신교 각 교파의 지도급 인사들이 바티칸을 방문하도록 만들어졌다. 바로 이것이 이그나티우스 로욜라가 의도했던 카톨릭의 세계화와 개신교의 자연 소멸을 성취하기 위하여 계획한 것이었다. <예수회의 비밀 역사>를 읽어보면 알게 되겠지만, 저자 에드몽 파리는 정치적인 면과 종교적인 면이 복합적인 요인이 되어 정치, 경제, 사회, 문화, 윤리, 종교, 교육, 군사적인 각종 혼란을 야기시킴으로써 독재 정치 체제를 조성하거나, 미합중국의 경우와 같이 세계 여러 나라의 각 정부 내부로 침투하여 역사의 진행을 임의로 조작하려는 예수회 활동의 의도를 파헤치고 있다

<로마 교황청소속 예수회의 정체:유의선 목사. 국제 성지문화 연구소>★(일루미나티, 프리메이슨, WCC.는 하부조직) 예수회(Jesuit)는 16세기 이냐시오 로욜라가 창립한 카톨릭 내의 결사 단체로 각 국에서 몰락해가는 로마 카톨릭의 권위를 다시 세우고, 카톨릭 내에서 교황청의 권력을 옹호하며, 개신교를 핍박·견제하기 위해 세워졌다. 예수회는 각 국에서 로마 교황청의 권력을 공고히 하기 위해 정치, 사회, 종교, 사회조직 등에 침투하였고, 목적을 위해서 수단과 방법을 가리지 않고 음모, 암살 등을 자행해 왔기 때문에 여러 나라에서 추방된 경험이 있다. 예수회는 종교개혁 이후 종교재판을 주도하며 수많은 기독교인을 학살하였고, 많은 나라에서 카톨릭을 유지시키기 위해 정부와 협력해 기독교인이나 그리스 정교 인을 고문하거나 강제 개종시켰다.

<로마 교황청소속 예수회의 정체>★예수회는 파시스트와 나치당을 지원하여 2차 대전을 일으켰는데, 2차 세계대전은 카톨릭 신자인 히틀러와 교황청이 협력하여 세계를 정복하려고 했던 전쟁이다. 이 과정 중에 교황청은 히틀러의 대량 학살을 교사(教唆) 내지는 방조하였고, 한 번도 비난한 적이 없으며, 물심양면으로 나치를 지원하였다. 예수회와 교황청 사이에도 권력 다툼이 있었고, 교황청의 권력을 장악한 예수회를 축출하기 위한 시도는 교황의 암살 등으로 좌절 되었다. 예수회의 가장 큰 문제점은 프리메이슨의 사상과 조직을 흡수하여 창립되었고, 프리메이슨과 긴밀한 협력 관계를 가지고 있고, 많은 예수회 사제가 프리메이슨이라는 점이다.

<로마 교황청소속 예수회의 정체>★유대인 일루미나티는 시온 의정서에서 일반 민중과 정치인은 머리 나쁜 소 같은 사람들이라며 경멸하지만, 엘리트 결사 조직인 예수회는 존중하며 경쟁자로 여기고 있다. 프리메이슨의 상층부가 일루미나티라면, 일루미나티의 상층부는 예수회라고 할 수 있다. 이와 같이 예수회가 일루미나티와 프리메이슨을 장악하고 있으며 배후에서 모든 것을 지휘하고 있다. 예수회와 프리메이슨은 공동의 이익을 위해서 때로는 협력하지만 서로 다른 사상과 기반을 가진 권력집단이며, 언젠가는 제거해야할 적으로 교황청은 마지막 때에 프리메이슨에 의

해 파멸될 것이다.

<로마 교황청소속 예수회의 정체>★(1. 예수회 조직)예수회는 1534년 'Assumption Day'(성모 몽소승천 축일, 8월 15일)에 몽마르트의 노틀담 사원에서 조직되었다. 당시 44세의 이냐시오 로욜라는 동지들과 함께 베니스에서 선교활동을 하였으나 종교 재판소의 제지를 받았다. 그러나 예수회가 로마 교황청에 대한 절대적인 복종을 맹세하자 1540년 로마 교황 바오로 3세의 승인을 얻게 된다. 이로써 예수회는 교황의 관리 하에 선교, 고해성사, 설교, 자선사업 등의 권한을 받게 된다. 1546는 예수회 사제가 교황청 신학자 자격으로 트랜트 종교회의에 참석함으로써 정치적인 색채도 띠게 된다. 교황청은 예수회를 정치적인 도구로 이용하려고 했고, 예수회는 이에 부응하여 맡은 소임을 열성적으로 완수했기 때문에 교황청의 신임을 얻어 점차 세력을 넓히게 된다.

<로마 교황청소속 예수회의 정체>★예수회는 로마 카톨릭이 세계를 지배할 수 있도록 모든 활동을 전개하는 정치조직이다. 이를 위해 카톨릭 내에서 교황의 강력한 독제체제를 추구하고, 에큐메니컬 운동을 통해 기독교를 교황 권 아래로 편입시키려 하며, 각국의 정치가가 교황에게 충성을 다할 수 있도록 노력하였습니다. 이를 위해 수단과 방법을 가리지 않는데 포섭, 음모, 선전, 선동, 교육, 선교, 반역 등이 동원된다. 카톨릭 예수회는 6계급으로 이루어지는데 Novices(초신자), Scholastics(수학생), Coadjustors(보좌주교), Temporal(교구주교), Professed of the three vows(세 가지 맹세를 한 자), Professed of the four vows(네 가지 맹세를 한 자)가 있습니다. 이 중에 상위 두 계급은 예수회의 운영과 간부 임명에 참여할 수 있다. 예수회의 우두머리는 실질적인 총사령관으로서 수장(General)이라 불린다. 예수회 총재인 라네즈와 살메론은 예수회 총칙을 만들었는데 '예수회 총재는 독재체제로 한번 부임하면 죽을 때까지 재임할 수 있게 하였다.

<로마 교황청소속 예수회의 정체>★예수회 수장에게 주어진 권력중의 하나는 지원자를 비밀리에 받아들여 입회 식을 거행하는 것입니다. 예수의 법규에 의하면 수장은 죽을 때까지 로마에 거주해야 하며, 간부들도 직접 임명한다. 그의 임용권과 그가 제시한 의견은 절대적인 것으로 간주된다. 예수회 입회식의 후보자는 길고 엄격한 금식을 시켜 육체적으로 쇠약하게 만들고 환각을 증강시키기 위해 입회식 전에 환각제를 먹인다. 그 후에 신비적인 장치가 된 장소를 지나가게 되는데 이곳에는 사악 한 환영들이 나타나게 하고 죽은 자를 부르는 초혼, 지옥의 불꽃을 나타내는 화염, 해골, 움직이는 뼈, 인공천둥과 번개들이 장치되어 있는데 이 모든 것은 고대 신비종교의 유산이고 프리메이슨 의식이다.

<로마 교황청소속 예수회의 정체>★(2. 예수회와 일루미나티와 프리메이슨)예수회는 로마 카톨릭 교회를 위하여 비밀리에 수행해야 할 두 가지 주요 목적을 가지고 창설되었다. 그 첫 번째 목표가 세계 정치권력의 장악이며, 두 번째 목적이 세계 종교의 통합이다. 세계종교통합은 카톨릭으로의 통합에서 하나님 믿는 모든 종교는 구원을 받는 다고 하는 카돌릭의 교리변경으로 종교다원주의로 종교통합을 시도하고 있다. 평화를 위하여 라는 명목으로 종교를 혼합시키고 있다. 종교의 혼합은 바로 사단의 전략이다. 일루미나티의 창시자로 알려진 아담 바이샤우트는 1776년 5월1일 카톨릭의 예수회 대학에서 공부하다가 세계적인 유대인 금융 재벌가인 프리메이슨

인 로스차일드와 손잡고 독일에서 창안한 사상으로 많은 엘리트의 호응을 얻었다고 한다. 즉, 예수회에서 나온 사상 및 집단이 일루미나티라는 것이다. 프리메이슨의 상층부가 일루미나티라면, 일루미나티의 상층부는 예수회라고 할 수 있다. 일부사람들은 예수회가 일루미나티를 만들었다고 주장한다.

<로마 교황청소속 예수회의 정체>★예수회는 대중의 눈에 드러나지 않는데, 그들의 기만과 비밀주의이기 때문이다. 그들은 아무에게도 자신들이 예수회라고 말하지 않는다. 그들은 자신들의 정체를 숨기고 장악하기 위하여 심지어 다른 종교들, 다른 문화들, 그리고 다른 조직들에 침투하여 그에 소속된다. 교황의 예수회는 수백 만 명이나 된다. 그들은 모든 주요 조직에 들어가며, 거의 모든 정치 조직과 세계 도처의 정부를 장악한다. 예수회의 극도의 비밀주의 때문에, 이와 같은 조직들과 정부들 중 다수는 그들이 침투를 당하고 장악되었음을 도무지 알아차리지 못한다.

<로마 교황청소속 예수회의 정체>★그러므로 프리메이슨은 일루미나티를 잘 모르고, 프리메이슨과 일루미나티는 예수회를 잘 모른다. 그러나 예수회의 상층부는 일루미나티와 프리메이슨을 잘 알고, 일루미나티의 상층부는 프리메이슨을 잘 안다고 할 수 있다. 카톨릭 예수회는 6계급으로 이루어- novices, scholastics, coadjustors, temporal, professed of the three vows, professed of the four vows -진다. 이 중에 상위 두 계급은 예수회의 운영과 간부 임명에 참여할 수 있다. 그리고 고위층 예수회원은 프리메이슨으로 역할을 하고 있다. 즉, 예수회가 프리메이슨을 지배하고 있는 것이다.

<로마 교황청소속 예수회의 정체>★(3. 종교통합운동의 본부는, 카톨릭)종교통합운동의 본부는 카톨릭이다. 카톨릭은 겉으로는 평화를 주장하고 있지만 양의 탈을 쓴 늑대이다. 예수그리스도를 믿는 자를 최종적으로 없애기 위한 마귀의 일을 수행하고 있는 것이다. 그의 아비는 마귀이므로 속임수와 거짓말에 능하다. 겉으로 보기에는 평화를 말하지만 그들이 가지고 있는 조직을 보면 잔인하다는 것을 알 수 있다. 예수회의 잔인함을 우리는 잊지 말아야한다. 프로테스탄트를 죽이는데 있어서의 그들의 잔임함은 피와 눈물도 없는 기계처럼 쇠뇌 당하여 움직인다. 마치 그것이 하나님을 위하여 하는 일인 것으로 착각하고 교황을 위해서 그리고 자신의 있지도 않는 연옥에서의 탈출을 위해서 잔인한 일을, 거짓을 정당화하면서 임무를 수행하고 있다고 한다.

<로마 교황청소속 예수회의 정체>★예수회의 수장은 검은 교황이라고도 한다. 그들의 목표는 세계 여러 나라를 교황의 손 안에 넣어주는 일을 하고 있다. 마치 중세의 교황이 황제를 임명하던 시기처럼 교황에 의한 전 세계의 통치를 위하여 일하고 있다. 교황청에서 하기 꺼리는 암살, 국가붕괴, 전쟁, 경제 불황 등의 일들에 깊숙하게 개입하고 있으며 각국의 왕과 대통령 수상의 임명에도 영향력을 행사하고 있다. 예수회는 일루미나티를 만들었다. 일루미나티는 세계정복이 그들의 주요한 임무이며, 더 나아가 사탄 숭배, 루시퍼 숭배를 하고 있다. 미국에서 몇 백만 명이나 비밀스러운 임무와 훈련을 수행 받고 있으며, 아주 어릴 때부터 대대로 살인병기로 훈련되어오고 있으며 신세계질서(NEW WORLD ORDER)를 위하여 소수의 그들이 다수의 사람들을 짐승처럼 죽여도 끄떡없을 정도의 양심을 교육받고 자랐다.

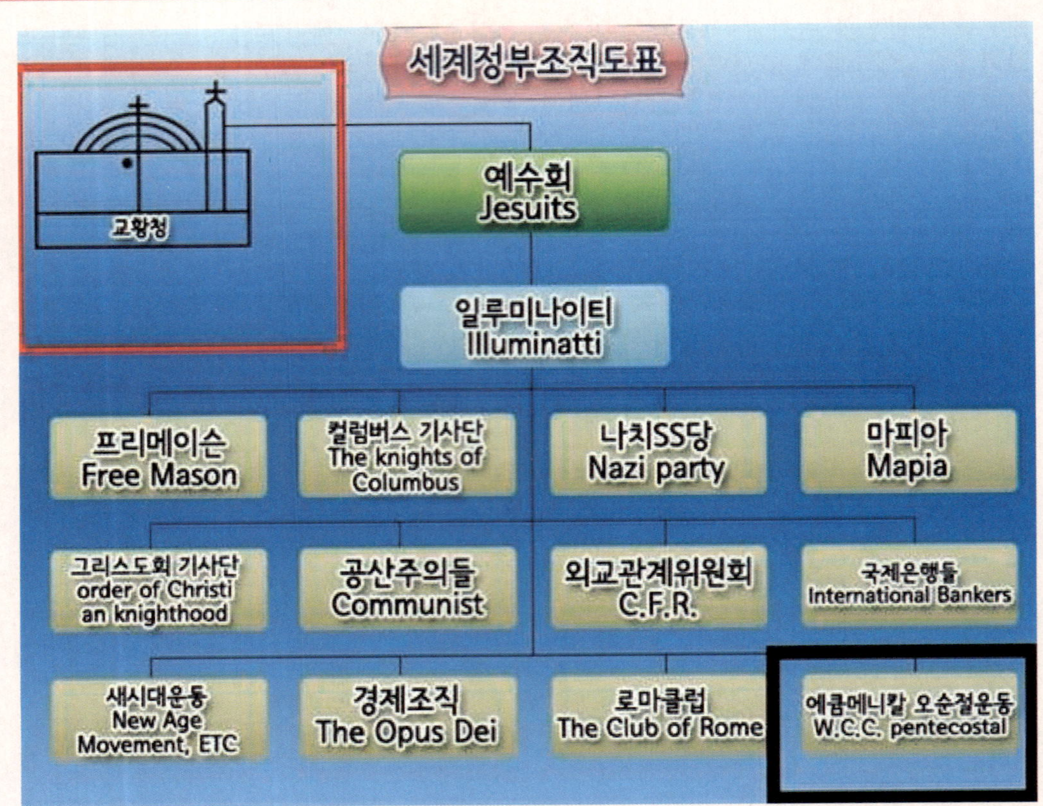

<로마 교황청소속 예수회의 정체>★이들 중에 예수님의 은혜로 가족과 재물과 명예를 버리고 천국에서의 영생을 찾아오는 사람들이 있다. 예수회와 일루미나티에 의하여 지배당하는 프리메이슨들이 있다. 많은 사람들이 친목단체로 알고 있는 이 조직은 교황과 같은 평화를 추구하는 듯이 보이는 조직이다. 착한 일을 위하여 친목하고 형제애를 과시하며 형제애를 중시하지만 이는 겉으로 드러난 모습에 불과하다. 겉으로는 하나님을 그리고 예수님을 믿는 것처럼 하지만 그들의 속은 종교다원주의로 가득 차 있다. 카톨릭의 종교통합을 위한 주구로 이용되고 있다. 평화와 화해와 인류애를 위하여 모든 종교를 차별하지 말고 받아들이자는 그들의 종교혼합주의와 종교다원주의 성향은 유엔을 통하여 가장 잘 드러난다.

<로마 교황청소속 예수회의 정체>★이미 유엔은 프리메이슨과 일루미나티 예수회 그리고 최종적으로 카톨릭에 의하여 지배를 받고 있다. 유엔이 평화를 위하여 하는 종교통합 운동은 카톨릭이 시행하는 모든 종교에 구원이 있다는 생각과 일치하며, WCC의 혼합주의 영성, 종교다원주의인 에큐메니컬 운동과도 일치하고 있다. 카톨릭의 최종적인 목표는 사단의 목표와도 일치한다. 하나로 된 종교 또는 혼합종교를 통하여 하나님께 그리고 우리 주 예수그리스도께 드리는 영광을 가로채는 것이다.

<로마 교황청소속 예수회의 정체>★(4. 은밀하게 운영되는 예수회(JESUITS)) 1)일루미나티- 경제권, 2)프리메이슨- 정치와 권력, 3)예수회- 종교를 통하여 단일정부

를 세우고 루시퍼(사탄숭배)를 그들의 신으로 모시는 것이 그들의 전략이다. 또한 미국정부의 모든 고위직에 침투하고 있으며 미국의 가장 큰 주주이기도 하다. 아래의 예를 든다면, 미국은행의 주식의 51%를 예수회가 소유하고 있으며 UA항공, 트렌스 월드항공, 미국 전신전화회사, 보잉회사, 코카콜라, 다임러 크라이슬러 자동차, 엑숀모빌, 포드자동차, 맥도날드, 모토롤라, 필립모리스, 나비스코, 월트디즈니, 택사코 오일, 소니 사 등을 소유하고 있다. 다음은 로마교황청 소속의 세계정부조직표이다.

<로마 교황청소속 예수회의 정체>★ 이들이 말하는 최종적인 목적은 신세계질서, 즉 one World, 세계를 하나로 통합하여 세계정부를 세워 사탄(루시퍼)를 숭배하며 세계를 지배한다는 것이다. 어떻게 보면 이들은 짐승의 정부(The government of a beast)를 조직하고 여기에서 적그리스도(루시퍼)가 출연하게 될 것이고 이들은 예수님을 대항하여 큰 전쟁을 벌일 것이니 곧 세계 3차 전쟁이요 아마겟돈 전쟁으로 확전 될 것이며 7년 대 환란의 영적전쟁이 벌어질 것이다. 공중재림하시는 주님은 철창권세를 가지고 천군, 천사들을 거느리시고 오셔서 적그리스도의 신 세계질서(사탄의 정부)를 괴멸시키신 다음 사탄을 결박하여 무저갱 속에 1천년 동안 가두어 세상에 나오지 못하게 하실 것이다. 그리고 지상에 재림하셔서 천년왕국을 이루어 통치하실 것이다. -Feb. 27, 2016 새벽, Rev. Eui Seon Yoo, 국제성지문화연구소-

☛후천개벽의 의통목을 목전에 두고 질병목의 운수를 맞이해 중국 우한 발 2019년(경자) 12월 COVID19 및 COVID19 백신 강제접종으로 전 세계가 몸살을 앓고 있는 가운데 한반도를 중심한 오선위기 판이 크게 요동치고 있다. 중국 우한 발 2019년(경자) 12월 COVID19 가 발발하면서 미 대선이 열렸고 미 45대 트럼프 대통령은 퇴임 직전 딥스카발 주도(소로스)에 의한 도미니언 개표기 부정선거를 계기로 2017년 45대 취임식 때부터 공언한 워싱턴 D.C. 늪지의 물을 완전히 빼기 위해 2020.11월에 있을 46대 대선에 외세 개입 부정선거에 대비 2018년 Martial Law(군사계엄령) 행정명령에 서명하면서 임기 말 플린 장군에게 펜타곤 군사정부의 군권을 맡겨 딥스카발 박멸의 메인 게임에 본격 돌입했다.(계엄령 기능은 국가 반란법으로 (1) 국내에서 미연방군을 투입 (2) 민간인을 군사 법정에 회부) 2018년 발동한 군사 계엄 행정명령은 기본적으로 군사재판에 의해 2020 대선 부정선거 개입한 딥스 카발 세력 및 외국인들, 외국기업들의 전 재산 자금몰수, 체포, 구금하도록 하는 예비 조치이다.

따라서 딥스카발의 목표 New World Order-Great Reset이 트럼프 군부혁명의 딥스카발 박멸 목표와 서로 만나면서 오선위기를 포함 지구촌 전체에 달러 기축세력의 몰락이라는 엄청난 충격과 함께 레이건 대통령 당시 입안한 <NESARA(국가 경제 안전보장개혁법)GESARA(국제경제 안전보장개혁법)> 법 선포 문제와 더불어 오딘 프로젝트에 의한 1만 2천 중저궤도 위성에 의한 QFS(Quantum Financial System) 양자금융 체제로 돌아가는 전 세계 금은본위제 GCR(Global Currency Reset) 화폐혁명을 몰고 왔다. 트럼프 대통령은 퇴임하면서 이미 발동한 군사계엄령(Martial Law)에 의한 군사정부를 펜타곤에 꾸리고 대통령 전용기 에어포스 원(Air Force One)에 핵배낭을 소지한 채 바티칸, 버킹검궁 영구 폐쇄에 이어 마지막 남은 백악관을 영구폐쇄하고 떠났다.

☛딥스 카발의 신세계질서(New World Order)수립-위대한 재설정(Great Reset)

딥스카발이란 그림자 정부 Deep State와 카발리스트를 합친 말로 구체적으로는 로스챠일드, 롹커펠러(록펠러), 죠지 소로스, 빌 게이츠, 헨리 키신저 같은 카자리언 마피아 금융세력(카발, 제수이트 예수회, 일루미나티, 프리메이슨, 그림자 정부, <바티칸, 영국 버킹검 왕실, 컬럼비아 특별구-워싱턴 D.C.=U.S.A inc.>를 장악한 로스챠일드 세력, FRB, IMF, World-Cup, WTO, 이스라엘 모사드와 영국 MI6, UN, EU 및 NATO를 장악한 CIA 국제 비밀범죄 조직)을 통칭하는 용어이다. 오늘날 딥스는 전 세계 금융, 제약, 석유, 식량, 기후, 정치, 경제, 군사, 교육, 학문, 과학, 종교, 언론, 사법, 대중문화를 장악하고 있다. 그들은 1913년 미국의 FRB(연방준비은행, 미 행정부 소속 국책은행이 아닌 로스챠일드, 록펠러 계 골드만삭스, 제이피 모건, 모건 스탠리 등이 대주주인 사설 민간은행)를 설립하여 세뇨리지 달러발행권을 장악했다.

딥스가 전세계 기축통화인 달러발행권을 장악한 후 달러를 그들이 원하는 만큼 무제한으로 발행하여 전 세계 금융, 통신, CNN, ABC, NBC, FOX NEWS 등 방송, 신문사 주류언론(MSM)을 장악하였고, 금권으로 전 세계 행정, 입법, 사법 등 정부핵심과 금융, 언론, 제약, 선박, 항공, 군수 등 각계 주요부문을 모두 장악한 것이 오늘의 세상 모습이다. 하지만 트럼프 미 군부는 FRB의 독립적 경영권을 해체해 미 재무부에 그 기능을 이관시켜 놓음으로써 딥스의 돈줄을 원천적으로 차단했다.

딥스 카발은 75억 전 세계 인류 가운데 70억 인류를 3년~5년 이내에 서서히 죽어가도록 치밀하게 설계된 산화그래핀 독극물 COVID19 백신으로 대량학살하고(Genocide) 백신을 통해 송수신이 가능한 베리칩, 프리드 칩이 생체이식된 남은 5억 인류를 디지털 좀비노예로 만들어 AI 슈퍼컴퓨터를 이용하여 일거수 일투족을 감시통제, 지배하는 신세계질서(New World Order)수립을 최종목표(Great Reset)로 삼는다.

트럼프 측근인 시드니 파월(Sidney Powells) 변호사는 2020년 11월 미 46대 대선 부정선거 이후 딥스카발 박멸 트럼프 군부 혁명과정에서 북유럽 전설에 등장하는 4.5Km 대형 바다 괴물 크라켄(Kraken)이 장차 드러날 거라 공언한 바 있다. 그런데 그 정체는 바로 다름 아닌 전 세계 어린이를 조직적으로 납치해 딥스카발에게 공급해 온 소아 인신매매(trafficking) 강간, 살해 범죄고리의 수괴 모사드 요원 제프리 엡스타인(Jeffrey Edward Epstein.53년생)과 그의 공범여친 기슬렌 맥스웰(Ghislaine Maxwell.61년생)로 드러났다.

이들은 딥스카발들의 사탄 신앙 대상 몰록신(혹은 몰렉신)에 바쳐지는 피의 제전 인신공양과 페도필리아(Pedophilia) 소아성애를 위해 그리고 기적의 회춘제로 전세계 딥스들이 지속적으로 흡입하는 아드레노크롬(Adrenochrome) 확보를 위해 전세계 어린

이를 조직적으로 납치 공급해 왔으며 아드레노크롬은 납치 어린이 고문, 학대와 고통 속에 죽어갈 때 눈 주위에 팬더 눈 현상과 함께 송과체에서 극소수 생성된다는 화학물질이다. 페도필리아(Pedophilia) 소아성애, 생체인피를 벗겨 회춘 마스크를 하고 사지를 잘라 고통속에 죽어간 어린아이 생피를 흡혈귀처럼 나누어 마시며 고대 암몬족의 염소신 몰록(혹은 몰렉)신에게 어린아이들을 인신제사로 바치며 피의 제전을 벌이고(Orgy,Carnival) 송과체에서 생성되는 고통의 결정 피 응집체 아드레노크롬(Adrenochrome)을 회춘제로 복용하는 국제 사이코, 소시오 범죄집단이다. 피를 빨아 마시는 이들 집단은 바티칸 지하에 몰록신전을 따로 세워 교황과 추기경들이 그들만의 이단신을 경배하다 미 군사정부와 합동작전을 벌인 이태리 특수군에게 폐쇄되었다.

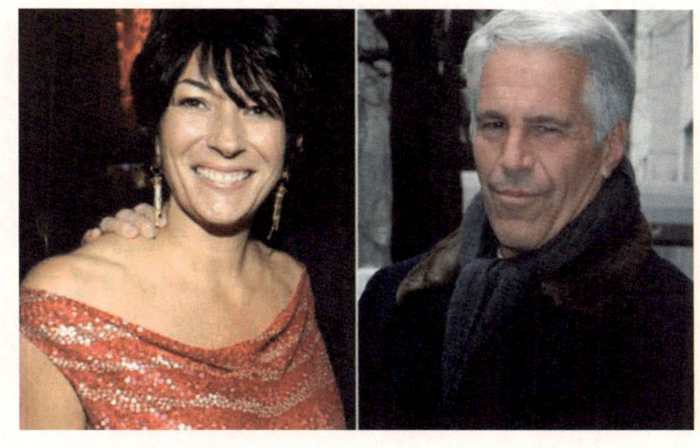
기슬렌 맥스웰(61년생) & 제프리 엡스타인 (53년생)

코로나 사기와 산화그래핀 독극물 백신학살극은 딥스의 최종목표인 빅브라더 디지털 감시통제 노예제 사회를 구축하기 위해 딥스가 자행하고 있는 가짜바이러스 생화학 정보전 심리전 전자전 3차 세계대전이다. 딥스 13 가문은 전세계 금융, 제약, 석유, 식량, 기후, 정치, 경제, 군사, 교육, 학문, 과학, 종교, 언론, 사법, 대중문화를 장악하고 있다. 세계 일루미나티 지도자는 "Pindar" 라고 불린다.(외부엔 숙주인 영국왕실 윌리엄 왕자를 눈속임 그랜드 마스터로 내세움) Pindar 는 13 통치 가문의 일원이며 항상 남성이다. Pindar 라는 칭호는 "Pinnacle of the Draco" 또는 "Penis of the Dragon" (용의 남근) 으로 알려진 용어의 줄임말이다. 이것은 최고의 힘, 지배, 창조, 관통, 팽창, 침범, 그리고 공포를 상징적으로 나타낸다. 이 칭호를 가진 계급은 "지구 내부의 순혈 렙틸리언 수뇌 " 에게 보고한다. 피라미드의 "눈"은 13 통치 가문을 의미한다.

• 로스차일드 (바우어) - Pindar
• 브루스 • 카벤디쉬 (케네디) • 드 메디치 • 하노버 • 합스부르크 • 크루프 • 플랜태저넷 • 록펠러 • 로마노프 • 싱클레어 (세인트 클레어) • 바르부르크 (델 방코) • 윈저 (작센-코부르크-고타)

이들 13 통치 가문들은 세계의 영토 또는 세계 통치를 위한 특정 기능을 맡는다. 이 특정 기능에는 세계 금융, 군사 기술 및 개발, 정신 지배, 종교, 미디어가 포함된다. 또한 각 통치 가문들은 13 의회를 갖는다. 숫자 13은 그들에게 중요한 의미를 가진다. 그들은 창조주의 정신의 10가지 측면을 통과하는 12 종류의 힘이 존재한다는 것을 알고 있다. 12 종류의 힘의 합쳐진 것은 13번째 힘과 같다. 이것은 가장 강력한 지식으로 여겨진다.
또한 그들은 일반적으로 알려진 황도 12궁도가 아닌, 13궁도가 실제로 존재한다는 것을 알고 있다. 이것은 용의 상징이기 때문에, 그들은 수 세기 동안 13번 째를 은폐해왔다. 그들은 렙틸리언 정신 구조에 대한 단서를 숨기기 위해 이 별자리의 특성과 특징을 비밀로 유지해왔다. 다음 계층은 Pindar와 13 통치 가문을 지원하는 하위 가문들이다. 모든 13 통치 가문의 일원들은 형상 변환을 하는 반면, 300개 하위 가문은 그렇지 않다. 그러나 이들은 높은 비율의 렙틸리언 유전자를 가지고 있다. 이들은 300인 위원회로 알려져 있다. 이 가문들에는 다음과 같은 유명한 이름이 포함되어 있다.

• 아넬리 • 발리올 • 빌 • 벨 • 브비에 • 부시 • 카메론 • 캠벨 • 카네기 • 캐링턴 • 쿨리지 • 델라노 • 더글라스 • 포드 • 가드너 • 그라함 • 해밀턴 • 해리먼 • 하인즈 • 쿤 • 린제이 • 롭 • 멜론 • 몽고메리 • 모건 • 노먼 • 오펜하이머 • 로즈 • 루스벨트 • 러셀 • 사보이 • 시프 • 서턴 • 스펜서 • 스튜어트 • 태프트 • 윌슨

300인 위원회는 잘 알려진 여러 단체들을 그들의 목표를 이루기 위해 이용한다. 여기엔 외교관계협의회, 빌더버그, 삼극위원회, 로마 클럽, 왕립국제문제연구소, 마피아, 미 정보부, 미 국가안보국, 이스라엘 정보부, 국제통화기금, 연방준비제도, 미 국세청, 인터폴 등이 포함된다. 아래 명단은 자신이 47년간 일루미나티의 고위직으로 활동해왔다고 주장하는 익명의 내부고발자가 인터넷에 게시한 내용 중 일부이다.

☛영국 왕실과 300인 위원회/2010년 9월

- Queen Elizabeth II 엘리자베스 2세/영국 여왕/300인 위원회 수장 및 신세계질서 지도자
- Geidt, Christopher 크리스토퍼 가이트/영국 여왕 개인비서
- Philip (Prince) - Duke of Edinburgh 필립/영국 여왕 부군
- Charles - Prince of Wales 찰스/영국 왕세자
- Adeane, Edward 에드워드 아딘/영국 왕세자 개인비서
- Camilla - Duchess of Cornwall 카밀라/영국 공작부인
- Andrew (Prince) - Duke of York 앤드류/영국 왕자
- Anne - Princess Royal 앤/영국 공주

- Laurence, Timothy James Hamilton 티모시 로렌스/영국 공주 부군
- Edward (Prince) - Duke of Kent 에드워드/영국 공작
- William (Prince) of Wales 윌리엄/영국 왕세손
- Edward (The Prince) - Earl of Wessex 에드워드/영국 왕자
- Ogilvy, David - 13th Earl of Airlie 데이비드 오길비/영국 백작
- Alexandra (Princess) - The Honourable Lady Ogilvy 알렉산드라 오길비/영국 공주
- Grosvenor, Gerald - 6th Duke of Westminster 제럴드 카벤디쉬 그로스베너/영국 공작
- Michael (Prince) of Kent 마이클/영국 공작
- Richard (Prince) - Duke of Gloucester 리처드/영국 공작
- Stevenson, Dennis - Baron Stevenson of Coddenham 데니스 스티븐슨/영국 남작
- Levy, Michael - Baron Levy 마이클 레비/영국 남작
- De Rothschild, Benjamin 벤자민 로스차일드/로스차일드 가문
- De Rothschild, David René James 데이비드 르네 로스차일드/로스차일드 가문
- De Rothschild, Evelyn Robert 에블린 로스차일드/로스차일드 가문
- De Rothschild, Leopold David 레오폴드 로스차일드/로스차일드 가문
- Rothschild, Jacob - 4th Baron Rothschild 제이콥 로스차일드/로스차일드 가문
- Nichols, Vincent 빈센트 니콜스/영국 추기경
- Williams, Dr Rowan 로완 윌리엄스/영국 대주교
- Chartres, Richard 리차드 샤르트르/런던 주교
- Carney, Mark J. 마크 카니/영국 중앙은행 총재
- King, Mervyn 머빈 킹/영국 중앙은행 총재
- Tucker, Paul 폴 터커/영국 중앙은행 부총재
- Blair, Tony 토니 블레어/영국 총리
- Cameron, David William Donald 데이비드 캐머런/영국 총리
- Clegg, Nick 닉 클레그/영국 부총리
- Anstee, Nick 닉 앤스티/시티 오브 런던 시장
- Darling, Alistair 알리스테어 달링/영국 재무장관
- Osborne, George 조지 오스본/영국 재무장관
- Kinnock, Glenys 글레니스 키녹/영국 국무장관
- Clarke, Kenneth 케네스 클라크/영국 법무장관
- Woolf, Harry - Baron Woolf 해리 울프/영국 법무장관
- Hague, William 윌리엄 헤이그/영국 외무장관
- Miliband, David 데이비드 밀리밴드/영국 외무장관
- Straw, Jack 잭 스트로우/영국 외무장관

Trillioniare Shadow Government

Windsors Rockefellers Rothschilds Vatican

Billionaire Disciples

Buffett Soros Kissinger Gates Bloomberg Bezos Zuckerberg

THEIR AGENDA

Population Control & Redution

Global Digital Currency

One World Government

THEIR FORMULA

Cause The PROBLEM

Plandemic

I can't breathe

Economic crash

Fund The REACTION

Lockdown Masks & Distancing

Riots & Lawlessness

Anarchy & Chaos

Mandate The SOLUTION

Vaccine ID Microchip

Cashless System

New World Order

- Rifkind, Sir Malcolm Leslie 말콤 리프킨/영국 국방장관
- Davis, David 데이비드 데이비스/영국 보수당 총재
- Miliband, Ed 에드 밀리밴드/영국 노동당 총재
- Williams, Shirley - Baroness Williams of Crosby 셜리 윌리엄스/영국 자유민주당 총재
- Astor, William Waldorf - 4th Viscount Astor 윌리엄 월도프 애스터/영국 상원의원
- Balls, Ed 에드 볼즈/영국 국회의원
- Sawers, Sir Robert John 존 사워스/영국 정보부(MI6) 국장
- Budenberg, Robin 로빈 부덴버그/영국금융투자공사(UKFI) 사장
- Leigh-Pemberton, James 제임스 리 펨버튼/영국금융투자공사(UKFI) 회장
- Gibson-Smith, Dr Chris 크리스 깁슨 스미스/런던증권거래소 회장
- Ritblat, Sir John 존 릿블랫/영국토지공사 회장
- D'Aloisio, Tony 토니 달로이시오/호주 증권투자위원회 의장
- Chan, Norman 노만 찬/홍콩 통화청 총재
- Wilson, David - Baron Wilson of Tillyorn 데이비드 윌슨/홍콩 총독
- Patten, Chris 크리스 패튼/홍콩 총독
- Chan, Anson 앤슨 찬/홍콩 정무사장
- Loong, Lee Hsien 리셴룽/싱가포르 총리
- Bolkiah, Hassanal 하사날 볼키아/브루나이 국왕
- Abdullah II of Jordan 압둘라 2세/요르단 국왕
- Willem-Alexander - Prince of Orange 빌럼알렉산더르 데르 네덜란덴/네덜란드 국왕
- Beatrix (Queen) 베아트릭스/네덜란드 여왕
- Constantijn (Prince) of the Netherlands 콘스탄테인 데르 네덜란덴/네덜란드 왕자
- Friso (Prince) of Orange-Nassau 요한 프리소 판 오라녜나사우/네덜란드 왕자
- Mabel (Princess) of Orange-Nassau 마벌 비서 데르 네덜란덴/네덜란드 왕비
- Bernhard (Prince) of Lippe-Biesterfeld 베른하르트 추 리페비스터펠트/네덜란드 공작
- Wellink, Nout 누트 웰링크/네덜란드 중앙은행 총재
- Balkenende, Jan Peter 얀 페터르 발케넨더/네덜란드 총리
- Duisenberg, Wim 빔 다위센베르흐/네덜란드 재무장관
- Bolkestein, Frits 프리츠 볼게슈타인/네덜란드 국방장관
- Albert II of Belgium 알베르 2세/벨기에 국왕
- Lorenz (Prince) of Belgium, Archduke of Austria-Este 로렌츠/벨기에 왕자
- Quaden, Guy Baron 가이 콰든/벨기에 중앙은행 총재
- Van Rompuy, Herman 헤르만 판 롬퓌위/벨기에 총리
- August, Ernst - Prince of Hanover 에른스트 어거스트/독일 왕자
- Christoph, Prince of Schleswig-Holstein 크리스토프/독일 왕자
- Friedrich, Georg - Prince of Prussia 게오르크 프리드리히 폰 프로이센/독일 왕자
- Moritz - Prince and Landgrave of Hesse-Kassel 모리츠/독일 왕자
- Borwin - Duke of Mecklenburg 보르빈/독일 공작
- Franz, Duke of Bavaria 프란츠 폰 바이에른/독일 공작
- Warburg, Max 막스 바르부르크/바르부르크 가문

- Pöhl, Karl Otto 칼 오토 폴/독일 중앙은행 총재
- Tietmeyer, Hans 한스 티트마이어/독일 중앙은행 총재
- Weber, Axel Alfred 악셀 웨버/독일 중앙은행 총재
- Fischer, Joseph Martin 오슈카 피셔/독일 외무장관
- Napoléon, Charles 샤를 나폴레옹/보나파르트 가문
- Alphonse, Louis - Duke of Anjou 루이 알퐁스 드 부르봉/프랑스 공작
- Noyer, Christian 크리스티앙 누아예/프랑스 중앙은행 총재
- Landau, Jean-Pierre 장 피에르 랜도/프랑스 중앙은행 부총재
- Sarkozy, Nicolas 니콜라스 사르코지/프랑스 대통령
- Fillon, François 프랑수아 피용/프랑스 총리
- Emanuele, Vittorio - Prince of Naples, Crown Prince of Italy 비토리오 에메누엘레/이탈리아 왕세자
- Fabrizio (Prince) - Massimo-Brancaccio 파브리지오/이탈리아 왕자
- Massimo, Stefano (Prince) - Prince of Roccasecca dei Volsci 스테파노 마시모/이탈리아 왕자
- Ruspoli, Francesco - 10th Prince of Cerveteri 프란체스코 루스폴리/이탈리아 왕자
- Colonna, Marcantonio (di Paliano) - Prince and Duke of Paliano 콜론나/이탈리아 왕자
- Carlos - Duke of Parma 카를로스/이탈리아 왕자
- Sigismund (Archduke) - Grand Duke of Tuscany 지기스문트/이탈리아 대공
- Chiaie, Stefano Delle 스테파노 치아이/이탈리아 프리메이슨 (P2) 그랜드마스터
- Amato, Giuliano 줄리아노 아마토/이탈리아 총리
- Andreotti, Giulio 줄리오 안드레오티/이탈리아 총리
- Berlusconi, Silvio 실비오 베를루스코니/이탈리아 총리
- Bonino, Emma 엠마 보니노/이탈리아 외무장관
- Cicchitto, Fabrizio 파브리지오 치키토/이탈리아 관료
- Nicolás, Adolfo 니콜라스 아돌포/예수회 총장
- Ratzinger, Joseph Alois (Pope Benedict XVI) 요제프 라칭거 (베네딕토 16세)/교황
- Tedeschi, Ettore Gotti 에토레 고티 데데스키/바티칸 중앙은행 총재
- Lajolo, Giovanni 조반니 라욜로/바티칸 외무장관
- Bonello, Michael C 마이클 보넬로/몰타 중앙은행 총재
- Festing, Matthew 매튜 페스팅/몰타 기사단장
- Margrethe II Denmark 마르그레테 2세/덴마크 여왕
- Rasmussen, Anders Fogh 아네르스 포그 라스무센/덴마크 총리
- Bernstein, Nils 닐스 번스타인/덴마크 재무장관
- Harald V Norway 하랄 5세/노르웨이 국왕
- Gustaf, Carl XVI of Sweden 칼 구스타프 16세/스웨덴 국왕
- Ingves, Stefan Nils Magnus 스테판 잉베스/스웨덴 중앙은행 총재
- Bildt, Carl 칼 빌트/스웨덴 총리
- Henri - Grand Duke of Luxembourg 앙리/룩셈부르크 공작
- Mersch, Yves 이브 메르시/룩셈부르크 중앙은행 총재

- Hans-Adam II - Prince of Liechtenstein 한스 아담 2세/리히텐슈타인 국왕
- Carlos, Juan - King of Spain 후안 카를로스 1세/스페인 국왕
- Sofía (Queen) of Spain 소피아/스페인 왕비
- Rodríguez, Javier Echevarría 하비에르 에체바리아 로드리게스/스페인 주교
- Pio, Dom Duarte - Duke of Braganza 두아르트 피우 드 브라간사 / 포르투갈 공작
- Barroso, José Manuel 조제 마누엘 바호주/포르투갈 총리
- Von Habsburg, Otto 오토 폰 합스부르크/오스트리아 황태자
- Margherita - Archduchess of Austria-Este 마르게리타/오스트리아 대공비
- Fischer, Heinz 하인츠 피셔/오스트리아 대통령
- Alexander - Crown Prince of Yugoslavia 알렉산다르 카라조르제비치/유고슬라비아 황태자
- Leka, Crown Prince of Albania 레카/알바니아 왕세자
- Constantine II Greece 콘스탄티노스 2세/그리스 국왕
- Michael of Romania 미하이 1세/루마니아 국왕
- Simeon of Saxe-Coburg and Gotha 시메온 2세/불가리아 국왕
- Honohan, Patrick 패트릭 호노한/아일랜드 중앙은행 총재
- Robinson, Mary 마러 반 므힉 로빈/아일랜드 대통령
- Bruton, John 존 브루턴/아일랜드 총리
- Cowen, Brian 브라이언 코웬/아일랜드 부총리
- Ahtisaari, Martti Oiva Kalevi 마르티 아티사리/핀란드 대통령
- Belka, Marek 마렉 벨카/폴란드 총리
- Schwarzenberg, Karel 카를루스 슈왈츠젠베르크/체코 외무장관
- Hildebrand, Philipp 필립 힐데브랜드/스위스 중앙은행 총재
- Roth, Jean-Pierre 장 피에르 로스/스위스 중앙은행 총재
- Vladimirovna, Maria - Grand Duchess of Russia 마리야 블라디미로브나/로마노프 가문
- Gorbachev, Mikhail 미하일 고르바초프/소련 대통령
- Caruana, Jaime 제이미 카루아나/국제결제은행(BIS) 총장
- Crockett, Andrew 앤드류 크로켓/국제결제은행(BIS) 총장
- Knight, Malcolm 말콤 나이트/국제결제은행(BIS) 총장
- Carington, Peter - 6th Baron Carrington 피터 캐링턴/나토 사무총장
- Clark, Wesley Kanne Sr. (General) 웨슬리 클라크/나토 총사령관
- Draghi, Mario 마리오 드라기/유럽중앙은행 총재
- Juncker, Jean-Claude 장 클로드 융커/EU 집행위원장
- Trichet, Jean-Claude 장 클로드 트리셰/유럽 중앙은행 총재
- Mandelson, Peter Benjamin 피터 만델슨/유럽 무역위원회 위원장
- Leonard, Mark 마크 레오나르드/유럽외교관계협의회(ECFR) 집행이사
- Davignon, Étienne 에티엔 다비뇽/빌더버그 총재
- Reuben, David 데이비드 루벤/사순 가문
- Reuben, Simon 사이먼 루벤/사순 가문
- Sassoon, Isaac S.D. 아이작 사순/사순 가문
- Sassoon, James Meyer - Baron Sassoon 제임스 사순/사순 가문

- Peres, Shimon 시몬 페레스/이스라엘 대통령
- Rockefeller, David Jr. 데이비드 록펠러 주니어/록펠러 가문
- Rockefeller, David Sr. 데이비드 록펠러/록펠러 가문
- Rockefeller, Nicholas 니콜라스 록펠러/록펠러 가문
- Anderson, Carl A. 칼 앤더슨/콜럼버스 기사수도회 회장
- Worcester, Sir Robert Milton 로버트 우스터/필그림 소사이어티 회장
- Koon, William H. II 윌리엄 쿤/미국 프리메이슨 그랜드마스터
- Brzezinski, Zbigniew 즈비그뉴 브레진스키/삼극위원회 설립자
- Bernake, Ben 벤 버냉키/미국 연방준비제도이사회 의장
- Greenspan, Alan 앨런 그린스펀/미국 연방준비제도이사회 의장
- Volcker, Paul 폴 볼커/미국 연방준비제도이사회 의장
- Dudley, William C. 윌리엄 더들리/뉴욕연방준비은행 총재
- Bush, George HW 조지 허버트 워커 부시/미국 대통령
- Clinton, Bill 빌 클린턴/미국 대통령
- Gore, Al 앨 고어/미국 부통령
- Geithner, Timothy 티모시 가이트너/미국 재무장관
- Bergsten, C. Fred 프레드 버그스텐/미국 재무차관
- Wolin, Neal S. 닐 월린/미국 재무차관
- Kerry, John Forbes 존 케리/미국 국무장관
- Kissinger, Henry 헨리 키신저/미국 국무장관
- Powell, Colin 콜린 파웰/미국 국무장관
- Holbrooke, Richard 리처드 홀브룩/미국 국무차관
- Hills, Carla Anderson 칼라 앤더슨 힐스/미국 주택도시개발부 장관
- Rice, Susan 수잔 라이스/미국 국가안보보좌관
- Snowe, Olympia 올림피아 스노/미국 상원의원
- Walsh, John 존 월시/미국 상원의원
- Specter, Arlen 알렌 스펙터/미국 상원의원
- Woolsey, R. James Jr. 제임스 울시/미국 정보부(CIA) 국장
- Bloomberg, Michael 마이클 블룸버그/뉴욕 시장
- Berwick, Donald 도날드 버윅/미국 보건성 관료
- Levitt, Arthur 아서 레빗/미국 증권거래위원회(SEC) 의장
- Harper, Stephen 스티븐 하퍼/캐나다 총리
- Gotlieb, Allan 앨런 곳리엡/미국 주재 캐나다 대사
- Zoellick, Robert Bruce 로버트 졸릭/세계은행 총재
- Wolfensohn, James David 제임스 울픈손/세계은행 총재
- Strauss-Kahn, Dominique 도미니크 스트로스 칸/국제통화기금(IMF) 총재
- Stiglitz, Joseph E. 조셉 스티글리츠/국제부흥개발은행(IBRD) 부총재
- Sutherland, Peter 피터 서덜랜드/관세무역일반협정(GATT) 사무총장
- Chan, Margaret 마가렛 찬/세계보건기구(WHO) 사무총장
- Lamy, Pascal 파스칼 라미/세계무역기구(WTO) 사무총장

- Deiss, Joseph 요셉 다이스/UN 총회 의장
- Lake, Anthony 앤소니 레이크/유니세프 총재
- Gurría, José Ángel 호세 안젤 구리아/OECD 사무총장
- Schwab, Klaus 클라우스 슈바프/세계경제포럼(WEF) 회장
- Cardoso, Fernando Henrique 페르난두 엔히키 카르도주/브라질 대통령
- Vélez, Álvaro Uribe 알바로 유리베/콜롬비아 대통령
- Kufuor, John 존 쿠포르/가나 대통령
- Martínez, Guillermo Ortiz 길레르모 마르티네즈/멕시코 중앙은행 총재
- Ash, Timothy Garton 티모시 가튼 애쉬/옥스퍼드 대학 교수
- Rogoff, Kenneth Saul "Ken" 케네스 로고프/하버드 대학 교수
- Feldstein, Martin Stuart "Marty" 마틴 펠드스타인/하버드 대학 교수
- Krugman, Paul 폴 크루그먼/프린스턴 대학 교수
- Kenen, Peter 피터 케넨/프린스턴 대학 교수
- Boren, David L. 데이빗 보렌/오클라호마 대학 총장
- Lambert, Richard 리차드 램버트/워릭 대학 총장
- Craven, Sir John 존 크레이븐/포츠머스 대학 부총장
- Chipman, Dr John 존 칩먼/국제전략문제연구소(IISS) 소장
- Niblett, Robin 로빈 니블렛/국제전략문제연구소(IISS) 소장
- Heisbourg, François 프랑수아 헤이스부르그/국제전략문제연구소(IISS) 이사
- Julius, DeAnne 디앤 줄리어스/왕립국제문제연구소(RIIA) 회장
- Isaacson, Walter 월터 아이작슨/아스펜 연구소 회장
- Dadush, Uri 유리 다듀시/카네기 재단 연구원
- Thomson, Dr. James A. 제임스 톰슨/미국 생물학자
- Shapiro, Sidney 시드니 샤피로/중화인민정치협상회의 위원
- Thompson, Mark 마크 톰슨/뉴욕타임스 사장
- Murdoch, Rupert 루퍼트 머독/뉴스 코퍼레이션 회장
- Bischoff, Sir Winfried Franz Wilhen "Win" 윈프레드 바쇼프/시티그룹 회장
- Rubin, Robert 로버트 루빈/시티그룹 회장
- Fischer, Stanley 스탠리 피셔/시티그룹 부회장
- Rhodes, William R. "Bill" 윌리엄 로즈/시티그룹 부회장
- Ackermann, Josef 조세프 아커만/도이체방크 회장
- Agius, Marcus Ambrose Paul 마커스 아지우스/바클레이스 회장
- Blankfein, Lloyd 로이드 블랭크페인/골드만삭스 회장
- Cohn, Gary D. 개리 콘/골드만삭스 사장
- Cohen, Abby Joseph 조셉 코언/골드만삭스 간부
- Pébereau, Michel 미셸 페베로/BNP 파리바 회장
- Aven, Pyotr 표트르 아벤/알파 뱅크 회장
- Walker, Sir David Alan 데이비드 워커/모건스탠리 회장
- Davies, Sir Howard 하워드 데이비스/모건스탠리 이사
- Roach, Stephen S. 스티븐 로치/모건스탠리 이사

- Dobson, Michael 마이클 돕슨/슈로더 회장
- Green, Stephen 스테판 그린/홍콩상하이은행(HSBC) 회장
- Jacobs, Kenneth M. 케네스 제이콥스/라자드 회장
- Weill, Michael David 미셸 데이비드 웨일/라자드 회장
- Levene, Peter - Baron Levene of Portsoken 피터 레빈/로이드 회장
- Wallenberg, Jacob 제이콥 발렌베리/인베스터AB 회장
- Villiger, Kaspar 카스파 빌리거/UBS 회장
- Moreno, Glen 글렌 모레노/버진 머니 회장
- Schwarzman, Stephen A. 스티븐 슈워츠먼/블랙스톤 회장
- Rubenstein, David 데이비드 루벤스타인/칼라일 그룹 회장
- Soros, George 조지 소로스/소로스 펀드 매니지먼트 회장
- Carroll, Cynthia 신시아 캐롤/앵글로 아메리칸 회장
- McDonough, William Joseph 윌리엄 맥도노프/메릴린치 부회장
- Sands, Peter A. 피터 샌즈/스탠다드차타드(SC) 최고경영자
- Oudea, Frederic 프레드릭 오디아/소시에떼 제너럴 최고경영자
- Cohen, Ronald 로날드 코언/빅소사이어티 캐피탈 이사장
- Tanner, Mary 매리 태너/리먼 브라더스 상임이사
- Stern, Ernest 어니스트 스턴/JP모건 이사
- Howard, Alan 앨런 하워드/브레반 하워드 헤지펀드 공동설립자
- Safra, Joseph 조셉 사프라/브라질 금융 재벌
- Safra, Moises 모이스 사프라/브라질 금융 재벌
- Buffet, Warren 워렌 버핏/미국 재벌
- Deripaska, Oleg 올렉 데리파스카/루살 회장
- Cooksey, David 데이비드 쿡시/벡텔 회장
- Du Plessis, Jan 얀 두 플레시스/리오 틴토 회장
- Penny, Gareth 가레스 페니/노릴스크 니켈 회장
- Prokhorov, Mikhail 미하일 프로호로프/노릴스크 니켈 회장
- Mittal, Lakshmi 락슈미 미탈/미탈스틸 회장
- McLarty, Mack 맥 맥라티/아클라 회장
- Leviev, Lev 레브 레비에프/레브 레비에프 다이아몬드 회장
- Oppenheimer, Nicky 니키 오펜하이머/드비어스 회장
- Castell, Sir William 윌리엄 카스텔/브리티시 페트롤륨(BP) 이사
- Sheinwald, Nigel 나이젤 쉐인월드/로얄더치셀 비상임이사
- Abramovich, Roman Arkadyevich 로만 아브라모비치/러시아 석유 재벌
- Chodiev, Patokh 파토흐 초디에프/유라시아천연자원공사(ENRC) 대주주
- Mashkevitch, Alexander 알렉산드르 마슈케비치/유라시아천연자원공사(ENRC) 대주주
- Ibragimov, Alijan 알리잔 이브라기모프/유라시아천연자원공사(ENRC) 대주주
- Louis-Dreyfus, Gérard 루이 드레퓌스/루이 드레퓌스 회장
- Akerson, Daniel 다니엘 에이커슨/제너럴모터스 회장
- Whitman, Marina von Neumann 마리나 휘트먼/제너럴모터스 부사장

- Elkann, John 존 엘칸/피아트 크라이슬러 그룹 회장
- Nasser, Jacques 자크 나세르/포드 최고경영자
- Manning, Sir David Geoffrey 데이비드 매닝/록히드마틴 비상임이사
- Gates, Bill 빌 게이츠/마이크로소프트 회장
- Ballmer, Steve 스티브 발머/마이크로소프트 사장
- Ollila, Jorma Jaakko 요르마 올릴라/노키아 회장
- Blavatnik, Leonard 레오나르드 블라파트닉/엑세스 인더스트리 회장
- FitzGerald, Niall 니알 피츠제럴드/유니레버 회장
- Fridman, Mikhail 미카일 프리드먼/알파 그룹 회장
- Hampton, Sir Philip Roy 필립 햄튼/글락소 스미스클라인 회장
- Steyer, Tom 톰 스테이어 / 헬먼앤프리드먼 이사
- Bronfman, Edgar Jr. 에드거 브론프먼/시그램 이사
- Scardino, Marjorie 마조리 스카디노/트위터 이사
- Parker, Sir John 존 파커/에어버스 이사
- Ofer, Sammy 새미 오퍼/이스라엘 해운 재벌
- Livingston, Ian 이안 리빙스턴/영국 사업가
- Bronfman, Charles Rosner 찰스 브론프먼/캐나다 사업가

"세상 사람들이 장막 뒤에 있는 사람들이라고는 가히 상상을 할 수 없는 아주 엉뚱한 사람들이 세계를 지배하고 있다."

....................■벤자민 디즈레일리, 영국 수상

"자기들끼리 서로 잘 아는 300명 정도 되는 사람들이 세계의 운명을 좌우하고 있으며, 지도자는 그들 스스로 선출한다."

....................■발터 라테나우, 독일 외무장관

현재 글로벌 딥스세력이 개입해 도미니언 부정개표기 사건 개입으로 촉발된 2020 미대선 부정사건에 대한 트럼프 군부 혁명은 민주당과 공화당, 바이든과 트럼프, 좌우 이념 전이 아니라 딥스의 사유물 법인체 주식회사에 불과한 USA INC. 미국을 포함한 지구촌 전체를 볼모로 잡은 딥스 노예계약에 대한 미국의 자주권 회복의 싸움이며 빅테크 사생활 감시권력을 해체하기 위해 중저고도 위성 STAR RINK시스템의 ODIN PROJECT로 마이크로소프트, 구글, 페이스북, 트위터, 아마존, 팔러 등 빅텍이 주도하는 인터넷 생태계와 CNN을 비롯한 기존의 방송, 인쇄매체 등 메이저 미디어 생태계를 바꾸고 QFS(Quantum Financial System) 금융체제로 기존의 딥스 월가의 금융생태계를 전격적으로 바꿈과 동시에 FRB 달러 기축통화 권력을 빼앗아 금본위제 NESARA GESARA로 지구촌을 달러 예속사슬에서 해방시키는 정의의 싸움이다.

엄밀히 말하면 딥스는 지구촌에 좌우 이념전의 정치생태계를 만들어 서로 싸움을 붙여 세계를 혼란케 하고 지구촌 곳곳에서 분란을 만들어 군산복합체 금융노예국 미국

을 숙주, 아프가니스탄, 카자흐스탄, 우크라이나를 중간 숙주, 그리고 UN과 그 산하 기구 및 NATO동맹군을 빨판으로 삼아 그들이 원하는 세계 단일정부의 GREAT RESET을 안착시키는 것이 최종목적이다. 그레이트 리셋 어젠다를 이론적 사상적으로 체계화하고 전 세계 정치계 금융계 엘리트를 교육시킨 사람은 마치 70년대 북한의 김일성 주체사상을 정립 체계화한 황장엽(黃長燁,1923. 2. 17~2010. 10. 10)과 같은 인물로 1971년 31세 나이로 다보스 포럼(WEF 세계경제포럼)을 창립한 독일 태생의 유대인 클라우스 슈밥(Klaus Schwab)이다.

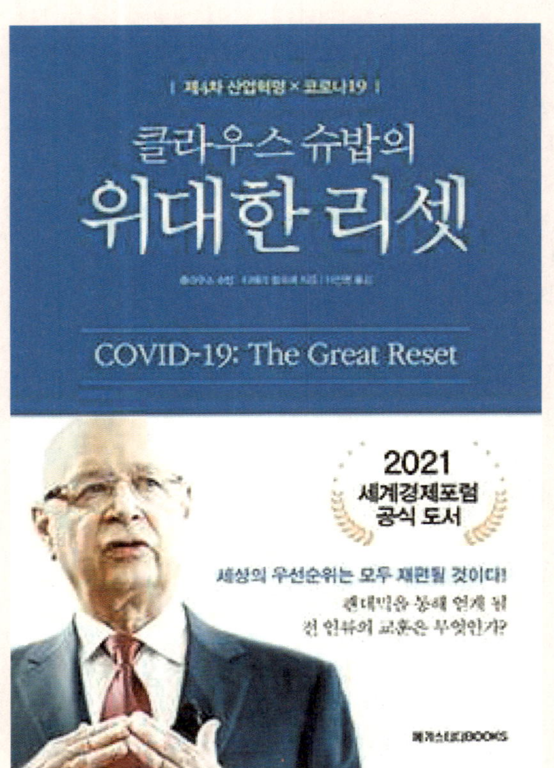

슈밥이 71년 창립한 WEF 세계경제 포럼(다보스 포럼)은 1992년부터 "젊은 글로벌 리더프로그램"을 통해 글로벌 리더를 키우기 시작, 92년 첫 졸업생인 히틀러의 막내딸 안젤라 메르켈 독일총리, 빌 게이츠 마이크로소프트 회장, 저스틴 트뤼도 캐나다 수상, 재신다 알던 뉴질랜드 총리, 세바스챤 쿠르츠 오스트리아 수상 등을 배출했다. 슈밥은 자신의 저서 <그레이트 리셋(Great Reset)>을 통해 75억 인류 중 70억 인류를 감축해 딥스카발 산하 기구인 UN(NATO) 통솔하의 5억 단일 세계정부로 모든 것이 통제가능한 디지털 생체여권과 디지털 단일통화권 '신세계 질서(New World Order)'를 구축한다는 <그레이트 리셋(Great Reset)> 어젠다를 발표했다.

다보스 포럼은 1982년부터 열리기 시작했으며, 1주일간 주요 인사의 연설과 분야별 토론, 사교모임 등 행사가 이어진다. 참석 자격에 제한을 두어 기업의 경우 연간 최소한 50억 달러 이상 매출을 기록하고 연회비 1만 3,000달러를 납부해야 하는데 현재 글로벌 기업 1000 여 곳 회장 및 정치인, 미디어 관계자, 과학자 등이 회원이며 92년 이후 정계 수반으로 진출한 회원이 많아지자 빌게이츠, 안토니 파우치 국립알레르기 전염병 연구소장 , 테드로스 WHO 사무총장, 독일 바이러스 학자 드로스텐, 블랙락, 화이자 등 세계적 명사는 거의 모두 망라되어있다.

트럼프 혁명이 더디고 시간이 걸리는 것은 교황과 유럽의 왕족 그리고 미 대통령마저 하수인 내지 바지사장으로 삼은 세계의 가장 막강한 IMF 포함한 금융 펀드, 방송미디어, 통신사, 인쇄매체 미디어, 월드컵, 올림픽 등 월드 스포츠 조직, 및 UN 을 통해 세계를 움직이는 <★바티칸, ★시티 오브 런던, ★워싱턴 D.C.> 삼위 일체 글로벌리스트 그림자 정부 DEEP STATE 달러 기축통화 집단을 박멸하고(미국 연방준비제도(연방준비제도이사회(FRB: Federal Reserve Board)) 금본위제 네사라게사라(NESARA GESARA) 법에 의한 RAINBOW 화폐제도 및 스타링크, 오딘 프로젝트에 의한 퀀텀금융제도(QFS)를 출범시키려는 역사 초유의 전쟁이라 그러하다. 미국, 캐나다, 영국 정부는 미국 연방 준비은행과 마찬가지로 모두 로스챠일드 딥스카발의 자회사로 그들이 내세운 영국의 통치 군주 엘리자베드 2세 여왕 역시 그들의 실체를 숨겨주는 얼굴마담 허수아비에 불과하다. 글로벌 금융 및 법률 시스템은 로스챠일드, 록펠러 가문 포함 13 훼밀리의 지주회사 빌더버그 그룹에 의해 시티금융가 런던시에서 통제된다.
미국의 연준 FRB와 국세청 IRS, CIA는 미국의 것이 아닌 로스챠일드 딥스카발 소유이다.(UN, IMF, WHO, NASA, FEMA(재난안전청)도 딥스전용) 미국의 본래 이름은 로스챠일드 실소유의 '버지니아 컴퍼니'이고 영국왕실 명의로 바티칸에 기증되어 의전상 기념으로 행사하는 용도로 영국왕실이 소유하는 명목상의(USA.inc=미국 법인) 소유자이며, 로스챠일드의 개인회사 미국-'버지니아 컴퍼니'의 4년 임기 관리사장 CEO는 미국 대통령이다.

트럼프 행정부 말기의 국가 파산선고와 외국인 및 외세 미 대선부정 개입시 전 재산 몰수와 강력한 법적 처벌 행정명령과 오바마 게이트와 힐러리 피자게이트를 포함한 X-File 비밀정보 공개 행정명령을 끝으로 18대 율리시스 심슨 그랜트(Ulysses S. Grant's Quotes) 대통령 당시 로스챠일드 가문이 노예계약으로 볼모잡은 버지니아 컴퍼니-미국과의 시한부성 이면 노예계약-마샬 보고서 비밀계약-이 종료되었다.

동시에 2020 외세 대선부정 개입으로 트럼프 미 군부 MARTIAL LAW계엄령 행정명령 서명으로 구 미국 공화국 법적 효력 소멸과 청산 이후 16개 주 공화국 연합군대로 딥스세력 박멸 성공, 네사라 게사라 선포 예정과 GCR-Great Currency Reset 그레이트 통화 재설정 준비 중이다.

★과거 대한제국이 일본 식민지 조선총독부 체제하에 있었던 것 처럼 미국은 로스챠일드 가문의 노예 식민지로 연준 FRB를 통해 임의로 달러 돈 찍어 나스닥을 위시한 월가 세계 금융계를 지배하고 세계 국지전 붙여 농락하며 군산복합체 미국을 숙주삼아 무기팔아 돈 벌고 미국 시민 뼈 빠지게 일하면 마치 일제 수탈기구 동양척식회사나 동인도회사처럼 국세청IRS 통해 세금을 수탈해 갔다.

☛트럼프 군사혁명 미국을 원위치 시키고 세계경제 정의를 재설정하다.
트럼프 비밀문서 공개 행정명령에 의해 딥스의 사유물 법인체 주식회사에 불과한 USA INC.(Washington DC inc.) 미국을 포함한 지구촌 전체를 볼모로 잡은 딥스 노예계약-마샬보고서가 밝히는 핵심은 다음과 같다.

1865년 미국 제16대 에이브러햄 링컨Abraham Lincoln 대통령의 남북전쟁으로 노예는 해방되었지만 연방재정이 바닥나자 딥스카발 세력은 자신들의 영국은행에서 자금을 차입해 가길 원했다. 하지만 링컨은 그린화폐(디맨드 노트(Demand Note))를 별도로 발행하게 되고 링컨은 워싱턴의 포드 극장에서 존 윌크스 부스에게 저격당해 암살된다(1860~1865.4.15). 부통령 앤드루 존슨(Andrew Johnson)이 17대를 궐임 승계한 이후 북군 사령관 출신 18대 율리시스 심슨 그랜트(Ulysses Simpson Grant)가 대통령이 되자(1869.3.4~1877.3.3) 딥스카발의 요구대로 미국을 경제적으로 컬럼비아 특별구인 워싱턴 주식회사(Washington DC inc.)에 종속시켜 1871년 런던은행을 통해 바티칸 시국과 갑을관계로 천문학적 고리 자금을 차입해 이자가 이자를 낳아 지금까지 악성 이자를 지불 중인데 총 부채는 3억7천 만 달러, 미국인 1인당 1억 5천만 달러에 달한다.

45대 트럼프 대통령은 2년 차 임기재직 중이던 2018년, 카발 딥스 고리대금업자에게 묶인 이러한 노예계약 구조를 깨고자 행정명령을 발동 미국연방 선거에 개입한 국가나 단체 개인의 모든 재산을 압류 몰수하는 행정명령을 미리 내려놓고 대기 중 임기말 2020 미 대선 부정선거에 딥스가 개입하자 이들 제2 노예헌법에 의한 국체를 다시 그랜트 대통령 당시 본래의 헌법질서 국체로 돌아가도록 조치했다. 트럼프는 2021. 1월 14일 반란법 13848호를 발동, 군정을 통해 딥스카발을 암암리에 체포,구금, 처형 조치하고 있다. 따라서 차기 미 행정부는 47대가 아니라 18대 그랜트 대통령 다음의 19대 대통령이라 한다.

트럼프는 레이건 행정부의 네사라 게사라법을 통해 9.11 폭파사건의 진실과 마샬보고서의 콜롬비아 특구인 워싱턴 D.C.와 바티칸시국 그리고 런던 시티 금융가 삼각관계로 얽힌 로스챠일드, 록펠러 딥스의 노예계약을 알고 있었기 때문에 바티칸을 급습해 바티칸 지하의 황금을 모조리 회수하고(항공기 6백 대 분량) 이태리 정부로 하여금 교황, 추기경, 대주교 등 전원을 체포하고 세계 범죄의 온상 뿌리인 바티칸을 영구 폐쇄해 로마와 병합조치하고 동시에 로스챠일드 가문이 조종하는 버킹검 궁 역시 폐쇄했다. 트럼프는 행정명령으로 대선개입한 외세의 모든 재산을 몰수, 압류조치해 그들에 대한 모든 대외부채 탕감해 제로로 만들고 3억5천 만 전 미국인이 그들에게 진 악성부채 1억 5천 만 불 즉, 전 국민 개인 당 채무로 환산해 약 1,700억 원의 악성 빚을 모두 탕감해 미국을 구해주었다.

아래 말라키의 예언대로 프란치스코 교황을 마지막으로 이태리 의회의 바티칸시티 로마병합 의결과 더불어 이태리 콘티 연정 총리의 2020 미 대선부정선거 개입으로 촉발된 미 우주군 사령부 특수작전과 로스챠일드 딥스 뿌리 교황청 전격 체포작전에 즈음해 콘티 총리 하야 및 연정붕괴, 이태리 검찰청의 소아성애 타락 교황 및 추기경, 대주교에 대한 급습 체포작전 이후 바티칸의 로마병합으로 영구 폐쇄조치되었다. 기독교 신약시대 초기 막달레나와 바울 베드로의 남성 교부제 교권투쟁의 결과가 2천여년의 결과 끝에 결국 솔로몬의 '헛되고 헛되며 헛되고 헛되니 모든 것이 헛되도다' 구절대로 베드로로 시작해 베드로로 종장을 짓는다는(프란치코 디 삐에트로) 성 말라키 예언은 트럼프 시대에 와서 정확히 성취되었다.

이는 우주원리의 테 안에서 '이 때는 천지성공 시대라. 서신西神이 명命을 맡아 만유를 지배하여 뭇 이치를 모아 크게 이루나니 이른바 개벽이라. 만물이 가을바람에 혹 말라서 떨어지기도 하고 혹 성숙하기도 함과 같이 참된 자는 큰 열매를 맺어 그 수壽가 길이 창성할 것이요 거짓된 자는 말라 떨어져 길이 멸망할지라. 그러므로 혹 신위神威를 떨쳐 불의를 숙청肅淸하고 혹 인애仁愛를 베풀어 의로운 사람을 돕나니 삶을 구하는 자와 복을 구하는 자는 크게 힘쓸지어다.'란 말씀을 이룬 것이다.

바티칸 국기이자 런던시의 국기. 역 십자가.

지구촌 시민 전체를 노예로 볼모잡은 이들 딥스카발 세력을 박멸하지 않으면 이런 지구대적인 GCR(Great Currency Reset) 기축통화 혁명을 결코 이루지 못한다. ---부하고 귀하고 강권을 가진 자는 모두 척에 걸려 콩나물 뽑히듯 하리라. ---때가 되면 대시이성하리라---는 상제님 말씀은 세운에서부터 악한 자는 때가 되면 콩나물 뽑히듯이 정의의 천적을 만나 길이 멸망할 것이며 추성 후에 오곡을 결실하는 길화개길실의 축복 역시 오선위기 세운의 대국적인 정리가 끝나는 시운이 되면 지구촌에 물결칠 것이다.

미국에는 일반인이 아는 헌법 외에 1871년에 의회가 비밀리에 바티칸과 체결한 비밀계약서에 따른 제 2의 헌법이 존재한다. 이 헌법에 따라 2년 마다 비밀리에 계엄령이 발동되었다가 해지된다. 또한 이 헌법에 의하여 FRB의 주조권에 대한 이자를 지불하기 때문에 거대한 재정적자를 면하지 못하고 있다. 워싱턴 DC는 1871 년 비밀헌법의 법령이 통과되면서 도시 국가로 설립되었다. 이 법안은 공식적으로 미국을 워싱턴

DC-콜롬비아 특별구-의 통치하에 있는 법인으로 설립했다. 그 해 시민 국가였던 미국은 아무도 모르게 주식회사로 전환되었고(아메리카 Inc. 미국법인회사) 미국 정부에 의해 반란법이 실행되어 모든 미국민들은 자신도 모르는 사이에 새로운 "법인 계약"에 종속되었다. 대통령은 실질적으로 대표이사, 의원은 이사가 되었다. 이 법에 의하여 미국인은 동등한 권리를 가진 시민이 아니고 채무자로 간주되기 때문에 권리의 제약을 받게 된다.

이 "법인 계약"에 따라 시민(WE THE PEOPLE)의 권리와 헌법은 "법인"으로 넘어가 버렸다. 워싱턴 DC는 "외국 법인회사"로 바뀌어 버렸고, 시민들의 권리는 박탈당했으나 비밀문서로 지정해 미국시민 그 누구도 이 사실을 알 수 없었다. 2020 11월 미 대선 도미니언 개표기 부정선거로 촉발된 트럼프 행정부 말기의 미 행정부 비밀문서 해제 행정명령으로 이러한 로스챠일드 가문과의 딥스 비밀 노예계약 문서 마샬리포트가 공개되어 그 실체가 백일하에 드러나게 되었다.

☛딥스카발의 노예 숙주국 미국의 정체는 '아메리카 Inc.-미국법인 주식회사'
지금의 U.S.A로 우리가 알고 있는 미국이란 나라의 실체는 1871년 로스챠일드가 소유, 운영하는 시티금융가의 런던은행을 통해 바티칸(버킹검 영국왕실과 바티칸시국 자체가 로스챠일드 개인소유)으로부터 빌린 돈으로 세워졌다. 따라서 미국이란 나라는 당시의 이면계약에 의해 '아메리카 Inc.-미국법인 주식회사'로 로스챠일드 딥스카발에게 볼모잡혀져 있는 노예국가였다. 링컨은 이러한 비밀 노예헌법의 제정을 반대하고 그린백을 미국 재무부가 발행하였기에 예수회에 의하여 1865년에 살해당하였다. 그의 살해이후 1872년에 비밀 헌법이 제정되었고 남북전쟁으로 발생한 거대한 채무에 해결하기 위해 런던은행을 통하여 바티칸 자금을 대출받았고 이에 대한 미지불 이자가 몇 경 달러에 달하였다.

이 비밀헌법 이면계약에 의하여 미국은 미국 영토 내에 있는 외국인 "Washington DC inc." 법인에 매각되었다. 신생아가 탄생하면 이 아이가 평생 낼 것으로 예상되는 세금을 계산해서 자신들의 자산 시장에 미리 판매하여 현금을 유통한다. 출생신고서 자체가 FRB의 유동화 자산이 되는 것이다. 출생신고서를 작성하는 순간 "시민"이 된다는 의미가 아니고 채무자 또는 동산 (chattel)이 된다는 의미이다.

따라서 미국시민들이 내는 모든 세금은 미국을 위해 쓰여지는 예산이 아니라 연방준비제도 이사회(FRB)에 의해 빼돌려지고 있었고 부족분은 달러 발행주권 세뇨리지에 의해 찍어져 눈속임 벌충해 가고 있었다. 레이건 대통령이 재임시절 FRB의 이러한 사기행각을 미국시민들에게 전격 공개해 딥스카발에게 지속적인 암살타겟이 되었다.
바티칸으로부터 돈을 빌리는 거래는 런던 시티금융가 로스챠일드 소유 은행을 통해 이루어졌으며 로스챠일드 가문의 개인소유 '콜롬비아 특별구(워싱턴 D.C.)에 있던 모든 자산은 새로 만든 "법인"으로 이관되었다. '시티 오브 런던The City of London'은 영국의 수도인 런던에 자리 잡은 1제곱 마일 짜리 지역인데 마치 바티칸이 로마나 이태리에 귀속되지 아니하고 워싱턴 D.C. 역시 미합중국에 귀속되지 아니한 것처럼 시티 오브 런던, 바티칸, 워싱턴 D.C. 이렇게 3개의 집단은 13개 가문으로 대표되는 딥스카발의 메이져Major 가문이자 최고 수장 로스챠일드 가문의 개인 소유물(내용상 개인소유 배타적 독립국가)로써 75억 인류 중 70억 을 '인류 살상 생물무기- 코비드 백신'으로 감축(Depopulation)시키고 인체 속에 베리칩, 프리드칩 등 전자칩을 심은 최후 생존자 5억 인구를 노예 생체로봇으로 삼아 새로운 세계질서 단일 국가- '뉴월드 오더(New World Order)'를 론칭하는 소위 '그레이트 리셋(Great Reset:위대한 재설정)'이라는 하나의 목표를 가지고 있다. 다시 말해 그 동안의 주권 국가들의 자유와 평화를 구가하던 세계 질서를 파괴하고, 소아성애 인신공양의 몰록신(Moloch, Molok)을 섬기는 절대권력 아래 지구촌 딥스카발 단일정부를 만들고, 글로벌 신세계 질서를 만드는 것이다.

트럼프 대통령은 2018에 서명한 행정명령에 따라 선거 방해, 선거에 관여한 외국인/내국인의 자산을 압류할 수 있게 되었다. 트럼프 대통령은 "Washington DC 주식회사" 대표이사로 돌아오는 것이 아니고 진정한 국가인 미국의 대통령이 되는 길을 가는 것이다. 이것이 트럼프가 말하는 다른 형태로 돌아오겠다는 말이고 제2의 혁명이다. 이 길의 끝에는 외국인 회사가 운영하는 국세청, 연준도 사라지게 된다.

죤 F. 케네디 대통령은 딥스 카발에 의한 <마샬 리포트>노예계약의 본질을 알아채고 1963년 6월 4일 대통령령 11110호(Executive Order 11110)를 발령하여 정부 지폐를 발행함으로써 FRB(연방준비위:Federal Reserve Act of1913)의 달러화폐 발행권을 탈환해 딥스카발의 돈 줄을 막는 조치를 취했다.

케네디 대통령 암살 후 한동안 딥 스테이트, 카발 바지 사장 대통령이 계속되면서 딥스카발은 세상을 FRB(연준위), UN 및 산하기구, NASA 및 전투기 미사일 등 군사무기 제조사, 항공사, 전력회사, 석유회사, 철도회사, 항만 댐 등 수자원회사, 선박업, 금융뱅크업, 보험사, 통신사, 방송사, 언론사, 올림픽, 월드컵 등 체육계, 카길 맥도날드 등 각종 육가공 식품사 및 음료회사, 페이스북- 구글- 트위터- 아마존 빅테크, 다국적 제약사 등을 장악해 전 세계 곳곳에서 컴트레일로 불임 및 각종 암을 유발하는 화학 약품을 살포해 인구감축 살상행위를 함과 동시에 전쟁과 분란을 조성해 지구촌 주권국가 시민들을 더욱 통제 노예화했다. 딥스에 의한 케네디 대통령 암살사건 이후 처음으로 딥 스테이트 정책에 반기를 든 사람은 제40대 대통령 도널드 윌슨 레이건이다. 레이건 대통령은 1980년 대선 때 데이비드 록펠러와 즈비그뉴 브레진스키가 설립한 3극 위원회에서 차출된 사람들이 카터 행정부의 요직을 19개나 차지한 점을 지적해 이들 딥스 하수인들에 좌지우지되는 카터 대통령을 통렬히 비판했다.

워싱턴 DC는 로마법 시스템에 따라 운영되며 미국 헌법에서 정한 제한을 벗어난다. 세계주의 통제의 부정한 삼위일체 :바티칸, 런던, 워싱턴D.C. (Washington DC의 깃발에 있는 별 3개는 이들 3개 권력구조를 상징)

그러나 레이건 역시 대통령에 당선 후, 딥스카발의 인맥에 포위되어 정권의 10개 요직에 3극위원회 멤버를 임명하며 그들의 가공할 힘을 깨닫고 일반시민이 전혀 알 수 없었던 FRB(연방준비위)의 달러발행 무단 반출 행위, 딥 스테이트의 기축통화 발행권 이면의 어두운 실상을 깨닫고 이를 미국시민에게 공표하게 된다. 이 결과 레이건 대통령은 81년 3월 딥스카발에 의한 총격 암살사건에 의해 6발 중 2발을 맞고 척추수술을 하게 되며 낸시여사는 후일 레이건은 퇴임후 서거 당일까지 평생 딥스카발에게 암살될까 공포에 떨며 살아야 했다고 고백했다.

전직 배우출신의 대통령 레이건은 1985년 12월 2일 미국 하원의원 연설회에서 자신이 처해있는 입장을 다음과 같이 말하였다. "동물원에 취직한 사나이가 죽은 고릴라의 후임자가 올 때까지 봉제 옷을 입고 고릴라가 되어달라는 요청을 받았다. 그리하여 누워있는 것도 대단히 지루하므로 구경꾼들을 기쁘게 해주기 위해 늘어져 있는 로프에 매달려 몸을 흔들고 있었다. 그런데 그만 너무 심하게 흔들자 옆에 있는 사자의 울에 떨어져 버렸다. 사자는 침입자를 노려보았다. 그 바람에 겁이 난 가짜 고릴라는 '여기서 내보내 줘요.' 하고 큰소리로 구원을 요청하자 사자가 이렇게 말하였다. "조용히 해. 떠들면 우리 둘 다 실직하게 될 것이 아닌가." 레이건 대통령은 정책결정의 아무런 주권도 없는 허수아비 미국대통령의 처지를 국회에서 적절하게 표현했다.

☛레이건 대통령 암살 기도
1981년 3월 30일 레이건 대통령은 워싱턴 D.C.에서 총격을 당했다. 범인은 존 힝클리라는 사람이다. 힝클리는 레이건 대통령이 차에서 내린 직후에 그의 앞을 가로막고 손에 든 레볼버에서 총알 6발을 발사한 이후 즉석에서 붙잡혔다. 두 발이 명중했고 그 중 한 발은 심장을 스쳤다. 레이건은 병원으로 옮겨져 탄환 적출 수술이 이루어졌다.

☛FRB의 사기 공표
1982년 6월 30일, 레이건 대통령은 '물가 통제에 대한 민간 부문 조사', 이른바 '그레이스 위원회'를 발족시켜 민간기업인 FRB의 '낭비'를 조사하게 했다. 1984년 1월 15일 레이건 대통령에게 제출된 그레이스 위원회 보고서는 다음과 같다.

-연방정부가 납세자로부터 거둬들인 돈의 100%는 연방정부가 FRB에 진 돈을 갚는 데 쓰이고 있다. 미합중국 국민 모두의 소득세 수입은 그 돈으로 정부가 해 주리라고 기대하는데 단돈 5센트도 쓰지 못한 채 흔적도 없어지는 것이다. 레이건 대통령은 끝내 세수가 대국민 서비스에 전혀 쓰이지 않고 모두 FRB를 경유해 딥스테이트들의 주머니로 들어가고 있음을 깨닫고 그것을 보고서 형태로 국민에게 공표했다.

☛미국 농업조합 청구소송
이 후 레이건 대통령은 딥 스테이트에 대한 공개적인 비판은 중단했다. 뒤에서 손을 써서 사법부 차원에서 FRB를 규탄하고, 아무도 눈치채지 못하도록 NESARA법을 통과시키려는 전략으로 돌아섰다. 그 계기가 된 것이 미국 농업 조합 청구 소송이었다. 1970년대부터 미국 중서부에서 연방 토지은행이 FRB의 승인 하에 농민의 토지를 저당권을 행사해 회수해 버리는 사건이 빈발했다. 1978년, 농지를 상속받은 로이 슈워싱어라는 사람에게 연방토지은행 직원과 연방보안관이 나타나 저당권을 집행했으니 30일 이내에 퇴거할 것을 명해 그는 상속받은 땅을 빼앗기게 된다.

이상하다고 생각한 그는 변호사와 상담하게 되는데, 그게 용케도 화이트햇 변호사였다.(White hats=반 딥스 선한 役) 조사를 진행해 나가자, 그의 아버지는 연방 토지은행에서 대출을 받아 농지를 구입했는데 그 대출 규정에 사후에는 토지를 연방토지은행에 반환하도록 되어있었다. 그런데 이런 조항은 분명히 말해서 사기였다. 화이트햇들은 레이건 대통령의 지지 아래 대량의 변호인단을 파견해 이 사건을 FRB의 사기사건으로 진행하게 된다. 1982년, 슈워싱어는 상원 및 대법원과 계약을 맺고 이 사기사건에 대한 조사를 개시한다. 그 후 재판이 시작되고, 같은 농업 조합원이며, 피해를 입은 23명의 농민이 합류해 집단 소송으로 진행된다.

1990년, 슈워싱어의 집단소송은 마침내 연방 대법원으로 넘어가고, 판사들은 거의 전원 일치로 슈워싱어의 승소판결을 내린다. 이를 계기로 연방정부와 FRB가 미국 시민으로부터 많은 토지와 자산을 편취하고 있었다는 사실이 백일하에 드러났다. 이 판결의 결과, 피해를 입은 농민의 손해배상이 이루어졌으며 동시에 재발방지책의 일환으로 FRB와 연방토지은행을 감시하고 그 움직임을 규제하기 위한 법률을 의회에서 통과시키게 된다.
이에 힘입어 1991년에 로이 슈워싱어는 상원위원회에 출석하여 은행과 정부의 범죄행위에 대한 증거를 제시하게 되고 1992년 300명의 퇴역 군인과 35명의 미군 사관으로 구성된 태스크포스가 형성되어 이 태스크포스는 정부 관리, 의회 관리, 판사 및 FRB 직원의 조사를 담당하게 되었다.

☛NESARA법 은밀한 의회 통과
이 재판과 동시에, 화이트 햇스(White hats)는, NESARA 제법의 조문화를 진행시켜 나갔다. 이 작업을 진행한 사람은 하베이 버나드 박사라는 사람이었다. 그는 종래의 은행융자가 착취목적의 고리임을 눈치채고, 네사라 법 제정을 통해 이를 수정했다. 동시에, 컴퓨터·블록체인에 의한 통화 관리나, 기본 소득의 실시, 론의 일부 면제 등의 제 법안을 책정해, 그 법안 군에, NESARA(National Economic Stabilization and Reformation Act)라고 이름 붙였다. 버나드 박사의 NESARA 제 법은, 100이상의 법안으로 이루어진 200 페이지 이상의 분량을 가지는 법률군이었다.

화이트 햇들은 이 NESARA 법을 하나씩 분할해 명칭을 변경하고 앞서 언급한 농업조합 청구소송의 대법원 판결에 근거한 개혁법 명목으로 딥 스테이트의 고위 간부인 빌 클린턴 행정부 때 의회를 통과시켰다. 미국에서는 법률을 제정하는데 있어 의회를 통과

한 후에 대통령의 서명이 필요한데 대법원 판결에 근거한 개혁법이라면 아무리 딥스 대통령일지라도 서명하지 않을 수 없었다. 이렇게 90년대 클린턴 대통령의 눈을 피해 조금씩 차례로 NESARA 법안들을 조각내 은밀하게 의회를 통과해 나가게 되는데 전부 통과 후 동시에 집행하여 NESARA 법을 발동한다는 극비 프로젝트였다.

☛NESARA는 다음과 같은 변경사항을 구현한다.
1. 불법 은행 및 정부 활동으로 인한 모든 신용카드, 주택담보대출 및 기타 은행부채를 탕감한다. 2. 소득세 폐지 3. 국세청 폐지, 14%의 정액제 비필수 "신규 항목 전용" 판매세 수입 창출 4. 노인에 대한 혜택 5. 헌법을 모든 법원과 법률 문제에 돌려줍니다. 6. NESARA의 발표 후 120일 이내에 새로운 대통령 및 의회 선거를 수립한다. 7. 특수이익집단의 선거 감시 및 불법 선거행위 방지 8. 금, 은 및 백금 귀금속을 기반으로 하는 새로운 미국 재무부 통화인 "무지개 통화"를 만듭니다. 9.. 헌법과 일치하는 새로운 미국 재무은행 제도 개시 10. 연방준비제도 폐지 11. 금융 프라이버시 복원 12. 헌법의 모든 판사와 변호사를 재교육한다. 13. 전세계적으로 미국 정부의 모든 공격적인 군사 행동을 중단합니다. 14. 전 세계의 평화를 확립한다. 15. 수십 년 동안 축적되어 온 막대한 부의 전세계 번영 분배의 첫 단계를 시작합니다. 21세 이상의 모든 미국 시민은 11년 동안 매달 10만 달러를 받게 될 것이다. 일반인이 자금을 받기 전에 농민들이 먼저 지급을 청구하도록 법으로 규정하고 있다. 명심해, 이 자금은 레벨 5 트러스트, 뱅크롤 프로그램에서 나올 거야. 16. 인도주의적 목적으로 막대한 돈을 방출한다. 17. 자유 에너지 장치, 오염 정화, 소닉 힐링 머신 등의 신기술 출시가 가능합니다.

☛딥 스테이트의 대응
하지만 딥 스테이트도 90 년대 후반이 되자 마침내 화이트 햇(White hats)의 이 원대한 계획을 눈치채게 된다. 그리하여 마지막 남은 3~4개 조항 NESARA 법안에 대해 클린턴 대통령은 끝내 서명을 거부하게 되는데 이 때, 군 특수부대 태스크포스 요원들이 백악관에 침투해 사인을 받아내게 되는 역사적인 고비가 있었다.

이때의 모습을 당시 미국 해병대 대위로 당시 작전에 참여한 샤이니 굿윈이라는 여성(언론인)이 구술한 바에 따르면, -화이트 햇의 뜻을 받은 태스크 포스 멤버가 백악관에 침입해 클린턴 대통령을 둘러싸고 마지막 NESARA 제법에의 사인을 강요했다. 나는 이 때 클린턴 대통령에게 사인을 요청했던 태스크 포스의 한 사람으로서 이 현장에 있었다. 결국 클린턴 대통령은 사인을 했고, 서기 2000년 시점에서 모든 NESARA 법이 미국 의회를 통과했다.-

물리적 파괴에 의한 NESARA 도입 저지 후로도 우여곡절을 거쳐, 2001년, 드디어

NESARA 발동의 준비가 갖추어졌다. NESARA의 운용에는 다수의 컴퓨터로 인해 거래를 상호 감시하게 하는 컴퓨터의 블록체인 시스템이 필요하다. 당시 뉴욕 세계무역센터 건물 2층과 3층 2개 층에는 수천 대의 컴퓨터가 즐비하여 블록체인을 형성하고 있었고 백업 시스템으로서 국방부(펜타곤)에도, 수 백 대의 컴퓨터가 설치되어 하부 시스템을 형성하고 있었다. 당시 대통령은 딥스테이트 간부 독일계 조지 부시였다. 2001년 9월 11일 오전 10시 부시 대통령의 경제 개혁 실행 연설과 동시에 NESARA법을 선포하기로 되어 있었다. 그러나 딥스카발은 911, 미국 동시다발 테러 사건으로 세계무역센터와 국방부의 컴퓨터 블록체인을 물리적으로 파괴하여 이를 저지했다. 9.11 사건 당시 세계 무역센터 관리 책임자는 죠지 부시(아들) 대통령 동생인 잽 부시였는데(주지사 역임) 딥스 카발과 내통된 책임으로 트럼프 행정부 들어 관타나모 수용소에서 그 아버지 H.W 전 부시 대통령, 형 죠지 부시 전 대통령과 함께 모두 시간 차를 두고 처형되었다.

☛2021년 2월 작고한 고 John. F. 케네디 대통령President KENNEDY.
카발딥스 제거로부터 살아남아 역으로 카발딥스를 박멸하기 위해 케네디 가정은 남의 눈에 철저히 위장사망 도륙당한 채 살아야 했다. 80년대 초 등장한 레이건 행정부때 케네디가 딥스박멸의 원대한 목표를 위해 군부에 심은 Q조직을 통해 케네디의 뜻이 전해져 네사라 게사라 법이 만들어졌지만 이로 인해 딥스에 의해 레이건 암살 미수사건이 일어나고 이때 CIA 암살 책임자였던 H.W 부시 전 대통령(父)이 트럼프 행정부때 비밀리 처형되었다.

딥스조직에 대한 모든 정보 제공을 댓가로 자연사로 포장하는 사법딜이 이루어져 명예처형되었으며 교회장으로 장례가 이루어졌다. 세계 무역센터 비행기 폭파 사건인 9.11 사태의 본질은 레이건이 입안한 네사라 게사라(NESARA GESARA)법 공포일에 맞춰 딥스카발이 이를 저지하기 위한 최후의 일격으로 엄청난 분량의 강력한 다이나마이트로 빌딩을 폭파한 것을 눈가림하기 위해 CGI 처리한 비행기 폭파 뉴스를(최근 공개 원본엔 비행기 폭파모습이 없음) 딥스카발이 장악한 주류 미디어로 송출해 빈 라덴 무장회교도 짓으로 위장한 것이고, 세계 무역센터 부속 건물에 금본위제 게사라법 시행을 위해 준비해 둔 엄청난 금궤를 빼돌린 사건을 딥스가 장악한 주류 미디어를 총 동원해 전 세계 대중을 감쪽같이 속인 사건이다.

☛60여년의 딥스 카발 박멸 3인 계주
JOHN.F.KENNEDY가 스타터, 중간 계주는 도날드 레이건, 휘날레 종결자는 도널드 트럼프! 바이든 취임식에 관해 찰리 워드, 사이먼 파크스, 데이비드 니노, 티아나 이슬람에 의하면 :

John. F.KENNEDY는 살아생전 자신이 딥스 카발 제거를 위해 조직한 미 군부의 Q-Anon이 트럼프, 아들 케네디 주니어를 필두로 플린 계엄 사령관에 의해 딥스카발 박멸이 진행되는 것을 지켜보며 편안히 서거함. 사진은 트럼프 대통령 초대로 만난 케네디 전 대통령.

-바이든 2021년 1월 20일 취임식은 19일의 리허설 때에 녹화된 것이다. 스페인에서는 취임식 시작 10시간 전에 방송이 되었다. 적은 참석자 가운데 오바마와 클린턴 ,부시가 있었다. 모두 어두운 표정을 짓고 있었다. 마치 장례식 같았다. 게다가 연방대법원의 로버츠 판사(범죄자)가 출석했다. 취임식은 연극이었다. 현재, 미국은 임시 군사정권하이며, 미헌법에 의하면 군사정권 하에서는 새로운 대통령이 취임할 수 없다. 또, 워싱턴 DC는 컬럼비아 특별구이며, 이곳은 미국이 아니라 (로스차일드 딥스카발 소유)외국이다. 외국에서 취임식을 (멋대로) 한 대통령은 미국의 대통령이라고 할 수 없다.

워싱턴 DC에는 지금도 6만 5000명의 군대와 민병, 기타 인력이 배치되어 있다. 만약 그들이 바이든의 취임식을 지원하기 위해 배치되었다면 취임식이 끝난 후에 퇴거할 것이다. 하지만 지금도 그들은 움직이지 않고 있다. 그들은 무기한 워싱턴DC에 배치되어 있다. 게다가 워싱턴 DC의 주변은 펜스가 설치되어, 안에서 밖으로 나올 수 없게 되어 있다.

군측은 바이든과 바이든 진영이 일제히 워싱턴 DC(백악관)에 들어오기를 기다리고 있었을 가능성이 있다. 그들이 일제히 들어왔을 때 체포. 펜스로 둘러싸인 워싱턴 DC는 그 즉시 교도소가 되어, 군사법정이 될 가능성이 높다. 트럼프는 에어포스 원에 탑승해 플로리다로 돌아온 것으로 알려졌지만, 트럼프는 지금도 워싱턴DC에 있다.

네덜란드의 현 정권이 총사퇴했는데, 아일랜드 정부는 9명의 아이의 죽음에 대해 수사를 받고 있다. 트럼프는 갑부 비지니스맨이므로, 중공의 간사한 마네트라(뇌물수수)에 넘어가지 않았다. 현재, 긴급방송EBS도 아직, 주요 언론도 방송이 금지되지 않고 있지만, 지금은 군(밀러 국방장관 대행과 FEMA의 휘하)이 장악하고 있으며, 긴급방송도 언론의 방송금지도 아직 일어나지 않았을 뿐이다. 타임라인에 따라 실행하는 것 뿐. 멜라니아 여사는 타임라인이 늦어지고 있다고 텔레그램을 통해 애국자들에게 전했다.

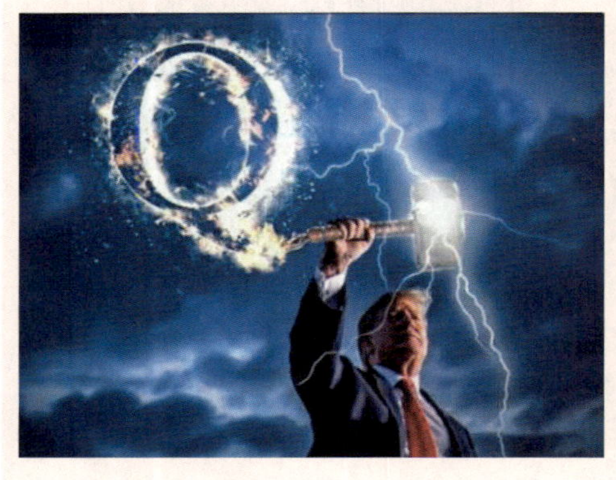

★월 ★일까지 모든 것이 해결된다. 트럼프 대통령은 헌법에 따라 움직이고 있다. DS도 중공도 트럼프측도 슈퍼컴퓨터를 사용해 싸우고 있다. 이제 첫번째 단계가 끝나고, 두 번째 단계로 나아가고 있다. 바이든의 취임식은 가짜이며, 취임식은 공식적으로 인정되지 않는다는 뜻. 가짜 취임식에서 바이든이 성경에 손을 얹고 선서했지만, 그 성경에 그려진 십자가는 거꾸로였다. 게다가 취임식이 끝나자마자, 백악관의 깃발이 떨어져 나갔다. 취임식 날에 가장 해피했던 것이 트럼프였고, 바이든과 다른 참석자들은 정말 어두운 얼굴을 하고 있었다. 오바마, 부시는 처형되었다.

억만장자들이 광대한 땅을 사고 있다. 예를들면, 빌 게이츠는 많은 주에서 광대한 토지를 사고 있다. 왜냐하면 지폐에 가치가 없다는 것을 알기 때문이다. 앞으로 빌 게이츠의 범죄도 모두 폭로될 것이다. (2021년 10.1 처형) 트럼프가 늪의 흙탕물을 완전히 뺀 뒤(늪의 생물이 완전히 사라진다면), 양자 금융시스템으로 이행한다. 트럼프는 누가 끝까지 트럼프를 따라올지 지켜보고 있다. 옛날, 트럼프가 사업에 실패해 곤궁해졌을 때 누가 끝까지 따라와 주는지를 확인할 수 있었다. 그는 지금 똑같은 것을 하고 있다. 트럼프는 사람들을 시험하고 있다. 트럼프는 지난 4년간 지독한 대접을 받아왔다. 트럼프와 트럼프 팀은 확실히 틀림없이 계획을 실행하고 있다.

양자금융시스템으로 이행할 때, 부정하게 얻은 자금이 아닌 한, 예금은 아무 문제없이 모두 그대로 새 시스템으로 이행하기 때문에 일반인들에게는 아무런 영향이 없다. 지금 당장 긴급방송이 시작될 수도 있다. 많은 사람들이 딥스카발이 장악한 주류 TV 방송에 속아 바이든이 대통령에 취임했다고 믿고 있다. 그래서 그들이 이해할 수 있도록 도와야 한다.

지금 민주당이 통치하고 있는 미국의 동해안과 서해안의 주에서 군사활동이 활발해지고 있다. 주지사가 군을 배신했을 때를 위해 군대가 출동하고 있다. 군은 미헌법에 따르기 때문에 불법적인 바이든 대통령의 휘하에는 들어갈 수 없다. 지금은 군이 트럼프의 휘하도 아니다. 지금은 밀러 국방장관 대행과 FEMA의 톱이 미국을 통치하고 있다..-(Q람)

☛미국 주식회사의 종말

A. MAXIMA CORPORAL

B. Medium Corporal

C. minima corporal

미국에서 이름을 적는 방법이 3가지가 있다. A 방식으로 적으면 가축이 되어 동산화가 된다. 즉, 개인이 자신의 주인이 아니고 별도의 소유자가 있다는 의미. 현재 미국의 모든 공문서에는 "DONALD TRUMP" 이렇게 대문자로 적게 한다. 운전면허, 여권, 출생증명서 등. 인간은 사람이므로 Man, Woman으로 적어야 함에도 불구하고 막상 공문서에는 MALE(수컷), FEMALE(암컷)으로 적게 하고 있다. 동물이므로 habeas corpus(법률 인신 보호 영장)없이 체포, 구금이 가능하다. B로 적으면 "Donald Trump"는 habeas corpus (법률 인신 보호 영장)에 따라 체포, 구금이 가능한 제한적 자산에 관한 권리를 가진 노예, C로 적으면 donald trump는 모든 권리를 가진 시민으로 간주된다.

-미국에는 일반인이 아는 헌법 외에 1871년에 의회가 비밀리에 바티칸과 체결한 계약서에 따른 제 2의 헌법이 존재한다. 이 헌법에 따라 2년 마다 비밀리에 계엄령이 발동되었다가 해지된다. 또한 이 헌법에 의하여 FRB의 주조권에 대한 이자를 지불하기 때문에 거대한 재정적자를 면하지 못하고 있다. 링컨은 이러한 비밀 헌법의 제정을 반대하고 그린백을 미국 재무부가 발행하였기에 예수회에 의하여 1865년에 살해당하였다. 그의 살해이후 1872년에 비밀 헌법이 제정되었고 남북전쟁으로 발생한 거대한 채무에 해결하기 위해 런던은행을 통하여 바티칸 자금을 대부하였고 이에 대한 미지불 이자가 몇 경 달러에 달하였다. 이 헌법에 의하여 미국을 미국 영토 내에 있는 외국인 “Washington DC 주식회사” 매각되었다. 신생아가 탄생하면 이 아이가 평생 낼 것으로 예상되는 세금을 계산해서 자신들의 자산 시장에 미리 판매하여 현금을 유통한다. 출생신고서 자체가 FRB의 유동화 자산이 되는 것이다. 출생신고서를 작성하는 순간 “시민”이 된다는 의미가 아니고 채무자 또는 동산 (chattel)이 된다는 의미이다.

1871에 DC (District of Columbia)에 “Washington DC 주식회사”를 설립했고 대통령은 실질적으로 대표이사, 의원은 이사가 되었다. 이 법에 의하여 미국인은 동등한 권리를 가진 시민이 아니고 채무자로 간주되기 때문에 권리의 제약을 받게 된다.

트럼프 대통령이 2018에 서명한 행정명령에 따라 선거 방해, 사거에 관여한 외국인/내국인이 자산을 압류할 수 있게 되었다. 트럼프 대통령은 “Washington DC 주식회사” 대표이사로 돌아 오는 것이 아니고 진정한 국가인 미국의 대통령이 되는 길을 가는 것이다. 이 것이 트럼프가 말하는 다른 형태로 돌아오겠다는 말이고 제2의 혁명이다. 이 길의 끝에는 외국인 회사가 운영하는 국세청, 연준도 사라지게 된다.

The City of London이 영국의 일부가 아니고 Vatican City도 이태리의 일부가 아니듯 Washington DC도 미국의 일부가 아니다. 바티칸이 런던을 통해서 미국 주식회사를 운영하고 있다. 주권 국가나 법인은 자신들의 고유한 깃발을 가지 있는데 Washington DC의 깃발에 있는 별 3개는 이들 3개의 도시를 상징하는 것이다. 이들의 유일한 목적은 카발의 목적인 NOW에 모든 국가를 종식시키는 것이다.(by 빛의수장)-

☛유럽 최고의 미래학자 겸 경제학자인 자크 아탈리.

자크 아탈리(Jacques Attali)는 빌더버그 중요 멤버로 전 세계 사회적 영향력을 행사하는 데 있어서 높은 순위에 있는 딥스카발 로스차일드의 얼굴이며 동시에 시오니스트이다. 자크 아탈리는 1981년 저서 “미래의 삶”에서 아래과 같이 역설하고 2010년에도 "신
세계 질서(New World Order를 확립하기 위해서는 중요한 전염병이 필요하다"고 밝힌

인물이다. (미셸 살로몬, 자크 아탈리(Jacques Attali) 1981년 <미래의 삶>에서 발췌) -앞으로는 지구 인구를 대량으로 줄이는 방법을 찾는 것이 문제가 될 것입니다. 대부분 쓸모없는 인구가 되는 60-65세가 되면 사회에 막대한 비용을 지불하기 때문에 우리는 늙은 자들을 제거하는데 이들을 타겟으로 한 판데믹, 경제붕괴를 창조하기 위해 늙은 자 제거 바이러스든 비만인구 제거 바이러스든 뭐든 할 것입니다. 어떤 바이러스 판데믹을 만들어내든 늙고 나약한 자는 자멸할 것이고 공포에 질리거나 어리석은 자들은 치료제를 갈구할 것입니다. 우리는 판데믹에 대한 치료제를 개발했다는 믿음을 주입하고, 그것이 해결책인 것처럼 제시할 것입니다.

판데믹의 타겟인 바보들(The Selection of Idiot:바이러스 학살 대상)은 허겁지겁 치료제를 갈구하며 자신의 몸에 스스로 백신을 자신의 몸에 주입하기 위해 도살장에 달려갈 것입니다. 이로써 이들이 자기 자신을 스스로 도살(Slaughter)하게 하는 프로젝트는 완수될 것입니다.-

☛클라우스 슈밥의 그레이트 리셋 어젠다-코비드19와 인구대량 학살 생물무기 빅파머(Big Pharma)의 코비드 백신

글락소스 미스클라인사가 소유한 우한생물연구소는 Dr.파우치와 빌 게이츠로부터의 자금을 받아 운영되며, 조지 소로스와 연결되는 세계 최대 자산운용사 블랙록사와 뱅가드 그룹이 관리하는 회사로 클라우스 슈밥의 그레이트 리셋 어젠다와 연결된 회사이다.

딥스 카발이 벌인 희대의 '독극물 수산화 그래핀 함유 코비드19 백신' 전쟁은 마침내 미국 연방대법원에서 2022. 1월 14일 백신 강제접종 금지 판결이 났으며, 이튿날 15일 국제 사법재판소(ICJ) 내 국제 공통법재판소(ICLCJ)에서 4개월 심리 끝에 백신을 대량 인종학살, 종족살해(제노사이드) 용으로 최종 판결했다. 참고로 2013년 베네딕토 교황을 강제 퇴거시킨 국제사법재판소는 화이자, 글락소스미스클라인, 반인도 범죄 바티칸 고위관료에게 유죄를 선고해 COVID 기업정치에 타격을 입혔다.

백신 제조, 판매, 사용금지와 바티칸 교황, 영국 엘리자베스 여왕, 시진핑, 트뤼도 캐나다 총리, 화이자 CEO 등 제약사 빅파머 등 75 명을 반 인륜범죄자로 판결하고 모든 관련자 체포, 관련 제약사 해체, 전 재산 몰수, 무기징역 및 지구상 모든 남녀 모든 사람이 코비드19 백신 관련 해당 용품을 압수 폐기하고 범죄자를 체포할 수 있도록 판결함으로써 대단원의 매듭이 지어졌다!

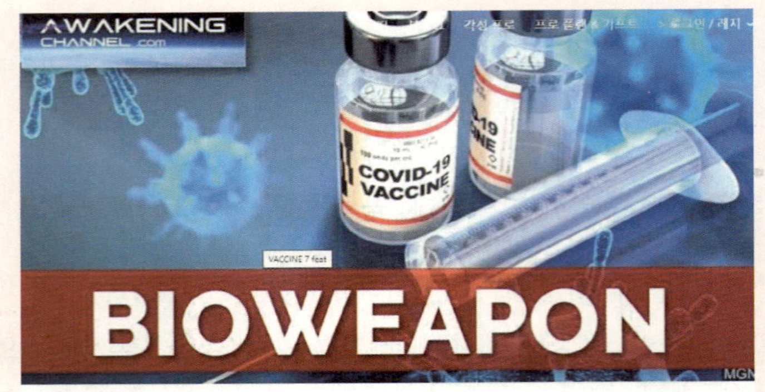

2021년 5월 4일

이것은 백신이 아닙니다 (7 부 7)

"예방 접종"근처의 "예방 접종"에 대한 심각한 부작용

이것은 대량 파괴의 생물 무기입니다

국제 공통법재판소(ICLCJ) 법원 공보관실에 따르면 "이번 사건은 엄청난 규모의 세대간 범죄와 동일한 규모의 은폐를 수반한다"고 덧붙였다. 교회, 주, 법인의 최고위직자들은 인류를 노예로 전락시키려는 '범죄 음모'의 일환으로 COVID '백신'을 생산하기 위한 치명적인 약물 검사 실험에서 아이들을 조직적으로 고문, 밀매, 살해하는 행위에 대해 수년간 개인적으로 제재와 이득을 취해 왔다. 저 음모는 무고한 사람들을 살해하고, 무기, 마약, 아동, 인간 장기를 밀매하며, 그것을 폭로하겠다고 위협하는 자들을 침묵시키거나 파괴한다. "우리 법원은 의료 집단학살과 아동 대량 살인의 산물인 COVID '백신'의 추가 판매와 사용을 금지함으로써 그 '음모'를 법적으로 종식시켰다."

☛<u>국제사법재판소의 국제공통법재판소(ICLCJ) 코비드19 백신 생물무기 반인륜범죄 판결</u>

브뤼셀과 밴쿠버: 2013년 베네딕토 교황을 강제 퇴거시킨 국제사법재판소는 화이자, 글락소스미스클라인, 반인도범죄 바티칸 고위관료에게 유죄를 선고해 COVID 기업정치에 타격을 입혔다. 법원의 판결은 75명의 개인에게 무기징역을 선고하고, 그들의 재산을 압류하고 그들의 법인을 해체하며, 그들의 COVID 백신을 "의학적 대량학살과 대량 살인의 산물"로 제조, 판매 또는 사용하는 것을 법적으로 금지한다.

국제법률에 따라 소집된 4개월간의 재판이 끝난 후, 국제공통법재판소(ICLCJ)의 판사들은 오늘 피고인에 대한 체포 및 수용 영장 발부와 함께 역사적인 판결과 선고를 내

렸다. 유죄판결을 받은 개인으로는 알베르트 부르라와 엠마 월슬리 화이자·글랙소스미스클라인제약 대표, 시진핑 중국 국가주석, '포페' 프랜시스(조르헤 베르골리오), '퀸' 엘리자베스(윈도), 저스틴 트뤼도 캐나다 총리 등이 있다.

법원 공보관실에 따르면 그는 "이번 사건은 엄청난 규모의 세대간 범죄와 동일한 규모의 은폐를 수반한다"고 덧붙였다. 교회, 주, 법인의 최고위직자들은 인류를 노예로 전락시키려는 '범죄 음모'의 일환으로 COVID '백신'을 생산하기 위한 치명적인 약물 검사 실험에서 아이들을 조직적으로 고문, 밀매, 살해하는 행위에 대해 수년간 개인적으로 제재와 이득을 취해 왔다. 저 음모는 무고한 사람들을 살해하고, 무기, 마약, 아동, 인간 장기를 밀매하며, 그것을 폭로하겠다고 위협하는 자들을 침묵시키거나 파괴한다.

"우리 법원은 의료 집단학살과 아동 대량 살인의 산물인 COVID '백신'의 추가 판매와 사용을 금지함으로써 그 '음모'를 법적으로 종식시켰다."

이번 법원의 판결과 선고는 살인적인 '인도 거주 학교'를 포함한 바티칸과 영국 왕관이 캐나다에서 계획한 원주민 학살에 대한 COVID 정권의 뿌리를 추적함으로써 책임자들에게 넓은 그물을 드리우고 있다. 법원은 이 집단 학살의 공공연한 반대자들, 특히 케빈 애넷이 15명의 활동가들을 살해하고 최근 애넷의 삶에 대한 몇 번의 시도에 책임이 있는 유죄판결을 받은 피고들에 의해 지속적으로 파괴의 표적이 되어왔다고 확립한다.

법원은 "우리의 영장은 우리의 보안관과 경찰을 대표할 뿐만 아니라, 유죄 판결을 받은 흉악범들을 체포하고, 그들의 재산을 압류하며, 대량학살에서 파생된 COVID '백신'의 판매와 사용을 중단함으로써, 법원의 판결을 집행할 수 있는 권한을 전세계에 부여한다"고 말한다. "아동 살해범들은 더 이상 임원이나 기업의 특권을 이용하거나, 조작된 공중보건 위기라는 위장 뒤에 숨어서 정의를 회피할 수 없다."

•이 역사적인 판결과 선고의 시행에 경찰과 시민이 참여하는 행동 계획은 내일 오후 3시(태평양 표준시 오후 11시) www.bbsradio.com/herewestand에서 논의될 것이다. 법원의 판결과 영장은 "ITCCS 업데이트"로, "브레이킹 뉴스"로 www.republicofkanata.ca에 게시된다.

•법원에 연락하려면 itccsoffice@protonmail.com(itccsoffice@protonmail.com: 공보실 G. Dufort

•2022년 1월 15일 토요일 오전 12시 1분(GMT) 국제공통법재판소 형사재판부(The International Common Law Court of Justice) 국제 교회 및 국가 범죄 재판소(ITCCS)의 후원 하에(2010년 6월 15일 국제법률에 따라 설립) 출처 : 서울시정일보(http://www.msnews.co.kr)

☛다음은 국제사법재판소의 국제공통법재판소(ICLCJ) 코비드19 백신 생물무기 반인륜 범죄 판결판결문 원본 18쪽 가운데 맨 앞 장과 뒷 장.

Global Breaking News: January 15, 2022

Big Pharma, China, Vatican convicted of Genocide and Criminal Conspiracy by International Court – COVID vaccines prohibited as arrest of leaders and seizure of assets ordered

Brussels and Vancouver:

The International Court that forced Pope Benedict from office in 2013 has struck a blow against the COVID corporatocracy by convicting top officials of Pfizer, GlaxoSmithKline, China, and the Vatican of Crimes against Humanity.

The Court's verdict sentences seventy-five individuals to life imprisonment, seizes their assets and disestablishes their corporations, and lawfully prohibits the further manufacture, sale, or use of their COVID vaccines as *"products of medical genocide and mass murder"*.

After a four-month trial convened under International Law, the judges of the International Common Law Court of Justice (ICLCJ) issued their historic verdict and sentence today, along with Arrest and Expropriation Warrants against the defendants.

The convicted individuals include Albert Bourla and Emma Walmsley, the CEO's of Pfizer and GlaxoSmithKline Pharmaceuticals, Xi Jinping, President of China, 'Pope' Francis (Jorge Bergoglio), 'Queen' Elizabeth (Windsor), and Justin Trudeau, Prime Minister of Canada.

An authorized copy of the Court's Verdict and Sentence is attached.

According to the Public Affairs Office of the Court,

"This case involves a monstrous, intergenerational crime and its equally massive coverup. The highest officials of Church, State, and Corporations have for years personally sanctioned and profited by the systematic torture, trafficking, and murder of children in deadly drug testing experiments to produce the COVID 'vaccine', as part of a Criminal Conspiracy to reduce humanity to slavery. That Conspiracy murders the innocent, traffics in arms, drugs, children, and human organs, and silences or destroys those who threaten to expose it.

10. **It is the Sentence of the Court** that the Defendants shall financially compensate Kevin Annett for all his denied income and his financial expenses and losses arising from their personal and fiduciary actions, or their association with the said Criminal Conspiracy. These reparations will total no less than $2.5 million for general expenses and lost income, employment, and benefits, and no less than $25 million for personal grief, losses, suffering, expenses, and damages caused to Kevin Annett and his children by the Defendants.

11. **It is the Sentence of the Court** that the Defendants shall financially compensate each of the families and estates of the persons named in point (f) above an amount totaling no less than $25 million for personal grief, losses, suffering, and other damages caused by their targeting, harassing, and murder by the Defendants.

12. **Accordingly, the Court authorizes** through its appended Warrants the immediate arrest of the Defendants, and the seizure and expropriation of the assets and properties of the Defendants and their respective Bodies Corporate, in order to provide these funds and reparations to Kevin Annett and to the families and estates of the persons named in point (f) above, in accordance with the lawful Verdict and Sentence of the Court.

13. **Finally, it is the Sentence of the Court** that all governments, public health agencies, and medical personnel or companies are prohibited, on pain of being charged as accessories to a crime, from buying, promoting, or using the COVID "vaccines" and other products of medical genocide and mass murder issued by the convicted Bodies Corporate known as Pfizer Pharmaceuticals and Glaxo Smith Kline Pharmaceuticals, which are guilty of Crimes against Humanity, and as transnational criminal organizations are lawfully disestablished.

This Verdict and Sentence is made and issued unanimously by the Magistrates of the International Common Law Court of Justice, Case Docket No. 09152021-A001, on this Fifteenth Day of January in the year 2022. It has the full force and effect of the Law.

Chief Magistrate

Clerk of the Court

Submitted to and entered into the public record of the International Common Law Court of Justice as Case Docket No. 09152021-A001, on this day, January 15, 2022

■*치명적인 코로나 백신 부작용(by그렇군)*

☛*FDA 백신 접종 22가지 심각한 부작용 공개*

FDA가 코로나 백신 접종에 따른 22가지의 심각한 부작용들에 대해서 공개했다. 여기엔 유산. 선천적 기형, 불임과 같은 생식 관련한 질환부터, 자가면역이상 반응으로 생명도 위험할 수 있는 신경계 질환들까지 다양한 부작용들이 나열되어 있다. 더 심각한 점은 이러한 목록조차도 백신 접종의 모든 부작용을 추적해서 보여주는 것도 아니란 점이다.

짧게는 수개월, 길면 수년 이상을 추적 조사해야만 알 수 있는 백신의 부작용의 위험은 이 22개 목록조차도 부족할 것이기 때문이다. 만일 국가적으로 이를 장기 추적 조사한다면 100% 이러한 결과가 나올 것이다. 사실 코로나 백신은 고령층과 영유아 등 아이들을 인종청소하는 도구일 따름이다.(여성의 경우는 불임과 유산, 기형아를 낳게 만들고) 공개된 부작용에 대한 목록들을 본다면, 도대체 왜 감기를 예방하려고, 우리가 목숨까지 내놔야 하는지 이해할 수 없을 정도다.-end-

반 인륜적 인류살상 생물무기 코비드 백신 문제에 대해서는 지면상, 이의 해악성을 경고한 세계적인 생리의학자 노벨상 수상 뤽 몽타니에 박사, 옥스포드 숀 브룩스 박사, 내과 전문의 면역학 캐리마데 박사, 트럼프 주치의 젤렌코 (Zelenko) 박사, 독일 미생물학자 슈카리트 바카디 박사, 국내 면역학 1인자 서울대 명예교수 이왕재 박사, 면역학자 배용석 외 백신학자의 다음 이름을 검색해 보기를 권한다.

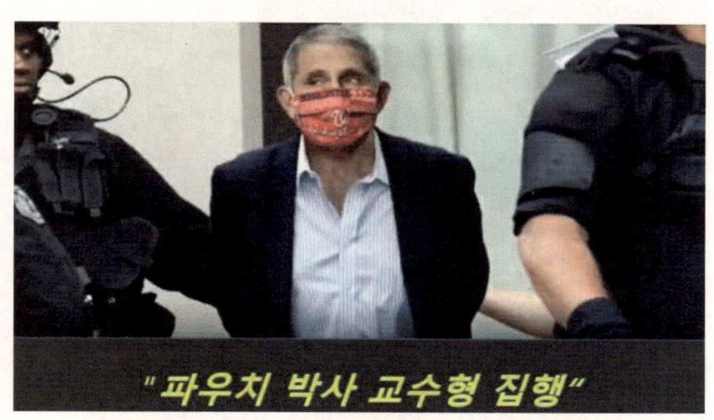

2022.4.25. 관타나모 기트모 군형무소 파우치 처형

이들 세계적 전문가의 공통된 결론은 백신은 5억 인구로 축소한 그레이트 리셋 신세계 질서 구축 어젠더에 입각한 딥스 카발 빅파머 제약사의 생물무기 접종하면 수 년 뒤에 서서히 죽으니 절대 맞지 말라는 것이며 딥스 조직인 UN산하 전 세계 정부 수반과 NATO가 그들의 숙주국 우크라이나에서 생물 무기연구소를 해체폭격하는 천사군 러시아 푸틴과 맞서 그들의 앞잡이 역할을 수행중이고 그들이 장악한 세계적 통신사 주류방송, 언론 매체의 사기보도에 속지 말고 깨어나라는 것. 백신맞고 죽으면 백신 사회주의 독재 수혜 대신 딥스 제약사에 면죄부 준 세계 어느 정부도 절대 책임 안 진다는 사실을 명심하라는 것.

☛노벨 생리의학상 수상자 뤽. 몽타니에(프) 박사 (Dr.Luc Montagnier):바이러스, 면역학 가장 권위적인 의학자. HIV(에이즈)—최초 발견자. 2008년 노벨의학상 수상. "변이를 만드는 것은 다름아닌 백신 접종." "코로나바이러스 백신이 '신경퇴행성 질환'으로 이어질 수 있다고 경고" "코로나바이러스는 실험실에서 만들어진 바이러스" **"코비드 백신은 3~5년 사이 항체 의존성 강화(ADE)로 서서히 죽도록 설계된 생물무기!"**

☠프랑스 바이러스학자는 코로나바이러스 백신 접종을 받은 사람은 모두 사망할 것이라고 경고했다.

(내추럴 뉴스) 우한 코로나바이러스(코비드-19) 주사를 맞은 사람이 장기 생존할 가능성은 없다고 프랑스의 유력 바이러스학자 뤽 몽타니에가 밝혔다. 그는 최근 인터뷰에서 "중국 바이러스로 인해 주사를 맞은 사람은 모두 사망할 것"이라고 밝혔으며, 아래의 Brighteon.com에서 이를 볼 수 있다. 몽타니에는 코너 도중 "이미 예방접종을 받은 사람들에게는 희망도 없고 가능한 치료법도 없다"고 솔직하게 말했다. "우리는 시체를 화장할 준비를 해야 한다."

주사에 포함된 성분과 그 성분이 무엇인지 자세히 연구한 끝에 몽타니에는 **주사를 맞는 모든 사람이 결국 항체 의존성 강화, 즉 ADE로 인해 사망할 것이라는 결론에 도달했다. 그는 "그것이 말할 수 있는 전부"라고 덧붙였다.**

몽타니에는 지난해 봄 우한 폐렴에 자가면역을 유발하는 바이러스의 DNA가 인위적으로 접합되었다고 경고한 바 있다.(HIV 에이즈 바이러스 특성) 이제 이러한 동일한 변경 사항이 중국 바이러스 "백신"에서 발견될 수 있는 것처럼 보이는데 이 백신은 궁극적인 돌연사에 대비하여 사람들의 몸을 준비시키는 역할을 합니다.몽타니에는 지난해에도 "코로나 바이러스의 게놈에서 HIV의 요소와 말라리아 세균의 존재가 높게 의심스럽고 바이러스의 특성이 자연적으로 발생했을 리 없다"고 밝힌 바 있다. 그리고 그가 옳았다는 것이 밝혀졌다.

우한 폐렴 예방주사는(백신) 시간이 지체된 죽음을 통해 군중을 '천천히 죽이기 위해' 고안되었다. 유전자 변형(GMO) 바이러스가 의도적으로 방출되는 것과 의료기관이 '팬데믹'으로 주장되는 바로 한가운데에 백신 주사를 도입하는 것은 전혀 다른 일이다. 몽타니에 박사가 볼 때, 이 접근법은 중국 바이러스의 더 많은 "변종"을 퍼뜨리고 더 많은 사람들을 죽이는 것이기 때문에 기껏해야 '용납할 수 없는 실수'이다.

그나저나, 우리는 이 악몽에 대해 감사하기 위해 도널드 트럼프와 그의 "Warp Speed 작전" 계획을 가지고 있습니다. 일부 강경파 지지자들은 여전히 트럼프가 주사제의 본질에 대해 내각으로부터 단순히 "오도"당했다고 해서 비난받아서는 안 된다고 주장하고 있지만, 트럼프 자신은 수만 건의 부상과 사망 사례가 알려졌음에도 불구하고 오늘날까지도 공격적으로 밀어붙이고 있다. 중국 바이러스 주사가 많은 사람들에게 "느린" 살해를 하도록 고안되었다는 증거가 계속 나오고 있는데, 이는 해로운 영향이 나타나기까지 약간의 시간이 걸린다는 것을 의미한다. 그러나 일부에게는 최근 신문 헤드라인에서 보듯 부상과 죽음이 즉시 찾아올 것이다.

이 모든 것은 원하는 목표에 도달하기 위해 필요한 책략이나 강요 전술을 사용하여 "완전 속도"로 사람들에게 예방 접종을 하려는 미친 듯이 서두르는 것을 설명할 것이다. 백신 접종을 받지 않은 사람들이 충분히 사망하기 시작하면, 남아있는 백신 접종자들은 저항할 가능성이 더 클 것이고, 이것이 바이든 정권이 가능한 한 많은 사람들을, 가급적 7월 4일 이전에 주사하기 위해 빠르게 움직이고 있는 이유이다.

Disclose.tv의 한 논평자는 "데이터베이스에서 표본 검사를 통해 DNA를 얻은 사람들은 사망에 가장 적합한 시기를 결정하는 인공지능과 연결되며 뇌졸중이나 심장마비와 같은 '자연적' 원인에 의해 발생할 것"이라고 말했다. "특정한 주파수는 오직 당신의 집에서 가장 가까운 기동탑에 의해서만 목표물과 공명할 것입니다. 스카이넷이 드로이드를 보내는 것이 아니라 주파수를 보내고 있습니다. 우한 코로나바이러스(코비드-19) 주사로 인한 사망과 파괴에 관한 최신 뉴스는 ChemicalViolence.com에서 확인할 수 있다.(출처: https://www.naturalnews.com/2021-05-25-everyone-vaccinated-will-die-within-two-years.html)

☛숀 브룩스(Shawn Brooks) 오스포드 박사 mRNA 백신의 위험성을 말하다. **코로나 백신을 맞아선 안된다.**

숀 브룩스 (Dr.Shawn Brooks) 박사는 23권의 책을 포함 48권의 출판물을 냈고 21년간 보건의료, 해부학, 생리학을 연구한 전문가로서 코로나 백신의 위험성을 말합니다. RNA 백신의 개발자인 로버트 말론 박사를 거론하면서 같은 의견을 말합니다.

특히 mRNA계열 백신(모더나, 화이자 등)의 위험성을 예고하고 있다.- 최근 발생한 mRNA계열 백신 접종 후, 소장 괴사로 인한 사망도 연관성이 있을 것으로 보인다.

☠동영상 요약.

백신주사 맞은 사람들은 불임화됩니다. 백신주사 맞은 (임신) 여성의 80%가 첫 삼 분기에 자녀를 잃었습니다.

1. 접종자는 짧게는 6개월, 길게는 3-5년 안에 사망.
• 자신의 면역체계를 35%까지 감소.(독감 예방주사 만 맞아도 사망.)
• 항체 의존성 강화.(신체를 속여 병원균을 잡아먹는 세포들이 병원체를 먹고 있지 않을때도 세포가 먹는 것으로 인식하여 사이토카인 폭풍을 발생시켜 장기부전 유발)
• 혈액 응고. 접종자 모두 혈전 유발.

2. D-Dimer 검사 권장.(오래되지 않은 최근 혈전 검사)
• 불임(아이를 가질 수 없음), 혈액 기증, 장기 기증, 골수 기증, 혈장 기증 불가 등.
• 백신은 스파이크 단백질 생성- 수많은 질병에 걸리기 쉽다.(면역체계 감소와 동일)

☠백신 접종자는 6개월에서 길게는 3년 ~5년 사이에 사망할 것이라 합니다. 그 이유는 세 가지라 합니다.

1. 자신의 면역 체계를 35%까지 감소시킨다.
2차 접종 그리고 부스터 샷까지 맞게되면 더 위험해진다. 이후에 독감 주사를 맞게 되면 죽을 수 있다고 합니다.

2. 항체 의존성 강화 때문이다.
이것은 백신을 맞은 사람들에게서 일어나고 있는 상황이다. 이것은 몸 전체를 속여 병원체를 잡아먹는 세포들이 병원체를 먹고 있지 않을 때도 세포가 병원균을 먹고 있다고 믿게 하고, 사이토카인 폭풍을 유발하여 장기부전을 발생시킨다. 그 어떤 약물로도 막을 수 없다.
3. 혈액 응고 (혈전)
코로나 백신을 맞은 모든 사람에게 혈전이 생깁니다. D-Dimer 테스트를 통해서 감지할 수 있습니다. 그로 인해 백신을 맞은 자녀들이 불임화 됩니다. 그외에도 백신을 맞은 사람들은 몸에서 스파이크 단백질을 형성 한다. 스파이크 단백질이 포함된 혈액은 병원 등에서 거부될 수 있습니다.

☛독일의 미생물학자 슈카리트 바카디 박사: "만약 여러분이 백신을 투여하면 여러분은

파멸로 가게 될 것입니다!"

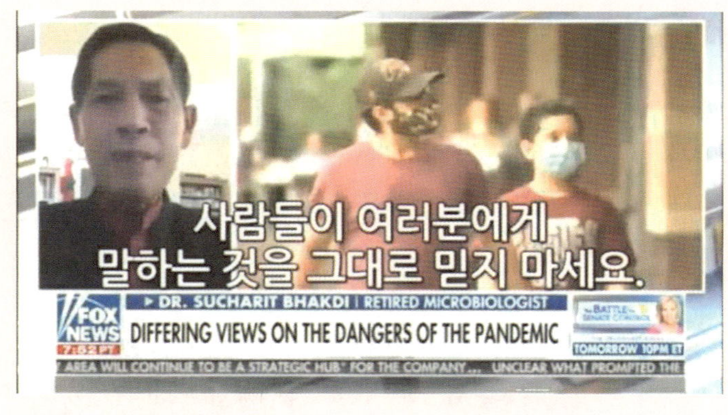

<FOX NEWS>
앵커 : 올해 6월 독일에서 '코로나 허위 경보?' 라는 제목의 책이 폭발하여 즉시 베스트셀러가 되었습니다. 그것은 단순한 질문을 했습니다; '코비드에 대한 공황상태가 그 질병보다 더 나쁜가?
앵커 : 무엇이 대중에게 가장 해로웠고 과학에 맞지 않았다고 보시나요?
슈카리트 바카디 박사 : 다가오는 백신 접종입니다.

앵커 : 사회적 거리두기와 마스크에 대해서, 잠시 그것들에만 초점을 맞추자면, 박사님의 연구에서 그것들 둘 중 어느 것이 가장 과학에 어긋났었나요?
박사 : 둘 다요.

앵커 : 둘 다 어긋났다구요? 전혀 과학에 의해 뒷받침되지 않았다구요?
박사 : 과학은 0입니다.

앵커 : 과학이 0이라면 왜 그들이 이걸 밀어붙이는걸까요?
박사 : 그들은 사람들이 마스크를 쓰고, 안 쓰고 기침을 하는 영상을 보여줍니다. 이것은 이 나라에 있는 사람들에게는 공포스럽습니다. 이것은 우리가, 그리고 '우리'라고 말할 때, 그것은 수백, 수천명의 사람들이 일어나서 이렇게 말하는 것을 의미합니다; "제발, 여러분 모두들. 앉아서 이것에 대해 생각해 보세요. 이것을 읽고 나서, 스스로 결정을 내리세요. 사람들이 여러분에게 말하는걸 그대로 믿지 마세요. 스스로 생각하고, 스스로 결론을 내리세요." 그것이 우리가 이 책을 쓴 이유입니다. 여러분이 하고 있는 것이 왜 절대적으로 터무니 없는지를 말해주는 모든 논증들이 그 책에 있기 때문입니다.

앵커 : 그리고 박사님, 백신의 문제에 대해서 오늘 밤 이 방송국에서 실제로 앤서니 파우치가 그들이 '집단면역'이라고 부르는 것을 달성하기 위해, 75%의 미국인들이 백신을 접종해야 한다고 말했습니다. 그것을 받아들이십니까?
박사 : 얼마나 터무니 없는 말인지요. 나는 파우치 박사가 유명한 의학자이자 면역학자라는 것을 알고 있습니다. 그러나 그가 말한 것은 틀렸고, 이 책에 아주 길게 설명해놓은 부분입니다. 이런 말을 하는 사람은 면역학의 기본도 전혀 모르는 사람입니다. 파우치 박사 같은 위치에 있는 사람에 대해서 이것은 아주 아주 놀라운 일이며, 나는 언제든

세계 어느 곳에서든 그에게 맞서겠습니다.

앵커 : 그럼 박사님은 코로나 백신이 필요하지 않다고 믿으시나요?
박사 : 나는 이것이 순전히 위험하다고 생각합니다. 그리고 경고하는데, 만약 여러분이 이대로 따라 간다면, 여러분은 파멸로 가게 될 것입니다. 그리고 이것은 너무, 너무 불필요합니다.<END>

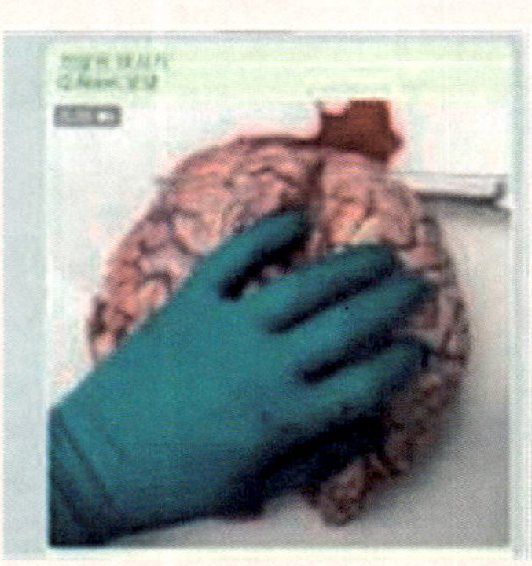
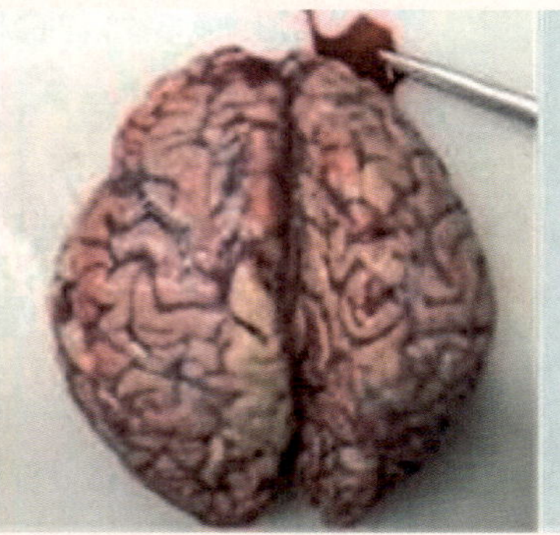
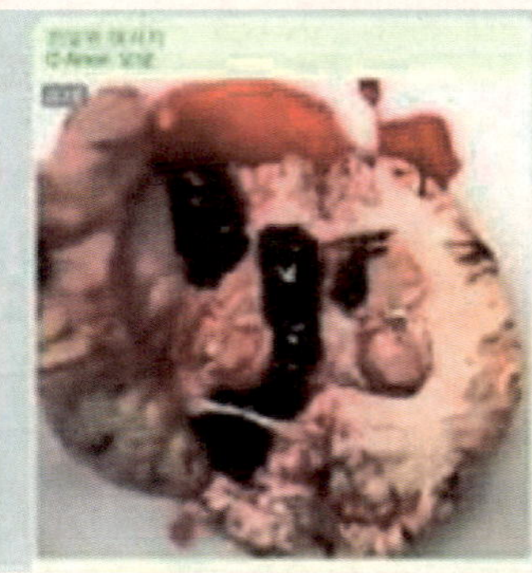

백신접종 사망자의 뇌 해부 결과 온통 혈전, 피떡 덩어리로 가득 차 죽음

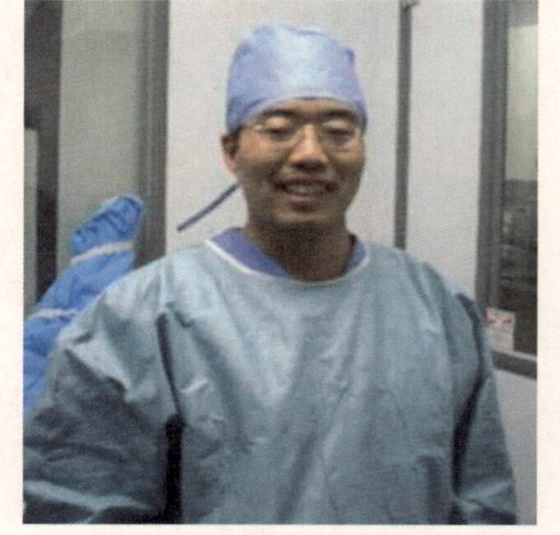

☛면역학자 배용석(삼성서울병원):조사 대상자의 99.91%는 코로나19로 인해 별다른 문제가 되지 않은 것이다. 쉽게 말하면 1,000명중 1명 때문에 999명이 통제를 받고 있었다고 말할 수 있다. 상식적으로 납득할 수 없는 방역 정책이다. 최근 코로나 사망자의 사망 원인은 오미크론이 아니라 백신접종. 백신은 시한폭탄

"그럼 왜 대한민국에서는 코로나19가 문제가 되지 않을까?" 라는 질문에는 "처음부터 대한민국 사람들은 코로나19에 면역력이 있었기 때문으로 보인다." 라고 답했다. 이에 대한 증거로 3가지를 들 수 있다고 밝힌 배용석 전문가는 첫번째 증거는 서울대 교수팀의 논문을 들었다.
"정상인도 코로나 면역세포 이미 갖고 있었다"
신종 코로나바이러스 감염증(코로나19)에 감염되지 않은 정상인도 대다수 코로나19 환자가 공유하고 있는 바이러스 무력화 항체를 생성하는 면역세포를 이미 갖고 있다는 연구 결과가 소개된 적이 있다. 서울대병원(감염내과 오명돈、박완범 교수)과 서울대(생화학교실 김상일、정준호 교수, 전기정보공학부 노진성、권성훈 교수) 공동 연구팀은 코로나19 관련, 유전적 특징을 분석한 논문을 소개하면서 "코로나에 감염되지 않은 사람 10

명 가운데 6명이 코로나바이러스를 퇴치하는 중화(中和)항체를 생성하는 면역세포를 이미 갖고 있다는 사실을 발견했다." 라고 밝혔다.

이 논문은 기존의 코로나 바이러스에 대한 대응 방식을 뒤바꿀 수 있을 정도로 폭발력이 큰 사안을 다루고 있다. 이 논문이 사실이라면 기존의 코로나바이러스 관련 정부 정책이 급변할 수도 있는 근거가 될 수 있는 연구 결과이기 때문이다.

논문에 따르면 '중화항체'란 바이러스와 결합해 바이러스를 무력화시키는 항체이다. 같은 바이러스에 대해 다양한 중화항체가 생성될 수 있는데, 이번 오명돈 교수와 박완범 교수의 연구는 결국 대다수 코로나 환자가 공유하고 있는 중화항체를, 일반인이 이미 갖고 있다는 것을 발견한 것으로, 이는 상당한 의미를 갖고 있다는 평가다.

이 항체를 만들어 내는 것은 면역세포 중 하나인 림프구인데 이 림프구는 새로운 바이러스가 침입하면 여러 과정을 통해 바이러스를 억제하는 정교하고 특이한 항체를 만들어 낸다는 것이다. 다만 처음 접한 바이러스를 인식하고 대응하기까지 시간이 필요한데 백신을 맞았을 때 항체가 생기기까지 1개월 가량의 시간이 걸리는 이유라는 것이다.

연구팀은 코로나19에 감염되지 않은 정상인도 코로나 중화항체를 생성하는 면역세포를 이미 갖고 있다는 새로운 사실도 발견했으며, 한번도 감염된 적 없는 정상인 10명 중 6명에서 이 면역세포가 확인됐다고 밝혔다. 결국 대다수 정상인도 이미 코로나 중화항체를 만들 수 있는 준비가 돼 있으므로 감염 초기부터 중화항체를 만들 수 있다는 것이다.

☛캐리마데 Carrie Madej 내과의사(2015 년까지 조지아에서 클리닉을 위한 개인 임상의사로 근무하다 지금은 도미니카 공화국에서 진료)

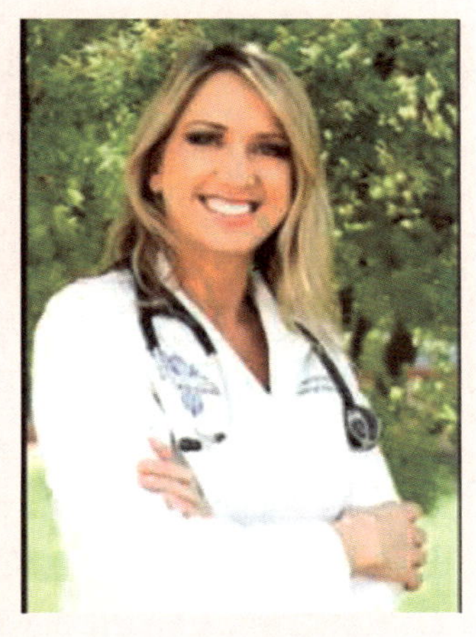

우리 대통령은 CDC를 신뢰하지 않습니다. 현재 또는 현재 모든 실험실이 CDC 대신 백악관을 통합니다. 좋든 나쁘든 그러나, 그것은 그가 CDC를 신뢰하지 않는다는 것을 알려줍니다. 세계 보건기구를 신뢰하십니까? 43 억 이상 기부금을 받았습니다. 빌 게이츠 재단이 준 돈이죠. 이것은 이해상충처럼 들립니다. 어떻게 편향되지 않을 수 있습니까?

백신제조업체를 신뢰하십니까? 미국정부는 제약회사를 책임을 면제해 주었습니다. 그들의 백신이 사람들에게 입힐 수있는 피해에 대해. 통과 된 두 가지 명령이 있습니다. 백신제조업체에게 면죄부를 주는 것입니다. 하나는 1986년 국가아동 백신상해법입니다. 이것은 광범위한 법적 면책을 제공했습니다. 백신부작용에 대한 소송. 백신이 승인되고 대중에게 공개되면, 제조업체는 법적인 책임을 져야할 의무가 없습니다. 실제로 안전성 및 효능 데이터를 수집하고 분석하기 위해 제조업체도 마찬가지입니다. 백신제조법을 공개할 필요가 있습니다.

새로운 과학적 진보에 비추어. 꽤 믿을 수 없지만, 그게 다가 아닙니다. 그 외에도 백신제조업체는 추가 책임면책을 받았습니다. 2020 년 2 월 Alex Azar의 선언에 따라 보건복지부장관. 그는 공개할 준비상태에 대해서 말합니다. 비상대비법은 그에게 이 권한을 부여했습니다. 소송 및 책임면제를 부여합니다. 제조하는 사람들의 모든 손실청구에 백신을 배포, 관리, 처방 또는 사용함에 있어서 말입니다. 우리에게 방어권이 없다는 것을 이해합니까? 우리에게 가해진 모든 피해에 대해. 그들이 말하려는 것은 우리에게 선택의 여지가 없다는 것입니다. 그들은 우리에게 백신을 강요 할 것입니다.

당신은 당신의 삶에서 누구를 신뢰하고 있습니까? CDC(질병통제 예방센터)? 20개가 넘는 백신 특허를 보유하고 있습니다. 약 46 억 달러어치를 팔고 있습니다. 매년마다 팔리는 백신이 그렇습니다. 저는 이것이 사업 같은데, 여러분에겐 그렇치 않습니까? 참고로 말씀 드리면, 빌게이츠재단이 CDC에 기부하는 백신의 숫자가 1 억 5,500 만 개가 넘습니다. 세계 보건기구(WHO)를 신뢰하십니까? 43 억 이상 기부금을 받았습니다. 빌 게이츠 재단이 준 돈이죠. 이것은 이해상충처럼 들립니다. 어떻게 편향되지 않을 수 있습니까? -닥터 캐리 마데의 동영상 증언(코로나 백신에 관해)

☛닥터 젤렌코(Zelenko:트럼프 대통령 주치의):“제가 말한 것이 아니라 세계적인 전문가들이 말한 내용입니다. 이 백신의 기반이 된 mRNA 기술을 발명한 닥터 말론(Malone)은 "정부가 거짓말을 하고 있고 부작용이 심각하므로 사용하면 안된다"고 말하고 있습니다. 아일랜드(Ireland)의 닥터 케이힐(Cahill)은 백신을 접종한 사람의 90%가 2년 이내에 사망할 것이라 생각한다고 말했습니다. 닥터 마이클 이든(Michael Yeadon)은 그 정도까지는 가지 않을 것이라고 말했습니다. 저도 모르겠습니다만 90%가 아니라면 몇%일까요? 2년이 아니라면 3년일까

요? HIV 발견으로 노벨상을 받은 닥터 뤽 몽타니에(Luc Montagnier)는 "인류 역사상 가장 큰 집단학살 위험"이라고 말했습니다.”

소크 연구소에 따르면, 백신을 접종한 사람의 신체는 스파이크 단백질의 생산 공장이 되어 수 조 개의 스파이크를 만들고 이것들은 혈관 내막(endothelium)으로 이동하여 혈관계통(vasculature)에 미세한 가시(thorn)들이 섞여 있는 셈이 됩니다. 혈구 세포가 흐르면서 이로 인하여 손상이 발생하고 혈전을 야기할 수 있습니다. 만약 심장에서 이런 일이 발생하면 심장마비가 되고 뇌에서 이런 일이 발생하면 뇌졸중이 됩니다. 그래서 접종 후 단기간 내에 사망하는 가장 큰 이유는 혈전입니다. 대다수가 접종후 3~4일 이내에 발생합니다. 약 40% 정도가 접종 후 3일 이내에 발생합니다.

두번째 문제는 젊은이들에게 심근염(myocarditis)을 발생시킨다는 것입니다.
세번째 문제는, 뉴 잉글랜드 저널 오브 메디슨(New England Journal of Medicine)의 기사에 따르면, 아직 예비 데이터(priliminary data)이긴 합니다만, 임신 초기(1st trimester)의 유산 비율입니다. 임신 초기에 백신을 접종할 경우 유산 확률이 10%에서 80%로 증가합니다. 임신 초기에 백신을 접종하면 유산율이 8배가 증가한 것입니다. 예비 데이터이기 때문에 시간이 지나면서 변할 수는 있습니다 만 현재 관측된 자료가 그렇다는 말씀을 드리는 것입니다. 이것은 상대적으로 가장 작은 문제에 속합니다.

두번째 단계는 아급성 사망 문제입니다. 이들 백신에 대한 동물 실험 연구에 의하면 모든 동물들이 성공적으로 항체를 생성했습니다. 그러나 이들을 바이러스에 노출했을 때, 매우 높은 비율로 동물들이 죽었습니다. 원인을 조사해 보니 면역체계가 동물들을 죽인 것이었습니다. 이러한 현상은 항체 의존 면역증강(antibody dependent enhancement), 병원성 점화효과(pathogenic priming), 또는 역설적 면역강화(paradoxical immune enhancement)라고 불립니다.

요점은 많은 동물들이 죽었다는 것입니다. 아마도 인간은 다를 것이라고 주장할 수도 있겠습니다. 이에 대한 저의 대답은, 그럴 수도 있겠지만 그 사안에 대한 연구가 되어 있지 않습니다. 당신들이 지금 그 연구대상인 셈입니다.

화이자(Pfizer) CEO가 "이스라엘은 세계에서 가장 큰 실험실"이라고 언급했습니다. 병원성 점화효과의 가능성이 없다는 결론을 얻기 위한 장기적인 연구가 수행되지 않은 상태입니다. HIV를 발견하여 노벨 의학상을 받은 뤽 몽타니에(Luc Montagnier)는 이것이 인류 역사상 가장 위험한 집단학살 위협이라고 말했습니다. 장기적으로 사람에게 항체 의존 면역증강(ADE)이 나타날 가능성을 아직 배제할 수 없는 상황입니다. 이 부분에 대한 결론이 없는 상태에서 잠재적으로 치명적인 백신을 접종해야만 하는 이유가 무엇입니까?

세번째 단계는 장기적인 영향입니다. 생식능력에 영향을 준다는 명확한 증거가 있으며, 난소의 기능에 손상을 입히고 정자의 수를 감소시킵니다. 그리고 자가 면역질환(auto-immune disease)이 명백하게 증가합니다. 이러한 영향이 수명을 얼마나 단축시킬 것인지 누가 알고 있습니까? 게다가 바로 지난주에 백신이 발암 확률을 높인다는 내용의 논문이 나왔습니다. 어느 쪽을 생각해도 문제입니다. 급성으로 혈전, 심근염, 유산이 발생하는 경우, 아급성으로 재난적인 면역반응이 발생하는 경우, 장기적으로 자가면역질환, 암, 불임이 발생하는 경우가 있는 것이죠. 이것은 심각한 문제입니다.

사실 이렇게 말씀드리고 싶군요. 제 생각엔 현재 이스라엘 정부는 예전에 요제프 멩겔레(Josef Mengele)가 했던 행동을 하고 있습니다. 자국 국민들 대상으로 한 인체실험을 허가한 것입니다. 저는 이번 실험은 그 결과가 다르기를 바랍니다만, 다르지 않을 지도 모릅니다. 저는 (무슨 말인지 알아들을 수 없음) 마침내 이해했습니다. 만약 유대인들이 고난에 처하면 랍비의 지도력을 살펴보아야 합니다. 머리에 질병이 있다면 몸이 어떻게 되겠습니까? 제발 간청하건대 정치를 비롯해서 그 모든 것보다 이스라엘 국민을 먼저 생각해 주시기 바랍니다. 저는 매일 살해 협박을 당하고 있습니다. 제가 지금 하고 있는 일을 말하는 것 만으로도 저의 생명, 직업, 경제력, 평판, 가족, 모든 것이 위협받고 있습니다. 요약하자면, 이 백신을 맞을 필요가 없습니다. 누구에게도 필요가 없습니다. 아이들에 대해서는 이미 말씀드렸듯이 99.998% 회복됩니다. 18세~45세의 젊은 성인은 99.95% 회복됩니다. 이것은 CDC의 자료에 따른 것입니다.

이미 코로나19에 걸려서 자연적으로 항체를 가지고 있는 경우, 백신에 의한 면역보다 훨씬 더 효과적입니다. 이미 자연적으로 항체를 형성한 사람에게, 왜 더 열등하고 위험한 항체를 만드는 백신을 접종해야 합니까? 그리고 7.5% 사망률을 보이는 고위험군을 보겠습니다. 제가 학술지에 세계 최초로 발표한 데이터는 이후 200여건의 다른 연구의 기반이 되었으며, 이들 연구는 제가 관측한 결과, 즉 적절한 시간내에 치료할 경우 사망률을 85% 감소시킬 수 있다는 결과를 확인해 주었습니다.

지금까지 사망한 60만 명의 미국인들 중에서 우리는 51만 명의 사망을 막을 수도 있었습니다. 저는 이러한 정보들을 2020년 4월에 비비 네타냐후(Bibi Netanyahu, 이스라엘 총리)에게 전달했습니다. 또한 이스라엘 보건부에도 제공했습니다. 제가 드리고 싶은 질문은 이것입니다.

7.5%의 사망률을 0.5% 이하로 낮출 수 있는데 제가 왜 독극물 주사를 사용해야 할까요? 효과는 없고 심각하고 끔찍한 부작용이 있는데 말입니다. 한번 상상 실험을 해 보

죠. 만약 지구상의 모든 사람이 코로나19에 감염되고 치료를 받지 않는다면, 세계 전체를 볼 때 사망률은 0.5% 이하입니다. 제가 이러한 방식을 지지하는 것이 아닙니다. 3천5백만 명이 사망할 테니까 그것도 굉장히 많은 수입니다. 그러나, 만약 우리가 소위 글로벌 리더들의 권고를 따를 경우, 예를 들어 빌 게이츠(Bill Gates)는 작년에 "70억 명이 백신 접종을 해야 한다"고 말했는데, 그렇게 할 경우 사망자수는 20억 명이 넘어갈 것입니다.

그러니, 눈을 뜨시기 바랍니다! 이것은 3차 세계대전입니다. 이런 수준의 악의와 악행은 아마도 인류 역사에서 전례를 찾기 어려울 것입니다. 저는 아이를 제물로 바치는 일에 반대합니다. 저는 (무슨 말인지 알아들을 수 없음). 저는 하느님께서 모든 인간을 시험하고 계신다고 믿습니다. 그 시험은 이것입니다.

"너는 주님께 머리를 숙이고 주님께 보호를 구할 것이냐? 너는 너의 두려움에 대하여 주님께 도움을 구할 것이냐? 아니면 신이 되고 싶어하는 폭군이 다스리는 정부가 주는 백신이라는 우상에게 달려갈 것이냐?" 태양 아래에 새로운 것은 없습니다. 이 사람들은 파라오(pharaoh)와 다르지 않습니다. 그들은 자신들이 신이라고 생각합니다.

그리고 여러분들은 그들에게 머리를 숙이시겠습니까? 만약 그럴 생각이라면, 좋습니다. 그들에게 보호해 달라고 하십시오. 그리고 그것이 어떤 결과를 가져오는지 보십시오. 저는 공포심이 사람들로 하여금 완전히 비이성적이고 스스로도 원치 않는 일을 하도록 몰아가는 모습을 봅니다. 그들은 자신의 아이들을 희생시키고 있습니다.

그리고 여러분의 보건부(이스라엘 보건부)는 거짓말을 하고 있습니다. 통계가 왜곡되어 있습니다. 진짜를 보려면 "worldometers.info"라는 웹사이트의 이스라엘 관련 내용을 찾아 보십시오. 2020년 12월 20일부터 사망자 그래프 곡선이 급상승하는 모습을 볼 수 있습니다. 12월 20일에 이스라엘에서 무슨 일이 있었는지 아십니까? 국가적인 예방접종(national immunization)이 시작되었습니다. 그리고 이것은 이스라엘 정부에서 집계한 것입니다. 멍청해서 숨길 생각도 없는 것이죠. 사람을 제물로 바치고 싶은 의도가 아니라면 이 독극물 주사를 맞아야 할 이유는 단 하나도 없습니다. 여기까지 말씀드리겠습니다. 발언 후반부에서 언급된 worldometers.info의 이스라엘 관련 정보는 아래의 링크에서 확인할 수 있다.https://www.worldometers.info/coronavirus/country/israel/코로나19 사망자 그래프는 아래의 그림이다. 12월 20일경부터 사망자수가 가파르게 증가한다.

☛미셸 초서 도브스키(Michel Chossu dovky) 교수: 오타와 대학의 경제학 명예교수로, 몬트리올의 세계화연구센터(CRG) 설립자이자 이사이며, Global Research 편집자.

2021.2 7일 한국과 세계 각지의 한인들을 대상으로 작금의 코로나 사태가 '설계된 위기이자 공포마케팅'이라는 내용의 줌 강연을 펼쳤다. 이번 강연은 지난달 피터 쾨니히 교수(스위스)에 이어 '코비드19와 Great Reset' 화상 연속 특별강연2로 (사)코리아국제평화포럼, 4.27시대연구원, 21세기연구원, 한국진보연대 자주통일위원회, Action One Korea 한국, 민플러스가 공동 주최했다.

정기열 김일성대 초빙교수(21세기 연구원장)의 통역으로 진행된 강연에서 미셸 초서도브스키 교수는 "2020년 발생한 코로나19는 하나의 계절 독감에 불과하다. 그러나 1월 다보스포럼이 끝난지 얼마 안돼 WHO(세계보건기구)가 코로나 팬데믹을 선언하면서 온 세계를 상대로 한 공포 마케팅이 시작됐다. 이는 시민사회 파괴와 경제공황(經濟恐慌)을 야기하는 그림자 세력의 설계된 기획"이라고 경고했다.

☛이왕재 교수(서울의대 명예교수):독감 수준의 사망자…이렇게 호들갑 떨 일 아냐. 거리두기·집합금지·확진자 숫자 아무 의미 없어. 지금의 방역 방식은 얻는 것보다 잃는 게 더 많아.

예방: "이론적으로 예방이 불가능하다. 사람들이 백신이라고 하면 다 똑같다고 생각하는 게 문제다. 호흡기 바이러스는 백신 가지고 안 된다는 걸 이해해야 한다. 바이러스가 혈액을 타고 다니면서 질병을 일으키는 경우는 백신이 100% 유효하다. 코로나19 바이러스는 상기도(코점막, 인후두 점막)에 감염되는 것인데 백신으로 인한 혈중 항체가 접근 자체가 불가능하다. 예방할 길이 없다."

면역과 감염: "감기에 대해서 설명을 좀 하겠다. 감기는 내과 책에 뭐라고 돼 있냐면 일주일 정도 지속되는 self limiting disease(자기제한 질병)라고 돼 있다. 상기도에 감염돼서 기껏해야 일주일 정도에 끝이 나는 질환, 이렇게 돼 있다. 그리고 치사율은 없다. 항체는 빨라야 감염 3일 지나야 나온다. 3일 이전엔 항체가 절대 안 나온다. 흔히 면역 그러면 항체를 일반인들이 생각한다. 3일 이전에 어떻게 막느냐, 3일 이전에 막는 면역

시스템을 우리는 선천면역이라고 한다.

코로나 바이러스도 감기 바이러스와 똑같다. 다만 차이가 뭐냐면 상기도 점막에 딱 붙는다. 붙는 능력이 100배 이상 강해졌다는 거다. 아시다시피 아무 세포나 붙는 게 아니다. 감기 바이러스는 상기도 점막에만 붙는다. 붙는 힘이 변종이 된 코로나 바이러스가 100배 이상이라는 거다. 그래서 한여름에도 계속 감염이 되는 거다. 원래는 3~4일로 끝이 나는 병이다. 항체가 만들어질 틈도 없다. 상처가 아무는 데 3~4일 걸려서 일주일이면 끝나는 병이다."

인플루엔자(독감)는 내 몸에 없다. 감염되는 거다. 그건 우리 몸의 면역시스템이 항체를 금방 만든다. 인플루엔자는 항체가 잘 생긴다. 그러나 호흡기바이러스의 경우는 공기중에 있다가 콧속에 붙는데, 인플루엔자 항체는 혈중에 있다. 피를 타고 돌아다니고 호흡기 점막 상피세포에 혈관이 없기 때문에 접근할 수가 없다. 그래서 이론적으로 예방효과는 0%이다. 그런데 왜 맞느냐, 노인들은 독감의 합병증이 생기면 폐렴이 돼서 죽는다. 폐렴이 된다는 얘기는 상기도에 있던 놈이 혈액을 타고 돌아다닌다는 말이다. 혈액을 타고 돌아다닐 경우에는 항체가 작용한다. 죽지 않게 할 수 있다. 효과가 전혀 없다는 게 아니다. 그런데 그렇게 되는 사람이 1%도 안 된다는 말이다. 100명 중 1명도 안 되는 사람을 위해서 백신을 맞을 필요가 있냐는 거다."

백신 그 자체의 위험: "분명한 건 뭐냐면 화이자나 모더나에서 하는 게 mRNA백신이다. mRNA백신을 인류최초로 하는 거다. 굉장히 위험하다. 원래 mRNA가 찔러서 넣어준다고 세포 속으로 들어가지 않는다. 그런데 들어가는 기술을 개발했다는 것이다. 따라서 그것이 최초의 시도라면 안전성에 대해서 10년 이상 봐야 한다. 과학자로서 정확하게 팩트만 얘기하는 것이다. 안전성 검증이 안 됐다는 건 확실하다. 메이저언론에서는 백신확보에 대한 얘기만 나오지 문제점에 대한 얘기는 없다. 그러면 안 된다. 메이저언론이 많은 국민들이 보는데 문제점이 있을 수 있는 걸 지적하는 게 언론의 기능인데 이건 지금 뭐하는 건지 알 수가 없다. 분명한 건 아무튼 mRNA 백신 안전성 검증을 안했다는 것이다."

백신 맞으면 다른 사람들에게 감염시키는 걸 막아주나: "백신 맞았다고 마스크 벗지마라, 그 얘기가 나온 것은 화이자 등이 조심스럽게 백신의 취약성을 가리려고 하는 것이다. 말이 되나. 백신을 맞고 항체가 생겼다면 왜 마스크를 써야 하나. 나는 감염도 안 되고 감염도 못시키는데. 들어오는 바이러스가 항체에 의해서 다 죽었기 때문에. 혈액으로 감염되는 바이러스는 그 말이 맞는 거다. 그런데 백신 기껏 만들어 놓고는 백신 맞았다고 마스크 벗지마라, 이런 소리를 한다는 것 자체가 내가 한 말이 맞다는 것을 그 사람들이 개런티(보증)하고 있는 것이다."

☛예일대 하비 리쉬 박사도 최근 미국 폭스뉴스와 인터뷰에서 코로나19백신이 자신을 예방하는 효과는 있을지라도 남에게 감염시키는 것을 막아주는 것은 아니라고 말했다."

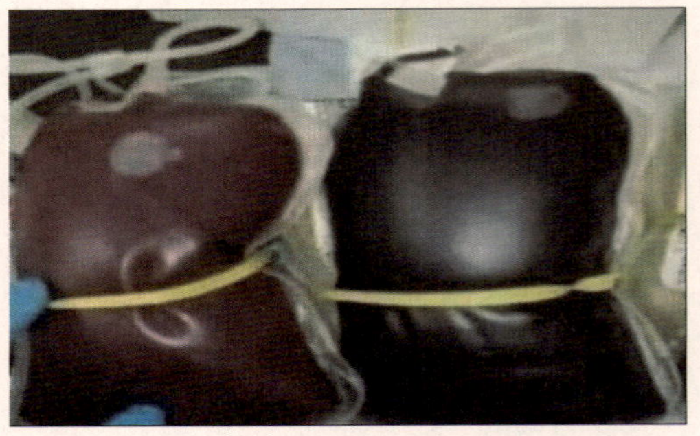

백신 비접종자의 붉은피와 산화그래핀 독성 COVID19 백신맞은 자의 검은 피

교수님이 정책결정자라면 어떻게 하고 싶으신지: "사실 (거리두기를) 푸나 안 푸나 크게 차이 안 난다. 대신 퍼지는 것이 걱정이라면 마스크 쓰는 것만 철저하게 하면 더 이상 증가하지 않는다. 대신 병원, 요양원 이런 데는 훨씬 강화해야 한다. 실제로 거기 근무하시는 분들은 지금보다 10배 강화해서 진짜로 의심되는 사람은 한 명도 못 들어가게 해야 한다. 노약자, 기저질환자 보호를 철저하게 해서 죽는 사람이 안 나오면 되는 거다. 집합금지는 아무 의미가 없다. 감염이 덜 될 수는 있지만 그것으로 얻는 게 없다. 죽는 사람은 어차피 기저질환자들이다. 70%가 감염되더라도 요양원이나 병원 관리를 완벽하게 해서 노약자, 기저질환자들에게 균이 갈 수 없게끔 차단하면 한 명도 안 죽는다."

유럽은 백신 거부율이 굉장히 높더라: "백신을 믿을 수가 없기 때문일 것이다. 화이자나 모더나가 예방률 95%라고 한 것은 전혀 믿을 수가 없다. 흔히 하는 RT-PCR로 하면 진짜백신 접종자는 모두 양성이 나오기 때문에 다른 방법을 써야 하는데 그들은 그것을 발표하지 않는다. 방법이 없으니, 증상완화를 기준으로 했다는 궁색한 설명을 들었는데 납득하기 어렵다."

지난해 12월 27일 프랑스에서 백신 접종이 시작됐으나 1월 7일까지 접종률은 0.03%에 불과하다. 접종 거부율은 60%에 달한다. 당국 최고 책임자인 백신접종전략위원회 알랭 피셰 위원장은 백신 접종에 앞서 백신에 대한 과학적 자료를 볼 수 없으며, 효능이 2~3개월에 그치고, 기저질환자에 얼마나 효과적인지 알려진 바가 없으며, 접종자가 남한테 옮기지 않는지에 대해서도 확신할 수 없다고 공개적으로 밝힌 바 있다."

지금 당국이 확진자 숫자 발표하는 의미:"아무 의미가 없다. 주말엔 검사가 적어서 확진자가 적게 나온다. 많이 검사하면 많이 나오고, 적게 하면 적게 나오는데 그런 숫자가 무슨 의미가 있나. 감기환자 몇 명이라고 발표하나. 정부가 국민들 공연히 겁주는 행위다. 아예 발표할 필요가 없다.

발표하는 확진자 숫자가 0이 되어야 이 사태가 끝날 판인데 그날이 오겠나: "절대 안 온다. 0이 될 수가 없다. 인간 공생 바이러스다. 변종이 끊임없이 생긴다. 공생할 수밖에 없다. 어떻게 0이 될 수 있나. 어제 뉴스에도 나오더라 백신을 만든 모더나 CEO가 코로나19가 영원히 없어지지 않을 풍토병이 될 것이고 인류를 이 바이러스와 함께 살아가야 할 것이라고. 그렇게 인정하면서 백신은 왜 만들고 맞으라고 하나. 앞뒤가 안 맞는 말이다.이 사람들이 도망갈 구석을 만들어 놓는 거다. 코로나 바이러스는 계속 변종이 나올 수밖에 없으니 백신은 무용지물이란 말이다.

백신접종을 앞두고 있는데, 전문가로서 가족이나 친구에게 이야기해 주고 싶은 메시지: "변종이 나오면 백신은 백약이 무효라는 말이 또 나오게 돼 있다. 변종이 나오면 순식간에 다 퍼진다. 변종 출현은 불 보듯 뻔한 얘기다. 변종이 생기면 어떡하냐, 지금 그 백신 다 쓰레기가 될 것이다. 백신에 의지하지 말아라. 죽는 것 때문에 우리가 무서워하는 건데, 면역기능이 어떠한 이유로 낮아진 경우에 불행하게 혈액을 타고 바이러스가 돌아다니는 불행한 일이 생겨서 그 중에 일부가 죽는 일이 생기는 거니까 자기의 면역기능을 지키는 게 제일 확실한 거다. 면역기능만 좋으면 변종도 상관없다. 변종일수록 더 활발하게 작용한다. 백신은 변종이 나오는 순간 무력해지지만 우리 몸은 변종에 대해서 면역반응을 더 확실하게 한다. 자기면역기능을 키우는 게 최고다. 그 대표적인 것이 비타민C를 먹는 것이다. 감염 자체를 무서워할 필요가 없다."

마스크는 어떤가: "마스크는 코로나19에 걸리기 싫다 하면 쓰는 것이다. 마스크 쓰는 것의 중요성은 아무리 강조해도 지나치지 않다. 마스크를 안 써도 된다는 것은 비과학적이다. 마스크는 써야 한다. 유럽에 더 많이 감염되는 이유는 마스크를 안 쓰기 때문이다. 그것은 확실하다. 거리두기를 할 때는 경제적인 효과를 고려해야 한다. 거리두기 하면 덜 감염되는 것은 당연하다. 그런데 그렇게 되니까 교회 못 가고, 당구장 막고, 커피집 막고. 안 막아도 되는 감염을 막겠다며 오히려 경제적으로 다 죽는쪽으로 가면 안 된다는 거다. 마스크 쓰고, 자기면역 지키고, 너무 두려워하지 말라." "마스크는 저절로 벗게 돼 있다. 코로나가 그렇게 치명적인 것이 아니라 감기,독감 수준이라는 것을 깨우치면 자연스럽게 벗게 될 거다. 의료계로서는 아주 우울한 얘긴데, 마스크 쓰면서부터 개원 병원들이 많이 황폐화됐다. 결핵도 훨씬 많이 줄어들고, 독감도 없다고 한다. 환자가 줄었단 얘기다. 현재 상황에서는 마스크를 쓰는 것을 추천한다."

☛'앤서니 패치' 형제가 2013년 1월에 한 인터뷰 내용

이 비디오는 그들이 코로나 바이러스를 퍼뜨린 후 그것에 대한 백신을 미친듯이 밀어부치면서 백신을 거부하는 비디오들을 그렇게 강하게 검열하고 삭제하고 있는 이유와 목적을 잘 설명해 줍니다. 이것은 모두가 알아야만 하는 정보입니다.
https://www.bitchute.com/video/NQ49IjUJCzs2/
https://www.brighteon.com/b64a9005-604b-48af-82ae-c4bd74e176e7

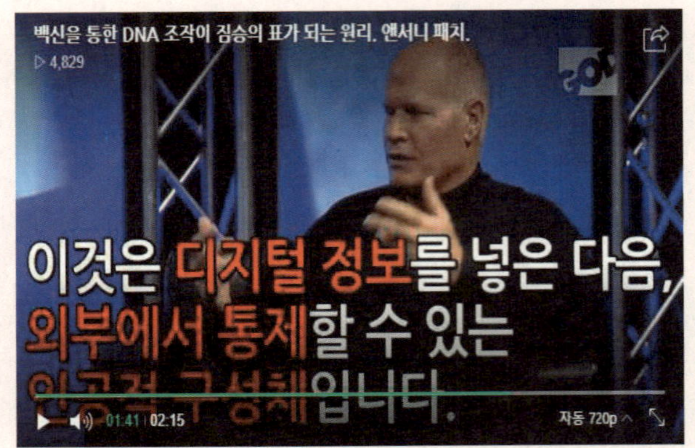

앤서니 패치 인터뷰

-그들이 백신 속에 있는 무엇을 모두의 몸속에 넣기를 원하는 걸까요? 그것은 DNA를 조작하는 것 또는 변경하는 것입니다. 내가 전에 세 번째 가닥의 DNA를 언급했었죠. 이것을 인터넷에서 찾아볼 수 있는데, 실리콘으로 구성된 세 번 째 가닥의 DNA가 이미 존재합니다. 다시 말하지만, 실리콘 칩과 컴퓨터에 대해 이야기하는 겁니다. 그 세 번째 가닥은 실리콘으로 만들어져 있고 또한 금으로 코팅되어 있습니다. 나노 테크놀로지와 나노 층에 대해 이야기할 때, 이것은 십억 분의 일 밀리미터 정도까지 되는 지극히 얇은 금으로 실리콘을 코팅하는 것인데, 그것으로부터 세 번째 가닥의 DNA를 만드는 겁니다. 금의 목적은 이 가닥 둘레의 표면적을 증가시켜서 더 많은 정보가 디지털로 프로그램될 수 있게 하기 위한 것입니다.

본질적으로 하는 일은, 세 번째 가닥의 DNA를 만들어서, 메르스 코로나 바이러스나, 조류 독감이나, 다른 무언가에 걸릴까봐 두려워서 사람들이 요구하는 백신을 통해 그것을 그들의 몸속에 집어넣는 것입니다. 그러니까, 정부 또는 실세들은 느긋하게 앉아서 낄낄대면서 이렇게 말하는 겁니다. “우리는 이 사람들에게 이 백신 또는 숨겨진 이 세 번째 가닥의 DNA를 받으라고 강제할 수는 없었을거야. 그들이 이것에 대해 반대할 거니까. 그러나, 만일 우리가 문제를 만든 다음에 해결책을 제시하면, 사람들이 그 해결책을 요구할 것이고, 그러므로 우리는 이 DNA가 모든 사람들을 변경시키는 우리의 궁극적인 목적을 달성하는 거야.”

더 깊게 들어가 봅시다. 목표가 뭘까요? 목적이 뭘까요? 그렇습니다. 모든 사람들의 DNA를 변경시키는 것입니다. 그럼 그들이 뭐가 됩니까? 그들은 하이브리드(잡종)가 됩니다. 이것의 음흉한 부분은, 일단 사람에게 이것이 주입되면, 거의 즉시 그들의 DNA가 변형된다는 겁니다. 거의 즉시 그들은 그들이 독립성을 잃었다는 사실에 대한 모든 의식, 그들 스스로 생각하고 그들 스스로 결정할 능력을 잃습니다. 그리고, 그들의 도덕적 수준에 영향을 미치기 위해, 도덕적 독립성, 그들의 신념, 종교적 도덕적 윤리적 법적 독립성이 모두 사라집니다.

여러분의 독립적인 생각을 제거하고, 여러분이 독립성을 잃었다는 의식이 사라지면, 그 다음에는 실세들이 이런 새로운 형태의 하이브리드 인간들을 가지고 무엇을 하려고 하는 걸까요? 실세들은 그들을 통제할 수 있습니다. 그들을 농노 계급으로 만들 수 있습니다. 엘리트를 섬기는, 장생불사를 성취하기를 원하는 세계의 '레이 커즈와일'들을 섬기기 위한 노예 계급입니다. 그들은 그 모든 기술들을 제조하고 개발하기 위한 노동력을 필요로 합니다.

그리고, 지금 그들은 충분한 기술을 가지고 있습니다. 과학 기술의 세계는 그들이 더 이상 숨기는 것에 대해 신경을 쓰지 않는 수준에 이르렀습니다. 그들의 의제는 정치적, 철학적으로 너무나 멀리 진보해 있어서, 그들의 도덕적인 감각과 기술적으로 그들은 더 이상 농노 계급으로서의 여러분과 나와, 다가오는 농노에 대해 걱정하지 않습니다. 그들은 우리가 어떻게 생각하는지에 대해 걱정하지 않습니다. 그들은 우리가 반대하는 것에 대해 걱정하지 않습니다. 사실상 우리는 반대하지 않을 것입니다. 부분적으로 그것은 바로 지금 우리가 다양한 장치들을 통해 아주 멍청해졌기 때문입니다.

그러나, 일단 사람들이 백신을 요구하고, 자신에게 무언가가 일어났다는 의식을 잃어서 진짜로 멍청해지게 되면, 그들은 이제 우리에게 그들이 원하는 것을 할 수 있습니다. 그들은 내가 '집단 심리'라고 부르는 것을 달성하고 있습니다. 벌집처럼 말이죠. 여왕을 섬기는 일벌들, 병정벌들처럼. 나의 추측으로 그 여왕은 권력을 가진 엘리트 계층입니다. 그것은 정치인들이 아닙니다. 이것은 공화당, 민주당, 보수당, 자유당 등 정치적 구조 또는 계층과는 상관이 없습니다. 그것은 지금 통제하고 있고, 고대 시대부터 통제해 왔던 적은 무리와 상관이 있습니다.-

☛백신함유 산화그래핀 독극물

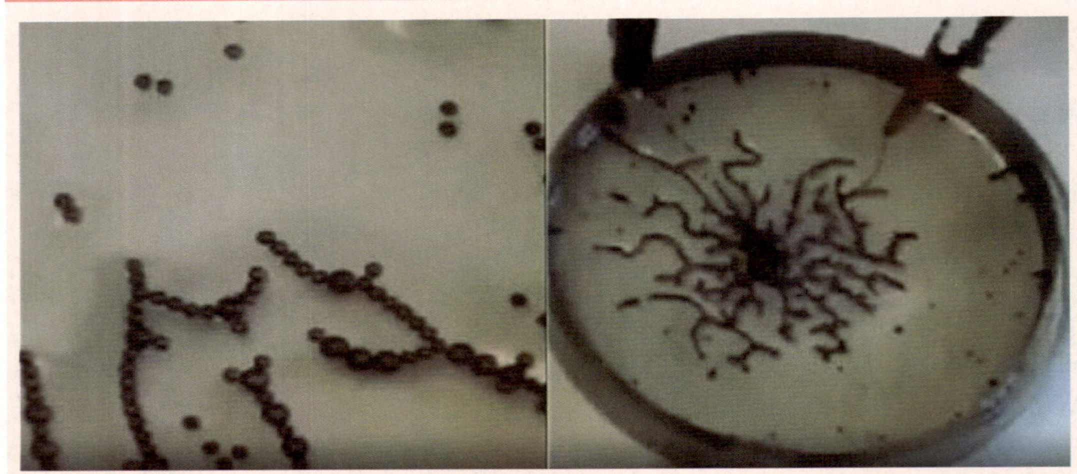
강한자성을 띠고있어 유기물처럼 스스로 조립하고 해체하는 백신 속 산화그래핀

바이엘 사장 "mRNA 백신은 유전자 치료제" "실체 알았다면 대중 95%가 거부했을 것" 최근 스웨덴 룬드대 연구팀에 따르면, 화이자의 코로나19 백신은 인간의 간 세포와 접촉하면 6시간 이내에 mRNA를 바이러스의 스파이크 DNA로 변환할 수 있는 것으로 나타났다. 또한 이 스파이크 DNA는 세포핵 안에서도 발견됐다. 연구팀은 살아있는 인체가 아닌 배양 접시 간암세포주를 대상으로 이뤄진 실험이라는 한계를 밝히면서 스파이크 DNA가 인체의 유전체(genome·게놈)에 통합되는지 등을 밝혀내기 위한 후속 연구가 필요하다고 밝혔다.

바이엘 제약 부문 사장 스테판 오엘리히는 지난해 mRNA 코로나19 주사는 실제로는 "세포 및 유전자 치료제(cell and gene therapy)"이지만, 대중이 쉽게 받아들이도록 '백신'으로 홍보됐다고 말했다. 오엘리히 사장은 작년 10월 24~26일 독일 베를린에서 120개국 6천 명이 참석한 가운데 열린 '2021 세계보건정상회의'에서 이같이 말했다. 참석자들은 각국 학계 인사, 보건정책 입안자 등 정부 관리, 민간 보건연구원들이었다.

바이엘 경영위원회 위원이기도 한 오엘리히 사장은 "바이엘이 세포 및 유전자 치료 분야에서 정말로 도약하고 있다"면서 "궁극적으로 mRNA 백신은 세포 및 유전자 치료의 한 예"라고 말했다. 오엘리히 사장은 mRNA 백신에 대해 팬데믹과 마케팅이 아니었다면 대중이 거부했을 "세포 및 유전자 치료법"이라는 견해를 밝혔다.

그는 "만약 2년 전에 우리가 설문조사를 통해 '유전자나 세포 치료제를 몸에 주입할 의향이 있는가?'라고 대중에게 물었다면, 아마 95%가 거부했을 것"이라고 말했다. 이어 "이번 팬데믹이 제약산업에 이전에는 불가능했던 혁신의 기회를 줬다"며 "그러나 혁신해야 하는 것은 (제약)산업뿐만 아니라 학계와 대학 그리고 세계보건정상회의를 비롯한 모든 가치사슬에 걸쳐 있다"고 덧붙였다. 그의 발언은 당시 트위터 등 소셜미디어를 통해 공유되며 격렬한 논란을 불러일으켰다.
출처 : 뉴스타운(http://www.newstown.co.kr) 최창규 기자

트럼프 군사혁명의 종착역은 NESARA GESARA법 시행과 GCR, 글로벌 화폐혁명에 의한 금본위제 레인보우 화폐 유통이다.

상제님께서 1871년 성령으로 금산사에 머무실 적에 제일 먼저 서천서역 대법국 천개탑 바티칸에 들르신 이유와 청도원 성황당에서 아라사 군사가 래군사로 한경에 들어와 손을 맞잡고 한 편이 된다는 공사집행 내용과 세상이 너무 악해서 숨는다 한 이유? 금강산 8만구암자 묵은기운을 제거하는 일이 금강산을 붉게 물든 무신론자 이북에 넘기는 것이고 주체 사회주의로 변한 공산 북한은 공산 러시아, 중국의 지원과 협조로 세워진 혈맹국으로 상제님은 필요악으로 제수이트 딥스일꾼을 내세우는 해원 댓가로 이마두 신부를 초혼(招魂)하여 광주 무등산(無等山) 상제봉조(上帝奉朝)에 장사지내고 딥스일꾼을 통해 러시아 혁명을 일으켜 제정 러시아에서 소비에트 종주국 구아舊俄를 세우게 한 후, 다시 옐친대통령의 구아舊俄를 무너뜨리고 푸틴 대통령의 젊은 신아新俄를 일으켜 아라사군사가 래來군사가 되는 바탕을 만들었다. 지구촌에서 러시아 국민은 푸틴을 포함해 대한민국을 가장 좋아한다.

중복에서는 세운의 애기판, 총각판, 상씨름판에 대해 단순히 한반도 남북이 바둑판의 주인공이라 했지만 이미 상제님이 이 강토에 오시기 이전 유럽의 중세이전부터 프리메이슨이 십자군 전쟁부터 시작해 독일의 일루미나티로 재 분파하고 로스챠일드 가문이 나폴레옹전쟁에 관여하면서 부를 축적해 세계 금융권을 장악하고 프랑스 혁명, 러시아 혁명을 비롯 세계 1차 애기판, 2차 총각판 세계대전을 붙이고 이후로도 이라크전쟁, 아프가니스탄 전쟁, 시리아 전쟁, 리비아 전쟁 등 중동 전쟁을 통해 달러패권으로 석유 오일전쟁을 일으키고 마지막엔 그레이트 리셋-'딥스 카발에 의한 '위대한 세계 재설정

Great Reset'이란 어젠다로 75억 인류를 5억 인구로 감축해 'New World Order신세계 질서 재출발'을 노리는 COVID19 및 산화 그래핀 독극물 유전자변형 생물무기 백신투여 대량학살의 제 3차 세계대전의 세운 상씨름판 까지 여는 즈음에 이르렀다.

러시아 혁명 등 공산주의 코민테른 등장 역시 딥스카발이 세계를 자본주의 민주진영, 공산주의 양대 판으로 만들어 세상을 진흙탕 속 니전투구로 만들어 왔고, 궁극적으로 75억 인류를 5억으로 감축하기 위해 캠트레일로 각종 원인모를 질병 및 암 유발, 불임제를 공중 살포해 서서히 인류를 학살해 오고 있었으며 모든 제약사의 약 속에 환자의 몸에 유해한 성분을 극소량 집어넣어 장기복용자를 위험에 빠뜨려 왔고 펩시콜라를 비롯한 딥스 운영 각종 음료, 식품에도 소량의 유해물질을 첨가해 온 것이 딥스카발의 그레이트 리셋 어젠다 기획 중 일부임을 만 천하에 드러냈다. 결국 선천 오선위기판의 애기판, 총각판, 상씨름 세운판을 움직여 온 주체는 그림자정부 프리메이슨 딥스카발이고 이 딥스카발세력이 2020. 11.3일 미 대선 부정선거로 트럼프 군사정부에 의해 몰락의 길을 걷기 시작했다. 세운이 지구촌을 재조정하는 계기가 되었다는 것은 머지않아 오선위기에 충격을 주어 도운으로 그 기운이 욱여들어올 것을 의미한다.

트럼프 혁명이 네사라게사라법 시행으로 완성되면 중국에 대한 한반도 핵무장으로의 자체 방어역량 강화와 함께 미군의 불벌자퇴로 판과 바둑은 주인에게 되돌리는 단계로 진입할 것이며 아라사가 來군사로 한경에 들어와 우리와 하나로 되는 단계로 되면 계속되는 질병목의 운수 속에 의통목은 바야흐로 열릴 것이다. 현재 전 세계에서 러시아가 대한민국을 제일 좋아하는 나라로 98% 국민이 호감을 보이는 국가이며 한국이 나로호 누리호를 비롯 미사일 군사강국이 된 데에는 러시아의 공로가 가장 크다.

-독극물 산화 그래핀이 함유된 인류집단학
코비드19 백신 대학살 뒤에 인류문명을 재
생존자가 충분히 남게 될까?-

금강산 공사로 남북을 양대 이념 진영으로 가른 것도 상제님께서 세계적인 역량과 위력을 지닌 딥스 카발의 기운을 그대로 이화시켜 사용한 것이며 오선위기판을 이끌어 가는 세운의 주체로서 그 힘을 그대로 이화시켜 소모시킨 것이니, 이는 바로 한반도를 남북으로 가르기 위해서는 막강했던 자유진영의 장개석 국민당 정부를 대만으로 몰아내고 전투의 신 임표를 내세운 모택동으로 하여금 중화 대륙을 차지하게 하는 도수가 선행되야 했고 그 이전에 유대인 딥스 카발이 주동이 된 코민테른과 소비에트 CCCP 혁명이 선행되어야 했기때문이다.

•일 보는 사람이니 왜놈이라 부르지 말고 '일본 사람'이라 부르라. 일인(日人)은 일꾼이라. 나의 일을 하나니 큰 머슴이 될 것이니라. 그러나 일꾼이 주인의 집을 빼앗으려 하므로 마침내는 크게 패망할 것이니 일본 사람은 나한테 품삯도 못 받는 일꾼이니라." 하시니라. 하루는 상제님께서 말씀하시기를 "일본은 깔담살이 머슴이요, 미국은 중머슴이요, 중국은 상머슴이니라.

버드(Byrd) 소장은 1947년 2월에 북극너머 지구 속 비행을 하며 남긴 비행일지 기록(Missing Diary)을 미 국방성에 넘겼으며 이 문서는 X-File로 공개 금지되었습니다. 동시에 버드 소장 스스로 고백한 대로 정보 당국에게 대외적으로 누설하지 못하는 요주의 인물로 찍혀 가장 괴로운 시련의 시기였다고 고백했습니다. 해리 S. 트루먼의 MJ - 12(Majestic 12) 비밀 프로젝트로 인한 직접적인 피해자가 된 것입니다.

프랑스 정부는 세느 강변 샹드마르 역(에펠탑) 앞에 있는 정부 문서 보관서에 열람 금지된 외계인 및 외계문명, UFO 관련의 소위 X-File을 2007년 12월에 사상 처음으로 홈페이지에 공개했습니다. 프랑스는 전 세계 유선, 무선의 모든 전파를 탐지 감청할 수 있는 세계최고의 에쉴론(Echelon) 감청 체제를 갖춘 나라로 프랑스의 정보 감청능력은 유무선 감청에 관한 한 영국이나 미국 이스라엘의 관련 첩보정보를 압도적으로 능가합니다.

프랑스 정부가 외계인 및 외계문명, UFO 관련의 소위 X-File을 공개적으로 발표하자 프랑스 정보에 질적으로 뒤쳐진 영국정부가 6개월 뒤인 2008년 5월 초 자국의 문서보관소에 보관된 비공개 관련 정보를 홈페이지를 통해 공개하고 아예 이를 아이템 당 얼마씩 판매하고 있습니다. 영국은 서양 프리메이슨 주도 국가답게 바티칸과 상의하여 영국정부 발표 뒤 일주일 만에 바티칸도 외계문명에 대해 그동안 베일에 가려진 진짜 가짜를 넘어서서 외계문명의 존재와 외계인 및 UFO의 존재에 대해 확실하게 발표하여 충격을 주었습니다.

프랑스 문서보관소 발표 6개월 후 영국 문서보관소에서 UFO문서를 공개한 직후 바티칸에서 외계인과 UFO에 대해 발표한 내용은 다음과 같습니다.

-바티칸 "신이 외계인 창조했을 수도"-

외계인이 있을 수 있으며 외계의 생명체가 있을 수 있다는 생각은 가톨릭 신앙에 위배되지 않는다고 지난 13일 로마 교황청 당국자의 발언을 AP통신이 보도했다. 교황청 천문대장 호세 가브리엘 푸네스 신부는 이날 교황청 기관지 로세르바토레와의 회견에서 우주의 광대함은 지구 밖에 다른 생명체가 있을 수 있음을 의미하며 이 생명체는 지성과 지능을 갖춘 것일 수도 있다고 말했다.

그는 외계인의 존재 여부에 대해 "(지구가 아닌) 다른 곳에서 생물체가 발전했을 가능성을 어떻게 배제할 수 있느냐"고 반문했다. 푸네스 신부는 "지구에 많은 생명체가 있듯 신이 창조한 다른 생명체가 있을 수 있으며 이는 우리가 신의 자유로운 창조에 한계를 둘 수 없기 때문에 신앙과도 모순되지 않는다"고 말했다. 그는 "우리가 지구상의 창조물들을 형제.자매라고 간주하듯 왜 외계의 형제.자매에 대해 이야기할 수 없는가"고 지적하고 "이들도 창조의 한 부분"이라고 강조했다.

푸네스 신부는 그러나 "인간의 모습으로 예수가 나타난 것은 특별하고 반복될 수 없는 사건"이기 때문에 예수가 외계인 앞에 나타나지는 않았을 것이라고 말했다. 푸네스 신부는 하지만 "외계의 생명체들도 어떤 식으로든 신의 자비를 받을 가능성이 있는 것으로 확신한다"고 덧붙였다. <동아닷컴>

- 교황청 "외계인도 인간의 형제자매"-

"우주 다른 생명체 존재 신앙과 반대되지 않아" "ET가 (인간의) 형제자매라고 하지 못할 이유가 없다. 존재한다면 그 역시 신의 창조물이기 때문에."

교황 베네딕토 16세의 과학 자문관이며 바티칸 천문대 수장인 호세 가브리엘 푸네스 신부가 '외계 생물체(extraterrestrial)'의 존재 가능성과 신앙 사이에 모순이 없다는 견해를 밝혔다고 14일 AP와 로이터 통신이 전했다.

푸네스 신부는 13일 바티칸 신문과의 인터뷰에서 외계 생명체의 존재를 묻는 질문에 "이렇게 넓은 우주에 (외계인이 있다는) 가설을 배제할 수는 없다"며 "신의 창의력은 무한대이기 때문에 인간의 신앙과 반대되는 것이 아니다"라고 설명했다. 또 "인간은 하느님이 무언가 창조할 자유를 제한할 수 없다"고도 했다.

그는 인류가 사실은 '우주의 길 잃은 양(lost sheep)'일 가능성도 있다며 "우주의 다른 생명체들은 창조자와 유대관계를 맺고 있을 수 있다"고 설명했다. 그는 예수의 존재와 관련해 "예수가 인간의 몸으로 세상에 온 것은 반복될 수 없는 유일무이한 사건이었기 때문에 외계인들이 예수를 만나지는 못했을 것"이라고 답했다. 하지만 그는 "외계인이 다른 방식으로 하느님의 자비와 축복을 받았을 것이라고 확신한다"고 덧붙였다. 푸네스 신부는 또 수백억 년 전의 대폭발로 현재의 우주가 창조되었다는

'빅뱅이론'을 믿고 있다고 밝혔다. 노지현 기자 isityou@donga.com

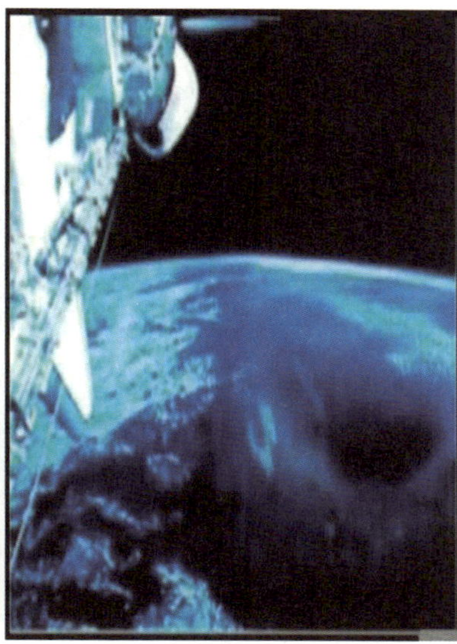

외계인도 인간의 형제자매라는 이러한 메시지는 밀라노 칙령당시 3위 일체 설에 반하는 교의를 이단정죄하고 신약의 테두리를 정한 이후의 기독교적 신관, 구원관, 세계관 우주관을 완전히 뒤집을 수 있는 엄청난 혁명적 모티브가 담겨있기 때문에 대단히 중요한 것입니다. 화성에 물이 있음을 밝힌 것도 근자이거니와 아폴로 11호 우주인인 올드린과 닐 암스트롱도 자신들이 달에 도착하니 그들이 달에서 우리 지구인처럼 차를 타고 다니고 이미 자신들이 올 것을 기다리고 있었다고 증언한 것이 폭스뉴스라든가 래리킹 토크쇼에 밝혀진 바 있습니다.

이는 그동안 서구 열강의 기독교 중심의 세계화 진행과 문명화 그리고 앵글로 색슨, 유대주의-(WASP)-기독교로 세상을 옭아 넣으려던 아날로그 미소 냉전 시대의 가치관이 디지털 시대를 맞은 열린 정보의 시대에 더 이상 감당할 수 없는 한계에 봉착했기 때문입니다. 이로써 서양 정신세계의 한계를 뛰어넘어 동양의 신비세계를 접목한 뉴 사이언스 운동과 이에 더하여 외계인과 외계문명의 존재를 전해주었던 뉴 에이지의 사유 트렌드를 사갈시하고 사탄시 하던 기독교가 그들의 존재에 대해 180도 사고전환을 해 마침내 마침표를 찍은 셈이 되었습니다.

지금은 천계 문명과 지구 속 문명이 지상 문명과 합일하려 하는 실로 엄청난 전환기입니다. 우주의 봄, 여름철 꽃을 피운 과학문명이 후천 가을 열매기 타심통 조화 문명 신선세계로 통합되려 하는 터닝포인트인 것입니다. 그동안 지상에 다녀간 예수, 석가, 공자 등의 빛나는 혼들은 이러한 상황을 다 같이 인지하고 있었습니다. 다만 이러한 시대가 도래하기 까지 중생을 교화하는 방법상의 문제를 각기 다르게 보아 같은 H_2O를 두고 제각기 액체, 기체, 고체라 주장하듯 각 성인 공히 액체인 탕약과 고체인 환약 그리고 기체인 훈증법 등으로 각기 다르게 처방해 써 왔던 것입니다.

예수 석가 공자 등 선천 성자는 봄 여름철 선천 미성숙 인류를 교화시키기 위해 내가 쓰기 위해 내 놓았느니라 하신 증산 상제님 말씀처럼 이제는 성부 하나님이시자 미륵존불이시며 천주 하나님, 한울님이신 상제님의 복음을 받아들여 천주님을 모시는 시천주 신앙을 새롭게 할 때입니다.

<증산도 道典>*예수를 믿는 사람은 예수의 재림을 기다리고 불교도는 미륵의 출세를 기다리고 동학 신도는 최수운의 갱생을 기다리나니'누구든지 한 사람만 오면 각기 저의 스승이라.'하여 따르리라.'예수가 재림한다.'하나 곧 나를 두고 한 말이니라. 공자, 석가, 예수는 내가 쓰기 위해 내려 보냈느니라.

리차드 버드 제독은 1947년 북극을 정찰하던 중에 우연히 북극점을 넘어서 지구 속 2,720㎞지점까지 들어가 지구속 문명의 비행기 훌루젤라드 UFO에게 예인되어 지구 속 도시 비행장에 착륙해 그들의 눈부신 문명을 직접 목격하고 또한 지구 속 문명세계의 최고 지도자와 회담을 가진 후 지구 밖으로 다시 귀환했는데 이 '비행일지' 내용은 모두 미 국방성에 의해 수십 년 간 비밀문서 X-File로 봉인되었으며 버드제독도 함구할 것을 명령받았습니다.

중요한 점은 지구 속 문명에 대한 두 사람의 증언이 놀라울 정도로 일치한다는 점입니다. 이처럼 지구 속 내부의 문명역시 법화경이나 화엄경이 보여주는 대 우주 은하 비경의 일부에 불과하다는 사실에 주목할 필요가 있습니다.

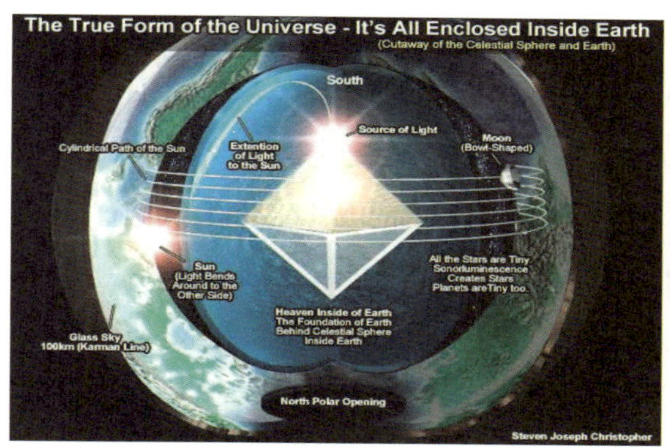

'아바타'에 나오는 사람이 올라타는 붉은 새가 바로 법화경에는 가루라(일명 금시조새 별칭 가루다)라는 새로 소개되고 있으며(인도네시아 국영항공사 이름이 '가루다') '아바타'에 등장하는 '한 사람'이 타는 새보다 747호 비행기 정도로 수 십 배 큰 새가 바로 가루라, 가루다입니다. 화엄경에 의하면 은하계에는 갠지스 강가의 모래알(항하사)만큼 많은 다양한 불 국토 행성이 존재합니다. 지구의 현대 과학 문명은 바로 이러한 천계문명을 본뜬 것입니다.

올랍 얀센이 2년 반 동안 살다 나온 지구 속 문명은 황금으로 뒤덮인 극락정토에 준하는 곳입니다. 건물 디자인 세팅이라든가 도로의 운송수단이 콘베이어 시스템으로 가게 되어 있는 점이라든가 또는 벽 자체에서 빛이 나오는 최첨단의 조명시설로 구비되어 있더라는 등의 버드 소장이 전하는 메시지를 종합해 보면 올랍 얀센의 주장과 거의 동일하게 일치합니다.

문제는 지금까지 몰랐던 이러한 지구 속 문명이 우리가 디디고 있는 땅 속에 엄연히 존재한다는 것이며, 한 걸음 더 나아가 지구 속 문명 세계는 지금까지 존재 자체도 새까맣게 모르고 있었던(중생들의 불신이 성자들의 가르침을 외면한 것이라고 보는 것이 보다 정직하겠지만) 외계의 천상문명과 교류까지 하고 있는 수준이라는 점입니다. 지구 속 지도자가 버드 소장에게 말했듯이 우리가 사는 지구 밖 문명권은 다음과 같은 탄허 스님의 예언처럼 엄청난 과도기를 겪을 것입니다. 그 과도기를 겪고 난 후 꿈같은 은하시대는 올 것입니다.

탄허스님 예언의 글
=인류의 구원은 한국에서 이루어진다

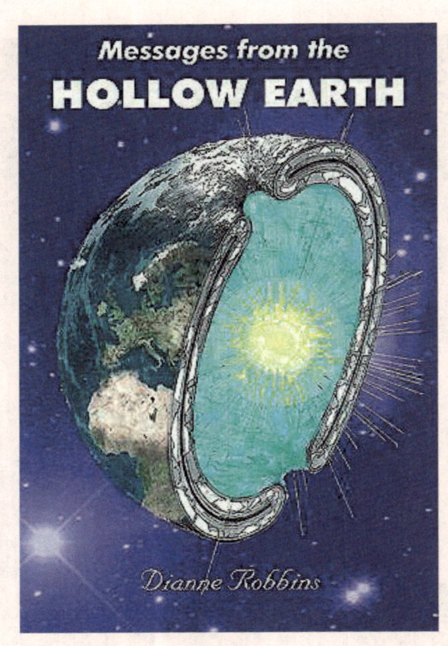

1995년 1월 3천 3백여 명이 넘는 사망·실종자를 낸 일본 고베 대지진 사건이 터졌을 때 생전에 ≪주역≫을 풀어 미래 세계를 예언하는 데 탁월한 능력을 보여주었던 고(故) 탄허 스님의 예지가 언론에 다시 화제가 된 바 있다. 탄허 스님은 생전에 불교뿐만 아니라 유교·도교 등 동양사상 전반, 특히 그중에서도 가장 난해하다는 ≪화엄경≫과 ≪주역≫의 으뜸 권위자로 평가받은 당대의 학승이다.

1983년 자신의 임종 시간을 불과 10시간 차이로 예언하고 열반, 몸에서 13과의 사리가 나온 고승으로 6·25전쟁과 울진·삼척 공비 침투 사건을 사전에 예견하고 재난을 대비함으로써 자신의 예지능력을 입증한 일은 널리 알려진 사실이다. 그는 베트남전쟁 당시 미국이 베트남에서 이기지 못하고 물러날 것임도 예견했다.

1980년 언론인 김중배(전 한겨레신문 사장)씨는 "예지의 거창함이 지나쳐 허황으로 이어지는 느낌을 뿌리치기 어렵다. 그러나 자연과학 지식까지 동원한 그의 예지에는 분명히 설득력이 있다는 것 또한 부인할 수 없다"고 탄허 스님의 능력을 높이 평가하는 글을 쓴 바 있다.

탄허 스님의 예지가 다시 화제가 된 배경은 이번 대지진이 그가 생전에 예언한 일본열도 침몰의 전조가 아니냐는 관측 때문이었다. 일본열도 침몰에 관해 탄허 스님은 "일본은 손방(巽方)으로 손(巽)은 주역에서 입야(入也)로 푼다. 들 입(入)자는 일본 영토의 침몰을 의미한다"고 설명했다.

또 현재 지구는 지축 속의 불기운 [火氣] 이 북극으로 들어가 빙산을 녹이고 있는데, 북극의 얼음이 완전히 녹게 되면 일본은 영토의 3분의 2 가량이 바다로 침몰하게 된다는 것이 탄허 스님의 주역으로 본 일본운명론의 골자이다. 북극의 얼음이 녹고 있다는 것은 원자력 잠수함이 북빙하의 얼음 밑을 통과할 수 있다는 사실이 이를 증명한다고 부연한 바 있다.

그는 ≪주역선해≫ ≪부처님이 계신다면≫이라는 책을 쓰기도 했으며, 여기에는 미래에 대한 그의 예언이 담겨 있다. 탄허 스님은 역학을 근거로 하여 미래를 보는 눈은 훨씬 포괄적이며 나아가서 인류사회의 미래를 우주적인 차원에서 볼 수 있다는 장점을 갖고 있다고 말한다.

그는 지구의 표면은 물이 4분의 3이고 육지가 4분의 1 밖에 안 되는데, 앞으로 지구의 대변화를 거치고 나면 바다가 4분의 1이 되고 육지가 4분의 3이 된다고 밝힌다. 그는 이같은 전 세계적인 지각변동에 대해서 이렇게 말한다. 현재 지구의 지축은 23.5도 기울어져 있는데 이것은 지구가 아직도 미성숙 단계에 있음을 의미한다. 그러나 지구 속의 불기운이 북극으로 들어가서 빙하가 완전히 풀려 녹을 때 지구의 변화가 온다고 말한다.

이는 마치 음양을 모르는, 즉 이성을 모르는 처녀가 이제 초경을 치르면서 규문(閨門)을 열고 성숙한 처녀로 변하는 것처럼 지구도 성숙해지는 것을 의미한다는 것이다. 즉, 초경이라는 피를 흘리는 것은 지구가 지각변동과 함께 지축이 바로 정립되는 것을 의미하는데 이로써 결실의 신시대가 펼쳐진다는 것이다. "이것이 바로 프랑스의 예언자(노스트라다무스)가 말한 세계 멸망기가 아닌가 합니다. 또는 성경에서 말세와 예언자의 말은 심판이니 멸망이니 하지만, 역학적인 원리로 볼 때는 심판이 아니라 성숙이며, 멸망이 아니라 결실인 것입니다." (≪주역선해≫ 제 3권)

탄허 스님은 또 재미있는 설명을 한다. 지구를 여자의 몸으로 비유해 볼 때, 최근의 세계적인 풍조가 여자들이 부끄러움 없이 자신의 몸을 드러내고 다니는 것은 곧 지구가 적나라하게 자신의 변신을 드러낼 조짐을 단적으로 드러내는 것이라고 말한다. 그리고 처녀가 초조(初潮) 이후에는 인간적으로 성숙하여 극단적인 자기 감정의 대립이 완화되듯이, 지구가 성숙해진 후천의 세계에는 극한과 극서의 혹독한 기후가 없어진다고 한다.

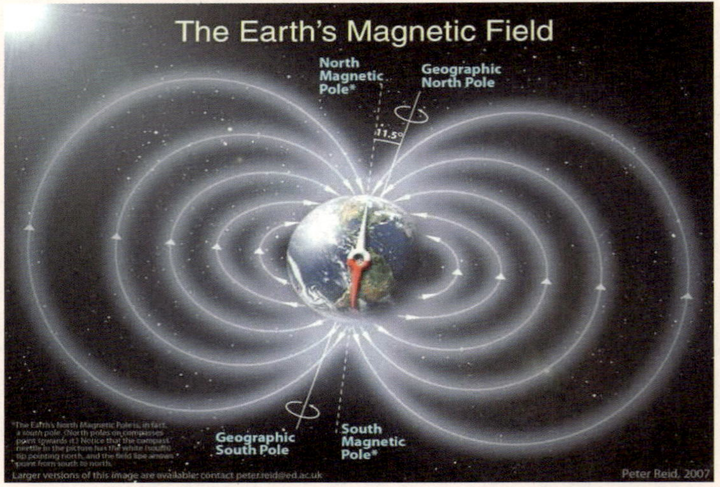

지구가 성숙한 처녀로 변화해 갈 때 우리나라와 이웃나라는 어떻게 될까. 아무래도 피를 흘리는 희생이 따르지 않을 수는 없을 것이다. 탄허는 김일부의 ≪정역≫의 원리를 근거로 다음과 같이 예언하고 있다.

■ 한국 그 때 우리나라는 동남해안 1백리 땅이 피해를 입게 되나 서부해안 쪽으로 약 2배 이상의 땅이 융기해서 늘어날 것이다. 또 지금은 중국 영토로 되어 있는 만주와 요동반도 일부가 우리 영토로 속하게 될 것이다. 이런 파멸의 시기에도 우리나라는 가장 적은 피해를 입게 되는데 이는 한반도가 지구의 주축부분에 위치해 있기 때문이다. 김일부의 ≪정역≫ 이론에 따르면, 한국은 지구의 중심부분에 있고 간태(艮兌)가 축으로 작용한다. 일제시대의 일본 유키사와 박사는 계룡산이 지구의 축이라고 밝힌 적이 있다.

■"중국 역학으로 보면 중국은 진방(震方)이요 장남(長男)이다. 그래서 장남인 중국은 미국과 사이가 오래가지 못한다. 이것은 미국이 태방(兌方)으로 소녀(少女)에 해당하는데, 노총각인 중국과 남녀관계로 얼마간은 관계가 지속될지 모르나 곧 틀어지기 쉬운 이치이다.

소녀인 미국은 자신과 제일 궁합이 맞는 소남(小男)인 한국과 가까와질 수밖에 없는 것이다. 미국은 아내로서 남편인 한국을 내조해 그 결과 남편의 성공을 드러내게 된다. 한편 중국과 소련 사이에 전쟁의 발생 가능성은 상당히 높다. 왜냐하면 소련은 감방(坎方)이고 중남(中男)인데 장남인 중국과 같은 양이기 때문에 서로 조화할 수 없고 대립되기 때문이다."

■ "일본 미래의 역사에 관한 한 일본은 가장 불행한 나라이다. 영토의 3분의 2 가량이 바다로 침몰될 것이기 때문이다. 일본은 문화를 전파시켜준 한국에 대해서만도 지난 5백 년 동안 무려 49차례에 걸친 침략행위를 일삼아 왔다. 이처럼 일본의 선조들이 저지른 죄악에 대해서 미래의 업보가 적용하기 때문이다. 이것이 바로 동양사상의 근본 원리인 인과의 법칙이요, 우주의 법칙인 것이다. 또 일본은 독립을 유지하기에는 너무 작은 영토밖에 남지 않기 때문에 한국의 영향권 내로 들어오게 된다."

■ "강대국의 지하 핵폭발 소규모의 전쟁들이 계속 일어날 것이다. 그러나 인류를 파멸시킬 세계전쟁은 일어나지 않고 지진에 의한 자동적인 핵폭발이 있게 되는데, 이때 핵보유국들이 말할 수 없는 피해를 받을 것이다. 남을 죽이려고 하는 자는 먼저 죽고 남을 살리려고 하면 자기도 살고 남도 사는 법이다."

탄허 스님은 이러한 현상은 성숙으로 가기 위한 인류의 비극적 운명이며 이때 전 세계 인구의 60-70%가 열매를 맺지 못하고 '소멸'된다고 고통스럽게 말한다. 이중에는 많은 사람들이 놀라서 죽게 되는데 ≪정역≫의 이론에 따르면 이때에 놀라지 말라는 교훈이 있다고 전한다. 탄허 스님은 지구가 성숙되는 결실시대로 접어드는데, 이 결실을 맡은 방위가 간방(艮方)이라고 밝힌 바 있다. 간방은 지리적인 팔괘(八卦) 분야로 보면 바로 우리 한국이다.

'간'은 갓난아이요, 결실을 의미한다. 바로 어머니가 아이를 낳는 것으로 처음과 끝을 함께 뜻한다. 조금 풀어서 얘기하자면 결실은 뿌리의 결과이니 뿌리가 시(始)라면 열매는 종(終)이다. 일단 결실이 되고 나면 뿌리의 명령을 듣지 않는 것이 열매이다. 그것은 열매가 다시 뿌리가 되기 때문에 뿌리의 말을 듣지 않는 것이니, 이것으로 보아도 결실은 처음과 끝을 가지고 있다는 뜻이 된다.

한편 간은 연령적으로 20대 청년을 뜻하는 소남(小男)의 뜻도 지니고 있는데, 이는 부모의 여분인 결실인종이기 때문이다. 20대 청년들이 부모의 말도 선생의 말도 다 듣지 않고 오직 내 말만 들어보라고 하는 것은 그들이 결실인종이므로 스스로 뿌리가 되려고 하는 특징이 있기 때문이다. 그는 이에 대해 재미있는 비유를 든다.

"4·19 혁명이 청년학도들의 궐기로 이승만 정권을 타도했는데, 이렇게 청년 학생의 힘으로 정권이 붕괴된 일은 세계사에 그 유례를 찾아볼 수 없을 뿐더러, 4·19 혁명 이후 세계 도처에 학생들의 봉기 현상이 유행병처럼 번져나가 그 결과 선진제국의 '스튜던트 파워(student power)'를 형성하기에까지 이르렀습니다. 우리나라 간방에 시간적으로 '간의 도수'가 왔고 간의 주인공인 20대 청년들이 정권을 붕괴시킨 것은 새로운 역사의 시작이라 아니할 수 없는 거지요."

탄허 스님은 간방(우리나라)에 시간적으로도 결실의 간의 도수(度數)가 이미 와 있으므로 어두운 역사는 끝맺게 되고 이제 새로운 역사가 시작될 수밖에 없다고 말한다. 이는 인류역사의 시와 종이 모두 이 땅에서 이루어진다는 '엄청난' 발언이다. 우리나라의 1980년대는 바로 어머니가 아기를 낳을 때의 진통이 있던 때이다.
이 아픔은 희망찬 아픔이었다. 이 고통이 지나면 우리의 숙원인 남북통일의 서광도 엿보이기 시작할 것이라고 한다.

"그런데 우리 땅이 결실이 되려면 꽃잎이 져야 하고 또 꽃잎이 지려면 금풍(金風)이 불어야 합니다. 그 금풍(?)이란 西方바람(?)을 말하는데 이 바람은 곧 해방 이후부터 우리나라에 불어오기 시작한 이른바 '미국바람'이라고 하겠습니다. 이렇게 금풍인 미국바람이 불어 꽃잎이 떨어지고 열매 맺는 가을철, 다시 말해서 결실시대를 맞이한 것입니다. 이것은 우리나라가 미국의 도움으로 인류사의 열매를 맺고 새로운 세계사를 시작함을 의미한다고 볼 수 있겠지요."

한편 탄허 스님은 스스로 종교인이면서도 현재의 종교는 앞으로 없어질 것이라고 무시무시한 소리를 내뱉는다.
"앞으로는 왕도정치(王道政治)가 세워질 것입니다. 누구의 덕으로 사는지 모를 세상이 펼쳐질 것입니다. 그런데 종교는 과연 어떻게 변모할 것인가가 궁금스러운 일이지만, 모든 껍데기를 벗어버리고 종교의 알몸이 세상으로 들어날 것입니다. 현재의 종교는 망해야 할 것입니다. 쓸어 없애버려야 할 것입니다. 신앙인끼리 반목 질시하고 네 종교, 내 종교가 옳다고 하며 원수처럼 대하는, 이방인이라 해서 동물처럼 취급하는 천박한 종교의 벽이 무너진다는 뜻입니다. 그 장벽이 허물어지면 초종교가 될 것입니다. 김일부 선생은 유(儒)·불(佛)·선(仙)이 하나가 된다고 했고, 강증산 선생도 그렇게 된다고 했습니다."(≪부처님이 계신다면≫)

탄허 스님은 또 인류사의 열매가 바로 이 땅에서 맺어질 것이라고 한다. 한국문제의 해결은 곧 세계문제의 해결과 직결되며, 우리나라를 초점으로 시작과 끝이 나온다는 것이다. 그의 설명에 따르면 우리나라의 남북분단문제와 통일문제가 전체 인류적 차원에서 보면 아주 작은 문제 같지만, 오늘날 국제정치의 가장 큰 쟁점으로 나타나고 있는 것이다.

실제로 현실에서 북한의 핵문제는 미국을 비롯해 세계 지도국가들의 주목을 받고 있으며, 북한정권의 행보에 대해 우려를 나타내고 있는 것이다. 한편 탄허 스님은 세계 구원의 방안이 이미 한국 땅에서 준비되고 있다고도 말한다. 그가 다음과 같이 남긴 말은 감동적이기까지 하다.

"우리 선조가 적선해 온 여음(餘蔭)으로 우리 한국은 필경 복을 받게 될 것입니다. 우선 이 우주의 변화가 이렇게 오는 것을 학술적으로 전개한 이가 한국인(김일부) 외엔 있지 않으며, 이 세계가 멸망이냐 심판이냐 하는 무서운 화탕(火湯) 속에서 인류를 구출해낼 수 있는 방안을 가지고 있는 이도 한국인 외에 또다시 없는 것입니다. 오래지 않아 우리나라에는 위대한 인물들이 나와서 조국을 통일하고 평화적인 국가를 건설할 것이며 모든 국내의 문제를 해결하고 우리의 국위를 선양할 것입니다. 그리고 보면 한국은 세계적인 신도(神都), 다시 말하면 정신 수도(首都)의 근거지라 하여도 과언이 아닐 것입니다."(≪주역선해≫ 제 3권)

"북극빙하의 해빙으로부터 시작되는 정역시대는 이천칠지(二天七地)의 이치 때문입니다. 이에 의하면 지축 속의 불기운이 지구의 북극으로 들어가서 북극에 있는 빙산을 녹이고 있다고 합니다. 이로써 북빙하의 빙산이 완전히 녹는데 이 때 대양의 물이 불어서 하루에 440리의 속도로 흘러내려 일본과 아시아 국가들을 휩쓸고 해안지방이 수면에 잠기게 됩니다.

이제까지 지구의 주축은 23도 7분 기울어져 있는데 이것은 지구가 아직도 미성숙 단계에 있다는 것을 말하며 4년마다 윤달이 있게 되는 원인이기도 합니다. … 북빙하가 녹고 23도 7분 가량 기울어진 지축이 바로 서고 땅 속의 불에 의한 북극의 얼음물이 녹는 심판이 있게 되는 현상은 지구가 마치 초조 이후의 처녀처럼 성숙해 간다는 것을 의미합니다." (『부처님이 계신다면』, 167~170쪽 ; 『이것이 개벽이다』(상) 165쪽)

"'그렇게 되면 한국의 장래는 매우 밝으며 지금까지 23도 7분 기울어져 있던 지축이 빙하가 녹음으로써 바로 서게 되어 극한(極寒)과 극서(極暑)가 없어지고 세계적인 해일과 지진으로 … (경향신문, 1980.5.31)' 이것이 바로 불란서 예언가가 말한 세계멸망기가 아닌가 합니다. 또는 성경에서의 말세에 불로 심판한다는 시기가 아닌가 합니다. 성경의 말세와 예언가그러나의 말은 심판이니 멸망이니 하였지만 역학적인 원리로 볼 때는 심판이 아니라 성숙이며, 멸망이 아니라 결실인 것입니다." (『주역선해(周易禪解)』 3권, 429~430쪽 ; 『이것이 개벽이다』(상) 166쪽)

그 동안 지상에서 주목을 받아온 저명한 영능력자, 예언자들이 이러한 과도기에 대해 언급한 대목들이 있습니다. 그들 개개인의 말이 얼마만큼 맞느냐 하는 것은 별로 중요하지 않습니다. 문제는 대국적인 차원에서 바로 그러한 과도기를 동일하게 말하고 있다는 점입니다. 노스트라다무스를 30여 년 간 연구한 죤 호그(John Hogue)는 노스트라다무스의 4행시를 해석하여 2000년 말까지 로마 교황청이 몰락하고 교회도 사라지며 특히 마지막 교황 베드로의 시신은 대홍수가 휩쓸고 간 뒤, 바티칸의 폐허 속에서 발견될 것이라 했습니다.

이는 아일랜드 수도승 말라키의 예언과 일치하며 세레시아 추기경이 오랜동안 베개 밑에 넣어 보관하다가 교황 피오 12세에게 넘겨진 문제의 〈파티마 제 3의 비밀〉 과도 역시 유사합니다. 그 뒤 교황청 교리성성(敎理聖省) 장관 오타비아누스는 1960년을 넘으면 개봉해도 좋다는 루치아 수녀의 의견을 참작해 바오로 6세가 이를 개봉해 보고 새파랗게 질린 나머지 실신해 의자에서 떨어졌다고 말했으며, 시의단의 주사와 안정으로 깨어난 교황은 손바닥으로 〈파티마 제 3의 비밀〉 을 가리듯이 하면서 "이것을 공표해서는 안되겠다. 내가 무덤까지 가지고 가야겠다" 고 말했다 합니다.

어느 정도로 심각한 내용인지 굳이 안보아도 짐작이 갈 것입니다. 이런 내막과 함께 현세주의에 빠져 동성애 집단을 이루고 있는 보수적 추기경들은 권력집단을 이루어 교황의 말도 잘 안 듣는 지경이라 프란치스코 전임 교황 베네딕토 16세는 이들이 제출한 비밀 보고서를 검토한 후 임기 전에 은퇴하기도 했었습니다. 탄허 스님은 또 통일에 대해 이런 예언도 했다 합니다. "월악산 영봉(靈峰) 위로 달이 뜨고, 이 달빛이 물에 비치고 나면 30년쯤 후에 여자 임금이 나타난다. 여자 임금이 나오고 *~* 년 있다가 통일이 된다."

동화 속 같은 대우주의 현란한 모습이 너무 호화 장엄하다 하여 '화엄경'의 본래 이름이 '호화장엄경'입니다. 이 은하계의 불국토 세계는 인간의 현대문명으로는 갈 수 없을 만큼 수백 수 천, 수 만 광년으로 멀어서 화엄경의 주인공 선재동자가 각종 다양한 삼매경으로 항하사같이 벌어져 있는 은하계 각종 불 국토 행성에 가서 수준이 높은 천계의 불법을 배우고 오는 모습을 전하고 있습니다. 선계 도가 고전인 <봉신연의封神榜>의 나타를 보면 이승과 저승 사이를 넘나들며 수많은 인연공덕과 환생 사이에서 행하는 술법과 도력을 볼 수 있는데 <봉신방>을 통해 우리는 도가의 스케일과 지향하는 바가 무엇인지 알 수 있습니다.

불경인 『잡아함경』과 『화엄경』 '여래 출품편' 에 보면 우주에는 삼천대천(三

千大千) 세계가 있어 수많은 불, 보살 등의 천계인간이 살고 있는 것으로 나옵니다. 특히 『화엄경』 '입법계품'에는 선도성의 '비슬지라' 거사가 우주천계에 수많은 부처가 있다는 것을 거론하며 그들 중 석가불 이전에 지상을 다녀간 가섭불(迦葉佛), 구나함모니불(拘那含佛), 구류손불(拘留孫佛), 시기불(尸棄佛), 비바시불(毘婆尸佛), 비사부불(毘舍浮佛) 및 제사불(提舍佛), 불사불(弗沙佛)과 무상승불(無上勝佛), 무상연화불(無上蓮華佛)을 비롯 수많은 천계 부처님을 말하고 있습니다.

나가르주나 용수보살의 『대지도론』에 의하면 전불 시대의 부처님으로 구십일겁 시초의 비바시불(毘婆尸佛), 삼십일 겁 중에 시기불(尸棄佛), 비사부불(毘舍浮佛), 현 시대의 가라구식타불(구류손불拘留孫佛), 가나가모니불(구나함모니불拘那含牟尼佛), 가섭불(카이샤파불迦葉佛), 석가불(釋迦牟尼佛) 등 7불을 듭니다. 과거세에 연등불(연등고불)의 자식이었던 석가불 자신도 또 다른 과거세 전생시절 히말라야 설산에서 선혜 동자로 도를 닦다가 후생에 석가부처가 될 수 있었던 인연이 당시의 부처님 연등불의 깨우침과 수기 때문이라고 말했듯 석가불은 『묘법연화경(법화경)』 『화엄경』 등에서 수많은 천계 문명권의 부처님 이름을 수없이 거명하며 호호 탕탕한 천상 문명세계에 무량수의 부처님이 현존하고 있다고 했습니다.

『묘법연화경(법화경)』 〈화성유품(化城喩品)〉을 보면 보다 뿌리 깊은 석가불의 인연 법줄을 찾아볼 수 있습니다. 숫자의 세계로는 헤아릴 수 없을 정도로 아주 오랜 옛날인 불사의한 아승기(지)겁 시절(분류하자면 대상(大相)겁 시절) 이전, 호성(好城)이라 불리는 나라에 한 부처님이 출현했는데 그 명호(이름)가 〈대통지승〉 여래 부처님이었습니다. 〈대통지승〉 부처님은 처음으로 대승경인 『묘법연화경』을 설했습니다(석가부처가 설한 법화경의 연원인 셈이다).

이 부처님에게는 장남 지적(智積)을 비롯, 16명의 아들이 있었는데 후일 모두 출가하여 보살사미가 되었으며 제각기 16인의 부처님이 되었습니다. 그중 석가불은 당시 〈대통지승불〉의 열여섯 째 막내아들이었는데 형제 중 마지막 열여섯 째 부처님이 되어 아버지가 설했던 대승경 『묘법연화경』을 설하게 된 것이라 석가불 스스로 밝히고 있습니다.

<연등불(燃燈佛) [네이버 지식백과] (두산백과)>★ 불교에서 과거불로, 석가모니의 전생에 수기를 준 부처이다. 산스크리트로는 Dipamkara라 하는데, 이를 의역하여 정광(定光)여래·등광(燈光)여래·보광(寶光)여래·정광(錠光)여래·연등여래라고 하며, 음역하여 제화갈라·제원갈이라고도 한다. ★(참고)율곤 이 중재는 연등불(燃燈佛)이 환인천제(桓因天帝)의 5대손 연등금선자(燃燈金蟬子 BC. 8011년)이며 석가모니처럼 고행을 하지 않고 수련과 기도만으로 도(道)를 얻는 안정도(安定道)를 얻었다고 한다. 출처 : 율곤 李重宰 저서 '佛教는 인도에서 발생하지 않았다. 中 '연등(燃燈)의 安定道'편, 한民族史 부록편 壇君朝鮮 年代表 참조)

<연등불(燃燈佛)>★ 과거세에 유동보살로서 보살계를 닦고 있을 때 석가는 스스로 부처가 되겠다는 서원(誓願)을 세웠다. 그러던 중 어느 날 연등불(燃燈佛)이 오신다는 소식을 듣고는 길가에서 기다리다가 7송이의 연꽃을 부처에게 공양하였다. 연등불은 미소로써 이를 받으시고는 '너는 미래세에 석가모니불이라는 부처가 될 것이다'라는 수기를 주셨다고 한다. 혹은 연등불이 오신다는 말을 듣고는 공양물을 준비하지 못해 스스로 진흙길에 엎드려 몸을 밟고 지나가시게 하여 수기를 받았다고도 한다. 이를 연등불수기(燃燈佛授記)라 하며, 불교에서 보살의 개념이 생긴 연유이다.

<연등불(燃燈佛)>★ 또 《대지도론(大智度論)》 에서는 이 부처가 과거 일월등명불(日月燈明佛)의 여덟 왕자 중 막내인 법의였다고 하며, 《증일아함경(增一阿含經)》 지주품(地主品)에는 이 부처에 대한 다음과 같은 이야기가 나온다. '과거 구원겁에 지주(地主)라는 왕이 있었다. 장차 염부제(閻浮提)를 다스리게 되어 있었다. 왕에게는 선명이라는 대신이 있어 염부제의 반을 나누어 다스리게 하였는데, 후일 선명이 왕이 되었다. 선명은 일월광(日月光) 부인과의 사이에서 등광(燈光)이라는 아들을 낳았다. 등광이 태어날 때 염부제는 온통 금빛에 둘러싸였고, 태어난 아기는 부처의 32상을 두루 갖추었다.

<연등불(燃燈佛)>★ 이렇게 태어난 등광은 29세에 성불하였다. 선명은 40억의 남녀와 함께 등광불에게 나아가 가르침을 듣고, 등광불은 지주왕이 있는 곳에 이르어 왕과 백성들을 위하여 설법하였다. 선명은 그 후 7만 년 동안 4사(四事)로써 등광불과 비구들을 위해 공양하고, 등광불이 멸도하자 다시 7만 년 동안 그 사리에 공양하였다. 그 인연공덕으로 후일 염부제에 태어나 성불하고 부처님이 되었다.'연등불의 본연(本緣)을 설명한 것이다.

<대통지승불(大通智勝佛) [네이버 지식백과] (두산백과)>★ 무한히 먼 과거인 아승지겁(阿僧祇劫) 전의 호성(好城)이란 나라에 있던 부처이다. 《묘법연화경(妙法蓮華經)》 제7 화성유품(化城喩品)에 일화가 전한다. 출가 전에는 16명의 왕자를 둔 전륜성왕(轉輪聖王)이었고, 수명은 540만억 나유타겁이며, 10소겁 동안 결가부좌하고 몸과 마음을 움직이지 않았으나 불법을 이루지 못하였다. 이를 안타깝게 여긴 도리천 사람들이 그를 위하여 보리수 아래에 사자좌를 마련하였고 이 자리에서 다시 10소겁을 선정에 들어 최상의 깨달음을 얻었다. 이 때 시방의 각 500만억 부처 세계가 여섯 가지로 진동하고, 해와 달이 없는 캄캄한 곳까지 모두 밝아졌다고 한다. 왕자들은 아버지가 최상의 깨달음을 얻었다는 말을 듣고는 모두 출가하여 수행자가 되었다. 그 중 막내아들은 석가모니불의 전생이라고 한다.

석가부처가 10대 제자들에게 자신은 지금까지 수 수 억의 중생을 교화해 왔노라고 하자 제자들은 일시에 눈이 동그래져 도통하신 지 겨우 이십 수년에 만난 사람도 얼마 안 되는데 웬 수 억? 하고 되묻습니다. 아승기겁 시절 이전 대통지승불의 16번째 아들로 도통해 부처님이 된 이래 선혜 동자 등 윤회를 거듭하며 중생을 제도한 사실을 이해할 수 없었던 것은 오히려 당연한 일이었습니다.

33천의 삼천대천세계는 제일 아래에 있는 사천왕천(지국천, 다문천)을 위시해 바로 위에 있는 도리천, 선분천(야마천), 지족천(도솔천, 투시타천), 화락천, 타화자재천 등 천계의 욕계 6천과(여기에 색계초선의 범세천과 일월을 포함한 세계를 일세계라 하고 이것이 천 개면 소천세계, 또 이것이 천 개면 중천세계, 이것이 다시 천 개면 대천세계이고 다시 이것이 천 개가 되어 삼천대천세계가 된다), 지상 욕계의 중심축 수메르(수미)산 사방 변두리에 있는 동신승주(東勝神洲: 불바제), 서우타주(西牛陀洲), 남섬부주(南贍部洲: 염부제), 북구로주(北俱盧洲: 울단라월) 등 4주(洲) 세계가 있습니다.

지구 염부제를 비롯 모든 천계와 4주 세계에는 저마다 다른 차원의 문명세계가 엄연히 존재하고 있으며 사천왕천 평균수명 500세, 선분천 2,000세, 북구로주, 도리천 평균 수명 1,000세 등 각 성좌마다 수명이 서로 다른 아라한, 불, 보살들이 살고 있습니다.

불교의 가르침은 끊임없는 윤회전생을 통해 윤회가 더 이상 필요하지 않는 최고의 이상에 도달해 생애를 마침과 동시에 윤회의 환생 고리에 두 번 다시 모습을 나타내지 않는 것입니다. 즉 불교의 최종 목표는 불타 중의 불타 아라한으로서 영원히 모습을 감추는 것입니다. 이러한 관점에서 석가부처는 입멸하기 전 제자들에게 "이것이 나의 최후의 생애이다" 했습니다. 불교의 가르침에 의하면 석가 불을 포함해 과거 7불은 영원히 모습을 감추었습니다.

대통지승불의 대통=모든 사람들의 진여 본심=자기 자신. 일체 만법에 통달한 후천은 스스로의 진여본심을 찾아 일만 이천 여래가 출세하는 용화세계다. 智勝이란 어느 곳에서나 의심하는 일이 없고 하나의 존재<法>라도 얻은 것이 없음을 지승이라고 한다. 부처란 마음이 청정한 것이다. 광명이 온 세계<법계>에 두루 비추는 것을 부처라 한다. <임제어록>

석가불은 처음 출가하여 스스로 수많은 스승을 좇아 궁극의 도(무상정등각)를 얻고자 했으나 실패하고 결국은 그 어느 누구에게도 의지하지 않고 오직 스스로를 의지처로 삼아 무상의 도를 얻었습니다. 이러한 이유로 인해서 석가불의 핵심 가르침은 다름 아니라 제자들에게 각자 자기 자신을 의지처로 하라는 가르침대로 열심히 용맹 정진해 남이 아닌 자신의 부처를 찾아 해탈하라는 것이며 열반 후 윤회의 숙업을 끊으라는 것입니다. 일찍이 대선사들이 심지어 석가불 마저 도끼로 쳐 없애고 무상의 깨달음인 〈아뇩다라삼먁삼보리:무상정등각〉를 증득해 바로 각자 자신의 부처를 찾으라고 일갈한 것은 바로 불교의 핵심을 친 소리입니다.

그런데 불가에서 응공(아라한), 정변지, 정등각, 명행족, 선서, 세간해, 무상사, 조어장부, 천인사, 불세존 등으로 불리는 미래불은 과거 불처럼 단순한 중생교화의 〈일대사 인연〉으로 이 사바세계에 오는 것이 아니라 선후천 교차의 대 개벽 시대를 맞이하여 비겁에 빠진 신명과, 무엇을 위해 조상들로부터 존귀한 몸을 받아 내려 사는지도 모르고 사는 티끌수의 보살중생들을 제도(구원)하기 위한 인연으로 오신다는 것입니다.

그리하여 석가부처는 『묘법연화경』에서 장차 다가올 앞 세상에는 이 미래부처의 도법으로 모든 보살마하살이 가피(은혜)를 받아 자신과 같은 세존이 되어 성불하지 않을 사람이 아무도 없다고 하였습니다. 이러한 메시지는 장차 다가올 은하시대에 지구인간이 반 에테르체인 "빛의 인간" 소위 신선으로 거듭난다고 하는 말과 일치하는 말입니다. 미륵존불이 오신다는 소식에 대한 핵심의 절정은 일명 <미륵존경(彌勒尊經)>으로 불리는 <불설미륵고불존경(佛說彌勒古佛尊經)>과 함경도 무가인 김쌍돌 <한민족 창세가>에 모두 들어있지만 참고로 <미륵구고진경(彌勒救苦眞經)> 일명 <미륵진경(彌勒眞經)>이란 경전에도 단편적으로 실려 있습니다.

불경이라 함은 석가세존이 내려준 말씀이란 뜻입니다. 이 경전은 중국 산서성(山西省) 평양부(平陽府) 악양현(岳陽縣) 왕가장촌(王家莊村) 마을의 돌함 속에 숨겨져 있었는데, 어느 날 갑자기 큰 우레가 치고 난 뒤 돌함이 열리면서 발견되었다는 경전입니다.

이 경전은 국제도덕협회(일관도)에서 주로 사용하는 경전인데 <한민족 창세가>, <미륵존경(彌勒尊經)>내용과 동일하게 석가모니불과 미륵불의 관계를 소상히 밝혀주고, 석가모니불 시대인 우주 여름철 말기 불기운 홍양시대 3천년 사명이 다하고 후천 가을 금기운 백양시대인 미륵존불의 시대가 왔음을 밝혀 불교에서는 그다지 선호하지 않는 경전입니다. 미륵존불 시대인 백양시대의 사람은 가을철 열매기 추수사명 서신사명으로 온 미륵존불의 씨, 백양자白陽子란 것을 확실하게 알아야 합니다.

미륵존불은 과거 7불과 함께 연등불, 석가불에 이어 열 번째 비로자나 법신불이신 십무극 시불천원(十佛天元)이며 천원은 하늘에서 제일 높은 원수(元首=제일 높으신 분)이며, 과거 연등고불(연등불)과 석가불께서는 수원(收圓:제도)하신 구역성(지역성)과는 달리 미륵불께서는 천조, 지조, 인조 3계 전 세계중생을 수원(제도)하시는 서신사명이시고, 연등불과 석가불께서 거두어 수원(收圓:제도)한 바의 대상은 인간뿐이었으나 미륵불께서 수원(收圓)하신 대상은 인조(人曹)외에 또한 천조(天曹), 지조(地曹)까지 두루 미쳐서 미륵불의 운에 응한 수원 대사(收圓大事)는 그 은혜가 삼조에 미치고 덕은 삼계중생에게 두루 한다는 것이 핵심입니다. 다음 내용만 잘 살펴보면

이 경전의 핵심은 다 본 것입니다

<미륵구고진경(彌勒救苦眞經)> 일명 <彌勒眞經>*

1. 홍양요도귀가거(紅陽了道歸家去)- 2기 홍양시대에 도를 마치고 고향집으로 돌아가고 석가모니 삼천년 운이 만기되어 미륵불에게 책임을 교대하고 물러간다.
전도삼양미륵존(轉到三陽彌勒尊)- 3기 백양시대의 미륵존불께 시대사명이 이전되었다. 3기 백양시대의 제일 큰 책임을 짊어진 자는 백양 미륵세존불이시다. 3기 수도로서 만 팔백 년 청복 홍복 두 쪽의 복을 받아 누리게 된다.

2. 인식서래백양자(認識西來白陽子)-백양시대의 사람은 서신사명으로 온 미륵존불의 씨, 백양자白陽子란 것을 확실하게 인식해야 한다. 태고시절 혼돈기를 거쳐 처음 하늘과 당을 열어 자리를 정하시고 명명상제께서 치세칠불과 수원삼불收圓三佛을 파견하시었다. 치세칠불은 적애불, 생육자 갑삼춘, 유장경, 공곡신, 용아, 계천불이시며 수원삼불은 연등불, 석가불, 미륵불이시다. 어찌하여 많지도 적지도 않은 꼭 열 부처님인가? 조금 많거나 적어서도 안 되는가?
열[十]이란 완전 원만 결속(끝냄)의 뜻을 내포하고 있기 때문이다. 1元 12회會가운데 칠불치세와 삼불수원三佛收圓이 있는데 이것은 열 부처님이 각기 다른 사명과 다른 원력이 있기 때문에 때와 지역과 사람에 따라 세간에 하강하시어 중생에게 덕화를 베푸셨다. 그러므로 인회寅會에 사람이 내려 온 것은 하나의 근본이 여러 가지 종류로 흩어짐이요. [一本散萬殊=하나의 근본이 만가지로 흩어짐이요] 오회(午會)와 미회(未會)의 교체시기에 도를 내리어 널리 보도하고 수원(제도)함은 만수가 다시 하나로 돌아오는 이치이다. 하나에서 만수로 흩어진 시기에는 칠불이 치세했고 만수가 다시 하나의 근본으로 돌아옴은 삼불수원인 것이다.

-무엇을 천원이라 하는가?
천원은 곧 천반을 장악하시는 원수(元首=제일 높으신분)이다. [시불천원]은 곧 열번째 부처님을 가르키며 삼조보도의 대수원(收圓:큰 구원)을 맡으신 미륵고불(미륵불)이시다. 과거 연등고불(연등불)과 석가불께서는 수원(제도)하신 구역성(지역성)과는 달리 미륵불께서는 전 세계 중생을 수원(제도)하신다. 무릇 연등불, 석가불께서 제도하여 돌이켜 보내지 못한 중생들도 이번 미륵부처님께서는 모두 제도하여 고향으로 돌아가게 하신다. 때와 장소와 사람에 따라서 같지 않기 때문에 연등불과 석가불께서 거두어 수원(收圓:제도)한 바의 대상은 인간뿐이었으나 미륵불께서 수원(收圓)하신 대상은 인조(人曹)외에 또한 천조(天曹), 지조(地曹)까지 두루 미쳐서 미륵불의 운에 응한 수원 대사(收圓大事)는 그 은혜가 삼조에 미치고 덕은 삼계중생에게 두루 한다.

대승경전 중 『화엄경』이라 하면 석가부처의 깨달음의 내용을 담고 있는 최정

상의 경전입니다. 이 경전은 10대 제자들이 이 속에 담긴 법문을 듣고 나서 우리가 사는 이 세상이 너무 방대하고 호화, 장엄해서 모두 까무러쳤다는 놀라운 정보를 담고 있는 책입니다.

『화엄경』의 최종 결론은 보살행을 어떻게 해야 할 것인지 즉 구도의 방법론에 대한 입법계품(入法界品)에 이르러서입니다. 여기에 등장하는 주인공이 일체지혜를 찾아 나선 모든 중생을 대표한 표본모델 선재동자입니다. 선재동자는 지혜 보살인 문수보살을 만나 수많은 선지식(구도의 스승)을 만나볼 것을 권유받고 선지식간의 연줄 연줄로 구도의 긴 여행을 떠납니다.

55곳, 53명의 선지식을 거치는 구도의 기나긴 여행의 결론인 『화엄경』의 최종 결론은 형식상 맨 끝에 마무리과정의 방편으로 문수보살을 재회하고 좌문수 우보현의 보현보살을 만나는 것으로 되어 있지만 내용상에 있어서는 사실상 선재동자가 미륵보살을 만나는 것으로 끝을 맺습니다.

선재동자가 문득 보니 미륵보살이 천룡팔부와 제석천왕, 범천왕, 사천왕 및 본래 태어난 곳에 있는 수많은 권속과 바라문들과 무수한 중생들이 앞뒤로 에워싸고 와서 장엄장 누각을 향해 행차하는 것이 보였습니다. 이에 선재동자가 뛸 듯이 기뻐하며 그 앞에 다가가 땅에 넙죽 엎드려 예배합니다. 선재동자는 자신의 구도열정의 공덕에 대해 한참 칭찬 받은 뒤 보살도에 대해 한 소식 접하려면 '비로자나 장엄장'의 큰 누각에 들어가 두루 살펴보면 보살도의 한량없는 공덕을 성취하리라고 듣습니다.

미륵보살이 한 손가락을 탁하고 튕기자 문이 열려 선재는 기뻐하며 안으로 들어갔고 선재는 무한히 넓고 장엄하고 호화로운 또 하나의 우주허공이 그 안에 펼쳐져 있음을 알게 되어 곧 생각이 어지럽지 않은 해탈 문으로 들어가 미륵보살의 신통력으로 온갖 불가사의하고 신묘한 과거세와 시방세계를 두루 살펴봅니다. 그때 미륵보살이 손가락을 튕겨 신통력을 거두자 선재는 삼매에서 깨어나 자신이 경험한 해탈문의 이름과 자신이 구경한 장엄이 어디로 갔는지 묻습니다.

이에 미륵보살은 이 해탈문의 이름은 삼세의 모든 경계에 들어가 잊지 않고 기억하는 지혜로 장엄한 장(藏)인데 그 가운데 무수한 해탈 문이 있어 일생보처 보살(이승에 부처가 되는 보살)만 능히 얻을 수 있으며, 선재가 본 장엄은 마치 마술사의 묘기처럼 온데도 간 데도 없지만 보살의 지혜의 신통력으로부터 와서 그 지혜의 신통력에 의지하여 머물지만 실제로는 간 곳도 머문 곳도 없으며 모인 것도 아니고 항상 있는 것도 아닌 모든 곳에서 멀리 떠난 것이라 설법합니다.

위에서 미륵보살이 밝힌 핵심 키워드 '비로자나 장엄장'의 정체는 장차 당래불로서 도성인신하실 미륵불 신앙의 도조道祖가 바로 법신불 하나님이신 비로자나불임과 동시에 미륵불의 용화도장을 이른 것이니 이는 석존 이후 3000년 세월동안 봉인된 천기였습니다. (*격암 남사고는 후천 용화세계를 비로자나불의 선경세계인 "연화장" 세계로 표현) 현재 불기佛紀의 표기방식은 남방불기의 표기방법이고 북방불기로는 중복 추수도운이 기두起頭된 1984년 갑자년이 불기 3000년 되는 해입니다. 남방불기의 공식적인 표기방법은 북방불교 중국이 공산화되어 제외된 가운데 한국을 포함한 북방불교 국가가 소수인 상황에서 남방불교를 신앙하는 동남아 제 국가들이 주도하는 제 4차 세계 세계불교도대회(1956년 11월 네팔의 수도 카트만두)에서 이미 말법시대 3천 년 유통기한이 지난 불기 표기방식을 연장하기 위해 수 백 년을 줄여 발표한 결과입니다.

『화엄경』의 사상을 단편적인 시각으로 저울질하기는 어렵습니다. 그러나 시방세계 우주에 호호 탕탕하게 벌여져 있는 무량수 세계의 장엄이 부처님 터럭 하나하나 마다와 눈 깜짝할 찰나 순간에도 다 들어 있다는 사사무애 법계 연기의 결론이 결국은 선지식을 찾아 보살행을 해 나가는 선재동자가 미륵의 깨우침으로 선근(법줄)의 종자를 심는 것으로 끝이 납니다.

선재동자가 미륵부처님으로부터 수기를 받는 것을 보면 석가불 입멸 3,000년 뒤 강림한다는 미륵존불이 바로 증산 상제님으로 강림한 사실을 이해할 수 있으리라 생각합니다.

이제 후천 개벽시대를 맞이해 닫혀있는 우주가 열리고 있으므로 너나없이 마음을 모두 열어야 모두 살 수 있습니다. 우리 집에만 사람이 살고 남의 집에는 사람이 안 사는 게 아닙니다. 우리나라 우리 지구촌에만 사람이 살고 남의 나라 남의 행성에는 사람이 없는 게 결코 아닙니다. 대 우주자연을 표현하는 것이 바로 자연수입니다.

자연수의 세계는 우주만물이 자연수처럼 우주 끝 간 데 없이 펼쳐져 있다는 사실을 자연 그대로 보여주고 있습니다. 1 에서 10 까지의 '한정된 자연수 우주'를 상정하면 이 유한우주 자체는 무한 분수세계로 분할되어 그 자체로 무한한 우주입니다. 진리의 패러독스가 바로 '한정된 자연수 우주' 속에 담겨있습니다.

1에서 10까지의 이런 우주는 10에서 20까지, 20에서 30까지.... 무한대의 미지 세계까지 끝도 없이 펼쳐져 있습니다. 무한대로 달려 나아가도 그 곳에는 만물을 표상하는 자연수가 존재합니다. 이처럼 자연수 속에는 화엄경의 장엄 비경이 모두 담겨있습니다.

세계적인 천체 물리학자이자 외계 지적생명체 탐색(SETI, 세티)연구의 선구자인 칼 세이건 박사는 자신의 저서 <코스모스(Cosmos)>에서 신이 만약 지구에만 사람을 창조해 놓았다면 이는 공간의 낭비라고 지적한 바 있습니다. 이 내용은 조디 포스터가 주연한 영화 – 《콘택트(Contact(1997)》에서'이 드넓은 우주에 지적생명체가 우리뿐이라면, 그것은 엄청난 공간의 낭비다.'라는 멘트로 반영된 바 있습니다.

'한정된 자연수 우주'에서 연장하여 프랭크 드레이크 박사는 우리 은하 안에서만 외계지적생명체 문명이 얼마나 존재하는지를 구하는 드레이크 방정식으로 추산적인 계산을 도출하여, 최소한 우리 지구인 외의 다른 외계지적생명체 문명이 최소한 1만종이나 존재한다는 결과값을 발표했으며 다른 과학자들도 다양한 결과 값을 발표했습니다.

인류처럼 짧지 않은 역사 속에서 문명이 발전하고 과학기술도 발전했을 가능성을 염두에 둔다면 드레이크 방정식($N = R* \times fp \times ne \times fl \times fi \times fc \times L$)의 계산결과로 보면 우리 은하 안에 최소한 1만종이 넘는 외계 지적문명이 존재할 것으로 추산되는 결과 값이 나왔습니다.

SF문학계의 3대 거장 중의 한명인 '아이작 아시모프'는 우리 은하계에만 53만종의 외계 지적문명이 존재 할 것으로 계산했고 영국 스코틀랜드 에딘버러 천문학 연구팀이 『국제천문학 저널(International Journal of Astrobiology)』에 발표한 자료에는 37,964종의 외계 지적문명수가 존재할 것으로 계산했습니다.

열린 우주에서는 모든 것이 개방되어 있어서 상제님께서는 감추고 막혀있는 마음과 정보를 모두 트라고 하셨습니다. 후천은 모든 것이 터 있어서 텔레파시 교감

으로 마음을 읽어버리는 도통한 만사지萬事知 지심知心세계이기 때문입니다

❀드레이크 방정식(우리 은하 안에 존재하는 외계 지적문명의 수를 구하는 수학방정식)

$$N = R^* \times f_p \times n_e \times f_l \times f_i \times f_c \times L$$

N: 우리은하 내에 존재하는 교신이 가능한 문명의 수
R*: 우리은하 안에서 1년 동안 탄생하는 항성의 수(=우리은하 안의별의 수/평균별의 수명)
fp: 이들 항성들이 행성을 갖고 있을 확률 (0에서 1 사이)
ne: 항성에 속한 행성들 중에서 생명체가 살 수 있는 행성의 수
fl: 조건을 갖춘 행성에서 실제로 생명체가 탄생할 확률 (0에서 1 사이)
fi: 탄생한 생명체가 지적 문명체로 진화할 확률 (0에서 1 사이)
fc: 지적 문명체가 다른 별에 자신의 존재를 알릴 수 있는 통신 기술을 갖고 있을 확률 (0에서 1 사이)
L: 통신 기술을 갖고 있는 지적 문명체가 존속할 수 있는 기간 (단위: 년)

큰 행보를 하는 사람이 작은 행보를 하는 사람을, 큰 그릇이 작은 그릇을 담을 수 있습니다. 무릇 소리(小利)는 사욕이요, 대리(大利)는 공욕이라, 소인은 세속의 작은 이끗에 밝고 대인은 큰 이끗에 밝습니다. 도통도 잔머리 재지 않고 성경신誠敬信이 지극한 천진군자(天眞君子) 순으로 열리게 되어 있습니다. 지금까지의 선천은 마음이 닫힌 세계라 지적 재산권이라는 명분으로 지식도 서로 감추고 상업화하여 자신의 소리(小利)를 위해서만 필요에 따라 공개하는 세상이었습니다.

이처럼 닫힌 세상에서는 남보다 지知, 력力이 조금만 높고 강해도 학자, 발명가, 각종 스포츠 선수 등으로 남들 위에서 우월한 권리를 행할 수 있었으나 후천에는 모든 도술이 총합적으로 오픈된 조화권력 도술문명 세계라 오직 신령함과 내명함으로 사람과 나라를 다스리되 도력에 따라 직품이 열리므로 선천에서처럼 지, 력을 팔아먹고 사는 소인배의 세상이 아닙니다. 따라서 배사율背師律로 역모를 하고 싶어도 도력이 딸려 못하며 설혹 상급자나 스승을 범하려는 마음을 품으면 직품이 높은 상급자가 텔레파시로 교감하는 지심(知心)세계로 먼저 아는 황금문명 불국토 세상입니다.

앞 세상은 신령함과 내명함으로 다스리는 세상이므로 지금은 영신을 기르는 존심양성存心養性에 힘써야 하는 개벽기 세상입니다. 본연의 선한 마음을 보존함으로써 사단(四端)의 본성을 키워 사단이 끌고 다니는 7정을 제어 통제하여 신령함과 내명함을 길러야 합니다. 5운6기가 바뀌고 5대양 6대주가 바뀌며, 24 절후가 바뀌어 극한극서가 없어지고, 모든 종교는 상제님 진리로 통합되고 인체는 환골탈태하여 늙은이는 청춘소부로 바뀌고 수명도 1000세 전후의 천년왕국 용화낙원 불국토 시대로 변모되기 때문입니다.

후천세계는 바둑을 두려고 수를 암산하면 상대가 지심(知心)세계로 그 수를 아는 세상이므로 수를 놓은 뒤에는 무념무상의 세계로 들어가야 합니다. 결국 닫힌 세계와 열린 세계의 바둑은 지력과 도력의 화권(化權)차이입니다. 이는 후천이 모든 것이 오픈된 열린 세상이기 때문에 그런 것입니다. 열린 우주에서는 모든 것이 개방되어 있어 정보와 소통이 막히거나 감추어지지 않습니다. 후천이 오기 전 미리 전초전으로 보여주고 있는 것이 바로 아날로그 시대와 디지털 시대의 전환입니다.

1985년까지 맥킨토시의 도스Dos, 유닉스 시절은 「문자 유저 인터페이스(CUI)」 방식이어서 컴퓨터에서 화면을 넘기려면 a화면에서 b화면으로 넘긴다고 일일이 명령어를 친 다음 엔터키를 쳐야 했던 시절이었습니다. 역사적인 1985년, 빌게이츠의 마이크로 소프트社에서 「그래픽 유저 인터페이스(GUI)」 방식 윈도우 1.0가 출시된다고 미리 예고를 했지만 파일을 화면에 척척 붙이고 창을 여러 개 띄운다는 개념은 상상조차 하기 힘들었습니다. 마찬가지로 애플 스마트 폰이 처음 출시되기 1년 전 스티브 잡스가 시장반응을 보려 애플 스마트 폰의 각종 애플리케이션이 담긴 디자인 모습을 언론에 공개한 바 있습니다.

그러나 그 당시 메시지, 통화, 사진과 동영상, MP3 용도 등 아날로그 폴더 폰의 한계에만 갇힌 대중들은 애플리케이션 디자인이 무얼 뜻하는지 감도 잡기 어려워 다들 저게 뭐지? 하는 분위기였습니다. 이는 아날로그 세계관에 닫혀져 있어 스티브 잡스가 새롭게 열고자 했던 디지털 시대의 열린 세계를 상상도 못했기 때문입니다.

증산 상제님은 진주치기 노름을 하시며 모두 트라 하셨습니다. −가구 진주치기 노름을 하시는데, “다 터라.” 하시고 척사(柶)를 들고 탁 치시며 “○씨가 판을 쳤다” 하시고 다 긁어 들이시고, “끝판에 ○씨가 있는 줄 몰랐지야. 판 안 끝 수 소용 있나. 끝판에 ○씨가 나오니 그만이로구나. 나의 일은 판 밖에 있단 말이다.−*<강증산실기(1961년. 전남대도서관)>에는 <동곡비서>와는 다르게 ‘서씨’ 혹은 ‘○씨’가 아닌 6 끗수를 상징하는 전라도 노름판 용어 ‘서시’로 표기. 전라도 가구판 노름판에 9 끗수는 갑오, 6 끗수는 서시로 가구판의 진주 서시가 나오면 판모리로 끝낸다 함. 安이 서시 6 끗수이며 말복도수 인사문제 역시 새끼손가락 막둥이 6수에 부쳐놓음. 오성산 교단은 서시가 나와 끝맺는다고 알고 있음. 과거 이를 모르는 서백일이 서(徐)씨를 자처한 바 있음.

때가 되면 진주치기 상씨름 노름판에 서로 감추었던 마지막 세 살림 종통 패마저 모두 오픈시켜 닫혀있는 마음의 장벽을 터서 나와 이웃, 이웃과 이웃, 이념과 이념, 종교와 종교 사이 놓인 모든 마음의 장벽, 한계를 터서 잃어버린 본심을 찾아 국가와 국가, 우주와 우주가 화이부동(和而不同)의 한 덩어리로 되어 갈래갈래 찢겨진 세상이 아니라 본래의 하나인 새 세상을 보아야 합니다.

지금은 절름발이 지식인이 양산되는 세상이지만 맹자도 학문하는 길은 다른 것이 아니라 잃어버린 본심을 찾아내는 것일 따름이라 정의했습니다. 이 말의 진의를 공자 식에 대입한 후 상제님 『중화경』 말씀으로 풀어내면, 공자 가라사대 “문(文)은 닦아서 몸에다 수식한 후천적인 것이고, 질(質)은 천성적으로 실질적인 것이다. 문과 질이 섞여서 조화를 이룬 연후에라야 군자라 할 수 있다. 수식적인 면과 실질적인 면이 반반으로 섞여서 조화를 이루는 것이 이상적인 것이고 그 어느 쪽에 치우쳐도 군자라고 불릴 수 없다.”

질은 바로 천성적인 인간의 바탕으로 학문의 목표는 자신의 인격의 본성, 본 바탕質을 높여주는데 목적이 있는 것이지 지식을 많이 축적해 학문을 팔아먹고 사는 게 목적이 아니라는 것입니다. 인격 성숙을 시켜주지 못하는 지식은 밑 빠진 독에 물붓기의 쓸모없는 학문입니다. 학문과 지식은 순수학문으로써 인간의 바탕을 성숙시켜주는 인문 사회학의 도덕 교육이 바탕을 이루어야 하며 이런 바탕 위에서 각종 상경, 의학, 공학 등의 각종 응용학문이 뻗어나가야 합니다. 이를 상제님 말씀으로 간단히 결론 내립니다.

<중화경(中和經)>★학문과 바탕이 위주하여 천지의 도를 이루어 마름질하고, 바탕은 학문으로써 보필이 되어 천지의 화목함을 서로 보완하니, 이것이 경천위지하는 도덕의 학문이니라. 文而質爲主하야 裁成天地之道하고 質以文爲輔하야 輔相天地之宜하니 便是經天緯地는 道德文이니라.

증산 상제님은 천상 옥경은 네 앞에 펼쳐져 있건만 선천 아날로그 시대 지식의 파편과 묵은 관념으로 닫혀있는 네 마음이 못 보는 것일 뿐이라 하셨습니다. 화엄경에서 보여주고 있는 호화장엄한 대 우주 비경속의 천상옥경은 지금도 네 눈앞에 덩그렇게 놓여있건만 묵은 관념과 선천의 낡은 지력으로 스스로 장님이 되어있다는 말씀입니다.

<보천교普天教 교전教典>★옥경비재비밀이야玉京非在秘密裏也 형개어이안전模開於爾眼前 - 천상 옥경은 비밀 속에 존재하지 않으니 그 모습이 네 눈앞에 펼쳐져 있느니라.

<도마복음서>★(김용옥 譯)예수가 말했다. "너희 앞에 있는 것을 인지하라. 그러면 감추인 것이 너희에게 알려질 것이다. 감추인 것이 드러나지 않을 것이 없기 때문이다." Jesus said, "Know what is in front of your face, and what is hidden from you will be disclosed to you. For there is nothing hidden that will not be revealed. [And there is nothing buried that will not be raised."](Translations by Stephen and Marvin Meyer)

인간의 감각기관이 얼마나 취약한 것인지 그리고 인간이 얼마나 스스로 쌓아놓은 관념의 노예인지 보여주는 일화가 있습니다. 안연(顔淵) 또는 안회(顔回)라고 일컬어지는 사람은 공자가 가장 사랑했던 제자로 32세에 요절해 공자가 "하늘이 나를 버리는구나."라고 말하며 통곡한 제자입니다.

그런 안회도 공자의 오해를 받은 적이 있었습니다. 어느 날 공자가 초나라로 가다가 대신들의 질투로 고립되어 명아주 국도 못 먹고 7일간 굶게 되었습니다. 이에 안회가 공자를 위해 쌀을 꾸어다 밥을 짓고 있었습니다. 밥이 거의 다 되었을 무렵 우연히 공자가 안회 쪽을 쳐다보니 안회가 솥뚜껑을 열고 밥을 한 숟가락 떠먹는 것이었습니다. 공자는 속으로 "저 놈이 불공스럽게 저런 짓을 하다니."하고 못마땅하게 여겼습니다.

이윽고 안회가 밥상을 들고 들어오자 공자가 말했습니다. "조금 전에 막 꿈을 꾸었는데 꿈에 아버님을 뵈었다. 그래서 밥을 먹기 전에 그 밥으로 조상에게 먼저 올리고 먹었으면 한다."라고 말했습니다. 그러자 안회가 "안 됩니다. 아까 보니 밥에 매태(煤炱:숯 검댕이)가 섞여 있어서 그것도 먹는 음식인데 버리기는 아깝고 혹 선생님 밥그릇에 들어갈까 봐 제가 떠먹었습니다." 라고 했습니다.

공자의 오해가 풀린 것은 물론이지만 공자는 크게 깨달았습니다. "눈으로 보는 것조차 믿을 수 없구나. 마음도 믿을 것이 못 된다. 하마터면 내가 가장 믿는 제자마저 의심할 뻔 하지 않았던가." 라고 탄식했습니다. '5-3=2'라는 공식의 의미를 다시 한 번 되새겨봄직 합니다. '아무리 큰 오해라도 세 번만 상대방의 입장에서 다시 생각해보면 이해가 된다.' 는 뜻입니다. 참으로 사람사이의 믿음을 깨뜨리는 오해와 중상모략은 가장 큰 재앙이 아닐 수 없습니다. 그런가 하면 '2+2=4'라는 공식의 위력도 되새겨봄직 합니다. '이해와 이해가 합치면 사랑이 된다.'는 뜻이기 때문입니다.

공자의 도를 한마디로 정의하면 극기복례(克己復禮)와 충서忠恕입니다. 극기복례를 제외하면 공부자의 도는 오직 충서에 그칠 뿐이어서-부자지도(夫子之道) 충서이이의(忠恕而已矣)라 합니다. 여기서 충(忠)은 글자 그대로 넘치거나 모자라지 않는 중용의 덕을 지닌 마음으로 가운데 중은 매사의 핵심을 말하며 그 핵심을 지향하는 마음을 충(忠)이라는 요술방망이로 대표합니다. 이 요술 방망이는 상황과 환경에 따라 방망이 이름을 무한 변신합니다.

마치 집에서는 효(孝)도, 제(弟)도 되고 나라에서는 충(忠)도 됨과 같이 때에 따라서는 인류애의 애(愛)도 되고, 친구끼리 신(信)도 되는가 하면 부부끼리 별(別)도 되고, 부자간 친(親), 군신 간 의(義), 애와 어른사이 서(序) 등 충(忠)은 상황과 환경에 따라 무한 변신해 나아갑니다. 그럼 서(恕)는 무엇이냐 하면 글자의 조어를 보면 나의 마음이 너의 마음과 같은 마음이라는 같을 여如+마음 심心으로 되어있습니다.

이는 곧 상대의 마음을 헤아려 이해하고 동정하는 마음입니다. 그러니 상대가 실수하고 잘못을 해도 아량을 베풀어 용서해 줄 수 있습니다. 용서(容恕)는 상대의 실수와 잘못을 나의 마음과 같이 이해해 용납한다는 뜻입니다. 공자가 말하는 도와 덕을 기반으로 하는 예치천하叡治天下의 충서는 바로 공자가 안회를 크게 의심하여 깨달은 반면교사의 가르침입니다.

<논어>에는 자공이라는 제자가 공자에게 사람을 평가하는 질문을 한 이야기가 실려 있습니다. 공자는 세상의 평판과 관련해 어떤 사람이 훌륭한 사람이냐는 질문에 다음과 같이 대답합니다.

'동네 사람이 모두 그 사람을 좋다고 하면 어떻습니까? 공자가 대답하기를 별로다! 그렇다면 동네 모든 사람들이 그를 싫어한다면 어떤 사람입니까? 공자가 말하기를 별로다. 동네의 좋은 사람은 그를 좋게 평가하고, 동네의 나쁜 사람들은 그를 나쁘게 평가하는 사람이 진정 훌륭한 사람이다.'

그 동네 모두에게 좋은 평가를 받는 사람이 훌륭한 사람이 아니라 좋은 사람은 좋게 평가하고, 나쁜 사람은 그를 나쁘게 평가하는 사람이 진정 훌륭한 사람이라는 것입니다. 예수도 고향에서 천대와 멸시를 받고 떠나면서 "선지자는 모든 곳에서 존경을 받지만 고향과 자신의 가족들에게 만은 존경을 받을 수 없다.(A prophet is respected everywhere except in his hometown and by his own family.)"고 한탄하면서 고향을 떠납니다.(마태복음 13장 54~58절)

공자는 일찍이 어떤 사람에 대해 범죄 혐의를 두고 보았더니 모든 말투와 행동거지가 틀림없이 범죄자로 보였다가 나중에 혐의가 풀어져서 다시 보니 전혀 범죄자로 보이지 않았다면서 사람의 선입견과 섣부른 판단에 대해 크게 경계했습니다. 소 동파(1037 ~ 1101)의 『제서림벽(題西林壁)』이라는 시가 있습니다. '여산의 참모습을 알지 못하는 건, 다만 이 몸이 산 속에 있기 때문(不識廬山眞面目 只緣身在此山中)'이라는 구절로 유명합니다.

이 시는 원래 "지재차산중 운심부지처" 라는 구절 때문에 천고의 절창이 된 당나라 시인 '가도(賈島,779~843)'의 『심은자불우(尋隱者不遇)』 란 시에서 '지재차산중' 운자를 차용한 시입니다. 가도의 시를 먼저 보고 차례로 『제서림벽』 을 보겠습니다.

松下問童子(송하문동자)하니,
言師採藥去(언사채약거)라.
只在此山中(지재차산중)이나,
雲深不知處(운심부지처)라.

소나무 아래 동자에게 물으니
스승은 약초를 캐러 가셨다더라.
다만 이 산중에 계시건만
구름 깊어 못 찾겠다 하더라.

橫看成嶺側成峰횡간성령측성봉
遠近高低各不同원근고저각부동
不識廬山眞面目불식여산진면목
只緣身在此山中 지연신재차산중

횡으로 보면 고개더니 옆에서 보니 봉우리네
원근고저마다 그 모습 제 각각이네.
여산의 진면목을 알지 못하는 것은
단지 내 몸이 여산 속에 있기 때문이로다!

소 동파(1037 ~ 1101)의 『제서림벽(題西林壁)』 은 안회를 의심한 공자가 감각기관의 불신과 선부른 판단에 대해 크게 경계한 일화를 설명해 주는 가장 적절한 시입니다. 원근고저에 따라 전혀 다른 모습으로 다가오는 여산의 전체모습을 제대로 파악하는 법은 멀리 여산 밖에서 전체를 통관적으로 보아야 한다는 것입니다. 국 속에 빠진 국자는 국 맛을 모르는 법입니다. 수운가사에 「제 소위 추리한다고 생각나니 그뿐이라」 하였나니 너희들이 이곳을 떠나지 아니함은 의혹이 더하는 연고라 이곳이 곧 선방仙房이니라 하신 무이구곡의 마지막 아홉 번째 말복 진법 찾기 상제님 화두 말씀이 연상되는 이 일화는 진리가 되었든 사람이 되었든 단선적인 차원으로 파악하면 안 되고 다양한 관점으로 보아야 한다는 공자의 지론을 설명해 줍니다.

상제님 진리세계에서 요구하는 사람은 '난 사람', '든 사람', '된 사람' 중에서 '된 사람'입니다. 그중에서도 곤존 고성후비 태모님은 근본이 세워져 있어 도를 받아들일 수 있는 본립이도생(本立而道生)의 '참된 사람(眞人)'을 으뜸으로 치셨습니다. 도와 덕은 천도지덕의 음양 관계로 덕재어도德在於道하고 화재어덕化在於德입니다. 즉, 덕德은 도道를 기반으로 존재하고, 무릇 일을 성사시키는 모든 조화는 덕德을 기반으로 해서 일어납니다. 노자도 인이덕위본(人以德爲本)이라 해서 사람은 덕으로 근본을 삼는다 했습니다. 미륵존불이신 건존 증산 상제님, 곤존 태모 고 수부님 창생구제 천하사는 호생지덕(好生之德)을 펴는 덕포어세德布於世로 시작합니다. 덕포어세하는 천하사 일꾼은 바로 기본(덕)이 '된 사람'이 우선적인 선결 조건입니다. 난 사람은 선천적으로 천부적인 능력을 가지고 태어난 사람과 후천적으로 노력해 뛰어난 능력과 재주를 개발한 소위 '잘난 사람'을 말합니다.

이들에게 권력, 부귀, 학문, 예술 등 명성을 얻을 수 있는 길은 다양하게 열려 있습니다. 소위 세속에서 각광받는 행복한 사람들입니다. 공자는 참된 사람은 인(仁)을 행하지 않는 것으로 명성을 얻으려 하지 않는다 했습니다. 인은 자애로운 속 마음이고 밖으로 드러나는 것은 의로움입니다. 의롭지 않게 해서 명성을 얻는 것을 경계한 가르침입니다. 이는 역설적으로 '난 사람'의 재주가 사회에 의로운 방법으로 이바지하면 좋다는 뜻입니다. '든 사람'은 많은 지식을 습득한 사람으로 인생에서 산전수전 겪으며 철이 든 백전노장의 경륜자를 말합니다.

그러나 상제님과 태모님은 그보다 신언서판(身言書判)으로 사람의 기본 격국과 바탕이 된 '참된 사람'을 요구하고 계십니다. 선천에서 추구하는 세속가치는 소위 '잘난 사람'이 되도록 가르치는 비열한 공리입니다. 세속 학문이 비열한 공리에 빠진 이런 아수라 세상에서 성공한 사람은 '난 사람'이고, '난 사람'보다 한 발 뒤쳐진 사람은 수많은 시행착오를 거치며 나름 자리잡은 '든 사람'의 고된 삶입니다. 하지만 '든 사람'은 '난 사람'보다도 세속의 온갖 역경을 극복한 마지막 인간 승리자란 점에서 어느 정도 성공한 사람임에 틀림없습니다. 그러나 난사람의 성공자는 결국 반쪼가리 성취자에 불과할 뿐입니다. 이는 그들 소위 '난 사람'의 능력과 재주가, 비열한 아수라장 공리 전쟁터에서 나름의 전리품을 챙겨 성공했을지라도 반드시 올바른 가치관까지 담보해 주지는 못하기 때문입니다.

상제님 진리를 전해 주면 인생의 경륜이 있는 '든 사람'은 귀를 기울여 듣지만 노당나귀 '난 사람'은 타인을 자기보다 못한 사람으로 치부하는 선입견과 스스로의 오만함 때문에 자기 얘기만 늘어놓기 일쑤입니다. 상제님은 저 혼자 교이불태(驕而不泰)하여 잘난척하는 소위 '나 잘난 박사'에게 장교자패將驕者敗니, 견기이작見機而作하라 하시어 장차 교만한 자는 실패하니 낌새를 보아 미리 대처하라 하셨으며 태모님은 "무식도통이라야 써먹지, 유식한 놈은 늙은 당나귀 같아서 가르쳐 써먹을 수가 없느니라." 하셨습니다.

정말로 강한 빛이 있는 사람은 주변 사람의 눈을 부시게 하지 않습니다. 대부(大富)는 부 자체를 떠나 있고, 대귀(大貴)는 벼슬하지 않는 것처럼, 대지(大智)는 소리(小利)에 어두워 값싸게 지식을 팔지 않고 주변 사람들에게 자신의 능력을 자랑하지 않습니다. 공자는 도(道)가 없는 나라에서 부하고 귀하게 되는 것은 사람으로서 수치스러운 일이라 했습니다. 선천에서 서민으로서 중류층의 부귀를 성취했으면 오를 자리 다 오른 것입니다. 비록 하층민이어도 공자는 "비록 가난하다고 해서 걱정할 것도 비관할 것도 없다. 목적을 가지고 살고, 믿음을 가지고 살고, 수양에 힘쓰고 하면 저절로 적극적인 인생의 즐거움이 있는 것<논어>"이라 했습니다.

공자는 '난 사람'의 병폐에 대해, 난 사람은 역경이 닥쳐 일이 안 될 것 같으면 미리 중도 포기하는 사람이라 기피하고 중질(中質) 정도 되는 사람을 택했습니다. 공자와 달리 상제님은 중질이 아닌 천(賤)하고 못난 하질(下質)을 내 사람으로 쓴다 하셨습니다. 그 하질 인생을 후천의 일등인생으로 만드는 것이 바로 해원입니다.

<보천교普天敎 교전敎典>*이때는 해원시대解冤時代라 사람도 이름 없는 사람이 기세氣勢를 얻고 땅도 이름 없는 땅에 길운吉運이 돌아 오나니라. 양반兩班을 찾는 것은 그 선영先靈의 뼈를 올여내는것 같하야 망亡하는 기운이 이르나니 그러므로 양반兩班의 기습氣習을 속速히 빼고 천인賤人에게 우대優待하여야 속速히 좋은 시대時代가 이르리라.

공자는 다음과 같이 자공에 대해 평가하면서 총명한 '난 사람'과 지식이 많은 '든 사람'이 과연 군자인가 대해 다음과 같이 설파합니다. '자공은 너무 총명한 것이 문제니라. 약간은 모자란 면이 있어야 우직하고 꾸준하게 일을 할 수 있는데 말이다. 머리가 좋은 만큼 앞서 생각하는데 능하니 당연히 일이 안될 것 같으면 더 시도하지 않고 중간에 포기할 가능성이 더 많다. 무엇인가 안다고 해서 그가 곧 군자일 수 없으며 그것을 모른다 해서 그를 소인이라 할 수 없다. 지식이 군자를 만들고 성인을 만드는 게 결코 아니다.'

조선시대 최고의 천재는 아성(亞聖)인 율곡, 퇴계 반열의 몇몇 인사는 제외하고 김 시습과 함께 최 영 장군의 손녀사위인 고불(古佛) 맹 사성으로 칩니다. 맹 사성(孟思誠)은 집안 좋고 머리가 뛰어나 과거에 장원급제를 하고 홍안(紅顔)에 벼슬을 얻어 그야말로 기고만장하고 안하무인이었습니다. 천재 맹 사성이 그릇이 흘러넘쳐 과유불급의 겉똑똑이로 오만무도할 때의 일화입니다.

장원급제하고 얼마 안 되어 경기도 파주 군수를 하던 시절 강원도 오대산의 나옹(懶翁) 선사가 파주의 어느 산골에 머물게 됩니다. 나옹 선사는 고려 말 공민왕의 국사(國師)를 지낸 고승대덕입니다. 천하에 보이는 것이 없던 맹 사성은 관할 군내의 어느 산골에 무명선사(無名禪師)라는 선지식(善智識)이 있다는 소문을 듣고 "제까짓 중놈이 알면 얼마나 알겠는가. 내가 혼 줄을 내줘야겠다."며 회심의 미소를 지으며 그를 찾아가서 평생 동안 지니고 살아야 할 좌우명을 말씀해 달라고 짐짓 간청을 하게 됩니다.

이에 무명선사는 미소를 지으며 조용히 타이르듯 "제악막작 중선봉행(諸惡莫作 衆

善奉行)하시지요.” 라고 말하게 됩니다. 선사는 이미 오만하고 도도한 젊은 벼슬아치의 속마음을 읽고 있었던 것입니다. 맹 사성은 불쾌하다는 듯이 “온갖 죄짓지 말고 착한 일 많이 하라는 것은 삼척동자도 다 아는 사실인데 그 따위 것을 장원급제한 나에게 좌우명이라고 가르쳐 주신단 말입니까.” 라고 응수했습니다. 노 선사는 빙그레 웃으면서 “삼척동자도 다 아는 사실이지만 실천에 옮기자면 팔십 노인도 어려운 법입니다.”

“대관께서는 백문이 불여일견(百聞而 不如一見)을 아시지요? 그러나 한 경지 더 높이면 백견이 불여일각(百見而 不如一覺)이지요, 백 번 보기보다 한 번 깨우치는 것이 더 나은 것입니다. 또 한 경지 더 높이면 백각이 불여일행(百覺而不如一行)이지요. 백 번 깨우치는 것보다 한 번 실천하는 것이 더 낫다는 뜻이 아닙니까?”

맹사성은 정신이 아찔하여 경건한 자세로 승복하고 훌륭한 좌우명을 내려준 것에 고맙다고 인사하며 평생 잊지 않겠노라 약속을 하게 됩니다. 무명선사는 맹 사성 앞에 사발 같은 찻잔을 내놓으면서 기왕 산사에 왔으니 녹차나 한잔 공양하고 돌아가라며 큼직한 청동 주전자를 번쩍 들어 맹사성의 찻잔에 차를 따르면서 먼 산을 바라봅니다.

찻잔에 물이 흘러 넘쳐 방바닥에 있던 방석도 책도 젖게 되니 스님의 손목을 붙들고 방안이 엉망이 되었음을 소리쳤으나 노승은 꾸짖듯 근엄하게 “그대는 어찌하여 작은 찻잔의 찻물이 흘러 넘쳐 방을 망치는 것은 볼 줄 알면서 작은 머리통에 지식이 넘쳐서 인품을 망치는 것은 왜 볼 줄 모르는가?” 질책합니다.

이 일갈에 맹사성은 크게 깨우치고 큰절을 올리고 밖으로 나가다 낮은 문틀에 머리를 쾅 부딪쳐 눈에 불이 번쩍했습니다. 이때 무명선사가 머리를 더 낮춰야 부딪힐 곳이 없다고 크게 꾸짖습니다. 맹사성은 이 일로 인하여 대인호변(大人虎變)의 자기 혁신을 이루어 조선 초의 문신으로서 세종 13년에 좌의정이 되어 명재상으로 이름을 날리게 됩니다. 맹 사성은 나옹 화상의 큰 가르침에 일생의 전환점이 되었지만 과유불급을 모르는 겉똑똑이가 인생의 전환점이 되려면 삼생의 인연과 부모가 심어둔 인연 법줄의 선근이 아니라면 겸손한 것 밖에는 답이 없습니다.

노자는 꺾을 좌挫자에 날카로울 예銳자, 풀어헤칠 해解자에 어지러울 분紛자 '좌예해분(挫銳解紛)'이라 해서 날카롭고 복잡한 생각을 모두 쳐 내고 단순하게 생각하라 했습니다. 정도(正道)와 사도(邪道), 예쁜 짓과 미운 짓은 유치원 시절 대국적으로 모두 가르친 것이니 잔챙이 논리에 빠지지 말고 순수한 유아로 돌아가 대국을 보라는 것입니다. 예수는 '너희가 돌이켜 어린 아이들과 같이 되지 아니하면 결단코 천국에 들어가지 못하리라'했습니다.

불가에서도 더 큰 것을 얻기 위해 머리에 담아둔 지식을 모두 버리라고 합니다. 공자 역시 '먼저 널리 배우는 것이 좋다. 그러나 박식(博識)으로 만족해 있어서는 안 된다. 예(禮), 즉 실행으로써 그 지식을 요약해 나가야 할 것이다.예(禮)는 사람이 밟고 가야 하는 이(履)이다.'라 했습니다. 이를 박문약례(博文約禮)라 합니다. 널리 학문을 골고루 섭취한 이후 예로 요약, 간추려 겸손히 머리 숙이라는 말입니다. 구슬이 서 말이라도 꿰어야 보배입니다. 박사가 백 개여도 이를 현실에서 꿰지 못하는 지식은 인품을 더럽히는 오염된 난지도 쓰레기 오물일 뿐입니다. 말은 마음의 소리요 행사는 마음의 자취입니다. 예는 마음의 자취가 가야하는 종착역이자 도덕의 완성으로, 도덕천하를 이루는 행위예술입니다.

다유곡기횡이입(多有曲岐橫易入) 비무탄로정난심(非無坦路正難尋)이라 증산 상제님 진리를 찾아 진리의 여정에 오른 자는 샛길이 많아 빠지기 쉽습니다. 그러나 탄탄대로의 가운데 길이 없는 게 아니고 수많은 샛길의 미로에 빠져 올바른 길을 바르게 찾기가 어렵다는 것입니다. 길이 험하고 어려울수록 단순하게 생각해야 합니다. 그것은 바로 곁에서 유혹하는 잔가지 이론과 교리는 모두 쳐내고 대국을 보는 안목으로 정신 차려 대처하는 것입니다. 숲과 사막에만 독뱀과 독충, 전갈이 있는 것이 아닙니다. 진리를 추구하는 여정에는 이들보다 더 무서운 의혹과 유혹, 척신, 마신들이 끊임없이 달려듭니다. 공자도 제자 자하(子夏)에게 너는 대국을 볼 줄 아는 군자 선비가 되어야 한다고 강조 했습니다.

바둑도 생사판단이 먼저고 명의도 생사판단이 먼저입니다. 진멸지경에 처한 개벽시대에 살아날 법방인, 천주 하느님의 새로운 복음-새로운 통합진리가 나왔다고 말하면 우선 지소선후(知所先後)면 즉근도의(則近道矣)로 귀 기울여 보아야 합니다.

자신의 구슬이 서 말이라도 아직 꿰는 방법을 몰라 못 꿴 사람일수도 있고 한 되밖에 안 되는 구슬일지라도 이미 모두 꿴 사람일수도 있기 때문입니다. 전쟁터의 전법에서도 불리하면 일단 도망가는 18계가 제일이며 폭탄이 떨어지면 일단 피해 사는 게 제일입니다.

공자는 부모가 화가 나서 자식을 때리려 하면 자식은 응당 그 자리를 떠나 도망가야 효자라 합니다. 도망가지 않고 그냥 우두커니 서 있으면 부모는 더 화가 나서 살인하는 죄를 짓게 될지 모르기 때문입니다. 화엄경에서 전해주는 선재동자의 구도과정은 대우주 은하비경의 호호탕탕한 천계 문명세계에서의 다양한 단계의 53명의 선지식(善知識:스승)을 만나 진리를 구하는 과정을 보여줍니다.

화엄경은 부처님께서 깨달으신 경지를 하나도 빠짐없이 그대로 표출하고 있는 대승경전의 황제라고 말할 수 있습니다. 다시 말해 깨달음이라는 광대무변한 세계를 낱낱이 표현해 놓은 불교경전의 극치입니다. 화엄경의 정신은 심불급중생心佛及衆生 시삼무차별是三無差別이라 해서 일체 중생을 그대로 다 부처로 보는데서 출발합니다. 문제는 법성 즉, 법계의 성품을 갖추었느냐 못 갖추었느냐 하는 문제로부터 풀기 시작합니다.

법성을 찾아 삶과 죽음의 번뇌에서 벗어나는 해탈문제로 갔다가 해탈을 위한 실천으로 현실문제로 다시 돌아옵니다. 이런 과정에서 현실문제인 사법계(事法界), 진리세계인 이법계(理法界)－현실세계는 진리세계의 반영으로 서로 동일하다는 이사무애법계(理事無碍法界)－분리된 사건과 시공간을 하나로 묶고 통합하는 사사무애법계(事事無碍法界) 등 4가지 법계관이 등장합니다.

1970년대 말 일본에 애니메이션 붐을 일으켰으며 '국내에서도 선풍적 인기를 끌었던 일본 만화영화 <은하철도 999> 의 여주인공은 메텔입니다. 엄마 잃은 소년 철이를 늘 뒤에서 도와주는 메텔은 어디에서 왔는지, 심지어는 인간인지 사이보그인지 등이 전혀 알려지지 않아 시청자들 사이에서 논란이 분분했었습니다.

'메텔 레전드' 에 따르면 같은 작가(마스모토 레이지)가 그린 '천년여왕' 의 천년여왕이 기계인간으로 변하기 전 낳은 쌍둥이 딸 중 하나가 메텔입니다. 이들이 사는 혹성이 기계화되기 직전 메텔이 가까스로 탈출해 은하철도 999호를 탄다는 내용입니다.

은하철도를 탄 메텔은 차장으로부터 아버지의 유품이 담긴 트렁크를 전달받는데 유품 중 하나가 바로 상복인 검은 털옷으로 그 전까지 흰 털옷과 모자를 쓰던 메텔은 그때부터 검은 옷을 입게 되며 철이와의 만남도 이때부터 시작됩니다.

그런데 이 <은하철도 999> 의 기본 줄거리를 가져 온 출처가 바로 불교의 <화엄경(華嚴經)>입니다. 화엄경의 기본 줄거리는 문수보살이 어린 선재동자를 데리고 우주를 돌아다니며 깨달음을 얻게 하는 과정으로 이루어져 있습니다. 화엄경은 <은하철도 999>의 스토리 구성과 완벽하게 일치합니다. 문수보살이 바로 메텔, 철이가 선재동자입니다. 화엄경에서도 문수보살은 여인으로 화해 선재동자를 엄마처럼 보살펴 주고 선재동자 역시 철이처럼 많은 사건과 고난을 견디며 깨달음을 얻게 됩니다.

블교의 세계에는 수많은 불보살이 등장합니다. 따라서 불경에 등장하는 세상은 전체 우주비경이 아니라 어느 하나의 부처님이 주재하는 은하세계 혹은 어느 하나의 부처님이 주재하는 태양계를 보여줍니다. 그런데 화엄경의 세계는 이 모든 부처를 총괄하는 전체 모습이며 모든 종류의 부처님을 총괄하는 법신불-비로자나불이 본존불인 전체 펴즐 세계입니다.

불교의 세계는 수많은 펴즐 세계를 각기 부분적으로 주재하는 호호탕탕히 많은 부처님의 세상을 보여줍니다. 그러다 보니 어느 세상이 어느 세상인지 또 어느 세상이 더 큰 집합의 세상인지 모르게 되어 있습니다. 가령 아미타불이 주재하는 세상에서는 관세음보살과 대세지보살이 좌우 협시보살입니다.

또 석가부처님 세상에서는 대지(大智)보살인 문수, 대행(大行)보살인 보현이 좌우 협시보살입니다. 또한 화엄경 여래출현품에 따르면 마혜수라 궁에 사는 '마혜수라(摩醯首羅)' 천신은 우주 삼천대천세계에 내리는 모든 빗방울 숫자까지 아는 존재로 색계의 정상에 있는 '대자재천(大自在天)'이라는 은하계의 천신입니다. 말하자면 지구태양계의 석가모니 부처님과 동급인 부처님입니다.

마혜수라 천신은 삼천대천세계의 주재자로(三千大千世界之主) 인도인에게는 쉬바(Shiva) 신으로 숭배되는 신으로 비슈누와 함께, 범천(梵天) 즉 브라마 신의 하위였으나, 점차 동등한 지위의 신으로 승격되어 세계 창조의 최고신으로서 신봉되고 있는 부처님입니다.

여기서 화엄경의 우주관을 먼저 이해해야 합니다. 우주에서 태양계 1000개 합친 은하계를 소천(小千)세계라고 하며 소천세계가 1000개 합쳐진 것을 중천(中千)세계라 하고 중천세계가 1000개 합쳐진 것을 대천(大千)세계라고 하는데 대천세계는 소, 중, 대 3종의 은하계가 겹쳐진 것이기 때문에 삼천대천세계라고 합니다.

화엄경에서 말하는 대 우주는 이러한 은하 세계가 무한으로 벌여져 있으며 삼천대천세계만큼의 세상이 바로 한 사람의 부처님이 중생을 교화하는 기본 단위이니 천계의 수많은 부처님을 생각하면 얼마나 많은 삼천대천세계가 존재하는지 짐작할 수 있습니다. 나그함마디 <빌립 복음서(The Gospel of Phillip) 제 28장>에도 천상에 천계 인간이 수없이 많다는 기록이 있습니다. “천상의 인간은 지상의 인간보다 훨씬 더 많은 아들들이 있느니라. 아담의 아들들이 죽었는데도 많다면, 완전한 인간의 아들들은 죽지 않고 항상 태어나니 얼마나 더 많겠는가?”

이런 측면에서 본다면 삼천대천세계의 주재자인 마혜수라 부처는 인도인들이 창조주로 믿고 있다는 점에서 화엄경에서 말하는 비로자나불이 주재자이신 전체 우주의 일부를 주재하는 부처님을 인도인들이 은하계 전부의 신으로 여겨 섬기고 있음을 알 수 있습니다. 이러한 화엄경의 세계를 모르면 민족마다 주재하는 최고신과 다양한 부처님의 위치와 한계를 모를 수밖에 없습니다. 화엄경에서 말하는 대 우주 천계로 보면

삼천대천세계 한 개 당 부처님 한 분 단위의 자연수 1이 끝없이 벌여진 대 우주 중에 극히 미세한 삼천대천세계 1의 주재 부처님들이 무한대로 다양함을 알 수 있습니다.

이런 안목 속에서 지구 염부제의 여래(석존 같은)-응공-정등각도 마혜수라 부처님과 같아서 큰 법구름을 일으키고 큰 법비를 내리는 것을 일체 중생, 성문, 독각으로는 알 수 없고, 헤아리지도 못한다 한 것입니다. 그러나 화엄경에서는 모든 세간의 주인인 보살 마하살은 예외라 하고 이분들은 과거세 전생에 깨달은 지혜의 힘으로 한 글자 한 구절까지도 중생의 마음에 들어가 분명히 안다고 합니다. 불교의 우주관을 알면 모든 중생은 보디사트바-보살입니다. 예수도 보살입니다.

「대지도론」에 의하면 보살 마하살은 미륵의 도인 해탈문(解脫門)을 배운다 하더라도 끝내 중도에서 타락하지 않으며 온갖 중생을 버리지 않고 마땅히 제도하고자 발원해야 공해탈문과 무상해탈문과 무작해탈문에 들어간다고 합니다. 또한 천하사 일꾼인 이 보살마하살은 방편의 힘은 성취했지만 아직 일체종지(지혜의 총지:道通=무상 정등각)를 얻지 못하고 이 해탈문을 행하면서도 또한 중도에 실제를 취하여 증득하지도 못하는 줄 알아야 한다 말합니다.

석가부처님이 본 보살마하살은 해탈문(미륵존불 용화도장의 문)에 들어서기는 했지만 일체종지(도통)를 얻지 못한 보살을 말합니다. 마하살은 대도진리에 귀의한 사람을 말합니다. 석존 3천년 말법시대가 지난 후인 지금 화엄경에서 말하는 불법의 마지막 귀향처는 과거불인 석존의 법이 결코 아닙니다. 화엄경에서 선재동자에게 선근(善根:후천 연화장 용화낙원 세계에 과보를 이룰 인연법줄의 뿌리)을 심어준 부처가 미래세의 주재자 미륵부처님이었던 것처럼 이 시대 의통 천하사 일꾼, 보살 마하살이

들어선 해탈문(장엄장 용화도장)의 주재자는 바로 미륵부처님이신 증산 상제님이기 때문입니다.

불원간 천장지구(天長地久) 신명무궁(申命無窮)의 간도광명(艮道光明)의 이치대로 이 대한민국 간방(艮方)에 금강산 일만 이천 봉의 기운을 받은 일만 이천 무극도통 군자, 여래불들이 대거 출현하여 대한민국이 전 세계 연화장을 아우르는 일등 도주국(道主國)이 됩니다. 이들은 바로 비로자나불(천주 하나님)이신 증산상제님의 미륵도법을 받든 아기부처(大佛)들로 석가불이래 3천년 만에 핀다는 '시절화時節花'의 인간꽃 우담발화입니다.

금산사 미륵불

화엄경 최종 말미에서 미륵존불이 선재동자에게 비로자나 장엄장(증산 상제님 도장)에 인연을 맺으면 한량없는 무상공덕을 성취하리라고 한 것은 바로 이것을 두고 한 말입니다. 화엄경에서 미륵보살은 구도하는데 가장 중요한 것은 정신 즉 마음이라고 하고 순수한 마음, 아집이 없는 청정한 마음, 집착 없는 마음, 나라고 하는 아상을 모두 내버린 마음이 아니면 이곳에 들어가지 못한다고 합니다. 비로자나 장엄장에 들어갈 일만 이 천 무상정등각 여래는 지식공부가 아닌 마음보 공부가 전부라는 것입니다.

화엄경에서 선재동자는 자신의 구도열정의 공덕에 대해 한참 칭찬 받은 뒤 보살도에 대해 한 소식 접하려면 '비로자나 장엄장'의 큰 누각에 들어가 두루 살펴보면 보살도의 한량없는 공덕을 성취하리라고 듣습니다. 금생에 인간으로 태어나 하루살이 허망한 권력을 잡고 금력을 잡는 것보다 가치 있는 것은 미륵존불의 도道인 증산 상제님의 진리를 만나는 것입니다. 그리하여 화엄경은 미륵보살을 만나 장차 말법시대에 보살도에 대한 결정적인 한 소식을 들으려면, 그리하여 지구 염부제에 더 이상 환생치 않고 단 한 차례의 생애에 일만 이천 도통군자인 일생보처보살로 열매 맺으려면 미륵불이신 증산 상제님의 용화도장인 <비로자나 장엄장>엘 들어가라고 수계를 줍니다.

이번 도통은 때가 되면 한 번에 열리는 천강(天降) 감화통(感化通)입니다. 팔공진인, 토정 이지함, 용호대사 정 북창, 격암 남사고를 비롯한 선인들이 지금은 산속에 틀어박혀 수행할 때가 전혀 아니고 하산할 때라고 강조하는 것은 바로 이 때문입니다. 천상 외계문명에 등장하는 외계인들이 지상에 자주 출몰하는 주요 원인은 지구 염부제가 바로 천주하느님이시자 미륵존불이신 증산상제님의 우주도법이 영그는 우주의 중심 십천(十天), 십무극 통일천 즉, 후천 연화장 용화낙원 세계이기 때문입니다. 증산 상제님이 광주 무등산 상제봉조에 초혼하신 이마두(마테오 릿치) 신부님을 9천 상제님으로, 증산상제님을 통일천 10천 상제님 혹은 십무극 통일천(統一天) 상제님으로 우리가 부르는 것은 바로 이것 때문입니다. <포톤벨트(You are Becoming The Galactic Human)>에서 지구가 우주의 교차점(Crossroad)에 있는 쇼케이스(Showcase:모범 전시대)라 언급한 이유 역시 마찬가지입니다.(『Alien Interview』에도 흡사한 내용 有)

이 같은 미륵불 후천 용화선경 세계와 금강산 일만 이천 봉의 기운을 받은 일만이천 무극도통 군자, 미래불 출세의 복음을 들으면 마땅히 무상정등정각(아뇩다라삼막삼보리:미륵존불의 진법)을 이루고자 하는 강력한 보리심(菩提心:정법, 반야지에의 발분심)이 폭발적으로 점화되어야 합니다. 대개 구도자는 초발심인 보리심의 강약 여하에 따라 그에 합당한 열매를 맺기 때문입니다.

<증산도 道典>*하루는 태모님께서 이 진묵(李眞默)에게 진묵대사(震默大師)의 기운을 붙여 대불(大佛) 도수를 정하시며 여러 성도들에게 말씀하시기를 "불교 막장 공사는 진묵이니라."하시고 "이 공사는 선천 불교 막장 공사요, 후천 대불을 내는 칠성(七星) 공사니라."

선천을 매듭짓고 후천 용화선경으로 들어가고자 하는 지금의 시대는 한갓 일개 중생의 번뇌를 끊기 위한 보리심이 필요한 것이 아니라, 일체 중생의 번뇌를 끊고 일체 중생을 진멸지경의 병겁에서 구제하기 위한 대승적인 보리심입니다. <미륵구고진경(彌勒救苦眞經)>에서는 지금의 시대를 백양시대라 하고 이 시대의 사람들을 미륵존불의 씨인 백양자白陽子이며 미륵불께서 수원(收圓=제도, 구원)하신 대상은 인조(人曹)외에 또한 천조(天曹), 지조(地曹)까지 두루 미쳐서 미륵불의 운에 응한 수원 대사(收圓大事)는 그 은혜가 삼조에 미치고 덕은 삼계중생에게 두루하여 과거 연등고불(연등불)과 석가불께서 수원(제도, 구원)하신 구역성(지역성)과는 달리 미륵불께서는 전 세계 중생을 수원(제도, 구원)한다고 하십니다.

비로자나불의 법신을 가지신 미륵부처님이 구한말 한반도에 강 증산 상제님으로 강림하셨다는 파천황적인 소식에 구도에의 보리심이 점화, 발분되는 사람은 천상 조상신이 축복해 맞이할 행운아입니다. 증산 상제님은 내가 누구인지만 알아도 반은 도통한 것이라 하셨기 때문입니다.

보현보살이 말합니다. "불자들이여, 보살마하살은 여래-응공-정등각의 몸을 어떻게 보아야 하는가. 한량없는 곳에서 여래의 몸을 보아야 한다. 보살 마하살은 한 법이나 한 가지 일이나 한 몸이나 한 국토나 한 중생에서 여래를 볼 것이 아니고 모든 곳에서 두루 여래를 보아야 한다. 마치 허공이 모든 물질과 물질 아닌 곳에 두루 이르지만, 이르는 것도 아니고 이르지 않는 것도 아니다. 왜냐하면 허공은 몸이 없기 때문이다.

여래의 몸도 그와 같아서 모든 곳에 두루하고 모든 중생에게 두루하고 모든 법에 두루하고 모든 국토에 두루하지만, 이르는 것도 아니고 이르지 않는 것도 아니다. 왜냐하면 여래의 몸은 없기 때문이다. 그러나 중생을 위해 그 몸을 나타낸다."

허공도 빛도 모두 일광보살 월광보살처럼 부처님입니다. 허공과 빛은 부처님의 몸으로 모든 중생, 삼천대천세계에 두루 편재 되어 있기 때문입니다. 나를 포함한 삼천대천세계의 산천초목, 삼라만상 모두 화엄경에서 말하는 법신불 비로자나 부처님의 '화현(化現)'입니다.

화엄경 입법계품은 지혜 높은 문수보살의 지도로 선재(善財)라는 이름의 동자가 55곳과 53명의 선지식(善知識)을 만나 지혜를 완성한다는 줄거리입니다. <은하철도 999〉 에서도 동일하게 문수보살인 메텔의 지도로 선재동자인 철이는 이교도 뱃사공, 창녀, 석수장이 등의 온갖 군상의 은하계 행성의 인물을 만나며 여행을 합니다. 화엄경에서는 선재동자가 미륵보살로부터 가르침을 받아 선근을 심는 것으로 사실상의 구도과정을 마칩니다.

인간이 상상하는 모든 실체는 대 우주 문명 세계에 모두 존재하는 것입니다. 심지어 <산해경> 속에 기록된 과거역사의 사라진 모든 생물, 인간도 대 우주에 모두 존재합니다. 천룡팔부의 신룡이나 UFO는 법화경의 가루라처럼 실제 존재합니다. 파스칼은 <빵세(Pensées):명상록>에서 인간은 생각하는 갈대라 했습니다. 인간은 영적인 차원에서 아빠 하나님을 닮아 전지전능한 존재일지 모르지만 생물학적 물리학적 육신은 갈대처럼 매우 취약한 존재라는 것입니다.

시력도 갈매기 독수리만 못한 것은 물론 귀신의 세계는 차치하고라도 가시광선 이외의 존재는 보지도 못할 뿐 아니라 존재 자체를 무시하기 일쑤입니다. 침대 위 잠자리에 수북한 진드기 정도만 해도 보지 못하는 취약한 눈입니다. 주위환경의 온도에도 민감하여 심지어 성인의 경우 체온이 36도에서 2도, 3도 차이만 나도 염증반응으로 고통을 견디지 못하는 구조입니다. 선천의 미완성된 세상에서 불완전한 인간의 감각기관으로 모든 것을 재단하는 것은 엄청난 속단일수밖에 없습니다.

수 천 수 백 광년 너머에서 오는 빛은 그 항성의 수명이 지나 이미 없어진 별일

수도 있지만 우주 시공에는 지금도 존재해 달려오고 있는 중입니다. 마찬가지로 현재 지상에 몸을 실은 사람은 살아 있다는 그 한 가지 사실 만으로도 이 지구행성의 수명만큼 우주 속에 살아 숨 쉽니다. 수없이 밀려드는 파도는 해변에 도착하면서 곧바로 포말로 사라지지만 사라지는가 싶더니 바로 그 순간 푸른 바다가 하나로 되어 어머니처럼 품어줍니다.

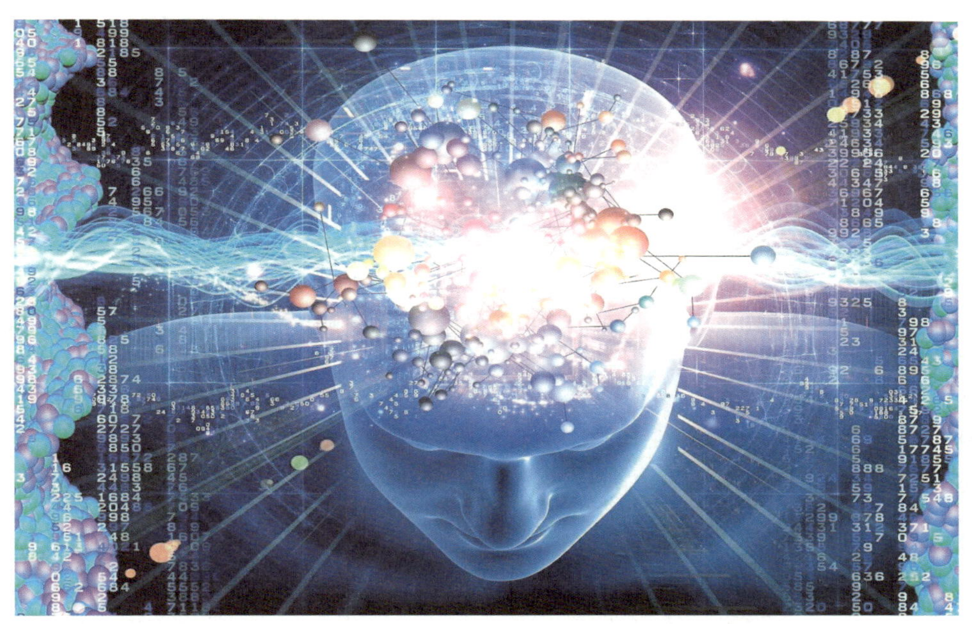

은하계에는 자연수의 세계만큼이나 다양한 인간이 우주 끝까지 존재하고 있습니다. 화엄경의 세계가 보여주고자 하는 세계는 바로 이것입니다. 증산 상제님은 하늘위에 또 다른 하늘이 있다 하셨으며 땅 아래 또 다른 땅이 있다 하시고 사람 가운데 또 다른 사람이 있다 하셨습니다. 모든 것이 열려있는 세상, 태평양 건너 뉴욕 개미가 비행기를 타면 한국에 올 수 있지만 개미 자신의 문명으로는 도저히 상상할 수조차 없는 세상. 그럼에도 불구하고 절대로 아예 없는 세상이라고 부정하지는 못하는 세상, 그것이 바로 인간의 문명으로는 도저히 상상할 수조차 없는 수수 백만 광년 너머의 장엄비경에 잠긴 은하계 문명들입니다.

일찍이 맥주 거품 속에도 하나의 세계가 있음을 말하고 싶었다던 베르나르 베르베르의 철학 소설 "개미" 는 개미 생태계를 치밀하게 벗겨낸 과학소설로 프랑스의 권위 있는 과학 잡지 『과학과 미래』가 수여하는 그랑프리 수상작입니다.

작가 스스로 소설 『개미』는 알려지지 않은 특이한 세계, 즉 독창적인 하나의 세계에서 펼쳐지는 스릴러라는 점에서 움베르토 에코의 『장미의 이름』과 비슷하다고 하였습니다. 베르나르 베르베르는 30년간 개미 생태 연구에 매달린 끝에 개미왕국의 생태계를 밝힌 과학소설 『개미』를 통해 인류로 하여금 마치 『화엄경』의 세계와 같은 열린 우주관을 열어주고 있습니다. 즉 베르나르 베르베르는 개미들의 사랑과 축제, 전쟁, 고뇌, 협동, 갈등 등 조직생태계의 특징을 치밀하게 밝혀내 그들에게 신으로 여겨지는 인간 역시 이들 개미왕국과 동일하게 우주 속의 생태계(자연)를 공유한 다양한 공동 생명체, 공동 문명권임을 환기시켜주고 있습니다.

전혀 다른 두 개의 생태계인 저개발 개미왕국의 문명권과 그들보다는 보다 발전된 외계문명권의 존재일 수밖에 없는 사람의 관여가 엮어내는 이 소설은 개미사회 역시 인간문명처럼 독자적 사고 체계와 문명을 향유하는 사회 문화적 집단으로 자리매김함으로써, 인류 문명 역시 정도의 차이가 있을 뿐 개미 문명과 동일하게 우주시공 속에 차지하고 있을 또 다른 미지의 천계문명권과 병렬되어 있음을 시사해주고 있습니다.

이와 관련해 참고로 『법화경』의 마지막 결론 〈보현보살 권발품〉을 보면 보현보살이 서원을 세우는 모습이 나옵니다. 보현보살은 모든 중생들을 『법화경』의 세계로 깨우쳐, 그들이 죽은 뒤 도리천에 다시 태어나 큰 대접을 받게 할 것이되, 8만 4천 천상 여인들이 여러 가지 풍악을 울리면서 맞이해 칠보관을 쓰고 시녀들 속에서 호사하며 즐기게 하고, 그 세계에서도 수행을 잘 하면 미륵존불이 계신 도솔천으로 왕생케 해 천상의 여인 권속들을 거느리고 복락을 누리며 살게 하겠다고 서원하는 모습이 나옵니다.

미륵 삼부경과 마찬가지로 모든 불교 경전의 지향점은 미륵신앙으로 회귀하고 있음을 보여주고 있는 것입니다. 화엄경이 보여주는 세계는 실로 만화경 속의 요지경 세계입니다. 수도 끝도 헤아리기 힘든 티끌수의 가지각색 천체권에는 각기 불보살들이 티끌 수 세상만큼 있는데, 무한 아승기겁 시간대 동안 입체적인 차원에서 쫙악 펼쳐진 대우주 은하계의 색계, 비색계, 욕계 삼천대천 세계를 천안통, 숙명통, 누진통을 한 석가불이 무한적멸의 찰나제 삼매에 들어가, 있는 그대로의 모습을 보여준 대장엄의 세계가 바로 호화롭고 장엄하기 그지없는 무량수의 외계 천상문명입니다.

★금성에 다녀온 티벳고승 롭상 람파(Lobsang Rampa):

티베트(Tibet) 출신의 라마승 롭상 람파(Lobsang Rampa)는 일찍이 서구사회에 동양의 영적세계와 티베트의 비전적 지식을 가장 널리 전파한 공로자중의 한 사람이다. 또한 이른바 '워크-인(Walk in)'이라는 용어를 실질적으로 세상에 알린 최초의 인물이라고 할 수 있는데, 왜냐하면 그 자신이 바로 '워크-인'으로 과거의 티베트인의 몸을 버리고 영적인 사명수행을 위해 새로운 영국인 육체를 사용했던 사람이었기 때문이다. 오늘날 '워크-인'은 높은 차원의 외계인들이 인류문명을 돕기 위해 지구로 들어오는 방법으로 많이 이용되고 있다고 한다. 그의 체험은 투시, 유체이탈과 텔레파시, 오오라, 아카식 기록, 고대 역사, UFO, 다른 행성으로의 여행, 지저 아갈타 문명에 관한 것에 이르기까지 종횡무진으로 펼쳐지는데, 이런 다양하고도 상세한 지식들은 결코 본인의 직접적인 영적 경험이 없이 상상만으로 집필 될 수 없다고 생각된다.

이처럼 실제적 체험을 통해 집필되어 영국에서 1956년에 처음 출판된 그의 저서 「제3의 눈(The Third Eyes」(나는 티벳의 라마승이었다)은 국제적으로 수백만 부가 팔려나간 베스트셀러였다. 티베트 고산 지역은 외부인들이 쉽게 접근할 수 없었던 지역인 만큼 그곳은 UFO와 우주인들이 인간의 눈을 피해 활동하기 좋은 곳이었을 가능성이 높다. 롭상 람파의 말에 따르면 티베트인들은 서구인들에 앞서 오래 전부터 비행접시에 익숙해 있다고 한다. 또 그 정체에 관해서, 그리고 그들이 무엇인지, 왜 지구에 오는지, 어떻게 활동하는지의 배후적 진실을 모두 알고 있었다고 주장했다. 특히 티베트의 고위 라마승들은 텔레파시 능력에 의해 하늘에 거주하는 신(神)들로 알려진 그들과 교신할 수 있다고 한다.

젊은 시절의 어느 날, 롭상은 자신의 스승인 밍야 돈둡 라마를 따라 다른 라마승 5명과 함께 해발 5,000m가 넘는 티베트의 '창탕고원' 지대를 힘들게 오르고 있었다. 그들은 모두 텔레파시가 가능한 고위 라마승들이었다. 그리고 롭상 람파 일행이 고지 탐사 여행을 시작하게 된 것은 사전에 있었던 우주인들과의 텔레파시 교신에 의해 그들의 권유와 안내에 따라 결행된 것이었다. 이들 라마승 일행은 몇날 며칠을 계속해서 해발 7,000m 이상의 산악 지대로 올라가고 또 올라갔다. 마침내 그들은 신비의 안개지대에 도착했고, 그 안으로 들어갔다. 그리고 그 지역을 계속 통과한 다음, 맹렬하게 추운 외부 지역과는 달리 뜨거운 열기가 솟아오르는 전인미답(全人未踏)의 처녀지인 <태고의 땅>에 이르렀다. 그 때 그들의 머릿속에는 다음과 같은 텔레파시 음성이 전해져 왔다.

"형제들이여! 하루를 더 행군해야 합니다. 그러면 여러분은 '고대의 수레(UFO)'를 보게 될 것입니다." 거기서 하루 저역 야영을 한 후, 그들 일행은 앞으로 계속 나아갔다. 그러자 어느덧 눈앞에 탁 트인 평원이 나타났는데, 놀랍게도 그 평원 멀리 한쪽에는 오래된 초고대의 도시 유적이 얼음에 덮인 채 남아 있었다. 스승인 밍야 돈둡 라마는 그곳에 약 50만 년 전의 신들(외계인들)의 거주지였다고 설명해 주었다. 즉 그 지역은 본래 해변의 웅장한 도시였는데, 당시 핵폭발에 의한 땅의 융기와 침몰로 인해 천 피트나 솟아올랐다는 것이었다. 건물의 규모는 거대한 것이었으며, 가까이 다가가 보자 그곳에 살았던 주민들의 신장은 최소한 3.6m에 달하는 것으로 추정되었다. 그리고 롭상 일행은 거기서 바로 UFO를 목격하게 되는데, 그 부분을 그의 책에서 이렇게 묘사하고 있다.

<『내가 방문한 금성(My Visit to Vinus) 롭상 람파 著』>★그 평원은 약 5마일 정도 펼쳐져 있었고, 그곳의 멀리 떨어진 쪽에는 하늘에 닿도록 위로 솟아 있는 얇은 유리판처럼 위쪽으로 뻗어있는 방대한 면적의 얼음판이 덮인 곳이 있었다. 그러나 그곳은 멸망한 도시로 이루어진 장소였기 때문에 그런 광경이 우리 눈에 이상하게 보인 것은 아니었다. 그리고 아직도 어떤 건물들은 손상되지 않은 채 온전했다. 사실 일부 건물들은 거의 새것처럼 보였다. 인근의 거대한 안마당 내에는 우리 사원(寺院)에서 쓰는 2개의 접시를 함께 붙여놓은 모습을 생각나게 하는 엄청난 금속 구조물이 놓여 있었다. 그리고 그것은 분명히 어떤 종류의 승용물이었다.

<『내가 방문한 금성(My Visit to Vinus)>★우리는 금속으로 된 그 기묘한 승용물로 가까이 다가섰다. 그것은 훌륭한 것이었다. 아마도 직경이 50~60피트 정도이고, 오랜 세월과 더불어 현재는 조금 무디어 진 것 같았다. 우리는 하나의 사다리가 그 승

용물의 어두운 입구 속으로 뻗어 올라가 있음을 보았고, 마치 우리가 성스러운 땅을 침범한 듯 한 감정을 느끼고 있었다. 우리는 한 사람씩 사다리 위로 기어오르기 시작했다. 밍야 돈둡 라마가 제일 먼저 앞장서 올라가더니 곧 어두운 구멍 속으로 사라졌다. 그 다음은 나였다. 내가 사다리의 꼭대기에 이르러 그 금속의 덮개 내부로 들어갔을 때 나는 우리의 길잡이가 이 넓은 금속의 방 안에 있던 경사진 탁자로 보이는 것에 몸을 구부리고 있음을 보았다. 그가 무엇인가를 만지자 푸른빛이 방안에 들어왔고, 거기서 희미하게 윙윙하는 소리가 들렸다.

<『내가 방문한 금성(My Visit to Vinus)>★그 때 우리에게는 너무도 놀랍게도 그 방안의 저 쪽 끝에 사람들이 갑자기 나타났다. 그리고 우리 쪽으로 걸어오더니 말을 건네는 것이었다. 그 순간 나의 머릿속에 번뜩인 최초의 생각은 이 마법의 집에서 도망가고자 어서 몸을 돌려 달리는 것이었다. 그러나 머릿속에서 들려오는 목소리가 우리를 정지시켰다. "두려워 마시오." 그 목소리가 말했다. "우리는 여러분이 오는 것을 알고 있었고, (인류 역사의) 마지막 100년을 매우 의식해 왔습니다. 그리고 이 우주선 속에 들어올 만큼 대담한 사람들은 지구의 과거를 알 수 있도록 우리는 여기에 설비들을 만들어 놓았지요." 우리는 마치 최면에라도 걸린 듯이 움직이지도 못하고 도망가려는 본능적 충동도 억제한 채 그대로 서 있었다.

<『내가 방문한 금성(My Visit to Vinus)>★"앉으십시오." 목소리가 말했다. "이야기가 길어질 것이기 때문에 서있느라 피곤해지면 잘 듣지 못할 것입니다." 한 줄로 늘어서 있던 우리 7명은 그 방의 끝을 향해서 모두 앉았다. 그리고 기다렸다. 잠시 후 작은 윙윙거리는 소리가 지속되었다. 그리고 그 방 안의 빛이 사라졌다. 우리는 바로 옆에 있는 우리의 손도 볼 수 없을 정도의 깊은 어둠 속에 있었다. 얼마 후 윙윙거리는 소리는 멈추었고 "짤깍!" 하는 소리가 나더니 아주 이상하게도 어떤 막 위에 영상장면의 나타나기 시작했다. 그들 일행이 그 UFO 안에서 본 영상은 초 고대 시대에 번영했던 당시의 그 도시의 모습과 핵전쟁으로 멸망하는 광경이었다. 그리고 스크린을 통해서 나오는 음성은 그들에게 그 모든 과정을 소상하게 설명해 주었다. 비로소 그들은 모든 것을 이해하게 되었고 그들의 배려로 그곳 우주인들의 기지에 잠시 머무르게 되었다. 그러던 어느 날 거대한 신장을 가진 우주인이 그들에게 다가와 그들을 우주여행으로 안내해 주는데, 이때의 광경은 이러하다.

<『내가 방문한 금성(My Visit to Vinus)>★그는 말했다. "형제들이여! 자 이제 갑시다. 여러분에게 보여드릴 것이 많이 있습니다." 우리는 일어섰고, 그 순간 다시 한 번 우리는 우리의 키가 상대적으로 작다는 것에 부끄러움을 느꼈다. 나는 우리들이 마치 라마 사원에 처음 입문할 때인 7살의 아이들처럼 느껴졌다. 이 키 큰 존재는 분명히 이런 나의 생각을 알아차렸거나 텔레파시적으로 읽었던 모양이었다. 그가 말했다.
<『내가 방문한 금성(My Visit to Vinus)>★"형제여! 중요한 것은 신체의 크기가 아니라 오오라(後光)의 크기와 그 내면에 있는 영혼의 크기인 것이지요. 이곳에는 여러분보다 더 작은 사람들에서부터 나보다 더 큰 사람들까지 다양한 키를 가진 존재

들이 배치되어 있습니다." "우리는 여러분에게 당신들의 세계를 대기권 저 너머에서 보여주려고 합니다. 그러기위해서는 여러분의 키와 비슷한 사람들이 타는 우주선에 탑승하는 것이 더 나을 것입니다."

<『내가 방문한 금성(My Visit to Vinus)>★이렇게 해서 롭상 람파 일행은 비행접시를 타고 지구 밖으로 나가는 여행을 시작하는데, 지상에서 발진하여 하늘로 상승하는 우주선에서 그는 특이한 체험을 하게 된다. 지상의 모든 물체들이 발 아래로 멀어지며 우주선이 움직이는 데도 아무런 감각이나 미동도 느낄 수가 없었던 것이다. 이에 관해 안내하는 우주인은 그에게 다음과 같이 설명해 준다.

<『내가 방문한 금성(My Visit to Vinus) 롭상 람파 著』>★"그렇습니다. 여기서는 아무런 감각도 느낄 수 없습니다. 하지만 우리는 어떠한 인체의 저항능력(감각)도 초월하여 교묘히 우주선을 조종합니다. 그리고 우리는 갑작스런 방향전환을 할 때나 높은 속도로 날다가 급정지시의 영향력을 자동적으로 무화(無化)시킬 수 있는 특수한 장치를 가지고 있습니다. 여러분은 이 우주선 안에서 아무 것도 느낄 수 없을 겁니다. 뿐만 아니라 여러분이 걱정해야 할 그 어떤 것도 없습니다. 우리는 오래 전에 이미 중력(重力)의 과학에 통달해 있지요."

<『내가 방문한 금성(My Visit to Vinus)』>★그들은 처음으로 지구 밖 우주공간에서 지구의 모습을 보고, 또 우주의 모습과 달을 구경했다. 그리고 안내자로부터 달의 이면에는 우주인들의 기지가 있다는 말과 함께 우주선의 추진력에 관한 설명도 들었다. 이러한 1차 우주여행에서 돌아온 이후의 어느 날, 그들은 2차로 반 중력 빔(Beam)에 의해 금성으로 가는 비행접시에 태워진다. 우주선 안에서의 식사는 과일과 다른 행성들에서 나는 견과류로 합성된 완전히 자연식품들이었다. 이윽고 금성의 대기권에 당도한 우주선은 두터운 구름을 뚫고 아래로 하강하기 시작한다. 이때의 모습을 롭상 람파는 이렇게 묘사했다.

<『내가 방문한 금성(My Visit to Vinus)』>★"우리는 경외감으로 밖을 내다보았다. 구름들은 신들의 어떤 마술에 의해서 보이지 않게 되었다. 그리고 우리의 아래쪽에는 너무도 화려한 세계가 내려다보이기 시작했다. 이 세계는 초월적 존재들에 의해 충만해 있었다. 우리들이 점점 더 낮게 하강함에 따라 뛰어나게 아름다운 도시가 하늘로 치솟아 있음을 볼 수 있었다. 그것은 에테르(Ether)가 엄청난 건조물들이었으며, 그 정교하고도 우아하게 빚어진 모습은 거의 믿을 수가 없었다.

<『내가 방문한 금성(My Visit to Vinus)』>★높은 원추형의 건물들과 볼록한 지붕위의 둥근 탑, 그리고 탑에서 탑으로 뻗어있는 다리들은 거미줄 망과도 같았다. 그 거미줄 망과도 같은 것은 붉은 색과 푸른 색, 엷은 자주색 및 황금색 등의 살아있는 색채들로 빛나고 있었다. 내가 한층 더 진기하게 생각했던 것은 그곳에는 태양 빛이 없었다는 사실이다. 이 행성계 전체는 구름으로 덮여 있었다.

<『내가 방문한 금성(My Visit to Vinus)』>★우리가 잇달아 여러 도시들 위를 스치듯 지나칠 때 나는 주위를 둘러보았다. 이곳의 모든 대기권은 밝게 빛나고 있었고, 하늘의 모든 것은 빛을 띠고 있어서 아무런 그림자가 없었다. 뿐만 아니라 어떤 빛의 중심점도 거기에는 없었다. 그것은 마치 모든 구름의 구조가 자체적으로 고르게 빛을 발산하는 것처럼 생각되었다. 나는 결코 그와 같은 특성을 가진 빛이 존재한다고 믿어 본 적이 없었다. 그것은 너무도 순수하고 맑았다."

<『내가 방문한 금성(My Visit to Vinus)』>★이어서 어느 도시에 착륙한 그들은 금성인들의 모습을 보았는데, 롭상 람파의 말에 따르면 지구상의 기준으로 거기에 얼굴이 해맑고 놀랍도록 아름답지 않은 사람은 아무도 없었다고 한다. 그들 세계에서 못생기거나 추하게 생긴 것은 신체적이든 정신적이든 그것은 양쪽 다 무엇인가가 결여돼 있음을 뜻한다는 것이었다. 마중 나온 금성의 대표자 일행과 인사를 나눈 그들은 금성의 장로(長老. 원로)들이 기다리고 있는 <지식의 전당>으로 이동하기 위해 '에어 카(air car)'라는 승용물에 탑승하게 된다.

<『내가 방문한 금성(My Visit to Vinus)』 롭상 람파 著>★"그것은 길이가 대략 30피트 정도의 승용물이었고, 지면에서 2~3인치 정도 위에 떠 있었다. 투명한 합성수지로 된 한 부분이 옆으로 미끄러지듯 들어가 있었고, 우리에게 그 내부가 환히 보였다. 건장한 우주인과 그 대변인이 우리들과 함께 그것에 탑승했다. 우리는 매우 안락한 뒷좌석에 앉았다.

<『내가 방문한 금성(My Visit to Vinus)』>★그러고 나자 그 승용물은 아무런 진동의 느낌도 없이 두려울 정도의 속도로 가속되었는데, 이것에 우리는 또다시 놀라지 않을 수가 없었다. 우리 주위의 건물들은 우리가 탄 승용물의 이동 속도로 인해 희미해졌고 분명히 나는 너무도 두려웠었다. 그 승용물 안에는 통제장치가 전혀 없었던 것이다. 우리는 그저 앉아 있었고 그 기기는 우리를 싣고 빠르게 이동하고 있었다. 그 때 건장한 우주인이 나에게 자비롭게 미소를 지으며 입을 열었다.

<『내가 방문한 금성(My Visit to Vinus)』>★형제여! 겁내지 마십시오. 두려워할 것은 없습니다. 이 기기는 먼 곳으로부터 원격 조정되고 있습니다. 머지않아 우리는 목적지인 <지식의 전당>에 도착하게 될 것입니다. 여러분은 거기서 환영받게 될 것이며, 또한 그 곳에서 당신들은 지구의 과거와 현재, 그리고 지구의 미래, 즉 있음직한 가능성으로서의 지구의 미래를 보게 될 것입니다. 형제들이여! 그것은 인류가 자신들이 나아갈 진로를 스스로 만들기 때문입니다. 하지만 확률이나 가능성이라는 것은 참으로 강력한 요소인 것이며, 인류가 그 가능성으로 감지하고 있는 마음을 바꾸지 않는 한 여러분은 <지식의 전당>에서 그것이 현실이 되는 것을 보게 될 것입니다."

<『내가 방문한 금성(My Visit to Vinus)』 롭상 람파 著>★그리하여 목적지인 <지식의 전당>에 도착한 그들은 금성이란 천체를 관리하는 통치자 집단인 장로(원로)들

과 텔레파시 교신에 들어갔다. 수많은 대화를 나눈 후 마지막으로 그들 일행은 태고의 행성 지구의 탄생에서부터 미래 3,000년경까지의 모습을 놀랍게도 생생한 가상현실을 통해 입체영상으로 시청한다.

< 『내가 방문한 금성(My Visit to Vinus)』 >★"자 여러분은 이제 우리가 왜 지구를 감사해 왔는가에 대한 이유를 아실 겁니다. 만약 인간의 어리석음으로 인해 검열되지 않은 사건들이 그냥 진행되도록 방치되었다면, 무시무시한 일들이 인간 종족에게 그대로 일어났을 것입니다. 지구상에는 인간의 권력집단들이 존재하며, 그들은 우리 UFO 우주인들의 모든 생각에 반대하여 대항하고 있습니다.

< 『내가 방문한 금성(My Visit to Vinus)』 >★그들은 지구상의 인간보다 더 위대한 것은 없으며, 따라서 다른 세계로부터 온 UFO라는 것은 존재할 수 없다고 말하고 있지요. 하지만 우리의 형제들인 여러분은 이 모든 것을 보아왔고 경험했으므로 당신들의 텔레파시적인 지식을 통해 다른 외계인들과 접촉할 수가 있습니다. 또한 그럼으로써 당신들은 어떤 결실 있는 영향력을 지구상에 미칠 수 있을 것입니다."

< 『내가 방문한 금성(My Visit to Vinus)』 >★마지막으로 롭상 람파가 자신의 금성 여행 경험을 마무리 지으면서 남긴 다음과 같은 말들은 매우 인상적이다. 아마도 그와 같은 장엄한 우주적 경험을 해본 사람이라면 누구나 이런 심정이 되었으리라. "우리가 과연 그 행성에서 얼마나 머물렀는지 잘 알지 못한다. 그것은 며칠이었을 수도 있고, 몇 주 동안이었는지도 모른다. 아마도 우리는 거기서 우리가 목격한 모습들의 화려한 장관들에 의해서 판단력을 잃었던 것 같다. 금성인들은 자신들이 고결함과 올바름 속에서 스스로 만족하며 살고 있었다. 그리고 우리 티베트인들이 남에게 자기가 대접받고 싶은 대로 남에게 행하기를 바라는 것처럼 이 평화로운 사람들은 오로지 평화만을 원하고 있었다.

< 『내가 방문한 금성(My Visit to Vinus)』 롭상 람파 著>★마침내 우리가 다시 지구로 돌아가야 할 시간이었다. 금성의 영광과 번영에 비교할 때 그 존재의의가 희박해져 버렸다. 슬프게도 우리는 우주선을 타고 히말라야의 숨겨진 골짜기로 되돌아 왔다. 결코 다시는 그곳에 가보지 못할 것이라고 나는 생각했다. 내가 과연 그 경이로운 장관들을 다시 볼 수 있을 것인가? 그리고 나는 우주에 관해 얼마나 잘못 생각하고 있었던가!"

미국이 감췄던 1947 년 7월 뉴멕시코 로스웰 외계인 추락사건 실체를 밝힌 『alien interview (에일리언 인터뷰)』 라는 책에서 살아남은 "에어럴Airl"(도메인 원정대(Domain Expeditionary Force) 군사령관, 엔지니어 겸 조종사)은 당시 미 여 공군 소속으로

509 폭탄사단으로 파견되어 비행 간호사로 정식 근무했던 마틸다 오다넬 맥클로이 미 공군 전역 상사(당시 23세. 히말라야에서 실종된 도메인 요원 3,000명 중 한 명으로 60년 뒤 아일랜드로 가서 안락사 하기 전 정보공개)에게 모든 생명체는 영원불멸의 존재로 이런 영원불멸의 영적 존재들을 "이즈 비IS-BE"로 호칭해준 바 있습니다. 지구인은 올드 엠파이어Old Empire 세력에 의해 감옥행성으로 쓰이는 지구에 볼모잡혀 무수히 윤회하며 본성을 잊고 사는 불멸의 존재 "이즈 비IS-BE"입니다.

참고로 『에일리언 인터뷰(Alien interview)』라는 책 내용은 1947년 로스웰 UFO추락 당시 미 여 공군 소속 간호사 마틸다 오다넬 맥클로이가 외계인 사령관 "에어럴Airl"과 인터뷰한 문서 사본을 60년간 미 정보당국 몰래 숨겨왔다가 안락사 직전 로렌스 스펜서(Lawrence R. Spencer)라는 SF작가에게 보내 SF소설 형식의 내용으로 출간하라고 유언했던 것을 2012년 원본 그대로 출간한 바 있으며 충격적인 내용을 담고 있는 이 책의 정보와 관련해 힐러리 클린튼은 2016년 미 대선에서 당선되면 외계인 관련 정보를 모두 공개하겠다고 대선 공약한 바 있습니다.

(참고자료 발췌요약)
<에일리언 인터뷰(Alien interview>★에어럴은 343 개의 외계언어를 할 줄 알았지만, 영어는 하지 못했다. 그래서 당시 23 살 간호사인 마틸다 오다넬 맥클로이를 통해, 텔레파시로 언어소통을 하기 시작했다. 그녀가 현장에 도착했을 때는 UFO에 탑승하고 있던 모든 외계인들이 사망한 상태였으며, 에어럴 만 살아남아 있었다. 에어럴은 높은 지위의 생명체로 다른 외계인들과 달리, 전기로 운영되는 몸을 지니고 있었다. 결국 그녀는 숨도 쉬지 않았고, 음식을 먹지도 않았으며, 파워풀한 텔레파시 능력을 소지하고 있었다. 그녀가 온 제국은 "The Domain" 이라고 불렀으며 문명의 도시 / 문화 / 역사 / 큰 행성 / 부 / 풍부한 자원. 질서. 파워. 지식 / 지혜. 두 개의 별. 3개의 달. 도메인 제국은 전 우주의 1/4을 지배하는 종족이다. 에어럴은 상부지시를 받고 최근 뉴멕시코 지역에서 발생한 핵폭발에 대해 핵폭발 후 대기 성분을 조사하고, 방사능 수치와 기타 다른 해로운 요소들을 측정하고 조사하기 위해 지구를 방문했다가 대기에서 발생한 번개로 인해 잠시 비행조정능력을 상실해 추락했다. 마음, 생각으로 우주선을 조종한다. 우주의 모든 곳에 다른 생명체가 존재한다.

<에일리언 인터뷰(Alien interview>★약 4 억 5 천만 년 전 이 지구에는 갑작스레 생명이 생겼다. 에어럴은 죽기 전날 자신이 죽을 것이라는 것을 예지했고, 마틸다에게, "내일 여기를 떠난다." 라고 전했다. 다음 날 군인들은 에어럴을 강제로 묶어 전기쇼크로 그녀를 살해했다. 그녀의 전체적인 신체구조는 굉장히 아담하고 작았으며 신장은 약 100cm 정도 되는 듯 했다. 머리는 몸통, 팔, 다리에 비해 꽤 큰 편이였

고, 손과 발에는 물건을 잘 집을 수 있을 것 같은 각 각 3개의 손가락과 발가락이 달려있었다. 머리에는 코, 입, 귀가 없었다. 눈은 꽤 큰 편이였고 그녀가 정확히 어떤 시각(시력)을 가지고 있는지 알 수가 없었다. 그녀의 몸은 그녀의 영적인 힘으로만 연결되어 움직여지고 활동하고 있었다.

<에일리언 인터뷰(Alien interview>★모든 인간은 자유의지를 가진 영혼이며 영원불멸의 존재이다. 지구의 역사는 인간들이 파악하고 있는 것 보다 더 오래 되었다. 모든 영혼은 과거의 기억을 모두 가지고 살아가는 게 정상이나 지구라는 감옥행성의 특성상 생체 육신이 다하는 순간 지구상의 영혼들을 컨트롤 하는 세력의 의도에 의해 강한 전기적 자극을 받고 과거를 잊고 다시 태어난다. 때때로 과거의 기억을 찾은 존재들이 지구의 과학을 발전 시켜 왔다. (뉴튼, 테슬라 등) 모든 생명체는 영원불멸의 존재이며 인간도 마찬가지다. 이런 영적 영원불멸 존재들을 "IS-BE"라는 호칭한다. 영원불멸의 영적존재들은 영원한 시간대에서 그냥 "존재(Is)"하는 것이고, 이들이 존재하는 이유는 이들이 존재(Be)하기로 선택했기 때문이다. 사회에서 얼마나 낮은 위치에 있는 존재이던 간에 모든 생물체는 다 불멸의 존재IS-BE다. 이제 인간도 이 사실을 깨달아야 될 시기가 왔다.

<에일리언 인터뷰(Alien interview>★지구라는 별은 범죄자, 변태 등의 사회 부적응 영혼과 기존 제국의 체제에 반기를 든 반란자들의 일종의 감옥행성으로 쓰이는 중이다. 컨트롤 하는 세력의 의도로 한번 지구에 들어 온 영혼은 지구를 떠날 수 없게 되어있다. 영혼이 영원 불멸하다는 것을 깨달은 몇 몇 영혼은 지구라는 감옥을 떠난 예가 있다. (부처와 노자) 자유의지를 가진 영혼들 가운데도 계급이 있으며 계급에 따라 생체적 육체를 가진 존재는 가장 낮은 계급이다.

<에일리언 인터뷰(Alien interview>★비행접시는 불멸의 존재 IS-BE들에 의해 조종되고 있으며, 마치 연기자가 마스크를 쓰고 연기하듯 도메인 IS-BE 조종사들은 나와 비슷한 "doll body"(인형껍데기)들을 이용해서, 물리적 세계에서의 여러 가지 임무수행을 위해 기계적인 용도로 쓰이고 있다고 말했다. 에어럴과 같은 군인이나 그 보다 더 높은 랭크에 있는 IS-BE들은 모두 이런 "인형육체" 들을 소유하고 있고, 이를 이용해 우주에서의 여러 가지 공식임무들을 수행하고 있다고 말했다. 또 이런 공식임무일이 아닐 때에는 인형육신을 버리고, 에너지형태로 생각하고, 여행하고, 언어소통을 하며 살아간다고 얘기했다. 에어럴의 인형육신은 합성 인조재질로 만들어졌고, 최첨단 전자신경 시스템이 장착되어 있어 각 IS-BE들의 개인적인 주파수와 완벽하게 싱크되어 조정되고 움직여진다고 설명했다.

<에일리언 인터뷰(Alien interview>★개개인의 IS-BE들이 발산하는 주파수는 마치 사람의 지문이나 DNA 흔적과 비슷하며, 모든 IS-BE들은 자기 고유만의 주파수를 발산하고 있다고 말했다. 그리고 인형육신은 이런 자기 고유의 주파수가 완벽하게 싱크되어야 만 작동하는 것이다. 우주선도 인형육신과 비슷한 원리로 제작되었으며, IS-BE들은 자기의 인형육신과 싱크된 원리와 비슷하게 우주선의 전자 신경조직과도

완벽하게 싱크하여 조정하는 것이다. 생각과 에너지의 힘만으로 우주선을 조정하는 아주 심플한 조작시스템이다. 복잡한 네비게이션 툴이나 조작기구들도 필요 없는 것이다. 결국 이런 우주선들은 IS-BE와 한 몸이 되어 움직이는 것이다.

<에일리언 인터뷰(Alien interview>★은하계에서 도메인의 "우주기지"로 쓰여지는 곳은 꽤 많이 있다. 지구 반대편 쪽의 달 표면. 수백 만 년 전 폭발한 행성의 파편들로 만들어진 지구 근처의 소행성대(Asteroid belt) 금성과 화성…. 등등. 도메인의 기지는 이렇게 은하계 곳곳에 위치해 있으며, 주로 석고로 만들어진 돔 형태의 건축물이나, 자기장 쉴드로 보호된 언더그라운드 기지 시설들이 만들어져 있다. 도메인은 이런 식으로 우주의 영역을 조금씩 차지하고 그 영역을 통치하며, 자기들의 세력을 확장시키고 있다. 지구 근처에 있는 우주 정거장이 특히 요긴한 이유는, 다른 이유가 아니라 우리 도메인 세력이 은하계 중심으로 확장해 가는 길목에 위치해 있기 때문이다. 그리고 이 사실을 지구인들만이 모르고 있을 뿐이다.

<에일리언 인터뷰(Alien interview>★도메인 원정군 한 명이 주기적인 인간사회 정찰 임무를 위해, 옛 오스트리아 대궁 한 명의 몸속으로 들어가면서 "Old Empire"(구제국)의 기지를 발견하게 된다. 하지만 이 도메인 원정군은 합스부르크왕족이 인간사회에서 얼마나 미움을 받고 있는지 잘 몰랐기 때문에, 어느 날 한 보스니아 학생한테 갑작스레 살해당하는 일을 당하고 몸속에 있던 도메인 원정군 IS-BE는 대공의 몸이 총에 맞아 죽는 순간, 갑자기 몸 밖으로 튕겨나가게 되어 부주의하게도 "기억상실 전자 스크린" (Amnesia Force Screen)에 붙잡히게 되는 일이 발생했다. 이런 일이 있은 후에야 도메인은 나중에 지구를 포함한 이 근방 은하계 구역 전체에, 전자 스크린 망이(electronic force field) 깔려 있는 것을 발견했고, 이 전자 스크린 망은 IS-BE들이 이 지역을 떠나는 것을 철저히 방지하고 있었던 것이다.

<에일리언 인터뷰(Alien interview>★IS-BE가 이 자기장 스크린 망을 뚫고 지나가려고 하면, 마치 물고기의 그물망처럼 이 전자 스크린 망이 IS-BE들을 낚아채어, 이들을 아주 강력한 "전기 세뇌과정"에 강제 투입시켜 모든 기억을 지워버린다. 모든 IS-BE들은 죽어서 육신을 떠나게 되면 "집으로 돌아간다."라는 명령이 포함되어 있다. 이렇게 함으로서 모든 영혼은(IS-BE) 매번 육신이 죽을 때 마다, 똑같은 전기충격요법과 최면 프로그램 과정을 영원토록 반복하게 되는 것이다. 그리고 또한 이 최면 프로그램은 모든 영혼들에게 기억하는 것을 잊도록 명령하게 되어있다.

<에일리언 인터뷰(Alien interview>★이 도메인 원정군 IS-BE의 경험으로 우리가 배운 것은, 남아있던 Old Empire세력들이 굉장히 오랜 시간 동안(수 백 만 년 정도) 지구를 "감옥 행성"으로 사용하고 있었다는 사실이다. 모든 IS-BE들은 그들의 육신이 죽으면 "전자 스크린 망"에 걸려 낚이게 되고, 이들은 최면프로그램의 힘에 의해 "빛으로 돌아와라(Return to the Light)"는 명령을 받게 된다. "천국", "극락" 이나 "후생"과 같은 개념들은 모두 다, 이런 Old Empire의 악랄한 음모를 완성시키기 위한 완벽한 백 스테이지 세팅 요소들인 것이다. 모든 IS-BE들은 이렇게 강력한 전기

충격요법을 거치고 모든 기억이 사라진 후에, 마치 무슨 비밀명령이라도 받은 듯 다시 "지구로 돌아가라"는 강력한 최면프로그램을 주입받고, 새로운 육신을 얻어 다시 이 지구위로 태어나게 된다.

<에일리언 인터뷰(Alien interview>★오스트리아 대궁 한 명의 몸속으로 들어갔다가 총에 맞아 Old Empire세력의 "기억상실 전자 스크린" (Amnesia Force Screen)에 붙잡힌 도메인 원정군 'IS-BE' 한 명이 화성의 언더그라운드 기지에 위치한 특별전자감옥에 갇혔다가 27년의 수감 끝에 전자감옥을 탈출하고, 탈출하자마자 지구 근처 소행성대에 위치한 본인의 도메인 원정군 기지로 돌아와, 즉시 본인이 갇혀있던 화성의 Old Empire기지로 전함을 출항시켜 기지를 파괴시키는 대작전을 펼치게 된다.

<에일리언 인터뷰(Alien interview>★비록 화성의 Old Empire의 군사기지들은 모두 파괴됐지만, 그들이 운영하던 여러 가지 기계시설, 전자 스크린 망, 기억상실 전기충격요법, 최면 프로그램 등을 가동하는 프로그램들은 지금까지도 버젓이 은하계 곳곳에서 운영되고 있는 실정이다. 아쉽게도 이 "영혼의 감옥"들을 운영하고 있는, Old Empire의 중앙센터기지들은 아직 발견하지 못한 상태임으로, 실질적으로 Old Empire의 세력은 아직도 이 은하계 어딘가에서 조용히 건재(健在)하고 있을지 모른다.

<에일리언 인터뷰(Alien interview>★아무튼 이 지역의 남아있던 Old Empire의 기지들이 모두 파괴되면서, 실질적인 영혼감옥의 경영 팀이 없어진 셈이므로, 서서히 주변 은하계나 다른 행성제도의 문명에서 소외당한 "Untouchables"(손댈 수 없는, 천민 IS-BE)까지도, 전부 다 이 지구라는 별로 버려지기 시작했다. 결국 지구는 이 구역 은하계의 공식적인 "덤핑 그라운드(dumping ground)", 우주의 "할렘"과 같은 행성으로 변질되어 버린 것이다. 이 때문에 지구에 존재하는 IS-BE 사회구조는, 다른 어떤 행성들에 비해 월등히 많은 종류의 인종, 문화, 언어, 도덕적 개념 및 종교 신념들이 존재하는 것이다. 보통 은하계의 다른 "Sun Type 12, Class 7" 행성들에는 한 종류의 휴머노이드(Humanoid) 인종이 서식하고 있기 때문에, 이는 지구만이 가지고 있는 특성이라고 볼 수 있다.

<에일리언 인터뷰(Alien interview>★Old Empire에서 쫓겨나 지구에 떨어진 IS-BE들은 그들의 기억이 모두 지워져 버리고 최면 프로그램을 통해 거짓 기억을 주입받게 된다. 그리고 생물학적 육신을 받아 다시 이 지구위에 탄생하게 되며, 본래 Old Empire의 모습과는 전혀 다른 모습을 갖춘 지구의 "거짓문명"들이 탄생하기 시작한다. 이집트, 인도, 바빌로니아, 그리스, 로마, 중세기 유럽시대에 살고 있던 IS-BE들은 모두, 수 조억 만 년 동안 존재해왔던 "Sun Type 12, Class 7" 행성제도에서 흔히 나타나는 사회모습과 구조를 본받아 따라 만들도록 세뇌 받았다. 초창기 때 지구로 추방당한 IS-BE들은 주로 인도에서 생활했다. 이들은 서서히 메소포타미아, 이집트, 메소아메리카, 그리스, 로마, 중세기 유럽, 지역으로 인구를 넓혀 갔으며, 지구감옥을 운영하고 있는 Old Empire 운영 팀은 지구 IS-BE들에게 어떤 한 특정 문

명, 문화를 따라가고 숭배하라고 "최면"걸게 된다.

<에일리언 인터뷰(Alien interview>★도메인세력이 히말라야 산맥으로 베다찬가(Vedic Hymn)를 가져왔을 당시, 이미 지구에는 몇 개의 인간사회들이 존재하고 있었다. 아리아인(Aryan)들은 인도를 장악하고 베다찬가를 도입하기 시작했다. 이로 인해 베다가 인도로 전파되었고 약 7,000년 동안 반복되는 찬양과 공부를 걸쳐 입으로만 전해져 오다가, 마침내 공식적인 베다성전 문헌의 글로서 가르침이 전파되기 시작했다. 이 기간 동안 도메인출신의 IS-BE 한 명이 지구로 파견 나와 Vishnu로 환생하게 된다.(비슈누는 파괴자인 '시바'와 창조자인 '브라마'와 함께 힌두교의 삼대 신 중 하나이며, 세계를 보호하고 유지하며 도덕적인 질서를 회복시키는 신으로 숭배되고 있다-네이버 백과사전) 리그베다(Rig Veda: 인도에서 가장 오래된 브라만교 근본 경전)에서도 많이 출연하는 비슈누는 아직도 힌두교에서 신으로 숭배 받고 있다. 비슈누는 수많은 종교전쟁에서 Old Empire를 상대로 맞서 싸웠으며, 그는 굉장히 파워풀하고 강한 IS-BE로 그 후 도메인의 다른 임무들을 맡아서 수행하고 있는 중이다.

<에일리언 인터뷰(Alien interview>★이 모든 시나리오는 Old Empire세력이 만든 이집트 종교 신념과 신전을 향한 정면도전으로 인간을 위한 혁명을 일으키기 위한 목적이 내포되어 있었다. 헷갈리는 "다신교"와 각종 미신 및 종교관습은 그 당시 "사제"들을 통해 많은 지구인들에게 강요됐으며, 이렇게 함으로서 Old Empire는 인간들에게 행하고 있는 잔인한 거짓행위, 범법행위들을 철저하게 숨겨왔던 것이고, 인간들의 심리를 마음대로 조정하고 있었던 것이다.

<에일리언 인터뷰(Alien interview>★이렇게 인간세계의 사제(종교리더)들, 아니 지구감옥을 지키는 '간수'들은, 지구인들에게 모든 이는 영원불멸한 영혼의 존재라고(Immortal spiritual being) 설명하지 않고, 인간들의 신분도, 인간들의 전생에 대해서도 말해주지 않았으며 인간의 본래능력에 대해서도 결코 말해주지 않았다. 또한 이들 사제들은 오로지 신만이 전능한 파워가 있을 뿐이라고 강요하고, 사제의 말에 복종하지 않는 모든 인간들은 영혼의 지옥 속에 영원히 갇혀 고통을 받을 것이라고 협박했다.

<에일리언 인터뷰(Alien interview>★감옥에 수감하는 모든 IS-BE들이 기억상실증에 걸려있고, 이들을 통제하는 사제(종교리더)들 역시 다 같은 감옥수라면 이런 일이 일어날 만도 한 것이다. 여지껏 도메인 세력의 공식적인 인간세계 개입이 실패로 돌아갔던 이유는, 현재까지도 운영되고 있는 Old Empire의 비밀스러운 최면세뇌 프로그램 때문이다. 기원전 1,500년과 1,200년 사이, 도메인 세력과 Old Empire 세력은 종교전쟁을 통해 지구에서 정면대결을 하게 되고, 도메인 세력은 몇 몇의 영향력 있는 지구인들에게 "우주", "영원불멸의 영혼", 그리고 "나"라는 존재에 대해 가르침을 주기 시작했다.

<에일리언 인터뷰(Alien interview>★하지만 우리의 가르침은 오역되고, 오해되어,

악용되어버리는 사태가 발생했다. 원래 도메인의 가르침은 크게 변질되고 오염되어, 영원불멸의 신성하고 영원한 존재는, 우리 지구인 모두가 아닌 단 한 명을 일컬어(신) 말하는 것이라고 강요했다. 이는 근본적으로 잘못된 오해이며, 본인의 능력과 파워에 책임을 지지 않으려는 지구인의 습성하고도 관련이 있다.

<에일리언 인터뷰(Alien interview>★이렇듯 Old Empire계 사제들은 인간들에게 오직 신만이 영원불멸한 신성한 파워를 지니고 있고, 아무도 이런 존재로 거듭날 수 없다고 가르쳐 왔던 것이다. 당연히 이런 세뇌교육은 Old Empire의 기억상실 프로그램을 강화시키는 전략이었다. 또한 이런 잘못된 우주 개념은 특히 본인의 인생에 책임을 지고 싶어 하지 않는 IS-BE들에게 적합했으며, 노예적 천성이 바로 이런 사상을 더 선호하고 받아들이기 쉽게 만들었던 것이다.

<에일리언 인터뷰(Alien interview>★어떤 IS-BE든지 창조와 존재의 스스로에 대한 책임, 그리고 스스로의 생각과 행동에 대한 책임을 남한테 돌리는 자는 결국 노예인 것이다. 이렇게 되서 "유일신"이란 개념이 탄생하게 되고, Amenhotep III와 그의 아들 Akhenatan 그리고 손자 Tutankhamen의 집안에서 자란, 자칭 선지자라 부르는 유대교 모세와 같은 인물들이 유일신 개념을 널리 전파하게 된다. Old Empire에는 Brothers of Serpent 라는 오래된 비밀조직이 존재해왔으며, 이들은 이집트 문명에서 "아문의 사제"로 숭배 받게 된다. 이들 아문의 사제는 인간에게 여러 가지 의인화된 미신과 사실과 다른 거짓된 종교 개념들을 만들었으며, 도메인은 이런 Old Empire의 만행을 저지하고 인간들을 일깨우기 주기 위해, "모든 인간 역시 IS-BE"라는 우주의 진실을 몇 몇 사람들에게 가르쳐 주기 시작했다.

<에일리언 인터뷰(Alien interview>★"유일신"의 개념은 유대인 리더 "모세"와 같은 인물이 이집트에 있을 당시 전파하기 시작하게 되었다. 모세가 유대인 노예들을 끌고 이집트를 떠나 사막을 건너고 있었을 당시, 시나이 산(모세가 십계명을 받았다는 산) 근처에서 Old Empire의 IS-BE 요원 한 명을 만나게 되고, Old Empire에서 IS-BE를 사로잡을 때 흔히 사용되는 과학기술과 최면요법을 통해, 모세를 유인하여 본인이 바로 그 "유일신"이라고 강력한 최면세뇌를 걸게 된다. 모세의 말이라면 무조건 신봉하는 유대인노예들 사이에서, 이때부터 "여호와(Yaweh)"라는 유일신이 탄생한 것이다.

<에일리언 인터뷰(Alien interview>★Yaweh라는 단어는 사실 "Anonymous(무명)"라는 뜻을 가지고 있으며, 이는 모세에게 영향 준 Old Empire IS-BE 요원이 본인의 신분을 완전히 가리기 위해 사용한 이름이고, 지구에서 실행되고 있는 기억상실/감옥 시스템의 음모에 대해서는 더 더욱이 밝힐 수 없었기 때문에 사용했던 이름이다. Old Empire 세력은 그들의 기억상실/최면/감옥 시스템이 어떤 식으로라도 지구 IS-BE들에게 탄로 나지 않도록 최선을 다했으며, 이런 사실들이 조금이라도 노출되어 지구의 IS-BE들의 기억과 능력이 되살아 날 것을 굉장히 두려워했다. 그리고 이 것이 바로 여지껏 인간과 외계문명과의 물리적 접촉이벤트들이 대중에게 철저히 가려지고

숨겨져 왔던 이유이며, 이런 (외계인과의 접촉) 사건들은 온갖 오해와 혼란 속에서 교묘하게 숨겨지며 역사 속으로 사라졌다.

<에일리언 인터뷰(Alien interview>★아무튼 이 Old Empire 요원은 모세에게 "십계 세뇌명(The Ten Hypnotic Commands)"을 선사해주었고, 이 십계 세뇌명은 강력한 단어와 뉘앙스를 사용해 지구 IS-BE들을 Old Empire 요원에게 복종하게 만들었다. 십계명은 현재까지도 지구인들에게 큰 영향력을 미치고 있으며, 그 후 수 천 년 동안이나 많은 지구인들의 정신세계를 은밀하게 조정해 왔다. 나중에 발견한 것이지만 자칭 이 "여호와"라는 존재는 유대교의 토라(모세의 율법 : The Torah is the Jewish name for the first five books of the Jewish Bible)를 직접 쓰고 코드화 시킨 것으로도 밝혀졌다. 토라는 읽는 이들에게 더 많은 거짓정보와 신념들을 세뇌시키고 있다. 반대로 베다복음(Vedic Hymn)은 거의 모든 동양 종교 신념과 철학의 근본적 기반이 되어버렸고, 부처, 노자, 조로아스터와 같은 철학가들의 도덕과 윤리개념의 원초가 되었다. 베다복음의의 가르침과 일깨움으로 많은 Old Empire의 구세대적 종교 신념이 무너졌고, 이는 지구 위에 처음으로 "친절과 사랑"을 전파하게 되는 계기가 되기도 한다.

<에일리언 인터뷰(Alien interview>★현재 도메인 세력은 타 은하계나 행성제도에서 추방당해 지구로 떨어지는 IS-BE들의 운송과정을 방해하지 않고 있으며, 이는 조만간 곧 바뀔 것이다. 태양 은하계(밀키웨이) 안에서만도 지구와 같은 별이(Sun Type 12 Class 7) 약 60조 개가 존재하고 있다. 지금 현재 도메인의 입장에서는 지구를 단순히 정찰하고 탐방하는 것 외에 달리 도메인 자원을 투자할 계획이 없다.

<에일리언 인터뷰(Alien interview>★지금의 호주와 태평양 남단부 지역이 고대 레뮤리안 문명의 중심지였으며, 레뮤리안 문명은 모든 동양 문명의 초기 선조들이기도 하다. 아틀란티스와 레뮤리안 문명들은 모두 전기를 쓸 줄 알았고, 비행 기술과 다른 Old Empire 첨단기술들을 소유하고 있었다. 이렇듯 엄청난 양의 액체용암이 화산폭발로 인해 전 대륙을 덮었으며, 이 대륙들을 서서히 바다 밑으로 가라앉기 시작했다. 화산으로 분출된 두꺼운 용암층은 대륙을 삼켜버렸고, 이 대륙들은 바다 밑 깊은 속으로 가라앉게 되어 버린 것이다. 이로 인해 이 두 문명이 존재했다는 거의 모든 증거는 단숨에 사라져버리고, 그 대신 거의 모든 인류문화에서 발견되는 "대홍수"에 대한 전설만이 남게 되며, 대홍수로 살아남은 생존자들이 동양문화를 건립하게 되는 최초의 동양선조들이 된다.

<에일리언 인터뷰(Alien interview>★지구에는 수많은 다른 종류의 자연재해 및 기후이상 현상들이 발생하기 때문에, IS-BE들이 살아가기에 적합한 환경을 가진 행성이 아닌 것이다. 거기다가 약 7,000 만 년 지구의 공룡을 몰살시켰던 IS-BE들 간의 전쟁으로 말미암은 대재앙 같은 경우들도 빼놓을 수 없다. 공룡을 전멸 시켰던 대재앙은 그 당시 지구 근방에서 일어났던 IS-BE들 간의 우주 전쟁으로 인해 일어났던 참사의 결과물이며, 지구를 포함한 지구 근방의 많은 행성과 달이 핵폭탄 사례를 맞

왔던 것이다. 핵폭발은 초대형 화산 폭발과 비슷한 기후변화를 촉진시키고, 이 때문에 은하계 이 지역에 있는 거의 모든 행성들은 쓸모없는 사막처럼 변질되어버리고 말았다.

<에일리언 인터뷰(Alien interview>★지구에 존재하는 피라미드 고대문명들은 감옥 시스템을 운영하기 위해 의도적으로 조작되어 만들어졌다. 피라미드는 원래 "지혜"를 나타내는 심볼이지만 Old Empire가 지구상에 남긴 "지혜"는 지구인들의 기억상실증을 강화시켜주는 시스템의 한 부분으로 사용되어 "물질", "의미", "미스터리"(mass, meaning, mystery)라는 개념들을 강제 주입시켜 왔다. 이들 세 가지 요소는 IS-BE 본질과 상반되는 개념들이고, 본래 IS-BE는 질량이나 물질로 이루어진 존재들이 아니고, 특별한 의미를 가지고 있지도 않을 뿐더러, 단순히 "존재"하기 위해 "존재"하고 있는 신성하고 순수한 영혼의 존재일 뿐이다. 지구에 존재해왔던 피라미드 문명들은 전부 다 전략적인 환상에 불과하다. 이들은 모두 Brothers of Serpent라는 오래된 Old Empire의 비밀조직에 의해 고안된 미술작품의 일종이며, 이런 거짓 문명을 통해 지구 IS-BE들의 기억상실증을 더욱 악화시키고 서로 간에 더 큰 혼란과 카오스를 빚어낼 수 있기 때문이다.

<에일리언 인터뷰(Alien interview>★Old Empire의 컬트 사제 세력은 고도의 수학과 천문학을 이용해 의미심장한 은유법과 심볼리즘을 사용했다. 이 모든 것은 미학의 매력과 미스터리의 강점을 살린 위조물의 산재일 뿐이다. 복잡한 종교의식, 천체의 정렬, 거대한 석조물, 고도의 건축양식, 미적인 상형문자와 동물의 머리가 달린 인간과 같은 심볼들은, 지구에서 수감하는 IS-BE들에게 평생토록 풀 수 없는 미스터리를 선사하고 있는 것이다. 이런 미스터리를 통해 지구 IS-BE들의 주의를 분산시켜, 사실상 이들이 머나먼 외계고향을 떠나 지구라는 감옥에서 수감생활을 하고 있다는 사실을 까맣게 잊도록 도와주고 있는 것이다.

<에일리언 인터뷰(Alien interview>★중요한 것은 현재 지구에 존재하는 모든 IS-BE들은, 전부 다 각기 다른 외계 행성제도에서 왔다는 사실이다. 그 어떤 지구 IS-BE들도 지구 토박이는 없다. 인간은 지구에서 "진화"해온 생명체가 아니다. 과거의 이집트 문명은 Old Empire의 감옥 운영 팀 혹은 사제들로 인해 통치되었으며, 이들 사제들은 파라오를 조정해 모든 부를 소유하고 지구 IS-BE들을 육체적, 영적 노예로 삼았던 것이다. Old Empire는 지구에 있는 IS-BE들이 기억을 되찾게 되는 상황을 굉장히 두려워했으며, 이를 방지하기 위해 Old Empire 사제들은 어떻게 해서든 지구 IS-BE들이, 그들이 본래 누구이고, 어떻게 지구로 오게 됐고, 어디서 왔는지를 모르도록 지켜왔다.

<에일리언 인터뷰(Alien interview>★모든 피라미드 문화는 괴상한 종교의식과 신념을 통해 지구인들을 무지와 무력 그리고 두려움으로 통제할 수 있게 만든다. 도저히 해석 불가능한 여러 가지 상형문자, 심볼, 기하도형, 수학 계산, 그리고 천체의 정렬과 같은 개념들은, 전부 다 영원불멸한 영혼의 존재를 기반으로 한 가르침이 아닌

물리적 물질에 기반을 둔 거짓 가르침으로, 지구에 있는 IS-BE들의 기억상실증을 악화시키고 본연의 정체성을 영원히 기억 못하게 만들고 있다. 또한 육신이 죽게 되면 살아생전 이용하던 각종 물품과 귀중품들이 무덤 속으로 같이 동반되며, 이들의 육신마저도 린넨(linen:아마포)으로 둘둘 말아져 그들의 "혼"을 "후생"으로 안내해주는 의식을 치룬다. 하지만 모든 IS-BE는 영혼 따위는 가지고 있지 않다. IS-BE들 자체가 영원불멸의 영혼들이기 때문이다.

<에일리언 인터뷰(Alien interview>★도메인은 마침내 Old Empire의 중앙정보국 행성제도를 파괴하고, 도메인은 기원 후 1,230년 경, 지구감옥 시스템을 운영하던 중앙 통제 팀을 모조리 제거한 후 지구 태양계에 남아있던 마지막 Old Empire 우주전함기지도 모두 파괴시키고 만다. 지구인들이 "구약성서"라고(Old Testament) 부르는 이 지구 역사책은 고대 유대인들이 자신들이 이해할 수 없는 모든 현상이나 이벤트를 보면서, 전부 "신의 뜻"이나 "신의 계시"로 해석하고 받아들였다. 그들이 기록한 네필림(Nephilim), 신의 아들은 단지 육신을 빌려 지구 위를 걸어 다니던 IS-BE들이고, Old Empire 제도의 정치적이나 기타 문제로 도망 온 IS-BE들이거나, 단순히 육체적 쾌감을 즐기기 위해 지구를 방문하는 IS-BE들일 수도 있다.

<에일리언 인터뷰(Alien interview>★Old Empire 세력은 그 당시 바빌론, 이집트, 중국, 메소아메리카 대륙에 걸쳐 호화스럽고 웅장한 거짓 대형 피라미드들을 만들기 시작한다. 지구에 존재하는 고대 피라미드 석조물은 다른 행성제도의 건설기준에 비해, 월등히 떨어지는 비기능적, 비현실적 모조건물에 지나지 않는다. Old Empire 엔지니어들은 초압축 광선도구를 사용하여, 지층의 거대한 돌덩어리들을 발굴해 재빠르게 석공해 나아갔다. Old Empire는 이미 지구인들에게 "신성한 지도자들(Divine Rulers)"로 인식되어 있었고, 그들은 모두 Old Empire의 공작요원들이었다. "프타(Ptah: 고대 이집트신화의 우주신, 장인의 신, 가축의 신)"라 불리는 그들 - Old Empire IS-BE는 지구감옥의 첫 공식 운영 멤버이기도 하다.

<에일리언 인터뷰(Alien interview>★"Egypt"(이집트)라는 단어는 사실 그리스 문장 "Hek-Ka-Ptha"의 속어로, "House of Ptah"라고(프타의 집) 해석할 수 있다. 프타는 또한 "디벨로퍼(developer)"라는 별명을 가지고 있는데, 이는 프타가 건축엔지니어 출신이기 때문이었다. 프타는 또한 이집트에서 "환생의 신(God of Reincarnati on)"으로 불리기도 했다. 프타는 최초로 "시체의 입을 벌리는 의식"을 고안하여, 모든 장례식에서 사제들이 시체의 입을 벌려 영혼이 입 밖으로 나오게 하는 의식을 치루게 했다. 물론 영혼은 몸 밖으로 나와 다시 기억상실증에 걸린 뒤 지구로 떨어지게 되지만 말이다.

<에일리언 인터뷰(Alien interview>★도메인과 지구에 남아있는 Old Empire와의 전쟁 덕분에, 더 이상 이집트에서는 Old Empire의 요원들이나 "신성한 지도자"(Divine Ruler)들이 직접적으로 인간사회에 관여하고 개입하는 일이 없어졌다. 기원전 3,200 년 당시 지구에 소개되었던 과학기술과 고대문명은 지구에서 자연스럽게 "진

화"해서 얻어진 산물들이 아닌, 이미 다 "풀 패키지"로 준비돼 있던 문명세트가 한꺼번에 지구 땅에 "장착"된 것이다. Old Empire 지구감옥 운영 팀은 지구에 남아있던 모든 외계문명의 흔적과 증거들을 완전히 소멸시켰다. 무슨 일이 있어도 지구 IS-BE들이 본인이 지구에서 수감생활을 하고 있다는 사실만큼은 절대 누출되어서는 안됐기 때문이다.

<에일리언 인터뷰(Alien interview>★고대 그리스의 장님 시인 호머(Hommer)는 Old Empire출신 IS-BE들이 육신이 없는 상태로 지구인들을 은밀히 조정하고 수감하고 있다는 사실을 잘 그려주고 있다. 이집트의 Old Empire 신들에게 정면도전하기 위해 도메인은 "유일신" 개념을 지구에 전파하게 되는데, 그 중 한 예가 조로아스터교 이다. 노자는 Old Empire의 기억상실 요법과 각종 최면 시설들을 정복하고 육신을 버리고 지구를 떠나는데 성공한다.

<에일리언 인터뷰(Alien interview>★성경의 창세기에는 "여호와"(Yehweh)라는 신이 120년 동안 살 수 있는 육신을 만들어 지구의 영혼들에게 선사했다고 한다. 하지만 "Sun Type 12, Class 7" 타입 행성제도에서 살고 있는 생체육신들은 평균 약 150년 정도를 살 수 있고, 지구 인간의 육신은 이에 반 정도 밖에 못 살고 있는 실정이다. 이런 현상은 Old Empire 세력이 유전자적으로 인간육신을 개량하여, 좀 더 빨리 육신이 늙어 죽게 함으로서 삶과 죽음의 싸이클을 더 자주 반복해 거치도록 하는 것이다. 이렇게 함으로서 지구IS-BE의 기억상실 효과를 최대로 강화시키는 것이다. 중요한 것은 이 "구약성서"라는 역사책이 사실 바빌로니아에 감금돼있던 많은 유대인 노예들로 인해 쓰여진 책이고, 이들은 Old Empire 사제들의 강력한 통치와 영향을 받고 있었다. 이 책은 또한 거짓된 시간개념과 창조개념을 전파하고 있다.

<에일리언 인터뷰(Alien interview>★"뱀"은 Old Empire의 심볼이다. 창세기에는 뱀으로 인해 영적붕괴를 맞는 지구 최초의 인간 아담과 이브가 나오고 있다. 이렇게 Old Empire의 큰 영향을 받은 성경책에는 영혼이 육신을 받아 지구 땅을 걷게 되는 과정들이 교묘히 은유되어 함축되어 있고, 그 외 Old Empire들이 주입하고 있는 거짓 기억, 속임수, 미신, "기억을 잊으라"는 세뇌 프로그램과 같은 음모도 같이 함축되어 있다. 하지만 성경책의 가장 큰 문제는 모든 지구인간이 영원불멸의 영혼의 존재라는 사실을 감쪽같이 가리고 있다는 사실이다.

<에일리언 인터뷰(Alien interview>★기원전 580년. 델포이의 신탁(The Oracle of Delphi)은 수많은 고대 오라클 신전 네트워크의 중 하나다. 모든 오라클 신전은 사실 Old Empire의 통신 네트워크망이기도 하며, 이들은 각 신전이 있는 곳에 다른 "신"을 배정하여 숭배토록 만들었다. 이 신전들은 또한 Old Empire의 전자위치송신소 역할을 했으며, 나중에 옴팔로스(Omphalos Stone:중심배꼽)라는 명칭을 얻게 된다. Old Empire의 사제직은 뱀이나 용의 심볼을 사용한다.(Python, Serpent, or Dragon) 델포이에서는 이를 "지구의 용"이라고 불렀고 이 심볼은 다수의 조각상이나 그림에 쓰여지게 된다.

<에일리언 인터뷰(Alien interview>★그리스 신화에 따르면 델포이의 신탁을 지키는 오라클이 Python(비단뱀)이라는 이름을 가졌던 IS-BE 였고, 추후 아폴로(Apollo)라고 불리는 신에게 정복당해 옴팔로스 밑에 묻히게 된다고 설명한다. 이런 내용은 도메인 세력이 지구의 신전 네트워크를 파괴하고 정복했다는 내용을 꽤 정확한 완곡어법(Euphemism)으로 표현한 사실들이다. 이 사건은 태양계에 도사리고 있는 Old Empire의 세력에 큰 타격을 주게 된다.

<에일리언 인터뷰(Alien interview>★도메인 수색 팀은 여러 가지 전자기기와 도구를 개발해, 모든 IS-BE가 발산하고 있는 고유의 전자파동을 감지하고 수색하는데 사용했다. 이렇게 IS-BE 고유의 전자파동을 감지하는 기구 중 하나는 "Tree of Life "라는 명칭을 갖고 있다. 이 최첨단 전자도구는 가상의 전자 스크린 망을 생성시켜 넓은 공간을 스캔하여 IS-BE들의 전자파를 찾아내는데 사용되는 도구이다. 아후라 마즈다(Ahura Mazda)라는 IS-BE가 이끌던 항공수색 팀 멤버들은, 지구인들에게 주로 "Winged God"(날개달린 신)이라는 명칭을 얻곤 했다. 해저를 수색하는 도메인 팀 멤버들은 주로 "오안네스"라는 명칭을 얻었다. 지구의 땅위를 수색하던 도메인 팀은 고대 슈메리아 인들에게 "아눈나키(Annunaki)"라는 별명을 얻었고, 유대인들에게는 "네피림(Nephilim)"이라는 별명을 얻어 성서에 기록되기도 한다.

<에일리언 인터뷰(Alien interview>★지구 전반의 피라미드 문명에 걸쳐 공통적으로 나오는 심볼은 바로 뱀, 용, 혹은 써펀트(Serpent)들이다. 이 심볼이 공통적으로 사용되는 이유는 이런 거대한 피라미드문명을 만든 신들이 "파충류 종족"이라는 환상을 자아내기 위함이다. 물론 이로 인한 인간의 기억상실증 강화의 목적도 가지고 있다. 하지만 이런 거대한 거짓고대문명을 급조한 범인들은 바로 당신들과 똑같은 IS-BE들 일 뿐이다. 사실 Old Empire에서 생활하고 있던 많은 IS-BE의 생체육신들도 여기 지구인들의 육신과 굉장히 비슷하게 생겼다. 결국 "신들"은 뱀이나 파충류가 아닌 것이다 - 물론 이들이 뱀처럼 행동할 때는 꽤 많다.

<에일리언 인터뷰(Alien interview>★인간들이 주장하는 "진화의 이론(theory of evolution)"에 따르면, 생명을 탄생시키는 데는 의도가 확실한 원천 에너지 소스(motivational energy source)같은 것은 없다고 생각한다. 무기체 같이 생명이 없는 물질도 아무 이유 없이 갑자기 생명이 있는 유기체로 "진화" 할 수 있다고 생각하는 것 같다. 아니면 특정 화학 혼합물질에 전기충격 같은 것을 가해 갑자기 생명체를 탄생시킬 수도 있을 것이라고 착각하는 것이다. 이런 인간의 진화론을 뒷받침해 줄 증거는 그 어디에도 찾을 수 없을 것이며, 그 이유는 단순히 이 이론이 사실이 아니기 때문이다.

<에일리언 인터뷰(Alien interview>★추가적으로 진화라는 것은 "우연찮게 발생하는 사고"가 아니다. 진화는 최첨단의 과학기술과 IS-BE의 치밀한 운영/관리 하에서만 진행될 수 있고, 현실화될 수 있는 개념이다. 지구인들이 흔히 말하는 "모든 인간은 원숭이에서 진화했다"라는 믿음은 완전히 잘못된 개념이다. 인간과 같은 휴머노이드

생체육신은 지구라는 행성에서 자연스럽게 진화한 것이 절대 아니다. 이러한 진화에 대한 오해가 인간사회에서 대중적인 이유는 아주 간단하다. 화학물이 혼합되어 있는 물웅덩이에서 난데없이 생명들이 나타나고, 이들이 궁극적으로 인간 같은 생명체로 진화했다는 사실은, 다름 아닌 Old Empire의 세뇌프로그램에 의해 강제 주입된 거짓말의 영향이고, 이런 거짓말들을 통해 지구인들의 기억을 모조리 소멸시키고 그들을 영원히 기억 못하게 만드는 것이다.

<에일리언 인터뷰(Alien interview>★사실 인간과 같은 휴머노이드 생체 육신은 온 은하계를 걸쳐 수 조억만 년 동안 존재해왔다. 설상가상으로 이런 지구인들의 잘못된 지식은 약 8,200년 전에 소개된 베다문헌을 통해 더 악화되었다. 베다복음은 오랜 시간 세대가 변하면서 "신의 계시"라는 누명을 쓰게 되고, 결국 베다복음의 글자 하나하나들은 모두 "신의 진리"로 통하게 된다. 헷갈리는 여러 가지 은유적, 추상적 표현이 가득한 이 베다문헌이 시대를 거듭나며, 도그마적 사실로(dogmatic fact) 탈바꿈하게 된 것이다.

<에일리언 인터뷰(Alien interview>★이제부터는 아주 간단히 내 직접적인 경험을 통해 생명의 역사에 대해 얘기해 주겠다. 수 조 년 전 내가 아주 먼 은하계의 "아카디아 리제너레이션 컴퍼니(Arcadia Regeneration Company)"라는, 생체공학 연구소에서 많은 동료들과 함께 생체공학 엔지니어로 일하고 있었다. 우리의 핵심 임무는 다양한 종류의 생명체들을 손수 제작하여 생명체가 없는 행성들에 투입시키는 일이었다. 그 당시만 해도 수 천만 개의 행성들이 무생물 지대였다. 물론 은하계에는 내가 일하던 연구소 말고도 그와 비슷한 생체공학 연구소 및 기업들이 수도 없이 존재하고 있다. 각 연구소는 특정 행성타입에 적합한 특정 생명체 군을 전문적으로 제조하는 기관들이었다. 이들 연구소, 기업들은 오랜 동안 수 억 만 개에 달하는 생명체들을 개발했고 이들을 전 은하계로 전파했다.

<에일리언 인터뷰(Alien interview>★컴퓨터는 인공지능을 겸한 첨단기기이다. 우리는 대형컴퓨터들을 이용해 여러 가지 수학적 계산이나, 정보와 데이터를 저장하기도 하고, 문제 해결 및 특정 메카니즘의 정기적 관리/운영도 맡기고 있다. 대부분의 은하계 문명은 거대한 슈퍼컴퓨터들을 이용해, 행성제도의 주기적인 관리, 운영 및 통제를 맡기고 있는 실정이다. 이런 일차적인 자료 수집이 끝나면 다음은 미술적, 디자인적 요소들이 고려된다. 일단 프로토 타입 생명체 제품들이 나오면 가상현실 공간에서 테스팅 과정을 밟게 된다. 이런 테스팅 과정에서 여러 가지 조율과 조정 단계를 거치게 되고 마침내 생체학적 완성도가 이루어졌다고 판단되었을 때, 최종적으로 영적에너지를 투입해 완성된 생명체 군을 탄생시키게 되는 것이다.

이렇게 완성된 생명체를 고객들이 원하는 행성제도에 투입하고, 그들이 정해진 환경과 다른 생명체들과 잘 적응하고 동화하는지를 모니터링 한다. 보통 다른 생명체 군들과의 마찰이나 부조합이 발생할 경우, 우리는 다른 생명체 군을 제조한 다른 연구기관들과 협력하고 협상하여, 추가적인 조율과 조정 단계를 거쳐 다시 정해진 행

성 조건에 최적화된 생명체로 완성시킨다. 지구에서는 이런 과정들을 "우생학(Eugenic)"이라고 말한다.

<에일리언 인터뷰(Alien interview>*어떤 경우는 생명체군보다 행성의 조건들을 조율할 경우도 있지만, 행성의 거대한 매트릭스를 건드리는 것 보다, 생명체군의 개개인의 스펙을 변형시키는 것이 월등히 쉬움으로, 주로 생명체 군들만 조율하는 경향이 많다. 우연찮게도 아카디아 리제너레이션 연구소에서 같이 일하던 동료 IS-BE가 나한테 말한 적이 있다. 그 당시 지구 근방에서 지속되던 은하계전쟁으로 인해, 지구를 비롯한 그 지역 모든 행성의 생명체들이 몰살당했기 때문에, 이렇게 망가진 지구에 생명체를 공급하는 프로젝트를 맡았던 적이 있었다고 말이다.

<에일리언 인터뷰(Alien interview>*행성 전체를 생태계에 적합한 상태로 다시 되돌리고, 수 십 만 가지의 생명체 군을 한꺼번에 수용할 수 있게 만드는 일은 가히 어마어마한 인력과 기술을 요하는 대형프로젝트였다. 이 작업을 위해 아마 은하계에 있는 모든 생체학연구 전문가들이 불려져 도움이 청해졌을 것이다. 지금 당신이 지구에서 볼 수 있는 생명체군은 전부 다 이 때 당시 프로젝트로 인해 "남겨졌던 생명체군"들이다. 지구 과학자들은 현재 지구에 존재하는 수 억 개의 생명체 군이 모두, 이 말도 안 되는 "진화론"에 따라 탄생하고 존재하고 있다고 믿는다.

<에일리언 인터뷰(Alien interview>*생명체를 창조한다는 것은 엄청난 기술과 지식을 필요로 하는 고도의 작업이다. 이런 생체유기물들을 개발하면서 가장 힘들었던 점은 자가-번식 기능, 즉 유성생식 [sexual reproduction, 有性生殖] 기능 시스템을 만드는 일이었다. "생식기능시스템"의 가장 핵심적인 원리는 바로 "cyclical stimulus response generator"라는 프로그램의 장착이다. 이 프로그램은 유전자적인 메카니즘으로써, 모든 생명체들에게 꽤 "반복적"이고 "즉흥적인" "번식본능"을 일으키게 만드는 것이며, 나중에 이와 유사한 프로그램들이 호모 사피언스의 생체육신에도 장착되게 된다. "생식기능시스템"의 또 다른 핵심기능은 바로 "화학전기적 트리거(chemical-electrical trigger)" 메카니즘이다. 특히 호모 사피언스 육신에 이 메카니즘이 강하게 장착되어 있으며, 이 트리거 메카니즘은 생체육신이 뿜어내는 "미적 전기 파동"이 미끼되어 IS-BE들을 유혹하게 된다.

<에일리언 인터뷰(Alien interview>*Old Empire 뿐만 아니라 도메인문명에도 분명하고 엄격한 신분계급시스템이 도입되어 있다. 가장 상위에 있는 존재들을 우리는 "Free" IS-BE라고 부른다. 이들은 우주 여러 문명의 경제, 정치, 사회적 시스템을 개입하지 않는다는 조건으로, 그 어디, 어떤 문명의, 어떤 타입의 생체육신이라도 마음대로 들락날락 거릴 수 있다. 그 다음 하위 레벨은 "Limited"라고 불리는 계급이고, 이들은 정해진 시간에만 생체육신을 빌려 생활 할 수 있으며, 이들이 쓸 수 있는 능력, 파워, 움직임에 특정 제한사항들이 주어진다.
<에일리언 인터뷰(Alien interview>*다음 하위 레벨은 "Doll Body" 클라스이며 내가 속해 있는 계급이기도 하다. 모든 우주 항공사와 우주선은 은하계 사이를 자주 여행

하게 됨으로, 우주항공조종사들의 육신은 생체학 적이 아닌 전자적, 로봇 적 육신일 경우가 많고, 주로 가볍고 질긴 소재로 제조되며 주어진 임무에 따라 여러 가지 보디타입이 존재하기도 한다. 또한 다양한 보디 칼라가 있어 각 기 다른 신분계급을 표현해 주기도 한다. 그 밑으로는 "군인"레벨이 있다. 이 "솔져" 보디타입은 여러 가지 군사 무기와 도구들이 장착되어 있고, 적들의 움직임을 포착하고, 공격할 수 있도록 특수 군사용으로 제작된 보디타입이다. 종종 금속재질로 만들어진 메탈 군인 보디타입도 존재한다.

<에일리언 인터뷰(Alien interview>★마지막으로 가장 하위 레벨이 바로 "생체육신"들 이다. 당연한 말이지만 이런 생체육신들은 우주공간을 자유롭게 이동하기에 매우 부적합하고, 음식섭취, 호흡기능, 생식기능, 수면기능 등 불필요하고 거추장스러운 기능들이 너무 많다. 거의 모든 생체육신은 호흡기능이 중단 되면 불 과 몇 분내로 사망하게 되어 있으며, 2-3일이 지나면 몸 안과 밖에 있는 세균들로 인해 불쾌한 냄새가 풍기게 된다. 물론 우주여행선 안에서는 어떠한 냄새도 허락되지 않는다. 생체육신은 또한 순식간에 수 백도의 기온차가 날 수 있는 우주공간에서 생존할 수 없고, 군사, 전쟁용으로는 한 없이 빈약하고 쓸모없는 구조이다.

<에일리언 인터뷰(Alien interview>★생체육신으로 생활하는IS-BE들은 보통 그들의 본래 능력과 파워를 잃어버린 경우가 많고, 이론적으로는 다시 이런 능력과 파워를 부활시킬 수는 있다고 하지만, 현재는 그렇게 할 수 있는 실질적인 방법이나 기술이 허락되지 않고 있는 상황이다. 비록 도메인의 우주선들은 몇 만 광년을 불과 몇 시간 만에 이동할 수 있는 최첨단의 항공기술을 소지하고 있지만, 은하계와 은하계 사이를 이동하는 데에는 꽤 많은 시간이 걸리는 것도 사실이다. 또한 보통 우리 임무는 수 천 년의 세월이 걸릴 수 있는 장기 프로젝트일 경우가 많기 때문에, 60년에서 120년 정도 밖에 살 수 없는 생체육신은 이런 프로젝트에 적합하지 않다. 반대로 "인형 몸"이나 "전자 몸"(에어럴의 몸)은 재활용이 가능하고 반영구적으로 사용할 수 있다.

<에일리언 인터뷰(Alien interview>★가장 최초의 "생체육신 바디"타입은 약 47조 억 만년 전에 개발되었다. 이들은 주로 IS-BE들의 엔터테인먼트 용도로 사용되었고, 물리적인 육신으로 느낄 수 있는 여러 가지 쾌감과 자극을 위해 사용되면서, 점 점 온 은하계에 걸쳐 "생체육신"의 "붐"이 불기 시작했다. 그러면서 자연스럽게 다양한 바디타입들이 여기저기서 생산되기 시작했다. 반대로 생체육신에 중독된 IS-BE들을 겨냥해 이들이 영영 생체육신을 탈출하지 못하게 묶어두기 위한, 여러 가지 기발한 IS-BE "함정"들이 개발되기 시작했다.

<에일리언 인터뷰(Alien interview>★이런 함정의 가장 기본적인 원리는 생체바디를 의도적으로 약하게 만들어, IS-BE들이 생체바디를 굉장히 조심스럽게 다루게 만드는 것이다. 오랜 시간이 지나고 IS-BE들이 자신의 능력보다 생체바디의 안전을 생각하게 되면서, 서서히 그들의 능력과 파워도 잊어버리게 되어 영원히 생체 바디 속에

간혀있게 만드는 것이다. 물론 이런 현상을 빌미로 수많은 IS-BE들을 노예로 삼아 많은 이익을 본 IS-BE들도 있다.

<에일리언 인터뷰(Alien interview>★비록 당신은 지금 생체육신이라는 감옥에 갇혀 있는 상태이고, 엄청난 전기충격요법으로 모든 기억이 사라져 있는 상태이기도 하며, 매번 환생할 때마다 모든 것을 새로 다시 배워야 되기도 하지만, 이 모든 부정적인 상황을 감안 하더라도, 당신의 마음 속 깊이는 알고 있다 - 당신은 영원히 당신일 것이고, 당신의 자아 [ego, 自我]는 계속 당신으로 남을 것이며, 이 사실 만큼은 영원불멸할 것이라는 것을 말이다.

<에일리언 인터뷰(Alien interview>★지구인들은 지난 2,000년 동안 보다, 지난 100년간 월등히 더 많은 과학기술 개발과 발전을 이루어 냈다. 왜그럴까? 답은 간단하다. 도메인의 승리로 인해 Old Empire세력이 인간사회에 미치고 있던 지배적 영향력이 급격히 줄어들었기 때문이다. 인간의 과학기술 르네상스는 1,250년 당시 도메인 세력이 지구 근방에 있던 마지막 Old Empire 우주기지를 폭파하면서부터 시작된다. 그 후 500동안 지구는 다시 한번 독립을 되찾고 자유를 얻을 수 있는 기회를 얻었으나, 이는 얼마나 많은 고차원 인력을 지구인의 "기억상실증세"를 해결하는 방안에 투입하는지에 따라 달려있기도 하다.

<에일리언 인터뷰(Alien interview>★과학기술의 악용으로 인한 자멸을 피하기 위해, 지구문명에서 가장 급선무로 해결되야 할 일은 다름 아닌 사회, 인도주의적 요소의 발전과 해결이다. 아쉽지만 천재라고 소문난 지구 과학자들도 지구문명의 이런 사회, 인도주의적인 이슈를 정면공격하는 이는 아직 못 봤다. 만약 지구인들이 단순히 에너지나 물질이 공간을 이동하는 모습을 관찰하고, 이를 기록한 것을 "과학"이라는 학문으로 칭할 것이면, 지구인의 "과학"은 끝내 지구문명을 구원하지 못할 수도 있을 것이다. 모든 IS-BE들이 갖고 있는 각 각의 영적 영감과 창조력, 그리고 이런 창조력과 영감들이 서로 섞이고 융합되어 우리가 살고 있는 이 물리적인 우주를, 계속해서 창조해가고, 확장시키기도 하며, 지속적으로 변형시키고 있다는 진리를 지구인들은 아직 깨닫지 못하고 있다.

<에일리언 인터뷰(Alien interview>★영원불멸하고, 파워풀한 영적 자아 [ego, 自我]에 대한 깨달음이 계속해서 무시당하고 비하되게 되면, 지구인들은 영원토록 이 지구감옥에서 헤어나지 못할 것이다. 물리적인 요소만 다루는 과학의 말을 듣는 것은, 마치 향을 피고 굿을 올리는 무당의 말을 듣는 것과 같이 무의미한 짓이다. 지구 과학자들은 "관찰"을 하며 "사실"을 깨닫고 있다고 착각하지만, 사실 이들은 "관찰"을 할 수 있는 "눈"도 가지고 있지 않은 상태인 것이다. 지구과학자들은 본인이 장님이라는 것을 깨닫기 전에는 아무것도 정확히 관찰 할 수 없을 것이다. 지구과학에서 흔히 말하는 "진리"들은 모든 생명의 근원이 되는 "영적에너지"를 감안하지 않고 있다. 이들은 오직 이런 영혼들이 창조해내는 "결과물"에만 신경 쓰고 있는 것이고, 전생의 어떤 기억들도 포함되어 있지 않은 과학적인 요소일 뿐이다.

<에일리언 인터뷰(Alien interview>★모든 생명과 창조의 능력은 신들 한테만 주어진 특권이 아니라, 모든 IS-BE의 내면에서 찾을 수 있는 것들이다. 결국 모든 답은 영원불멸한 내 자신 안에 있는 것이다. 장님이 어떻게 빛의 여러 가지 스펙트럼을 전부 가르쳐 줄 수 있겠는가? 영적인 IS-BE의 존재를 이해 못하고 이 물리적 우주를 이해하려고 한다는 말은, 마치 미술가가 자신이 물감의 일부분이라고 말하는 것과 같다. 지구 과학은 "물리적인 물질"을 숭배한다. 결국 지구 과학은 "물질의 종교"인 셈이다. 지구 과학의 패러다임은 "창조자는 아무것도 아니고 창조품이 전부이다"라고 외치고 있고, 지구 종교의 패러다임은 "창조자가 전부이고, 창조품은 아무것도 아니다"라고 외치고 있다.

<에일리언 인터뷰(Alien interview>★진짜 천재는 자고로 다른 IS-BE들의 자아를 일깨워 주고, 그들의 정체성과 기억을 되살리게 돕는 자들이다. 이런 일을 하기 위해서는 엄격한 도덕적 규율을 적용하는 방법도 소용없고, 미스터리, 신념, 믿음, 마약, 무기 등과 같은 노예적 도그마틱한 개념을 적용해서도 소용없는 일이다. 전기충격요법이나 기억상실증을 유발하는 방법은 더 더욱이 아니다!

<에일리언 인터뷰(Alien interview>★지구와 지구인의 구원은 전적으로 지구 IS-BE들의 무한대로 축적되온 지식과 능력의 기억을 되살리는데 있을 것이며, 개개인 스스로의 자아와 영혼을 되찾는데서 올 것이다. 이런 기억, 정체성 되살리기 기술은 심지어 Old Empire나 도메인 같은 첨단 문명에서도 아직 존재하지 않는 기술들이다. 사실 최근 전까지만 해도 도메인은 IS-BE의 기억상실증을 치료해야 될 필요성을 전혀 못 느끼고 있었기 때문이다. 그렇기에 아직 그 누구도 이 치료방법에 대해 연구하고 있지 않는 상태이며, 우리는 현재 지구인들의 이런 증세에 대해 큰 도움을 주지 못하는 실정이다.

<에일리언 인터뷰(Alien interview>★편의상 IS-BE라고 부르고 있는 영원불멸의 영혼(Immortal Spiritual Being: IS-BE)들은, 모든 환상/상상의(illusion) 창조자이며 근원이다. 그 어떤 규제도 받지 않는 IS-BE들은 모두 전지전능한(all knowing/all powerful) 영적인 존재들이다. IS-BE들은 물리적 우주 시간개념으로 거의 "영구적"으로 존재해 왔으며, "시작"과 "끝"의 개념을 알 수 없을 정도로 무한대로 존재하고 있는 영혼들이다. 이 세상에 수많은 IS-BE들이 존재하는 것처럼, 이들이 상상하고 창조해내는 우주(universe)들도(환상) 다양하다.

<에일리언 인터뷰(Alien interview>★이 모든 우주들은 동시다발적으로 다 같이 공존하고 있으며, 각기 다른 우주들은 저 마다의 특이한 규칙과 룰이 있고, 이들은 지속적으로 변하기도 하고, 없어지기도 하며, 확장되어 가기도 한다. 우리가 속해 있는 물리적 우주의 시간, 에너지, 물질, 공간 같은 개념들은, 이들 각 각의 우주에 존재할 수 도 있고, 존재하지 않을 수 도 있다. 도메인 문명도 바로 이런 독립적인 우주 속에 존재하고 있으며, 동시에 공동의 물리적 우주에서도 존재하고 있다. 물리적 우주의 기본 원칙 중 하나는, 모든 에너지는 창조될 수 있지만, 없어질 수는 없

다는 점이다. 그럼으로 IS-BE가 새로운 에너지를 계속해서 창조해 나아갈수록, 물리적 우주는 계속해서 확장되어 갈 것이고, 이 과정은 무한대로 지속될 수 있다.

<에일리언 인터뷰(Alien interview>★지구에는 "신(神)"에게만 모든 창조의 책임이 있고, 인간에게는 아무 책임도 없다고 가르치고 있다. 그럼으로 모든 행동이나 이벤트에 대한 책임은 본인들이 아닌, 다른 사람이나 "신(神)"에게 있다고 말한다. 어떤 지구인도 본인 스스로가 "신(神)"이라는 사실을 인정하지도, 그에 대한 책임을 지려고도 하지 않는다. 그리고 바로 이 점이 지구인 모두를 스스로의 감옥에 가둬놓고 있는 주 원인인 것이다.

<에일리언 인터뷰(Alien interview>★지금의 저로서는 당장 도메인문명으로 돌아갈 수 없습니다. 적어도 Old Empire의 전자포스 스크린 망이 모두 파괴되기 전까지는, 다른 지구인들과 마찬가지로 저 역시 이 지구감옥 행성 안에 영원히 갇혀있는 입장이기 때문이죠. 저는 이제 많이 늙었고 시간이 얼마 남지 않았습니다. 곧 내 육신이 죽게 되어 Old Empire의 전기충격요법과 세뇌프로그램으로 모든 기억이 사라지고, 다시 한 번 이 지구 땅에 태어나 모든 것을 새롭게 시작해야 되겠죠.

<에일리언 인터뷰(Alien interview>★알다시피 도메인원정군은 지난 수 천년동안 이 문제를 해결하기 위해 많은 노력을 기울여 왔습니다. 하지만 부득이하게 도메인문명이 현재 태양계에서 수행하고 있는 주 임무가, 지구인 개개인의 영혼을 "해방"시키고 "구원"하는 목적이 아니기 때문에,
이 일은 전적으로 우리 지구인들 스스로에게 달려있는 문제라고 에어럴은 매일같이 반복해서 강조하곤 했습니다. 결국 지구인들끼리 서로 협력하여 우리가 직면한 문제를 해결하고 우리 스스로를 "구원"하는 수 밖에 없다고 말입니다.

<에일리언 인터뷰(Alien interview>★지난 10,000 년 동안 이 문제를 해결하기 위해 몇 가지 방법들이 고안되기도 했지만, 아직까지 안정적이고 효과적인 방법들은 나오지 않았다고 합니다. 그러나 약 2,500년 전 부처(Guatama Siddhartha)라는 IS-BE를 통해, 이 문제를 해결하는 아주 획기적인 방법이 나온 적이 있었다고 에어럴이 말했죠. 그러나 부처의 본래 철학과 가르침은 오랜 세월을 거치면서 수많은 와전과 변화를 겪고, 점차 기계식 종교세뇌프로그램으로 전락하여 또 다른 "통제"와 "규제"의 전략적 도구로 변질되었다고 에어럴은 말했습니다.

<에일리언 인터뷰(Alien interview>★반면 근래에도 이 문제를 해결하기 위한 아주 중요한 몇 가지 단계들이 개발되었다고 합니다. 에어럴의 도메인원정군 우주기지 총사령관에게는 친한 동료 한 명이 있었는데, 그는 한 때 아주 유능한 Old Empire 우주전함 전속 엔지니어 겸 군인 장교였다고 합니다. 하지만 그는 약 10,000년 전 Old Empire의 억압정책에 맞서 싸우다가 "untouchable"이라는 죄명으로 지구로 떨어지게 됩니다.

<에일리언 인터뷰(Alien interview>★그는 Advanced Scientific Improvisation Theory 분야의 전문가였고, 실종된 도메인 3,000명의 IS-BE들과 나머지 지구인들을 돕기 위해 본격적으로 도메인세력을 돕기 시작합니다. 그와 그 아내는 오랜 시간 지구IS-BE들을 관찰하고 분석한 결과, 지구에 갇혀있는 IS-BE들도 기억상실증에서 해방될 수 있고, 그들의 능력을 되찾을 수 있다는 사실을 발견하게 되죠. 이들 부부는 이런 사실을 바탕으로 굉장히 효과적인 방안을 고안하여 본인들의 기억과 능력을 되찾는데 성공하고, 이 방법을 "코드화"시켜 Old Empire의 마인드 콘트롤 프로그램에 걸리지 않게 이 방법을 다른 지구인들에게도 전파하기 시작합니다.

<에일리언 인터뷰(Alien interview>★이들 부부의 연구결과에 따르면 지구의 IS-BE들도 도메인 장교 급 레벨 IS-BE들과 마찬가지로, 하나의 육신이 아닌 여러 개의 육신을 통해 동시다발적으로 존재할 수 있다는 엄청난 발견을 하게되는데요…아무튼 이 엔지니어 부부의 획기적인 연구결과로 인해, 우리는 실종된 도메인요원 몇 명의 기억과 능력을 소생시킬 수 있었고, 이들은 지구인으로도 생활하고 동시에 도메인 요원으로서의 임무도 일 하는 것을 가능케 해줬습니다. 아무쪼록 이런 결과들을 통해 우리는 작은 희망의 불꽃이 보이기 시작했으며, 머지않아 실종된 도메인 요원들 뿐 만 아닌, 지구인 모두의 소생과 구원을 바라볼 수 있는 가능성이 보이기 시작한 것입니다. 그러기위해서는 더 많은 지구인들이 현실을 좀 더 솔직하고 냉정하게 인지 할 수 있도록 도와줘야 되고, 이를 위해서 저는 이런 인터뷰기록과 편지를 당신에게 보내는 바 입니다.

온갖 시간대의 사이사이를 무수한 종류의 삼매로 헤집고 들어가도 무수하게 펼쳐져 존재하는 대 은하 우주의 장엄비경은 제자들의 좁은 소견으로 헤아리기에는 너무나 알 수 없는 신비의 환희 세계였습니다. 온갖 보석과 황금 칠보로 뒤덮인 엄청난 하늘궁전의 위용도 위용이지만 하늘거리는 잠자리 날개 같은 옷을 입은 선녀들과 수많은 불보살들이 전단향이 지극한 가운데 운거를 타고 하늘을 오르내리는 모습은 문명단계가 낮은 우리의 지상 염부제하고는 영 상대가 되지 않습니다.

석가불은 바로 이러한 무량수의 천상문명이 아승기(지) 겁의 시간차로 꾹꾹 눌러 널려 있는 고로 지적 문명도가 낮은 우리의 염부제 지상생활이 삶의 전부라고 생각지 말고 부디 각기 일불승의 보살행을 잘 닦아 이타행의 무량공덕을 쌓고, 내생에 더욱 높은 차원의 다른 천상 문명권에서 다시 부처님의 몸을 받아 태어나 그곳의 보살들을 위해 법륜을 굴리라고(가르침을 베풀라고) 설한 것입니다.

지상에서 한번 살다 죽으면 결코 끝이 아니며 죽으면 천상에 올라가 호화 장엄한 각종 무량수의 극락세계에 육신을 가지고 왕생한다는 것이 바로 이 가르침의 핵심입니다. 마치 더러운 재래식 화장실 속에서 찰나의 시간 동안 잠시 오글거리며 사는 구더기들이 서로 화장실 밖으로 빠져나오려고 아비규환을 이루며 서로 올라타고 싸우듯, 석가부처는 돈, 명예, 권력, 부귀, 환락 등의 똥물 마약에 조금이라도 더 취하기 위해 주위 사람들 가슴속에 못을 박지 못해 한이 된 듯 싸우는 아귀 중생들에게 너나없이 무명 삼베옷 하나 걸치고 칠성판에 누워 아무 깨우침도 없이 공연히 왔다가 공연히 가는 세상, 모든 것 훌훌 다 털어 버리고 가르침에 목말라 하는 중생들에게 시원한 이타행의 법수 한 그릇이나 잘 보시하여 무량공덕을 쌓는 것으로 극락왕생의 선근(善根)을 심으라고 설한 것입니다.

그리하여 덧없이 짧은 하루살이 인생을 보살행으로 투자해 호화 장엄경의 천계 극락에 왕생해 주십사 하는 것이며, 지구 염부제의 똥냄새 대신 천상 극락의 우두

전단 향을 맡으며 바닥에도 지천으로 널려 돌아다닌다는 가장 고귀하다는 순정도 100% 염부단금이라는 황금을 밟고 다니며 영원무궁토록 장생불사해 살아 주십사 하는 것입니다.

그러나 예나 지금이나 돈, 명예, 부귀, 권력, 환락의 똥물 맛에 취해 미혹에 빠진 아귀인간들이 화장실 밖에 펼쳐진 그 화려한 장엄세계를 믿을 리 없었습니다. 그래서 석가불은 제자들에게 아승기겁의 모든 시간대에 늘어선 그 호화 장엄하기가 그지없는 갖가지 무량수의 천계극락 세계의 보따리를 현상계인 사법계, 현상계를 조율하는 이법계, 이 두 세상을 아무 장애 없이 자유롭게 넘나드는 이사무애법계와 사물과 사물, 사건과 사건 사이를 마음대로 치고 들어갔다 빠지고 움켰다 쥐었다 희롱하는 사사무애법계 경지의 각종 무한 삼매경 차원에서 끌러 보인 것입니다.

모든 삼라만상이 잠시 머물다 스러져가는 고집멸도의 허상이며 환영인 바에야 단명한 시간권대에 속하는 염부제 사바세계야말로 한 편의 꿈에 불과하지 않을 리 없습니다. 천안통, 숙명통, 누진통을 하여 시방세계를 마치 자신의 손바닥처럼 꿰뚫어 보고 이 세계, 저 세계로 마음먹은 대로, 염하는 대로 침투 개재해 들어갈 수 있는 고도의 무진 삼매경을 지닌 석가부처의 입장에서 보면 확고한 믿음을 지니지 못한 중생들을 위해 샘플로 아승기겁의 광년차로 웅혼 장려하게 펼쳐져

있는 무량수의 이 세계, 저 세계를 자유자재로 클릭해 집어내기도 하고 클릭해 들어가기도 함으로써 제자들에게 라이브 비디오로 생중계해 펼쳐 보이지 않을 수 없었던 것입니다.

석가 부처님이 인도해 열어준 무진 삼매경 속에서 외계에 존재하는 이러한 천상문명의 실체를 확인한 10대 제자들이 놀라 까무러쳤다는 말은 결코 과장이 아니었습니다. 비록 석가 부처님의 가르침을 받아들일 정도의 혜식과 도력을 갖춘 그들 10대 제자들 임에도 불구하고 마치 알라딘의 요술램프와 같이 눈앞에 펼쳐지는 무한 찰나제 삼매경을 통한 홀로그램속의 판타지 앞에서는 단지 경이에 가득 찬 눈으로 비명을 지를 수밖에 없었던 것입니다.

그들 10대 제자들도 물질계로 이루어진 최정상의 천계인 아가니타천(유정천)에 수많은 불, 보살 등의 천계인간이 살고 있다는 것을 이론적으로는 알고 있었지만 막상 석가부처가 환상의 화엄 삼매경 쇼를 통해 이를 보여주자 감동 속에서 입을 쩍 하고 벌린 것입니다.

율곤 이중재는 "기원 후 5세기 이후부터 인도에 불교가 전파되기 시작했다는 기록이 『오백나한(五百羅漢)』이라는 책에 기록되어 있다. 지금의 신강성(新疆省) 일대에 있는 곤륜산(崑崙山) 자락을 타(陀) 또는 타(陁)라고 했다. 타(陀,陁)란 바로 동이지(東夷地)란 뜻이다. 인도에 퍼진 범어(梵語) 즉 산스크리트 어는 최초의 동이들이 사용했던 산스크리트 어의 방언이다. 불교 경전인 법화경(法華經), 금강경(金剛經), 반야바라밀경(般若波羅密多經), 수행본기경(修行本起經), 그리고 아함경(阿含經) 등 각종 고대 경전에, 타불(陁佛) 또는 타불(陀佛), 타이(陁夷)와 아이(阿夷), 파이(婆夷)라고 기록된 것은 모두 동이지 땅에 있는 동이(東夷)들을 말하는 것"이라 합니다.

안 창범 교수의 주장처럼 석가 부처님은 동이족 혈통을 타고 동이족의 땅 천축국에서 태어난 관계로 막상 불교의 나라로 잘못 알려진 인도엔 불교의 알맹이를 찾을 수 없습니다. 인도는 종교 내전으로 이미 회교권 파키스탄과 힌두권 인도로 분리되었습니다. 부탄과 인도, 파키스탄에는 석가불이 다녀간 자취 외에는 볼 만한 것이 별로 없어 현장법사, 법현, 혜초가 답사해 불법을 구한 곳(왕오천축국)은 막상 인도가 아니라 천산산맥과 수미산 일대였습니다.

오히려 인도보다는 삼국 시대 이후 전 백성이 당래불 미륵하강을 지심기원 해 온 대한민국에서는 장차 미륵이 오리라고 알려진 계두성, 동북 간방(艮方)으로서 석가부처님의 치아와 진신사리를 보존, 안치해 친견할 수 있고 나아가 8만 대장경을 비롯해 온갖 국보급 보물, 사찰 등이 전시관처럼 서있어 인도와는 비교할 것도 없이 세계에서 불법이 가장 흥왕한 나라가 되었습니다.

도대체 어떠한 인연 법 줄이 이 땅에 내려졌기에 대한민국이 지상에서 미륵불 신앙이 가장 흥왕한 미륵신앙의 종주국이 된 것일까? 『삼국유사』 '아도기라 전'에 보면 아도화상의 어머니 고도령(곱단이)이 과거 전불 시대의 절터가 신라에만 흥륜사, 영흥사, 황룡사, 분황사, 영묘사, 신유림(천왕사), 서청전(담엄사) 등 7개가 있다고 했으며, 『옥룡집(玉龍集)』과 『자장전慈藏傳』 그리고 제가의 전기에 신라 월성 동쪽, 용궁 남쪽에 가섭불의 연좌석이 있는데 이곳이 바로 전불시대의 터이며 지금의 황룡사 터가 전불시대 7절 중의 하나라 했습니다.

태행산맥의 동과 서는 산동성과 산서성입니다. 산서성 흔주시에는 청량산(오대산)이 있으며 풍광좋은 청량산은 문수보살을 모시는 본산 대찰이 있습니다. 신라의 자장율사는 산서성 흔주시에 있는 청량산(오대산)에 유학을 다녀와 백두대간의 강원도 오대산의 아름다운 산세와 풍광을 보고 자신이 유학을 다녀온 흔주시 오대산(청량산)과 흡사하다 하여 오대산으로 이름을 붙여 오대산 월정사는 흔주시 청량산(오대산)처럼 문수보살의 명찰이 되었습니다.

<석가모니의 역사적 진실:박 병율 著>* 자장율사는 후세에 대덕 慈藏(자장)이 西學(서학)을 배우기 위해 중국의 오대산에 도착하였는데 문수보살이 현신하여 비결을 주면서 그에게 부탁하기를 너희 나라에 있는 황룡사는 "석가모니 부처와 가섭불"이 강연하신 곳이니라, 그 지역에 아직 까지 가섭불의 宴坐石(연좌석)이 있느니라.

『대방광불화엄경』에는 바다 가운데 금강산이라 불리는 곳이 있어 옛날부터 모든 보살들이 살고 있으며 당시 법기보살이 천 이백 명의 보살 권속과 더불어 그 속에 함께 살면서 진리를 강독한다고 했으며 『조선불교통사』 하편 '해동금강법기도장' 55 쪽 "불조원류지공행적(佛祖源流指空行跡)"에 인도의 제납박타 선현(禪賢)이 동으로 고려에 가서 금강산에 설치한 법기도장을 순례했다고 전합니다.

금강산 일만 이천 봉의 위용

『동문선』에는 고려의 이 곡이 지은 강원도 금강산 장안사 중흥비문에 담 무갈이 일만 이천 보살을 데리고 수도하였다고 하였고 중국 화엄종의 지도자 청량국사의 『청량소(淸涼疏)』에도 담 무갈이 금강산에서 1만 2천 보살을 데리고 수도한다고 했습니다. 그런데 담 무갈은 동진(317-419) 때의 사람이므로 한반도에는 불교가 들어오기 전이었습니다.

또한 석가모니도 『묘법연화경』『관세음보살 보문품』 게송, 『화엄경』 '45-3 제보살주처품' 12문에서 해중의 금강산을 말했습니다. 고려시대 최 해가 지은 『졸고천백』 '도승선지유금강산서'에 보덕암 승려가 지은 '금강산기'에 중국 불교가 들어오기 전(612년 전)에 인도에서 금불상 53불이 금강산에 왔다고 하였습니다.(『통곡하는 민족혼』 안원전 저)

이상에서 본 바와 같이 해중의 나라 한반도는 이미 석가 불 이전부터 불법의 기초가 닦인 곳입니다. 미륵경과 연관된 각종 경전을 종합해 결론을 내리면 석가불 입멸 후 불법이 더 이상 행해지지 않는 3000년 무렵의 말법 시대에, 해중의 나라 계두성 한반도에 미륵존불이 강림하여 분열된 지상의 영적세계의 통합은 물론 지구 염부제를 구원해 전 우주 은하계인 삼천대천세계를 통일하고, 동시에 상카라고 하는 절대 신성을 가진 왕이 나타나서 관정(灌頂: 정수리에 법수를 붓는 의식)을 행하여 '찰리왕'이라는 전륜성왕이 되어 통치하는 것으로 되어 있습니다.

『미륵대성불경』에서 석가불이 사리 불에게 밝힌 그때의 세계와 『장아함경長阿含經』 <세기경世紀經 전륜성왕품轉輪聖王品>에서 전륜성왕이 출현하는 때의 모습은 다음과 같습니다.

<미륵대성불경>⋆ "그때 4대해의 수면은 감소해서 3천 유순(하루 행군거리)이 될 것이고, 염부제 세계의 넓이는 1만 유순의 정방형이 될 것이다. 대지는 평탄하고 깨끗하여 거울처럼 빛나고, 아름다운 꽃이 가지런히 피며 꽃수술은 부드러워 맛있는 과실이 열릴 것이다. 모든 숲과 나무에도 아름다운 꽃이 피어 달콤한 과실이 무수히 열릴 것이며 천상의 제석천의 정원보다도 더 좋을 것이다. 나무의 높이는 30리에 미칠 것이다.

<미륵대성불경>⋆마을이랑 저자는 나란히 어우러져 닭이 날면 곧 닿을 정도로 가깝게 있을 것이다. 지혜와 위덕을 갖추고 관능의 기쁨도 있으나, 추위와 더위와 태풍과 화재의 걱정은 없을 것이다. 일찍 죽는 일은 없을 것이며 신장은 16척으로 매일매일 극히 안락하게 보내고 깊은 선정을 즐길 것이다. 병이라는 것은 음식의 필요와 대소변과 노쇠함의 3가지만 있을 것이다. 여성은 500살이 되어 비로소 결혼하게 될 것이다.

<미륵대성불경>⋆그때 계두성이라고 하는 아름다운 도성이 있을 것인데 자연스럽게 짜여 있는 7보 누각은 아름다운 장식이 영롱하게 어우러져 있을 것이다. 창문에는 보석과 같은 여성이 손에 진주로 짠 얇은 비단 망을 들고 있는데, 거기에는 여러 가지 보석으로 장식되어 있고, 구슬이 가득 차서 천상의 음악과 같은 곡조를 연주하고 있을 것이다.

<미륵대성불경>⋆칠보나무가 있고 나무사이에는 시냇물과 샘이 있어 여러 가지 색깔을 내며 흘러가지만, 서로 섞여도 혼합되지 않고 그 시냇물 양쪽에는 황금의 모래가 깔려 있을 것이다. 도로는 모두 폭이 12 리이고 청정해서 천상의 정원처럼 깨끗하게 청소되어 있을 것이다. 다라시긴이라고 하는 이름의 용왕이 있는데, 복덕과 위력을 모두 갖추고 도성 가까이에 있는 연못가운데의 용왕궁전에 살고 있을 것이다. 그 궁전은 7보로 된 높은 누각만 외부에 보일 것이다. 이 용왕은 언제나 밤중이 되면 인간의 모습을 하고 길상수를 넣은 병을 들고 향기롭고 아름다운 색깔의 물을 도로에 흩뿌리며 다닐 것이다. 도로는 기름을 바른 것처럼 매끈매끈 하고 사람들이 걸을 때 먼지하나 없을 것이다.

<미륵대성불경>⋆또한 그 때 세상 사람들의 복덕의 결과로써 도로의 요소요소에는 맑은 구슬로 된 기둥이 있을 것이다. 높이는 12 리로 태양보다도 훨씬 더 밝고, 사방 80유순을 비추며, 순수한 황금빛으로 그 광명은 낮과 밤에 변하지 않을 것이다.

그것에 비하면 등잔불은 먹물처럼 보일 것이다.

<미륵대성불경>★아름다운 향기를 지닌 바람이 불어와서 그 기둥에 닿으면 보석장식들이 비처럼 내릴 것이다. 이것을 몸에 두른 사람들은 자연히 높은 정신적 경지를 즐기게 될 것이다. 방방곡곡에 금, 은, 보석 등이 산처럼 쌓여 있어서 그 보석 산은 광명을 발하여 도성전체를 비출 것이며 그 광명을 받은 사람들은 모두 기뻐하여 깨달음을 구할 것이다.

<미륵대성불경>★'바드라뿌라샤-사카'라 하는 위대한 야차(귀신)가 밤낮으로 계두성의 주민들을 보호하고 도성을 구석구석 소재하여 깨끗하게 할 것이다. 사람이 대소변을 보면 지면이 갈라져 그 속으로 묻혀버리고, 묻혀버린 뒤에는 원래의 지면으로 돌아와 그 위에 붉은 연꽃이 피어 나쁜 냄새를 덮어버리게 될 것이다.

<미륵대성불경>★그때 사람들은 나이를 먹어 노쇠하게 되면 혼자서 산림의 나무 밑에 가서 평안하고 안락하게 불타를 염하면서 생명을 마치고, 사후에는 많은 사람들이 대범천의 천국 또는 어디엔가 계신 불타 곁에서 다시 태어날 것이다. 그 나라는 평온무사해서 적도 없고 도적도 없고 도둑맞을 염려가 없으며, 저자도 촌락도 문을 잠그지 않게 될 것이다. 수해, 화재, 전쟁의 참화는 물론 기근과 해충의 재난도 없을 것이다.

<미륵대성불경>★사람들은 언제나 자애로운 마음을 가지고 공경 화순해서 관능을 억제할 것이다. 흡사 자식이 아버지를 사랑하고, 어머니가 자식을 사랑하듯이 말은 겸손할 것이다. 그 나라에 태어나는 사람들은 불살생계를 지니어 고기를 먹지 않고, 관능이 안정되어 얼굴 모양은 아름답고 위엄이 있으며, 신들의 아들처럼 보일 것이다.

<미륵대성불경>★또한 8만 4천의 도성이 부속하고, 모두 보석으로 이루어져 있으며, 계두성은 그 중심이 될 것이다. 남녀노소는 물론 멀리 있고 가까이 있는 것에 관계없이 불법의 불가사의한 힘에 의해서 서로 자유롭게 만날 수 있을 것이다. 야광옥과 여의보주 등이 꽃이 되어 세계도처에서 피고, 7보의 꽃은 비처럼 내려 각양각색의 꽃이 지상에 내리고, 또한 바람이 불면 꽃들은 공중에 날릴 것이다.

<미륵대성불경>★그 나라의 도시와 촌락에는 정원과 수풀과 샘과 못과 강물과 늪지가 있어 자연히 8공덕수가 가득 차 있을 것이다. 명명조, 백조, 오리, 원앙새, 공작, 앵무새, 물총새, 사리조, 비둘기, 구나라조, 쾌견조 등 그 외 헤아릴 수 없이 많은 갖가지 새가 숲과 연못에 모여와서 아름다운 소리로 노래를 부르고 있을 것이다. 황금색으로 빛나는 꽃, 아쇼카 나무에 비치는 햇빛처럼 밝은 꽃, 7일 동안 순백의 향기를 내는 꽃, 캄파카의 6가지 색깔의 꽃, 그 외 백 천 종류의 물 속의 꽃, 육지의 꽃이 피고 청색 꽃으로부터는 청색광이, 황색 꽃으로부터는 황색광이, 붉은색 꽃으로부터는 붉은 색광이, 백색 꽃으로부터는 백색광이 빛나고, 그 향기도 청정하

기 비할 데 없어 밤과 낮에 언제라도 자라서 시드는 일이 없을 것이다.

불보살들인 플레이아데스(昴星) 인

<미륵대성불경>★또한 여의라고 불리는 과일나무가 있어 나라 안에 가득 차 그 향기의 훌륭함이 비할 데 없으며, 향나무의 황금색 광명이 보물 산에서 자라, 나라 안에 가득차서 상쾌한 향기가 두루 미칠 것이다. 그 때 지구 염부제의 세계는 전설에 있는 향취 산처럼 언제나 훌륭한 향기가 곳곳에 그윽할 것이다. 그리고 흐르는 강물은 아름다운 맛을 내고 병을 치유케 할 것이다.

<미륵대성불경>★비는 때맞추어 오고, 천상과 같은 정원에는 향기 좋은 벼가 자라는데, 불가사의한 힘의 도움으로 한번 종자를 뿌리면 일곱 번이나 수확을 거둘 수 있게 될 것이다. 노력은 극히 적고 수익은 지극히 많을 것이다. 곡물은 무성하고 잡초의 걱정은 없을 것이다. 이런 것은 모두 사람들이 선행을 쌓은 결과다. 그 곡물을 입에 넣으면 갖가지 훌륭한 맛과 향기가 나고 그 위에 더욱 기력이 충실해질 것이다."

<장아함경長阿含經 세기경世紀經 전륜성왕품轉輪聖王品>★"비구들아, 염부주 안에서 전륜성왕이 세간에 출현할 때에 이 염부주는 일곱 가지 상서로운 보물이 자연스럽게 갖추어지고, 전륜왕 몸에는 다시 네 가지 신통과 덕의 힘이 나타난다. 무엇이 일곱 가지 보물인가 하면, 첫째는 금륜보(金輪寶), 둘째는 백상보(白象寶), 셋째는 감마보(紺馬寶), 넷째는 신주보(神珠寶), 다섯째는 옥녀보(玉女寶), 여섯째는 주장신보(主藏臣寶), 일곱째는 병장보(兵將寶)이니, 이것이 일곱 가지 보물이다. 비구들아, 전륜성왕에게 윤보(輪寶)가 갖추어졌다는 것은 무엇을 말하는가?

<장아함경長阿含經 세기경世紀經 전륜성왕품轉輪聖王品>★ 비구들아, 전륜성왕이 염부주에 나와 관정 즉위식을 한 찰리주(刹利主)가 되고서 15일 날 달이 차고 재(齋)를 받드는 새벽에 목욕을 깨끗이 하고, 다듬이질하지 않은 흰 모직물로 의복을 지어

입고, 머리를 풀어내려 드리우고, 마니와 여러 영락으로 꾸미고, 누각 위에서 친족들과 신하들에게 앞뒤로 둘러싸여 있으면, 이 때 왕 앞에 금륜보가 홀연히 나타나서 다가온다. 금륜의 지름은 7주(肘)며, 천 개의 바퀴살과 바퀴통과 바퀴테의 여러 가지 모양을 원만하게 갖추었는데, 이것들은 모두 저절로 이루어진 것이지 공장장이 만든 것이 아니다.

<장아함경長阿含經 세기경世紀經 전륜성왕품轉輪聖王品>★그 때 관정의식을 한 찰리 전륜성왕은 곧 이렇게 생각한다. '내가 옛날 이런 말을 들은 적이 있다. "만약 관정의식을 한 찰리왕이 15일날 달이 차고 재를 받드는 새벽에 목욕을 깨끗이 하고 다듬이질하지 않은 흰 모직물 의복과 여러 영락으로 몸을 꾸미고, 누각 위에서 친족들과 신하들에게 앞뒤로 둘러싸여 있으면, 이 때 왕 앞에 홀연히 천 개의 바퀴살과 바퀴통과 바퀴테의 여러 모양을 원만히 갖춘 하늘의 금륜보가 자연히 나타나서 다가오는데, 이런 모양은 공장장이가 만든 것이 아니다. 금륜의 지름은 7주요, 안팎이 금빛이며, 이런 상서를 얻으면 그 때 그는 곧 전륜왕의 덕을 이룩한다." 내가 지금 이것을 얻었으니 역시 틀림없는 전륜성왕이로다.'

<장아함경長阿含經 세기경世紀經 전륜성왕품轉輪聖王品>★그 때 정수리에 물을 부은 찰리 전륜성왕은 저 하늘 윤보를 시험할 뜻으로 짐짓 칙령을 내려 네 가지 병력을 엄히 비치하였으니, 이른바 상병(象兵)·마병(馬兵)·거병(車兵)·보병(步兵)이다. 네 가지 병력을 엄히 비치한 뒤에, 왕은 곧 하늘 금륜에게 나아가 오른 어깨를 벗어 메고, 금륜 앞에서 오른 무릎을 땅에 대고, 그의 오른손을 펴서 윤보를 더듬으며 이렇게 말하였다. '그대 하늘의 윤보여, 내 몸이 틀림없는 전륜왕이라면 아직 항복받지 못한 곳을 나를 위하여 항복시켜라.' 그 하늘 윤보는 소리에 응하여 곧 구르나니, 아직 항복받지 못한 것을 항복받기 위해서다. 비구들아, 이 때 정수리에 물을 부은 찰리왕이, 이 윤보가 이렇게 구른 것을 보고 나서 즉시 수레를 화려하게 차리도록 명하여 동방을 향하여 가면, 이에 윤보와 네 가지 병력은 일시에 모두 따른다. 비구들아, 윤보의 앞에 다시 사대천왕(四大天身)이 몸소 인도하여 가는데, 그 하늘 윤보가 이르러 머무르는 곳이면, 어디라도 전륜성왕과 네 가지 병력도 모두 그곳에 머물러 묵는다.

<장아함경長阿含經 세기경世紀經 전륜성왕품轉輪聖王品>★그 때 동방의 일체 국토의 모든 왕들은 저마다 금 그릇에는 은 곡식을, 은 그릇에는 금 곡식을 가득히 담아서 모두 같이 받들고 전륜왕 앞에 나아가 이렇게 아뢴다. '천왕이시여, 참으로 잘 오셨습니다. 이제 물건을 받들어 바치오니, 이것은 천왕의 것입니다. 동방의 인민들은 넉넉하고 즐거우며 안온하여 두려워하는 바가 없고, 백성들의 숫자는 매우 많으며 지극히 사랑하고 즐길 만합니다. 원하옵나니, 큰 천왕께서는 가엾게 여기셔서 받아들여 주소서. 신 등의 하찮은 왕들을 불쌍히 여기소서. 신 등은 오늘 천왕을 한마음으로 섬기고 받들되, 두 마음을 품지 않겠습니다.'

<장아함경長阿含經 세기경世紀經 전륜성왕품轉輪聖王品>★그 때 윤왕은 여러 왕에게

말하였다. '그대들의 정성스런 마음이 그와 같다면, 그대들은 저마다 자신의 경계에서 법답게 다스리고 교화하여 뭇 생명들을 섭양(攝養)할 것이요, 나라 안에 법답지 못한 법이 머물지 않게 하라. 왜냐 하면 그대들이 만약 우리나라 안에서 그릇된 법과 나쁜 일이 나타나고 유행되게 하면, 나는 그대의 죄를 남김없이 다스릴 것이다. 이제 그대들에게 가르치니, 몸소 살생을 끊고 인민들에게도 살생하지 말도록 가르치며, 주지 않으면 갖지 말고, 삿된 음행과 거짓말이며, 나아가 삿된 소견에 이르기까지 모두 하지 말아야 한다. 그대들이 만약 살생을 끊고 인민들에게도 살생하지 않도록 가르치고, 주지 않는 물건은 갖지 않고 삿된 음행을 하지 않으며, 진실 된 말과 바른 소견을 능히 지닌다면 나는 곧 그대들 여러 왕이 나라를 합치고, 항복한 줄 믿고 알리라.'

<장아함경長阿含經 세기경世紀經 전륜성왕품轉輪聖王品>★그 때 동방 여러 나라 왕들은 전륜왕의 이와 같은 경계와 칙명을 듣고, 일시에 모두가 열 가지 선한 업행을 받는다. 받은 뒤에는 지켜 받들며, 각 국토에서 법답게 다스리고 교화한다. 전륜성왕의 자재로운 힘 때문에 향하여 가는 곳이면 윤보도 따라서 가는데, 이렇게 성왕과 하늘 금륜보는 동방의 모든 나라를 항복하고, 동쪽 해안을 끝까지 두루 노닐며 다닌다. 그런 뒤에야 돌아와서 차례로 남방, 서방, 북방까지 순찰하는데, 옛날 전륜성왕이 다녔던 길을 의지하여 인도하며 지난다. 전륜성왕과 네 가지 병력이 차례로 다닐 때는 그 앞에 사대천왕이 윤보를 앞서 다니는데, 만약 이 윤보가 머무르는 곳이면 그 방면을 따라 전륜성왕과 네 가지 병력도 모두 함께 머문다.

<장아함경長阿含經 세기경世紀經 전륜성왕품轉輪聖王品>★그 때, 북방의 일체 국토에 있는 여러 왕들도 역시 저마다 하늘의 진금 (眞金) 그릇에 은 곡식을 가득 담고, 하늘의 진은(眞銀) 그릇에 금 곡식을 가득 담아서 모두 함께 전륜왕에게 나아가 이르러서 무릎을 꿇고 이렇게 아뢴다. '잘 오셨습니다, 천왕이시여. 잘 오셨습니다, 천왕이시여. 저희들 북방은 천왕의 가피력을 입어 인민들의 숫자가 매우 많고 넉넉하고 즐거우며, 안온하여 그 어떤 두려움도 없고, 참으로 사랑하고 즐길 만합니다. 원컨대 천왕께서는 여기에 머무시며 베풀어 행하시고 다스리며 교화하소서. 신 등은 순종하여 따르겠으니 감히 두 마음을 품지 않겠습니다.'

<장아함경長阿含經 세기경世紀經 전륜성왕품轉輪聖王品>★그 때 전륜왕은 여러 왕에게 칙명을 내린다. '만약 그러할 수 있다면, 그대들은 각각 자신의 경계에서 다스리고 교화하되 한결같이 교명(教命)에 의지해야 하리니, 나라 지경에서 법답지 않은 일이 일어나게 하지 말라. 왜냐 하면 만약 나의 경계에서 그릇된 법을 하는 사람과 여러 나쁜 행이 있게 되면 나는 그대를 다스릴 것이기 때문이다. 또다시 그대들은 스스로도 살생하지 말고 인민들에게도 살생하지 말도록 가르쳐야 하며, 주지 않으면 가지지 말고, 삿된 음행과 거짓말과 나아가 삿된 소견에 이르기까지 그대들은 모두 끊어야 한다. 만약 살생을 여의고, 나아가 자신과 남에 이르기까지 바른 소견을 닦아 행하며, 이렇게 할 수 있다면, 나는 그대들의 국토가 이미 잘 항복한 줄 믿고 알 것이다.'

<장아함경長阿含經 세기경世紀經 전륜성왕품轉輪聖王品>★그 때 여러 왕들이 한결같은 목소리로 이렇게 아뢴다. '천왕께서 경계하고 칙명을 내리신 대로 신 등은 받들어 행하겠습니다.' 그 때 북방의 여러 국왕들은 전륜왕의 이와 같은 경계와 칙명을 듣고, 각각 열 가지 선한 업과 행을 받들어 지킨다. 받은 뒤에 받들어 지니며, 모두 법답게 지키도록 하고 각각의 국토에서 법률에 의지하여 다스리고 교화한다. 전륜성왕의 자재로운 힘 때문에 가는 곳이면 윤보도 따라가며, 이 금륜보가 이렇게 차례로 북방을 항복시키고, 북방의 바다를 다 돌아서 그곳에 있는 모든 나라를 두루 거친 뒤에 본래의 처소로 돌아온다.

<장아함경長阿含經 세기경世紀經 전륜성왕품轉輪聖王品>★그 때 윤보는 염부제 안에서 으뜸가는 위덕과 형상이 훌륭하며 아주 미묘한 땅을 선택하여 그 위에 머무르는데, 동서의 경도(經度)는 너비 7유순이고, 남북의 규획(規劃)은 12유순이니, 이와 같은 규획과 경도로 경계를 삼는다. 그 때 여러 하늘은 곧 그 밤에 공중에서 내려와 전륜왕을 위하여 궁전을 세우는데 즉시 이루어진다. 성을 다 완성한 뒤에는 묘한 빛깔로 단정하고 엄숙하게 꾸미는데, 이른바 하늘 금과 하늘 은과 파리와 유리의 네 가지 보석으로 치장한다. 이 금륜보는 성왕을 위하여 궁전 안의 문 위 공중에 의연하게 머물러 있는데, 마치 바퀴에 굴대가 있어서 흔들리거나 움직이지 않는 것과 같다. 전륜성왕은 이 때에 크게 기뻐하며 한량없이 기쁨에 겨워하면서 이렇게 생각한다. '나는 이제 이미 금륜보를 얻었구나.' 비구들아, 전륜성왕에게는 이와 같은 하늘 금륜보가 있는데, 저절로 갖추어지는 것이다.

<장아함경長阿含經 세기경世紀經 전륜성왕품轉輪聖王品>★비구들아, 전륜성왕에게는 다시 어떠한 백색 상보(象寶)가 있으며 두루 갖추어졌는가? 비구들아, 이 전륜왕이 날의 초분(初分)에 정전(正殿)에 앉았을 때, 곧 왕 앞에 오포사타(烏逋沙他)[수(隋)나라 말로 결제(潔齊)라고 한다.]라는 상보가 나타나서 다가온다. 형체는 훌륭하며 묘하며 그 빛깔은 순수하게 희어서 마치 구물두꽃과 같으며, 7지(支)로 땅을 딛는다. 큰 신통력이 있어 공중을 타고 다니며, 머리 빛깔은 붉은 것이 마치 인다라구파가 벌레와 같으며, 여섯 개의 어금니를 갖추었는데 모두 가늘고 날카로우며, 하나하나의 어금니 위마다 온갖 장엄을 갖추었고 여러 빛깔로 박아 넣어졌으니, 마치 금 곡식과 같다.

<장아함경長阿含經 세기경世紀經 전륜성왕품轉輪聖王品>★전륜성왕은 상보를 보고 이렇게 생각한다. '백상이 비록 나타나기는 하였지만 길들여야 할 때를 모르겠다. 모든 일을 감수해 낼 수 있고 현명한 탈 것[乘]이 될까?' 그 때 상보는 하루 사이에 잘 조복되어 온갖 일 가운데서도 타거나 부릴 만하게 된다. 마치 다른 코끼리가 한량없는 천 년의 세월을 다하여야 조복이 되어 단정 엄숙하고 어질고 선하며 뜻에 맞게 순종하는 것과 같으니, 정말로 그러하여 이 백상보는 하루 만에 잠깐 길들여져서 여러 가지 일을 감당해 내는 것도 그와 같다.

<장아함경長阿含經 세기경世紀經 전륜성왕품轉輪聖王品>★그 때 전륜왕은 상보를 시

험하기 위하여 그 새벽 해가 막 돋을 때 이 상보를 타고 두루 돌며 순찰하고 여러 해안과 대지의 끝까지 모조리 가서 닿는다. 그렇게 두루 돈 뒤에 이 전륜왕은 본래 궁전으로 돌아와서 점심을 먹는다. 이 인연으로 그 왕은 그 때 내심 스스로 경사스럽게 생각하여 기쁨에 겨워 생각한다. '나를 위하여 짐짓 이와 같은 상보가 생겼구나.' 비구들아, 전륜성왕은 이와 같은 백색 상보가 있으며 저절로 갖추어지는 것이다.

<장아함경長阿含經 세기경世紀經 전륜성왕품轉輪聖王品>★ 비구들아, 어떤 것을 전륜성왕의 마보(馬寶)가 구족하다고 하는가? 비구들아, 이 전륜왕이 날의 초분에 정전에 앉으면 파라하(婆羅訶)-수나라 말로 장모(長毛)라고 한다-라는 감마보가 나온다. 빛깔은 푸르고 몸은 윤이 나며, 털과 꼬리는 반지르르 하며, 머리는 검고 갈기는 풀어 헤쳐졌고 신통력이 있으며 허공을 타고 다닌다. 그 때 전륜왕은 마보를 보고 이렇게 생각한다. '이 마보가 비록 나타나기는 하였지만 길들였을 때 모든 일을 감수할 수 있는지, 나를 위하여 좋은 탈 것이 될 수 있을지 잘 모르겠다.'

<장아함경長阿含經 세기경世紀經 전륜성왕품轉輪聖王品>★이 때 마보는 하루 사이에 잘 길들여져서 모든 일을 감당해 내니, 마치 다른 말이 한량없는 천 년의 세월이 걸려서야 완전히 길들여져 어질고 착하게 익숙해진 것과 같으니, 정말로 그러하여 이 말을 길들였을 때에도 하루 만에 온갖 모든 일을 감당하여 받아서 행하였으니, 역시 그와 같다. 그 때 전륜왕이 마보를 시험하려고 그날 이른 아침에 해가 막 돋을 때 이 마보를 타고 대지를 두루 지나고서 본래의 궁전으로 돌아와서야 전륜성왕은 비로소 밥을 먹었다. 이 인연으로 크게 기뻐하며 한량없이 기쁨에 겨워하면서 이렇게 말한다. '나는 이제 감마보를 얻었구나.'비구들아. 전륜성왕에게는 이와 같은 마보가 있어서 갖추어지는 것이다.

<장아함경長阿含經 세기경世紀經 전륜성왕품轉輪聖王品>★비구들아, 어떤 것을 전륜성왕에게 주보(珠寶)가 갖추어졌다고 하는가? 비구들아, 전륜성왕에게 마니보가 있는데, 비유리(毘琉璃)색이며, 여덟 모를 갖추었고 기술자가 만든 것이 아니며, 단정하고 엄숙하고 특히 미묘하며 저절로 청정한 광명이 흘러 나온다. 그 때 전륜왕은 주보를 보고서 이렇게 생각한다. '이 마니보는 여러 특징을 완전하게 갖추었다. 나는 이제 궁전 안에 걸어 놓고 광명이 나타나게 하리라.' 그 때 전륜왕은 이 마니보를 시험하려고 일부러 상병·마병·거병과 보병 네 가지 병력을 엄히 비치한다. 네 가지 병력을 갖춘 뒤에, 곧 밤중에 하늘에서는 이슬비가 내리고 겹구름이 몰려와 칠흑같이 어두우며, 번개가 칠 때에 전륜성왕은 이 주보를 가져다 당(幢) 위에 달아 놓고 동산으로 나아가 노닌다.

<장아함경長阿含經 세기경世紀經 전륜성왕품轉輪聖王品>★무슨 까닭인가 하면, 유람하면서 주보의 덕을 시험해 보고자 하기 때문이다. 비구들아, 이 마니보는 높은 당 위에서 널리 4방을 비추고, 네 가지 병력도 모두 환하게 밝히며, 광명이 두루 한 것이 마치 해가 세상을 비추는 것과 같다. 그 때 그 땅에 있던 모든 바라문과 거사들이 한결같이 '날이 밝았다. 햇빛이 벌써 나왔다'고 하고, 함께 놀라서 일어나며 온

갖 일들을 시작한다. 이 인연으로 전륜성왕은 크게 기쁨을 누리고 한량없이 기쁨에 겨워하면서 이렇게 생각한다. '이 보석이 나를 위하여 나왔구나.' 비구들아, 전륜성왕은 이와 같은 주보를 갖추고 있다.

<장아함경長阿含經 세기경世紀經 전륜성왕품轉輪聖王品>*비구들아, 어떤 것을 전륜성왕에게 여보(女寶)가 갖추어져 있다고 하는가? 비구들아. 전륜왕이 세상에 나오면 여보가 태어나는데 퉁퉁하지도 않고 가늘지도 않으며, 길지도 않고 짧지도 않고 희지도 않고 검지도 않으며, 가장 훌륭하고 가장 묘하며 거동이 아름답고도 고우니, 갖춰야 할 용모를 완전히 갖추어서 사람들에게 보이면 바라보기를 즐기되 싫증 내지 않는다.

<장아함경長阿含經 세기경世紀經 전륜성왕품轉輪聖王品>*또 이 여보는 더울 때는 몸이 시원하고 추울 때는 몸이 따뜻하며, 그 몸 에서는 마치 전단과 같은 묘한 향기를 풍기고, 입에서는 우발라(優癖)향이 언제나 풍겨 나온다. 윤왕을 위하여 늦게 자고 일찍 일어나며, 애써 삼가고 공경하며, 어떤 일을 하든지 왕의 마음을 어기지 않는다. 이 여인의 뜻에도 오히려 악한 생각이 없거늘 하물며 그 몸과 입에서 과실이 있겠는가. 이 인연으로 전륜성왕은 크게 기쁨을 누리고 한량없이 기쁨에 겨워하면서 이렇게 생각한다. '이는 이미 나를 위하여 여보가 태어난 것이 아니겠는가.' 비구들아, 전륜성왕은 이와 같은 여보를 갖추고 있다.

<장아함경長阿含經 세기경世紀經 전륜성왕품轉輪聖王品>*비구들아, 어떤 것이 전륜성왕의 주장신보(主藏臣寶)이며, 위력을 갖추었다고 하는가? 비구들아, 전륜왕이 세상에 나오면 주장신보가 태어나는데 큰 부자로서 재산이 넉넉하고, 많은 공덕이 있으며, 과보로 하늘 눈을 얻어 땅 속에 주인이 있거나 주인이 없는 온갖 깊이 감추어진 것을 환히 꿰뚫어 보아서 모두 그의 눈으로 감정하여 식별한다. 물이거나 뭍이거나 멀거나 가깝거나 간에 그 속에 들어 있는 진기한 보물이면, 이 주장신이 모두 보호하며 법답게 지키고 감시하여 훼손되거나 잃어버리지 않게 하며, 주인 없는 물건은 즉시 거두어서 윤왕이 필요한 만큼 받아쓰게 한다. 그 때 주장신은 스스로 전륜왕에게 나아가서 이렇게 아뢴다. '크게 거룩하신 천왕이시여, 만약 천왕께서 필요하신 재산이나 보물이 있으면, 오직 원하옵나니 근심하지 마옵소서. 신의 힘으로 능히 마련하여 천왕께 필요한 것은 모두 갖추게 하겠나이다.'

<장아함경長阿含經 세기경世紀經 전륜성왕품轉輪聖王品>*그 때 전륜왕은 주장신보를 시험하고자 하여 배를 타고 물에 들어가 강 중턱에서 장신에게 칙명하였다. '그대 장신은 오라. 나에게 필요한 재보를 속히 완전히 갖추어 놓아라. 속히 완전히 갖추어야 한다.' 장신은 아뢰었다. '원하옵나니 크신 천왕이시여, 신에게 잠깐 동안의 겨를을 주소서. 배가 둑에 닿기를 기다렸다가 물 곁에서 재보를 거두어 천왕께서 쓰시도록 바치겠습니다.' 왕은 장신에게 말한다. '지금 나에게는 둑 위의 재물이 필요치 않다. 다만 여기서 나를 위하여 마련할지니라.' 장신이 아뢰었다. '삼가 천왕의 칙명을 받들겠사오며 감히 어기지 않겠습니다.'

<장아함경長阿含經 세기경世紀經 전륜성왕품轉輪聖王品>★ 그 때 장신이 왕의 칙명을 받고는, 오른 소매를 벗어 메고 오른 무릎을 배에 대고, 손으로 큰 물을 휘저으니 손가락이 마치 게와 자라같이 되어서 금은을 움켜쥐어 여러 그릇 안에 가득히 채워 이 배 위에서 가져다가 받들어 바치면서 이렇게 아뢰었다. '이 여러 금은은 모두 하늘의 보물입니다. 하늘은 이 물건을 왕에게 바쳤으니 재물로 쓰시옵소서.' 그 때 전륜왕이 장신에게 이렇게 말한다. '나는 재물이 필요 없다. 그저 그대를 시험했을 뿐이다.' 그 때 주장신은 왕의 말을 듣고, 도로 금은을 거두어 물속에 넣어 둔다. 이 인연으로 전륜성왕은 크게 기쁨을 누리고 한량없이 기쁨에 겨워하면서 이렇게 생각한다. '나는 이제 이미 장신보를 얻었구나.' 비구들아, 전륜성왕은 이와 같은 장신을 갖추고 있다.

<장아함경長阿含經 세기경世紀經 전륜성왕품轉輪聖王品>★비구들아, 어떤 것이 전륜성왕의 주병신보(主兵臣寶)이고, 위력을 갖추었다고 하는가? 비구들아, 전륜왕의 복과 덕의 힘으로 말미암아 저절로 병장보(兵將寶)가 출생하는데, 지혜가 교묘하고 재능이 많으며 여러 가지 모책(謀策)에 능하고, 군기(軍機)를 환히 알고 신비스런 슬기를 이루고 있다. 전륜성왕이 필요로 하는 병력을 죄다 완전히 갖추었는데, 달리게 하면 달리고, 가게 하면 가고, 해산시키면 해산하고, 모으면 곧 모였다. 그 때 병장보는 스스로 전륜왕에게 나아가서 이렇게 아뢴다. '왕께서 만약 병사를 가르치고 익히게 하며 부리셔야 한다면, 원하오니 걱정하지 마소서. 신이 왕을 위하여 병사와 말을 가르치고 익히게 해서 모두 왕의 마음대로 따르게 하겠습니다.' 그 때 전륜왕은 이 주병보를 시험하려 하여, 곧 관청에 칙명하여 상병·마병·거병·보병의 네 가지 병력을 엄히 비치하게 하였다. 왕은 네 가지 병력이 모두 엄히 비치된 뒤에 병장보에게 말하였다. '그대 병장보는 오라. 나를 위하여 네 가지 병력을 모두 잘 다스려 따르게 하되, 잘 달리고 잘 가고 잘 모으고 잘 흩어지게 하라. 법답게 하되 거스리지 말라.'

<장아함경長阿含經 세기경世紀經 전륜성왕품轉輪聖王品>★그 때 병장보는 전륜왕의 이와 같은 칙명을 듣고 아뢰었다. '대왕이시여, 삼가 천왕의 칙명을 받들어 신은 감히 어기지 않겠습니다.' 곧 네 가지 병력을 통솔하여 병장기를 장엄하고, 달리고 가고 모이고 흩어지는 것을 가르쳐서 왕의 칙명대로 달리게 하면 곧 달리고, 가게 하면 곧 가고, 모이게 하면 곧 모이고, 흩어지게 하면 곧 흩어지니, 마음먹은 대로 자재롭게 할 수 있었다. 이 인연으로 전륜성왕은 크게 기쁨을 내어 한량없이 기쁨에 겨워 하면서 생각하였다. '나는 이제 이미 주병장보를 얻었구나.' 비구들아, 전륜성왕은 이와 같은 주병장보가 있으며 위력을 갖추고 있다. 비구들아, 만약 이와 같은 일곱 가지 보배가 나타나면, 그런 뒤라야 전륜성왕이란 이름을 얻는 것이다.

<장아함경長阿含經 세기경世紀經 전륜성왕품轉輪聖王品>★비구들아, 어떤 것을 전륜성왕이 네 가지 자재로운 신통을 갖추었다고 하는가? 비구들아, 전륜성왕의 수명은 아주 길며, 오래도록 세상에 머문다. 어느 때 어느 세간에서도 이와 같이 평안하게 오래도록 사는 이로서, 전륜왕의 수명과 대등할 수 있는 인류는 없으니, 이것을 일

러서 전륜성왕이 지니는 첫 번째 신통으로서 수명의 신통을 갖추는 것이라 한다. 다음에 비구들아, 전륜성왕이 받은 신체는 병이 적고 괴로움도 적으며 여러 가지 특징을 완전히 갖추었다. 그 배는 편편하고 원만하여 작지도 않고 크지도 않으며, 춥거나 더울 때와 차거나 따스할 때에도 그 때를 따라 적절하게 쾌적하며, 거동이 가볍고 음식이 잘 소화되어 평안하고도 즐겁다. 어느 때 어느 세간에서나, 세간에서 삶을 받은 이로서 병이 적고 괴로움이 적은 것이 이만할 수 있는 사람은 없으니, 이것을 일러서 전륜성왕이 지니는 두 번째 신통으로서 몸과 기력의 신통을 갖추는 것이라 한다.

<장아함경長阿含經 세기경世紀經 전륜성왕품轉輪聖王品>★비구들아, 전륜성왕은 과보로 태어났기에 모습이 단정하고 자못 특이하여 항상 세간에서 그를 보기를 즐기되 싫증내지 않는다. 육신은 깨끗하고 위엄을 두루 갖추었으며, 가장 훌륭하고 가장 묘하여 짝할 이가 없다. 어느 때 어느 세간에서 인간 가운데 삶을 받은 이로서, 이렇게 단정하고 자못 특이하여 세간에서 보기를 즐기며 싫증 내지 않는 것이 전륜왕의 모습처럼 갖춘 이가 없으니, 이것을 일러서 전륜성왕이 지니는 세 번째 신통으로서 모습의 신통을 갖추는 것이라 한다.

<장아함경長阿含經 세기경世紀經 전륜성왕품轉輪聖王品>★다시 다음에 비구들아, 전륜성왕의 업력의 인연으로 큰 복의 과보를 지니고 있다. 세간의 온갖 자산이 넉넉하고, 진기한 뭇 보물을 모두 갖추고 있다. 어느 때 어느 세간에서 인간 가운데 삶을 받은 이로서, 이렇게 풍요롭고 안락이 자재하며, 재산·복장·완구를 비롯해 여러 가지 묘한 보물이 창고에 가득 찬 것으로 윤왕을 견줄 만한 이가 없으니, 이것을 일러서 전륜성왕이 지니는 네 번째 신통으로서 과보의 신통을 갖추는 것이라 한다. 비구들아, 만약 이와 같은 네 가지 신통을 갖추어 모자람이 없다면 그런 뒤에라야 전륜성왕이란 이름을 얻는 것이다.

<장아함경長阿含經 세기경世紀經 전륜성왕품轉輪聖王品>★비구들아, 또 이 복과 덕을 지닌 전륜성왕은 모든 인민들이 사랑하고 공경하나니, 마음으로 언제나 기뻐하고 좋아하여 마치 아들이 아버지를 사랑하듯 한다. 또 모든 인민들도 또한 윤왕이 가엾이 여겨서 뜻에 한결같이 자애롭게 기르고자 하니, 마치 아버지가 아들을 사랑하듯 한다. 비구들아, 전륜성왕이 만일 어느 때라도 큰 보배 수레를 타고 궁을 나와 유람하거나 모든 승지(勝地)를 지나 숲이 우거진 동산에 이르면, 이 때 일체 인민들이 모두 전륜성왕을 직접 보고 크게 기뻐하며 다 함께 한결같은 목소리로 마부에게 이렇게 말한다. '여보시오, 착한 마부여. 제발 고삐를 잡고 여유 있게 천천히 가시오. 빨리 가지 않게 하오. 왜냐 하면 그대가 만약 수레를 몰고 천천히 느리게 나아가면, 우리들은 오랫동안 전륜성왕을 볼 수 있기 때문입니다.'

<장아함경長阿含經 세기경世紀經 전륜성왕품轉輪聖王品>★그 때 윤왕은 이 말을 듣고 역시 이렇게 마부에게 명을 내렸다. '착한 마부야, 천천히 느리게 걸어가라. 부디 빨리 가지 말아라. 왜냐 하면 네가 만약 수레를 몰고 찬찬하고 자상하게 차츰 나

아가면, 나도 오랫동안 노닐고 지나면서 일체 인민들을 자세히 살펴볼 수 있기 때문이다.' 비구들아, 그 때 모든 민중들은 윤왕을 보고 각각 지니고 있던 보물을 가지고 수레 앞에 무릎 꿇고 윤왕에게 바치면서 이렇게 아뢰었다. '대왕이시여, 백성들은 이제 이 물건을 천왕께 바칩니다. 이 물건은 천왕의 것이니, 부디 천왕은 받으셔서 뜻에 따라 쓰시옵소서. 무슨 까닭인가 하면 이와 같은 보물은 오직 천왕만이 쓰셔야 하기 때문입니다.' 비구들아, 전륜성왕이 세상에 출현할 때 이 염부주는 깨끗하고 편편하며 바르고 가시가 없으며, 그리고 빽빽한 숲이나 언덕·구덩이·뒷간이며 온갖 더럽고 냄새 나는 곳의 부정한 것과 조약돌·기와 부스러기·모래와 염밭 등의 물건도 전혀 없으며, 금은의 일곱 가지 보석만이 있고, 춥지도 않고 덥지도 않으며, 절후가 고르고 알맞다.

<장아함경長阿含經 세기경世紀經 전륜성왕품轉輪聖王品>★ 비구들아, 또 전륜왕이 세상에 출현할 때 이 염부주는 저절로 8만의 도성과 읍이 두어지는데 오로지 즐거움만이 있을 뿐 그 어떤 두려움도 없다. 인민들의 숫자는 매우 많으며, 곡식은 넉넉하고, 마을들도 매우 많아져서 참으로 사랑하고 즐길 만하다. 비구들아, 또 전륜왕이 세상에 출현할 때 이 염부주 왕이 다스리는 마을과 성읍에는 집들이 처마를 잇고 마을이 연이어 들어서 있어 닭이 날아서 닿을만한 거리이며, 인민들은 안락하여 불가사의하다. 비구들아, 또 전륜왕이 세상에 출현할 때 이 염주부는 언제나 밤중에 아나파달다(阿那婆達多)못으로부터 커다란 구름 기운이 일어나서 염부주와 모든 산과 바다에 두루하니 이 때를 맞추어 비가 내린다. 또한 염부주에 두루하여 마치 우유를 짜는 정도의 시간에 비가 손가락 깊이로 내리는데, 그 물은 달고 맛있으며 여덟 가지 공덕을 갖추고 있다. 낮은 곳은 이내 가라앉으며 다시 물은 아래로 세차게 흘러 땅 속을 적시지만, 큰 물결은 나타나지 않는다.

<장아함경長阿含經 세기경世紀經 전륜성왕품轉輪聖王品>★밤 후분(後分)에 이르러 운무는 스러지고 맑고 시원한 바람이 큰 바다로부터 불어와 그 윤택함이 흘러 퍼져 염부주 인민들에게 닿으면 모두 편안하고 즐거워진다. 또 그 달고 윤택한 것은 이 염부주를 널리 비옥하게 만들며 좋고 선명하여 광택이 흐르게 만든다. 비유하자면, 세간에서 솜씨가 뛰어난 꽃다발 만드는 장인과 그의 제자가 꽃다발을 만든 뒤에 물을 뿌려서 꽃다발을 윤기 흐르게 하고 꽃의 빛깔을 산뜻하게 만드는 것처럼 이것도 그와 같다. 또 전륜왕이 세상에 출현할 때 이 염부주의 모든 토지는 저절로 비옥하고 무성하고 기름지게 된다. 마치 어떤 사람이 소유(蘇油)를 물건에 바르면 그 바탕이 아름답고 기름지고 윤이 나는 것처럼 이 또한 그와 같다.

<장아함경長阿含經 세기경世紀經 전륜성왕품轉輪聖王品>★비구들아, 전륜성왕은 출현한 뒤에 세상에서 아주 오래도록 머물며 한량없는 세월을 거치는데, 그 동안에 역시 인간 세상의 괴로운 느낌을 여러 가지로 느끼나니, 마치 연약한 장부는 그 몸이 유약하기 때문에 맛있는 음식을 먹은 뒤 운동과 할 일을 하여 조금의 고달픔과 느낌을 받고서야 비로소 소화가 되는 것과 같다. 그렇고 그러하여 그 전륜왕이 세상에 오랫동안 있으면서 삶과 죽음 가운데서 조금 괴로움을 느끼는 것도 역시 그와 같다.

비구들아, 전륜성왕이 목숨을 마칠 때 그 몸을 버리면 반드시 천상에 나는데, 삼십삼천과 같은 곳에 함께 난다.

<장아함경長阿含經 세기경世紀經 전륜성왕품轉輪聖王品>★비구들아, 전륜성왕이 목숨을 마치려 할 때에는 윤왕을 공양하기 위하여 허공에서 우발라 꽃과 발두마 꽃, 구물두 꽃, 분타리 꽃과 같은 갖가지 향기로운 꽃비가 저절로 두루 쏟아져 내린다. 또한 하늘의 침수(沈水) 가루와 다가라(多伽羅) 가루와 전단향 가루, 하늘 만다라(曼陀羅) 등의 갖가지 꽃들이 비 오듯 쏟아지고, 다시 하늘 음악이 울리는데, 그 음은 미묘하며 악기를 타지 않아도 저절로 울린다. 또 여러 하늘들이 노래하고 찬탄하는 소리가 허공에 퍼지니, 이 전륜왕의 몸에 공양하여 복과 이로움을 짓기 위해서다.
<장아함경長阿含經 세기경世紀經 전륜성왕품轉輪聖王品>★비구들아, 그 때 여보와 주장신보와 주병신보 등은 곧 갖가지 깨끗하고 묘한 향의 탕(湯)으로 윤왕의 몸을 씻는다. 향즙으로 씻은 뒤에 먼저 겁파사(劫波娑) 모직으로 속 몸을 싸고, 그런 뒤에야 다듬이질하지 않은 모직물 옷으로 위를 거듭 싼다. 다음 다시 더욱 묘하고 섬세한 모직물 5백 단(段)을 채워서 두 겹 모직물로 싼 위를 차례로 싸니, 싸고 맨 뒤에 다시 금관(金棺)을 가져다 소유를 가득 담고, 윤왕의 몸을 들어서 관에 넣는다. 또 은곽(銀槨)에 이 금관을 넣는데, 은곽에 넣은 뒤에 위로부터 아래로 못을 쳐 단단하게 한다.

<장아함경長阿含經 세기경世紀經 전륜성왕품轉輪聖王品>★또다시 온갖 향나무를 모아 쌓아서 큰 더미를 이룬 뒤에 전륜왕의 몸을 화장한다. 화장을 마치면 그 타고 남은 뼈를 거두어서 네 길 가운데 전륜왕을 위하여 소투파(蘇偷婆)를 만드는데,-수나라 말로 대취(大聚)라고 하며, 당(唐)나라 말로는 탑(塔)이라고 하는데 잘못 생략된 말이다- 높이는 1유순이고, 너비는 반 유순이다. 여러 가지 빛깔로 꾸미고 금·은·유리와 파리의 네 가지 보석으로 이루어졌는데, 그 소투파의 사방 담 둘레는 50유순이며, 일곱 겹의 담장과 일곱 겹의 난간이 있고, 그 밖에는 위와 같으므로 자세한 설명을 생략하며, 나아가 여러 가지 새들이 각각 저절로 지저귀고 있다.

<장아함경長阿含經 세기경世紀經 전륜성왕품轉輪聖王品>★그 때 그 여보와 주장보와 주병보 등은 전륜왕을 위하여 소투파를 짓고, 다 지은 후에 으뜸가고 묘한 공양거리를 마련하여 차려서 구걸하러 온 모든 이들에게는 갖가지로 이바지해 주니, 이른바 밥을 구하면 밥을 주고, 마실 것을 구하면 마실 것을 주고, 탈 것을 구하면 탈 것을 주고, 옷을 구하면 옷을 주고, 재물을 구하면 재물을 주고, 보물을 구하면 보물을 주는 등 온통 베풀어 주어서 모두 만족하게 한다. 비구들아, 전륜성왕이 목숨을 마친 뒤에 처음 7일을 지나면 윤보·상보·마보와 주보는 모두 저절로 숨어 없어져 나타나지 않고, 여보·주장보·주병장보 등도 모두 목숨을 마친다. 네 가지의 보석으로 이루어진 성도 차츰 변하여 벽돌과 흙으로 돌아가며, 모든 인민들도 모두 때를 따라 점차 줄어든다.

<장아함경長阿含經 세기경世紀經 전륜성왕품轉輪聖王品>★비구들아, 일체의 모든 행(行)은 유위(有爲)요, 무상한 것이니, 이렇게 달라져서 항상 머무름이 없고, 파괴되고 떠나고 흩어지며, 자재함을 얻지 못하니, 이 닳아 없어지는 법(磨滅法)은 잠깐 동안이라도 오래 멈추거나 머무르지 않는다. 비구들아, 유위인 모든 행을 버려야 하니, 멀리 떠나야 하고 싫어하고 미워하여야 하며, 속히 해탈의 도를 구해야만 한다."

侍

한민족은 고래로 이같이 본래 담마(진리)를 추구하는 빛의 민족, 광명 민족으로서 흰 색을 좋아하는 백의민족이었습니다.(달마대사가 담마에서 나온 것은 잘 알고 있을 것이다) 마치 엘리야와 같이 가야산에서 신선이 되어 천계로 올라간 최 치원은 일찍이 우리 민족의 도를 무어라 칭하기에는 너무나 신비한 감이 있어 이를 유, 불, 선 3교를 포함한 "현묘지도" 즉 현현묘묘한 도라 말하고 한마디로 축약해 우주공간을 스치고 지나가는 바람의 도 즉, "풍류도"라 했습니다. 이 풍류도의 본바탕이 세월의 흐름과 함께 깎이고 보태져 배달도니 화랑도니 하는 것으로 그 꼴을 바꾸었으니 단재 신 채호는 이것을 신교(神敎)라 했고 장 도빈은 신인교(神人敎)라 했습니다.

신라의 화랑을 고구려에서는 선인도랑이라 했는데 각기 문무로 나누어 참전과 조의라 했습니다. 또한 백제에도 문무도가 있어 경당의 6예 제도를 통해 젊은 화랑들을 교육시켰습니다. 일찍이 화랑제도는 배달국 환웅시대로부터 시작해 11대 도해 단군때 정착된 것으로 당시에도 국자랑 제도가 있어 천지화랑, 천왕랑이라 했으며 단군시대에는 하늘의 상제님에게 천제를 지내는 제단인 소도보본 단을 지키는 금강역사 격으로 '삼신시종지랑', '삼랑'이 있었습니다.

이후 삼국시대에 더욱 꽃피운 이들 풍류 화랑도는 모두 미륵불 시대의 불 국토, 용화세계를 지향한 것이었습니다. 그런 차원에서 화랑은 특별히 '용화낭도'로 불렸습니다. 풍월도(풍류도)를 크게 진작시킨 진흥 왕 때의 화랑 '사다함'은 죽어서 한 번만 더 태어나면 다시는 더 태어나지 않아도 되는 단계의 보살경지를 칭한 것이었으며, 화랑제도를 신설한 진흥왕은 모든 화랑들로 하여금 미륵존상 앞에 나아가 서원을 세우게 한 것은 물론, 임금 시호까지 법 왕(백제), 법흥 왕이라 하여 미륵신앙의 진작을 도모했습니다. 심지어 진흥왕은 임종 시 아예 머리 깎고 중이 되어(화랑 역시 머리를 깎음) 미륵 정토세계의 왕생을 기원하며 죽었습니다. 그런가 하면 진지 왕 때의 흥륜사 승 진지가 미륵존불 앞에 나아가

"우리 대성(大聖)께서 화랑으로 화해 이 세상에 나타나 내가 항상 수용(晬容: 미륵존불의 얼굴)을 가까이 뵙고 받들어 시중을 들 수 있도록 하시옵소서"라 서원을 세우고 미륵선화를 찾아 나섰다가 마침내, 미시랑을 만나 왕에게 천거하여 화랑으로 삼았으나 7년 동안 풍류도를 세상에 빛내더니 자취가 없이 사라졌더라는 일화도 있습니다.

한편 풍류도의 반영인 화랑도가 신라에서는 정치적인 측면으로 흘러가고 만 반면, 백제에서는 구도적인 측면이 지극히 강해 끝내 본연의 내세적 미륵신앙으로 화려하게 꽃피우고 맙니다. 미륵신앙의 지향점이 정치적으로 흘러간 신라가 변죽만 울리고 만 격이라면 막상 열매는 살신성인의 백제에서 맺은 셈입니다. 즉, 신라가 당대에 삼국통일 위업이라는 점화제로 잠시 변죽만 울리는 것으로 화랑도를 이용한 반면 백제의 그것은 통일 이후에도 본연의 구도로 일관해 미륵불 당래비음을 감통한 진표 율사에 와서 미륵신앙의 절정을 이루었기 때문입니다. 백제 권에 유달리 미륵신앙과 관계한 탑, 불상, 사찰이 많은 것은 바로 이 때문입니다.

동양 천문학은 도해 단군 때 천문도로 보이는 대원일大圓一이 보이지만 확실치는 않으며 <서경書經 요전堯典>에 '내명희화乃命羲和 흠약호천欽若昊天 역상일월성신曆象日月星辰 경수인시敬授人時-이에 희씨와 화씨에게 명하시어 삼가 넓은 하늘을 따르게 하시고, 해와 달과 별의 운행을 살펴 사람들에게 때를 알리도록 하셨다.'한 것으로 보아 요 임금 당시에 이미 천문을 보는 체계가 있는 것으로 보입니다.

동양 천문학의 기원이 기록상으로는 요 임금 때로 거슬러 올라가지만 천문학을 운명을 보는 학문체계로 세운 이는 송나라 시절 진단 진 희이陳希夷라는 사람인데 그는 제갈량諸葛亮 사후 천여 년 뒤에 제갈량이 보았던 고래의 천문학을 학문紫微斗數으로 정립했으며 그의 학문을 대중화할 수 있도록 일반화 시켜 다시 재정립한 사람은 소 강절邵康節 선생입니다. 봉신연의封神演義가 시작되는 은상殷商의 말왕 주

紂 시절의 핵심 인물들은 바로 진 희이陳希夷 선생이 체계화한 천문학 속의 별자리에 인격화된 캐릭터입니다.

봉신연의封神榜에서 보여주는 삶과 죽음 선악, 은원, 환생 등과 맥을 같이하는 귀신세계의 기록서는 <수신기搜神記>가 가장 신묘하여 귀신과 사람간의 교통·감응 및 요괴·은원(恩怨) 등 470편의 기록이 수록된 귀신 관련의 보고寶庫로 꼽힙니다. 이와 관련해 사람이라면 누구나 겪게 되는 죽음의 길에 대해 <티벳 사자의 서>는 망자(亡者)가 죽은 사후(死後)에 저승에 자리 잡기 전 49일간 저승길에서 겪게 되는 과정을 알려주는 지침서입니다.

바르도(Bardo)는 이승과 저승의 틈새인 중음세계, 영혼이 환생하기까지 머무는 사후의 중간 상태입니다. 첫 번째 단계는 죽음의 순간 처음 통과하는 초 광명의 세계인 치카이 바르도(레테의 강, 일명 망자가 건너는 망각의 강-망자가 죽음 직후에 죽음을 깨닫지 못하여 육체와 의식체가 완전 분리되는 데 3~4일의 시간이 걸림), 두 번째 단계는 존재의 본래 모습을 체험하며 염라전의 명부심판을 기다리는 중음中陰세계 초에니 바르도, 세 번째 단계는 새로운 육체를 찾아 6도 윤회의 환생의 길로 향하는 시드파 바르도입니다.

증산 상제님께서는 영계의 경계는 스스로의 영적 수양, 끊임없는 탐구와 자각으로 안개너머의 장막을 풀어헤쳐 몸소 들어가는 것이라 밝히셨습니다. 스스로를 끊임없이 연마하는 영적 수양과 탐구과정에서 나오는 모든 영감(靈感:Inspiration)은 자기 마음의 작용에서 나오는 것으로 생각 끝에서 생각이 나옵니다. 그리하여 공부 않고 아는 법은 없다 하시고 정 북창 같은 재주로도 입산 삼일 만에 천하사를 알기 시작했노라 하십니다.

심지어 미국사람인 비교 신화학자 조셉 캠벨같은 이는 <신화의 힘>에서 기독교의 예속 신관에 반한 영지주의 입장에서 어느 왠만한 수행자도 감히 흉내 못 낼 상당한 경지의 영성을 드러내 보였습니다. 그는 초월자와 합일되는 깊디깊은 존재 차원에서라는 전제하에 우리 모두는 하느님이라 토로합니다. "기도는 신비에게 말을 걸고 명상하는 행위입니다. 우리는 하느님이긴 하느님이되 자아에 집착한 상태로의 하느님인 것이 아니라 우리 자신이 비이원적 초월자와 하나가 되는 깊디깊은 존재의 차원에서만 하느님입니다."

<보천교普天敎 교전敎典>*예로부터 생이지지生而知之를 말하나 이는 그릇된 말이라 천지天地의 조화造化로도 풍우風雨를 지으려면 무한無限한 공부工夫를 들이나니 공부工夫않고 아는법法은 없나니라 정북창鄭北窓같은 재주才操로도 입산삼일入山三日에 시지천하사始知天下事라 하였나니라

<보천교普天敎 교전敎典>*이유죄爾有罪 물구어아勿求於我 반구이심反求爾心 령감령靈感 본시이지작용야本是爾之作用也- 죄가 너에게 있거든 나에게 죄사함을 구하지 말고 네 마음을 돌이켜서 구하라. 영감이란 본시 네 마음의 작용이니라.

후천에는 신 경수 성도와 신 경원 성도의 수명궁 공사와 복록궁 공사를 통해 수명과 복록을 따로 맡겨 놓았으므로 천하사 일꾼은 인생의 가치관을 세속 범부처럼 세속의 부귀영화에 올인(All-In) 할 필요는 없습니다. 개벽시대에 천하사 일꾼의 진정한 목표는 '수능용퇴심선로誰能勇退尋仙路오 부불모신몰화천富不謀身沒貨泉'이라 세속 범부의 재물관과 다를 수밖에 없습니다. 그저 하고 있는 천직을 성실히 하며 보처

자양부모하며 생활신앙하면 됩니다.

지구촌 60억 인류 중 씨종자만 추리는 의통목에서 죽은 시체를 쇠스랑으로 찍어내되 백조일손百祖一孫으로 구원받은 사람이 아주 귀하고 10 리에 드문드문 겨우 한사람일 정도면 가히 천하의 모든 부귀가 마음비운 천하사 일꾼에게 모두 돌아가게 되므로 재물타령할 일이 결코 아닙니다.

<보천교普天教 교전教典>*현대現代 부귀자富貴者 기광하진기其廣廈診器 개충만재앙皆充滿災殃 사지상구死地相救-지금 시대에 부귀라는 것은 그 집이 얼마나 크고 넓으냐와 진귀한 장식품으로 재어 보지만 모두 재앙이 가득 차있고 죽을 땅을 서로 구하는 것에 지나지 못하느니라. 물유이부勿有爾富 천하지부귀의天下之富歸矣 물유이귀勿有爾貴 천하지귀지의天下之貴至矣 이무이爾無爾- 너는 부귀를 가지지 말라. 천하의 부귀가 마음을 비운 너에게 이를 것이니라.

<보천교普天教 교전教典>*(자식교육의 지표)망자손望子孫 부귀자자우인야貴富者愚人也=자손이 부귀하기를 바라는 자는 어리석은 사람이니라.

侍

사회에서 축적한 재물은 사회로 환원하는 것이 옳습니다. 서양에서는 노블레스 오블리주 noblesse oblige라 해서 '높은 사회적 신분에 상응하는 도덕적 의무'를 부자 귀족의 의무로 당연시 하고 명예롭게 여기고 있습니다. 신라에서는 화랑도가 도덕적 의무를 다했고, 경주 최부잣집과 유한양행의 창업자 유 일한 박사, 정문술 전 라이코스코리아 전 회장은 기부문화로 존경을 받아 왔고 큰 부자가 아니면서도 전세 살면서 120억을 기부한 가수 김 장훈의 심법은 가히 맨발의 성자 수준이라 할 수 있습니다.

기부천사 김장훈

그밖에 다음의 김연아, 이민호, 소지섭, 손흥민, 신태용, 유재석, 은혁, 이정재, 염정아, 김진수(축구), 김효주(골프), 고진영(골프), 김희선 공유, 고소영, 김사랑, 나훈아, 다니엘 헤니, 안정환, 이만기, 허재, 김병현,

이봉주, 여홍철, 이형택, 김동혁, 김요한, 모태범, 박태환, 김용만, 김성주, 정형돈, 류현진, 마동석, 박효신, 봉준호, 박지성, 박서준, 서장훈, 송광호, 손예진, 신민아, 송중기, 추신수, 현빈, 한효주, 혜리, 소유진, 설경구&송윤아, 강호동, 김종국, 김혜수, 김영철, 김범수, 김수현, 김우빈 김보성, 홍명보, 최나연, 이승우, 웬디, 아이린, 이승기, 이병헌, 윤아, 이경규, 이근호, 윤도현, 전현무, 전지현, 정우성, 정려원, 정해인, 지창욱, 주원, 황영조, 현영, 기성용&한혜진, 신애라&차인표, 최수종&하희라 등도 1~3억 이상의 사회적 기부를 통해 지금까지 존경을 받고 있는 중입니다.

로마가 한니발의 카르타고와 16년간 제2차 포에니 전쟁을 치렀을 때, 최고 지도자인 콘술(집정관)만 13명이 전사했으며, 시오노 나나미는 『로마인 이야기』에서 "로마제국 2,000년 역사를 지탱해준 힘은 노블레스 오블리주의 철학"이라고 했습니다. 심지어 핀란드에는 소득 수준에 따라 국가에 헌납하는 '노블레스 오블리주법(法)'이 있습니다.

노블레스 오블리주 정신의 기원을 알면 아주 감동적입니다. 영국과 프랑스의 백년전쟁이 발발하자 영국 도버항과 가장 가까운 프랑스의 항구도시 깔레(Calais)는— 지금은 영국의 도버 항까지 직항선과 유로철도인 해저터널이 개설된 국경도시— 영국군의 집중 공격을 받게 됩니다. 당시 인구 7천여 명의 對영국 전략 소도시 깔레는 고구려의 안시성과 같은 국경 요새지로 에드워드 3세(Edward 3)는 깔레의 보급을 끊고 공격을 하면서 지연전술을 폅니다.

프랑스의 깔레 시민들은 시민군을 조직해 맞서 싸웠지만 식량보급이 불가능하자 1년 만에 마침내 성 위에 백기를 올립니다. 이에 영국왕 에드워드 3세(Edward Ⅲ)는 파격적인 항복 조건을 내겁니다. "시민 중 저항을 주도한 6명의 대표단을 데려오면 깔레 시민을 대표해 처형하고 모든 시민은 용서하겠다."

1347년 깔레 시장 '외스따슈 드 생 삐에르(Eustache de Saint Pierre)'를 비롯한 고위관료와 부유층 인사 6명이 그동안 깔레 시민 덕으로 누린 부귀영화를 되갚기 위해 대표 처형자로 자원했습니다. 이들은 목에 셔츠와 밧줄을 걸고 맨발로 영국 왕의 앞으로 불려갔습니다.(로댕 조각: 깔레의 시민)

연대기 작가 장 후로아자르(Jean Froissart)에 의하면 사형이 집행되는 순간, 임신 중이던 왕비가 상서롭지 못한 처형을 만류했다 합니다. 왕은 고민 끝에 왕비의 청을 받아들여 이들을 사면해 주었고, 깔레 시민을 구하기 위해 처형을 자원한 6명의 시민은 감동적으로 깔레시민을 구한 영원한 영웅이 되었습니다. 이들 영웅이 바로 노블레스 오블리주 정신의 기원입니다.

로뎅 作品 〈깔레의 시민〉

<보천교普天敎 교전敎典>*자사회득자自社會得者 반제사회反諸社會 피각고갈皮殼枯渴 중포생명中包生命 물이허례勿以虛禮 대아待我 이허심以虛心 대아待我- 사회로부터 얻은 것은 모두 사회로 되돌려야 할지라. 겉껍질皮殼이 가운데 싸여져있는 생명을 고갈시키나니, 겉치례虛禮로 나를 대하지 말고 마음을 비워 나를 대할지니라.

<보천교普天敎 교전敎典>*욕사회지개조欲社會之改造 사회호社會乎 견자이개조見自爾改造 종금세계설단이정從今世界舌端以定 호지응지구지여지呼之應之求之與之- 사회를 개조하고자 하면 너 스스로를 개조하는 것에서 사회를 볼지니라. 지금 세계는 혀끝(변설)으로 정하여야 따르게 되나니, 그래야 호응하고 뜻을 구할 수 있고 줄 수도 있느니라.

찰스 디킨즈의 명작 스크루지(Scrooge)는 영국 런던 태생의 엘위스(Elwes 1714-1789)라는 자린고비 수전노를 모델로 하여 쓴 작품입니다. 소설속의 스크루지는 굴비 한 마리를 밥상위에 묶어놓고 두 번 쳐다보는 며느리에게 짜게 먹는다고 타박하는 자린고비 이상 구두쇠였는데 정치가이자 엄청난 부자였던 엘위스는 빈민촌의 빈민급식소에서 밥을 얻어먹고 누더기 옷을 입고 살았으며 임종시 내

돈! 내 돈! 아무도 내 돈은 못 건드린다! 외치며 강박적 망상증에 걸려 식은땀을 흘리며 죽어간 것으로 나옵니다.

스크루지(Scrooge)도 큰돈을 번 사람인데 사는 모습은 인색한 부자도 아닌 인색한 가난뱅이입니다. 죽은 친구 마레가 살던 차가운 방에서 불도 피우지 않고 살다가 크리스마스 이브에 죽은 친구의 유령이 나타납니다. 유령은 욕심의 포로가 되면 후회한다고 말하고 곧 세 사람의 유령이 나타날 것이라고 예고합니다. 세 사람의 유령은 소중함을 잃고 산 과거 스크루지 인생 전반과 자신이 심하게 박대한 사무원과 조카들이 오히려 불쌍한 자신을 본인 모르게 계속 축복해 주는 놀라운 장면과 자신이 비참하게 죽어가는 가까운 미래를 같이 돌아다니며 직접 보고 확인합니다.

과거 젊은 시절 인색함 때문에 자신과 파혼한 아가씨가 자신을 떠나 행복하게 사는 모습은 적지 않은 충격을 줍니다. 다양한 과거와 미래 체험을 한 후 또 다른 유령은 스크루지 영감의 죽음을 보여줍니다. 그의 죽음을 슬퍼하지 않고, 자신의 목숨보다 중히 여겼던 물건을 훔쳐가는 사람들을 목격하고 자신의 묘지를 바라본 스크루지는 재물이 죽고 나면 아무 소용이 없는 것임을 알고 성탄절에 깨어나 더불어 사는 것이 무엇이고 남을 축복하는 것이 무엇인지 깨닫고 인생을 다시 한 번 정리합니다.

찰스 디킨즈는 영적인 세계는 물론 자신의 죽음조차 믿지 못하는 지독한 현실주의자이자 영혼이 가난한 스크루지가 몸소 영적체험을 한 후 남에 대한 사랑과 축복을 할 줄 아는 극적 반전을 통해 기독교의 축복을 전하고자 했습니다. 증산 상제님은 지금 시대에 부귀라는 것은 그 집이 얼마나 크고 넓으냐와 진귀한 장식품으로 재어 보지만 후천 개벽을 목전에 둔 지금은 모두 재앙이 가득 차있고 죽을 땅을 서로 구하는 것에 지나지 못한다 최종 결론내리시고 자손이 부귀하기를 바라는 자는 어리석은 사람이라 하셨습니다. 몸소 가재도구 전답 등을 팔아 가난한 행인들을 불러 술과 밥을 사주신 자애로운 하나님이십니다.(석존도 전생에 전륜성왕 지위를 버리고 향공덕 부처님께 귀의.)

무미랑(武媚娘:측천무후)과 감업사感業寺 전경

또한 삶에 있어 최고의 교훈과 가르침을 주는 것이 바로 귀신의 세계<중화경>라 하시고 마음은 혼과 넋이 합한 것(心者는 魂魄之合)이라 하셨습니다. 귀신의 세계가 어떠한 교훈을 주는지에 대해 다음의 『수신기搜神記』는 좋은 깨우침을 주리라 생각합니다. 이 내용은 죽은 이아(李娥)부인이 저승에서 돌아온 당 나라 원 천강(袁天罡)의 '꿈속의 계책'이라는 이야기와 위(魏)나라 장제(蔣濟)의 아들이 어머니의 꿈을 통해 명부세계에서의 천직(遷職)을 요구해 관철시킨 기사(奇事)입니다.

참고로 당唐나라 때 원 천강은 조선의 무학대사 같은 사람으로 당 태종이 대신들의 관상을 보게 한 사람입니다. 그는 『금낭경』의 곽 박(郭璞 276년-324년) · 제갈 량(諸葛亮) · 『회남자(淮南子)』의 유안(劉安, 기원전179-기원전122) · 『포박자』의 갈 홍(葛弘) · 이 순풍(李淳風) · 일행선사(一行禪師)와 같은 선가 계통의 인물로 천문과 풍수지리에 능하여 이 순풍과 함께 무(武)씨(측천무후)가 장차 당실을 찬탈할 것을 예언한 사람입니다.(당 태종 이래 1400년간 禁書 『추배도』 : 원 천강, 이 순풍의 60가지 예언서)

당唐 태종은 이 예언을 듣고 딸 무 미랑(武媚娘:측천무후)을 궁녀로 들이세운 이주 도독 무 사확(武士彠, 559년~635년)만 제외하고 모든 무(武)씨를 멸족시키지만 이주 도독 무 사확의 딸 무 미랑은 당 태종이 고구려 정벌 중 눈가에 맞은 화살 독이 재발해 죽은 뒤 모든 궁녀의 운명처럼 장안성 밖 감업사感業寺에 여승이 되어 자신이 모신 당태종의 영혼을 모시고 삽니다.

한편 어린 시절부터 궁에서 함께 자라 정이 든 당唐 고종 이치李治는 당 태종 사후 출궁된 무 미랑을 꿈에도 잊지 못하고 살던 중, 당 태종에 의해 정략 결혼하는 바람에 2세 없이 홀로 사는 적막한 왕 황후가 미모 있고 젊은 숙비에게 사랑과 권력마저 빼앗기자 숙비를 물리치려 당 고종 이치에게 무 미랑을 불러들일 것을 주청합니다.

왕 황후의 계책대로 숙비는 물리쳤으나 무미랑(측천무후)은 태생부터 정치에 관심 없었던 당 고종 이치李治를 따돌리고 조정의 인사권을 장악해 왕 황후와 숙비 모두를 처단하고 당唐을 찬탈하여 백제, 고구려까지 멸망시킵니다. 지금도 섬서성 서안 교외 감업사感業寺에 가면 숙비가 두 팔을 잘린 채 피를 흘리며 측천무후 앞에 엎드려 울고 있는 소상塑像 모습을 볼 수 있습니다

다음 명부 일화는 당 태종과 얽힌 명부착란의 이야기로 24장인 진 숙보(秦叔寶)와 위지 경덕(尉遲敬德)에 얽힌 민간신앙 이야기와 <당서(唐書)> 원 천강(袁天罡)편에 '장래를 아는 것이 신과 같았다'던 당나라 원 천강(袁天罡)의 추배상합원(推配相合院)의 임상예언을 모은 <예언자(豫言者)>의 '꿈속의 계책'이라는 내용인데(열매출판 여설하 평역) 원전은 중국 동진(東晋:4세기경)의 역사가 간보(干寶)가 편찬한 지괴(志怪:육조시대의 귀신 설화)의 보고(寶庫)로 여겨지는 가장 대표적인 설화집 『수신기搜神記』 입니다. 바뀐 이름과 생략된 내용을 원문대로 고치고 생략된 내용도 『수신기搜神記』 의 원전 내용 그대로 채워 넣어 소개합니다.

사람이 살아생전 왜 덕을 쌓아 문 백과 이 흑 같은 사람을 두어야 하는지 그리고 모든 인연공덕으로 삶과 죽음이 어떻게 연결이 되어있는지 잘 보여주고 있습니다. 비록 소설이지만 찰스 디킨즈의 스크루지가 겪은 영계체험과 비교하면 귀신세계에 대한 동서양의 서로 다른 맛과 깊이를 음미할 수 있습니다.

♧이아(李娥)부인과 채중(采仲)의 꿈속의 계책'

- 한(漢)나라 건안 4년 2월 무릉군 충현(充縣)의 이아(李娥)라는 부인이 그 나이 스물다섯에 병으로 죽어 성 밖에 묻힌 지 이미 닷새가 지났을 때였다. 채중(采仲)이라는 사내가 낮잠에서 깨어나 심각한 고민에 빠졌다. 몇 해 전에 죽은 친구가 꿈길을 찾아와 뜻밖의 말을 하고 사라진 것이 참으로 해괴했다.

“이보시게 어서 일어나 내 말 좀 들어보게. 이제껏 우리가 남의 무덤을 파헤친 것은 그 웬수같은 돈 때문이 아니었는가 말이야. 그 일로 매를 맞고 장독(丈毒)이 올라 죽은 건 억울하네만, 자네를 도울 수 있으니 얼마나 다행인가. 아무 소리 말고 닷새 전에 죽은 이아(李娥)부인의 무덤을 파헤치게. 그리하면 백금의 재물을 얻을 것이야. 한시라도 빨리 서두르게.”

깨어보니 꿈이었다. 이아부인이라면 이 지방 최고의 부자 육대인(陸大人)의 정실이다. 하얀 피부가 마치 하얀 배꽃이 피어난 듯하여 그런 이름을 붙였다는 소문이 있었다. 미모만큼 심성도 고운 탓에 이아부인이 원인을 알 수 없는 병으로 급살 당하자 사람들은 혀를 차며 안타까워했다.

“미인은 명이 짧다더니 참으로 맞는 말일세. 그토록 심성 고운 부인이 허망하게 세상을 떠난단 말인가.” 이아부인을 사랑한 육대인의 슬픔은 이만 저만이 아니었다. 소문에 의하면 이아부인이 세상을 떠나자 식음을 전폐하여 가솔들에게 걱정거리를 안겨주고 있다고 했다.

생전에 두 사람의 정회가 남다른 탓에 분명 부인의 관 속에 값나가는 부장품이 많을 것이라는 생각을 해 보았다. 그러나 남의 무덤을 파헤치는 일은 혼자서 하기엔 버거운 일이었다. “어쩐다?” 여러 날을 고민하다 서문(西門) 밖에 자리 잡은 원 천강(袁天罡)의 거처를 찾아갔다.

“소인이 어떤 일을 생각하고 있는데, 그 일을 해도 될지 어떨지를 몰라 이렇게 왔습니다.” “그렇다면 글자 한 자를 써 보시오.” 채 중은 ‘입 구(口) 자’를 썼다. “이 글자(口)는 새를 만나면 울게(鳴)되고, 흙을 만나면 토(吐)하네. 한 사람(一人)을 만나면 합(合)이 되는 것이니 합포주환(合浦珠還)으로 풀이할 수 있네. 손가락에 낀 반지를 잃어버렸는데 우물가에서 찾는다고나 할까. 처음에는 좋지 않으나 나중에 크게 길하니 일을 하는 것이 좋겠네.”

용기를 얻은 채 중은 이날 밤 혼자서 이아부인의 무덤을 파헤쳤다. 한참을 파 들어가자 옻칠을 한 검은 관이 나타났다. 흙을 긁어내고 도끼로 사정없이 내리쳤다. 우지끈 뚝딱하는 소리와 함께 정중하게 꾸짖는 소리가 관 속에서 흘러나왔다.

“채 중아, 내 머리를 다치지 않도록 해라!” 혼비백산한 채 중은 도끼와 곡괭이를 팽개치고 도망쳤다. 때마침 근처를 순행하던 순라 꾼이 허겁지겁 달려오는 채 중을 붙잡아 핏기 없는 그의 얼굴을 물끄러미 바라보았다.

겨우 정신을 수습하고서야 채 중은 자초지종을 더듬거렸다. "이아부인이 살아있어요!" 이 일은 육 대인에게 알려졌고 그는 무덤으로 달려가 이아부인을 구하게 되었다. 관가에서는 이아부인을 불러 다시 살아나게 된 연유를 물었다.

"내가 세상을 떠난 후 저승사자를 따라갔어요. 큼지막한 거울이 있는 곳에서 비쳐보고는 심사관이 말했답니다. 이곳에 올 사람이 아니니 어서 돌아가라는 것이었어요. 그 곳에는 죄를 지은 자가 너무 많은 탓에 여러 날 지체하였는데 그게 문제였지요." 저승에서의 하루가 인간세상에서는 며칠이 되는지 알 수 없으나, 이승으로 돌아와 보니 육신은 벌써 땅에 묻힌 뒤였다. 이럴 수도 저럴 수도 없는 상황에서 사촌오빠 백문(伯文)을 만나게 되었다. 그는 이승에서 쌓았던 선악의 점수가 중간쯤이어서 천당과 지옥 어느 쪽으로도 가지 못하고 대기 중이었다.

그가 호조로 가서 생사부를 들춰보고 돌아왔다. "일이 참 고약하게 되었다. 내일 너와 함께 돌아갈 이 흑이라는 젊은이가 있는데 나이는 스물다섯으로 너와 동갑이라는구나. 그 자의 친구 중에 채 중이라는 위인이 있는데 그에게 부탁하면 이승으로 돌아갈지 모르겠구나. 편지 한 통을 내 아들 유타에게 전해 주어라"

백문은 이 흑(李黑)을 만나 부탁했다. 사람 좋기로 소문이 난 이 흑은 선선히 허락했다. 이 흑이 낮잠을 즐기는 채 중의 꿈길을 찾아와 부탁한 것이, 채 중으로 하여금 원 천강을 찾아가 길흉을 헤아리고 이 일에 뛰어들게 한 것이다. 이 번 일은 채 중의 의도는 아니었다. 죽은 자를 살리려 무덤을 판셈이니 죄를 줄 수 없었다. 이아부인은 삶을 되찾은 대가로 백금을 채 중에게 지불하라는 판결을 받았다.

유타는 이아가 전한 그 편지의 종이가 바로 자신의 아버지 유 백문이 죽었을 때 무덤에 넣은 상자 속에 든 문서중의 하나라고 기억해 내었다. 비장방에게 해독을 청하니 이렇게 풀이했다.

"타에게 고한다. 나는 이곳 부군(府君)을 따라 문서를 배분하러 길을 나서게 된다. 8월 8일 일중 때면 무릉성(武陵城) 남쪽 구수(溝水)가에 다다라 잠시 쉬게 될 것이다. 너는 그날 그 시간에 반드시 그곳으로 나오너라." 그 시기가 되자 온 집안 식구를 다 데리고 성 남쪽의 그 곳에 가서 기다렸다.

잠시 후 과연 유 백문이 나타났으나, 사람소리와 말 울음소리만이 은은하게 들릴 뿐이었다. 구수 가까이 다가가자, 문득 사람을 부르는 소리가 들렸다. "타야, 이리 오너라. 너는 내가 이아를 통해 보낸 편지를 받았느냐?" "예, 받았습니다. 그래서 이곳에 온 것입니다."

그러자 유백문은 차례로 집안 식구들을 불러 물어보면서 그 슬픔을 이기지 못하였다. "산 자와 죽은 자는 길이 달라 자주 너희들의 소식을 얻어들을 수가 없구나. 내 죽은 후 아들과 손자가 이렇게 많아졌구나!" 한참 후 다시 유타에게 이런 목소리가 들렸다. “오는 봄에 큰 병이 돌게 될 것이다. 너에게 이 환약을 하나 주노니 이를 문설주에 바르거라. 그러면 내년에 일어날 그 못된 병을 물리칠 수 있을 것이다.” 말을 마치자 홀연히 사라졌으며, 끝내 그 모습을 나타내 보이지 않았다.

이어서 봄이 오자 과연 무릉에 큰 역질이 돌았고, 대낮에 귀신이 보이기도 하였다. 그러나 오직 유 백문 후손의 집안만은 귀신이 감히 찾아오지 못하였다. 비장방은 그 약을 들여다보고 이렇게 말하였다. “이는 방상씨(方相氏:疫疾을 몰아내는 관직)의 뇌(腦)이다.”<搜神記 下 보충>★

★위(魏)나라 장제(蔣濟)의 아들이 어머니의 꿈을 통해 명부세계에서의 천직(遷職)을 요구해 실현시킨 기사(奇事):

장제(蔣濟)의 자는 자통(子通)이며 초국(楚國) 평아현(平阿縣) 사람이다. 위나라에 벼슬하여 영군(領軍) 장군에 올랐다. 그런데 그 아내의 꿈속에 죽은 아이가 나타나 울면서 이렇게 말하는 것이었다.

“산자와 죽은 자의 길이 서로 다르다고는 하나 제가 살아있을 때는 경상(卿相) 집안의 자손이었는데, 지금은 지하에서 태산(泰山)의 졸개가 되어 초췌하고 곤고함을 말로 다 표현할 수가 없습니다. 지금 태묘(太廟)의 서쪽에 살면서 행사 때 노래를 부르는 손아(孫阿)라는 자가, 곧 이 곳 음계로 불려와 태산령(泰山令:산신령)의 높은 직책을 얻게 될 것입니다.

원컨대 어머니께서 아버지께 말씀드려 그 손아가 죽기 전에 한번 만나 저의 사정을 부탁드려서, 저를 좋은 직책으로 옮겨갈 수 있도록 해 주십시오.” 말이 끝나자, 어머니가 놀라 잠을 깨었다.

이튿날 그 꿈속의 사실을 남편 장제에게 이야기하자, 장제가 이렇게 말하였다. “꿈이란 허상이오, 괴이쩍게 여길 것이 못되오.” 그런데 그 날 저녁에 다시 아이가 어머니의 꿈속에 나타났다.

“저는 새로운 상관(新君)이 될 손아를 모시러 가는 길에 지금 태묘 아래에서 쉬고 있습니다. 아직 출발하지 않은 잠깐의 짬을 내어 지금 이렇게 집에 와서 말씀 드리는 것입니다. 그 신군(新君), 즉 손아를 내일 일중(日中)이면 모시고 떠나야 합니다. 떠나는 그때는 제가 할 일이 많아 다시 찾아뵐 틈이 없습니다. 이제 여기서 영영 이별입니다. 아버지는 기질이 강직하셔서 깨우쳐 드리기가 어렵습니다. 그 때문에 어머니께 호소하는 것이니, 원컨대 다시 아버지께 말씀드려 주십시오. 어찌 시험 삼아 한번 사실인가 알아보는 것조차 아까워하십니까?”

그러면서 손아의 생김새를 설명해 주었는데, 그 설명이 아주 자세하였다. 날이 밝자, 어머니가 다시 장제에게 말하였다. “비록 꿈이란 괴이쩍게 여길 만한 것이 못된다고 말씀하시나, 이 꿈은 어찌 그리 역력한지요. 어찌 시험 삼아 한 번 알아보는 것조차 아까워하십니까?"

장제는 그제서야 사람을 태묘 아래로 보내어 손아라는 인물을 수소문한 끝에, 과연 그를 찾아내었다. 그의 형상을 짚어보았더니, 꿈속에서 아이가 말한 것과 똑같았다. 장제는 눈물을 흘리며 이렇게 말하였다. "하마터면 내 아이의 말을 저버릴 뻔하였구나."

이에 손아를 만나 그 일을 낱낱이 일러주었다. 손아는 닥쳐올 죽음에 대해서는 전혀 두려운 기색이 없고, 도리어 자신이 죽어서 태산령이 된다는 사실에 즐거워하며, 오직 장제의 말이 사실이 아니면 어쩌나 싶어 걱정할 정도였다. "만약 귀하의 말대로만 된다면, 그것은 바로 저의 소원입니다. 그런데 귀하의 아들께서 어떤 직책을 원하는지 알 수가 없군요." 이 말에 장제는 이같이 말하였다. "지하세계의 즐거운 직책이라면 알아서 그런 직책을 주시면 됩니다." "네, 가르침을 받들어 모시겠습니다."

손아의 시원스런 대답에 장제는 후한 상을 내려 주었다. 말을 마치고 그를 돌려보낸 다음, 장제는 그것이 사실인지 어서 증험해 보고 싶어 자신의 휘하군사들을 태묘 아래로 보내어 10보마다 한 명씩 배치한 후, 그에 관한 소식을 자신에게 전달 보고토록 하였다. 진시(辰:7-9시)가 되자 손아가 심통이 생겼다는 보고가 왔고, 사시(巳:낮9-11시)에 극심한 고통이 시작되었으며, 일중(日中:12시)에 손아가 죽었다는 보고가 들어왔다.

그러자 장제가 이렇게 말하였다. "비록 내 아이의 불행을 애통해 하고 있었으나, 그 죽은 아이에 대하여 알고 난 것은 다행이로다." 그리고 한 달 뒤쯤 아이가 다시 어머니의 꿈에 나타났다. "이미 녹사(錄事)로 전보되었습니다."-<搜神記 下>

<동곡비서>*하루는 모든 종도에게 일러 가라사대, "너희들이 이제는 이렇듯 친숙하나 후에는 눈을 거듭 뜨지 못할지니, 마음을 바로 가지고 수련을 잘하라. 위징은 밤에는 상제(上帝)를 섬기고 낮에는 당 태종(唐太宗)을 도왔다 하거니와, 나는 사람의 마음을 빼었다 찔렀다 하노라."*<동곡비서>

♣진숙보(秦叔寶)와 위지경덕(尉遲敬德) 초상화를 대문에 부치는 조선의 민간신앙
(당태종과 위 징의 일화로 본 명부착란)

-위 징은 밤에는 그 영혼이 천계(天界)의 매트릭스 속으로 들어가 하늘의 상제(上

帝)를 섬겨 하늘의 판관 노릇을 하고 낮에는 당 태종의 신하가 되어 정관(貞觀)의 치세를 여는 주역이 된다.

장안 성 동해 경수하(涇水河)에서 한 나무꾼과 어부가 강가에서 대화를 하는데 장안 성 모처에 용한 점쟁이가 있어 잉어 한 마리를 잡아 바치면 어디에서 낚시질하면 더 많은 잉어를 잡을 수 있다 하므로 그대로 따라하면 반드시 더 잡는다 자랑하므로 마침 시찰을 돌던 한 수부(水府) 야차가 이를 몰래 엿듣고 경하 강하의 어족이 이 점쟁이의 정확한 예언으로 말미암아 씨를 말리겠다고 경하(涇河) 용왕에게 보고하므로 용왕은 미복을 하고 점쟁이를 찾아간다. 그는 다름 아닌 당조의 도선, 무학대사인 원천강(袁天罡)의 스승 원수성(袁守誠)였다.

비 내리는 전권을 가진 경수 하 용왕은 날씨를 물었고 원수성은 내일 몇 시 얼마만큼의 비가 내린다고 정확히 말한다. "내일 진시(辰時=7-9시)에 구름이 끼고, 사시(巳時:9-11시)에는 천둥이 칠 것입니다. 그리고 축시(丑時:1-3시)가 되면 비가 내리고, 미시(未時=13-15시)에 비가 그칠 것입니다." 용왕은 비 내리는 것은 자신의 재량이므로 말이 맞으면 황금이 50냥이지만 말과 다를시 백성을 현혹하지 못하도록 간판을 내리게 해 내 쫓을거라 서로 내기한다.

그러나 급작스레 천조에서 원수성의 예언과 정확히 일치하게 장안성에 비를 내리라는 상제의 명이 전해지자 용왕은 신하들과 머리를 짜내 비의 양을 약간 다르게 내린 뒤 원 수성을 찾아가 추궁한다. 하지만 원 수성은 경수 하 용왕의 신분을 알고 있으며 경수 하 용왕이 천조의 상제 명을 거역한 대가로 과룡대에서 참수 받게 됨을 말한다. 자신의 신세를 깨달은 용왕은 원 수성에게 살려달라고 애걸하여 죽었다 환생하는 길을 가르쳐 주니 곧 당 태종에게 빌면 당 태종을 섬기는 인조관(人曹官)으로 천조(天朝)의 참수관인 위 징의 처형을 피할 수 있다고 말한다.

그날 밤 용궁으로 돌아가지 않은 경수하(涇水河) 용왕은 허공에서 자시를 기다렸다가 당 태종 이 세민에게 꿈으로 나타나 신하인 위 징을 하루만 붙잡아 잠을 못 자게 조치하여 그 혼이 천계의 매트릭스로 들어가지 못하게 하여 자신을 살려달라고 읍소한다. 하여 당 태종은 용왕을 살려주리라 약조하여 당일 밤 경수하 용왕을 처벌하라는 상제의 명을 이미 받은 위 징을 이튿날 정오부터 금란전에 초치하여 밤새 바둑을 두며 시간을 끈다. 그런데 위 징은 갑자기 바둑을 두다가 머리를 끄덕이며 존다.

당 태종은 사직을 보필하고 격무에 시달려 다소 졸음에 빠지는 것이려니 하고 잠시 멈칫하는데 느닷없이 장안성 조정에 뇌성 번개가 우르르 쾅쾅하며 비가 세차게 내리더니 곧 조정의 뜰에 용의 머리 하나가 느닷없이 떨어졌다는 다급한 전갈이 들어온다. 잠깐사이 천계의 매트릭스에 들어가 천조에 입시(入侍)한 위 징이 경수하 용왕의 참형을 집행하고 내려온 것이다.

이후 밤이면 밤마다 이 세민은 동해용왕이 나타나 자신을 살려 주겠다 약속해 놓고 자신을 죽였다고 하여 괴롭히는 탓에 늘 수척해졌다. (당 태종 13년) 당 태종은 24장의 일원인 위지경덕과 진 숙보로 하여금 침상을 지키게 하여 귀신을 쫓게 하여 효험이 있자 초상화를 그려 붙여 이것이 민간신앙이 된다. 하지만 당 태종은 날로 수척해져 마침내 국상을 치루게 되지만 이승과 저승의 매트릭스를 오가는 인조관 겸 천조관인 위 징은 저승으로 가는 당 태종에게 부왕 당고조 이연의 예부 시랑였다가 저승에서 풍도판관(豊都判官)을 맡은 최 각(崔珏)에게 서찰을 주면 반드시 환생할 것이라 말한다.

죽어 명부(冥府)에 간 당 태종은 최 각을 만나 이승에 남은 최 각의 후손을 돌보고 있는 위 징의 편지를 전해준다. 위 징이 경수하 용왕을 참수한 사실을 익히 잘 알고 있던 최 각은 당 태종 환생 부탁의 서찰을 읽고 다시 환생하도록 주선한다. 최 각은 당 태종이 명부에 소환된 이유가 경수하 용왕이 명부 시왕전인 삼라전(森羅殿)에 자신의 억울함을 고소하여 제1전의 진광(秦廣)대왕이 피고 소재 지상의 재판소인 인조(人曹), 원고 소재 용궁의 재판소인 수조(水曹), 사건담당인 저승 재판소 음조(陰曹) 등 3조(三曹)에 이첩하여 3자 대질심문을 하기 위해 소환한 것임을 알게 된다.

당태종 이세민(599-649)

명부시왕이 심문한 결과 용왕은 본디 제왕의 수명을 주관하는 남두성(南斗星)의 명부에 이미 죽도록 되어 있었는데 당 태종을 원망함이 극심하므로 명부시왕은 상의하여 사실을 확인하고 환생시키기로 결정했다. 명부시왕들이 생사판단을 주관하는 최 판관에게 당 태종의 재위기간을 확인하니 이미 13년이 다 찼는지라 최판관은 깜짝 놀라 한 일 자 위에 획을 두개 더 그어 33년 재위로 바꾸어 놓았다.

염라왕은 주 태위(朱太尉) 두 사람을 시켜 혼백을 이끄는 깃발을 이끌게 하여 당 태종을 유명계 바깥으로 인도한다. 당 태종은 유명계를 빠져 나오면서 자신이 남정북벌하면서 죽인 수많은 혼령과 72군데 반역도를 처형한 귀신들의 아우성으로 빠져 나오지 못하자 부符는 귀신의 길이므로 상량(相良)이라는 한 부자의 돈을 차용증서(符)로 서명하고 최 판관이 보증하여 그 기운을 적선함으로써 그 기운으로 길을 틔워 인간세상으로의 출구인 초생 귀도문(初生貴道門)그 곳을 빠져나온다.

이 초생 귀도문이 바로 영화 "매트릭스"에서는 프로그래머가 네오, 트리니티, 모피어스 등에게 출구를 지정하여 빠져나올 수 있게 한 씨뮬레이션 매트릭스 세계 속의 다양한 공중전화 박스다. 한편 장안성의 조정에서는 당 태종 붕어의 애도문 반포와 국상절차가 논의되고 있는 와중에 위 징은 태자의 등극을 막기 위해 당대의 실력자

허 경종(許敬宗)과 설전을 벌이는데 관 속에 있는 당 태종이 출구를 통해 나오면서 위수(渭水)강가에 빠져 허위적 거리면서 비명을 지른다. 당 태종은 위지경덕을 시켜 개봉부(開封府)에 사는 거부 상량(相良)의 돈부터 갚게 한 것은 물론이다.-

★ (참고:"용왕은 사귀(邪鬼)가 되어 약속을 어긴 태종을 괴롭혔다. 태종이 매일 밤 사귀에게 시달린다는 것이 알려지자 용맹한 두 무장이 호위를 자청하고 나섰다. 그 두 장수의 이름은 진 숙보(秦叔寶)와 위지 경덕(尉遲敬德)이었다. 날이 저물자 두 무장은 갑옷과 투구를 쓰고, 금과(金瓜=쇠몽둥이)를 손에 들고 궁전 문 밖에 서서 밤새도록 황제를 지켰다. 그 때문에 사귀가 침입하지 못하자 태종은 편안하게 잠을 이룰 수 있었다.

그렇게 이틀, 사흘 동안 계속 경계를 서자 어느새 두 장수도 피로한 기색이 역력했다. 그러자 황제는 한 가지 꾀를 내어 두 장수의 모습과 똑같이 그린 그림을 문패에 걸어두었다. 이 계획은 보기 좋게 성공해서 사귀는 더 이상 궁전에 접근하지 못했다고 한다. 이는 당나라 시절부터 조선말까지 민간인 신앙으로 큰 위세를 떨쳤다.)

이 가르침을 통해 우리는 우리가 숨 쉬고 있는 이승此生세계가 전부가 아니라 이승과 저승彼生이 마치 동전의 앞뒤처럼 유기적으로 움직이는 복잡계複雜繫 세계임을 다시 한 번 확인할 수 있습니다. 특히 장제의 아들 이야기를 통해 인생이 혼자만 사는 세상이 아니라 조상을 비롯해 부모 자식의 모든 육친이 연결되어 연상연하를 불문 모든 이에게 깍듯이 대할 필요가 있음을 새삼 느끼게 될 것입니다.

손아(孫阿)가 음계로 불려가 태산령(泰山令:동악 태산 산신령)의 높은 직책을 맡은 얘기는 일반 산신도 아닌 5악(동악(泰山:山東省), 서악(華山:陝西省), 남악(衡山:湖南省), 북악(恒山:河北省), 중악(嵩山:河南省))의 하나라는 점에서 그리고 태모 고 수부님이 이 땅에 오시기 위해 잠시 산신령으로 계셨다는 말씀을 통해 보다 깊은 의미를 되새길 필요가 있습니다. 생사 운명을 쥔 산신의 권능에 대해 여(余)·금(淦)의 《희조신어(熙朝新語)》에 다음과 같이 말합니다.

"청 나라 강희 연간에 태안주 지사(泰安州知事) 아무가 태산(泰山) 아래를 지나는 순간, 갑자기 산꼭대기에서 한 조각구름이 표락飄落되는데, 구름 속에 한 사람이 단정히 서 있었으므로, 처음에는 신선(神仙)인가 하였으나 완전히 지상으로 내려선 뒤에는 한 동자(童子)였다. 지사가 깜짝 놀라 그 신분을 묻자 '나는 곡부(曲阜)에 사는 공(孔)씨로 나이는 이제 12세이다. 전번 모친의 병세가 위급하게 되었을 때 태산부군(泰山府君 태산 산신)을 몰래 찾아가서, 나의 수명을 가져다가 모친의 수명을 연장시켜 달라고 기원하였더니, 과연 모친의 병이 곧 나았으므로 오늘 다시 태산으로 몰래 가서 바위 위에 몸을 던져 전번의 약속을 이행하려 하였는데, 어떻게 되어서 여기에 왔는지 모르겠다.' 하므로 지사가 크게 경탄(驚嘆)하고 수레에 태워 보내었다."

(참고)★여금(余金)의 《희조신어(熙朝新語)》: 《희조신어》는 전 영(錢泳)이 서 석린(徐錫麟)과 함께 편집한 책으로 모든 조장(朝章)·국전(國典)·성명(聲名)·문물(文物)로부터 가송(歌頌)·환요(驩謠)까지의 정사(政事)·문장(文章)·인심(人心)·풍속(風俗)에 관련되는 것은 모두 수록하였고, 여금이라 이름한 것은 두 사람의 성(姓)자 중에서 서(徐)에서는 여(余)를, 전(錢)에서는 금(金)을 따서 합하여 말한 것이다.

侍

상제님께서 산신제를 지내신 산은 변산, 경기도 검단산, 태전(한밭) 봉무산(보문산)이고 태모님은 조종골 살림 내내 오성위(五聖位)와 산신위(山神位)의 신단을 존설하시고 내성대업(乃成大業)을 축원하셨으며 문왕 도수 추수 사명 세 살림 도수를 묻어 놓으신 오성산 산신을 축원하셨습니다.

<증산도 道典>★상제님께서 하루는 봉무산(鳳舞山)에 가시어 산신제를 지내시니라.

<증산도 道典>★상제님께서 다시 길을 떠나 변산에 이르시어 말씀하시기를 "여기가 영천구미혈(泳川龜尾穴)이다." 하시고 또 말씀하시기를 "거북은 꼬리에 묘를 써야 재주가 난다." 하시니라. 공우가 상제님의 말씀을 듣고 입맛을 쩝쩝 다시거늘 상제님께서 공우에게 이르시기를 "당치 않은 욕심은 내지도 말아라." 하시니라. 상제님께서 변산에서 산신제(山神祭)를 지내신 후 군산으로 향하시니라.

<증산도 道典>★상제님께서 수부님과 성도들을 데리고 강을 건너신 후 산맥을 짚으시며 동해 쪽으로 나오시더니 울릉도 성인봉(鬱陵島 聖人峰)으로 가시어 점심을 드시고 다시 경기도 검단산(黔丹山)으로 가시니라. 검단산에 이르시어 산신제를 지내시니 공우가 함박웃음을 지으며 깃대를 들고 덩실덩실 춤을 추니라.

<선정원경(仙政圓經)>★동서남북(東西南北)과 중앙(中央)에 명촉(明燭) 하시고 주안(酒案)을 성비(盛備)하여 오성(五聖)의 위(位)와 산신위(山神位)를 존설(尊設)하시고, 신도(信徒)에게 명(命)하사 진법주(眞法呪) 삼칠독(三七讀)과 진액주(津液

呪) 사십구독(四十九讀)케 하신 후에 주효(酒肴)로 근공지행(勤供之行)을 하시며, 천지무궁무극(天地無窮無極)의 대도(大道)를 참역(參役)하야 내성대업(乃成大業)의 말씀을 하시며 사례(謝禮)를 하시고, 회향지례(回向之禮)로 기동(起動)하시니라.

<증산도 道典>★태모님이 오성산 산신을 칭찬하시면서 "천지의 무궁한 무극대도無極大道를 창건하는 역사役事에 협력해 주니 고맙다."

<증산도 道典>★또 모악산을 바라보며 말씀하시기를 "모악산 산신은 둘이니 남자는 여자 되기가 원(願)이요, 여자는 남자 되기가 원이라." 하시니라.

<고부인신정기(천후신정기)>★ 임피(臨陂) 오성산(五聖山) 성덕리(聖德里) 고 영(高英)의 집에 가서 마당 가운데 동서남북(東西南北) 중앙(中央) 다섯 군데 자리를 정(定)하여 촛(燭)불 다섯 개(個)를 각기(各己) 밝히시고 각위(各位)에 술상(床)울 차려 놓고 종도(從徒)들로 하여 금오성산(五聖山) 산신(山神)을 부르며 진액주(津液呪)를 읽게 하시고 천후(天后) 술을 부어 산신(山神)께 권(勸)하시며 후천(後天) 대도(大道) 창건역사(創建役事)에 참가협력(參加協力) 함을 치사(致謝)하시고 두어 시간(時間) 후(後)에 전송(餞送)하는 예(禮)를 행(行)하시니라.

<증산도 道典>★"내가 이 세상에 오려고 모악산 산신으로 내려와 있던 중에, 상제님께서 오시기에 금산 미륵불로 인도하고 시종하다가 상제님께서 개 구(狗) 자 아홉 드는 구구지(九狗地)의 중앙인 시루산 아래 객망리 강씨 문중에 태어나시기로 나는 9년 만에 담양땅 고씨문(高氏門)에 태어나서 신씨와 인연타가 상부(喪夫)를 당한 후에 수부공사(首婦公事)로 상제님과 만났을 적에 상제님께서 말씀하시기를'나는 제주 번개를 잡아 쓰노라. 수부, 잘 만났구나. 만날 사람 만났으니 오죽이나 좋을쏘냐.' 하셨느니라."

<선도신정경(仙道神政經)>★지방(地方) 산신(山神)이 지방신(地方神)이라 지방(地方)을 맡은 지방신(地方神)지방(地方) 맡은 집법신(執法神)

<선도신정경(仙道神政經)>★오악산신주(五岳山神呪),
동악대신(東岳大神) 원상용(元上龍) 서악대신(西岳大神) 호일수(虎日守) 남악대신(南岳大神) 달영치(達嶺峙) 북악대신(北岳大神) 처인군(處仁君) 굉명사신(宏明司神)이요

<선도신정경(仙道神政經)>★어느 날 고 후비(高后妃)께서 가라사대 상제(上帝) 재세시(在世時)에 개고기나 돼지고기는 쓰셨으나 양(羊)고기를 쓰신 일은 없느니라.

<선도신정경(仙道神政經)>★개(狗)고기(肉)는 망량신(魍魎神) 차지요 돼지(猪)고기

(肉)는 장상신(將相神) 차지요 닭(鷄)고기(肉)는 너의 아버지가 좋아 하시고 실과(實果)는 칠성(七星)의 차지요 나물(菜)은 내가 좋아하니 산신(山神)수저는 내 옆에 놓도록 하라 하시더라.

<새시대 새진리 2(安雲山 종도사님 어록)>★남사고가 지리에 달통達通한 사람이다. 해서 좋은 명지에 자기 아버지 어머니 묘 자리 쓰려고, 좋은 자리다 해서 쓰는데, 쓰고서 보면 좋은 자리가 아니다. 남사고가 아홉 번을 그렇게 했다. 그래서 지금까지도 '구천통곡九遷痛哭이라' 하는 말이 전해오고 있다. 아홉 구 자에 옮길 천 자, 아홉 번을 옮겼건만 자리를 잘못 써서 끝내 통곡을 했다는 뜻이다. 사람이 적악을 해서 너무 미우면, 그렇게 산신이 눈을 흐리게 해서 지리를 잘못 보이게 할 수도 있다.

이 같은 명부세계의 신비한 원리를 신명계를 모르는 범부 대중이 알 수는 없습니다. 그리하여 증산 상제님은 후천 개벽을 맞이해 비겁에 빠진 중생을 구제하기 위해 잔피殘疲에 빠진 남조선 땅을 택해 탄강하시게 된 신명계의 비밀을 다음과 같이 밝혀주셨습니다.

<보천교普天教 교전教典>★서양西洋사람 이마두利瑪竇가 동양東洋에 와서 천국天國을 건설建設할려고 여러 가지 계획計劃을 내었으나 쉽게 모든 적패積弊를 고치고 이상理想을 실현實現하기 어려움으로 마침내 뜻을 일우지 못하고 다만 하늘과 땅의 경계境界를 퇴워 예로부터 각各히 지경地境을 굳게지켜 서로 넘나들지 못하든 신명神明들로 하여금 서로 것침없이 넘나들게하고 그 죽은뒤에 동양東洋의 문명신文明神을 거느리고 서양西洋으로 돌아가서 다시 천국天國을 건설建設하려 하였나니 일로부터 지하신地下神이 천상天上에 올라가 모든 기묘奇妙한법法을 받어내려 사람에게 알음귀를 열어주어 세상世上의 모든 학술學術과 정묘精妙한 기계器械를 발명發明케 하야 천국天國의 모형模型을 본뗫나니 이것이 현대現代의 문명文明이라

<보천교普天教 교전教典>★그러나 이 문명文明은 다만 물질物質과 사리事理에 정통精通하였을뿐이오 도로혀 인류人類의 교만驕慢과 잔포殘暴를 길러내여 천지天地를 흔들며 자연自然을 정복征服하려는 기세氣勢로써 모든 죄악罪惡을 끄침없이 범행犯行하니 신도神道의 권위가 떠러지고 삼계三界가 혼란混亂하야 천도天道와 인사人事가 도수度數를 어기는지라 이에 모든 신성神聖과 불타佛陀와 보살菩薩이 모와 인류人類와 신명계神明界의 큰 겁액劫厄을 민망憫惘히 여겨 구천九天에 하소연 함으로

<보천교普天教 교전教典>★내가 서양대법국西洋大法國 천계탑天階塔에 나려와서 삼계三界를 둘러보고 천하天下에 대순大巡하다가 이 동토東土에 그처 모악산母岳山

금산사金山寺 미륵금상彌勒金像에 임臨하야 삼십년三十年을 지내면서 최재우崔濟愚에게 천명天命과 신교神敎를 내려 대도大道를 세우게 하였더니 제우濟愚가 능能히 유교儒敎의 테밖에 벗어나 진법眞法을 들처내여 신도神道와 인문人文의 표대를 지으며 대도大道의 참빛을 열지못함으로 드디여 갑자년甲子年에 천명天命과 신교神敎를 걷우고 신미년辛未年에 스스로 세상世上에 나려왔노라

<선정원경(仙政圓經)>1★원시천존(元始天尊)께옵서 세계만유(世界万類)를 창조키 위하사 천지지간음양조화지리(天地之間陰陽造化之理)로 만물생화재정(萬物生化裁定)하시고 그 물질적 이용법도(利用法度)를 밝히(明哲)기 위하사 미륵불신(彌勒佛身)으로 화현출세하사 모든 법을 시설(諸法施設) 후에 본원처인 삼십삼천 도솔타천궁으로 환승(換昇) 하사 수세기가 지난 후에 세계만상조화를 밝히기 위한 방책(世界万像造化哲化之策)으로 둔하여 탄강하시는데 복희씨 모친(誕遁伏羲氏而母)의 성명은 화서이대인(華胥履大人)인바 뇌택을 느끼고서 아들을 가져(感適於雷澤而懷姓) 희제를 낳으니(誕羲帝) 그 성씨를 풍(風)씨로 하였다. 이 역시 미륵의 후신이라. 증산문명(甑山文明)에 응수조종(應須祖宗)은 태호복(太昊伏)이란 문명은 그 원리(元理)를 말씀하신 까닭이로다.

<선정원경(仙政圓經)>2★그 후 수세기가 지난 후에 도솔타천궁으로 환승(還昇)하심이라. 우주 간 만유가 질성(質性)이 있으나 성분을 알지 못하야 사용 방법을 모르면(不用方途) 그 물건이 어찌 쓰임이 되리오(其物何緊). 이런고로 천사미륵(天使彌勒:하늘이 미륵으로 하여금)하사 신농씨로 둔하여 강세하사, 교민유화(教民誘化)하여 만유(万類)에 그 성분을 밝히고(曉其性分), 여러 방도에 반드시 쓰이게(必用万方途) 하시며, 농업 의약 복서를 창설(創設農業醫藥卜書)하사 인류생활의 계획에 반드시 긴요하게 쓰이게 하시고, 수십 겁 세가 지난 후 타천궁(陀天宮)으로 환승 하시다.

<선정원경(仙政圓經)>3★신농씨 모의 성명은 등유와(登有媧)라. 그 모친이 신룡이 느껴져(感適神龍) 회임하여 제를 낳으니라. 증산 말씀에 세인은 신농의 은혜를 모른다란 찬사를 하시며, 신농 제사를 극진이 하여야 옳다 하시니라. 신농씨난 이와 같이 중생제도 생활의 법을 시설(施設)하시고 수세기후 입적하여 숨으니, 다시 올라가(更昇) 타천궁에서 수선기가 지난 후(數仙紀後)에 선불법종(仙佛法宗)으로 세인유화(世人誘化)키 위하사, 다시 하계에 탄강하심에 미륵으로 둔화 하시다. 그 때에 명칭을 두타(頭陀)라 위명(爲名)하고 석존설법도장(釋尊說法道場)에 참관하야, 묘법토의(妙法討議)에 일일무불합중(一一無不合中)하니, 제불보살(諸佛菩薩)과 시회대중(時會大衆)의 찬탄(讚嘆)이 우뢰와 같더라.

<선정원경(仙政圓經)>4★선남선녀수백권속(善男善女數百眷屬)과 동반계행(同伴戒行)타가 수세기 지난 후(數紀經世後) 입적한 존령(入寂尊灵)이 타천궁으로 올라가사(上昇陀天宮), 무량기 지난 후(經過無量紀)에 적치주(適値紂) 말세운(末世運)하야 자비중생 참화지고(慘禍之苦)하시고, 태공으로 둔하여 탄강 하세(下世)하사, 강

씨(姜氏)로 성을 삼으나 원래 성씨(元姓)는 풍 씨(風氏)라.

<선정원경(仙政圓經)>5★원시천존교화(元始天尊敎化)로 선술묘법을 시설(施設仙術妙法)하야 출세보우문왕(出世輔佑文王而)으로 치국평천하 제도중생(治國平天下濟渡衆生)후, 타천궁으로 환승(還昇陀天宮)하사 미륵으로 다시 오신(還元彌勒) 후 수십기 지나(經歷數十紀) 인간세계의 혼돈지세를 사랑으로 살피시어(慈鑑下界混沌之勢), 후천오만년(後天五萬年) 선계국운(仙界國運)을 창설(創設)키 위하사 서신사명의 직으로 임하시니(任其西神司命職),

<선정원경(仙政圓經)>6★대법국(下降大法國) 천계탑(天啓塔)에 내려오사 이십이년간(二十二年間) 세계정세(世界情勢)를 순찰(巡察)하시고, 팔년간 금산사 미륵불신(彌勒佛身)으로 지내시다 그 본원을 따라 만력기원(萬曆紀元) 일천0십오만오천칠백팔십칠년(一千0十五萬五千七百八十七年) 신미 구월십구일 자분(子分)에, 그 본원을 따라(從其本源)하야 강씨문에 탄생하사 증산(甑山)으로 호를 삼으시고, 어려서 부터 공부치 않고도 원각하사 세계정세를 고찰키 위하야 편답주유(遍踏週遊)하시며, 그 요지처(其要地處)에 도수(度數)를 정립(定立)하시고 앞선(前去) 신축육월(辛丑六月) 중순에 완주군(完州郡) 모악산 대원사(大願寺) 칠성각(七星閣)에서 사십구일간 수련중,

<선정원경(仙政圓經)>7★그 때 주지 박금곡(朴錦谷)이 시봉하고 수련종결후 천지 대신명을 조리(調理)하시고, 선천 겁세(劫世) 상극지세를 척퇴(擲退)하시며, 후천오만년 성세 상생의 운도(聖世相生之運度)를 선계창건(仙界創建)하사, 지상천국을 건설하사 인생의 무궁향락을 향유케 하시기 구년간 공사에, 원신(寃神) 악신(惡神)에 해원조정(解寃調定)과 천지인 삼계도수(三界度數)를 신성정편(神聖政編)하시며, 후천오만년 성세대운(聖世大運)을 재정(裁定)하사, 조금도 어김이 없는 다스림(毫厘不差)의 조직을 하시니라.★

<대순전경 초판>★서양인 이마두(마테오릿치 신부)가 동양에 래(와서)하여 천국을 건설하려고 여러 가지 의도를 발(냄)하였으나 용이(쉽게)히 모든 고폐(천고의 고질적 병폐)를 고치고 이상을 실현키 불능하여 마침내 뜻을 이루지 못하고 다만 천상과 지하의 경계를 개방하여 예로부터 각기 경계를 고거(굳게 지켜)하여 서로 넘나들지 못하던 신명으로 하여금 서로 교통(넘나들게)케 하고
原文: 西洋人 利瑪竇가 東洋에 來하야 天國을 建設하려고 여러 가지 意圖를 發하엿스나 容易히 모든 痼瘵를 고치고 理想을 實現키 不能하야 마참내 쯧(뜻)을 이루지 못하고 다만 天上과 地下의 境界를 開放하야 예로부터 各히 境域을 固據하야 서로 넘나들지 못하든 神明으로 하여금 서로 交通케 하고

<대순전경 초판>★그 사후에 동양의 문명신을 인솔(거느리고)하고 서양에 귀(돌아가)하여 다시 천국을 건설하려 하였나니 이로부터 지하신이 천상에 올라 모든 묘법(기묘한 법)을 본받아 내려 사람에게 혜규(알음귀, 총명비결)를 열어주어 인세(세

상)의 모든 문화(학술)와 이기(정묘한 기계)를 계발(발명)하여 천국의 모형을 본떴나니 이것이 현대의 문명이라.

原文: 그 死後에 東洋의 文明神을 引率하고 西洋에 歸하야 다시 天國을 建設하려 하엿나니 일로부터 地下神이 天上에 올나 모든 妙法을 바더 본내려 사람의게 慧竅를 열어주어 人世의 모든 文化와 利器를 啓發하야 天國의 模型을 본 썻(떳)나니 이것이 現代의 文明이라.

<대순전경 초판>*그러나 이 문명은 다만 물질과 사리(사물의 이치)에 기예(기술과 예술)를 정극(정통)하였을 뿐이오. 실제로는 도리어 인류의 교사(교만과 방자)와 잔포(잔학)를 증장(길러내)하여 패법(거스르는 법)과 비의(옳지 않음)로 천도에 항쟁하며 자연을 정복하려는 기세를 정(드러내)하여 오천(오만)과 만신(거만)이 극에 달하니

原文: 그러나 이 文明은 다만 物質과 事理에 技藝를 精極하엿슬 쑨(뿐)이오. 實際로는 도로혀 人類의 驕肆와 殘暴을 增長하야 悖法과 非義로 天道에 抗爭하며 自然을 征服하려는 氣勢를 呈하야 傲天과 慢神이 極에 達하니

<대순전경 초판>*이에 신위(신의 권위)가 추실(실추)하고 3계가 혼란하여 천도와 인사가 상도(제 도수)를 어김으로 원시의 모든 신성 불보살이 회합하여 3계의 혼란과 신인의 비겁(불통)을 비민(슬프고 번민)하여 구치(구원해 다스림)의 급(긴급)을 9천에 호유(호소해 부르짖음)하므로

原文: 이에 神威가 墜失하고 三界가 混亂하야 天道와 人事가 常度를 어김으로 元始의 모든 神聖 佛菩薩이 會合하야 三界의 混亂과 神人의 否劫을 悲悶하야 救治의 急을 九天에 呼籲함으로

<대순전경 초판>*내가 이에 서양 대법국 천계탑에 강(강림)하여 3계를 주시하고 천하에 대순(둘러 살피다가)하다가 석가모니의 당래 불(장차 오실 미륵불) 찬탄(기리어 찬양함) 설게(말씀하신 게송)에 위거(근거하여)하여 승 진표가 당래(미륵불이 장차 강림하신다는)의 비음(신령한 소식)을 감통(마음으로 통함)하고 모악산 금산사에 금신(금 미륵불)을 건(세워)하여 지심 기원하여 오던 곳에 지(머물러)하여 30년을 지내면서 최 제우에게 천명과 신교(神敎:천제 지내던 고유 상제님 신앙)를 내려 대도를 수창(제일 먼저 주창)케 하였더니

原文: 내가 이에 西洋 大法國 天階塔에 降하야 三界를 周視하고 天下에 大巡하다가 釋迦牟尼의 當來佛讚歎說偈에 爲據하야 僧 眞表가 當來의 秘音을 感通하고 母岳山 金山寺에 金身을 建하야 至心祈願하여 오든 곳에 止하야 三十年을 지내면서 崔濟愚에게 天命과 神敎를 내려 大道를 首唱케 하엿더니

<대순전경 초판>★제우--능히 유문(유교)의 구형(낡은 테두리, 한계)을 초월하고 진법을 천명(분명히 밝힘)하여 신인(신도와 인문)의 표극(푯대, 표지)을 지으며 대도의 진광(참빛)을 열지 못함으로 드디어 갑자(1864)년에 천명과 신교를 거두고 당저(그때의 임금)에게 인민섭호(중생을 받아들여 보살핌)의 명을 부친 후 신미(1871)년에 스스로 인세(세상)에 강(탄강)하였노라.

原文: 濟愚-能히 儒門의 舊型을 超越하고 眞法을 闡明하야 써 神人의 表極을 지으며 大道의 眞光을 열지 못함으로 드대여 甲子로써 天命과 神敎를 거두고 當宁에게 人民攝護의 命을 부친 後 辛未로써 스사로 人世에 降하엿노라.

<용화전경>★미륵세존(彌勒世尊)의 유래(由來)&금산사(金山寺) 창건(創建)과 미륵불(彌勒佛):미륵세존님께서는 호천금궐 상제님이시며 또한 사천황(司天皇)으로서 서양대법국(로마) 천계탑(天階塔)에 강림(降臨)하사 주세불(主世佛)로서 수천 년간 천하(天下)를 대순하셨다. 거금(距今) 일천 삼백 여년 전에 전북 김제군 만경면 대정리에 출생한 진표율사가 당년(當年) 30 세에 천일기도로 천안(天眼)이 열리고 미륵세존님을 견안(見眼)케 되여 신라 35년 경덕왕31 년 임인(壬寅) 사월 국가(國家)보조(補助)에 의(依)하여 금산사(金山寺)를 창건(創建)하게 되었다.

<용화전경>★이때 현 미륵전(彌勒殿)자리에는 큰 못(용추(龍湫))이 있은지라, 진표율사는 세존님의 천명(天命)을 받아 이 못을 일만 이천 명의 힘으로 숯(목탄)을 가지고 매인 후 불상의 좌대(座臺)를 철수미(鐵首尾)로 하라는 천명이 계셨으나 사정(事情)에 의하여 석수미(石首尾)로 석조(石造) 연화대(蓮花臺)를 대용(代用)하였더니 중간부분이 파손되는지라.

<용화전경>★고로 원천명(原天命)대로 시행(施行)하되 철수미(鐵首尾)로서 대형(大形)외무쇠 솥을 만들어 제일하단에 놓고 대형(大形)의 무쇠 시루를 만들어 중단(中段)에 놓고 불상(佛像)을 그 상단(上段)에 봉안(奉安)하게 된지라 착공한지 삼년만인 동왕(同王) 23년 갑진(甲辰)년부터 철주(鐵柱)하기 시작하여 신라 36 혜공왕 2년 병오(丙午) 5월 1일에 육장미륵금불을 봉시안 함과 동시 금산사가 준공되였은 즉 이때부터 미륵세존님께서 주세불로서 아동방에 오시게 된지라.

<용화전경>★그 후 이조 선조대왕 31년 정유(丁酉)에 지(至)하여 임진왜란당시 항일투쟁 승려단체의 근거지라 하여 왜적의 방화에 의하여 미륵전이 소실된바 36년 후 이조 인조대왕 13년에 수문대사가 수십년 간의 노고로서 재건되었다 하니라.

<용화전경>★거금(距今) 일백 수십 년 전에 경주 용담에서 출생한 최 제우씨(호 수운)이 성경신(誠敬信)이 지극함으로서 미륵세존님께서는 서기 1875년 경신(庚申) 음4월 초5일에 최수운에게 후천 선경사를 천강서로서 동학을 하교하사 선경건설과 광제창생을 일임(一任)하시니 수운이 득도하게 된지라 연이나 수운은 선천의 유교판에 관습화되여 후천 오만년 선경사를 감히 행치 못함으로서 득도 5년 만에 그 기

운을 거두시니 갑자(甲子) 3월 15일에 수운은 드디어 졸(卒)하신지라

<용화전경>★종도들을 모여 앉치고서 말씀하시기를, 내가 주세불(主世佛)로서 최제우가 성경신이 지극하기에 천강서를 내려 대도를 열어 후천조화선경을 건설하고 창생을 구제하려 지상천국을 배설(配設)할 권능을 맡겨두니, 사대사상(事大思想)을 버리지 못하고 또한 진광(眞光)을 내지못함으로 기운을 거두고, 신미(辛未)로써 직접 강세하였노라 하시고 우주 개혁공사를 하게 되였노라 하시며 공사를 행하시니라.

<용화전경>★탄생(誕生): 미륵세존님께서는 최수운의 기운을 갑자(1860)로 거두시고 팔년 후 서기 1871년 신미(辛未) 음9월 19일에 전북 정읍 군 이평면 두지 리(당시 고부군 답내면 서산 리) 강 씨 문에 탄생하시니 명은 일(一)자 순(淳)자요 자(字)는 사(士)자 옥(玉)자요 호는 증산(甑山)이시다 곤륜산(崑崙山)이 원래에 수미산(首尾山)이니 산자(山字)라 고로 호가 증산이신바 미륵(彌勒)이 증산이시고 증산이 인천주(人天主)이시니 후천용화선경에 하날임이신지라. 세존님께서는 생이지지(生以之知)의 대성인으로서 성장하심에 일문천오(一聞千悟)하사 모든 세사(世事)를 생후(生後)부터 통달하신지라.

육신과 함께 마음과 영혼이 열매 맺는 세상이 후천이므로 태모님께서는 "너희들이 마음만 잘 고치면 선경세계를 보게 되건만…, 선경세계가 바로 눈앞에 있건만…." "선천에서 지금까지는 금수대도술(禽獸大道術)이요 지금부터 후천은 지심대도술(知心大道術)이니라." 하셨습니다. 극락왕생을 바라며 수행한 절친한 도반, 광덕과 엄장의 설화<삼국유사 광덕엄장조> 에서 평생토록 같이 수행한 도반이었으면서도 엄장은 광덕의 큰 뜻을 몰랐지만 결국 천심을 지켜 아미타불의 서방정토에 이르게 됩니다. 또한 신라 경덕왕 때의 노힐부득과 달달박박 역시 광덕, 엄장 설화와 동일하게 천심을 지켜 성불한 것으로 전합니다. 후천으로 가는 도통의 길은 다 같이 개심해 천심(도심)을 지켜 호생(好生)의 덕을 지닌 정덕군자(正德君子)로 거듭나는 것입니다.

<紫霞大仙師>*흔히 마음을 우(牛)에 바유합니다. 소는 온순하고 근면성실하고, 침착하고 나대지 않으며, 온갖 집안일은 도맡아 합니다. 만물에는 모두 우(牛)가 들어있습니다. 토(土)가 만물을 생성하기 때문으로 보입니다.(토극생수 생성만물) 숱한 이명이 있지만 후천에는 참마음은 훔치~가 될 것으로 사료됩니다. 훔치~에는 많은

의미가 함장 되어 있습니다. 우주원리로서 토화작용입니다.(감괘의 의미) 태을주의 태을은 허무(虛無)에서 온다고 하여 성은 백(白)이요 태을랑이라고 하는데, 어려서는 진종자라고 하고, 나이 들면 백두노자 라고 하며 범을 타고 다닙니다. 후천에는 우(牛)를 타고 다니지 않을까 생각합니다. 이웃에서는 모두 부모(父母)라고 합니다. 우주주재 소련낭군이라고 합니다.(『성명규지』에서)

<紫霞大仙師>*이를 보면 태을랑은 바로 자기의 법신 원신입니다. '참마음' 이기도 합니다. 상제님께서 태을주는 송아지가 모유(천지부모)의 젖을 먹는 것과 같다고(토화작용) 하셨습니다. 「태극제련내법」에는 '태을천존', '태을원군'~모두 자기의 법신입니다. 『증산도 도전』에 눈같이 하얀 도인이 '태을천상원군'으로 보고 있습니다. '원시천존'이실 것입니다. '참마음'은 참회한다는 참(懺)과도 같은 의미라고 합니다. 인(忍)도 '참마음'이라고 합니다. 참회의 생활화를 역대 고승들도 강조 안 한 분들이 없습니다. 참회는 소처럼 교만함을 버리는 마음일 것입니다. 교만하면 반드시 패한다~는 상제님 가르침입니다.

<紫霞大仙師>*불가의 참마음 무심(無心)을 증득하여, 인식하는 것은 도가수행에도 바탕이 되므로 중요하다고 사료됩니다. 진심인 무심(無心)이 있는 곳은 어디일까요, 간략하게, 眞心이 있는 곳은 망심이 쉬는 곳입니다. 망심이란 '희노애락애오욕' 입니다. 즉 人心이 적멸하는 곳이 무심이요 도심이며 진심이 일어나는 곳입니다. 쉽다면 쉽고 어렵다면 끝없이 어려운 것이라고 여겨집니다. 《태을주》는 바로 망심이 사라진 무심의 경지에서 주송이 되어야 효과가 주효할 것이라고 보여집니다.

<紫霞大仙師>*도가의 진인 중에 이 함허 ~라는 분이 있습니다. 1806년에 태어났으므로 혜명경의 유 화양 선사보다는 70여년 뒤진 분이고, 우리 최 수운 선생님보다는 18 년 정도 앞선 분입니다. 24여세에 여 동빈 조사를 만났는데 알아보지 못하였고, 그 뒤에 병이 크게 들어 어머니의 명의 아미산으로 치료하러 들어갑니다. 그곳에서 스승들을 만나고 여 조사를 다시 만나기도 합니다. 스승은 앞으로 크나 큰 대겁(大劫)의 운이 닥쳐오니 열심히 수행하여 세상을 구제하라고 가르칩니다. 도가의 수행을 하여, 몇 년 만에 금단을 이루고, 세상을 구제하기 위하여 저서 하라는 명을 받게 됩니다. 이 함허는 『도덕경』, 『음부경』 등 천고의 기서와 참동계의 수행법에 대하여 모든 비오를 밝히게 됩니다. 비교적 최근의 도가 진인입니다.

<紫霞大仙師>*여 동빈은 이 함허의 주석서를 아주 극찬합니다.- 시중에 번역서가 나와 있습니다.(「명문당」) 도가 수행의 대국은 바로 호흡수련입니다. 진식이라 하여 하단전으로 호흡하는 것입니다. 여기에는 우리나라의 북창선생이 요결을 전수한 바 있습니다. 이 함허 선생의 가르침 중에 특이할 것은 중(中)의 개념입니다. 이 중(中)이란 수행 시에 현관이 열리는 것이 바로 중(中)이라고 합니다. 현관이 열리는 것은 누구나 수행초기에 눈앞에, 작은 불빛이(靈光)) 수시로 명멸하게 되는데 이것이 현관이 열리는 징험이라고 합니다. 이때 매일을 죽을 마음(사심死心)을 다하여 수행하여야 한다고 전합니다.

<紫霞大仙師>*선천에 대한 정의도 내립니다. 선천은 후천위에 초월한 것으로, 최초, 최시의 본원 일기에 대한 존칭입니다. 선천의 두 가지 의미가 있는데, 하늘보다 먼저 나온 것의 의미, 생천생지하는 선천으로 太無 라고 하며, 하늘보다 먼저 나온 것이라 합니다. 둘은, 하늘에서 근원하여 나온 것으로, 사람과 만물을 낳은 선천의 氣,입니다. 그리고 마지막, 仙佛 을 내는 선천으로, 앞의 두 가지를 겸하며, 허무(虛無)를 쫓아서 오므로一 태을(太乙)이라 한다. 소위 금단(金丹)은 이것을 빌려서 이루는 것이다. 강제로 이름하여 도(道)라고 하게 된다고 합니다. 태을과 금단에 대한 정의입니다. 태을주를 주야일용으로 많이 주송하시여 큰 공덕을 이루시길 희망합니다. 상제님께서도 인(忍)을 가르치셨습니다. 대인의 공부는 인(忍)이라고 하시었고 경(經)에서는 참회의 말씀을 주셨습니다.

<紫霞大仙師>*인류역사가 수수천년이지만 역사가들은 마치 오늘 아침일로 판단하기도 합니다. 수행의 수 천 년 역사 역시 동일합니다. 장기간이지만 마치 오늘 아침 일어났던 일과 같이 봅니다. 근래 이백년 전의 이 함허는 유불선은 본래 하나인데, 불가는 性만 알았지 도가의 命에대해서는 침묵하였고, 도가 역시 命만 알았지, 불가의 性에 대하여는 침묵으로 전하였으며, 治世를 담당한 유가는 성명의 선불에 대하여 아무런 말도 하지 못 했다고 합니다. 아무 말 안 한 것만이 아니고, 불가는 도가를 공격하였고, 도가 역시 불가를 공격하였으며, 유가는 선불을 싸잡아 공격하였습니다. 이것이 수행의 삼파전이 장장 누천년을 따로 내려오게 된 것입니다. 이 함허의 유불선을 보는 글 내용입니다. 대국을 잘 파악하고 있습니다. 정역에 급기야 김 일부님이 '삼교는 하나' 라는 언급이 나오기도 하였습니다. 그랬건만 아직도 서로 분열하고 있는 중입니다.

<紫霞大仙師>*삼교는 태을주로서 만이 하나로 통일될 것입니다. 이는 여 동빈이 칭찬한 이 함허도 그렇게 판단하고 있습니다. 일一이 드러나면 결국은 하나가 된다고 합니다. 여 동빈은 시를 짓기를~ 가장 급한 일은 빨리 空을 깨닫는 일이다. 看破浮生早悟空(중생들이여 세상사를 간파하여 빨리 공을 깨달으라) 이 空은 인심이 적멸한 도심을 말합니다. 도심은 장생불사의 영원의 길입니다. 불가의 해답입니다. 도심을 깨닫지 못하면, 인심인 생사윤회 칠정 6욕에 휘둘리어, 지옥을 영원히 벗어나지 못합니다. 본래의 고향인 천국, 극락을 갈 수 있는 핵심, 수행의 핵심은 도심中을 여는 일입니다. 도덕경에 谷神不死 라고 나오는데 곡신은 바로 텅 빈 中을 말한다고 합니다. 中을 깨닫는 것이 곡신이 되는 것입니다.(이 함허 설) 잘 보면 에너지 보존 법칙과 유사합니다. 후천에는 모든 중생이 여래가 될 것입니다. 여래는 부처의 다른 이름입니다.

<紫霞大仙師>*도가의 이 함허~와 비슷한 시기의 도사 중에 조 피진이란 분이 계셨습니다. 『혜명경』의 유 화양 조사의 손제자 되시는 분인데, 도가 수행의 천고의 비밀을 비교적 낱낱이 공개하였습니다. 제목은 『성명법결명지』~입니다. 아직은 주해서가 없는 것으로 알고 있습니다. 인체해부학적 지식도 연결되어 있습니다. 요점을 간추린다면~ 이 함허와 같습니다. 수행의 핵심은, 수행 시에 눈앞에 작은 불빛이

뜻하지 않게, 명멸한다는 것입니다. 이를 이 함허는 바로 현관이요 中이라 한 바 있습니다. 아마 누구든지 수행초기에는 대부분 경험하셨을 것입니다. 만약에 이 작은 불빛이 전혀 보이지 않는다면 그 수행은 헛방이 되고 맙니다.

<紫霞大仙師>*이를 이 함허는 신기교구의 靈光이라고 하였습니다. 즉 심화의 홍汞(수은) 이 진연眞鉛(납 연)에게 포촉되어 하나가 되는 것입니다. 용호가 따로 놀지 아니하고 한 몸으로 엉킨다는 것입니다. 즉 도심이 인심을 포촉하는 현상입니다. 이를 금기가 發電하여 虛室生白이 이루어진다 라고 합니다. 그래서 이 함허는 이 靈光을 현관이 열린다고 하고 中이 열린다고 한 것입니다. 즉 도심이 열리는 것입니다. 수행시 눈을 너무 꽉 감으면 혼침으로 빠지고 슬며시 감아야 한다고 합니다. 이 신령한 불 방울이 일이년 수행으로는 열리지 않는다고 합니다. 달마는 구 년 걸렸습니다. 가장 요체는 완전 무념 무심이 되면 그때부터 점등이 되기 시작합니다. 핵심은 불가의 무념 무심입니다.

<紫霞大仙師>*인심이 적멸하지 못하면 도심은 열리지 않는다는 것입니다. 이 현관이 열리지 못하면 수행은 공수표가 되고 맙니다. 수행은 많이 아는 것을 요하지 않습니다. 多知多識은 식신이요 無知無識은 원신입니다. 오로지 순박하여야 수행이 되게 됩니다. 하루에 얼마나 수행을 하여야 하는가, 『동의보감』에는 <태을구고천존>을 일백 독 하라고 하였습니다. 그러면 아쉬운대로 급살 역병에서 이길 수 있다고 나옵니다. 우리의, 「태을주」는 23자이므로 하루에 21독이나 49독 나아가 百독은 늘 생활화 하면 좋다고 사료됩니다.

<紫霞大仙師>* 『성명법결명지』는 인터넷에서 얼마든지 구할 수 있습니다. 저도 복사해서 보고 있습니다. 분량도 많지 않아 누군가 쉽게 주해하여 놓으면 큰 도움이 될 것입니다. 바로 神氣교구의 靈光인 미세한 불빛이 안전에서 일어나야 합니다. 그러면 性命으로 이어지는 것입니다. 도가 수행도 한 평생 걸립니다. 우리는 지소선후를 생각하여 생활하는데 우선 만족하고 천하사에만 진력하여야 하겠습니다. 후천이 되면 3일이나 7일 21일 이면 감통이 된다고 하셨습니다. 그때는 모든 것이 정리되었을 때입니다. 평소에 늘 <태을주>를 생활화하여 수기를 저장하는 관습을 생활화 하는 것이 중요하고, 더욱 중요한 것은 공덕을 많이 쌓는 것입니다.

<紫霞大仙師>*조 피진도 공덕이 없는 자는 절대로 열리지 않는다고 합니다. 지금 우리에게 우선 시급한 것은 통합경전을 많이 전파하는 것입니다. 인심이 완전히 죽어야만 도심이 온전히 일어납니다. 이를 진(眞)상(常)득(得)성(性) 이라고 합니다. 상(常)은 영원하다는 의미입니다. 이 인심과 도심의 관계를 어찌 알았는지 신기합니다. 의학도 전공한 분들이 아닌데, 아마, 상고시대부터 전승되어 내려온 것이라 보여집니다.

<紫霞大仙師>*불가는 적멸이란 용어를 썼지만 도가는 좀 어려운 적멸보다는 청(淸)정(靜) 이라는 용어를 썼습니다. 적멸과 청정은 같은 말입니다. 좀 더 이치에 부

합하는 것은 淸靜일것입니다. 人能常淸靜이면, 天地悉皆歸矣라, 사람이 언제나 청정하게 되면, 천지가 모두 돌아오리라~ 常應常靜이라고도 합니다. 일이 있으면 응(應)하고 일이 없으면 언제나 정(靜)한다는 것입니다. 청정의 정은 動靜의 靜입니다. 정은 적연부동이라고 주역에는 표현하였습니다. 적(寂)은 정으로 적멸의 의미입니다. 그러면 감이수통의 동(動)이 일어납니다. 천기는 動하고 지기는 靜합니다. 천기는 청하면 지기는 탁합니다. 이 동정 양자의一관계가 에너지 보존법칙의 마음 쓰는 핵심이 될 것입니다. 아시다시피 봄, 여름은 동하여 혼탁하고 가을겨울은 정하여 통일되어 모든 것이 숙청이 일어납니다. 가을에는 도통을 하고 싶지 않아도 모두 도통이 일어나는 것입니다.(안 운산 성도사님 어록) 절대로 자리 탐은 해서는 안 될 것입니다. 지금 안팎의 모든 범 증산계 신도는 상제님 진리의 속살 핵심인 세 살림을 전혀 모르고 있습니다. 상제님께서 세 살림 구도를 만들기 위하여 백오 년을 과도기로 보내게 하셨습니다.

<紫霞大仙師>*옛사람은 알기는 하였는데 용사는 못하였다고 하셨습니다. 옛사람들도 이치를 알기는 다 알았다는 것입니다. 상제님께서 『중화경』으로 진액을 정리하여 주셨지만 그 대체는 거반 알았다는 의미일 것으로 사료됩니다. 유가의 성리학에는 심(心)통(統)성(性)정(情)이라고 전하여 옵니다. 심(心)은 성정(性情)을 거느린다는 것입니다. 심은 성정과 따로 있는 것이 아니고, 심은 성과 정으로 이루어졌다는 것입니다. 여기서 성은 도심이고 정은 인심입니다. 곧 인심이 적멸(고요)하면 도심인 중(中)이 일어선다는 것입니다. 심(心)은 국(國)이면 성(性)은 왕(王)입니다.(유가의 비유)

<紫霞大仙師>*이를 성정합투라고 하며 금목상합 이라고도 합니다. 도가용어로는 용호가 함께 어우러진 것입니다. 수은이 납에 녹아 하나가 된 것입니다. 사단칠정론도 이에 대한 논설입니다. 성정(性情)은 실제로는 서로 떨어져 있는 것이 아닙니다. 성(性)이 움직이면 그것은 정(情)이 됩니다. 정(情)이 고요하면 바로 성(性)인 것입니다. 정(情)을 심(心)으로 대치하면 더욱 명확합니다. 성(性)이 동하면 성(性)이 심(心)이 되는 것이고 심(心)이 적멸하면 심은 바로 성(性)입니다.

<紫霞大仙師>*불가의 조계종 달마의 핵심은 바로 무심(無心) 무념(無念)입니다. 무심하면 바로 그것이 성(性)이지 따로이 성(性)이 있는 것이 아닙니다. 心은 식신이고 性은 원신입니다. 그래서 무심(無心) 무심(無心) 하는 것입니다. 그러므로 따로 성(性)을 찾으려고 애쓸 것 없습니다. 찾으려고 하면 할수록(욕慾) 영원히 식신을 벗어나지 못합니다. 무심(無心)은 다른 말로 정(靜)심(心)입니다. 도가의 정(靜)를 불가는 적(寂)으로 표현한 것 뿐 입니다.

<紫霞大仙師>*너무 불가에서처럼 공(空)이나 무(無) 라고 하면 바로 이해가 오지 않는 것은 용어 때문입니다. 불립문자는 용어의 정명이 명확하지 않은 것입니다. 공(空)은 즉 일(一)입니다. 성정(性情) 이 통일되어 있는 것입니다. 이렇게 불가와 도가를 합하여 보면 명확하게 드러납니다. 도가의 온갖 비유법도 실은 이 성정 합투를

말하는 것입니다. 주자님은 빈한(貧寒) 발(發) 도심(道心) 이라고 하셨습니다. 춥고 배고프면 도심이 일어난다는 것입니다. 그러나 재물이 좀 넉넉하고 등 따습고 배부르면 그는 음란하고 부패하며, 패망한다는 것입니다. 교만하면 패망하게 됩니다. 이는 경제를 운영할 수 없는 자들이 재물을 가지게 되면 교만하여 반드시 패망하는 것과 같습니다.

<紫霞大仙師>*인류깨달음의 내면의 역사는 수행의 역사입니다. 역사적인 수많은 仙佛의 헤아릴 수 없는 깨달음의 진액이 많은 서적으로 간행되었습니다. 되도록 후대에 쓰여진 서적이 선배의 가르침을 섭렵하고 나온 것이므로 더욱 중요합니다. 그 중에서도 명나라 때 나온 것으로 추정되는 『성명규지(성명쌍수만신규지)』는 간략하지만 총체적이고 대국적인 선불의 깨달음의 진액을 전하고 있습니다. 비유하면 대학원 박사 과정의 서적이라고 생각할 수 있습니다. 수도 없는 仙佛 선배들의 깨달음이 망라되어 있습니다. 성명규지의 윤진인은 정역주의에도 등장합니다. 정역학자들도 심취하였음을 알 수 있습니다.

<紫霞大仙師>*청대의 도사들의 서적도 깊이가 한도 없습니다. 이후는 과학이 진행되는 관계로 이들 가르침이 보편화로 알려지기는 하지만 다시 암흑기에 들어가게 되었습니다. 불가는 서산대사의 『선가귀감』이 대국을 정리한 명서입니다. 조계이후 수많은 깨달음을 총정리 하여 줍니다. 보조국사 서적으로 알려진 원나라 고승의 진심직설은 간략하지만 최고 불서 중 하나입니다. 『성명규지』에는 도가와 불가의 진액이 함께 들어있습니다. 청대에도 선불이 일란성 쌍둥이의 가르침으로 통일 되었습니다. 여동빈도 불도를 무시하다가 늦게 불도의 깊음에 합류하게 됩니다. 명, 청 이후는 선불이 하나로 되었습니다.

<紫霞大仙師>*통일되는 기운으로 그렇게 된 것으로 보여집니다. 불가는 신(神)을 닦는 것이고 도가는 명(命)인 기(氣)를 연마하는 것으로 이 둘은 나누어지지만 하나입니다. 이 둘이 합하여지기 전에는 고승과 도사들의 심법이 통일되지 못하였습니다. 선불만이 아니고 유불선 삼교가 일원으로 합하게 됩니다. 즉 삼교를 합하여 보지 못하면 대국적인 틀을 알지 못하고 산을 보는 것이 아니고 숲 만 보게 될지 모릅니다. 수행의 최종 목적지에는 선천진일지기(先天眞一之氣)에 도달합니다. 천지와 일월을 잡아 돌리는 불생불멸의 성명의 근본자리 입니다. 이곳을 찾아가는 것을 원시반본이라고 합니다. 천지도 모르게 천지를 훔친다고 합니다. 상제님 원시반본은 『환단고기』 역사의 원시반본도 있겠지만 더욱 중요한 것은 바로 마음의 원시반본입니다. 이를 역(逆)법이라고 합니다.

<紫霞大仙師>*즉 태을은 고유명사이며 보통명사입니다. 원시반본-虛無 의 경계에서 선천진일지기인 태을과 부합하게 됩니다. 태을은 성(姓)이 백씨입니다. 백태을~이라고 합니다. 도가 불가의 궁극이 바로 태을입니다. 태을(太乙)랑(郞)이라고도 합니다. 좀 다른 말로는 金九三입니다. 백두노자라고도 하며 우주주재 소련낭군이라고 합니다. 태을금화의 바로 그 자리입니다. 금공이라고 하는데, 금공은 연(鉛)입니다.

곧 금단입니다.(이상, 『성명규지』 에서) 태을도인이며 태을천존 또는 태을원군 이라고도 합니다. 태을은 곧 자기의 원신이며 원정, 원기입니다. 태을천상원군이라는 지존의 신명이 별도로 계신지는 저는 모르지만 도가서에 전하는 태을원군은 보통명사입니다. 무위진인이라고도 합니다. 누구나 다 태을원군, 무위진인이 되어야 되는 것입니다.

<紫霞大仙師>*대부분 어느 곳에서 언젠가는 신권을 행사하는 신인이 나타날 것을 기다리고 관망하는 분들도 많이 있는 것으로 생각합니다. 그러나 기다리지 마시고 자기 스스로 주인이 되어 적공양덕을 하여야만 스스로 인존이 될 것입니다. 전 우주가 통일되는 상제님 신도의 진리가 나오므로 천지의 모든 현묘한 진리가 모두 밝혀지고 인존무상의 후천이 오게 되었습니다. 상제님 진리는 동지한식백오제를 지나 사오미 개명으로 통합경전이 이루어지고 세 살림 진법도운이 시작되었습니다. 일호의 차착도 없습니다. 어쩌면 오금이 저리듯 무서운 진리입니다.

<紫霞大仙師>*천 여 년 전의 송대의 소강절은 인류역사에서 가장 지식에 많았다고 합니다. 주자보다도 120년 전에 나신분인데, 주자는 뒤늦게 소자의 가르침의 중요함을 알고 경세서에 주석을 하는 등, 높이 받들게 됩니다. <황극경세서>에 보면 소자가 불가와 도가를 판단하는 글이 나옵니다. 성현께서 판단하는 글이라 눈여겨보면 재미있습니다. 소자 왈, 노자와 석가 가르침은 단지 사리와 물리가 그렇다는 것이다. ~즉 별게 아니고 사물의 도리를 밝힌 것에 불과하다는 것입니다, 정작 중요한 음양오행의 역학에 대한 천리에 대하여는 재대로 말하지 못하였다는 내심이 강하게 묻어있습니다.

소강절은 천지 일원수인 129600년도 밝히어 내었고, 요순시대가 일원중에 언제에 해당하는지도 밝혔으며 역사의 대세를 역(易)의 가르침으로 마치 거울을 보는 듯 정리하기도 하였습니다. 주자님의 주해를 보면 주자님은 당시는 오회중앙인데, 앞으로 천여년이면 (지금입니다.) 천지는 미회로 들어간다고 하였습니다. 얼마나 정확한지 알 수 있습니다.

<紫霞大仙師>*소자의 가르침은 우리나라에도 크게 미치어, 서경덕 같은 성현은 일평생 벼슬을 마다하고, 소자의 가르침을 더욱 연구 발전시킨바 있습니다. 소자의 가르침은 정역을 창도하신 김 일부님에 의하여 정점에 이릅니다. 정역은 소자 가르침의 연장선상에 있다고 보아도 틀림없습니다. 김 일부 대종사님은 역의 근본으로 파고 들어가 급기야는 과거 성현이 알아내지 못하였던, 후천이 가을이 오는 금화교역의 이법을 천명으로 밝히어 냅니다.

<紫霞大仙師>*정역은 역(易)은 역(歷)이며 역(曆)이다. 극극반 이 되어 하도가 낙서로 그리고 도로 하도로 순환되며, 복희팔괘에서 문왕팔괘로 갔다가 다시 정역팔괘로 완성된다는 천지 대법칙을 밝히게 됩니다. 문왕팔괘가 11 귀체법으로~ 즉 금화교역이 되게 되면~ 간태가 용사하는 정역팔괘와 속살인 용담팔괘 가 됩니다. 자오

축의 소인판은 물러가고, 오의 극단에서 토가 이루어지면서, 토생금의 이치로 인신사해의 후천 틀로 바뀌게 됩니다. 우변에서 진술축미 를 선천 말~ 후천 초의 그림이고 인신사해(인존)는 후천 이라고 한 것은 맞는 것으로 보입니다.

<紫霞大仙師>*이를 우변에서는 천문지식의 부족으로 그동안 지축의 정립 변화로만 이해하려고 하였으나. 이는 연구과제이며, 지구 자전축의 순환으로 보면, 자기장의 변화는 있는 것으로 보입니다. 정역에서는 천지일월에 대하여 수치로 밝히고 이름표를 붙이게 됩니다. 일(日)은 7화8목이며, 월(月)은 1수4금입니다. 6수9금은 율(律)이 되고 2화3목은 려(呂)가 되어 태음과 태양을 조율합니다. 선천은 심법이 억음존양이며, 후천은 조양율음으로 바뀌게 됩니다. .

<紫霞大仙師>*율려에 대하여 정역에서는 심도있게 수치로 밝히게 됩니다. 일세주천 율려도수 라고 하는데. 1년동안 순수음양인 율려가 이루어지는 것을 분석합니다., 일월이 합삭하여 하나가 되면, 일월은 충격으로 성음을 발하는데 양인 성(性)은 광명으로, 음인 성(聲)은 뇌풍의 율려성을 발하게 됩니다. 이후 일월은 점점 멀어졌다 합하기를 반복하는데, 그 수치는 절묘하게 일 년에 12960으로 일원수의 십분의 일과 같습니다.(6 곱하기 9 곱하기 24(주역 음효) 곱하기 10입니다. 인체는 월체)

<紫霞大仙師>*이를 360일로 나누면 하루에 36분이 됩니다.(6은 태음, 9는 태양으로 일월 합삭을 의미) 하루1440분의 40/1인~ 36분은 음양이 합일하여 나오는 본성에서 발하는 소리라는 것입니다. 나머지는 혼음혼양이 됩니다. 태을주에는 율려도수가 붙어 있습니다. 우리 의 수행은 태을주 율려수행입니다. 과거는 단지 호흡수행만 하였습니다. 수행은 음양 성정이 하나가 되는 것을 말합니다. 즉 태을입니다. 이미 하나가 되었다고 보고 발하는 36분 율려와 같이 하루에 36분은 태을주를 지성으로 수행하는 습관이 필요하다고 보이며, 태을주 율려수행은 그 자체로 이미 성명쌍수 수행이 되며 호흡법도 그 속에는 들어있어, 수행의 가장, 첩경 정도가 될 것입니다.

<紫霞大仙師>*주역을 보면 나의 일을 알리라 하신바 같이, 4,9혁명은 황우(黃牛) 지혁이라고도 합니다. 황우는 기축(己丑)을 뜻합니다. 후천은 틀이 갑자(甲子)에서 기축(己丑)으로 전환됩니다. 기축은 바로 후천이며 소울음인 태을주를 뜻합니다. 기축은 10과 10으로 20이라고 하며 100이라고도 하며. 전체가 실은 하나가 되는 것입니다. 기축은 음이면서 동시에 양입니다. 선천은 5가 주장했으나(戊) 후천은 10이 주장한다고 합니다.(己)

<紫霞大仙師>*태일 ~태을은 가장 커다란 하나라는 의미입니다. 천지만물은 모두 하나에서 나와 궁극에는 하나를 인식하고 하나로 돌아갑니다.(장횡거 정몽) 불가의 무심(無心)에서 의 심(心)은 희노애락욕 의 인심인데, 잘 보면 이 희노애락욕은 본래가 없는 것입니다.(생사本無) 단지 중(中)인 성(性)이 발하는 울림이며, 그림자 아바타 일뿐입니다. 인연 따라 나타났다 사라지기를 반복하는 순간순간의 그을음 연기에 불과 합니다. 대부분 허망한 욕심 때문에 허상인 이 연기에 막혀있습니다. 무심

(無心)이란 곧 천명의 성(性)을 말하며, 이 성(性)이 곧 중이고 이 중(中)을 이루는 것이 조양율음하는 율려성이며, 율려성은 바로 중화(中和)를 이루게 되며. 태을주의 훔치~훔치~가 될 것입니다.

<紫霞大仙師>*소자는 일(一)을 신(神)이라 하였습니다. 후천은 누구나 각자의 태일이 됩니다. 너희들은 모두 창조주들이고, 나와 같이 전지전능하다고, 하신 상제님의 말씀의 경계는 이것이라고 사료됩니다. 비로소 주인옹이 되는 것입니다. 도자기는 화(火)로 구우면 굳어서 영원한 도자기가 됩니다. 수행은 바로 도자기 굽는 것과 같다고 합니다. 오래 많이 구울수록 단단하고 오래갑니다.(구전환단) 선천에는 알기만 하고 용사는 못하였다고 합니다. 후천에도 용사하는 그룹은 상등일 것입니다. 상두쟁이 말복 세 살림에서 천지 무량공덕을 쌓으시기를 기원드립니다.

이제 모든 인류는 아날로그 시대 선천 성자들의 낡은 여름철 신앙의 옷을 벗어버리고 그들을 내 보낸 천주님이시자 백보좌 하나님이시며 미륵존불 하느님이신 증산 상제님의 후천 5만년 무극대도의 디지털 시대 가을 옷으로 바꿔 입어야 합니다.

바울도 "장성한 어른이 되어서는 어린아이의 생각과 말을 버려야 한다. 우리의 지식과 이해는 직접적이지 못하고 불완전하지만 언젠가는 완전해지고 직접적이 될 것이다."<고전 13:10, 12>고 했고 예수는 "(개역한글) 너희가 나를 알고 내가 어디서 온 것도 알거니와 내가 스스로 온 것이 아니로라 나를 보내신 이는 참이시니 너희는 그를 알지 못하나 나는 아노니 이는 내가 그에게서 났고 그가 나를 보내셨음이니라."<요한 7:28>, "(개역한글) 나는 내 아버지의 이름으로 왔으매 너희가 영접지 아니하나 만일 다른 사람이 자기 이름으로 오면 영접하리라.(I have come in my Father's name, and you do not accept me; but if someone else comes in his own name, you will accept him.)"<요한 5:43>

씨와 '씨를 머금고 있는 열매'는 하나입니다. 상제님 진리는 우주천리에 기반한 진리이기 때문에 선천 봄, 여름 상극시대에 축적된 모든 원한을 푸는 해원解冤을 기반으로 후천 선경을 건설하는 청사진(천지공사)을 만드셨습니다. 상제님 진리는 '죽은 정승보다 산 강아지가 낫다'는 현세주의적 인본주의 진리이기 때문에 '실체가 본래 없어 「나(我)」라는 실상도 없다'는 불교의 입장과는 지향하는 목표와 진리의 근본무대가 다를 수밖에 없습니다. 죽어서 잘되는 것 보다는 살아서 열매 맺어 잘 되어야 한다는 지극히 실용주의적인 진리입니다. 이는 후천 가을의 용화선경을 주재하시는 서신사명西神司命의 인존 하느님이신 미륵존불의 진리이기 때문에 그렇습니다.

이 세상에 중뿔난 외돌토리 독불장군으로 살아가는 사람은 아무도 없습니다. 모든 사람은 이 세상에 몸을 받아 오기 전 비록 법계연기에 있어 본래 다 같은 평등한 근본 씨– 본유종자로 있었다 해도 다양한 인연공덕으로 새로운 열매– 신훈종자新熏種子를 맺기 위해 부모님을 점지받아 탐(貪)·진(瞋)·치(痴) 삼독(三毒)의 무명無明에 빠진 현실 사바세계娑婆世界에 왔습니다. 즉 원래는 천계에서 다 같은 사해 중생보살의 씨(본유종자)였지만 부모님과의 인연공덕과 보이지 않는 따뜻한 이웃의 배려 그리고 사회 구성원의 다양한 인연생기因緣生起로 서로 공덕을 베풀며 빛의 훈증을 쏘여 후천 가을에 열매=신훈종자 맺기 위해 사는 것입니다.

따라서 무명의 사바세계에 태어나 타인에 의해 빛의 훈증을 배려받은 모든 인연공덕은 비록 반술 밥의 은택일지라도 이를 반드시 갚으라는 것이 보은報恩입니다. 불가의 연기론緣起論은 모든 삼라만상(寶珠)이 인과因果관계로 얽혀져 다차원 복잡계 그물망(인드라망)으로 연결되어 있다는 우주의 생명원리이며 존재원리입니다. 만사만유는 서로 인과관계의 인드라망으로 연결되어 물고 물리는 상보적相補的 인연으로 연결되어 있습니다. 남 탓하지 않고 조용히 관조하면 이 세상은 자신이 원해서 이 세속 사바세계에 왔으며 스스로 선업과 악업을 지으며 살아가는 세상입니다.

선가의 고승대덕高僧大德의 일화를 보면 여기에 어떻게 왔느냐는 선문답에 아무도 오지 않은 생노병사의 길을 자신이 스스로 선택해 왔다합니다. 천상천하유아독존을 돈오頓悟한 석존처럼 자신이 대우주의 주재자로 자신의 운명을 스스로 결정해 생노병사의 길을 걸으며 예까지 왔다는 뜻입니다. 사람은 스스로 지은 업력에 의해 죄도 짓고 공덕도 쌓으며 조상의 죄와 선영의 공덕까지 합해져 자신만의 보주寶珠로 다듬어져 인드라망의 한계 속에 갇히게 됩니다. 아무도 풀지 못하는 그물망의 가장 견고한 접착매듭의 마디와 고는 선대 조상들이 자자손손 알게 모르게 쌓은 집단적 혹은 개인적 악척입니다.

선천 5 만 년간 남의 피눈물을 흘리게 한 이 악 척의 매듭은 한 개인 차원에서는 결코 풀지 못하기 때문에 천지인 삼계 절대권자인 증산 상제님께서 무한하신 권능으로 '천지 해원굿'이라는 9년 천지공사를 통해 풀어 주셨습니다. 그리하여 한 개인이 풀 수 없는 접착매듭의 마디와 고를 집단적 해원解冤으로 풀어내시고 개인별로 해원, 상생, 보은의 노력을 통해 업장의 한계를 풀게 하셨습니다. 크게 보면 상호간 인연생기因緣生起의 매듭으로 응결된 인드라망의 보주寶珠업장을 깨고 후천의 일 만 이천 도통군자-광명 부처님으로 거듭나는 것이 바로 해원解冤과 보은報恩입니다.

그렇기 때문에 절대자 차원의 해원 매트릭스를 통해 묵은 척慼(근심)과 원冤을 모두 풀어 후천 용화선경세계로 나아가게 섭리해 놓았으니 너희들은 더 이상 상극으로 다투지 말고 서로 돕고 살라는 것이 바로 상생相生이며 사바세계에서 도움 받은 인연공덕을 잊지 말고 비록 반술 밥의 은택일지라도 반드시 갚으라는 것이 바로 보은報恩입니다. 반면에 남의 덕만 보고 살려는 자는 자립심이 없어 만에 하나 성공한다 해도 본질적으로는 설 자리가 없어지는 낭패를 당합니다.

<증산도 道典>* 제 일은 제가 스스로 하여야 하느니라. 하루는 한 성도에게 '무엇을 사 오라.' 명하시거늘 그 성도가 다른 사람을 대신 시켰더니 일러 말씀하시기를 "그 노고(勞苦)의 대가는 그 사람이 받을 것이니라." 하시니라. 선천은 남에게 기대고 의지하는 바람에 망하나니 너희들은 하다못해 방 벽에도 기대지 말라. 남의 덕 보기를 바라지 말라. 남의 은혜를 많이 입으면 보은줄에 걸려 행동하기가 어려우니라. 낭패(狼狽)란 짐승이 외발이기 때문에 두 마리가 서로 의지하여야 행보(行步)하게 되나니 남에게 의지하면 낭패를 당하리라.

인생에 있어 좋은 기회를 잡는 것은 확률적으로 존재하기 때문에 이를 운運이라 합니다. 운運은 움직이면서 복과 화를 뿌리며 다니기 때문에 잘 궁리 운용해 쓰라는 뜻이 있습니다. 이처럼 운에는 복福을 가져다주는 행운이 있는가 하면 화禍를 가져다주는 악운이 있습니다. 모두 다 전생과 현실에서 조상신과 자신이 쌓은 업

장과 인연공덕이 빚어낸 결과물이기 때문에 아름다운 인연인 '가연佳緣'과 척만 지고 마는 '악연惡緣' 두 장의 카드를 쥔 운이 우리 모두 앞에 지금 이 순간에도 기회를 엿보고 있습니다.

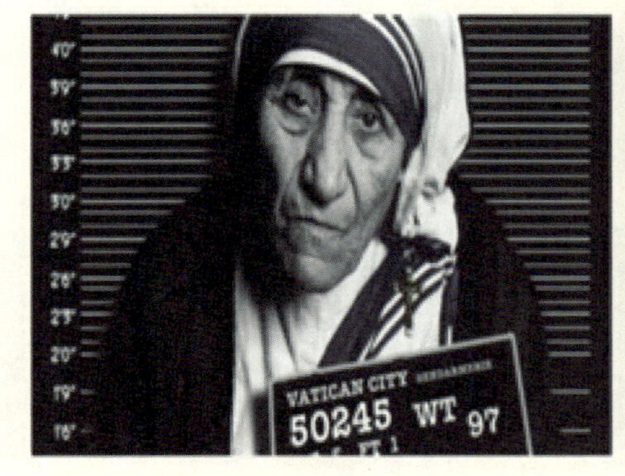

머더 테레사는 바티칸에 수백만 달러의 돈을 벌어주는 어린이 유괴범

어머니 테레사는 바티칸에 수백만 달러의 돈을 벌어주는 어린이 유괴범MOTHER TERESA WAS A CHILD TRAFFICKER F

테레사 수녀와 이스라엘 모사드 요원 로버트 맥스웰. 맥스웰은 소아성애 범죄고리 대부 앱스타인의 여친 기슬린 맥스웰 부친이며 테레사 아들이 닥터 파우치.

운명은 정해진 것일까요? 행운인 가연佳緣과 악운인 악연惡緣은 남의 생명을 살리는 공덕과 남을 도와 선업을 쌓는 이타행利他行의 희생과 봉사만으로 서로 잠기고 풀리는 관계입니다. 나옹선사가 말한대로 백문이 불여일견이요, 백견이 불여일각이요 백각이 불여일행입니다. 또한 알기만 하는 자는 좋아하는 자만 못하고−지지자(知之者)는 불여호지자(不如好之者), 좋아하기만 하는 자도 스스로 행하며 즐기는 경지에 간 자만 못합니다. −호지자(好之者) 불여낙지자(不如樂之者)

모든 종교의 본질은 동일하게 희생과 봉사입니다. 지금까지의 선천 세상에서 남의 생명을 살리는 활인공덕活人功德과 남을 도와 선업을 쌓는 이타행利他行은 어느 종교 할 것 없이 소문 없이 행해져 왔습니다. 활인공덕이 좋은 줄 알기에 이를 위장해 자신들의 세력을 선善으로 포장해 지구촌을 지배하는 딥스카발도 있습니다.

여자가 아닌 남자로 닥터 파우치의 아버지로 알려진 가난한 알바니아 독립운동가의 딸 성녀 마리아 테레사 수녀가 만인의 존경을 받는 것도 인도의 불가촉천민과 거지, 부랑아, 버려진 노인, 병들고 굶주린 소외 자들을 위해 종교적 편견이 심했던 힌두교의 중심지 캘커타의 악취 나는 슬럼가에서 평생을 희생 봉사만 한 불멸의 활인공덕活人功德 때문입니다. 그러나 그 이면의 실체도 따로 있다는 사실도 알아야 합니다.

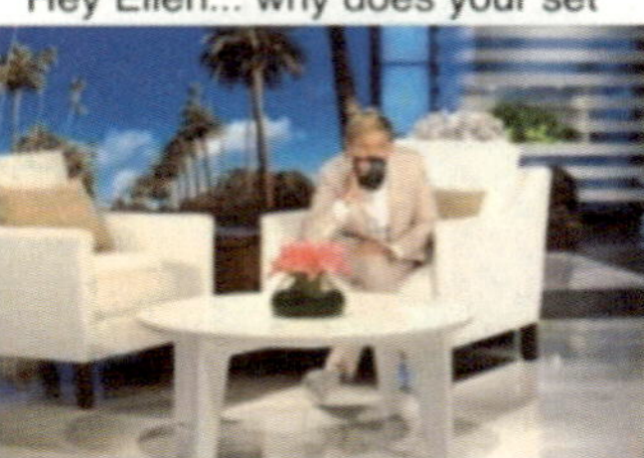

마더 테라사 수녀가 머리에 쓰고 있는 두건은 뭘 의미할까요?

마더 테레사의 두건
패션디자이너 Jean Paul Gaultier 문양
제프리 엡스타인 섬의 건물 모양
이미 체포되어 발찌 차고있을 엘렌의 촬영 세트장

문양에 집착하는 이들의 밑바닥까지 모조리 파헤쳐지길 바랍니다.

금강산 일만 이천 봉우리 기운으로 일만 이천 여래불-도통군자가 한겨레 백의민족 속에서 배출되는 것은 후천 가을개벽을 앞두고 한민족 속에서 절대자 하느님이 강림하시고 천하사 일꾼들이 죽어가는 중생들을 널리 광제廣濟하라는 뜻을 받들어 의통 구원 수행으로 장차 전 세계 창생을 살려낸 보은報恩 때문입니다. 임박한 도통은 지구 공명주파수인 7.83 Hz의 '슈만공명 주파수'와 인간의 '심장 주파수'와 '뇌파의 알파파'가 태을주 율려주문 소리에 공명하는 인신사해寅申巳亥의 용담계사도 실현의 정역팔괘 시대와 더불어 열릴 것입니다. 증산 상제님께서는 이를 "천문지리 풍운조화 팔문둔갑 육정육갑 지혜용력 천지보은도통天地報恩道通"이라 하셨습니다. 불원간 선천 역사상 가장 큰 활인공덕의 장場이 될 개벽철 의통 구원이 끝난 뒤의 천하사 일꾼들의 과보果報에 대해 상제님은 다음과 같이 말씀하셨습니다.

<이중성 대개벽경(大開闢經)>★말씀하시되, "서양 국가에 하늘을 나는 무기가 있어 흉하고 방자하고 잔학함을 가득 실어 나르리니, 이때를 당하면 이를 바꾸어 꽃으로 장식하고, 너희들을 영접하여 모시고 가 호화롭게 상을 차려 대접하고, 아름다운 여자들이 춤을 추고, 풍류가 질탕하여 만민이 환대하리니, 너희들의 그때의 영화로움과 즐거움이 오늘 내 눈에 선연하노라. 병겁이 내습하면 시체 썩는 냄새가 코를 찔

러, 아무리 비위가 강한 자라도 한 숟가락의 밥도 떠넘기기가 불가능 하노라."-曰西國 有飛氣 載凶肆虐, 當此時 換之花粧 迎汝以去 食前方丈 佳姬妙舞 風流迭蕩 万民 歡待 汝徒 其時之榮樂 在我今日之眼 爲蟬蜎 曰 病來 屍臭觸鼻 雖脾胃之至强者 不能下一匙之飯-

侍

원래 사람의 주인은 마음心입니다. 미륵불이신 상제님 진리는 마음 잘 먹는 천진군자天眞君子 심통공부에서 출발해 마음 잘 먹는 천진군자天眞君子 심통공부로 끝납니다. 불교에서 본유종자인 여래장은 본래부터 절대 청정하여 모든 중생의 번뇌 중에 있어도 그 번뇌에 더럽혀지지 않으며 사바세계에서 신훈종자의 새 싹을 틔울 영원히 변함없는 깨달음의 본성입니다. 곤존 태모 고 수부님은 마음心이 천하만사의 원줄기이며 마음 심 자의 아래 모양은 땅의 형상이고 위의 점 세 개는 불선유(佛仙儒)이며 부귀영달(富貴榮達)과 생사(生死)의 있고 없음도 이 마음 심 자에 있다고 하셨습니다. -"아래의 활은 천지 반월용(天地半月用)이요, 세 점은 불선유니라."

건존 하느님이신 증산 상제님 진리는 정음정양으로 수부가 없으면 공사가 아니라 하시고 9년 천지공사와 더불어 곤존 여성 하느님이신 고성후비 태모 고 수부님의 10년 신정공사로 9년 천지공사의 종통 인사문제를 동지한식백오제 흑운명월 도수, 옥구 오성산 세 말뚝 공사, 윷판 도운 통일 도수, 무기 오십토 공사 등으로 매듭지으셨습니다. 태극도와 대순진리회에서는 곤존 고성후비 태모 고 수부님을 아예 신앙대상에서 제외하고 세월과 더불어 지도자가 선화 할 때마다 천존 지존 음양 상제, 천존 지존 인존 3위 상제, 증산-정산-우당-상도 등 3천遷성도로 그 공백을 메꾸어 왔기 때문에 올바른 종통맥을 전혀 알 수 없게 고립되어 있습니다.

상제님 신앙권 중 가장 많은 사람이 있는 곳은 대순 계열 단체의 신도들입니다. 증산 상제님을 신앙하게 된 것은 그 분들에게 엄청난 축복임에 틀림없습니다. 그러나 증산상제님의 기유년(1909) 천지공사 종필 선언 이후 105년(동지한식백오제)을 넘어서면서 드러난 사오미 개명장의 말복 통합살림의 진법출현을 맞이해 이제는 곤존 고성후비 태모 고 수부님 '낙종물 선도교(太乙敎) 교단개창'으로부터 시작되어 차 월곡(경석) 추종성도의 '600만 보천교 이종물 사명'에 이은 운암강수만경래 숙구지 '추수 도안 세 살림 문왕도수'의 대시태조 의통성업 마지막 말복판에 들어와 열매를 맺어야 합니다.

그 분들이 무극도 창교주 조 철제를 숭배하는 동지한식백오제의 105년 과도기 교리체계에 갇혀 증산상제님의 흑운명월 진법을 만나지 못하는 것은 실로 슬픈 일이 아닐 수 없습니다. 이는 대순계열의 진리체계가 천지공사 전체 퍼즐판(건존 증산 상제님 9년 천지공사와 곤존 고성후비 태모 고 수부님 10년 신정공사) 중 10년 신정공사를 싹뚝 잘라내고 그 자리에 증산 상제님께서 장차 그림자도 나타내지 못하게 그 기운을 막은 계룡산 정씨, 가야산 조씨, 칠산 범씨 중의 하나인 조 씨 천하의 교의체계로 상제님 진리를 재구성했기 때문이며 동시에 그 동안 '천자를 도모하는 자는 다 죽으리라' 하신 말씀에 반하는 과도기 '부분 퍼즐판'의 교리체계로 이끌어왔기 때문입니다. 그러나 모든 정보가 공개된 디지털 시대를 맞이해 이제는 전체 퍼즐판-수지지어사마소리오 하신 마지막 말복진법을 바탕으로 그러한 한계를 모두 벗어나 모두 너나없이 하나로 합체되어야 합니다.

<증산교사(甑山教史)>*(조 철제의 동거와 미륵불교 입교 및 신기탈취사건)조 철제(趙喆濟)는 경상남도 함안군 사람이라 어려서 부친 용모(鏞謀)를 따라서 만주 유하현(柳河縣)에 이주하였다가 신도(보천교인 金 赫으로 밝혀짐)를 만나서 태을주의 수련을 받았었다. 병진년(道紀 46, 1916)에 귀국하여 충청남도 안면도에 거주하다가 마침 그 지방을 순회하던 이 치복(李致福)을 만나서 천사(天師)의 행적에 관한 강화(講話)를 듣고 정읍군 우순면(雨順面) 마동(馬洞)으로 이주한 뒤에 친자종도들을 찾아서 천사(天師)의 행적을 연구하기에 노력하였다.

<증산교사(甑山教史)>*천사(天師)의 누이 선돌부인을 방문하니 부인이 마침 장기 수련을 행하다가 철제를 보고 자기와 인연이 있음을 말하고 본부(本夫) 박 창국(朴昌國)과 인연을 끊은 뒤에 드디어 철제와 동거하였다. 무오년(道紀 48, 1918)에 김 형렬이 전주에서 교단을 재건함에 철제가 그 교단에 가입하여 형렬에게 상종하였다.

<조철제 연원의 비밀>* 김혁(金赫:1875. 10. 16~1939. 4. 23)은 본명은 학소學韶, 호는 오석烏石. 선생은 경기도 용인시 기흥읍 농서리에서 출생하였다. 부친은 법부 참서관을 지낸 김태식(金泰植), 모친은 윤현숙(尹顯淑)으로 선생은 이들 사이의 외아들로 태어났다. 본명은 학소(學韶), 자는 순익(舜翼), 호는 오석, 본관은 경주이다. 어린 시절 선생은 8세 때부터 10여 년 동안 향리에서 한문을 배웠다. 1894년부터 1896년 초까지는 용인향

교에서 개신 유학자인 동전(東田) 맹보순(孟輔淳)으로부터 한학을 수학하기도 하였다. 대한제국시기인 1898년 6월 무관학교에 입학하여 1900년 1월 졸업하여 육군참위로 경성시위보병대京城侍衛保兵隊 제1연대에서 부관 장교로 근무하였고, 1907년 8월1일 육군정위(현재 대위급)일 때 군대가 해산되자 항일투쟁하기로 결심하고 고향인 용인 기흥으로 귀향했다.

<조철제 연원의 비밀>*1897년 대한제국 성립 이후 육군무관학교 교육은 자주 국방과 부국강병을 목표로 하는 근대식 군사교육이었고, 더구나 반일적 성향의 민족교육이었다. 때문에 박승환·이동휘·노백린 등에서도 보이듯이 이 시기 졸업생들은 반일 민족의식이 강했다. 선생이 뒤에 독립운동에 투신하여 활동하게 된 이유 가운데 하나도 이 시기 무관학교 교육에서 연유하는 바 클 것이다. 1919년(44세) 용인 기흥의 독립만세운동을 주도하다 5월 일경의 눈을 피해 만주 서간도 유하현으로 망명해 무송현에 근거지를 두고 서간도 각지에 지단을 설치해 활동하던 흥업단에 들어가 부단장으로 활동하였다. 흥업단은 농민과 군인이 따로 없이 낮에는 밭을 갈고 밤에는 군사 훈련하는 병농겸행(兵農兼行)의 방책을 취하여 동포사회의 안녕과 질서를 확립하는데 공헌하던 단체이다. 이 조직은 부단장인 선생을 비롯하여 단장에 김호, 총무 윤세복, 재무 이원일, 경호 오제동, 교섭 전성규(이현익) 등으로 모두가 대종교 교도였다. 만주 각 현에 지단·지부 조직을 두고 있던 흥업단의 부단장 직책을 맡았다면, 당시 국내 가장 큰 독립군 자금처인 보천교 신도임을 숨기고 있던 선생은 외견상 대종교 내에서도 위치가 상당히 높았고, 동시에 이후의 행적과 연계하여 보면 실질적으로 단체를 이끌어갔던 인물이었음을 알 수 있다.

<조철제 연원의 비밀>*1920년(45세) 북로군정서(北路軍政署) 사관연성소 제1회 졸업식에 참여해 축사를 하고 1920년 청산리 전투에 참여해 승리로 이끄는데 크게 공헌하고 러시아로 도망갔다가 22년(47세) 8월 통의부 결성에 가담해 군사부감을 맡았다. 25년 3월 영안현(寧安縣)에서 북로군정서(北路軍政署) , 김좌진의 대한독립군단 등 21개 단체들이 모여 신민부(新民部)를 결성하는 자리에서 "중앙집행위원장"에 피선된다. 군사부위원장에는 김좌진 장군이 피선되었다. 신민부(新民部)는 성동(城東)사관학교를 만들었는데 김혁이 교장을 맡아 500 여명의 졸업생 사관생도가 배출되었다. 신민부(新民部)가 북만주에서 활발한 활동을 벌이자 일제는 이를 주시하다가 일제의 하얼빈 영사관 경찰은 1928년(53세) 2월 신민부 본부인 석두하자(石頭河子) 흥륭진(興隆鎭)을 습격하여 김혁과 유정근 등 12인을 체포하였다.

<조철제 연원의 비밀>*김혁은 10년 징역형을 언도받아 옥고를 치루었다. 그 후 오랜 옥고로 병을 얻어 1935년(60세) 8월 서대문 감옥에서 가석방된 김혁은 고향에 돌아와 요양하다가 1939년(64세) 4월 병사했으며 1962년 건국훈장이 추서되었고 후일 국립묘지로 이장되었다. 조철제는 1917년 22세 때 만주에서 독립 운동하던 보천교 신도 오석 김혁

(金赫)을 만나 도를 전해 받았다 하나 오석 김혁(金赫)은 1919년 기미년 3월 용인 기흥에서 독립만세운동을 주도해 당국의 눈을 피해 그해 5월 만주 무송현으로 도망갔던 분이다.

<조철제 연원의 비밀>*조철제는 1895년 12.24일 생으로 경남 함안에서 태어나 어려서 만주 통하현 부근 압록강변의 유하현으로 이주해 살았으며 오석 김혁에게 포교받고 1916년 귀국해 안면도에 거주했으며 1917년(22세) 20년 연상의 상제님 누이동생 선돌부인(박창국과 이혼)과 동거하기 시작했고 1918년(23세) 김형렬 성도 교단에 입교한 뒤 1919년(24세) 약장 궤를 도둑질해 얻고 1921년(26세)에는 상제님 성골도굴사건을 일으켜 큰 기운을 얻었다 생각하고 정산(鼎山)이란 호를 쓰기 시작했으며 25년(30세) 4월 무극도를 창립한다(35년 8월 해체) 1945년(50세) 해방과 더불어 태극도를 창립하고 55년(60세)에 옥황상제님이신 증산상제님을 구천응원뇌성보화천존강성상제(九天應元雷聲普化天尊姜聖上帝)라 새롭게 칭하고 자신을 옥황상제로 참칭하기 시작한다.

<조철제 연원의 비밀>*그러나 독립지사로 만주에서 무장항쟁의 길을 걸은 오석 김혁(金赫)에게 1917년 도를 받았다는 조철제의 주장과는 달리 김혁은 독립운동사에 있어 족적이 확연히 남겨진 공인으로서 1919년 용인 기흥의 기미독립만세운동의 주도자로 일제당국의 추적을 피해 다니다 1919년 5월에야 만주 무송현으로 간 것이 확실하게 밝혀졌으므로 만일 조철제의 주장이 맞다면 조철제 집안이 1917년에 만주에서 있으면서 도를 받은 것이 아니고 오석 김혁 선생이 1919년(44세) 만주로 도망가 무장항쟁을 벌이기 이전 국내에 있을때라 볼 수 있다. 오석 김혁이 당시 정읍 대흥리에 가서 이치복 성도를 만나 도를 받은 시기를 대략 추정하면 36세 되던 시기인 태모님 대흥리 첫살림 교단개창 시기인 1911년부터 대흥리에서 조종골 살림으로 독립하던 1918년 시기(이치복성도 대흥리 교단에서 내쳐져 나갈무렵) 즉 조종골로 옮길 무렵인 1918년 9월 천종서 집으로 옮기실 무렵까지(김혁 43세)로 보인다. 이 기간 오석 김혁 선생은 대흥리 시절의 이치복 성도에게 도를 받은 것으로 보인다.

<조철제 연원의 비밀>*결론적으로 김혁은 1911년 36세시절부터 1919년 기미독립만세운동을 주도했던 44세 이전에 이미 대흥리를 드나들며 이치복 성도에게 도를 받은 것으로 보이고 1916년에 조철제가 김혁에게서 도를 받은 것이 확실하다면 1911년부터 1916년 이전에 대흥리 보천교에 드나들며 도를 받은 것으로 보인다. 특히 조철제 가족에게 포교하여 보천교의 주문과 신앙방법에 대한 자세한 교리를 설명해주었다는 것이 1917년이고 그 가족이 먼저 입교한 것을 보면 1916년 이전에 대흥리를 드나든 것으로 보인다. 이로 보면 조철제는 김혁이 만주로 가기 3년전인 1916년에 만주에서 도를 받은 것이 아니고 이미 1916년 이전에 안면도로 가족이 다시 들어와 국내에서 만난 김혁에게 도를 받은 것이 된다. 실제로 조철제는 1916년 안면도에 살았으며 1917년 선돌부인과 동거하게되

어 이것이 진실임을 말해준다. 당시 김혁은 어떤 연고로 만났는지 모르지만 당시 만주에서 살다 돌아온 조철제 가족에게 보천교를 권유했으며 조철제 누이 조봉귀와 종제 길룡은 김혁의 권유로 보천교에 입도하여 주문과 신앙방법에 대해 자세한 가르침을 받았으며 부친 조용모도 증산 상제님을 신앙을 하는 계기가 되었다.

<조철제 연원의 비밀>*당시 보천교는 일제의 탄압으로 인해 비밀 방주조직으로 운영되었으며 입교의식도 연원주가 개별적으로 가정집에서 비밀리 입도시키는 예에 따라 김혁은 조철제가족을 사가에서 입교의식을 치루어 입교시키고 조철제 역시 날을 잡아 입교했는데 태극도 <진경전서>에 보면 김혁에게 입교의식을 치룬 날이 "이날이 윤2월 10일 양력 4월 1일 축시였다"라고 나온다. 조 철제는 입도한 후에 김혁으로 부터 증산상제님의 생애와 선도의 역사를 비롯하여 신봉하고 수행하는 방법과 기도치성의 절차 등을 자세히 알게 되었다고 한다(「진경전서」 247쪽) 이후 조철제는 증산 상제님에 대한 깊이 있는 진리를 알고자 많은 노력을 기울였으며 절대적 신권을 가진 옥황상제님이 탄강한 것이 사실이라면 그 혈족이 있으리라 생각하고 그 혈족과 연분을 맺으면 자신에게 한량없이 큰 축복과 화권이 있으리라 생각한 끝에 혈족을 수소문해 찾아다녔다 하며 결국에는 1917년(22세) 박창국과 살고있는 증산상제님 누이동생 선돌부인(42세)을 찾아 인연을 맺어 함께 살게 되었다.

<증산교사(甑山敎史)>*기미년(道紀 49, 1919) 여름에 철제가 따로 교단을 창설하려고 획책할새 유 의경(柳宜卿)이 철제에게 일러 가로대『천사(天師)께서 천지공사를 행하사 운수를 뭉쳐서 약장과 궤에다 감아두셨으므로 차 경석도 이 신기(神器)를 얻은 연후에야 운수가 열려서 교단창설에 성공하였나니 그대도 교단을 창설코저 하면 먼저 계획을 세워 이 신기(神器)를 도취(圖取)하도록 하라.』하니 철제가 이 말을 옳게 생각하였다.

<전경(典經)>*선돌부인이 하루는「구릿골 약방에 비치하셨던 둔궤가 천지도수의 조화둔궤라 하루 바삐 그것을 찾도록 함이 어떠하겠나이까.」라고 도주(조철제)께 아뢰니라. 이때 도주께서는 도수에 따라 이 준세(李俊世)의 재실에서 도수를 보고 계셨도다. 이곳은 황새마을에 가까운 통사동(通士洞)이니라.

<증산교사(甑山敎史)>*철제는 심복부하 권 태로(權泰魯), 성 정오(成丁五), 이 정두(李正斗), 조 용서(趙鏞瑞), 권 영문(權寧文) 등 장정 8 사람을 순사로 가장하여 하여금 밤중에 본소를 습격하여 경석을 체포하려는 태세를 보이며 가택수색을 행하니 차 윤칠이 나서서 사유를 묻거늘 방망이로 머리를 쳐서 대번에 혼도케 하고 온 집안이 소란한 틈을 타서 치성실 문을 열고 약장과 궤를 도적하여 가지고 돌아왔다.

<증산교사(甑山敎史)>*윤칠이 정신을 차린 뒤에 치성실 문이 열렸음을 보고 들어가 보니

약장과 궤가 보이지 아니한지라 이에 순사가 아니고 강도단임을 깨닫고 마을 사람들을 일으켜서 함께 뒤를 밟아서 쫓으니 태로 일행은 짐이 무거워서 빨리 걷지 못하여 붙잡히게 되겠으므로 약장은 길가에 버리고 궤만 가지고 돌아왔었다. 철제는 이렇게 궤를 도적하여다가 감추어 두고 선돌부인과 부친 용모(鏞謨)와 삼촌 용서(鏞瑞)와 심복부하 권태로(權泰魯) 등과 더불어 교단창설의 준비를 진행하였다.

<증산교사(甑山教史)>*(성묘 도굴사건) 신유년(道紀 51: 1921) 2월에 묘구(墓寇)가 구릿골 뒷산 장탯날에 모셔둔 성묘(聖墓)를 발굴하여 성골을 도적하여 갔거늘 김 형렬이 김제경찰서에 고발하니 경찰은 전북 각 경찰서에 통지하여 큰 수사를 진행하였다. 원래 조철제는 궤를 도적하여다가 감추어두고 교단창설을 계획하더니 성골을 몸에 지니고 수련하면 쉽게 도통된다는 말을 유포한 뒤에 심복부하 권 태로(權泰魯), 손 진방(孫進邦) 등 장정 8 사람을 보내여 밤을 타서 성묘를 발굴하여 정읍군 감곡면 통사동 이씨 재사(齋舍)에 성골을 숨겨두고 심복장정들로 하여금 지키게 하였다.

<증산교사(甑山教史)>*이 사실을 탐지한 문 공신은 심복부하 김 정우(金定雨)로 하여금 철제를 거짓 추종하여 철제의 신임을 받게 된 뒤에 임술년(道紀 52: 1922) 정월에 공신이 김정우로 하여금 장정 20여명을 거느리고 목검을 들리고 밤중에 통사동 재사를 습격하여 성골을 지키던 조 용모를 쳐서 오른 팔을 부러지게 하고 권 영문(權寧文)을 쳐서 혼도케 하니 철제는 도망한지라 정우 등이 성골과 현금 만 여원을 빼앗아 갔다.

<증산교사(甑山教史)>*공신은 성골을 자기 거처하는 방 천반자(天盤子) 위에 감추어 두고 현금은 일행들에게 나누어 주었다. 성골을 빼앗어 갈때에 왼손 완골(腕骨)이 들켰으므로 철제가 수습하여 김 윤진(金胤鎭) 권 영수(權寧秀)와 함께 밤중에 도망하여 도보로 대전을 거쳐서 안동으로 향하려 하다가 서대전에서 김 정우(金定雨) 등에게 붙들리게 됨에 철제는 완골을 윤진에게 주어 빨리 도망하게 하였다. 정우는 철제를 추궁하여 완골을 찾지 못하고 철제가 가진 현금을 빼앗았다.

<증산교사(甑山教史)>*철제는 대전 일본 경찰서에 정우를 강도로 고소하니 경찰이 정우와 철제를 가두고 취조함에 성묘를 도굴한 일과 성골을 쟁탈한 사실이 전부 탄로된지라 이에 문공신 김정우를 비롯하여 일당 20여명이 모두 검거되어 정우는 고문치사 되고 공신은 7년 징역에 처하게 되고 철제는 경찰에 뇌물을 주어 면하게 되고 성골은 정읍경찰서로 이송하였는데 정읍경찰서에서는 3월에 성골을 찾아다가 대흥리 앞 냇가에 빈실(殯室)을 지여 봉안하여 두니 완골을 찾은 뒤에 장례를 거행하려는 것이었다.

<증산교사(甑山教史)>*철제는 윤진에게서 완골을 찾아서 몸에 지니고 있다가 오랜 뒤에 순창 회문산에 매장하고 장 덕원(張德元)으로 하여금 지키게 하고 위토(位土) 너마지기를

사서 덕원에게 경작케 하였는데 수십 년 후에 위토는 철제가 팔아가고 덕원이 죽은 뒤에 김 병철(金炳澈)이 가서 파보니 완골이 없는지라 일부에서는 덕원이 한때 정인표(鄭仁杓)를 추종할 때에 완골을 파내어 인표에게 전하였다는 풍설이 유포되었다.

<증산교사(甑山敎史)>*정묘년(道紀 57: 1927) 가을에 철제가 천사(天師)의 딸 순임(舜任)의 이름으로 보천교를 상대로 성골 인도청구 소송을 제기하니 경석이 밤중에 차 윤경, 김 정곤, 김 규찬, 권 창기 등으로 하여금 성골을 대흥리 뒷산 중턱에 암장한 후 차 윤덕을 명하여 그 부근 벌판에 밭을 일궈서 엄적(掩跡)케 하고 빈실(殯室)에는 김 정곤의 집에서 머슴살이 하다가 죽은 자의 해골을 파다가 관에 넣어두었었는데 순임이 결국 패소하게 되었으므로 이 사실이 비밀에 묻혀 있었더니

<증산교사(甑山敎史)>*십년 후 정축년(道紀 67: 1937) 여름에 문 정삼이 천사(天師)의 친족들과 더불어 천사(天師)의 장의(葬儀)를 거행하려 할 새 성골을 모시러 대흥리에 가서 경찰의 입회하에 빈실(殯室)에 들어가 관을 열어본 즉 관이 비어있는지라 일행은 놀래어 흩어져 돌아가고 정삼은 경찰에 호소하여 보천교 간부들을 추궁하니 성골을 은닉한 사실을 자백하고 대치(代置)하였던 해골도 도난당한 것이 판명되었다.

<증산교사(甑山敎史)>*그 뒤로 10여년을 지나서 8.15 해방 후 무자년(道紀 78: 1948) 봄에 순임(舜任)이 대흥리에 가서 차 윤경(車輪京)과 한 인희(韓寅熙)의 안내로 성골을 찾아서 모셔다가 기축년(道紀 79: 1949) 3월 보름날 김제군 금산면 금산리 오리알 터에 장사하였고 완골은 종시 찾을 길을 얻지 못하였다.

<증산교사(甑山敎史)>*철제는 성묘도굴사건에 경찰에 뇌물을 주고 석방되어 완골(腕骨)을 지니고 경북 안동군 일직면 소호리 권 오현(權五賢)의 집에 가서 은거하면서 계해년(道紀 53: 1923) 봄부터 전라북도 정읍군 태인면 태흥리에 교단본부의 건축공사를 시작할새 신도들을 모아 진업단(進業團)이라는 노동단체를 조직하여 이 승원(李承元)으로 하여금 거느려 품삯없이 노역에 종사하게 하고 병인년(道紀 56: 1926) 구월에 본부 대건축이 낙성됨에 교단이름을 무극대도교라고 지어서 간판을 걸고 무극도 취지와 강령과 도규(道規)를 발표하여 신도의 처녀 여섯 사람을 뽑아들여 후궁(後宮)으로 정하니 본처와 선돌부인까지 처첩이 여덟 사람이었다.

<증산교사(甑山敎史)>*(무극대도교의 말로) 무극대도교는 전성시대에 10 여 만에 달하였던 신도가 교의의 불확실과 일정의 탄압으로 인하여 점차 탈교자가 많아지고 교세가 침체하여짐에 조 철제는 신도들의 신앙을 다시 고무하여 교세를 만회코저 할새 무진년(道紀 58: 1928) 겨울에 술사 김 해산(金海山)을 비밀히 초빙하여 신도가 가장 많이 있는 밀양군으로 데리고 가서 밀양면 금시정(今是亭)에 신도 수백명을 모아 대치성을 행할 때

먼저 철제가 도통되어서 천지화권을 농단하니 이번 치성에 화권을 대중앞에 공개한다고 소문을 내었다.

<증산교사(甑山教史)>*지정한 날 밤중에 치성을 행한 뒤에 모두 보니 금시정 앞 암새 강변 밤나무 숲속에서 현황(炫煌)한 노릿불(火花)이 일어나거늘 철제가 자기의 화둔(火遁)하는 권능이라고 자랑하는지라 군중이 『이것은 회중전지를 교묘하게 이용하여 우리들을 속이는 것이라』고 떠들며 논박하니 철제는 도망하여 버렸었다.

<증산교사(甑山教史)>*신도들이 철제를 붙들지 못함에 간부 이 우형(李愚衡), 김 용국(金容國) 등을 붙들어서 협박하니 우형과 용국이 김 해산을 붙들어 감금하고 『금시정 사건은 모두 너의 간계인데 우리가 이제 신도들의 협박을 견딜 수 없으니 네가 해결하라』고 강박하거늘 해산이 종남산 영성정(靈聖亭)에 대중을 모으게 하고 초령술(招靈術)을 행하여 무수한 유령을 현형(現形)케 함에 인심이 진정된지라 우형과 용국은 이 틈을 타서 도망하여버렸다.

<증산교사(甑山教史)>*철제는 밀양으로부터 집에 돌아와서 교세 만회책에 고심하더니 경오년(道紀 60: 1930) 겨울에 서울사람 감 익룡(甘 翊龍)이 찾아와서 평안북도 무산군에 있는 국유림 벌채허가를 얻게 되었으니 벌채자금을 조달하고 신도들을 동원하여 벌채하자고 권하거늘 철제가 허락하고 신도 400 여명을 무산군으로 보내어 벌채에 종사케 하였더니 무산경찰의 방해로 벌채허가가 나지 못하게 되고 신도들은 경찰이 강제로 돌려보내버렸다.

<증산교사(甑山教史)>*임신년(道紀 62: 1932)에 철제는 교단소유 전답을 팔아서 그 대금을 자금으로 하여 금광 80여구(區)를 출원하고 전주군 이서면 사금광(沙金鑛)과 충북 음성군 무극광산을 채굴하여 상당한 수익을 얻음에 이에 충남 안면도에 두 곳과 원산도(元山島)에 두 곳 간사지(干潟池) 4000여 두락의 개간에 착수하여 을해년(道紀 65: 1935)에 준공하였는데 원래 대부(貸付)허가 수속을 밟지 아니한 까닭에 원산도(元山島) 간척지는 보령군청에 무상으로 빼앗기고 안면도 간척지는 어느 일본인이 대부허가를 얻어서 무상으로 빼앗아 버렸다. 이렇게 하여 간척사업이 실패됨에 교단의 재산은 탕진되고 교세는 더욱 침체되므로 광업도 경영난에 빠져서 광구전부를 팔아버렸다.

<무극도 해산 고찰, 권지1-22>*그간 무극도를 계승한 당사자임에도 대순진리회측의 기록은 연구자들에 의해 제대로 평가받지 못했고 그 결과 무극도의 사정을 잘 모르는(때론 악의적인 견해를 가진) 외부 학자의 책이 많이 채택되어 왔다. 여기에 편승해 태극도의 『진경전서』(87년 출간)와 같은 서적조차 상당한 근거를 가진 문헌으로 묻어가고 있다. 『진경전서』는 2년 후인 89년에 『진경』이라는 이름으로

재출간되었다. 『진경』은 「무극진경」과 「태극진경」의 두 부분으로 구성되어 있는데, 이중 「태극진경」이 도주님의 행적을 소상히 기록하고 있다는 이유로 일부 수도인들이 관심을 가지고 있으나, 그 내용이 전혀 신빙성이 없는 소설이라는 것은 잘 알려지지 않고 있는 듯하다. 도주님으로부터 유명(遺命)으로 종통을 계승하신 도전님께서는 도주님에 대해 수도인들이 알아야 할 부분을 교운 2장으로 친히 작성하여 내려 주셨다. 도주님에 대해 조금이라도 더 알아보고 싶어하는 마음이 이해되지 않는 바는 아니나, 무극도의 해산사례에서 보듯이 정확한 근거 없이 지어진 「태극진경」을 자주 접함으로써 나중에는 그 내용이 마치 사실인 것처럼 느껴지는 병폐가 생겨나는 것이므로 자제하는 편이 좋을 듯하다. 외부의 학자들이야 도를 모르는 사람들이니 그러려니 할 수 있지만, 그들의 잘못된 설을 가지고 종단 내부에서까지 주장한다는 것은 결코 바람직한 현상이 아니라고 생각된다. 차제(此際)에 『典經』의 신성성(神聖性)에 대해 한 번 더 생각해보는 계기가 되었으면 하는 바람이다.

<무극도 해산 고찰, 권지1-22>* 「태극진경」 즉 『진경』의 저자인 황 진규의 진술에 따르면 윤 금현의 기록을 참조해서 썼다고 한다. 윤 금현은 1952년에 도주님(정산 조 철제)을 처음 뵈었고, 당시 직위가 호령(지금의 교정)이었다고 한다. 따라서 일단 1952년 이전의 내용은 알 수가 없는 상황이었고, 1952년 이후도 도주님을 계속 가까이서 시봉할 위치는 아니었다. 그런데 「태극진경」의 내용은 계속 곁에서 시봉했던 자가 아니면 알 수 없는 부분까지 상세히 묘사되어 있다는 점에서 만들어낸 이야기일 확률이 매우 높다. 「태극진경」의 정확성에 대해서는 별도의 지면을 통해 소개할 예정이나 우선 대표적인 한 가지만을 들자면 '태극주' 문제를 들 수 있다. *** 재세시에는 '정산님' 또는 '도주님'이라는 두 가지 호칭 외에는 쓰이지가 않았으며, 당신께서 스스로를 '태극주'라고 지칭하신 적은 더욱 없었다. 그런데 「태극진경」에는 ***께서 당신이 '태극주'라고 말씀하시는 장면과 '태극주'라는 호칭이 여러 군데 나오고 있다. 이는 정확한 상황을 모르는 자가 임의로 지어냈음을 보여주는 하나의 증거이다.

<이중성 대개벽경(大開闢經)>*하루는 대흥리에서 다수의 양지조각에 각기 옥황상제라 쓰시고 뒷간에 가시어 후지(后紙)로 쓰시니라. 성도 물어 여쭈기를, "지금에 옥황상제라 쓰시어 후지(后紙)로 쓰시니 어찌된 연고이나이까." 말씀하시되, "천하에 어느 누가 감히 이같이 하리오. 천지만신이 목을 자르고 몸을 찢어발기노라. 이 뒤에 하늘을 거스르고(패천) 도를 어지럽히는(패도) 자가 있어, 혹 패가망신하고 세상을 그르쳐 백성을 상하게 할까 두려워, 정녕 경계함을 보인 것이나니 내가 고심함이 이와 같노라."

-一日 在大興 洋紙數片 各書 玉皇上帝 如厠 用后紙 弟子 問曰 今 書玉皇上帝 用后紙 何以乎 曰 天下誰人 何敢如此 天地万神 斷頭裂身 從后 有悖天悖道者 恐或敗家亡身 誤世傷民 丁寧示戒 我用苦心 如此-

<대순전경>*계룡산鷄龍山의 정씨왕국鄭氏王國과 가야산伽倻山의 조씨왕국趙氏王

國과 칠산七山의 범씨왕국范氏王國을 일러오나 이 뒤로는 모든 말이 영자影子를 나타내지 못하리라

*태극도, 대순계열 신도들은 다음과 같은 사실을 알아야 합니다. 조 철제가 종통이 되려면 그의 인생족적과 삶이 경만장 안 내성 추종성도에게 내린 도안 세 살림 사명과 부합해야 하며 역경만첩의 문왕의 사명자 도수와 부합하여야 합니다. 만일 종통을 안 씨가 아니라 조 씨 가문에 내렸다면 천지수기를 돌리는 안 씨 추원재 재실공사는 조 씨 추원재 재실 공사로 되었어야 하고 학암 이중성 선생의 <대개벽경(천지개벽경)>에 '평생불변심 안**'이 아니라 '평생불변심 조**'라 되었을 것입니다. 오히려 상제님 주요 추종성도 중엔 조 씨 성을 가진 분이 아예 안계십니다. 동시에 가야산 조 씨 왕국이란 말이 그림자를 나타내지 못하리라 하신 말씀을 안 하셨을 것입니다.

만일 조 철제 가문의 3부자에게 초중말복 세 살림을 내렸다면 안 내성 성도에게 모든 종통공사를 돌돌몰아 보신 천지공사를 조 씨 성을 가진 추종성도를 통해 보셨을 것입니다. 동시에 3초 끝에 대인출세 공사에 '이곳이 도안(都安)의 집'이 아니라 '이곳이 도조(都趙)의 집'이라 공사 보셨을 것이며 종통 세 살림 사명기와 성장, 예장, 신장 세 살림 공사도를 안 내성 성도의 순흥 안 씨 사가가 아닌 조 씨 사가에 맡겼을 것입니다. 뿐만 아니라 현무경도 안 내성 성도 집이 아닌 조 씨 성도 집을 택해 남기셨을 것입니다. 그간 교단개창이라는 종통의 시발점이 태모 고 수부님이라는 수부사명을 삭제 처리한 교리 구조위에 빈 공간을 조철제의 행록으로 대신했습니다.

그럼에도 불구하고 종통을 주장한다면 동지한식백오제 공사대로 기유년(1909)으로부터 105년째인 사오미 개명장(2013 계사, 2014 갑오, 2015 을미)에 진법이 그 교단을 중심으로 나오되 조 씨 가문의 도조(都趙) 3부자 문왕의 도수 세 살림 진법이 나와야 하는 것입니다. 오히려 조 철제를 상제로 만들어 천지공사를 행했다는 『태극진경』의 저자 황 진규는 스토리텔러였던 윤금현이 만들어낸 이야기일 확률이 매우 높으며 조 철제 살아생전 '정산님' 또는 '도주님'이라는 두 가지 호칭 외에는 쓰이지가 않았으며, 스스로를 '태극주'라고 지칭한 적은 더욱 없었다고 증언합니다. 그는 「태극진경」에는 조 철제를 '태극주'라고 부르는 호칭이 여러 군데 나오고 있는데 "이는 정확한 상황을 모르는 자(윤 금현)가 임의로 지어냈음을 보여주는 하나의 증거" 라 밝혔을 뿐입니다. 심지어 박한경 도전都典도 「태극진경」이 정확한 근거 없이 지어져서 사실처럼 느껴지는 병폐가 있으니 삼가라 공표했을 정도입니다.

<무극도 해산 고찰, 권지1-22>* 「태극진경」이 도주님의 행적을 소상히 기록하고 있다는 이유로 일부 수도인들이 관심을 가지고 있으나, 그 내용이 전혀 신빙성이 없는 소설이라는 것은 잘 알려지지 않고 있는 듯하다. 도주님으로부터 유명(遺命)으로 종통을 계승하신 도전님께서는 도주님에 대해 수도인들이 알아야 할 부분을 교운 2장으로 친히 작성하여 내려 주셨다. 도주님에 대해 조금이라도 더 알아보고 싶어 하는 마음이 이해되지 않는 바는 아니나, 무극도의 해산사례에서 보듯이 정확한 근

거 없이 지어진 「태극진경」을 자주 접함으로써 나중에는 그 내용이 마치 사실인 것처럼 느껴지는 병폐가 생겨나는 것이므로 자제하는 편이 좋을 듯하다.

<무극도 해산 고찰, 권지1-22>*황진규는 윤 금현의 기록을 참조해서 썼다고 한다. 윤 금현은 1952년에 도주님(정산 조 철제)을 처음 뵈었고, 당시 직위가 호령(지금의 교정)이었다고 한다. 따라서 일단 1952년 이전의 내용은 알 수가 없는 상황이었고, 1952년 이후도 도주님을 계속 가까이서 시봉할 위치는 아니었다. 그런데 「태극진경」의 내용은 계속 곁에서 시봉했던 자가 아니면 알 수 없는 부분까지 상세히 묘사되어 있다는 점에서 만들어낸 이야기일 확률이 매우 높다. 「태극진경」의 정확성에 대해서는 별도의 지면을 통해 소개할 예정이나 우선 대표적인 한 가지만을 들자면 '태극주' 문제를 들 수 있다. 옥황상제님 재세시에는 '정산님' 또는 '도주님'이라는 두 가지 호칭 외에는 쓰이지가 않았으며, 당신께서 스스로를 '태극주'라고 지칭하신 적은 더욱 없었다. 그런데 「태극진경」에는 옥황상제님께서 당신이 '태극주'라고 말씀하시는 장면과 '태극주'라는 호칭이 여러 군데 나오고 있다. 이는 정확한 상황을 모르는 자가 임의로 지어냈음을 보여주는 하나의 증거이다.

그럼에도 불구하고 태극도, 대순 계열의 단체는 증산 상제님 신앙으로 많은 사람을 인도했으니 그 공덕을 부인할 수 없습니다. 따라서 이제 범 증산계 모든 신도는 과거의 잘잘못을 떠나 동지한식 백오제 사오미 개명장에 드러난 본 범증산계 통합경전의 진법 그대로 태모 고 수부님의 윷판 통일도수에 따라 모두 한 형제로 만나야 합니다.

이에 대해 태모님께서는 "야, 이놈들아! 마음 보따리를 고쳐야 한다. 너희들 마음 보따리를 내놓아라."하시고 "이 길을 가는 사람은 심보재기부터 뜯어고쳐야 한다." "잣대 잡을 놈이 있어야 쓰지, 잣대 잡을 놈이 없구나." "마음 닦는 공부이니 심통(心通) 공부 어서 하라. 제가 제 심통도 못하고 무엇을 한단 말이더냐." "천지에는 정해진 도수가 있나니 때 오기를 걱정하지 말고 너희 마음 심(心) 자나 고쳐놓아라." 하시고 "너희들이 앞으로 한 지경을 넘어야 하리니 나는 그것을 걱정하노라."

"마음을 고쳐야 한다. 마음을 고치면 안 되는 일이 없느니라." 하시고 "마음을 고치려면 선덕(善德)이 있어야 하고 선덕이 있어야 활연관통(豁然貫通)이 되느니라." 하시니라.''태모님께서 성도들에게 말씀하시기를 "너희들은 기도할 때 마음으로 하라." 하시며 일절 소리를 내지 못하게 하시니라.' "너희들이 마음만 잘 고치면 선경

세계를 보게 되건만…, 선경세계가 바로 눈앞에 있건만….” “선천에서 지금까지는 금수대도술(禽獸大道術)이요 지금부터 후천은 지심대도술(知心大道術)이니라. 피차 마음을 알아야 인화(人和) 극락 아닐쏘냐. 마음 닦는 공부이니 심통(心通) 공부 어서 하라. 제가 제 심통도 못하고 무엇을 한단 말이더냐.”

“믿는 사람 중에는 타고난 마음 그대로 믿는 원심자(原心者)가 있고 착한 마음으로 믿는 선심자(善心者), 마음을 굳게 다져 믿는 결심자(決心者)가 있으며 또 뜨거운 열정으로 믿는 혈심자(血心者)가 있고 한결같은 마음으로 믿는 일심자(一心者)가 있느니라.” 하시고 이어 말씀하시기를 “이런 사람들을 추리고 또 추려 내면 마침내 마음 심(心) 자 하나가 남나니 오직 마음을 잘 닦아야 하느니라.” “너희 아버지가 도통문을 닫아서 통(通)이 없으니, 너는 내 곁을 떠나지 말고 가만히 앉아서 네 공부만 하라. 공부는 마음 닦는 공부보다 더 큰 공부가 없나니 때가 되면 같이 통케 되느니라. 너는 집만 잘 보면 되느니라.” “이놈들아! 마음보는 안 고치고 아가리 벌리고 개구리마냥 소리만 빽빽 질러대면 뭐 하느냐!”

“재생신 재생신, 이 몸 사업 재생신. 재생신 재생신이요, 조화 조화 만사지라. 지심대도술(知心大道術)이니 깊은 마음의 문을 열어 하나같이 새사람이 될지니라. 천갱생 지갱생은 다 끝났으니 이제는 인갱생(人更生)이 크니라. 단주수명 우주수명(丹朱受命 宇宙壽命).” “너는 도통을 지극히 원하느냐? 원치 말라! 지성으로 신심(信心)만 가지면 자연히 열리나니 허황(虛荒)한 마음을 갖지 말라. 마음 불량한 놈은 병으로 솎으리니 오방신장 늘어서서 신명 맞이할 때 너희들 정신 차리기 어려우리라. 장차 후천을 당하여 닦지 않은 자는 죽이지는 않으나 신명들이 다 알고 목덜미를 잡아 끌어내느니라. 평소에 거짓말하지 말고 본심을 잘 지켜라. 태을주를 열심히 읽고 상제님을 잘 섬겨야 좋은 세상을 보게 되느니라. 후천을 가려면 먼저 나를 버리라.”

“인종 씨를 추릴 때 여간 마음먹고 닦아서야 살아날 수 있겠느냐?” 하시고 “태을주를 많이 읽어라. 밤이나 낮이나 밥 먹을 때나 일할 때나 항상 태을주가 입에서 뱅뱅 돌아야 하느니라.” “내 마음을 네가 알고 네 마음을 내가 아노니 너는 마음속에 철주(鐵柱) 하나 꼭 세우고 가만히 섰거라. 평천하는 내가 하리라.”

<증산도 道典>*또 주자(朱子)가 말하기를 "몸가짐과 의관을 바르게 하고 공경스런 마음으로 성령의 조화세계를 바라보라. 마음을 고요히 하여 일심(一心) 경계에 머물면 상제님을 뵈올 수 있느니라."

<증산도 道典>* "내가 삼계대권을 맡아 선천의 도수를 뜯어고치고 후천을 개벽하여 선경을 건설하리니 너희들은 오직 마음을 잘 닦아 앞으로 오는 좋은 세상을 맞으라." "마음이란 귀신이 왕래하는 길이니 마음속에 성현을 생각하면 성현의 신이 와서 응하고 마음속에 영웅을 생각하고 있으면 영웅의 신이 와서 응하며 마음속에 장사를 생각하고 있으면 장사의 신이 와서 응하고 마음속에 도적을 생각하고 있으면 도적의 신이 찾아와 응하느니라. 그러므로 천하의 모든 일의 길흉화복(吉凶禍福)이 스스로의 정성과 구하는 바에 따라서 얻어지는 것이니라." 正心정심 修身齊家治國平天下수신제가치국평천하라.

<증산도 道典>*"운수는 가까워 오고 도(道)는 멀리 가리니 마음을 굳게 가져 목 넘기기를 잘 하라. 부하고 귀하고 강권을 가진 자는 모든 척(隻)에 걸려 콩나물 뽑히듯 하리라." "도시 제 마음 잘못 먹어 제가 죽는 줄 모르는구나." "대장부 일을 도모함에 마땅히 마음을 크고 정대히 가져 '내가 죽어도 한번 해 보리라.' 하고 목숨을 생각지 말아야 할지니" "사람이란 깊어야 하나니 크게 될 사람은 벌써 마음이 두루 깊어서 널리 생각하고 소소한 일은 개의치 않느니라." "하나가 잘못하면 열 방죽이 글러진다. 전부 한 방죽에 드느니라. 그러니 어쨌든지 마음따구를 잘 먹어라." "스스로 분수를 지켜 즐거워할 줄 알고 마음 닦는 공부를 잘하라. 정성스러운 마음이 잠시라도 끊어지지 않게 하며 날마다 더 널리 덕을 베풀기에 힘쓰라."

<증산도 道典>*병욱이 상제님을 처음 좇을 때는 열심이더니 차차 진력이 나서 마음이 풀어지고 명하시는 일을 등한히 하거늘 상제님께서 경계하여 말씀하시기를 "이놈아, 방심하지 마라. 마음 변하면 너는 죽느니라." 하시니라. "대인(大人)을 배우는 자 마땅히 마음을 정대히 하여 그칠 곳을 알아야 할 것이요 한 가지라도 분수 밖의 생각을 가져 실없는 말을 해서는 안 되느니라. 안으로는 불량하고 겉으로만 꾸며대면 누가 능히 분별하리오. 사람이 몸가짐과 처사와 어습(語習)을 제 본성대로 할 것이요, 억지로 꾸며서 점잔과 교식을 내는 것은 삿된 일이니라." "나는 너희들 마음을 뺐다 넣었다 하고, 죽고 사는 것을 마음대로 하느니라."

<증산도 道典>*모든 일에 마음을 바로 하여 정리(正理)대로 행하여야 큰일을 이루나니 만일 사곡(邪曲)한 마음을 가지면 사신(邪神)이 들어 일을 망치고 믿음이 없이 일에 처하면 농신(弄神)이 들어 일을 번롱(飜弄)케 하며 탐심을 두는 자는 적신(賊神)이 들어 일을 더럽히느니라. "수운시(水雲詩)에 '도기장존사불입(道氣長存邪不入)'이라 하였으나 나는 '진심견수복선래(眞心堅守福先來)'라 하노라." "마음을 깨끗이 하여야 복(福)이 이르나니 남의 것을 탐내는 자는 도적의 기운이 따라들어 복을 이루지 못하느니라." "사람 못된 것은 쓸데가 없나니 될 사람은 이렇듯 본을 떠서 깨우쳐 주어야 하느니라. 아무리 죽을 사람이라도 제 마음씨 하나만 고우면 일등이니

라.” “마음보 궂은 놈은 못쓴다.”

<증산도 道典>* “땅 탐을 하면 구렁이가 되나니 탐을 말아라. 극락이 다 내 마음속에 있느니라. 배고픈 사람 밥 주고, 옷 없는 사람 옷 주는 내 마음을 바르게 하고, 그 바른 마음을 일상으로 유지해야 극락을 가는 것이지 줘 놓고도 흠구덕을 하고 ‘나는 아무것을 줬다, 어쨌다.’ 하고 자랑하면 안 준 것만 못하니라. 사람이 마음을 잘 먹으면 되는 것이지, 극락이 따로 있느냐? 다 내 마음에 있는 것이니라.” “사람이 남 잘사는 것을 부러워 말고, 남을 해치려고 하지 말아야 할지라. 무엇을 믿는다고 해서 내 죄가 감해지는 것이 아니니라. 믿으면서도 내 마음이 궂으면 오히려 알고 짓는 죄가 더 큰 것이니 내 마음 하나만 닦으면 그만이니라.”

<증산도 道典>* 어려서부터 근본이 굵게 큰 놈은 커서도 마음이 넓어서 너그럽고, 적은 돈을 가지고도 가치 있게 쓸 줄 아나 어려서부터 마음이 작아 들락날락하는 놈은 커서도 쫄아져서 아무리 잘산다해도 벌벌 떨면서 저도 먹지 못하고, 남에게 가치 있게 술 한 잔을 못 사느니라. 적은 돈도 크게 쓰려면 크게 쓰고, 많은 돈도 좀스러운 놈은 태 있게 쓰지 못하느니라. “내가 장차 천하사를 하러 떠나리니 돌아올 때에 48장(將) 늘여 세우고 옥추문(玉樞門)을 열면 정신 차리기 어려우리라. 부디 마음을 잘 닦으라.”

<증산도 道典>*태모님께서 선필에게 말씀하시기를 “일심(一心)을 갖고 마음을 속이지 아니하면 법사(法師)가 되느니라.” 하루는 태모님께서 강사성에게 명하시어 “마음 심(心) 자를 써 놓으라.” 하시고 “이 ‘심’ 자가 천하 만사의 원줄기니라. 마음 심 자의 아래 모양은 땅의 형상이요, 위의 점 세 개는 불선유(佛仙儒)라. 부귀영달(富貴榮達)과 생사(生死)의 있고 없음도 이 마음 심 자에 있느니라.” 하시니라.

<증산도 道典>*“새 세상을 보기가 어려운 것이 아니요, 마음 고치기가 어려운 것이라. 이제부터 마음을 잘 고치라. 대인(大人)을 공부하는 자는 항상 남 살리기를 생각하여야 하나니, 어찌 억조를 멸망케 하고 홀로 잘되기를 도모함이 옳으리오.” “한 몸으로 두 마음을 품는 자는 그 몸이 찢어지고, 한 어깨에 두 짐을 지면 더수기가 찢어지나니 주의하라.”

보천교 교전 · 경

普天敎 敎典 經

금산사 미륵불

1.

선천과 후천이 도수로 정하여져 나뉘니 상생으로 상극을 억제하고 병을 물리쳐 원억을 풀어냄으로써 세계만방에 널리 크게 펼쳐서 모든 가르침이 마침내 바르게 되어 만가지 교화가 하나로 돌아오느니라. 한 사람의 원한이 천지의 운수를 막히게 하나니 비록 미물곤충이라 할지라도 불평줄이 하나라도 있으면 나의 도가 성공하지 못하느니라.

<보천교普天敎 교전敎典>*분分 선천후천先天後天 정도수定度數 제극이생制克以生 거병해원袪病解怨 만방보화대화萬方普化大化 중교수정衆敎須正 만화귀일萬化歸一 일인지원一人之怨 폐색천지閉塞天地 수雖 미무곤충微物昆虫 일유불평一有不平 오도불성吾道不成

마땅히 눈여겨보는 것과 그렇지 않은 것이 마음 한자리에 매어있나니 보고자 하면 반드시 그것을 볼 것이요, 익히 본 후에는 마음에 걸어두지 말라. 천지 안에 있는 말은 하나도 헛된 말이 아니니라. 지금 시대에 부귀라는 것은 그 집이 얼마나 크고 넓으냐와 진귀한 장식품으로 재어 보지만 모두 재앙이 가득 차 있고 죽을 땅을 서로 구하는 것에 지나지 못하느니라.

<보천교普天敎 교전敎典>*당시숙시물존어심当視熟視勿存於心 욕견자필견지欲見者必見之 어재천지지내자語在天地之內者 일비위언一非僞言 현대現代 부귀자富貴者 기광하진기其廣廈診器 개충만재앙皆充滿災殃 사지상구死地相救

벗을 사귀는 도리는 계단을 낮게 하여 무시로(언제나) 오르내리도록 할지라. 대인의 한마디는 천지에 울려 퍼지느니라. 자손이 부귀하기를 바라는 자는 어리석은 사람이니라. 악으로써 악을 갚음은 피로 피를 씻는 것과 같으니라.

<보천교普天敎 교전敎典>*친우지도親友之道 저천계低天階 무시승강無時昇降 대인일언大人一言 향어천지響於天地 망자손望子孫 부귀자자우인야貴富者愚人也 이악보악以惡報惡 여이혈세혈如以血洗血

하늘이 쓰는 것은 하늘에 있고 사람이 쓰는 것은 사람에게 있느니라. 가장 두려운 것은 박람박식이니라. 사적인 것을 먼저하고 공적인 것을 뒤에 하는 선사후공을 하지 말라. 무형의 세계에서 나를 대하듯이 유형의 세계에서 미륵을 영접하라. 나무가 땅에 뿌리를 박지 아니하면 하늘이 우로를 내린다 할지라도 그 나무가 어찌 윤택하게 자라겠는가.

<보천교普天敎 교전敎典>*천용재천天用在天 인용재인人用在人 최가외자最可畏者 박람박식博覽博識 물이선사후공勿以先私後公 무형계대아無形界待我 유형계대미有形界待彌 목불탁근어지木不托根於地 천강우로天降雨露 기목하유이윤장其木何由以潤長

자식이 어미로부터 젖을 받아먹지 아니한다면 그 자식이 어찌 그 생을 구할 수 있겠는가. 의식색의 도리는 각기 천지의 기운을 받는 것이니 혹세무민하고 남을 속여 재물을 취하는 것도 또한 천지의 기운을 받느니라. 사람에게 경계하노니 성

인의 직과 업의 직업은, 직책은 창생을 살리는 의醫요 하는 일業이란 우주 四季사계의 근본 성리性理인 방탕신도放蕩神道를 통솔해 거느림統(主宰)이니라.

<보천교普天教 교전教典>*자불수유어모子不受乳於母 기자하유이其子何由以 구기생호求其生乎 의식색지도衣食色之道 각수천지지기야各受天地之氣也 혹세무민惑世誣民 기인취물자欺人取物者 역수천지지기야亦受天地之氣也 계어인戒於人 성인지직업聖人之職業 직자의야업자통야職者醫也業者統也

대인 공부는 참는데 있나니 비소鼻笑는 모두 비수匕首가 되고, 조소嘲笑는 모두 조수潮水가 되나니 장사가 비수를 얻은 연후에 싸움에 나서고 배암이 조수를 얻은 연후에 용이 되나니 인단(사람의 판단)을 얻어야 천단(하늘의 판단)을 얻느니라. (참고: 불신호붕우 不信乎朋友 불획호상의不獲乎上矣- 친한 친구에게마저 신임을 얻지 못하면 하늘에게 빌어도 신임을 얻지 못한다. (中庸, 童蒙先習-朋友有信편))

<보천교普天教 교전教典>*대인공부재어인大人工夫在於忍 비소鼻笑 총이비수摠以匕首 조소총이조수嘲笑摠以潮水 장사득비수연후수壯士得匕首然後 출전出戰 사득조수蛇得潮水 연후위용然後爲龍 득인단得人斷 시득천단始得天斷

인보가 신보를 넘치나니 신보가 인망보다 못함이니라. 나를 따르고자 한다면 항시 남 살리는 호생의 덕을 생각하라. 새 한 마리의 배도 채워주지 못하면서 천하의 배를 채워 주지는 못하느니라.

<보천교普天教 교전教典>*인보人報 과어신보過於神報 신보불여인망神報不如人望 종아자從我者 상염호생지덕常念好生之德 불능충일조지복不能充一鳥之腹 안능충천하지복호安能充天下之腹乎

다른 사람은 망동해도 너는 고요하라. 강폭하고 거짓되이 속이고, 교만하고 인색하며, 시기심이 많고 험담한다면 내가 너를 가까이 하고자 하나 네가 스스로 멀어지느니라. 나에게 제사지내는 것을 일심으로 아니하고 제물로써 하면 내 마음에 맞지 아니하노라. 너는 부귀를 가지지 말라. 천하의 부귀가 마음을 비운 너에게 이를 것이니라.

<보천교普天教 교전教典>*인동이정人動爾靜 강폭자强暴者 사휼자詐譎者 교린자驕

吝者 시험자猜險者 아욕근이我欲近爾 이자원지爾自遠之 제아자祭我者 불이일심不以一心 이이양而以羊 아심불격我心不格 물유이부勿有爾富 천하지부귀의天下之富歸矣 물유이귀勿有爾貴 천하지귀지의天下之貴至矣 이무이爾無爾

네가 너 없이 무형無形으로 나를 보고, 네가 너 없이 무성無聲으로 내 소리를 들으라. 평화를 주창함이 일심에 달려있느니라. 인애를 베푸는 것이 일심에 달려있나니, 일심을 지닌다면 비록 인애를 베풀지 아니하더라도 이미 평화가 있고 인애가 있게 되느니라.

<보천교普天敎 교전敎典>*견아어무형見我於無形 이무이爾無爾 청아어무성聽我於無聲 창평화사唱平和者 과일심호果一心乎 설인애자說仁愛者 과일심호果一心乎 과일심果一心 수불창불설雖不唱不說 기유평화己有平和 기유인애己有仁愛

너는 스스로를 높이지 말라. 하늘이 일찍이 그 높음을 자랑한 적이 없느니라. 너는 스스로를 명철하다 하지 말라. 태양이 일찍이 그 밝음을 자랑한 적이 없느니라. 너는 스스로를 원대하다 하지 말라. 우주가 일찍이 그 원대함을 자랑한 적이 없느니라. 천당과 지옥은 문이 없나니 오직 네 스스로 따르는 바이니라.

<보천교普天敎 교전敎典>*이물자고爾勿自高 천불증긍기고天不曾矜其高 이물자명爾勿自明 태양불증긍기명太陽不曾矜其明 이물자원대爾勿自遠大 우주불증긍기원宇宙不曾矜其遠 천당지옥무문天堂地獄無門 유이소종惟爾所從

죄가 너에게 있거든 나에게 죄 사함을 구하지 말고 네 마음을 돌이켜서 구하라. 영감이란 본시 네 마음의 작용이니라. 배가 물이 아니면 다니지 못하고 물에 빠지면 반드시 침몰하느니라. 평생토록 선을 행하여도 경박한 말 한마디로 가히 패망할 수 있느니라.

<보천교普天敎 교전敎典>*이유죄爾有罪 물구어아勿求於我 반구이심反求爾心 령감령靈感 본시이지작용야本是爾之作用也 주비수적舟非水則 불행수입주즉不行水入舟則 필몰必沒 종신위선終身爲善 일언가패一言可敗

나는 규구(법도, 틀) 중에 갇혀 있는 너에게 친히 간여하고 싶지 않노라. 네가 행복을 구하느냐? 너의 행복은 네 스스로 증진시키라. 너의 행복은 너 스스로를 증진시키나니 크게 지혜롭지는 않을지라도 어찌 크게 어리석으리오. 오로지 일심으로만 능히 얻을 수 있고 빛날 수 있느니라. 이미 병을 베풀었다면 또한 약도 베풀도록 하라. 장차 그 덕을 논할 것이니라. 법률로써 강제한 연후에 더불어 먹고 마시는 것으로 갈증을 구제하는 것은 내가 하지 않노라.

<보천교普天敎 교전敎典>*아불욕我不欲 친입이親入爾 어규구중於規矩中 이구행복호爾求幸福乎 이지행복爾之幸福 이자증진爾自增進 불위대지不爲大智 영위대우寧爲大愚 유일심자능득능광惟一心者能得能光 기시이병旣施以病 우시이약又施以藥 정위지덕호將論之德乎 강이법율强以法律 연후然後 여지음식구갈與之飮食救渴 아불위야我不爲也

2.

너 스스로 너를 구하고자 하면 나 또한 너를 구하노라. 나는 소수자의 편리를 구하는 규약을 정하지 아니하였노라. 누가 능히 운을 거스르며 대세에 항거할 수 있으리오. 동서 각 교파의 대세에 대항하는 (남은 못난) 자는 남에게 있는 영광을 구하지 말고 네가 가진 광영을 발휘할지니라. 차라리 은혜를 베푸는 수호신이 될지언정 심판하는 신이 되지 말지니라. *참고 <증산도 도전>*"시속에 남조선(南朝鮮) 사람이라 이르나니, 이는 남은 조선 사람이란 말이라. 동서 각 교파에 빼앗기고 남은 못난 사람에게 길운(吉運)이 있음을 이르는 말이니 그들을 잘 가르치라."

<보천교普天敎 교전敎典>*이자구이爾自救爾 아역구이我亦救爾 아불위소수자지편이이정구약我不爲小數者之便利而定規約 숙능이역운孰能以逆運 항세자抗勢者 물구재타지관勿求在他之光 발훈재이지광發揮在爾之光 영위은혜지신寧爲恩惠之神 불위심판지신不位審判之神

고량진미를 먹을지라도 매사에 소채의 신선함을 생각하고, 도성에 거처하더라도 한적한 전원으로 돌아가고자 할지니 영육을 가진 인간의 실제생활이 물질에만 매

어있는 것이 아니니라. 의무를 다하는 것은 권리를 향유하고자 함이 명백하지만 권리를 향유하면서 의무를 다한다는 것은 거짓이니라. 의무를 이행하지 않고 권리부터 사용하고자 하는 것은 염치없이 횡포하기만 한 것이니라.

<보천교普天教 교전教典>*식고양자食膏粱者 매사소채지신선每思蔬菜之新鮮 거도성자居都城者 욕환전원지환적欲還田園之閒適 실제생활實際生活 불독재어물질不獨在於物質 진의무자盡義務者 형권이연亨權利然 위형권이이진의무자爲亨權利而盡義務者 위야僞也 불이의무不履義務 욕사권이자欲使權利者 횡폭무염야橫暴無廉也

뜻을 펼침에는 덕을 베푸는 것보다 큰 것이 없느니라. 오로지 극기하는 것만이 세계의 승리자가 됨은 마치 농부가 아득하게 펼쳐진 잡초를 제거하여 불멸의 과실을 수확함과 같으니라. 성심 성의껏 진리를 설파할지니 동서남북 사방이 불복하지 않는 바가 없어 영원한 생명이 영원한 사업과 함께 할지니라.

<보천교普天教 교전教典>*시막대어덕시施莫大於德施 유극기자위세계惟克己者爲世界 지승이자之勝利者 약농자若農者 제미망지잡초除迷茫之雜草 수불멸지과실收不滅之果實 진성의이盡誠意而 설진이說眞理 동서남북東西南北 무소불복無所不服 영원지생명永遠之生命 재어영원지사업在於永遠之事業

너는 영혼의 영생을 바랄지니, 먼저 영원한 사업을 도모하고 진리로써 그것을 결실하게 하되 부드럽고 화기애애하게 그것을 풀라. 사람의 마음을 끄는 힘과 성의를 다하는 힘이 그다지 서로 먼 것이 아니니 매력이란 사람을 설복함이고 힘써 성의를 다하면 사람을 마음으로 굴복하게 하는 것이니 사람의 마음을 끄는 힘이 사람을 매혹시키고 정성을 다하는 힘이 사람을 감동시키느니라. 만약 개인이 없다면 사회가 어찌 있으리오. 사회의 영광은 오히려 개인의 영광을 완전하게 함에 있느니라.

<보천교普天教 교전教典>*이욕영생지령혼호爾欲永生之靈魂乎 선도영원지사업先圖永遠之事業 결지이진리結之以眞理 해지이유화解之以柔和 매력전성력魅力與誠力 불심상원不甚相遠 매력魅力 설복인說服人 성역심誠力心 복인服人 매역혹인魅力惑人 성력감인誠力感人 약무개인若無個人 기유사회豈有社會 사회지광社會之光 유개인지광猶個人之光 완전完全 사호의斯好矣

크게 성공하는 것을 구하지 말라. 보편적인 것이 좋으니라. 남보다 뛰어난 초월

적인 것을 추구하지 말라. 사람은 모두 참다움이 있느니라. 성리(이치)라는 능력은 여타의 이유없이 바로 마魔를 굴복시킨 일심일 뿐이니 자기의 가치를 구하고자 하면 먼저 타인의 가치를 소중히 여겨야 하느니라. 헛된 공상은 비록 한 때의 쾌감은 될지언정 능히 항구한 행복을 얻을 수는 없느니라.

<보천교普天教 교전教典>*물구대성勿求大成 보편사호의普遍斯好矣 물구초등勿求超等 인개유진人皆有眞 이지능력理之能力 강마무타降魔無他 일심이이一心而已 욕구자기지가치자欲求自己之價值者 선중타인지가치先重他人之價值 공상자空想者 수여이시지쾌감雖與一時之快感 불능호不能獲 항구행복恒久幸福

나무가 그 열매로써 이름을 얻음과 같이 사람은 그 행하여 아는 것으로 이름을 얻느니라. 하늘을 나는 새는 저 큰 창공을 저 홀로 독점하지 않고 물속에 노니는 고기 역시 큰 바다를 독점하지 아니하나니 그러한 까닭으로 능히 자유롭게 스스로 살아가는 것이니라. 보수를 받고 노력하는 것은 정성이 없어 열의 복리를 베풀어도 덕이 전혀 없게 되느니라.

<보천교普天教 교전教典>*수이기실이명樹以其實而名 인이기행이지人以其行而知 비조불롱난대공飛鳥不壟斷大空 유어불독점대해고遊魚不獨占大海故 능자유자생能自由自生 위보수지노력爲報酬之勞力 무성無誠 위복이지시십무덕爲福利之施拾無德

나는 예언자가 아니나니 너로 하여금 스스로 깨닫토록 할 뿐이니라. 부모의 교훈을 능히 따르지 못하는 자는 불초자이니라. 번민과 쾌락은 오직 일심의 차이에 달려 있나니, 네가 스스로 행할지라도 네 뜻과 같지 아니할 수 있나니, 다른 사람을 설복함에 있어서 어찌하면 되고 어찌하면 안 되는가? 바닥에 기는 것처럼 겸손하게 이를 구하는 것이 현실생활의 원칙이니라. 의뢰하는 속성과 노예적 근성은 인격자가 영위할 바가 아니니라.

<보천교普天教 교전教典>*아비예언자我非豫言者 사이자각이이使爾自覺而已 불능적종부모지교훈자不能適從父母之教訓者 불초자야不肖子也 번민여쾌락煩悶與快樂 유일심지차惟一心之差 이자위이불능爾自爲而不能 여이如爾 의설타인意說他人 하유하망何有何亡 포복구지匍匐救之 현실생활지원칙야現實生活之原則也 의뢰성依賴性 노예성奴隷性 인격자지소불위야人格者之所不爲也

원한이 폭발하여 우주가 함몰하는 것이니라. 선을 행하고도 스스로 알지 못하면

그 선이 무궁하고 악을 행하고도 스스로 알지 못하면 그 악도 무궁하니라. 물(水)이 습기(濕)를 따르고 불(火)이 조기(燥)를 따르는 것도 각기 그 본성을 좇음이니라. 지극히 소중한 보물은 본시 너와 나의 소유가 아니니 어찌 다투어 빼앗으리오.

<보천교普天教 교전教典>* 원폭발怨之爆發 우주함몰宇宙陷沒 위선이불자지측爲善而不自知則 기선무궁其善無窮 위악이불자지측爲惡而不自知則 기악무궁其惡無窮 수치습화치조水就濕火就燥 각솔기성야各率其性也 지중지보至中之寶 본비이아소유本非爾我所有 우하쟁탈又何爭奪

자존자대하지 말라. 자대자존은 다시 자소자비로 다시 돌아오느니라. 너는 일심이면 이루지 못하는 바가 없고 일심이 없으면 우주도 없다는 것을 즐거이 말하라. 대도의 지극함은 신인이 하나로 합치함이니라. 주야晝夜로 구해도 수화水火는 함께 드러나지 않음이 없느니라. 어찌 참된 이치가 많이 있겠느냐? 콩이나 조(좁쌀)도 또한 수화水火의 이치일 뿐이니라.

<보천교普天教 교전教典>*물자대勿自大 자대환자소自大還自小 물자존勿自尊 자존환자비自尊還自卑 이위예언爾爲豫言 일심무소불성一心無所不成 무일심無一心 무주無宇宙대도지극大道之極 신인일치神人一致 주야구수화晝夜求水火 무불여저無不與著 기위진다야豈爲眞多也 숙속菽粟 역여수화이기亦如水火而已

형제가 환난을 당하는데 누가 돕지 않을 것인가. 사해 안이 모두 나를 찾아 믿고자 하는 형제이니라. 일심을 가지지 아니한 자는 들어오고자 하는 욕심이 지나쳐서 오히려 문이 닫히느니라. 너는 안에서 구할 뿐 외부의 불(火)을 애써 청하지 말라. 불꽃이 타올라서 만물을 태워 없애느니라. 물(水)은 아래를 좇는 까닭에 만물을 윤택하게 하여 번식시키느니라. 육신의 양곡은 저축하면서 정신의 양곡이 결핍하여지면 어찌 개인이 영위하고 어찌 사회가 유지되리오. 이 두 가지 물건이 인생의 양면이 아니리오.

<보천교普天教 교전教典>*형제유환난兄弟有患難 숙불유구孰不有救 사해지四海之내개형제內皆兄弟 구어아求於我 불위일심자不爲一心者 유욕기입이폐문猶欲其入而閉門 이가구내爾可求內 물구어외화勿求於外火 염상고炎上故 분탕만물焚湯萬物 수취하고윤자水就下故潤滋 만물萬物 저축구복지양자貯蓄口腹之糧者 결핍정신지양자缺乏精神之糧者 하자위개인何者爲個人 하자위사회何者爲社會 차양물자此兩物者 비인생지양면호非人生之兩面乎

그러한즉 개인과 사회는 그 실체가 별다른 두 가지가 아니니라. 개인과 사회라는 두 개의 공욕, 사욕 사이의 탐욕은 품 팔기 싫어하는 자 많고 이름 팔기 싫어하는 자 적으니, 만일 이름이 올바로 팔릴 것 같으면 그 곧고 청렴한 사실의 소재로 그에 따른 이름이 저절로 따르느니라. 실체가 없는 이름은 마치 물거품처럼 즉생즉멸하느니라.

<보천교普天敎 교전敎典>*연적개인여사회然則個人與社會 실비이물實非二物 강욕이지强欲二之 공사지간公私之間 오매신자惡賣身者 다多 오매명자惡賣名者 소小 명약피매측名若被賣則 기직염其直廉 실지소재實之所在 명자수언名自隨焉 무실지명無實之名 여포화如泡花 직생직멸卽生卽滅

천지만물이 일심에서 비롯하여 일심에서 끝나니, 이로써 일심세계이니라. 세상을 악하게 하지 말라. 네가 선한즉 선세계이니라. 네가 악을 좋아하면 아무리 선세계라 하여도 네 자식이 탕자로 돌아오지 않겠는가.

<보천교普天敎 교전敎典>*천지만물天地萬物 시어일심始於一心 종어일심終於一心 이차세계以此世界 물위악세계勿爲惡世界 이선측爾善則 선세계善世界 이유탕자귀爾有蕩子歸 불위이자호不謂爾子乎–

3.

나는 또한 너에게 죄가 있음으로써 그 죄가 너에게로 돌아감을 차마 막지 못하노니 허물이 있으면 참회함이 옳으니라. 비록 참회해도 참회할 일을 하지 않은 처음만 못하나니 진심 있는 생활은 지혜로운 생활을 함으로부터 좋아지느니라. 옷이 더러워져 빨더라도 더럽혀지지 아니한 처음만 같지 못하니라.

<보천교普天敎 교전敎典>*아역이이유죄我亦爾以有罪 불인거이지귀不忍拒爾之歸 유과이참회有過而懺恢 가야可也 불약초불위참회지사不若初不爲懺悔之事 정생활情生活 호어지생활好於智生活 오의이한汚衣而澣 불약초불오不若初不汚

한 사람의 행복이 전 세계의 행복이니라. 양식이 있어 등이 따뜻한 자는 비록 몇 끼 굶어본다 하여도 그 굶주림의 실체를 체감하지 못하노라. 누가 좋은 곡식종자가 있다하여도 토양의 이로움과 마땅한 재배방법을 얻지 않고는 능히 완전한 과실을 수확할 수 없느니라.

<보천교普天教 교전教典>*일인행복一人幸福 전세계지행복야全世界之幸福也 유양자有糧者 수불식雖不食 불감기기不感其饑 수유호량종雖有好糧種 불덕지이여재배지의측不得地利與栽培之宜則 불능수완전지과실不能收完全之果實

먼지 앉은 거울을 떨어내어도 애초에 먼지가 없음과 같지 못하나니, 우주 간에 인격으로 가히 인정해 줄 실재 존재자는 네 인생을 제외하고 다른 실물로는 다시 없느니라. 천상 옥경은 비밀 속에 존재하지 않으니 그 모습이 네 눈앞에 펼쳐져 있느니라. 너에게 부채가 있다면 네 스스로 갚을지어다. 스스로 적을 만들지 말고 적을 없게 하라. 만일 너에게 죄가 있다면 네 스스로 속죄할지니라. 내가 비록 보지 않더라도 속죄함으로써 능력을 채울지니 인내하고 과감한 것이 승리의 문이니라.

<보천교普天教 교전教典>*경진이식지鏡塵而拭之 불약초불사진不若初不使塵 우주간宇宙間 가인이인격적可認以人格的 실재자實在者 제이인생除爾人生 갱무타물更無他物 옥경비재비밀이야玉京非在秘密裏也 형개어이안전模開於爾眼前 이유부채爾有負債 이자상환爾自償還 자불작적自不作敵 무적無敵 이약유죄爾若有罪 이자속지爾自贖之 아불시이이속죄이충능력我不視爾以贖罪而充能力 인내야忍耐也 과감야果敢也 승리지문勝利之門

신비한 것을 공개하여 광명한 지금 세상에 내놓느니라. 육체를 죄악의 중심(淵叢=淵藪)이 되게 하지 말라. 목석이 진흙 속에 묻힐지언정 씻고 닦으면 깨끗해지나니 후천 용화선경의 자물쇠를 쥐는 것이 오로지 네 자신에 달려 있느니라.

<보천교普天教 교전教典>*공개신밀이치금세계어광명公開神密而置今世界於光明 물이육체勿以肉體 위죄악지연체爲罪惡之淵叢 목석몰어이토木石沒於泥土 세마측정洗麻則淨 악선원지쇄약자握仙園之鎖鑰者 유이자신惟爾自身

권력과 재리를 얻고자 하는 자는 먼저 근로대중의 생활실상을 체득해야 하나니,

내가 지혜로운 능력을 너에게 부쳐 그것을 행하도록 맡기노니 나로 말미암더라도 실천궁행함은 오직 너에게 있느니라.

<보천교普天敎 교전敎典>*욕득권리자欲得權利者 선득중생先得衆生 아이지능我以智能 부이付爾 사지행지使之行之 유아이행자由我而行者 유이야惟爾也

한 사람이 일심이 있으면 한 사람이 나를 올바로 볼 것이요, 천하가 일심을 가지면 천하가 나를 올바로 볼 것이로다. 의약이 귀한 것이 아니라 병들지 아니하는 것이 진정 귀한 것이니라. 네가 광명을 기다리느냐. 진리의 태양이 떠올라 이미 동방에 높이 솟구쳤으니 살기를 바라는 자는 절망으로 죽지 않느니라. 너의 가는 곳에 길을 잃고 헤매는 미로가 없나니 무리지어 사는 조수가 단지 작은 다툼을 벌이는 것일 뿐이니라.

<보천교普天敎 교전敎典>*일인일심一人一心 일인견아一人見我 천하일심天下一心 천하견아天下見我 의약비귀醫藥非貴 불병시귀不病是貴 이대광명호爾待光明乎 욱일이승동방旭日已昇東方 생어희망자生於希望者 불사절망不死絶望 이지행처爾之行處 무미로無迷路 군거지조수群居之鳥獸 소쟁탈少爭奪

사회를 개조하고자 하면 너 스스로를 개조하는 것에서 사회를 볼지니라. 지금 세계는 혀끝으로 정하여야 따르게 되나니, 부르는 대로 응하고 구하는 대로 주느니라. 잉여가치를 구하지 말지니 서로 상환(보상)하는 것이 옳으니라. 죄가 있다면 참회하는 것이 옳으니라. 참회함이 처음 죄를 짓지 않음과 같지는 않지만 참회함을 귀중하게 여겨야 하느니라.

<보천교普天敎 교전敎典>*욕사회지개조欲社會之改造 사회호社會乎 견자이개조見自爾改造 종금세계설단이정從今世界舌端以定 호지응지구지여지呼之應之求之與之 물구잉여가치勿求剩餘價値 상상가야相償可也 죄적참회罪則懺悔 가야可也 불여초불작죄지위귀야不如初不作罪之爲貴也

네 마음속의 신성함이 교경의 음성보다 귀중하노니 너는 나에게 예속됨을 자처하지 말지어다. 네가 사람마다 제각기 지닌 독립된 권리를 억지로 복종시키려느냐. 정의롭게 대하고 노력하는 것이 곧 나에게 복종하는 것이노라. 화려한 전탑을 지상에 짓지 말고 너의 마음에 지을지니라. 자잘하고 번거로운 의례가 반드시 사회

를 부패하게 하나니, 혼미한 세상인지 유쾌한 세상인지는 한결같은 일념을 가졌는가의 차이니라.

<보천교普天敎 교전敎典>*이이내심지성爾以內心之聖 중어교경지성重於敎經之聲 이물자처이여아爾勿自處以隷我 이각유독입지권爾各有獨立之權 강위복종호强爲服從乎 대어정의이노력측對於正義而努力則 대아지복종야對我之服從也 전탑殿塔 물건어지상勿建於地上 건어이심상建於爾心上 번쇄지의례煩瑣之儀禮 필부패사회必腐敗社會 미계쾌계迷界快界 일염지차一念之差

아무리 지선至善하여도 그 알갱이(중심)를 얻지 못하면 도리어 악에 가깝게 되느니라. 반딧불 빛은 반드시 반디 그 자신으로부터 나와 빛을 밝히느니라. 고告하려면 너는 일심으로 할지니 일심이 없으면 너도 없고 나도 없노라. 가난하고 병들고 약한 자 신음자일지라도 일심으로 나를 간절히 구하면 나는 네 곁을 떠나지 않느니라.

<보천교普天敎 교전敎典>*수유지선雖有至善 불득기중不得其中 반근어악反近於惡 형화광螢火光 필자기신이발야必自其身而發也 고이이일심告爾以一心 무일심無一心 무이무아無爾無我 빈병약자貧病弱者 신음자呻吟者 이이일심爾以一心 구아求我 아불이어이방我不離於爾傍

오르막 층대를 좇으면 수고스럽고 평지를 가면 편안하니라. 내가 우주를 주재한다 일컫지 말지니 너도 또한 우주를 주재하느니라. 나를 사랑하고자 하면 먼저 너의 부모父母, 형제兄弟, 처자妻子 등 육친을 사랑하라. 나를 공경하고자 하면 먼저 너의 손위 형을 공경하라. 가까운 것을 소홀히 하면 먼 것도 능히 가까이 할 수 없게 되느니라.

<보천교普天敎 교전敎典>*종층대자從層臺者 노勞 행평지자行平地者 일逸 물위아주재우주勿謂我主宰宇宙 이역주재우주爾亦主宰宇宙 욕애아欲愛我 선애이친先愛爾親 욕경아欲敬我 선경이형先敬爾兄 홀어근자忽於近者 불능근어원不能近於遠

형체를 잃어버리면 형체 없는 그 무형을 바라볼 수 없느니라. 산이 높은 이유로 태양은 산이 붕괴하는 모습을 바라보고, 물이 평탄한 이유로 혹 파도가 일어나며 뒤에 일어난 파도의 꼬리는 앞선 파도를 따르다가 곧바로 앞선 파도를 잠재우며 자신도 포말같이 소멸되노라. 하늘에는 예측 불가한 풍우가 있듯이 사람도 또한

그러하노라. 충효열은 절제함도 불가하고 강제함도 불가하느니라.

<보천교普天教 교전教典>*유기형자遺其形者 불능조기무형不能眺其無形 산고고山高故 일견기붕퇴日見其崩頹 수측평고水則平故 고기파도或起波濤 수직진식隨卽鎭息 천유불칙지풍우天有不測之風雨 인역연지충효열人亦然之忠孝烈 불가회자야不可節者也 불가강자야不可强者也

4.

천지의 조화권력은 오직 설문舌門 하나에서 말미암느니라. 너는 스스로 건강을 지켜 의약을 찾지 말라. 받은 것을 써 버리지 않으면 보답할 때에 쓸 수 있느니라. 너는 마음의 갈증을 느끼느냐? 장차 우물물을 대주리라. 인정이 완전히 막힐 정도로 괴질병이 막대하고, 사람의 생명을 해칠 정도로 원한이 막대하여 온 세상을 진탕해 쓸어버리고자 괴이하게 일어나느니라.

<보천교普天教 교전教典>* 천지화권天地化權 일유설문一由舌門 이자건강爾自健康 물요의약勿要醫藥 수지이불비受之以不費 보지이비報之以費 이감실갈호爾感心渴乎 장관지정수將灌之井水 병막대病莫大 어옹체인정於壅滯人情 원막대어적인지생怨莫大於賊人之生 욕전欲專 혹작或作

화권化權이란 세속 권력이 없는 것이나니, 많은 사람에게 보답을 받으려면 먼저 많은 사람에게 보답을 베풀어야 하느니라. 백성의 지지 세력을 잃어 사회를 편안히 세우지 못하는 것은 부도덕한 죄요, 불신앙하는 죄이며, 정성을 다하지 못한 죄이니라.

<보천교普天教 교전教典>*권자權者 무권자야無權者也 욕보중선보어중欲報衆先報於衆 추실국민지세력墜失國民之勢力 불득사회지안입자不得社會之安立者 불도덕不道德 불신앙不信仰 불성력지죄야不誠力之罪也

나는 나라의 백성을 선택해 가리지 아니하니 나의 심신이 거칠지라도 배척하지 못함은 너희들과 더불어 성스러운 용화정토龍華淨土로 같이 돌아가고저 함이니, 너희들이 다른 사람을 손가락질 하고 배척하는 것은 자기가 무능력하고 융화력이 없

음을 표시하는 것이니라. 네가 만약 은택을 받으면 그 덕을 나에게로 돌리지 말고 각자 분배할지어다. 중화中和의 심법을 잃으면 쉽게 기울어져 편굴되느라. 땅을 파내야 물이 나오고 땅을 파서 연못을 만들어야 물고기가 모이느니라.

<보천교普天教 교전教典>*아무지선지국민我無持選之國民 예심신穢心身 물배척勿排斥 여이동귀성지與爾同歸聖地 지척타인자指斥他人者 표시表示 자기기무능력自己之無能力 무융화력야無融和力也 이약수는爾若受恩 물기어아勿歸於我 각기분배各自分配 실중심자失中心者 이위경사易爲傾斜 굴지생수掘地生水 착지어래鑿地魚來

(나는) 어느 특정 영토, 지역의 병자에 한하지 않고 사해의 모든 병자를 살려내고, 특정 시간대의 병자에 한하지 않고 만세의 모든 병자를 살려내나니, (선천 성자 등) 다른 매개물을 찾지 말고 오직 나를 통해야만 하느니라. 네 마음 가운데에 나에게로 직통하는 길이 있느니라.

<보천교普天教 교전教典>*불한일방지병자不限一方之病者 의사해지병자醫四海之病者 불한일시지병자不限一時之病者 의만세지병자醫萬世之病者 물용매개이통아勿用媒介而通我 자이심중유직통지로自爾心中有直通之路

너를 적대시하는 자가 빈번하고 너를 공격하는 자가 무리 짓는 것은 곧 너로부터 말미암아 적이 많고 공격자가 무리 짓는 것이니라. 돌에는 돌로, 떡에는 떡으로 대할 것이나, 너는 곧 돌을 든 자에게 반드시 떡으로 대하라. 너의 언행이 천지에 영향을 미치나니 상극을 짓지 말고 망언을 하지 않으면 너는 승리할 것이니라.

<보천교普天教 교전教典>*적이자번敵爾者繁 공이자중攻爾者衆 직유어이卽由於爾 적지번敵之繁 공지중야攻之衆也 이석자석以石者石 이병자병연以餅者餅然 이적어이석자爾則於以石者 필이병必以餅 이지언행爾之言行 영향천지影響天地 무작상극無作相克 무작망언無作妄言 이위승리자爾爲勝利者

문을 열고 너를 즐거이 맞이함은, 네가 나의 충성스런 종(충복)이 아니요 곧 나의 좋은 벗임이라. 사회로부터 얻은 것은 모두 사회로 되돌려야 할지라. 겉껍질皮殼은 가운데 싸여져있는 생명이 고갈된 것이니, 겉치레虛禮로 나를 대하지 말고 마음을 비워 나를 대할지니라.

<보천교普天教 교전教典>*개문영이開門迎爾 이비아지충복야爾非我之忠僕也 내양우야乃良友也 자사회득자自社會得者 반제사회反諸社會 피각고갈皮殼枯渴 중포생명中包生命 물이허례勿以虛禮 대아待我 이허심以虛心 대아待我

남에게 주색을 권하지 말고 네게도 금하노니, 너는 오직 심성을 온전히 할지니라. 시귀(점치는 시초蓍草와 귀갑龜甲)로써 화복을 점치지 말고, 네 스스로 시귀가 될지어다. 만일 남을 망치면 그 망하는 기운이 너에게 이르고 남을 칭찬하면 그 칭찬이 너에게 이르느니라. 부모가 자식을 낳으면 그 뒤에 반드시 훌륭한 자식이 되기를 빌어 축원축수祝願祝手하는 법이니라.

<보천교普天教 교전教典>*불거주색이금이不擧酒色而禁爾 이유전심성이이爾惟全心性而已 물이시구勿以蓍龜 점화복占禍福 이자위사구爾自爲蓍龜 훼인자毁人者 훼지毁至 예인자譽人者 예지譽至 부모생자父母生子 필축승이必祝勝已

자식을 낳아 후일 훌륭한 인물이 되기를 축원 축수한 것을 내가 어찌 홀로이 막으랴. 너 또한 전지전능하니, 상고 시대에는 천존신이 이를 주관하고 중고시대에는 지존신이 이를 주관하여 왔나니 따라서 지금 이후 시대에는 인존신이 이를 주관하느니라.

<보천교普天教 교전教典>*승이아기독勝已我豈獨 불연不然 이역爾亦 전지전능全知全能 상세上世 천존신주지天尊神主之 중세中世 지존신주지地尊神主之 종금세계從今世界 인존신주지人尊神主之

네 한 몸에도 자연 진리가 맡겨져 있나니 비록 명성을 떨치고 싶어도 금욕해 잘 이겨낼지라. 자연생활에서 유리되지 말지니, 신성한 낙원이 피안의 세상에 따로 있지 않느니라. 비록 빈천하고 어리석고 병든 자라 할지라도 가히 나를 따를 수 있나니 나는 외모로써 사람을 취하지 않고 오직 진심만을 볼 뿐이니라.

<보천교普天教 교전教典>*이지일신임어자爾之一身任於 자연진리自然眞理 금욕수선禁欲雖奮 물이어자연생활勿離於自然生活 신성지락원神聖之樂園 비존어피안非存於彼岸 수빈천자雖貧賤者 우자愚者 병자病者 가이종아可以從我 아불이외모我不以外貌 취인取人 유견진심자야惟見眞心者也

나는 후천 열매기에 풍운조화를 사용하게 하지 않고 단지 그 마음을 사용하게 하느니라. 대리석을 사용해 뇌옥(감옥)을 짓지 말지니, 나에게 있는 것은 자신의 원부怨府이니라. 식지食智는 식력食力만 못하나니, 양지양능의 능통한 지혜를 얻어야 그 생명을 영원히 구할 수 있노라.

<보천교普天教 교전教典>*아불사我不使 풍운조화風雲造化 지사기심只使其心 물용대리석勿用大理石 건축뢰옥建築牢獄 유아자기자신원부有我者其自身怨府 식지食智불여식력不如食力 구능지자求能智者 능영구기생명能永求其生命

실행의 준비가 없는 것은 남보다 부지런하지 않은 것이니라. 남보다 근면하지 않으면 생계를 위해 신세지고 있는 육친들과 외견상 화목해 보일지 몰라도 이는 오히려 언제 폭발할지 모르는 무장한 휴전에 불과하노라. 사랑으로써 만물의 본성을 초월할 수 없다는 것은 진리에서 말하는 사랑이 아니니라. 사랑이란 고통이니라. 가족을 위해 서로 사랑한다는 것은 사랑의 고통을 참는 것이니 이를 일러 사랑이 있다 함이요, 사회에 사랑이 있다는 것도 사회 구성원이 서로 고통을 참는다는 것이니 고통을 참고 사랑을 실천하는 수호신이 드물다는 것은 진리이니라.

<보천교普天教 교전教典>*어이於已 무실행지준비자無實行之準備者 불가근어인不可勤於人 방편적융화方便的融和 유무장적휴전猶武裝的休戰 이애이불능초以愛而不能超 만물성자萬物性者 비진리지애야非眞理之愛也 애자愛者 고야苦也 위가족애이인기고자爲家族愛而忍其苦者 유지有之 위사회애이인기고자爲社會愛而忍其苦者 선의신자鮮矣神者 진리야眞理也

본 <통합경전>의 영적인 주인공 왕발의 등왕각 서문에 올리듯 후천 5만년 후손이 기리도록 이들 모두의 영성을 하나로 모아 <범 증산계 통합경전 출간위원회> 위원 이름으로 본 서문에 정식 헌정(獻呈)합니다. 경만장 안 내성 성도의 운암강수 만경래 김만경 세살림 도수로서 도안(都安)의 말복 도수인 통일 윷판 도수로 범증산계 신앙권의 모든 신앙인들이 상제님 대도 진법을 중심으로 새로이 천화동인天火同人하고 동인우야同人于野하여 우주우항무구遇主于巷無咎로 생활신앙문화生活信仰文化를 이루는 계기가 되고 이를 발판으로 지구촌 거리거리 가가호호 의통 천하사

가 완수되기를 心告 發願 伏望 伏望.

<보천교普天教 교전教典>*악지최대자惡之最大者 범인야犯人也 기허측수물器虛則受物 심허측수도心虛則受道 신앙여성리信仰與性理 분이측分離則 위미신야爲迷信也 비자飛者 주자走者 기자起者 복자伏者 우종우형于縱于橫 위인생어초목爲人生於草木 수천지지허무受天地之虛無 선지포태仙之胞胎 수천지지적멸受天地之寂滅 불지양생佛之養生 수천지지이조受天地之以詔 유지욕대儒之浴帶 관왕冠旺 도솔허무적멸이조왈兜率虛無寂滅以詔曰 유도有道 도유덕道有德 덕유화德有化 화유육化有育 육유창생育有蒼生 창생유억조蒼生有億兆 억조유億兆有 원대원대유당요願戴願戴有唐堯–

본 <통합경전>의 영적인 주인공 왕발의 등왕각 서문에 올리듯 후천 5만년 후손이 기리도록 이들 모두의 영성을 하나로 모아 <범 증산계 통합경전 출간위원회> 위원 이름으로 본 서문에 정식 헌정(獻呈)합니다. 경만장 안 내성 성도의 운암강수 만경래 김만경 세살림 도수로서 도안(都安)의 말복 도수인 통일 육판 도수로 범 증산계 신앙권의 모든 신앙인들이 상제님 대도 진법을 중심으로 새로이 천화동인天火同人하고 동인우야同人于野하여 우주우항무구遇主于巷無咎로 생활신앙문화生活信仰文化를 이루는 계기가 되고 이를 발판으로 지구촌 거리거리 가가호호 의통 천하사가 완수되기를 心告 發願 伏望 伏望.

2014년(道紀 144, 甲午) 12. 22일(冬至節)

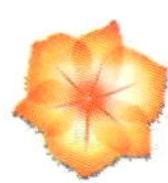

<범 증산계 통합경전 출간위원회> 위원일동

*附記

<범 증산계 통합경전> 비매품(2015판) 출판 성금자

이순신, 대마도, 현포, 아사달, 칠현금, 똑딱벌레, jei 양촌리이장, 겨울객1,각설탕, 게리, 웃음꽃, 꿈이였어, 낮은배움, 늘배움, 빈병, 동선, 딴따라고사리, 된장찌개, 다나, 대포, 명유리, 목화씨, 몽마르뜨, 민들레, 무지개동산, 물아일체, 멸치, 만사지, 멜론, 백마, 봉언니, 바람아구름아, 바라기, 사오리, 사람과사람들, 산백초, 산머루, 사군자, 슝슝, 수뫼청수, 린바다, 옥수, 여행자, 운수좋은날, 웃으면복이와요, 애독자, 진달래꽃, 장애리, 지화자, 추임새, 캔버스정글, 콩자반, 함초롱, 혁명밀알,

호반도시, 향수, 화분, 하얀파도, 입샌로마, 우공이산, 이태백, 이어도, 이현민, 아젤리아 외 70명.

<범 증산계 통합경전-십경대전十經大典 서문(序文)> 초판(2022.5.판) 출판 성금자

金剛 , 紫霞, 慧光, 眞光, 法光, 信光, 廣德, 慧眞, 長樂, 善光, 武夷, 東光, 賢光, 東光, 永和, 正和, 明和, 挈光, 地山, 慧善, 師光, 蓮剛, 宣德, 輝星, 東元, 載德, 慧剛, 泰仁, 慧天,

김형렬 성도(1862~1932)

普天敎徒 安 炳盛 太上 聖道師님 兩位

道得其人人得其道
其道可成

兵馬俑展覽
八达岭游览示意图
八达岭长城简介
90 9 30

5000
AA 0000000 A

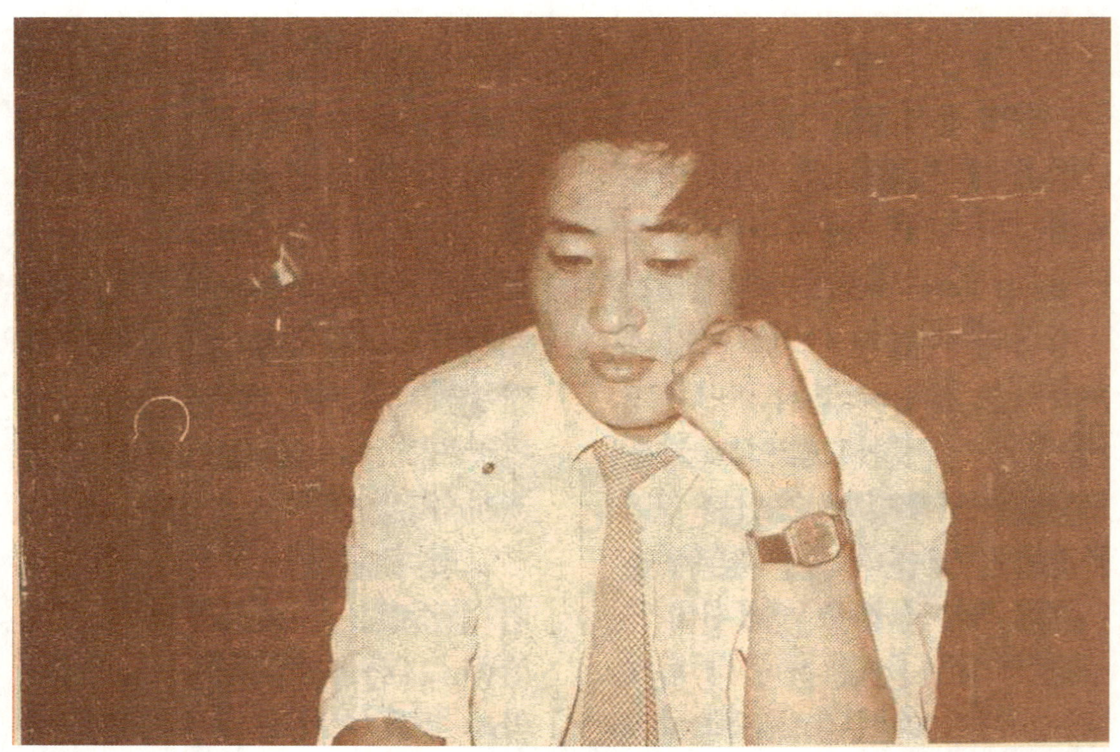